国家出版基金项目
NATIONAL PUBLICATION FOUNDATION

中国扶贫脱贫史

李忠杰 著

ZHONGGUO
FUPINTUOPINSHI

人民东方出版传媒
People's Oriental Publishing & Media
东方出版社
The Oriental Press

图书在版编目（CIP）数据

中国扶贫脱贫史 / 李忠杰著 . —北京：东方出版社，2022.3

ISBN 978-7-5207-2600-9

Ⅰ.①中…　Ⅱ.①李…　Ⅲ.①扶贫—经济史—中国　Ⅳ.①F126

中国版本图书馆 CIP 数据核字（2022）第 004080 号

中国扶贫脱贫史

（ZHONGGUO FUPIN TUOPIN SHI）

···

作　　者：李忠杰

策　　划：孙　涵

责任编辑：何伟华　温帮权　杨润杰　陈钟华

责任校对：金学勇　谷轶波

出　　版：东方出版社

发　　行：人民东方出版传媒有限公司

地　　址：北京市西城区北三环中路 6 号

邮　　编：100120

印　　刷：三河市龙大印装有限公司

版　　次：2022 年 3 月第 1 版

印　　次：2022 年 3 月北京第 1 次印刷

开　　本：787 毫米 × 1092 毫米　1/16

印　　张：50.5

字　　数：850 千字

书　　号：ISBN 978-7-5207-2600-9

定　　价：198.00 元

发行电话：（010）85924663　85924644　85924641

···

序

魏礼群

（国务院研究室原主任，原国家行政学院党委书记、常务副院长）

在 2021 年庆祝中国共产党成立 100 周年大会上，习近平总书记代表党和人民庄严宣告："经过全党全国各族人民持续奋斗，我们实现了第一个百年奋斗目标，在中华大地上全面建成了小康社会，历史性地解决了绝对贫困问题，正在意气风发向着全面建成社会主义现代化强国的第二个百年奋斗目标迈进。"

中华民族与贫困作了长久的斗争。中华人民共和国成立以来，特别是改革开放以来，党和国家在推进社会主义建设的同时，坚持不懈地进行反贫困斗争。十八大以后，以习近平同志为核心的党中央把扶贫开发摆到治国理政的重要位置，提升到事关全面建成小康社会、实现第一个百年奋斗目标的新高度，打响了一场新的脱贫攻坚战，迎来了历史性的跨越和巨变。

经过长期不懈的努力，到 2020 年底，我国实现了现行标准下农村贫困人口脱贫、贫困县全部摘帽、解决区域性整体贫困的目标任务，基本消除绝对贫困，实现全面建成小康社会的战略目标。这是一个历史性的伟大成就，也是值得在党史、新中国史、改革开放史和中国特色社会主义史上大书特书的一件大事。

党的十九届六中全会将这件大事庄严地写在了《中共中央关于党的百年奋斗重大成就和历史经验的决议》中。

在这样的时刻，全面回顾中国扶贫脱贫的历史进程，把中国共产党为此进行的组织和领导，把全国人民展开的奋斗和奉献，把贫困地区和贫困人口的坚韧和顽强，把各行各业和各地区各部门给予的支持和援助，完整、系统地记录下来，铭刻历史，展示辉煌，总结经验，激励人民，昭告世界，是非常必要的。

我在国务院研究室和国家行政学院的领导岗位上,曾经深度参与过党和国家扶贫脱贫的很多工作和决策,参与研究和制定过扶贫脱贫的有关文件和政策,对扶贫脱贫的历史过程比较熟悉,对党和国家取得如此巨大的成就,深感来之不易,也深感把这样的历史记录下来非常必要。因此,当我得知李忠杰同志撰写了《中国扶贫脱贫史》一书时,非常高兴。

李忠杰同志的这本《中国扶贫脱贫史》,系统地回顾了中国历史上的贫困问题,全面梳理和介绍了中华人民共和国成立以来党和国家坚持开展贫困治理、全力扶贫脱贫的历史进程,重点反映了十八大以来以习近平同志为核心的党中央领导脱贫攻坚的历史壮举。既记录了党和国家的一系列重大决策、方针政策和具体措施,又介绍了各个地区各个部门所做的各项工作、进展状况和实际成效。既有理论,又有实践;既有历史,又有现实。视野开阔,场面宏大,材料翔实,内容丰富,兼顾到方方面面,充分展示了中国共产党以贫困治理为重要抓手,切实为中国人民谋幸福、为中华民族谋复兴的伟大历史贡献,充分展示了独具特色的中国扶贫开发道路和伟大成就,初步总结了中国扶贫脱贫的宝贵经验,具有很高的学术价值、史料价值和宣传价值。

一、从内容来看,作者以宽广的视野,用80多万字的篇幅,将中华人民共和国成立以来,特别是改革开放之后尤其是十八大以来,几个不同阶段党和国家扶贫脱贫的历史进程,系统、完整地记录了下来。每一个阶段,都全面介绍了党和国家扶贫脱贫的重大决策、方针政策、具体措施、各项工作、实际效果、进展状况。主题鲜明,脉络清楚,内容丰富,材料翔实。一书在手,就可以了解我们党和国家为扶贫脱贫而不懈奋斗的全部过程,也可以为今后进一步深化对扶贫脱贫的研究打下良好的基础。

二、从政治意义和社会价值来看,本书用历史和事实说话,充分展示了中国共产党以贫困治理为重要抓手,切实为中国人民谋幸福的历史贡献,充分展示了独具特色的中国扶贫开发道路和伟大成就,深入总结了中国扶贫脱贫的成功方式和宝贵经验,彰显了中国共产党的领导和中国特色社会主义制度的政治优势。通过本书,不仅可以向国内广大读者和人民群众展示中国共产党治国理政的伟大成就，而且可以更加深入和清楚地向世界介绍贫困治理的中国方式、中国经验和中国智慧，回应世界不同地区的人们对中国扶贫脱贫的关切。

三、从作者及其写作状况来看，李忠杰同志是中央马克思主义理论研究和建设工程咨询委员会委员、原中央党史研究室副主任，对党史、新中国史、改革开放史和社会主义发展史都有深入的研究，著作等身，是我国知名的理论家、历史学家。作者这本潜心力作，笔力深厚，才思横溢，内容准确、全面和权威。而且在叙述历史过程中，还提出了不少理论的分析和观点，很有价值。特别是总结人类贫困问题产生的十大基本原因，非常全面和深刻，是独创性的见解。

《中国扶贫脱贫史》一书，第一次将中国共产党和中华人民共和国扶贫脱贫的伟大事业和成就完整地记录下来，不仅能够为中国扶贫脱贫的历史进程树碑立传，而且也能为党和国家总结脱贫攻坚的历程、成就和经验发挥重要的作用；不仅能让广大读者和群众更多地了解扶贫脱贫的宏大面貌和伟大成就，而且能让世界更多地知道中国反贫困斗争的方式、经验和智慧。本书填补了国内系统研究扶贫脱贫历史的空白，其规模、容量、完整性和系统性，使其成为我国反映新中国扶贫脱贫历史进程和伟大成就的奠基之作。

前　言

贫困，是人类社会自诞生以来就一直面临的巨大难题。它像一座大山，沉重地压在无数人、无数国家、无数民族的身上。与贫困作斗争，努力摆脱贫困、消除贫困，就成为贯穿人类社会始终的一项历史性任务。

几千年来，中国曾经面临各种形式的贫困问题。中华民族与贫困作了长久的斗争。中国共产党成立以后，把"为中国人民谋幸福，为中华民族谋复兴"作为自己的初心和使命。中华人民共和国成立以后，党和国家组织带领广大人民群众，为摆脱贫困落后面貌进行了不懈的奋斗和探索，中国发展开启了新纪元。

改革开放是中国共产党的一次伟大觉醒，是中国人民和中华民族发展史上一次伟大革命。改革开放实现了人民生活从温饱不足到总体小康、奔向全面小康的历史性跨越，推进了中华民族从站起来到富起来的伟大飞跃。中国共产党领导的扶贫脱贫事业，在改革开放中探索出一条正确的道路。

党的十八大以来，中国特色社会主义进入新时代。以习近平同志为核心的党中央以更大决心、更精准思路、更有力措施，采取超常举措，实施脱贫攻坚工程，动员全党全国全社会力量，上下同心、尽锐出战，攻克坚中之坚、解决难中之难，组织实施人类历史上规模最大、力度最强的脱贫攻坚战，形成伟大脱贫攻坚精神。

经过一代代人坚韧不拔的努力，特别是经过党的十八大以来的脱贫攻坚，中国的扶贫脱贫事业终于取得了伟大的胜利。到 2020 年底，现行标准下农村贫困人口全部脱贫，贫困县全部摘帽，贫困村全部出列，绝对贫困和区域性整体贫困已经消除。

在庆祝中国共产党成立 100 周年大会上，习近平总书记庄严宣告，经过全党全国各族人民持续奋斗，我们实现了第一个百年奋斗目标，在中华大地上全面建成了小康社会，历史性地解决了绝对贫困问题，正在意气风发向着全面建成社会主义现代化强国的第二个百年奋斗目标迈进。

党的十九届六中全会通过的《中共中央关于党的百年奋斗重大成就和历史经验的决议》再次宣告："党的十八大以来，全国八百三十二个贫困县全部摘帽，十二万八千个贫困村全部出列，近一亿农村贫困人口实现脱贫，提前十年实现联合国二〇三〇年可持续发展议程减贫目标，历史性地解决了绝对贫困问题，创造了人类减贫史上的奇迹。"[1]

千年贫困，终于告别，这是一个历史性的成就，也是一座历史性的丰碑。这一成就的背后，是不屈不挠的奋斗；这座丰碑的基石，是中华民族的脊梁。

为了将中华民族历史上的这一伟大篇章记录下来，传之后世，我从2020年初就开始写作《中国扶贫脱贫史》一书。到2020年底，基本完成了主要内容。此后，一直静静地等待党和国家对扶贫脱贫的成果进行验收和总结。随着习近平总书记在庆祝中国共产党成立100周年大会上作出庄严的宣告，随着党的第三个历史决议将扶贫脱贫载入史册，这本《中国扶贫脱贫史》终于有了一个完美的收尾，也就可以成为一部完整的扶贫脱贫史了。

《中国扶贫脱贫史》完整地记录了中华人民共和国成立以来，特别是改革开放以来，尤其是新时代中国共产党领导全党全国各族人民与贫困现象作斗争，帮助贫困地区和贫困人口减贫脱贫，直至历史性地解决绝对贫困问题的历史过程。为了保证逻辑的严密性，全书一开头就首先分析了人类贫困的基本原因，解读和说明了贫困的定义和标准；基于历史的连贯性，全书也简要回溯了中国古代、近代及至中华人民共和国成立前的贫困问题，回溯了中国共产党在民主革命时期就开始的反贫困斗争；基于党的十八大以来以举国力量进行的脱贫攻坚战波澜壮阔，所以本书重点突出了新时代的扶贫脱贫。除了梳理党和国家的重大决策和部署外，也介绍了各地区、各部门直至基层的大量实践活动，描绘了许多先进模范的感人事迹。

---

[1]《中共中央关于党的百年奋斗重大成就和历史经验的决议》，人民出版社 2021 年版，第 48 页。

为了保证必要的权威性，本书内容主要依据党和国家公开的正式文件、有关部门公布的工作情况和资料以及中央媒体的正式报道撰写，因而直接或间接引用的材料较多；主要数据均使用国家统计局等权威部门的数据。由于不同时段公布的数据会有叠加或不同范围，所以本书选用的数据会有一定的复杂性；参与扶贫脱贫的部门、单位和人员众多，本书尽可能作了适当的介绍，但不可能一一历数。在此谨向所有参与了中国扶贫脱贫伟大事业的人们表示崇高的敬意，也向汇聚在本书中的所有资料的原始研究者、媒体记者们表示谢意。

希望本书能够帮助大家全面了解中华民族这段不寻常的历史，也希望本书能成为更多人研究和总结这段历史的基础。

目　录

第六章　改革开放推动走上中国式扶贫开发之路

第七章　《国家八七扶贫攻坚计划》的制定和实施

第十二章　打赢脱贫攻坚战三年行动

第十三章　推动脱贫攻坚工作更加有效开展

第十四章　夺取脱贫攻坚战的全面胜利

第十五章　中国贫困治理的伟大成就

第十六章　改革开放以来中国扶贫脱贫的特点和经验

第一章

导论：贫困的原因、定义和标准

☆　☆　☆

中国人大概都熟知东晋文学家陶渊明所写的《桃花源记》。文中描绘了一幅"世外桃源"的景象："土地平旷，屋舍俨然，有良田美池桑竹之属。阡陌交通，鸡犬相闻。其中往来种作，男女衣着，悉如外人。黄发垂髫，并怡然自乐。"

但这种景象并不是当时现实中具有的。《桃花源记》是陶渊明为自己的《桃花源诗》所写的题记。就在《桃花源诗》里，陶渊明写道："奇踪隐五百，一朝敞神界。淳薄既异源，旋复还幽蔽。借问游方士，焉测尘嚣外。愿言蹑清风，高举寻吾契。"

因此，桃花源只是一个梦想，一个令人向往但在尘世并不存在的美好的地方。

为什么会有这个梦想？就是因为千千万万的民众百姓，一直希望着摆脱饥饿、摆脱贫困、摆脱专制、摆脱压迫。

因此，就是这个陶渊明，还说过："人生归有道，衣食固其端。"就是说，人生本应皈依正道，衣食是他的生存根源。

宋代的苏轼也说道："不须论贤愚，均是为食谋。"

文学是现实的反映。千百年来，中国人民始终盼望着能摆脱贫困，过上不愁温饱、衣食无忧的日子。

中国共产党领导的扶贫脱贫事业，就是要实现这样的梦想。中国共产党领导的扶贫脱贫是一项庞大的系统工程，我们要记载它、研究它，首先需要研究和说明多个前提性的问题，例如，造成贫困的原因是什么？好多名词概念到底指的是什么？扶贫脱贫的对象具体是哪些？中国扶贫脱贫的标准是什么？为什么中国贫困人口的数量有时减少了但后来又增加了？不了解这些基本的前提和知识，就难以理解扶贫脱贫的整个过程和很多问题。

因此，本书在正式记录中国扶贫脱贫的历史之前，专门用一章的篇幅，先把有关贫困的基本概念、基本问题和贫困标准等梳理和解读清楚，以帮助读者事先解开在了解扶贫脱贫历史时必然会产生的各种疑惑。

那么，在研究和叙述中国扶贫脱贫史之前，我们首先应该研究和阐明哪些基本的问题呢？我梳理和概括一下，总计列出了10个。

一、需求与供给的基本矛盾

人类自诞生以来，就始终面临着需求与供给的一对矛盾。为了维持人类的生存和发展，必须不断地提供一定的生活资料，为此就必须不断地发展社会生产。但由于自然的和社会的复杂原因，需求和供给很难保持稳定的平衡。在很多情况下，供给很难满足需求。当供给甚至不能满足生存最低限度的需求时，就处于贫困状态。最初，人类所获得的供给在总量上难以满足生存最低的需求，于是总体上处于贫困状态。后来，随着生产力的发展以及分配的原因，需求与供给的矛盾在不同人群中有不同的表现。供给不足的问题突出地表现在一部分人群之中，于是，贫困就主要表现在这一部分人群上。无论总体还是部分，贫困问题，实质上都是需求与供给的矛盾。

生活资料的需求与供给，对于全球而言，是一种总量的矛盾。但在不同时期，不同国家、不同区域，会有不同的表现，因而会有不同层级和类型的矛盾。这些矛盾既受社会生产的影响，也受社会分配的影响。在不同的社会制度、不同的生产方式、不同的分配方式下，生活资料的分配是不一样的，而且往往是不均衡的。因此，即使总量平衡，也会有部分群体和人员得不到适量的生活资料的供给，因而，在全球大多数国家，也就始终存在着贫困问题。有些国家，生活资料的生产和供给比较宽裕、丰富，平均生活水平较高，贫困人口就相对少一些。有些国家，总体比较贫困，贫困的实际人口就会比较多一些，甚至很多。

人类与自然的关系、人类社会自身、人类获取生活资料的方式和能力，人类的生活方式，永远是一个不断发展变动的过程。总体上，人类的生活质量和生活水平是不断提升的，维持人类生存和发展所需的生活资料的数量和质量也会不断发展和增加。因此，用历史的眼光来看，贫困的内容和标准一直是一个动态的过程。同量的生活资料，在100年前可能是富裕，但在今天也可能是贫困；在这个国家是富裕，在那个国家也可能是贫困。这就是贫困的相对性。任何贫困都是相对于一定时期、一定范围内的平均生活水准而言的。因而，在不同时期、不同国家，贫困的标准既有总体可以比较的共同之处，也有各自的差异之处。

贫困现象，直接表现为某些个体和群体生活资料需求与供给之间的不平衡，即通常所说的生活困难、生活很苦、生活条件太差、生活水平太低，甚至活不下去，等等。仔细一琢磨，不难明白，所谓差、所谓苦、所谓困难，一般来说，头一个，就是能不能吃饱饭的问题。连饭都经常吃不饱，生存就有危机，很可能活不下去，那肯定是贫困。但贫困又绝不仅仅限于吃饭问题，它还包括穿衣问题。我们经常说的温饱问题，就是吃饭和穿衣两大问题。中国建设小康社会的第一步，就是要解决温饱问题。

温饱也有不同程度、不同水准，于是又提出和涵盖了住房问题、饮水问题、医疗问题、教育问题、出行问题、子女问题、养老问题、环境问题，等等。随着人在物质需求基础上精神需求的加大，还进一步衍生出人的体面和尊严问题、人的各种权利问题、人与人之间的平等问题。寻根究底，又要解决社会的生产方式和生活方式问题、社会的公平和正义问题、社会的治理和制度问题、社会不同阶级集团群体之间的利益问题，等等。

比如，住房问题，《周易·系辞下》说："上古穴居而野处，后世圣人易之以宫室。"唐朝杜甫曾写著名的《茅屋为秋风所破歌》："安得广厦千万间，大庇天下寒士俱欢颜，风雨不动安如山。呜呼！何时眼前突兀见此屋，吾庐独破受冻死亦足！"

由此可见，由需求与供给的矛盾，衍生出了人类社会的一大堆矛盾和问题。因此，贫困问题从来就不是一个单纯的活命问题、救济问题，而是一个由需求和供给衍生出的广泛的社会问题。

二、造成贫困的十大基本原因

从上述分析可知，贫困的内涵和表现是多样的，也是复杂。至于造成贫困的原因，更是复杂而多样。从宏观到微观，从历史到现实，我将其梳理归纳为 10 个基本原因：

（一）自然条件。

从历史的角度来看，自然条件是贫困产生的第一个原因。当人类自己的能力还不足以从自然中获取生活资料，或者不足以应对自然的挑战时，整个人类的贫困问题就产生了。当人类的能力有了一定的发展，生产力有了一定的提升时，自然条件还是贫困产生和规模大小的一个重要因素。贫瘠的土壤、干涸的荒漠、不利农耕的山川、易涝易淹的洼地、高山大河造成的交通闭塞等，都会严重影响生产力的发展，影响经济建设的速度和水平，影响人们的生活状态和思想理念，造成世世代代的贫困和落后，也影响贫困治理、扶贫脱贫的效果。

很多区域性的贫困和家庭的贫困，都与这种自然条件有关。如果这种自然条件不能根本改变，贫困问题就很难解决。中国西部地区的贫困现象，大都与自然条件有关。特别是集中连片特殊困难地区，基本上都是交通极为不便，现代文明难以进入，生产力难以发展所致。为此，就必须从根本上改善当地的自然条件和生态环境。

当然，自然条件的利弊得失也是辩证的。恶劣的自然条件，也会激发人们改造自然的勇气和决心，促进贫困面貌的改变。某些自然条件成为旅游景点之后，会成为消除贫困的契机和优势。如果发现和开采出矿藏，又会大幅度改变区域和个人的生活条件。一旦交通运输问题解决，其特殊的资源和产品优势就会爆发出来。

（二）生产力的发展水平。

在自然条件的基础上，人类认识自然、改造自然、从自然中获取生活资料的能力和水平，也就是生产力的发展水平，就成了决定是否贫困的第二个基本原因。

人类维持生存所需的食物和其他物质，有一些可以从大自然直接获取，这就需要人有相应的能力，即利用自然、改造自然的能力。进一步而言，从自然的直接获取绝对满足不了人的全部需要，因此必须更多地靠发展生产、提高生产能力来解决。生产决定供给，也影响需求。需求与供给的矛盾状况，首先取决于生产力的状况。生产力越发展、越发达，就越能满足人类的生存和发展需求，也就越能减少贫困。没有生产力的发展，没有经济建设的发展，没有生活资料的日益丰富，没有实际财富的更多积累，贫困问题就根本不可能解决。

所以，解放和发展生产力，把经济建设摆在首位，始终是人类的最根本任务，也是摆脱和消除贫困的根本之路。在生产与分配、发展与分配的关系上，生产和发展始终是第一位的。历史上，曾经有很多人、许多次把如何分配置于首要地位，这固然有其合理之处，但实践无不证明，如果没有生产力的发展，如果不把经济建设放在首要地位，贫困问题是不能真正解决的，甚至会造成共同贫困而不是共同富裕。

（三）生产力各个方面的构成环节。

生产力不是某个单一的因素，而是由很多因素和环节组成的链条和体系。这种链条和体系如何组织、如何连接、如何构成，对生产力的发展水平和现实的运行状态，起着极为重要的作用。要素组成系统，整体大于部分，协作产生一种生产力。在这种链条和系统中，科学技术发挥着关键作用，其他如土地、交通、信息、物流、知识等因素也不可或缺。生产力的发展，往往是随着科学技术的进步而发展的。科学技术的某一项进步，尤其是重大的突破和提升，往往会带动其他很多要素的整合和重组，进而大幅度提升整体生产力。反之，某一个因素和环节的缺陷和短板，则会造成整个系统的欠缺甚至崩溃。其他要素，如交通、信息、资本的变化，也会对生产力的发展和提升产生直接影响。

因此，贫困问题，是与整体生产力的状况联系在一起的。扶贫脱贫，也不是单一的工作，而是需要各个方面、各个行业、各个领域的共同努力，需要一系列关联因素的合作和协同。特别是区域性的贫困问题，必定与当地自然、社会、经济、政治、文化环境密切相关，与当地生产力的体系是否具有活力、是否有效和先进有关。

（四）生产关系和社会制度。

生产关系和社会制度的状况，影响生产力的发展水平，也影响经济社会的发展状况。落后的生产关系和社会制度，不仅影响和阻碍生产力的发展，而且会大批量地制造、增加和扩大贫困。没落和腐朽的社会制度，更是造成大规模贫困的主要原因。历史上许多大规模的贫困，世界上很多国家的贫困，都与一定的社会制度和政治体系相关。相反，先进的生产关系和社会制度，能够促进生产力较快发展，也能够有效地整合社会的所有要素和不同阶级、不同阶层的利益关系，从而有效地减少贫困的发生。

人类历史上，曾经出现过不同类型的生产关系和社会制度，当今世界，仍然存在着这种生产关系和社会制度的重大差别。不同国家的贫困状况和类型特点，在相当程度上与这种差别联系在一起。而且，一个国家的社会制度，甚至可能并不对本国贫困产生太大影响，相反倒可能对其他国家的贫困问题产生影响。如所谓"食利者国家"，近现代以来的殖民主义、帝国主义侵略掠夺，就是造成世界上不少国家贫困的原因之一。

（五）社会分配方式。

社会的分配方式影响生活资料和财富在不同人们之间的占有状况。在君主专制主义的社会中，统治阶级和权势集团总是以种种方式将尽可能多的财富据为己有，有时甚至不顾社会大多数人的死活。在这种分配方式下，多数人的贫困是不可避免的。

在资本主义的分配方式下，资本的占有者一般也就是财富的拥有者。如果社会和国家不予调节，财富和贫困就会在两端扩大，在造就富裕者的同时，也造就贫困者。贫困阶层如果单靠自身的力量，虽然也有很多个人"逆袭"成为富裕者，但多数是很难摆脱贫困的。

传统的社会主义国家，名义上实行按劳分配，但往往是吃大锅饭的平均主义，虽然限制了富裕阶层的形成，但也限制了人的创造性和积极性，限制了财富的涌流，实际在相当程度上造成了普遍贫困。在改革开放和新时代的中国，实行按劳分配为主体、多种分配方式并存的分配制度，极大地增强了社会活力，调动了人们创造财富的积极性。同时，也能够防止财富占有的两极分化，减少贫困的发生，促进社会的共同富裕。所以，在做大蛋糕的同时，如何分好蛋糕，是消除贫困不可忽视的重要问题。

（六）统治集团和领导者的行为。

统治集团和领导者的秉性、素质、理念和能力，对一定时期贫困的产生和减少起着直接的作用。一个错误的政策会对生产力造成严重的破坏。一个荒唐的决定可能造成巨大的社会动荡。历史上的这种案例不胜枚举。中国历史上的一些暴君、昏君都曾经给社会造成巨大的灾难。

相反，先进的政党、开明的政权和有德有才的领导者，能够促进经济的发展和社会的进步，也会积极主动地采取措施消除贫困。甚至古代社会的某些开明君主，也会在一定条件下造就某种"盛世"。但如果反动腐朽的势力当政、昏庸糊涂的人物掌权，就可能阻碍贫困的消除，甚至造成社会的混乱和大规模的贫困。

开明君主和暴君昏君，其实都是君主专制制度的产物。由于这种制度主要目的是保证家天下的稳固和传承，遴选君主主要是基于家族的血缘关系，而不是以政治理念的进步和治国本领的大小为标准，所以，产生开明君主和暴君昏君的概率应该是一半对一半。处于两极的是少数，一般水准和状况的是多数。

（七）战争、军事冲突、疾病流行、自然灾害等。

战争、军事冲突、疾病流行、自然灾害等，是造成贫困的重要因素。任何战争和军事冲突，都会造成人员的伤亡、家庭的悲剧、社会的动荡、经济的破坏、生产力的倒退，进而造成不同规模的贫困，或者扩大和加深原有的贫困。特别是那些侵略、掠夺的战争和那些违反人道准则的野蛮行为，更会造成大规模的灾难。

20 世纪三四十年代日本对中国的侵略，造成中国军民伤亡 3500 多万人。按 1937 年的比值计算，造成中国直接经济损失 1000 亿美元，间接经济损失 5000 亿美元。日军大量掠夺中国战略物资，轰炸或焚烧医院、学校、公共设施，通过发行货币掠夺中国人民财富，毁坏和窃取大批文物。掠走大批中国劳工，共强制役使中国劳工超过 2000 万人，强迫他们从事大型军事工程、筑路、开矿、拓荒和大型土建等劳役，使其大批冻、饿、病、累而死。

除战争外，大规模的传染病，突发的地震、海啸、洪水、干旱、飓风、冰冻等，都会在一定时期、一定范围内造成财产的损失、社会的混乱、交通的堵塞、生产的破坏，从而产生和加深贫困。即使原有的富足和富裕，也可能会瞬间消失殆尽。中国是一个自然灾害众多的国家。中国历史上的很多大规模贫困、饥馑和人口的大量非正常死亡，都是这样造成的。自然灾害不仅直接造成大规模贫困，而且会引发大规模瘟疫，激化社会矛盾，导致农民起义、军阀混战等，使社会长期处于动荡之中，甚至引发政权的更迭。所以，消除贫困，也必然需要高度关注和防范这类事件的发生，采取有效措施减少由此带来的贫困。

（八）人的素质和能力。

人是创造财富的主体力量。人是财富的创造者，也是财富的享用者。有创造才有享用。创造的多少与其他条件有关，也与人的文明程度、与人的素质和能力有关。

组成社会整体的人们，如果充满生气，团结互助，朝气蓬勃，能够科学认识自然，积极利用自然，适度改造自然，就能大规模减少贫困。作为社会管控和治理者的人们，如果素质高，能力强，善于解决贫困问题，善于治理社会和国家，对贫困的规模和贫困治理的成效，起着重要的作用。作为贫困者本身的人们，同样也有素质和能力问题。一般情况下，愚昧和落后会加深贫困，而贫困又往往会加深愚昧和落后。它们存在着一定程度的恶性循环。当然，贫困也会起激励作用。如果人们不甘贫困，渴望脱贫致富，这种恶性循环就会被打破。

随着社会生产力和人的文明程度的提高，人们改造自然和创造财富的能力总体上会普遍提高，但也必然存在不平衡现象。所以，提高贫困人口的素质和能力，是消除贫困的重要途径和条件。

（九）科学技术和教育。

科技、教育既是促进生产力发展的重要因素，也是改变和提升人们素质能力的重要方式。科技是第一生产力。古今中外所有生产力的突破性发展，都是科学技术的重大突破带动的。教育是文明传承的基本途径，是提高人的素质的决定性方式。科技的落后，教育的欠缺，必然影响生产力的发展，造成不同形式的愚昧和落后，从而滋生和扩大贫困。而如果发展和普及了先进的科学技术，就能大大增加物质财富的生产，大幅度改变人们的生产方式和生活方式，创造出良好的生活环境和条件，大大减少和消除贫困。教育提升人的素质，转变人的观念，培养人的技能，拓宽人的视野，大幅度提升人们战胜和消除贫困的能力。

因此，在任何条件下，发展科技和教育都是扶贫脱贫、减贫治贫的重要方式和手段。对于贫困地区来说，发展科技和教育并不意味一定要自身发展高精尖的科技与教育，限于条件，这实际上是难以达到的。因此，贫困地区关键是要善于运用比较先进的科技成果，以便促进本地先进产业的发展，并通过教育提升贫困地区和贫困人口的科技文化素质，提高运用科学技术的能力。

（十）个人和家庭的具体原因。

这属于个人和家庭的差异，包括人口、劳力、就业、收入、健康、体质、病患、教育、住房、意外事故、生老病死、遗产状况、生存环境，等等。这些因素和条件有的是先天的，有的是后天的，有的是自身固有的，有的是外部强加的。所有这些因素都直接影响着个人和家庭的生存状态、生活水平，决定着是否贫困和贫困的程度。

社会各种人们的这些状况和因素是千差万别的，因而导致不同人们的富裕和贫困状况也千差万别。这些条件和因素处在不断的变动中，一旦突发重大病患或遭遇严重事故，而又得不到及时有效的救助，就会立即陷于贫困状态。

这些条件和因素，有时单靠个人或家庭难以改变。因此，社会和国家的帮扶就特别重要。政府和社会在贫困治理过程中，既要着力解决共性问题，如保证多数人的就业、收入，建立针对贫困人口的福利政策和福利措施，等等，又要针对贫困人口、贫困家庭的具体情况，采取切实有效的措施给予帮扶。精准施策，精准扶贫，精准脱贫。

梳理和揭示造成贫困的这十大基本原因，我们就能明白，贫困和贫困的治理问题，绝不仅仅是一个单纯的经济问题，而是包含社会、政治、文化、科技、教育、治理、自然、环境、生态、个人、家庭、历史、现实等各种因素在内的一个重大而复杂的社会问题，是一个庞大的系统工程。

所以，治理贫困、扶贫脱贫也不是一项单一的工作，而是要全方位地采取各种措施，综合性地加以治理。既要抓好基础性的工程，从根本上消除导致贫困的基本原因，又要针对特定的人口和群体，具体开展切实有效的帮扶工作；既要突击性地打好扶贫脱贫的攻坚战，又要着眼长远，坚韧不拔地打好贫困治理的持久战；既要解决社会共性的问题，又要解决不同类型的个性问题；既要改善社会的整体环境和条件，又要提升个体的认识、能力和素质。

三、中国的贫困治理和扶贫脱贫事业

贫困问题的存在，给人类提出了反贫困的历史性任务。"反贫困"，也可以称之为"贫困治理"，指一切反对、治理和消除贫困的努力，涵盖面很广；在有组织地开展工作、作出努力的角度上，可称之为"扶贫脱贫"；从改变面貌的角度来说，可以称之为"消除贫困"；从数量变化的角度来说，则可以用"减贫"。

本书回溯了中国历史上的贫困问题，但主要反映中国共产党和中华人民共和国政府针对农村绝对贫困现象而开展的帮助贫困地区和贫困人口摆脱贫困的工作，特别是改革开放和新时代以来的这项工作。近年来，党和国家一般使用"扶贫脱贫"一词，所以本书书名定为《中国扶贫脱贫史》，文中也一般使用"扶贫脱贫"。党的十八大以来，以习近平同志为核心的党中央领导开展了空前规模和力度的脱贫攻坚战，取得了显著的成绩，到2020年底，成功地消除了农村的绝对贫困。这是一个历史性的胜利。脱贫攻坚是扶贫脱贫的一个决战决胜的阶段。总体上，它还是包含在扶贫脱贫的范畴之内。

贫困的存在，既直接表现为贫困人口的生活困难和生存危机，也会对社会、国家乃至整个人类带来复杂的挑战和影响。"夫民者，国之根也。诚宜重其食，爱其命。"因此，反贫困、贫困治理、扶贫脱贫、减贫，就是人类社会的共同任务、共同目标、共同追求。虽然在任何历史时期都会有持不同观念和主张的人，也会有阻碍、反对治理贫困、扶持贫困的各种势力，但人类与贫困作斗争始终是历史发展的主导理念、趋势和潮流。

在人类社会的不同历史时期，贫困的状况和治理的方式，既有某些共性，又有不同特点。世界不同国家，贫困的原因和状况，同样也是既有某些共性，又有不同特点。世界所有国家，都要不懈开展反贫困斗争，持续不断地治理和减少贫困。相互之间要紧密合作，大力协同，互相交流，互相支持。同时，每个国家又要从自己的实际出发，根据本国国情和贫困特点，实施自己的方案，走自己脱贫致富的道路。

中国是一个历史悠久的文明古国，现在又是世界上最大的发展中国家。几千年来，中国曾经面临各种各样的贫困问题。中华民族与贫困作了长久的斗争。不同时期有不同的特点和问题，也有不同的成果和经验。

中国共产党从 1921 年诞生之日起，就把为中国人民谋幸福、为中华民族谋复兴作为初心使命，团结带领人民为创造自己的美好生活进行了长期艰辛奋斗。

1949 年中华人民共和国的成立，开辟了中华民族历史发展的新纪元。由于历史和现实的原因，中华人民共和国成立后，面临着普遍和严重的贫困问题。中国共产党领导中国人民艰苦奋斗，在相当程度上改变了中国的面貌，在治理贫困的道路上取得了巨大的成就。中间也走过一些弯路，获得的经验是非常丰富和宝贵的。

1978 年党的十一届三中全会之后，中国进入了改革开放和社会主义现代化建设的新时期。中国共产党面临的主要任务是，继续探索中国建设社会主义的正确道路，解放和发展社会生产力，使人民摆脱贫困、尽快富裕起来，为实现中华民族伟大复兴提供充满新的活力的体制保证和快速发展的物质条件。

党领导实现了从"以阶级斗争为纲"到以经济建设为中心，从僵化半僵化到全面改革，从封闭半封闭到对外开放的历史性转变。党和国家坚持解放思想、实事求是，大胆地试、勇敢地改。不断推进经济体制改革，同时进行政治、文化、社会等各领域体制改革，推进党和国家领导制度改革，把对外开放确立为基本国策，充分利用国际国内两个市场、两种资源，不断形成和发展符合当代中国国情、充满生机活力的体制机制。从实行家庭联产承包、乡镇企业异军突起、取消农业税牧业税和特产税，到农村承包地"三权分置"、走开发式扶贫之路、建设社会主义新农村；从扩大国营企业自主权、发展个体私营经济，到深化国资国企改革、发展混合所有制经济；从单一公有制到公有制为主体、多种所有制经济共同发展；从传统的计划经济体制，到前无古人的社会主义市场经济体制；从兴办深圳等经济特区、沿海沿边沿江沿线和内陆中心城市对外开放，到加入世界贸易组织；从"引进来"到"走出去"；从以经济体制改革为主，到政治、文化、社会体制全面改革；从党和国家领导机构改革，到行政管理体制改革……经过持续推进改革开放，极大地增强了我国社会发展的活力和动力。

党领导人民进行经济建设、政治建设、文化建设、社会建设，取得一系列重大成就。党坚持以经济建设为中心，坚持发展是硬道理，提出科学技术是第一生产力，实施科教兴国、可持续发展、人才强国等重大战略，推进西部大开发，振兴东北地区等老工业基地，促进中部地区崛起，支持东部地区率先发展，促进城乡、区域协调发展，推进国有企业改革和发展，鼓励和支持发展非公有制经济，加快转变经济发展方式，加强生态环境保护，推动经济持续快速发展，综合国力大幅提升。党加快推进以改善民生为重点的社会建设，改善人民生活，取消农业税，不断推进学有所教、劳有所得、病有所医、老有所养、住有所居，促进社会和谐稳定。

改革开放是党的一次伟大觉醒，是中国人民和中华民族发展史上一次伟大革命。改革开放和社会主义现代化建设的伟大成就举世瞩目，我国实现了从生产力相对落后的状况到经济总量跃居世界第二的历史性突破，实现了人民生活从温饱不足到总体小康、奔向全面小康的历史性跨越，推进了中华民族从站起来到富起来的伟大飞跃。

党的十八大以来，中国特色社会主义进入新时代。中国共产党面临的主要任务是，实现第一个百年奋斗目标，开启实现第二个百年奋斗目标新征程，朝着实现中华民族伟大复兴的宏伟目标继续前进。

以习近平同志为核心的党中央，以伟大的历史主动精神、巨大的政治勇气、强烈的责任担当，统筹国内国际两个大局，贯彻党的基本理论、基本路线、基本方略，统揽伟大斗争、伟大工程、伟大事业、伟大梦想，坚持稳中求进工作总基调，出台一系列重大方针政策，推出一系列重大举措，推进一系列重大工作，战胜一系列重大风险挑战，解决了许多长期想解决而没有解决的难题，办成了许多过去想办而没有办成的大事，推动党和国家事业取得历史性成就、发生历史性变革。

党不断推动全面深化改革向广度和深度进军，中国特色社会主义制度更加成熟更加定型，国家治理体系和治理能力现代化水平不断提高，党和国家事业焕发出新的生机活力。党加强对经济工作的战略谋划和统一领导，完善党领导经济工作体制机制。作出坚持以高质量发展为主题、以供给侧结构性改革为主线、建设现代化经济体系、把握扩大内需战略基点，打好防范化解重大风险、精准脱贫、污染防治三大攻坚战等重大决策。我国经济发展平衡性、协调性、可持续性明显增强，国内生产总值突破100万亿元大关，人均国内生产总值超过1万美元，国家经济实力、科技实力、综合国力跃上新台阶，我国经济迈上更高质量、更有效率、更加公平、更可持续、更为安全的发展之路。

在全面提高广大人民群众生活水平的同时，党和国家特别关注处于绝对贫困状态和低收入水平的社会群体。这些群体在全国人口中所占的比重在不同时段是不同的。改革开放开始之时，中国的贫困人口有 2.5 亿。随着改革开放的推进，越来越多的人口提高了生活水平，摆脱了贫困状态，因此贫困人口的数量也不断下降。这部分人口，大部分生活在农村，所处的区域环境比较艰苦，个人和家庭的困难比较多，如果单靠他们自身的努力，是很难较快和大规模地脱贫致富的。因此，在改革开放不久，党和国家就把尽快改变贫困地区落后面貌、帮助贫困人口脱贫致富摆上重要日程，建立专门机构，制定文件和计划，采取各项措施，实施和推进扶贫脱贫的伟大事业。

党的十八大以来，以习近平同志为核心的党中央强调，小康不小康，关键看老乡；脱贫攻坚是全面建成小康社会的底线任务，只有打赢脱贫攻坚战，才能确保全面建成小康社会、实现第一个百年奋斗目标；必须以更大决心、更精准思路、更有力措施，采取超常举措，实施脱贫攻坚工程。党坚持精准扶贫，确立不愁吃、不愁穿和义务教育、基本医疗、住房安全有保障工作目标，实行"军令状"式责任制，动员全党全国全社会力量，上下同心、尽锐出战，攻克坚中之坚、解决难中之难，组织实施人类历史上规模最大、力度最强的脱贫攻坚战，形成伟大脱贫攻坚精神，提前 10 年实现联合国 2030 年可持续发展议程减贫目标，历史性地解决了绝对贫困问题，创造了人类减贫史上的奇迹。

扶贫脱贫与反贫困斗争、贫困治理、减贫等概念有共同之处，也有一定的差异。所谓扶贫，主要指党和国家采取措施，组织力量，对贫困地区和贫困人口进行帮助扶持，使之更快地摆脱绝对贫困状态，做到"两不愁"，即不愁吃、不愁穿，包括饮水安全；"三保障"，即义务教育、基本医疗、住房安全有保障。所谓脱贫，主要就是指全国的贫困县脱去贫困县帽子；所帮扶的多数绝对贫困人口，通过外部帮助和自身能力，摆脱绝对贫困状态。国家对何谓脱贫，有严格的标准和认定程序。

所以，本书所写的内容，不是一般的贫困治理和反贫困斗争，而是主要集中在扶贫脱贫上。

四、贫困的定义和绝对贫困与相对贫困

贫困问题好像很简单，其实很复杂。研究贫困问题，描述扶贫脱贫历史，

首先需要准确了解和界定贫困的定义和标准。为什么？因为：

第一，多年来，我们经常听到我国贫困人口的数量和扶贫脱贫的成绩。但不同时期公布的数字高低错落。有时候贫困人口的数字降得很低了，但随后又大幅度升了上去。这种状况似乎不合逻辑，普通群众会很奇怪，即使领导干部也未必都很清楚。原因就是贫困的定义和标准发生了变动。而且，每年的货币标准也不一样。当然还有一个原因，中国的贫困标准与国际上的贫困标准并不一样。如果不做专门研究，看到这些数字的变化，很容易搞晕了。所以，了解贫困问题，首先要把贫困的定义和标准搞清楚。

第二，准确界定什么是贫困、什么是贫困标准，才能确定什么是贫困户、什么是贫困县、什么是集中连片特困地区、什么才算脱贫，等等，才能准确界定扶贫对象，部署脱贫任务，确定扶贫措施，开展扶贫工作，检查扶贫成效。如果连什么叫贫困、贫困的标准是什么都不清楚，连扶贫脱贫的对象都搞不清楚，那所有的工作就都无法开展。党和国家强调精准扶贫、精准脱贫，精准首先就要有精准的标准，才能定精准的对象，开展精准的工作。

所以，在研究、梳理、介绍扶贫脱贫的历程之前，我们首先需要准确界定或厘清有关贫困的一系列概念。

（一）什么叫贫困

世界银行给贫困下了一个定义："贫困就是这样一种人们想逃避的生存状态，贫困就意味着饥饿，意味着没有栖身之地；贫困就是缺衣少药，没有机会上学，也不知道怎样获得知识；贫困就是失业，害怕面对未来，生命时刻受到威胁；贫困就是因为缺少清洁的饮用水而导致儿童生病甚至死亡；贫困就是权利和自由的丧失。"

我们一看就知道，这个定义就像在给人画像，画了鼻子嘴巴，画了肚子胸脯，画了手臂大腿，但就是没有说到底什么是人，这个人是谁。也就是说，这个定义是描述性的，而不是严格按学术规范界定出贫困的本质。为什么会这样下定义？因为给贫困下一个全面而科学的定义太难了。所以，世界银行宁愿对贫困的概念给出一个描述性的解释。

从这个定义出发，我们可以进行更深一步的研究，作出必要的阐发。

（二）贫困有狭义贫困和广义贫困。

狭义贫困是指经济意义上的物质生活资料匮乏而导致生活水平低于社会标准的贫困，传统意义上讲的贫困通常指的是狭义贫困。而广义贫困，除了包含经济意义的狭义贫困之外，还包括社会、环境等方面的其他因素，如人口期望寿命、婴儿死亡率、受教育程度、医疗条件、参与经济与社会活动的愿望等。这些因素是从收入贫困延伸出来的能力贫困和权利贫困。

贫困治理一般都是首先解决狭义贫困，但这是不够的，在解决狭义贫困的基础上，还要关注人的其他社会性的需求，解决更多内容的生活需求，即解决广义贫困问题。

（三）贫困有绝对贫困和相对贫困。

绝对贫困是指低于维持身体有效活动的最低指标的一种贫困状态，这种最低指标是指"勉强维持生存的标准，而不是生活的标准"。也就是说，除了为维持身体健康而绝对必须购买的物品外，其他一切都不能包括在内，而且所有购买的物品必须是最简单的。用老百姓的话来说，实际上，就是能马马虎虎地过日子、活下去。

相对贫困，顾名思义，是相对的，即把某一部分人的生活水平与拥有较高收入的参照组相比较后确认的贫困。马克思曾经写道：一个住小草房的人在他的邻居搬来并建了一座宫殿之前，他一直是很快乐的。后来，那个住小草房的人开始感觉到了贫困。这就是参照系变了，原来不算贫困的，一与条件更好的相比，他贫困了。

由此可见，贫困治理首先要解决绝对贫困，让每一个人都能够生存下去。但这还仅仅是最低程度的脱贫和扶贫。在解决了最低限度的生存需求之后，还要解决人的其他必要的需求，逐步过上有尊严的生活，逐步缩小人与人之间非个人因素造成的差距。

五、国家贫困、地区贫困、类型贫困和个体贫困

贫困，存在于不同区域和不同层面，因此，如果从宏观、中观、微观分别考察，就有"国家贫困""地区贫困""类型贫困""个体贫困"等。

（一）国家贫困。

这是指整个国家的贫困。这是一种宏观性的贫困，即从国家角度加以界定的贫困。世界上的不同国家，发展水平是不一样的。有的是发达国家，有的是发展中国家。从国家层面来看，所有低收入国家都是贫困国家，而所有高收入的国家则不是贫困国家。国家层面的贫困是一种宏观贫困。它与社会制度、治

国方式、自然条件、历史原因、经济发展、人口素质、社会福利等有关，需要从宏观上加以解决，难度比较大，一般都要经历一个较长的发展过程才能解决。

中国的贫困，曾经是整个国家层面的贫困。治理这种贫困，不是靠对某一个地区和某一部分群体实施特殊的扶贫措施，而是要通过整体上的国家治理，解放和发展生产力，推进国家发展，提高国家的综合国力，增加更多人们的财富，提高全体人民的生活水平。中华人民共和国成立以来，党和国家所做的主要是这方面的工作。通过持续不懈的努力，我们已经实现了从温饱不足到全面小康的跨越，实现了整个国家富起来的飞跃，也就是说，消除了国家贫困，这是一个伟大的历史性成就。

（二）地区贫困。

这是指某一个或某一部分区域的贫困。有的是跨国家的大区域，如非洲很多国家的连片贫困。但一般是国家内部的区域贫困，其中包括地区贫困、农村贫困、城市贫困等。如我国的西部地区，区域辽阔，但自然条件比较差，交通不便，发展程度较低，贫困人口较多。特别是一些连片贫困地区，大多处于高山、高原、高寒等地区，属于区域贫困。这些贫困都具有区域性的特点，是一种中观性的贫困。因此，总体上要随着国家的发展逐步加以解决，但同时又必须针对这些地区的特点和导致贫困的特定原因，采取区域性的政策和措施，成片解决这些地区的贫困问题。如果仅仅针对这些区域的贫困人口采取措施，而不采取区域性的政策，改变这些区域的交通、产业、环境、资源等状况，个人的贫困是很难从根本上解决的。

（三）类型贫困。

这是指不同类型的贫困，如城市中的贫困和贫困人口。城市总体上是比较富裕的地方，但由于种种原因，始终会有一些贫困人口和贫困现象。在我国，目前城市中实行最低工资和最低生活保障制度，绝对贫困的人口不多，所以基本上不属扶贫脱贫攻坚战的对象。当然对城市贫困现象，必须高度重视，在解决农村贫困问题的基础上，也要帮助和扶持城市贫困人口和低收入人口。在我国，长期以来的贫困人口，主要在农村，这是最大的一种类型贫困。这种贫困与"三农"问题紧紧联系在一起，有自身很多重要的特点。我们长期进行的扶贫脱贫事业，主要就是针对农村地区的绝对贫困。这种贫困，既可以说是中观贫困，也可以说是一种宏观贫困。

（四）个体贫困。

这是从个人和家庭角度界定的贫困，是一种个体意义上的贫困，属于微观贫困。原因有社会的，也有个体的。任何社会、任何时期，都会有一些个人或家庭处于贫困状态。从这种角度来看，所有国家都有贫困问题，很难说哪个国家没有 1 个个体贫困。例如，据有关报道的数据，2019 年美国贫困人口比例为 10.5%，约 3400 万人。2020 年 5 月以来，受新冠肺炎疫情的影响，美国贫困人口新增 800 万。这样，2020 年，美国的实际贫困人口约 4000 万人。当然，这与美国的贫困标准有关。如按"极度贫困"标准，美国智库传统基金会 2018 年的一份报告的数字是 150 万人。这些数字是否准确，需要研究。其他国家也会有不同数量的个体贫困。所有的"国家贫困""地区贫困""类型贫困"都是由个体贫困组成的。即使在"国家贫困""地区贫困""类型贫困"并不严重的地方，也会有个体贫困。这种意义上的贫困是一个永恒的问题。开展反贫困斗争，实行贫困治理，开展扶贫脱贫，归根结底，都是要消除这样一个个具体的贫困。解决个体贫困，既要从基础上、主体上消除"国家贫困""地区贫困""类型贫困"，又要精准施策，有针对性地解决所有的个体贫困。不同层面上的政策措施，最后都要落实到这些个体上。这就是习近平总书记所说的精准扶贫、精准脱贫。

贫困问题具有层次性，解决贫困问题，也就要从国家、区域、个体这三个层面，或宏观、中观、微观三个层次入手，采取不同的政策和措施，上下结合，共同发力。中国的贫困治理，总体上就是从这三个层面共同推进的。越到后期，就越是向中观和微观上转移和发力。所谓精准扶贫、精准脱贫，主要就是逐个解决微观层面的个体贫困，从而实实在在地达到消除整体贫困的目标。

六、国际贫困线标准

界定了贫困的内涵，就要进一步研究和梳理怎样具体来对贫困加以界定和划分，贫困的标准到底是什么。只有确定了划分贫困的标准，我们才能明确扶贫的对象，采取实际措施解决贫困问题。

贫困治理是全世界的共同课题，所以国际上和其他国家都有对贫困的认识和划分贫困的标准。这些标准可供我们参考，必要时还要与国际接轨。

首先看经合组织的国家贫困标准。

1976 年，经济合作与发展组织（简称经合组织，OECD）在对其成员国进行的一次大规模调查后，发现大多数成员国的个人社会救助标准大约相当于个人社会中位收入的 2/3，于是提出以此作为制订贫困线的基础，即以一个国家或地区社会中位收入或平均收入的一半即 50% 作为这个国家或地区的贫困线。1979 年，贝克曼参考上述数据，计算出一整套系统的国际贫困标准。后来便成为被广泛运用的国际贫困标准。特别是欧盟国家，基本采用这个标准。这种国际贫困标准实际上是一种收入比例法。

国际贫困标准简单明了，容易操作，不需要进行特别的调查，只要知道社会平均收入或社会中位收入，乘上 50%，就可以求得贫困线。用作国际比较也很方便。它可以使受助者得到的救助金额与社会上大多数人的收入同步增长，分享经济、社会发展的成果。

但是，社会平均收入的中位数即 50% 的比例数，是以相对贫困的概念作为理论基础的。用在不同的国家不一定能反映贫困的实际情况，也难以反映绝对贫困的状况。

绝对贫困，就要看世界银行给出的国际贫困线标准。

1990 年，世界银行选取当时一组最贫穷国家的贫困线，采用购买力平价法将它们换算成美元，通过计算出的平均值，将贫困线设定在人日均 1 美元左右。

2005 年，世界银行进行了新一轮更大规模的国际可比性价格数据收集，并根据新的购买力平价数据和当时 15 个最贫穷国家贫困线的平均值，将国际贫困线上调到人日均 1.25 美元。

2015 年 10 月 4 日，世界银行宣布，按照购买力平价计算，将国际贫困线标准从此前的一人一天 1.25 美元上调至 1.9 美元。

世界银行首席经济学家考希克·巴苏表示，此次上调是为了反映出 2005 年以来全球出现的价格上涨。世行参照当今世界最贫穷国家的平均通胀水平，提高名义贫困线，而实际贫困水平则保持不变。

实际上，贫困线标准的调整，应该是基于两方面的因素。一方面是随着社会整体生活水平的提高，最低的生存标准也应当相应提高。另一方面，社会的物价水平总是在不断提高的，最低生活开支的货币量当然也应该提高。

1990 年，全球约有 36% 的人口每人每日的生活费低于 1.9 美元。2015 年，该比例已降至 10%。1990 年至 2015 年，全球有超过 10 亿人口摆脱了极端贫困。2013 年世界银行制定的 2020 年将全球贫困率降低到 9% 的中期目标本来有望提前完成，但由于 2020 年初全世界开始发生大规模的新冠肺炎疫情并不断加剧，这个目标的实现增加了不确定性。

用日均 1 美元、1.25 美元、1.9 美元来作为划分贫困人口的界线，非常直观，简单明了，能直接反映和衡量绝对贫困的状况，特别易于操作。

但是，我们需要知道，第一，美元在世界上的换算有汇率法和购买力平价法两种。用什么方法换算，结果是不一样的。第二，世界上不同国家的生活水平是不一样的。同样的美元，在不同国家能够获得的生活消费品也是不一样的。

所以，除每人每日生活费 1.9 美元这一标准，世界银行还提出了两项衡量贫困的标准，即每人每日生活费 3.2 美元和 5.5 美元。这两项标准分别用于衡量中低收入国家和中高收入国家的贫困水平，是对现有全球贫困标准的补充。有数据表明，2015 年，世界上超过 25% 的人口每人每天的生活费低于 3.2 美元，近半数人口不足 5.5 美元。

从货币角度衡量贫困水平，也不一定能真实反映人们的基本生活水平。从货币标准看，一些人可能并不属于贫困人口。但如果医疗保障、清洁用水和教育等基本需求无法满足，他们依然会感受到贫困。因此，世界银行提出了一种能够反映多方面、多维度信息的测量方法，用于衡量人们的基本生活水平。测量结果显示，贫困问题的分布范围比人们想象的要广。

传统的贫困衡量方法只涉及家庭，并未涉及家庭内部的差异。事实上，在同一家庭中，不同成员的贫困状况也不尽相同。所以，世界银行的报告指出，衡量个体的贫困状况，需要考虑资源是如何在家庭成员间进行分配的。有证据表明，在许多国家，妇女和儿童更容易受到贫困的影响。但要真正解决家庭内部的不平衡问题，难度更大。

随着社会经济的不断发展，衡量人们基本需求的标准也会发生变化。例如，在贫穷国家，人们只需要一些基本的条件即可参与劳动、实现就业。但在较富裕的国家，人们进行工作还需要手机、电脑等现代化设备。对此，世界银行根据每个国家的消费或收入状况提出了一项新的标准——社会贫困线，用以衡量人们基本需求的变化。

与国际贫困线相关联，还有国家的分类。1990 年世界银行提出的每人每天 1 美元的国际贫困线，是低收入国家的典型的贫困线。世界银行按人均收入水平将世界各国划分为三类四等，即低收入国家、中等收入国家（其中又分为下中等收入国家和上中等收入国家两等）、高收入国家。前两类就是所谓发展中国家，后一类为发达国家。国际社会的"中等发达国家"应该是发达国家的平均水平。划分的标准是逐步提高的，提高的幅度和世界平均的经济增长速度大体相当。1997年划分三类四等国家的下限标准是：785美元，3125美元，9655美元。该年我国人均国内生产总值（GDP）为860美元，已经开始进入下中等收入国家的行列。但在世界133个国家中排在81位，和中等收入国家的平均水平（1890美元）相比还有很大的距离，和高收入国家的平均水平（25700美元）相比差距就更大了。

七、世界不同国家的贫困标准

世界各国的发展水平不一样，价值观念也有很多不一样，所以，贫困标准也不一样。为了更好地理解中国的贫困标准，我们根据能够搜集到的有关资料，先把世界部分国家的贫困标准介绍一下。是不是仍然是现行标准？尚难肯定，所以仅供参考。

（一）美国的贫困标准。

美国的贫困线以家庭人口和家庭收入为基本要素，标准逐年提高。2011年，美国贫困人口的标准是，四口之家税后年现金收入低于22314美元，或两口之家低于14218美元（2010年）。按此计算，美国的贫困率为15.3%。2010年，美国的贫困人口为4620万人。按美国卫生与公众服务部（HHS）2018年的联邦贫困水平数据，在本土48州，单身人士的贫困线为年收入12140美元（折合7.8万元人民币，月均6500元人民币）。典型的美国家庭——一对父母两个子女组成的四人家庭，贫困线为25100美元（折合16万元人民币，家庭月均1.33万元，人均3333元）。根据美国人口调查局的最新调查，2020年的美国贫困线标准为单身收入低于12760美元，四口之家低于26200美元。这些数据是否确实，尚需查证。美国"极度贫困"人口指的是那些收入水平低于上述贫困线标准50%的人。

（二）法国的贫困标准。

法国的贫困线定在全国人均收入中位数的一半，为每人每月650欧元（合人民币5760元）左右。这个收入中位数的一半的标准，就是前面说的经合组织的计算标准。

（三）澳大利亚的贫困标准。

澳大利亚的贫困线是墨尔本应用经济和社会科学院于2009年1季度更新的，并且包括了住房成本。一个有2个孩子的家庭（指2个成人，其中1人工作，抚养2个孩子）的贫困线为每周736澳元。如果一对夫妇2个孩子，但是户主不工作，则包括住房成本的贫困线为每周 767.79 澳元。

（四）印度的贫困标准。

印度的贫困线标准是按照人所获取的热量作依据的。根据 1973 年至 1974 年第 28 次全国抽样调查的数据，把标准热量需要的消费食品清单转换为相应的人均货币支出。在农村地区平均每人每天获得 2400 大卡热量，每月需要的货币支出为 49.09 卢比；在城市平均 2100 大卡，需要的货币支出为 56.64 卢比。由此确定贫困的标准。到 2000 年，农村和城市的贫困线分别为 328 卢比和 454 卢比。

（五）巴西的贫困标准。

巴西有两条贫困线：贫困线和极端贫困线。这两条贫困线是根据 5 年的消费支出数据确定的。

贫困线按照最低工资的 1/2 来确定。极端贫困线按照当前最低工资的 1/4 来确定。现在的贫困线是 232.50 雷亚尔，极端贫困线是 116.25 雷亚尔。由于最低工资每年都变化，贫困线和极端贫困线也随之频繁变化。

（六）越南的贫困标准。

2011 年至 2015 年，越南农村贫困户标准为人均年收入 480 万越盾以下，折合成人民币就是 1511 元。2010 年越南人均 GDP 是 1162 美元，同期中国人均 GDP 为 4500 美元。

（七）南非的贫困标准。

2001 年，南非官方贫困线对一个五口之家的定义是每月 1541 南非兰特，相当于每月 286 美元。2001 年，南非大约 57% 的人口生活在收入贫困线之下。南非统计局公布，每人每月的食品贫困线为 211 兰特，并估计非食品支出为 111 兰特，二者合计得到的官方贫困线为每月 322 兰特（2000 年价格）。折算成 2006 年价格，官方贫困线为每人每月 431 兰特（约 80 美元）。

八、中国的扶贫标准

中国的扶贫标准，既参考国际标准，也从中国自己的实际出发，根据中国大多数人的生活水平、消费水平加以确定。

2008 年以前，中国政府设定了两个扶贫标准，即绝对贫困标准和低收入标准，都系人均年纯收入。

1986 年以前，中国还没有贫困线的说法。改革开放前，中国处于普遍的贫困状态。改革开放后经济发展出现良好势头，人民的生活水平开始提高，但起初还没有划定需要特殊帮扶的贫困人口，因此也就没有划定贫困线或扶贫标准。

1984年9月29日，中共中央、国务院发出《关于帮助贫困地区尽快改变面貌的通知》。两年后，六届全国人大四次会议把"老、少、边、穷地区尽快摆脱经济文化落后状况"作为一项重要内容列入国民经济发展"七五"计划（1986—1990年）。1986年5月16日，国务院成立了"贫困地区经济开发领导小组"（1993年12月28日改称"国务院扶贫开发领导小组"）。

"贫困地区经济开发领导小组"成立后，所做的一件重要工作，就是制定扶贫标准。在对6.7万户农村居民家庭消费支出调查的基础上，经过计算，确定1986年的扶贫标准为206元。按此标准，中国当时有1.25亿贫困人口。

这个贫困线，是按照1985年200元的不变价计算的。计算的方法，简单地说，就是将每人每天2100大卡的最低营养需求，折算成食物量，再按照当时的消费价格换算成货币。具体来说：

（1）综合国际和国内最低限度的营养标准，采用2100大卡热量作为农村人口贫困的必需营养标准。

（2）用最低收入农户的食品消费清单和食品价格，确定达到人体最低营养标准所需的最低食物支出，作为食物贫困线。

（3）假设靠牺牲基本食物需求获得的非食品需求是维持生存和正常活动必不可少的，也是最少的。并根据回归方法计算出收入正好等于食品贫困线的人口的非食物支出（包括最低的衣着、住房、燃料、交通等必需的非食品支出费用），作为非食品贫困线。

（4）用食品贫困线（约占60%）与非食品贫困线（40%）相加得到贫困人口的扶持标准。

据此，确定了1986年农村人均纯收入206元的标准，这是一个能够维持基本生存的最低费用标准，是符合中国实际的标准。根据统计年鉴，1985年的城镇居民人均可支配收入为739.08元，农村居民人均年收入为547.31元。和200元贫困线的倍差，分别是3.7和2.7。

这个贫困线，是按照1985年200元的不变价计算的。不变价是指扣除了价格因素后的数据。以后每一年的实际贫困线，都在此标准上加入通胀的价格因素。1985年是200元，1986年则是206元。到2000年相当于625元，2007年为785元。

这个扶贫标准，是绝对贫困线。除此之外，中国还设定了一个低收入标准。这个低收入标准，2000 年为 865 元，2007 年底为 1067 元。2008 年，绝对贫困标准和低收入标准合一，统一使用 1067 元作为国家扶贫标准。

2011 年 11 月 29 日，中央扶贫开发工作会议在北京召开。时任国务院总理温家宝在会上宣布，中央决定将农民人均纯收入 2300 元作为新的国家扶贫标准。该标准比当时的 1274 元提高了 80%。

新标准被视为"与国际接轨"。每年 2300 元人民币直接通过汇率换算，相当于每天约 1 美元。不过，世界银行的贫困线并不是以汇率为基准的，而是基于购买力平价，即根据各国不同的价格水平计算出来的货币之间的等值系数。如果用国际购买力平价方法来计算，中国新的扶贫标准相当于人均一天 1.8 美元，超过了世界银行 2005 年制定的国际贫困人均一天 1.25 美元的新标准。

2016 年 5 月 10 日，时任国务院扶贫办主任刘永富表示，中国是人口最多的发展中国家，贫困人口规模大，扶贫标准要与基本国情相适应，并随着经济社会发展逐步提高。他介绍：1986 年中国第一次制定国家扶贫标准，为农民年人均纯收入 206 元，到 2000 年现价是 625 元；2001 年提高到 865 元，到 2010 年现价是 1274 元；2011 年提高到 2300 元；到 2015 年这个标准的现价为 2855 元。"按购买力平价方法计算，相当于每天 2.2 美元，略高于 1.9 美元的国际极端贫困标准"，是中国 2015 年最低扶贫标准。

他介绍称，根据规定，各省还可以制定高于这个标准的地方扶贫标准。已有 12 个省市制定了高于国家标准的地方标准，"一般在 4000 元左右，高的到了 6000 元以上"。

但也有学者指出，世界银行的贫困线标准是人均消费贫困线，而中国的贫困线则是人均收入贫困线。世界银行的绝对贫困线称为极端贫困线，只是满足最低生存要求的底线。中国的贫困线不是极端贫困，而是一般贫困。如果以近 10 年平均的消费占收入比重 0.76 来估算，中国的贫困线标准只相当于国际贫困线标准的 60% 左右。这种说法是否准确不好说，但可以提示我们注意。

中国目前的贫困线是以 2011 年 2300 元不变价作为基准的。按此计算，每年的扶贫标准是：

2014 年贫困标准 2800 元 / 年。

2015 年贫困标准 2968 元 / 年。

2016 年贫困标准 3146 元 / 年。

2017 年贫困标准 3335 元 / 年。

2018 年贫困标准 3535 元 / 年。

2019 年贫困标准 3747 元 / 年。

2020 年贫困标准 4000 元 / 年。

需要特别强调，中国扶贫标准并不仅仅是人均年收入，按照中央确定的标准和习近平总书记的要求，还应该是"两不愁三保障"。即"到 2020 年，稳定实现扶贫对象不愁吃、不愁穿，保障其义务教育、基本医疗和住房"。与基本解决生存温饱问题相比，这是一个内涵更丰富、层次要求更高的扶贫工作目标。

所以，刘永富指出：这次脱贫攻坚要解决的是绝对贫困问题，标准有三个方面。一是农民人均纯收入达到 4000 块钱左右。二是"两不愁"，不愁吃、不愁穿，包括饮水安全。三是"三保障"，义务教育、基本医疗、住房安全有保障。

简要概括，就是"一收入""两不愁""三保障"。

这一目标的政策含义，既包括了生存的需要，又包括了部分发展的需要。它不仅仅关注扶贫对象的吃饭、穿衣、居住等基本物质生活消费，还关注其享受义务教育、医疗卫生等基本公共服务状况，体现了党和国家提出的"幼有所育、学有所教、劳有所得、病有所医、老有所养、住有所居、弱有所扶"的基本要求。

"两不愁三保障"并不是都由扶贫对象的人均年收入体现出来的，它还有很多国家和社会提供的服务和投入。所以，中国的扶贫标准是综合性的标准，不比 1.9 美元的国际标准低。

按照新的扶贫标准，2011 年底中国扶贫对象有 1.22 亿人。2014 年末，还有 7017 万农村贫困人口。到 2015 年底，全国还有 14 个集中连片特困地区、832 个贫困县、12.8 万个建档立卡贫困村，贫困人口达 5575 万人，相当于中等人口规模国家的总人数。到 2020 年，中国现行标准下农村贫困人口全部脱贫，提前 10 年实现了《联合国 2030 年可持续发展议程》确定的减贫目标。

九、中国的扶贫对象和基本单元

准确地确定扶贫对象，才能科学地规划、部署和推进扶贫脱贫事业。中国的扶贫对象，并不是简单的一个个贫困的个人，而是按不同的层次加以界定的。中国扶贫脱贫的特点和长处，在扶贫对象的界定上就开始体现出来了。

（一）扶贫对象。

中国扶贫开发工作和政府扶贫政策所瞄准的目标对象，主要是收入或消费水平低于扶贫标准（农村贫困标准）的农村贫困人口。

扶贫对象的确定，既与国家扶贫标准相对应，也与扶贫开发阶段性工作任务密切相关。由于这两者是动态的，所以扶贫对象及其规模也是动态的。

《国家八七扶贫攻坚计划（1994—2000年）》将全国农村没有解决温饱的8000万贫困人口，作为扶贫开发的主要工作对象。[1]

《中国农村扶贫开发纲要（2001—2010年）》将扶贫对象分为两个层次：一是将贫困地区尚未解决温饱问题的贫困人口作为扶贫开发的首要对象；二是与此同时，继续帮助初步解决温饱问题的贫困人口增加收入，进一步改善生产生活条件，巩固扶贫成果。[2]这两个层次的扶贫对象与国家颁布的两个扶贫标准，即贫困标准和低收入标准，是相对应的。

《中国农村扶贫开发纲要（2011—2020年）》将扶贫标准以下具备劳动能力的农村人口作为扶贫工作主要对象。[3]这里对应的扶贫标准，是指我国中央政府和地方政府2011年颁布的新的扶贫标准，以及今后可能适时调整的扶贫标准。

从理论上来说，扶贫对象与贫困人口这两个概念并没有本质区别，但之所以提出和采用"扶贫对象"这一术语，是为了突出强调扶贫开发工作和政府扶贫政策的目标群体的指向性和对象瞄准性，以便于更加有效地开展工作。

（二）贫困户。

中国的扶贫单元，不仅仅是个人。一般来说，是以家庭为基本单元的，即首先是贫困户，然后依次还有贫困村、贫困县，以及连片贫困地区。

家庭是社会的细胞，也是中国几千年来最基本的生产单位。虽然以户为单位的生产经营有其不足和弊端，但却具有强大的生存能力、聚合能力，可以保证人们最基本的生存需求和最基础的社会稳定。

邓小平1992年曾说过："欧洲发达国家的经验证明，没有家庭不行，家庭是个好东西。"[4]中国的经验更证明家庭是个好东西。千百年来，无论遇到灾荒还

---

[1] 参见中共中央文献研究室编：《十四大以来重要文献选编》（上），中央文献出版社2011年版，第673页。

[2] 参见中共中央文献研究室编：《十五大以来重要文献选编》（下），中央文献出版社2011年版，第128—129页。

[3] 参见中共中央文献研究室编：《十七大以来重要文献选编》（下），中央文献出版社2013年版，第360页。

[4] 中共中央文献研究室编：《邓小平年谱（1975—1997）》（下），中央文献出版社2004年版，第1338页。

是战乱，中国的家庭都是打不烂、拆不散的。改革开放以来的农村家庭联产承包责任制之所以蓬勃兴起并创造历史性的奇迹，深层次的一个原因，就是中国家庭的特殊功能和优势。

所以，中国的扶贫脱贫强调扶贫到村到户。国家不仅将扶贫到户作为一项重要措施，而且把解决贫困农户温饱的各项指标也量化到户，要求做到项目到户，资金到户，效益到户，帮扶措施到户。

但"户"又是什么概念？怎样定义"户"呢？一"家"一"户"，好像很简单，但在人口学、社会学、政治学上都是一个非常复杂的问题。家并不完全等同于户，户也并不完全等同于家。仅从农村实际来说，据有关农业问题专家的研究，就有农村居民户即"户籍户"、农村承包经营户、宅基地保障户、股权户、村民户、联户、家庭户，林林总总有7种之多，而且在法律上、文件上都有使用和规定。如何界定这些户，涉及很多法律问题。农村经济社会生活中的许多问题乃至纠纷，也会因此而起。

在实际生活中，为了便于操作，使用户籍上的"户"比较简单、可行，一个户口本就是一户，户口本上的人口即为家庭成员。

怎样扶贫到户？在扶贫脱贫实践中，各地探索出了许多行之有效的方式。如：

干部包扶，工作到户。组织各级干部与贫困农户结成"一帮一"对子，采取签订责任状等方式，明确干部包扶任务。

实体带动，效益到户。通过鼓励企业与农户合作建立农产品生产加工基地，实现农产品产、供、销的良性循环。

易地搬迁，移民到户。本着自愿的原则，将贫困农户从生产生活条件极其恶劣的地区搬迁到条件较好的地区，实现易地脱贫。

社会各界，帮扶到户。组织社会各界对贫困农户进行帮扶。

小额信贷，扶贫到户。在借鉴其他国家和国际组织扶贫经验的基础上，积极组织小额信贷扶贫到户。

对贫困户的认定有严格的标准和程序。除了基本的贫困标准外，还有很多具体的情况需要甄别和排除。如，有的规定"六不评"，即有下列情形之一的，一般不纳入建档立卡贫困户：家庭成员中有在国家机关或企事业单位工作且有稳定收入的；家庭成员中有任党支部书记或村委会主任的；家庭在城镇购买商品房、门市房的；家庭成员拥有小轿车、工程机械、大型农机具的；家庭成员有作为企业法人或股东在工商部门注册有企业且有年审记录的，或长期雇佣他人从事生产经营活动的；家庭成员中有高费择校读书、在高费私立学校读书或自费出国留学的。

按照《国务院办公厅转发民政部等部门关于做好农村最低生活保障制度与扶贫开发政策有效衔接指导意见的通知》（国办发〔2016〕70号文件）的规定，"十三五"期间，在扶贫对象认定时，中央确定的农村居民基本养老保险基础养老金暂不计入家庭收入。

（三）贫困村。

过去很长时间，我们均使用"农村"这个概念，现在改叫"乡村"，既是回归历史，也是时代需要。因为过去在城乡二元结构下，农与工严格分割，所有的乡村只能务农，所以也就只能称之为农村了。但随着农村的改革发展、乡镇企业的崛起和城乡一体化的推进，农村已经并不完全是务农了，其他各业都在迅速发展，所以再称农村，已经不那么准确了。当然，出于习惯原因，或者表示对"农"的重视和尊敬，我们还是可以在一定意义上使用"农村"概念，如"农业农村部"。

乡村、农村，当然是由村构成的。村，村庄、村子、村寨，系由一个或多个家族聚居而自然形成的居民点。居民在当地从事农林牧副渔业或手工业、商业乃至工业生产。在当代中国，村有自然村和行政村两种概念。有时一个自然村就是一个行政村，有时多个自然村构成一个行政村。行政村是乡（镇）以下的行政区划单位，也是实行村民自治的基本单位。

开展扶贫脱贫工作的重点目标对象和基本单元是贫困村。贫困村是指贫困农户相对较多、村域经济和社会事业发展相对落后的行政村。

把贫困村作为重点对象和基本单元，就是要在识别和确定贫困村的基础上，将扶贫开发工作重心下移，扶贫资源、政策直达贫困村。目的是更加有效地瞄准贫困农户，集中力量帮助贫困人口加快脱贫致富，帮助贫困村尽快改变落后面貌，最大限度地提高扶贫开发工作成效。这种以贫困村为基本工作单元的扶贫方式，是中国特色扶贫开发的一大特点。

《国家八七扶贫攻坚计划（1994—2000年）》实施以后，我国农村贫困人口分布状况呈现出"大分散、小集中"的特点，贫困人口主要集中聚居在那些地域偏远、交通不便、经济和社会事业发展相对滞后的村落。基于这一客观实际，为贯彻实施好《中国农村扶贫开发纲要（2001—2010年）》，国务院扶贫开发领导小组明确提出，在贫困地区、扶贫开发工作重点县确定贫困村，实施整村推进扶贫规划。

据此，2002年，全国共识别和确定贫困村15万个，占全国行政村总数近1/4。其中，西部占46.0%，中部占40.5%，东部占13.5%，覆盖了全国80%左右的贫困人口。

《中国农村扶贫开发纲要（2011—2020年）》强调，新阶段扶贫开发要坚持片为重点、工作到村、扶贫到户的工作机制。因此，贫困村仍然是我国扶贫开发的重点目标对象和基本工作单元。"十二五"期间，国家将中西部地区和集中连片特困地区的3万个贫困村纳入整村推进规划范围。

十、贫困县、重点县和连片特困地区

中国农村贫困具有明显的区域性特征。因此，自20世纪80年代中期在全国范围内开展有组织、有计划、大规模的扶贫开发以来，扶贫工作的一个基本方法，是确定国家重点扶持的贫困县，即将贫困面较大、贫困程度较深的县作为贫困地区的基本构成单位和实施扶贫开发的基本组织单位，以便集中力量，保证重点。

采取这种做法的原因和好处是：

第一，县一级是我国基层行政建制中组织机构最全、公共管理职能最强、政治优势最明显的行政组织，有能力在县域范围内组织开展扶贫脱贫工作，采取适当的扶贫举措。

第二，县一级是我国财政管理体制中独立预算功能（包括公共财政支出和财政资源整合功能）最强的基层组织，可以统一接受上级财政拨款和转移支付，相对均衡地在县域范围内使用和分配。

第三，县一级是承上启下的最重要环节，离贫困村、贫困人口的距离最近，有利于开展有针对性的扶贫开发措施，也可以统一组织干部、人力和资源帮扶贫困村和贫困人口。

第四，将贫困面较大、贫困程度较重的县作为扶贫开发的重点单位，从全国范围来看，有利于将较大比重的贫困人口纳入扶贫工作范围，集中力量进行扶持。

（一）贫困县、国定贫困县、重点县。

1986年，国家第一次确定贫困县，方法是以1985年全县农民人均纯收入为衡量指标，并采取有差别的倾斜标准，确定了三类县：一是低于 150 元的特困县；二是低于 200 元的少数民族地区县（旗）；三是低于 300 元的革命老区县。主要是对民主革命时期作出过重大贡献、在海内外有较大影响的老区县，给予重点照顾，标准放宽到年人均纯收入 300 元。当时，全国共确定国家级贫困县 331 个。

1994 年制定《国家八七扶贫攻坚计划（1994—2000 年）》时，国家对贫困县的标准进行了较大幅度调整，第二次确定了贫困县。调整的具体标准是，以县为单位，凡是 1992 年年人均纯收入低于 400 元的县全部纳入国定贫困县扶持范围，凡是 1992 年年人均纯收入高于 700 元的原贫困县，一律退出国家扶持范围。即"四进七出"调整标准。根据当时的典型测算，凡是超过 700 元的县，90% 以上的贫困人口基本上解决了温饱问题。

根据这个标准，列入《国家八七扶贫攻坚计划（1994—2000 年）》的国家重点扶持的贫困县共有 592 个，简称国定贫困县。它们分布在 27 个省、自治区、直辖市，涵盖了全国 72% 以上的农村贫困人口，基本情况见表 1-1。国家重点扶持贫困县数量较多的省（自治区）是：云南（73 个）、陕西（50 个）、贵州（48 个）、四川（43 个）、甘肃（41 个）。数量较少的省（自治区）是：广东（3 个）、浙江（3 个）、吉林（5 个）、海南（5 个）、西藏（5 个）。从集中连片的角度看，这些贫困县主要分布在 18 个贫困地区。

2001 年，中共中央、国务院颁布《中国农村扶贫开发纲要（2001—2010 年）》，进一步明确扶贫开发的重点。据此文件规定，对国家重点扶持贫困县再次进行调整：一是将东部 33 个重点县指标全部调到中西部，东部不再确定国家重点县。二是西藏自治区作为特殊扶持区域，整体享受重点县待遇，不占用重点县指标。三是从东部和西藏调出的国家重点县指标（5 个）集中用于中西部少数民族地区、革命老区、边疆地区和特困地区。四是调整后的重点县统称为"国家扶贫开发工作重点县"，不再使用"国定贫困县"称谓。这次调整后，国家扶贫开发工作重点县的总体规模仍保持 592 个。

2011 年，中共中央、国务院颁布《中国农村扶贫开发纲要（2011—2020 年）》，对国家扶贫开发工作重点县明确了以下政策：

（1）原定重点县支持政策不变。

（2）由各省（区、市）制定办法，根据实际情况进行调整，实现重点县数量逐步减少。

（3）重点县减少的省份，国家的支持力度不减。

表1-1　国定贫困县基本情况 [1]

指　标	单位	1993 年	2000 年	2000 年比 1993 年增减	
				绝对数	（％）
一、社区、人口、劳动力情况					
乡（镇）个数	个	12878	11544	−1334	−10.4
村民委员会个数	个	172616	170164	−2452	−1.4
年末总人口	万人	21230	22160	930	4.4
其中：乡村人口	万人	19277	19563	286	1.5
乡村从业人员	万人	9161	10026	865	9.4
＃农林牧渔业从业人员		7676	7652	−24	−0.3
二、自然资源					
行政区域土地面积	平方公里		2427240		
耕地面积	公顷	22331914	23607587	1275673	5.7
＃有效灌溉面积	公顷	6915083	7939665	1024582	14.8
三、农业生产条件					
农业机械总动力	万千瓦特	4182	7287	3105	74.2
化肥使用量（折纯量）	吨	4448264	6157176	1708912	38.4
农药使用量	吨	82861	136432	53571	64.7
地膜使用量	吨	63281	147228	83947	132.7
农村用电量	万千瓦小时	934395	1641152	706757	75.6
四、国内生产总值（当年价格）	万元	——	60085186		
第一产业增加值	万元	10032143	21583099.5	11550956	115.1
第二产业增加值	万元	——	20257174.9		
第三产业增加值	万元	——	18238266.6		
五、财政收入	万元	——	4212733		
地方财政收入	万元	1489323	2755108	1265785	85.0

[1] 此为国家统计局的统计图表。

续表

指　标	单位	1993 年	2000 年	2000 年比 1993 年增减	
				绝对数	（%）
财政支出	万元	2625971	6950188	4324217	164.7
六、城乡居民储蓄存款余额	万元	8415461	32436301	24020840	285.4
城镇职工年平均人数	人	9449577	8858396	−591181	−6.3
城镇职工人均工资	元	2431	6613	4181	172.0
农村居民人均纯收入	元	488	1338	850	174.2
七、农作物总播种面积	公顷	31806460	33513423	1706963	5.4
其中：粮食作物播种面积	公顷	19022421	24462317	5439896	28.6
八、农产品产量					
粮食	吨	64200433	81228829	17028396	26.5
油料	吨	2999039	4602109	1603070	53.5
棉花	吨	349739	427456	77717	22.2
糖料	吨	8665408	11278221	2612813	30.2
水果	吨	3631969	7827212	4195243	115.5
肉类	吨	5506633	10749899	5243266	95.2

根据《中国农村扶贫开发纲要（2011—2020 年）》精神，部分省对重点县进行了调整。调整的原则是：高出低进，出一进一，总量不变，严格程序。这一政策实行的情况是：各地原重点县共调出 38 个，原非重点县调进 38 个，全国重点县总数仍为 592 个，其中中部 217 个、西部 375 个；14 个连片特困地区内的重点县为 440 个，连片特困地区以外的重点县 152 个。

国家采取一系列有针对性的政策措施，通过对贫困县的集中有效扶持，带动了全国农村贫困问题的解决。

（二）集中连片特殊困难地区。

集中连片特殊困难地区，简称连片特困地区，指《中国农村扶贫开发纲要（2011—2020 年）》明确的新一轮扶贫攻坚主战场，包括六盘山片区、秦巴山片区、武陵山片区、乌蒙山片区、滇桂黔石漠化片区、滇西边境片区、大兴安岭南麓片区、燕山－太行山片区、吕梁山片区、大别山片区、罗霄山片区，以及已经实施特殊扶持政策的西藏、四省藏区和新疆南疆三地州。

连片特困地区是依据贫困区域分布规律和不同区域自然地理特征进行划分的。其划分原则是：

（1）集中连片，即自然地理相连、气候环境相同、传统产业相似、文化习俗相通、致贫因素相近。

（2）突出重点，即片区内各县的主要经济指标符合划分标准，同时对革命老区、少数民族地区、边境地区给予适当的倾斜。

（3）县为基础，即保持片区内各县的行政区划完整，一个县不能同时被划进两个片区。具体操作中选择农民人均纯收入、人均财政一般预算收入和人均地区生产总值作为县域经济评价指标，将这三项指标2007年至2009年的三年平均值，与西部地区平均值对比，低于西部地区平均值的县纳入片区范围。

全国14个连片特困片区共包括680个县及县级单位（简称片区县），国土面积392万平方公里，占全国的40.8%。2009年，总人口2.36亿，其中乡村人口约2.3亿，分别占全国总数17.7%、23.9%。片区县中有440个国家扶贫开发工作重点县，252个革命老区县，368个少数民族县，57个边境县，448个地质灾害高发区县，661个县属于地方病病区，269个县位于国家主体功能区规划中的限制开发区和禁止开发区。14个片区基本覆盖了全国经济发展相对落后的县和贫困人口较为集中的地区，它们是扶贫开发的主战场。

在扶贫攻坚中，中央还确定了334个深度贫困县。深度贫困县集三区为一体：全国334个深度贫困县中，革命老区县有55个，少数民族县有113个，还有一部分是边境县。这些地区的经济社会发展滞后，往往生态脆弱，存在生态保护与发展之间的矛盾。同时，深度贫困地区自我发展能力较弱。

2017年6月21日至23日，习近平总书记在山西召开深度贫困地区脱贫攻坚座谈会，并对深度贫困地区脱贫攻坚作出全面部署，这标志着我国脱贫攻坚从面上推进向聚焦深度攻坚转变。

第二章

中国历史上的贫困问题

☆　☆　☆

一、中国古代生产力的发展变迁

中国，是以华夏文明为源泉、中华文化为基础，并以汉族为主体民族的多民族统一国家。中国是世界四大文明古国之一，有着悠久的历史、辽阔的疆域、丰富的资源、众多的民族和灿烂的文化。中华文明的历史至少已有5000年，根据考古发现，还可上溯至8000年前。距今约5000年前，以中原地区为中心，开始出现部落组织，进而形成国家。中华民族为人类文明进步作出了不可磨灭的贡献。

中国生产力的发展，自古以来，最重要、最广泛的，当数农业的发展，其次是手工业。到了近代，才有现代工业。商业在生产力的发展中起着特殊的作用。生产力的发展变迁与生产力自身的规律有密切关系，同时也受到生产关系、上层建筑的深刻影响。在中国古代，农业与手工业以及商业的发展经历了一个漫长而曲折的过程。

农业起源于没有文字记载的远古时代，发生于原始采集狩猎经济的母体之中。后来人口逐渐增加，食物不足，迫切需要开辟新的食物来源，于是就出现了最初的种植技术，从而出现了农业。世界上的农业起源中心主要有3个。东亚的起源中心就是中国。

中国传说中的神农氏，遍尝百草，历经艰辛，终于找到了可供人们食用的谷物，接着又观察天时地利，创造斧斤耒耜，教导人们种植谷物，于是出现了农业。

现代考古学告诉我们，新石器时代的原始农业遗址，遍布在我国辽阔的大地，尤以黄河流域和长江流域最为密集。最为著名的有距今七八千年的河南新郑裴李岗和河北武安磁山以种粟为主的农业聚落，距今 7000 年左右的浙江余姚河姆渡以种稻为主的农业聚落。在种植业发展的同时，家畜饲养业作为副业存在，又以采集狩猎业作为生活资料的补充来源。

夏、商、西周、春秋是中国历史上的青铜时代。农业还保留原始农业的某些痕迹，主要使用各种木石骨蚌农具，但青铜农具，尤其是开垦用的青铜镬和中耕用的青铜铲等逐步应用于农业生产。因此，无论农具、技术、生产结构和布局都有很大进步。

据夏商周断代工程的研究成果，夏代建于公元前 2070 年。夏代农业以木石工具为主，出现了原始的水利灌溉技术，并有了历法。农业是夏代的经济支柱。商朝实行奴隶制经济，农业是主要部门，畜牧业占有重要地位，手工业以青铜制造为特色。商、周铸造了大量青铜礼器、兵器、生活用器和生产工具。西周井田制盛行，奴隶制经济高度发展，农作物品种比商代更多，手工业分工更细。

春秋时期，各国为争霸战争的需要，重视发展生产，并使土地、赋税制度发生了变化。铁器的使用和牛耕的出现，促进了生产力的发展，私田增多。人们懂得了深耕、施肥、人工灌溉。春秋后期，鲁国实行"初税亩"。公元前 350 年，秦国废井田制，开阡陌，实行土地私人占有制。各国也相继改革赋税制度，承认了私田主人对土地的所有权。以土地国有为基础的井田制瓦解，奴隶社会走向崩溃。

战国时期，随着封建制的确立，生产力有了较大发展。冶铁技术突飞猛进，农业出现了大型水利灌溉工程，出现了冶铁、煮盐、铁矿、丹砂开采等新产业、新行业。铁农具的普及和牛耕的推广引起生产力的飞跃。各种新式农具纷纷出现。生产工具和水利事业的进步促进了农业的发展，中国传统历法特有的二十四节气形成。粮食作物、经济作物、园艺作物、林业、畜牧业、蚕桑业、渔业均获得全方位发展。奴隶制的崩溃产生了更多的个体手工业者，手工业和商品经济增多。封建城市兴起，一些地区市场出现繁荣景象。

春秋战国时期，由于争霸和改革使思想文化呈现出繁荣气象，产生了许多学派，成为中华民族传统文化的起源和瑰宝。战国时代开始出现把农业活动作为研究对象的农学著作，如《神农书》及《吕氏春秋》中的论文等。

公元前 221 年，"战国七雄"之一的秦国扫灭东方六国，统一全中国，建立秦王朝。秦王朝的建立，使中国统一多民族国家开始形成，同时也确立了君主专制主义的中央集权制度。在这一制度下，确立了皇帝至高无上的地位，建立起完整的中央政权机构，废分封、立郡县。在全国置 36 郡，后增至 40 多郡。县下设乡，乡下有亭、里。秦还统一法制、文字，统一货币、度量衡，实施车同轨、修驰道。这些措施为经济的发展提供了条件，农业生产得到发展。但由于秦王朝的暴政，社会经济遭到巨大破坏，焚书坑儒等极端做法严重摧残了中国文明，秦王朝二世而亡。

汉初统治者吸取秦亡的教训，采取休养生息政策，经济得到恢复和发展，出现了封建社会首次盛世局面。西汉时期农业的发展，主要表现为牛耕的普及、铁农具的推广、水利工程的大量兴修和耕作技术的显著改进，西汉的手工业和商业也有发展。社会经济的进步，成为汉武帝实现大一统的物质基础。汉武帝设置中朝（内朝），改革分封制度，分散诸侯势力。为加强中央集权，设 13 州部刺史，在官吏之间形成了互相制约监察的网络。西汉后期，土地兼并严重，生产遭到破坏。东汉初，采取恢复经济的措施，生产又得以恢复和发展，农业比之西汉有所提高。但随着豪强地主势力的发展，广大农民日益失去土地，沦为依附农民。东汉末年，军阀割据混战，黄河流域社会生产遭到严重破坏。

三国时期，魏、蜀、吴频繁征战，但都注重发展经济。曹魏重视农耕、推行屯田制，在淮河流域兴修水利，北方生产得到恢复和发展。在蜀、吴统治之下，西南地区和江南地区也得到开发。两晋南北朝时期，北方战乱频繁，人口大量南迁，农业生产受到破坏，但江南经济得到较大发展，特别是长江中下游地区尤其迅速，福建和两广也得到一定程度开发。南方的农业生产逐渐赶上北方，开始改变中国农业经济以北方黄河流域为重心的格局。十六国时期，北方的社会生产遭到破坏，但北魏统一黄河流域后推行均田制和租调制，使北方经济得到恢复和发展。成书于约 533 年至 534 年的《齐民要术》系统地总结了这一时期黄河中下游一带农业发展的经验，成为中国古代一部重要的农学著作。南北经济的发展，各地联系的加强，为隋的统一奠定了基础。

隋的统一为生产力发展提供了有利的社会环境，社会经济一度呈现繁荣景象。大运河的开凿加强了南北经济文化交流。但由于隋炀帝滥用民力，迫使大量农民离开土地，社会矛盾激化，社会经济遭到破坏。

唐初，接受隋亡教训，调整统治政策，沿用均田制，实行租庸调制，农业、手工业和商业得到全面发展。出现了曲辕犁、筒车等先进生产工具。同时沿袭北周、隋朝制度，在重要地区设总揽数州军事的总管（后改都督）。尚书省成为最高行政机关，下设六部。彼时，国力强盛，经济发展到鼎盛时期。对外交往频繁，唐都长安成为亚洲经济文化交流的中心。唐朝中期以后，随着庄园经济的发展，土地兼并严重，均田制遭到破坏，租庸调制也无法维持。为了增加财政收入，唐朝实行两税法，以土地和财产的多少作为征税的主要标准，改变了以往以人丁为主的征税标准。安史之乱和藩镇割据，又使社会生产遭到严重破坏。

五代十国时期，黄河流域受到藩镇割据和各朝长期混战的严重破坏。而同期，主要由于北方人口南迁和割据政权注重经济，南方经济有较大的发展。

北宋建立后，收兵权于中央。北宋农业、手工业发展引人注目，商品经济空前繁荣。南宋时，江南农业生产超过北方，水稻和棉花的种植、棉纺织技术、航海造船、对外贸易等成就突出，从根本上改变了过去以黄河流域为重心的格局。两宋时期，封建生产方式向边疆地区扩展，各民族间经济文化交流频繁。

建立在南方农业对北方农业历史性超越基础上的全国经济重心的南移，从魏晋南北朝肇始，经唐代重要转折，到宋代进一步完成。它成为中国古代经济史上的一件大事。在这个历史过程中，曲辕犁的出现标志着中国传统犁臻于完善，水田耕作农具、灌溉农具等均有很大发展。水田耕作形成耕—耙—耖—耘—耥相结合的体系。南方水利工程星罗棋布。农业生产结构发生重大变化。水稻—麦类水旱一年两熟制度初步推广。水稻跃居粮食作物首位，小麦也超过粟而跃居次席。经济作物也有发展。由于水稻在农业上的重要地位，到南宋初年出现了第一部总结江南水田耕作经验的著作、南宋人陈旉所写的《农书》。

元朝的统一，为社会经济的发展创造了新的条件。元朝实行行省制，发展为行政区划，初步奠定了历明清至今的省区制度。西藏正式成为我国领土的一部分，由中央政府设官管理；又在至元年间立巡检司管理澎湖、台湾事务。经济上，受汉人影响，也较重视农业生产。受到破坏的北方农业开始恢复，南方农业继续发展。棉花种植范围进一步扩大，棉纺织技术进一步推广。农学研究在前人基础上取得新的成就。对后世影响最大的农书是王桢的《农书》。海运和漕运的开辟保证了南粮北调，大都成为闻名世界的大都市，对外贸易空前发达。但元朝末年，政治黑暗，经济崩溃，导致元末农民起义。

明朝统治者调整统治政策，积极恢复和发展经济。为解决人口增长带来的粮食需求，一方面扩大耕地面积，对内地荒僻山区、沿江沿海滩涂、边疆传统牧区实行垦殖，另一方面增加复种指数，提高单位面积产量。江南地区的稻麦两熟制已占主导地位，部分地区还出现了三季稻种植。北方的两年三熟制或三年四熟制已基本定型。引进和推广了玉米、甘薯、马铃薯等高产作物和花生、烟草等经济作物。明朝中期，农业生产和手工业生产都超过了前代的水平，市场快速发展，出现了一些经济作物集中产区和商品粮基地。出现了一批工商业城市。在商品经济日益活跃的基础上，江南地区个别生产部门出现了资本主义生产关系的萌芽。徐光启所著《农政全书》以及其他一些小型或地方性的农书，代表了中国传统农业技术的最高水平。但由于大量垦殖，也造成了对森林资源和水资源的破坏，加剧了水旱灾害。明朝后期，政治腐败、土地集中、赋税沉重，社会生产遭到破坏，为增加政府财政收入而实行的一条鞭法因大地主的反对而被迫废止。明末农民起义遂提出"均田免粮"的口号。

明中叶以后，国势逐渐衰落，努尔哈赤领导的女真部趁机兴起，皇太极建立了清朝，并很快取代明朝，又一次建立大一统的多民族国家。清朝的康熙、雍正、乾隆时期，被认为是又一个盛世。清朝采取奖励垦荒、兴修水利等措施，实行"更名田"制度，承认农民的耕地所有权。摊丁入亩，提高佃户和雇工的身份地位。这些措施促进了经济发展，也有利于农民和雇工的人身自由。清朝人口大幅度增加，资本主义萌芽缓慢发展，但自给自足的自然经济仍居主导地位。后期，腐朽的封建专制制度成为商品经济和资本主义萌芽发展的严重障碍。

中国古代农业经济的一个基本特点是精耕细作。从历史过程来看，专家认为，夏、商、西周、春秋是精耕细作的萌芽期，黄河流域的沟洫农业是其主要标志；战国、秦汉、魏晋南北朝是精耕细作技术成型期，主要标志是北方旱地精耕细作体系的形成和成熟；隋、唐、宋、辽、金、元是精耕细作的扩展期，主要标志是南方水田精耕细作技术体系的形成和成熟；明清是精耕细作深入发展期，主要标志是适应人口激增、耕地吃紧的情况，土地利用的广度和深度达到了一个新的水平。[1]

精耕细作表现在耕作方式、生产工具、复种指数、品种产量、灌溉施肥等很多方面。精耕细作表明对农作物的认识和技术水平达到了很高的水平。技术成熟的小农经济能够激励农民生产积极性，用多投入劳动力和改进生产技术的方法，尽量提高单位面积产量，用以解决家庭和家族的生计问题。由于小农经济是封建王朝财政收入的主要来源，所以受到历代封建统治者的重视和扶持。但封建统治的沉重剥削，又常常使农民陷于破产和流亡。

---

[1] 参见全国干部培训教材编审指导委员会组织编写：《从文明起源到现代化——中国历史25讲》，人民出版社2002年版，第130—134页。

从 1662 年康熙即位到 1795 年乾隆退位的 133 年中，西方社会发生了一连串社会变革，经济政治文化迅速发展。而中国，由于实行闭关锁国等政策，在盛世喧闹的余音中逐渐衰落。1840 年爆发的第一次鸦片战争，开始将中国推入半殖民地半封建社会，中国历史进入了近代时期。

在中国漫长的历史变迁中，农民起义是一个特殊的重要现象。中国古代及至近代，农民起义连绵不断。农民起义源于严重的生存危机，并与社会压迫、自然灾害和战乱动荡相伴随。最终矛头往往指向国家政权及其政策。其直接目的是改善生存条件，口号大多集中在争取社会平等上。如北宋王小波起义要求"均贫富"，南宋钟相、杨幺起义要求"等贵贱，均贫富"，明末李自成起义提出"均田免粮"。农民起义既打击了封建王朝的统治势力，也成为王朝更替的主要途径之一。农民起义对维护农民权益、促进社会发展起了积极的作用。但周期性的农民战争和军阀混战，也对社会直接造成了巨大的破坏。由于历史条件的限制，没有出现新的生产力和新的生产关系，农民起义不管规模多么大、次数如何多，终究跳不出封建主义的窠臼，其结果，顶多不过是一次次兴亡更替的朝代更迭而已。

二、中国古代社会经济结构的主要特点

中国古代社会在生产力与生产关系的相互作用中渐进发展，曲折变迁。生产力的发展是社会变迁的基础，政治上层建筑的演化和表现对经济发展也起着非常特殊和重要的作用。一般情况下，强有力的国家机器比较稳定地对社会发挥着管控、维持和促进的作用。有时能有力地推动社会生产力发展，如西汉初期、唐朝初期。但有时也会起强烈的破坏作用。那些不同程度的政治腐败、社会黑暗，往往使经济遭到严重破坏。特别是君主世袭制、终身制下不时出现的暴君、昏君，更是直接祸国殃民。

这种政治的作用和特点，我们在中国古代生产力的发展变迁中已有所触及。现在，我们再着重考察中国古代经济结构方面与本书研究的贫困问题直接相关的一些特点。

土地占有结构和赋役制度是中国古代社会发展的基础。它的演变，对社会经济的发展起着基础性的作用。

在漫长的古代社会，土地是最重要的经济资源。在原始社会，土地属于氏

族公社所有；夏商周时期，实行井田制。在大片土地上，用沟洫道路划分成规整的田区，像井字形，故名为井田。井田土地归国家所有，实际上一切土地属于天子，其中一部分作为禄田赐给各级贵族。同时还实行授田制，定期将一部分公田分授给农户耕种。

到了春秋以后，实行封建土地所有制，周天子将土地分封给许多诸侯，诸侯又层层分封。战国时代用土地奖赏有军功者，称为"名田"，即把土地归于私人名下。土地私有化的进程大大加快。

秦朝规定，全国平民向政府如实呈报自己占有的土地数量，以便政府作为征收田租的根据。从此以后，私人占有的土地只要向国家登记并缴纳赋税，就取得了合法的所有权。这是土地私有制确立的重要里程碑。当然，从秦汉到明清，每个王朝都掌握着相当数量的国有土地并可随意支配。汉代还在边郡实行屯田。

随后，由于连年战乱，出现大量无主荒地，"田无常主，民无常居"。于是，北魏开始实行均田制，即按照一定条件和标准授受田亩。均田制到隋和唐前期继续实行，具体办法和标准有所变化。均田制有利于土地和劳动生产者结合，对于安定社会秩序、恢复和发展农业生产起了积极作用，也使国家征收赋役有了保证。贞观之治和开元盛世的出现与均田制的推行有一定的关系。

但由于均田制也有内在的缺陷和矛盾，特别是国家越来越没有可能授田，因此，后来，均田制逐渐瓦解并彻底废弛，意味着封建土地国有制的衰落。到了唐后期和宋代，封建地主土地私有制进一步发展。明后期的土地高度集中也由此发展而来。

在古代封建社会中，国家对土地拥有最高的所有权和支配权；同时，承认私人对土地的买卖、出租、转让、占有、经营等权利，也常常从宏观上调整土地的占有结构。西汉前期曾多次迁徙东方各诸侯国的"强族豪杰"和"高资富人"到关中地区；对退役士兵和受抚游民给予土地，以恢复和发展农民经济。西汉中期以后，除徙民实边外，还多次把中原地区的公田"假与"和"赋与"贫民，进而采取"限田"的措施，以阻止土地兼并。东汉末年黄巾起义之后，由于土地荒芜、人烟稀少，先后采取屯田制、占田制和均田制。唐朝中期以后，均田制遭受破坏，土地私有制进一步发展，但国家仍然掌握着宏观调控土地占有结构的权力。

封建地主阶级的土地经营方式，主要是将土地出租给无地少地的农民佃种，收取地租。也有自己经营田庄，役使庸客或仆僮从事生产。到明清时期还出现了商人租地使用雇工经营农业、特别是经济作物的新现象。地租的形态，主要是产品地租而不是劳动地租，即主要是交粮食等农产品而不是服劳役。唐代以前，基本上实行分成制，多数情况下保持在农民收获的 50% 或略高一些的比例上。唐代以后出现了定额租。南宋以后，定额租逐渐得到推广。但定额不是国家规定的，也不是固定不变的。明清时期，还出现了永佃制。

在土地制度变化过程中，自耕农的小土地所有制不断发展，并逐渐成为农村经济的主体。自耕农是封建国家征收赋税的主要来源，也是封建国家徭役和兵役的主要承担者。因此，历代一些明智的统治者都比较重视维护自耕农的经济条件。一些所谓盛世，大都与自耕农有一个比较安定和宽松的环境得以从事生产、创造财富有关。但自耕农也会不断分化。富裕的自耕农可以上升为地主，多数自耕农只能勉强维持温饱的生活，遇到天灾人祸就可能陷于破产、丧失土地。

中国的赋役制度也不断演变。汉朝的田租率是"三十税一"；而成年男子每人每年要到郡县服劳役 1 个月（更卒）；一生要到郡县和京师服兵役 2 年（正卒），到边防服兵役 1 年（戍边）；还要缴纳人头税。佃农虽不向国家交田租，但要向地主交"见税十五"的地租，徭役、兵役、人头税概不能免。唐朝实行租庸调法，徭役、兵役负担比汉朝减轻。唐朝后期实行两税法，按田亩纳米粟，按户等纳钱，而户等是由丁壮和财产数额划定的。明朝推行一条鞭法，按丁、粮派役，再把夏秋两税、其他杂税编为一条，一律改为征银，差役由政府用银雇人充当。清朝雍正时，采取"摊丁入亩""地丁合一"办法，把丁银平均摊入田赋中征收。从此，无地民户不纳丁银，纳地丁银者不服徭役，官府用工"悉出雇募"。总的趋势是徭役有所减轻，劳动者的人身控制趋向缓解，人身趋向自由。

农业是古代中国最重要的生产部门。自古以来，中国形成了以农立国的历史传统。农业作为国民经济的基础，为人们提供了生活必需的粮食和副食品，为手工业部门提供了基本的原料，为手工业和商业的发展提供了必要的条件，为中华文明的萌生和发展奠定了最坚实的基石。中国 5000 年文明的辉煌成就是和农业的发展分不开的。

在农业发展的同时，古代的手工业也有很大发展。中国古代手工业有官营手工业、民营手工业和家庭手工业三种主要经营形态。中国古代的手工业，历史悠久，素称发达，技术高超，产品工艺精湛、质地优良，长期居于世界的前列。

中国古代社会以自给自足的自然经济为主要特征。男耕女织的个体农民家庭是社会的基本生产单位。个体农民经济既是封建统治的基础，又是国家赋税、徭役和兵役的主要承担者。因此，国家在总体上一直实行重视农民和农业的基本政策，这对国家和社会的稳定是有利的。但与此同时长期存在的"重农抑商"政策，对中国社会的影响又很复杂了。

中国较早建立了大一统的国家。君主专制主义的国家政权，有欺压剥削民众、实行超经济强制甚至恣意暴戾的一面，但作为国家管理的机器，也有小国寡民不具有的优越性。如文字、度量衡和交通运输的统一，为全国范围生产力的发展创造了良好的条件；民众、信息和一些生产要素可以在较大的范围内流动，使社会有一定的活力；统一的防御体系、武装力量和军事工程可以有效地抵御外部侵略，为国内的经济发展和社会生活创造较好的外部环境；大规模的漕运和交通体系，可以在全国范围内以丰补歉，调度粮食、食盐和其他生活必需品；国家可以集中大规模的人力物力财力，兴建一系列大型水利工程，用以灌溉农田，提供生活用水；遇有不同地域的灾害和饥荒，朝廷可以动用国家储备或调用其他区域的资源给以较大的救助；城市数量的增加和规模的扩大，不仅聚集了更多的生产要素，而且丰富了民众的物质生活和文化生活，提升了社会治理能力；庞大的国家管理体系，也有其统一规范、运行有效的一面，能够及时解决国家和民众的不少问题。在我们批评君主专制主义的时候，对大一统国家所起的这些积极作用，也不可简单抹杀。

在中国古代经济思想史上，始终存在着如何对待农业和工商业的不同主张。齐国的宰相管仲重工商，越国的大夫范蠡主张"农末 [商] 俱利"，明末清初的黄宗羲也主张"工商皆本"。但孔子说"君子喻于义，小人喻于利"，工商业者被视为谋利的小人，受到鄙视。

重农抑商政策在战国时就有明显表现，李悝重农抑商，商鞅变法奖励耕战。汉朝开始把重农抑商政策系统化。对于商人，从汉高祖开始就采取各种压制政策，把铸钱、煮盐、冶铁、酿酒等业收归国家专营专卖。但由于工商业是社会发展的需要和国家税收的重要来源，所以商业以其自身的生命力逐渐发展。因其有厚利可图，贵族、官僚也不乏参与其中。

自汉朝以后，历代的重农抑商政策时强时弱，总的趋势是逐渐弱化。由国家专卖的商品时增时减，一直坚持专卖的只有盐一种，有时也专卖铁、银、铜、锡、矾、酒、茶等物品。民营工商业则持续发展，唐朝比汉朝发展，宋朝又比唐朝发展，丝织、瓷器、造纸、印刷、造船都较发达。对外贸易繁荣，还出现了纸币。明清时又比宋朝发达，出现了许多新的工商业市镇和工场手工业。对商人的抑制时被打破，商人或出资捐官，或培养子弟读书做官。

由于中国早已成为大一统的国家，基于自然经济本身的特点和封建王朝巩固自己统治的需要，也在某种程度上为了国家的安全，中国曾长期处于不同程度的闭关锁国状态。

宋朝自宋太宗赵光义时便开始了全面海禁，甚至连陆上与外国的贸易也全面禁止。元末明初，日本倭寇到中国沿海地区进行武装走私和抢掠骚扰。朱元璋为防沿海军阀余党与海盗滋扰，下令实施自元朝开始间断施行的海禁政策。洪武七年（1374 年），明朝撤销了自唐朝起就存在的负责海外贸易的福建泉州、浙江明州（今宁波）、广东广州三处市舶司。明永乐年间，郑和下西洋成为对外交流的一大壮举，同时放开朝贡贸易，但是民间私人仍然不准出海。而后随着倭寇之患，海禁政策愈加严格。郑和下西洋（1405—1433 年）之后，重新实施海禁。到隆庆元年（1567 年），明政府才又调整政策，允许民间赴海外通商，史称隆庆开关。海禁的解除为中外贸易与交流打开了一个全新的局面。

清顺治初年，对来华贸易的外国商船，沿袭明朝成规，不许进入广州，只准在澳门交易。随后，由于担忧东南沿海郑成功的抗清力量，清廷对出海之禁更加严格。顺治至康熙初年，欧洲国家，首先是荷兰，接着是英国、法国、葡萄牙等国，相继与清朝建立贡市贸易关系。1683 年，台湾郑氏降清，次年 7 月，康熙决定废止海禁，开海贸易。与西方国家的海上贸易也逐渐发展起来。1723年（雍正元年），因与罗马教廷间有关中国礼仪之争的白热化，雍正实施禁止天主教的政策，不许外国传教士进入中国国内传教，并限制贸易。到 1757 年（乾隆二十二年），乾隆帝下令除广州一地外，停止厦门、宁波等港口的对西洋贸易，实行所谓的"一口通商"政策。清朝时期的闭关锁国政策，主要表现在：限制通商口岸；实行垄断对外贸易的洋行制度；限制外国人的居住和行动；限制出口货物的种类和数量。

闭关锁国政策直接阻碍了对外贸易的发展，进而阻碍了经济、科技、文化的交流和进步，从而严重阻碍了资本主义萌芽在中国的发展，也加剧了封建吏治的腐败和人民的积贫积弱，同时加剧了中国与外国的矛盾，成为鸦片战争爆发的重要原因之一。

三、中国古代的经济发展水平和贫困问题

考察中国古代的经济发展水平，首先要考察农业状况特别是粮食生产。

在中国，人民生活向来以吃饱肚子为最重要需求，即所谓"民以食为天"。粮食是人们消费和生存的根基，也是工商业发展和其他消费品制造的基础，一旦丧失这个基础，人的生存就无从说起，任何行业的发展也无从说起。因此，古代中国一直是以农业为主的大国，主要人口构成也都是农民，农业水平也是各朝代发展水平的关键指标。

秦代以前，粮食生产已经处于非常重要的地位。战国时代，各诸侯国之间的征战，兵力调动少则十万，多则近百万。军队粮草需求的规模如此之大，虽然不乏竭泽而渔，但也反映出当时粮食生产的重要及其规模。

秦汉时期，建立起大一统的国家政权。农作物的生产技术得到继承和发展，凭借国家大一统的机会，农业生产的基础条件得到改善，中原地区先进的农耕技术得到大范围推广，此后渐渐普及南方地区及边疆地区，使各地的农业生产水平很快提升。

一些学者对汉代的农业生产水平进行了研究和评估，有的认为汉代平均亩产折市制为264斤/亩；有的认为折市制仅58.5斤/亩到117斤/亩，人均原粮占有量为456市斤。也有人估计汉代人均原粮占有量为705市斤左右。

到了魏晋时期，国家四分五裂，战乱频仍，人民陷入颠沛流离的状态，大量农田被破坏，有的退耕还牧，有的经营粗放，农业生产水平基本没有进步，甚至出现倒退的情况。

隋唐时期，国家再次恢复统一，政府重视兴修水利，开始改良生产工具，同时推广先进的生产技术。北方的农业生产逐渐得到恢复和发展，南方的生产得到提高。唐代普遍被认为是我国历史上非常繁荣的一个朝代，一般都认为其人均粮食数量在历代最高。有的学者认为唐朝时期的人均粮食占有量高达1256斤/人。安史之乱后，北方的社会又陷入动荡，农业生产受到很大破坏，但是南方地区受战乱的影响比较小，农业生产迅速发展，直至超越了北方地区。

到了宋朝，政府致力于发展社会经济。北宋持续了100多年的繁华稳定，在这期间，农业生产技术快速提升，华南地区出现了一年两熟的农作物，还有许多农作物得到轮作轮耕。朝廷还专门从国外引入高产作物。有学者估计宋代

人均粮食 1159 斤／人，也有人利用《宋史》卷一百七十三《食货上》重新计算了宋代人均粮食耕种面积，并将宋代的人均粮食占有量修正为 661.5 公斤，折合 1323 斤／人。

明朝建立之初，社会经济凋零。为了促进社会生产的恢复，政府开始加大投入，大规模恢复农业生产，其力度在我国农业经济史上十分罕见。对明代的粮食生产数据如何估算，众说不一，各有结果。总体来看，无论粮食总产还是单产，明代要高于前代，明后期高于明前期。在平均农业劳动生产率、向社会提供粮食数量方面，明朝还远远高于清朝。有的研究取折中数，认为明代人均粮食占有量约为 2002 斤／人。

明朝末年，遭遇特大天灾，引发农民起义，李自成推翻明朝，随即清军成功入关。在长期战乱期间，农业发展遭到极大破坏。清朝社会归于稳定后，农业经济逐渐得到恢复。通过休养生息，乾隆中前期的经济水平达到峰值。"康乾盛世"受到世人称道。但是，清朝的人均粮食占有量依旧达不到晚明时期的水平，甚至还不如唐朝、宋朝。其原因，有人认为主要是人口的快速增长。具体数量，有的专家认为清初粮食产量为 367 斤／亩，人均占有粮食 628 斤／人。有的专家认为清初人均占有粮食总数是 1541 斤／人。取双方的平均值则为 1085斤。到乾隆中期之后，社会经济逐渐开始衰颓，农作物的亩产亦逐渐降低。

有学者对唐清两朝的经济水平进行了对比研究。一般认为，唐朝是我国古代经济比较发达的一个时期。其中，开元盛世为我国古代经济的一个鼎盛时期。唐朝初年推行的均田制和租庸调制，客观上促进了唐朝经济的发展。唐朝的农业有很大发展，农民在生产实践中，改进了犁的构造，制造了曲辕犁，还发明了新的灌溉工具——筒车。发达的交通网络极大地促进了对外经济贸易的发展。手工业也有较大发展，造纸业和制瓷业都有很大的进步。名冠世界的唐三彩就是这一时期手工业发展的产物。由于各方面的原因，唐朝经济繁荣，社会稳定。

一般认为，清朝的康熙乾隆时代是我国古代封建王朝的最后一个盛世。有人认为，该时期的国库资金储备十分充足，清朝 GDP 直接占到全球的 1/3，并能够大规模大范围减免钱粮的征收。康熙、乾隆两代皇帝曾经 5 次全免全国的田赋（农业税）共计近 3 亿两白银。由于土地的持续开垦和农业种植技术的高度发展，粮食的生产能力也大幅度提升。由于南方多熟作物技术的推广，每年可增产粮食 60 多亿公斤。清朝粮食产量比明朝万历时期增长了一倍多。

但是，根据有的学者的研究，唐代人均粮食产量达到 1256 斤，而清朝人均粮食产量约为 1085 斤。这个数字对比反映了一个重要的历史事实：清朝的经济总量是巨大的，但人均上是不高的。

在当代，GDP 是测量各个国家经济总量的主要指标。中国古代当然没有 GDP 的统计。但有专家采用现代技术，对古代文献的一些记载进行分析，力图测算不同朝代的经济发展水平并作一定的比较。

比如，清华大学李稻葵的团队系统测算和研究了北宋、明、清的 GDP 总量、经济结构、增长格局以及公共财政等问题，又和牛津大学史蒂芬·布劳德伯利教授合作，比较了历史上中外的经济发展水平，得出如下两个基本结论：

第一，从北宋初年（980 年）到明代，中国人均 GDP 在较高水平上波动，清代则呈下降趋势。分析表明，人均 GDP 下降的原因，主要是人口增长速度超过资本、土地的积累速度。在将近 900 年时间里，人均耕地面积持续下降，这一下降没能被粮食亩产量的上升所弥补。换言之，人均占有的土地量、劳动工具包括牲口数量是下降的，这导致劳动生产率不断降低。

第二，通过国际比较发现，北宋时期中国生活水平世界领先。但到 1300 年左右已落后于意大利，1400 年前后被英国超过，1750 年之前，虽然中国部分地区和欧洲最富裕地区生活水平相距不远，但作为整体的中国已落后于西欧。因而，东西方的大分流在工业革命前已经开始。这一发现与以上人均 GDP 逐渐下降的发现密切相关。也就是说，中国人均劳动生产率的不断下降对于经济发展、国家进步是重要的负面因素。

由于古代没有中外统一的经济核算标准，历史资料的保存也不完整，因此，如何估算中国古代不同朝代的经济发展水平，包括粮食生产的水平有很大的难度。许多专家围绕这一问题进行了长期的研究。仁者见仁、智者见智是可以理解的，对这些研究成果目前尚难取得一致的结论。但总结各方面的材料和观点，我认为大致上可以作出以下几点评估和结论：

第一，中国古代的经济始终是以农业为基础的自然经济，辅之以一定程度的手工业和商业。这样的经济形态和经济结构支撑着人民的基本生活需求和国家的基本开支，大致上是一种自给自足的经济。社会最基本的细胞和生产单位是家庭。中国家庭的稳定性支持了经济生活的稳定性。由于千百年来生产力没有重大的突破和飞跃，所以这种自然经济一直长期延续。直到现代工业在中国出现，一直没有出现突飞猛进的发展和变化。

第二，中国经济在漫长的历史过程中，呈现一种平稳发展但又波浪起伏的状态。在多数情况下，是平稳发展的。在政治稳定开明、土地赋税制度合理、农民负担适度、国家相对安全的情况下，中国经济文化会有快速的发展，因而出现过多个"盛世"，在世界上也曾一度处于领先地位。但在政治腐朽、社会动荡、自然灾害、外敌入侵、战乱不止的情况下，中国经济就会出现很大的混乱，受到巨大的破坏。所以，中国经济的发展是一条缓慢上升的曲线，而不是一条直线。

第三，基于这种态势，中国古代的人民生活水平总体上是比较低下的。在稳定发展情况下，大多数尚能解决吃饭问题。手工业的发展也能维持基本的生活需求。其消费主要集中在吃饭、穿衣以及家庭生活的必要需求上，不可能有现代工业化基础上产生的种种消费方式和消费项目。即使在平稳发展的时期，也有一些民众受到贪官污吏、豪强劣绅的压榨和剥削，处于贫困和非常贫困的状态。社会的贫富两极往往形成鲜明的对照。通常我们所说的自给自足，应该是指整个经济体系的自给自足。至于普通的老百姓，特别是下层民众，要都能维持自给自足的生活是有一定难度的。

第四，不同时期人民的生活水平是跌宕起伏的。在政治稳定、经济发展的时期，甚至在"盛世"，民众的生活水平相对比较高一些，不少人处于温饱状态或者小康状态，有的还可能处于比较富裕的状态。而在矛盾尖锐、政治腐朽、社会动荡、灾害频仍、战乱不停、外敌入侵的情况下，人民生活就会普遍低下，大量人口会陷于极端贫困状态，非正常死亡的人口会大量增加。

第五，连年战乱和自然灾害是造成社会普遍性绝对贫困的重要原因。中国历史上，往往周期性地发生不同类型的战争，包括揭竿而起的农民起义。战争的性质和原因很复杂。某些战争之后，新的统治阶层也会调整政策，改进生产关系。但是，所有战争都会给人民增加沉重的负担。特别是那些争权夺利的内部混战和外敌入侵的野蛮战争，更会给人民带来无穷的灾难。至于各种严重的自然灾害，不仅直接造成人民的灾难，而且往往引发尖锐的社会矛盾和严重的长期战乱，置人民于水深火热之中。

因此，中国古代的人民总体上处于简单温饱或比较贫困的状态。不少民众贫困程度较深。而当长期战乱和严重灾荒时期，社会则有更多的人陷于饥寒交迫、极度贫困的状态。中国古代文献包括古诗文中，有许多揭露不同时期封建王朝沉重的赋税和徭役，以及统治者贪赃枉法、搜刮钱财的内容。"朱门酒肉臭，路有冻死骨。"杜甫这一名句高度概括了封建社会贫富对立的现实。

四、中国古代的治贫理念和扶贫方式

从遥远的上古时代起，中华民族的祖先在与自然和贫穷的抗争中，就表达了对未来富裕生活、理想社会的憧憬和追求。历代进步思想家、政治家都不同程度地关注人民大众的疾苦，反映贫富对立的现象并力图揭露其根源。他们关于贫困问题的思想和理论阐述，见诸历代官员的奏议、儒家经典和诸子百家的论著、历史著作以及各种文学作品中。

早在春秋末期，儒家创始人孔子就提出"不患寡而患不均""均无贫"的观点。孔子极力主张"博施于民而能济众"，赞成崇尚"老者安之，朋友信之"的理想社会。墨家的代表人物墨子力主"爱无差等"，以"兼爱""非攻"为原则，给人们描绘了一个没有财产私有、人人相爱、大家平等劳动、没有战争和剥削的理想社会模式。

成于秦汉之际的儒家经典《礼记·礼运》，系统地描绘了中国古代人们对于"大同"社会的理想："大道之行也，天下为公。选贤与能，讲信修睦。故人不独亲其亲，不独子其子。使老有所终，壮有所用，幼有所长。鳏寡孤独废疾者皆有所养。男有分，女有归。货恶其弃于地也，不必藏于己；力恶其不出于身也，不必为己。是故谋闭而不兴，盗窃乱贼而不作，故外户而不闭，是谓大同。"这一比较系统的"大同"理想，是对诸子百家所提出的理想社会的高度概括、诠释和完整表述。

历代不少政治家、思想家，都针对当时的实际，提出了一些改变贫困面貌的主张和措施。孟子把小农经济当成最理想的社会制度，认为农民有自己的小块土地，自己耕种，自给自足，是最理想的社会。他说，农民拥有"五亩之宅"（战国时期五亩，约合清代的一亩六分，意为五亩的宅园，包括房屋、场地和树林）和"百亩之田"（战国时的百亩，约合清代的三十一亩二分），只要"勿夺其时"（即不要占用农民的耕作时间），"数口之家可以无饥矣"。再加以孝悌教育，"七十者衣帛食肉，黎民不饥不寒"。

不少思想家建议朝廷限制私田数量，制止田地兼并，减轻赋税和徭役，实行"富民"政策。公元前6世纪，管仲提出"富民"的政治主张，认为"凡治国之道，必先富民。民富则易治也，民贫则难治也"。汉代的董仲舒提出"限民名田"（即限制个人占有的田地），"塞并兼之路"（即制止兼并土地），"去奴婢，除专杀之威。薄赋敛，省徭役，以宽民力"。唐代陆贽在奏疏《均节赋税恤百姓》中指出，"养一人费百人之资，则百人之食不得不乏；富一家而倾千家之产，则千家之业不得不空"，因此要限制富豪。他主张"藏不偏多""财用均足"，意思是财富不偏集于少数人或少数地区，而要大家富足。他还提出"凡所占田，约为条限，裁减租价，务利贫人"的"安富恤穷"政策措施。

从先秦《周礼》的"荒政十二策"，到南宋《救荒活民书》，再到清代《荒政辑要》，中国古代在贫困救助方面积累了丰富的经验。

如何界定贫困？清代汪志伊在《荒政辑要》中将"产微力薄，家无担石，或户倾业废，孤寡老弱，鹄面鸠形，朝不谋夕者"定为极贫，将"田虽被灾，盖藏未尽，或有微业可营，尚非急不及待者"定为次贫。主要是对收入来源、财产状况、家庭劳动力等因素进行综合考量，以此进行分类定级。

在认定贫困的基础上，朝廷和官府会对不同程度的贫困者给予不同的救济扶助。如明代林希元在《荒政丛言》中提出："极贫之民便赈米，次贫之民便赈钱，稍贫之民便转贷。"

古代的"扶贫"主要体现在三个方面：一是养老慈幼等匡急振穷政策，二是荒政赈灾制度，三是书籍教化。

养老，按现代语言，是一种扶贫方式，也是一种社会福利制度。古代中国固然存在专制、压迫、愚昧、落后等现象，但也不乏福利、救济制度和惯例。这种福利救济制度和惯例，一般包括两个方面：一是在天灾人祸之后的特殊时间对百姓进行救济，即今日所说的救灾减害；一是平常时期对人民中鳏寡孤独、老病残疾等成员进行福利救助，包括开办养济院收养老人、收养和救助孤儿、开办药局助民疗疾，设广惠仓等专项福利粮储，遣使发放救济物品和慰问贫弱孤寡，等等。

《周礼·地官司徒》中的"保息"政策，专家认为可能是中国最早的社会福利政策。"以保息六养万民：一曰慈幼，二曰养老，三曰振穷，四曰恤贫，五曰宽疾，六曰安富。"管仲实行过所谓"九惠之教"："一曰老老，二曰慈幼，三曰恤孤，四曰养疾，五曰合独，六曰问疾，七曰通穷，八曰振困，九曰接绝。"凡国都皆设有"掌老""掌幼""掌孤""掌养疾""掌媒""掌病""通穷"等专官，具体负责救济事宜。

中国历朝历代大都尊重老人，给予老人优厚的待遇。对鳏寡孤独废疾者往往直接进行物质上的帮助。《汉书·文帝纪》记载，"年八十已上，赐米人月一石，肉二十斤"。三国曹魏时期，"赐天下男子爵人二级，鳏寡笃癃及贫不能自存者赐谷"。老年人不仅身份地位较高，而且在赋税、法律方面都有优待。在汉代，存问制度盛行，存问的意思是慰问，多为存问高年、鳏寡废疾贫苦。《汉书·武帝纪》记载，"今遣博士大等六人分循行天下，存问鳏寡废疾"。甚至到了元代，这种存问制度都有记载。南朝梁武帝年间设立的孤独园，相当于"福利院"，对"单老孤稚"进行帮助。

有专家对中国古代的福利制度进行了系统的研究，认为古代的福利救济，内容非常丰富，方式途径也多种多样。直接用于福利和救济的手段有：赏赐或发放生活必需品，提供栖身之所，提供生产工具或资料，给残疾人提供工作机会，提供劳动力帮助耕作，提供侍丁或保姆服务，减免赋税，减免徭役，售卖平价或低价粮食，发放药品和医疗指导书籍，提供免费医疗，提供丧葬费或服务，免除学费，提供旅行帮助，撮合鳏寡成婚等。

汉代福利行政制度比较完备。特别是尊养高年老人、赏赐粟帛钱酒等。在救济鳏寡孤独方面，两汉各帝每二三年便举行一次全国性的赏赐衣食活动，几成惯例。《汉书》记载，从文帝到成帝共举行了30余次全国性的普遍济赐救助活动。汉代首创常平仓制度，这是中国救济事业史上的一大创举，对后世影响甚大。

唐代的福利事业比较发达，一是孤寡老疾的经常性济养。唐令规定："诸鳏寡孤独贫穷老疾不能自存者，令近亲收养。若无近亲，付乡里安恤。"二是出门旅行人在途疾病的救助。唐代各州县设有医学博士及医学生，亦经常免费为贫民治病。三是侍丁养老之制，唐代进一步完善。四是悲田养病坊的设置。佛教为救济贫病之人，恒设病坊于寺，曰养病坊。

宋代，官府除了在自然灾害之后开展临时性救助，还制定了一些系统性扶持办法，从财政、民政乃至军政多个层面对贫困人口进行帮扶。每逢冬春时节，官府一般会向贫民赐钱、赐衣及赈粜，助其过冬和春耕；对于无力抚养子女的贫民，官府向其发放生育补贴；对于缺乏劳动力的家庭，可免除部分劳役。

中国传统福利行政制度发展至宋代，基本完备。专家认为，主要有以下几方面：

第一，建立广惠仓制度。宋代于常平仓、义仓（社仓）之外，专设广惠仓，作为社会福利救济粮的基本储备。

第二，设置福田院。宋初，京师即置东西两个福田院，以救济老疾孤穷丐者，初仅接济几十人。到英宗时，增置南北两个福田院，东西两院亦扩大屋舍面积，至此有四个福田院，每日可以同时接济 300 人。

第三，设置居养院、安济坊。徽宗崇宁（1102—1106 年）初，蔡京当政，始令全国各州县置居养院、安济坊。后又令"诸城、砦、镇、市户及千以上有知监者"，依各州县例增置居养院、安济坊。居养院收容残疾无家可归者及孤儿。

第四，一般的济贫施舍制度。"凡鳏寡孤独癃老疾废贫乏不能自存应居养者，以户绝屋居之；无（户绝屋），则居以官屋，以户绝财产充其费，不限月，依乞丐法给米豆。不足，则给以常平（仓）息钱。"

第五，漏泽园与丧葬救济。真宗天禧年间（1017—1021 年），即"于京城近郊佛寺买地，以瘗（埋葬）死之无主者"。官府拨给棺钱，"一棺给钱六百，幼者半之"。后不复给，"死者暴露于道"。

第六，医疗卫生救济制度。除安济坊外，宋代还有其他医疗救济形式。仁宗时，因知云安军王端奏请由官府拨钱买药救济贫病无钱医治者，仁宗遂命颁《庆历善救方》于天下，其内容大约是关于救病医方及官府施药费办法。京师大疫时，仁宗曾命太医出宫内药品和药救民。又令太医官到各县为病民诊治授药。

明初仿宋制，设养济院收孤苦无靠者，按月发口粮。《明律·户律·户役》规定：凡鳏寡孤独及笃废之人，贫穷无亲属依倚，不能自存，所在官司应收养而不收养者，杖六十。这是正律中首次纳入社会救济保障条款。后来又有"建官舍以处流民，给粮以收弃婴"之举。"养济院穷民各注籍"，无籍者收养于佛寺。又设漏泽园葬贫民，天下府州县亦设义冢。明代各帝亦常下诏普遍施济天下鳏寡孤独老病残病之人。

清代的福利制度，主要见于《钦定户部则例》和《大清律例》。除灾荒救济，八旗绿营老弱兵丁救济外，还有：养赡高龄老人；设栖流所，收养流浪贫民；救济孝子节妇贫苦者；救济贫穷读书人。

在扶贫方式上，古人在官府主导的同时，也注重调动民间力量。宋代以前，救助贫困人口一般以官府为主，如汉律规定国家需向"贫不能自存者"提供救助。到了宋代，国家开始注重采用经济手段，调动民间力量参与扶贫救助，如采用招商赈济、以工代赈等方式。除此之外，宋代还鼓励民间互助，动员富户救助贫户，并设立"纳粟补官"制度，对参与扶贫的富户奖以荣誉称号。

家族和宗族在提供社会救济方面也发挥了一定作用。家族和宗族基于血缘关系形成和保持，在中国社会生活中发挥着特殊的作用。家族和宗族往往把救济和帮助族内成员当作一种责任。北宋范仲淹在杭州任知州时，在苏州吴县和长洲置田十余顷，将所得租米用来赡养宗族，供给衣食及婚嫁丧葬之用，称为"义庄"。宋元以后，家族和宗族制度有了新的发展。南方各地的许多家族和宗族，大都置有族田，以其收入来开支家族和宗族活动的各项费用，如祭祀、备荒、办学、救济贫困族人等。族田救济的对象有一定的条件，如限于孤儿寡妇和确实贫困难以存活者。这种救济发挥的社会保障作用，甚至比封建国家赈恤平民的措施还切实有效。

虽然这些扶贫实践是传统农业社会的做法，落实中也多有变形走样，但其扶贫理念还是值得今人借鉴。

在中国古代，许多有爱民情怀的名人政要做过许多扶贫济困的义举。

东晋大书法家王羲之，一次在集市上见到一个贫穷的老婆婆在叫卖竹扇。竹扇很简陋，也没有装饰，卖不出去，老婆婆十分着急。王羲之就上前跟她说："你这竹扇上没画没字，当然卖不出去。我给你题上字，怎么样？"老婆婆不认识王羲之，见他这样热心也就同意了。写完，王羲之还告诉她："你告诉买扇的人上面是王右军的字就行了。"路过的人一看真是王右军的书法，都抢着买，一篮子竹扇马上就卖完了。

南宋庄绰《鸡肋编》载，宋代大文豪苏轼被贬到海南岛，恰遇一个卖馓子的老妇人因生意不好而发愁。苏轼同情老妇，欣然挥笔为她作了一首广告诗："纤手搓来玉色匀，碧油煎出嫩黄深。夜来春睡知轻重，压扁佳人缠臂金。"这首诗以丰富的想象，把馓子匀细、色鲜、酥脆的特点和形似美人环钏的形象刻画出来。老妇人把它贴到门上，一下真的成了大广告，老妇人的馓子店马上顾客盈门，收入倍增，一家人的温饱解决了。

五、中国古代的灾荒及其危害

中国是个自然灾害种类繁多、次数频繁的国家。水灾、旱灾、蝗灾、瘟疫、泥石流、滑坡、地震尤为突出。

1937 年，商务印书馆出版邓云特（邓拓）所著《中国救荒史》。2002 年，全国干部培训教材编审指导委员会组织编写的干部学习读本《从文明起源到现代化——中国历史 25 讲》，使用了邓拓著作中的一些数据，并说明"此书有关中国历代灾害的统计有较多遗漏，但仍可用以说明问题，本讲也继续使用"。根据《中国救荒史》统计，从公元 1 世纪到 20 世纪 40 年代，约 2000 年中有史料记载的各种自然灾害，共发生过 5023 次，平均每年近 3 次，每 10 年左右就会有一次范围较广、灾情较为严重的灾害。秦汉时灾荒约为 375 次，魏晋南北朝约为 304 次，隋唐约为 515 次，两宋约为 874 次，元朝约为 513 次。

也有专家统计，从公元前 206 年到 1949 年的 2155 年间，有记载的较大水旱灾害达 1750 多次。

另据邓拓统计，秦汉时期，水灾 76 次，旱灾 81 次，蝗灾 50 次，雹灾 35 次，风灾 29 次，疫灾 13 次，地震 68 次，霜雪灾 9 次，饥歉 14 次，总计 375 次。

据竺可桢统计，在中国自有文字记载以来的 3703 年中，以水、旱、蝗、雹、风、疫、地震、霜、雪等形成的重大自然灾害达 5258 次，平均每半年罹灾一次。在清王朝的 256 年中，自然灾害总计 1121 次，其中旱灾 201 次，水灾 192 次，地震 169 次，雹灾 131 次，风灾 97 次，蝗灾 93 次，饥歉 90 次，疫灾 74 次，霜雪之灾 74 次。

由于中国历史上的灾害很多，计算和统计非常复杂，所以专家们的研究结果也必然有很大差异，不可能有唯一绝对准确的结论和数据，这是必然的，也是可以理解的。不同的数据和观点都可以供我们参考。本书也只是综合各方面的研究成果，以此互相印证，描绘出一个大致的图景。具体的时间、地点、人数、受灾规模等是否精确，可以进一步研究。

历史上的这些灾害无不对民众和社会造成各种各样的损失和危害。中国古代以农业为本，基本上靠天吃饭。遇到水灾、旱灾、蝗灾、瘟疫，往往影响农业生产，小则歉收、减产，重则颗粒无收。每次自然灾害直接造成粮食和经济作物减产，给农林牧副渔业生产带来了巨大损失，大批耕牛死亡，农业生产资料和农田水利基本设施被破坏。

各种灾害还互为因果，加重后果，形成一个范围广、时间长、危害大的灾害链，引发大面积饥荒。如东汉光和三年（180 年）秋天至次年春天，"酒泉表氏地八十余动"，即发生地震灾害。地下水涌出，连震带淹，城中官府及民居全遭毁坏。《汉书》载：王莽时，"连年久旱"，"亡有平岁"，"北边及青徐地，人相食……"

严重灾害往往给社会经济带来无法计算的破坏和影响。遇到大的灾荒之年，甚至尸横遍野，饿殍满地，不仅造成严重的社会问题，还常常引发兵祸匪患，有的直接引发大规模的武装暴动、农民起义，威胁到政权的稳定。所有这些灾害，都是造成民众贫困甚至大规模极度贫困的重要原因之一。

从朝代来看——

汉代，是继夏朝之后我国历史上第二大灾害多发群发期，水、旱灾，风暴潮、蝗、雹、疫灾和地震灾害呈现多发、并发趋势。东汉建武十三、十四年（37—38 年），扬州、徐州、会稽连续两年大疫灾，其中会稽死疫者以万计。永兴元年（153 年）七月，32 郡国蝗灾，黄河泛滥数千里，"漂害人庶数十万户"。东汉末年，发生中国古代最大的一次瘟疫。当时正值黄巾起义，又恰逢中原地区瘟疫肆虐，甚至出现"家家有僵尸之痛，室室有号泣之哀，或阖门而殪，或覆族而丧"的惨景。

瘟疫流行期间，家破人亡者比比皆是。著名医学家张仲景记载："余宗族素多，向逾二百，建安纪年以来，犹未十稔，其死亡者，三分有二，伤寒十居其七。"瘟疫导致张仲景家族近一半人丧命，为了攻克这种瘟疫，张仲景潜心研究，写出了中医经典名著《伤寒杂病论》。建安七子中，除孔融、阮瑀早死外，有五人死于传染病。赤壁之战中，曹军中瘟疫肆虐助推了曹操的战败。

瘟疫使天下大乱，天下大乱又使瘟疫流行。肆虐几十年的瘟疫，保守估计造成上千万人口损失。中原地区陷入极恐怖的状态。东汉桓帝永寿二年（156 年），全国户数是 1607 万多户，人口是 5006 万多。到三国末年合计户数只有 149 万多户，人口剩下 560 万多，仅存 1/10。

魏晋南北朝时期，旱、疫、饥灾格外突出。北魏皇兴二年（468 年），豫州疫，14 万人死亡。景明元年（500 年）、二年，青、齐、徐、兖四州连续两年大饥，各死万余人。南梁天监十五年（516 年）九月，淮河中下游大水，淮堰破决，沿淮城镇村落 10 余万人，皆漂入于海。

隋唐五代时期（581—960 年），水、旱、蝗灾也非常严重。如大历二年（767 年）六月，大旱；秋，湖南及河东、河南、淮南、浙东西、福建等道 55 州水灾。唐末以后，黄河进入多灾多难时期。如五代 50 余年间，封建割据，连年战乱，堤防失修，加之人为破坏，黄河决溢多达 19 次，同时水、旱、蝗灾频仍。后晋天福八年（943 年）九月，27 州郡蝗灾，饿死数十万人；同年冬天，河南大饥，死亡 2.6 万余户，"天下饿死者数十万人"。

两宋灾荒较之前代呈增加趋势，实际多达 2000 次以上。如太平兴国八年（983 年）夏，黄河大水漫溢，洛水涨五丈余，坏巩县官署、军营、民舍殆尽。

谷、洛、瀍之间四水暴涨，坏京城官署、军营、寺观、祠庙、民舍万余，溺死者以万计。天禧三年（1019年）六月乙未，黄河决于滑州，漫溢州城，历澶州、濮州、曹州、郓州，32州邑受灾，军士溺死者千余人。政和七年（1117年），瀛州、沧州河决，民死者百余万。南宋理宗淳祐十二年（1252年）六月，建宁府、严州、衢州、婺州、信州、台州、处州、南剑州、邵武军大水，冒城郭，漂室庐，死者以万数。南宋建炎二年（1128年），东京留守杜允为阻止金兵南下，竟然人为决堤，使黄河再次发生重大改道，不再进入河北平原，使河南、苏北、安徽水灾频繁不断。与此同时，长江、太湖、钱塘江、瓯江、闽江、韩江、海河等流域水灾也十分严重。

元代黄河决溢33次，今河南及山东、江苏、安徽等部分地区频灾。大旱、蝗灾、地震、瘟疫不断，几乎年年发生饥荒。至大元年（1308年），绍兴、庆元、台州大疫，死2.6万人。河南、山东大饥，"有父食其子者"。1327年至1329年，北方连续3年大旱，陕西尤为严重，麦苗枯死，"人相食"，饥民100余万。至正十八年（1358年），华北又遭大旱，涌入京师的流民由于饥疫，死亡相枕，官府前后收葬者20余万。

有的学者认为，15世纪至17世纪是中国历史上第三大灾害群发期，称之为"明清宇宙期"。其中，明永乐至明末崇祯年间（15世纪初至17世纪40年代初），重大洪涝、干旱、潮灾、地震、蝗灾、疫灾频仍。如天顺元年（1457年），北畿（今河北）、山东并饥，"发茔墓，斫道树殆尽。父子或相食"。二年，江浙飓风海溢，溺死上万人。三年七月，江浙特大潮灾。其中，上海一带漂没1.8万人，浙江嘉兴府沿海溺死万余人。五年七月，河决开封土城，砖城亦溃，水深丈余，城中死者无算。襄县城亦决，溺死甚众。江南苏州府崇明、嘉定、昆山、上海溺死1.25万余人。浙江亦大水。

据认为，明清是中国古代自然灾害最频繁的时期，也是中国历史上第四大灾害群发期。明代水、旱灾实际上各发生241、216次以上，其中大水、大旱各30余次。风暴潮灾害也格外突出，死亡万人以上的特大潮灾20次，七级以上大地震有12次，八级以上特大地震2次。清代除个别年份外，几乎年年有水旱灾，其中大水、大旱各有60、55次以上，死亡万人以上特大风暴潮灾15次；七级以上大地震有23次，其中八级和八级以上特大地震9次；大蝗、大疫也多。

据赫治清《中国古代灾害史研究》对明清时期死亡千人以上灾害所作的统计，旱、涝、风雹、冻害、潮灾、山崩、地震等灾害，明代共370次，死亡共

6274502 人；清代 413 次，死亡共 51351547 人。合计明清两代死亡千人以上灾害共 783 次，死亡共 5762.6 万余人。

中国地震史上伤亡最多的一次地震，发生于明嘉靖三十四年十二月十二日（1556 年 1 月 23 日），陕西华县（34.5° N，109.7° E）发生 8.25 级地震。据《明史》记载，"华岳终南山鸣，河清数日，官吏军民压死八十三万有奇"。这次大地震也被称作嘉靖大地震。当时地震的震级大概在里氏 8 级，地震中心周围方圆 1000 平方公里的地区全部成了废墟。以陕西渭南、华县、华阴和山西永济四县震灾最重，故称为华县地震。101 个县遭到了地震的破坏，分布于陕、甘、宁、晋、豫 5 省，约 28 万平方公里。地震有感范围为 5 省 227 个县，陕西、山西、河南三省 97 州遭受破坏。"余震月动三五，次者半年，未止息者三载，五年渐轻方止。"

康熙元年（1662 年），出现 300 多年来跨黄河、长江、淮河、海河四大流域的罕见大洪水。康熙五十七年（1718 年），甘肃通渭大地震，死亡 7 万人。五十九年至六十一年（1720—1722 年），北方连续 3 年大旱，先后有 85、235、120 州县受灾。黄河中下游地区灾情最重，井泉干涸，河水断流，禾尽枯，赤地千里，树皮草根剥掘殆尽，死者相枕藉。其中，康熙六十年（1721 年）特大旱，为百年一遇。道光十一年（1831 年）七月，江浙特大潮灾，仅崇明县死亡近万人。十三年（1833 年），云南发生 8 级大地震。宣统二年（1910 年）夏秋，鼠疫在东北大流行，夺去五六万人生命。

严重灾害经常引发大规模的流民潮。灾害发生时，"草根树皮吃尽""饿殍遍野""人相食"。受到饥饿与死亡威胁的灾民，被迫流落四方，形成成千上万乃至数十百万的流民潮。如王莽地皇三年（22 年）四月，"枯旱霜蝗，饥馑荐臻，百姓困乏，流离道路"，至夏天"蝗从东方来，蜚蔽天"，"流民入关者数十万人"。魏晋以后，战乱频仍，加上水旱灾害不断，人民更是饱受迁徙流离之苦。

日益频繁的严重灾害对正常的社会秩序构成严重威胁，特别是汹涌的流民潮极易引发社会动乱，轻则转为流寇盗贼，重则发生武装暴动甚或大规模起义。明代中期以降，政治腐败，而水旱灾害连续不断，大批农民背井离乡，流民遍及全国。成化年间（1465—1487 年），荆襄地区聚集的百万流民先后揭竿而起，沉重打击了明廷的统治。到崇祯（1628—1644 年）时，陕北大旱，流民激增，地方官员处置不当，终于引发明末农民大起义，明朝统治也随之终结。

中国历史上，自然灾害次数之多、规模之大，是世界历史上仅见的；农民起义次数之多、规模之大，也是世界历史上仅见的。两者并非巧合，而是有内在的联系。每次农民起义几乎都有自然灾害在先。自然灾害并不是一定会引发农民起义，关键是在自然灾害面前，从朝廷到地方的各级政府是不是能负起救灾救荒的职责，及时、有效地救济和安置灾民，使他们能够维持基本生活，继续从事生产。

唐末黄巢起义的直接原因是自然灾害，尤其是旱灾和蝗灾。"仍岁凶荒，人饥为盗，河南尤甚。"地方政府对灾情熟视无睹，不仅不救灾，反而继续征税征徭，终于激发了黄巢起义。但是在开元三至四年（715—716年），同样是在今河南地区（也包括今河北），同样是严重的旱灾和蝗灾，由于救治得力，灭蝗及时，成效显著，"田有收获，民不甚饥"，没有造成动乱。因此，自然灾害也是对国家政权的行政效率、财力物力、吏治好坏、稳定程度等方面的综合考验。

六、中国古代的治荒救灾之策

灾荒不仅会造成社会问题，还有可能威胁到政权的稳定。为解救受灾民众，保障经济发展和社会稳定，也为了缓和阶级矛盾，维护统治地位，除了极端昏庸的暴君、昏君之外，历代朝廷和官府都不能不采取防灾、救灾措施，力求减轻灾害的损失。在与灾荒的长期抗衡中，逐渐形成了一套抗灾救荒的思想、政策、措施和技术，也逐步形成了一整套较为完善的灾害预警、防备和救助体系。

中国地域辽阔，地理和气候条件千差万别，就全国范围来说，几乎无年不灾。但是，即使在大灾之年，也不是全国各地普遍遭灾。所以，大一统的中央集权政权，一般能够在全国范围内调度人力物力财力进行抗灾、救灾，从一定程度上减轻灾害的后果。

为了防范灾害，政府注意兴建一些工程，做好防御灾害饥荒的准备。

中国古代最为常见和严重的自然灾害是水灾和旱灾，所以，实施治水工程，就是减少和防止灾害的最主要措施。从大禹治水开始，我国人民就开始进行系统的水利工程建设。举凡水利灌溉、河防疏浚，大都列为首要工作，先后修建了大大小小的无数水利工程，有力地促进了农业生产，水文知识也得到了相应的发展。与水的合作和斗争一直伴随着中华民族的成长。

中国第一个王朝夏的建立源于大禹治水。夏朝时，掌握了原始的水利灌溉技术。西周时期构成了蓄、引、灌、排的初级农田水利体系。春秋战国时期，兴修了芍陂、漳水渠、都江堰、郑国渠等一批著名水利工程，促进了中原、川西农业的发展。

秦汉政府在中央和地方都设有主管水利工程的机构和职官。汉武帝专门颁发水利诏。西汉政府在关中地区兴建了六辅渠、白渠等一大批水利工程。西汉时，通过汲黯、贾让、王景等人的努力，黄河决口得到控制，黄河下游河道出现了 800 年相对安流局面。东汉永和年间，会稽太守马臻主持修建灌溉 9000 余顷田地的鉴湖，造福嘉兴地区七八百年。

两汉时期水利工程建设主要在北方，但大的灌溉工程已跨过长江。魏晋以后水利事业继续向江南推进，到唐代基本上遍及全国。

唐代共兴建农田水利工程 253 处，灌溉面积在千顷以上的有 33 处。由工部和都水监具体掌管天下水利事宜。唐朝还制定了专门的水法——《水部式》。北宋王安石主持制订《农田水利约束》，在全国掀起了大办水利的热潮。1070 年至 1076 年，京畿及各路兴修水利工程 10739 处，灌溉 36 万余顷。元代至正年间（1341—1368 年）的工部尚书贾鲁以及明朝著名水利专家潘季驯以"束水攻沙"法治理黄河，借淮河之清以刷黄河之浊，使黄河河道安流 200 余年。

明朝开国之初，朱元璋就给地方官下诏，凡民间有关水利工程修筑之事，必须迅速呈报，及时办理。除让工部都水清吏司专掌全国农田水利建设政令外，还派国子监生分行天下，督促吏民兴修水利。清代长期将河务、漕运列为重要政事。元明清时期的大型水利工程虽不及宋，但仍有不少，且地方小型农田水利工程兴建的数量越来越多。各种形式的水利工程在全国几乎到处可见，发挥着显著的效益。

历代封建国家把修筑堤防、疏浚河道、治理河患，特别是治理黄河河患作为防洪减灾的重要措施。对黄河的治理经历了非常漫长而又艰难的过程，有成功，也有失败。对其他江河湖港也进行了治理，如明朝修建了荆江大堤，清朝大规模整治永定河等。

中国古代经济区的形成与水利工程的兴修形成了密切的关系。

灌溉成都平原的都江堰水利工程，前后历经 2200 多年，是我国古代水利工程的稀世珍宝。都江堰的建成，使外江成为洪水和沙石的排泄通道，不仅使内江水系范围内的政经中心成都解除了旱涝之害，同时引进水源，满足了灌溉、通航和漂木的需求，有防洪、灌溉及航运三利，是古代一个综合水资源开发最成功的典范。北魏郦道元《水经注》引南北朝《益州记》说，蜀郡"水旱从人，不知饥馑，沃野千里"，时人称为"天府"。四川人民世世代代经营都江堰，不竭不休，使都江堰生机蓬勃，润泽天府。

除了水利工程，很多朝代还以"救荒之策，备荒为上"的理念，提高农业的抗灾防灾能力，把植树造林、禁止乱伐森林、发展抗旱涝高产粮食作物等，作为防灾备荒的重要措施。《氾胜之书》《齐民要术》《农桑辑要》《农政全书》等著名农书中，都提出了抗旱、保墒、防御低温、抗病虫害、治蝗、防盐碱化等防灾对策。在认识自然规律的基础上，积极推广农业抗灾技术，引进与传播抗灾性强的农作物。宋代曾经在江淮两浙推广耐旱的占城稻，大中祥符五年（1012年）"给占城稻种，教民种之"。明代中叶以后，具高产、耐旱涝、对土质要求不高等特性的玉米、番薯、马铃薯等美洲作物相继传入我国，对满足粮食需求、促进人口增长起到了推动作用。

为防止灾害造成饥荒，中国古代逐步建立了体系完备的仓储制度。《礼记·王制》云："国无九年之蓄曰不足，无六年之蓄曰急，无三年之蓄曰国非其国也。"说明古人很早就认识到了仓储的重要性，懂得"备荒莫如裕仓储"，因此很早就建立了名目众多的仓储体系。汉代有常平仓，唐代有义仓，两宋有惠民仓、广惠仓、社仓、和籴仓、预备仓等，元代有在京诸仓、河西务诸仓、上都诸仓、宣德府仓、御河诸仓等，明代专为赈济灾荒而设的、影响较大的是预备仓。清代形成了以官仓为主、民仓为辅、常平仓为骨干的全国粮食储备及供应体系。

这些仓储名称各异，且时设时废。其中，对后世影响最大的当数创建于汉代的常平仓制度。常平仓首创于西汉，是由官方出资建设的粮仓。该项制度以粮价的高低为依据，宏观掌握粮食的收储与出售，丰年时出陈易新，灾年时通过平粜或散济的方式，平抑粮价，救济灾民。唐代杜佑编撰的《通典》卷十二《食货十二》中说："汉宣帝时，岁数丰穰，谷至石五钱，农人少利。大司农中丞耿寿昌请令边郡皆筑仓，以谷贱时增其价而籴以利农，谷贵时减价而粜，名曰'常平仓'，人便之。"常平仓的设置在中国历史上意义重大，对后世影响深远。

库里有粮，心里不慌。年年有储存，荒年不慌人。按明清两朝的户部规制，每年春夏出粜，秋冬入籴，平价生息，遇灾年时按数发给散贫户。同时屡颁诏旨，要求各地乡绅富民捐输，或按亩征摊，或截漕粮以补缺，或开贡监名额以捐纳，以此充实仓储。在救助范围上，如某地发生重灾，以致本地仓谷入不敷出，也可调外地积谷支援。如清乾隆二十三年（1758年），山西宁武等州县就筹备 4 万石粮食协拨陕西，拨后缺额，以截漕粮补足。

一旦灾害发生，如何救灾减灾，成为稳定社会、保障民生的一个大课题，也是考量政府能力的一项重要内容。在长期的抗灾救荒中，国家制定了一系列的法令和政策，使之制度化并世代相传，至清代已较完善。这些救灾减灾的制度措施方式等，一般称之为"荒政"。中国古代的"荒政"就是官府救济灾荒的政策、法令与制度，以及救济灾荒的理论和实践等的总称。

早在《周礼》一书中，"地官司徒·大司徒"章节就有关于"荒政"的记载：以荒政十有二聚万民：一曰散利（由政府贷种子或物资给人民以恢复生产）；二曰薄征（减少农业税赋征收）；三曰缓刑；四曰弛力（免除劳役）；五曰舍禁（开放山泽狩猎禁令）；六曰去几（减少或免除营业税）；七曰眚礼（减少各种礼仪排场）；八曰杀哀（简化丧葬礼仪）；九曰蕃乐（减少各种娱乐活动）；十曰多昏（鼓励婚嫁）；十有一曰索鬼神（求神祭祀）；十有二曰除盗贼。大体意思就是发放救济物资、轻徭薄赋、缓刑、开放山泽、停收商税、减少礼仪性活动、敬鬼神、除盗贼等。

宋代以来，出现了一批以总结民间与官方救荒经验的荒政书籍，较有名的有《救荒活民书》《康济录》《筹济篇》等。明嘉靖年间编撰的《湖广图经志书》，就将正德十一年（1516 年）湖广省大水灾赈救的方法和程序一一详述。内容涉及急赈、初赈、报灾、勘灾、煮粥、放赈，以及如何防范百姓多报、官府瞒报。清代俞森撰写的救荒书《赈豫纪略》中，用 18 幅图画描绘了钟化民在万历二十二年（1594 年）奉命主持河南饥荒赈济到赈济任务完成回朝复命的全过程，即恩赈遣官、宫闱发帑、首恤贫宗、加惠寒士、粥哺垂亡、金赒窘迫、医疗疾疫、钱送流民、赎还妻孥、分给牛种、解散盗贼、劝务农桑、劝课纺绩、民设义仓、官修常平、礼教维风、乡保善俗、复命天朝。

清嘉庆《钦定大清会典事例》对清代的备荒、救灾措施作了一个总的归纳："凡荒政十有二：一曰备祲；二曰除孽；三曰救荒；四曰发赈；五曰减粜；六曰出贷；七曰蠲赋；八曰缓征；九曰通商；十曰劝输；十有一曰兴工筑；十有二曰集流亡。"12 个方面既囊括了历代相沿而成的各项备荒、救灾措施，也有新的发展。

依据抗灾救灾政策措施的治标与治本的不同，邓拓《中国救荒史》将这些政策、措施分为消极与积极两类。消极的政策和措施有赈济（如赈谷、赈银、工赈）、调粟（如移民就粟、移粟就民、平粜）、养恤（如施粥、居养、赎子）、除害（如除蝗、祛疫）、安辑（如给复、给田、赍送）、蠲缓（如蠲免、停缓）、放贷（农贷）、节约（如减少食物、禁米酿酒、节约费用）。积极的政策和措施有重农、仓储（如常平仓、义仓、社仓、惠民仓、广惠仓、丰储仓、平籴仓）、水利（如灌溉、浚治）、林垦（如造林、垦荒）。

如果发生灾荒，灾情较轻的，一般由地方官吏自行处理。灾情严重的，会上报朝廷，由皇帝亲自督办。明清两朝已经形成了一整套较为完备的救荒制度，对报灾、勘灾、救灾的程序作了严格的规定。

首先是报灾。限于当时通信手段的制约，朝廷很难及时通晓全国的灾情，因此朝廷将报灾视为地方官的责任。发生灾荒时，地方官必须及时上报灾情，层层汇总，上达朝廷。如清政府在晓谕地方督抚的奏章就载有明文，"地方督抚巡按即行详查顷亩情形具奏"。如果在管辖区域内发生灾情，地方官员逾期不报、懈怠延误者，将受到朝廷的严厉责罚。《大明律》就明文规定，逾期一月未报者，从巡抚到州县的各级官员都要罚俸银，超过一个月的将贬谪一级，迟缓延宕并产生严重后果的将革职。

地方官员除了上报灾情外，还必须在限定的时间内周详地勘查受灾的程度，作为实施救济的依据，这就是勘灾。为了能督促地方官员有效勘灾，朝廷将受灾程度的大小与官员的品级相联系，层层落实。如遭重灾，督抚大员必须亲自勘查和奏闻赈恤事宜；如受灾不重，则由知府、同知、通判会同州县官员勘核，然后逐级上报。在勘灾过程中，受灾州县需预先刊刻"简明呈式"，即受灾表。开列受灾民众的姓名、家口、住址、被灾田亩数量等细则，先由灾户自行填报，经地方官核实后，按行政划分装订成册，作为底本。然后查灾官员赴庄查灾时，以此为蓝本，核查受灾情况，之后将底册上缴州县，由州县官员造总册，绘出本地受灾地图，严重地区以色笔描出，最后附上州县赈济意见一并上报。

具体的救灾制度和措施涉及很多方面。

灾害的赈济。赈济是灾害发生后政府发放钱粮对灾民进行救济的措施和制度。其形式多样，大致有工赈、粥赈、赈粮、赈钱等几种形式。粥赈是由官府或私人设粥厂以济饥民，是最常见的一种施善行为。清代京师每年十月初一至次年三月二十日都有施粥行为；工赈即以工代赈，灾民通过从事一些紧急的工程劳动获得赈济物或资金。以工代赈将救济与建设结合起来，可以一举两得；赈粮、赈钱则是由政府有组织地向灾区发放粮食钱物，以解燃眉之急。《汉书·文帝纪》记载，后元六年（公元前158年）夏四月大旱、蝗，"发仓庾以振

（赈）民"。宋熙宁八年（1075年）夏，越州（今浙江绍兴）大旱，知州赵忭下令修城，以工代赈，计用工3.8万，使"不能自食者，得以受粟；能自食者得以籴粟；凡以工代赈者，借贷者，弃婴皆得其所"。

赋税的蠲免。蠲免是灾害时期减免赋税的一种形式。根据具体灾情采取不同的减免标准，主要有全面免除、部分免除以及延迟征收等形式。《汉书·昭帝纪》记载，始元二年（前85年）政府下诏："往年灾害多，今年蚕麦伤，所振贷种、食勿收责，毋令民出今年田租。"《文献通考·国用考》称，"宋以仁立国，蠲租已责之事视前代为过之……殆不胜书"。明清时期，政府关于蠲免赋税的标准更加规范。清代顺治十年（1653年），将全部额赋分作十分，按田亩受灾分数之程度酌减。

移民就食。将灾民转移至粮食丰裕之地。指政府有组织地安排灾区受灾之民集体转移到粮食比较充足的地区。如《汉书·高帝纪》记载，高祖二年（前205年），"关中大饥，米斛万钱，人相食，令民就食蜀汉"。隋唐时期，就食之地最多的是洛阳，594年至595年，关中地区连续大旱，饥荒严重，隋文帝乃率百姓就食洛阳。

禁遏籴。政府鼓励商贩运粮到灾区发售，以增加灾区粮源，平抑地区粮价。但有的地方官员担心粮食外流影响本地粮食供应，对粮食流通设置种种限制，甚至在边境设障，严格禁止粮食外流，这被称为"遏籴""闭籴"。中央政府对此严加禁止，如唐德宗在贞元九年（793年）对此下令，"诸州府不得辄有闭籴"。

民间救助。指由民间自设机构、自行向灾民散发救灾物资的方式。民间救助是政府统一组织的救灾行为的重要补充，主要有四种：以宗族为代表的血缘性组织的互助活动、以"社仓"为代表的区域性组织的互助、官僚缙绅与富民的个人捐赠以及宗教的慈善救助制度。民间的救济活动既是政府救灾的有力补充，也是一种伦理道德激励下的自我救助。

稳定灾区秩序。灾害发生给社会带来巨大的震荡，极易使灾区社会秩序发生混乱。为此，国家常常采取稳定物价、严惩盗贼、蠲免赋税钱粮等措施加强对灾区的管理。灾害发生后，朝廷往往会推出一些安民政策，如减免赋税、缓解受灾百姓负担。朝廷一般会很快下达蠲免钱粮的诏书。轻灾会免除灾民当年的赋税负担，若灾情严重，可连续数年蠲免钱粮。这些措施有利于稳定灾区的社会秩序。

安置灾民。朝廷有时会为灾民发放房屋或土地。房屋，是鼓励乃至带有强制性地让有空闲房屋的人租赁接纳灾民，或者由朝廷设立专门安置流民贫民的地方，让他们有一个安身之所。土地，一种是直接为灾民划定土地，一种是鼓励灾民开垦更多荒地。开垦的荒地可以归灾民所有。灾民有了土地和安身之所，就大大降低了成为流民的可能。

如果当地出现非常严重的病情，就会提供相应的医疗扶助。明清时期，太医院一项重要的工作，就是帮扶灾民。一般来说，他们会制作一些常用药物，发放给灾民。遇到情况危急，朝廷还会派出医生到外面诊治。《明神宗实录》记载，当时京城发生严重疫病，百姓没钱看病，皇帝让太医院一批精锐骨干到民间义诊。"京城内外灾疫盛行，小民无钱可备医药"，"命选太医院精医，分拨五城地方诊视给药"。

组织恢复生产。灾害以后，农田被毁坏，耕牛、种子缺乏，农民衣食无着，必然影响到农业再生产过程。官府不得不进行一些农田基本建设，改善农业生产条件，制定一系列鼓励垦殖的政策，恤农赈贷，组织、帮助灾区恢复生产。西汉昭帝始元元年（前86年），"大雨水"，遣使者赈贷贫民无种食者。东汉和帝永元十三年（101年），"荆州雨水"，"贫民假种食"。有的地区还招徕流民垦辟荒地，恢复灾区生产。多年战乱后，康熙、雍正年间，朝廷在四川推行"湖广填四川"，允许流民自行开垦荒地。

遇有灾荒，历代统治者一般都会采取若干救灾措施。但一些豪强也会利用灾荒加深对人民的剥削压榨。古代社会的救灾力量总体上比较薄弱，在政治腐败情况下，每遇较大灾害，往往就出现人口逃亡、饿殍遍野、经济凋敝的悲惨景象。这是中国历史上长期贫穷落后的原因之一。

七、中国近代的社会变迁和贫困问题

清朝后期，由于君主专制主义的统治和束缚，古老的中国逐渐落后于世界潮流。马克思、恩格斯在充分肯定中华文明独特成就和贡献的同时，也称当时的中国是"世界上最古老最巩固的帝国"[1]，是"活的化石"[2]，甚至是"最反动

---

[1]《马克思恩格斯全集》第十卷，人民出版社1998年版，第277页。

[2]《马克思恩格斯全集》第十五卷，人民出版社1963年版，第545页。

最保守的堡垒"[1]。

19 世纪上半叶，世界资本主义迅猛发展。英国成为世界头号工业强国。西方商人大量进入中国开展贸易活动，但与清王朝的闭关锁国政策格格不入。英国商人开始倾销鸦片，给中华民族带来深重灾难。从 1840 年到 20 世纪初，列强一共发动了 5 次侵华战争，它们是 1840 年至 1842 年的第一次鸦片战争，1856 年至 1860 年的第二次鸦片战争，1883 年至 1885 年的中法战争，1894 年至 1895 年的中日甲午战争，1900 年至 1901 年的八国联军侵华战争。

列强侵略中国的一个直接结果，就是迫使中国政府签订了大量不平等条约。中国的国家利益由此受到极大的损害。据粗略统计，从鸦片战争到五四运动前的 80 年间，列强通过各种手段侵占中国领土约 173.9 万平方公里。英、美、法、德、俄、日、比、意、奥、西、丹、荷、瑞、挪 14 国，还先后在上海、厦门、广州、天津、汉口、重庆、镇江、九江、杭州、苏州 10 个通商口岸开辟了 25 个专管租界和 2 个公共租界。

中国近代以来遭受的另一个民族灾难，是被西方列强勒索了巨额赔款。列强从中国索取赔款主要有 8 次，共 10 亿多两白银，折合银元 19.53 亿元，相当于清政府 1901 年财政收入的 16 倍。清政府原本就已经是财政赤字，靠正常的财政收入根本无法偿还，所以，大多以海关税、常关税、盐税等税收作抵押，使中国的财政不仅濒临破产，而且受制于列强。进入近代的中国，本来急需大量资金用于国家发展，但因支付巨额赔款，严重影响了中国经济社会的发展，而且直接转嫁到广大人民身上，既使国家蒙受损失，又使人民遭受苦难。中国迈向近代化的步伐受到了严重阻滞，中国人民长期陷于贫困和灾难之中。

由于君主专制主义的统治日益腐朽，落后于人类文明发展进程，更由于西方列强的野蛮入侵和掠夺，鸦片战争以后的中国发生了两个根本性的变化。

第一，独立的中国逐步变成半殖民地的中国。西方殖民者用各种方法，掠夺中国的土地，勒索中国的赔款，在中国的土地上划分势力范围，设立租界，驻扎军队，控制中国的通商口岸、交通线和海关，操纵中国的经济命脉，支配中国的政治，严重损害中国的主权，威胁中华民族的生存。

第二，封建的中国逐步变成半封建的中国。封建专制社会逐步解体，民族资本主义逐步发展，政治、经济、文化生活中出现一些新的因素。但在帝国主

---

[1]《马克思恩格斯全集》第十卷，人民出版社 1998 年版，第 277 页。

义和封建主义双重压迫下，中国的资本主义发展缓慢，封建土地所有制仍在农村占主导地位。皇帝和贵族官僚的专制统治先是腐朽没落，而后又表现为军阀官僚的割据统治。"三纲五常"等意识形态仍占统治地位。

《中共中央关于党的百年奋斗重大成就和历史经验的决议》指出："一八四〇年鸦片战争以后，由于西方列强入侵和封建统治腐败，中国逐步成为半殖民地半封建社会，国家蒙辱、人民蒙难、文明蒙尘，中华民族遭受了前所未有的劫难。"[1]

19世纪60年代至90年代，洋务运动兴起。一批较为开明的官员，以"自强""求富"为旗号，引进西方的军事装备、机器生产和科学技术，创办中国的近代工业，如安庆内军械所、江南制造总局、福州船政局、轮船招商局、开平矿务局、汉阳铁厂等。同时，开设新式学校，传授西方科学技术，派遣青年学生出国留学，翻译出版西方科技书籍。洋务运动开启了中国工业化的先河，促进了资本主义的发展，使沉睡的中国开始开眼看世界。

1895年，康有为、梁启超等人"公车上书"，请求变法，拉开维新运动的序幕。1898年6月，光绪皇帝颁布"明定国是"诏令，宣布变法。百日之内一共颁发了200多件诏令和批示。但9月慈禧太后发动政变，变法只持续103天，最终失败。

面对步步加深的民族危机，清政府被迫从1901年开始实行新政，改革中央和地方政权机构，建立西式警察制度；修订和改革旧有法规，废止野蛮陈腐的审讯方式；建立军事学堂，编练新式军队；促进工商业发展，建立银行，设立各种工艺局；开办小学、中学、大学三级学堂，增设新式课程，停办科举制度。1905年，又派员考察西方宪政，宣布预备立宪。但这一切，都为时已晚。1910年，清政府宣布1913年召开国会，建立责任内阁。但1911年5月8日公布的内阁名单，皇族成员仍占多数，激起社会强烈公愤。

对清政府的失望，促使资产阶级革命派兴起。1894年，孙中山以"振兴中华"为口号，在檀香山成立中国第一个资产阶级革命团体——兴中会。1905年，组建同盟会。随后发动了多次武装起义。

1911年6月，保路运动发生。革命党人利用这一机会，于10月10日在武昌举行武装起义，取得辛亥革命的胜利。在赵凤昌等江浙士绅名流的幕后策划

---

[1]《中共中央关于党的百年奋斗重大成就和历史经验的决议》，人民出版社2021年版，第3页。

和斡旋下，袁世凯转而与革命党人合作，避免了革命军与清军的大决战。1912年1月1日，孙中山宣誓就任中华民国临时大总统，中华民国临时政府在南京成立。1912年2月12日，中国历史上最后一个皇帝宣布退位，延续2000多年的君主专制终于结束。

就在各种内忧外患的多重打击下，晚清以来的国家治理出现严重的混乱，人民生活不时陷于动荡和窘困之中。

在近代历史上，中国所遇到的战争、动乱、自然灾害依然很多，危害程度重大者，动辄几十万、几百万甚至上千万人被夺去生命，不计其数的人流离失所。一旦战乱和灾荒发生，往往粮价飞涨、物价波动，引起灾区乃至更大范围的工商、交通、金融、财政等经济部门秩序混乱，社会再生产无法正常进行。

最为触目惊心的灾荒，要数光绪初年的华北大旱灾，被称"丁戊奇荒"。自光绪元年（1875年）拉开序幕，次年旱情加重，受灾范围进一步扩大，尤以光绪三年（1877年）、四年（1878年）最为严重，而这两年阴历干支纪年属丁丑、戊寅，故名"丁戊奇荒"。局部地区的旱情持续到1879年。以直隶（今河北）、山东、河南、山西、陕西5省为主要灾区，北至辽宁，西至陕甘和川北，南达苏皖，形成了一片前所未有的旱荒区，总面积超过百万平方公里。旱灾引发了蝗灾，庄稼被大量吞噬。灾荒过后，还出现瘟疫，许多好不容易躲过灾荒的灾民又被瘟疫夺去了生命。受到旱灾及饥荒严重影响的居民人数估计在1.6亿至2亿，约占当时全国人口的一半；直接死于饥荒和瘟疫的人数在1000万人左右；从重灾区逃荒流亡者不少于2000万人。

清王朝基于其庞大的资源和大一统的管控体系，在应对自然灾害时，也曾经表现出有效的动员能力。面对重大饥荒，清王朝也并非撒手不管，任由灾民饿死淹死。但到晚清之时，其日益腐朽的本质决定了它在大多数情况下已经力不从心，"竭全国之力而不能救其十一"，因而越到后期就越无法有效地减少灾荒的损失和人民的痛苦。

所以，"丁戊奇荒"为害之烈、为患之深，实属"大祲奇灾，古所未见"。场景惨不忍睹，一望无际的麦田上到处都是枯萎的禾苗，连树皮草根都早已被人啃光，成群结队的灾民走在路上逃荒。灾民"逃亡饿死者不计其数"。1877年冬天，重灾区山西到处都有人食人现象。吃人肉、卖人肉者比比皆是。一场灾荒将人间变成了地狱！清朝的地方官员称之为自明末清初以来"二百余年未有之灾"。

1909年秋天，洞庭湖一带，有的地方闹水灾，有的地方闹虫灾，有的地方闹旱灾，出现了赤地千里、颗粒无收的局面。粮价上涨，民不聊生，数十万饥民把当地的树皮草根都扒光了，还不能填饱肚子，纷纷涌入城市谋食。1910年春天，湖南的米价飞涨。到4月，发生大规模的抢米风潮。当局镇压，激化了矛盾。湖南各地沸腾起来，抢米风潮到处出现，动摇了清王朝的统治。

当然，在近代化的过程中，中国具体的救灾减灾路径和方法也出现了新的因素。

在中国由传统农业社会向近代工商业社会转型期间，政府的财政基础与管理职能发生着相应的变化，尤其是在接受世界文明和经验过程中，中国传统的救灾政策开始呈现出了近代化趋向。这主要表现为政府在消极的临时救助的基础上向积极的救灾防灾转变，以政府为主导并动员民间组织参与的以工代赈和农村贷款成为防灾与救灾政策的重点。

由政府主导的防疫工作在近代也初具规模。1910年东三省鼠疫盛行，清政府下令外务部、民政部、邮传部随时会商，切实严防，无使传染。民政部则传谕内外城巡警总厅，下令捕鼠，晓谕居民注意卫生，加雇清道夫，严行清洁，并督饬内外城官医院，添购防疫药品器械，以资应用。凡疫病发生的地方，禁止出入，附近一带，竭力消毒。特于京师设立临时防疫事务局。

接下来，到了民国时期，政府对于疾疫的预防相继制定了专门的条例，并设有防疫专门管理机关，如中央防疫处、海港检疫管理处等。全国防疫工作，无论临时性质或经常性质，规模均较完备。此外，也有其他公私团体办理防疫工作。

八、民国时期的社会特点和贫困问题

辛亥革命建立了中国历史上第一个共和制度的国家政权，带来了中国社会在20世纪的第一次历史巨变。但是，辛亥革命的成果很快落到袁世凯手中。孙中山发动"二次革命"。1915年12月，袁世凯倒行逆施，复辟帝制，遭到全国人民的强烈反对。袁世凯死后，控制国家政权的北洋军阀分化为直、皖、奉三系，此外有滇系、桂系等。

地方军阀是在强军救国的历史中畸形发展起来的，在反对清廷专制和帝制复辟中发挥过一定作用，有的还在一定范围内实行了不少开明改革。但因中央政权失去控制力，也无法解决地方财政问题，故逐渐演化为不同的割据势力，拥兵自重，各霸一方，合纵连横，混战不已，不时造成兵荒马乱的局面。每次战祸，必致战区生灵涂炭，民不聊生。举凡各种苛捐杂税的征收、杂项摊派的剥削、粮食牲畜的供应、不兑换流通券的发行、土匪之遍野，大多与军阀混战有关。

但辛亥革命之后的社会变革，还是为民族资本主义的发展创造了较为有利的制度条件，加之第一次世界大战的爆发，西方列强暂时放松了对中国经济的扩张与掠夺，中国的资本主义经济出现了较快发展。1912 年至 1920 年的 8 年间增加的资本数，比 1894 年至 1911 年的 18 年间增加的资本数超过 14.91%。随着专制制度的削弱，现代科学教育加快普及，新型文化逐步取代封建文化，人们的思想观念大大解放，社会的生产方式和生活方式快速发生重大变化，原本沉睡的中国与仅仅几年前的清王朝统治时期相比发生了历史性的进步。

现代工业在中国渐成规模。轻工业发展较快。其中，棉纺织工业发展最快，工厂数增加了近 4 倍，纱锭数增加了 3 倍左右。然后是面粉工业，工厂数增加了 2.4 倍，资本数增加了 3.6 倍。机器丝织业开始产生，到 1926 年时已达到 430 余家。此外，缫丝、火柴、卷烟、榨油、针织、造纸、印刷、玻璃、肥皂、罐头、制革、制碱等业，也都有不同程度的发展。

在重工业中，也有一些行业获得了较快的发展。煤矿业的发展，使机械采煤量在总产量中所占的比重，从 1913 年的 59.2% 上升到 1920 年的 66.3%。机器制造业有明显的进步，仅上海一地的工厂数就增加了近 1.5 倍，不仅能够仿造纺织、轧棉、针织、印刷、碾米、农用等较简单的机具，而且开始生产一些比较复杂的机器和交通工具，如车床、火（煤）油引擎、柴油引擎、万吨轮船等。军工企业已能生产枪支、弹药、坦克、飞机。钢铁工业有一定发展，先后建成辽宁本溪湖煤铁公司、上海和兴铁厂、山西阳泉铁厂、鞍山铁厂。电力工业方面，发电厂和发电量分别增加了 2.9 倍和 1.4 倍。化学工业是这一时期产生的新兴工业，主要是橡胶工业和制药工业开始产生和初步发展。这些重工业的出现，使近代中国的产业结构渐趋完善。

20 世纪初，当欧美各国争相制造飞机时，中国也造出了第一批飞机。第一位飞机制造家叫冯如。冯如是广东恩平人，1895 年去美国，受莱特兄弟的影响，1906 年开始筹划制造飞机事宜。1907 年制造出第一架飞机，飞行了 805 米。《加利福尼亚美国人民报》以醒目的标题《中国人的航空技术超过西方》，报道了这件事。冯如随即创办了中国第一家飞机制造公司——广东飞机制造机器公司。1910 年先后造出两架飞机，受到孙中山的赞扬。冯如亲自驾驶飞机，创造了当时飞行的世界纪录。冯如成了第一个自己设计、制造飞机并飞上天空的中国人。1911 年，冯如带着自制的两架飞机回国。辛亥革命后被广东革命军政府任命为飞行侦察队的飞行机长。1912 年因飞机坠落牺牲，被埋葬在黄花岗七十二烈士陵园，碑塔正面镌刻着"中国创始飞行大家冯如君之墓"。[1]

2020 年，我到上海江南造船集团有限公司考察时，直接了解到，1918 年至 1922 年，上海的江南造船厂为美国运轮部建造了 4 艘排水量高达 14750 吨的运输船，分别命名为"官府号""天朝号""东方号""国泰号"，均是中国自己设计和建造。为当时远东地区所造最大吨位的船舶，又是外国政府首次向中国船厂订造的万吨级舰船。正是在这期间，工厂扩大规模，招收了很多工人。后来成为中国共产党最早党员之一的李中进入江南造船厂，当了钳工，1920 年 11 月组织成立了中国工人第一个"大团体"——上海机器工会。

1924 年 1 月，孙中山接受中国共产党的建议，在广州召开国民党第一次全国代表大会，确定国共合作发动国民革命的方针。1926 年 7 月，广州国民政府开始北伐。1927 年四一二反革命政变后，蒋介石重组国民党中央和国民政府。4 月 18 日在南京正式成立国民政府。

孙中山 1912 年解职后，开始周游各省，宣传民生主义和他的实业救国计划，提出 10 年内修筑 20 万公里铁路。1919 年，孙中山写成的《实业计划》，吸收和总结世界资本主义各国的经验教训，提出中国必须"既废手工采机器，又统一而国有之"，即实行以国家资本主义为主导的工业化。1924 年 4 月 12 日孙中山手书的《建国大纲》第二条明确规定："建设之首要在民生。故对于全国人民之食衣住行四大需要，政府当与人民协力，共谋农业之发展，以足民食；共谋织造之发展，以裕民衣；建筑大计划之各式屋舍，以乐民居；修治道路、运河，以利民行。"

南京国民政府成立后，推进国家建设，但逐渐扭曲孙中山的节制资本政策，实行经济统制政策，使国家资本逐渐膨胀，并开始向官僚资本转变。在 1928 年至 1937 年间，交通建设几乎完全由国家投资，同时国家资本也开始向工矿和金融领域扩张。1936 年初制定的《重工业建设计划》，准备在五年内由国家投资建立包括钢铁等有色金属开采和冶炼、采煤、汽油进口、酸碱、飞机和汽车发动机、机械、船舶、电器、发电等 17 种类的 31 家国营企业。当然，民营资本

---

[1] 参见周鸿、朱汉国主编：《中国二十世纪纪事本末》第一卷，山东人民出版社 2000 年版，第 211—212 页。

在这一时期也获得了新的发展。用国家之权、国家之力发展经济，本无可厚非。但国家垄断，多少抑制了民营资本的发展，而且国家垄断极易使资本和财富落入官僚之手。

1930 年 6 月 30 日，国民政府公布了立法院根据中央政治会议决议制定并通过的第一部《土地法》。该法包括总则、土地登记、土地使用、土地税、土地征收 5 编，共 397 条。《土地法》把国民党提出的二五减租率推行到了全国，但实际执行问题很多。

1931 年 1 月和 1932 年 12 月，国民政府内政部先后召开两次全国内政会议。第二次内政会议通过了地方自治、整理土地、确定地方卫生制度、改良礼俗、执行调查统计工作等议案 400 余件，审议建议案 200 余件。针对农村破产日益严重的情况，大会讨论通过了《请拟定租佃条例以保障佃农案》。租佃条例规定，佃农所缴租额，不得超过当地正产物收获总额的 1/3，副产物品概归佃农所有；正租以外，不得再有"小租""杂役"及一切陋规；业主与佃农身份平等。[1]

全国性抗战爆发前，在国民政府实业部登记注册的工厂共 2435 家，大部集中在沿海，仅上海一地就有 1186 家。在日本侵略步步紧逼的形势下，沿海工业实施大规模内迁。先是前往武汉，后又继续西迁至四川、广西、陕西等地。截至 1940 年底，内迁厂矿共 448 家，物资 70991.2 吨，技工 12164 人。包括机械、化工、教育、电器制造、食品、矿业、钢铁等各个领域。工厂内迁，虽是战时被迫之举，但保护了一大批中国工业生产和军工生产能力，为抗击日本侵略提供了重要的物质基础，也对改变中国工业布局发挥了积极作用，是中国工业发展史上的一次壮举。[2]

为适应抗战需要，大力发展后方经济。内迁厂矿完成建厂复工工作。以军需为重点优先发展重工业。新建和扩建了一大批煤炭、钢铁等厂矿，开发了玉门油矿。到 1945 年，后方共新建电厂 19 家，钢铁企业达 4000 多家。兵工厂共有 32 家，抗战期间所需兵器大都由后方兵工厂补给。民营企业也得到很大发展。适应战时需要，赶建西南西北新铁路交通网，到 1945 年 3 月底，共新建铁路近 2000 公里，测量铁路线 5814 公里。著名的有湘桂铁路、滇缅铁路、黔桂铁路等。新建公路 11675 公里，改善公路 88901.5 公里，著名的有桂越路、滇缅

---

[1] 参见周鸿、朱汉国主编：《中国二十世纪纪事本末》第二卷，山东人民出版社 2000 年版，第 151 页。

[2] 参见周鸿、朱汉国主编：《中国二十世纪纪事本末》第二卷，山东人民出版社 2000 年版，第 316—318 页。

路、滇越路、中印公路、甘新路等。空中航线里程由 1937 年的 8569 公里增至 1945 年的 21783 公里。特别是其中的国际航线发挥了重要作用，创造了世界空运史的奇迹。[1]

农业方面，大量开垦荒地，到 1942 年底共有垦殖单位 116 个，垦地面积 123 万余亩，安置了大量难民，也奠定了粮棉增产的基础。还新建水利工程。到 1946 年，后方已竣工的水利工程 64 处，可灌溉面积 153.1 万余亩。水稻、小麦、棉花产量都有大幅度提高。[2]

从全国来看，由于受到日本的长期侵略，中国经济受到极大的伤害和损失。在抗日战争时期，按 1937 年的比价，中国直接经济损失 1000 亿美元，间接经济损失 5000 亿美元。不仅使当时的中国无从发展，而且造成的破坏留下了深远的影响。这是中国长期贫穷落后极其重要的原因。

为应对日本的侵略野心和后来的侵略行为，民国政府不得不将很多资源用于备战上。由孙中山开始的很多建国设想也难以一一落实和实施。特别是全面抗战爆发后，东部工业和经济设施被迫大量西迁，再寻机部分地恢复生产。如此大规模的拆迁，对中国原本薄弱的生产力特别是工业生产能力还是造成了极大的破坏。农业生产也陷入极为困难和窘迫的境地。国民政府被迫推行战时经济统制政策，连勉强维持国家生存都很困难，更遑论向前发展了。在战时状态下，要维持民生，救荒救灾更是十分困难。

抗战结束后，国民政府大量接收敌伪产业。本可迅速恢复中国经济和社会发展。但一方面，在接收敌伪财产过程中管控失序，造成国有资产大量流失，官僚垄断资本急剧膨胀；另一方面，违背民意发动全面内战，使中国社会没有得到及时的休养生息，反而再一次陷入战乱和动荡之中。经济建设和维持民生就无暇顾及，社会矛盾日益尖锐。

民国时期，在发展经济、治理社会、解决民生问题方面，政府也做了一些事情。对于不断发生的自然灾害，也采取了一些防范的措施，加强了一些基础性的建设。因难以寻得权威和全面的资料，只能择其点滴，窥其片段。

例如，民国时期，政府机构中设有水利局。全国经济委员会成立之后，下设水利委员会，开始提倡并实施各地水利建设。1930 年，建设委员会先就戚墅

[1] 参见周鸿、朱汉国主编：《中国二十世纪纪事本末》第二卷，山东人民出版社 2000 年版，第 363—364 页。
[2] 参见周鸿、朱汉国主编：《中国二十世纪纪事本末》第二卷，山东人民出版社 2000 年版，第 364 页。

堰电厂原有的电力庘水设备组织委员会继续办理。1931 年成立模范灌溉武锡区办事处，并在吴江庞山湖设立模范灌溉试验场，并由建设委员会成立模范灌溉管理局，主持两处灌溉事业。但由于社会动乱，灌溉事业难以顺利发展，基础设施的建设远远跟不上灾害发生的步伐。

发展林业，可以防患未然，避免很多灾害。民国以来，在中央政府机构中开始设有农商部农林局，专理林务。1915 年规定 3 月 12 日为植树节，由大总统通令各省植树。1927 年南京国民政府成立后，再次规定全国各地自 3 月 11 日起开展为期一周的造林宣传活动。虽然实际做的还有很大差距，但也反映了时代进步。

当年救荒的重要物资仍然是保障粮食的储备。为恢复日渐式微的旧有仓制，国民政府军事委员会于 1933 年 10 月 22 日在南昌行营召豫、皖、鄂、湘、苏、浙、赣、沪八省、市代表及豫、鄂、皖、赣四省农民银行行长在南昌举行粮食会议，作出在各地兴办谷仓的决议，建立救灾防灾仓储制度。1934 年，以上八省、市积谷总量达到了 503.62 万石，积款 33 万元，各地大体以人口为标准，储积了 3 个月的粮食。在此基础上，1935 年内政部颁订了《各地方建仓积谷办法大纲》，规定了各地仓储的种类、保管办法、经费来源、考绩办法、新陈代换等，现代仓储制度得以确立。

南京国民政府成立后，一方面颁布《义仓管理规则》及《各地方仓储管理规则》，着手恢复曾一度废弛的传统仓储制度，另一方面在发展农业合作事业的背景下，相继制定和公布了《农仓法》和《农仓业法》，办理农仓合作社，使之成为调节农村金融和粮食流通的一种工具。1934 年 12 月，国民政府行政院发布《各省市举办平粜暂行办法大纲》，规定，"凡被灾区域遇粮价过高或于青黄不接时应就原有仓储积谷开办平粜，其未设仓储地方亦应筹集资金举办"，"仓储平粜总数最高不得逾仓存 7/10"；并对平粜的具体办法作了详细规定。为了督促各地积极兴办仓储，国民政府还于 1934 年实施仓储总检查办法。根据对江苏、湖北、湖南、安徽、甘肃、陕西、山西、河南、福建等省仓储建设情况的调查，当时仓储积谷为 5036255 石又 465482 斤，积款为 330172 元又 2990 吊。

近代以来，中国城市化迅速发展，城市人口大量增加。城市居民的生活成为一个日益重要的新问题。其中作为生活基础的，是住房。自清末民初以来，大城市就开始出现住房问题。其中又以住房短缺、房租高涨、房屋租赁关系混乱最为突出。为了规范住宅租赁市场，南京国民政府颁布了一系列法规，通过规定"标准租金"或房租上限、限制出租人终止契约权等来保护承租人的利益。1946 年制定了《土地法》，其中第九十六条规定，城市居民住宅间数的限度由地方政府规定。广州等市规定超过限度的房屋必须出租，出租期间不能抬租，不能加租，不能变相加租，不能借口翻建赶走房客，否则必须支付房客搬家费。如果拒绝将空置房出租，政府可以推平其房屋，拍卖其土地。

政府开始利用新式金融机构，通过发行公债或对外借款等多种渠道筹措资金，通过"以工代赈"和农赈之法来修堤筑坝和救助灾民恢复生产。1929 年，面对全国范围的水灾，国民政府曾向社会发行赈灾公债 1000 万元，1938 年 12月偿清本息。在 1931 年江淮大水期间，国民政府特设救济水灾委员会，以两期发行 8000 万元公债，年息 8 厘，以国税担保。除发行赈灾公债之外，也由政府向美国争取到了 45 万吨麦贷用于救灾。

在社会救助方面，国民政府内政部颁发了《各地方救济院规则》，规定在各省区、特别市、县市政府，为教养无自救能力的老、幼、残废人，并保护贫民健康，救济贫民生计，都要设立官办救济院，下设养老所、孤儿所、残废所、育婴所、施医所、贷款所等。到 1930 年，全国各地与救灾居养有关的救贫机构共 834所。其中官办 132 所，公办 409 所，私办 293 所，救助总人数达 11.41 万人。

民国时期，人口有很大变化。据葛剑雄主编的《中国人口史》第六卷，1911 年中国人口为 4.1 亿，至 1936 年上升至 5.3 亿，平均年增长率超过了10‰。抗战期间人口出现负增长，总计损失人口 6000 余万，1946 年只有 5.2亿左右。这种负增长，只能是日本侵略造成各种灾难的结果。抗战相持最激烈的几个省份，人口负增长率最高：河南是 -23.92‰；江西是 -20.87‰；湖北是 -18.45‰；云南是 -25.61‰。抗战结束后，人口生育率迅速上升，1946 年至 1949 年，虽有国共内战，但人口平均年增长率又再次回升到了 8‰的水平。

由于种种原因，民国时期的国家和社会的治理明显存在很多弊政。外国商品深入到我国腹地，即使穷乡僻壤也都充斥着洋货，农民的土产和幼稚的工商业日渐萎缩，自给自足经济遭到破坏；地主豪绅及商业资本的剥削，重田租和高利贷剥削变本加厉；繁重的捐税，超过农民负担的限度，加速了农村破产和经济崩溃；农作物价格惨跌，减少了农民的收入，使农民感到经营农业的绝望；副业衰败，中国农村的丝和茶两种副业一落千丈；天灾人祸频仍，天灾使农民终岁辛劳的结果概被摧毁，人祸使农民不能安居乐业。

苛捐杂税古已有之，历代王朝官民矛盾的激化往往由此而起。有专家研究认为，民国期间，中国农民的负担有明显加重的趋势。1912年至1928年16年间，仅田赋正税的税率就增加了393%。

南京国民政府成立至全国抗战前10年间，对农村的治理出现严重问题。主要表现为：赋税繁苛，长期过度剥夺农村；防灾、治灾、救灾基础建设极其薄弱，农业抵抗自然灾害能力很低，农村连年遍地灾荒。苛政"人祸"与自然"天灾"交织相迫，农村经济连年衰败。很多贫苦农民陷入求生无望的绝境，只有铤而走险，选择了"流亡之路"与"骚动之路"，最后走上"革命之路"。

通货膨胀是贯穿民国最后几年的突出事件，也是影响人民生活的关键要素。抗战进入中后期以后，长期的战争损耗以及大片富庶国土的沦陷，使国民政府的财源日益枯竭。为支持日益庞大的财政开支，国民政府大量发行纸钞，从而引发了国统区的通货膨胀。

抗战胜利后，为了筹集发动内战的资本，国民政府以更大的力度发行纸币，从而也将通货推到了恶性膨胀的程度。根据《经济周报》所发表的数据，上海的物价指数，1945年9月为346，1946年12月为9713。一年零四个月的时间内，物价上涨了28倍。此后的物价更如脱缰的野马，越发不可收拾。以战前的1937年6月为标准，截至1948年8月，法币贬值400万倍，物价上涨近500万倍。1948年8月的金圆券改革，虽然以1元金圆券兑换300万法币重新调整了物价，但仅仅70天后，物价又以更加迅雷不及掩耳的速度飞涨。

顾颉刚在日记中对金圆券贬值的过程进行了记述。仅以银圆与金圆券的兑换比例来说，在最初的时候，"银圆二合金圆券一。未及二月，而金圆券七合银圆一"。1949年1月18日，"一切物皆比刚发金圆券时加一百倍"。3月3日，"近日银圆价二千七百元，是亦不过四十余元耳"。3月31日，"上午银圆价一万三千元，下午即达一万七千元"。银圆与金圆券的比价，4月5日为二万八九千，10日六万，15日13万，16日18万，22日46万—49万，27日130万，30日400万。到了5月19日，"国行挂牌为九百六十万，然实际之价已为一千四百万"。翌日"下午升至二千三百万，及傍晚则升至三千万矣"。仅仅半年多的时间，金圆券竟贬值6000万倍，国民政府的经济已完全崩溃。

对大多数平日节衣缩食方能勉强维持生计的普通民众来说，物价上涨所带来的实际购买能力的削弱，使他们贫困的生活更加雪上加霜。当时报纸在叙述了物价上涨之后，每每以感伤的口吻作出总结："商民莫不叫苦连天，薪水阶级更苦不堪言。"在天津市区，"百元烧饼，逐渐缩小，已缩至不可再小之程度，前日起已改卖二百元"。"一般市民已痛感生活压迫之不堪再忍受"，一洋车夫竟愤然大呼，"干脆来个原子弹，大家玩完"。记者认为这虽为气话，却"道尽市民苦闷心情"。

在严重的通货膨胀下，人民群众的日常生活由紧张、骚乱而最终陷于绝望。物价漫无限制的飞涨，使广大人民在对日常生活产生恐慌的同时，也对国民政府失去了最后的信任与希望。

九、民国时期的连绵灾荒

民国时期的灾害包括水、旱、风、雹、蝗、震等，几乎无年不有。因无权威资料，也只能根据零星资料加以整理，简略描述。

仅据 1912 年至 1937 年统计，较大灾害就达 77 次之多，计水灾 24 次，旱灾 14 次，地震 10 次，蝗灾 9 次，风灾 6 次，疫灾 6 次，雹灾 4 次，饥馑 2 次，霜雪灾 2 次。其中，1912 年至 1919 年 10 万灾民以上规模的灾荒共 9 次，1920 年至 1927 年共 36 次，而 1928 年至 1937 年则高达 118 次之多。

北洋政府时期，比较严重的灾害有：

1913 年，永定河决口，冀省重灾。江淮泛滥。赣、豫、皖三省大旱。12 月滇省地震，嶍峨城（今峨山彝族自治县）全毁，死两千人。全国受灾面积达 6.5 亿余亩。

1915 年，农历乙卯年六七月间，珠江流域发生大洪水，广东省受灾尤其严重。广州城内被淹，避灾人口聚集的广州城内十三行一带，偏又因引火不慎起火，造成了广州城内一场浩劫。

1918 年，水灾、地震等受灾区域不下 6.1 亿亩。

1920 年至 1921 年，河北、山西、陕西、山东、河南发生罕见旱灾，灾情遍及五省 317 个县，灾区面积约 272 万公里，受灾人数 3000 万左右，死亡人数约 50 万。

1920 年 9 月 19 日《申报》第 6 版《北地之灾荒与政府》报道："中美新闻社译《密勒评论报》云，直隶省中，近来灾殃叠见。两月前，直皖开战，今又遭旱荒，其地广十一万五千英方里，农收全无，灾民中已有百万人，离其故里，而至他处觅食，鲁豫两省亦岌岌可危，现计三省中受此旱灾影响之人民，共有二千万以上。灾区在运河以西，向南蔓延至黄河方向，饥民惨状，不忍闻观。

查一九一七年直省一部分，曾患水灾，经政府组织一水利局，派总裁一人董其事。今次灾情，较三年前更重，而政府对于救济方法，全不努力，致各方面皆不满意。总统仅令财政部拨款二万元赈济，此外一无作为……"

1920 年 12 月，宁夏、甘肃大地震，死者不下 20 万人，仅海原一城即死 7 万余人。

1924 年，闽、粤等 12 省大水，淹毙万余人，财产损失 1.25 亿元。

1925 年，川、黔、湘、鄂、赣五省大饥荒，饥民骨瘦如柴，奄奄一息，死亡人数不详。9 月，山东省黄花寺黄河决口，淹两千平方里，灾民两百万人，损失数千万元。

1926 年，东三省大旱，山东大水，均为 20 年来所未有；安徽大水则为 60 年来所未有，冲毁农田 10 万亩，草根树皮食尽，很多人以观音土充饥。

南京国民政府前期，比较严重的灾害有：

1928 年至 1930 年，北方八省发生以旱为主，蝗、风、雪、雹、水、疫并发的巨大灾害，从而引发大饥荒。范围以陕西、甘肃为中心，遍及山西、绥远、河北、察哈尔、热河、河南八省，并波及山东、江苏、安徽、湖北、湖南、四川、广西等省的部分或大部分地区，局部地域的旱情持续至 1932 年。造成田野变成荒丘、生灵化作白骨、农庄沦为废墟的凄惨景象。据相关数据，全国受灾人口总计近 1.2 亿，难民约 5000 万，死亡 1000 余万。陕西原有人口 1300 万，在 3 年大旱中，沦为饿殍、死于疫病的 300 多万人，流离失所者 600 多万，两者合计占全省人口的 70%。

1931 年，江淮运河流域大水，遍及 18 省，灾民 1 亿人。而湘、鄂、赣、皖、苏省尤烈，溺毙约 15 万人，财产损失 20 亿元，水灾后因饥饿、瘟疫而死亡的人数达 300 万人。

长江 1931 年至 1949 年发生水灾 11 次，其中 1931 年、1937 年两次水灾死人都超过 14 万人。

1933 年，华北、华南 15 省水灾，陕、粤等 10 省旱灾，豫、皖等 9 省蝗灾。

1934 年，16 省旱灾，谷物损失 14 亿元。14 省水灾。华北、华中蝗患极重。

1935 年，水旱灾荒合流，8 省 241 县受灾，淹没田地 5000 多万亩，加上旱、风、雹、病、虫灾，全年损失粮食即在 2 亿市担左右。

全民族抗战时期，全国因战争及抛荒之地达 7 亿亩左右，水、旱、风、虫、震灾频繁发生。1936 年至 1937 年川甘大饥荒，成都平原各县之外都是灾区，受灾 3700 余万人。1937 年 8 月，山东菏泽地震，死 7 万人。

1938 年 6 月，为阻止日军追击，蒋介石下令扒开郑州市区北郊 17 公里处的黄河南岸的花园口。虽然迫使日军改变作战计划，并有日军约 4 个师团困陷于黄泛区，损失达 2 个师团以上。但决口形成震惊世界的"黄泛区"，波及豫、皖、苏三省 44 县（市），共计 29 万平方公里，酿成 1200 万人受灾、390 万人流离失所、89 万人死亡，使中国人民遭受比日军更大的损失。黄河被迫改道南流，历时 9 年之久，影响深远。

1939 年，冀省大水，80 年来所未见，灾民 300 万，损失 2 亿多元。

1942 年，太行、冀南旱灾、蝗灾严重。1943 年，河南大饥荒，死数十万。1944 年，川、陕、黔等省旱、水、虫灾，川北尤重。

1942 年至 1943 年的南北大干旱，南至湖南，北至平津，东濒大海，西及甘肃，部分地区旱荒持续至 1945 年。1942 年，美国《时代》周刊记者白修德曾提及从洛阳到郑州的情况，"绝大多数村庄荒无人烟，即使那些有人的地方，听到的也是弃婴临死前的哭声，看见的也只是野狗从沙堆里掏出尸体并撕咬着上面的肉"。"水旱蝗汤"四大灾害轮番袭击中原地区的 110 个县，仅河南一省饥民就达 1000 万，近 300 万人困饿而死，在旱荒第一年可能就有近 100 万人殒命。另有 300 万人西出潼关做流民，形成了自花园口决口之后河南灾民的第二次人口大迁移。沿途饿死、病死、扒火车挤踩摔轧而死者无数。妇女售价累跌至平时的 1/10，壮丁售价只及过去的 1/3。

由冯小刚执导，改编自刘震云的小说《温故一九四二》，张国立、陈道明、李雪健、张涵予等人主演的电影《一九四二》，反映的就是 1942 年的河南大旱。虽然是艺术作品，但其折射出的千百万民众离乡背井、外出逃荒的悲惨状态，还是非常令人震撼的。

1943 年广东大饥荒，300 万人冻饿而亡。

抗战结束后，天灾却接踵而来。1945 年，东北及湖南、河南、江西、山东、浙江、福建、山西、广东、安徽、广西等省灾民达 1900 万人。

国共内战爆发后，天灾人祸更是结伴而行。1946 年，至少有 600 万亩的耕地遭水灾，受灾人口达 3000 万以上。1947 年，山东、四川、广西、广东等 16 省受水、旱、蝗、雹等灾农田达 9800 万亩。全国饥民达 1 亿多人，占当时人口的 22%。1948 年，河南、福建、广东等省也都有大水灾。1949 年受灾农田达 12156 万亩，灾民约 4000 万人。全年粮食总产量只有 2263.6 亿斤。

1946 年至 1947 年，南方大饥荒。两年间，仅粤桂湘三省就饿死了 1750 万人。在湖南，1946 年 4 月至 7 月，饥荒遍及全省。饥民们始则挖草根、剥树皮为食，继以"观音土"充饥。截至 8 月，湖南饥荒祸及 400 万人，仅衡阳地区就饿死 9 万余人。

由于灾荒及其损失的统计非常复杂，历史资料很不完整，也未必准确。上述情况和数字综合了很多专家的研究成果。但所有这些研究都很难得出统一的意见和结论，也必然有或高或低和不准确之处。所以，上述情况和数字也只能描绘出一幅大概的图景，供进一步研究参考。

根据 1996 年《中国的粮食问题》白皮书，旧中国，有 80% 的人口长期处于饥饿、半饥饿状态。几乎每年都有几万到几十万人因为饥饿而死亡。[1]

民国时期灾荒严重，除自然条件的作用外，国内政治混乱，内战频仍，政府对于天灾预防及补救不力，农民深受剥削，丧失抵御灾害能力等也是重要因素。

十、民国时期的救灾状况

面对灾荒，作为政府，当然不可能不闻不问。受灾之后，国家既要承担起"救荒活命"的重任，又要承担起灾后恢复与重建的社会责任，所以民国也在救灾减灾方面作了不少努力，做了一些工作，建立了一些救灾抗灾的制度。下列资料也只是点滴和部分反映。

民国时期，灾荒救济由中央或省政府按规定的程序进行。1915 年 1 月，北京政府借鉴清朝灾荒查报和蠲缓的有关制度，制定和公布了《勘报灾歉条例》。1928 年 10 月 9 日，南京国民政府内政部在该条例的基础上颁行了同名法令；1934 年 2 月 24 日，行政院修正后重新公布了《勘报灾歉条例》。1936 年 8 月 10 日，国民政府行政院又公布了《勘报灾歉规程》。这些条例和规程规定了灾荒救济的基本程序。

1928 年初，北方地区发生特大旱灾后，在各界人士强烈呼吁下，国民政府设立豫陕甘、晋冀察绥及两广 3 个赈灾委员会，在内政部设立了赈务处。1929 年 1 月，国民政府文官处致函行政院，请求拨给豫陕甘赈灾委员会赈灾公债 600 万元，予以救济。同日，国民政府成立全国赈灾委员会，并在各省设立分处。

---

[1] 参见《中国的粮食问题》（一九九六年十月），《中华人民共和国国务院公报》1996 年第 3 期。

1929 年 5 月 25 日，赈灾委员会将 1000 万元赈灾公债分配给各灾区。[1]

　　每遇灾荒饥馑，政府与社会仍然以设立粥厂为急赈中的首要工作。施救的规模与管理的规范有所进步。1931 年国民政府救济水灾委员会的报告中说：芜湖区有大规模粥厂 2 所，其章程规定，每厂收容灾民不得超过 5000 人，又皖北阜阳一县之有小粥厂 110 所，每日就食人数，多者达 7100 人，其办法分全县为 11 所，每所设粥厂 10 处，每次就食人数可达 20—30 人。河南粥厂自 1931 年 12 月至 1932 年 1 月，共成立 16 所，灾民均可持票就食。据各省报告，灾民每日来厂就食者，约 20.4 万至 22 万人，平均每人约费洋三分。除政府办理粥厂之外，也有由慈善团体及地方公团办理者。

　　抗日战争期间，南京国民政府还将蠲缓制度写入了《社会救济法》，规定"各地遇有水、旱、风、雹、地震、蝗、螟等灾，各县市政府得视被灾情形，呈请减免赋税"，使之成为一项法定救济制度。蠲缓制度发挥了一定的救灾效能。例如，1935 年河北全省遭受不同程度灾害，国民政府下令对该省蠲缓赋税；1936 年 6 月，山东新泰、博兴、高青等县禾苗遭灾，国民政府下令减免 3 县田赋。为了严格查灾与放赈程序，杜绝灾赈过程中的流弊和漏洞，国民政府行政院于 1947 年 5 月 8 日又公布了《灾振查放办法》（国民政府内政部在 20 世纪 30 年代规定，各级赈务（济）委员会之"赈"字一律用"振"）。该办法分总则、勘灾、放振、报销及报告、附则 5 章，规定：报灾应列举灾害种类，被灾程度、面积、人数及财产损失；灾情重大，非地方财力、物力所能救济时，应由被灾地方报请省市政府，由中央主管机关转呈行政院指拨振款或以其他方法救济之，如灾情特别严重时，得径报行政院酌拨振品、振款。

　　民国时期的灾荒救济立法，一方面，将传统灾荒救济活动中行之有效的方法和措施纳入立法的范畴，使之法律化、制度化；另一方面，通过立法建立适应现代社会需要的新型灾荒救济制度。这两个方面的努力共同推动了现代中国灾荒救济活动的法制化。南京国民政府 1930 年通过《救灾准备金法》而建立起来的救灾准备金制度，更是一项前所未有的重要举措，也是一项极为重要的灾荒救济制度。它标志着民国时期灾荒救济已开始脱离传统的临时性的救济措施，逐渐向建立常规化的救济制度嬗变。

　　资金是灾荒救济的经济基础，没有救灾资金的保证，一切救灾活动都无法

---

[1] 参见周鸿、朱汉国主编：《中国二十世纪纪事本末》第二卷，山东人民出版社 2000 年版，第 56 页。

开展。因此，民国政府十分注重救灾资金的筹集，从当时出台的一些法规内容来看，筹资渠道主要包括三个：一是奖励社会捐助；二是发行赈灾公债；三是建立救灾准备金制度。

社会捐助是民国时期救灾资金的一个重要来源。北京政府在1914年8月颁行《义赈奖劝章程》，鼓励社会各界捐款赈灾，规定凡捐助义赈款银1000元以上者由大总统依据《褒扬条例》褒扬之。南京国民政府成立后，相继公布《振款给奖章程》《振务委员会助振奖给章程》，规定依据捐款数额，由政府或振务会分别给予匾额、褒状、褒章等奖励。1934年11月，国民政府出台《公务员捐俸助振办法》，规定，"凡公务员月俸在50元以上者每月捐2%，共捐6个月"。1931年底还公布了《振务委员会收存振款暂行办法》和《振务委员会提付振款暂行办法》，对振款的管理作出明确规定。

发行赈灾公债是民国政府开辟的一条新的救灾资金筹集渠道。1920年华北大旱，北京政府于同年11月颁布《赈灾公债条例》，决定发行公债400万元，这是民国政府最早发行的赈灾公债。南京国民政府承袭了这一办法，1929年4月立法院通过《公债法原则》，规定政府募集内外债的主要用途之一为"充非常紧急需要，如对外战争及重大天灾等类皆属之"。民国时期，几乎每次大灾都要发行赈灾公债。如1931年公布的《国民政府民国二十年振灾公债条例》规定：国民政府为拯救各省灾民起见特发行公债8000万元，定名为"国民政府民国二十年振灾公债"。本公债专充急振、工振及购买振粮之用。该公债分两期发行，第一期3000万元发行后适值九一八事变发生，推销困难。第二期5000万元没再发行。1935年11月公布的《民国二十四年水灾工振公债条例》规定：国民政府为救济水灾、办理工振，发行公债，定名为"民国二十四年水灾工振公债"。

救灾准备金是南京国民政府时期开始设立的专用救灾资金。1930年4月，振务委员会呈请国民政府拟自本年度起，每年预算内列备荒专款500万元，专为救灾备荒之用，永不删除，亦不移作他用，并拟具《备荒基金法》草案。1930年10月18日，国民政府公布了中国历史上首部《救灾准备金法》；1935年6月，又颁行《实施救灾准备金暂行办法》，规定了《救灾准备金法》的"施行细则"。《救灾准备金法》规定，救灾准备金由中央和省区两级机构筹建。对其使用，规定了地方为主、中央为辅的原则："遇有非常灾害，为市县所不能救恤时，以省救灾准备金补助之，不足再以中央救灾准备金补助之。"

中央政府专设农赈局，并根据各地受灾情况，分别轻重，于每县或数县，设一农赈办事处，更设一县农赈委员会监督襄助。再由办事处，就所辖各区，设立农村互助社，为农赈工作实施的基本团体。农赈的目的在于救助灾区农民从事农业复兴，主要的工作是接济农事资金，指导农业方法，推行农村合作。基金1000万元，由该委员会指拨。为节省现金的使用与便利灾农，主要以赊放粮食、农具、耕牛、种籽、肥料等必需品出贷。在农赈工作进行到一定程度时，将农赈局改组为中国农民银行，作为永久性的事业。

为疏河流、固河防、修堵决口等，实行"以工代赈"的措施。1931年，国民政府将美国45万吨麦贷中的30万吨用于工赈，并在救济水灾委员会的灾区工作组中专设工赈处，向各水利机关聘调工程技术人才，厘定各项施工章程，招募灾民。为便于管理及实施，又于各工赈处下，按各河系范围的大小与灾情的轻重，分设各区工程局。局下再视工程的大小，分为若干段，段以下分团，团以下分排。其容纳以工代赈的灾民最多时达到百余万人。为便于粮食支付，在浦口、芜湖、安庆、汉口等地分设麦粮总站，各地再设一二三等分站，由运输组主持运送储存发放事宜。灾民按所做土方的多少，领取工资。

国民政府在初步统一中国之后，曾试图重建以政府为主导的救荒体系，也作出了许多努力，但是其主要的治国方针主要还是针对政治异己和中共武装。1931年江淮大水灾发生后，蒋介石把主要精力放在对中共的中央革命根据地的军事"围剿"之上，后还声称此次大水灾纯属"天然灾裖，非人力所能抵御"，"中正惟有一本素志，全力剿赤，不计其他"。1942年至1943年，中国的抗日战争进入相持阶段，以河南为中心的中原地区又发生大饥荒。但是为了完成粮食征购任务，蒋介石政权严密封锁灾区的消息，并把公开披露灾情的《大公报》停刊三天。如果没有在华的美国记者、外交官和情报人员千方百计把消息向海外传布，今天的我们可能很难知晓当年的灾情。

与国民政府形成鲜明对照的是，抗战中的晋冀鲁豫边区，同样遭受旱灾袭击，又遭受日军和国民党顽固派双重封锁。但是在中国共产党的领导下，发起、组织了一场大规模的救灾度荒运动，全边区的党、政、军、民各阶层一起动员起来，合力抗灾，进行群众性生产自救，减轻了灾荒的危害。这些举措，为中华人民共和国成立后的抗灾救灾提供了重要的经验。

注：本章参考、综合了许多专家关于中国历史、贫困、灾荒问题的大量文献、资料、著述，经研究写作而成。因所引资料众多，且作了大量综合，难以一一注明出处。谨一并致以谢意。

第三章

中国共产党在民主革命时期的反贫困斗争

☆　☆　☆

一、中国共产党的初心和使命

"沉舟侧畔千帆过，病树前头万木春。"

在近代以来贫困与反贫困艰难和残酷的博弈中，我们看到了一个新的政治力量的出现，这就是中国共产党的诞生。中国共产党的反贫困斗争、减贫事业、贫困治理，及至改革开放以后的扶贫脱贫事业，追根溯源，应该从中国共产党的出现开始。

1921年至1949年间，中华民族处于一种整体贫困的状态，加之中国共产党还没有成为执政党，所以，自然不可能代替当时的政府专门对某些绝对贫困、极端贫困人口实施扶贫脱贫政策和措施。我们回溯1949年以前的历史，并不是说这时已经开始了现代意义上的扶贫脱贫事业。但是，中国共产党的纲领、目标、任务和从事的革命斗争，从根本上来说，都是要改变中国的贫困落后状态，改变中国人民的生存状态。在几十年新民主主义革命过程中，中国共产党一直关注着人民群众的生活问题，关注着中国的农村和农民问题，反对统治集团罔顾民生的行为，也采取了不少力所能及的措施实际改善民生。中国共产党领导的新民主主义革命，开始了从政权和制度层面上改变贫穷落后状态的努力，表明了中国共产党"为中国人民谋幸福，为中华民族谋复兴"的初心和使命，形成了某些反贫的基本思想，进行了贫困治理的某些实践。所有这些，都在一定程度上奠定了中国当代反贫困斗争的基础。

所以，本书梳理、研究中国共产党反贫困斗争或扶贫脱贫事业的历史，还是要往前追溯，从1921年中国共产党的创立开始。

1921年7月23日，中国共产党第一次全国代表大会在上海法租界望志路

106 号（今兴业路 76 号）开幕。最后一天（经最新考证，最有可能是 8 月 3 日）的会议转移到浙江嘉兴南湖的游船上举行。大会通过中国共产党的第一个纲领和决议。选举产生中央局，宣告中国共产党正式成立。

中国共产党的成立，是开天辟地的大事变。这一大事变，"深刻改变了近代以后中华民族发展的方向和进程，深刻改变了中国人民和中华民族的前途和命运，深刻改变了世界发展的趋势和格局"[1]。

中国共产党的初心和使命，是"为中国人民谋幸福，为中华民族谋复兴"。其原生态的表现，是责任之心、信念之心、奋斗之心、为民之心。

中国共产党的主要创始人之一李大钊，曾写有一副对联："铁肩担道义，妙手著文章。"这副对联集中反映了李大钊和党的其他创建者的信念和担当。1927 年，李大钊在狱中写下《狱中自述》，总结自己的一生说："钊自束发受书，即矢志努力于民族解放之事业，实践其所信，励行其所知，为功为罪，所不暇计。"[2]

一大代表李达，是中国传播马克思主义的先驱、中国共产党的重要创始人之一。曾三渡东瀛，放弃理科，专攻马克思主义学说。五四期间，李达虽在日本，但在上海《民国日报》上发表多篇文章，为国内的爱国运动叫好，并介绍社会主义。同时，呕心沥血，翻译三部著作，系统地介绍了马克思主义的三个组成部分。1920 年夏回国后，与陈独秀等发起成立上海共产党早期组织。同时创办中国共产党第一个党刊《共产党》月刊。随后又直接负责筹备召开一大，对中国共产党的成立作出了重要贡献。

一大代表李汉俊，是中共创建时期最有影响力的政治家、思想家之一。早年就萌生救国救民的志向，曾表示："我们求学是要成为有用之才，以便有朝一日为国家扬眉吐气而出力。"在留日期间，李汉俊受河上肇影响，开始接受马克思主义。为此，还放弃了最喜爱的数学。1918 年底回国后，仅仅在一年半时间里，他就发表宣传马克思主义和工人运动的文章和译文 90 多篇。1921 年，他参与筹备了一大，成为中国共产党的重要创始人之一。

受陈独秀委派参加一大的包惠僧，虽然后来脱党，但其早年，当过多个报纸的记者。因看到社会的不公，遂树立了改造社会的志向。他曾以"雷""鸣"为笔名发表文章，意思就是要震撼一下死气沉沉的社会，用雷电轰鸣，撞出一

[1] 中共中央党史和文献研究院编：《十八大以来重要文献选编》（下），中央文献出版社 2018 年版，第 342 页。

[2] 《李大钊文集》下册，人民出版社 1984 年版，第 893 页。

个缺口，逐渐扩大，以便展现出一个新世界。他敢于揭露社会上的一些黑幕，不媚俗、不做假、不畏难。因采访陈独秀而成为陈的"粉丝"，后来成为湖北共产党早期组织的支部书记。

山东代表王尽美，原名王瑞俊。参加一大回济南后，写下《肇在造化——赠友人》一诗："贫富阶级见疆场，尽善尽美唯解放。潍水泥沙统入海，乔有麓下看沧桑。"根据这首诗，他把自己的名字改成了王尽美，意在追求社会的尽善尽美。王尽美1925年就因病去世，年仅27岁。但董必武却称他是"不老松"。董必武1961年在纪念王尽美的诗中说："四十年前会上逢，南湖舟泛语从容。济南名士知多少，君与恩铭不老松。"

一大通过的党的第一个纲领规定：革命军队必须与无产阶级一起推翻资本家阶级的政权；承认无产阶级专政，直到阶级斗争结束，即直到消灭社会的阶级区分；消灭资本家私有制，没收机器、土地、厂房和半成品等生产资料，归社会公有；等等。[1]这些内容明显是按照马克思主义基本原理写的，所以，虽然纲领并没有直接使用马克思主义的概念，但我们党一直强调，党的一大举起了马克思主义和共产主义的旗帜。

仔细推敲这些规定，也可以发现，纲领中的某些要求与当时中国的国情是有差距的。比如，毛泽东直到1940年发表的《新民主主义论》，还认为中国的资本主义不是多了，而是少了，我们的任务只是节制资本。由此，如果在20年代初就要消灭资本家私有制，没收机器、土地、厂房和半成品等生产资料，显然是不实际的。

一大的文件没有直接涉及农民。但一大通过的纲领明确指出，"把工农劳动者和士兵组织起来，并承认党的根本政治目的是实行社会革命"[2]。

值得注意的是，共产国际档案中有一份《四川省重庆共产主义组织的报告》，称1920年3月在重庆成立了一个共产主义组织，有40多个成员和60多个候补成员。这个组织后来的情况怎样？它是否是共产国际直接或间接帮助成立并与一大成立的中共同属一个组织？目前尚不清楚，有待进一步研究。但仔细研读这份报告，我们发现其中有多处涉及农民，这是一大正式文件中所没有的。

---

[1] 参见中共中央党史研究室、中央档案馆编：《中国共产党第一次全国代表大会档案文献选编》，中共党史出版社2015年版，第3页。

[2] 参见中共中央党史研究室、中央档案馆编：《中国共产党第一次全国代表大会档案文献选编》，中共党史出版社2015年版，第3页。

这份《四川省重庆共产主义组织的报告》称，"在和平时期，四川的农民必须向其统治者交纳重税，而在战争时期，则被迫拿起武器去打仗"，"四川的军队主要是由被压迫的农民和雇佣工人组成的"，"显然，除大多数农民外[1]，人民都生活在战争和政治的苦难中"。

四川省重庆共产主义组织"坚决主张，工厂应当属于工人和农民"，"四川的人口十分之六是农民。因而很明显，他们对该省的生活有很大的影响。因此，我们的运动的方针是争取他们"。[2]

1921 年 4 月，中国共产党创建时期较早、较系统阐述中国农民问题的《告中国的农民》指出："中国农民占全人口底大多数，无论在革命的预备时期，和革命的实行时期，他们都是占重要位置的。"因此，革命者应面向农民，号召农民"集合起来"。

随着对国情认识的发展，1922 年 6 月 15 日，中共中央发表《中国共产党对于时局的主张》，指出解决时局的关键，是用革命手段打倒帝国主义和封建军阀，建立民主政治。这是中国共产党第一次向社会各界公开自己的政治主张。

1922 年 7 月 16 日至 23 日，中国共产党第二次全国代表大会在上海举行。根据共产国际二大精神和中国国情，二大第一次明确提出以打倒军阀、打倒列强为主要内容的反帝反封建的民主革命纲领，实际上区分了最高纲领和最低纲领。这是党的纲领的重要变化，是把马克思主义与中国实际相结合的产物。

党的二大更加具体地展示了党的初心和使命。二大通过的宣言首先规定：中国共产党是中国无产阶级政党。他的目的是要组织无产阶级，用阶级斗争的手段，建立劳农专政的政治，铲除私有财产制度，渐次达到一个共产主义的社会。

同时，宣言又指出：中国共产党为工人和贫农的目前利益计，引导工人们帮助民主主义的革命运动，使工人和贫农与小资产阶级建立民主主义的联合战线。中国共产党为工人和贫农的利益在这个联合战线里奋斗的目标是"消除内乱，打倒军阀，建设国内和平"，"推翻国际帝国主义的压迫，达到中华民族完全独立"。要求"统一中国本部（东三省在内）为真正民主共和国"。同时，为维护广大人民群众利益，要求"制定关于工人和农人以及妇女的法律"，"改良

---

[1] 原文如此。根据上下文语境，这里应理解为包括大多数农民在内。

[2] 中共中央党史研究室、中央档案馆编：《中国共产党第一次全国代表大会档案文献选编》，中共党史出版社 2015 年版，第 29、30 页。

工人待遇:(甲)废除包工制,(乙)八小时工作制,(丙)工厂设立工人医院及其他卫生设备,(丁)工厂保险,(戊)保护女工和童工,(己)保护失业工人……"。[1]

二大开始注意到中国的农村和农民问题。《中国共产党第二次全国代表大会宣言》在分析中国政治经济现状与受压迫的劳苦群众时指出:"中国三万万的农民,乃是革命运动中的最大要素。农民因为土地缺乏,人口稠密,天灾流行,战争和土匪的扰乱,军阀的额外征税和剥削,外国商品的压迫,生活程度的增高等原因,以致日趋穷困和痛苦。"[2]

《宣言》将中国的农民分为三种。"(一)富足的农民地主;(二)独立耕种的小农;(三)佃户和农业雇工。第一种占最少数,第二、第三两种的贫苦农民至少也占百分之九十五。"

《宣言》认为:"如果贫苦农民要除去穷困和痛苦的环境,那就非起来革命不可。而且那大量的贫苦农民能和工人握手革命,那时可以保证中国革命的成功。"[3]

《宣言》提出了维护农民权益、减轻农民压迫的要求:"工人和农民,无论男女……有无限制的选举权……""制定关于工人和农人以及妇女的法律""废除丁漕等重税,规定全国—城市及乡村—土地税则""规定限制田租率的法律"。

对农民的认识和分析奠定了实行工农联盟、建立联合战线的基础。《宣言》表示:"预备与贫农联合组织苏维埃,达到完全解放的目的。"[4]

二、开始为改善工农群众生存状态而斗争

在新民主主义革命的过程中,中国共产党逐步认识到,近代中国社会主要矛盾是帝国主义和中华民族的矛盾、封建主义和人民大众的矛盾。实现中华民族伟大复兴,必须进行反帝反封建斗争。

建党之初和大革命时期,党制定民主革命纲领,发动工人运动、青年运动、

---

[1] 中共中央党史研究室、中央档案馆编:《中国共产党第二次全国代表大会档案文献选编》,中共党史出版社2014年版,第9页。

[2] 同上书,第9页。

[3] 同上书,第8页。

[4] 同上书,第9页。

农民运动、妇女运动，推进并帮助国民党改组和国民革命军建立，领导全国反帝反封建伟大斗争，掀起大革命高潮。

中国共产党的最早创立者，有的在建党之前就深入工农群众，了解、关心他们生产、生活的状态，深为他们的贫穷和受压迫状态而感到不平，开始努力为改善工农群众的生存状态而斗争。

1921年5月1日，北京一些知识分子就在长辛店组织成立了京汉路长辛店铁路工会。10月20日，工会改名为"京汉路长辛店工人俱乐部"。全国各地工人特别是北方工人，纷纷到长辛店参观学习。邓中夏评价说："长辛店和小沙渡（上海苏州河边——笔者注）两地都是中国共产党最初做工人运动的起点。"[1]

长辛店和京汉铁路的工人运动，是中国共产党最早发动的工人运动的代表。1920年北京党的早期组织成立后，就在这里开办劳动补习学校，组织工会和工人俱乐部。1923年二七大罢工时，这里是领导罢工的指挥部。

一大召开时最早的4名工人党员中，有一位叫李中。其实按当时的学历，他应该算是知识分子了。因为他曾在湖南一师学习，与毛泽东同级。毛泽东当时组织同学举办工人夜校。李中每周二、四、六晚上都坚持为工人上课。因此，学校附近一些工厂的工人都熟识他，亲切地称他"李先生"。李中毕业后不久去上海谋生，经常拜访陈独秀，陈独秀还请他与自己一起住。

1920年，李中进入江南造船厂，遂成了一名工人。他一面当钳工，一面通过同乡工友在工人中传播革命思想。9月26日，他署名"海军钳工"，发表了《一个工人的宣言》。1920年10月，他在江南造船厂发起组织中国共产党领导的第一个产业工人工会——上海机器工会。他与陈独秀共同起草了《机器工会章程》，共6章32条，这是中国历史上第一个工会章程。1920年11月21日正式召开成立大会时，孙中山、陈独秀等社会知名人士均到会祝贺，李中以工会临时主席身份在会上作报告。1921年，李中由社会主义青年团员转为中国共产党党员，成为中共早期党员。一大以后，李中继续在杨树浦主持上海机器工会的工作。其间，他多次发动上海工人罢工。

按照一大纲领的规定，中国共产党一成立，就把工作的重点放在开展工人运动上，致力于发动和组织工人群众反对资本主义的压迫。一大通过的《中国共产党第一个决议》中，对如何宣传群众、组织群众作出了部署，提出了要求。

---

[1] 邓中夏：《中国职工运动简史（1919—1926）》，人民出版社1949年版，第17页。

为了大力开展工人运动，1921 年 8 月，中央局在上海成立了"中国劳动组合书记部"，"作共产党合法的公开的劳动运动"[1]。这是中国共产党领导工人运动的第一个公开机构，负责举办工人学校，组织产业工会，开展罢工斗争。总部原设在上海，后来迁往北京，张国焘、邓中夏曾先后担任主任；下设北京、武汉、湖南、广东、上海等地方分部。书记部出版《劳动周刊》，举办工人学校，组织产业工会。

1922 年 5 月 1 日至 6 日，中国劳动组合书记部发起在广州召开第一次全国劳动大会，讨论加强全国工人团结等问题。这次大会的成功，"引导工人阶级开始走向全国团结的道路"[2]。

1922 年党的二大，进一步提出了"到群众中去"的口号，并通过了 9 个决议案。大会提出"两个重大的律"，其中之一，就是党的一切活动都必须深入到广大的群众里面去。[3]

1922 年 8 月，中国劳动组合书记部发布《劳动法大纲》，并动员全国工人广泛开展劳动立法运动。大纲提出了劳动立法的四项原则：保障政治自由，改良经济生活，参加劳动管理，劳动补习教育。具体内容 19 条，要求承认劳动者有集会结社、同盟罢工、缔结团体契约等权利；实行 8 小时工作制；保护女工、童工；保障劳动者的最低工资等。

在第一次全国劳动大会前后，以 1922 年 1 月香港海员罢工为起点，1923 年 2 月京汉铁路工人罢工为终点，中国共产党利用中国劳动组合书记部以及其他形式，组织工人和群众，掀起了中国工人运动的第一个高潮。在持续 13 个月的时间里，全国发生大小罢工 100 余次，参加人数在 30 万以上。

1922 年 1 月，香港海员为要求增加工资举行罢工。他们在苏兆征、林伟民等领导下，克服港英当局的种种阻挠和破坏，坚持罢工 56 天，使香港的海上航运、市内交通和生产事业全部陷入瘫痪，最终取得胜利。这是中国工人阶级第一次直接同帝国主义势力进行的有组织的较量。"七十年来赫赫弈弈的大英帝国主义终于在中国海员的威力之下屈服了。"

---

[1] 中共中央组织部、中共中央党史研究室、中央档案馆：《中国共产党组织史资料》第八卷（上），中共党史出版社 2000 年版，第 7 页。

[2]《邓中夏文集》，人民出版社 1983 年版，第 485 页。

[3] 参见中共中央组织部、中共中央党史研究室、中央档案馆：《中国共产党组织史资料》第八卷（上），中共党史出版社 2000 年版，第 13 页。

　　1922 年 9 月 14 日至 18 日，安源路矿工人在毛泽东、李立三、刘少奇等组织领导下，举行罢工斗争，采取"哀而动人"的策略，提出保障工人权利、增加工资、改善待遇、废除封建把头制等具体切实的要求，路矿当局被迫接受这些要求，罢工取得胜利。罢工之前成立的安源路矿工人俱乐部得到巩固和发展。

　　其他还有 1922 年 10 月河北唐山开滦煤矿工人为增加工资和要求承认工人俱乐部举行的罢工等。

　　1923 年的京汉铁路大罢工是这次工人运动的高峰。2 月 1 日，京汉铁路总工会在郑州举行成立大会。但吴佩孚下令军方"制止开会"。总工会号召全路工人举行罢工，"为争自由而战，为争人权而战"。2 月 4 日，在长达 2000 余里的京汉铁路上，3 万名工人在 3 小时内有条不紊地举行了总同盟罢工。2 月 7 日，在帝国主义势力支持下，军警血腥镇压罢工工人。[1] 二七惨案发后，各地的工会组织除广东、湖南外都遭封闭，全国工人运动暂时转入了低潮。

　　中国共产党成立后，还领导开展了早期的农民运动。1921 年 9 月，浙江萧山衙前村成立由共产党员发动组织的农民协会，发表农民协会章程和宣言。随后，绍兴、曹娥等县数十个村庄建立起农会，有的地方进行抗税减租斗争。

　　彭湃 1921 年 5 月从日本回国后，在广东海丰、陆丰组织农民运动。1922 年 7 月，在海丰成立第一个秘密农会。1923 年元旦成立海丰县农总会，加入农会者 2 万户，共 10 万人。1923 年 4 月，成立陆丰县农总会，会员 7000 户，人口 3.5 万余人。到 1923 年 5 月，海丰、陆丰、惠阳三县很多地方成立了农会，会员达到 20 多万人。彭湃被称为"农民运动大王"。

　　通过这个时期的斗争，中国共产党进一步密切了同工人和农民的联系，党在工矿企业的基层组织也开始建立起来。如安源路矿在 1922 年 2 月建立了党支部，到 1924 年 5 月已有党员 60 多人。党的自身建设也得到加强，为党建立同其他革命力量的合作、掀起全国规模的大革命准备了一定的条件。

三、大革命中的工农群众运动

　　1923 年 6 月 12 日至 20 日，中国共产党第三次全国代表大会在广州举行。大会决定共产党员以个人身份加入国民党，以实现国共合作。大会以后，国共

合作步伐大大加快。共产党的各级组织动员党员和革命青年加入国民党，在全国范围内积极推进国民革命运动。

三大通过中国共产党第一个《农民问题决议案》，提出"有结合小农佃户及雇工以反抗牵制中国的帝国主义者，打倒军阀及贪官污吏，反抗地痞劣绅，以保护农民之利益而促进国民革命运动之必要"。这在一定程度上意味着党的工作重心开始转向农民问题。

1923 年 11 月 28 日，共产国际执行委员会主席团通过《关于中国民族解放运动和国民党问题的决议》。这个决议阐述了以民主革命精神解释三民主义的观点。其中认为民生主义的含义应该是"把外国工厂、企业、银行、铁路和水路交通收归国有"，"把土地直接分给在这块土地上耕种的劳动者，消灭不从事耕作的大土地占有者和许多中小土地占有者的制度"。决议中关于民族主义、民权主义和民生主义的解释，成为《中国国民党第一次全国代表大会宣言》的基本原则。

1924 年 1 月 20 日至 30 日，国民党第一次全国代表大会在广州举行。出席开幕式的代表 165 人中，有共产党员 20 多人。大会审议并通过《中国国民党第一次全国代表大会宣言》，这个草案是鲍罗廷根据共产国际执行委员会主席团《关于中国民族解放运动和国民党问题的决议》的基本精神起草的，由瞿秋白翻译、汪精卫润色，并经过孙中山同意。

宣言对三民主义作出适应时代潮流的新解释。在民族主义中突出了反对帝国主义的内容；民权主义中强调了民主权利应为"一般平民所共有"；民生主义则以"平均地权""节制资本"为两大原则。孙中山在大会讲话时特别强调："现在是拿出鲜明反帝国主义的革命纲领，来唤起民众为中国的自由独立而奋斗的时代了！不如此是一个无目的无意义的革命，将永久不会成功！"会后不久，孙中山又提出"耕者有其田"的口号。国民党一大的政治纲领同中国共产党在民主革命阶段政治纲领的若干基本原则是一致的，因而成为第一次国共合作的政治基础。[1]

在国民党一大上，共产党员李大钊、谭平山、毛泽东等 10 人当选为中央执行委员或候补执行委员。这次大会的召开标志着第一次国共合作正式形成。

国民党一大还成立了有共产党人彭湃、阮啸仙、罗绮园、林祖涵（林伯渠）、周其鉴等人参加的国民党中央农民部，林祖涵任首任农民部长。受共产党人影

---

[1] 参见中共中央党史研究室著：《中国共产党的九十年》（新民主主义革命时期），中共党史出版社、党建读物出版社 2016 年版，第 59—60 页。

响，广东革命政府先后 3 次发表关于农民运动的宣言。国民党中央执行委员会于 1924 年召开第 15 次会议，正式作出农民运动计划，决定在农村组织农民协会和农民自卫军。随后派出一批农民运动特派员到广东一些地方，组织农民进行反帝反封建的斗争。中共广东区委也派出一些干部，以国民党中央农民部特派员的身份，深入各地农村，发动和组织农民。

1924 年 7 月 3 日，国共合作举办的"中国国民党农民运动讲习所"在广州正式开学。彭湃担任第一届、第五届农讲所主任，罗绮园担任第二届主任，阮啸仙担任第三届主任，谭植棠担任第四届主任。第六届改主任制为所长制，毛泽东任所长。这届招收学员 327 人，毕业 318 人，为历届人数之最。中国共产党利用讲习所培养农民运动骨干。到 1926 年 9 月，在共产党人彭湃、毛泽东等相继主持下，广州农民运动讲习所连续举办六届，培训 700 多名农民运动骨干。

1925 年 1 月 11 日至 22 日，中共四大在上海举行。四大最重要的贡献是在党的历史上第一次明确提出无产阶级在民主革命中的领导权和工农联盟问题，对民主革命的内容作了比较完整的规定。这是中国共产党在总结经验的基础上对中国革命问题认识的重大进展。

四大另外一个非常重要的特色，是大力推动开展群众工作。提出了如何组织群众，做好群众的组织工作。职工运动怎么组织？农民运动怎么组织？妇女运动怎么组织？等等。怎么做好群众的教育工作？以什么样的方式向群众宣传什么样的内容？怎么根据群众的实际要求，帮助他们解决涉及切身利益的各种问题？甚至连工厂工人的待遇问题怎么办，农民的土地租金怎么办，等等，都有涉及。非常清晰地显示了中国共产党为中国人民谋幸福的初心和使命。五卅运动和省港大罢工都是在四大之后由我们党发动的。

四大通过的《对于农民运动之议决案》，提出了"农民同盟军"这一革命的根本性问题，指出"我们务必在反帝国主义反军阀的民族革命时代努力获得最大多数农民为工人阶级之革命的同盟"，议决案还阐明了农民是无产阶级同盟军的原理。

党的四大作出的各项正确决策，为大革命高潮的到来作了政治上、思想上和组织上的准备。四大之后，党进一步走向群众。到群众中去，组织群众、动员群众、发挥群众的作用。工农群众运动蓬勃发展，风起云涌。大革命的高潮来临。中国共产党的力量不断发展壮大。

1925 年 5 月 1 日至 7 日，第二次全国劳动大会在广州召开，中华全国总工会成立。

1925年5月1日，广东省第一次农民代表大会召开，宣告正式成立广东省农民协会，彭湃担任执行委员会委员长。农民运动得到进一步发展。各地农会贯彻省农会关于减租、废除苛捐杂税的决议，开始实行二五减租，将以前名目繁多的大斗捐、牛斗捐、祠堂捐、屠牛捐、过路捐等一扫而空。

据不完全统计，到1925年5月，在中国共产党领导和影响下的工会已有160多个，拥有有组织的工人约54万人。在广东，已有20余县成立农民协会，会员达20多万人，并建立了全省农民协会。在中国共产主义青年团的推动和影响下，各地学生联合会也十分活跃，会员有数百万人。

1925年5月15日，上海工人顾正红（共产党员）被日本资本家枪杀。5月28日，中共中央决定在上海租界举行大规模的反帝示威活动。5月30日，上海工人和学生举行街头宣传和示威游行，遭到租界的英国巡捕镇压，酿成惨案，激起了全国人民的极大愤怒。在党领导和推动下，全国各地迅速掀起了工人罢工、学生罢课和商人罢市的抗议运动，约有1700万人参加了这场反帝爱国运动。

五卅惨案的消息传到南方后，在广东和香港形成了有25万人参加的工人大罢工。省港大罢工坚持了16个月之久，是中国工人运动史上前所未有的壮举。

五卅运动发生后，中国共产党决定成立一个救济遭受迫害者的团体——中国济难会，并提出了《救济问题决议案》，规定济难会的职责是：对被难者予以安慰和鼓励；对穷困的被难者给予物质上的接济，并救济其家属及教育其子女；对被难者给予法律的救济。1925年10月召开代表大会。中国济难会成立之初，强调无党派性、无阶级性、无政治性，开展了出色的工作。1928年被迫停止活动后，又于1929年春成立了中华人道互济会。1933年中共中央迁往苏区后，逐渐停止工作。

1925年10月，中共中央在北京召开执行委员会扩大会议。会议通过的《中国现时的政局与共产党的职任议决案》指出："如果农民不得着他们最主要的要求——耕地农有，他们还是不能成为革命的拥护者。"这是中共中央决议中第一次提出要解决农民的土地问题。土地是农民的"命根子"，这是解决农民问题的中心。会议发布告农民书，提出解除农民困苦的根本办法是实行"耕地农有"。

1926年4月20日，第一次全国农民大会在广州举行。中共中央在致大会的信中指出，农民运动必须与全国的民族革命运动相结合。同时指出，中国的民族革命运动，非得到农民大众的参加也不会成功。

1926 年 5 月 1 日，第三次全国劳动大会、广东省第二次农民大会同时在广州举行。第三次全国劳动大会举行了 12 天，通过了职工运动的总策略、组织问题及其运用方法、经济斗争的最近目标及其步骤等议案。广东省第二次农民大会举行了 15 天，通过了农民运动在中国国民革命中之地位等 21 项议案。两个会议的代表举行了 4 次联席会议，通过了工农大联合等决议。

1926 年 7 月 9 日，国民革命军在广州誓师北伐。到 11 月，基本消灭军阀吴佩孚、孙传芳的势力。在北伐战争中，以共产党员、共青团员为骨干的叶挺独立团屡破强敌。随着北伐的胜利进军，共产党领导的湘鄂赣等省工农运动蓬勃发展。

随着北伐战争的胜利进军，广大南方地区出现了空前的大革命局面。在中国共产党的发动和领导下，南方各省的工农运动迅速高涨起来。在北伐军经过的湖南、湖北和江西的广大农村，到处燃起革命烈火。农民组织农会，建立自己的武装，实行"一切权力归农会"，造成了一个空前的农村大革命的局面。

在城市，工人在工会组织的领导下，仿效省港大罢工的经验，组织武装的纠察队。一些城市相继举行罢工，大都取得胜利。1926 年 10 月至翌年 3 月，中共中央和上海区委组织上海工人连续举行 3 次武装起义。1927 年 3 月 21 日，第三次武装起义在陈独秀、罗亦农、赵世炎、周恩来等组成的特别委员会直接领导下（周恩来任起义总指挥）取得胜利。22 日，成立上海特别市临时市政府。蓬勃展开的群众性反帝斗争，推动国民政府收回了汉口、九江的英租界。

毛泽东在党内以重视农民问题而著称。1925 年 2 月，他回韶山"发动了一个把农村组织起来的运动"。1926 年 11 月，在上海担任中共中央农民运动委员会书记，负责领导全国的农民运动。他先后发表《中国社会各阶级的分析》《国民革命与农民运动》《湖南农民运动考察报告》。明确指出"农民问题乃国民革命的中心问题"，要"推翻地主武装，建立农民武装"。党内当时很多领导人认为农民自行夺权，对地主士绅采取过火的斗争方式激化了国民革命内部的矛盾，是不正确的。但毛泽东不同意这种观点，他高度赞扬疾风暴雨般的农民运动，肯定其"好得很"而不是"糟得很"。

1927 年 3 月 30 日，毛泽东、彭湃、方志敏和国民党左派邓演达等，经湘、鄂、赣、粤、豫等省农民代表联席会议的选举，组成全国农民协会临时执行委员会。这个委员会随即对发展各地农会组织、扩大农民武装、建立农村革命政权和解决土地问题等作了具体部署。

4 月 12 日，蒋介石在上海发动四一二反革命政变。这是大革命从高潮走向失败的转折点。7 月 15 日，汪精卫召开国民党中央常务委员会扩大会议，以"分共"的名义，正式同共产党决裂。国共合作全面破裂，国共两党合作发动的大革命宣告失败。据不完全统计，从 1927 年 3 月至 1928 年上半年，被杀害的共产党员和革命群众达 31 万多人。

1927 年 4 月 27 日至 5 月 9 日，中国共产党第五次全国代表大会在武汉举行。五大没有能挽救大革命的失败，所以过去对它的评价比较低。但现在评价比较客观了。大会还是有不少建树。如罗易在报告中，根据共产国际决议，明确指出，"首先，也是最根本的，是进行土地革命；第二，武装农民，保卫土地革命的胜利果实；第三，组织农村自治政府，摧毁农村封建地主的政权；第四，建立国家机构，进而实现民主专政；第五，建立一支革命军队"[1]。这些主张都不算错，后来的大革命实际上就是这么干的。但在当时已经来不及以此挽救大革命了。

大会通过了《政治形势与党的任务议决案》《土地问题议决案》等文件。这些文件基本上是根据罗易的报告和讲话的精神，而不是按照陈独秀报告的内容而形成的。《政治形势与党的任务议决案》认为，"革命的主要任务，是土地问题的急进的解决（土地革命）"[2]。《土地问题议决案》肯定"将耕地无条件的转给耕田的农民"。这些认识虽然来不及挽救大革命的失败，但奠定了随后 10 年土地革命战争的基础。

1927 年 7 月 15 日，汪精卫召集武汉国民党中央执行委员会，正式作出了关于"分共"的决定，随后屠杀共产党人和革命群众。大革命遭到惨重失败。

四、持续 10 年的土地革命

1927 年 8 月 1 日，在以周恩来为书记的中共中央前敌委员会领导下，贺龙、叶挺、朱德、刘伯承等率领党所掌握和影响的军队两万余人，在江西南昌打响武装反抗国民党反动派的第一枪。南昌起义标志着中国共产党独立领导革命战争、创建人民军队和武装夺取政权的开端，开启了中国革命新纪元。

---

[1] 中共中央党史研究室、中央档案馆编：《中国共产党第五次全国代表大会档案文献选编》，中共党史出版社 2015 年版，第 58 页。

[2] 同上书，第 3—7 页。

1927 年 8 月 7 日，在共产国际指导下，中共中央在湖北汉口召开紧急会议（八七会议）。会议着重批评了大革命后期以陈独秀为首的中央所犯的右倾机会主义错误，确定了土地革命和武装反抗国民党反动派的总方针。这是由大革命失败到土地革命战争兴起的历史性转变。会议指出：中国革命进入了土地革命阶段，党应当转变过去的方针，实行土地革命和武装斗争的新方针；土地革命必须与建立农民政权结合起来；农民建立政权和土地革命还必需革命和武装才能保障其胜利。

根据中共中央的部署和新确定的革命方针，党先后派出许多干部分赴各地，恢复和整顿各级组织，发动武装起义。从 1927 年 8 月到 1928 年初，中国共产党先后领导发动了 100 多次武装起义。这些起义，多数都很快失败了。事实证明：在中国当时的情况下，企图通过城市暴动来夺取革命胜利，是行不通的。但坚持下来的起义军，却逐步建立和发展了工农红军和农村革命根据地。

1927 年 9 月 9 日，以毛泽东为书记的中共湖南省委前敌委员会，领导发动湘赣边界秋收起义。29 日，实行三湾改编。10 月，起义军到达井冈山，开始创建农村革命根据地的斗争。

以毛泽东为书记的中共前敌委员会领导井冈山军民，在边界各县开展游击战争，建立工农民主政权，打土豪，分田地，积极发展党组织和地方武装，加强人民军队建设，逐步开创了工农武装割据的局面，奠定了井冈山根据地的基础。1928 年 5 月至 7 月，在边界各县掀起全面分田的高潮。

1928 年 6 月 18 日至 7 月 11 日，中国共产党第六次全国代表大会在苏联莫斯科近郊举行。大会指出，中国仍然是一个半殖民地半封建的国家，中国革命现阶段的性质是资产阶级民主革命；当前中国的政治形势是处于两个革命高潮之间；党的总路线是争取群众。

大会制定了反对帝国主义和封建主义、实行土地革命、建立工农民主专政的革命纲领，大会通过的议决案指出，"驱逐帝国主义者，完成中国的真正统一"；"彻底的平民式的推翻地主阶级私有土地的制度，实行土地革命"，这是中国"革命当前的两大任务"。在苏维埃区域，今后的任务是"发展苏维埃的根据地，夺取新的区域巩固新的区域"，"最大限度的发展正式的工农革命军——红军"，"彻底的实行土地问题的党纲"，"建立苏维埃的政权机关"[1]。

---

[1] 中共中央党史研究室、中央档案馆编：《中国共产党第六次全国代表大会档案文献选编》下卷，中共党史出版社 2015 年版，第 854、864 页。

1928 年 10 月 5 日，湘赣边界党的第二次代表大会通过由毛泽东起草的决议案，提出工农武装割据的思想。1930 年 1 月，毛泽东在给林彪的复信（后改为《星星之火，可以燎原》）中，提出把党的工作重心由城市转到农村，开始形成农村包围城市、武装夺取政权的思想。

1929 年 1 月 14 日，毛泽东、朱德、陈毅率领红四军主力离开井冈山，进军赣南，相继开辟赣南、闽西革命根据地。后来这两块根据地连成一片，以其为中心发展为中央革命根据地（中央苏区）。到 1931 年 11 月，全国已形成中央、湘鄂西、鄂豫皖、琼崖、赣东北（后发展为闽浙赣）、湘鄂赣、湘赣、右江等革命根据地。后来又建立了川陕、陕甘、湘鄂川黔、鄂豫陕、闽东等革命根据地，分布在湖南、湖北、江西、福建、广东、广西、河南、安徽、浙江、四川、贵州、陕西、甘肃等省的边界地区。

革命根据地的创立，把政权建设提到了重要的任务上。1929 年 10 月 26 日，共产国际致信中共中央，"就共产党的几项重大任务提出""初步指示"。要求中国共产党"现在就可以而且应该开始让群众做好准备，以便用革命的手段推翻资产阶级和地主联盟的政权，建立苏维埃形式的工人阶级和农民的专政"；要求"加强和扩大游击战争""建立起苏维埃根据地""在存在苏维埃政权的地区，要加紧进行没收地主土地、武装农民和建立苏维埃的工作""要把广东、福建、湖南和湖北工农军队的分散行动协调起来"。[1]

1931 年 11 月 7 日至 20 日，中华苏维埃第一次全国代表大会（一苏大）在江西瑞金召开，宣布成立中华苏维埃共和国临时中央政府。毛泽东当选为中华苏维埃共和国中央执行委员会主席和中央执行委员会人民委员会主席。中华苏维埃共和国是中国历史上第一个全国性的工农民主政权，是中国共产党在局部地区执政的重要尝试。其他根据地也相继召开各级工农兵代表大会，选举产生各级苏维埃政府。

会议通过了各项报告，通过了根据临时中央有关宪法大纲的来电原则制定的《中华苏维埃共和国宪法大纲》，以及临时中央提供大会讨论的《中华苏维埃共和国土地法令》《中华苏维埃共和国劳动法》《中华苏维埃共和国关于经济政策的决定》等法律文件。

《中华苏维埃共和国宪法大纲》具体规定了中华苏维埃共和国公民的权利和

---

[1] 中国社会科学院近代史研究所翻译室编译：《共产国际有关中国革命的文献资料》第二辑，中国社会科学出版社 1982 年版，第 82、87 页。

义务。在经济权利方面，（1）工人的权利：实行八小时工作制，确立最低限度工资标准，创立社会保险制度和国家失业津贴。工人有监督生产之权。（2）农民的权利。没收一切地主阶级的土地，分配给贫农和中农使用，消灭封建剥削，改善农民生活。

在农村革命根据地建立和发展的同时，土地革命在各根据地内轰轰烈烈地开展起来，最重要的任务，是解决农民的土地问题，实现耕者有其田。在实践中，逐步形成了一套土地革命的路线、政策和方法。

土地革命的最主要、最形象口号是"打土豪、分田地"，这个口号最先出现在 1927 年的湖南文家市。八七会议后被确定为土地革命的核心内容。

在一段时间内，党曾实行土地国有的政策。1928 年 12 月，毛泽东主持制定了井冈山《土地法》，这是中国共产党历史上的第一部土地法。但这部土地法规定没收一切土地，而不是没收地主土地；土地所有权属于工农民主政府，而不是属于农民个人；禁止土地买卖。这样的规定既不符合中国农村实际，也不易为农民接受。

1928 年的中共六大是党在土地政策上的一个转折点。会议通过了《政治议决案》、《土地问题议决案》和《农民运动议决案》，对于土地政策和斗争策略，作了一系列重要的规定。

（1）改变了以前没收一切土地的政策，规定，"没收一切地主阶级的土地，耕地归农"。

（2）提出工人阶级领导是土地革命胜利的先决条件，而工人阶级在乡村的基本力量是贫农。

（3）指出中农是巩固的同盟者，联合中农是土地革命胜利的重要条件。

（4）特别提出正确对待富农问题，提出应中立富农，把目标对准豪绅地主等。会议虽仍规定"土地国有"和"没收的土地归农民代表会议（苏维埃）处理，分配给无地及少地农民使用"，但总的来看，已经抑制了过"左"的现象。

1929 年 4 月，根据六大精神和井冈山、闽西土地革命的经验教训，毛泽东在兴国主持制定了兴国《土地法》，将井冈山《土地法》中的没收一切土地改为"没收一切公共土地及地主阶级的土地"[1]，"这是一个原则的改正"。同年 7 月，中共闽西第一次代表大会通过的决议案，在土地革命的一些具体政策上又有新

---

[1] 中共中央文献研究室编：《毛泽东年谱（1893—1949）》（修订本）上卷，中央文献出版社 2013 年版，第 271 页。

的发展，如对大小地主区别对待，对富农不过分打击，对中农不没收土地，对大小商店采取保护政策。

1930年5月，毛泽东在江西省寻乌县邀集有关方面代表开调查会，并写了《寻乌调查》。10月底，又对兴国永丰区作农村社会调查，写了《兴国调查》。1933年11月，毛泽东又先后到江西兴国长冈乡、福建上杭才溪乡进行调查工作，并写了《长冈乡调查》(原题为《乡苏工作的模范（一）——长冈乡》)和《才溪乡调查》(原题为《乡苏工作的模范（二）——才溪乡》)。这两个乡政府在领导人民进行生产建设、民主建设和支援革命战争等工作中成绩突出，被毛泽东誉为"真正模范的乡政府"。毛泽东先后所做的一系列农村调查研究工作，为制定党的土地革命政策提供了科学依据，成为中国共产党开展调查研究的典范。

1930年9月，六届三中全会开始批评"土地国有"的错误。1931年2月27日，毛泽东以中央革命军事委员会总政治部主任的名义，给当时江西省苏维埃政府写了一封题为"民权革命中的土地私有制度"的信，肯定了农民土地的私有权，从而解决了长期未能解决的土地所有权问题。

到1931年初，基本上形成了一条比较切实可行的土地革命路线。这就是依靠贫雇农，联合中农，限制富农，保护中小工商业者，消灭地主阶级，变封建半封建的土地所有制为农民土地所有制。

各根据地根据这条土地革命路线，开展了轰轰烈烈的分田运动，给根据地的社会面貌带来了重大的影响和变化。

经济建设是土地革命战争时期根据地建设的一个重要方面，是党在根据地执政和解决民生问题、实现治国安邦和获得人民群众拥护与支持的一个重要途径。经济建设的主要任务：一是实行土地革命，改变封建地主土地所有制为农民土地所有制；二是恢复和发展工农业生产，加强根据地的物质基础；三是建立新型的财政金融，支援革命战争，保障革命军队和各级政府工作人员的供给；四是发展与国民党统治区的贸易，打破敌人的经济封锁。

为了保证和促进根据地经济建设的各项任务，1931年11月的一苏大通过了《关于经济政策的决定》，为苏维埃政权规定了有关工业、商业、财政、金融等项经济政策的基本方针和依据。中华苏维埃共和国临时中央政府和各级苏维埃政府还根据需要，颁布了一系列有关经济建设和财政管理的法规、训令、条例、大纲、办法、决议等，形成了一整套行之有效的经济政策。

根据地还大力开展文化建设，以满足根据地人民群众对文化生活的需求。

大力发展教育文化事业。发展医疗卫生事业，形成了苏区地方卫生管理机构。

土地革命的深入开展，使农村革命根据地的面貌发生了根本性的变化。广大农民焕发出巨大的革命积极性，踊跃参加红军，支援革命战争，保卫和建设根据地。大革命失败后，中国革命得以坚持和发展，主要就是因为中国共产党紧紧依靠农民，建立农村革命根据地，并在根据地内深入开展了土地革命。

随着农业生产的发展和苛捐杂税的废除，农民生活很快得到改善。1930年10月7日，中共赣西南特委向中央的报告中指出：土地革命后，农民"不还租，不还债，不完粮，不纳捐税，工人增加了工资，农民分得了土地，好象解下了一种枷锁，个个都喜形于色"；他们都或多或少地添置衣服、被子、蚊帐和一些农具，特别是大部分人讨老婆没有困难了。

1933年6月，根据临时中央的决定，中央革命根据地开始进行大规模的查田运动。查田运动取得了一定的成绩，但在运动中发生了一些"左"的错误。

1933年9月，蒋介石调集100万兵力对革命根据地发动第五次"围剿"，其中50万兵力用于进攻中央革命根据地。临时中央负责人博古和共产国际军事顾问李德在反"围剿"中推行单纯防御的军事路线，使红军和革命根据地遭受重大损失。

1934年10月中旬，中共中央、中革军委率中央红军主力等进行战略转移，开始长征。11月中旬至1935年11月中旬，红二十五军，红四方面军，红二、红六军团也相继撤出鄂豫皖、川陕、湘鄂川黔等革命根据地，进行战略转移。

中央红军主力长征后，留在南方根据地的红军和游击队坚持斗争，历时3年，地域范围包括八省十几个地区，有力配合了主力红军的战略转移，保留了革命力量。

1935年1月15日至17日，中央政治局在贵州遵义召开扩大会议，集中解决当时具有决定意义的军事和组织问题。会议增选毛泽东为中央政治局常委，委托张闻天起草《中央关于反对敌人五次"围剿"的总结的决议》，取消长征前成立的"三人团"。会后不久，在向云南扎西地区转进途中，中央政治局常委决定由张闻天代替博古负总的责任，毛泽东为周恩来在军事指挥上的帮助者，后成立由毛泽东、周恩来、王稼祥组成的三人小组，负责全军的军事行动。遵义会议是党的历史上一个生死攸关的转折点。这次会议开始确立了以毛泽东为主要代表的马克思主义正确路线在党中央的领导地位，开启了党独立自主解决中国革命实际问题的新阶段，在最危急关头挽救了党、挽救了红军、挽救了中国革命。

1936 年 10 月 9 日，红一、红四方面军在甘肃会宁会师。22 日，红一、红二方面军在甘肃隆德将台堡（今属宁夏西吉）会师。至此，三大主力红军胜利会师，长征胜利结束。

五、抗日战争中的民生建设

1931 年 9 月 18 日，日本帝国主义制造九一八事变，开始大举侵占中国东北。国内的主要矛盾由阶级矛盾转变为民族矛盾。

九一八事变后，中国人民奋起抵抗，成为中国人民抗日战争的起点，同时揭开了世界反法西斯战争的序幕。从 1931 年到 1937 年，中国人民进行了 6 年艰苦卓绝的局部抗战，从 1937 年到 1945 年，中国人民进行了 8 年波澜壮阔的全国性抗战。6 年加 8 年，中国抗日战争一共进行了 14 年。

1935 年 8 月 1 日，中共驻共产国际代表团草拟《中国苏维埃政府、中国共产党中央为抗日救国告全体同胞书》（八一宣言）并在稍后发表。宣言主张停止内战，组织国防政府和抗日联军，对日作战。

1935 年 12 月 17 日至 25 日，中央政治局在陕北瓦窑堡召开扩大会议，确定抗日民族统一战线的策略方针。会后，毛泽东作报告，系统阐述这一方针。

1936 年 12 月 12 日，张学良、杨虎城发动西安事变，扣留蒋介石。中共中央确定和平解决事变的方针，并派周恩来、博古、叶剑英等前往西安。西安事变的和平解决，成为时局转换的枢纽。

为了促进国共合作的实现，1937 年 2 月 10 日，中共中央致电国民党五届三中全会，提出五项要求：停止一切内战，集中国力，一致对外；言论集会结社之自由，释放一切政治犯；召集各党各派各界各军的代表会议，集中全国人才共同救国；迅速完成对日作战之一切准备工作；改善人民的生活。并提出，如果国民党将五项要求定为国策，共产党愿意实行四项保证：在全国范围内停止推翻国民政府之武装暴动方针；苏维埃政府改名为中华民国特区政府，红军改名为国民革命军，直接受南京中央政府与军事委员会之指导；在特区政府区域内实施普选的彻底的民主制度；停止没收地主土地之政策，坚决执行抗日民族统一战线之共同纲领[1]。

---

[1] 参见中共中央文献研究室、中央档案馆编：《建党以来重要文献选编（1921—1949）》第十四册，中央文献出版社 2011 年版，第 38、39 页。

这四项保证是对国民党的重大让步。在国难当头的情况下，五项要求和四项保证引起巨大反响，并得到国民党内部抗日派的赞同。

1937年7月7日，日本侵略军发动卢沟桥事变（七七事变），当地中国驻军奋起抵抗。卢沟桥事变标志着日本帝国主义发动了全面侵华战争，也标志着中国人民抗日战争的全面爆发，即全国抗战的开始。中国的全民族抗战在世界东方开辟了第一个大规模反法西斯战场。

1937年8月22日至25日，中共中央在陕北洛川召开政治局扩大会议，全面阐述了全面抗战路线，并通过抗日救国十大纲领，提出，要打倒日本帝国主义，必须实行全国军事的总动员、全国人民的总动员，改革政治机构，废除国民党的一党专政，给人民以充分的抗日民主权利，适当改善工农大众的生活，实行抗日的外交政策、财政经济政策、教育政策和民族团结政策，使抗日战争成为真正的人民战争。

1937年9月，根据同国民党谈判达成的口头协议，原陕甘宁革命根据地的苏维埃政府（即中华苏维埃人民共和国临时中央政府西北办事处），正式改称陕甘宁边区政府（11月至翌年1月曾称陕甘宁特区政府）。陕甘宁边区是中共中央所在地，是人民抗日战争的政治指导中心，是八路军、新四军和其他人民抗日武装的战略总后方。

1937年9月22日，《中共中央为公布国共合作宣言》由国民党中央通讯社发表。23日，蒋介石发表实际上承认共产党合法地位的谈话。中共中央的宣言和蒋介石谈话的发表，宣告国共两党重新合作和抗日民族统一战线形成。

共产党领导的八路军和新四军等深入敌后，发动和组织人民群众起来进行抗日斗争，开辟了一系列抗日根据地，建立了新型的民主政权。由于实行抗日民族统一战线，共同抵抗日本帝国主义的侵略，所以，抗日战争时期的根据地，不再叫革命根据地，更不叫苏区，而叫抗日民主根据地。

在抗日根据地内，中国共产党把坚持抗战与实现民主、改善民生统一起来，提出一套比较完整的建设新民主主义社会的基本政策，努力把抗日民主根据地建设成为政治民主、民族团结、经济发展、政府廉洁的区域。

各抗日根据地在执政、建设过程中，先后颁布了一系列施政纲领。它们基本上根据中共中央提出的抗日救国十大纲领的精神，结合本地区的实际而提出。

1937年6月20日，陕甘宁边区发布第一个施政纲领，名称为《民主政府施政纲领》，全文共16条。1939年1月17日至2月4日，陕甘宁边区召开第一届参议会，制定并于同年 4 月 4 日公布了第二个施政纲领，即《陕甘宁边区抗战时期施政纲领》，共 28 条。

1940 年 3 月，中共中央专门发出由毛泽东起草的《抗日根据地的政权问题》党内指示，明确抗日根据地的政权，是民族统一战线性质的政权，是一切赞成抗日又赞成民主的人们的政权，是几个革命阶级联合起来对于汉奸和反动派的民主专政。它既与地主资产阶级专政相区别，也和土地革命时期的工农民主专政有区别。它是经过民主选举和按照严格的民主集中制建立起来的。

按照这一精神，文件规定了抗日民主根据地政权的组成原则，选举制度、组织形式、施政方针。指示正式提出"三三制"政权的主张，要求："根据抗日民族统一战线政权的原则，在人员分配上，应规定为共产党员占三分之一，非党的左派进步分子占三分之一，不左不右的中间派占三分之一。""上述人员的分配是党的真实的政策，不能敷衍塞责。"[1]

中央局据此组织起草新的施政纲领。经毛泽东亲自修改定稿，形成《陕甘宁边区施政纲领》。1941 年 4 月 27 日，中共中央政治局批准《陕甘宁边区施政纲领》，5 月 1 日由中共陕甘宁边区中央局颁布，从而又称"五一施政纲领"。这个纲领是中国共产党在抗日根据地执政的大纲和宣言，对推动全国的民主政治建设发挥了重要的影响和作用，具有重要的历史意义。

"五一施政纲领"共 21 条，内容涉及军事政策、优待抗日军人家属政策、三三制政策、人权保障政策、司法政策、廉政政策、农业政策、土地政策、工商政策、劳动政策、税收政策、文化政策、卫生政策、妇女政策、民族政策、华侨政策、游民政策、俘虏政策、对待外国人政策等，都一一作了明确的规定。

《陕甘宁边区施政纲领》颁布前后，各敌后抗日根据地也都发布了自己的施政纲领。如《晋察冀边区目前施政纲领》《晋冀鲁豫边区政府施政纲领》《对于巩固与建设晋西北的施政纲领》《山东省战时施政纲领》等。所有这些施政纲领，在文字上有繁有简，在内容上有详有略，但它们的基本精神和主要内容，同《陕甘宁边区施政纲领》都是相同的。《山东省战时施政纲领》由于发布时间较晚，在条文上更明确地写入了"新民主主义"的字眼。

按照这些纲领的规定，根据地在坚持抗战的同时，加强了各方面的建设。

抗日民主政权的政权结构包括立法、行政和司法机关。边区（省）、县的参

---

[1] 中央文献研究室、中央档案馆编：《建党以来重要文献选编（1921—1949）》第十七册，中央文献出版社 2011 年版，第 170 页。

议会既是民意机关，也是最高的权力机关。政府机关设边区、县、乡三级，另有边区政府的派出机关专员公署和县政府的派出机关区公署。司法机关在边区设高等法院，专区设高等法院的分院，县一级设县法院。

抗日根据地十分重视人权问题。除在施政纲领中写有保障人权的条款外，还专门颁发具体的保障人权财权条例，明确规定：一切抗日人民，不分种族、阶级、党派、性别、职业与宗教，在政治法律上一律平等；一切抗日人民都有言论、出版、集会、结社、居住、迁移、信仰及抗日自卫之自由；一切抗日人民都有人身不受侵犯之权利。

在经济建设方面，党号召大力发展农业生产，动员农民开垦荒地，兴修水利，组织劳动互助，提高耕作技术，推广良种，特别是把减租减息作为抗战时期解决农民问题的基本政策，调动了农民的生产积极性，促进了农村生产力的发展。

土地问题上，党改变了原来"打土豪，分田地"的政策，提出将"减租减息作为抗日战争时期解决农民问题的基本政策"，减租的办法是"二五减租"。1938年2月10日，晋察冀边区颁布《减租减息单行条例》。1939年11月1日，中共中央发出《关于深入群众工作的决定》，要求在八路军、新四军活动的区域，必须实行减租减息，废除苛捐杂税，改良人民生活。从1939年冬起，各根据地相继实行减租减息，一般将原租额减少25%，规定年利息率一般为10%，其他杂租、劳役和各种形式的高利贷一律取缔。1942年1月28日，中共中央政治局通过《关于抗日根据地土地政策的决定》。2月6日，又发布《关于如何执行土地政策决定的指示》。《决定》和《指示》明确规定：减租减息政策的目的是扶助农民，减轻封建剥削，改善农民生活，提高农民抗日和生产的积极性；实行减租减息后，须实行交租交息，保障地主的地权、财权和人权，以联合地主阶级一致抗日；对于富农则削弱其封建部分，鼓励其资本主义部分的发展。《决定》和《指示》指导各解放区掀起大规模的减租减息的群众运动。减租减息兼顾了农民和地主的利益，把发展统一战线和解决农民问题很好地结合了起来。

1939年2月，中共中央在延安召开生产动员大会，毛泽东提出"自己动手"的口号，抗日根据地军民相继掀起大生产运动。1940年12月，王震率八路军第一二〇师三五九旅开赴南泥湾实行军垦屯田。延安的党政军学各界数万人投入生产运动。大生产运动是克服根据地困难的重要措施，有力地发展了经济，保障了供给，不仅支持了根据地军民的艰苦抗战，而且积累了经济建设的经验。

到 1945 年，陕甘宁边区家庭大部分做到"耕三余一"，农民所交公粮总收获量比重逐年下降。

在七大的口头报告中，毛泽东举了一个例子："那年边区政府开会时打雷，垮塌一声把李县长打死了，有人就说，唉呀，雷公为什么没有把毛泽东打死呢？我调查了一番，其原因只有一个，就是征公粮太多，有些老百姓不高兴。""要不要反省一下研究研究政策呢？要！"[1] 于是就有了大生产运动。后来，党群、军民关系有很大改善。

1943 年 11 月 26 日，陕甘宁边区政府在延安召开劳动英雄代表大会，同时举办了生产展览会。在军民大生产运动中，各抗日根据地都取得了显著成绩。有些游击区也开展了大生产运动，创造了"劳力和武力相结合"的新的斗争形式。解放区军民的大生产运动发扬了自力更生、艰苦奋斗的光荣传统，战胜了日、伪、顽对解放区的进攻和封锁造成的严重困难，为争取抗日战争的胜利奠定了物质基础。

根据地还开展文化教育建设，发展先进文化事业。先后开办中国人民抗日军事政治大学（简称抗大）、陕北公学、青年干部训练班、鲁迅艺术学院、马列学院、中共中央党校、职工学校、中国女子大学、卫生学校等，为人民军队和根据地建设培养大批骨干力量。各抗日根据地克服困难，因陋就简，办起大批中、小学，以及夜校、冬学、识字班（组）、读报组等，提高群众文化水平。《新中华报》、《解放日报》、《解放》周刊和《共产党人》等报刊广泛发行。

1942 年春，边区周围流行鼠疫，为防止疫病传入，4 月 28 日，边区政府成立了由民政厅长刘景范为主任委员的"防疫委员会"，开展防疫工作。在防疫委员会的领导下，中央医院、白求恩国际和平医院、中国医科大学等院所都派出人员到边区各分区开展防疫工作；延安周围 40 华里的防疫工作，则由边区防疫委员会直接领导进行。这次防疫工作，初步改善了边区的卫生状况，并创造了一批卫生模范村和卫生模范家庭。由于边区卫生处和防疫委员会的正确领导，边区此后未发生大范围的流行病和人员的伤亡。

对于根据地发生的灾荒，中共中央提出生产自救的方针。1944 年 8 月，中共中央指示要求豫鄂区克服财政困难和进行生产救灾，强调：应提出"生产救灾""大家互助、渡过困难""政府以一切方法保证不饿死肯自救的人"等口号，动员和组织党

[1]《毛泽东文集》第三卷，人民出版社 1996 年版，第 338 页。

内外的群众进行生产自救，应批评眼睛向上、专等政府救济、不肯生产、坐吃山空等观点。中共中央还指出，生产救灾工作，是很细密的组织工作和群众工作，必须深入下去，调查研究，吸收群众意见和经验。[1]

1944年10月，边区召开了文教大会，提出"救命第一"的号召，并通过了《关于开展群众卫生医药工作的决议》。决议强调："边区人民在政治上经济上获得解放，在支援战争发展生产的运动普遍展开以后，卫生运动就成为群众文化运动中的第一等任务。"

党在抗日根据地还十分注重民族工作。1938年11月，中共中央成立西北工作委员会（简称西北工委），主持除陕甘宁边区以外的西北地区党的秘密组织的工作，尤其是少数民族工作，并把过去负责民族工作的机构合并进来；还专门设立民族问题研究室，系统进行中国少数民族问题的研究。1940年4月和7月，中共中央先后原则上批准西北工委起草的《关于回回民族问题的提纲》和《关于抗战中蒙古民族问题提纲》等关于民族工作的文件。

1940年1月，毛泽东发表《新民主主义论》，系统阐述新民主主义理论。新民主主义理论的提出和系统阐明，是马克思主义中国化的重大理论成果。党在根据地内实行符合广大人民利益的新民主主义政策，使各项建设事业得到发展，奠定了坚持长期抗战、克服严重困难的坚实基础。抗日根据地的新民主主义建设，使中国人民看到了新的希望。

党在陕甘宁边区及敌后各抗日根据地通过进行民主政治建设和其他各项建设，取得了很大的成就，成为新民主主义建设的实验区、全国抗日民主建设的模范，受到了国民党统治区很多进步人士、海外华侨和国际友人的关注和好评。

延安，成为中国共产党执政为民的历史标本。毛泽东称赞说，延安和陕甘宁边区是全国最进步的地方，是民主的抗日根据地。"这里一没有贪官污吏，二没有土豪劣绅，三没有赌博，四没有娼妓，五没有小老婆，六没有叫花子，七没有结党营私之徒，八没有萎靡不振之气，九没有人吃磨擦饭，十没有人发国难财。"[2]

著名华侨领袖陈嘉庚率团于1940年五六月间访问延安，经过亲自考察，对共产党的认识由怀疑转向同情和称赞。他对延安和重庆进行了比较：在延安，

---

[1] 参见《中国共产党编年史》编委会：《中国共产党编年史》第四册，山西人民出版社、中共党史出版社2002年版，第1340页。

[2]《毛泽东选集》第二卷，人民出版社1991年版，第718页。

"平等无阶级",人民安居乐业,"无苛捐杂税","无游民盗贼之害";"县长民选","贪污五百元者枪毙";"长衣马褂,唇红旗袍,官吏营业,滥设机关,乃酒楼应酬,诸有损无益各项,都绝迹不见"。而在国民党政府统治中心的重庆,"虚浮乏实,绝无一项稍感满意,与抗战艰难时际不甚适合耳"。[1]陕甘宁边区的为政清廉与国民党统治区的贪污腐败,形成一个鲜明对照,陈嘉庚由此断言:国民党必败,共产党必胜,中国的希望在延安。

著名民主人士黄炎培1945年访问延安后,深感中共朋友最可宝贵的精神,"是不断地要好,不断地求进步,这种精神充分发挥出来,前途希望是无限的"[2]。陈嘉庚和黄炎培在延安考察所得到的印象,正是中国共产党在抗日根据地执政过程中所形成的"延安精神"的生动体现。

1944年9月,中央警备团战士张思德在陕北安塞烧木炭时牺牲。毛泽东在追悼会上发表《为人民服务》的讲演。此后"为人民服务"成为集中概括中国共产党宗旨的最经典语言。

1945年4月23日至6月11日,中国共产党第七次全国代表大会在延安举行。大会提出党的政治路线,把党在长期奋斗中形成的优良作风概括为三大作风。七大是党在新民主主义革命时期召开的一次极其重要的全国代表大会,以"团结的大会,胜利的大会"载入党的史册。大会把毛泽东思想确立为全党的指导思想并载入党章。

毛泽东在《论联合政府》政治报告中提出:"为着消灭日本侵略者和建设新中国,必须实行土地制度的改革,解放农民。"刘少奇作《关于修改党章的报告》,概括了毛泽东思想中"关于解放农民的理论与政策",主要是:"中国现在的革命,实质上就是农民革命。目前中国工人阶级的任务,基本上就是解放中国的农民。伟大的中国农民战争,如果在无产阶级政党领导之下,就与历史上一切农民战争不同,是完全能够胜利的。作为工人阶级先锋队的我们的党,要长期在农村中用最大力量来组织与领导这个农民革命,乃是必然的道理。"

1945年9月2日,日本代表在投降书上签字。侵华日军128万人向中国投降。至此,中国抗日战争胜利结束,世界反法西斯战争也胜利结束。9月3日成为中国人民抗日战争胜利纪念日。抗日战争是近代以来中国人民反抗外敌入侵

[1] 陈嘉庚:《南侨回忆录》,南洋印刷社1946年版,第155—162页。

[2] 黄炎培:《八十年来》,文史资料出版社1982年版,第150页。

第一次取得完全胜利的民族解放斗争。

六、解放战争中的土地改革和民生建设

抗日战争胜利后，中国面临着向何处去的问题。

1945 年 8 月下旬，中共中央提出"和平、民主、团结"三大口号，并接受蒋介石邀请，派毛泽东、周恩来、王若飞等赴重庆与国民党进行和平谈判。10 月 10 日，国共双方签署"双十协定"，规定了和平建国的基本方针。1946 年 1 月 10 日，国共双方代表正式签订停战协定。

1945 年 9 月，中共中央提出"向北发展，向南防御"的战略方针，先后派出 2 万名干部和 11 万部队挺进东北，包括 10 名中央委员、10 名中央候补委员，其中陈云、高岗、彭真、张闻天还是中央政治局委员。

1946 年 6 月 26 日，国民党撕毁停战协定和政协协议，以约 30 万军队大举围攻中原解放区。新的内战全面爆发。自此，全国解放战争正式开始。

1947 年 7 月 21 日至 23 日，中共中央在陕北靖边小河村召开扩大会议，着重讨论战略进攻的部署和解放区土地改革、财政金融工作等问题。毛泽东提出计划用五年时间（从 1946 年 7 月算起）解决同蒋介石斗争的问题。

1947 年 12 月 25 日至 28 日，中共中央在陕北米脂杨家沟召开扩大会议（十二月会议）。会议通过毛泽东提交的《目前形势和我们的任务》书面报告。报告阐明党的最基本的政治纲领和新民主主义革命的三大经济纲领，提出十大军事原则。

在土地革命战争和抗日战争时期，中国共产党已先后实行过土地革命、减租减息政策。当全面内战迫近之时，为了给自卫战争奠定牢固的群众基础，中国共产党开始实行土地改革，以满足广大农民对土地的需求。1946 年 3 月 20 日，中共中央东北局公布了《关于处理日伪土地问题的指示》，规定："所有东北境内一切的日伪地产，开拓地、满拓地以及日本人和大汉奸所有地，应立即无代价地分配给无地和少地的农民、贫民。"[1] 在各级党和民主政府的正确领导下，迅速掀起了分配敌伪土地斗争的高潮，至 1946 年 6 月在很短时间内完成了分地

---

[1] 罗平汉著：《土地改革运动史》，福建人民出版社 2005 年版，第 34 页。

任务。如嫩江省，仅镇东、白城孚两县即分配敌伪土地 20 万亩[1]。

1946 年 5 月 4 日，中共中央发布《关于土地问题的指示》（"五四指示"），将抗战以来的"减租减息"政策改为"耕者有其田"政策，支持广大农民获得土地的正当要求[2]。

这一指示下达后，解放区各级党组织和政府进一步发动群众，逐步深入地开展土地制度的改革运动，把地主占有的大量土地分配给无地、少地的农民，使农民在政治上、经济上摆脱几千年来的封建压迫和剥削。从全面内战爆发到 1947 年 2 月，各解放区约有 2/3 的地区解决了土地问题。

土改运动的开展，提高了广大农民的政治觉悟，激发了他们发展生产和支援革命战争的热情。仅 1946 年 8 月至 10 月的 3 个月中，各解放区就有 30 万翻身农民，为保卫土改果实、保卫家乡而参军。同时，民兵也有很大的发展，各解放区有 300 万至 400 万农民参加了民兵。在苏皖边解放区的宣（家堡）泰（兴）战斗中，仅参加担架运输的农民就有 1.2 万余人，当地几乎全部壮年农民都参加战场勤务。解放区的建设，使人民解放军有了巩固的后方，得到源源不断的人力、物力支援，从而获得了战胜国民党的基本保证。

1947 年 7 月至 9 月，在刘少奇主持下，中共中央工作委员会在河北建屏县（今平山县）西柏坡召开全国土地会议。9 月 7 日，朱德在会上作关于国内外形势的报告指出：放手发动群众，彻底消灭封建势力，是打垮蒋介石的最基本条件。要很快地取得战争的胜利，第一个关键就是分田地，消灭封建势力，挖掉蒋介石的根子；第二个关键是要打胜仗。在农民分得了田地之后，要注意大力发展生产，除搞好农、副业生产外，还要发展工业、手工业和运输业，这样对军事和发展经济都有利[3]。

刘少奇在会上说："解决力量对比关系，就要实行土地改革。蒋介石靠美国，我们是靠老百姓。但靠老百姓要有两个条件：第一个就是反对地主，平分土地；第二个就是民主，不准许站在人民头上屙屎撒尿。"

会议制定了《中国土地法大纲》，于 10 月 10 日由中共中央批准公布。《中国土地法大纲》确立了没收地主阶级土地、按人口平均分配土地的基本原则，

---

[1] 参见《东北日报》1946 年 6 月 21 日。

[2] 参见中央文献研究室、中央档案馆编：《建党以来重要文献选编（1921—1949）》第二十三册，中央文献出版社 2011 年版，第 245—250 页。

[3] 中共中央文献研究室编、吴殿尧主编：《朱德年谱》（新编本）（中），中央文献出版社 2006 年版，第 1274 页。

规定"废除封建性及半封建性剥削的土地制度，实行耕者有其田的土地制度"；"废除一切地主的土地所有权"；"废除一切祠堂、庙宇、寺院、学校、机关及团体的土地所有权"；"废除一切乡村中在土地制度改革以前的债务"。毛泽东起草的《中共中央关于公布中国土地法大纲的决议》指出：中共中央完全同意这个土地法大纲，各地要展开及贯彻全国的土地改革运动，"完成中国革命的基本任务"。[1]

1947年11月至12月，一个以土地改革为中心的大规模群众运动，很快在陕甘宁、晋绥、晋察冀、晋冀鲁豫、华东等老解放区，东北等半老解放区，以及鄂豫皖、豫皖苏、豫陕鄂、江汉、桐柏等新解放区广泛开展起来。各级领导机关派出大批土改工作队深入农村，发动群众，组织贫农团和农会，控诉地主，惩办恶霸，彻底平分地主土地，迅速形成土改热潮。

但与此同时，一些地区也发生了侵犯中农和民族工商业者利益、对地主乱打乱杀等"左"的错误。中共中央发现后采取坚决措施加以纠正。在1947年召开的十二月会议上，毛泽东把纠正土改工作中的"左"的错误作为一项重要内容。他着重阐明土改的方针是："依靠贫农，巩固地联合中农，消灭地主阶级和旧式富农的封建的和半封建的剥削制度。"同时，强调在土改中必须注意两条基本原则："第一，必须满足贫农和雇农的要求，这是土地改革的最基本的任务；第二，必须坚决地团结中农，不要损害中农的利益。"[2]

1948年1月15日，毛泽东在杨家沟出席西北野战军前委扩大会讲到土改政策问题。他指出："地主作为一个阶级要消灭，作为个人要保护。""废除地主阶级的私有权，并不等于连他的人也不要了。""我们分一份土地、财产给他，让他参加生产劳动"，这是社会劳动力。"对地主要安置好，安置不好会出乱子，我们就不可能取得胜利。"至于土改中的打人杀人，"我们共产党不主张打人"，"打人是封建野蛮的行为"，"杀人是越少越好。不可不杀，但不可多杀"[3]。

为了纠正土地法大纲公布和实施后土地改革中出现的"左"的偏向，中共中央进一步完善了解放区土改特别是老区和半老区的方针和政策。第一，明确

[1] 中共中央文献研究室、中央档案馆编：《建党以来重要文献选编（1921—1949）》第二十四册，中央文献出版社2011年版，第416页。

[2] 同上书，第530、531页。

[3] 中共中央文献研究室、中央档案馆编：《建党以来重要文献选编（1921—1949）》第二十五册，中央文献出版社2011年版，第47—48页。

划分农村阶级成分的标准；第二，明确强调依靠贫雇农与团结中农；第三，规定正确对待地主富农；第四，重申保护和奖励民族工商业政策；第五，注意在不同地区采取不同的策略。党的土改方针政策的不断完善，有效地克服了各地在土改中发生的"左"的错误，促使土改运动走上健康发展的道路。

4月1日，毛泽东在晋绥干部会上指出了晋绥土地改革中的三个"左"的偏向，对土地改革的总的指导思想作了更完整的表述，指出："依靠贫农，团结中农，有步骤地、有分别地消灭封建剥削制度，发展农业生产，这就是中国共产党在新民主主义的革命时期，在土地改革工作中的总路线和总政策。"[1]根据这一总路线和总政策，毛泽东强调："不能侵犯民族资产阶级，也不要侵犯地主富农所经营的工商业，特别注意不要侵犯没有剥削或者只有轻微剥削的中农、独立劳动者、自由职业者和新式富农。""禁止任何的乱打乱杀。"[2]

不同区域，因地制宜。在晋察冀、晋冀鲁豫和华东解放区，凡是过去封建土地制度已经全部或大部分被废除、土改基础较好的地区，均实行抽补、调剂政策，以解决贫雇农土地不足的问题；在土改工作薄弱的地区，则没收地主、旧式富农多余土地、房屋、耕畜、家具，按人口平均分配。在陕甘宁、晋绥和东北解放区，以自然村为单位，将土地打乱，按人口重新平均分配。在新开辟的解放区，也用老区、半老区平分土地的做法，迅速开展开仓济贫、分土地、分浮财运动。

到1948年秋，全国各解放区的土改运动取得巨大成绩，1亿人口的老区和半老区基本消灭了封建土地制度，翻身农民成了土地的主人，极大地提高了生产积极性和革命热情，改善了解放区的经济状况，增强了解放区的经济实力，从而保证了战争的需要，大批青壮年加入人民军队或担负战争勤务，为夺取解放战争的全国胜利提供了充分的人力和物力资源。

1948年夏，张治中在给蒋介石的一封检讨国民党失败原因的密信中说："对全国人口百分之八十五以上之农民问题，亦即土地问题，在此二十年间，理应加以解决，但非不能为而根本忽略而不为，致坐失最大多数之群众基础。"[3]

与之相反，中国共产党始终注意解决农民的土地问题。通过土地制度的改

---

[1] 中共中央文献研究室、中央档案馆编：《建党以来重要文献选编（1921—1949）》第二十五册，中央文献出版社2011年版，第253页。

[2] 同上书，第250、251页。

[3] 《张治中回忆录》上册，文史资料出版社1985年版，第405页。

革废除封建的土地制度，实现彻底的"耕者有其田"，既是民主革命的中心内容，也是保证革命战争胜利的最基本的条件。

民生问题主要是土地问题，但也有其他问题。如东北地区传染病比较猖獗。解放战争时期，东北解放区的卫生保健事业，一方面为战争服务，另一方面与流行的鼠疫进行了有力的斗争。1946年6月中旬，哈尔滨平房区发生鼠疫。哈尔滨市卫生局立即派出防疫队至现地开展了防疫工作，于10月中旬将其完全扑灭。1947年6月末至7月初，各地又相继发生鼠疫，波及的范围较大，患者达3万余人[1]。党和民主政府于8月19日发布命令。9月28日，东北行政委员会下达了紧急防疫的通令，规定：

（1）凡已发生鼠疫的地区，立即积极发动群众，组织力量，迅速扑灭，目前尚未发生疫情的地区，亦应积极准备防止侵入。

（2）各地立即动员当地医疗防疫人员、药品、器材为防疫工作服务，动员地方武装、民兵及广大群众参加防疫工作，并将当地防疫工作视为当前群众工作之中心内容。

（3）成立东北防疫委员会，为解放区防疫工作总领导机关；指令西满、北满、东满各省县均立即成立防疫委员会，就地动员人力、物力扑灭鼠疫。

根据疫情蔓延的情况，东北防疫委员会于10月5日发布了《关于防疫戒严封锁暂行办法》，规定：

（1）疫情严重地区，由各该地省、县党政军民进行隔离，断绝一切铁路、公路、航运，大车行旅交通，其省与省、县与县、区与区之间实行严密封锁，禁绝来往行人，所有公共娱乐场所，在防疫期间内一律停止营业。

（2）疫情较轻地区，由当地各级党政军负责切实切断与疫情严重地区之所有水陆交通及来往行人，在各交通要道设立检查站，严密封锁。

（3）尚未发生疫情的地区，由各该地党政军负责，立即实行预防戒严。在已有疫情地区之沿线交通要道设置检查站，派出干部，配备医生，携带防疫器材，协同地方部队公安机关组织进行检查。

（4）预防区之哈尔滨等城市的公共娱乐场所、戏院、电影院、舞场、游艺场等，实行第一期停业10天，至期开放与否须经防疫委员会许可。

除各地动员一部分防疫人员进行防疫工作外，东北行政委员会卫生处、东

---

[1] 参见《东北的卫生工作》（1949年6月）。

北防疫委员会动员大批人力、物力开展了防疫工作，计组织哈医大卫干校、哈市地方医务人员 252 人，分成 13 个队；中国医大 191 人，分成 2 个队；西满军区医校 169 人，分成 2 个队；辽吉军区医校 40 人，1 个队；苏联红十字半月协会也派来了一个 32 人的防疫队，支援解放区的防疫工作[1]。经过艰苦的斗争，11 月末，各地疫情开始全部下降，至 12 月末，疫区的鼠疫完全扑灭。

1948 年 8 月至 9 月，华北人民政府成立。在此前后，正值华北地区遭受到旱、涝、风、雹、虫、疫等多种严重自然灾害，农作物大幅度减产，人民群众的生命财产遭到很大的损失。华北各级党政机关领导广大群众与各种灾害展开了顽强的斗争。除直接组织群众凿井开渠、担水抢种、抗洪抢险、排涝护秋、扑灭虫害、驱除瘟疫外，还把灾民组织起来开展生产自救和由政府发放贷粮、贷款、贷种，帮助群众恢复生产度过灾荒。华北党、政、军、民机关发起了"一两米运动"，每人每天少吃一两米，把省下来的粮食捐献给受灾的群众。组织城市医疗防疫队奔赴灾区，仅在察北就控制了牛瘟的蔓延，救活了 16.72 万多头牛。在抗灾救灾，特别是在抗洪抢险过程中，各级干部身先士卒站在斗争的最前线，充分体现了党和人民群众的血肉相连、生死与共的优良传统和作风，深得广大群众的衷心拥护，其中四海县的干部受到了华北局的通报表扬。

1948 年 4 月 30 日，中共中央发出纪念五一国际劳动节口号，号召召开新的政治协商会议，筹建民主联合政府。各民主党派、各阶层代表人士热烈响应，通过各种渠道纷纷进入解放区，在共产党领导下，参与筹备召开新政协、建立新中国的工作。1948 年 8 月至 1949 年 9 月，中共中央香港分局和香港工委组织护送民主人士北上达 20 多次。沈钧儒、李济深、张澜、黄炎培、章伯钧等 350 多人，加上党内干部共 1000 多人，辗转到达北平，为新政协会议的召开提供了重要保证。

1949 年 3 月 5 日至 13 日，中共七届二中全会在西柏坡召开。全会规定党在全国胜利后在政治、经济、外交方面应当采取的基本政策，指出中国由农业国转变为工业国、由新民主主义社会转变为社会主义社会的发展方向。全会讨论确定了党的工作重心由乡村转移到城市的问题。毛泽东在全会上提出"两个务必"思想，即："务必使同志们继续地保持谦虚、谨慎、不骄、不躁的作风，务必使同志们继续地保持艰苦奋斗的作风。"

---

[1]《三年来东北区地方卫生工作概况报告》（1949 年 6 月 28 日）。

1949年3月5日至13日，党的七届二中全会在西柏坡召开。全会听取并讨论了毛泽东的报告即《在中国共产党第七届中央委员会第二次全体会议上的报告》，着重讨论了党的工作重心的战略转移，即工作重心由乡村转移到城市的问题。全会指出，党着重在乡村集聚力量，用乡村包围城市这样一种时期已经完结，从现在起，开始了由城市到乡村并由城市领导乡村的时期。

全会认为，在领导城市工作时，党必须全心全意地依靠工人阶级，吸收大量工人入党，团结其他劳动群众，争取知识分子，争取尽可能多的能够同共产党合作的民族资产阶级及其代表人物，以便向帝国主义者、国民党统治集团、官僚资产阶级作政治斗争、经济斗争和文化斗争，并向帝国主义作外交斗争。同时，党要立即开始着手建设事业，一步一步地学会管理城市，并将恢复和发展城市的生产作为中心任务。城市中的其他工作，都必须围绕着生产建设这个中心工作并为这个中心工作服务。

全会提出了促进革命迅速取得全国胜利和组织这个胜利的各项方针，阐述了全国胜利后中国共产党应当采取的基本政策，指出中国由农业国转变为工业国、由新民主主义社会转变为社会主义社会的发展方向。

全会指出，革命在全国胜利并解决了土地问题以后，中国还存在着两种基本矛盾：国内是工人阶级和资产阶级的矛盾，国外是中国和帝国主义国家的矛盾。因此，工人阶级领导的国家政权不是可以削弱，而是必须强化。

全会提出了加强共产党的思想建设问题，特别提醒全党，在革命胜利后务必继续保持谦虚、谨慎、不骄、不躁的作风，务必继续保持艰苦奋斗的作风，警惕资产阶级"糖衣炮弹"的攻击。全会还根据毛泽东的提议，作出禁止给党的领导人祝寿和用党的领导者的名字作地名等规定[1]。

七届二中全会是一次制定夺取全国胜利和胜利后的各方面政策的极其重要的决策性会议。这次会议完满地解决了中国共产党夺取民主革命的最后胜利和由民主主义革命向社会主义革命转变的一系列重大方针问题，并为这种转变在政治上、思想上和理论上作了重要的准备。

"开拨乱反正之业，其功既难；守已成之基，其道不易。故居安思危，所以定其业也；有始有卒，所以崇其基也。"

1949年3月23日，毛泽东率领中央机关离开西柏坡，向北平进发。毛泽东

---

[1] 参见中共中央党史研究室著：《中国共产党历史》第1卷（1921—1949）下册，中共党史出版社2011年版，第809—810页。

对周恩来说，今天是进京的日子，进京"赶考"去。我们决不当李自成，我们都希望考个好成绩。25日，毛泽东等中央领导人与中央机关、人民解放军总部进驻北平。

随后，中华人民共和国宣告成立，实现了中国从几千年封建专制政治向人民民主的伟大飞跃。

回顾新民主主义革命的整个过程，中国共产党成功的原因有很多，其中极为重要的一条，是争取和赢得了农民。

新民主主义革命时期，中国处于半殖民地半封建社会，同时仍然是一个农业大国。这样的国情，决定了中国革命的中心问题是农民问题。由于当时资本主义的发展不充分，工人阶级人数少，中国80%以上的人口都是农民，特别是中国共产党革命的重心后来很快就转向农村，不依靠农民、不解决农民的问题，就不可能完成中国革命的任务。广大农民，处于中国社会的底层，深受封建主义、帝国主义和官僚资本主义的压迫，具有反抗意愿，是工人阶级的天然同盟军。

中国共产党曾经照搬苏俄的经验，走了一些曲折的道路。但在实践中，分析中国国情，总结经验教训，逐渐认识到中国革命的问题实际是农民问题，而解决好农民问题的核心是解决好土地问题，中国共产党要夺取政权，首先要争取农民、组织农民。正如毛泽东会见美国作家斯诺时说："谁赢得了农民，谁就会赢得中国，谁解决土地问题，谁就会赢得农民。"所以，革命必须从解决农民土地问题着手，以充分发动农民，壮大革命力量。

因此，中国共产党通过将马克思主义基本原理与中国革命实际相结合，成功开辟了一条"农村包围城市、武装夺取政权"的道路。教育组织农民、唤起广大群众，从"打土豪，分田地""减租减息"到"耕者有其田"，从"一切权力归农会""三三制"到尝试建立农民代表会议制度，在不同时期以不同的方式尽可能满足广大农民的需求，赢得了广大农民的热烈拥护，最终夺取了中国革命的胜利。

面对即将取得的新民主主义革命的胜利，中国共产党及时提出了从乡村到城市并由城市领导乡村转变的问题，同时强调，城乡必须兼顾，必须使城市工作和乡村工作，使工人和农民，使工业和农业，紧密地联系起来。决不可以丢掉乡村，仅顾城市。按照这样的战略思想，中国共产党开始了以执政党的身份，运用手中的政权实行贫困治理和反贫困斗争的历程。

第四章

新中国成立至 1978 年的
贫困治理

☆ ☆ ☆

一、1949 年至 1978 年中国的社会变迁

中华人民共和国的成立，是中国历史和世界历史上的大事件，标志着新民主主义革命的基本胜利，标志着中国共产党成为掌握全国政权的执政党，中华民族的面貌开始发生翻天覆地的变化。中国发展从此开启了新纪元。

从 1949 年新中国成立到 1978 年党的十一届三中全会召开，是中国共产党领导的社会主义革命和建设时期。"党面临的主要任务是，实现从新民主主义到社会主义的转变，进行社会主义革命，推进社会主义建设，为实现中华民族伟大复兴奠定根本政治前提和制度基础。"[1]

在这一时期，"为了实现中华民族伟大复兴，中国共产党团结带领中国人民，自力更生、发愤图强，创造了社会主义革命和建设的伟大成就"，"实现了中华民族有史以来最为广泛而深刻的社会变革，实现了一穷二白、人口众多的东方大国大步迈进社会主义社会的伟大飞跃，为实现中华民族伟大复兴奠定了根本政治前提和制度基础"[2]。

（一）中华人民共和国的成立和全国政权的巩固。

1949 年 9 月 21 日至 30 日，中国人民政治协商会议第一届全体会议在北京隆重举行。会议通过起临时宪法作用的《中国人民政治协商会议共同纲领》以及《中国人民政治协商会议组织法》《中华人民共和国中央人民政府组织法》。会议决定国都定于北平，北平改名为北京；采用公元纪年；在国歌正式制定前，

---

[1]《中共中央关于党的百年奋斗重大成就和历史经验的决议》，人民出版社 2021 年版，第 9 页。

[2] 习近平：《在庆祝中国共产党成立 100 周年大会上的讲话》，人民出版社 2021 年版，第 4—5 页。

以《义勇军进行曲》为国歌；国旗为红地五星旗。会议选举毛泽东为中央人民政府主席，朱德、刘少奇、宋庆龄、李济深、张澜、高岗为副主席，陈毅等56人为委员，组成中央人民政府委员会。

10月1日下午2时，中央人民政府委员会举行第一次会议。下午3时，在北京天安门广场隆重举行庆祝中华人民共和国中央人民政府成立典礼。毛泽东宣告中央人民政府成立。之后，举行了盛大的阅兵仪式和群众游行。12月2日，中央人民政府委员会第四次会议决定，每年的10月1日为中华人民共和国国庆日。

以中华人民共和国成立为标志，中国共产党领导的多党合作和政治协商制度、民族区域自治制度宣告确立，人民代表大会制度载入《中国人民政治协商会议共同纲领》并开始酝酿建设。

新中国成立的前3年，党和国家根据党的七届二中全会确定的方针和《中国人民政治协商会议共同纲领》的规定，采取一系列措施，建立和巩固新生政权。到1951年9月底，全国的大行政区、省、市、县直到基层的各级政权机构基本建立起来，形成了从中央到地方政令统一、集中高效的国家政权体系。1950年6月颁布《中华人民共和国土地改革法》，到1952年底，中国大陆除一部分少数民族地区外，基本完成了土地改革。在全社会进行各项民主改革。颁布实施《中华人民共和国婚姻法》，实行新婚姻制度，彻底取缔旧社会遗留的卖淫嫖娼、贩毒吸毒、聚众赌博等各种社会病害，国营工矿交通企业进行民主改革。1950年起，相继开展镇压反革命、"三反"和"五反"运动。开展了大规模的抗美援朝运动。努力恢复遭到严重破坏的国民经济，全国工农业生产1952年底达到历史的最高水平。

（二）"一化三改造"和社会主义基本制度的建立。

1953年，中国共产党提出向社会主义过渡的任务，领导全国各族人民有步骤地实现从新民主主义到社会主义的转变，同时开始实行粮食、棉花、棉布、油料等重要农产品的统购统销政策。尽管也有一些问题和不足，但通过创造性探索，到1956年，在全国绝大部分地区基本完成对农业、手工业和资本主义工商业的社会主义改造，建立起社会主义基本经济制度。

从1953年起，开始第一个五年计划的经济建设，依靠自己的努力，加上苏联和其他友好国家的支援，一批为国家工业化所必需而过去又非常薄弱的基础工业建立起来。到1957年底，"一五"计划的各项指标大都超额完成，初步建立起比较完整的国民经济体系和工业体系。

1954 年 9 月，第一届全国人民代表大会第一次会议召开，通过了《中华人民共和国宪法》，确立人民代表大会制度为我国的根本政治制度。一届全国人大召开后，全国政协代行人大职权的任务结束。1954 年 12 月，全国政协二届一次会议在北京召开。会议通过新的《中国人民政治协商会议章程》，明确了人民政协长期存在和发挥作用的必要性。中国共产党领导的多党合作和政治协商制度得到加强。民族区域自治制度也进一步发展和加强。

（三）全面建设社会主义的 10 年探索。

社会主义改造基本完成以后，中国共产党领导全国各族人民转入全面的大规模的社会主义建设，并开始探索中国自己的建设社会主义道路。

在国际共运和国际政治发生重大转变的时刻，中国共产党开始考虑怎么"以苏为鉴"的问题。1956 年 4 月，毛泽东发表《论十大关系》的讲话，提出探索适合中国国情的社会主义建设道路的任务。9 月，中国共产党第八次全国代表大会举行。大会正确地分析国内形势和国内主要矛盾的变化，提出国内主要矛盾已经不再是工人阶级和资产阶级的矛盾，而是人民对于经济文化迅速发展的需要同当前经济文化不能满足人民需要的状况之间的矛盾，明确要求集中力量发展社会生产力，实现国家工业化，把我国尽快地从落后的农业国变为先进的工业国，并提出加强执政党建设的任务。

1957 年 4 月下旬，全党开始开展整风运动，但随后出现反右派斗争的严重扩大化，直接导致改变了八大路线，使"左"的错误发展起来。1958 年 5 月，党的八大二次会议通过"鼓足干劲，力争上游，多快好省地建设社会主义"的总路线，随后发动轰轰烈烈的"大跃进"运动和人民公社化，使以高指标、瞎指挥、浮夸风和"共产"风为主要标志的"左"倾错误严重地泛滥开来。

中共中央和毛泽东领导全党努力纠正已经觉察到的错误，但庐山会议后期错误地发动了对彭德怀等人的批判，进而在全党开展"反右倾"斗争。1959 年至 1961 年，我国国民经济发生严重困难，国家和人民遭到重大损失。

1962 年 1 月，召开有七千人参加的扩大的中央工作会议。从 1962 年到 1966 年，国民经济得到比较顺利的恢复和发展。但是，1962 年 9 月的八届十中全会进一步把阶级斗争扩大化和绝对化，提出"千万不要忘记阶级斗争"的口号。1963 年至 1966 年间的社会主义教育运动，提出重点整"党内走资本主义道路的当权派"等错误观点，在意识形态领域开展错误的政治批判，愈益向"左"

发展的思想理论，成为随后发动"文化大革命"的思想和政治基础。

在全面开展社会主义建设的 10 年中，虽然经历了很多曲折和挫折，但社会主义建设还是取得了很大成就。党领导人民打下了社会主义现代化建设的重要物质技术基础，培养了一大批现代化建设的骨干力量和专业人才，积累了丰富的建设经验。在战胜严重困难后，社会主义建设一度重新出现欣欣向荣的景象。

（四）"文化大革命"的 10 年内乱。

1966 年 5 月，爆发了被称为"史无前例"的"无产阶级文化大革命"，至 1976 年 10 月，前后延续了 10 年之久。《中国共产党中央委员会关于建国以来党的若干历史问题的决议》，将"文化大革命"分为三个阶段：从"文化大革命"的发动到 1969 年 4 月党的九大是第一阶段；从党的九大到 1973 年 8 月党的十大是第二阶段；从党的十大到 1976 年 10 月粉碎"四人帮"是第三阶段。[1]

十一届六中全会通过的《历史决议》明确认定，"文化大革命"使党、国家和人民遭到新中国成立以来最严重的挫折和损失。"文化大革命"不是也不可能是任何意义上的革命或社会进步，而是一场由领导者错误发动，被反革命集团利用，给党、国家和各族人民带来严重灾难的内乱。十九届六中全会通过的《历史决议》再次强调"教训极其惨痛"[2]。

党和人民在"文化大革命"中同"左"倾错误和林彪、江青反革命集团进行了艰难曲折的斗争。我国的国民经济虽然遭到巨大损失，仍然取得了进展。当然，这一切绝不是"文化大革命"的成果，如果没有"文化大革命"，我们的事业会取得大得多的成就。

1976 年 10 月 6 日，中央政治局执行党和人民的意志，一举粉碎"四人帮"，结束"文化大革命"，从危难中挽救了党和社会主义事业。

"文化大革命"也警醒了全党全国人民，使党和人民更加清楚地看到了体制上的弊端，认识到改革的必要性，促使中国坚定地走上建设中国特色社会主义的道路。[3]邓小平说："我们根本否定'文化大革命'，但应该说'文化大革命'也有一'功'，它提供了反面教训。没有'文化大革命'的教训，就不可能制定

---

[1] 参见中共中央文献研究室编：《三中全会以来重要文献选编》（下），中央文献出版社 2011 年版，第 144—145 页。

[2]《中共中央关于党的百年奋斗重大成就和历史经验的决议》，人民出版社 2021 年版，第 14 页。

[3] 参见中共中央文献研究室编：《三中全会以来重要文献选编》（下），中央文献出版社 2011 年版，第 141—151 页。

十一届三中全会以来的思想、政治、组织路线和一系列政策。"[1]

（五）在徘徊中前进的两年。

粉碎"四人帮"后，广大干部群众强烈要求纠正"文化大革命"的错误。党和国家逐步恢复正常的政治生活，平反冤假错案的工作也开始进行。1977年7月党的十届三中全会恢复了邓小平原任的党政军领导职务。1977年8月召开的党的第十一次全国代表大会，重申了现代化建设的任务。国民经济得到恢复和发展，人民生活水平有所改善。教育科学文化工作开始走向正常。1977年秋，"文化大革命"中被废弃的高考招生制度恢复。1978年3月，召开全国科学大会。知识分子的地位、科学教育的作用重新得到社会的肯定和重视。

但由于长期"左"倾错误的影响，党还没有实现指导思想上的根本转变。1977年2月7日，《人民日报》、《红旗》杂志、《解放军报》社论提出，"凡是毛主席作出的决策，我们都坚决维护，凡是毛主席的指示，我们都始终不渝地遵循"，导致在前进中出现徘徊的局面。

邓小平等老一辈革命家倡导恢复和发扬实事求是的优良传统，一批干部和理论工作者开始挣脱"两个凡是"的束缚。1978年5月10日的中共中央党校内部刊物《理论动态》，11日的《光明日报》，先后发表《实践是检验真理的唯一标准》一文，引发了全国范围关于真理标准问题的大讨论。这场讨论推动了全国性的马克思主义思想解放运动，为党的十一届三中全会召开作了重要的思想准备，成为实现伟大转折、实行改革开放的思想先导。

广大人民群众迫切要求解决"文化大革命"遗留的各种问题，拨乱反正，调整政策，平反冤假错案。一些地方的农民率先实行大包干。与此同时，世界经济快速发展，科技进步日新月异，国家建设百业待兴。国内外大势呼唤党尽快就关系党和国家前途命运的大政方针作出战略抉择。改革开放的潮流开始涌动。

二、5个五年计划反映的经济发展状况

新中国成立时，基本上是一个贫穷落后的国家。由于长期战争的破坏，特别是由于日本帝国主义的侵略和蹂躏，近代以来艰难积聚起来的工业基础遭到严重摧残。生产力非常落后，人民生活非常困难。1949年，城镇居民的人均现

---

[1]《邓小平文选》第三卷，人民出版社1993年版，第272页。

金收入不过 100 元，农村居民家庭人均纯收入只有 44 元。

中国共产党决心改变国家和社会的面貌。1953 年，毛泽东亲自修改审定的《关于党在过渡时期总路线的学习和宣传提纲》中，实际上提出了现代化的工业、农业、国防和交通运输四个目标。

1954 年，毛泽东在一届全国人大开幕词中提出"建设成为一个工业化的具有高度现代文化程度的伟大的国家"[1]。在《政府工作报告》中，周恩来强调："如果我们不建设起强大的现代化的工业、现代化的农业、现代化的交通运输业和现代化的国防，我们就不能摆脱落后和贫困，我们的革命就不能达到目的。"[2]

1957 年 2 月，毛泽东在最高国务会议上发表的《关于正确处理人民内部矛盾的问题》的讲话中，提出"将我国建设成为一个具有现代工业、现代农业和现代科学文化的社会主义国家"[3]。科学文化在这里被纳入了现代化的范畴。

1959 年底 1960 年初，毛泽东在阅读苏联《政治经济学教科书》社会主义部分时提出：建设社会主义，原来要求是工业现代化、农业现代化、科学文化现代化，现在要加上国防现代化。这是毛泽东第一次比较完整地概括"四个现代化"的内容，其内涵也与当初有所不同。

以后，"四个现代化"的内涵不断调整和充实。1963 年 1 月，周恩来在上海市科学技术工作会议上提出，"我们要实现农业现代化、工业现代化、国防现代化和科学技术现代化，把我们祖国建设成为一个社会主义强国"[4]。"四个现代化"的内容基本成型。

1964 年 12 月至 1965 年 1 月，三届全国人大一次会议在北京举行。周恩来在《政府工作报告》中宣布：今后发展国民经济的主要任务，"就是要在不太长的历史时期内，把我国建设成为一个具有现代农业、现代工业、现代国防和现代科学技术的社会主义强国，赶上和超过世界先进水平"。为了实现"四化"，从第三个五年计划开始，"第一步，建立一个独立的比较完整的工业体系和国民经济体系；第二步，全面实现农业、工业、国防和科学技术的现代化，使我国经济走在世界的前列"[5]。这是党和国家第一次正式和完整地提出"四个现代化"

[1]《毛泽东著作选读》下册，人民出版社 1986 年版，第 715 页。

[2] 中共中央文献研究室编：《建国以来重要文献选编》第五册，中央文献出版社 1993 年版，第 584 页。

[3]《毛泽东著作选读》下册，人民出版社 1986 年版，第 760 页。

[4] 中共中央文献研究室编：《建国以来重要文献选编》第十六册，中央文献出版社 1997 年版，第 160 页。

[5] 中共中央文献研究室编：《建国以来重要文献选编》第十九册，中央文献出版社 1997 年版，第 483 页。

的任务。

现代化建设的理想和进程主要反映在渐次实施的五年计划上。中华人民共和国成立以来经济社会的发展和变化，也主要体现在五年计划（从"十一五"起称五年规划）上。中国的社会主义建设主要是通过一个个五年计划来加以实施和实现的。

（一）第一个五年计划。

从1953年到1980年，一共实施了5个五年计划。这一时期中国的经济状况、人民生活，总体上可以通过这几个五年计划勾勒出来。

在世界上，苏联是最早实行计划经济的国家。中国共产党是在共产国际和苏联共产党帮助下成立的，是共产国际的一个支部，与苏联同是世界革命中的战友。新中国一成立，就与苏联等国结成了社会主义阵营，也得到了苏联和东欧国家的大规模援助。中国共产党真诚地向苏联学习，顺理成章地决定建立集中统一的计划经济。1949年6月至8月，刘少奇率团秘密访问苏联，在向苏联学习党和国家建设经验的清单中，就有一条"苏联经济的计划与管理"。

在中共中央直接领导下，周恩来、陈云主持制定发展国民经济的第一个五年计划。1951年春，中央财经委员会根据"三年准备、十年计划经济建设"的部署，着手试编第一个五年计划，1952年7月形成第二稿，即《一九五三年至一九五七年计划轮廓（草案）》。经中央政治局讨论，作为向苏联提出援助要求的基本依据。1952年八九月间，周恩来率团出访苏联，主要任务是就"一五"计划轮廓草案同苏方交换意见，争取苏联政府的援助。

1952年11月16日，中共中央作出《关于成立国家计划委员会及干部配备方案的决定》，决定在中央人民政府下建立国家计划委员会，以加强对国家建设的集中领导，并负责编制五年计划。

第一个五年计划采取边制定、边执行的办法，不断进行修订、调整、补充，前后历时4年，五易其稿。1955年3月31日，中国共产党全国代表会议原则通过"一五"计划草案。7月30日，一届全国人大二次会议正式审议并通过中共中央主持拟定的《中华人民共和国发展国民经济的第一个五年计划（1953—1957）》。

此后，编制并按五年计划进行经济建设，就成为一个惯例。到现在，已经制定实施了14个五年计划（规划），正开始实施"十四五"规划。在一些特定时段，还制定了一些十年规划纲要等跨5年的计划或规划。

　　根据中国共产党在过渡时期总路线的要求，"一五"计划所确定的基本任务是：集中主要力量进行以苏联帮助的 156 个项目为中心、由 694 个大中型项目组成的工业建设，建立我国社会主义工业化的初步基础；发展部分集体所有制的农业生产合作社，以建立对农业和手工业社会主义改造的基础；基本上把资本主义工商业分别纳入各种形式的国家资本主义的轨道，以建立对私营工商业社会主义改造的基础。

　　"一五"计划描画了新中国发展的第一张蓝图，集中反映了中国人民对新政权的期待和对国家发展的美好愿望。五年内，国家用于经济和文化建设的投资总额达 766.4 亿元，折合黄金 7 亿多两。这样巨大的建设投资，是旧中国历届政府都无法企及的。

　　到 1957 年底，"一五"计划的各项指标大都超额完成，595 个大中型工程建成投产。一批新兴工业部门，如飞机、汽车、发电、冶金、矿山设备、重型机械、精密仪器制造，以及高级合金钢、有色金属制造、基本化工和国防军工企业均已建立，填补了重工业建设的很多空白，初步改变了旧中国工业过于集中于沿海的不合理布局，开始形成了工业布局的新框架。

　　苏联对中国"一五"计划的实施给予了很大帮助。援助的项目，先后有过一些调整，一般笼统地说 156 项。但实际上"二五"期间还有很多后续项目。156 项加上后续项目，计划总数是 304 个。到 1960 年中苏关系破裂、终止经济合同，这 304 项中全部建成的有 120 项，基本建成的 29 项，废止合同的 89 项，由中国自行续建的 66 项；64 项单独车间和装置中，建成的 29 项，废止合同的 35 项。最后完成和由中国接续完成的共 215 项。因此，可以统称为"以 156 项为主的 215 项工程"。

　　由于缺乏经验，也由于某些"左"的思想开始冒头，"一五"计划实施中也存在一些问题：一是农业生产跟不上工业生产的步伐，某种程度上忽视了农业的发展；二是 1956 年出现全局性的冒进；三是社会主义改造过急过快，为以后相当长时间留下后遗症。

　　但总的来说，"一五"期间，经济发展较快，经济效果较好，重要经济部门之间的比例比较协调，人民生活显著改善。"一五"计划是改革开放前完成得最好的五年计划，"一五"时期是我国经济社会发展最好的时期之一。

　　（二）第二个五年计划。

　　随后就是第二个五年计划（1958—1962 年）。1955 年夏，国务院在北戴河召开会议，讨论编制 15 年（1953—1967 年）远景计划和第二个五年计划的轮廓问题。但后来毛泽东对计划初拟的指标不满，认为太低。各部委和国务院按照毛泽东的意见提高了指标。但苏联认为指标太高不合适。所以后来又作了调整。1956 年 9 月召开的党的八大，正式通过由周恩来主持编制的《关于发展国民经济的第二个五年计划的建议的报告》。[1]

但是，八大关于"二五"计划的建议，并没有付诸实施，很快就被批判反冒进、"大跃进"所否定了。八大后"左"的思想很快发展，出现了严重的冒进倾向，"二五"计划的许多指标不断修正和大幅度提高。苏联在华专家总顾问阿尔希波夫说，恐怕实现不了，并表示土法炼钢再多也没有用。但这些看法，中国领导人不仅没有听进去，反而更激发了大干一场的决心。毛泽东说：1100 万吨钢少 1 吨都不行。

由于 1958 年以来的"大跃进"运动和"反右倾"运动，造成国民经济主要比例关系失调，连年出现财政赤字，人民生活遇到很大困难。我国经济建设已不能按照第二个五年计划的部署继续发展，国家乃决定对国民经济实行调整。1960 年 9 月，中共中央在批转国家计委《关于一九六一年国民经济计划控制数字的报告》中提出了国民经济"调整、巩固、充实、提高"的"八字方针"[2]。1961 年 1 月，党的八届九中全会正式批准了"八字方针"。

因此，从 1961 年到 1966 年"三五"计划开始实施，成为五年计划的空档期。也就是说，从 1961 年至 1965 年，实际上没有五年计划作指导。

（三）第三个五年计划。

第三个五年计划（1966—1970 年）。"三五"计划是从 1964 年初开始研究和编制的。原先国家计委提出、经 1964 年 5 月中央工作会议讨论并原则同意的《第三个五年计划（1966—1970 年）的初步设想（汇报提纲）》，是总结了三年困难时期的教训，按照农业、轻工业、重工业的顺序进行安排的。[3]但随后毛泽东提出准备打仗的问题，所以，1965 年 9 月国家计委又修改计划，重新拟定《关于第三个五年计划安排情况的汇报提纲》（草案），经中央讨论基本同意。

1965 年已是山雨欲来风满楼，1966 到 1970 年正是"文化大革命"内乱

---

[1] 参见中共中央文献研究室编：《建国以来重要文献选编》第九册，中央文献出版社 1994 年版，第 167—219 页。

[2] 中共中央文献研究室编：《建国以来重要文献选编》第十三册，中央文献出版社 1996 年版，第 609 页。

[3] 参见中共中央文献研究室编：《建国以来重要文献选编》第十八册，中央文献出版社 1998 年版，第 442—469 页。

之时。中国与美国、苏联的关系都愈益紧张。所以，《关于第三个五年计划安排情况的汇报提纲》（草案）明确提出："三五"计划必须立足于战争，从"准备大打、早打"出发，积极备战。整个"三五"计划都把国防建设放在第一位，重点加快三线建设。沿海大批工厂、学校迁往西部地区。[1]

"三五"计划期间，各主要经济指标都完成了计划。其中，工农业总产值超额 14.1%—16.2% 完成了计划，农业总产值超额 2.2%，工业总产值超额 21.1%。但这一计划战时色彩比较浓厚，盲目追求高速度、高积累的倾向仍然存在。特别是由于"文化大革命"的动乱，除了三线建设外，国民经济实际上受到很大破坏，1968 年国民经济跌入谷底。

（四）第四个五年计划。

第四个五年计划（1971—1975 年）。"四五"计划于 1970 年开始编制。国务院召开全国计划工作会议，研究、讨论、制定了《第四个五年计划纲要（草案）》。九届二中全会上作为参考附件印发。

到 1973 年 7 月，国家计委又拟订了《第四个五年计划纲要（修正草案）》，对主要经济指标进行了调整，不少指标有所压缩，钢产量下调到 3200 万—3500 万吨，后又调到 3000 万吨。由于 1972、1973 两年国民经济形势有所好转，1973 年各项主要经济指标都完成和突破了计划，是"一五"计划以来经济增长最快的一年。

1975 年，邓小平大力开展整顿，经济秩序好转。按照修正后的 1975 年指标执行的结果：发电量完成 103.1%，棉纱完成 96.8%，铁路货运量完成 98.7%，预算内基本建设投资完成 101.6%。

尽管"四五"绝大部分经济指标完成了计划，但是因为还处在"文化大革命"期间，经济形势随着政治斗争而动荡起伏。指标完成较好的年份都与政治形势好转有关。

（五）第五个五年计划。

第五个五年计划（1976—1980 年）和十年发展纲要。这是跨越两个历史时期的五年计划。

1975 年，中共中央制定了《1976—1985 年发展国民经济十年规划纲要（草案）》，同时安排了"五五"计划。1978 年 3 月，又修订了十年发展纲要。

---

[1] 参见中共中央文献研究室编：《建国以来重要文献选编》第二十册，中央文献出版社 1998 年版，第 360 页。

按发展纲要要求，到 1985 年，钢产量达到 6000 万吨，石油达到 2.5 亿吨，国家计划新建和续建 120 个大型项目，其中 10 个大型钢铁基地，9 个有色金属基地，8 个煤炭基地，10 个大油气田等。

从 1978 年到 1985 年，基本建设投资相当于过去 28 年的总和，每年要投资 700 亿元，超出了实际可能，违反了经济发展的规律。因此，十一届三中全会后不久，中央就对此作了修正。1979 年 4 月，中央工作会议正式提出"调整、改革、整顿、提高"的方针（新"八字方针"），并从这一年开始对国民经济进行调整。[1]

从执行情况看，这一时期国民经济得到恢复、发展，1977 年至 1978 年社会总产值、工农业总产值、国民收入连续两年大幅度增长，主要工农业产品的产量恢复或者超过了历史最好水平。1978 年国民生产总值达到 3010 亿元，比 1977 年增长 12.3%。财政收入和支出连续两年大幅度增加，收入略有节余，扭转了 1974 年至 1975 年连续三年财政赤字、收支恶化的状况。国民经济逐步走上健康发展的轨道。

三、为改善民生奠定基础的重大举措

1949 年 1 月 31 日北平和平解放。中国共产党对北平实施接管。接管包括建立人民政权，恢复社会秩序，改编国民党军队，接管旧政府和警察机关，接管物资系统，接管文化系统等。其中，如何安定民生、发展生产是党考虑的一个重要问题。彭真进城前在良乡与市委政策研究室谈话时就指出，进城后第一件事就是要研究粮煤供应问题，"如果没有饭吃，无论其他方面如纪律等怎样好，群众也不会满意"。第二件事就是了解群众需要我们做什么。为此，入城前，北平市委准备了 3700 万斤粮食，门头沟准备了 10 万余吨燃料煤。所以北平粮价不升反降，市场没有发生剧烈动荡。

中华人民共和国成立时，中国社会生产力十分低下。由于连年战乱，多数地方疮痍满目，伤痕累累。1949 年制定的《共同纲领》规定：经济建设的根本方针是，"以公私兼顾、劳资两利、城乡互助、内外交流的政策，达到发展生产、

---

[1] 参见中共中央文献研究室编：《三中全会以来重要文献选编》（上），中央文献出版社 2011 年版，第 107 页。

繁荣经济之目的"[1]。党和国家通过多种方式努力解决民生问题，提高人民生活水平。

为了尽快改变贫穷现状，新生的人民政权致力于收拾长年战乱留下的烂摊子，恢复国民经济。通过没收官僚资本、稳定物价、统一全国财经政策、土地改革、合理调整工商业、调整公私关系、生产资料私有制的社会主义改造等一系列措施，使新中国的财政经济状况得到了根本好转，人民生活水平有了较大的提高。

20 世纪五六十年代，通过大规模的农田水利建设，改善了农业生产条件；通过建立农村集体经济组织，大致拉平了农村贫富差距；通过发展交通和其他基础设施建设，提高了农村物质生活水平；通过发展教育卫生事业，提高了广大农民的文化和健康水平；通过城市支援农村、工业支援农业，改善和发展了农村生产力；通过建立农村供销合作系统，维持了农村的基本生活消费品的供应。同时，形成了以"五保"制度和特困群体救济为主要内容的社会基本保障体系，从而一定程度上减少了农村贫困的程度。

新中国成立后采取的一些重要的建设举措，对解决人民群众的民生问题发挥了基础性作用。

（一）开展大规模的土地改革，将农民的生存建立在自己的土地上。

1949 年的《共同纲领》规定，国家要"有步骤地将封建半封建的土地所有制改变为农民的土地所有制"。

1950 年 6 月，党的七届三中全会讨论了新解放区土地制度改革问题。6 月 30 日，中央人民政府正式公布施行《中华人民共和国土地改革法》，作为新解放区土地改革的基本法律依据。《土地改革法》的第一条就规定："废除地主阶级封建剥削的土地所有制，实行农民的土地所有制，借以解放农村生产力，发展农业生产，为新中国的工业化开辟道路。"[2] 政务院相继制定和公布实施与之相配套的法规、政策，包括《农民协会组织通则》、《人民法庭组织通则》以及《关于划分农村阶级成分的决定》等。

从 1950 年冬季开始，一场历史上空前规模的土地改革运动，在新解放区有领导、有步骤、分阶段地展开。

---

[1] 中共中央文献研究室编：《建国以来重要文献选编》第一册，中央文献出版社 1992 年版，第 7 页。

[2] 同上书，第 336 页。

到 1952 年底，中国大陆除一部分少数民族地区外，基本完成了土地改革。全国有 3 亿多无地或少地的农民（包括老解放区农民在内）无偿获得了约 7 亿亩土地。农村的土地占有关系发生了根本变化，占农村人口 92.1% 的贫农、中农，占有全部耕地的 91.4%；原来占农村人口 7.9% 的地主富农，只占有全部耕地的 8.6%。无地少地的农民还获得了剥夺地主富农后分得的其他生产资料和生活资料，计有耕畜 296 万头、农具 3944 万件、房屋 3795 万间、粮食 100 多亿斤。免除了农民每年给地主交纳的 3000 万吨以上粮食的地租。获得经济利益的农民约占农业人口的 60% 到 70%。

虽然原先的经济结构被打破，富裕农民的经济大幅度萎缩，但多数农民拥有了自己的土地，激发了从事生产的积极性，农民的温饱开始建立在自己对于土地的耕种和经营上。因而农民的生产、生活条件有了明显改善。用一些农民自己的话说：土地改革后，一年够吃，两年添置用具，三年有富余。

农民收入的增加，使农村购买力逐年提高。据苏南行政区 18 个县的典型村购买力总数的比较调查，在生活资料方面，1951 年比 1950 年增加 23.82%；生产资料方面则增加 45.76%，所购买的主要是肥料、农具和耕畜等。土地改革基本完成后的 1953 年，农民净货币收入比 1949 年增长 123.6%，每人平均净货币收入增长 111.4%。

（二）加强基础设施建设，改善人民生活基本条件。

"行"是人民生活的重要内容。而如何"行"，主要取决于道路建设和有关交通设施的建设。新中国成立之初，交通运输面貌十分落后。全国铁路总里程仅 2.18 万公里，有一半处于瘫痪状态。能通车的公路仅 8.08 万公里，民用汽车 5.1 万辆。内河航道处于自然状态。民航航线只有 12 条。邮政服务网点较少。主要运输工具还是畜力车和木帆船等。

新中国成立后，首先创造条件恢复交通运输。经过 3 年努力，基本修复了被破坏的交通运输设施设备，恢复了水陆空运输。从 1953 年起，开始有计划地进行交通运输建设。在第一个、第二个五年计划和国民经济调整期间（1953—1965 年），国家投资向交通运输倾斜，改造和新建了一批铁路、公路、港口码头、民用机场，提高了西部和边远地区的交通运输基础设施覆盖程度，疏浚了主要航道，新开辟了国际、国内水路和空中航线，扩大了邮政网络，增加了运输装备数量。"文化大革命"期间，交通运输发展一度受到严重干扰，但设施和装备规模、运输线路仍在增加，特别是针对沿海主要港口压船、压港、压货日趋严重的局面,加快了港口基础设施建设。在此期间,管道运输也得到了发展。

1950 年,成都、重庆解放不久,中央即决定修筑成渝铁路。1952 年 7 月 1 日,成渝铁路全线通车。成渝铁路是中国自行设计施工,完全采用国产材料修建的第一条铁路。它西起成都,东至重庆,是连接川西、川东的经济、交通大动脉。它的建成,不仅实现了四川人民半个世纪的夙愿,改变了四川交通的格局,体现了中国共产党领导经济建设的能力,而且拉开了新中国大规模经济建设的序幕,为西南的工业化建设铺平了道路,对新中国成立初期西南地区国民经济的恢复有着重大意义。

到 1957 年第一个五年建设计划完成,我国先后建成铁路干支线 6100 公里。到 1978 年,铁路总里程增加到 5 万多公里,全国铁路网骨架基本形成。

长春第一汽车制造厂,是 1953 年至 1956 年在苏联援助下建成的新中国第一个大型汽车制造厂,是发展中国汽车制造的最早的标志性工程。1956 年 7 月 13 日,在建厂 3 周年的前夕,新中国成立后自己制造的第一辆载货汽车从第一汽车制造厂的总装线上盛装下线。1958 年 5 月 12 日,国产 CA71 "东风" 牌小轿车试制成功。1958 年,又开发了 CA72 型 "红旗" 牌轿车。首批 30 辆 "红旗" 高级轿车和 2 辆检阅车送往北京,参加中华人民共和国成立 10 周年国庆游行和阅兵式。从 1965 年起,一汽开始了以达到年产 6 万辆汽车生产能力的扩建工程和技术改造,到 1966 年基本完成。第一汽车制造厂成为中国汽车工业的摇篮。一汽生产出的解放牌卡车,在交通运输的发展中发挥了巨大作用。

(三)大规模兴修水利,减少长期肆虐中国的水旱灾害。

新中国成立初期,水旱灾害频繁,尤其是黄淮海地区灾情严重。1949 年至 1952 年,水灾不断,灾民从整个苏北到淮北有几千万。控制水旱灾害成为一项极为重要的工作。

在党和政府的领导组织下,水利建设大规模地展开。当时重点建设的水利工程包括:大规模治理淮河;修建官厅水库,以减轻永定河对北京的威胁;修建大伙房水库,以减轻浑河、太子河对沈阳的压力;整修独流减河等,解决海河的出路问题;修建荆江分洪工程、汉江下游的杜家台分洪工程。黄河下游堤防进行全面整修加固;洞庭湖、鄱阳湖、太湖、珠江三角洲等圩区加强圩堤建设,提高防洪排涝能力。这些水利工程极大地缓解了水旱灾害的严重局面,对安定社会、恢复生产发挥了巨大作用。通过工程建设,全国灌溉面积发展到了 4 亿亩。

水利工作的方针任务是:防治水害,兴修水利。重点是防洪排涝,整治河道，恢复灌区。在受洪水威胁的地区着重于防洪排水，在干旱地区着重于开渠灌溉。每年，国家动员上千万的人进行水利建设，恢复水利工程。从1953年起，全面开展了江河流域规划的制定工作，各省、区、市还进行了大量的中小河流的规划，这些都为以后的发展打下了基础。

荆江分洪工程，是为减少长江决堤危险而建造的重要水利工程，始建于1952年春末夏初。荆江分洪工程建成不到两年，就在1954年发挥了重大作用。荆江分洪工程三次开闸，分泄荆江洪水总量达122.6亿立方米，降低了荆江河槽的洪水位近1.00米，确保了荆江大堤和武汉市的安全，不仅使江汉平原和洞庭湖区直接受益，而且对武汉三镇和沿江城乡7500万人民的生命财产安全起到了重要的作用。

从1946年开始，中国共产党就领导人民治理黄河。1949年中华人民共和国成立后，党和国家高度重视治黄事业。1955年7月30日，一届全国人大二次会议通过关于根治黄河水害和开发黄河水利的综合规划的决议。[1]治黄工作一开始就是按照全面规划、统筹安排、标本兼治、除害兴利，全面开展流域的治理开发，有计划地安排重大工程建设。1957年4月，在黄河干流上开工兴建黄河第一坝——三门峡大坝。此后，一直到改革开放后相继建成了刘家峡、龙羊峡、盐锅峡、八盘峡、青铜峡、三盛公、天桥、小浪底和万家寨等水利枢纽和水电站。在黄河上中游黄土高原地区，广泛开展了水土保持建设，采取生物措施与工程措施相互配合，治坡与治沟并举办法，治理水土流失取得明显成效。

20世纪60年代，河南林县（今林州市）人民在极其艰难的条件下，以"愚公移山"精神，从太行山腰修建引漳入林工程，命名为"红旗渠"，被称为"人工天河"。后来经过不断改造，红旗渠成为"引、蓄、提、灌、排、电、景"成龙配套的大型体系。从山坡到梯田，从丘陵到盆地，形成了一个较为完整的水利灌溉网。

1969年竣工的江都水利枢纽工程，1972年竣工的辽河治理工程，1973年完成的海河治理工程等，也都是水利建设的重要成果。

到70年代末，新中国治水工程取得了决定性胜利，水利建设的预定目标基本实现。江河洪水基本形成由人控制、服从人的设计和摆布的格局。不仅洪水泛滥的历史基本结束，而且变水害为水利，基本上消灭了大面积的干旱现象，

---

[1] 参见中共中央文献研究室编：《建国以来重要文献选编》第七册，中央文献出版社1993年版，第1—2页。

扭转了几千年来农业靠天吃饭的历史。

（四）抗击各种自然灾害，保障人民生命和财产安全。

新中国成立后，很快就遇到了一系列自然灾害。党和国家在建设新型政权、恢复国民经济的同时，迅速开展了防止各种严重灾害的斗争。中华人民共和国的历史，同时也是抗击自然灾害的历史。

新中国对救灾工作实行统一领导，有计划、有步骤地部署防灾、抗灾和救护工作。首先，以积极救灾的治本政策为基点，提高防灾能力；加强水利建设，投入大量人力、财力，建成了许多规模不等的防洪、灌溉、排涝、发电等农田水利设施，基本控制了一定范围的洪涝灾害，保障了工农业生产和城乡安全；进行大规模的植树造林、防治病虫害等工作。其次，发挥集中统一举国体制的优势，组织全国各方面的力量，国家、社会和灾民三结合，展开全民抗灾。最后，实行"依靠群众，依靠集体，生产自救，互助互济，辅之以国家必要的救济和扶持的方针"，主要以"生产自救"为核心，坚持自力更生，发展生产，尽量减轻和弥补灾害损失；动员社会力量，做到"一方受灾，八方支援"。同时，根据专款专用、重点使用的原则发放救灾款，辅之以国家必要的救济。

几十年来，全国许多地方不时遇到严重的自然灾害。例如，1958 年 7 月中旬，黄河三门峡至花园口之间发生自 1919 年黄河有实测水文资料以来的最大一场洪水。在党中央国务院领导下，总指挥部及时指挥抗洪斗争。河南、山东紧急部署，调度力量。两岸千里堤线，每公里有抢险队员 30—50 人来往巡查，有群众 300—500 人日夜防守。投入一线防守和组织救护转移的干部群众和部队官兵有 200 万人，后方支援的二线预备队员 100 万人。出动轮船 500 余艘，汽车 500 多辆，还有数不清的马车、架子车、三轮车来往运输防洪抢险物资。在抗洪过程中，共计抢险 2000 坝次，抢护渗水堤段 60 公里，排除管涌 4300 个，抢堵漏洞 19 个。各级政府将滩区居民迅速转移到安全地区。解放军出动部队，并调来飞机、橡皮艇和救生工具。短短几天，从全国各地运来麻袋、蒲草草包 200 多万个。其他省市也给予了大力支援。

1966 年 3 月 8 日，河北省邢台地区发生强烈地震。有 30 个人民公社，34 万人受灾。但由于事先作了预报，没有造成重大的人员伤亡。中共中央和国务院立即动员、组织了巨大的人力物力开展救灾工作。周恩来在余震未息的情况下代表中共中央和国务院亲临震中地区，慰问受灾群众，指导救灾工作。在党的领导和人民解放军的大力支援下，灾区人民很快战胜了困难，重建家园，恢复了生产。

（五）加强农田基本建设，扩大粮食生产种植面积。

增加耕地、建设良田，是提高粮食产量的首要条件。专家认为，粮食播种面积对粮食产量的产出弹性达 0.8，即粮食播种面积每增加 1%，粮食产量将增加 0.8%。

新中国成立初期，在修复原有农田的同时，开始扩大耕地面积。土地改革促进了农田的开发利用。军队转业组建生产建设兵团，既能成边又能屯垦，增加了基本农田和粮食生产。1954 年，一届全国人大一次会议首次提出建设"现代化农业"。1955 年，农垦大军在黑龙江、新疆、广东等地的荒原野岭掀起了屯垦开荒的新高潮。1949 年到 1956 年，共增加耕地 3.96 亿亩，增幅达 24%，粮食总产量增加 7957.2 万吨，增幅达 70.3%。

60 年代初期以后，为了解决粮食问题，全国开始大搞农田基本建设。水利工作提出了"发扬大寨精神，大搞小型，全面配套，狠抓管理，更好地为农业增产服务"，简称"大、小、全、管、好"的"三五"工作方针，要求纠正"四重四轻"即重建轻管、重大轻小、重骨干轻配套、重工程轻实效的缺点，建设高产稳产农田，并积极解决"大跃进"中的遗留问题。

20 世纪五六十年代，山西昔阳大寨大队依靠自己的力量，与穷山恶水作斗争，大造梯田发展农业生产，改变贫困面貌。1964 年，全国开展"农业学大寨"运动。通过建设旱涝保收、高产稳产农田，将治水和改土相结合，山、水、田、林、路综合治理，农业生产条件得到改善，许多地方的粮食产量大幅度提高。黄淮海平原初步解决旱涝碱灾害，粮食生产达到自给有余，扭转了我国历史上"南粮北调"的局面。

在 20 世纪六七十年代，水利建设作为"农业学大寨运动"的一个重要组成部分，更加广泛、深入地开展起来。其主要特点是由过去的偏重防洪向综合开发利用的目标发展，贯彻毛泽东"水利是农业的命脉"的号召，主要解决农业用水和抗旱问题。到了 70 年代末，就总体上实现了对江河、湖泊水情的控制。不仅基本消除了大的洪涝灾害，而且达到了灌溉、发电等综合利用的显著效果。

经过不懈努力，全国农村的有效灌溉面积从 1957 年的 2733.9 万公顷增至 1978 年的 4496.5 万公顷。

（六）推进农业科技发展，不断改良农作物品种。

新中国成立以后，大力加强农业科研，推进农业科技发展。1957 年国家成

立了中国农业科学院，制定了农业科学研究的规划和任务，基本形成了中央和
地方两级农业科研体系。各级农业科研单位、高等农业院校和其他部门的一些
研究机构，采取多种途径，把培育推广良种、防治病虫害等作为农业科技工作
的重点任务之一，国家为此投入了大量的人力和财力。

1958 年，提出"土、肥、水、种、密、保、管、工"的"农业八字宪法"。
1965 年，农业科技工作者上山下乡，积极开展以样板田为中心，以农业科技队
伍为骨干，以农民群众的科学实验活动为基础的农业科学实验活动。70 年代，
各地广泛开展了"科学种田"试验，取得了许多成果。

1950 年麦收中，东北 12 个国营农场首次使用了苏联的新式收割机割麦，东
北农村中还有不少互助组使用了政府贷给他们的苏联制造的马拉收割机。

农业机械化是提高劳动生产率的关键。1952 年，我国开始试办国营拖拉机
站。苏联援建的洛阳拖拉机厂为农村提供了大量拖拉机及有关农业机械。1959
年 4 月，毛泽东提出"农业的根本出路在于机械化"。国家建立起专业农具厂，
加快研制和生产新式农具。在第一、第二个五年计划时期，新建和扩建了一批
生产柴油机、脱粒机、联合收割机和机引农具的工厂。1962 年，我国大中型拖
拉机数量已达 45885 台，手扶拖拉机数量达 539 台。1967 年，中国首台水稻插
秧机诞生，通过鉴定、定型并投入生产。1977 年，中央提出加快推动农业机械
化，要求迅速把农业机械化领导小组建立健全起来，进一步修订和落实农业机
械化规划。到 1983 年，全国农业机械总动力达 1.8 亿千瓦，排灌动力在抗旱防
涝中基本替代了人畜力提水，粮、棉、油、饲料等农副产品加工也基本实现了
机械化。第一产业的劳动生产率由 1952 年的 266.21 元 / 人年，上升至 1984 年
的 1041.25 元 / 人年，提高了 2.9 倍。

化肥是粮食增产的重要物资。新中国成立初期，化肥产量不足 3 万吨。20
世纪 50 年代和 70 年代，我国先后从苏联和西方国家引进大型化肥化纤设备，
同期又自行设计了几十个中型氮肥厂。1981 年，全国化肥试验网就化肥对农作
物增产的效能试验结果显示，粮食增产 40% 来自化肥。1984 年，我国农用化肥
产量达 1482 万吨，比 1950 年的 7 万吨增加了 210 倍。

种子是粮食增产的重要因素。种子行业经历了家家种田、户户留种，"四自
一辅"（主要依靠群众自繁、自选、自留、自用，辅之以必要的调剂），"四化一
供"（种子生产专业化、加工机械化、质量标准化、品种布局区域化，以县为单
位，组织统一供种）等阶段，为良种研发、繁育、推广提供了体制保障。

国家组织开展了各种农作物的新品种选育工作。50 年代末 60 年代初，有关科研部门培养的优良小麦、水稻新品种以及杂交玉米、高粱等开始在生产中推广。这些新品种还不断更新换代，使农业产量逐渐提高。1966 年，全国召开了第三次农作物育种工作会议，各地交流经验，推荐了 72 个新育成的粮食作物和经济作物的优良品种。当时各级政府、各地人民公社对农作物改良和育种工作都十分重视，普遍开展了群众性的选育和推广良种的活动，取得了显著成绩。

1949 年至 1979 年，全国共育成并用于生产的粮棉油等 25 种大田作物品种 2729 个，其中推广面积在 7 万公顷以上的品种有 265 个。1959 年，矮化育种取得突破，逐步实现了矮秆品种的熟期配套。

70 年代初，袁隆平等发现并利用雄性败育野生稻，成功地实现了"三系"配套，使中国在世界上首先把杂交水稻用于大面积生产。1974 年，湖南开始试种杂交水稻，亩产超过 650 公斤，充分显示了增产优势。1975 年，试种面积达到 5600 亩。1975 年冬，中央决定迅速扩大试种并大规模推广杂交水稻。1976 年，开始在全国范围内生产。

四、新中国初期解决粮食危机的努力

民以食为天。粮食的生产和供应是决定贫困和解决贫困问题的第一个要素。1949 年至 1978 年，中国的贫困问题也是首先与粮食问题联系在一起的。中华人民共和国成立后，中国共产党领导人民大力发展农业生产，采取各种措施解决粮食问题，奠定解决温饱问题的基础，取得了重要成就，但也经历了曲折复杂的过程。本书主要依据中共中央党史研究室所著《中国共产党历史》第二卷的基本史实、基本数据、基本评价，将这一时期粮食生产和供应的基本情况梳理如下。

1949 年，我国粮食播种面积 16.5 亿亩，单位面积产量 68.62 公斤 / 亩，粮食总产量 1.13 亿吨，而全国人口总数为 5.4 亿人，人均粮食占有量为 208.9 公斤，比联合国粮农组织公布的温饱线 280 公斤低了 70 多公斤。

中华人民共和国一成立，就面临如何解决粮食危机的紧迫问题。连年战乱，造成物质资料的严重匮乏，其中尤以粮食和燃料最甚。国民党垮台前夕的金融危机造成的通货膨胀持续未减，而新旧政权交替时的货币更替，不可避免地引发社会的恐慌心理。

面对这种状况，1949 年，中国共产党在全国各地实行军事管制的同时，集中控制粮食和其他物资的市场供应，在全国范围内组织粮食、棉花、棉布、煤炭的大规模集中调运。

1949 年 11 月 1 日，《人民日报》报道，为充裕华北粮源，保证京津等地粮食供应，东北粮食总公司与华北粮食公司签订供粮合同，东北粮食总公司保证自 10 月 29 日起至本年底，每日运进关内 500 万斤粮食，分发京、津、保、沧各地。大批粮食已经源源入关，北京市粮价已趋稳定。

调运并不仅仅是这一件事。从 1949 年入冬后，中央人民政府进行了中国历史上第一次全国规模粮食及其他物资的大调运。半年时间中，从东北、中南、西南调运出粮食 45 亿斤以上。从华北调运煤到上海、广州和陇海沿线，从华北、华东调运盐到中南，从上海、天津调运纱布到内地。通过调运，贸易部门供应各大中城市和农村灾区的物资，有棉纱 17.3 万件、棉布 871 万匹、煤 186 万吨、盐 10.6 万吨，基本满足了生产和生活的需要。

这些物资调运的背后，是陈云主持实施的一场对敌斗争的"经济战"。1949 年，全国物价 4 月、7 月两次大幅度上涨，10 月又猛烈上涨。11 月 1 日和 5 日，中央人民政府政务院财政经济委员会两次开会研究稳定市场物价问题。于是，由陈云主持，在全国范围内调集粮食、棉纱等物资，并采取停止贷款和按约收回贷款，开征税收，冻结资金投放等措施，经过周密部署和充分准备，各大城市统一行动，趁市场高价大量抛售，在几天时间之内，就使大批投机商人陷于破产。到 1950 年底，基本平息了全国物价上涨风波。

1949 年 12 月 5 日，毛泽东颁发《关于 1950 年军队参加生产建设工作的指示》，指出：人民解放军除作战和执勤外，还应担负一部分生产任务，使人民解放军不仅是一支国防军，而且是一支生产军，协同全国人民克服长期战争遗留下来的困难，加速新民主主义的经济建设。

1949 年，全国各地旱、冻、虫、风、雹、水灾相继发生，尤以水灾最为严重，被淹耕地约 1 亿亩，灾民约 4000 万人。12 月 16 日，中央人民政府政务院通过《关于生产救灾的指示》，要求灾区各级人民政府把生产救灾作为工作的中心，帮助灾民生产自救，并提供一部分贷款和救济粮，扶助灾民战胜灾荒。指示还号召开展节约互助运动，要求机关干部带头参加每人节约一两米运动。

国家积极鼓励农业生产，加强对农业生产的扶持。用于农业的投入，1950 年为 2.74 亿元，1951 年增加到 4.17 亿元，1952 年增加到 9.04 亿元；3 年间，国家共发放农业贷款 15.7 亿元，帮助农民解决生产中缺乏农具、种子、肥料、牲畜等困难。国家用于水利建设的经费约 7 亿元，占全国预算内基本建设投资总额的 10% 以上。同时，适当提高农副产品的收购价格，实行依税率计征、鼓励增产的税收政策，增加农用生产资料的供应量，开展群众性的农业技术改良和爱国增产运动，

国家扩大农田水利基本建设规模。1950 年至 1952 年，全国直接参加水利工程建设的有 2000 多万人，完成土方量 17 亿立方米以上。随着淮河治理、荆江分洪、官厅水库等水利工程的基本完成，江河堤岸严重失修、水患频繁的状况初步改观。在以举国之力整治大江大河的同时，各地还大力整修水渠塘堰，扩大农田灌溉面积。

为了恢复经济，党和国家没有马上采取经济统制的办法，而是直接针对市场萧条的状况，扩大城乡经济交流，举办土产交流会和展销会。1950 年 7 月，成立中华全国合作社联合总社，1954 年 7 月改名为中华全国供销合作总社。1951 年全国合作社农产品收购总值较 1949 年增加了 19 倍。到 1952 年第二季度，全国农村供销合作社发展到 31953 个，社员达 9546 万人。

随着土地改革的完成和一系列政策措施的实施，农村经济得以逐步恢复。粮食、棉花、油料等主要农产品的产量逐年增加，1951 年比 1950 年分别增长 8.7%、48.8%、22.4%，1952 年又比 1951 年分别增长 14.1%、26.5%、12.5%。[1] 1952 年，农业总产值 483.9 亿元，比 1949 年增加 48.5%，年平均增长 14.1%。全国粮食总产量从 1949 年的 2263.6 亿斤，增加到 1952 年的 3278.4 亿斤，增长 44.8%，比历史上最高年产量的 1936 年增长 9.3%。全国主要农产品产量，除大豆、花生、油菜籽、茶叶以外，粮、棉、烤烟、黄麻、甘蔗等都超过了新中国成立前最高年产量。以农产品为原料的工业生产也得到恢复和发展。

进入 "一五" 时期，国家发起大规模的社会主义改造运动，同时，大规模开展工业化建设，实施由苏联援建的一系列重大项目。基于理论认识和实际需要，党和国家确定了优先发展重工业的战略。1953 年，我国经济规模迅速扩大，基本建设投资比上年增长 83.7%，工业总产值增长 30%。这样的快速发展，带动城市人口和就业人数大幅度增加。1953 年全国城镇人口达到 7826 万，比 1952 年增加 663 万人，增长 9.3%，居民消费水平比 1952 年提高 15%，其中最重要的

[1] 国家统计局国民经济综合司编：《新中国五十五年统计资料汇编》，中国统计出版社 2005 年版，第 45 页。

消费品是粮食。工业、外贸、城市消费用粮数量均大幅度增加。

但是，当时的农业生产力仍然低下。广大农村仍靠使用传统的手工工具，靠人畜耕种，靠天吃饭，农产品商品率很低，不能向城市和国家工业化供应更多的粮食和其他农产品。农村土改之后，粮食总量有所增加，但单位生产率低下，粮食占有非常分散，无力提供更多的余粮，所以农民向市场供应的粮食反而减少。国家也基本停止了原先从国外进口粮食的做法。因此，新政权成立以来的国内粮食供求矛盾不仅没有缓解，反而日益紧张。1953 年和 1954 年，我国农村又连续两年遭受严重的自然灾害。

1953 年，全国的粮食产量仅比上年增长 1.8%。粮食部报告，在 1952 年 7 月 1 日至 1953 年 6 月 30 日的粮食年度里，国家共收入粮食 547 亿斤，支出 587 亿斤，收支相抵，赤字 40 亿斤。1953 年一些地区小麦受灾，预计减产 70 亿斤，形势相当严峻。7 月至 9 月，各地出现粮食危机。这 3 个月共收进粮食 98 亿斤，超过原计划 7 亿斤；销售 124 亿斤，超过原计划 19 亿斤。9 月新粮上市，总的形势还是收购的少，销出的多，供求关系日益紧张，不少地方开始发生混乱。北京、天津等大城市也出现面粉供应紧张的情况。

毛泽东让中央财经委员会拿出办法。在陈云主持下，中财委提出 8 种方案，中共中央最后选定了统购统销的方案。1953 年 10 月 16 日，中共中央政治局讨论通过《中共中央关于实行粮食的计划收购与计划供应的决议》。[1] 随后，政务院又发布了相关命令和执行办法。1953 年 12 月，开始正式实行统购统销政策。

统购统销，就是统一收购、统一销售。统购，就是对农民的绝大部分粮食都按国家制定的价格统一收购，粮食只能卖给国有粮食机构，农民自己食用的粮食以及种子数量和品种也必须由国家批准。统销，就是全社会所需要的粮食全部按国家规定的标准和价格统一配售，城镇居民只能向国有粮食机构按固定标准购买粮食。国家严格管制粮食市场，实际上取消了历史上长期存在的粮食自由销售的市场。

实行统购统销后，全国城镇居民实行粮食等的定量供应。从 1954 年 9 月起，全国城乡开始实行棉布、食用油凭票定量供应。从 1955 年 11 月起，全国城镇统一实行粮食及粮食制品凭票定量供应。所有家庭每家发放一个粮本，凭粮本供应粮食，每人按年龄状况每月分配一定口粮。同时，在定额标准内发放粮票，

---

[1] 中共中央文献研究室编：《建国以来重要文献选编》第四册，中央文献出版社 1993 年版，第 477—488 页。

以便流通和方便就餐。如果没有粮票，就无法进城、旅行和在市场上就餐。

之后，国家又陆续把棉花、油料、黄麻、红麻、生猪、鸡蛋、糖料、桑丝、蚕茧、烤烟、水产品等农副产品列入统购统销范围。最多时，列入国家统购派购的农产品达到 180 多种。

实行统购统销后，1954 年的粮食征购量比上年增加了 77.8%，缓解了粮食供应的紧张程度，也控制了物价上涨的指数，帮助国家度过了困难时期，但也引发了农民的很多不满。从统购统销开始到改革开放前期，工农业产品价格的"剪刀差"总计达 4500 亿—7000 亿元。农民以自己的牺牲支持了国家工业化的发展。统购统销成为计划经济和城乡二元化的最重要基础。

五、农业集体化过程中的粮食生产和供应

为了进一步提高农业的生产力，也为了征购粮食的方便，确保国家的粮食生产和供应，党和国家决心走苏联的道路，实行农业集体化。

1951 年 9 月，党中央召开了第一次互助合作会议，讨论通过了《中共中央关于农业生产互助合作的决议（草案）》。

1952 年 11 月，根据中共中央的决定，成立了以邓子恢为部长的中央农村工作部，负责指导互助合作运动的发展。

1953 年 10 月 2 日，中央政治局举行扩大会议讨论粮食问题时，毛泽东说：农民的基本出路是社会主义，由互助合作到大合作社（不一定叫集体农庄）。要把太多的小辫子梳成较少的大辫子，把单门独户的农民基本组织到合作社内，以便切实做好粮食征购工作，保证工业建设对大宗粮食和农产工业原料的需求。

据此，1953 年 10 月至 11 月间召开全国第三次互助合作会议，通过了《中国共产党中央委员会关于发展农业生产合作社的决议》。[1] 1954 年，全国农村很快掀起大办农业社的热潮。到 1955 年 3 月，建起的合作社达到 60 万个。其间，由于合作化过程中出现一些偏差，农业合作化工作过粗过快，粮食征购工作购了过头粮，有关方面进行了一些整顿。但不久就受到毛泽东的批评，被认为是"右倾保守思想"，"小脚女人走路"。于是，各地紧急行动起来，批判"右倾机会主义"，实行"全党办社"。从 6 月到 10 月，全国新建合作社 64 万个，使合

---

[1] 参见中共中央文献研究室编：《建国以来重要文献选编》第四册，中央文献出版社 1993 年版，第 661—681 页。

作社总数接近 130 万个，仅 4 个月就基本实现了"翻一番"的高指标。

　　1955 年 10 月，党的七届六中全会（扩大）在北京举行。根据毛泽东《关于农业合作化问题》的报告，全会批判了邓子恢在农业合作化问题上的所谓"右倾机会主义"错误，讨论通过了《关于农业合作化问题的决议》。[1]农业合作化的发展进一步形成高潮。到 1956 年 1 月，入社农户由上年 6 月占总农户的 14.2% 猛增到 80.3%，基本上实现了初级社化。

　　1956 年 1 月，由毛泽东主持选编的《中国农村的社会主义高潮》一书出版。他为这本书写了两篇序言和 104 条按语。[2]6 月 30 日，毛泽东以国家主席名义公布《高级农业生产合作社示范章程》，推动初级社向高级社转变。《示范章程》规定高级农业社实行主要生产资料完全集体所有制，社员的土地必须转为合作社集体所有，取消土地报酬，耕畜和大型农具作价入社。[3]

　　到 1956 年底，加入农业生产合作社的社员总户数已达全国农户总数的 96.3%，其中初级社户数占 8.5%，高级社户数占 87.8%。就是说，只用 1956 年一个年头，就基本上完成了高级形式的合作化。原来预计 18 年完成的农业合作化，仅用 7 年时间，提前 11 年完成了。

　　农业合作化的完成，使农村土地由农民个体所有转变为合作社集体所有，解决了土地公有的问题，有利于对土地利用的合理规划，进行农田水利基本建设，改善农业生产条件。广大农村普遍建立起劳动群众集体所有制经济，奠定了我国农村社会主义建设的制度基础。

　　在工业化的带动下，全国农业生产条件得到较大改善。5 年内扩大耕地 5867 万亩，新增灌溉面积 1.1 亿亩，大中型农用拖拉机从 1952 年的 1307 台增加到 1957 年的 14674 台，造林面积达 21102 万亩。

　　在农村的社会主义改造中，出现过一部分群众情绪动荡、生产积极性不高的情况，但粮食产量逐年还都有所增长。为解决过急过快带来的问题，1955 年春，党中央一度采取分别不同地区"停、缩、发"方针，对合作社进行必要的整顿和压缩。同时，采取大力保护耕畜、实行粮食定产定购定销等有效措施，使农民生产情绪趋于稳定，粮食供应紧张的局面得到缓解，农村形势开始好转。

---

[1] 参见中共中央文献研究室编：《建国以来重要文献选编》第七册，中央文献出版社 1993 年版，第 284—306 页。

[2] 参见中共中央文献研究室编：《建国以来重要文献选编》第八册，中央文献出版社 1994 年版，第 403—408 页。

[3] 参见中共中央文献研究室编：《建国以来重要文献选编》第八册，中央文献出版社 1994 年版，第 433—437 页。

按 1952 年不变价格计算，1956 年农业总产值为 583 亿元，比上年增长 5%；粮食产量为 3855 亿斤，比上年增长 4.8%，接近"一五"计划规定的 1957 年的水平。1957 年，全国粮食产量达到 3900.9 亿斤，比 1952 年增长 19%；棉花产量达 3280 万担，比 1952 年增长 26%。

但是，跟同一时期的工业增长速度相比，农业的发展相对落后。粮棉增产的速度没有达到人们的期望，粮棉供应紧张的状况未能显著缓解，要求农业增产的压力仍然很大。

1956 年，中国共产党举行了执政后的第一次全国代表大会——第八次全国代表大会。以八大一次会议为标志，党对中国社会主义建设道路的探索有了良好开端。按照大会确定的方针，党和国家调整了若干方面的经济关系。1957 年，党中央发出由中央农村工作部代为起草的三个指示，就整顿和巩固农业生产合作社提出意见。其中包括"调整社队规模"，"社对队实行包工、包产、包财务"，"队对组实行按片按季包工到组，田间零活包工到户"等。从 1956 年到 1957 年上半年，浙江、安徽、四川等地出现了一些包产到户之类的生产形式。这是朝着实行生产责任制方向的创造性尝试。

农业合作化运动达到预期目的后，毛泽东把农业发展的全面规划问题提到议事日程。1955 年底，与地方一些负责同志商定了《农业十七条》。1956 年 1 月扩展为《一九五六年到一九六七年全国农业发展纲要（修正草案）》（简称"农业四十条"）。1957 年 9 月八届三中全会加以修改。10 月 25 日，中共中央将"农业四十条"正式下发。

"农业四十条"强调了农业在国民经济中的重要地位以及对工业的基础作用，制定了包括兴修水利、推广新式农具、推广优良品种、改良土壤等 10 项具体的农业增产措施。专门制定农业和农村发展的中长期规划，这在中国历史上还是第一次。

但八大以后，"左"的思想很快发展，出现了严重的冒进倾向，"二五"计划的许多指标被不断修正和大幅度提高。农业生产也是如此。"农业四十条"要求大力提高粮食和其他农作物产量，这从解决粮食需求来说是可以理解的，但提出的指标超出了实际可能。"农业四十条"规定，从 1956 年开始的 12 年内，粮食每亩平均年产量，在黄河、秦岭、白龙江、黄河（青海境内）以北地区，要由 1955 年的 150 斤增加到 400 斤；黄河以南、淮河以北地区，要由 1955 年的 208 斤增加到 500 斤；淮河、秦岭、白龙江以南地区，要由 1955 年的 400 斤增加到 800 斤。棉花每亩平均产量，按各地情况，要由 1955 年的 35 斤（全国平均数）分别提高到 60 斤、80 斤和 100 斤。农业和农村的各方面工作在 12 年内都按照必要和可能，实现一个"大跃进"。

1958 年，全国掀起"大跃进"和人民公社化运动。1958 年 5 月召开的八大二次会议，通过"鼓足干劲、力争上游、多快好省地建设社会主义"的总路线，认为我国正在经历马克思所预言的"一天等于二十年"的伟大时期。在农业方面，提出"以粮为纲"的口号，要求 5 年、3 年以至一两年达到"农业四十条"规定的粮食产量指标，总产量要由八大一次会议确定的 5000 亿斤左右提高到 6000 亿—7000 亿斤。

在这种思想指导下，农作物产量指标出现严重浮夸现象，各地竞放高产"卫星"。1958 年 6 月 8 日，河南省遂平县卫星农业社放出小麦高产"卫星"，据称亩产达到 2105 斤。7 月 23 日，《人民日报》报道河南省西平县和平农业社小麦亩产达到 7320 斤。8 月 13 日，《人民日报》又报道，湖北省麻城县麻溪河乡和福建省南安县胜利乡"发射"早稻和花生高产"卫星"，据称亩产分别达到 3.69 万斤和 1 万多斤。广西壮族自治区环江县红旗农业社"发射"的最大一颗水稻高产"卫星"，竟然宣称亩产高达 13 万多斤。

各地各部门上报和公布的产量数字都加进了很大水分。安徽、河南、四川等省相继宣布已是人均粮食千斤省。农业部发布的 1958 年油菜、春小麦和早稻等作物的生产公报，出现总产量分别比上年增长 56.5%、63% 和 126% 这样不可思议的数字。1957 年，全国粮食产量是 3700 亿斤（1957 年统计的粮食产量不包括大豆。如果将大豆包括在内，粮食产量应为 3900.9 亿斤），但 1958 年 7 月农业部根据各省、自治区、直辖市报告汇总的全年粮食估计总产量，竟高达 8000 多亿斤，一年翻了一番还不止。《人民日报》发表多篇文章，鼓吹"人有多大胆，地有多大产"，宣称"只要我们需要，要生产多少就可以生产多少粮食出来"。

1958 年 8 月 17 日至 30 日，中央政治局北戴河扩大会议把这种浮夸风推向了高峰，认为 1958 年出现了农业生产飞跃发展的喜人形势，农产品产量有了成倍、几倍、十几倍的增长；粮食作物的总产量将达到 6000 亿—7000 亿斤，比 1957 年增产 60%—90%，全国每人占有粮食的平均数将达到 1000 斤左右；棉花总产量将达到 7000 万担左右，比 1957 年增产一倍以上。会议作出《关于一九五九年计划和第二个五年计划问题的决定》，确定 1959 年粮食产量达到

8000亿—10000亿斤，第二个五年计划完成时，粮食产量达到1.3万亿—1.5万亿斤。

北戴河会议还作出了大办人民公社的决定。所以，在"大跃进"的同时，人民公社化运动也热浪冲天。初期，人民公社大力推行"组织军事化、行动战斗化、生活集体化"的劳动组织方式和生活方式，普遍实行吃饭不要钱的粮食供给制和伙食供给制。农民说："除了一双筷子、一只碗是个人的，其他都归公了。"有些公社宣布对社员的生活实行"七包""十包"甚至"十五包""十六包"，即包下社员的衣食住行、生老病死、婚丧嫁娶、教育医疗等各种基本生活费用。到1958年10月底，全国农村建立公共食堂265万多个，在食堂吃饭的人占农村总人口的70%—90%。

为了显示"大跃进"和大办人民公社的成果，1958年11月，有关部门估计全年粮食产量将达到8500亿斤。12月，中央在正式宣布估产数字时，虽然打了折扣，但也高达7500亿斤。但后来在1961年时核实，1958年的粮食产量其实只有4000亿斤，高估了3500亿斤。当然，4000亿斤的粮食产量，还是比1957年增长了2.5%。棉花产量达到3938万担，增产20.1%。1958年农业还是丰产的，但丰产并未丰收，粮食、棉花、油料等农产品的收购没有能按时完成。因全民大炼钢铁，很多粮食烂在地里。

这样的"大跃进"和人民公社化运动，造成了灾难性的后果。1958年冬，开始出现粮食、油料、猪肉、蔬菜供应严重不足的紧张状况。有的地方遭灾歉收后仍谎报产量，多征购粮食，导致饿死人的事情发生。毛泽东开始调查，发现粮食等"卫星"产量，全是虚的，乃不无忧虑地说：农业可能丰产不丰收，食堂又放开肚皮吃，这怎么得了？于是，开始有限度地调整政策。

1959年4月的八届七中全会之后，春荒缺粮的报告陆续上报到中央。河北省委的报告检查，全省预计1958年产粮2000万吨，结果只落实1420万吨，秋收时丢掉、霉烂的很多，再加上一度放开肚皮多吃，丢失和浪费粮食不少于900万吨，造成全省粮食紧张的局面。广东省委的报告，承认由于粮食紧张和工作疏忽，个别地方已经出现浮肿病和饿死人的现象。

1959年进入第二季度，国民经济由于比例失调而造成的严重后果进一步暴露出来。首先是农业生产情况很不好。当年夏收作物播种面积比上年减少20%，夏收粮食、油料作物大幅度减产，城乡粮食销量反而增加，导致粮油供应更加紧张，蔬菜、肉类等副食品也异常短缺。

1959年五六月间，党中央先后发出一系列紧急指示，要求各级党委以抓农业生产为中心，扩大春播和夏收面积；农村恢复自留地，允许社员饲养家畜家禽，鼓励社员充分利用屋旁、路旁的零星闲散土地种庄稼和树木，不征公粮，不归公有。

1959年的庐山会议前期，毛泽东承认，去年脑子发热，做了些蠢事，一个重要教训，就是忽视了农业，吃了大亏，造成十分被动的局面。他说，要把农、轻、重的关系研究一下，过去安排是重、轻、农、商、交，现在强调把农业搞好，次序改为农、轻、重、商、交。但由于彭德怀给毛泽东写信，会议转为批"右"，会后又进一步展开反对右倾机会主义的斗争，导致农业的浮夸现象继续存在和发展。

农村大批"包产到户"、"地段责任制"、"生产小队基本所有制"、家庭副业等，称其是"猖狂的反对社会主义道路的逆流"。1959年上半年，农村公共食堂曾经进行整顿，在一些地区甚至停办。但1960年，全国农村又重新大办公共食堂，许多省、区参加食堂的农村人口占到人口总数的90%以上。有些地方还收回1959年上半年交给社员的自留地，把口粮分配到食堂统一使用。

由于冒进浮夸，加上严重的自然灾害，全国农业生产大幅度下降。据后来统计，1959年核实的粮食产量只有3400亿斤，仅完成计划的62%，比1958年实际产量（4000亿斤）减少600亿斤，仅相当于1954年的水平。1960年，农业总产值只完成457亿元，在1959年大幅度下降的基础上又下降了12.6%。粮食产量2870亿斤，比1959年减少530亿斤，下降15.6%；1959年经核实的棉花产量为3417.6万担，仅完成计划的74%，1960年，棉花产量为2125.8万担，比1959年又减少1291.8万担，下降37.8%；油料产量3881万担，减少4327万担，下降52.7%。粮、棉的产量降到1951年的水平，油料产量甚至比1949年还低。其他主要农副产品的产量也大幅度下降。

为了维持城镇商品粮和工业粮的供应，国家不断地向农村下达征购指标。由于高估产，从1958年至1960年连续三年，国家每年的征购量都高达1000亿斤以上，几乎占当年总产量的30%—40%。几乎是竭泽而渔了。

由于可供应市场的商品大量减少，国家只能对许多商品实行定量供应，凭证供应，发放包括粮、肉、蛋、糖、肥皂甚至火柴等各种票证和购买证。1960年同1957年相比，城乡居民人均粮食消费量减少13.4%，其中农村人均消费量减少23.7%，食用植物油人均消费量减少16.9%，猪肉人均消费量减少49.7%。

至于禽、蛋等食品，市场上几乎没有供应。

即使如此，仍然不能保证城镇人口的最低需要，只好不断动用粮食库存。进入 1960 年后，库存急剧减少，周转调拨极为困难，大中城市基本上是调入一点销售一点，随时都有脱销的危险。五六月间，中央几次发出紧急指示，要求为京、津、沪和辽宁等地调运粮食。当时，北京的粮食库存只够销 7 天，天津只够销 10 天，上海已几乎没有大米库存，只能靠借外贸部门准备出口的大米过日子，辽宁 10 个城市的存粮也只够销八九天。

到 1960 年 9 月底，全国 82 个大中城市的粮食库存比上年同期减少近一半，不到正常库存量的 1/3。过去大量调出粮食的四川、吉林、黑龙江等省，也因连年挖了库存而无力继续大量调出。在此情况下，只得靠进一步减少城镇居民的供应定量、压低农村地区的口粮标准、大力提倡采集和制造代用食品等办法，来度过缺粮难关。

粮、油和蔬菜、副食品等的极度缺乏，严重危害了人民群众的健康和生命。城乡居民普遍出现浮肿病，人口死亡率显著增高。据正式统计，1960 年全国总人口比上年减少 1000 万。突出的如河南省信阳地区，1960 年有 9 个县死亡率超过 100‰，为正常年份的好几倍。刘少奇在 1960 年 6 月 10 日召开的大区和省市负责人参加的座谈会上坦率指出："最近半年以来，我们的工作中发生了比较多的问题，这些问题是比较严重的，有粮食问题，浮肿问题，非正常死亡问题，事故问题，计划完成问题。"

六、20 世纪 60 至 70 年代的粮食生产和供应

面对继续"大跃进"造成的经济全面紧张，中央经过调查研究，考虑纠正错误，调整政策。1960 年 11 月，党中央发出《关于农村人民公社当前政策问题的紧急指示信》[1]。1961 年 1 月，党的八届九中全会正式决定对国民经济实行"调整、巩固、充实、提高"的八字方针[2]。全党上下与人民群众同甘共苦，克服困难。

1961 年 6 月，党中央发出《农村人民公社工作条例（修正草案）》时，取消

---

[1] 参见中共中央文献研究室编：《建国以来重要文献选编》第十三册，中央文献出版社 1996 年版，第 660—676 页。

[2] 参见中共中央文献研究室编：《建国以来重要文献选编》第十四册，中央文献出版社 1997 年版，第 85 页。

了农民普遍反对的供给制和公共食堂。[1]党中央还提出减少城镇人口、压缩城镇粮食销量的措施。1961 年 5 月的中央工作会议决定在 1960 年底 1.29 亿城镇人口的基数上，三年内减少城镇人口 2000 万以上；1961 至 1962 年度城镇粮食销量争取压缩到 480 亿至 490 亿斤，比上年度减少 30 亿至 40 亿斤。会后，全国各城镇精减职工队伍，动员城镇人员下放农村。到 1961 年底，职工比当年初减少 798 万人，城镇人口减少 1000 万左右。

1961 年七八月间全国计划会议前，在周恩来的督促下，经济和计划部门经过努力，重新查清了几年来粮食实际产量的底数：1958 年不是庐山会议"核实"的 5000 亿斤，而是 4000 亿斤；1959 年不是公布的 5401 亿斤，而是 3400 亿斤；1960 年不是估计的 3700 亿斤，而是 2870 亿斤；1961 年夏收比上年又减少 160 亿斤。原先的计划显然不可能实现，不得不加以调整。1961 年的粮食降至 2700 亿斤。

计划调整后的实施结果，1961 年的粮食产量比 1960 年略有增长，但仍然大大低于 1958 年。全国城乡居民人均粮、油、布的消费量，在 1959 年、1960 年连年下降的情况下，连续第三年下降，人民生活处在新中国成立以来最困难的时期。

为进一步总结"大跃进"以来的经验教训，统一认识，增强团结，动员全党更坚决地执行调整方针，为战胜困难而奋斗，1962 年 1 月 11 日至 2 月 7 日，党中央在北京召开扩大的中央工作会议，即七千人大会。党中央作了一定的自我批评，决定对国民经济进行全面调整。1962 年 5 月的政治局常委扩大会议决定继续精简职工，减少城镇人口。由周恩来直接抓这项工作。经过努力，1962 年实际减少城镇人口 1048 万，其中精减职工 850 万人。从 1961 年到 1963 年 6 月，全国精简职工约 2000 万人，减少城镇人口 2600 万。

国家进一步从物力、财力、人力各方面支援农业，同时，减少粮食征购量。各地出现了一些农业生产责任制的探索。到 1962 年 7 月，全国有约 20% 的农村在一定程度上采用了包产到户的形式。邓小平曾用"黄猫、黑猫，只要捉住老鼠就是好猫"这句四川民间谚语，表示赞同和支持。

经过调整，国民经济开始出现复苏局面。农业生产开始回升。1962 年底，粮食总产量达到 3200 亿斤，比上年增产 250 亿斤；油料总产量达到 4006.6 万担，比上年增产 379.6 万担；生猪头数年底恢复到 9997 万头，比上年增加 2445 万头。农业总产值达到 584 亿元，按可比价格计算，比上年增长 6.2%，从而结

---

[1]　参见中共中央文献研究室编：《建国以来重要文献选编》第十四册，中央文献出版社 1997 年版，第 401 页。

束了连续三年下降的局面。城乡人民生活开始略有改善。这一年，全国年人均粮食消费量比上一年增加11斤，猪肉增加1.6斤，棉布增加2.5尺。

1963年至1965年，经过落实《农村人民公社工作条例》（"农业六十条"），农村生产关系得到了调整，农民群众当时意见最大和最紧迫的问题获得了基本解决，农民恢复和发展农业生产的积极性被调动起来，从而使农业产量和群众生活水平都有了较大的恢复性增长。至1965年，全国粮食总产量达到19453万吨，棉花209.8万吨，油料362.5万吨。

虽然1965年全国人均粮食、食油、棉布的消费量仍略低于1957年，但由于整个经济恢复，国民收入增长，人民生活仍有所改善。全国城乡居民平均消费水平，1965年比1957年提高8.7%，达到了133元，比1962年增加了7元。其中，农民达到104元，增加22元；城镇居民达到259元，增加27元。1965年城乡人民重要消费品的消费水平与1962年比也有了较大提高。按全国人口平均，粮食1962年为329斤，1965年为366斤；食用油1962年为2.2斤，1965年为3.4斤；猪肉1962年为4.4斤，1965年为12.6斤；棉布1962年为3.7米，1965年为6.17米。

总的来说，在1956年到1966年的10年间，农业发展比较缓慢。按可比价格计算，工业总产值1965年比1957年增长98%，而农业总产值仅增长9.9%，远低于"一五"时期增长24.8%的速度。由于"大跃进"运动对农业生产破坏太大，即使经过调整、恢复和发展，1965年的粮食产量仍然没有达到1957年的水平；油料、黄麻、红麻、桑丝、蚕茧、茶叶、水果等主要农产品，1965年的产量也都不及1957年的水平。

在社会主义建设过程中，党中央提出了"四个现代化"的奋斗目标。其中，在1954年9月一届全国人大的《政府工作报告》中，出现了"现代化农业"的要求。1964年12月，在三届全国人大一次会议的《政府工作报告》中，周恩来宣布："在不太长的历史时期内，把我国建设成为一个具有现代农业、现代工业、现代国防和现代科学技术的社会主义强国，赶上和超过世界先进水平。"农业现代化被正式纳入"四个现代化"的目标中。60年代，党和国家加强农业生产建设，把农业作为国民经济的基础，按农、轻、重顺序发展经济。全国广泛开展"农业学大寨"运动。1975年、1976年，曾专门召开了两次全国农业学大寨会议。

但八届十中全会后开始的农村"四清"运动，又加剧了农村的紧张关系。

1966 年至 1976 年，发生"文化大革命"。"文化大革命"不仅造成严重的社会和政治动荡，而且对国民经济造成巨大的冲击，也影响了农业的发展。

由于"文化大革命"发生后形势极度混乱，原定的 1967 年国民经济计划无法执行，实际上被废置。1968 年则因年度计划无法制订出来，成为我国建立计划经济体制以来唯一没有年度计划的一年。按可比价格计算，1967 年至 1968 年，工农业生产尤其是工业生产出现持续下跌。1967 年工农业总产值为 2307 亿元，比 1966 年下降 9.6%。1968 年在上年下降的基础上又下降 4.2%，只相当于 1966 年的 86.59%。工业总产值 1967 年为 1382 亿元，比上年下降 13.8%；1968 年在上年下降的基础上，又下降 5%，只相当于 1966 年的 81.86%。市场供应紧张，人民生活水平降低。居民取暖用煤和棉布定量供应数量都有所减少。

自 1969 年起，由于形势相对稳定，整个社会生产有可能比较正常地进行。以战备为主要任务的"三五"计划建设得到迅速恢复和扩大。1969 年，全国工农业生产结束了 1967 年至 1968 年连续两年下降的局面。1970 年，粮食产量达到 4799.1 亿斤，比上年增长 13.7%；棉花 4554 万担，比上年增长 9.5%。1971 年粮食总产量 5020.8 亿斤，比上年增长 4.2%，完成计划的 104.2%—100%，但粮食销售量突破 800 亿斤，大大超出预定的计划，给国民经济各方面带来一系列问题。

1970 年 8 月至 10 月，为改变南粮北调的局面，国务院在大寨、北京召开北方地区农业会议，讨论北方 10 省的农业生产问题。1972 年，为解决粮食销量超计划造成的困难，除进口粮食外，还挖了国家的粮食库存。国民经济一系列比例关系严重失调，市场供应紧张，物价上涨。

进入 70 年代后，农村社队企业获得很大发展。1970 年全国社队工业产值为 67.6 亿元，是 1965 年 29.3 亿元的 2.3 倍。不少社队用办企业所得利润增加对农业的投入，支持了农业的发展，在农村经济的发展中发挥了重要作用，也为 80 年代后乡镇企业的崛起打下了一定的基础。

1971 年 12 月 26 日，党中央发出《关于农村人民公社分配问题的指示》，批评"分光吃尽"、集体增产个人不增收、分配不兑现以及劳动计酬上的平均主义等现象。1972 年至 1973 年，根据周恩来的指示，在工业进行整顿的同时，农村也开始纠正一些"左"的经济政策。国家还通过调高部分农产品的收购价、降低支农产品的出厂价和销售价以及实行粮食征购价一定五年不变等政策，鼓励农民发展生产。但到 1974 年，在"批林批孔"运动的冲击下，全国经济严重滑坡。大中城市商品供应紧张，副食品、棉布、糕点以至火柴供应量均在下降。

据农林部 1973 年的统计，有 72 个县的粮食产量还停留在解放初期的水平；近 100 万个生产队（约占全国生产队总数的 20%）每人年平均分配收入在 40 元以下，这些队基本上没有现金分配，有的队甚至连维持简单再生产也很困难。

1975 年，邓小平主持实行全面整顿。其中也包括农业整顿。9 月 15 日至 10 月 19 日，国务院在山西昔阳召开大规模的全国农业学大寨会议。邓小平很痛心地说，"全国还有部分县、地区，粮食产量还不如解放初期"。江青板着面孔反驳："不能那么说，那只是个别的。"邓小平立即严肃指出："即使是个别的情况，也是值得很好注意的事。"[1]然后他进一步补充说："据 23 个省、市、自治区统计，人民公社基本核算单位农业产值按人口计算平均 124 元，最低的贵州，倒数第一，只有六十几块，四川倒数第二，九十几块。这行吗？"邓小平这番坦诚的语言，使当时听惯了"形势大好"的人们大受震动。所以，话音刚落，全场就响起热烈的掌声。有的代表干脆站起来高举双手鼓掌不息。

邓小平主持的整顿产生了效果，也促进了农业的发展。由于党和国家一直没有放松农业，1975 年，全国粮食产量达到 5690 亿斤，比 1974 年增长 3.36%，创历史最高水平。农业总产值"四五"计划规定 1975 年达到 1230 亿元，实际达到 1260 亿元，完成 104.5%，比 1970 年增长 18.1%，平均每年增长 3.4%。四种主要农产品中粮食超过指标，完成 103.5%，平均每年增长 891 万吨；生猪、水产品达到指标；棉花产量计划规定为 250 万吨，1973 年曾经达到 5124 万担，提前实现"四五"计划指标，1975 年因灾减产，完成 95.2%。

但邓小平主导的整顿被 1975 年 11 月开始的"反击右倾翻案风"（翌年称"批邓、反击右倾翻案风"）运动打断。经济建设再次受到冲击，加上唐山大地震影响，1976 年，过去一直提供商品粮较多的四川、黑龙江、吉林、广东、江西等省，粮食产量大幅度下降，有的已调不出粮食。以"天府之国"著称的产粮大省四川竟也需要国家大量返销粮食。1976 年全国人均粮食消费量只有 380.56 斤，比 1952 年的 395.34 斤的水平还低。

当然，在这 10 年间，农业生产条件还是有了一定改善，国家对农业的资金、物质投入持续增加。拥有农业机械总动力 11741 万马力，增长 6.9 倍。其中，大中型拖拉机 39.7 万台，增长 4.5 倍；排灌动力机械 5420 万马力，增长 4.97 倍，

[1]《邓小平思想年编》(1975—1997)，中央文献出版社 2011 年版，第 35 页。

原来的人力、畜力、风力等简易提水工具基本为机电泵所代替；化肥施用总量达 582.8 万吨，增长 2 倍；农药生产量和进口量达 43.6 万吨，增长 90.6%；农村用电量达 204.8 亿度，增长 4.5 倍。农田基本建设继续得到加强，粮食生产和农业生产基本保持了稳定增长。从生产总量上看，1976 年，全国农业总产值达 1258 亿元，按可比价格计算，比 1965 年增长 35.3%；全国粮食总产量 5726.2 亿斤，比 1965 年增长 47.2%。地方"五小"工业和农村社队工业的较大发展，为后来中国乡镇企业的异军突起奠定了基础。所有这些成就，都是广大党员、党的各级领导干部和人民群众在极端困难的条件下，克服频繁的政治运动的重重干扰而实现的。

七、医疗卫生事业发展和人民健康水平提高

早在土地革命战争时期，中国共产党领导军民围绕解决部队战斗伤病和群众疾病卫生两大现实任务，开始了医疗卫生实践。1931 年 11 月中华苏维埃共和国临时中央政府成立后，在内务部辖下专门设立了卫生局，统管整个苏区的卫生工作。

延安时期，陕甘宁边区政府制定了《卫生委员会组织条例》《预防管理传染病条例》等多项法规。特别是 1941 年 11 月 17 日陕甘宁边区第二届参议会第一次会议通过《陕甘宁边区施政纲领》，其中第十五条规定："推广卫生行政，增进医学设备，欢迎医务人才，以达减轻人民疾病之目的，同时实行救济外来的灾民难民。"党和各根据地政府还把组织军民开展群众卫生运动、搞好卫生防病工作，当作一件大事来抓。

1949 年新中国成立时，经济社会发展水平相对落后，医疗卫生体系十分薄弱，全国仅有医疗卫生机构 3670 个，卫生人员 54.1 万人，卫生机构床位数 8.5 万张，人均预期寿命仅有 35 岁。

1949 年 9 月，中国人民政治协商会议第一届全体会议通过的《中国人民政治协商会议共同纲领》规定："推广卫生医药事业，并注意保护母亲、婴儿和儿童的健康。"[1] 1950 年 8 月，第一届全国卫生会议确定实施"面向工农兵、预防

---

[1] 中共中央文献研究室编:《建国以来重要文献选编》第一册，中央文献出版社 1992 年版，第 11 页。

为主、团结中西医"[1]的工作方针。

1950 年，周恩来提出："人民政府决定在最近几年内在每个县和区建立起卫生工作机关，以便改进中国人民长期的健康不良状况。"[2]刘少奇也指示："要把医疗网散布起来，哪里有人民，哪里就有医疗机构，以便于人民治病。"[3]各级政府在接受、整顿旧的基层卫生医疗机构的同时，在县、乡、村开始逐步建立起新的基层卫生组织。截至 1951 年底，全国各地县级卫生院的建立已经达到 91.2%，病床较新中国成立前增加 300%，区、村的卫生机关通过采取公办、公私合办、民办公助等形式创办的联合诊所、医药合作社等也取得了飞速发展，县、乡、村的三级卫生防疫网络初步形成。

据新华社 1954 年 3 月 14 日讯，3 年来，西康省凉山彝族自治州（当时行政区划名——作者注）共建立了 7 个卫生院、1 个卫生所、4 个保健站，还建立了 1 个防疫队。卫生工作人员开头时只有 4 个人，现在已经有 172 个人，里面还有 23 个人是彝族。3 年来这些医院和防疫队，一共为各族人民医治了 422090 次病，给 437 人用新法接生，给 1800 人打了伤寒防疫针，给 50990 人种了牛痘。去年全区只发现一个人得天花。

新华社 1954 年 10 月 20 日报道，西藏日喀则人民医院在 10 月 15 日正式开幕。十世班禅额尔德尼送了 50 张钢丝病床和 5 张折叠病床。医院有 13 个科室和 1 个住院部，有万能手术床、自动产床和电疗器，是日喀则地区第一个具有现代化设备的医院。

新中国成立初期，在面临经济、政治、军事等各方面严峻考验的同时，也面临着各种急慢性传染病、多发病、地方病流行和肆虐的严重挑战。当时威胁人民生命与健康的最主要的疫病，是天花、麻疹、斑疹伤寒、回归热、黑热病等，它们造成每年大量人口死亡。

1949 年 10 月察哈尔省察北专区（今河北省张家口一带）鼠疫暴发和蔓延后，中央人民政府政务院召开紧急防疫会议，决定了各项紧急措施。毛泽东随后亲自向斯大林及苏联政府通报疫情，并电请苏联政府派遣防疫队来华协助防疫。1951 年 9 月 9 日，毛泽东在为中共中央起草的关于加强卫生、防疫和医疗

---

[1]《中华人民共和国大事记》（1949 年 10 月—2019 年 9 月），《人民日报》2019 年 9 月 28 日。

[2]《周恩来选集》下卷，人民出版社 1984 年版，第 48 页。

[3]《中国共产党防治重大疫病的历史与经验》，人民出版社 2020 年版，第 167 页。

工作的指示中指出："今后必须把卫生、防疫和一般医疗工作看作一项重大的政治任务，极力发展这项工作。"[1]1955年12月21日，毛泽东提出在7年内"基本上消灭若干种危害人民和牲畜最严重的疾病，例如血吸虫病、血丝虫病、鼠疫、脑炎、牛瘟、猪瘟等"[2]。

经过坚持不懈的努力，新中国初步建立起了一套完整的卫生防疫机制，并逐步控制了各种急慢性传染病、寄生虫病及其他地方病等的发生与蔓延。从1949年到1951年，全国人口的45%以上接种了牛痘。用5年时间控制了鼠疫流行。天花在全国除少数边疆地区个别发生外，几近绝迹。其他一些传染病如斑疹伤寒、回归热、黑热病、钩虫病、血吸虫病等也得到了有效控制，全国城乡人口逐步上升。

为了改变旧中国不卫生状况和传染病严重流行的问题，1949年开始在全国普遍开展群众性卫生运动。仅半年里，全国就清除垃圾1500多万吨，疏通渠道28万公里，新建改建厕所490万个，改建水井130万眼。共扑鼠4400多万只，消灭蚊、蝇、蚤共200多万斤。还填平了一大批污水坑塘；城乡卫生面貌有了不同程度改善。1953年至1966年，政务院（1954年9月改称国务院）发出继续开展爱国卫生运动的指示，要求着重抓好城市厂矿，并把突击活动与经常保洁结合起来。改变了近代以降中国人的卫生和文明形象，大大提升了中国人的身体及精神素质。

在全国范围内发展了以预防为主的基层组织。许多公共卫生工作者受到培训，传染病预防中心或防疫站也在农村人民公社和城市地区建立起来，并配置了必要的卫生设施。这些防疫站同生产队卫生站、公社卫生院以及其他医疗机构的医务人员相互紧密配合，成功地执行了公共卫生计划，发动了公共卫生运动。

实施公费医疗制度是中国卫生保健事业的一项重要内容，是人民政府关心国家工作人员健康的一项重要的福利措施。公费医疗预防的一些措施，在老革命根据地曾经实行过。新中国成立后，由于各种条件的限制，仅在部分的地区、人员中及某些疾病范围内重点实行；工矿企业则于1951年2月开始重点试行《中华人民共和国劳动保险条例》，以解决工人的医疗问题；同年，在陕北老根

---

[1]《毛泽东文集》第六卷，人民出版社1999年版，第176页。

[2] 同上书，第509页。

据地及某些少数民族地区试行了公费医疗预防制；1952年初又将免费医疗预防办法扩大到第二次国内革命战争的各根据地。

1952年6月27日，政务院发布《关于全国各级人民政府、党派、团体及所属事业单位的国家工作人员实行公费医疗预防的指示》，从1952年7月起，分期推广公费医疗预防的范围，使全国各级人民政府、党派、工青妇等团体、各种工作队以及文化、教育、卫生、经济建设等事业单位的国家工作人员和革命残废军人，享受公费医疗预防的待遇。[1]1953年，政务院决定将公费医疗的范围扩大到大学和专科学校学生。至此，中国的公费医疗制度全部建立了起来。

公费医疗制度是对国家机关和国家事业单位工作人员以及大学和专科学校在校学生的一种免费医疗保健制度。公费医疗的经费由国家开支，国家实行分级分工医疗。享受公费医疗待遇的人员的门诊、住院所需的诊疗费、手术费、住院费，门诊或住院中经医师处方的药费，均由公费医药费中拨付。

这种制度使一大批人获得了基本免费的医疗保障，体现了社会主义的优越性。但是国家无力将这项制度推广使用于所有公民特别是农民，因而不可避免地造成了社会的不平等状况，而且国家的经费负担日趋严重，浪费现象也日益惊人。因此，改革开放后进行了改革。

在新中国的历史上，为了人民的健康和生命安全，发生过许多感人的事迹。

1960年2月2日下午6时，山西省平陆县风南公路张沟段61名员工发生食物中毒。中共平陆县委立即组织医务人员抢救。医生使用了当时能有的各种办法，给患者喝下绿豆甘草水解毒，无效；给患者注射吗啡，无效。县人民医院的医生会诊后，认为非用特效药二巯基丙醇不可，而且必须在4日黎明前给病人注入这种药物，否则61人都有生命危险。

县委立即派人四处联系和寻找，包括冒险渡过黄河到三门峡市寻找，到2月3日中午，仍一无所获，14名重症患者很快就会有死亡的危险。无奈之下，县委书记决定，只好向首都求救，向中央卫生部挂特急电话、向特药商店挂特急电话。

2月3日下午4时左右，卫生部接到电话，部领导马上指示，一定要把这件事负责办好。卫生部立即一面通知特药商店准备药物，一面向上级报告，请求空军支援。空军首长很快作出指示。

---

[1] 中共中央文献研究室编：《建国以来重要文献选编》第三册，中央文献出版社1992年版，第241页。

位于北京王府井大街北口八面槽的一家国营特药商店，门面不大，但有二巯基丙醇。他们迅速将针剂和设备准备就绪。这时，卫生部来了电话："空军已热情支援，保证今夜把药品投到平陆县城！请你们快把 1000 支药品装进木箱，箱外要装上发光设备……"

怎样解决发光问题呢？药店向电料行求援。电料行同志急中生智，用 4 节电池焊在一起，接上灯泡。又用 16 节电池，4 个灯泡，把药箱的四面都装上灯。这样，空投落地时，一面摔坏了，还有其他三面亮着。

药箱装上卫生部准备的专车，疾奔机场，将药品送上了已在等候的军用运输机。飞机立即起飞，直飞山西平陆。

在平陆，县委书记接到北京电话："请赶紧物色一块平坦地带，要离河道远些，准备四堆柴草。飞机一到，马上点火，作为空投标志。"县委马上部署准备。

飞机越过黄河，飞到平陆上空。看到四堆熊熊大火后，实施投放作业。1000 支二巯基丙醇带着降落伞落到预定地点。

2 月 3 日深夜，在张村公社医院的大门口，无数群众和医务人员在急切地等候。装有药品的汽车一到，医生立即取下药箱，拿出救命药品，迅速注射进病人体内。

药物十分有效。病人立刻止住了疼痛，恢复了神智。医生原来规定，药品不能迟于 4 日黎明找到，但实际上在黎明之前送到了。61 条生命化险为夷。[1]

这就是当时著名的"为了六十一个阶级弟兄"的故事，后以此为原型拍摄成同名电影。

党和政府关心广大农民的健康和安全。1965 年，毛泽东作出重要批示："应该把医疗卫生工作的重点放到农村去！"卫生部党委《关于把卫生工作重点放到农村的报告》提出，今后要做到经常保持 1/3 的城市医药卫生技术人员和行政人员到农村，大力加强农村卫生工作。[2] 有关部门采取一系列措施加强农村的医疗卫生工作。大批医务人员被派往农村。医药院校毕业的学生，大部分被分配到农村工作。城市医院组成各种小分队到农村巡回医疗。国家对农村卫生事业的投入明显增加。1968 年至 1978 年，全国卫生部门到农村参加巡回医疗人次数累计 122.6 万人次。

---

[1] 参见周鸿、朱汉国主编：《中国二十世纪纪事本末》第三卷，山东人民出版社 2000 年版，第 288—289 页。

[2] 参见中共中央文献研究室编：《建国以来重要文献选编》第十册，中央文献出版社 1998 年版，第 524—525 页。

1958 年至 1978 年的 20 年间，我国农村地区拥有的医院数量由 1958 年的 46031 个（1957 年为 2523 个）增加至 1978 年的 58873 个；在此期间，即使不包括赤脚医生等不脱产的卫生人员在内，农村地区拥有的专业卫生技术人员占全国专业卫生技术人员总数的比重仍达 53%—70%。合作医疗在全国范围推广，全国绝大多数县、公社和生产大队都建立了医疗卫生机构，培养了大批"赤脚医生"，形成了三级预防保健网，有力地改变了广大农村缺医少药的状况，保障了农民的身心健康。

"赤脚医生"是当时历史条件下的产物，对改变广大农民的医疗卫生条件发挥了积极作用。截至 1977 年底，全国约有"赤脚医生"160 万，卫生员约 350 万，接生员 70 多万，农村合作医疗人口覆盖率达 90%，满足了农村大部分人的基本卫生需求。世界卫生组织称之为"发展中国家解决卫生经费的唯一范例"。

八、不同阶段人民群众的生活状况

中华人民共和国成立时，面对的是一副烂摊子。由于连年战乱，本来就很薄弱的经济更是千疮百孔。1949 年与战前的 1936 年比较，工业总产值下降了一半，其中钢铁比 1943 年降低了 90%。抗战前上海的小学教师工资为每月 30—45 元，按物价折合小米 600—900 斤，而到 1949 年只能买 80 斤。粮食作物从 1936 年的 15000 万吨下降到 1949 年的 11218 万吨。灾民 4000 万人。从 1949 年 4 月到 1950 年 2 月，全国接连 4 次出现物价大涨风潮。

到国民经济恢复后的 1952 年，中国的国内生产总值为 679 亿元，人均国内生产总值为 119 元。

此后，全国人民在中国共产党领导下大力开展社会主义建设，战胜了国际国内的无数困难，建立了相对独立的比较完整的国民经济体系和工业体系，推动国民经济不断增长。在一些重要领域，取得了振奋人心的成就。1956 年的 GDP 突破 1000 亿元（本币）。1957 年，全国职工的年平均工资达到 637 元。

但由于出现"左"的错误，坚持"以阶级斗争为纲"，特别是错误地发动"文化大革命"这样全局性的内乱，经济建设受到严重干扰。所以，到 1977 年，GDP 总量仅为 3221.05 亿元人民币，人均为 341 元人民币。1976 年的棉花产量只略高于 1965 年的水平，油料作物的产量还不到 1952 年的水平。

根据中共中央党史研究室编写的《中国共产党历史》第二卷的记载和分

析，在"文化大革命"10 年中，全民所有制各部门职工仅在 1971 年调整过一次工资，全民所有制单位职工平均实际工资的年均增长速度均为负增长，其中"三五"时期为 −1.2%，"四五"时期为 −0.1%。从 1966 年到 1976 年，全民所有制单位职工历年的平均货币工资和实际工资指数均低于"一五"期末的 1957 年和"二五"期末的 1965 年。

"文化大革命"10 年间，人民生活水平基本上没有提高，有些方面甚至有所下降。从吃的方面看，粮食人均消费量 1976 年为 380.56 斤，比 1966 年的 379.14 斤仅多 1.42 斤（比此前最高的 1956 年的 408.58 斤减少 29.44 斤）；食用植物油人均消费量 1976 年为 3.19 斤，低于 1966 年的 3.52 斤（比此前最高的 1956 年的 5.13 斤减少 1.94 斤）。从穿的方面看，各种布的人均消费量 1976 年为 23.55 尺，比 1966 年的 19.89 尺略高一点（但比以前最高的 1959 年的 29.17 尺减少了 5.62 尺）。其中，在 1968 年平均每人只发了 15.52 尺布票。

农村经济从人均水平看增长缓慢。1976 年，全国平均每个农业劳动力创造的农业净产值为 319 元，仅比 1965 年增长 7.4%，还低于 1952 年 323 元的水平；平均每个农业劳动力生产的粮食为 972 公斤，仅比 1965 年增长 15.4%，也低于 1957 年 1031 公斤的水平；每个农民年平均纯收入为 113 元，仅比 1965 年增加 6 元，平均每年仅增加 0.55 元。

如果将 1957 年和 1978 年中国农民人均消费食品数量相比，粮食减少 20 公斤，鱼虾减少 0.26 公斤，肉类仅仅增加了 0.64 公斤。1957 年和 1978 年，中国一般农民家庭用于生活消费方面的支出分别占整个支出的 98.3% 和 97.3%，几乎没有什么区别。1978 年中国农民人均收入只有 133.5 元，其中有近 1/4 的生产队社员收入在 40 元以下。按照中国政府确定的国家贫困标准，当时有 2.5 亿的农村人口处在贫困线以下，占农村总人口的 33%。

我们大家熟悉的各种票证，直观和形象地反映了当年中国的经济状况和人民的生活状况。

当年的中国，票证太普遍了，如粮票、米票、面票、油票、糖票、布票、花生票、柿子饼票、手表票、收音机票、自行车票、缝纫机票，等等。

这些票证是什么时候开始的？1953 年，国家开始实行统购统销政策，统一规定农民把生产的大部分粮食卖给国家，自己只能留用一部分食用粮；国家按一定标准供应城镇居民和工业生产等需要的粮食，对一部分农村返销少量粮食；城镇家庭每户一个粮本，凭粮本按固定标准购买粮食；国家严格控制粮食市场，禁止粮食自由买卖。

这样一来，票证也就必然出现了。1955年11月1日起，全国各地开始普遍使用全国通用粮票和地方粮票。市镇居民吃粮要凭居民购买证定量供应，要在本市镇购买挂面、切面、米粉、年糕等一类粮食副食品，一律要凭粮票购买。到外地，还必须换取全国粮票。到1959年9月底，各地凭票供应的商品已达30多种。

这种办法，防止了分配不均，避免了极端贫困人口被饿死，但也反映出全国范围的整体贫困。至于农村和农民，生产的粮食多数必须上缴，只有部分粮食可以自己支配。

票证，反映的是当年的经济落后，是消费品供应的严重短缺。短缺现象，是经济发展中资源、产品、服务的供给不能满足有支付能力的需求的一种经济现象。

全世界所有的社会主义国家，都曾经长期存在商品、物资特别是消费品供应不足的现象，也就是所谓"短缺"。这种短缺，植根于高度集中的计划经济体制。计划经济有助于集中全社会的所有资源，重点办成一些大事难事，但难以激发社会各个主体的创造活力和动力，无论企业还是个人，都缺乏生产经营的积极性，也没有创业创新的环境和条件。因此，必然地造成生产力发展缓慢，经济建设不能满足人民日益增长的物质文化需要，甚至长期不能解决人民的温饱问题，表现在供求关系中，就是许多生活资料乃至生产资料的"短缺"。如果决策出现错误，集中力量还很可能办错事，而且很难加以纠正，造成的危害非常严重。

这种短缺在集中和僵化的制度体制下难以得到解决，因此几乎成为社会主义国家经济的一个基本特点。人民生活消费品长期得不到满足，生活水平和质量提高非常缓慢。

由于"短缺"，在苏联等国家，排队抢购成为普遍现象。在中国，则采取发放票证的办法，控制社会整体购买力，将有限的商品平均分配给居民，以解决大多数人起码的生存问题。

短缺不仅表现在生活资料上，也表现在很多生产资料上。不仅影响人民的生活，也影响社会的生产和扩大再生产。

匈牙利著名经济学家亚诺什·科尔奈提出"短缺经济"理论，从而出现了一门经济学科，叫作"短缺经济学"。短缺经济学认为，短缺是社会主义国家常见的现象。资本主义经济基本上是需求限制型的，经常"供过于求"；社会主义经济基本上是资源限制型的，经常是"求过于供"。短缺影响了人民生活质量的提高，造就了卖者支配买者的社会关系。只有经济体制改革才有可能消除短缺现象。

改革开放以来，党和国家坚持发展是硬道理的思想，把发展作为执政兴国的第一要务，用发展的办法解决前进中的问题，不断解放和发展生产力，不断推进经济建设上台阶。经济发展了，财富增加了，市场上的供应充足了，也从根本上消除了短缺现象。所以，从 80 年代开始，各种规格品种的日用、耐用、高档消费品迅速增加，极大地丰富了城乡居民的生活。票证制度也逐步退出历史舞台。1992 年后，我国全面放开粮食购销价格和经营。1993 年，我国取消粮票，老百姓生活曾经离不开的粮票、油票等票证走进了历史博物馆。到 90 年代中后期，出现了供大于求的现象，市场上不再是老百姓愁买不到东西，而是商场愁东西卖不出去。国家不得不宏观调控，要求大幅度压缩产能。直到今天，"去产能"仍然是供给侧结构性改革的一项重要内容。这种历史性变化，充分证明了，只有改革开放才能发展中国、发展社会主义，才能真正提高人民群众的生活。

在庆祝改革开放 40 周年大会上，习近平总书记专门提到："粮票、布票、肉票、鱼票、油票、豆腐票、副食本、工业券等百姓生活曾经离不开的票证已经进入了历史博物馆，忍饥挨饿、缺吃少穿、生活困顿这些几千年来困扰我国人民的问题总体上一去不复返了！"[1]

九、扶贫济困的特定措施和政策

新中国成立初期，我国城市的失业人口、游民、需要救助的孤老残幼人员以及遭受灾荒侵袭的农民，在我国人口总数中占有相当大的比重。据统计，1949 年，全国受灾面积约 1.4 亿亩，受灾人数约 4555 万人。此后几年，水灾不断，受灾农民的生活极其困难，基本的吃粮问题得不到保证。城市中的失业人员也在增多。

不解决好这些社会成员的基本生活需求，新生的国家政权难以巩固。因此，

---

[1] 习近平：《在庆祝改革开放 40 周年大会上的讲话》，《人民日报》2018 年 12 月 19 日。

新中国一建立，国家就针对这些特殊的贫困人口，采取了属于社会福利性质的一系列措施，扶贫济困。1950 年至 1951 年，武汉、广州、长沙、西安、天津等14 个城市紧急救济人口达 100 多万人。1952 年，全国 152 个城市常年得到定期救济的人口达 120 多万，得到冬令救济的约 150 万人，有的城市享受社会救济的人口已达 20%—40%。这些救助性的措施有的逐步形成制度，对社会稳定发挥了重要作用。

计划经济时期逐步建立起来的社会福利制度，包括三个部分：一是城市职工的单位福利。以本单位职工为服务对象，包括劳动保险、生活服务、文化娱乐和福利补贴等，提供者是国家机关和企事业单位。二是政府的民政福利。服务对象是城镇无经济收入和生活无人照料的老年人、残疾人和孤儿等特殊群体，内容包括生活供养、疾病康复和文化教育等，由各级政府和民政部门负责提供和管理。三是农村的社会福利。主要是面向"五保户"特殊人群，以集体经济为基础，由农村集体组织统包统管。这是三个独立运行的部分，少有交叉，不同部分的人员只能在所属条块范围内享受相应的福利待遇。在计划经济体制下，这些不同部门的福利制度基本满足了不同群体特别是某些特殊群体的福利需求。

从城市职工来说。1951 年 2 月 26 日，政务院颁布《中华人民共和国劳动保险条例》，这是我国第一部全国统一的社会保险法规，也是中国社会福利保障制度建立的标志。随着该条例从 1951 年 3 月 1 日开始试行，职工群众的生、老、病、死、伤、残等困难，得到初步解决。

随后，对机关、事业单位职工也实行了相应的福利制度。从 1950 年开始，陆续颁布了《中华人民共和国工会法》《关于统一掌管多子女补助与家属福利等问题的联合通知》《关于各级人民政府工作人员福利费掌管使用办法的通知》《关于国家机关工作人员生产产假的规定》《关于机关工作人员子女医疗问题通知》《职工生活困难补助办法》《关于国家机关和事业、企业单位一九五六年职工机动宿舍取暖补贴的通知》等，为职工及其家属提供各种福利待遇。到 1956年前后，初步建成了以国家为责任主体，覆盖国家机关、国有企事业单位职工的福利保障制度。国家通过职工所在单位为职工提供各种生活福利、工资补贴、政府补助、社会服务、福利和保险等。

这些福利待遇一应俱全，包括工伤或职业病、工伤致残、非因工受伤或得病、非工伤致残、家属受伤或得病、死亡补助、未成年子女死亡补助、产假、退休金、退职金、生活补助、调换工作补贴、粮食补贴、探亲假及其补助、上下班交通补贴、工人家属丧葬费补助、哺乳期女工食品定量补贴、家庭临时困难补助、分配住房、冬季取暖、子女教育、幼儿园和托儿所、职工食堂、职工医院、文化体育设施等，形成了以单位为中心的社会分配格局。据 1978 年的数字，所有福利加起来，平均每人 527 元，等于增加了 82% 的工资。

　　新中国社会福利制度的最初创立，首先是致力于解决灾难饥馑和失业困难问题。当时，旧社会遗留下来大量的难民、灾民、游民、乞丐、失业者。城市贫困问题极其突出，农村也因连年战争而造成田地荒芜。因此，政府对特殊困难人群采取了社会救济和社会福利的措施。但由于国家财力有限，城市一般的贫困者以及其他弱势群体并没有包含在福利救济范围之内。只有那些无依无靠、无家可归、无生活来源的"三无"孤寡老人、孤残儿童、残疾人和精神病人才能成为民政福利的服务对象。这些特殊人群的社会福利完全由国家包办。受资金局限，当时的服务机构数量少、规模小，服务项目有限，总体呈现低水平运行的状态。

　　1955 年第三次全国民政工作会议以后，内务部设立了专门的社会福利业务管理机构。1959 年，国家正式建立社会福利院等机构，收养无依无靠、无劳动能力、无正常生活来源的孤寡老人、孤残儿童、精神病人、残疾人。内务部以及各级民政部门成为这项工作的主要指导和管理部门。这项事业后来被称为"民政福利"。儿童福利院、老年人福利院等福利机构，体现了党和政府对特殊人群的关心。

　　在农村，主要是由农村的集体经济组织承担本社队无劳动能力、无生活来源、无法定抚养义务人或虽有法定抚养义务人但义务人无抚养能力的老年人、残疾人和未成年人进行"五保"供养。政府制定有关的社会福利保障制度，农村的集体经济组织负责实施和落实。

　　1953 年，中央人民政府内务部颁发《农村灾荒救济粮款发放使用办法》，将无劳动能力、无依无靠的孤老残幼定为一等救济户。1956 年 6 月，一届全国人大三次会议通过的《高级农业生产合作社示范章程》规定："农业生产合作社对于缺乏劳动能力或者完全丧失劳动能力、生活没有依靠的老、弱、孤、寡、残疾的社员，在生产上和生活上给以适当的安排和照顾，保证他们的吃、穿和柴火的供应，保证年幼的受到教育和年老的死后安葬，使他们生养死葬都有依靠。"[1]

---

[1] 中共中央文献研究室编：《建国以来重要文献选编》第八册，中央文献出版社 1994 年版，第 422—423 页。

文件规定的保吃、保穿、保烧，年幼的保证受到教育和年老的保证死后安葬，简称为"五保"。当年的五保对象有 300 万至 400 万人。"五保"制度成为党和国家在农村的一项长期政策，成为各级政府以及民政部门的一项经常性工作。农村"五保"制度的建立，使农村的老弱病残者得到了社会福利保障，成为中国农村社会福利的一个亮点。

1958 年 12 月，八届六中全会通过的《关于人民公社若干问题的决议》要求办好敬老院，为那些无子女依靠的老年人（"五保户"）提供一个较好的生活场所。[1]

1960 年，二届全国人大二次会议在《一九五六年到一九六七年全国农业发展纲要》中规定，农业合作社对于社内缺乏劳动力、生活没有依靠的鳏寡孤独的社员，应当统一筹划……在生活上给予适当照顾，做到保吃、保穿、保烧（燃料）、保教（儿童和少年）、保葬，使他们生养死葬都有指靠。

1961 年 6 月颁布的《农村人民公社工作条例（修正草案）》规定，生产大队可以从大队可支配的总收入中，扣留 3%—5% 的公益金，作为社会保险和集体福利事业的费用。对生活没有依靠的老、弱、孤、寡、残疾的社员，家庭人口多劳动力少的社员，以及遭到不幸事故、生活发生困难的社员，实行供给或者给以补助。[2]

1963 年，国务院颁发《关于做好当前五保户、困难户供给、补助工作的通知》，第一次在中央文件中确立了农村五保供养制度。从此以后，吃、穿、烧、教、葬简称"五保"，享受这个政策的家庭被称为"五保户"。

城乡建立和实施的社会福利制度，使特殊的困难群众和弱势群体的吃饭、养老、医疗等问题得到了一定的保障，改变了旧中国大量社会成员在死亡线上挣扎的悲惨局面。尽管这时的社会福利制度水平不高、运行机制还不健全，但帮助城乡最脆弱的社会成员摆脱了生存危机，使社会成员享有了不同类型的基本生活保障，维护了社会的稳定。

残疾人问题，是人类社会的固有问题。在不同的社会制度和法律政策环境下，残疾人的生存状况和社会地位有很大差别。新中国成立后，国家救助和福利制度的一个重要对象就是残疾人。很多沿街乞讨、流离失所的残疾人得到了

[1] 参见中共中央文献研究室编：《建国以来重要文献选编》第十一册，中央文献出版社 1995 年版，第 615 页。

[2] 参见中共中央文献研究室编：《建国以来重要文献选编》第十四册，中央文献出版社 1997 年版，第 396 页。

政府的收养和救济。50 年代中期，相继建立了各种残疾人福利工厂、伤残人福利院、荣军疗养院、精神病院等。开始了汉语盲文和聋人手语工作。盲人按摩医疗、盲人聋人康复工作、残疾人文艺体育工作也陆续起步。1953 年，经人民政府批准成立中国盲人福利会。1956 年 12 月，在周恩来关怀下，成立了中国聋人福利会。1957 年，举办中国首届青年盲人田径运动会，聋人田径、游泳运动会，有上千人参加选拔赛，活跃了残疾人文化体育生活。1960 年 5 月召开第一届全国盲人聋哑人代表会议时，周恩来、朱德、邓小平、李先念等党和国家领导人接见了出席会议的全体代表。

十、1976 年至 1978 年经济领域的调整和前进

粉碎"四人帮"以后，党和国家立即着手工农业生产的整顿和恢复，并重新发出了为建设社会主义现代化强国而奋斗的号召。1976 年 12 月和 1977 年 4 月，中央先后召开第二次全国农业学大寨会议和全国工业学大庆会议，号召全国人民掀起一个"抓革命、促生产"的高潮，努力把国民经济搞上去。1977 年 7 月 6 日至 8 月 5 日，国务院还召开了有 1000 多人参加的全国农田基本建设会议。会后，各地迅速掀起大搞农田基本建设的高潮。

1977 年 8 月 12 日至 18 日召开的党的十一大修改党章时，把"在本世纪内，党要领导全国各族人民把我国建设成为农业、工业、国防和科学技术现代化的社会主义强国"写进总纲，但没能承担起纠正"文化大革命"的错误。1978 年 2 月 26 日至 3 月 5 日，五届全国人大一次会议重申了到 20 世纪末实现农业、工业、国防和科学技术现代化的奋斗目标，通过了重新修订的《中华人民共和国宪法》。

经济部门和理论界逐步展开对按劳分配问题的研究。普遍认为，当前的主要倾向是平均主义。要搞好管理，必须贯彻物质利益原则，让人们从物质利益上关心自己的劳动成果。1978 年 5 月 7 日，国务院发出通知，要求贯彻逐步改善职工生活的方针，有条件、有步骤地实行奖励和计件工资制度。9 月，国务院要求有关部门尽快提出改革工资制度、奖励制度和劳保福利制度的具体意见。11 月 25 日，国务院批转财政部《关于国营企业试行企业基金的规定》，允许完成国家计划的企业提取一定数量的利润作为企业基金，用于举办集体福利事业和奖励职工，把企业经营成果同企业和职工切身利益联系起来，以改变企业办

好办坏一个样的现象。这年下半年，全国有不少企业和单位恢复了计件工资和奖金制度，有效地调动了广大职工的生产积极性。

随着政策的放宽，农村改革开始兴起。1977年11月，中共安徽省委制定了《关于当前农村经济政策几个问题的规定》。主要内容是：允许生产队根据农活特点建立不同的生产责任制，尊重生产队的自主权；减轻社队和社员的负担；落实按劳分配政策；粮食分配要兼顾国家、集体和个人利益；允许和鼓励社员经营自留地、家庭副业；开放集市贸易等。

1978年2月，中共四川省委根据本省的实际，制定了《关于目前农村经济政策几个主要问题的规定》。主要内容是：将农民的自留地由占总耕地面积的7%扩大到15%；取消不准农民搞家庭副业和不准农民自销多余产品的禁令；恢复家庭副业，开放集市贸易；实行因地制宜种植农作物的方针；尊重生产队的自主权；支持农民采取包产到组的形式经营土地；鼓励发展多种经营；等等。

1977年底，中共甘肃省委从本省情况出发作出规定：停止"一平二调"的做法；减轻农民负担；做到分配兑现；允许对农作物采取定额管理、包工到作业组的做法。1978年初，中共广东省委制定《关于减轻生产队负担，加强农业生产第一线的意见（试行草案）》，纠正多年来普遍存在的"一平二调"做法，强调尊重生产队的自主权，还调整了甘蔗收购政策，恢复加价收购和奖售的办法。

以安徽凤阳小岗村农民实行大包干为代表，农村家庭联产承包责任制的经营形式开始出现，农民的生产积极性由此提高。

通过一系列工作，经济战线的生产和工作秩序逐步走上正轨。1977年的工业总产值比1976年增长14.6%，财政收入扭转了连续3年完不成国家计划的状况。这一年，全国有60%的职工不同程度地增加了工资。全国居民平均消费水平由1976年的161元增加到1978年的175元，是1961年以来增长幅度最大的。1978年的工业总产值又比1977年增长13.5%，80种主要产品中，有65种完成和超额完成了国家计划，其中钢产量达到3178万吨，比1976年增长55.3%，扭转了连续几年在2000万吨左右徘徊的局面。财政收支实现了基本平衡，略有节余。农业生产1978年获得大丰收，粮食产量突破6000亿斤，超过历史最高水平。人民生活水平也有了一定提高。

1978年3月13日，中央政治局讨论并批准了国家计委《关于一九七八年引进新技术和进口成套设备计划的报告》。华国锋在讨论时提出："引进先进技术和先进装备，是加快经济发展的一项重要措施，邓小平同志 1975 年说这是一个大政策。引进也要有个长远打算，至少要有八年的打算。国际上科学技术日新月异，不断变化，要加强调查研究，统筹考虑。"国家计委等 5 个部委很快拟定了关于《今后八年发展对外贸易，增加外汇收入的规划要点》。1978 年，我国同西方发达国家先后签订了 22 个成套引进项目的合同，共需外汇约 130 亿美元。其中投资规模最大的上海宝山钢铁厂，建设规模为年产钢、铁各 600 万吨，引进了世界一流的生产技术和管理方式。

1978 年 7 月 6 日至 9 月 9 日，国务院召开为期两个月的务虚会，专门研究如何加快我国现代化建设速度的问题。与会的 60 多位有关部门负责人在认真总结经验教训的基础上，纷纷提出改革经济管理体制、积极引进国外先进技术和设备的建议。

国务院务虚会后不久，全国计划会议又提出，经济工作必须实行三个转变：一是从上到下都要把注意力转到生产斗争和技术革命上来。二是从那种不计经济效果、不讲工作效率的官僚主义的管理制度和管理方法，转到按照经济规律办事的科学管理的轨道上来。三是从那种不同资本主义国家进行经济技术交流的闭关自守或半闭关自守状态，转到积极引进国外先进技术，利用国外资金，大胆进入国际市场的开放政策上来。

邓小平 1978 年 9 月到东北三省视察，发表了一系列重要谈话，提出发展生产力和改革问题。他说："社会主义要表现出它的优越性，哪能像现在这样，搞了二十多年还这么穷，那要社会主义干什么？我们要在技术上、管理上都来个革命，发展生产，增加职工收入。""要加大地方的权力，特别是企业的权力。""大大小小的干部都要开动机器，不要当懒汉，头脑僵化。""以后既要考虑给企业的干部权力，也要对他们进行考核，要讲责任制，迫使大家想问题。现在我们的上层建筑非改不行。"[1]

1978 年 11 月的中央工作会议原先的议题，一是讨论《关于加快农业发展速度的决定》和《农村人民公社工作条例（试行草案）》，二是商定 1979、1980 两年国民经济计划的安排，三是讨论李先念在国务院务虚会上的讲话。但在讨论工作重点转移过程中，会议触及一些重大的现实问题，从而推动实现了伟大的历史转折。在讨论两个农业文件时，许多同志指出：现在全国有近两亿人每年口粮在 300 斤以

---

[1] 中共中央文献研究室编：《邓小平年谱（1975—1997）》（上），中央文献出版社 2004 年版，第 384 页。

下，吃不饱肚子。造成这种局面，主要是过去在政策上对农民卡得太死，动不动就割"资本主义尾巴"，把农民挖得太苦了，农业上不去，主要是"左"倾错误作怪。有的同志说：不要怕农民富，如果认为农民富了就会产生资本主义，那我们只有世世代代穷下去，那我们还干什么革命呢？陈云在发言中提出："在三五年内，每年进口粮食可以达到两千万吨。我们不能到处紧张，要先把农民这一头安稳下来。""摆稳这一头，就是摆稳了大多数，七亿多人口稳定了，天下就大定了。""这是经济措施中最大的一条。"[1]这些意见和建议受到中央的重视，关于农业问题的两个文件，根据大家的意见作了重新改写。

十一、1949 年至 1978 年贫困治理的特点

从 1949 年至 1978 年，是社会主义革命和建设时期。在这个时期，以毛泽东同志为核心的第一代中央领导集体确立了新中国的基本政治制度，领导全国各族人民有步骤地实现了从新民主主义向社会主义的伟大转变，在恢复国民经济的基础上开展了有计划的经济建设，建立起崭新的社会主义制度，为国家发展和社会进步提供了根本政治前提和制度基础。党对社会主义建设道路的艰辛探索虽然遭到过严重挫折，但仍然取得了重大成就，其间积累的经验和教训，为中国共产党的继续执政提供了巨大的精神财富。

这一时期的中国处于社会主义初级阶段，如果按从 1949 年到 2049 年的 100 年都属于社会主义初级阶段的话，这一时期的中国还只是"初级阶段的初级阶段"。在走向现代化的道路上，这一时期的中国基本上还只能算贫困国家。这种贫困是全面的、多层次的，既有宏观贫困、中观贫困，又有微观贫困，既有绝对贫困，又有相对贫困。因此，如何摆脱贫困，是摆在中国共产党面前的重大历史任务，也是中国共产党治国理政的重大历史任务。中国共产党要坚持自己的初心和使命，就必须领导人民与贫困作斗争，治理贫困，摆脱贫困，消除贫困。

"天下顺治在民富，天下和静在民乐，天下兴行在民趋于正。"这样的经验和教训，在中国共产党执政时期，又不断地被验证。

在这个历史时期，中国共产党领导国家、领导人民，致力于改变贫困面貌。

---

[1]《陈云文选》第三卷，人民出版社 1995 年版，第 236 页。

虽然还没有系统和大规模地开展专门的扶贫工作，但所有的建设，都是为了从根本上远离贫困，走向富裕。经过坚持不懈的努力，我们还是取得了巨大的成就。

在这个历史时期，工业建设取得重大成就，逐步建立了独立的比较完整的工业体系和国民经济体系。1980 年同完成经济恢复的 1952 年相比，全国工业固定资产按原价计算，增长 26 倍多，达到 4100 多亿元；棉纱产量增长 3.5 倍，达到 293 万吨；原煤产量增长 8.4 倍，达到 6.2 亿吨；发电量增长 40 倍，达到 3000 多亿度；原油产量达到 1.05 亿多吨；钢产量达到 3700 多万吨；机械工业产值增长 53 倍，达到 1270 多亿元。在辽阔的内地和少数民族地区，兴建了一批新的工业基地。国防工业从无到有地逐步建设起来。资源勘探工作成绩很大。铁路、公路、水运、空运和邮电事业，都有很大的发展。

在这个历史时期，农业生产条件发生显著改变，生产水平有了很大提高。全国灌溉面积已由 1952 年的 3 亿亩扩大到 80 年代初的 6.7 亿多亩，长江、黄河、淮河、海河、珠江、辽河、松花江等大江河的一般洪水灾害得到初步控制。新中国成立前，中国农村几乎没有农业机械、化肥和电力，到 80 年代初，农用拖拉机、排灌机械和化肥施用量都大大增加，用电量等于新中国成立初期全国发电量的 7.5 倍。1980 年同 1952 年相比，全国粮食增长近 1 倍，棉花增长 1 倍多。尽管人口增长过快，到 80 年代初已近 10 亿，我们仍然依靠自己的力量基本上保证了人民吃饭穿衣的需要。

在这个历史时期，城乡商业和对外贸易都有很大增长。1980 年与 1952 年相比，全民所有制商业收购商品总额由 175 亿元增加到 2263 亿元，增长 11.9 倍；社会商品零售总额由 277 亿元增加到 2140 亿元，增长 6.7 倍。国家进出口贸易的总额，1980 年比 1952 年增长 7.7 倍。随着工业、农业和商业的发展，人民生活比新中国成立前有了很大的改善。1980 年，全国城乡平均每人的消费水平，扣除物价因素，比 1952 年提高近 1 倍。

在这个历史时期，教育、科学、文化、卫生、体育事业有很大发展。1980 年，全国各类全日制学校在校学生 2.04 亿人，比 1952 年增长 2.7 倍。32 年中，高等学校和中等专业学校培养出近 900 万专门人才。核技术、人造卫星和运载火箭等方面的成就，表现出我国的科学技术水平有很大的提高。文艺方面创作了一大批为人民服务、为社会主义服务的优秀作品。群众性体育事业蓬勃发展，不少运动项目取得出色的成绩。烈性传染病被消灭或基本消灭，城乡人民的健康水平大大提高，平均预期寿命大大延长，结束了旧中国文盲半文盲占人口绝大多数，疫病流行，被称为"东亚病夫"的历史。

这些都是比较直接与人民群众生活有关的成就，也是中国在贫困治理道路上迈出的重要步伐。回顾新中国成立29年的历史，邓小平说："社会主义革命已经使我国大大缩短了同发达资本主义国家在经济发展方面的差距。我们尽管犯过一些错误，但我们还是在三十年间取得了旧中国几百年、几千年所没有取得过的进步。"

由于缺乏经验及各种主客观因素的影响，党在领导社会主义革命和建设的29年中也出现过种种失误，遭遇过重大挫折。特别是"大跃进"和"文化大革命"10年内乱，使这些错误及其损害达到极点，社会主义事业的发展陷入困境。然而，即便在困境中，中国共产党领导的社会主义事业仍然显示出强大的生命力。

建立在这样宏大事业和伟大成就基础上的贫困治理，具有很多重要的特点。

第一，这一时期，还没有像我们在改革开放后直至今天这样，面向绝对贫困人口开展大规模的扶贫脱贫事业，而是主要着眼于从整体上解决所有人口的普遍贫困，展开基础性的建设和工作。但对一些特殊的群体和人口，则有针对性地建立了社会福利制度，采取了某些特定措施。如果要说贫困治理，这可以算是基础性的贫困治理。

第二，这样的贫困治理取得了普遍和广泛的成效。国家初步建立了独立的比较完整的国民经济体系。到1978年，我国国内生产总值和财政收入分别比新中国成立初期有了几倍、十几倍的增长。几乎所有工业产品都比旧中国最高年产量有了成倍、几十倍、上百倍的增长。基于我国经济发展状况而实行的低物价、低工资、公费医疗、住房分配和农村"五保"等社会福利制度，在保障人民的基本生活需要方面发挥了重要作用。

第三，这一时期的经济建设和贫困治理走过了曲折的过程。中国共产党带领全国各族人民以一往无前的进取精神，艰辛开拓，努力奋斗，取得了举世瞩目的成就。但是，在从未有过的探索过程中，也走了一些弯路，经历了一些曲折。因而，如果用几何线条来描画的话，不是一条直线，而是一条波浪起伏的曲线。

第四，贫困治理是一项巨大的系统工程。党领导人民从事的建设和脱贫事业是全方位展开的，涉及所有领域、所有地区、所有部门、所有人口。在这一过程中，形成了举国体制；同时运用这一举国体制，办成了很多大事，为改革开放后的扶贫脱贫，打下了一定的基础。当然，在指导思想发生错误的某些时期，这种体制造成的影响和损害也是巨大的。

第五，摆脱贫困不是一蹴而就的事业，而是一项需要长时间努力的事业。由于历史遗留的包袱过于沉重，由于中国生产力的发展还处于很低的水平，由于中国的贫困人口数量庞大，也由于党和国家犯过某些错误，延缓了贫困治理的进程，因而，在改革开放之前，中国还没有走出贫困。到 1978 年，中国还是世界上贫困人口最多的发展中国家之一。国家统计局在《关于中国农村贫困状态的评估和监测》中，将 1978 年的贫困线划定在 100 元以内。按这个标准计算，当时全国贫困人口的规模为 2.5 亿人，占全国人口总数的 25.97%，占当时农村人口总数的 30.7%，占世界贫困人口总数的 1/4。如果以人均年收入 200 元作为农村温饱线，则贫困人口的数量更为巨大。因此，直到改革开放前，中国的贫困问题仍然非常严重，扶贫任务仍然十分艰巨。

第六，这一时期的建设和治贫工作及其取得的成就，为改革开放后中国的扶贫脱贫事业奠定了重要基础，为大规模减少收入性贫困创造了条件。1978 年之前农业部门的灌溉、农业机械、化肥、良种等方面的技术进步是 1978 年开始的家庭联产承包责任制发挥作用的基础；教育、医疗等方面的进步一方面为经济发展提供了数量巨大的人力资源，同时极大地直接缓解了非收入贫困，减轻了 1978 年以后基本公共服务供给的压力；1978 年之前社会收入普遍的平等状态消除了结构性的约束，为之后经济的起飞和大规模的减贫提供了极为有利的政治社会条件。改革开放后的扶贫脱贫事业，正是在当年的基础上，并在总结和汲取了当年经验教训的基础上进一步展开的。

《中共中央关于党的百年奋斗重大成就和历史经验的决议》指出："从新中国成立到改革开放前夕，党领导人民完成社会主义革命，消灭一切剥削制度，实现了中华民族有史以来最为广泛而深刻的社会变革，实现了一穷二白、人口众多的东方大国大步迈进社会主义社会的伟大飞跃。在探索过程中，虽然经历了严重曲折，但党在社会主义革命和建设中取得的独创性理论成果和巨大成就，为在新的历史时期开创中国特色社会主义提供了宝贵经验、理论准备、物质基础。"[1]

---

[1]《中共中央关于党的百年奋斗重大成就和历史经验的决议》，人民出版社 2021 年版，第 14 页。

第五章

改革开放为根本解决贫困问题
提供了新路径

☆　☆　☆

一、坚持以经济建设为中心的战略方针

1978 年 12 月，中共中央召开十一届三中全会，实现了新中国成立以来党和国家历史上具有深远意义的伟大转折，重新确立马克思主义的思想路线、政治路线、组织路线，标志着党和国家开始了从"以阶级斗争为纲"到以经济建设为中心、从僵化半僵化到全面改革、从封闭半封闭到对外开放的历史性转变。

"芳林新叶催陈叶，流水前波让后波。"以十一届三中全会为标志，中国进入改革开放和社会主义现代化建设的新时期，党面临的主要任务是，继续探索中国建设社会主义的正确道路，解放和发展社会生产力，使人民摆脱贫困、尽快富裕起来，为实现中华民族伟大复兴提供充满新的活力的体制保证和快速发展的物质条件。

党的十八大以来，中国特色社会主义进入新时代，明确全面深化改革总目标是完善和发展中国特色社会主义制度、推进国家治理体系和治理能力现代化。

新时期最鲜明的特点就是改革开放。改革开放是中国的第二次革命，是决定中国命运的关键一招，是党和人民大踏步赶上时代的重要法宝，是坚持和发展中国特色社会主义的必由之路，也是决定实现"两个一百年"奋斗目标、实现中华民族伟大复兴的关键一招。

面对改革开放初期中国经济仍然落后，人民温饱尚未解决的严峻形势，以邓小平同志为核心的第二代中央领导集体，作出"贫穷不是社会主义，社会主义要消灭贫穷"的重要论断，制定"三步走"发展战略，提出到 20 世纪末人民生活达到小康水平的目标，开始了中国反贫困斗争和贫困治理的新时期。

改革开放为中国注入了创新和发展的强大动力。在改革开放的进程中，党和人民开创了一条中国特色社会主义道路，不仅使整个中国实现了富起来的伟大飞跃，也为我们根本解决贫困问题提供了新路径。

新路径包含很多内容。首先，或理所当然应该排在第一位的，是坚持以经济建设为中心，把发展作为第一要务。

以经济建设为中心，是以十一届三中全会为标志全党工作重心转移的重大成果，是改革开放以来社会主义现代化建设的重大战略指导思想，是中国共产党在社会主义初级阶段基本路线的中心内容。

中国共产党是中国先进生产力发展要求的忠实代表。解放和发展生产力，是社会主义的最根本任务。落实到党和国家的各项工作上，就必须始终坚持以经济建设为中心，推动社会的全面发展和进步。

我国社会主义改造完成之后，毛泽东曾提出要把工作中心转到经济方面和技术革命方面来。但由于"左"的错误逐渐发展，这一转变没有实现。从 50 年代中后期到"文化大革命"结束，"左"的错误的集中表现，就是"以阶级斗争为纲"，把无产阶级与资产阶级、社会主义与资本主义的矛盾当作主要矛盾，忽视生产力的发展，把工作重点放在搞阶级斗争、开展各种政治运动上，把经济建设当作"唯生产力论"加以批判，因而，严重影响了经济建设的发展和人民生活水平的提高。

1978 年十一届三中全会以来，以邓小平同志为核心的第二代中央领导集体带领全党所作的最根本的拨乱反正，就是总结历史的经验教训，把工作中心转移到社会主义现代化建设上来，集中力量抓经济建设。邓小平称之为"我国历史上的一个伟大的转折"[1]。从十一届三中全会开始的一系列新的方针政策，"中心点是从以阶级斗争为纲转到以发展生产力为中心，从封闭转到开放，从固守成规转到各方面的改革"[2]。

邓小平一再强调："同心同德地实现四个现代化，是今后一个相当长的时期内全国人民压倒一切的中心任务，是决定祖国命运的千秋大业。"[3]"现代化建设的任务是多方面的，各个方面需要综合平衡，不能单打一。但是说到最后，还是要把经济建设当作中心。离开了经济建设这个中心，就有丧失物质基础的

[1]《邓小平文选》第二卷，人民出版社 1994 年版，第 159 页。

[2]《邓小平文选》第三卷，人民出版社 1993 年版，第 269 页。

[3]《邓小平文选》第二卷，人民出版社 1994 年版，第 208—209 页。

危险。其他一切任务都要服从这个中心，围绕这个中心，决不能干扰它，冲击它。"[1]

把经济建设放在中心地位，这是社会主义本质和根本任务的要求，同时，也是社会主义初级阶段主要矛盾的要求。1956年党的八大曾对我国社会的主要矛盾作出科学的分析，据此才作出了工作重点转移的决策。后来发生的"左"的错误，从根本上说，是背离了八大关于主要矛盾的正确判断。十一届三中全会以后，邓小平对我国社会矛盾问题进行新的思考分析，认为："我们的生产力发展水平很低，远远不能满足人民和国家的需要，这就是我们目前时期的主要矛盾，解决这个主要矛盾就是我们的中心任务。"[2]后来，他所主持制定的《关于建国以来党的若干历史问题的决议》明确指出："在社会主义改造基本完成以后，我国所要解决的主要矛盾，是人民日益增长的物质文化需要同落后的社会生产之间的矛盾。"[3]

这个主要矛盾贯穿我国社会主义初级阶段的整个过程和社会生活的各个方面，决定了我们必须把经济建设作为全党全国工作的中心，各项工作都要服从和服务于这个中心。只有牢牢抓住这个主要矛盾和工作中心，才能清醒地观察和把握社会矛盾的全局，有效地促进各种社会矛盾的解决，也才能促进中国特色社会主义的发展。

所以，1987年的十三大制定了党在社会主义初级阶段的基本路线。这条路线的主要内容是一个中心，两个基本点。中心就是"以经济建设为中心"。

坚持以经济建设为中心，不是一朝一夕的事情，而是一个长期的战略方针。邓小平总结过去工作重点未能及时转移或一有干扰便不能坚持的教训，十分突出地强调，在整个社会主义历史阶段，在不发生较大战争的情况下，都要始终抓住这个中心不放，坚持经济建设不动摇。"我们全党全民要把这个雄心壮志牢固地树立起来，扭着不放，'顽固'一点，毫不动摇。""任何时候都不要受干扰。""一天也不能耽误。"[4]

邓小平还联系农村改革的实际，说明了"不变"的道理和重要性："农村改

---

[1]《邓小平文选》第二卷，人民出版社1994年版，第250页。

[2] 同上书，第182页。

[3] 中共中央文献研究室编：《三中全会以来重要文献选编》（下），中央文献出版社2011年版，第168页。

[4]《邓小平文选》第二卷，人民出版社1994年版，第249、276页。

革初期，安徽出了个'傻子瓜子'问题。当时许多人不舒服，说他赚了一百万，主张动他。我说不能动，一动人们就会说政策变了，得不偿失。像这一类的问题还有不少，如果处理不当，就很容易动摇我们的方针，影响改革的全局。城乡改革的基本政策，一定要长期保持稳定。当然，随着实践的发展，该完善的完善，该修补的修补，但总的要坚定不移。即使没有新的主意也可以，就是不要变，不要使人们感到政策变了。有了这一条，中国就大有希望。"[1]

此后，无论是党的代表大会和中央全会，还是全党全国的实际工作，都始终坚持以经济建设为中心不动摇，集中精力搞建设，一心一意谋发展，把发展作为执政兴国的第一要务。

以经济建设为中心，不是单打一只抓经济建设，而是在以经济建设为中心的前提下，推动经济社会的全面发展。邓小平指出："中国解决所有问题的关键是要靠自己的发展。""发展才是硬道理。"[2]江泽民指出："党要承担起推动中国社会进步的历史责任，必须始终紧紧抓住发展这个执政兴国的第一要务，把坚持党的先进性和发挥社会主义制度的优越性，落实到发展先进生产力、发展先进文化、实现最广大人民的根本利益上来，推动社会全面进步，促进人的全面发展。"[3]胡锦涛指出，科学发展观，第一要义是发展。贯彻落实科学发展观，必须首先把握这一第一要义，坚持把发展作为党执政兴国的第一要务。

习近平总书记在庆祝改革开放 40 周年大会上总结改革开放的宝贵经验时指出："必须坚持以发展为第一要务，不断增强我国综合国力。""改革开放 40 年的实践启示我们：解放和发展社会生产力，增强社会主义国家的综合国力，是社会主义的本质要求和根本任务。只有牢牢扭住经济建设这个中心，毫不动摇坚持发展是硬道理、发展应该是科学发展和高质量发展的战略思想，推动经济社会持续健康发展，才能全面增强我国经济实力、科技实力、国防实力、综合国力，才能为坚持和发展中国特色社会主义、实现中华民族伟大复兴奠定雄厚物质基础。"[4]

40 多年来，国内外不断地出现一些风波和干扰，但党和国家始终清醒地把握住局势，及时地排除"左"和右的错误倾向的干扰，毫不动摇地抓住经济建

[1]《邓小平文选》第三卷，人民出版社 1993 年版，第 371 页。

[2] 同上书，第 265、377 页。

[3]《江泽民文选》第三卷，人民出版社 2006 年版，第 538—539 页。

[4] 习近平:《论中国共产党历史》，中央文献出版社 2021 年版，第 230 页。

设这个中心，没有离开这个中心。正是由于始终坚持这个中心，坚持发展才是硬道理，始终把发展作为第一要务，才促进了生产力的大发展、综合国力的大飞跃、人民生活的大提高，为社会的全面发展和进步奠定了扎实的基础。无论遇到什么风浪，我们都站住了自己的脚跟。

坚持以经济建设为中心，把发展作为第一要务，也为中国的减贫脱贫、反贫困斗争和贫困治理开辟了一条广阔的道路。任何贫困，都是首先基于经济发展的滞后、经济实力的薄弱、物质财富的供给不足。只有首先把经济搞上去，推动经济社会各方面较快发展，才能从根本上消除贫困的基本原因。

"潮平两岸阔，风正一帆悬。"

由于40多年来我们坚持以经济建设为中心，把发展作为第一要务，才大面积提高了人民的生活水平，大幅度减少了贫困人口，也为贫困地区和贫困人口改变贫困面貌提供了重要的基础。中国的扶贫脱贫事业，就是在这样的基础上全面推开的。没有强大的物质基础，国家和社会就不可能向贫困地区和贫困人口提供大量的援助和扶持。扶贫脱贫的方式多种多样，但如果不把经济建设、发展产业放在首要位置，扶贫脱贫的目标就很难实现，摘帽了也很难巩固。40多年来，正是坚持发展是硬道理，坚持以经济建设为中心，坚持改善贫困地区发展的环境和条件，坚持帮助贫困人口发展产业，增加就业，增加收入，才使扶贫脱贫取得了显著的成效。

二、农村改革释放了广大农民的创造性

中国的贫困人口主要集中在农村。农村是扶贫脱贫的主战场。只有把农村发展起来，才能大幅度减少贫困人口。最后的脱贫攻坚，主要战场也是在农村。

邓小平认为，农民是我国社会主义现代化建设和改革开放中人数最多的依靠力量。依靠广大农民群众，最主要的就是在建设中国特色社会主义的实践中，承认并充分保障农民的自主权，充分尊重农民的首创精神，充分发挥广大农民的积极性。邓小平十分重视和尊重农民的自主权和创造性。他多次指出，农民没有积极性，国家就发展不起来；农民没有摆脱贫困，就是国家没有摆脱贫困。充分调动农民的积极性，关系国家发展大局，关系社会主义事业发展的大局。

"府库盈，仓廪实，非上天所降，皆取之于民；民困则国虚矣。"百姓贫穷，国家岂能真正和持久强盛？改革开放，其实就是从解决千千万万老百姓的贫困

问题开始的。特别是农村贫困的现实，呼唤着改革。而农村改革的尝试和发展，解开了高度集中的计划经济体制对于农民和农业生产的束缚，逐步赋予农民在生产经营、就业迁徙等方面的自主权，极大地解放了农村生产力，释放了亿万农民的主动性、积极性、创造性，从而使广大农民能够自主创造新生活，自主脱贫致富，在极大程度上改变了农村贫困落后的面貌。农村改革的起步和发展，不仅对于农村经济社会的发展，而且对于其他领域的改革，都产生了深远的影响。

1978 年，安徽遭到百年不遇的特大旱灾。全省受灾面积 6000 多万亩。9 月 1 日，省委常委召开紧急会议，研究如何度过灾荒。省委书记万里很动感情地提出："与其抛荒，倒不如让农民个人耕种，充分发挥各自潜力，尽量多种'保命麦'度过灾荒。"于是，省委作出了"借地种麦"的决定。将凡是集体无法耕种的土地，借给农民种麦种菜，鼓励多开荒，谁种谁收。

闸门一开，水既流出，就再也收不回来了。正是省委的这一决定，直接引发了农民大包干的浪潮。肥西、凤阳等县的农民首先突破旧体制的限制，实行了包产到户的经营形式。

1978 年 11 月 24 日，凤阳县梨园公社小岗生产队的 18 户农民聚集在一间小屋里，召开秘密会议，起草了一份保证书，然后用他们长满老茧的手，在这份"绝密"的文件上按下了手印。

我们分田到户，每户户主签字盖章，如以后能干，每户保证完成每户的全年上交和公粮，不在（再）向国家伸手要钱要粮（，）如不成，我们干部作（坐）牢杀头也干（甘）心，大家社员也保证把我们的小孩养活到十八岁。

2016 年 4 月，习近平总书记在视察小岗村时感慨道："当年贴着身家性命干的事，变成中国改革的一声惊雷，成为中国改革的标志。"

包产到户引起了强烈的反响。上至中央，下至基层，都有不同意见。但万里主政的安徽省委，坚定不移地给予支持。

实践显示了成效。由于实行"包产到户"和"联产计酬"的农业生产责任制，1979 年安徽省粮食总产达 320 亿斤，超额完成国家计划。没有实行责任制的霍邱县大大减产，但该县的周集区包产到户，增了产。

四川、贵州、甘肃、内蒙古、河南等省区的一些社队采取类似的做法，效果也很好。

正是为了解决吃饭问题，我国农民创造了以家庭承包为主要形式的包产到户、包干到户等生产责任制。

在十一届三中全会前的中央工作会议上，邓小平提出要扩大农民和生产队的自主权，要实行允许一部分人由于辛勤努力而生活先好起来的大政策。在总结新中国成立以来农业发展的经验教训的基础上，十一届三中全会深入讨论并原则同意了关于农业问题的两个文件。一个是《中共中央关于加快农业发展若干问题的决定（草案）》，一个是《农村人民公社工作条例（试行草案）》。文件提出了促进农业发展的 25 条措施。虽然尚未完全肯定包产到户，但已强调放宽政策，建立农业生产责任制，允许"包工到作业组，联系产量计算报酬，实行超产奖励"。十一届三中全会的这些决定和措施，实际上正式启动了中国农村的伟大变革。

从十一届三中全会到 1984 年，农村进行了第一步改革。中心内容，是以联产承包责任制替代人民公社体制，解决集体和农民的关系问题，打破大锅饭，使农民掌握发展生产的自主权。

在实践的推动下，中央文件对农民的做法也逐步转变调门，一步步给予了肯定。1980 年 9 月，中央召开各省、区、市党委第一书记座谈会，讨论通过《关于进一步加强和完善农业生产责任制的几个问题》，放宽政策，明确在那些边远山区和贫困落后地区，可以包产到户，也可以包干到户，从而从正面肯定了包产到户。1982 年 1 月，中共中央批转《全国农村工作会议纪要》，第一次正式肯定了包产到户等农业责任制的社会主义性质，明确指出包括包产到户、包干到户在内的各种责任制，都是社会主义集体经济的生产责任制。1983 年的有关文件，进一步对家庭联产承包责任制作出高度评价，确认"这是在党的领导下我国农民的伟大创造，是马克思主义农业合作化理论在我国实践中的新发展"[1]。家庭联产承包责任制作为农村改革的一项战略决策由此正式确立。

到 1984 年底为止，已有 95.3% 的原生产队实行包干到户，3.8% 实行包产到户，0.9% 实行包干到组、包产到组、小段包工或评工记分等形式。此后，家庭联产承包责任制不断完善，最终形成农民家庭承包经营制度。家庭联产承包责任制的实行，使广大农民获得了充分的经营自主权，极大地调动了农民的积极

---

[1] 中共中央文献研究室编：《十二大以来重要文献选编》（上），中央文献出版社 2011 年版，第 216 页。

性，解放和发展了农村生产力。

农村家庭联产承包责任制的实行，迅速扭转了农业生产长期徘徊不前的局面。1984 年粮食产量迅速达到 4073 亿公斤，人均 393 公斤，接近了世界人均水平。

从 1985 年起，农村开始了第二步改革，主要内容是：调整农村产业结构，发展商品生产，使农村从自给、半自给的自然经济向社会化、专业化的商品经济转化。中心是改革国家对农村经济的管理体制，解决国家和农民的关系问题，逐步建立市场机制和完善双层经营体系。

1985 年的中央一号文件，明确对粮食棉花等少数重要农产品，实行国家计划合同收购的新政策，对实行了 30 多年的统购统派政策进行重大改革，不仅促进了农村改革的深化，而且对中国经济社会各个领域的改革产生了深远的影响。

针对家庭经营存在的弱点，探索建立各种社会化服务体系，鼓励农民组成多种形式和层次的新的经济联合体，发展适度规模经营。80 年代中期中央的一系列文件，对此作出了规定。

以家庭联产承包责任制为基础、统分结合的双层经营体制的实施，使农村生产关系得到了调整，农村生产力得到极大发展，农村经济取得了举世瞩目的成绩。以粮食为例，改革开放前，1975 年至 1978 年平均粮食总产为 2.89 亿吨，实行家庭联产承包制后，1979 年至 1983 年平均粮食总产为 3.44 亿吨，1984 年至 1989 年粮食总产平均为 3.97 亿吨，1990 年至 1996 年粮食总产平均为 4.33 亿吨。农村改革实施以来，我国粮食生产呈现出阶段性稳步发展特点。

农村改革的成功，为整个经济体制改革提供了重要经验和有利条件。

新时期农村改革最引人注目的成果，是乡镇企业的异军突起。

新中国成立初期，农村就有一些零散的副业和手工业。随着合作化和人民公社化运动，社队企业出现。但随着经济和政治形势的变化，时起时伏。

20 世纪 70 年代，在江苏等一些靠近大城市的农村，为了发展集体经济，通过与城市工厂合作的形式，创办了一些加工企业，为国营企业拾遗补缺。社队企业在计划经济的夹缝中迅速发展。

十一届四中全会通过的《中共中央关于加快农业发展若干问题的决定》明确指出："社队企业要有一个大发展。"此后，逐步解决了社队企业发展的理论问题。1982 年至 1984 年中央关于农业问题的有关文件，都对社队企业的发展问题作了方针性、原则性的规定。

特别是 1984 年 3 月，中共中央、国务院批转农牧渔业部和部党组《关于开创社队企业新局面的报告》，即著名的中发〔1984〕4 号文件，将社队企业正式改名为乡镇企业，明确指出了发展乡镇企业的意义和作用。[1] 1985 年，中共中央《关于制订国民经济和社会发展第七个五年计划的建议》，提出对乡镇企业"积极扶持，合理规划，正确引导，加强管理"的方针。以后几年，中央和地方各级政府又颁发了许多促进乡镇企业发展的政策法规性文件，采取了一些重要措施，包括坚持各种经济形式和经营方式并存，对个体、联户企业实行长期稳定方针，实行经营权和所有权适当分离等。

因此，80 年代中期，全国乡镇企业进入高速发展时期。80 年代末，经历治理整顿以后，到 90 年代，乡镇企业走上了更加积极健康的新的发展道路。

1997 年 1 月 1 日，《中华人民共和国乡镇企业法》正式公布实施，为乡镇企业的改革、发展和提高奠定了法律基础。[2] 1997 年 3 月中共中央、国务院转发农业部《关于我国乡镇企业情况和今后改革与发展意见的报告》，指出对乡镇企业实行"积极扶持、合理规划、分类指导、依法管理"的方针。进入 21 世纪之后，乡镇企业走科学发展之路，及时转型升级，调整结构，在改革发展中呈现新的态势。

早期的乡镇企业，一般规模较小、条件简陋，产品档次较低。很多作坊式的企业在激烈的竞争中消失、淘汰。但其中具有一定规模的乡镇企业，通过控股、参股、兼并和联合等资本运作手段，实施跨乡镇、跨区域的兼并重组，发展成混合所有制经济。很多乡镇企业采取股份公司、控股公司、战略联盟、企业集团、企业联合体等形式，进一步适应现代生产力发展要求，推进生产经营组织形式的创新，发展规模经济，发展高精尖产业，成长为引领产业发展的龙头企业。有的走向世界，成为国际品牌企业。

乡镇企业促进了农村经济市场化的进程，为农村富裕劳动力的转移开辟了广阔途径，推进了农村经济结构的调整，提高了农民农村的富裕程度，有力地冲破了城乡二元结构，推进了农村工业化和城镇化进程，成为社会主义市场经济的重要组成部分，对中国特色社会主义的发展作出了重大贡献。

乡镇企业不仅增强了农村集体经济的物质基础，而且大幅度提高了农民的

---

[1] 参见中共中央文献研究室编：《十二大以来重要文献选编》（上），中央文献出版社 2011 年版，第 375 页。

[2] 参见中共中央文献研究室编：《十四大以来重要文献选编》（下），中央文献出版社 2011 年版，第 192—199 页。

收入，提升了广大农民的素质和技能，拓宽了长期被束缚封闭的眼界，对解决农村的贫困问题发挥了重要的作用。

1978 年各类社队企业的数量大致为 152 万个，到 1987 年，全国乡镇企业从业人数达到 8805 万，产值达到 4764 亿元，第一次超过农业总产值。到 1991 年，乡镇企业增加到 1908 万个。从业人员数量由 1978 年的 2826.6 万人增加到 2000 年的 12820 万人，占农村劳动力的比重由 9.2% 增加至 27.3%。1985 年至 1990 年，农民净增收入的一半以上来自乡镇企业，工资性收入占全国农民家庭人均净收入的比重从 1983 年至 1984 年的 10% 左右，增加到 1990 年的 20.2%。很显然，20 世纪 80 年代以后，乡镇企业对农村减贫脱贫发挥了重要的作用。

1978 年的温州，全市人均储蓄仅有 8 元，当地流传着这样的童谣，"平阳讨饭，文成人贩，永嘉逃难，洞头靠贷款吃饭"。而到 1984 年，温州市永嘉县桥头镇纽扣产业已成规模，600 余户人家中，万元户数量已经达到 80%，一年营业额超过了 7000 万元大关。农民收入由此大增，温州几乎成为全国农民最富裕的地方。

河北省在改革开放初期，主要通过在农村实施以家庭联产承包为主的生产责任制和统分结合的双层经营体制，理顺了农村最基本的生产关系，调动了农民生产积极性，使农业生产迅速扭转了长期徘徊不前的局面。实施农产品流通体制改革，大力发展乡镇企业，促进了农村整体收入水平提高而释放出明显的减贫效应。到 1985 年底，全省农村贫困人口由 1978 年的 1570 万人减少到 244.5 万户、1001 万人（按国家统计局确定的温饱标准 204 元计算），分别占全省农业总户数和总人口的 22.8% 和 21%[1]；贫困发生率由 1978 年的 34.68% 下降到 6.3%[2]。

国家对农村经济的宏观调控方式也发生了重大变化，初步形成了经济、法律、行政等手段综合运用的农村经济宏观调控体系。国家取消了具有指令意义的农业生产计划。通过调整组合，提高了资源配置的效率。在农产品市场逐步放开和市场机制发育的同时，国家加强了对农业的宏观调控。特别是在发展社会主义市场经济的新形势下，相继建立了粮食等重要农产品专项储备制度、保

---

[1] 参见中共河北省委党史研究室、中共河北省委农村工作部编：《中国新时期农村的变革（河北卷）》，中共党史出版社 1998 年版，第 207 页。

[2] 参见张庆伟：《在全省扶贫开发暨环首都扶贫攻坚示范区建设工作会议上的讲话》，《河北日报》2012 年 2 月 29 日；石树鹏、殷兵：《财政扶贫资金投向及使用效益问题探讨》，《农村财政与财务》2006 年第 11 期。

护价收购制度和风险基金制度，颁布了《农业法》《农业技术推广法》《乡镇企业法》等一系列农业法律法规，农业和农村经济发展逐步走上了法制化轨道。

三、市场经济增强了社会发展活力

"半亩方塘一鉴开，天光云影共徘徊。问渠那得清如许，为有源头活水来。"改革，就是推动中国发展进步的活水。邓小平说："改革就是搞活。"[1]

国家要搞活，企业也搞活，城市要搞活，农村也要搞活。40多年的改革开放，从某种意义上说，就是把广大人民群众的积极性、创造性从旧的体制和观念的束缚中解放出来，把整个社会搞活。

怎样搞活？市场经济就是一个最大的充满活力的平台。市场经济，好像很玄乎，但实际上并不复杂，它其实就是一种通过市场进行商品交换，并根据市场供求变化来调节、引导和决定资源配置的经济形式和运行机制。新中国成立以后，长期实行计划经济，取得了很大的成果，但也存在着很多弊病。随着改革开放的发展，旧体制捆在人们身上的绳索一步步解开，于是，人们有了选择的自由。有人从业、有人买卖、有人生产、有人经营……但所有这些，都要有市场。

随着农村改革的发展，亿万农民从土地上解放出来。他们不愿意终身被锁在自家宅院的一方小天地内，希望寻求更好的工作、更好的生活。于是，凭借一技之长，跨县出省，走向全国，修鞋、弹棉花、开发廊、做服装、配眼镜，成为城乡个体劳动者。

城镇的各种摊位店铺也像雨后春笋般涌现出来，在很多街道上达到鳞次栉比的地步。个体经济，就这样以不可阻挡之势发展起来。

国家开始放开个体经营，个体工商户从1978年的14万户，发展到1986年的1211万户，从业人员1846万人，注册资本金180亿元。年均增长74.6%。

1987年8月，《城乡个体工商户管理暂行条例》发布，为发展和管理个体私营经济提供了基本政策和法规依据，个体工商户从1987年的1373万户、从业人员2158万人、注册资本金236亿元，发展到1999年的3160万户、从业人员6241万人、注册资本金3439亿元。年均增长7.2%。

---

[1]《邓小平文选》第三卷，人民出版社1993年版，第98页。

此后开始的城市经济体制改革，促进了商品、劳动力、资金、技术、信息在城乡市场的广泛流动，初步显示出市场的作用和活力。特别是以市场调节为主的特区经济蓬勃发展，对外开放由沿海向内地扩展，有力地推动了我国经济与国际市场的接轨。

改革以来，农村经济体制发生的一个重大变革，就是农产品流通体制改革取得重大突破。1985 年，国家正式出台了改革农产品统派购制度的政策。1985 年 1 月，中共中央、国务院在《关于进一步活跃农村经济的十项政策》中宣布："粮食、棉花取消统购，改为合同定购。由商业部门在播种季节前与农民协商，签订定购合同……定购以外的粮食可以自由上市……生猪、水产品和大中城市、工矿区的蔬菜，也要逐步取消派购，自由上市，自由交易，随行就市，按质论价。"[1]

1987 年，提出了开放农村要素市场问题。进入 90 年代后，又提出建立农产品市场体系问题。以 1990 年 10 月国家在郑州建立小麦批发市场为标志，9 个区域性批发市场和一批较规范的农贸市场得到长足发展。与此同时，要素市场也得到发育。农村出现了股份合作制和农村合作基金等形式。

1992 年初，邓小平发表南方谈话，从根本上解除了把市场与计划对立起来，看作资本主义性质的思想束缚。[2]同年 10 月，党的十四大正式把建立社会主义市场经济体制确立为我国经济体制改革的目标。[3]

从 1992 年开始，农村改革进入向市场经济全面转变阶段，农产品流通体制取得了新的进展。1993 年在全国实行购销同价，在全国范围内取消了实行了 40 年的粮食统销，取消了口粮定量供应办法，价格随行就市。1993 年，一小部分县市明确宣布取消粮食定购，大部分县市仍保留了粮食定购任务，但放开了定购价格，随行就市。1994 年开始，国家对粮食开始实行定购定销。

党的十五届三中全会通过的《中共中央关于农业和农村工作若干重大问题的决定》宣布，对粮食"坚决贯彻按保护价敞开收购农民余粮、粮食收储企业实行顺价销售和粮食收购资金封闭运行三项政策，加快国有粮食企业自身改革"。对棉花"从一九九九年棉花年度起，放开购销价格……主要依靠市场机制实现棉花资源合理配置的新机制"，烤烟、蚕茧、羊毛"要进一步深化流通体制

[1] 中共中央文献研究室编：《十二大以来重要文献选编》（中），中央文献出版社 2011 年版，第 92 页。

[2] 参见《邓小平文选》第三卷，人民出版社 1993 年版，第 370—383 页。

[3] 中共中央文献研究室编：《十四大以来重要文献选编》（上），中央文献出版社 2011 年版，第 16 页。

改革",肉禽蛋菜果等"要进一步放开搞活"。[1]

到 1997 年底,全国城乡集贸市场已发展到 8 万多个,农产品批发市场已发展到 3800 多个,其中成交额超过亿元的大型批发市场已有 160 多个。生产要素市场也通过股份合作制等形式得到发展。

从无到有,从构想到建立,从建立到完善,党和国家全面推进农村、国有企业、财政、税收、金融、外贸、外汇、投资、价格、社会保障、住房、科技、教育等各方面体制的改革,培育和发展社会主义市场经济体系,健全和完善国家的宏观调控体系,加强市场经济的法律制度建设,从而实现了建立社会主义市场经济的大步跨越,成为中国经济体制改革的最大成果。综览古今中外,堪称前无古人的伟大创举。

市场经济,给经济带来了活力,给城市带来了活力,也给农村带来了活力。

农村改革之后,农民自主生产,自主发展商品经济,先是走街串巷,从事商品交换,然后开设集市贸易,批量进行市场交易。大量农民前店后厂,既生产小商品,又从事商品买卖。农村的市场经济就这样迅速发展起来。

浙江省义乌是市场经济发展的一个典型。义乌地处浙江中部,人多地少,长期一方水土养不活一方人。义乌的老百姓尝够了贫穷的滋味,也锻造出敢闯敢创的品格。

1978 年底,义乌稠城、廿三里两镇的农民自发地在镇区马路两侧摆起地摊,出现了第一批由"鸡毛换糖"货郎担演变而来的小商品摊位,并逐步形成时间、地点相对固定的"马路市场"。

1982 年 9 月,义乌县委、县政府尊重群众发展小商品贸易的强烈要求,毅然作出开放小商品市场的决策,提出"四个允许"——允许农民经商、允许从事长途贩运、允许开放城乡市场、允许多渠道竞争,并出资在县城稠城镇朱店街两侧搭起上可遮雨、下可摆摊的简陋市场设施,人称"草帽市场"。第一代小商品市场自此应运而生,并迅速发展。

此后,义乌坚持"兴商建市"发展战略,通过繁荣发展小商品市场,积极推进市场化、工业化、城市化,走出了一条独特的区域经济社会持续快速协调健康发展的成功道路。

义乌市场从无到有、从小到大,迅速发展成为全国性的小商品流通中心和

---

[1] 中共中央文献研究室编:《十五大以来重要文献选编》(上),中央文献出版社 2011 年版,第 498 页。

国际性的小商品采购基地。到 20 世纪末，就已经有 41 个行业、1900 余个大类的 40 多万种商品在这里进行展贸交易，成为名副其实的"小商品海洋、购物者天堂"。2005 年 8 月，义乌中国小商品城被联合国和世界银行誉为全球最大的小商品批发市场。

随着改革开放的深入，义乌的小商品市场已更新了许多代，发展成为规模宏大、品种齐全的全国小商品最大集散地，形成了一个覆盖全国、联结城乡、辐射境外的商品销售网络和物流、客流、资金流、信息流网络。远离都市的内陆小城变成了国际性的商贸城市。义乌市场的商品出口到世界 200 多个国家和地区，境外数百家企业经登记批准在义乌设立办事处（代表处）。义乌已成为中国首个可直接办理外国人签证和居留许可的县级市。义乌成为全国重要的日用品出口基地和最大的内陆海关，并被评为中国最具发展潜力会展城市、最具魅力会展城市、最佳会展城市。

东部沿海地区改革开放走在前列，市场经济发展很快，需要大量的劳动力。于是中西部的大批农民涌往沿海地区。

而家庭联产承包责任制释放出了亿万农民的积极性与创造性。他们希望追求更好的生活，除了在农村生产、创业之外，还大量走向乡镇企业和小城镇，大量走向沿海地区和大中城市，甚至走向国外，形成独具特色的中国"民工潮"。

特别是一些农业大省和中西部的人口大省，大量农民走向外地，形成了"川军""湘军""黔军""皖军"等大批民工潮。他们浩浩荡荡地走向沿海地区、走向大中城市，从事各种非农产业工作，主要集中在二、三产业。后来也有部分从事产业化的农业生产。到春节期间，农民工大批回乡过节，顿时又形成世界无双的返乡过节大军。

广东省是改革开放之初首个开放外省人进入的省份。南下大军大批进入广东各市的工厂打工，所以当时大部分南下的农民都被称为"农民工"。

到 1991 年，中国 23 个百万人口以上的大城市，日均流动人口总量达 1000 万，其中上海 183 万，北京 130 万，广州 110 万。

截至 2017 年末，全国农民工总量 28652 万人，比 2016 年增长 1.7%。其中，外出农民工 17185 万人，增长 1.5%；本地农民工 11467 万人，增长 2.0%。

于是，"农民工"成了中国特有的一个名词。农民工完全是改革开放中出现的一个新生事物。按照现在的界定，农民工指的是户籍仍在农村，进入城市务工和在当地或异地从事非农产业劳动 6 个月及以上的劳动者。本地农民工是指在户籍所在乡镇地域内从业的农民工。外出农民工是指在户籍所在乡镇地域外从业的农民工。

农民工在广泛的行业和领域从事工作，而且相当多地从事艰苦的体力劳动，为城市的经济社会发展和人民生活作出了特殊的巨大贡献。

随着时代的进步，农民工的贡献日益为社会所承认，农民工的地位待遇也逐步提高。

1981年，国务院发布通知，还严格控制农村劳动力进城做工和农业人口转为非农业人口。对农村富余劳动力采取"离土不离乡"的政策，引向乡镇企业就地务工。

随着城市经济的发展，对劳动力的需求增加。1984年的中央一号文件，开始允许务工、经商、办服务业的农民自带口粮到集镇落户。1986年，允许国有企业招收农村劳动力。到1986年底，全国登记在册的进城农民已达480万人，加上未登记入册的估计有1500多万人。

随着东南沿海改革开放快速发展，大量农民开始向这些地区跨地区流动。1989年，出现第一次"民工潮"，全国流动大军达到3000万人。

治理整顿期间，国家有关部门又严格控制农民流动进城，下发通知紧急控制外出，控制"农转非"过快增长。当时媒体甚至称农民是"盲目流动"，简称"盲流"。

1992年邓小平南方谈话后，社会主义市场经济迅速发展。票证的逐步取消，粮食供应的放宽，为农民进城提供了基本条件，国家也转而采取疏导政策。"民工潮"越来越猛，外出就业的农民，1993年达到6200万人，1994年达到7000万人，1997年突破1亿大关。国家也随之逐步松动户口政策。

2002年中央一号文件明确提出农民工进城务工的16字方针："公平对待，合理引导，完善管理，搞好服务。"[1] 2006年，国务院专门作出《关于解决农民工问题的若干意见》。2008年12月20日，国务院办公厅发出《关于切实做好当前农民工工作的通知》。2012年8月30日，国务院办公厅转发教育部等部门《关于做好进城务工人员随迁子女接受义务教育后在当地参加升学考试工作的意见》。2014年，国务院发出《关于进一步做好为农民工服务工作的意见》。有关部门相应制定了一系列具体政策，着力解决农民工一系列实际问题，保障农民

---

[1] 中共中央文献研究室编：《十五大以来重要文献选编》（下），中央文献出版社2011年版，第411页。

工的权益。

农民工是中国改革开放和工业化城镇化进程中涌现的一支新型劳动大军，已成为中国产业工人的重要组成部分，对中国现代化建设作出了重大贡献。农民工有力地冲击了城乡二元格局，为城市发展贡献了力量，为城市居民提供了大量服务，降低了经济发展的成本，为企业转型升级提供了条件。

农民工在作出贡献的同时，也大大增加了自身和家庭的收入，改善了家庭经济状况，提高了生活水平，在家乡建起了很多房屋，改善了居住、饮水、环境等生活条件。农民收入中来自打工的收入比例，从 1995 年的 33% 增加到 2005 年的 48%。所以，外出打工成为农民脱贫致富的一条重要途径。组织农民外出打工，也成为国家扶贫脱贫中的一条重要渠道和措施。

农民工还不断提高了自身的素质和技艺、能力，拓展了眼界，增强了争取自身幸福、改变家乡面貌的信心和勇气。在新的条件下，逐渐出现"城归"现象，一些农民工返乡创业，成为乡村振兴的重要力量，为当地城乡社会的发展增添了新的积极因素。

四、国家政策调整提高了农民收入

广大农民的逐步富裕，与改革开放进程中国家政策的调整密切相关。"国之称富者，在乎丰民。"为了富民，国家先后调整多项政策，减轻人民负担，提高农民收入。其中最为突出的，是四方面政策举措。

（一）结束长期实行的统购统销政策，提高农产品收购价格。

从 1953 年开始，国家实行统购统销政策。这一政策从 1953 年实施到 1992 年完全取消，共施行了 39 年。统购统销政策成为计划经济的基础。但也对农民的生活产生了巨大影响。按照统购统销政策，农民只能以低价向国家交售粮食和其他主要农产品，不能有任何市场交换行为。因此，农民的收入只能维持在很低的水准。实行这一政策，严格关闭农产品市场，禁锢了市场配置资源的作用，农民失去了生产粮食的积极性，致使农村生产力长期得不到充分发挥。

统购统销，加之后来实行的户籍制度，造成了中国壁垒分明的城乡二元结构，社会分为吃"商品粮"与吃"农业粮"两大阶层，身份世袭，限制了人口和生产要素的流动，扩大了城乡和工农矛盾。

改革开放后，国家逐步改革计划经济，放宽各方面的政策。为了缩小工农业产品交换的差价,国家大幅提升农产品的收购价格。1979 年 3 月 1 日,根据十一届三中全会提出的建议,国务院决定从 3 月份起,提高粮、棉、油、猪等 18 种主要农副产品的收购价格。其中粮食统购价格从夏粮上市起提高 20%,超购部分在这个基础上再加价 50%;18 种农副产品的收购价格平均提高 24.8%。这个措施使农民的收入得到大幅度增加,极大地调动了农民发展生产、交售农副产品的积极性。农业机械、化肥、农药等农用工业品的出厂价格和销售价格在 1979 年、1980 年则分别降低 10% 到 15%,将收入更多切实地转移给农民。

随着农村改革迅速增加了粮食生产,国家逐步减少统购统销的范围。1985 年 1 月,中共中央、国务院发布《关于进一步活跃农村经济的十项政策》,规定,取消农副产品统购派购制度,对粮食、棉花等少数重要产品,实行尊重农民自主权的国家计划合同收购的新政策,合同收购以外的产品可以自由出售,或以协议价格卖给国家;其余多数产品,逐步放开,自由贸易;国家不再向农民下达指令性生产计划;农业税由过去向农民征收实物为主改为折征代金为主。这就基本上改变了实行 30 多年的统购派购政策。

这样,到 1984 年底,统购派购的品种从 1980 年的 183 种减少到 38 种(其中 24 种是中药材)。实行了 32 年的统购统销开始消解。1985 年,国家不再对农村下达指令性的收购计划,而是采用"合同定购"的方式收购国家需要的粮食。1985 年底,中央又提出"逐步缩小合同定购数量,扩大市场议购"的新方针。

结束统购统销政策,提高农产品收购价格,大幅度增加了广大农民的收入,受到了亿万农民的衷心拥护。在 20 世纪 80 年代,对提高农村富裕程度,减少贫困人口,起了重要作用。

1991 年 4 月,在地方主动进行粮改的基础上,全国统一提高粮食销价,1992 年再次提价,提价幅度达到 140%,基本上达到购销同价的水平。到 1992 年底,由市场决定价格的比重从 1987 年的 50% 左右扩大到 80% 左右。

(二)整治各种乱收费现象,切实减轻农民负担。

农村改革的发展,解放了农村生产力,农民的生产积极性大为提高,使农村经济得到快速增长,农民收入也得到了较大的提高。农村逐步形成了国家、集体和农户三者之间的分配原则:缴够国家的,留足集体的,剩下全是自己的。到后来,农民生产的粮食等农产品,从价值形式上来说,基本上都是农民自己的了。

但是,由于农业本身的基本特点,农业生产率难以大幅度提高;中国长期处于二元结构当中，许多政策对于农村和城市都有差异；特别是进入市场经济之后，在农业生产资料价格不断提高的情况下，农产品的价格难以大幅度提高，农业的投入与产出比也难以提高；加上不少地方存在着乱收费、乱摊派等不规范行为，在诸如此类的种种原因作用下，农民不时遇到收入增长比较缓慢，而负担却比较沉重的情况。

所以，如何减轻农民负担，保障农民权益、改善农民生活和社会福利，成为农村改革的一个特殊问题和重要内容。不断推进农业和农村改革，从根本上来说，就是为了更快地消除农民贫困的现象，使广大农民尽快富裕起来。

党中央、国务院对农民收入和农民负担问题一直非常重视。中央先后召开的中央全会、中央农村工作会议，都把提高农民收入，减轻农民负担作为重要的问题来研究。中央下发的一系列一号文件和其他涉农文件，都对这一问题提出了要求，制定了一系列方针政策和举措。

除此之外，中央还专门制定和下发了一些文件，对减轻农民负担问题提出要求，制定政策，采取措施，作出部署。

1985 年 10 月 31 日，中共中央、国务院发出《关于制止向农民乱派款、乱收费的通知》，指出：近几年来，大部分地方农民负担不断增加，各种名目的乱收费、乱罚款、乱集资，远远超过农民的负担能力。《通知》要求各地高度重视这一问题，采取有效措施制止各种乱派款、乱收费行为。

1990 年 2 月，国务院发出《关于切实减轻农民负担的通知》，其中提出"以乡为单位，人均集体提留和统筹费，一般应控制在上年人均纯收入的 5% 以内"。

1991 年 12 月，国务院颁布《农民承担费用和劳务管理条例》。

1996 年，中共中央、国务院发布《关于切实做好减轻农民负担工作的决定》，强调全党务必从政治、全局高度看待农民负担问题，坚持不懈地减轻农民负担，禁止非法负担，管理好合法负担。要求坚决把农民承担的村提留乡统筹费和劳务全面控制在国家规定的限额之内，严禁乱收费、乱集资、乱涨价、乱罚款和各种摊派。[1]

1997 年，各级政府、各部门按照《关于切实减轻农民负担工作的决定》的要求，普遍清理了涉及农民负担的文件项目。

---

[1] 参见中共中央文献研究室编：《十四大以来重要文献选编》（下），中央文献出版社 2011 年版，第 237 页。

（三）实行税费改革，彻底取消农业税。

农业税是国家对一切从事农业生产、有农业收入的单位和个人征收的一种税，俗称"公粮"。农业税起源很早，中国过去称田赋。西方国家称地租税或土地税。

作为国家的重要税种，农业税为我国建立完整的工业体系和国民经济体系发挥了重要作用。据统计，从 1949 年至 2000 年的 52 年间，农民向国家缴纳了 7000 多亿公斤粮食，农业税也一直是国家财力的重要支柱。农民作为纳税人，作出了巨大的历史性贡献。

十一届三中全会以来，首先对贫困地区实施税收减免政策。1984 年 9 月，中共中央、国务院《关于帮助贫困地区尽快改变面貌的通知》就明确规定：对贫困地区从 1985 年起，分别情况，减免农业税。最困难的免征农业税 5 年，困难较轻的酌量减征 1 至 3 年；鼓励外地到贫困地区兴办开发性企业（林场、畜牧场、电站、采矿、工厂等）5 年内免交所得税；乡镇企业、农民联办企业、家庭工厂、个体商贩的所得税是否减免以及减免的幅度和时间由县人民政府自定。[1]

在农村改革进程中，对农业税费问题逐步进行了调整和改革。1998 年 10 月，在党的十五届三中全会上，农村税费改革被列为改革重点内容，明确要"坚持多予、少取，让农民得到更多的实惠"。"十五"（2001—2005 年）之初，国家开始了以减轻农民负担为中心，取消三提五统等税外收费、改革农业税收为主要内容的农村税费改革。

2000 年 3 月，中共中央、国务院发出《关于进行农村税费改革试点工作的通知》。要求通过试点，探索建立规范的农村税费制度和从根本上减轻农民负担的办法。农村税费改革首先在安徽省进行试点。2001 年 2 月 17 日至 19 日，全国农村税费改革试点工作会议在安徽召开。2003 年，全国所有省区市全面推开农村税费改革试点工作。

农村税费改革的主要内容是：取消乡统筹费、农村教育集资等专门向农民征收的行政事业性收费和政府性基金、集资；取消屠宰税；取消统一规定的农村劳动积累工和义务工；调整农业税和农业特产税政策；改革村提留征收使用办法。

2004 年，国务院开始实行减征或免征农业税的惠农政策。据统计，免征农

---

[1] 参见中共中央文献研究室编：《十二大以来重要文献选编》（中），中央文献出版社 2011 年版，第 31—32 页。

业税、取消烟叶外的农业特产税可减轻农民负担 500 亿元左右，到 2005 年已有近 8 亿农民直接受益。

与此同时，随着改革开放的发展，国家综合国力和财政实力都不断增强，财政收入稳定增长的机制已经基本形成。农业税在财政收入中的比重逐步下降。新中国成立初期，农业税占全国财政收入的 41%，到 2004 年，农业税占全国财政收入已不到 1%。

所以，在税费改革取得重大成果和进展的基础上，为了进一步减轻农民负担，2005 年 12 月 29 日，十届全国人大常委会十九次会议决定，自 2006 年 1 月 1 日起，废止一届全国人大常委会于 1958 年 6 月 3 日通过的《中华人民共和国农业税条例》。国家不再针对农业单独征税。

全面取消农业税，标志着在我国延续了 2600 年的古老税种从此退出历史舞台。这是农村改革的一个重大举措和成果。标志着农民负担进一步减轻，收入相对增加，也标志着国家与农民之间的分配格局发生了历史性的变化。

全面取消农业税，对于减轻农民负担，增加农民收入，调动农民生产积极性，巩固农业基础地位，促进城乡统筹发展具有重要意义。

为纪念国家取消延续了 2600 多年的农业税，河北灵寿县村民王三妮倾心铸造"告别田赋"青铜鼎。2006 年 1 月 28 日，王三妮在当地集市上向过往群众介绍了铸造青铜鼎的原因、过程和意义，表达了对党的政策的衷心拥护和赞扬。

2006 年取消农业税后，与 1999 年相比，全国农民减负 1045 亿元，人均减负 120 元左右。农业税的取消，给亿万农民带来了看得见的物质利益，极大地调动了农民积极性，又一次解放了农村生产力，直接带动了农村生产关系和上层建筑某些环节的调整，并推动农村经济的快速发展和农村社会的和谐进步。

"省劳费，去重敛，宽农民；庶几国用可足，民财不匮矣。"减轻农民负担的实践，再一次印证了这个基本的道理。

（四）采取多种措施增加对农民的补贴和扶持，继续减轻农民负担。

在减免税收的同时，国家大幅度增加了对农民的补贴。2004 年出台了粮食直补、农机具购置补贴、良种补贴 3 项补贴政策，2006 年起对农业生产资料进行综合补贴，充分调动了广大种粮农民的积极性。此外，还出台了粮食最低收购价、重要农产品临时收储、农业保险保费补贴等政策。

这样就形成了以"四补贴"为突出标志的补贴政策。一是给种植农民直接补贴，2007 年每亩粮食补贴 10 元。二是农资综合直补，2009 年规模达到 716 亿元。三是良种补贴，2008 年规模达到 121.6 亿元。四是农机具购置补贴，包括 9 大类 33 个品种。此外，还有其他多种补贴。还对农业生产大县给予财政奖励。

为了解决农村融资难和经营风险，还不断完善农村金融体系和服务，创新和拓宽农业支持保护的手段。

为了切实做好减轻农民负担的工作，2006 年 6 月，国务院办公厅印发《关于做好当前减轻农民负担工作的意见》，要求准确把握减轻农民负担工作的总体要求，认真落实和完善减轻农民负担的四项制度，重点治理农民反映强烈的突出问题。

2012 年 4 月，国务院办公厅又印发了《关于进一步做好减轻农民负担工作的意见》，强调要继续保持减轻农民负担的高压态势，绝不能因为农业税的取消而思想麻痹，绝不能因为农民收入增加和农民负担水平下降而工作松懈。

2014 年和 2015 年国务院办公厅和中央有关部委，又先后印发了做好减轻农民负担工作的意见。

为了提高农民的生活质量，解除农民的后顾之忧，2003 年开始实施新型农村合作医疗，2007 年建立农村最低生活保障制度，2009 年开始推行新型农村社会养老保险。

同时，改革农村义务教育经费保障机制。2006 年起，我国逐步将农村义务教育经费纳入公共财政保障范围。到 2010 年，全国近 1.3 亿名农村义务教育阶段学生全部享受免除学杂费和免费教科书政策，中西部地区 1200 多万名农村义务教育阶段家庭经济困难寄宿生获得生活费补助。

这些举措都受到了广大农民的衷心拥护，调动了农民生产经营的积极性。

五、加强"三农"建设推进了农村现代化进程

农业、农村、农民，统称"三农"问题，是中国经济和社会发展最基本的问题。改革开放以来，党和国家高度重视"三农"问题，不断推动农业农村的发展，切实解决农民的现实问题，先后颁发了一系列关于"三农"问题的文件，聚焦"三农"，布局"三农"，极大地推动了农业农村农民的现代化建设。

1982 年至 1986 年，中共中央连续 5 年发布以农业、农村和农民为主题的中央一号文件，对农村改革和农业发展作出具体部署。

从 1989 年到 1991 年，是国民经济治理整顿时期，农村改革仍以产业结构

调整为主，并改革粮食购销体制，培育农产品市场。

1990 年，邓小平指出，社会主义农业的改革和发展要有"两个飞跃"，这一思想科学地指明了农业发展的关键和方向。

1991 年 11 月，党的十三届八中全会通过《中共中央关于进一步加强农业和农村工作的决定》，提出了 90 年代农业和农村工作的主要任务，要求到 20 世纪末确保粮食总产量达到 5000 亿公斤，农村国民生产总值再翻一番。[1]

1992 年春天，在中国改革和世界局势向何处去的关键时刻，邓小平发表南方谈话，深刻回答了长期困扰和束缚人们思想的许多重大问题。以邓小平南方谈话和党的十四大为标志，改革开放和社会主义现代化建设事业进入新的发展阶段。

1992 年，党的十四大确立了建立社会主义市场经济的改革目标。同时，全面部署了 90 年代改革和发展的主要任务。要求坚持把加强农业放在首位，全面振兴农村经济。要深化农村经济体制和经营机制的改革，把以家庭联产承包为主的责任制、统分结合的双层经营体制作为我国农村集体经济组织的一项基本制度长期稳定下来，并不断充实完善。积极发展多种形式的农业社会化服务体系。从各地实际出发，逐步壮大集体经济实力。抓紧进行农产品价格和农村流通体制的改革，继续强化市场在农村经济中的调节作用。

1993 年 8 月，国务院第七次常务会议审议通过了《九十年代中国农业发展纲要》，并于同年 11 月印发。《纲要》规定了 90 年代我国农业发展的主要目标、指导思想和总体布局。11 月 5 日，中共中央、国务院发布《关于当前农业和农村经济发展的若干政策措施》，制定了十二项政策措施，要求特别重视和加强农业和农村工作，切实强化农业的基础地位，保障农业稳步发展，不断增加农民收入。[2]同年，将"实行家庭承包经营为基础、统分结合的双层经营体制"作为农村经济的一项基本制度写入了《宪法》。

根据我国粮食生产和供应的形势，党中央、国务院在 90 年代中期大抓粮、棉、油和"菜篮子"的生产和供应，同时全面发展农村经济，增加农民收入，减轻农民负担，保证农村社会的稳定。

为了完善农村金融服务，促进农村经济发展，1994 年 11 月，成立中国农业

---

[1] 参见中共中央文献研究室编:《十三大以来重要文献选编》(下)，中央文献出版社 2011 年版，第 280 页。

[2] 参见中共中央文献研究室编:《十四大以来重要文献选编》(上)，中央文献出版社 2011 年版，第 417—429 页。

发展银行，作为中国农业政策性银行，承担农业政策性金融业务。1996年出台的《国务院关于农村金融体制改革的决定》，要求农村信用社与农业银行脱离隶属关系，由中国人民银行托管。全国5万多个农村信用社和2400多个县联社成为独立的"民办"合作金融机构。

在制定国家"九五"计划的同时，中共中央、国务院确定了"九五"期间农业发展的任务，要求到2000年，全国粮食总产量达到9800亿—10000亿斤。

党的十五大强调坚持把农业放在经济工作的首位，稳定党在农村的基本政策，深化农村改革，确保农业和农村经济发展、农民收入增加。

1998年10月，在改革开放20周年之际，中共中央召开十五届三中全会，集中研究农业和农村问题，通过了《中共中央关于农业和农村工作若干重大问题的决定》，提出了从20世纪末到2010年建设有中国特色社会主义新农村的奋斗目标，确定了实现这些目标必须坚持的十条方针。强调农村的产业化经营，能够有效解决千家万户的农民进入市场、运用现代科技和扩大经营规模等问题，提高农业经济效益和市场化程度，是我国农业逐步走向现代化的现实途径之一。[1]农村改革和发展进入一个新的阶段，农业产业化经营逐步发展壮大起来。到2000年，全国各类农业产业化经营组织发展到6.67万个，带动农户5900多万户。

到2000年，"九五"计划的主要任务胜利完成，主要工农业产品总量位居世界前列，商品短缺状况基本结束，人民生活总体上达到了小康水平，顺利实现了社会主义现代化建设第二步战略目标。这是我国改革开放和现代化建设事业取得的伟大成就，是中华民族发展史上一个新的里程碑。

进入新世纪召开的党的十六大，提出了全面建设小康社会的奋斗目标，明确指出"统筹城乡经济社会发展，建设现代农业，发展农村经济，增加农民收入，是全面建设小康社会的重大任务"。强调以统筹城乡的新思路解决"三农"问题，意味着要从工业、城市中拿出更多的资源促进农业农村发展。

继20世纪80年代中央连续5个一号文件后，2004年至2020年，中共中央、国务院又连续17年发布以"三农"为主题的中央一号文件，对"三农"的改革和发展进行部署和改革，统筹推进工农城乡协调发展，出台一系列强农惠农政策，实现了农业连年丰收、农民收入持续提高、农村社会事业加快发展，农业农村发展形成了一个"黄金期"。

---

[1] 参见中共中央文献研究室编：《十五大以来重要文献选编》（上），中央文献出版社2011年版，第493—495页。

2003 年 1 月，中央农村工作会议强调"要把解决好农业、农村和农民问题作为全党工作的重中之重"。党的十六届三中全会明确"五个统筹"的要求，并将统筹城乡发展放在首位，将"建立有利于逐步改变城乡二元经济结构的体制"作为完善市场经济体制的重要目标。

2003 年 12 月，针对全国农民人均纯收入连续增长缓慢的情况，中央下发《中共中央国务院关于促进农民增加收入若干政策的意见》，成为改革开放以来中央的第 6 个"一号文件"。

在党的十六届四中全会上，胡锦涛指出："在工业化初始阶段，农业支持工业、为工业提供积累是带有普遍性的倾向；但在工业化达到相当程度后，工业反哺农业、城市支持农村，实现工业与农业、城市与农村协调发展，也是带有普遍性的倾向。""两个趋向"的重要论断，是对我国经济社会发展阶段的科学判断，是新形势下对工农关系和城乡关系认识的升华，统一了全党进一步加大力度解决好"三农"问题的思想。

2004 年 12 月，《中共中央、国务院关于进一步加强农村工作提高农业综合生产能力若干政策的意见》，即第 7 个"一号文件"，要求坚持"多予少取放活"的方针，稳定、完善和强化各项支农政策。当前和今后一个时期，要把加强农业基础设施建设，加快农业科技进步，提高农业综合生产能力，作为一项重大而紧迫的战略任务，切实抓紧抓好。[1]

党的十六届五中全会在"十一五"规划建议中，明确提出把建设社会主义新农村作为我国现代化进程中的重大历史任务。2005 年 12 月，《中共中央、国务院关于推进社会主义新农村建设的若干意见》，即第 8 个"一号文件"，对十六届五中全会提出的社会主义新农村建设的任务作出了部署。

2006 年 12 月，《中共中央、国务院关于积极发展现代农业扎实推进社会主义新农村建设的若干意见》强调发展现代农业是社会主义新农村建设的首要任务，要用现代物质条件装备农业，用现代科学技术改造农业，用现代产业体系提升农业，用现代经营形式推进农业，用现代发展理念引领农业，用培养新型农民发展农业。[2]

2007 年 10 月召开的党的十七大，对实现全面建设小康社会的目标要求作了

---

[1] 参见中共中央文献研究室编：《十六大以来重要文献选编》（中），中央文献出版社 2011 年版，第 237 页。

[2] 参见中共中央文献研究室编：《十六大以来重要文献选编》（下），中央文献出版社 2011 年版，第 835—836 页。

全面部署，明确提出，要加强农业基础地位，走中国特色农业现代化道路，建立以工促农、以城带乡长效机制，形成城乡经济社会发展一体化新格局。

2007年12月，《中共中央、国务院关于切实加强农业基础建设进一步促进农业发展农民增收的若干意见》，要求加快构建强化农业基础的长效机制，逐步提高农村基本公共服务水平。[1]

党的十七届三中全会通过《中共中央关于推进农村改革发展若干重大问题的决定》，明确了在新的起点上推进农村改革发展的指导思想、目标任务、重大原则，成为新形势下推进农村改革发展的行动纲领。

2008年12月，《中共中央、国务院关于2009年促进农业稳定发展农民持续增收的若干意见》要求把保持农业农村经济平稳较快发展作为首要任务，围绕稳粮、增收、强基础、重民生，进一步强化惠农政策，为经济社会又好又快发展继续提供有力保障。[2]

2009年12月，《中共中央、国务院关于加大统筹城乡发展力度进一步夯实农业农村发展基础的若干意见》进一步完善、强化"三农"工作的政策，提出了一系列新的重大原则和措施。

2010年12月，《中共中央、国务院关于加快水利改革发展的决定》是新中国成立62年来首次对水利工作进行全面部署的中央文件。

2011年2月1日，中共中央印发《关于加快推进农业科技创新持续增强农产品供给保障能力的若干意见》，突出强调部署农业科技创新，把推进农业科技创新作为"三农"工作的重点。

进入21世纪以来的十多年中，党中央明确了把解决好"三农"问题放在全党工作重中之重的位置、着力统筹城乡经济社会发展、加快形成城乡发展一体化新格局的指导思想，提出了一系列影响深远的新思想新战略，出台了一系列丰富扎实的新政策新举措，坚持强农惠农富农，多予少取放活，催发了农村大地的勃勃生机。全国粮食连续8年增产，总产量从2003年的8614亿斤增长到2011年的11424亿斤，年均增产350多亿斤。农民人均纯收入从2003年的2622元增加到2011年的6977元，年均增长8.6%。农民消费水平、生活质量得到显著提高，越来越多的农民从温饱走向宽裕。

---

[1] 参见中共中央文献研究室编：《十七大以来重要文献选编》（上），中央文献出版社2009年版，第133—144页。

[2] 参见中共中央文献研究室编：《十七大以来重要文献选编》（上），中央文献出版社2009年版，第823页。

总体来说，改革开放以来，按照中央部署，在不同阶段，取消了长期实行的农副产品统购派购制度，对粮、棉等少数重要产品采取国家计划合同收购的新政策；坚持"多予少取放活"的方针，稳定、完善和强化各项支农政策；积极发展现代农业，扎实推进社会主义新农村建设；切实加强农业基础建设，进一步促进农业发展农民增收；围绕稳粮、增收、强基础、重民生，强化惠农政策，推进城乡经济社会发展一体化；加大统筹城乡发展力度，进一步夯实农业农村发展基础；加快水利改革发展；加快推进农业科技创新，持续增强农产品供给保障能力；加快发展现代农业，进一步增强农村发展活力；全面深化农村改革，加大创新力度，加快推进农业现代化建设；落实发展新理念，加快农业现代化，实现全面小康目标；深入推进农业供给侧结构性改革，加快培育农业农村发展新动能；深化农村综合改革；实施乡村振兴战略；等等。

这些部署和举措，极大地推动了农村改革发展的进程，解放了农村生产力，释放了亿万农民的活力，有效地解决了不同层面的"三农"问题，推进了"三农"问题的现代化进程，为扶贫脱贫创造了良好的大环境，提供了坚实的大基础。

六、对外开放打开了发展新天地

对外开放，与改革紧紧联系在一起，是总结国际国内历史经验作出的重大战略决策，是十一届三中全会以来中国的基本国策，社会主义建设新时期的显著特征，中国经济腾飞的一个秘诀，也是中国全面建成小康社会的一件法宝。

对外开放，就其政策取向而言，一是指国家积极主动地扩大对外经济交往；二是指放开或者取消各种政策限制，不再采取封锁国内市场和投资场所的保护政策，发展开放型经济；三是指加强与世界各国的经济、政治、文化、科技等多方面的交流与合作；四是指放宽人员往来和流动，允许公民依法出入境，学生出国留学，公民依法出国出境从事劳务活动、贸易往来等。

40多年来，中国的对外开放主要采取了以下几种途径、形式、方法和措施：

第一，利用外资。改革开放前的30年，除了苏联、东欧国家在50年代的援助外，中国基本没有利用外资，也没有企业海外投资。我国现代化建设面临的一个严重问题，就是资金不足。利用国外资金，是缓解国内资金短缺的一条有效途径。所以，对外开放一开始，首先提出的就是吸引外资问题。利用外资扩大了我国同各国之间经济技术的交流与合作，促进了国内经济的发展。自1982年3月与瑞典签署第一个双边投资协定以来，到2018年底，中国已经和134个国家和地区签署了双边投资协定。

第二，引进技术。针对我国科技力量薄弱的现状，国家积极引进发达国家的先进技术和管理经验，也包括先进的设备，来促进我国科技的发展和管理水平的提高。仅1978年一年，我国同西方发达国家就先后签订了22个成套引进项目的合同，其中投资规模最大的是上海宝山钢铁厂。虽然当时出现了规模过大、要求过急的问题，但毕竟为我国的现代化建设提供了比较先进的技术装备和较高的起点。

第三，对外贸易。努力打开世界市场，开辟贸易途径，提高中国产品的竞争能力和创汇能力，通过获得广阔的国际市场来实现中国经济发展的战略目标。扩大对外贸易，不但使我们获得了实现现代化所必需的技术设备或产品，而且为我们进入世界市场、积累资金、获得技术信息提供了重要途径。

第四，创建经济特区。选择若干对外交通便利的地区，在对外经济活动中采取更加灵活和开放的特殊政策，实行减免关税、降低地价等优惠办法，创造良好的投资环境，鼓励和吸引外商、外资办企业和其他事业，以达到发展经济的目的。建立对外经济特区，对中国更好地利用外资，引进国外先进技术，发展对外贸易，提高企业管理水平发挥了重要作用。

40多年来，对外开放不断扩大，不断提高水平。

以十一届三中全会作出实行改革开放的历史性决策为标志，首先通过试办深圳等经济特区，大力吸引外资、发展劳动密集型出口加工业。1984年，进一步开放14个沿海港口城市，设立国家级经济技术开发区，初步形成由点及线、由线及面的开放格局。

以1992年邓小平发表南方谈话和十四大决定建立社会主义市场经济体制为标志，对外开放范围由沿海扩大到沿江、内陆和沿边，形成了全方位、多层次、宽领域的对外开放格局。

以2001年加入世贸组织为标志，从单方面自主开放转变为与世贸组织成员在国际规则下相互开放。加入世贸组织开启了中国全面参与经济全球化、充分利用"两个市场、两种资源"的新时期，为农业生产和农产品国际贸易带来了难得机遇，加快了中国农业与国际市场对接的步伐，改善了农产品的出口环境，扩大了农产品的国际市场份额，同时，对农产品结构、品质、价格及农业产业政策提出了更高要求，倒逼中国农业生产向高质量发展。

十七大报告进一步指出，要"扩大开放领域，优化开放结构，提高开放质量"。

2012年以来，进入全面开放阶段。以推动形成全面开放新格局、对外商投资实行准入前国民待遇加负面清单管理制度为标志。按十八大要求，适应经济全球化新形势，实行更加积极主动的开放战略。十八届三中全会提出了探索对外商投资实行准入前国民待遇加负面清单的管理模式、建设上海自贸试验区、扩大内陆沿边开放等改革任务。2015年5月，中共中央、国务院发布了《关于构建开放型经济新体制的若干意见》。党中央、国务院先后决定设立了上海等12个自贸试验区。

开放，不仅意味着引进来，也意味着走出去。1997年，在全国外资工作会议上，江泽民比较完整地提出了"引进来"与"走出去"相结合的思想。2000年3月，九届全国人大三次会议把"走出去"战略提高到国家战略层面。2001年3月，写入了我国《国民经济和社会发展第十个五年计划纲要》。2002年，十六大提出："坚持'走出去'与'引进来'相结合的方针，全面提高对外开放水平。适应经济全球化和加入世界贸易组织的新形势，在更大范围、更广领域和更高层次上参与国际经济技术合作和竞争，充分利用国际国内两个市场，优化资源配置，拓宽发展空间，以开放促改革促发展。"[1]

十八大要求："加快走出去步伐，增强企业国际化经营能力，培育一批世界水平的跨国公司。"[2] 2013年，习近平总书记提出"一带一路"倡议，包含了丰富的"走出去"的内容。党的十九大指出："要以'一带一路'建设为重点，坚持引进来和走出去并重，遵循共商共建共享原则，加强创新能力开放合作，形成陆海内外联动、东西双向互济的开放格局。"[3]

对外开放，不仅把中国与世界日益紧密地联系在一起，而且为中国广大农民打开了发展致富的新天地。大量农民首先进入特区和沿海开放城市打工，成为当地劳动力的重要来源。各地合资企业发展起来以后，又有大量农民进入合资企业工作，成为新型工人。

---

[1] 参见中共中央文献研究室编：《十六大以来重要文献选编》（上），中央文献出版社2011年版，第22页。

[2] 参见中共中央文献研究室编：《十八大以来重要文献选编》（上），中央文献出版社2014年版，第19页。

[3]《中国共产党第十九次全国代表大会文件汇编》（上），人民出版社2017年版，第28页。

东南沿海省份历史上就有漂洋过海艰苦创业的传统。对外开放放宽政策以后，大量农民走出边境、走出国界，到港澳地区，到东南亚国家，到美国和欧洲国家打工、创业。他们的足迹越走越远，逐步遍及了全世界几乎每一个角落。

国内的大量农民自主创业，发展个体经济，建立民营企业，发展贸易，从事实业，不仅成为国内经济的重要部分，而且大量走向世界，为世界提供更多价廉物美的产品和服务。

1997 年 2 月 1 日《人民日报》报道，1 月初，江苏省海门市一位农民在南斯拉夫创办的一家公司开业。至此，他已创办了 6 家企业。1996 年，他境外企业的销售额达 4000 万元。这在当地成了创业神话，农民境外大办公司也成为美谈。

这些过去的农民，具有坚忍不拔的奋斗精神，通过他们的辛勤劳动，无论在国内还是国外，都打开了一个一个新的天地，创造了不凡的业绩。而且，驾驭市场经济和世界经济的能力水平越来越高。越来越多的企业，逐步发展成为集科研、生产、贸易、投资于一体的多元化、高科技、国际化的大型企业集团。

这些企业，把创造世界名牌、参与国际竞争作为自己的一个重要战略，在国际化的旗帜下，以其高科技、高质量的产品，进军世界市场，弄潮国际商海，打入了许多国家，建成了颇具规模的海外销售、生产、投资、运营网络。它们实行严格的质量管理。通过了国际审评机构的认证。其产品受到国外消费者的欢迎。积极参与国际投资，奋力开拓世界市场，组建海外集团，设立海外工厂，开展国际贸易。它们属于中国，也属于世界。

即使传统的农业和农副产品的生产，也大批走向世界，满足世界不同国家的消费需求。有的，还直接到国外从事农业生产，创办农业企业。

对外开放的发展，成为农业和农村发展的强大动力和大好机遇，也成为亿万农民脱贫致富的重要途径。

七、新时代"三农"事业取得历史性成就

党的十八大以后，中国特色社会主义进入新时代。以习近平同志为核心的党中央，统筹推进"五位一体"总体布局，协调推进"四个全面"战略布局，强调农业农村农民问题是关系国计民生的根本性问题，坚持农业农村优先发展，坚持农业现代化与农村现代化一体设计、一并推进，对促进农民收入持续较快

增长、深化农村改革、扎实推进农业农村法治建设、加强党对农村工作的领导等提出了新要求，推进农业农村现代化事业取得了历史性新成就。

党中央始终坚持把解决好"三农"问题作为全党工作重中之重，习近平总书记三次出席中央农村工作会并作重要讲话。

2012 年 12 月 30 日，刚当选总书记一个多月的习近平顶风踏雪到阜平"看真贫"，拉开了新时代脱贫攻坚的序幕。12 月，《中共中央、国务院关于加快发展现代农业进一步增强农村发展活力的若干意见》在新世纪连续第 10 年聚焦"三农"。

2013 年 11 月，党的十八届三中全会通过《中共中央关于全面深化改革若干重大问题的决定》，对农业农村改革作出系统部署。

2014 年 1 月，《中共中央、国务院关于全面深化农村改革加快推进农业现代化的若干意见》要求：完善国家粮食安全保障体系；强化农业支持保护制度；建立农业可持续发展长效机制；深化农村土地制度改革；构建新型农业经营体系；加快农村金融制度创新；健全城乡发展一体化体制机制；改善乡村治理机制。[1]

2015 年 1 月，《中共中央、国务院关于加大改革创新力度加快农业现代化建设的若干意见》要求：围绕建设现代农业，加快转变农业发展方式；围绕促进农民增收，加大惠农政策力度；围绕城乡发展一体化，深入推进新农村建设；围绕增添农村发展活力，全面深化农村改革；围绕做好"三农"工作，加强农村法治建设。[2]

2015 年 11 月，中办、国办印发《深化农村改革综合性实施方案》，对农村经济社会发展改革的总体要求、任务目标、关键领域以及重大举措等作出了顶层设计。方案指出"当前和今后一个时期，深化农村改革要聚焦农村集体产权制度、农业经营制度、农业支持保护制度、城乡发展一体化体制机制和农村社会治理制度等五大领域"。当年 12 月召开的中央农村工作会议强调，要着力加强农业供给侧结构性改革，提高农业供给体系质量和效率。

2015 年 12 月，《中共中央、国务院关于落实发展新理念加快农业现代化实现全面小康目标的若干意见》要求：持续夯实现代农业基础，提高农业质量效益和竞争力；加强资源保护和生态修复，推动农业绿色发展；推进农村产业融合，促

---

[1] 参见中共中央文献研究室编：《十八大以来重要文献选编》（上），中央文献出版社 2014 年版，第 702—716 页。

[2] 参见中共中央文献研究室编：《十八大以来重要文献选编》（中），中央文献出版社 2016 年版，第 273—290 页。

进农民收入持续较快增长；推动城乡协调发展，提高新农村建设水平；深入推进农村改革，增强农村发展内生动力；加强和改善党对"三农"工作指导。[1]

2016年4月，习近平在安徽凤阳县小岗村召开的农村改革座谈会上发表重要讲话，强调"解决农业农村发展面临的各种矛盾和问题，根本靠深化改革"。

2016年12月，《中共中央、国务院关于深入推进农业供给侧结构性改革加快培育农业农村发展新动能的若干意见》要求：优化产品产业结构，着力推进农业提质增效；推行绿色生产方式，增强农业可持续发展能力；壮大新产业新业态，拓展农业产业链价值链；强化科技创新驱动，引领现代农业加快发展；补齐农业农村短板，夯实农村共享发展基础；加大农村改革力度，激活农业农村内生发展动力。[2]

党的十九大发出了决胜全面建成小康社会的号召。实施乡村振兴战略，是十九大提出的一项重大战略部署。习近平总书记明确提出了实施乡村振兴战略的总目标、总要求、总方针和制度保障。以此为标志，中国农村经济社会发展进入乡村振兴新时代。

2018年1月，《中共中央、国务院关于实施乡村振兴战略的意见》按照十九大精神，对乡村振兴战略进行部署，提出乡村振兴要以农业供给侧结构性改革为主线。同年9月，《乡村振兴战略规划（2018—2022年）》印发，对实施乡村振兴战略作出阶段性谋划，分别明确至2020年全面建成小康社会和2022年召开党的二十大时的目标任务，细化实化工作重点和政策措施，部署重大工程、重大计划、重大行动，确保乡村振兴战略落实落地。

随后，又每年制定了1个中央一号文件。2019年中央一号文件强调围绕"巩固、增强、提升、畅通"深化农业供给侧结构性改革。2020年中央一号文件《中共中央、国务院关于抓好"三农"领域重点工作确保如期实现全面小康的意见》要求：坚决打赢脱贫攻坚战；对标全面建成小康社会加快补上农村基础设施和公共服务短板；保障重要农产品有效供给和促进农民持续增收；加强农村基层治理；强化农村补短板保障措施。

2021年中央一号文件提出，力争2021年农业农村现代化规划启动实施，脱贫攻坚政策体系和工作机制同乡村振兴有效衔接、平稳过渡。到2025年，农业

---

[1] 参见中共中央文献研究室编：《十八大以来重要文献选编》（下），中央文献出版社2018年版，第102—103页。

[2] 参见中共中央文献研究室编：《十八大以来重要文献选编》（下），中央文献出版社2018年版，第529—546页。

农村现代化取得重要进展，粮食和重要农产品供应保障更加有力，现代乡村产业体系基本形成，乡村建设行动取得明显成效。

经中央政治局常委会专门审议，自 2018 年起，我国将每年秋分日设立为"中国农民丰收节"。这是第一个在国家层面专门为农民设立的节日，充分体现了以习近平同志为核心的党中央对"三农"工作的高度重视，对广大农民的深切关怀。

全面深化改革，激发起强大发展动力，农业蓬勃发展，农村面貌不断更新。

粮食是"三农"问题的核心。保障粮食安全，一直是党的农政聚焦的重点。我国政府划定了 18 亿亩耕地的红线，绝对不可减少。2013 年底召开的中央农村工作会议明确要求实施"以我为主、立足国内、确保产能、适度进口、科技支撑"的国家粮食安全战略，提出确保"谷物基本自给、口粮绝对安全"的国家粮食安全目标，并强调"中国人的饭碗一定要端在自己手里"；会议提出了 2014 年工作主要任务，其中"切实保障国家粮食安全"首次跃升为六大任务之首，粮食安全亦首次被提至"国家战略"的高度。

2015 年中央一号文件强调，"进一步完善和落实粮食省长负责制。强化对粮食主产省和主产县的政策倾斜，保障产粮大县重农抓粮得实惠、有发展"。2021 年中央一号文件指出，地方各级党委和政府要切实扛起粮食安全政治责任，实行粮食安全党政同责。2021 年 3 月，十三届全国人大四次会议通过的《国民经济和社会发展第十四个五年规划和二〇三五年远景目标纲要》，明确强调"强化国家经济安全保障"，其中包括实施粮食安全战略、实施能源资源安全战略、实施金融安全战略。

2020 年，我国粮食播种面积 17.52 亿亩，比 2019 年增加 1056 万亩。国家划定粮食生产功能区和重要农产品保护区，建设高标准农田和高产稳产田。"十三五"规划纲要提出，确保建成 8 亿亩集中连片、旱涝保收、稳产高产、生态友好的高标准农田。根据规划，到 2020 年底，全国要建成 5683 处灌区，有效灌溉面积达到 5380 万公顷。

农业的保障条件进一步改善。2020 年底，我国各类农机具超过 2400 万台套，主要农作物耕种收机械化率超过 70%。农业科技装备水平的提高，为提高粮食产量夯实了基础。截至 2019 年底，全国农业社会化服务组织总量达到 89.3 万个，全国生产托管服务面积超过 15 亿亩次。2020 年底，全国农村实用人才总量约 2254 万人，占主体的高素质农民超过 1700 万人。2015 年至 2020 年，我国累计培育高素质农民达到 500 万人，直接培训农村实用人才带头人 11 万人。

2020 年，粮食生产喜获"十七连丰"，决战脱贫攻坚取得决定性胜利。新时代中国特色社会主义放射出新的光彩，新时代的"三农"事业也取得了新的成就。

八、"三步走"战略推动全面建成小康社会

改革开放以来，中国的发展是按照"三步走"战略一步步向前推进的。中国的扶贫脱贫事业也是在实施"三步走"战略的进程中不断发展和取得成就的。

1987 年 4 月，邓小平提出"三步走"构想。据此，党的十三大正式确定了中国现代化建设"三步走"的发展战略，即：第一步，实现国民生产总值比 1980 年翻一番，解决人民的温饱问题；第二步，到 20 世纪末国民生产总值再翻一番，达到小康；第三步，到 21 世纪中叶再翻两番，人均国民生产总值达到中等发达国家水平。[1]

"三步走"战略，把我国社会主义现代化的进程具体化为切实可行的步骤，是激励全国人民为一个共同理想而努力奋斗的行动纲领，具有十分重要的战略指导意义。

按照"三步走"战略，国家在改革发展的路上不断前进，首先在 1987 年提前三年实现了第一步翻一番的目标。1995 年，又提前五年实现了翻两番的目标。到 20 世纪末，整体上进入了小康社会。

随着 21 世纪即将到来，为了把第三步即 21 世纪前 50 年的任务目标再细化，1997 年，党的十五大提出了新的小"三步走"战略，即到 2010 年实现国民生产总值比 2000 年翻一番，使人民的小康生活更加宽裕，形成比较完善的社会主义市场经济体制；到 2020 年，使国民经济更加发展，各项制度更加完善；到 21 世纪中叶新中国成立 100 年时，基本实现现代化，建成富强民主文明的社会主义国家。[2]

经过将近 20 年的努力，新世纪前两步的目标又即将实现。所以，2017 年党的十九大，进一步明确规划了从 2020 年到本世纪中叶总共 30 年的战略目标

---

[1] 参见中共中央文献研究室编：《十三大以来重要文献选编》（上），人民出版社 2011 年版，第 14 页。

[2] 参见中共中央文献研究室编：《十五大以来重要文献选编》（上），中央文献出版社 2011 年版，第 4 页。

和战略步骤。主要是将 30 年分成两个阶段来安排。第一个阶段，从 2020 年到 2035 年，在全面建成小康社会的基础上，再奋斗 15 年，基本实现社会主义现代化。第二个阶段，从 2035 年到 21 世纪中叶，在基本实现现代化的基础上，再奋斗 15 年，把中国建成富强民主文明和谐美丽的社会主义现代化强国。[1]

从全面建成小康社会到基本实现现代化，再到全面建成社会主义现代化强国，是一个新的"两步走"战略，是新时代中国特色社会主义发展的战略安排，是为未来 30 多年中国发展勾画的宏伟蓝图。

这样一个战略目标和战略步骤，将对中国到 21 世纪中叶的战略进程产生深远的影响，也将对外部世界产生深远的影响。到 21 世纪中叶"三步走"战略完全实现之时，中华民族将实现一次新的空前伟大的飞跃。

"三步走"战略中，有一个重要的目标——"小康"和"小康社会"。

"小康"是一个中国式的概念。上千年来，"小康""小康之家""小康生活"等词在民间得到了广泛的流传。其含义，逐步地向人们的基本生活状态转移，越来越多地被解释为"略有资产，足以自给之境"，"经济较宽裕，可以不愁温饱"。有的干脆指"经济情况较为宽裕的人家"。

到 20 世纪 70 年代末，"小康"这个概念由于邓小平的倡导而被赋予了新的时代内容。1979 年，邓小平会见日本首相大平正芳时，第一次提出"小康之家"[2]的概念，并明确说明中国社会到 20 世纪末的发展目标是实现小康。

从此，"小康""小康社会""小康生活""小康水平"等，就成了中国发展战略中的重要概念。"三步走"战略的第二步目标，就是进入小康。

围绕小康做文章，符合中国的国情，也符合中国的传统文化和社会心理。以孔子为代表的中国思想家曾分别描述过"大同"和"小康"两种社会模式。虽然古代人们心目中的小康，不过是建立在落后生产力和封建私有制基础上自给自足的小农社会，但它反映了中国老百姓们对于宽裕、殷实、稳定、安宁的社会生活的向往和追求，因此有着深远的影响。只要赋予其新的社会和时代内容，用来描述我们的社会和战略，对于老百姓来说，是很亲切，也是很有感召力的。

对外，"小康"一词，给人以敦厚、朴实、和善、安定的形象。中国人民，

---

[1] 参见《中国共产党第十九次全国代表大会文件汇编》（上），人民出版社 2017 年版，第 13 页。

[2]《邓小平文选》第二卷，人民出版社 1994 年版，第 23 页。

是爱好和平的人民。中国的外交政策，是独立自主的和平外交政策。中国国际战略的中心目标，是为自己的现代化建设争取一个良好的国际环境。中国致力于建设小康社会，对中国有利，对世界也有利。一个小康的中国，不会对任何国家构成威胁。小康之家，其乐融融。与小康的中国打交道、交朋友，岂不同样是一件其乐融融的快事、好事？

经过全党和全国各族人民的共同努力，到 20 世纪末，"三步走"战略的前两步目标胜利实现，人民生活总体上达到小康水平。这是社会主义制度的伟大胜利，是中华民族发展史上一个新的里程碑。

由于刚刚进入的小康社会还是较低水平、很不平衡的小康社会，所以，进入小康社会，还不等于建成了小康社会，更不等于已经走出小康社会而进入了现代化阶段。所以，2002 年，十六大明确提出本世纪头 20 年的战略任务，就是"集中力量，全面建设惠及十几亿人口的更高水平的小康社会"[1]。

全面建设，就是在现有的小康社会基础上，进一步展开建设的工程，全面推进各方面的建设事业，全面提高小康社会的水平，使经济更加发展、民主更加健全、科教更加进步、文化更加繁荣、社会更加和谐、人民生活更加殷实。

2012 年的十八大，又进一步提出到 2020 年"全面建成小康社会"的任务。"全面建成小康社会"与"全面建设小康社会"相比较，关键之处，是将"建设"改成了"建成"。一字之改，目标更加明确，任务更加具体，时间更加紧迫。

根据我国经济社会发展实际，十八大提出，要在十六大、十七大确立的全面建设小康社会目标的基础上努力实现以下新的要求。

——经济持续健康发展。转变经济发展方式取得重大进展，在发展平衡性、协调性、可持续性明显增强的基础上，实现国内生产总值和城乡居民人均收入比 2010 年翻一番。

——人民民主不断扩大。民主制度更加完善，民主形式更加丰富，依法治国基本方略全面落实，法治政府基本建成，司法公信力不断提高，人权得到切实尊重和保障。

——文化软实力显著增强。社会主义核心价值体系深入人心，文化产业成为国民经济支柱性产业，社会主义文化强国建设基础更加坚实。

——人民生活水平全面提高。基本公共服务均等化总体实现，全民受教育

---

[1] 参见中共中央文献研究室编：《十六大以来重要文献选编》（上），中央文献出版社 2011 年版，第 14 页。

程度和创新人才培养水平明显提高，就业更加充分，收入分配差距缩小，社会保障全民覆盖。

——资源节约型、环境友好型社会建设取得重大进展。[1]

从数量指标来说，十八大提出，到 2020 年，要"实现国内生产总值和城乡居民人均收入比二〇一〇年翻一番"，即两个数字都要翻番。十六大确定，到 2020 年国内生产总值要比 2000 年翻两番。十七大又进一步改成了人均国内生产总值翻两番。到 2010 年，总量和人均都已超额完成任务。所以，十八大提出到 2020 年国内生产总值比 2010 年翻一番。同时，又加了一个"城乡居民人均收入"。两个指标，一个体现综合国力，一个体现人民生活。两者结合，就是既要保证国家走向富强，又要实现人民生活富裕，并且最终要体现在人民生活水平的提高上。这是以人为本思想的实际体现。

确定这样的目标，是中国共产党对历史、对现实、对人民、对民族、对世界作出的一个庄严承诺。能否如期实现这个目标，是对人民交出的一份答卷，也是对党执政成效的一个重要检验。因此，2020 年是现代化进程的一个重要节点。

随着 2020 年日益逼近，2017 年的十九大鲜明地发出了"决胜全面建成小康社会"的号召。使用"决胜"一词，就是表明到了最后阶段，到了最关键时刻，甚至可以说是到了读秒阶段。在这个时刻，最紧迫、最重大的任务，就是要以巨大的努力，确保全面建成小康社会目标的如期实现。

决胜，就要按照十六大、十七大、十八大提出的各项要求，紧扣我国社会主要矛盾变化，统筹推进经济建设、政治建设、文化建设、社会建设、生态文明建设，坚定实施科教兴国战略、人才强国战略、创新驱动发展战略、乡村振兴战略、区域协调发展战略、可持续发展战略、军民融合发展战略，突出抓重点、补短板、强弱项，特别是要坚决打好防范化解重大风险、精准脱贫、污染防治的攻坚战，使全面建成小康社会得到人民认可、经得起历史检验。

扶贫脱贫是随着"三步走"战略而不断向前推进的，也是与全面建设小康社会、全面建成小康社会的任务和目标联系在一起的。小康不小康，关键看老乡。扶贫脱贫是全面建成小康社会的重要任务之一。没有全国贫困地区和人口的脱贫，就不可能真正建成小康社会。

---

[1] 参见中共中央文献研究室编：《十八大以来重要文献选编》（上），中央文献出版社 2014 年版，第 13—14 页。

推进小康建设的重点是中西部地区。我国经济发展很不平衡，中西部地区和东部地区有较大的差距，农村之间的差距就更大。全面建设和建成小康社会，重点要加快中西部地区农业和农村经济发展。重点推进中西部地区农村的小康建设，和逐步缩小地区发展差距的进程是同步的。所有有利于缓解和缩小地区差距的措施，对于加快中西部地区农业和农村经济的发展，原则上都是适用的。在推进农村小康建设中，最紧迫的任务是加大扶贫力度，消除绝对贫困。

从"瓜菜代"到"吃饱肚子"，从"吃饱肚子"再到"小康之家"，中国人有幸经历并体验到"贫穷不是社会主义"的朴素真理。"小康之家"的标准是什么？"小康社会"的标准又是什么？不同阶层，不同利益集团，有不同的标准和不同的解释。但有一点是共同的，那就是在吃穿不愁的基础上谋求发展。

推而广之，对于世界上的任何一个国家来说，其首要话题也是要如何才能"活下去"。一个国家的人民活不下去，这个国家的灭亡也就成为必然。苦苦挣扎能活下去，这是长期陷于饥寒交迫困境的旧中国人民的最低要求。

正是通过改革开放和建设小康社会，不仅解决了农民自己的肚子问题，而且为城镇居民提供了大量的商品粮、肉类、蔬菜、禽蛋、水果，从而解决了中国人民的"米袋子""菜篮子""奶瓶子""肉锅子""果盘子"。

到了决胜攻坚的时刻，全面建成小康社会，最突出的短板在"三农"。打赢脱贫攻坚战是全面建成小康社会的重中之重，也是全面建成小康社会的底线任务和标志性指标，是中国共产党向人民作出的庄严承诺。

2020年是全面建成小康社会目标实现之年，也是全面打赢脱贫攻坚战收官之年。完成这两大目标任务，脱贫攻坚还有一些最后的堡垒必须攻克，全面小康"三农"领域还有一些突出的短板必须补上。脱贫质量怎么样、小康成色如何，很大程度上要看2020年"三农"工作成效。如期实现全面建成小康社会的目标，就必须集中力量完成打赢脱贫攻坚战和补上全面小康"三农"领域突出短板两大重点任务。

九、国家发展奠定了扶贫脱贫的坚实基础

贫困人口的多少、贫困程度的深浅，与国家的综合国力和物质基础密切相关。扶贫脱贫事业的进展和成果，也是以国家的整体发展水平为基础的。改革开放以来，中国的综合国力和物质基础不断增强，为扶贫脱贫事业奠定了坚实

的基础，创造了良好的条件。

改革开放和新时代以来，由于始终坚持以经济建设为中心，把发展作为执政兴国的第一要务，中国经济一直快速发展，创造了令世界惊异的成就。表现在经济总量上，40多年来一直不断扩展增大，在世界上的排名不断向前跨越。

1952年，中国经济总量是679亿元；1956年突破1000亿元人民币；1978年是3679亿元；1982年跨过5000亿元；1986年跨过1万亿元；1995年跨过5万亿元；2000年跨过10万亿元；2006年跨过20万亿元；2008年跨过30万亿元；2010年跨过40万亿元；2012年跨过50万亿元；2014年跨过60万亿元；2016年跨过70万亿元；2017年跨过80万亿元；2018年跨过90万亿元；2020年突破百万亿大关，达到101.6万亿元。

2020年，中国经济占世界经济的比重达到17%左右。人均国内生产总值已突破1万美元，稳步迈向高收入国家行列。中国已经成为世界第一大工业国、第一大货物贸易国、第一大外汇储备国，对世界经济增长的贡献率达到30%左右。

从1978年到2017年，我国国内生产总值由3679亿元增长到2017年的82.7万亿元，年均实际增长9.5%，远高于同期世界经济2.9%左右的年均增速。我国国内生产总值占世界生产总值的比重由改革开放之初的1.8%上升到15.2%，多年来对世界经济增长贡献率超过30%。我国货物进出口总额从206亿美元增长到超过4万亿美元，累计使用外商直接投资超过2万亿美元，对外投资总额达到1.9万亿美元。

中国GDP总量在世界上的排名（美元计算或有差异）：

1980年，为3015亿美元，在世界上排名第八；也有的计算为第11名。

2000年，为11928亿美元，超过西方七强中的意大利，成为世界第六大经济体。

2005年，为22837亿美元，超越西方七强中的法国，成为世界第五大经济体。

2006年，为27873亿美元，超过英国，成为世界第四大经济体。

2007年，为34940亿美元，超越德国，成为世界第三大经济体。

2010年，为58786亿美元，超过日本，成为世界第二大经济体。

到2014年，中国的经济规模超过10万亿美元，成为全球除美国之外第二个超10万亿美元的国家。此后一直稳居第二位，并日渐缩小与第一位的差距。

党的十八大以来，供给侧结构性改革深入推进，经济结构不断优化。数字经济等新兴产业蓬勃发展，高铁、公路、桥梁、港口、机场等基础设施建设快速推进。农业现代化稳步推进，粮食生产能力达到 1.2 万亿斤。城镇化率年均提高 1.2 个百分点，8000 多万农业转移人口成为城镇居民。区域发展协调性增强，"一带一路"建设、京津冀协同发展、长江经济带发展成效显著。创新驱动发展战略大力实施，创新型国家建设成果丰硕，天宫、蛟龙、天眼、悟空、墨子、大飞机等重大科技成果相继问世。开放型经济新体制逐步健全，对外贸易、对外投资、外汇储备稳居世界前列。

经过 70 多年来特别是改革开放以来的不断奋斗，我国主要农产品产量跃居世界前列，建立了全世界最完整的现代工业体系，科技创新和重大工程捷报频传。我国基础设施建设成就显著，信息畅通，公路成网，铁路密布，高坝矗立，西气东输，南水北调，高铁飞驰，巨轮远航，飞机翱翔，天堑变通途。现在，我国是世界第二大经济体、制造业第一大国、货物贸易第一大国、商品消费第二大国、外资流入第二大国，我国外汇储备连续多年位居世界第一。

党和国家始终坚持在发展中保障和改善民生，不断改善人民生活、增进人民福祉。2020 年，全国居民人均可支配收入由 1978 年的 171 元增加到 2.6 万元，中等收入群体持续扩大。教育事业全面发展，2017 年，九年义务教育巩固率达 93.8%。我国建成了包括养老、医疗、低保、住房在内的世界最大的社会保障体系，基本养老保险覆盖超过 9 亿人，医疗保险覆盖超过 13 亿人。2020 年，常住人口城镇化率达到 63.89%，上升 42.9 个百分点。居民预期寿命由 1981 年的 67.8 岁提高到 2020 年的 77.3 岁。我国社会大局保持长期稳定，成为世界上最有安全感的国家之一。

改革开放取得的伟大成就，我国物质财富的迅速增加、物质基础的显著增强，为扶贫脱贫事业提供了极好的条件。2012 年至 2016 年，我国人均国民总收入由 5940 美元提高到超过 8000 美元，接近中等偏上收入国家平均水平；城镇居民人均可支配收入 33616 元，比 2012 年增加 9489 元，年均实际增长 6.5%；农村居民人均可支配收入 12363 元，比 2012 年增加 3974 元，年均实际增长 8.0%。到 2018 年，我国贫困人口累计减少 7.4 亿人，贫困发生率下降 94.4 个百分点。截至 2019 年底，农村贫困人口平均每年减贫 1300 万人以上，770 个贫困县已经或拟摘帽退出，贫困发生率降至 2% 以下。扶贫脱贫的这些成就，既是几十年来党和国家坚持不懈扶贫脱贫的结果，也得益于国家整体发展，一步步增强了综合国力，增强了物质基础。

改革开放的实践启示我们：解放和发展社会生产力，增强社会主义国家的综合国力，是社会主义的本质要求和根本任务。全面建成小康社会，实现扶贫脱贫的伟大目标，必须坚持以发展为第一要务，不断增强我国综合国力。只有牢牢扭住经济建设这个中心，毫不动摇坚持发展是硬道理、发展应该是科学发展和高质量发展的战略思想，推动经济社会持续健康发展，才能全面增强我国经济实力、科技实力、国防实力、综合国力，才能为完成扶贫脱贫的战略任务，为坚持和发展中国特色社会主义、实现中华民族伟大复兴奠定雄厚物质基础。

十、科学理念指导发展和扶贫脱贫的方向

改革开放以来，党和国家全部理论和实践的主题是坚持和发展中国特色社会主义。在改革开放的进程中，中国共产党解放思想、实事求是、与时俱进求真务实，先后形成了邓小平理论、"三个代表"重要思想、科学发展观和习近平新时代中国特色社会主义思想。这些思想理论指导中国特色社会主义实践的发展，也指导着当代中国贫困治理、扶贫脱贫的方向和道路。

邓小平理论第一次比较系统地初步回答了中国社会主义的发展道路、发展阶段、根本任务、发展动力、外部条件、政治保证、战略步骤、党的领导和依靠力量以及祖国统一等一系列基本问题，强调坚持以经济建设为中心，坚持四项基本原则，坚持改革开放，领导制定了党在社会主义初级阶段的基本路线；指导党和国家正确认识我国所处的发展阶段和根本任务，制定了现代化建设"三步走"发展战略。

"三个代表"重要思想加深了我们对什么是社会主义、怎样建设社会主义和建设什么样的党、怎样建设党的认识，反映了治党治国新的宝贵经验。贯彻"三个代表"重要思想，关键在坚持与时俱进，核心在坚持党的先进性，本质在坚持执政为民。始终做到"三个代表"，是中国共产党的立党之本、执政之基、力量之源。

科学发展观深刻认识和回答了新形势下实现什么样的发展、怎样发展等重大问题，抓住重要战略机遇期，坚持以人为本、全面协调可持续发展，着力保障和改善民生，促进社会公平正义，推动建设和谐世界，推进党的执政能力建

设和先进性建设，成功在新的历史起点上坚持和发展了中国特色社会主义。科学发展观，第一要义是发展，核心是以人为本，基本要求是全面协调可持续，根本方法是统筹兼顾。

党的十八大以来，以习近平同志为核心的党中央，总结实践、展望未来，深刻回答新时代坚持和发展什么样的中国特色社会主义、怎样坚持和发展中国特色社会主义，建设什么样的社会主义现代化强国、怎样建设社会主义现代化强国，建设什么样的长期执政的马克思主义政党、怎样建设长期执政的马克思主义政党等重大时代课题，坚持统筹推进"五位一体"总体布局、协调推进"四个全面"战略布局，坚持稳中求进工作总基调，对党和国家各方面工作提出一系列新理念新思想新战略，推动党和国家事业发生历史性变革、取得历史性成就，通过理论和实践的探索，不断深化对共产党执政规律、社会主义建设规律、人类社会发展规律的认识，形成了习近平新时代中国特色社会主义思想。

科学理论来源于实践，又指导实践；来源于发展，又指导发展。

改革开放以来中国的贫困治理和扶贫脱贫事业，同样是在党的指导思想的统一指导和引领下不断推进和发展的。贫困治理和扶贫脱贫的实践从一个角度为党的理论的发展和创新提供了营养的泉源，而党的理论始终为贫困治理和扶贫脱贫的实践指明着方向，规范着道路。

科学理论对贫困治理和扶贫脱贫事业的指导作用，既体现在宏观全局、顶层设计上，也体现在一处处、一个个具体的实践上。

贵州毕节试验区迄今32年的实践，完整地反映了这种理论和实践的互动过程，反映了新发展理念对贫困地区发展所起的指导作用。

毕节试验区，是1988年由时任贵州省委书记胡锦涛同志亲自倡导并报经国务院批准建立的"开发扶贫、生态建设"试验区。

毕节是一个革命老区。1935年2月，中央红军长征曾经路过毕节。党中央在云贵川三省交界一个叫"鸡鸣三省"的村子召开政治局常委分工会议，由张闻天接替博古负责中央工作。"鸡鸣三省"的村子到底在哪个省？云贵川三省都认为是在自己省内，但迄今还没有能够确切认定。"鸡鸣三省"已成党史上一个有趣的未解之谜。此外，1936年2月，红二、红六军团长征经过毕节时，还创建了"中华苏维埃共和国川滇黔省革命委员会"。

毕节地区（2011年改为毕节市）位于贵州省西北部，具有典型的喀斯特地形地貌特征，在建立试验区之前是贵州省最贫困落后的地区之一。直到1987

年，全区人均工农业总产值仅为 288.9 元，农民人均收入只有 184 元，人均粮食不足 200 公斤，未解决温饱人口达 300 余万，农村贫困人口占其总人口的 53.68%。"4 个人只有 3 个碗，已经断粮 5 天。"20 世纪 80 年代，新华社记者刘子富关于乌蒙山区赤贫的报道，惊动中南海。

1985 年，胡锦涛出任中共贵州省委书记。在深入实地调查研究，组织专家学者论证的基础上，于 1988 年 1 月提出了建立"毕节开发扶贫、生态建设试验区"的构想，旨在通过对经济社会发展严重滞后、人民贫困程度极深、生态环境极差的毕节地区试验，探出一条贫困地区科学发展的新路子。1988 年 6 月，经贵州省委、省政府上报，国务院批准了建立"毕节开发扶贫、生态建设试验区"。

1988 年 4 月，为了争取对试验区的智力援助，胡锦涛代表贵州省委在京邀请了各民主党派中央、全国工商联的领导同志召开会议，介绍了拟建立毕节试验区的设想，得到了中央统战部、国家民委、各民主党派中央、全国工商联智力支边扶贫协调小组的支持。试验区成立之后，智力支边扶贫协调小组和各民主党派中央始终将毕节地区作为智力支边的重点地区，并于 1989 年 9 月 20 日成立了由钱伟长任组长、常近时等任副组长的北京专家顾问组。此后，各民主党派、专家顾问组与试验区的广大干部群众并肩战斗，亲密合作，共同走过了不平凡的历程。

与当时全国启动的改革试验特区、开发区不同，毕节试验区是全国唯一以开发扶贫、生态建设、人口控制为主题的试验区，为《中国 21 世纪议程》的实施进行了超前性试验。胡锦涛非常重视以创新的思路开展试验区工作。1988 年 6 月 8 日，他强调指出："牢牢把握扶贫开发、生态建设这个主题，就要针对全地区还有三百万农村人口温饱问题没有彻底解决这一现实，采取一切有利于摆脱贫困、落后的政策和措施，加快资源开发，加速劳动力转移，大力发展商品经济，逐步实现绝大多数农民脱贫的目标。要针对全地区水土流失面积已占总面积一半以上的现实，采取强有力措施，全面规划，综合治理，把生态建设和经济开发紧密结合起来。尽快停止人为的生态破坏，并逐步走向生态的良性循环。如果这两大目标都能如期实现，那就表明试验区的改革试验是成功的，工作是卓有成效的。如果没有实现，那就说明试验区的任务没有完成。"[1] 这一明

---

[1]《胡锦涛文选》第一卷，人民出版社 2016 年版，第 2 页。

确的发展思路及决策，包含了可持续发展战略的核心内容，为毕节试验区的长远发展指明了方向。

毕节试验区从一开始就不以单纯的经济增长为目标，而是将开发扶贫、生态建设、人口控制作为一个有机统一的整体，将物质生产力与自然生产力以及人口生产力统一协调起来，将经济效益、生态效益、社会效益结合起来，作为一个整体目标展开的综合性社会发展试验。

试验区成立以来，在党中央、国务院和省委、省政府领导下，在中央统战部和八个民主党派中央的共同帮扶下，紧紧围绕开发扶贫、生态建设、人口控制的主题，抓住机遇，自力更生，艰苦创业，加快经济发展，控制人口增长，坚持变救济式扶贫为开发式扶贫，寓生态建设于经济开发中，以生态建设促进经济开发，开始走出经济贫困、生态恶化、人口膨胀的恶性循环怪圈，逐步实现了人口、生态、资源、环境的协调发展。

毕节试验区是中国共产党领导的多党合作共同推进改革开放和贫困地区实现可持续发展及跨越式发展的成功范例。1988年9月，时任全国政协副主席、民盟中央副主席的著名科学家钱伟长来到贵州毕节，帮助制定一份发展规划，为脱贫谋划路径。半年后，钱伟长在北京主持制定了《毕节开发扶贫、生态建设试验区发展规划》，这个规划的实施不仅仅在于解决试验区几百万贫困人口的温饱问题，而且对贵州乃至整个岩溶贫困地区改变面貌、脱贫致富、改善生态、振兴经济都起到了积极的探索和示范作用。

全国统一战线系统从最初单纯提供咨询服务、技术培训，到形成智力支持、政策扶持、招商引资、项目规划、人才培训等一整套帮扶体系，全方位、立体化、多层次参与试验区建设。各民主党派中央、全国工商联结合自身界别特点，发挥自身优势，打造了一系列同心品牌，如民革中央的"同心·博爱行"、民盟中央的"同心·烛光"行动、民建中央的"同心·思源工程"、民进中央的"同心·彩虹行动"、农工党中央的"同心·助医工程"、致公党中央的"同心·致福送诊"、九三学社中央的"同心·智力行"、台盟中央的"两岸同心·助学基金"、全国工商联的"万企帮万村"行动、中华职业教育社的"同心·温暖工程毕节项目"等，形成了各具特色的"同心"品牌，为发挥统一战线系统参与毕节试验区建设搭建了平台。

到2018年的30年间，全国统一战线系统帮助毕节试验区引进项目361个，推动7400余人次专家学者、企业家到毕节考察，指导制定发展规划46个，帮助培训人才 45 万人次。党的十八大以来，全国统一战线系统在毕节实施帮扶项目 2031 个，协调社会各界投入帮扶资金 10.7 亿元，帮助培训各类人才 17.08 万人次，为 3.06 万名群众实施免费义诊，资助贫困学生 14181 名，有力加快了试验区决战脱贫攻坚、决胜同步小康的进程。

在帮扶毕节过程中，全国统一战线系统不仅出谋划策、协调项目、捐款捐物，更直接参与脱贫攻坚一线。30 多年来，共选派 134 名优秀年轻干部到毕节市、县、乡、村挂职。挂职干部在直接参与试验区建设的工作中，注重调查研究，加强信息反馈，强化工作沟通，推动项目落地，形成了试验区改革发展的重要力量。

毕节试验区开发扶贫的重要内容，是把对贫困人口的生活消费型扶贫转变为生产发展型扶贫，对有资源优势的地区实施特色产业扶贫，宜种则种、宜养则养，大力发展经果林、食用菌、马铃薯以及养殖业等特色优势产业，通过农业产业化经营带动农民持续增收。

从 1988 年到 2018 年的 30 年，毕节地区生产总值平均每 5 年翻一番，2017 年人均 GDP 是 1988 年的 67.2 倍。城镇和农村居民人均可支配收入分别由 795 元、376 元增至 27320 元、8473 元。全市累计减少贫困人口 594 万人，贫困发生率从 65.1% 降至 8.89%。到 2020 年，累计减贫 630 多万人。

毕节狠抓基础设施建设，实现了县县通高速，形成了立体交通格局。2019 年底，成贵快铁建成通车，毕节从过去闭塞的乌蒙山区变成大进大出的三省通衢。同时，水、电、讯、房等基础设施也发生了巨大变化。依托基础设施的不断完善，试验区积极打开"山门"，扩大开放，参与"一带一路"建设，推动经济社会快速发展。

到 2019 年的 31 年来，毕节先后实施了退耕还林、石漠化治理等项目，累计治理石漠化 1367.9 平方公里、水土流失 9152.75 平方公里，森林覆盖率从 14.9% 提高到 54.19%，生态环境明显改善。同时，大力推进生态经济发展，种植经果林 581.59 万亩；累计发展林下经济 300 万亩，年产值 50 亿元，覆盖农户 20.3 万户；着力发展森林生态旅游，2018 年累计接待游客超过 1000 万人次，森林旅游收入 101 亿元。

31 年来，毕节试验区探索出了贫困户精准识别"四看法"，总结出了"十子机制""一市五金多套餐""三重医疗保障体系"等一批务实管用的扶贫模式。开展了喀斯特贫困地区扶贫开发综合治理"威宁试点"。按照"统一保护、统一管理、统一开发、统一建设、统一营销"的思路，开展区域经济管理体制"跨县组合、封闭运行"的"百里杜鹃试验"，闯出了旅游连片扶贫之路。

2020年11月23日，贵州省最后9个贫困县宣布退出贫困序列，而其中有3个县都在毕节。这个乌蒙深处贫困人口最多、生态破坏最严重、脱贫难度最大的地区，终于与千年贫困告别，毕节承载了为中国扶贫探新路的使命，成为贫困地区脱贫攻坚的生动典型。

第六章

改革开放推动走上中国式
扶贫开发之路

☆　☆　☆

一、消除贫困的战略构想

改革开放开始以后，党和国家在全面展开社会主义现代化建设的同时，高度重视解决贫穷、贫困问题。在科学分析国情的基础上，逐步提出了全面消除贫困的战略构想。

早在 1979 年 3 月 30 日，邓小平就在党的理论工作务虚会上指出："要使中国实现四个现代化，至少有两个重要特点是必须看到的。"其中一个就是底子薄，"帝国主义、封建主义、官僚资本主义长时期的破坏，使中国成了贫穷落后的国家。建国后我们的经济建设是有伟大成绩的，建立了比较完整的工业体系，培养了一批技术人才。我国工农业从解放以来直到去年的每年平均增长速度，在世界上是比较高的。但是由于底子太薄，现在中国仍然是世界上很贫穷的国家之一。"[1]

由于长期受"左"的错误的影响，在人们观念中，不仅不能正视客观存在的贫穷、贫困问题，甚至还流行过"越穷越革命"的错误观念。要反对贫困、消除贫困，就得对社会主义和贫困问题有科学的认识。所以，在拨乱反正过程中，党和国家严肃批判了"'四人帮'那种以极左面目出现的主张普遍贫穷的假社会主义"[2]。

为此，邓小平多次指出："社会主义战胜资本主义要靠发展生产力。贫穷、

[1]《邓小平文选》第二卷，人民出版社 1994 年版，第 163 页。

[2] 同上书，第 165 页。

生产力落后，有什么优越性？""贫穷不是社会主义，更不是共产主义。"[1]"从一九五八年到一九七八年这二十年的经验告诉我们：贫穷不是社会主义，社会主义要消灭贫穷。不发展生产力，不提高人民的生活水平，不能说是符合社会主义要求的。"[2]"贫穷不是社会主义，发展太慢也不是社会主义。"[3]

1984 年 10 月 20 日，党的十二届三中全会通过的《中共中央关于经济体制改革的决定》明确指出："社会主义的根本任务就是发展社会生产力，就是要使社会财富越来越多地涌现出来，不断地满足人民日益增长的物质和文化需要。社会主义要消灭贫穷，不能把贫穷当作社会主义。"[4]

1987 年 4 月 26 日，邓小平会见捷克斯洛伐克社会主义共和国总理什特劳加尔，谈话的主题就是"坚持社会主义必须摆脱贫穷"。邓小平总结历史的经验教训，指出："坚持社会主义，首先要摆脱贫穷落后状态，大大发展生产力，体现社会主义优于资本主义的特点。""搞社会主义，一定要使生产力发达，贫穷不是社会主义。我们坚持社会主义，要建设对资本主义具有优越性的社会主义，首先必须摆脱贫穷。现在虽说我们也在搞社会主义，但事实上不够格。只有到了下世纪中叶，达到了中等发达国家的水平，才能说真的搞了社会主义，才能理直气壮地说社会主义优于资本主义。"[5]

邓小平明确提出了社会主义的根本任务问题，强调："社会主义的首要任务是发展生产力，逐步提高人民的物质和文化生活水平。""社会主义的根本任务是发展生产力，逐步摆脱贫穷，使国家富强起来，使人民生活得到改善。没有贫穷的社会主义。社会主义的特点不是穷，而是富，但这种富是人民共同富裕。要发展生产力，就要实行改革和开放的政策。""中国要谋求发展，摆脱贫穷和落后，就必须开放。"[6]

为了提高全体人民的生活水平，大范围地消除贫困，党和国家推动改革开放，实施了一系列新的路线方针和政策，开创了中国特色社会主义道路。由于长期以来传统体制的束缚，广大人民的主体创造性没有能充分发挥出来，因此，

---

[1] 中共中央文献研究室编：《邓小平思想年谱》，中央文献出版社 1998 年版，第 283—284、369 页。

[2] 《邓小平文选》第三卷，人民出版社 1993 年版，第 163 页，第 116 页。

[3] 中共中央文献研究室编：《邓小平思想年谱》，中央文献出版社 1998 年版，第 396 页。

[4] 中共中央文献研究室编：《十二大以来重要文献选编》（中），中央文献出版社 2011 年版，第 52 页。

[5] 《邓小平文选》第三卷，人民出版社 1993 年版，第 225 页。

[6] 同上书，第 116、264—265、226 页。

党和国家不断打破旧体制旧观念的束缚，鼓励人们发财致富，包括反对平均主义的分配方式，鼓励人们按贡献和业绩获取报酬。

一些地方和人们敢试敢闯，充分利用改革开放的机遇，首先富了起来。对此现象怎么看待？要不要加以压制和限制？党中央明确表示，允许一部分人和一部分地区先富起来。这一方针极大地调动了人们的积极性。中国是个大国，各地的环境、条件并不一样，个人的禀赋和能力也不一样，改革开放的先后与速度也不一样，发展的速度和水平必然会有不均衡。如果一定要大家整齐划一齐步走，必然阻碍发展的速度。但这种"允许"并不是"只许"。也就是说，凡是能够发展起来、富裕起来的，国家都允许。国家的这一政策并不是压制多数人发展，只许少数人发展。而且，所有的致富都必须在法律的范围内，不允许违法乱纪。

国家的最终目标是走向共同富裕。所以，必须处理好先富与后富的关系。1984年10月十二届三中全会通过的《中共中央关于经济体制改革的决定》，对此作了专门论述：

"长期以来在消费资料的分配问题上存在一种误解，似乎社会主义就是要平均，如果一部分社会成员的劳动收入比较多，出现了较大的差别，就认为是两极分化，背离社会主义。这种平均主义思想，同马克思主义关于社会主义的科学观点是完全不相容的。"

"历史的教训告诉我们：平均主义思想是贯彻执行按劳分配原则的一个严重障碍，平均主义的泛滥必然破坏社会生产力。"

"当然，社会主义社会要保证社会成员物质、文化生活水平的逐步提高，达到共同富裕的目标。但是，共同富裕决不等于也不可能是完全平均，决不等于也不可能是所有社会成员在同一时间以同等速度富裕起来。如果把共同富裕理解为完全平均和同步富裕，不但做不到，而且势必导致共同贫穷。"

"只有允许和鼓励一部分地区、一部分企业和一部分人依靠勤奋劳动先富起来，才能对大多数人产生强烈的吸引和鼓舞作用，并带动越来越多的人一浪接一浪地走向富裕。"

"与此同时，我们必须对老弱病残、鳏寡孤独等实行社会救济，对还没有富裕起来的人积极扶持，对经济还很落后的一部分革命老根据地、少数民族地区、边远地区和其他贫困地区实行特殊的优惠政策，并给以必要的物质技术支援。"

"由于一部分人先富起来产生的差别，是全体社会成员在共同富裕道路上有先有后、有快有慢的差别，而绝不是那种极少数人变成剥削者，大多数人陷于贫穷的两极分化。"[1]

所以，"鼓励一部分人先富起来的政策，是符合社会主义发展规律的，是整个社会走向富裕的必由之路"[2]。

党和国家明确提出了消灭贫穷、消除贫困的战略任务。邓小平指出："社会主义不能建立在贫困的基础上。""我们奋斗了几十年，就是为了消灭贫困。第一步，本世纪末，达到小康水平，就是不穷不富，日子比较好过的水平。第二步，再用三五十年的时间，在经济上接近发达国家的水平，使人民生活比较富裕。这是大局。""第二步是到本世纪末，再翻一番，人均达到一千美元。实现这个目标意味着我们进入小康社会，把贫困的中国变成小康的中国。""中国在本世纪末摆脱贫困状态，达到小康水平，是可以实现的，但是要达到中等发达国家水平，还要花五十年左右的时间。"[3]

按照邓小平的构想，党和国家制定了"三步走"的发展战略。邓小平指出："增加人民的收入很不容易，短期内要摆脱贫困落后状态很不容易。必须一切从实际出发，不能把目标定得不切实际，也不能把时间定得太短。"[4]

邓小平还具体分析了农村贫困的诸多原因和摆脱贫困的路径。他说："我国农村过去十分贫困，主要原因之一就是搞'以粮为纲'。当前，我国农村实行生产责任制，实行因地制宜、多种经营的方针，调动了农民的生产积极性，仅仅用了三年多的时间，农村面貌就大大改观，大多数农民开始摆脱贫困，成效是显著的。""改革首先是从农村做起的。因为中国人口的百分之八十在农村，如果不解决这百分之八十的人的生活问题，社会就不会是安定的。工业的发展，商业和其他的经济活动，不能建立在百分之八十的人口贫困的基础上。"[5]"农业问题要始终抓得很紧。农村富起来容易，贫困下去也容易。"[6]

为了实现全国人民摆脱贫困、共同富裕的目标，邓小平明确提出了两个大局的战略思想，为通过鼓励先富走向共富设计了一条战略性的路径。

[1] 中共中央文献研究室编：《十二大以来重要文献选编》（中），中央文献出版社 2011 年版，第 63—64 页。

[2] 同上书，第 64 页。

[3] 《邓小平文选》第三卷，人民出版社 1993 年版，第 213、109、226、250 页。

[4] 同上书，第 224 页。

[5] 中共中央文献研究室编：《邓小平思想年谱》，中央文献出版社 1998 年版，第 254、315 页。

[6] 《邓小平文选》第三卷，人民出版社 1993 年版，第 355 页。

　　早在 1984 年 10 月 22 日，邓小平就在中央顾问委员会第三次全体会议上指出："现在农村还有几千万人温饱问题没有完全解决，不过也比过去好多了。毕竟全国绝大多数地方好起来了，国家可以腾出手来帮助少数贫困地方发展起来。中央对此已有部署。"[1]

　　到 1992 年南方谈话中，邓小平指出："共同富裕的构想是这样提出的：一部分地区有条件先发展起来，一部分地区发展慢点，先发展起来的地区带动后发展的地区，最终达到共同富裕。"

　　"解决的办法之一，就是先富起来的地区多交点利税，支持贫困地区的发展。当然，太早这样办也不行，现在不能削弱发达地区的活力，也不能鼓励吃'大锅饭'。"

　　"可以设想，在本世纪末达到小康水平的时候，就要突出地提出和解决这个问题。到那个时候，发达地区要继续发展，并通过多交利税和技术转让等方式大力支持不发达地区。不发达地区又大都是拥有丰富资源的地区，发展潜力是很大的。"[2]

　　这样一系列战略构想，特别是"三步走"发展战略和"两个大局"战略思想，直接开创和指导了中国扶贫脱贫的伟大事业。

二、把扶贫工作作为专项任务提上日程

　　1978 年，按照我国政府确定的 100 元贫困标准统计，我国农村绝对贫困人口超过 2.5 亿，占农村人口总数的 30.7％。改革开放给我国的经济发展带来了新的动力，家庭联产承包责任制提高了农民的生产积极性，也提高了农村的生活水平。农村人口的贫困状况得到大幅度的缓解。但是，少数边远地区群众的温饱问题仍未完全解决。1984 年前后，全国仍有近 1 亿人未摆脱贫困。

　　特别是我国幅员辽阔、地大物"薄"，东、西部的发展非常不均衡。我国的工作重心转移到经济建设上，促使了全国所有地区的发展。但改革开放尤其是开放政策并不是在全国同步推开的。由于改革开放是一场新革命，也是一场大试验，阻力很大，几乎每一步都有不同意见，而且谁也没有把握一定成功，大

---

[1]《邓小平文选》第三卷，人民出版社 1993 年版，第 84 页。

[2] 同上书，第 373—374 页。

都是有条件的、有勇气的、敢闯敢试地方先行先试。于是，整个改革开放，特别是对外开放经历了一个由东向西、由沿海向内地逐步展开的过程。因此，沿海地区的很多城市特别是经济特区发展十分迅速；而中部、西部一些地区发展速度逊于东部。特别是一些资源环境恶劣、地理位置偏远的地区，由于交通不便，信息不畅，农村贫困人口比较集中，改革和发展的速度就相对比较缓慢。

对这些贫穷落后地区，党和国家并没有忘记，而是给予了高度关注，及时进行调查研究，研究帮扶的措施，作出了一系列决策。

早在 1979 年 9 月 28 日党的十一届四中全会通过的《中共中央关于加快农业发展若干问题的决定》中，就专列了一条，即第二十三条，指出："我国西北、西南一些地区以及其他一些革命老根据地、偏远山区、少数民族地区和边境地区，长期低产缺粮，群众生活贫困。这些地方生产发展快慢，不但是个经济问题，而且是个政治问题。国务院要设立一个由有关部门负责同志参加的专门委员会，统筹规划和组织力量，从财政、物资和技术上给这些地区以重点扶持，帮助它们发展生产，摆脱贫困。对其他地区的穷社穷队，也要帮助他们尽快改变面貌。国家支援穷队的资金，要保证用于生产建设。"

1980 年 3 月中央书记处召开的西藏工作座谈会，在会议纪要中明确指出："要在发展生产的基础上，逐步改善各族人民的物质生活。特别注意组织、安排好边境地区群众的生产和生活。对现有十多万缺衣少吃、生活特殊困难的群众，要采取有效措施，积极扶持他们发展生产，克服困难，尽快改变贫穷落后的面貌。"[1]

1982 年，党的十二大制定了全面开创社会主义现代化建设新局面的纲领。胡耀邦在大会报告中指出："在农村中的一部分低产地区和受灾地区，农民还很贫困，要积极扶助他们发展生产，增加收入。"[2]

1982 年 12 月 31 日中央政治局讨论通过的《当前农村经济政策的若干问题》指出："（十一）目前有些边远山区和少数民族地区，生产水平仍然很低，群众生活还有很多困难。必须给以高度关注，切实加强工作，力争尽快改变贫困面貌。"[3]

---

[1] 中共中央文献研究室编:《三中全会以来重要文献选编》（上），中央文献出版社 2011 年版，第 167—168 页。

[2] 中共中央文献研究室编:《十二大以来重要文献选编》（上），中央文献出版社 2011 年版，第 168 页。

[3] 同上书，第 227 页。

在这段时间里，时任中共中央总书记胡耀邦对边远和贫困地区进行了深入的调查研究。他的计划和愿望是走遍全国每一个县，了解每一个地方的实情。在中央工作的几年间，他利用各种机会，走遍了全国 331 个地区（州、市），除了西藏 5 个、青海 2 个、云南 3 个外，他全走到了。全国 2112 个县，他走了 1600 多个县，占全国县的 3/4。

通过调研，胡耀邦直接和深刻地掌握到全国贫困地区的实际情况，多次向中共中央汇报情况。他首先提出了"老少边穷"的概念，即革命老区、少数民族地区、边境地区和贫穷落后地区。通过分析西部地区的优势和困难，他比较早地提出了开发西部的意见，并且积极倡导"反弹琵琶"，鼓励多种经营、植树种草。

1984 年 1 月，他在贵州召集的云贵川三省领导人的会议上，明确提出要把不发达地区的开发问题提到全国的战略高度上来认识。在贵州省直各部门领导干部大会上，他第一次正式提出富民思想，旗帜鲜明地强调："党的一切政策归根到底，都是富民政策。"随后，《人民日报》发表评论员文章《我们的政策是富民政策》。

在这样的大背景下，党和国家逐步在全面实施富民政策的同时，把特别困难的老少边穷地区的发展问题提到了重要的议事日程上，开始了有组织、有计划、大规模地开展农村扶贫开发的工作。

1984 年 9 月 29 日，中共中央、国务院联合发出《关于帮助贫困地区尽快改变面貌的通知》，要求集中力量解决十几个连片贫困地区的问题。

两年后，六届全国人大四次会议把"扶持老少边穷地区尽快摆脱经济文化落后状况"作为一项重要内容列入"七五"计划（1986—1990 年）。

从 1986 年起，中国的扶贫工作进入新的历史时期。党和政府采取一系列重大措施，在全国范围内开展了有计划、有组织、大规模的扶贫开发工作。国务院成立专门工作机构（国务院贫困地区经济开发领导小组），安排专项资金，制定专门的优惠和扶持政策，并对传统的救济式扶贫进行改革，确定了开发式扶贫的方针。

从 1978 年到 1985 年，农村人均粮食产量增长 14%，农民人均纯收入增长 2.6 倍；没有解决温饱的贫困人口从 2.5 亿人减少到 1.25 亿人，贫困人口平均每年减少 1786 万人。

尽管取得了很大成就，但解决贫困问题的任务依然严峻。

据统计，1985 年中国农村人均纯收入 200 元（相当于当时全国农村人均纯收入水平的 50%）以下的贫困人口有 1.25 亿，占当时农村总人口的 14.8%，其中近 4000 万人的年均纯收入不足 50 元，占农村人口总数的 4.4%。如果以世界银行制定的人均年纯收入 370 美元为贫困标准，1985 年东亚地区有贫困人口 2.8 亿人，其中 2.1 亿人分布在中国，占当时世界贫困人口总数的 1/5。

这些贫困人口居住较为集中，大部分分布在 18 个集中连片的特困地区。这些地区是：东部的沂蒙山区，闽西南、闽东北地区，中部的努鲁尔虎山区、燕山—太行山区、吕梁山区、秦岭—大巴山区、武陵山区、大别山区、罗霄山区，西部定西干旱山区、西海固地区等。由于这些地区多数位于经济发展相对落后的中部和西部的山区，相当一批是革命老区、少数民族地区和边远地区，因而人们将贫困人口聚居的地区习惯上称为"老、少、边、穷"地区。

在国务院贫困地区经济开发领导小组的组织下，各级扶贫机构积极反映各地具体情况，核定了贫困县的标准，确定了 258 个国家级贫困县。

有组织地开展大规模扶贫开发工作，有助于将扶贫工作规范化，有助于国家统筹协调解决更多人的温饱问题，有效地降低发达地区和落后地区之间的贫富差距，维护社会稳定。我国贫困人口主要集中分布在西南、西北地区，多是深山区、荒漠区、高寒地区、高原地区以及边疆地区和少数民族地区，这些地区百姓的生活水平还远远落后于发达地区。在边疆地区和少数民族地区积极开展扶贫工作，不仅有利于民族团结，也有利于边疆的稳定。

三、《关于帮助贫困地区尽快改变面貌的通知》

1984 年 9 月 29 日，中共中央、国务院发出《关于帮助贫困地区尽快改变面貌的通知》，这是改革开放以来开展专项扶贫脱贫工作的第一个重要文件。

《通知》指出：党的十一届三中全会以来，全国农村形势越来越好。但由于自然条件、工作基础和政策落实情况的差异，农村经济还存在发展不平衡的状态，特别是还有几千万人口的地区仍未摆脱贫困，群众的温饱问题尚未完全解决。其中绝大部分是山区，有的还是少数民族聚居地区和革命老根据地，有的是边远地区。解决好这些地区的问题，有重要的经济意义和政治意义。各级党委和政府必须高度重视，采取十分积极的态度和切实可行的措施，帮助这些地区的人民首先摆脱贫困，进而改变生产条件，提高生产能力，发展商品生产，赶上全国经济发展的步伐。[1]

为此,《通知》从明确指导思想、进一步放宽政策、搞活商品流通等 6 个方面对如何尽快帮助贫困地区摆脱落后局面进行了部署,以期这些地区的人民能首先摆脱贫困,进而改变生产条件,提高生产能力,发展商品生产,赶上全国经济发展的步伐。

(一)明确指导思想。

《通知》指出,过去国家为救助贫困地区,花了不少钱,但收效甚微。原因在于政策上未能完全从实际出发,国家扶持的资金相当一部分被分散使用、挪用或单纯用于救济。为此,通知首先明确了指导思想,指出改变贫困地区面貌的根本途径是依靠当地人民自己的力量,因地制宜,发展商品生产,增强本地区经济的活力。对贫困地区的财政扶持必须善于使用,纠正单纯救济观点和依赖思想,并实现"两个转变",即变单一经营为多种经营,变自然经济为商品经济。

《通知》指出,解决贫困地区要突出重点,目前应集中力量解决十几个连片贫困地区的问题。要经过调查论证,综合研究,确定具体措施,逐项予以落实。国家用于贫困地区的资金和物资,要避免平均使用,更严禁挪作他用。

(二)进一步放宽政策。

《通知》对贫困地区进一步放宽了政策,实行比一般地区更灵活、更开放的政策。彻底纠正集中过多、统得过死的弊端,给贫困地区农牧民以更大的经营主动权。

在经营形式上,主要在坚持土地公有的前提下,由群众自主选择最适宜的经营形式。有些地方,有些生产项目群众愿意进行个体经营,应当允许。耕地承包期可以延长到 30 年,允许转让承包权。牲畜可分到户或作价归户,私有私养,允许自宰自售。草山草坡应分包到户,由户长期使用。

集体的宜林近山、肥山和疏林地可划作自留山,由社员长期经营,种植的林木归个人所有,允许继承,产品自主处理,可以折价有偿转让。荒山多的地方,可以独户或联户承包经营,承包期不少于 50 年。

在国营企业和国有资源与当地社队的关系上,采取不与民争利和适当让利于民的原则,并要积极支持当地农民搞好生产经营,以增加农民收入。水库的

---

[1] 参见中共中央文献研究室编:《十二大以来重要文献选编》(中),中央文献出版社 2011 年版,第 29—34 页。

发电、水费和水产、林产收入在一定时期内应以一定比例用于安排水库移民的生产。凡国营企业单位无力经营或经营得很不好的山场、水面、矿藏，可以包给农民经营，收益按一定比例分成；这些单位如需要人力，应尽量从周围农村吸收，或采用和周围农民联营办法，以充分利用资源，增加农民收入。

25度以上的陡坡耕地原则上要逐步分期退耕，由原耕者造林种草，谁种谁有，长期经营，允许继承。

（三）减轻负担，给予优惠。

《通知》规定，对贫困地区从1985年起，分别情况，减免农业税。最困难的免征农业税5年，困难较轻的酌量减征1至3年。鼓励外地到贫困地区兴办开发性企业（林场、畜牧场、电站、采矿、工厂等），5年内免交所得税，并相应减免当地自办的企业、工厂等的所得税。

一切农、林、牧、副、土特产品（包括粮食、木、竹），都不再实行统购、派购办法，改为自由购销。通知还对木材、药材等的开采、出售办法进行了规定。

部分缺衣少被的严重困难户，可由商业部门赊销给适量的布匹（或成衣）和絮棉，需要蚊帐的赊销给蚊帐。赊销贷款免息。

（四）搞活商品流通，加速商品周转。

《通知》要求，贫困地区要首先解决由县通到乡（区或公社）的道路，争取在5年内使大部分乡（区或公社）都能通汽车或马车。道路费用由国家、地方、群众共同筹组。乡以下道路以民办为主。有水运条件的地方要积极整修河道，发展水上交通。积极发展运输专业户和运输合作组织。积极恢复马帮、驴帮、牛帮等运输形式。各级交通部门应就此事作出切实可行的规划。

同时，要依靠和扶持当地群众搞好产品购销。放手发展集体、个体运输业。还要帮助山区增加贮藏加工设备，尽量把山区产品变为商品。鼓励并扶持有条件的地方，集资兴办水电、火电，解决能源问题。少数民族地区继续执行贸易优惠政策。

（五）增加智力投资。

《通知》要求重视贫困地区的教育，增加智力投资。有计划地发展和普及初等教育，重点发展农业职业教育，加速培养适应山区开发的各种人才。

山区的科技、卫生工作也应有切实的规划，各有关部门均应围绕山区开发的目标，采取措施，逐步实现。

（六）加强领导。

有关各省、自治区要成立贫困山区工作领导小组，负责检查督促各项措施的落实。

国家有关部门（包括计划、农业、水电、林业、商业、交通、机械、冶金、煤炭、化工、地质、物资、民政、卫生、文教、金融等）都应指定专人负责，分别作出帮助贫困地区改变面貌的具体部署，并抓紧进行，保证实现。

贫困地区各级党政机构的设置，人员配备，应从实际出发，不强调上下对口，尽量做到简政便民。

在划定的贫困地区，除国家适当增加投资外，各部门戴帽下达到贫困地区县的各项建设经费，由县政府统筹安排，集中用于关系群众切身利益的生产建设项目。对贫困地区的其他各种负担和摊派要认真加以整顿，该减的减，该免的免，该留的留。由县提出方案，经省批准实行。对分散插花贫困乡村的问题，各地可视地方财力情况，参照本通知精神量力逐步解决。

《通知》强调，改变贫困地区面貌，关键是加强领导。中央切望各有关部委、地方各级党委，特别是贫困地区的县委，要关心人民疾苦，提高为人民服务的自觉性，千方百计把这件工作办好。要教育干部，奋发图强，不畏艰难，努力学习，重视科技，尊重群众，尊重实践，勇于从实际出发，踏踏实实进行工作，力戒形式主义、摆花架子等不良作风。在几年内务必把山区林业、畜牧业、加工业、采矿业抓上去，务必把能源运输问题解决好，为改变贫困地区面貌，实现党的十二大提出的宏伟目标，切实作出成绩。

中央下达的这个文件，在我国扶贫开发史上具有里程碑意义，标志着在全国范围开展有组织、有计划、大规模扶贫开发的大幕正式拉开，也标志着开发式扶贫战略思想正式提出。文件为贫困地区尽快摆脱贫困，走上富裕之路奠定了政策基础。以此为标志，中国开始了有组织、大规模扶贫开发的事业，或者说，开始了政府主导型大规模开发式扶贫阶段。

当然这种大规模开发式扶贫阶段的时间，到底是从1984年开始，还是从1986年开始？有关部门和研究人员的表述不太一样。有的认为是1986年，主要是按照国务院成立专门的贫困地区经济开发领导机构来算的。但我认为，以1984年中共中央、国务院发出《关于帮助贫困地区尽快改变面貌的通知》作为标志比较合适。因为这份文件全面制定了当时扶贫工作的主要内容和政策措施，而且具有最高的权威性。建立扶贫开发机构是文件规定的措施之一，1986年正式成立机构是落实文件的要求。所以，不宜取代文件的权威性。

《通知》发出之后，中央和有关部门陆续采取了一些具体措施。

1985 年 4 月 26 日，国务院批转民政部等部门《关于扶持农村贫困户发展生产治穷致富的请示》，指出全国 1400 万贫困户治穷致富的根本出路，在于贯彻自力更生的原则，辅之以国家和社会的积极帮助，发展生产，增强其自身的经济活力。

1986 年 1 月 1 日，中共中央、国务院发出《关于 1986 年农村工作的部署》。文件中指出，要切实帮助贫困地区逐步改变面貌。

1986 年 2 月 4 日至 9 日，中央机关 27 个部门 30 名领导干部组成 3 个考察访问组，在春节前后，分别深入云南文山壮族苗族自治州、广西河池地区、贵州毕节地区实地考察、调查研究。这是贯彻中共中央、国务院关于帮助贫困地区改变面貌、以实际行动改进作风的重要活动。

1986 年 6 月 10 日，国务院办公厅转发《国务院贫困地区经济开发领导小组第一次全体会议纪要》。《纪要》指出：目前，全国仍有一部分地区生产条件很差，社会生产力发展缓慢，经济文化落后，部分农民的温饱问题尚未完全解决。各级党政领导部门必须下大的决心，争取在"七五"期间解决大多数贫困地区人民的温饱问题。并在这个基础上，使贫困地区初步形成依靠自身力量发展商品经济的能力，逐步摆脱贫困，走向富裕。

1986 年 9 月 6 日新华社报道，国务院决定每年新增加 10 亿元、连续 5 年扶持贫困地区的经济开发，解决群众的温饱问题。这是在原用于扶持贫困地区资金数量不变的基础上，新增加 10 亿元专项贴息贷款，从 1986 年开始使用。

四、建立国家扶贫开发机构

开始有组织、大规模扶贫开发工作的一个重要举措，是于 1986 年建立了专门的贫困地区经济开发领导机构，负责组织、领导、协调、监督、检查贫困地区的扶贫开发工作，从而加强了对贫困地区经济开发工作的组织领导，实际上开始建立起扶贫工作责任制，使扶贫脱贫工作成为一个专项的组织化的事业。

1986 年 5 月 16 日，国务院发文批准成立"国务院贫困地区经济开发领导小组"及下设"国务院贫困地区经济开发领导小组办公室"（简称"开发办"）。后来到 1993 年 9 月，国务院决定"国务院贫困地区经济开发领导小组"更名为

"国务院扶贫开发领导小组","国务院贫困地区经济开发领导小组办公室"相应更名为"国务院扶贫开发领导小组办公室"(简称"扶贫办")。2020 年底不再保留国务院扶贫开发领导小组,其职能并入中央农村工作领导小组。

这一机构成立以来,遇政府换届,一般都要进行调整。组长都是由国务院副总理或国务委员担任。先后担任过组长的有时任国务委员、国务院秘书长陈俊生(1986 年 5 月至 1998 年 3 月),时任中共中央政治局委员、国务院副总理温家宝(1998 年 3 月至 2003 年 3 月),时任中共中央政治局委员、国务院副总理回良玉(2003 年 3 月至 2013 年 3 月),时任中共中央政治局委员、国务院副总理汪洋(2013 年 3 月至 2018 年 3 月),中共中央政治局委员、国务院副总理胡春华(2018 年 3 月至今)。

小组成员一般包括国务院办公厅、国家计委、经贸委、财政部、人民银行、教育部、科技部、民委、民政部、劳动和社会保障部、国土资源部、交通部、水利部、农业部、卫生部、计生委、环保总局、统计局、林业局、农业银行、全国总工会、团中央、全国妇联、供销总社、中国残联等有关部门的负责同志。这些机构如遇机构改革,其参加单位和人员也相应调整。

国务院扶贫开发领导小组是国务院的议事协调机构,领导小组的基本任务是:组织调查研究;拟订贫困地区经济开发的方针、政策和规划;协调解决开发建设中的重要问题;督促、检查和总结交流经验。

领导小组下设办公室,负责办理日常工作。主要包括:研究拟定扶贫开发工作的政策、规划并组织实施;协调社会各界的扶贫工作,协调组织中央国家机关定点扶贫工作和东部发达地区支持西部贫困地区的扶贫协作工作;拟定农村贫困人口和国家扶贫开发工作重点县的扶持标准,研究提出确定和撤销重点县的意见;组织对扶贫开发情况进行统计和动态监测,指导扶贫系统的统计监测工作;协调拟定中央扶贫资金分配方案,指导、检查和监督扶贫资金的使用,指导跨省区重点扶贫项目;组织开展扶贫开发宣传工作;负责有关扶贫的国际交流与合作;承担全国贫困地区干部扶贫开发培训工作;承办国务院扶贫开发领导小组交办的其他事项。

1993 年 9 月之前,办公室名称为国务院贫困地区经济开发领导小组办公室,1993 年 9 月更名为国务院扶贫开发领导小组办公室。2001 年 7 月以前为农业农村部正局级机构,之后升格为独立的副部级单位。国务院扶贫办独立前的主要负责同志先后为杨雍哲(1986 年 12 月至 1990 年 6 月)、杨钟(1991 年 2 月至

1996 年 4 月）、高鸿宾（1996 年 4 月至 2001 年 7 月）。2001 年国务院扶贫办升格独立后历任国务院扶贫开发领导小组副组长、扶贫办党组书记、主任是：吕飞杰（2001 年 7 月至 2004 年 2 月）、刘坚（2004 年 2 月至 2007 年 5 月）、范小建（2007 年 5 月至 2013 年 11 月，2007 年 5 月至 2009 年 7 月同时任农业农村部党组成员、副部长）、刘永富（2013 年 11 月至 2021 年 1 月）。2021 年 1 月后为王正谱（中央农村工作领导小组成员兼办公室副主任，农业农村部党组成员，国家乡村振兴局党组书记、局长，2021 年 1 月至 2021 年 10 月）、刘焕鑫（中央农村工作领导小组成员兼办公室副主任，农业农村部党组成员，国家乡村振兴局党组书记，2021 年 10 月至今）。

扶贫开发工作机构分中央政府扶贫机构和地方政府扶贫机构。80 年代中后期，贫困地区比较集中、扶贫开发工作任务比较重的省（自治区、直辖市）及所辖的地（市、地、州、盟）、县（市、区、旗）政府，都陆续设立了主管扶贫开发的工作机构。在国家和省定扶贫开发工作重点县，部分扶贫任务重的乡镇也设置了扶贫工作机构，或配备了扶贫专职干部。

各级扶贫开发机构负责本地的扶贫开发工作。全国的扶贫开发实行分级负责、以省为主的行政领导扶贫工作责任制。各省、自治区、直辖市，特别是贫困面积较大的省、自治区，都把扶贫开发列入重要议程，根据国家扶贫开发计划制定本地区的具体实施计划。中央的各项扶贫资金在每年年初一次下达到各省、自治区、直辖市，实行扶贫资金、权力、任务、责任"四个到省（自治区、直辖市）"。所有到省的扶贫资金一律由省级人民政府统一安排使用，并由各有关部门规划和实施项目。

后来，《中国农村扶贫开发纲要（2011—2020 年）》对加强扶贫机构队伍建设提出了新的要求：一是各级扶贫开发领导小组要加强对扶贫开发工作的指导，研究制定政策措施，协调落实各项工作；各省（自治区、直辖市）扶贫开发领导小组每年要向国务院扶贫开发领导小组报告工作。二是要进一步强化各级扶贫机构及其职能，加强队伍建设，改善工作条件，提高管理水平。三是贫困程度深的乡镇要有专门干部负责扶贫开发工作。四是贫困地区县级领导干部和县以上扶贫部门干部的培训要纳入各级党政干部培训规划。五是各级扶贫部门要大力加强思想、作风、廉政和效能建设，提高执行能力。这些新要求为新时期加强扶贫机构队伍建设指明了努力方向。

2013 年，中共中央办公厅、国务院办公厅发布的《关于创新机制扎实推进农村扶贫开发工作的意见》(中办发〔2013〕25号)强调：基层扶贫开发队伍建设要适应精准扶贫工作需要。

扶贫脱贫的大量工作，最后都要落实到基层。所以，加强贫困地区农村基层组织建设也是一项重要的工作。党和国家在扶贫开发中强调要加强村级组织建设，以此提高农户的自我组织程度。各地农村大力推行村委会直接选举制度，根据公开、公平、公正的原则，真正将群众拥护、有能力带领群众改变贫困面貌的人选举为村干部。同时，严格实行村务公开，村级财务的各项收支、扶贫资金的发放使用、承包合同的签订和变更等各项事务，都要向村民公开，接受村民的检查和监督。

国务院扶贫开发领导小组办公室还下设几个直属事业单位，主管几个社团。这些单位和社团先后有过不少变化，名称也有改动，此处不赘。其中有：

全国贫困地区干部培训中心。建立于1990年2月。其主要职责是对全国贫困地区党政领导干部进行扶贫开发方面的培训，对贫困地区乡村干部培训和农民实用技术培训进行指导。培训中心自建立以来，围绕国家扶贫开发的主要目标和中心任务，对全国贫困地区县级党政领导干部开展了几次大规模轮训，先后培训近2万人次，帮助他们提高认识，学习政策，更新观念。先后编写过针对贫困地区的各类培训教材。还承担了一些国际合作项目和调查研究工作。

中国贫困地区经济开发服务中心。建立于1988年4月，主要职责是对贫困地区的经济开发提供具体服务，工作任务包括：

（1）为贫困地区提供劳务、人才、技术、产品和资金等方面的信息服务，逐步建立面向贫困地区的技术市场、人才市场、物资市场。

（2）组织劳务培训、输出。

（3）沟通贫困地区与外界的经济联系，组织商品流通，发展内外贸易。

（4）推广适合贫困地区情况的农业适用技术。

中国扶贫基金会。国务院扶贫办指导下的全国性非营利社团法人，成立于1989年3月13日，当时称中国贫困地区发展基金会，1990年3月24日改用现名。主要任务是动员国内外各方面力量支持贫困地区发展，通过项目援助、受援人参与等方式，扶持贫困社区的弱势群体改善生产、生活和健康条件并提高其素质和能力，实现脱贫致富。

国务院扶贫办外资项目管理中心。建立于1995年，前身是1993年成立的国务院扶贫开发领导小组办公室世界银行项目管理办公室。

五、着手解决连片贫困地区问题

进入有组织、大规模扶贫开发阶段之后，国家一是确立了贫困地区经济开发的方针；二是制定了专门针对贫困地区和贫困人口的政策措施；三是对18个集中连片贫困地区实施重点扶贫开发；四是确定了对贫困县的扶持标准，将70%的扶贫资金用于贫困县，并核定了贫困县，分中央政府和省（自治区）两级重点扶持。

有组织大规模的扶贫开发主要是针对连片贫困地区的问题提出来的，所以如何解决连片贫困地区的问题，也就成为当时各级党委和政府关注的焦点。

我国贫困人口分布集中的连片贫困区，东部有沂蒙山、闽西南、闽东北地区；中部有努鲁尔虎山区、太行山区、吕梁山区、秦岭大巴山区、武陵山区、大别山区、井冈山区、赣南地区；西部有定西干旱地区、西海固地区、陕北地区、西藏地区、滇东南地区、横断山区、十万大山地区、乌蒙山区、桂西北地区。这些连片地区地理位置偏远，自然条件特殊，生态环境脆弱，有的非常不利于人的生存，教育和医疗水平落后，因此贫困现象比较普遍和严重，解决脱贫问题非常困难。

总体来说，这个时期开始的农村扶贫开发，是一个瞄准贫困地区的区域性扶贫模式，基本的思路是通过特殊性的支持，促进落后地区的经济发展，从而带动贫困人口收入的增加。

其实，改革开放以来，我国最先启动和实施的专项扶贫是"三西"扶贫。"三西"是指甘肃河西地区、定西地区和宁夏西海固地区。"三西"扶贫共涉及47个县（市、区）（1992年扩大到57个）。

河西走廊是甘肃省重要商品粮基地；甘肃中部定西地区和宁夏西海固地区，干旱缺水，土地贫瘠，水土流失严重，生态环境恶劣，群众生活困难，俗称"苦瘠甲天下"，是改革开放初期全国集中连片最困难的地区之一。有人形象地描绘这个地方："剥开一粒黄土，半粒在喊渴，半粒在喊饿。"40多年前，联合国专家考察后，曾留下令人绝望的评价："这里不具备人类生存的基本条件。"

1982年12月，国务院决定实施"三西"地区农业建设，指导思想和开发思路是：兴河西、河套产粮之利，济定西、西海固缺粮食之贫，使其逐步发展林、草，逐步改变生态环境的恶性循环为良性循环；对定西和西海固实行以工代赈，扶助生产建设；组织定西和西海固人口密度过大、生产生活条件极端困难地区的群众，采取自愿"拉吊庄"（先由青壮年劳动力到外地开荒种田，逐步安家）的办法，有计划地搬迁到当地新灌区和河西、河套，实行山川共济，统一规划，互相促进，共同发展。目标是：三年停止生态破坏，五年基本解决温饱，两年巩固提高；经过18年的努力，到2000年，彻底改变定西、西海固的贫困面貌，河西、河套两个灌区年提供商品粮达到45亿斤左右。

国务院成立了"三西"地区农业建设领导小组，负责组织各方面力量，制定建设规划，合理使用国家专项资金，协调解决建设中的有关问题。国家连续10年每年安排2亿元专项资金（简称"三西"资金）支持"三西"地区农业开发建设。1992年，国务院决定将每年2亿元"三西"资金预算计划延长10年。2000年和2008年，国务院又先后作出决定，再延长"三西"资金计划，安排至2015年，并从2009年开始，每年增加到3亿元。

经过30年的努力，"三西"地区特别是定西、西海固地区告别了极端贫困状况，改善了基本生产生活条件和生态环境，改变了贫穷落后面貌，有力促进了经济社会发展。

"三西"扶贫在我国扶贫开发历程中具有开创性、先导性、示范性意义。它首开实施区域性扶贫开发之先河，在改革单纯救济式扶贫为开发式扶贫、集中力量实施片区开发、易地搬迁扶贫、扶贫开发与生态建设相结合等方面所作的成功探索、所积累的丰富经验，对从1986年开始在全国范围开展有组织、有计划、大规模的扶贫开发，产生了深远影响。

以"三西"扶贫为开端，党和国家着手对重点贫困地区、连片贫困地区采取了一系列重要措施。

（一）调整扶贫方针，设立专门机构。

改变过去单纯分散救济的扶贫方法，在国家必要的扶持下，利用贫困地区的自然资源进行开发性生产建设，逐步形成贫困地区和贫困户的自我积累和发展的能力。同时，扶贫工作从按贫困人口平均分配资金向按项目、效益分配转变，从单纯依靠政府行政系统扶贫向主要依靠经济组织转变，从资金单项输入向资金、技术、物资、培训相结合输入转变。1994年，国务院在原扶持资金不变的基础上新增加10亿元以工代赈资金、10亿元扶贫贴息贷款，主要用于种植业、养殖业和以农业为原料的粗加工业等有助于扩大就业，能够尽快解决群众温饱问题的生产性开发项目。

为保证扶贫工作的顺利进行，除了成立国务院贫困地区经济开发领导小组，负责制定贫困地区发展的方针、政策和规划外，各贫困面较大的省、自治区和地、县也相继成立了类似机构，配备了专职人员，形成了比较完整的工作体系，逐层落实了扶贫开发工作的责任。

（二）界定扶持对象，落实管理责任。

1986年，将农村人均纯年收入低于320元的列入国定贫困县，共确定了国定贫困县331个，省区自定贫困县333个，共计664个，占到了全国总县数的1/3左右。以县为基础单位作为国家扶贫对象，不仅可以更好地考虑到不同县市的区域性差异，也有利于贫困地区政府将解决农户贫困问题与区域开发结合起来，对贫困进行综合治理。

同时中央推出了严格的扶贫管理责任制，国定贫困县主要由中央出资扶持，省定贫困县由省、市扶持，非贫困县中零星分散的贫困乡村和贫困农户由所在县、市扶持，限期解决群众温饱，并将贫困地区干部的工作实绩同晋升联系起来，进行严格考核，克服"等、靠、要"的依赖思想。

（三）实施专项扶贫，加大扶贫投入。

专项扶贫指国家安排财政专项扶贫资金，由各级扶贫部门负责组织实施开发式扶贫项目和相关扶持措施，直接帮助贫困地区尤其是贫困乡村、贫困人口改善基本生产生活条件，发展特色产业，增加经济收入，提高自我发展能力。

专项扶贫担任促进农村减贫基本手段的重要角色。与行业扶贫、社会扶贫不同的是，专项扶贫的主要特点在于：①专项扶贫所需资金，主要来源于中央和地方预算安排的财政扶贫资金；②专项扶贫的实施一般采用项目形式（或单一项目，或综合性项目）；③专项扶贫项目实施，原则上要求到村到户，使真正的贫困村、贫困户直接受益。④组织实施专项扶贫的行政机构是各级政府扶贫开发领导小组及其办公室，同时包括各级发展改革委、财政部门等。

为了加快贫困地区的经济发展，建立了"老少边穷"地区发展基金，增加扶贫投入。此项资金占国家财政支出总额的比例达到2%，由财政部掌握分配，实行专案拨款。同时，对民族自治地区的补助数额，由1年一定改为5年不变、实行包干的办法。5年内收入增长的部分全部留给地方，中央对民族自治区的补助数额在一定时期内每年增长5%。

（四）试点区域减贫，实现异地脱贫。

1982年中央确定了"三西"地区农业建设工程，开创了区域扶贫开发和异地脱贫的先河。我国贫困地区一方面很多地方自然条件恶劣、生产水平低下，但另一方面，很多地方又幅员辽阔，森林、草场众多，水能、矿产资源丰富。所以，立足贫困地区当地资源，将资源优势转化为经济优势，成为治穷致富的根本出路。河西走廊主要是缺水，其他自然条件还比较优越，粮食生产潜力很大，重点要解决水利问题，而甘肃定西和宁夏西海固自然条件很差，生产困难，人口增加过多过快。针对这种状况，国家统一调拨粮食用以保障当地居民的基本生活，同时将财政拨款及其他资金更多用于"以工代赈"，既吸引定西和西海固的劳动力参加到河西粮食基地的建设中去，也参与改善两地的生产环境，包括退耕还林、修缮"三地"（坝地、梯地、压砂地）。既解决了工程的劳动力问题，又实现了有计划的移民，疏散了当地人口。

（五）规范以工代赈，完善管理办法。

自"三西"工程试点以来，以工代赈在解决农村贫困问题上取得了显著的成效。1984年至1985年，据对25个省、自治区统计，已修建公路33151公里，桥梁34000多延米，修通航道660多公里，兴建人畜饮水工程28885处，改善农田灌溉面积430多万亩。这些工程的建设对开发贫困山区资源、繁荣山区经济、改善群众生活有重大意义。

但以工代赈也逐步暴露出一些问题，主要是由于中西部贫困地区地质条件差，施工环境复杂，专业技术人才少，承担施工任务的多是非专业化的民工队伍，而政府脱贫心切，工程量铺得越来越大，导致配套资金不足，影响了工程进度，更有盲目追求数量，忽视质量，甚至出现多起人身伤亡事故。为了规范以工代赈，国家建立了层层责任制，要求注意工程前期的准备工作，在严把质量关的同时注意对工人的培训。

80年代中期，河北省在依靠农村改革推动减贫事业的同时，提出和实施了"山、海、坝"战略。这一战略总体以尚未开发的太行山、燕山、坝上和沿海地区为战略重点，加大扶持力度，加快发展步伐，以这一地区脱贫致富，促进全省经济的振兴。这是河北省在20世纪80年代最为明确的一个战略，是从省情出发，重点支持薄弱地区发展的战略。

山、海、坝，包括河北省66个县（市），土地面积12.5万平方公里，占全省总面积的66%；人口1858万人，占全省人口的34%。其中，山区共57个县（市）[包括太行山区27个县（市），燕山山区25个县（市），恒山、阴山山区5个县]、坝上区6个县。时任中共中央总书记胡耀邦在一次视察河北工作时提出："河北要翻身，大概要靠太行山。太行山的面貌不改变，生态环境改不了，河北富不了。""开发好了太行山，河北就大有希望。"

河北省政府向全省各地印发《关于加快山区开发的意见》《关于加快沿海地区开发的意见》《关于加快坝上地区开发的意见》三个文件。为实施"山、海、坝"战略，省委、省政府提出了一系列政策措施，如山区要实行林、果、牧、矿、粮综合开发，以发展交通运输为先行，积极推广适用技术，大力发展林果业和畜牧业，因地制宜发展采矿业、建材业。按照科研、生产、加工、销售"一条龙"的原则，抓好农副产品深加工。要搞好山、坡、川、滩、河的综合治理，搞好水土保持。进一步放宽政策，给山、海、坝地区人民以更多的生产经营自主权，培植和增强这些地区的内在活力等。在以后几十年的历史进程中，燕山—太行山和坝上地区，一直是河北省扶贫开发主战场，是党的十八大以后脱贫攻坚战的坚中之坚。[1]

六、加强贫困地区的经济开发

全国农村贫困地区的脱贫致富工作，经过一系列调整和改革，初步完成了从单纯救济向经济开发的根本转变，开始进入一个新的发展阶段。经济开发作为一项最终解决中国贫困地区农民温饱问题，进而改变贫穷落后面貌的历史性事业，不仅得到了全国上下的高度重视，受到了贫困地区广大干部群众的热烈拥护，而且得到了国家各级机关、群众团体、人民解放军、民主党派、科研教育单位、工商企业等社会各界以及发达地区的广泛支持。到80年代中后期，贫困地区的经济开发已经起步，进展较快，效果明显，形势很好。

但是也存在一些问题，主要是，工作发展不平衡，扶贫没有完全落实到户，解决温饱不够稳定。国务院提出有三种情况值得注意：一是空喊三年五年解决温饱，没有扶贫到户的具体规划和措施；二是要求过高过急，脱离了现实财力、物力的可能；三是不论穷富一起扶持，又犯了平均主义的毛病。这些，都不利于集中力量解决贫困户的温饱问题。

中央认为，当前工作的关键不是再提出什么新的口号，而是以实事求是的精神和高度负责的态度，按照已经明确的方针和目标，深入调查，总结经验，

---

[1] 参见《河北省经济发展战略史》（出自《河北省志·发展改革志》）。

研究问题，狠抓落实。在坚持改革的基础上，千方百计提高开发资金的使用效益，扎扎实实地实现"七五"期间解决贫困地区大多数群众温饱问题的目标，加快低收入人口脱贫致富的步伐，为逐步改变贫困地区经济、文化落后面貌创造条件。这是经济开发全部工作的基本出发点。

为此，1987年10月30日，国务院发布《关于加强贫困地区经济开发工作的通知》，提出了一系列工作要求和政策措施。

（一）明确工作重点，扶贫落实到户。

一是摸清底数，明确对象。每个贫困县都要组织干部逐乡、逐村、逐户调查，尽快彻底分清谁是没有解决温饱的贫困户，谁是五保户和救济户。贫困户尤其是贫困户中食不果腹、衣不蔽体、房不避风雨的"三不户"，是当前经济开发中扶持的重点。五保户和没有生产能力的救济户的生活问题属于农村社会保障范围，主要依靠现在行之有效的乡村五保办法和正常的救济以及组织力所能及的生产去解决。要为贫困户建立档案，县建簿、乡造册、户立卡，限期解决温饱，按期检查验收。

二是先易后难，分批解决。要求优先扶持有志气、肯努力的贫困户，先温饱、先脱贫，树立榜样，增强信心，带动其他贫困户，分年分批解决问题。

三是分解目标，落实责任。各个贫困县都要将解决群众温饱问题的整体目标分解为分年分批扶贫的具体任务，层层落实到县、乡、村主要领导干部身上，并把扶贫任务完成的好坏，作为工作述职、政绩考核、职务升降的重要内容和依据。

（二）发展商品经济，强化社会服务体系。

贫困地区的经济开发主要是利用本地资源优势，发展商品经济，优化产业结构。就是要背靠资源，面向市场，改造传统产业，开发新兴产业，为贫困户提供就业机会，增加更多的收入。

一是用先进的技术和物质手段改造传统的种养业，尽可能提高粮食自给率，支持多种经营的发展。途径主要是：逐步改善生产条件，抓好农田基本建设，使贫困户有一定数量的旱涝保收田；国家和地方要专项增加贫困地区的化肥、地膜等物资投入，推广良种、良法，提高单产；在粮食紧缺的情况下，要适当控制养殖业和酿造业中大量消耗粮食的项目，大力发展食草畜禽和以果品为原料的酿造业。

二是积极发展乡镇企业和各种家庭工副业，特别是把发达地区劳力密集、收益相对较低的产业逐步移植到贫困地区，抓紧组织剩余劳力向第二、第三产业转移。国家和地方要有计划地为贫困地区搞好能源、交通等基础设施建设，支持乡村工业、商品流通的发展。利用贫困地区廉价劳务的优势，继续搞好以工代赈。用中低档工业品开展以工代赈的工作。

三是有领导地组织劳务输出。劳务输出是投资少、见效快，既能治穷致富，又能开发智力的重要产业。各地都高度重视，积极组织，大力发展。

就一个区域来说，无论发展什么产业，都要因地制宜、发挥优势，相对集中、连片发展，逐步形成有一定规模的商品生产基地。要以产品加工为龙头，系列开发，综合利用，创造自己的主导产业和有竞争力的拳头产品。

组织千家万户发展商品生产，必须搞活流通，强化服务，建立、健全社会化服务体系。提倡多方来办系列化综合服务。农村供销社以及商业、粮食、外贸等部门，过去是以产后服务为重点，现在均结合农村经济体制改革，扩大服务领域，增加产前、产中的服务。农业、畜牧、林业、水利、农机、渔业、科技等部门的农村服务组织，过去以技术服务为重点，现在增加了产前和产后服务，并允许其逐步办成服务型的经济实体，充分发挥行业服务的作用。同时，大力支持和鼓励农村能人、专业户、联户兴办各种服务型经济组织，聘请民间能人参加，建立各种行业协会。随着经济体制改革的深入发展，逐步将政府组织生产的某些职能转移给服务组织和行业协会，使它们成为联系千家万户，发展商品经济的主要力量。

（三）因地制宜，兴办乡村扶贫经济实体。

扶贫到户不完全是把扶贫资金直接分配到户，对那些素质低、缺乏经营能力的贫困户，主要是依靠能人兴办扶贫经济实体，工作到户、服务到户、效益到户、解决温饱到户。

兴办扶贫经济实体，作为龙头企业，不仅直接安排一批贫困户劳力就业，而且带动周围大批贫困户发展商品生产。这种"扶持一个点，安排一批人，带动一大片"的做法，突破了就贫困户解决贫困户问题的传统做法，提高了资金的使用效益和还款能力，改变了完全依靠乡村干部和行政手段送钱分物的老办法。

扶贫经济实体，必须以扶贫为使命，以办龙头企业为重点，具有安置一批贫困户就业，带动一批贫困户发展生产的双重功能。

扶贫经济实体，国家企业事业单位可以办，集体可以办，农村能人和城市下乡的科技人员也可以办。谁有条件办，谁办得好就支持谁。无论谁办扶贫经济实体，开发什么项目，扶持多少钱，安置多少人，带动多少户等，都要按照规定，经过严格考核和审查。

采取多种形式扶持扶贫经济实体的资金需求。可以直接扶持，可以由贫困户带资入股，也可以采取其他形式。各地根据实际情况，参照民政部门办福利工厂的做法，制定扶持扶贫经济实体发展的优惠政策和管理办法。

（四）扶贫项目公开招标，实行承包开发。

为了提高扶贫资金的使用效益，把竞争机制引入贫困地区的经济开发。凡是适合承包开发的扶贫项目都公开招标。项目招标既对内，也对外。欢迎发达地区、大中城市、工商企业、科研单位、大中专院校，以及社会上的工程技术人员到贫困地区承包开发。通过这种形式，突破就贫困地区解决贫困地区问题的小圈子，把外部的先进技术、企业管理经验、产品销售渠道一起带入贫困地区，深化已有的对口支援和横向联系，把贫困地区开发与发达地区的发展结合起来。

无论对内对外发包，都必须明确开发什么产品、投资数量、经济效益，解决多少贫困户的问题，并签订承包合同，办理公证手续。各地应制订相应的有吸引力的优惠政策。

（五）资金按使用效益分配。

一是省、地、县都要弄清来自各个渠道的扶贫资金究竟有多少，然后根据统一规划、统筹安排，渠道不乱、用途不变，相对集中、重点使用的原则，把中央和地方用于贫困地区的各种扶贫资金捆起来使用，使各方面的扶贫资金有机结合，形成整体效益。

二是对扶贫资金的使用效益提出明确的评价标准：看扶持的贫困户能不能按期解决温饱问题；看信贷资金和其他有偿资金能不能如期归还。允许各地根据不同情况作出具体规定。

三是严格按经济效益分配使用资金。从1988年起，省对县打破按人口分钱吃大锅饭的做法，哪个县项目选得准，资金管得好，经济效益高，就多给扶贫资金；反之则少给扶贫资金；对那些胡乱花钱、不讲效益的县，要追究责任，加强领导，否则暂停使用扶贫资金。各省、自治区要组织有领导干部和专业人员参加的资金使用评审小组，进行普遍检查，根据检查情况拟定次年扶贫资金分配方案。国务院贫困地区经济开发领导小组办公室组织专家评审组重点抽查，并使定期检查成为一项制度。

四是各项扶贫资金做到资金、计划单列，适时投放，加速周转。银行、财政等投资部门通力合作，简化手续，力争所有年度扶贫开发资金在春耕生产前下达到县。各县经济开发部门和项目管理单位要协助投资部门积极回收贷款和其他有偿资金。

（六）功夫花在项目的准备和管理上。

一是各贫困县根据国家贫困地区科技、经济、社会发展规划精神，认真搞好长远和中近期开发规划。凡经反复论证具有科学性和可行性的开发规划，不要因为县级领导班子换届或个别领导人的更替而随意变动。

二是各贫困县把开发规划分解成具体开发项目，普遍建立项目库，并注意根据情况变化，筛选、增减、调整项目，搞好项目储备。做到项目等资金，不要资金等项目。

三是各级经济开发领导部门及时组织银行、财政等投资部门和其他业务部门共同搞好项目评估论证，改变论证不充分、审批不及时或互相扯皮的状况。各业务部门对批准实施的项目实行归口管理，提供配套服务，保证项目顺利执行，取得预期效果。

（七）把智力开发摆到重要的位置。

贫困地区经济开发归根到底是人的智力开发。从长远看，发展基础教育是提高贫困地区劳动者素质的重要出路。在目前情况下，提高素质的主要办法是，转变观念，放宽政策，把现有一切可以有所作为的人才发掘出来，带领群众脱贫致富，同时以在乡知识青年为重点，开展大规模的农民技术培训。

一是大量启用农村乡土人才。改变陈旧观念，把农村能人作为人才的一个重要组成部分；肃清各种"左"的影响，为乡土人才脱颖而出创造良好的环境和条件。

二是稳定本地人才，吸引外地人才。制定政策，采取措施，尽快解决贫困地区人才大量外流问题。在充分发挥当地人才作用的同时，广泛吸引一切可以到贫困地区来的国家机关、大中专院校、科研单位以及社会上有专门才能、专业知识的人，到贫困地区来承包开发项目，领办乡镇企业，兴办各种扶贫经济实体。无论是外地来的还是本地的知识分子，一律按其在经济开发中的贡献确定报酬和各种优惠待遇。

三是以在乡知识青年为重点，认真办好农村职业技术教育和成人教育，有计划地开展对农民的专业技术培训。根据项目开发的需要，采取多种形式，尽快使每个贫困户有一个劳动力掌握一到两门实用技术。各级财政部门督促落实从支援不发达地区发展资金中拿出的、相当于专项贴息贷款5%的技术培训费。

四是轮训干部，提高各级干部对经济开发的领导水平。国务院贫困地区经济开发领导小组对全国300多个重点贫困县的2000名干部普遍轮训一遍。其他贫困县以及所有贫困县的基层干部，由省、地、县分别安排培训。

（八）把科学技术作为经济开发的支柱。

依靠科学技术进步，开辟脱贫致富门路，把发展以科技为支柱的商品经济摆上突出地位。

一是结合星火计划和丰收计划的实施，认真组织力量抓好现有科学技术成果的推广和应用。结合提炼当地的先进经验，如粮食、畜牧、林果业等方面的高产经验，积极示范，大力推广。利用技术市场积极从外地引进最迫切需要的科技成果，提高生产水平，取得更大的经济效益。

二是采取多种形式，充分发挥科研单位、大中专院校、群众团体和民主党派智力扶贫的作用，帮助制定和完善经济开发规划，进行咨询指导，参与各项经济技术决策，建立技术试验、示范基地。在有条件的地方，可以聘请技术专家担任贫困县的经济开发顾问。

三是科技扶贫既提倡有偿服务，也强调发扬扶贫济困的精神。对那些为贫困地区发展作出贡献的科技人员给予表彰和奖励。各省（区）和国务院有关部门制定必要的鼓励政策，以使更多的科技人员投身这项事业。

（九）贫困县要把带领群众解决温饱、脱贫致富作为全部工作的中心任务。

县一级领导是搞好贫困地区经济开发工作的关键。各贫困县都把带领群众解决温饱、脱贫致富作为全部工作的中心任务，真正摆上议事日程。县的主要负责同志亲自抓，全力以赴，不能仅仅交给某个业务部门或几个人去办。

加强对经济开发工作的领导，各省（区）要为贫困县配备坚强的领导班子，并保持相对的稳定；省、地、县选拔得力干部，健全和充实经济开发办事机构。对勇于开拓进取、扶贫政绩突出的干部，要支持、保护并给予表彰奖励。

贫困县各级干部以及各机关、各部门派到贫困地区去的干部，必须深入下去，帮助群众树立自力更生、艰苦创业、治穷致富的精神，帮助加强农村基层领导班子的建设。提倡先富帮后富，富户带穷户。因地制宜地帮助贫困户找到脱贫的门路和办法，把工作做到实处。

（十）国家机关各部门为贫困地区经济开发作贡献。

贫困地区经济开发是一项综合治理工程。中央和地方各部门，都按照要求，把贫困地区的经济开发纳入工作计划，在各自的业务范围内，尽可能给予更多的支持。对阻碍贫困地区发展的突出问题，如人畜饮水、库区移民、农电、公路、地方病、智力开发等问题，各有关部门采取有力的措施，协同地方，认真解决。

各部门在制定指导全局发展的统一政策时，要充分考虑贫困地区的特殊情况，切忌采取穷富一刀切的办法。

国家机关各部门有重点地帮助一片贫困地区脱贫致富。一些部门派出了调查组、工作团，分片联系、帮助贫困地区，做了大量工作，创造了许多好经验。各省、自治区厅局开展对口支援、包干扶贫也作出了很大成绩。各级领导机关每年进行一次总结检查，对在扶贫工作中作出贡献的部门、单位和个人给予表彰鼓励。

七、从传统的救济式扶贫向开发式扶贫转变

20世纪80年代中期以前，我国农村扶贫主要采取传统的给线、给物等救济式方式。救济式扶贫可以缓解贫困群众一时的生活困难，但不能使他们真正摆脱贫困，也不能改变贫困地区落后面貌，国家投入的大量扶贫资金没有发挥应有的效益。因此，根据改革开放的新形势和贫困地区的实际，党和国家开始对传统的救济式扶贫方式进行改革，推动实施新的扶贫方式，大力推动产业发展、产业开发，更多地增强贫困地区和贫困人口的造血功能。之后，逐渐发展为一种新的扶贫方式——开发式扶贫。

1982年12月，国务院启动实施"三西"扶贫，开始探索贫困地区开发式扶贫的路子。1984年9月，中共中央、国务院下发了《关于帮助贫困地区尽快改变面貌的通知》（中发〔1984〕19号）。标志着有组织、有计划、大规模扶贫开发的大幕正式拉开，也标志着开发式扶贫战略思想正式提出。《通知》分析了以前扶贫的成绩和不足后指出："必须认真总结经验，明确改变贫困地区面貌的根本途径是依靠当地人民自己的力量，按照本地的特点，因地制宜，扬长避短，充分利用当地资源，发展商品生产，增强本地区经济的内部活力。""国家

对贫困地区要有必要的财政扶持，但必须善于使用，纠正单纯救济观点。"[1]这一指导思想是后来正式提出"开发式扶贫方针"这一专业术语的基本依据和主要内涵。

1986 年 5 月，国务院贫困地区经济开发领导小组正式成立。1986 年 6 月，国务院办公厅转发了《国务院贫困地区经济开发领导小组第一次全体会议纪要》，提出要"彻底改变过去那种单纯救济的扶贫办法"，实行"新的经济开发方式"。1991 年 4 月全国七届人大四次会议通过的《国民经济和社会发展十年规划和"八五"计划纲要》，明确提出"要坚持以经济开发为主的扶贫方针"。这是开发式扶贫方针的前称。

开发式扶贫方针是对过去传统的分散救济式扶贫的改革与调整，是党和国家确立的推进扶贫开发事业不断前进的一项基本方针，是中国政府农村扶贫政策的核心和基础。其要义是鼓励和帮助贫困地区、贫困人口通过发展生产、增强自我发展能力解决生存和温饱问题，并进而脱贫致富。开发式扶贫方针的核心理念是，通过发展特别是自我发展解决贫困问题，促进共同富裕。

所以，进入有组织大规模的扶贫开发以后，我国的扶贫开发也就开始了从传统的分散救济式扶贫向集中的开发式扶贫的转变。

1989 年，国务院批准，在全国 26 个省（区）贫困县实施中低档工业品以工代赈，继续帮助贫困地区修建道路和水利工程，促进贫困地区经济开发（原以粮食、棉花、棉布以工代赈）。

1991 年制定的《国民经济和社会发展十年规划和"八五"计划纲要》对贫困地区的经济发展作出部署，要求坚持以经济开发为主的扶贫方针，继续贯彻帮助贫困地区尽快改变面貌的政策措施，增强这些地区经济自立致富的能力和经济内在活力。经过 5 年努力，基本上解决现在尚属贫困地区群众的温饱问题。

为此，要求加强农业建设，改善农、林、牧业的生产条件。积极推广增产效果显著的适用技术，在有条件的地区逐步达到粮食基本自给。利用山地优势，发展林果业。

从当地实际情况出发，因地制宜地选好扶贫开发项目，组织好产前、产中、产后服务，特别是科技和销售服务，带动资源开发和经济发展。

加强贫困地区水、电、路、通信等基础设施建设，使生产和生活环境得到

---

[1] 中共中央文献研究室编：《十二大以来重要文献选编》（中），中央文献出版社 2011 年版，第 29—30 页。

改善，增强经济发展后劲。

国家对贫困地区继续发放支援不发达地区发展资金和低息贴息贷款；继续做好以工代赈工作，贫困地区要合理利用扶贫资金和物资，以发挥较好效益。

经济比较发达的地区，要加强对贫困地区的对口支援，采取签订合同、联合开发项目、合办企业等形式带动贫困地区经济的发展，并从财力、物力和人力等方面给予必要的援助。

1991 年 5 月，国务院办公厅转发贫困地区经济开发领导小组《关于"八五"期间扶贫开发工作部署的报告》。

1991 年 6 月，国务院确定，国家在"八五"期间，每年拨 10 亿公斤粮食或等额工业品继续在贫困地区以工代赈。

这一阶段，国定贫困县农民人均纯收入从 1986 年的 206 元增加到 1993 年的 483.7 元，兴办了 80 多万个果、茶、桑、药等经济园和 5 万多个乡镇企业，新建了 2000 多万亩基本农田，修建了 10 多万公里公路，解决了 2500 万人和 3000 多万头大牲畜的饮水困难。

经过 8 年的不懈努力，到 1993 年底，农村贫困人口由 1.25 亿人减少到 8000 万人，占农村总人口的比重从 14.8% 下降到 8.7%。

20 世纪 70 年代末，太行山区 2/3 的农民人均年收入不足 50 元，其贫困问题成为制约河北省经济发展的"瓶颈"。1978 年，河北省科委作出开发治理太行山区的决定，设立"河北省太行山区综合开发研究"课题，与河北农业大学共同研究论证，选择易县阳谷庄乡作为山区综合治理试验区。

1979 年，河北农大组织 6 个系 11 个专业的 40 余名教授和中青年教师、科技人员，带领 100 多名学生奔赴太行山区，在大量调查研究基础上，提出山区开发总体思路"在尊重生态规律的基础上，首先解决太行山区人民的贫困问题"。制定"治山先治穷，治穷先治愚，治愚先育人，育人先育带头人"的方针。即从开发利用现有资源入手，引进先进的适用技术，优先帮助农民发展那些投资少、见效快、收益大的"短平快"项目，使群众尽快脱贫，进而开展综合治理。

从开发起步到 1981 年，阳谷庄试验区三年迈出三大步，产值翻了两番，增产粮食 268.9 万公斤，增收 230 万元，人民群众初步摆脱了贫困。国家科委对阳谷庄试验区的工作给予充分肯定，在总结试验区经验基础上，1981 年设立新中国第一个山区科技攻关项目——"河北省太行山区开发研究"，并纳入"六五"国家重点攻关计划。从此，一场大规模、多学科的太行山开发攻坚战在河北省的 24 个县全面铺开。

1983 年，国家科委在石家庄召开第一次山区综合技术开发工作会议，肯定太行山技术开发的战略、方针、原则和措施。1984 年，国务院转发国家科委《组织科技进山，振兴山区经济》的报告。1986 年 2 月，太行山开发研究通过国家级鉴定。当时主管农业的副总理万里作出批示：应大力推广、传播此经验。国家科委在贺信中称，这一做法"指出了一条送科技进山、振兴贫困山区的新路，就是'太行山道路'"。"太行山道路"是一条科技工作坚定面向经济建设的道路，是一条科技工作者勇于攀登，深入实际，为国家富强献身的道路。"太行山道路"先后受到多位党和国家领导人的肯定。

"太行山道路"既是一条科技进山，振兴贫困山区经济的道路，又是一条一靠政策、二靠科技、三靠投入、四靠管理、脚踏实地进行山区建设的道路，为山区开发取得了出成果、出人才、出效益的显著成效。以后，河北省不断深化拓展"太行山道路"，弘扬"太行山精神"，并不断取得新成果。[1]

八、走向 20 世纪 90 年代的扶贫开发

1992 年 2 月 23 日，《人民日报》报道，正月时节，记者来到晋西北黄河岸边的保德县。保德过去是个穷地方。党的十一届三中全会后，这里的农民才逐渐由穷变富。离城 10 里的郭家滩村，过去每家人都走过口外，现在人均收入 900 多元。这个县大山深处的岳家沟，村民们正挤在河滩里、山坡上看戏，1000 多人都穿得崭新的。年轻男女穿西装、皮夹克、蝙蝠衫、登山服、呢子大衣，好似一个时装展览会。在山沟沟里，能看到这样的场面不能不说农村真的变了。

这就是当时贫穷山村变化的一个缩影。

进入 20 世纪 90 年代，国务院提出的"七五"期间解决大多数贫困地区群众温饱问题的目标已经基本实现。扶贫开发，体现了党中央、国务院对贫困地区、老革命根据地和少数民族地区的重视和关怀，受到了广大干部、群众的衷心拥护和社会各界的欢迎，被农民称为共产党的一大德政。但是，当时扶贫的成果存在着标准低、不稳定、不平衡、差别比较大的问题。所以，扶贫开发工作必须继续深入推进。

[1] 耀峰、魏冰心：《山区发展践行"太行山道路"》，长城网 2018 年 8 月 21 日。

党的十三届五中全会要求继续支援"老、少、边、穷"地区的经济发展，继续贯彻执行扶植政策，逐步改变落后面貌。根据这一决定，国务院贫困地区经济开发领导小组与国家计委、财政部、人民银行等有关部门，对如何进一步加强下一阶段扶贫开发工作共同进行了研究。1990 年 2 月 23 日，国务院批转《国务院贫困地区经济开发领导小组关于九十年代进一步加强扶贫开发工作请示》的通知，对进入 20 世纪 90 年代的扶贫开发工作进行了部署。[1]

国务院认为，近几年来，经过各级人民政府、国务院各部门以及社会各界的共同努力，我国的扶贫工作取得了令人瞩目的成绩。全国农村人均纯收入 200 元以下的贫困人口已由 1.1 亿减少到 4000 万人。预计到 1990 年底，全国大多数贫困地区人民温饱问题可基本得到解决。但是，要从根本上解决我国贫困地区的问题，任务还相当艰巨。

所以，国务院强调，在今后一个时期内，扶贫开发工作仍要作为各级人民政府的一项重要工作，进一步抓紧抓好。国务院各部门及社会各界要继续关心、支持扶贫开发工作，把扶贫工作扎扎实实、坚持不懈地抓下去，为彻底改变我国贫困地区的落后面貌作出应有的贡献。

从 1991 年开始，全国贫困地区要在解决大多数群众温饱问题的基础上，转入以脱贫致富为主要目标的经济开发新阶段。

90 年代扶贫开发工作的基本目标和任务是：到 20 世纪末，全国实现小康目标时，要求贫困地区达到：稳定地解决温饱问题，多数农户过上比较宽裕的生活，初步改变贫穷落后面貌。与此同时，贫困地区经济发展的基础设施建设和生产、生活条件在以下方面应有明显改善：结合农业综合开发，兴修农田水利，在有条件的地方，人均建设 1 亩左右的基本农田；贫困县要建设起能够开发和利用当地资源，带动群众脱贫致富，形成县财政重要收入来源的支柱产业；基本解决人畜饮水问题；绝大多数的乡和大多数行政村通电、通路；基本控制地方病；普及初等教育，发展职业技术教育和成人教育，积极扫除青壮年文盲；把过快的人口增长速度抑制下来；停止植被破坏，控制水土流失，改善生态环境。根据分类指导的原则，不同地区可以提出不同的具体要求。

国家计委等有关部门和各省（自治区、直辖市）人民政府，要把上述目标和要求列入"八五""九五"计划，并帮助贫困地区制定好切实可行的开发规划。

---

[1] 参见《国务院批转国务院贫困地区经济开发领导小组关于九十年代进一步加强扶贫开发工作请示的通知》，《国务院公报》1990 年第 5 号。

为了实现上述目标，90 年代贫困地区经济开发的基本方针是：坚持以种、养业为基础，开发当地的优势资源，依靠科学技术，建立健全服务体系，发展区域性的支柱产业，由单纯生产原料向加工工业延伸，从自给、半自给经济逐步向商品经济过渡，把富民与富县结合起来，为彻底消灭贫困创造条件、奠定基础。

扶贫开发工作的主要政策和措施：

在以后 10 年，贫困地区要进一步克服"等、靠、要"单纯依赖国家的思想，更好地坚持发扬自力更生、艰苦奋斗的创业精神，树立信心，振奋精神，启动内在活力，最大限度动员广大干部群众，充分利用丰富的劳动力资源和自然资源，进行开发式的生产建设，为改变本地区的贫穷落后面貌努力奋斗。在此基础上。国务院有关部门和省（自治区、直辖市）要坚持和进一步采取行之有效的特殊政策与措施。

（一）对贫困地区的资源开发实行倾斜政策，有重点地安排一批骨干项目。

过去我们对中西部的贫困地区投资少、欠账多，而目前我国尚未开发的自然资源又主要集中在这些地区。开发中西部贫困地区丰富的自然资源，不仅有利于改变这些地区的落后面貌，而且有利于国民经济长期、协调、稳定地发展。因此，国务院各部门和有关省、自治区在"八五"和"九五"计划中，要针对贫困地区的自然资源状况，采取倾斜的扶持政策，有计划、有重点地安排一批能够开发和利用当地资源，带动区域经济发展的骨干项目。现在，国家农业综合开发重点扶持的范围，已经开始向经济发展比较困难但有发展潜力的中、西部贫困省区扩展，这是一个好的开端，其他部门和系统也要这样做。在条件相同或近似的情况下，优先考虑安排贫困地区。

（二）继续增加扶贫资金和物资的投入。

以下现有的各项扶贫资金、物资的规模不变：中国人民银行"七五"期间每年安排由中国农业银行发放的 10 亿元扶贫专项贴息贷款、5000 万元牧区扶贫专项贴息贷款和财政贴息再延长 10 年，到 2000 年；中国人民银行每年发放的 10 亿元老、少、边、穷地区开发贷款和 4 亿元贫困县县办企业贷款，中国工商银行每年发放的 2 亿元贫困县县办企业贷款，中国人民建设银行每年发放的 1 亿元贫困县县办企业贷款，中国农业银行每年发放的 3 亿元发展贫困地区经济贷款，均延长到 2000 年。

财政部每年下达的 8 亿元支援经济不发达地区发展资金继续投放，每年安排的 2 亿元"三西"农业建设专项资金，在规定期限内保持不变。

物资部现行每年为各项扶贫资金配套的物资，要与各项扶贫资金的投放期同步保留。

在全国治理整顿完成以后，国家经济和财政状况好转时，再相应增加扶贫资金和物资。同时，要积极做好贫困地区利用外资和外援的工作。贫困地区所在省区都要根据财力、物力的可能，安排一些扶贫资金和物资。

各项扶贫资金、物资，要继续按照"统一规划、统筹安排、渠道不乱、性质不变、相对集中、配套使用、确保效益、各记其功"的原则使用。为了适应贫困地区经济开发新阶段的要求，要适当放宽中长期开发项目的用款期限。

（三）制定促进贫困地区发展的区域性特殊政策。

应明确，国家和地方经批准的各项特殊优惠政策不变。国务院有关部门应根据贫困地区发展的实际状况，及时调整贫困地区的贷款、能源、原材料供应的数量，并给予必要的扶持和特殊照顾。考虑到贫困地区的特殊困难，对贫困县的国库券和其他债券的任务，继续实行少分配或不分配的政策；对温饱问题尚未解决的贫困户，继续给予减免农牧业税的照顾。鉴于贫困地区乡镇企业起步晚、基础差，应在国家产业政策指导下，采取鼓励政策，支持其发展。由于贫困地区地域偏远，运输成本高，导致商品价格上升，应增加平价汽油、柴油的供应。应把以工代赈搞水、电、路等基础设施建设项目坚持下去。

（四）继续动员国家机关和社会各界积极开展扶贫济困活动。

几年来，从中央到地方各级党政机关、人民解放军、人民武装警察、群众团体、民主党派、工商企业、科研单位、大中专院校，以及社会各界，广泛开展了扶贫济困的活动，做了大量有益的工作。这不仅增强了国家机关为人民服务的思想感情，密切了党和政府与人民群众的关系，加强了机关和干部队伍的建设，而且有力地促进了贫困地区的发展，应长期认真地搞下去。国务院各部门要根据最近《中共中央、国务院关于组织党政机关干部下基层的通知》精神，结合本部门的调查研究、培养锻炼干部和机关的思想建设，继续开展扶贫济困活动。每个部门要重点联系一片贫困地区帮助脱贫致富，并作为一项制度长期坚持下去，不脱贫，不脱钩。贫困地区的省、地、县机关也要根据这一精神和原则，继续开展扶贫工作。

（五）进一步加强对扶贫开发工作的领导，健全、稳定扶贫机构。

贫困面较大的省、自治区和贫困地、县，都要把脱贫致富作为经济工作的一项重要任务摆上日程，继续抓紧抓好。各级领导机关的主要负责同志要亲自动手，直接抓点，切实抓出成效。并选派精明强干的干部到最困难的贫困县、乡、村去开展工作，尽快改变那里的面貌。同时，要搞好扶贫开发机构的建设。现在，中央和有关省区以及贫困面较大的地、县，都已相继建立了扶贫开发机构，配备了专职人员，明确了工作职责，形成了比较完整的工作网络。但由于已经建立的这些扶贫开发机构大多尚未列入政府行政序列，直接影响机构和人员的稳定，扶贫任务长期性与扶贫机构和人员临时性的矛盾十分突出，不利于有效地开展工作。因此，建议各有关地方在编制总规模不变的前提下，把扶贫开发机构纳入政府的行政序列，以稳定队伍，做好工作。

1991年3月，全国扶贫开发工作会议在北京举行。会议提出"八五"期间的扶贫开发工作，要实现两个目标：一是加强农田基本建设，提高粮食产量，使贫困地区的多数农户有稳定的解决温饱问题的基础；二是发展多种经营，进行资源开发，建设区域性支柱产业，使贫困户有稳定的经济收入来源，为争取到20世纪末贫困地区多数农户过上比较宽裕的生活创造条件。

第七章

《国家八七扶贫攻坚计划》的制定和实施

☆　☆　☆

一、《国家八七扶贫攻坚计划》的制定

80 年代中期以来，国家在全国范围内开展了有组织、有计划、大规模的扶贫工作，不仅大幅度增加了扶贫投入，制定了一系列扶持政策，而且对先期的扶贫工作进行了根本性的改革与调整，实现了从救济式扶贫向开发式扶贫的转变。经过连续多年的艰苦努力，全国农村的贫困问题已经明显缓解，没有完全稳定解决温饱的贫困人口已经减少到 8000 万人。这是一个巨大的历史性成就。

尽管贫困人口已下降到占全国农村总人口的 8.87%，但是扶贫开发的任务仍然十分艰巨。这些贫困人口主要集中在国家重点扶持的 592 个贫困县，分布在中西部的深山区、石山区、荒漠区、高寒山区、黄土高原区、地方病高发区以及水库区，而且多为革命老区和少数民族地区。共同特征是，地域偏远，交通不便，生态失调，经济发展缓慢，文化教育落后，人畜饮水困难，生产生活条件极为恶劣。这是扶贫攻坚的主战场，与前一阶段扶贫工作比较，解决这些地区群众的温饱问题难度更大。

就特征而言，这时候贫困问题的态势，主要表现在农村贫困大大缓解的同时，贫困问题由普遍性分布向分层、分块、分化转变，区域间发展不均衡问题凸显。

1992 年邓小平南方谈话和党的十四大作出了加快发展、深化改革、扩大开放的决策，全国形势发展很快。特别是建立社会主义市场经济体制，给贫困地区的发展带来了前所未有的机遇和更广阔的前景，但在这个过程中贫困地区与沿海发达地区的差距也在扩大。在这种新形势下，抓紧扶贫开发，尽快解决贫困地区群众的温饱问题，改变经济、文化、社会的落后状态，解决以至彻底消灭贫困，不仅关系到中西部地区经济的振兴、市场的开拓、资源的开发利用和整个国民经济的持续、快速、健康发展，而且关系到社会安定、民族团结、共同富裕以及为全国深化改革创造条件。这是一项具有重大的、深远的经济意义和政治意义的伟大事业。

因此，以江泽民同志为核心的第三代中央领导集体进一步加强了扶贫开发工作。党的十四大报告指出："贫困地区尽快脱贫致富，是实现第二步战略目标的重要组成部分。对少数民族地区以及革命老根据地、边疆地区和贫困地区，国家要采取有效政策加以扶持，经济比较发达地区要采取多种形式帮助他们加快发展。"[1]

十四届二中全会通过的《中共中央关于调整"八五"计划若干指标的建议》指出，要继续贯彻执行扶持少数民族地区、贫困地区、革命老根据地和边疆地区发展的各项政策，特别要采取更加有力的措施，积极抓好扶贫开发，帮助贫困地区尽快脱贫致富。经济发达地区也要采取多种形式，带动和帮助后进地区加快经济发展，逐步实现共同富裕。

1993年3月，时任国务院总理李鹏在八届全国人大第一次会议上所作的政府工作报告指出：要坚持允许一部分地区、一部分人通过辛勤劳动和合法经营先富起来的政策，继续克服平均主义，同时注意研究和采取具体政策措施，防止收入差距过分悬殊，带动和促进共同富裕。现在全国还有少部分地区温饱问题没有解决，解决这个问题是今后五年各级政府工作的一项重要任务。完成这项任务，首先要靠当地人民的艰苦努力。同时，国家要继续贯彻执行扶持少数民族地区、贫困地区、革命老根据地和边疆地区发展的各项政策，下大决心，采取强有力措施，增加投入，扩大以工代赈，组织人才交流、科技扶贫以及经济富裕地区对贫困地区的对口支援。[2]

1993年11月14日十四届三中全会通过的《中共中央关于建立社会主义市场经济体制若干问题的决定》，专门用一条部署了扶贫开发工作，强调："扶持贫困地区特别是革命老区、少数民族地区、边远地区发展经济。中央和地方都要关心和支持这些地区的社会经济发展，进一步加强扶贫开发工作，重点搞好农业基本建设，改善交通通信状况。扩大发达地区与贫困地区的干部交流和经济

---

[1]《江泽民文选》第一卷，人民出版社2006年版，第235页。

[2] 参见中共中央文献研究室编：《十四大以来重要文献选编》（上），中央文献出版社2011年版，第156页。

技术协作。增强群众的市场经济意识，充分利用当地的资源优势，逐步形成主要靠自己力量脱贫致富的机制。"[1]

在这样的大背景下，为进一步解决农村贫困问题，缩小东西部地区差距，实现共同富裕的目标，党和国家决定：从 1994 年到 2000 年，集中人力、物力、财力，动员社会各界力量，力争用 7 年左右的时间，基本解决目前全国农村 8000 万贫困人口的温饱问题。这是一场难度很大的攻坚战，因此，制定的计划用了"攻坚"二字，称之为《国家八七扶贫攻坚计划》。

1993 年底，"国务院贫困地区经济开发领导小组"更名为"国务院扶贫开发领导小组"。

1994 年 2 月 28 日至 3 月 3 日，全国扶贫开发工作会议在北京召开。江泽民在会上发表重要讲话指出，只要各级领导干部脑子里始终装着贫困地区，与群众同甘共苦，坚持邓小平同志建设有中国特色社会主义理论和党的基本路线，在国家的必要扶持和社会各界的帮助下，立足实际，开发扶贫，持续奋斗，讲求实效，"八七扶贫攻坚计划"就一定能实现。李鹏在题为《扶贫开发是一项重大的战略任务》的讲话中，提出了 8 项措施。国务委员兼国务院扶贫开发工作领导小组组长陈俊生提出了 7 个方面的具体措施。会议宣布从当年起实施《国家八七扶贫攻坚计划》，作为以后 7 年全国扶贫工作的纲领性文件。

1994 年 3 月 10 日，李鹏在八届全国人大第二次会议上所作的政府工作报告指出："要认真实施扶贫攻坚计划，在从现在起到本世纪末的七年时间里，积极扶持贫困地区特别是老、少、边地区发展经济，帮助他们脱贫致富，基本解决八千万人的温饱问题。这是政府义不容辞的责任。我们相信，这个计划一定能够得到全国人民的热烈支持。"[2]

1994 年 3 月 23 日，中共中央召开农村工作会议。4 月 10 日，中共中央、国务院发出《关于一九九四年农业和农村工作的意见》。其中要求："加强贫困地区的经济开发工作，使这些地区的农民收入有较大增长。今年是实施《国家八七扶贫攻坚计划》的第一年，要按照攻坚计划的部署，发扬自力更生精神，动员社会力量，齐心协力做好工作，争取有个好的开端。"[3]

---

[1] 中共中央文献研究室编：《十四大以来重要文献选编》（上），中央文献出版社 2011 年版，第 469 页。

[2] 同上书，第 628 页。

[3] 同上书，第 667 页。

1994 年 4 月 12 日，国务院印发《九十年代国家产业政策纲要》。这个纲要规定："认真实施党中央、国务院确定的扶贫攻坚计划，用七年时间，基本解决贫困地区八千万人口的温饱问题。"[1]

1994 年 4 月 15 日，国务院发出关于印发《国家八七扶贫攻坚计划》的通知。《国家八七扶贫攻坚计划》从当年开始实施。

《国家八七扶贫攻坚计划》是 20 世纪后 7 年全国扶贫开发工作的纲领，也是中华人民共和国历史上第一次有明确目标、明确对象、明确措施和明确期限的全国扶贫开发行动纲领。这个计划成为国民经济和社会发展计划的重要组成部分。

实施这一计划，对加快贫困地区经济和社会发展，逐步缩小东西部地区差距，加强民族团结，促进社会稳定，实现共同富裕，为改革和发展创造更为有利的条件，具有极其重大的意义。

国务院要求，各省、自治区、直辖市人民政府要高度重视和切实加强扶贫开发工作，要根据《国家八七扶贫攻坚计划》的要求，结合本地区的情况和任务，制定具体的攻坚计划，动员贫困地区干部、群众，发扬自力更生、艰苦奋斗的精神，努力贯彻实施。国务院各有关部门、社会各界和经济较发达地区，要继续发扬扶贫济困的精神，从多方面给贫困地区大力支持，促进和保障《国家八七扶贫攻坚计划》目标的实现。

二、20 世纪最后 7 年扶贫开发的系统工程

《国家八七扶贫攻坚计划》是一项巨大的系统工程。按照计划，20 世纪最后 7 年扶贫攻坚的奋斗目标：一是到 20 世纪末，使全国绝大多数贫困户年人均纯收入按 1990 年不变价格计算达到 500 元以上，扶持贫困户创造稳定解决温饱问题的基础条件，减少返贫人口；二是加强基础设施建设；三是改变文化、教育、卫生的落后状态，把人口自然增长率控制在国家规定的范围内。这三大目标，每一个都规定了具体内容。

按照《国家八七扶贫攻坚计划》，党和国家组织开展了一场前所未有的扶贫开发工程。

---

[1] 中共中央文献研究室编:《十四大以来重要文献选编》（上），中央文献出版社 2011 年版，第 656 页。

（一）更加明确地坚持开发式扶贫的方针。

鼓励贫困地区广大干部、群众发扬自力更生、艰苦奋斗的精神，在国家扶持下，以市场需求为导向，依靠科技进步，开发利用当地资源，发展商品生产，解决温饱进而脱贫致富。

（二）加大资金支持投放和管理的力度。

为确保计划的实施，国家将已经用于扶贫的各项财政、信贷资金继续安排到 2000 年，并且从 1994 年起，再增加 10 亿元以工代赈资金、10 亿元扶贫贴息贷款，执行到 2000 年。随着财力的增长，再继续增加扶贫资金投入。各级地方政府也根据各自的扶贫任务，逐年增加扶贫资金投入。原来由人民银行和专业银行办理的国家扶贫贷款，从 1994 年起全部划归中国农业发展银行统一办理。

调整国家扶持资金投放的地区结构。从 1994 年起，将分一年到两年把中央用于广东、福建、浙江、江苏、山东、辽宁 6 个沿海经济比较发达省的扶贫信贷资金调整出来，集中用于中西部贫困状况严重的省、区。

财政、信贷和以工代赈等扶贫资金集中投放在国家重点扶持的贫困县，并以贫困县中的贫困乡作为资金投入和项目覆盖的目标。

改革扶贫资金的使用管理方式，建立约束和激励机制。严格扶贫资金的审计制度。严禁挤占、挪用扶贫资金，违者必究。

（三）实施各项优惠保障政策。

包括信贷优惠政策、财税优惠政策、经济开发优惠政策。对贫困户和扶贫经济实体使用扶贫信贷资金，从实际出发，在保证有效益、能还贷的前提下，适当放宽贷款条件。对国家确定的"老、少、边、穷"地区新办的企业，其所得税在 3 年内予以征后返还或部分返还。对贫困地区的进出口贸易，坚持同等优先的原则，列入计划，重点支持。

（四）政府部门承担相应任务。

按照计划要求，政府各有关部门分别制定本部门、本系统的八七扶贫攻坚实施方案，充分发挥各自优势，在资金、物资、技术上向贫困地区倾斜。

计划部门：结合"九五"计划，制定有利于贫困地区经济和社会发展的宏观规划和产业政策；国家的资源开发型项目对贫困地区实行同等优先的原则；管好和用好以工代赈资金；做好涉及扶贫开发的宏观协调工作；组织和推动贫困地区与发达地区的经济合作。

内贸和外贸部门：积极帮助贫困地区建立商品生产基地，兴建商业设施，开拓市场，搞活流通，扩大包括边贸在内的对外贸易。

农业部门：继续在贫困地区组织和实施"温饱工作"；推广"丰收计划"，发展高产优质高效农业；加强农业技术推广体系建设，农民技术培训、实用技术的推广；搞好农村能源建设；农业院校应在贫困地区定向招生，定向分配，培养一批稳定的农业技术骨干；采取有力措施，加快贫困地区乡镇企业发展。

林业部门：支持贫困地区发展速生丰产用材林、名特优经济林以及各种林副产品，协同有关部门，形成以林果种植为主的区域性支柱产业；加快植被建设、防风治沙，降低森林消耗，改善生态环境。

水利部门：配合以工代赈项目的实施，加快贫困地区的基本农田建设和小流域综合治理；兴修小型水利设施，采用多种形式解决人畜饮水困难，利用山区资源，发展小水电；认真解决库区移民和滩区、蓄滞洪区群众的贫困问题。

科技部门：制定科技扶贫战略规划，指导和推动扶贫工作转到依靠科学技术提高农民素质的轨道上来。增强实施"星火计划"的力度，动员各方面力量开展多种形式科技开发和科技服务，抓好扶贫开发的科学研究和科技示范。

教育部门：积极推进贫困地区农村的教育改革，继续组织好贫困县的"燎原计划"，普及初等教育，做好农村青壮年的扫盲工作，加强成人教育和职业教育。

交通部门：配合实施以工代赈计划，增加投入，加快贫困县、乡公路建设；在有水运条件的贫困地区，积极发展水上运输。

铁路部门：根据国家总体计划，尽可能兼顾贫困地区的铁路建设；把贫困地区的货物运输优先纳入计划，支持其商品物资流通。

电力部门：与有关部门和地方协作，加快消灭无电县；调整地处贫困地区大型电站的留利政策，尽可能照顾当地尤其是水库移民的利益，帮助发展工农业生产。

地矿、煤炭、冶金、建材等部门，继续帮助贫困地区探明矿产资源，并在统一规划下帮助合理开发和利用。

化工部门：帮助贫困地区改造小化肥厂，扩大化肥的就地供应量，支持有条件的地方发展其他化工产品。

邮电部门：加快贫困县程控电话的改造进度，努力扩大贫困乡村通电话、通邮政的网络。

劳动部门：为贫困地区的劳动力开拓外出就业门路，做好就业服务和技术培训工作，努力扩大合理有序的劳务输出规模。

民政部门：加强贫困地区的救灾和救济工作，建立和健全社会保障体系，为贫困人口中优抚、救济对象创造基本生活条件。

民族工作部门：把解决少数民族贫困地区温饱问题并进一步脱贫致富作为工作重点，协调和配合有关部门做好少数民族贫困地区的科技扶贫、智力支边、普及教育和干部交流等项工作。

文化部门：为贫困地区安排一定的文化设施建设，采取电影巡回放映队、文化流动车等灵活多样的形式改善群众文化生活。

广播电影电视部门：为贫困地区建设电视差转台，扩大电视收视率和有线广播覆盖范围。

卫生部门：建立和完善贫困地区三级医疗预防保健网；大中专医学院校为贫困地区培养定向招生、定向分配的医务人员，稳定乡村医疗队伍，提高乡村医生服务水平；制定和落实控制地方病的措施。

计划生育部门：加强贫困地区的计划生育工作，把实行计划生育与扶贫结合起来，积极开展人口与计划生育基础知识教育，提供必要的避孕药具，努力降低人口自然增长率。

财政、金融、工商、海关等部门：根据扶贫开发任务的要求，结合各自的职能，采取积极措施促进贫困地区的经济发展。

按照《国家八七扶贫攻坚计划》，几乎所有的政府部门都参加了这场会战和系统工程，达到了前所未有的广度和规模。

（五）社会各方面广泛参与。

中央和地方党政机关及有条件的企事业单位，各民主党派和工商联，各级工会、共青团、妇联、科协、残联，中国扶贫基金会和其他各类民间扶贫团体，大城市和沿海较为发达的省、大专院校、科研单位，人民解放军和武警部队都发挥各自优势，帮助贫困地区脱贫致富。

（六）积极扩大扶贫国际合作。

（七）加强组织与领导。

根据《国家八七扶贫攻坚计划》，扶贫工作形成了全党动手、全社会动员、合力扶贫的新局面。

1996 年 9 月 23 日至 25 日，中共中央扶贫开发工作会议在北京召开。会议目的是进一步统一全党思想，动员全社会力量，加大扶贫开发力度，坚决实现

《国家八七扶贫攻坚计划》。

会议认为，《国家八七扶贫攻坚计划》实施至 1996 年，已取得了明显的成效，贫困人口数量日渐减少。但是，扶贫工作的难度也越来越大。1996 年正好是联合国确定的"国际消除贫困年"，作为世界上最大的发展中国家，中国政府决定以明确的态度、坚定的信心和有效的措施，支持联合国关于消除贫困的全球性倡议，对消除贫困作出应有的贡献。

会议进一步明确到 20 世纪末基本解决贫困人口温饱问题的目标绝不动摇，并决定实行层层责任制，把扶贫攻坚的任务和措施落实到贫困村和贫困户。

这次扶贫开发工作会议在《国家八七扶贫攻坚计划》实施 3 年后适时召开，解决了扶贫工作中一系列重大问题，对于动员全社会力量，如期实现扶贫攻坚的奋斗目标，具有重要的推动作用。

1997 年 5 月 6 日，国务委员兼国务院扶贫开发领导小组组长陈俊生在全国人大常委会第二十五次会议上建议，为保证我国扶贫开发工作的连续性和稳定性，应把扶贫纳入立法议程，制订全国性扶贫法律。

从 1994 年到 2000 年，广大干部群众艰苦努力，使扶贫开发取得了巨大成就。

在扶贫开发中，政府各部门根据中央的统一要求，分别制定了本部门、本系统的扶贫开发具体实施方案，提出了一系列有利于贫困地区发展和贫困群众脱贫的优惠政策，各社会组织、民间团体和私营企业也积极开展多种形式的扶贫活动。

1996 年，为贯彻党的十四届六中全会精神，大力推进农村精神文明建设，满足广大农民的精神文化需求，中宣部等部门和单位决定在全国农村开展文化、科技、卫生"三下乡"活动。这一活动受到广大农民的热烈欢迎。1997 年 4 月，中宣部等 10 部委又提出了 45 项具体措施。11 月，10 部委再次发出通知，对"三下乡"活动进一步作出部署。

1999 年 1 月，中宣部等 11 个部门和单位又发出通知，要求广泛深入持久开展文化、科技、卫生"三下乡"活动。通知强调，"三下乡"活动要与"八七扶贫攻坚计划"结合起来，着力为贫困地区服务。中宣部等 11 个部门和单位同时召开的座谈会要求把重点放在贫困地区，多为贫困地区农民办实事，帮助他们解决实际困难。要重点帮助灾区的农民尽快恢复生产，重建家园。

在这一时期，农村贫困人口的生活条件得到了明显的改善。截至 2000 年底，贫困地区通电、通路、通邮、通电话的行政村分别达到 95.5%、89%、69%、67.7%。修建基本农田 9915 万亩，解决了 7725 万多人和 8398 万多头大牲畜的饮水困难。到 2001 年 3 月，经过三年努力，全国已通电行政村基本完成"村村通广播电视"的任务。

经过近 7 年努力，到 2000 年底，国家八七扶贫攻坚目标基本实现。根据中国政府当时所定的贫困标准，中国农村绝对贫困人口从 1993 年的 8000 万人下降到 2000 年的 3209 万人，贫困发生率下降到 3.4%，解决了两亿多农村贫困人口的温饱问题。

三、全面实施开发式扶贫方针

1994 年前，扶贫工作已经开始从救济式扶贫向开发式扶贫转变，中央已经提出"以经济开发为主的扶贫方针"。

1994 年 2 月 28 日至 3 月 3 日，中央召开全国扶贫开发工作会议，部署实施《国家八七扶贫攻坚计划》，明确提出了"开发式扶贫方针"这一用语，并将其基本含义表述如下：

"继续坚持开发式扶贫的方针：鼓励贫困地区广大干部、群众发扬自力更生、艰苦奋斗的精神，在国家的扶持下，以市场需求为导向，依靠科技进步，开发利用当地资源，发展商品生产，解决温饱进而脱贫致富。"[1]

会议强调，实施开发式扶贫是我国扶贫工作的一个根本性转变，是一个重大创造，这个方针必须长期坚持。

《国家八七扶贫攻坚计划》明确提出继续坚持开发式扶贫方针，并规定了扶贫开发的基本途径和主要形式。

1996 年 9 月的中共中央召开扶贫开发工作会议，强调坚持开发式扶贫的方针，增强贫困地区自我发展能力，由救济式扶贫转向开发式扶贫，是扶贫工作的重大改革，也是扶贫工作的一项基本方针。

进入 21 世纪后，《中国农村扶贫开发纲要》对开发式扶贫方针的基本含义又作了进一步扩展与完善。

从 1994 年到 2000 年，在当时的历史条件下，主要是按照《国家八七扶贫

---

[1] 中共中央文献研究室编：《十四大以来重要文献选编》（上），中央文献出版社 2011 年版，第 675 页。

攻坚计划》的规定实行开发式扶贫。

这种扶贫开发的基本途径包括：

（1）重点发展投资少、见效快、覆盖广、效益高、有助于直接解决群众温饱问题的种植业、养殖业和相关的加工业、运销业。

（2）积极发展能够充分发挥贫困地区资源优势、又能大量安排贫困户劳动力就业的资源开发型和劳动密集型的乡镇企业。

（3）通过土地有偿租用、转让使用权等方式，加快荒地、荒山、荒坡、荒滩、荒水的开发利用。

（4）有计划有组织地发展劳务输出，积极引导贫困地区劳动力合理、有序地转移。

（5）对极少数生存和发展条件特别困难的村庄和农户，实行开发式移民。

这种扶贫开发的主要形式有：

（1）依托资源优势，按照市场需求，开发有竞争力的名特稀优产品。实行统一规划，组织千家万户连片发展，专业化生产，逐步形成一定规模的商品生产基地或区域性的支柱产业。

（2）坚持兴办贸工农一体化、产加销一条龙的扶贫经济实体，承包开发项目，外联市场，内联农户，为农民提供产前、产中、产后的系列化服务，带动群众脱贫致富。

（3）引导尚不具备办企业条件的贫困乡村，自愿互利，带资带劳，到投资环境较好的城镇和工业小区进行异地开发试点，兴办第二、第三产业。

（4）扩大贫困地区与发达地区的干部交流和经济技术合作。

（5）在优先解决群众温饱的问题的同时，帮助贫困县兴办骨干企业，改变县级财政的困难状况，增强自我发展能力。

（6）在发展公有制经济的同时，放手发展个体经济、私营经济和股份合作制经济。

（7）对贫困残疾人开展康复扶贫。

开发式扶贫是改革开放以来中国扶贫的最大特色。坚持开发式扶贫的方针，就是以经济建设为中心，支持、鼓励贫困地区干部群众改善生产条件，开发当地资源，发展商品生产，增强自我积累和自我发展能力。

开发式扶贫方针主要包括五个方面内容：一是倡导和鼓励自力更生、艰苦奋斗的精神，克服贫困农户中普遍存在的"等、靠、要"思想。二是针对贫困地区基础设施薄弱、抵御自然灾害能力较差的实际情况，国家安排必要的以工代赈资金，鼓励、支持贫困农户投工投劳，开展农田、水利、公路等方面的基础设施建设，改善生产条件。三是国家安排优惠的扶贫专项贴息贷款，制定相关优惠政策，重点帮助贫困地区、贫困农户发展以市场为导向的种植业、养殖业以及相应的加工业项目，促进增产增收。四是开展农业先进实用技术培训，提高贫困农户的科技文化素质，增强自我发展能力。五是扶贫开发与水土保持、环境保护、生态建设相结合，实施可持续发展战略，增强贫困地区和贫困农户的发展后劲。

开发式扶贫区别于以往的"输血式扶贫"，是一种"造血式扶贫"。"造血"，就是激发和建立起贫困地区和贫困人口的内生动力。其长处在于：

（1）"造血式扶贫"，通过发展产业，建立起贫困地区和贫困人口的内生发展动力，是各种扶贫脱贫方式中最根本的途径。

（2）贫困地区的产业发展，有利于促进区域性的经济社会发展，同时能提高这些地区的内生发展动力，为整体经济发展作出贡献。

（3）通过有效的"造血式扶贫"，有了各类型扶贫产业，可以为贫困人口建立稳定的收入来源，有利于扩大贫困人口的消费，提高贫困人口的生活水平。

发挥"造血"功能，实施开发式扶贫，就要重视科技教育扶贫。从1986年开始，国家有关部门就根据国家扶贫开发的总体战略和要求，适时提出了科技扶贫的目标、措施和实施办法。1996年，国家科委科技扶贫办公室正式制定了《1996—2000年全国科技扶贫规划纲要》，加强对科技扶贫的政策指导。各级政府专项安排科技扶贫资金，用于优良品种和先进实用技术的引进、试验、示范、推广，以及科技培训等。1995年以后，国家教委和财政部在中西部21个省区联合组织实施了"国家贫困地区义务教育工程"，投入资金超过100亿元，帮助贫困地区普及九年义务教育。各级还动员大专院校、科研院所在贫困地区积极推广农业先进实用技术，组织科技人员到贫困地区挂职任教，组织科研单位到贫困乡、村宣传普及农业技术。

开发式扶贫坚持自力更生与国家帮扶相结合。在组织贫困地区和贫困人口开发脱贫的同时，国家也对开发式扶贫给予大力支持，制定了支持贫困地区、贫困农户发展的优惠政策。

扶贫开发的优惠政策，简略而言，包括帮助贫困户解决温饱和支持贫困地区经济开发两个方面。针对贫困农户的优惠政策有：对尚未解决温饱问题的贫困户，免除粮食定购任务；根据实际情况，适当延长扶贫贷款的使用期限，放宽抵押和担保条件；按照农业税条例的有关规定，减免农业税和农业特产税。支持贫困地区经济开发的优惠政策有：中央政府逐步加大对贫困地区的财政转移支付力度，各有关省、自治区、直辖市建立二级转移支付制度，为贫困地区提供财力支持。对贫困县新办企业和发达地区到贫困地区兴办的企业，在3年内免征所得税；根据谁受益、谁负担的原则，适当提高库区建设基金和库区维护基金标准，专项用于解决水库移民的温饱问题。

开发式扶贫有多种方式，其中也包括输出贫困地区劳动力。为了帮助贫困地区劳动力充分就业并增加收入，国家鼓励并组织具备条件的贫困地区开展劳务输出。劳动者通过异地就业提高了收入，并学到新技术、新生活方式、新工作方法，提高自我发展能力。许多西部外出务工人员已经成为向西部传播东部生产生活方式以及文化和技术的使者。

实行扶贫开发与生态环境保护、计划生育相结合。在贫困地区的开发中，重视生态环境的保护，鼓励农民发展生态农业、环保农业。通过科技扶贫，在一定程度上改变了贫困地区以破坏生态为代价的掠夺性生产，促进了贫困地区的可持续发展。在较长时期内，中国政府特别强调转变贫困地区群众的生育观念，积极倡导贫困地区的农民实行计划生育，把扶贫开发与计划生育结合起来。这对贫困地区人口与经济社会协调发展和可持续发展产生了重要影响。

1999年6月9日，中共中央召开扶贫开发工作会议，对夺取"八七扶贫攻坚计划"的胜利作出部署。江泽民在会议上讲话指出，组织扶贫开发，解决几亿人的温饱问题，是一项伟大的社会工程。实现和保障广大人民群众的生存权和发展权，是我们维护人权最基础、最首要的工作。不首先解决温饱问题，其他一切权利都难以实现。28日，中共中央、国务院作出《关于进一步加强扶贫开发工作的决定》。

四、实施东西部扶贫协作和对口支援

东西互助是促进东西部共同发展、优势互补、缩小东西部差距的重要途径。早在50年代，通过实施苏联东欧援助的"以156项为主体的215项工程"，国家就在西部建立起一大批工业基地和各类工程，从东部派去了大量科技工程人员。60至70年代，通过三线建设，又从东部搬迁到西部一大批工厂和科研机构、高等院校。国家还鼓励知识分子和知识青年到边疆去，到祖国最需要的地方去，大大提高了中西部地区的生产力水平和知识化水平。

改革开放后，为了帮助中西部贫困地区的发展，国家在 70 年代末正式提出和实施了对口支援的方式。决定调动多方资源，开展智力支边。一方面，加强经济发达省、市同少数民族地区的对口支援和经济技术协作工作；另一方面，鼓励各界人士对贫困地区经济文化建设作出贡献，包括鼓励大学毕业生支援边疆、民主党派开展经济科技咨询、举办培训讲座等。

1979 年，中央在全国边防工作会议上第一次确定了东部发达省市对口支援边境及少数民族地区的具体方案，即北京支援内蒙古自治区，河北支援贵州，江苏支援广西壮族自治区、新疆维吾尔自治区，山东支援青海，上海支援云南、宁夏回族自治区，全国支援西藏自治。实行技术上重点帮扶、物资上互通有无、人才上共同培养。

据受援省、自治区不完全统计，1980 年至 1982 年，确定开展的对口支援和经济技术协作项目有 1178 项，取得了显著成效。

1983 年，国务院决定由国家经委牵头，组织经济发达省（市）同少数民族地区开展对口支援和经济技术协作。

1984 年通过的《民族区域自治法》，首次以国家法律的形式明确规定了上级国家机关组织和支持对口支援的法律原则。

1992 年，党中央、国务院批准正式实施经济发达地区与贫困地区开展以扶贫为主要内容的干部交流计划。

1994 年，《国家八七扶贫攻坚计划》对东西扶贫协作进一步提出要求。

1996 年，国务院办公厅转发了《国务院扶贫开发领导小组关于组织经济较发达地区与经济欠发达地区开展扶贫协作的报告》（国办发〔1996〕26 号），对东西扶贫协作的结对省（区、市）、主要任务、协作内容、优惠政策、组织领导等进行了全面部署，明确东西扶贫协作工作由国务院扶贫开发领导小组负责组织和协调。国办发〔1996〕26 号文件的出台，标志着东西扶贫协作工作体系和组织机制正式建立并走向成熟。

1996 年 10 月 23 日，中共中央、国务院印发《关于尽快解决农村贫困人口温饱问题的决定》，其中明确规定，组织沿海发达省、直辖市对口帮扶西部贫困省、自治区。东西互助是促进东西部优势互补，缩小差距，逐步实现共同富裕的重要途径。具体安排：北京帮内蒙古，天津帮甘肃，上海帮云南，广东帮广西，江苏帮陕西，浙江帮四川，山东帮新疆，辽宁帮青海，福建帮宁夏，深圳、青岛、大连、宁波帮贵州。扶持西藏和支援三峡的工作，按照中央原有的安排，继续执行。对口帮扶的任务要落实到县，协作要落实到企业和项目。组织富裕县和贫困县结成对子，进行经济合作，开展干部交流。动员富裕县的企业到西部贫困县去，利用人才、技术、信息、市场、管理、资金等各种优势，在互利互惠的基础上与贫困县共同开发当地资源。省一级对口帮扶的双方，要做好协调组织工作。[1]

这样，在扶贫开发过程中，沿海共有6个经济比较发达的省、京津沪3个直辖市、4个计划单列市分别对口帮扶西部的10个省、自治区，对口扶贫工作要求落实到县一级。协作双方根据"优势互补、互惠互利、长期合作、共同发展"的原则，在企业合作、项目援助、人才交流等方面开展了多层次、全方位的扶贫协作。东西部地区还在干部交流、人才培训、援建学校、建设基本农田、修筑公路、解决人畜饮水困难等方面开展了协作。东部地区富裕县市充分利用自己的人才、技术、资金、市场、信息、管理等各种优势，在互惠互利的基础上，与西部贫困县共同开发当地资源，发展经济。

在实践中，东西扶贫协作的内容和形式都有发展。随着援藏援疆、三峡工程移民安置，唐山、汶川地震灾后重建，对口支援又发展出三种主要模式，一是边疆地区对口支援；二是灾害损失严重地区对口支援；三是重大工程对口支援。这些模式不是专对扶贫脱贫，但与扶贫脱贫有密切关系，有利于加快脱贫。

进入21世纪后，两个十年扶贫开发纲要都把东西扶贫协作工作摆在重要位置，提出了基本要求。东西扶贫协作作为落实科学发展观、统筹城乡区域协调发展、深入推进扶贫开发、缩小地区发展差距的一项重大战略措施，在不断创新和完善的基础上长期坚持，发挥了重要的作用。

开展东西扶贫协作，是党中央、国务院根据邓小平"两个大局"、共同富裕的伟大构想，为帮助贫困地区加快经济社会发展，逐步缩小地区发展差距而作出的重大战略部署，是中国特色扶贫开发事业的重要组成部分。这种方式，是在我国政治环境中产生、发展和不断完善的一项具有中国特色的政策模式，是邓小平"两个大局"战略思想的具体体现和生动形式，也是中国特色社会主义制度优越性的重要表现。

---

[1] 参见中共中央文献研究室编:《十四大以来重要文献选编》(下)，中央文献出版社2011年版，第177—178页。

2021 年 1 月，讲述福建对口帮扶宁夏故事的电视剧《山海情》叫好又叫座，掀起一股追剧热。宁夏银川市永宁县闽宁镇的马文祥看到剧中第一个参与双孢菇种植、向福建专家学技术的马得宝，他心生亲切——这不就是当年的自己吗？"看到白花花的蘑菇种出来，确实激动，和电视剧里一模一样。"63 岁的马文祥说，听到剧中并不标准的西海固方言他们会笑，笑着笑着有人就落泪了。

1996 年 9 月召开的中央扶贫开发工作会议作出推进东西对口协作的战略部署，其中确定福建对口帮扶宁夏。1996 年 10 月，由时任福建省委副书记习近平为组长的"福建省对口帮扶宁夏领导小组"正式成立；闽宁第一次对口扶贫协作联席会议随即在福州市举行，并选出沿海的 8 个经济实力较强的县（市、区）对口帮扶宁夏的 8 个贫困县。

5 个月后，牵头负责闽宁协作对口帮扶的习近平率团到宁夏，开始为期 6 天的对口扶贫考察，并在银川召开了闽宁对口扶贫协作第二次联席会议。他们要让生活在贫瘠的西海固的群众，搬迁到贺兰山脚下的黄河灌区。习近平为移民村命名"闽宁村"。他说："闽宁村现在是个干沙滩，将来会是一个金沙滩。"这年，马文祥作为第一批移民，一家十口人从大山搬迁到闽宁村。

1997 年 7 月 15 日，宁夏永宁县闽宁村正式奠基，这是福建和宁夏牵手扶贫的起点。时任福建省委副书记习近平代表福建对口帮扶宁夏领导小组专门来贺信，祝贺闽宁对口协作的这项重要成果。

两省区对口扶贫协作拉开帷幕，一干就是 20 多年，延续至今，持之以恒、风雨同舟。

习近平同志倡议两省区强化顶层设计，建立联席会议制度，每年轮流举办一次，党委、政府主要负责同志出席商定协作帮扶方向和重点。20 年多年来，闽宁联席会议从未间断，承诺的协作事项逐一兑现跟踪落实。

习近平同志先后 5 次出席闽宁对口扶贫协作联席会议，倡导"优势互补、互惠互利、长期协作、共同发展"的指导原则，提出"创新帮扶机制，拓宽合作领域""加大企业和社会力量扶贫协作规模和力度"等前瞻性思想。

福建先后拿出 30 多个条件最好的县（市、区）轮流与 9 个宁夏贫困县（区）结对，引入项目、技能培训、产业配套等帮扶内容不断拓展，做到"宁夏所需、福建所能"；两省区持续推动经济协作和产业对接，到 2016 年，有 5600 多家福建企业、商户入驻宁夏，总投资达 800 亿元，每年解决 3 万多人就业，4 万多名贫困山区农民稳定在福建各地从事劳务，年均获得收入超过 10 亿元。

合作机制开拓创新，通过"政府、企业、社会"的深度协作，造就了"闽宁模式"的成功范例。早在闽宁对口扶贫协作第一次联席会议上，两省区就确定了结对帮扶的方式。纵向看，结对帮扶已由县区延伸到乡镇和行政村，两省区 64 个乡镇、34 个村结对帮扶，精准帮扶力度更大，在全国开创了先河；横向看，两省区在教育、医疗、文化等领域推进对口协作，组织、统战、民政、司法教科文卫等几十个部门和社会团体建立起帮扶关系。

五、加快解决农村贫困人口温饱问题

"三步走"战略目标的第一步，是到 20 世纪 80 年代末解决温饱问题，到 90 年代末即 20 世纪末进入小康。要实现这两个目标，解决贫困地区和贫困人口的温饱问题是重点和难点。

改革开放以来，特别是 80 年代中期开展有组织、有计划、大规模的扶贫开发以来，由于各级党委、政府的高度重视，社会各界的大力支持和贫困地区广大干部群众的不懈努力，全国农村的贫困问题明显缓解，贫困人口大幅度下降。《国家八七扶贫攻坚计划》实施后，扶贫攻坚力度加大，贫困人口逐步减少。全国农村贫困人口从 1978 年的 2.5 亿下降到 90 年代中期的 6500 万，占全国总人口的比重由 26% 下降到 5.4%。贫困地区的生产生活条件和基础设施有了很大改善，文化、教育、卫生事业也有新的发展。这是一个巨大的历史性成就。扶贫开发工作取得的显著成效，有力地促进了国民经济的发展和社会稳定，充分显示了我国社会主义制度的优越性。

贫困人口的数量越来越少，但解决贫困人口温饱的难度越来越大。一是到 90 年代中期，在剩下的贫困人口中，有一半左右年人均纯收入低于 300 元，离温饱线还有较大差距。二是没有解决温饱的贫困人口，主要分布在中西部的深山区、石山区、荒漠区、高寒山区、黄土高原区、边疆地区、地方病高发区以及水库库区，这些地区地域偏远，交通不便，文化教育落后，生态环境很差，有的甚至缺乏基本的生产生活条件。三是从 90 年代中期起，每年解决温饱的人数必须比前几年增加一倍多，不然就会有相当数量贫困人口的温饱问题要留到 21 世纪去解决，《国家八七扶贫攻坚计划》确定的目标就会落空。

中央认为，到 20 世纪末基本解决农村贫困人口的温饱问题，是广大贫困群众的强烈愿望，是贯彻我们党全心全意为人民服务根本宗旨的具体体现，也是全面实现国民经济和社会发展第二步战略目标，维护改革、发展、稳定大局的客观要求，有着极其重要的政治、经济和社会意义。实现了这一目标，世世代代困扰中国人民的温饱问题从此就解决了。这不仅是中华民族发展史上的一个壮举，也是对全人类作出的重要贡献。因此，必须坚定不移，毫不动摇，确保如期完成。[1]

1995 年 6 月 6 日至 9 日，国务院召开全国扶贫开发工作会议。国务委员兼国务院扶贫开发领导小组组长陈俊生在会上说：全国农村没有解决温饱的绝对贫困人口正在明显下降，已经从 1992 年底的 8000 万人减少到 1994 年底的 7000 万人，减少了 1000 万人，贫困人口占全国农村总人口的比重由原来的 8.8％下降到 7.8％。国务院提出：今后要以每年解决 1000 万以上贫困人口温饱问题的速度，推行扶贫开发工作。各省、区要按照每年解决 15％以上现有贫困人口温饱问题的年度要求，调整计划，制定方案，加强工作。

1996 年 9 月 23 日至 25 日，中央扶贫工作会议在北京召开。江泽民在会上指出：到 20 世纪末基本解决我国农村贫困人口的温饱问题，是党中央、国务院既定的战略目标。由救济式扶贫转向开发式扶贫，是扶贫工作的重大改革，也是扶贫工作的一项基本方针；广泛动员全社会力量参与扶贫，是扶贫工作的一条重要方针。扶贫攻坚要层层实行党政第一把手责任制，各级党政一把手要亲自组织指挥本地区的扶贫攻坚战；各级党政机关要组织大批干部到贫困村具体帮助扶贫；要把扶贫攻坚的任务和措施落实到贫困村、贫困户。[2]

为了加快解决贫困人口的温饱问题，1996 年 10 月 23 日，中共中央、国务院印发了《关于尽快解决农村贫困人口温饱问题的决定》。《决定》分析了扶贫工作的形势，指出了解决贫困人口温饱问题的重要性，进一步强调了实现扶贫攻坚计划的基本方针、任务和要求，指出后五年的扶贫开发工作，要以党的基本理论、基本路线为指导，充分发扬自力更生、艰苦奋斗精神，坚持开发式扶贫，实行全党动员，全社会扶贫济困，突出重点，集中力量解决农村贫困人口的温饱问题。

（一）把解决贫困人口温饱问题作为首要任务。

贫困地区经济、社会文化落后是历史形成的，从根本上改变这种状况需要

---

[1] 参见《江泽民文选》第一卷，人民出版社 2006 年版，第 547—561 页。

[2] 参见中共中央文献研究室编：《十四大以来重要文献选编》（下），中央文献出版社 2011 年版，第 170—171 页。

长期努力，当务之急是要解决贫困户的温饱问题。这是贫困地区群众的迫切要求，也是贫困地区经济社会发展的重要基础。千头万绪，温饱第一。贫困地区特别是贫困县，在扶贫攻坚阶段，要正确处理发展地方经济和解决群众温饱、富县与富民的关系，始终把解决温饱问题摆在首要位置，集中全力，突出抓好。

（二）继续坚持开发式扶贫。

把贫困地区干部群众的自力更生和国家的扶持结合起来，开发当地资源，发展商品生产，增加自我积累、自我发展的能力，是稳定地解决温饱问题、实现脱贫致富的根本出路。要围绕解决群众温饱问题，发动群众治水、改土、种树、修路，加强基础设施建设，改善生产条件和生态环境，实现可持续发展；切实抓好农业生产特别是粮食生产，提高粮食自给水平。在此基础上，因地制宜地发展多种经营和乡镇企业，增加农民收入。

（三）把有助于直接解决群众温饱问题的种植业、养殖业和以当地农副产品为原料的加工业，作为扶贫开发的重点。

根据目前贫困地区的条件，过多地上一般工业项目是不切实际的。从多年的实践看，与其他产业比较，种植业、养殖业、林果业和以当地农产品为原料的加工业是最有效的扶贫产业。发展这些生产，不仅能够充分发挥区域资源优势，有广阔的市场，投资少，见效快，成功率高，而且覆盖面广，家家户户都能干，家家户户都受益。扶贫攻坚必须把发展这些产业作为重点，优先安排。国家扶贫专项贷款要集中用于这些产业，其他扶贫资金也要向这些产业倾斜并与之配套使用。扶持的方式，主要支持带动贫困户脱贫的龙头企业，把贫困户脱贫致富与发展农业产业化结合起来。

（四）认真抓好科教扶贫和计划生育工作。

贫困地区落后的一个重要原因，就是科技教育滞后，劳动者素质低。要把扶贫开发转移到依靠科技进步，提高农民素质的轨道上来。要加大科技扶贫力度，选择一些成熟可靠、容易掌握、增产增收效果显著的适用技术，认真加以推广。积极推进贫困地区教育改革，把重点放在普及初等教育、扫除文盲和对农民进行适用技术培训上来，为当地农民解决温饱、脱贫致富服务。积极发展合作医疗，逐步建立农村的基本医疗保障制度，减轻农民的医药负担，减少因贫致病、因病致贫返贫的现象。要坚持扶贫开发与计划生育相结合，控制贫困地区人口过快增长，尽快改变越穷越生、越生越穷的恶性循环状况。

（五）坚持因地制宜，分类指导。

贫困地区的自然、经济、社会情况千差万别，一个地区、一个县甚至一个村都有不同的特点。一定要从当地的实际出发，扬长避短，选择有效的脱贫致富路子。大多数贫困乡村要立足于本地资源，包括耕地资源和非耕地资源，发展农林牧副渔业生产，解决群众的温饱问题。人口数量超过资源承载能力的地方，要有计划地组织劳务输出。对缺乏基本生产生活条件的少数特困村，要按照农民自愿的原则实行开发式移民。

（六）扶贫攻坚要坚持到村到户。

扶贫工作抓得实不实，效果好不好，关键在于能不能把扶贫工作做到贫困村、扶到贫困户。贫困县的农民收入也是有差别的，并不都是贫困户。必须把贫困乡、村作为扶贫攻坚的主战场，把贫困户作为扶持的对象，而不能不分贫富、平均扶持。一定要做到：领导联系到村，帮扶对口到村，计划分解到村，资金安排到村，扶持措施到户，项目覆盖到户，真正使贫困户受益。

（七）要动员社会力量参与扶贫。

消除贫困，既是各级党和政府的任务，也是全社会的共同责任。党政机关、民主党派、群众团体、人民解放军、武警部队、工商企业、科研院所、大专院校以及大中城市、发达地区，都要各尽所能，为贫困地区献爱心、送温暖、作贡献。这对于帮助贫困地区脱贫致富，对于加强社会主义精神文明建设，对于增强整个民族的凝聚力、向心力，都有重要的现实意义。

（八）要发扬自力更生、艰苦奋斗精神。

国家的扶持和社会各界的帮助，是必要的，但是外部的支持只有和贫困地区干部群众自强不息、苦干实干结合起来，才能真正发挥作用。贫困地区干部群众的自身努力，是脱贫致富的决定因素，是完成扶贫攻坚任务的基本保障。在今后扶贫开发过程中，要大力发扬自力更生、艰苦奋斗精神。贫困地区干部群众中蕴藏着巨大的潜力，要最大限度地发挥他们的积极性和创造性，克服等靠要思想，改变消极畏难和无所作为的精神状态，真正依靠自己的力量解决温饱问题。

为此，确定打好扶贫攻坚战的主要措施是：增加扶贫投入；在集中连片的重点贫困地区安排大型开发项目；严格管理各项扶贫资金，努力提高使用效益；对贫困地区实行优惠政策；党政机关和企事业单位进一步加强扶贫工作；组织沿海发达省、直辖市对口帮扶西部贫困省、自治区；继续扶持初步解决温饱的贫困县；围绕扶贫攻坚搞好培训工作；发展和扩大与国际组织的交流合作。

为了帮助贫困地区尽快解决温饱问题，对贫困地区实行新的优惠政策：一是对所有尚未解决温饱问题的贫困户，免除粮食定购任务。二是根据扶贫开发的特点和需要，适当延长扶贫贷款的使用期限，放宽抵押和担保条件。三是对所有尚未解决温饱问题的贫困户，按照农业税条例的有关规定，减免农业税和农业特产税。四是逐步加大对贫困地区转移支付的力度，各有关省、自治区要尽快建立和完善二级转移支付制度，为贫困地区提供更大的财力支持。五是对贫困县新办企业和发达地区到贫困地区兴办的企业，在 3 年内免征所得税。六是从 1996 年起，根据谁受益、谁负担的原则，适当提高库区建设基金和库区维护基金标准，专项用于解决水库移民的温饱问题，具体办法由有关部门研究制订。七是《国家八七扶贫攻坚计划》所确定的优惠政策，在 2000 年以前继续执行。

对初步解决温饱的贫困县继续给予扶持。从 1996 年起，凡是农民人均纯收入超过国家规定温饱标准的贫困县，不再列入国定贫困县。为了巩固温饱成果，在"九五"期间，对这些县扶持对象不变，扶持政策不变，帮扶单位不变，扶持资金数量不变。根据这些县已经解决温饱问题的实际情况，国家今后新增的扶贫资金不再向这些县安排。国家用于这些县的原有扶贫投入，仍要坚持用到贫困乡、村、户。统计部门要做好相关的统计工作，以保证这项工作准确无误。[1]

六、特殊地区和群体的扶贫开发

在整个贫困地区和贫困人口中，有一些比较特殊的地区和群体，困难程度更大，或有不同于其他的特点。党和国家对此高度关注，在实行总的帮扶政策的同时，还采取了一些特殊的政策和措施。

（一）少数民族和民族地区扶贫开发。

中国是一个多民族国家。由于历史、社会和自然条件等原因，相当部分少数民族地区经济发展落后，社会发育程度较低。"八七扶贫攻坚计划"实施期间，全国 348 个少数民族地区县和非民族地区少数民族自治县中有 257 个被列为国家重点扶持贫困县。

---

[1] 参见中共中央文献研究室编：《十四大以来重要文献选编》（下），中央文献出版社 2011 年版，第 172—178 页。

党和国家十分重视少数民族贫困地区的扶贫开发工作，在政策、措施方面给予了重点倾斜和特殊照顾。在核定国家重点扶持贫困县时，对民族县给予特殊照顾，提高标准，扩大扶持范围。在安排中央扶贫资金时，重点向少数民族地区倾斜，从1994年到2000年，国家共向内蒙古、广西、西藏、宁夏、新疆五个自治区和贵州、云南、青海三个少数民族人口较多的省投入扶贫资金432.53亿元，占全国总投资的38.4%。

经过全社会各方面的共同努力，特别是少数民族地区广大干部群众的艰苦奋斗，中国少数民族贫困地区扶贫开发工作取得了明显成效：一是贫困人口大幅度减少，贫困发生率大幅度下降。以西藏自治区为例，"八七扶贫攻坚计划"实施期间，农村贫困人口由48万人减少到7万多人。二是农牧民收入快速增长，生活条件得到改善。"八七扶贫攻坚计划"实施期间，5个自治区和3个少数民族人口较多的省农民人均纯收入增长速度高于592个贫困县平均增长水平28.7个百分点。三是基础设施明显改善，教育、卫生等各项社会事业也得到了较快的发展。

（二）残疾人扶贫。

2000年中国有6000多万残疾人，约占总人口的5%，其中80%生活在农村，他们当中有相当数量生活处于贫困状态。1992年全国有贫困残疾人约2000万。党和国家历来重视和关心残疾人扶贫工作，采取了一系列有效措施。

第一，将残疾人扶贫作为一项重要内容列入国家扶贫计划，统筹安排，统一组织，同步实施。经中国政府批准的《中国残疾人事业"八五"计划纲要》和《中国残疾人事业"九五"计划纲要》，都有残疾人扶贫配套实施方案。1998年国家专门制定《残疾人扶贫攻坚计划（1998—2000年）》，确定残疾人扶贫的目标、任务、途径、措施、政策，对残疾人扶贫工作进行全面部署。地方各级政府也相应制定了本地残疾人扶贫攻坚计划，在人力、财力、物力等方面给予大力支持。

第二，安排专项贷款，开展残疾人扶贫。从1992年起，国家设立康复扶贫专项贷款，对贫困残疾人予以扶持。到2000年，累计投放贷款26亿元。各地还大力推广小额信贷扶贫到户、到人，将小额信贷作为残疾人扶贫的主要方式。

第三，加强基层残联扶贫服务体系建设，为农村残疾人提供及时、有效的服务。到2000年底，全国贫困县都建立了残疾人服务社，在全国贫困地区初步形成了农村基层残疾人扶贫服务体系，为残疾人扶贫工作提供了重要的组织保障。

第四，选择适合残疾人特点的扶贫开发项目和方式。针对残疾人参加生产劳动有一定困难的实际情况，把残疾人扶贫开发的重点放在那些适合残疾人特点的种植业、养殖业、手工业和家庭副业；在项目选择上更加强调适合当地市场经济发展需要，与地方支柱产业相配套，兼顾残疾人特点的项目；选择资金覆盖面大、效益到户率高、与直接提高贫困残疾人收入有密切联系的项目。

第五，通过培训提高贫困残疾人的能力。"八七扶贫攻坚计划"实施期间，扶贫系统为农村残疾人举办了多种类型的农业实用生产技术培训，使他们掌握了一技之长，他们中的大多数通过辛勤劳动在较短时间内解决了温饱，很多人还成为技术能手和脱贫致富的典型。

经过努力，中国贫困残疾人口数量明显减少，10 年有 1000 万人解决了温饱，到 2000 年底贫困残疾人口下降到 979 万人。

（三）妇女扶贫。

党和国家十分重视农村妇女脱贫问题。1994 年《国家八七扶贫攻坚计划》明确提出，要进一步动员贫困地区妇女积极参与脱贫行动。

在各级政府和有关组织的支持和带动下，农村贫困地区妇女积极参加"双学双比"（学文化、学技术，比成绩、比贡献）活动，众多妇女脱盲，一些妇女接受了实用技术培训并获得农民技术员职称，成为贫困地区依靠科技发展生产的带头人。各级妇联通过建立扶贫联系点、联系户，开展文化技术培训和小额信贷，组织贫困地区妇女劳务输出、手拉手互助，以及兴办妇女扶贫项目等多种形式，先后帮助 347 万贫困妇女脱贫致富。

国家广泛动员社会力量，关注贫困妇女，支持各种帮助贫困地区妇女的社会救济活动。如救助贫困母亲的"幸福工程"、专门资助贫困地区失学女童的"春蕾计划"、援助西部缺水地区妇女的"母亲水窖工程"等，为加快农村妇女脱困发挥了积极作用。截止到 2000 年 5 月，"幸福工程"已投入资金 1.45 亿元，救助107472 人，受惠人口达 48.3 万人。到 2000 年 7 月，"春蕾计划"共集资 3.3 亿元，使 105 万失学女童重返学校。

（四）扶持人口较少民族。

对人口较少民族，国家采取特殊政策措施，集中力量帮助其加快发展步伐，走上共同富裕道路。

人口较少民族是指全国总人口在 30 万人以下的 28 个民族。根据全国第五次人口普查，28 个人口较少民族总人口为 169.5 万人。

党和国家历来对人口较少民族都非常关心，采取措施给予帮助和扶持。从扶贫的角度来说，除了对各个少数民族地区的贫困问题的基本政策外，从新世纪进一步采取了一些特殊政策。虽然从时间来说，很多工作已经延伸到 21 世纪，不在本章所写时间范围之内，但为了集中反映特殊地区和特殊群体的扶贫脱贫工作，在此一并加以介绍。

2005 年，国务院批准实施《扶持人口较少民族发展规划（2005—2010 年）》，对全国总人口在 10 万以下的 22 个民族聚居的 640 个行政村给予重点扶持，促进人口较少民族面貌发生了历史性变化。2011 年 6 月，国家民委、国家发展改革委、财政部、中国人民银行、国务院扶贫办联合编制发布了《扶持人口较少民族发展规划（2011—2015 年）》，明确了扶持人口较少民族发展的指导思想、基本原则、主要目标、主要任务、重点工程、政策措施和组织实施。

规划的主要目标是，到 2015 年，人口较少民族聚居行政村基本实现"五通十有"，人口较少民族聚居区基本实现"一减少、二达到、三提升"。具体是：人口较少民族聚居村通油路，通电，通广播电视，通信息（电话、宽带），通沼气（清洁能源）；有安全饮用水，有安居房，有卫生厕所，有高产稳产基本农田（草场、经济林地、养殖水面）或增收产业，有学前教育，有卫生室，有文化室和农家书屋，有体育健身和民族文化活动场地，有办公场所，有农家超市（便利店）和农资放心店。人口较少民族聚居区贫困人口数量减少一半或以上；农牧民人均纯收入达到当地平均或以上水平；1/2 左右的民族的农牧民人均纯收入达到全国平均或以上水平；基础设施保障水平、民生保障水平、自我发展能力大幅提升。

"十二五"期间重点加强六大工程建设，即基础设施建设工程、特色优势产业发展与群众增收工程、民生保障工程、繁荣发展民族文化工程、人力资源开发工程、和谐家园建设工程。将采取加大资金投入、金融服务、对口帮扶、人才队伍建设和已有政策法规落实力度等综合性政策措施，确保规划目标任务和重点工程建设落到实处。

七、加强党对扶贫开发工作的领导

中国的事情能否办好，关键在党。新中国成立以来的社会主义建设，始终是在中国共产党领导下进行的。改革开放以后中国特色社会主义事业的创立和发展，也是在中国共产党领导下进行的。让中国人民富起来，摆脱千百年来困扰中国人民的贫困落后，是中国共产党初心和使命的重要内容。实行有组织、大规模的扶贫脱贫事业，是党的重大决策。改革开放以来的每一次党代会，都不同程度地涉及扶贫脱贫问题。在组织扶贫脱贫工作过程中，党中央始终不渝地强调加强党的领导。坚持党对扶贫脱贫工作的领导，这是中国特色贫困治理的重要内容和宝贵经验之一。

1984 年 9 月 29 日，中共中央、国务院《关于帮助贫困地区尽快改变面貌的通知》就要求："各级党委和政府必须高度重视，采取十分积极的态度和切实可行的措施，帮助这些地区的人民首先摆脱贫困。"[1]改变贫困地区面貌，"关键是加强领导。中央切望各有关部委、地方各级党委，特别是贫困地区的县委，要关心人民疾苦，提高为人民服务的自觉性，千方百计把这件工作办好"[2]。

1986 年 5 月 16 日，国务院发文批准成立"国务院贫困地区经济开发领导小组"及下设"国务院贫困地区经济开发领导小组办公室"，由此建立了专门的扶贫开发工作机构。

1987 年 10 月 30 日，国务院发布《关于加强贫困地区经济开发工作的通知》，要求狠抓落实。各个贫困县都要将解决群众温饱问题的整体目标分解为分年分批扶贫的具体任务，层层落实到县、乡、村主要领导干部身上，并把扶贫任务完成的好坏，作为工作述职、政绩考核、职务升降的重要内容和依据。贫困地区经济开发领导小组办公室要履行职责，发挥作用。贫困县要把带领群众解决温饱、脱贫致富作为全部工作的中心任务。县的主要负责同志要亲自抓，全力以赴，不能仅仅交给某个业务部门或几个人去办。各省（区）要为贫困县配备坚强的领导班子，并保持相对的稳定；省、地、县都要选拔得力干部，健全和充实经济开发办事机构。对勇于开拓进取、扶贫政绩突出的干部，要支持、要保护、要表彰奖励。

1990 年 2 月 23 日，国务院发出批转国务院贫困地区经济开发领导小组《关于九十年代进一步加强扶贫开发工作的请示》的通知，要求各级领导机关的主要负责同志亲自动手，直接抓点，切实抓出成效。各有关地方在编制总规模不

---

[1] 中共中央文献研究室编:《十二大以来重要文献选编》(中)，中央文献出版社 2011 年版，第 29 页。

[2] 同上书，第 34 页。

变的前提下，把扶贫开发机构纳入政府的行政序列，以稳定队伍，做好工作。

1994 年 4 月 15 日，国务院印发的《国家八七扶贫攻坚计划》专门列出一部分，系统地强调和部署了组织与领导问题，规定：

"本计划由国务院扶贫开发领导小组统一组织中央各有关部门和各省、自治区、直辖市具体实施。领导小组的主要任务是：全面部署和督促检查本计划的执行；抓好扶贫资金、物资的合理分配，集中使用，提高效益；组织调查研究、总结推广计划实施过程中的成功经验；制定促进本计划实施的政策和措施，协调解决计划实施中的问题。"

"坚持分级负责、以省为主的省长（自治区主席、市长）负责制。各省、自治区、直辖市特别是贫困面较大的省、区，要把扶贫开发列入重要日程，根据本计划的要求制定具体实施计划；省长（自治区主席、市长）要亲自抓，负总责，及时协调解决重要问题；要集中使用财力、物力，保证按期完成本计划规定的任务。"

"所有的贫困县，要把扶贫开发、解决群众温饱作为中心任务，集中力量认真实施扶贫攻坚计划；省（区）、地（州）、市要挑选精明强干、吃苦耐劳、联系群众的干部，充实加强贫困县领导班子，并保持相对稳定；把计划的实施和解决群众温饱的成效作为衡量贫困县领导干部政绩和提拔重用的主要标准。同时，着力加强贫困乡、贫困村的基层组织建设，配备好带领群众脱贫致富的班子。"

"贫困地区广大干部要一如既往地发扬自力更生、艰苦奋斗、与群众同甘共苦的精神。在完成解决群众温饱的攻坚任务之前，贫困县不准购买小轿车，不准兴建宾馆和高级招待所，不准新盖办公楼，不准县改市。"

"充实和加强各级扶贫开发工作机构，提供必要的工作条件。机构的规格与编制要与本地的扶贫开发任务相适应。"[1]

1996 年 10 月 23 日，中共中央、国务院印发《关于尽快解决农村贫困人口温饱问题的决定》，再次要求"加强对扶贫开发工作的领导"。规定：

（一）实行党政一把手扶贫工作责任制。

解决群众的温饱问题，是贫困地区一切工作的中心，是一项重大的政治任务。中央要求，贫困地区的党政一把手，特别是贫困县的县委书记和县长，要

---

[1] 中共中央文献研究室编：《十四大以来重要文献选编》（上），中央文献出版社 2006 年版，第 685—686 页。

以高度的责任感和使命感亲自抓扶贫开发，抓解决温饱问题。要认真调查研究，总结脱贫致富经验，结合本地情况，认真加以推广。要深入到贫困乡村，落实具体措施，协调解决重大问题，要组织大批干部下乡，到贫困村帮助进行扶贫开发。扶贫攻坚的计划任务，要逐级分解，层层落实，限期完成。各有关省、自治区的党委和政策，每年都要就解决贫困人口温饱的进度向党中央和国务院作出专题报告。

（二）稳定贫困地区县乡干部队伍。

为了保持扶贫攻坚的有效性和连续性，各省、自治区要认真考核和配备贫困县县一级领导班子，选派有责任心、事业心、使命感，有改革开放意识，有开拓能力的同志担任县委书记和县长，一次选定，五年不变。乡党委书记和乡长也要保持相对稳定。对如期完成解决群众温饱任务，有突出成绩的，要提拔、重用或予以奖励；对不负责任、无所作为、完不成任务的，要就地免职或降职使用。

（三）加强贫困地区农村基层组织建设。

扶贫攻坚要靠基层组织去落实，靠乡村干部去带领群众苦干。因此，要把扶贫和农村基层组织建设紧密结合起来，按照中央的部署和要求，切实加强以村党支部为核心的村级组织建设。要运用扶贫的优惠政策和资金，帮助贫困村发展集体经济，增强集体经济组织的服务功能，减轻农民负担。贫困村主要干部的误工补贴，国家要适当给以补助。要加强农村社会主义精神文明建设和民主法制建设，搞好农村社会治安综合治理，为扶贫开发创造良好的社会环境。

（四）加强贫困地区干部的思想作风建设。

贫困地区广大党员干部是完成扶贫攻坚任务的骨干力量，要树立信心，奋发图强，扎实工作，在扶贫攻坚中建功立业。贫困地区广大干部长年在艰苦的环境中工作，与群众同甘共苦，带领群众艰苦创业，任劳任怨，主流很好。但确实也有一些干部不愿意做扎实艰苦的工作，甚至讲排场，搞铺张，严重脱离群众。中央重申，贫困县在解决群众温饱问题之前，党政机关、国有企事业单位不准买高级小汽车，不准建宾馆和高级招待所，不准盖新办公楼，不准领导干部再配手提无线电话，也不准县改市。有关省、自治区对此要进行认真检查，对违背上述规定者，要严肃查处。

（五）加强和充实扶贫开发工作机构。

为了确保扶贫攻坚任务的完成，从中央到地方，特别是贫困县，都必须进一步充分发挥扶贫工作机构的重要作用。各省、自治区和贫困县扶贫工作机构的规格和编制，要与扶贫攻坚的任务相适应，由当地根据实际需要确定。[1]

《决定》强调，实现《国家八七扶贫攻坚计划》，解决农村贫困群众的温饱问题，是一项光荣而艰巨的任务。各级党委、政府要认真贯彻党中央、国务院关于扶贫开发的各项政策措施，精心组织，狠抓落实，胜利完成扶贫攻坚这一伟大的历史任务。

八、开展扶贫领域的国际交流与合作

1979 年 1 月 17 日，邓小平接见胡厥文、胡子昂、荣毅仁、古耕虞、周叔弢等工商界领导人，听取他们对搞好经济建设的意见建议。指出，现在搞建设，门路要多一点，可以利用外国的资金和技术，华侨、华裔也可以回来办工厂。要发挥原工商业者的作用，有真才实学的人应该使用起来，能干的人就当干部，要落实对他们的政策。总之，钱要用起来，人要用起来。

1980 年 4 月 17 日，中国恢复在国际货币基金组织的合法席位。5 月 15 日，中国恢复在世界银行的合法席位。

对外开放是中国的基本国策。扶贫脱贫事业，是在对外开放的大政策、大环境下推进的。党和国家主要致力于依靠自身的力量解决贫困问题，同时，也注意借鉴国际社会先进的减贫理念和成果，积极与国际社会分享中国在扶贫开发领域的经验和做法，以多种形式开展国际交流与合作，争取国际社会对中国扶贫开发工作的支持。

1995 年 3 月 6 日在丹麦举行的联合国社会发展世界首脑会议上，李鹏总理代表中国政府宣布，中国将在 20 世纪末消除农村绝对贫困现象。

1996 年 9 月 26 日，国际消除贫困年纪念大会在北京举行。国务院副总理姜春云在讲话中强调，贫困问题是全球关注的一个焦点，消除贫困是当今国际社会面临的一项重大课题。中国政府和人民赞同和支持联合国关于采取行动、消除贫困的全球性倡议。经过几十年的努力，中国 12 亿多人民的生活水平有了显著提高，绝对贫困人口已经由改革开放初期的 2.5 亿减少到 1995 年的 6500 万。这是中华民族发展史上前所未有的伟大成就。联合国秘书长加利向纪念大会发来贺词。加利的代表贺尔康先生参加会议并宣读了加利的贺词。加利在贺词中

---

[1] 参见中共中央文献研究室编：《十四大以来重要文献选编》（下），中央文献出版社 2011 年版，第 179—180 页。

指出，中国《国家八七扶贫攻坚计划》已取得了实质性的进展。世界银行、联合国开发计划署、世界粮食计划署、联合国儿童基金、国际农业发展基金、联合国粮农组织和联合国其他机构，将继续支持中国政府的努力。

20 世纪 90 年代初期，中国开始利用外资进行扶贫。先后与世界银行、联合国开发计划署、亚洲开发银行等国际组织和英国、德国、日本等国家以及国外民间组织在扶贫领域开展了卓有成效的减贫项目合作。

外资扶贫作为中国扶贫开发工作的重要组成部分，把国际上一些先进的减贫理念和方法，如参与式扶贫、小额信贷、项目评估和管理、贫困监测评价等，逐步应用于中国扶贫实践中，在创新扶贫开发机制、提高扶贫工作水平、开发扶贫队伍人力资源等方面产生了积极影响。

1993 年，国务院扶贫开发领导小组办公室创立了世界银行项目管理办公室。1995 年，改名为国务院扶贫办外资项目管理中心，作为国务院扶贫开发领导小组办公室直属的事业单位。

外资项目管理中心作为中国政府利用外资进行综合扶贫开发的中央级扶贫项目管理机构。其宗旨是根据中国政府确定的反贫困战略和扶贫开发的方针、政策，面向广大贫困地区和贫困人口，充分利用国内外资金、信息、技术及管理经验，为提高贫困人口的收入水平、改善他们的生存发展环境提供服务，促进贫困地区的经济、社会和环境的可持续发展。

外资项目管理中心工作职责和任务是：①组织、管理、协调外资贷款扶贫项目的准备和实施；②加强和扩大国际社会在扶贫领域的合作；③积极发展与外国政府及非政府组织在扶贫领域的合作；④争取和寻求其他国际资本、国外厂商在扶贫领域的合作；⑤组织、准备并实施国家委托的各类扶贫项目。

1994 年 4 月 15 日国务院印发的《国家八七扶贫攻坚计划》，要求开展国际合作，主要是两方面的任务：

一是积极开展同扶贫有关的国际组织、区域组织、政府和非政府组织的交流，让国际社会及海外华人了解我国贫困地区的经济发展状况和扶贫工作。积极扩大和发展与国际社会在扶贫方面的合作，广泛地争取对实施《国家八七扶贫攻坚计划》的支持。

二是努力改善贫困地区的投资环境，以资源优势和优惠政策吸引海外客商到贫困地区兴办开发型企业，促进贫困地区的经济发展。

自 20 世纪 90 年代以来，中国政府积极探索借鉴国际反贫困经验，不断扩大与国际组织在扶贫领域的合作，取得了明显进展。世界银行与中国政府在扶贫方面的合作最早，投入规模最大。世界银行与中国开展的西南、秦巴、西部三期扶贫贷款项目，援助总规模达6.1亿美元，项目区覆盖9个省区、91个贫困县，项目建成后使800多万贫困人口稳定解决温饱问题。此外，一些国家、国际组织和非政府组织也与中国在扶贫领域开展了广泛的合作。联合国开发计划署在中国开展了一些扶贫开发项目和研究项目。

中国世界银行扶贫贷款援助项目有：

（1）中国西南世界银行贷款项目。该项目于1995年7月开始在云南、贵州、广西3省区最贫困的35个国家重点扶持的贫困县实施。项目总投资42.3亿元，其中利用世行贷款2.475亿美元，国内相应的配套资金为21.8亿元。项目建设内容包括：大农业、基础设施建设、二三产业开发、劳务输出、教育、卫生、机构建设和贫困监测等8个方面。项目建成后使项目区350万贫困人口稳定解决温饱问题。该项目是我国第一个跨省区、跨行业、综合性的扶贫项目，也是利用外资规模较大的扶贫项目。

（2）中国秦巴山区扶贫世界银行贷款项目。该项目于1997年正式在四川、陕西、宁夏三省区最为贫困的26个国家重点扶持贫困县设施。项目总投入29.88亿元，其中利用世行贷款1.8亿美元。项目建设内容在西南项目的基础上增加了小额信贷试验项目。项目目标是建成后稳定解决秦巴山区230万贫困人口的温饱问题。

（3）中国西部扶贫世界银行贷款项目。该项目在内蒙古、甘肃、青海三省区最为贫困的20多个国家重点扶持贫困县实施，项目目标是建成后使超过200万的贫困人口稳定解决温饱问题。

国际社会对中国扶贫开发给予了充分的肯定。世界银行称，中国扶贫开发所取得的成就深刻地影响着国际社会。联合国开发计划署认为，中国的这一成就为发展中国家甚至整个世界提供了一种模式。亚洲开发银行认为，中国扶贫开发有许多经验，值得其他国家学习。中国扶贫领域取得的成就，在亚洲首屈一指，中国政府完全可以为之骄傲。

九、"两个大局"的重点转移和西部大开发战略

中国有960万平方公里的陆地面积和广袤的海域面积，地域辽阔，不同地

区的地质地貌以及气候、资源禀赋等各不相同。有些地方人口密集，有些地方人烟稀少。经济、社会、文化、生活、习俗都呈现多样化的特点。由于历史、地理、资源条件等各方面的原因，各地在经济发展基础、水平和速度方面存在着明显的差距。如何统筹协调，使这些不同地区都能够比较均衡地发展起来，是治理和发展中国必须解决的重大课题。

20 世纪 80 年代，邓小平提出"两个大局"的战略思想："沿海地区加快对外开放，使这个拥有两亿人口的广大地带较快地先发展起来，从而带动内地更好地发展，这是一个事关大局的问题。内地要顾全这个大局。反过来，发展到一定的时候，又要求沿海拿出更多力量来帮助内地发展，这也是个大局。那时沿海也要服从这个大局。"[1]

"两个大局"思想，要求东部沿海地区利用有利条件，较快地先发展起来。争取走在全国的前面，力争用 20 年时间率先实现现代化，以更好地带动全国的现代化。内地也要根据自己的条件加快建设。国家要尽力支持内地的发展，沿海要注意带动和帮助内地。这是一个事关大局的问题。到一定的时候，东部地区也要支援西部的发展，这也是一个大局。邓小平设想，到 20 世纪末达到小康水平的时候，就要突出地提出和解决地区发展差距的问题。

改革开放以来，西部地区总体上也是在发展，但由于种种主客观的原因，西部的发展速度落后于东部地区，一比较，差距就拉大了。如何遏制这种差距拉大的趋势，促进西部地区更快更好地发展，以最终实现东西部之间的均衡发展，就成了党和国家必须考虑的重大问题。

根据"两个大局"思想，党和政府及时把"坚持区域经济协调发展，逐步缩小地区发展差距"作为一个重要方针提了出来。从"九五"开始，党和政府更加重视支持内地的发展，实施了有利于缓解差距扩大趋势的政策，并逐步加大工作力度，积极朝着缩小差距的方向努力。党的十五大进一步提出"促进地区经济合理布局和协调发展"，通过优先安排基础设施和资源开发项目、逐步实行规范的财政转移支付制度等方式，加大对中西部地区的支持力度，从多方面努力，逐步缩小地区发展差距。

到 20 世纪 90 年代末，也就是邓小平所说的 20 世纪末，党中央着眼于实现"三步走"发展战略第三步目标，进一步作出了抓紧实施西部大开发的战略决策。

---

[1]《邓小平文选》第三卷，人民出版社 1993 年版，第 277—278 页。

1999 年 6 月 17 日，时任总书记江泽民在主持召开西北地区国有企业改革和发展座谈会时指出，实施西部大开发，是一项振兴中华的宏伟战略任务。没有西部地区的稳定就没有全国的稳定，没有西部地区的小康就没有全国的小康，没有西部地区的现代化就不能说实现了全国的现代化。他指出，加快中西部地区发展步伐的条件已经具备，时机已经成熟，要拿出过去开办经济特区那样的气魄来搞，要"抓住世纪之交历史机遇，加快西部地区开发步伐"。[1]

1999 年 9 月 22 日，十五届四中全会通过的决定正式提出，国家实施西部大开发战略。[2] 1999 年 11 月 15 日至 17 日召开的中央经济工作会议也着重指出，要不失时机地实施西部大开发战略。[3]

2000 年 1 月，中共中央、国务院印发《关于转发国家发展计划委员会〈关于实施西部大开发战略初步设想的汇报〉的通知》。国务院组成西部地区开发领导小组。国务院召开西部地区开发会议，研究加快西部地区发展的基本思路和战略任务。会议提出了实施西部大开发战略的初步设想，并确定当前和今后一个时期要抓好的几件大事：一是加快基础设施建设；二是加强生态环境保护和建设；三是积极调整产业结构；四是大力发展科技和教育；五是加大改革开放力度。西部大开发战略的实施全面展开。

10 月 26 日，国务院下发《关于实施西部大开发若干政策措施的通知》，提出增加资金投入、改善投资环境、扩大对外对内开放、吸引人才和发展科技教育等方面的政策。[4]

西部大开发的范围主要包括重庆、四川、贵州、云南、西藏、陕西、甘肃、青海、宁夏、新疆、内蒙古及广西等 12 个省、自治区、直辖市。整个西部地区国土面积约占全国国土总面积的 71%，1999 年末人口约占全国的 29%，其中少数民族人口占全国的 75% 左右。

西部大开发的根本目的，是要落实邓小平关于"两个大局"战略思想，逐步消除东西部地区在发展上的差距，全面推进全国的现代化进程，实现全国的共同富裕。

---

[1]《江泽民文选》第二卷，人民出版社 2006 年版，第 340—346 页。

[2] 中共中央文献研究室编：《十五大以来重要文献选编》（中），中央文献出版社 2011 年版，第 169 页。

[3] 同上书，第 226 页。

[4] 同上书，第 526—535 页。

实施西部大开发的重点任务是：加快基础设施建设；加强生态环境保护和建设；巩固农业基础地位，调整工业结构，发展特色旅游业；发展科技教育和文化卫生事业。力争用 5 到 10 年时间，使西部地区基础设施和生态环境建设取得突破性进展，西部开发有一个良好的开局。

实施西部大开发战略的总体目标是：经过几代人的努力，到 21 世纪中叶全国基本实现现代化时，从根本上改变西部地区相对落后的面貌，努力建成一个经济繁荣、社会进步、生活安定、民族团结、山川秀美的新西部。

实施西部大开发战略，加快西部地区发展，是党中央国务院审时度势、总揽全局，经过深思熟虑作出的重大决策，对于扩大内需、实现经济平稳较快发展，增强民族团结、社会稳定和边防巩固，促进东中西部地区协调发展和最终实现共同富裕，具有重要的现实意义和深远的历史意义。

西部大开发战略，将党和国家长期实施的扶持贫困地区和贫困人口发展致富的思想和举措，进一步上升和扩大为帮助和推进整个西部地区的发展，并成为一个重大的国家战略。实施西部大开发战略，也为坚持了 20 年的扶贫脱贫事业创造了新的环境和条件，注入了新的血液，增加了新的动力，使中国的扶贫脱贫事业更加深入地发展，展现出更加鼓舞人心的前景。

1999 年，中央组织部、共青团中央决定选派"博士服务团"到西部地区锻炼服务。

到 2010 年 6 月 29 日，中共中央、国务院又印发了《关于深入实施西部大开发战略的若干意见》。

十、全国进入小康社会

"三步走"战略第二步的目标是进入小康社会。

按照邓小平设计的"三步走"战略，我国首先在 1987 年提前三年实现了第一步翻一番的目标。1995 年，提前五年实现了国民生产总值翻两番的目标。随后，在 1997 年，又提前实现了人均国民生产总值翻两番的目标。到 20 世纪末，胜利实现了"三步走"战略第一、第二步的目标。

2000 年，我国国内生产总值达到 89404 亿元，按现行汇率计算，突破了 1 万亿美元，实现了邓小平当初的设想。人均国内生产总值，按世界银行的划分标准和统计数据，1999 年达到 780 美元，在世界 206 个国家和地区中列第 140

位，从"八五"时期的世界低收入国家进入下中收入国家行列。按国际货币基金组织（IMF）的测算，2000 年的人均国内生产总值达到了 848 美元。城乡居民的生活水平和生活质量有了大幅度提高。2000 年农村居民家庭人均纯收入达到 2253 元，城镇居民家庭人均可支配收入为 6280 元。全国人均预期寿命由新中国成立前的 35 岁提高到 71 岁，成人文盲率由 80% 下降到 16.5%。尽管某些项目还有差距，但全国人民的生活总体上达到了小康水平。

对于这一成就，国际国内都给予了高度的评价。国际舆论评论说："中国只用了一代人的时间，取得了其他国家用了几个世纪才能取得的成就。"江泽民在十五大上指出："在中国这样一个十多亿人口的国度里，进入和建设小康社会，是一件有伟大意义的事情。这将为国家长治久安打下新的基础，为更加有力地推进社会主义现代化创造新的起点。"[1] 在十六大报告中，江泽民再一次肯定："这是社会主义制度的伟大胜利，是中华民族发展史上一个新的里程碑。"[2]

实现第二步的战略目标，包含着扶贫脱贫事业的内容和贡献。

自 20 世纪 70 年代末实行改革开放以来，党和国家在致力于经济和社会全面发展的进程中，在全国范围内实施了以解决农村贫困人口温饱问题为主要目标的有计划、有组织的大规模扶贫开发。到 1993 年底，全国农村没有解决温饱的贫困人口，由 1978 年的 2.5 亿人减少到 8000 万人。

1994 年 3 月，国家制定并实施《国家八七扶贫攻坚计划》，明确提出集中人力、物力、财力，用 7 年左右时间，也就是到 2000 年末，力争基本解决 8000 万农村贫困人口的温饱问题。《国家八七扶贫攻坚计划》是 20 世纪最后 7 年全国扶贫开发工作的纲领，也是国民经济和社会发展计划的重要组成部分，是一份世人瞩目的有明确目标、明确对象和时间期限的国家扶贫纲领性计划。

近 20 年间，随着国家财力的增强，中国政府安排的专项扶贫投入不断增加，仅《国家八七扶贫攻坚计划》实施期间，中央政府累计投入资金 1127 亿元，相当于 1986 到 1993 年 8 年投入总量的 3 倍。同时，各有关部门根据中央的要求，在专项资金和重大工程的安排中积极向贫困地区倾斜，各省（区、市）也根据中央要求增加了配套资金。为了加强对各类扶贫资金的管理，提高使用效益，1997 年 8 月 1 日，国务院开始施行《国家扶贫资金管理办法》，对各类扶贫资金

[1]《江泽民文选》第二卷，人民出版社 2006 年版，第 47 页。

[2]《江泽民文选》第三卷，人民出版社 2006 年版，第 542 页。

的扶持对象、条件等作了明确规定，强调各类扶贫资金要根据扶贫攻坚的总体目标和要求，配套使用，形成合力，发挥整体效益。同时，各级扶贫工作专门机构加强对扶贫资金管理使用的检查、监督。审计部门对扶贫资金的使用情况严格审计，发现问题及时查处。

1999年6月，中央扶贫开发工作会议在北京召开。江泽民在9日的闭幕会上发表重要讲话时指出，在我们党和政府的领导下，广泛动员全社会的力量，按照统一的部署，筹集巨额资金，有组织、有计划、大规模地长期开展扶贫开发，这在世界上也是独一无二的。我国绝大多数贫困地区解决了几千年没有解决的温饱问题这个事实，无可辩驳地说明，我国的社会主义制度具有巨大的优越性，是彻底消除贫困的根本制度保障。

江泽民在讲到确保实现"八七扶贫攻坚"的战略目标时说，到2000年基本解决农村贫困人口的温饱问题，这是我们党和政府向全国人民作出的庄严承诺。这个战略目标必须实现，也完全有条件实现。实现这个战略目标，标志着中国人民将在新的发展起点上进入新世纪。

江泽民强调，我们也应清醒地看到，目前尚未解决温饱问题的农村贫困人口还有4200万。现有的贫困人口大多数分布在地域偏远、交通闭塞、资源匮乏、生态环境极其恶劣的地方。解决这部分贫困人口的温饱问题，是扶贫工作中最难啃的硬骨头。今后两年，每年要力争解决1000万左右贫困人口的温饱问题，难度是很大的。扶贫开发已进入最艰难的攻坚阶段。不论今后两年的扶贫攻坚任务有多么艰巨，全党全国都要同心协力啃下这块硬骨头。

经过坚持不懈的努力，到2000年底，《国家八七扶贫攻坚计划》确定的战略目标基本实现，中国的扶贫开发取得了巨大成就。

——解决了两亿多农村贫困人口的温饱问题。农村尚未解决温饱问题的贫困人口由1978年的2.5亿人减少到2000年的3000万人，农村贫困发生率从30.7%下降到3%左右。除少数社会保障对象和生活在自然环境恶劣地区的特困人口，以及部分残疾人以外，全国农村贫困人口的温饱问题已经基本解决。

——生产生活条件明显改善。1986年到2000年的15年间，在中国农村贫困地区修建基本农田9915万亩，解决了7725万多人和8398万多头大牲畜的饮水困难。到2000年底，贫困地区通电、通路、通邮、通电话的行政村分别达到95.5%、89%、69%和67.7%。

——经济发展速度明显加快。《国家八七扶贫攻坚计划》执行期间，国家重点扶持贫困县农业增加值增长 54%，年均增长 7.5%；工业增加值增长 99.3%，年均增长 12.2%；地方财政收入增加近 1 倍，年均增长 12.9%；粮食产量增长 12.3%，年均增长 1.9%；农民人均纯收入从 648 元增加到 1337 元，年均增长 12.8%。

——各项社会事业发展较快。贫困地区人口过快增长的势头得到初步控制，人口自然增长率有所下降。办学条件得到改善，592 个国家重点扶持贫困县中有 318 个实现基本普及九年义务教育和基本扫除青壮年文盲的目标。职业教育和成人教育发展迅速，有效地提高了劳动者素质。大多数贫困地区乡镇卫生院得到改造或重新建设，缺医少药的状况得到缓解。推广了一大批农业实用技术，农民科学种田的水平明显提高。群众的文化生活得到改善，精神面貌发生了很大变化。

——解决了一些集中连片贫困地区的温饱问题。沂蒙山区、井冈山区、大别山区、闽西南地区等革命老区群众的温饱问题已经基本解决。一些偏远山区和少数民族地区，面貌也有了很大的改变。历史上"苦瘠甲天下"的甘肃定西地区和宁夏的西海固地区，经过多年开发建设，基础设施和基本生产条件明显改善，贫困状况大为缓解。[1]

扶贫开发取得的重大成就，特别是《国家八七扶贫攻坚计划》目标的如期实现，对中国的社会、经济、文化发展产生了广泛而深远的影响，它不仅保证了民族团结、边疆巩固和社会稳定，而且对于实现现代化建设的第二步战略目标、使人民生活总体达到小康水平起到了重要作用。

在 1999 年 6 月的中央扶贫开发工作会议上，江泽民指出，我们党的根本宗旨是全心全意为人民服务。各级领导干部必须始终想人民之所想，急人民之所急。当前，农村贫困人口最盼望最着急的就是吃饱穿暖，进而过上比较富裕的日子。帮助贫困人口实现这个愿望，是党的为人民服务宗旨的最实际的体现。全党同志都要从坚持党的宗旨的高度来认识这个问题，都要把解决最后这部分贫困人口的温饱问题作为一项重大的政治任务，义不容辞地完成好。

2001 年，中共中央召开扶贫开发工作会议，国务院印发《中国农村扶贫开发纲要（2001—2010 年）》。中国的扶贫开发在取得重要阶段性进展基础上，继续向纵深推进。

---

[1] 参见《中国农村扶贫开发概要》，中国政府网 2006 年 11 月 19 日。

第八章

两个《中国农村扶贫开发
纲要》的制定和实施

☆　☆　☆

一、全面建设小康社会

经过全党和全国各族人民的共同努力，我们胜利实现了"三步走"发展战略的前两步目标，人民生活总体上达到小康水平。这是社会主义制度的伟大胜利，是中华民族发展史上一个新的里程碑。

随着前两步战略目标的实现，1997 年，党的十五大宣告："展望下世纪，我们的目标是，第一个十年实现国民生产总值比二〇〇〇年翻一番，使人民的小康生活更加宽裕，形成比较完善的社会主义市场经济体制；再经过十年的努力，到建党一百年时，使国民经济更加发展，各项制度更加完善；到世纪中叶建国一百年时，基本实现现代化，建成富强民主文明的社会主义国家。"[1]

这实际上是一个把邓小平的第三步设想加以展开的小"三步走"战略。按照这个战略，中国从 20 世纪末进入小康社会后，将分 2010 年、2020 年、2050 年三个阶段，逐步达到基本现代化的目标。

由此，中国特色社会主义事业在 21 世纪进入了新的发展阶段。2000 年，十五届五中全会明确将这个阶段界定为"全面建设小康社会、加快推进现代化的新的发展阶段"，宣告我们已经实现现代化建设的前两步战略目标，经济和社会全面发展，人民生活总体上达到小康水平，开始实施第三步战略部署。[2]

2002 年 11 月 8 日至 14 日，党的十六大举行，这是进入新世纪后的第一次党代会。江泽民作《全面建设小康社会，开创中国特色社会主义事业新局面》

---

[1] 中共中央文献研究室编：《十五大以来重要文献选编》（上），中央文献出版社 2011 年版，第 4 页。

[2] 同上书，第 487 页。

的报告。党的十六届一中全会选举胡锦涛为中央委员会总书记。

党的十六大报告郑重宣布:"当人类社会跨入二十一世纪的时候,我国进入全面建设小康社会、加快推进社会主义现代化的新的发展阶段。"[1]

小康建设的成就令人鼓舞,但差距仍须重视。进入小康社会,不等于建成了小康社会,更不等于已经走出小康社会而进入了现代化阶段。从总体上说,中国仍然是一个发展中国家,还处在社会主义的初级阶段。中国的经济实力、科技水平、教育程度等,与发达国家相比还有很大差距。按人均国内生产总值,我们只是跨进了下中等收入国家的门槛,还未达到下中等国家的平均水平。全国的发展也不平衡,不少地方还处于比较落后的状态。农村和城镇部分居民的收入增长缓慢,失业人员增多。全国还有为数不少的贫困人口,即使已经脱贫的,也有返贫现象。

所以,党的十六大报告指出:必须看到,我国正处于并将长期处于社会主义初级阶段,现在达到的小康还是低水平的、不全面的、发展很不平衡的小康,人民日益增长的物质文化需要同落后的社会生产之间的矛盾仍然是我国社会的主要矛盾。巩固和提高目前达到的小康水平,还需要进行长时期的艰苦奋斗。[2]

"低水平、不全面、发展很不平衡"三个词,既是对现有小康社会不足之处的描述,也就成为需要我们加以改进和解决的问题。"低水平",那就要提高水平;"不全面",那就要更加全面;"发展很不平衡",那就要努力实现各方面和各地区的相对平衡。百尺竿头,更进一步。面向未来,必须继续坚持小康战略,将现有的小康水平向更高层次提高、推进,真正建成高质量、高水平的小康社会。

所以,2002年党的十六大明确提出,本世纪头20年的战略任务,就是"集中力量,全面建设惠及十几亿人口的更高水平的小康社会"[3]。

全面建设,就是在现有的小康社会基础上,进一步展开建设的工程,全面推进各方面的建设事业,全面提高小康社会的水平,使经济更加发展、民主更加健全、科教更加进步、文化更加繁荣、社会更加和谐、人民生活更加殷实。

"经过这个阶段的建设,再继续奋斗几十年,到本世纪中叶基本实现现代化,

[1] 中共中央文献研究室编:《十六大以来重要文献选编》(上),中央文献出版社2011年版,第1页。

[2] 参见中共中央文献研究室编:《十六大以来重要文献选编》(上),中央文献出版社2011年版,第14页。

[3] 中共中央文献研究室编:《十六大以来重要文献选编》(上),中央文献出版社2011年版,第14页。

把我国建成富强民主文明的社会主义国家。"[1]

进入小康，是温饱与小康的衔接；走出小康，将是小康与现代化的衔接。进入小康，是一个伟大的胜利；走出小康，将是一个更加伟大的胜利。

2003 年春，我国遭遇非典型肺炎重大疫情。全党全国人民在中共中央、国务院领导下，坚持一手抓防治非典，一手抓经济建设，夺取了防治非典工作的重大胜利。5 月 9 日，国务院公布《突发公共卫生事件应急条例》。7 月 28 日，胡锦涛在全国防治非典工作会议上讲话，提出从长远看要进一步研究并切实抓好经济社会协调发展。在此基础上，胡锦涛明确提出了科学发展观。

2004 年 9 月，党的十六届四中全会通过《关于加强党的执政能力建设的决定》，提出构建社会主义和谐社会的重大战略任务，把提高构建社会主义和谐社会的能力确定为加强党的执政能力建设的重要内容。

2005 年 2 月 19 日，胡锦涛在省部级主要领导干部提高构建社会主义和谐社会能力专题研讨班上的讲话中指出，我们所要建设的社会主义和谐社会，应该是民主法治、公平正义、诚信友爱、充满活力、安定有序、人与自然和谐相处的社会。

2006 年 4 月 15 日，中共中央、国务院印发《关于促进中部地区崛起的若干意见》，提出要把中部地区建设成全国重要的粮食生产基地、能源原材料基地、现代装备制造及高技术产业基地和综合交通运输枢纽。2012 年 8 月 27 日，国务院又印发了《关于大力实施促进中部地区崛起战略的若干意见》。

2006 年 10 月 11 日，党的十六届六中全会通过《关于构建社会主义和谐社会若干重大问题的决定》，指出社会和谐是中国特色社会主义的本质属性。必须坚持以人为本，始终把最广大人民的根本利益作为党和国家一切工作的出发点和落脚点，做到发展为了人民、发展依靠人民、发展成果由人民共享，促进人的全面发展。

到 2007 年 10 月，党的十七大将"为夺取全面建设小康社会新胜利而奋斗"作为大会主题的重要内容，并对我国发展提出了新的更高要求。十七大还专门用一段话描绘了小康社会建成之时中国的情景：

"到二〇二〇年全面建设小康社会目标实现之时，我们这个历史悠久的文明古国和发展中社会主义大国，将成为工业化基本实现、综合国力显著增强、国

---

[1] 中共中央文献研究室编：《十六大以来重要文献选编》（上），中央文献出版社 2011 年版，第 15 页。

内市场总体规模位居世界前列的国家，成为人民富裕程度普遍提高、生活质量明显改善、生态环境良好的国家，成为人民享有更加充分民主权利、具有更高文明素质和精神追求的国家，成为各方面制度更加完善、社会更加充满活力而又安定团结的国家，成为对外更加开放、更加具有亲和力、为人类文明作出更大贡献的国家。"[1]

为了实现这样的目标，必须增强发展协调性，努力实现经济又好又快发展；扩大社会主义民主，更好保障人民权益和社会公平正义；加强文化建设，明显提高全民族文明素质；加快发展社会事业，全面改善人民生活；建设生态文明，基本形成节约能源和保护生态环境的产业结构、增长方式、消费模式。

实现这样的目标和要求，中国人民必将过上更加美好的生活，中国特色社会主义必将迎来更加光明的前景。

以胡锦涛同志为总书记的党中央高度重视扶贫脱贫工作，把扶贫脱贫作为全面建设小康社会的重要战略任务，在贯彻落实科学发展观、构建社会主义和谐社会、推进社会主义新农村建设、全面建设小康社会过程中，制定实施了一系列扶贫开发新政策新举措。

2003 年 1 月 8 日，胡锦涛在中央农村工作会议上指出，要加大扶贫开发力度，提高扶贫开发成效，以改善生产生活条件和增加农民收入为核心，加快贫困地区脱贫步伐。

以胡锦涛同志为总书记的党中央坚持实施西部大开发、振兴东北地区等老工业基地、中部地区崛起等国家区域发展战略，积极促进区域、城乡协调发展。采取重大举措，取消农业税，建立新型农村合作医疗等一系列农村社会保障制度，使农民负担重的状况得到了根本性改变，使全国小康水平得到进一步提高。

以胡锦涛同志为总书记的党中央对扶贫工作的重点和对象作出重大调整，把中西部地区作为扶贫工作重点区域，在 592 个国家扶贫工作重点县的基础上，选定 15 万个贫困村作为扶贫对象，实施参与式"整村推进"扶贫。大力推进产业扶贫和劳动力培训转移，积极开展易地搬迁扶贫和生态移民。这个阶段中国的扶贫开发，从以解决温饱为主要任务的阶段转入巩固温饱成果、加快脱贫致富、改善生态环境、提高发展能力、缩小发展差距的新阶段。

---

[1] 中共中央文献研究室编：《十七大以来重要文献选编》（上），中央文献出版社 2009 年版，第 16 页。

二、农村改革和发展的深化

进入新世纪后，党和国家继续高度重视"三农"问题，进一步推进农村改革和发展，为新世纪的扶贫脱贫事业创造了良好的条件。

2001 年 1 月 4 日至 5 日，中央召开农村工作会议。会议的主要任务是，贯彻落实党的十五届五中全会和中央经济工作会议精神，总结 2000 年农业和农村工作，分析当前农业和农村工作面临的形势，对新的一年的工作作出部署。会议讨论了《中共中央、国务院关于做好 2001 年农业和农村工作的意见（讨论稿）》。

江泽民在做好农业和农村工作的指示中指出，进入新世纪，巩固和加强农业基础的工作仍要坚持不懈地抓下去，一刻都不能放松。这是全面建设小康社会、加快推进社会主义现代化的必然要求。关键要通过改革开放和科技进步，依靠亿万农民的创造精神，大力推进农业和农村经济结构调整，努力增加农民收入，确保国家粮食安全，保持农村社会稳定。农业、农村、农民工作事关党和国家工作的全局，大家一定要发扬兢兢业业、扎扎实实的精神，切实把工作做好。

土地是农村农业和农民的根本。2000 年后，农村土地制度改革沿着两条主线展开和深化：一是继续完善并用立法规范承包土地制度；二是探索和推进土地征用制度及农村建设用地制度的改革。2002 年 8 月 29 日，全国人大常委会通过了《中华人民共和国农村土地承包法》，以法律的形式赋予农民长期的、有保障的农村土地承包经营权，使土地承包权成为到目前为止农民享有的最重要最广泛的权益。

2003 年 1 月，中央召开农村工作会议，强调必须统筹城乡经济社会发展，把解决好农业、农村和农民问题作为全党工作的重中之重，放在更加突出的位置；要坚持"多予、少取、放活"的方针，发挥城市对农村带动作用，实现城乡经济社会一体化发展。16 日，中共中央、国务院印发了《关于做好农业和农村工作的意见》。

2003 年 10 月，党的十六届三中全会通过的《中共中央关于完善社会主义市场经济体制若干问题的决定》提出进一步解决"三农"问题的改革思路："要长期稳定并不断完善以家庭承包经营为基础、统分结合的双层经营体制，依法保障农民对土地承包经营的各项权利。农户在承包期内可依法、自愿、有偿流转土地承包经营权。要完善土地流转办法，逐步发展适度规模经营……改革征地制度，完善征地程序。"[1]这个决定为进一步规范农村土地制度改革，完善农村经济体制指明了方向。

2004年9月19日，胡锦涛在党的十六届四中全会第三次全体会议上指出，综观一些工业化国家发展历程，在工业化初始阶段，农业支持工业、为工业提供积累是带有普遍性的趋向；但在工业化达到相当程度以后，工业反哺农业、城市支持农村，实现工业与农业、城市与农村协调发展，也是带有普遍性的趋向。

2005年10月，在农村各项改革的基础上，党的十六届五中全会根据新的形势要求，提出建设社会主义新农村的任务。12月，中共中央、国务院印发《关于推进社会主义新农村建设的若干意见》，要求按照"生产发展、生活宽裕、乡风文明、村容整洁、管理民主"的要求，协调推进农村各方面建设。[2]十七大强调，要统筹城乡发展，推进社会主义新农村建设，形成城乡经济社会发展一体化新格局。[3]十多年来，这一建设逐步推进，取得了重要成绩。

2005年12月29日，十届全国人大常委会第十九次会议决定，从2006年1月1日起正式废止《中华人民共和国农业税条例》。这标志着在我国延续了2600年的农业税从此退出历史舞台。农业税的取消，给亿万农民带来了看得见的物质利益，极大地调动了农民积极性，又一次解放了农村生产力。

全面取消农业税后，农民的负担大幅度减轻，公共财政覆盖农村步伐明显加快，统筹城乡发展取得实质性进展。为了巩固发展农村税费改革成果，扎实推进社会主义新农村建设，党和国家作出推进农村综合改革的战略决策。

根据《中共中央、国务院关于推进社会主义新农村建设的若干意见》（中发〔2006〕1号）精神，国务院于2006年10月发出《关于做好农村综合改革工作有关问题的通知》，对农村综合改革作出全面部署。重点是推进乡镇机构、农村义务教育和县乡财政管理体制三项改革，以此带动农村的各项改革。同时全面落实取消农业税政策，稳妥开展化解乡村债务工作，创新农民负担监督管理

---

[1] 中共中央文献研究室编:《十六大以来重要文献选编》（上），中央文献出版社2011年版，第468页。

[2] 中共中央文献研究室编:《十六大以来重要文献选编》（下），中央文献出版社2011年版，第140页。

[3] 参见中共中央文献研究室编:《十七大以来重要文献选编》（上），中央文献出版社2009年版，第18页。

机制。

2006 年 3 月，国务院发出《关于解决农民工问题的若干意见》，提出逐步建立城乡统一的劳动力市场和公平竞争的就业制度、保障农民工合法权益的政策体系和执法监督机制、惠及农民工的城乡公共服务体制和制度。

2007 年 7 月，国务院发出《关于在全国建立农村最低生活保障制度的通知》，决定 2007 年在全国建立农村最低生活保障制度，要求将符合条件的农村贫困人口全部纳入保障范围。[1]

党的十七大在对统筹城乡发展、推进社会主义新农村建设作出部署的同时，强调要坚持农村基本经营制度，稳定和完善土地承包关系，按照依法自愿有偿原则，健全土地承包经营权流转市场，有条件的地方可以发展多种形式的适度规模经营。

2008 年 6 月，中共中央、国务院发出《关于全面推进集体林权制度改革的意见》，提出用五年左右时间，基本完成明晰产权、承包到户的集体林权制度改革，实行集体林地家庭承包经营制；规定林地的承包期为 70 年，承包期届满可以按照国家有关规定继续承包。[2] 2009 年 6 月，中央召开林业工作会议。至 2011 年底，全国完成确权林地面积 26.77 亿亩，占全国集体林地总面积的 97.81%。

2008 年 10 月，党的十七届三中全会通过《关于推进农村改革发展若干重大问题的决定》，系统回顾总结我国农村改革发展的光辉历程和宝贵经验，对进一步推进农村改革发展作出部署，强调要大力推进改革创新，加强农村制度建设；积极发展现代农业，提高农业综合生产能力；加快发展农村公共事业，促进农村社会全面进步。并指出，现有土地承包关系要保持稳定并长久不变，坚决守住 18 亿亩耕地红线，促进城乡经济社会发展一体化。[3]

2009 年 9 月，国务院决定开展新型农村社会养老保险试点，探索建立个人缴费、集体补助、政府补贴相结合的新农保制度，2020 年之前基本实现对农村适龄居民的全覆盖。其后，根据此项工作进展情况，国务院决定提前到 2015 年实现全覆盖的目标。

---

[1] 参见中共中央文献研究室编：《十六大以来重要文献选编》（下），中央文献出版社 2011 年版，第 1096—1100 页。

[2] 参见中共中央文献研究室编：《十七大以来重要文献选编》（上），中央文献出版社 2009 年版，第 472 页。

[3] 参见中共中央文献研究室编：《十七大以来重要文献选编》（上），中央文献出版社 2009 年版，第 668—688 页。

在进入新世纪后的 10 年中，随着农村改革和发展的深化，国家实行统筹城乡经济社会发展的方略和工业反哺农业、城市支持农村与"多予少取放活"的方针，实施了一系列新的"三农"政策，全面促进农村经济社会的发展，不仅全面提高了农村的发展能力和农民的生活水平，也使贫困地区和农村贫困人口普遍受益。

10 年中，国家相继取消牧业税、生猪屠宰税和农林特产税，特别是取消了在中国存在 2600 多年的农业税，并以法律形式固定下来，让中国广大农民彻底告别了缴纳农业税的历史。

2004 年 5 月 23 日，国务院印发《关于进一步深化粮食流通体制改革的意见》，指出，积极稳妥地放开粮食主产区的粮食收购市场和粮食收购价格；必要时可由国务院决定对短缺的重点粮食品种，在粮食主产区实行最低收购价格；建立对种粮农民直接补贴的机制。

国家全面实行种粮农民直接补贴、良种补贴、农机具购置补贴和农资综合补贴，逐步建立和完善农村社会保障体系，推进农村饮水、电力、道路、沼气等基础设施建设和农村危房改造。

推行集体林权制度改革，使农民真正拥有林地承包经营权和林木所有权，落实各项优惠政策，发展林下经济和森林旅游，增加农民收入。

不断加大强农惠农富农和扶贫开发的投入力度，中央财政用于"三农"的支出从 2003 年的 2144.2 亿元人民币增加到 2010 年的 8579.7 亿元人民币，年均增长 21.9%，公共财政覆盖农村步伐明显加快。

国家的一些强农惠农富农政策率先在贫困地区实行。其中，免征农业税试点、农村义务教育"两免一补"政策（对农村义务教育阶段贫困家庭学生免书本费、免杂费、补助寄宿生生活费）、对国家新安排的公益性基本建设项目减少或取消县及县以下配套，率先在国家扶贫开发工作重点县实行。

2002 年 10 月 19 日，中共中央、国务院作出《关于进一步加强农村卫生工作的决定》。到 2008 年 6 月底，新型农村合作医疗制度覆盖到全国 31 个省、自治区、直辖市。

一些强农惠农富农政策向贫困地区和贫困人口倾斜。中央财政在农村最低生活保障、新型农村合作医疗和新型农村社会养老保险的制度安排上，对中西部地区给予较大支持。2010 年，民政部门资助参加新型农村合作医疗 4615.4 万人次，资助资金 14 亿元人民币，人均资助 30.3 元人民币。

为贫困人口提供基本的社会保障，是稳定解决贫困人口温饱问题的最基础手段。10 年中，农村社会保障制度也不断丰富和完善。

2004 年，国家出台了规范的最低工资制度，对保障以农民工为主体的劳动者的劳动报酬权益发挥了积极作用。2006 年 1 月 31 日，国务院印发《关于解决农民工问题的若干意见》，指出，要逐步建立城乡统一的劳动力市场和公平竞争的就业制度，保障农民工合法权益的政策体系和执法监督机制，惠及农民工的城乡公共服务体制和制度。

2007 年 7 月 11 日，国务院发出《关于在全国建立农村最低生活保障制度的通知》，决定将家庭年人均纯收入低于当地最低生活保障标准的所有农村居民纳入保障范围，稳定、持久、有效地解决全国农村贫困人口温饱问题。农村最低生活保障标准，由县级以上地方政府按照能够维持当地农村居民全年基本生活所必需的吃饭、穿衣、用水、用电等费用确定。[1]

截至 2010 年底，全国农村低保覆盖 2528.7 万户、5214 万人；2010 年全年共发放农村低保资金 445 亿元人民币，其中中央补助资金 269 亿元人民币；全国农村低保平均标准为 117 元人民币／（人·月），月人均补助水平为 74 元人民币。

国家对农村丧失劳动能力和生活没有依靠的老、弱、孤、寡、残农民实行五保供养，即在吃、穿、住、医、葬等方面给予生活照顾和物质帮助。10 年间，五保供养逐步实现了由集体福利事业转型为现代社会保障制度，所需资金由农民分摊转由国家财政负担。到 2010 年底，全国农村得到五保供养的人数为 534 万户、556.3 万人，基本实现"应保尽保"，全国各级财政共发放农村五保供养资金 96.4 亿元人民币。

2009 年，国家开展新型农村社会养老保险试点工作，到 2011 年 7 月已覆盖全国 60% 的农村地区，共有 493 个国家扶贫开发工作重点县纳入试点，覆盖率达到 83%。新型农村社会养老保险实行个人缴费、集体补助、政府补贴相结合的筹资方式，基础养老金和个人账户养老金相结合的待遇支付方式，中央财政对中西部地区按中央确定的基础养老金给予全额补助，对东部地区给予 50% 的补助。2010 年，中央财政对新型农村社会养老保险基础养老金补贴 111 亿元人民币，地方财政补助资金 116 亿元人民币。

---

[1] 参见中共中央文献研究室编：《十六大以来重要文献选编》（下），中央文献出版社 2011 年版，第 1097 页。

三、《中国农村扶贫开发纲要
（2001—2010 年）》的制定

2001 年 5 月 24 日至 25 日，中央召开扶贫开发工作会议。这次会议是进入新世纪后，党中央召开的一次具有重要意义的会议。会议的主要任务是贯彻党的十五大和十五届五中全会精神，总结《国家八七扶贫攻坚计划》实施以来的成就和经验，讨论《中国农村扶贫开发纲要（2001—2010 年）》，部署今后 10 年的扶贫开发工作。

江泽民在闭幕会议上发表重要讲话，指出《国家八七扶贫攻坚计划》是我国历史上第一个有明确目标、明确对象、明确措施和明确期限的扶贫开发行动纲领。七年来，全党动手，全社会动员，各方支持、合力攻坚，扶贫开发取得了显著成效，贫困地区的面貌发生了很大变化。经过七年的扶贫攻坚，全国农村没有解决温饱的贫困人口减少到 3000 万人，占农村人口的比重下降到 3% 左右。除了少数社会保障对象和生活在自然条件恶劣地区的特困人口以及部分残疾人以外，全国农村贫困人口的温饱问题已经基本解决，中央确定的扶贫攻坚目标基本实现。

江泽民宣布，《国家八七扶贫攻坚计划》已基本完成，党中央、国务院确定的在 20 世纪末基本解决农村贫困人口温饱问题的战略目标已基本实现。在这样短的时间内，这么多的贫困人口解决了温饱问题，这是世界历史上前所未有的，是一个了不起的成就。这充分说明，只要我们坚持解放思想、实事求是的思想路线，坚持贯彻党的基本路线和方针政策，坚持全心全意为人民服务的宗旨，坚持发挥社会主义制度的优越性，紧紧依靠全国各族人民的共同努力，就能够不断地创造出新的人间奇迹。[1]

江泽民指出，我们已经确定今后 10 年我国扶贫开发的奋斗目标。全党和全国上下要齐心协力，确保这个目标如期实现。帮助贫困地区发展经济文化，帮助贫困地区群众与全国人民一起逐步走上共同富裕的道路，是贯穿社会主义初级阶段全过程的历史任务，全党和全国上下必须锲而不舍地长期奋斗。[2]

---

[1] 参见中共中央文献研究室编：《十五大以来重要文献选编》（下），中央文献出版社 2011 年版，第 83—91 页。

[2] 参见中共中央文献研究室编：《十五大以来重要文献选编》（下），中央文献出版社 2011 年版，第 128—138 页。

随着《国家八七扶贫攻坚计划》的如期实现，中国农村贫困人口的温饱问题基本得到解决。党中央正确估计了在我国进入了全面建设小康社会，加快推进社会主义现代化建设新阶段的背景下，农村的贫困状况和扶贫开发工作的新任务，在召开中央扶贫开发工作会议的同时，制定并颁布了《中国农村扶贫开发纲要（2001—2010年）》。这是继《国家八七扶贫攻坚计划》之后又一个指导全国扶贫开发的纲领性文件，对21世纪初的扶贫战略作出全面描述，明确提出了今后10年扶贫开发的奋斗目标、基本方针、对象和重点以及主要政策措施。以此为标志，中国的扶贫开发工作进入了一个新阶段。

《中国农村扶贫开发纲要（2001—2010年）》指出，缓解和消除贫困，最终实现全国人民的共同富裕，是社会主义的本质要求，是中国共产党和人民政府义不容辞的历史责任。改革开放以来，特别是实施《国家八七扶贫攻坚计划》以来，我国农村贫困现象明显缓解，贫困人口大幅度减少。到2000年底，除了少数社会保障对象和生活在自然环境恶劣地区的特困人口，以及部分残疾人以外，全国农村贫困人口的温饱问题已经基本解决，《国家八七扶贫攻坚计划》确定的战略目标基本实现。扶贫开发实现了贫困地区广大农民群众千百年来吃饱穿暖的愿望，为促进我国经济的发展、民族的团结、边疆的巩固和社会的稳定发挥了重要作用。在短短20多年时间里，我们解决了2亿多贫困人口的温饱问题，这在中国历史上和世界范围内都是了不起的成就，充分体现了中国特色社会主义制度的优越性。

《中国农村扶贫开发纲要（2001—2010年）》强调，扶贫开发是建设中国特色社会主义伟大事业的一项历史任务，基本解决农村贫困人口的温饱问题只是完成这项历史任务的一个阶段性胜利。我国目前正处于并将长期处于社会主义初级阶段，在较长时期内存在贫困地区、贫困人口和贫困现象是不可避免的。当前尚未解决温饱的贫困人口，虽然数量不多，但是解决的难度很大。初步解决温饱问题的群众，由于生产生活条件尚未得到根本改变，他们的温饱还不稳定，巩固温饱成果的任务仍很艰巨。基本解决温饱的贫困人口，其温饱的标准还很低，在这个基础上实现小康、进而过上比较宽裕的生活，需要一个较长期的奋斗过程。至于从根本上改变贫困地区社会经济的落后状况，缩小地区差距，更是一个长期的历史性任务。要充分认识扶贫开发的长期性、复杂性和艰巨性，继续把扶贫开发放在国民经济和社会发展的重要位置，为贫困地区脱贫致富作出不懈努力。

为此，中共中央、国务院决定：从 2001 年到 2010 年，集中力量，加快贫困地区脱贫致富的进程，把我国扶贫开发事业推向一个新的阶段。这是全面建设小康社会、实现社会主义现代化建设第三步战略目标的一项战略决策和重大举措。

《中国农村扶贫开发纲要（2001—2010 年）》确定，2001 年至 2010 年扶贫开发总的奋斗目标是：尽快解决少数贫困人口温饱问题，进一步改善贫困地区的基本生产生活条件，巩固温饱成果，提高贫困人口的生活质量和综合素质，加强贫困乡村的基础设施建设，改善生态环境，逐步改变贫困地区经济、社会、文化的落后状况，为达到小康水平创造条件。

根据这个目标，2001 年至 2010 年扶贫开发的主要任务有三项：一是帮助目前尚未解决温饱问题的贫困人口尽快解决温饱；二是帮助初步解决温饱问题的贫困人口进一步改善生产生活条件，巩固温饱成果，提高生活质量和综合素质；三是加强贫困乡村的基础设施建设，改善生态环境，逐步改变贫困地区社会、经济、文化的落后状态，为达到小康创造条件。

新阶段扶贫开发的基本方针仍然是开发式扶贫方针，这是我国多年扶贫开发最根本的经验，也是制定一切扶贫政策的核心和基础。《纲要》界定开发式扶贫的基本含义是：以经济建设为中心，引导贫困地区群众在国家必要的帮助和扶持下，以市场为导向，调整经济结构，开发当地资源，发展商品生产，改善生产条件，通过发展生产力，增强自我积累、自我发展的能力。这是贫困地区解决温饱、脱贫致富的根本出路。《纲要》强调这是扶贫工作必须长期坚持的基本方针。

同时，《纲要》根据我国全面进入建设小康社会、加快推进现代化建设新阶段的特点，结合多年扶贫开发工作的经验，提出了四条工作原则：

一是坚持综合开发、全面发展。把扶贫开发纳入国民经济和社会发展计划，要加强水利、交通、电力、通讯等基础设施建设，重视科技、教育、卫生、文化事业的发展，改善社区环境，提高生活质量，促进贫困地区经济、社会的协调发展和全面进步。

二是坚持可持续发展。扶贫开发必须与资源保护、生态建设相结合，与计划生育相结合，控制贫困地区人口的过快增长，实现资源、人口和环境的良性循环，提高贫困地区可持续发展的能力。

三是坚持自力更生、艰苦奋斗。充分发挥贫困地区广大干部群众的积极性、创造性，自强不息，不等不靠，苦干实干，主要依靠自身的力量改变贫穷落后面貌。

四是坚持政府主导、全社会共同参与。各级党委和政府要适应发展社会主义市场经济的要求，加强对扶贫开发工作的领导，不断加大工作和投入力度。同时，要发挥社会主义的政治优势，积极动员和组织社会各界，通过多种形式，支持贫困地区的开发建设。

四、新阶段扶贫开发的对象、重点、内容和途径

《中国农村扶贫开发纲要（2001—2010 年）》规定："要把贫困地区尚未解决温饱问题的贫困人口作为扶贫开发的首要对象；同时，继续帮助初步解决温饱问题的贫困人口增加收入，进一步改善生产生活条件，巩固扶贫成果。"这就是新阶段扶贫开发的对象。

扶贫开发的重点。《纲要》规定，按照集中连片的原则，国家把贫困人口集中的中西部少数民族地区、革命老区、边疆地区和特困地区作为扶贫开发的重点，并在上述四类地区确定扶贫开发工作重点县。东部以及中西部其他地区的贫困乡、村，主要由地方政府负责扶持。要重视做好残疾人扶贫工作，把残疾人扶贫纳入扶持范围，统一组织，同步实施。

根据《纲要》的这一规定，为了在上述地区确定扶贫开发工作的重点县（简称重点县），根据"明确责任，覆盖多数，科学测算，相对稳定，省负总责"的原则，由国务院扶贫办首先确定各省重点县的数量和有关规定，然后由各省人民政府确定具体县，报国务院扶贫开发领导小组审核、备案。

重点县数量的确定采用"631 指数法"测定：贫困人口（占全国比例）占60% 权重（其中绝对贫困人口与低收入人口各占 80% 与 20% 比例）；农民人均纯收入较低的县数（占全国比例）占 30% 权重；人均 GDP 低的县数、人均财政收入低的县数占 10% 权重。其中人均低收入以 1300 元为标准，老区、少数民族边疆地区为 1500 元；人均 GDP 以 2700 元为标准；人均财政收入以 120 元为标准。

根据以上原则和方法，在全国中西部 21 个省（区、市）确定了 592 个县（旗、市、区）为国家扶贫开发工作重点县。它们集中在少数民族地区、革命老区、边境地区和特困地区，其中老、少、边县的比例分别由"八七扶贫攻坚计

划"的 18%、43%、6% 上升到 31%、45%、9%。据初步测算，重点县覆盖的贫困人口（625 元）占全国的 61.9%，低收入人口（865 元）占 63.3%。重点县与"八七扶贫攻坚计划"的贫困县相比，新列入的 89 个，原贫困县出列的有 51 个，调整的比例为 9.2%。

《纲要》要求，对扶贫开发的对象和重点，要制定规划，落实任务。各有关省、自治区、直辖市要分别制定本地区的扶贫开发规划。规划要以县为基本单元、以贫困乡村为基础，明确奋斗目标、建设内容、实施措施、帮扶单位和资金来源。制定规划要实事求是、综合设计、因地制宜、分类指导，要统一评估，统一论证，一次批准，分年实施，分期投入，分期分批地解决问题。

中央扶贫资金主要用于扶贫开发工作重点县、用于重点县的贫困乡村，同时对中西部上述四类贫困地区的其他县的贫困乡村也给予适当支持。考虑到东部省份经济发展总体水平相对比较高，东部省份的一些比较贫困的地区主要由省里自己进行扶贫开发。

在县以下，实行整村推进扶贫开发。为促进贫困地区经济社会全面发展，2001 年国家在全国确定了 14.8 万个贫困村，逐村制定包括基本农田、人畜饮水、道路、贫困农户收入、社会事业等内容的扶贫规划，整合各类支农惠农资金和扶贫专项资金，统筹安排，分年度组织实施，力争实现贫困群众增收、基础设施提升、社会公益事业发展、群众生产生活条件改善的目标。截至 2010 年底，已在 12.6 万个贫困村实施整村推进，其中，国家扶贫开发工作重点县中的革命老区、人口较少民族聚居区和边境一线地区贫困村的整村推进已基本完成。[1]

按照《纲要》的规定，新阶段扶贫开发的内容和途径是：

（一）继续把发展种养业作为扶贫开发的重点。

因地制宜发展种养业，是贫困地区增加收入、脱贫致富最有效、最可靠的途径。要集中力量帮助贫困群众发展有特色、有市场的种养业项目。贫困地区发展种养业，要以增加贫困人口的收入为中心，依靠科技进步，着力优化品种、提高质量、增加效益；要以有利于改善生态环境为原则，加强生态环境的保护和建设，实现可持续发展。帮助贫困户发展种养业，一定要按照市场需求，选准产品和项目，搞好信息、技术、销售服务，确保增产增收。要尊重农民的生产经营自主权，注重示范引导，防止强迫命令。

---

[1]《中国农村扶贫开发的新进展》（白皮书），中国政府网 2011 年 11 月 16 日。

（二）积极推进农业产业化经营。

对具有资源优势和市场需求的农产品生产，要按照产业化发展方向，连片规划建设，形成有特色的区域性主导产业。积极发展"公司加农户"和订单农业。引导和鼓励具有市场开拓能力的大中型农产品加工企业，到贫困地区建立原料生产基地，为贫困农户提供产前、产中、产后系列化服务，形成贸工农一体化、产供销一条龙的产业化经营。加强贫困地区农产品批发市场建设，进一步搞活流通，逐步形成规模化、专业化的生产格局。

（三）进一步改善贫困地区的基本生产生活条件。

以贫困乡、村为单位，加强基本农田、基础设施、环境改造和公共服务设施建设。2010 年前，基本解决贫困地区人畜饮水困难，力争做到绝大多数行政村通电、通路、通邮、通电话、通广播电视。做到大多数贫困乡有卫生院、贫困村有卫生室，基本控制贫困地区的主要地方病。确保在贫困地区实现九年义务教育，进一步提高适龄儿童入学率。

（四）加大科技扶贫力度。

在扶贫开发过程中，必须把科学技术的推广和应用作为一项重要内容，不断提高科技扶贫水平。无论是种植业、养殖业、加工业，都必须有先进实用的科学技术作为支持和保证。要充分利用科技资源和科技进步的成果，调动广大科技人员的积极性，鼓励他们到贫困地区创业，加速科技成果转化。要采取更积极的措施鼓励民间科研机构、各类农村合作组织和各类科研组织直接参加项目，在扶贫开发中发挥更重要的作用，并在科学技术推广工作中提高自身的水平，拓展更广阔的发展空间。各有关省、自治区、直辖市政府要安排资金，建立科技扶贫示范基地，注重示范效应，充分发挥科技在扶贫开发中的带动作用。

（五）努力提高贫困地区群众的科技文化素质。

提高群众的综合素质特别是科技文化素质，是增加贫困人口经济收入的重要措施，也是促进贫困地区脱贫致富的根本途径，必须把农民科技文化素质培训作为扶贫开发的重要工作。切实加强基础教育，普遍提高贫困人口受教育的程度。实行农科教结合，普通教育、职业教育、成人教育统筹，有针对性地通过各类职业技术学校和各种不同类型的短期培训，增强农民掌握先进实用技术的能力。反对封建迷信，引导群众自觉移风易俗，革除落后生活习俗，不断发展社会主义精神文明。

（六）积极稳妥地扩大贫困地区劳务输出。

　　加强贫困地区劳动力的职业技能培训，组织和引导劳动力健康有序流动。沿海发达地区和大中城市要按照同等优先的原则，积极吸纳贫困地区劳动力在本地区就业。贫困地区和发达地区可以就劳务输出结成对子，开展劳务协作。输入地和输出地双方政府都有责任保障输出劳动力的合法权益，关心他们的工作、生活，帮助解决实际困难和问题。

（七）稳步推进自愿移民搬迁。

　　对极少数居住在生存条件恶劣、自然资源贫乏地区的特困人口，结合退耕还林还草实行搬迁扶贫。在搞好试点的基础上，制定具体规划，有计划、有组织、分阶段地进行；坚持自愿原则，充分尊重农民意愿，不搞强迫命令；要因地制宜、量力而行、注重实效，采取多种形式，不搞一刀切；注意细致做好搬迁后的各项工作，确保搬得出来、稳得下来、富得起来。经济发达的省市从全局出发，适当增加吸纳和安置来自贫困地区的迁移人口，并作为对口帮扶的一项重要措施来抓。地方各级政府制定鼓励移民搬迁的优惠政策，处理好迁入人口和本地人口的关系，尽快提高迁入人口的收入水平和生活质量。县内的移民搬迁由县政府组织，跨县的由省级政府统一组织。做好迁出地的计划生育和退耕还林还草工作，确保生态环境有明显改善。

（八）鼓励多种所有制经济组织参与扶贫开发。

　　地方各级政府创造政策环境和投资条件，吸引多种所有制经济组织参与贫困地区的经济开发。对于适应市场需要，能够提高产业层次、带动千家万户增加收入的农产品加工企业，能够发挥贫困地区资源优势并改善生态环境的资源开发型企业，能够安排贫困地区剩余劳动力就业的劳动密集型企业，能够帮助贫困群众解决买难、卖难问题的市场流通企业，国家给予必要的政策扶持。

五、加强扶贫开发的政策保障和组织领导

　　按照《中国农村扶贫开发纲要（2001—2010年）》的规定，国家把扶贫开发纳入国民经济和社会发展总体规划，制定和实施有利于农村贫困地区发展的政策措施，把扶贫投入作为公共财政预算安排的优先领域，把贫困地区作为公共财政支持的重点区域，不断加大对贫困地区的扶持力度，切实提高扶贫政策的执行力。

（一）进一步增加财政扶贫资金。

中央财政和省级财政都必须把扶贫开发投入列入年度财政预算，并逐年有所增加。进一步扩大以工代赈规模。针对贫困地区财政困难的实际情况，加大财政转移支付的力度。

2001年，中央扶贫资金总量达到305亿元，比2000年有大幅度增加，其中财政扶贫资金100亿元（含财政安排以工代赈资金40亿元），国债安排以工代赈20亿元，信贷扶贫资金185亿元。此外，全国各地地方投入信贷扶贫资金达到55亿元，财政扶贫资金达到37亿元，利用外资达到37亿元。2002年扶贫资金增加到291亿元。

（二）加强财政扶贫资金的管理，努力提高使用效益。

中央财政扶贫资金主要用于扶贫开发工作重点县，适当支持其他贫困地区。财政扶贫资金（含以工代赈），实行专户管理。资金分配计划每年下达到有关省、自治区、直辖市，由地方根据扶贫开发规划统筹安排使用。中央和地方各级政府投入的财政扶贫资金，必须按照扶贫开发规划下达，落实到贫困乡、村，重点用于改变基本生产生活条件和基础设施建设。

（三）继续安排并增加扶贫贷款。

中国农业银行逐年增加扶贫贷款总量，主要用于重点贫困地区，支持能够带动贫困人口增加收入的种养业、劳动密集型企业、农产品加工企业、市场流通企业以及基础设施建设项目。对各类企业到贫困地区兴办的有助于带动贫困户增加收入的项目，视项目效益给予积极支持。在保障资金安全的前提下，适当放宽贫困地区扶贫贷款项目的条件，根据产业特点和项目具体情况，适当延长贷款期限。积极稳妥地推广扶贫到户的小额信贷，支持贫困农户发展生产。扶贫贷款执行统一优惠利率。优惠利率与基准利率之间的差额由中央财政据实补贴。

（四）密切结合西部大开发，促进贫困地区发展。

中国的西部是贫困人口最集中的地区，实施西部大开发注意与扶贫开发相结合，着力带动贫困地区经济的发展。西部大开发安排的水利、退耕还林、资源开发项目，在同等条件下优先在贫困地区布局。公路建设项目适当向贫困地区延伸，把贫困地区的县城与国道、省道干线连接起来。西部基础设施建设项目，尽量使用贫困地区的劳动力，增加贫困人口的现金收入。

（五）继续开展党政机关定点扶贫工作。

党政机关定点联系、帮助贫困地区，对支持贫困地区的开发建设，解决我国的贫困问题，以及转变机关作风，提高办事效率，密切党群关系，培养锻炼干部都有重要意义。要把这种做法作为一项制度，长期坚持下去。从中央到地方的各级党政机关及企事业单位，都要继续坚持定点联系、帮助贫困地区或贫困乡村。有条件有能力的，要结合干部的培养和锻炼继续选派干部蹲点扶贫，直接帮扶到乡、到村，努力为贫困地区办好事、办实事。

（六）继续做好沿海发达地区对口帮扶西部贫困地区的东西扶贫协作工作。

要认真总结经验，根据扶贫开发规划，进一步扩大协作规模，提高工作水平，增强帮扶力度。对口帮扶双方的政府要积极倡导和组织学校结对帮扶工作；鼓励和引导各种层次、不同形式的民间交流与合作。特别是要注意在互利互惠的基础上，推进企业间的相互合作和共同发展。

（七）进一步弘扬中华民族扶贫济困的优良传统，动员社会各界帮助贫困地区的开发建设。

要充分发挥民主党派和工商联、群众团体、大专院校、科研院所、人民解放军和武警部队等社会各界在扶贫开发中的重要作用。要积极创造条件，引导非政府组织参与和执行政府扶贫开发项目。企业可以通过捐赠资金，与非政府组织合作，共同参与扶贫开发。捐赠资金可以按照国家有关规定在税前列支，计入成本。逐步规范非政府组织开展的扶贫开发活动。欢迎海外、境外的华人、华侨及各种社团组织，通过不同形式，支持贫困地区的开发建设。

（八）发展扶贫开发领域的国际交流与合作。

继续争取国际组织和发达国家援助性扶贫项目。为保证其顺利执行，国家适当增加配套资金比例，对地方财政确有困难的可以全额配套。要根据贫困地区的特点，采取有针对性的措施，加强对外援项目的管理；努力提高外援贷款项目的经济效益，增强还贷能力。通过多种渠道、不同方式争取国际非政府组织对我国扶贫开发的帮助和支持。加强与国际组织在扶贫开发领域里的交流，借鉴国际社会在扶贫开发方面创造的成功经验和行之有效的方式、方法，进一步提高我国扶贫开发的工作水平和整体效益。

在组织领导方面，要求：

（一）切实落实扶贫工作责任制。

坚持省负总责，县抓落实，工作到村，扶贫到户。扶贫开发工作责任在省，关键在县。要继续实行扶贫开发工作责任到省、任务到省、资金到省、权力到省的原则。各有关省、自治区、直辖市的党委和政府都要以高度的责任感和使命感，切实做好扶贫开发工作。扶贫开发工作重点县，必须把扶贫开发作为党委和政府的中心任务，以扶贫开发工作统揽全局，负责把扶贫开发的政策措施真正落实到贫困村、贫困户。要继续实行扶贫工作党政"一把手"负责制，把扶贫开发的效果作为考核这些地方党政主要负责人政绩的重要依据。沿海发达省市的各级党委和政府，也要高度重视扶贫开发工作，积极采取有效措施，帮助当地农村贫困人口增加收入，改善生活。

（二）加强贫困地区干部队伍建设。

切实搞好干部的教育培训工作，提高贫困地区干部组织领导扶贫开发工作的水平。采取挂职锻炼、干部交流等方式，加强贫困地区的干部队伍建设。贫困地区县级领导干部和县以上扶贫部门干部的培训要纳入各级党政干部培训规划，由组织、扶贫和财政等有关部门共同组织实施。

国务院扶贫办与中央组织部、财政部联合制定了《"十五"期间全国贫困地区扶贫开发干部培训规划》，每年对大约2000名贫困地区的各级领导干部进行培训，以不断提高他们的政治业务素质和组织领导水平，保证新世纪扶贫开发工作的顺利进行。

（三）切实加强贫困地区的基层组织建设。

要扎实开展农村"三个代表"重要思想的学习教育活动，按照"五个好"的要求，以贫困村为重点，加强以党支部为核心的基层组织建设，充分发挥基层党组织的战斗堡垒作用。贫困地区的广大基层干部，要坚持党的宗旨，艰苦奋斗，廉洁奉公，改进思想作风和工作作风，不断提高带领群众脱贫致富的能力。加强民主法制建设，加强社会治安综合治理，确保贫困地区社会稳定。

（四）加强扶贫资金审计。

国家审计部门要定期对扶贫资金进行全面严格的审计，防止和杜绝挤占、挪用、贪污，并形成制度，长期坚持。对审计中发现的问题，必须依法严肃处理。

（五）加强扶贫开发统计监测工作。

为及时了解和全面掌握扶贫开发的发展动态，发现和研究新问题，统计部门要认真做好有关信息的采集、整理、反馈和发布。要制定科学规范、符合实际的监测方案，采用多种方法，全面、系统、动态地反映贫困人口收入水平和生活质量的变化，以及贫困地区的经济发展和社会进步情况，为科学决策提供必要的依据。

（六）稳定和加强扶贫开发工作机构。

鉴于扶贫开发的长期性、艰巨性、复杂性以及对外交流的需要，要充实和加强各级扶贫开发的工作机构，稳定人员，改善条件，提高素质，增强扶贫开发的组织领导和协调管理能力。

（七）认真贯彻落实纲要。

国务院有关部门要根据中央的统一要求，把扶贫开发作为本部门的重要工作，结合各自的职责范围，认真贯彻落实本纲要。各相关省、自治区、直辖市人民政府要根据纲要提出的目标和总体要求，把扶贫开发工作纳入本地区国民经济和社会发展计划，统一部署，统筹安排，把具体措施落实到贫困乡村。

六、加大对重点对象的扶贫力度

确定国家扶贫开发工作重点县是中央关于新阶段扶贫开发工作的一大决策。党和国家把收入在扶贫标准以下的人口作为扶贫对象，把贫困人口集中的中西部革命老区、少数民族地区、边疆地区和特困地区作为扶贫开发的重点区域，在这些地区确定了592个国家扶贫开发工作重点县给予重点扶持。

切实加强对国家扶贫开发工作重点县的领导和管理。为了抓好重点县工作，2002年2月，国务院扶贫办制定了《国家扶贫开发工作重点县管理办法》，引进激励机制，建立严格的、经常性的管理监督制度和科学的准入、退出制度，并建立了重点县联系人制度，加强管理和监督。

2004年11月1日至3日，在西安召开的全国扶贫开发工作会议提出，要大力实施"整村推进"扶贫计划，着力改善贫困村的基本生产生活条件和生态环境。

制定和实施参与式扶贫开发规划是促进重点县工作的重要手段，也是搞好新阶段扶贫开发的一项基础性工作。中央和地方各级政府编制专项规划，安排专项资金，集中资源改善这些地区基础设施，发展特色优势产业，完善社会服务体系，增强人口素质。各省（区、市）根据《中国农村扶贫开发纲要（2001—2010年）》精神，分别制定了省、县、村三级扶贫规划。东部以及中西部其他地区的贫困县、乡、村，主要由地方政府负责扶持。规划采用参与式的方法，以贫困村为基础，明确奋斗目标、建设内容、实施措施、帮扶单位和资金来源。14万个贫困村被纳入扶贫规划。在县级规划的基础上形成全省的扶贫开发规划，纳入省（区、市）国民经济和社会总体发展计划，西部地区的扶贫开发规划要与西部大开发的总体部署相衔接。坚持实事求是、综合设计、因地制宜、分类指导，统一评估，统一论证，一次批准，分年实施，分期投入，分期分批地解决问题。

10 年中，中央和地方各级政府不断调整财政支出结构，逐步加大对扶贫的财政投入，财政投入从 2001 年的 127.5 亿元人民币增加到 2010 年的 349.3 亿元人民币，年均增长 11.9%，10 年累计投入 2043.8 亿元人民币。其中中央财政安排的扶贫资金投入，从 100.02 亿元人民币增加到 222.7 亿元人民币，年均增长 9.3%，10 年累计投入 1440.4 亿元人民币。财政扶贫资金分配体现了重点倾斜原则，10 年累计投向国家扶贫开发工作重点县和各省自行确定的扶贫开发工作重点县 1457.2 亿元人民币，占总投入的 71.3%，县均投入 1.36 亿元人民币；10 年共在 22 个省（区、市）安排中央财政扶贫资金 1356.2 亿元人民币，其中西部 12 个省（区、市）877 亿元人民币。[1]

推进产业化扶贫。结合整村推进、连片开发试点和科技扶贫，扶持贫困农户，建设产业化基地，扶持设施农业，发展农村合作经济，推动贫困地区产业开发规模化、集约化和专业化。10 年中，为贫困地区重点培育了马铃薯、经济林果、草地畜牧业、棉花等主导产业。其中，马铃薯产业已经成为贫困地区保障粮食安全、抗旱避灾、脱贫致富的特色优势产业。产业扶贫有效带动贫困农户实现了脱贫致富。

实施以工代赈。以工代赈是从 20 世纪 80 年代开始实施的一项农村扶贫政策，重点用于与贫困地区经济发展和农民脱贫致富相关的农村小型基础设施建设，主要包括县乡村公路、农田水利、人畜饮水、基本农田、草场建设、小流域治理等。2001 年至 2010 年，中央政府累计投入以工代赈资金 550 多亿元人民币，有效改善了贫困地区的生产生活条件。

加强劳动力培训。人力资源开发是提高发展能力的有效手段。2004 年以来，中央政府累计安排财政扶贫资金 30 亿元人民币，实施以劳动力转移为主要内容的"雨露计划"，对贫困家庭劳动力开展务工技能和农业实用技术培训。到 2010 年，培训贫困家庭劳动力超过 400 万人次，其中 80% 以上实现转移就业。抽样调查显示，接受培训的劳动力比没有接受培训的劳动力月工资可提高 300—400

---

[1]《中国农村扶贫开发的新进展》（白皮书），中国政府网 2011 年 11 月 16 日。

元人民币。劳动力培训在帮助贫困地区劳动力实现就业和增加收入的同时，也使他们学到新技术，接触新观念，开阔了视野，增强了信心。从 2010 年开始，国家以促进就业为导向，开展了对贫困家庭的初高中毕业生参加职业教育给予直接补助的工作试点。

通过教育开展扶贫。2005 年 12 月 24 日，国务院发出《关于深化农村义务教育经费保障机制改革的通知》，提出从 2006 年开始，全部免除西部地区农村义务教育阶段学生学杂费，2007 年扩大到中部和东部地区；对贫困家庭学生免费提供教科书并补助寄宿生生活费。2008 年 7 月 30 日，国务院常务会议决定，从 2008 年秋季学期开始，在全国范围内全部免除城市义务教育阶段学生学杂费。

10 年来，国家大力发展教育，使大批农村家庭经济困难学生通过接受职业教育掌握了就业技能，在城镇稳定就业，帮助家庭摆脱或缓解了贫困现象。2001 年至 2010 年，全国中等职业学校毕业学生 4289 万人，其中大部分毕业生来自农村家庭和城市经济困难家庭。不断健全义务教育、高中阶段教育和高等学校家庭经济困难学生资助体系，减轻困难学生家庭经济负担。建设移民学校，推动生态移民。

实施易地扶贫搬迁。在坚持群众自愿的前提下，对居住在生存条件恶劣、自然资源贫乏地区的贫困人口实行易地扶贫搬迁，是改善他们生存环境和发展条件的重要途径。截至 2010 年，中国政府对 770 余万贫困人口实行了扶贫搬迁，有效改善了这些群众的居住、交通、用电等生活条件。在推进工业化、城镇化的进程中，一些贫困地区把扶贫搬迁与县城、中心镇、工业园区建设和退耕还林还草、生态移民、撤乡并镇、防灾避灾等项目相结合，在促进贫困农民转移就业的同时，改善了这些群众获得公共服务的条件。

开展金融扶贫。资金短缺一直是制约贫困人口生存和发展的重要因素。从 2006 年开始，国家在全国 1.36 万个贫困村开展了贫困村互助资金试点，每个试点村安排财政扶贫资金 15 万元人民币，按照"民有、民用、民管、民享、周转使用、滚动发展"的方式支持村民发展生产，建立起财政扶贫资金使用长效机制。开展扶贫贷款财政贴息改革，引导和撬动金融机构扩大贴息贷款投放规模，从 2001 年至 2010 年，中央财政累计安排扶贫贷款财政贴息资金 54.15 亿元人民币、发放扶贫贷款近 2000 亿元人民币。特别是 2008 年国家对扶贫贷款管理体制进行全面改革，通过引入市场竞争机制、扩大扶贫贷款机构经营权限、下放贴息资金管理权限等，进一步调动了地方和金融机构开展扶贫开发的积极性，有效改善了贫困群众贷款难问题。

开展特殊地区扶贫试点。为了解决制约贫困地区发展的突出问题，中国政府在一些特殊类型的困难地区开展了符合当地特点的扶贫开发工作。在广西壮族自治区的东兰县、巴马县、凤山县，集中力量开展了解决基础设施建设的大会战。在四川省阿坝藏族羌族自治州，开展了扶贫开发与综合防治大骨节病相结合的试点。在贵州省晴隆县开展了石漠化地区的扶贫开发与生态环境建设相结合的试点。在新疆维吾尔自治区阿合奇县开展了边境扶贫的试点。对云南省的布朗族及瑶族山瑶支系开展全面扶贫。在汶川、玉树地震灾区，把贫困地区的防灾减灾与灾后恢复重建有机结合，全面推进灾后恢复重建。通过这些试点，为因地制宜做好扶贫开发工作探索了道路，积累了经验。

七、组织开展行业扶贫

贫困问题是历史、经济、地理、自然等诸多因素综合影响的结果。党和国家从贫困地区实际情况出发，坚持综合治理原则，发挥政府各相关部门优势，积极开展行业扶贫工作。

推广农业技术。围绕贫困地区特色优势产业，采用科技承包、技物结合、典型示范等方式，推广各类先进实用技术，提高种养业生产效率。以农村青壮年劳动力为重点对象，大规模培养种植养殖能手、致富带头人、农牧民技术员、手工艺制作人才和农业产业化急需的企业经营管理人员、农民合作组织带头人和农村经纪人。

改善贫困地区交通条件。积极推进乡（镇）和建制村通沥青（水泥）路建设，满足贫困群众的基本出行需求。加强农村公路危桥改造和安保工程建设，改善农村公路网络状况，提高农村公路安全水平和整体服务能力。推进乡镇客运站建设，加强口岸公路、红色旅游公路建设，支持重要水运通道和便民内河水运设施建设。

加强贫困地区水利建设。着力解决贫困地区农村人畜饮水困难问题，积极推进农村饮水安全工程建设。推进灌区续建配套与节水改造，因地制宜开展小水窖、小水池、小塘坝、小泵站、小水渠等"五小水利"工程建设。在有条件的地区，实施跨区域水资源调配工程，解决贫困地区干旱缺水问题。加强防洪工程建设，加快病险水库除险加固、中小河流治理和水毁灾毁水利工程修复。加强水源保护及水污染防治。

解决无电人口用电问题。组织实施一、二期农村电网改造工程，中西部地区农网完善工程，户户通电工程，无电地区电力建设工程，新一轮农网改造升级工程和新农村电气化建设工程，提高农村电网供电可靠性和供电能力。因地制宜发展太阳能和风力发电，解决不通电行政村、自然村用电问题。推进水电新农村电气化县建设。加强可再生能源技术服务体系建设，继续推进沼气、节能灶、小水电代燃料等农村生态能源建设。

开展农村危房改造。2008 年起，以解决农村困难群众基本住房安全问题为目标，组织开展了农村危房改造试点。到 2010 年，国家累计安排补助资金 117 亿元人民币，支持 203.4 万贫困农户开展危房改造。2010 年，已覆盖全国陆地边境县、西部地区县、国家扶贫开发工作重点县、国务院确定享受西部大开发政策的县和新疆生产建设兵团团场。

开展科技扶贫。组织大专院校、科研院所作为依托单位，派遣有实践经验的专家和中青年知识分子组成科技开发团，并向扶贫开发工作重点县派驻科技副县长，帮助研究和制定科技扶贫规划，筛选科技开发项目、引进先进实用技术、组织技术培训，解决产业发展中的关键技术问题，提高贫困地区产业开发的技术水平。在贫困地区推进科技特派员农村科技创业行动，鼓励科技人员与农民结成利益共同体，开展创业和服务，引导科技、信息、资本、管理等现代生产要素向贫困地区集聚，促进当地经济社会发展和农民增收致富。

1999 年以后，国务院扶贫办与财政部联合设立了科技扶贫专项，选择部分重点县（贫困县），进行改革和完善科技扶贫管理体制和运行机制、加快科技成果在贫困地区的推广和应用的试验，努力探索贫困地区运用科技解决温饱、发展经济的新路子。同时，各省（区、市）在扶贫规划的制定和扶贫项目的选择中，更加注重科学技术的作用。

发展贫困地区社会事业。建立健全农村义务教育经费保障机制，加大对家庭经济困难学生资助力度，减轻贫困地区教育负担。实施中西部农村初中校舍改造工程、全国中小学校舍安全工程和农村义务教育薄弱学校改造计划，加强宿舍、食堂和必要的基础设施建设，改善办学条件。实施农村中小学现代远程教育工程，促进城乡和地区之间优质教育资源共享。

加强农村三级医疗卫生服务体系建设，加强国家扶贫开发工作重点县乡镇卫生院、村卫生室建设。组织实施农村订单定向医学生免费培养项目，重点为乡镇卫生院及以下的医疗卫生机构培养卫生人才。加大培养合格乡村医生和接生员的力度，鼓励医疗卫生专业的大学毕业生到乡镇卫生院工作。进一步加大政府对参加新型农村合作医疗费用的资助力度。建立健全人口和计划生育服务体系。全面实行农村计划生育家庭奖励扶助制度，加快推进西部地区计划生育"少生快富"工程。

加强农村公共文化服务体系建设，着力建设乡镇综合文化站，组织开展全国文化信息资源共享工程、送书下乡工程，开展广播电视"村村通"工程、农村电影放映工程、"农家书屋"工程。

加强贫困地区生态建设。巩固退耕还林成果，完善补助政策，延长补助期限。实施退牧还草工程，采取封山育草、禁牧等措施，保护天然草原植被。在西藏等地开展草原生态奖励补助试点。组织实施京津风沙源治理工程，在项目区大力发展生态特色产业，实现生态建设与经济发展有机结合。实施岩溶地区石漠化综合治理工程，通过封山育林育草、人工植树种草、发展草食畜牧业、坡改梯、小型水利水保工程，实现石漠化综合治理与产业发展、扶贫开发结合。实施三江源生态保护和建设工程，通过退耕还草、生态移民、鼠害防治、人工增雨等措施，加强长江、黄河和澜沧江发源地的生态保护。加快完善生态补偿机制，加大天然林保护、湿地保护与恢复、野生动植物保护和自然保护区建设力度，维护生物多样性。

国家把对少数民族、妇女、残疾人的扶贫开发纳入规划，统一组织，同步实施，同等条件下优先安排，加大支持力度。2005年5月31日，中共中央、国务院作出《关于进一步加强民族工作加快少数民族和民族地区经济社会发展的决定》。2008年3月28日，中共中央、国务院印发了《关于促进残疾人事业发展的意见》。

组织实施兴边富民专项行动，支持边境地区加快经济社会发展，帮助边境群众增收致富，扶持范围覆盖全国所有陆地边境县和新疆生产建设兵团边境团场，2000年至2010年共投入兴边富民资金22.1亿元人民币。

对全国人口在10万人以下的22个人口较少民族实行专项扶持，编制并实施《扶持人口较少民族发展规划（2005—2010年）》，对人口较少民族及其聚居区投入各项扶持资金37.51亿元人民币，集中力量帮助这些民族加快发展步伐。

组织实施《中国妇女发展纲要（2001—2010年）》，把缓解妇女贫困程度、减少贫困妇女数量放在优先位置，加大对贫困妇女扶持力度，帮助、支持贫困妇女实施扶贫项目，鼓励、支持以妇女为主的扶贫经济实体的发展。2009 年以来，还组织实施了小额担保贴息贷款项目，截至 2011 年 7 月底，累计发放贷款 409.93 亿元人民币，其中农村妇女获得贷款 259.23 亿元人民币，使贫困妇女成为扶贫资源的获得者和扶贫成果的直接受益者。

组织实施《农村残疾人扶贫开发计划（2001—2010 年）》，因地制宜选择符合残疾人特点的扶贫项目和方式，着力解决贫困残疾人温饱问题，缩小残疾人生活水平与社会平均水平的差距。

八、广泛开展社会扶贫

扶贫济困是中华民族的传统美德。中国政府始终注重发扬这一优良传统，组织和动员社会力量积极参与扶贫开发，共同推进减贫事业发展。

为加大对革命老区、民族地区、边疆地区、贫困地区发展的扶持力度，国家大力开展定点扶贫工作。国家确定的定点帮扶单位主要包括中央和国家机关各部门各单位、人民团体、参照公务员法管理的事业单位、国有大型骨干企业、国有控股金融机构、各民主党派中央及全国工商联、国家重点科研院校等，定点帮扶对象为国家扶贫开发工作重点县。

2001 年，国务院重新部署新一轮中央国家机关定点扶贫工作，参与此项工作的单位由原来的 138 个增加到 272 个，受到帮扶的国家扶贫开发工作重点县达到 481 个，占重点县总数的 80% 以上。

多年来，定点帮扶单位采取干部挂职、基础设施建设、产业化扶贫、劳务培训和输出、文化教育扶贫、科技扶贫、引资扶贫、生态建设扶贫、医疗卫生扶贫、救灾送温暖等多样化措施开展定点帮扶。

从 2002 年至 2010 年，定点帮扶单位派出挂职干部 3559 人次，直接投入资金（含物资折款）90.9 亿元人民币，帮助引进资金 339.1 亿元人民币，培训各类人员 168.4 万人次。中国各民主党派中央及全国工商联，积极发挥各自人力资源、资金动员、信息知识等方面的优势，与贫困地区建立结对帮扶机制，有效开展扶贫工作。

各民主党派中央、全国工商联定点扶贫地区有：民革中央—贵州纳雍；民盟中央—河北广宗；民建中央—河北丰宁；民进中央—贵州安龙；农工党中央—

贵州大方；致公党中央—重庆酉阳；九三学社中央—四川旺苍；台盟中央—贵州赫章；全国工商联—贵州织金。

东部发达省市与西部贫困地区结对开展扶贫协作，是国家为实现共同富裕目标作出的一项制度性安排。自 1996 年开始，中国政府作出部署，安排东部 15 个经济较发达省、市与西部 11 个省（区、市）开展东西扶贫协作工作。东西扶贫协作形式多样，形成了政府援助、企业合作、社会帮扶、人才支持为主的基本工作框架。从 2003 年到 2010 年，东部到西部挂职的干部 2592 人次，西部到东部挂职的干部 3610 人次；东部地区向西部地区提供政府援助资金 44.4 亿元人民币、协作企业 5684 个，实际投资 2497.6 亿元人民币、社会捐助 14.2 亿元人民币，培训专业技术人才 22.6 万人次、组织劳务输出 467.2 万人次。

2010 年 6 月，对原来的东西扶贫协作结对关系进行了部分调整，其中，山东省帮扶重庆市，福建省厦门市帮扶甘肃省临夏回族自治州，广东省珠海市帮扶四川省凉山彝族自治州。

军队和武警部队是中国社会扶贫的一支重要力量。2001 年至 2010 年，军队和武警部队根据国家和驻地扶贫开发总体规划，发挥优势，主动作为，积极参与实施定点扶贫和整村推进扶贫，支援农田水利、乡村道路、小流域治理等农业农村基础设施建设，开展捐资助学、科技服务和医疗帮扶等活动。

2001 年至 2010 年，军队和武警部队在全国 47 个扶贫开发工作重点县、215 个贫困乡镇、1470 个贫困村开展定点扶贫；建立扶贫联系点 2.6 万个、支援新农村建设联系点 2500 多个；帮助 210 万多名贫困群众摆脱贫困。支援农田水利、乡村道路、小流域治理等小型工程建设 10 万多个。为群众找水打井 1119 眼，植树造林 3561 万多亩。建立科技示范点 240 多个，扶持发展当地优势特色产业 7.3 万多项，开展劳动技能和劳动力转移培训 600 多万人次。援建中小学校 1600 多所；资助贫困学生 21 万多名。对口帮扶西部地区扶贫开发工作重点县县级医院 130 所；帮助乡镇（村）卫生院（室）1283 所；培训和帮带医护人员 8.5 万多名，捐赠医疗设备 5900 多台（件）；为贫困群众义务巡诊治病 6100 多万人次。

各类人民团体、社会组织、民营企业和广大公众积极参与扶贫开发，针对特殊困难地区和群众脱贫致富的要求，通过定点帮扶、结对帮扶、实施专项扶贫工程、参与具体扶贫活动等多种形式，支持产业发展，援建基础设施，发展教育卫生，改善生产生活条件，开展生态环境建设。各类组织有效动员有专业技术且致力于扶贫等公益事业的有识之士，积极开展帮助贫困群众脱贫致富的志愿者活动。民营企业积极履行社会责任，通过捐助资金、招聘劳力、建立产业和培训基地等多种方式参与扶贫开发。

人民团体、社会组织实施的扶贫工程有：共青团中央——大学生志愿服务西部计划暨中国青年志愿者研究生支教团；全国妇联——母亲水窖、春蕾计划；中国残联——农村贫困残疾人危房改造项目；中国青少年基金会——希望工程；中国人口福利基金会——幸福工程；中国扶贫基金会——小额信贷、新长城自强项目、爱心包裹；中国扶贫开发协会——山西长治治水项目；中国光彩事业促进会——光彩扶贫工程。

《中国农村扶贫开发纲要（2001—2010年）》第一次提出要积极创造条件，引导非政府组织参与和执行政府扶贫开发项目，并根据国家有关规定，制定优惠政策，鼓励企业通过捐赠资金，与非政府组织合作，共同参与扶贫开发。

九、《中国农村扶贫开发纲要（2011—2020年）》的制定

自 2001 年颁布《中国农村扶贫开发纲要（2001—2010年）》10 年来，我国扶贫开发各项工作扎实推动，进展顺利。扶贫开发取得新的成就。农村贫困人口大幅减少，收入水平稳步提高，贫困地区基础设施明显改善，社会事业不断进步，最低生活保障制度全面建立，农村居民生存和温饱问题基本解决，探索出一条中国特色扶贫开发道路。

贫困人口大幅度减少，贫困发生率从 10.2% 减少到 3.8%；重点县农民人均纯收入年均实际递增 7.6%，略高于全国农村的平均增长水平，基础设施社会事业全面加强，县域经济较快发展。

"十一五"时期减贫形势是改革开放以来最好的时期之一。贫困人口从 6431 万减少到 2688 万，5 年减少 3743 万。重点县农民人均纯收入从 1723 元增加到 3273 元，年均增长 10.28%，比全国平均水平高了 0.95 个百分点，扭转了"十五"期间低于全国平均水平的状况。

其中，重点县新增基本农田、新建及改扩建公路里程、新增教育卫生用房大幅增加；安全饮用水农户比重，通公路、通电、通电话、通广播电视自然村比例显著提高。

《纲要》实施之初，全国共确定 15 万个贫困村，全面改善贫困地区生产、

生活和发展条件。到 2010 年，已经完成 12 万个贫困村的整村推进计划：对居住在生存条件恶劣、自然资源贫乏地区的贫困群众，实行易地搬迁扶贫，补贴建设住宅，提供各类生产、生活和发展条件。

但是，党和国家清醒地认识到，虽然中国的综合国力有了显著增强，但中国仍然是一个人均收入水平较低的发展中国家，缩小城乡、区域、贫富的差距始终是国家发展面临的重大挑战。制约中国贫困地区发展的深层次矛盾依然存在，诸如扶贫对象规模大、相对贫困问题凸显、返贫现象时有发生、集中连片特殊困难地区发展相对滞后。扶贫开发是中国政府一项长期而艰巨的任务。

在《中国农村扶贫开发纲要（2001—2010 年）》就要实现和结束之际，如何规划和开始下一个 10 年的扶贫开发工作，成为党和国家必须考虑的一个重要问题。

2010 年 10 月 18 日，党的十七届五中全会通过《中共中央关于制定国民经济和社会发展第十二个五年规划的建议》。2011 年 3 月 14 日，十一届全国人大四次会议批准《中华人民共和国国民经济和社会发展第十二个五年规划纲要》。

党的十七届五中全会通过的《建议》，在着眼"十二五"发展大局的同时，对农村建设和发展也作出了部署，强调："在工业化、城镇化深入发展中同步推进农业现代化，是'十二五'时期的一项重大任务，必须坚持把解决好农业、农村、农民问题作为全党工作重中之重，统筹城乡发展，坚持工业反哺农业、城市支持农村和多予少取放活方针，加大强农惠农力度，夯实农业农村发展基础，提高农业现代化水平和农民生活水平，建设农民幸福生活的美好家园。"[1]《建议》要求："深入推进开发式扶贫，逐步提高扶贫标准，加大扶贫投入，加快解决集中连片特殊困难地区的贫困问题，有序开展移民扶贫，实现农村低保制度与扶贫开发政策有效衔接。"[2]

2011 年 5 月 27 日，中共中央、国务院印发《中国农村扶贫开发纲要（2011—2020 年）》（简称新《纲要》）。在这之前，中共中央政治局召开会议，研究扶贫开发工作面临的形势和任务，审议《中国农村扶贫开发纲要（2011—2020）》。会议充分肯定了 10 年来扶贫开发工作取得的重大成就，同时指出，在新的历史起点上，要坚持科学发展观，把扶贫开发放在更加突出的位置，全面

---

[1] 中共中央文献研究室编：《十七大以来重要文献选编》（中），中央文献出版社 2009 年版，第 978—979 页。

[2] 同上书，第 980 页。

实施《中国农村扶贫开发纲要（2011—2020年）》，把巩固温饱成果、加快脱贫致富、改善生态环境、提高发展能力、缩小发展差距作为新的政策目标，大力推进扶贫开发事业的深入发展。

新《纲要》充分肯定，改革开放以来，我国大力推进扶贫开发，特别是随着《国家八七扶贫攻坚计划（1994—2000年）》和《中国农村扶贫开发纲要（2001—2010年）》的实施，扶贫事业取得了巨大成就。农村居民生存和温饱问题基本解决，探索出一条中国特色扶贫开发道路，为促进我国经济发展、政治稳定、民族团结、边疆巩固、社会和谐发挥了重要作用，为推动全球减贫事业发展作出了重大贡献。

同时，新《纲要》强调，扶贫开发事关巩固党的执政基础，事关国家长治久安，事关社会主义现代化大局。扶贫开发是长期历史任务。必须以更大的决心、更强的力度、更有效的举措，打好新一轮扶贫开发攻坚战，确保全国人民共同实现全面小康。

新《纲要》明确宣布：我国扶贫开发已经从以解决温饱为主要任务的阶段转入巩固温饱成果、加快脱贫致富、改善生态环境、提高发展能力、缩小发展差距的新阶段。

新的10年扶贫开发的指导思想是：高举中国特色社会主义伟大旗帜，以邓小平理论和"三个代表"重要思想为指导，深入贯彻落实科学发展观，提高扶贫标准，加大投入力度，把连片特困地区作为主战场，把稳定解决扶贫对象温饱、尽快实现脱贫致富作为首要任务，坚持政府主导，坚持统筹发展，更加注重转变经济发展方式，更加注重增强扶贫对象自我发展能力，更加注重基本公共服务均等化，更加注重解决制约发展的突出问题，努力推动贫困地区经济社会更好更快发展。

新的10年扶贫开发的工作方针是：坚持开发式扶贫方针，实行扶贫开发和农村最低生活保障制度有效衔接。把扶贫开发作为脱贫致富的主要途径，鼓励和帮助有劳动能力的扶贫对象通过自身努力摆脱贫困；把社会保障作为解决温饱问题的基本手段，逐步完善社会保障体系。

总结历史的经验，新《纲要》把扶贫开发的基本原则概括为7条，对上一个《纲要》的4条，不仅内容作了适当的调整，而且内容进一步增加和丰富了。

——政府主导，分级负责。各级政府对本行政区域内扶贫开发工作负总责，把扶贫开发纳入经济社会发展战略及总体规划。实行扶贫开发目标责任制和考核评价制度。

——突出重点，分类指导。中央重点支持连片特困地区。加大对革命老区、民族地区、边疆地区扶持力度。根据不同地区经济社会发展水平，因地制宜制定扶贫政策，实行有差异的扶持措施。

——部门协作，合力推进。各相关部门要根据国家扶贫开发战略部署，结合各自职能，在制定政策、编制规划、分配资金、安排项目时向贫困地区倾斜，形成扶贫开发合力。

——自力更生，艰苦奋斗。加强引导，更新观念，充分发挥贫困地区、扶贫对象的主动性和创造性，尊重扶贫对象的主体地位，提高其自我管理水平和发展能力，立足自身实现脱贫致富。

——社会帮扶，共同致富。广泛动员社会各界参与扶贫开发，完善机制，拓展领域，注重实效，提高水平。强化政策措施，鼓励先富帮后富，实现共同富裕。

——统筹兼顾，科学发展。坚持扶贫开发与推进城镇化、建设社会主义新农村相结合，与生态建设、环境保护相结合，充分发挥贫困地区资源优势，发展环境友好型产业，增强防灾减灾能力，提倡健康科学生活方式，促进经济社会发展与人口资源环境相协调。

——改革创新，扩大开放。适应社会主义市场经济要求，创新扶贫工作机制。扩大对内对外开放，共享减贫经验和资源。继续办好扶贫改革试验区，积极探索开放式扶贫新途径。[1]

为了总结我国扶贫开发工作取得的成就和经验，分析当前和今后一个时期扶贫开发形势和任务，全面部署新《纲要》贯彻落实工作，动员全党全社会力量，坚决打好新一轮扶贫开发攻坚战，2011年11月29日，中央召开扶贫开发工作会议。中央政治局常委全部出席，胡锦涛发表重要讲话，指出这次中央扶贫开发工作会议，是在"十二五"时期顺利开局、全面建设小康社会进入关键时期召开的一次重要会议。

胡锦涛指出，中央颁发的《中国农村扶贫开发纲要（2011—2020年）》对新阶段扶贫开发工作作出全面部署，中央明确了新的国家扶贫标准，各级党委和政府要抓紧行动、抓紧落实，突出工作重点，解决关键问题，确保不断取得阶

---

[1] 参见中共中央文献研究室编：《十七大以来重要文献选编》（下），中央文献出版社2011年版，第355—358页。

段性突破和进展。要着力推进集中连片特殊困难地区扶贫攻坚，着力巩固和发展专项扶贫、行业扶贫、社会扶贫大扶贫格局，着力完善扶贫开发政策保障体系，着力加强扶贫开发国际交流合作。[1]

温家宝在讲话中指出，在长期实践中，特别是近10年来，我们不断完善国家扶贫战略和政策体系，成功走出了一条以经济发展为带动力量、以增强扶贫对象自我发展能力为根本途径，政府主导、社会帮扶与农民主体作用相结合，普惠性政策与特惠性政策相配套，扶贫开发与社会保障相衔接的中国特色扶贫开发道路。我们坚持统筹城乡经济社会发展，实行工业反哺农业、城市支持农村和多予少取放活方针，全面取消农业税，实行多种农业补贴，加强农村基础设施建设，不断增加对贫困地区的财政转移支付和专项扶贫资金。中央和地方财政安排的扶贫资金，从2001年的127.5亿元，增加到2010年的349.3亿元，10年累计达到2043.8亿元。10年来，592个国家扶贫工作重点县农民人均纯收入年均增长幅度超过全国平均水平。温家宝强调，要顺应经济社会发展和扶贫开发的阶段性变化，不断完善扶贫开发政策。

十、全面确定到 2020 年的目标任务

为了有力地推动2011年到2020年扶贫开发的历史任务，确保2020年小康社会和扶贫脱贫总目标的实现，《中国农村扶贫开发纲要（2011—2020年）》比此前任何文件任何会议都更为全面、更为系统地提出了到2015年和2020年扶贫开发的目标任务。

新《纲要》明确提出未来10年扶贫开发的总体目标是：到2020年，稳定实现扶贫对象不愁吃、不愁穿，保障其义务教育、基本医疗和住房。贫困地区农民人均纯收入增长幅度高于全国平均水平，基本公共服务主要领域指标接近全国平均水平，扭转发展差距扩大趋势。

其内容主要是4个方面：一是"两不愁""三保障"；二是贫困地区农民人均纯收入增长幅度高于全国平均水平；三是基本公共服务主要领域指标接近全国平均水平；四是扭转发展差距扩大趋势。这每个方面都是扎扎实实的硬指标，是可以用数字来精确衡量的。这样的总目标，既鼓舞人心，又十分艰巨。

---

[1] 参见中共中央文献研究室编：《十七大以来重要文献选编》（下），中央文献出版社2011年版，第634—643页。

为了实现这样的总目标,新《纲要》规定了一系列主要任务:

——基本农田和农田水利。到 2015 年,贫困地区基本农田和农田水利设施有较大改善,保障人均基本口粮田。到 2020 年,农田基础设施建设水平明显提高。

——特色优势产业。到 2015 年,力争实现 1 户 1 项增收项目。到 2020 年,初步构建特色支柱产业体系。

——饮水安全。到 2015 年,贫困地区农村饮水安全问题基本得到解决。到 2020 年,农村饮水安全保障程度和自来水普及率进一步提高。

——生产生活用电。到 2015 年,全面解决贫困地区无电行政村用电问题,大幅度减少西部偏远地区和民族地区无电人口数量。到 2020 年,全面解决无电人口用电问题。

——交通。到 2015 年,提高贫困地区县城通二级及以上高等级公路比例,除西藏外,西部地区 80% 的建制村通沥青(水泥)路,稳步提高贫困地区农村客运班车通达率。到 2020 年,实现具备条件的建制村通沥青(水泥)路,推进村庄内道路硬化,实现村村通班车,全面提高农村公路服务水平和防灾抗灾能力。

——农村危房改造。到 2015 年,完成农村困难家庭危房改造 800 万户。到 2020 年,贫困地区群众的居住条件得到显著改善。

——教育。到 2015 年,贫困地区学前三年教育毛入园率有较大提高;巩固提高九年义务教育水平;高中阶段教育毛入学率达到 80%;保持普通高中和中等职业学校招生规模大体相当;提高农村实用技术和劳动力转移培训水平;扫除青壮年文盲。到 2020 年,基本普及学前教育,义务教育水平进一步提高,普及高中阶段教育,加快发展远程继续教育和社区教育。

——医疗卫生。到 2015 年,贫困地区县、乡、村三级医疗卫生服务网基本健全,县级医院的能力和水平明显提高,每个乡镇有 1 所政府举办的卫生院,每个行政村有卫生室;新型农村合作医疗参合率稳定在 90% 以上,门诊统筹全覆盖基本实现;逐步提高儿童重大疾病的保障水平,重大传染病和地方病得到有效控制;每个乡镇卫生院有 1 名全科医生。到 2020 年,贫困地区群众获得公共卫生和基本医疗服务更加均等。

——公共文化。到 2015 年,基本建立广播影视公共服务体系,实现已通电20 户以下自然村广播电视全覆盖,基本实现广播电视户户通,力争实现每个县拥有 1 家数字电影院，每个行政村每月放映 1 场数字电影；行政村基本通宽带，自然村和交通沿线通信信号基本覆盖。到 2020 年，健全完善广播影视公共服务体系，全面实现广播电视户户通；自然村基本实现通宽带；健全农村公共文化服务体系，基本实现每个国家扶贫开发工作重点县（以下简称重点县）有图书馆、文化馆，乡镇有综合文化站，行政村有文化活动室。以公共文化建设促进农村廉政文化建设。

——社会保障。到 2015 年，农村最低生活保障制度、五保供养制度和临时救助制度进一步完善，实现新型农村社会养老保险制度全覆盖。到 2020 年，农村社会保障和服务水平进一步提升。

——人口和计划生育。到 2015 年，力争重点县人口自然增长率控制在 8‰ 以内，妇女总和生育率在 1.8 左右。到 2020 年，重点县低生育水平持续稳定，逐步实现人口均衡发展。

——林业和生态。到 2015 年，贫困地区森林覆盖率比 2010 年底增加 1.5 个百分点。到 2020 年，森林覆盖率比 2010 年底增加 3.5 个百分点。[1]

为了确保这些目标任务的实现，新《纲要》提出了一系列政策保障。

（一）政策体系。

完善有利于贫困地区、扶贫对象的扶贫战略和政策体系。发挥专项扶贫、行业扶贫和社会扶贫的综合效益。实现开发扶贫与社会保障的有机结合。对扶贫工作可能产生较大影响的重大政策和项目，要进行贫困影响评估。

（二）财税支持。

中央和地方财政逐步增加扶贫开发投入。中央财政扶贫资金的新增部分主要用于连片特困地区。加大中央和省级财政对贫困地区的一般性转移支付力度。加大中央集中彩票公益金支持扶贫开发事业的力度。对贫困地区属于国家鼓励发展的内外资投资项目和中西部地区外商投资优势产业项目，进口国内不能生产的自用设备，以及按照合同随设备进口的技术及配件、备件，在规定范围内免征关税。企业用于扶贫事业的捐赠，符合税法规定条件的，可按规定在所得税税前扣除。

（三）投资倾斜。

加大贫困地区基础设施建设、生态环境和民生工程等投入力度，加大村级

---

[1]　参见中共中央文献研究室编:《十七大以来重要文献选编》(下)，中央文献出版社 2011 年版，第 358—360 页。

公路建设、农业综合开发、土地整治、小流域与水土流失治理、农村水电建设等支持力度。国家在贫困地区安排的病险水库除险加固、生态建设、农村饮水安全、大中型灌区配套改造等公益性建设项目，取消县以下（含县）以及西部地区连片特困地区配套资金。各级政府都要加大对连片特困地区的投资支持力度。

（四）金融服务。

继续完善国家扶贫贴息贷款政策。积极推动贫困地区金融产品和服务方式创新，鼓励开展小额信用贷款，努力满足扶贫对象发展生产的资金需求。继续实施残疾人康复扶贫贷款项目。尽快实现贫困地区金融机构空白乡镇的金融服务全覆盖。引导民间借贷规范发展，多方面拓宽贫困地区融资渠道。鼓励和支持贫困地区县域法人金融机构将新增可贷资金70%以上留在当地使用。积极发展农村保险事业，鼓励保险机构在贫困地区建立基层服务网点。完善中央财政农业保险保费补贴政策。针对贫困地区特色主导产业，鼓励地方发展特色农业保险。加强贫困地区农村信用体系建设。

（五）产业扶持。

落实国家西部大开发各项产业政策。国家大型项目、重点工程和新兴产业要优先向符合条件的贫困地区安排。引导劳动密集型产业向贫困地区转移。加强贫困地区市场建设。支持贫困地区资源合理开发利用，完善特色优势产业支持政策。

（六）土地使用。

按照国家耕地保护和农村土地利用管理有关制度规定，新增建设用地指标要优先满足贫困地区易地扶贫搬迁建房需求，合理安排小城镇和产业聚集区建设用地。加大土地整治力度，在项目安排上，向有条件的重点县倾斜。在保护生态环境的前提下支持贫困地区合理有序开发利用矿产资源。

（七）生态建设。

在贫困地区继续实施退耕还林、退牧还草、水土保持、天然林保护、防护林体系建设和石漠化、荒漠化治理等重点生态修复工程。建立生态补偿机制，并重点向贫困地区倾斜。加大重点生态功能区生态补偿力度。重视贫困地区的生物多样性保护。

（八）人才保障。

组织教育、科技、文化、卫生等行业人员和志愿者到贫困地区服务。制定大专院校、科研院所、医疗机构为贫困地区培养人才的鼓励政策。引导大中专毕业生到贫困地区就业创业。对长期在贫困地区工作的干部要制定鼓励政策，对各类专业技术人员在职务、职称等方面实行倾斜政策，对定点扶贫和东西部扶贫协作挂职干部要关心爱护，妥善安排他们的工作、生活，充分发挥他们的作用。发挥创业人才在扶贫开发中的作用。加大贫困地区干部和农村实用人才的培训力度。

（九）重点群体。

把对少数民族、妇女儿童和残疾人的扶贫开发纳入规划，统一组织，同步实施，同等条件下优先安排，加大支持力度。继续开展兴边富民行动，帮助人口较少民族脱贫致富。推动贫困家庭妇女积极参与全国妇女"双学双比"活动，关注留守妇女和儿童的贫困问题。制定实施《农村残疾人扶贫开发纲要（2011—2020年）》，提高农村残疾人生存和发展能力。

胡锦涛在中央扶贫开发工作会议上强调，新阶段扶贫开发任务艰巨、时间紧迫，必须加强领导、真抓实干，切实把中央决策部署落到实处。各级党委和政府要高度重视扶贫开发工作，把扶贫开发工作列入重要议事日程，摆在更加突出的地位。要切实加强基层组织建设，把基层党组织建设成为推动科学发展、带领农民致富、密切联系群众、维护农村稳定的坚强领导核心。要切实加强扶贫干部队伍建设，努力打造一支素质高、作风实、讲奉献的扶贫开发干部队伍。要切实加强扶贫研究和宣传工作，把扶贫纳入基本国情教育范畴，在全社会营造关心和支持扶贫开发的良好氛围。[1]

各地认真贯彻中央部署，全面推进新《纲要》的实施工作。各级领导干部首先担负好领导责任。2010年，湖北省制定和实施了《湖北省地方党政主要负责同志扶贫工作责任制考核办法》，对促进地方党政主要负责同志落实扶贫开发工作责任制，推进扶贫开发工作跨越式发展起到了重要作用。2012年4月初，为使考核与国家《扶贫开发工作考核办法（试行）》（国开发〔2012〕1号）相衔接，根据《中国农村扶贫开发纲要（2011—2020年）》《湖北省农村扶贫开发纲要（2011—2020年）》《湖北省农村扶贫开发"十二五"规划》的新要求，湖北省又对《考核办法》有关指标体系进行调整完善，并从2012年开始施行。

---

[1]　参见中共中央文献研究室编:《十七大以来重要文献选编》(下)，中央文献出版社2011年版，第643—645页。

十一、调整扶贫标准

本书第一章首先详细论述和交代了贫困的含义和标准问题。贫困分为绝对贫困和相对贫困。中国的扶贫脱贫事业，迄今为止，主要是解决农村的绝对贫困问题。

绝对贫困的规模、人数，扶贫脱贫的对象和人数，以及目标任务，又与绝对贫困的标准联系在一起。这种标准，往往与经济社会的发展相关联，而且必然会处在变动中。所以，开展大规模的扶贫开发事业，必须科学界定贫困的含义，准确确定扶贫脱贫的标准，并适时进行适当的调整。

标准不动，扶贫脱贫的对象和任务就比较固定。标准一动，贫困人口和扶贫对象就会发生变化，扶贫脱贫的目标、任务、时间也就相应变化。

改革开放以来，我国贫困人口的数量不断发生变化。总的是逐步减少，这是扶贫脱贫的成效。但也有从少到多的现象，这除了部分属于返贫外，主要是因为对贫困标准进行了调整。

我国农村贫困人口的标准，最初是 1986 年由政府有关部门在对 6.7 万户农村居民家庭消费支出调查的基础上计算得出的，即 1985 年是农村人均纯收入 200 元，1986 年是农村人均纯收入 206 元，2000 年是 625 元。这种标准，是基于改革开放初期中国人口总体上比较贫困的大比较制定的。但随着改革开放迅速提高了人民的收入水平和生活水平，旧的贫困和扶贫的标准就显得低了。

因此，2001 年，国家制定并颁布的《中国农村扶贫开发纲要（2001—2010年）》，提出低收入标准，提高了贫困线标准。按旧口径，2001 年贫困人口数量 2927 万；按新口径，变成了 9029 万。到 2007 年，这一标准相当于 785 元，是一个能够维持基本生存的最低费用标准。经过努力，到 2007 年底，中国绝对贫困人口减少到约 1400 万，低收入人口减少到约 2800 万。

这个扶贫标准是绝对贫困线。《中国农村扶贫开发纲要（2001—2010年）》实施以来，为了准确反映农村初步解决温饱但还不稳定、需要继续扶持人口的贫困状况，国家设定了低收入标准——2000 年农民人均纯收入 865 元，2007 年底为 1067 元。

对于我国的贫困线标准低于国际标准问题，原国务院扶贫办主任范小建解释说，所谓国际标准，是世界银行向不发达国家发放世行贷款时要作横向比较而设计的国别比较标准。2011 年前后有 80 多个国家有自己的贫困标准，真正按照世行推荐的标准执行的只有几个国家。我国应从国情出发，这是最重要的。

2008 年 10 月，十七届三中全会通过的《中共中央关于推进农村改革发展若干重大问题的决定》，明确提出实行新的扶贫标准，对农村低收入人口全面实施扶贫政策，不再实行对绝对贫困和低收入人口区别对待的政策，扶贫对象覆盖 4007 万。这标志着我国扶贫开发进入一个新阶段。

绝对贫困标准和低收入标准合一后，统一使用 1067 元作为国家扶贫标准。到 2009 年底是 1196 元。

《中国农村扶贫开发纲要（2001—2010 年）》实施的 10 年间，农村人口的生活水平又有提高。为了适应形势的变化，更好地解决贫困问题，党和国家决定再次调整扶贫标准。

2010 年 10 月底，中共中央关于制定"十二五"规划的建议提出，要"逐步提高扶贫标准，加大扶贫投入"。

2011 年 11 月，中央扶贫开发工作会议决定将国家扶贫标准由 2009 年的 1196 元提高到 2300 元（2010 年不变价）。温家宝在讲话中说："中央决定将农民人均纯收入 2300 元（2010 年不变价）作为新的国家扶贫标准。这个标准比 2009 年提高了 92%。大幅度提高扶贫标准，把更多低收入人口纳入扶贫范围，这是社会发展的进步，是扶贫力度加大的重要措施。各地发展不平衡，经济发达地区可根据自身实际和能力确定更高的本地扶贫标准。"

本来按照原口径，中国在 2010 年只剩下 2688 万贫困人口，新标准出台后，再次回升到 16567 万，比 1985 年标准下的贫困人口数量还要高，贫困发生率则回弹到 17.2%。

当然，同样称为贫困人口，但 2010 年的贫困人口和贫困家庭，与 1985 年的贫困人口和贫困家庭相比，生存环境和生活条件实际上已经得到了很大改善，不可同日而语。

所以，虽然 2010 年后的贫困人口数量回升，但此后 10 年，成为 1978 年以来脱贫速度最快的历史时期，每年的减贫数量都在千万人以上。

十二、把集中连片特殊困难地区作为主战场

《中国农村扶贫开发纲要（2011—2020 年）》明确提出，"把连片特困地区作

为主战场，把稳定解决扶贫对象温饱、尽快实现脱贫致富作为首要任务"。哪些是连片特困地区？新《纲要》明确列举了区域名称，确认："六盘山区、秦巴山区、武陵山区、乌蒙山区、滇桂黔石漠化区、滇西边境山区、大兴安岭南麓山区、燕山—太行山区、吕梁山区、大别山区、罗霄山区等区域的连片特困地区和已明确实施特殊政策的西藏、四省藏区、新疆南疆三地州是扶贫攻坚主战场。"[1]

全国 14 个连片特困片区共包括 680 个县及县级单位（简称片区县），国土面积 392 万平方公里，占全国的 40.8%。2009 年，总人口 2.36 亿，其中乡村人口约 2.3 亿，分别占全国总数 17.7%、23.9%。片区县中有 440 个国家扶贫开发工作重点县，252 个革命老区县，368 个少数民族县，57 个边境县，448 个地质灾害高发区县，661 个县属于地方病病区，269 个县位于《全国主体功能区规划》中的限制开发区和禁止开发区。14 个片区基本覆盖了全国经济发展相对落后的县和贫困人口较为集中的地区，具有扶贫开发主战场的明显特征，符合我国新阶段扶贫开发工作的实际。

这些贫困地区有几个主要特征：一是面积广。2011 年，国家确定的 14 个集中连片特殊困难地区，覆盖我国 680 个县，覆盖的面积占我国国土面积的 42% 左右，覆盖人群大概 2 亿多人口。二是在贫困地区中，革命老区、少数民族地区、生态脆弱地区、边疆地区占主体，这些地区在国家整体发展当中相对脆弱。三是贫困地区往往人口贫困与生态脆弱相交织。沿用传统的以开发为主的方式发展，可能会影响我国的整体生态结构。

从贫困人口来看，特征：一是分布广。从建档立卡的情况来看，贫困人口分布在 2200 多个县，12.8 万个村。二是既相对集中，又分散。所谓相对集中，是指贫困人口主要集中在 832 个片区县和国家扶贫开发工作重点县；所谓分散，是指除了这些集中区域外，还有 1000 多个县也有贫困人口。三是在现有贫困人口当中，中西部占了大约 93%，东部约占 6%。此外，贫困人口中少数民族人口占比大，老年人贫困问题突出，个体特征致贫的情况也越来越凸显。

虽然改革开放以来扶贫开发取得了很大成就，但我国仍处于并将长期处于社会主义初级阶段，经济社会发展总体水平不高，制约贫困地区发展的深层次矛盾依然存在，特别是集中连片特殊困难地区扶贫攻坚任务仍十分艰巨。

---

[1] 中共中央文献研究室编：《十七大以来重要文献选编》（下），中央文献出版社 2011 年版，第 356、360—361 页。

2011 年至 2020 年，我国扶贫开发工作仍面临重重挑战。贫困人口规模依然庞大，受自然灾害异常严重、农产品市场异常波动、外部环境异常复杂等因素影响，返贫压力仍然较大。其中，发展严重不平衡导致连片特困地区矛盾更加突出。

据国家统计局贫困监测数据，2001 年至 2009 年，西部地区贫困人口比例从 61% 增加到 66%，民族地区八省从 34% 增加到 40.4%，贵州、云南、甘肃从 29% 增加到 41%。

自然灾害严重，防灾抗灾能力不足也是我国扶贫开发面临的重要问题。据统计，贫困地区遭受严重自然灾害的概率是其他地区的五倍。防灾抗灾能力不足导致许多生态环境脆弱区经济社会发展滞后，农牧业生产受灾害威胁十分严重。

将集中连片特殊困难地区作为扶贫工作的重点，这是新十年我国扶贫开发工作思路的创新。

把连片特困地区作为主战场，中央提出了一系列要求，采取了一系列政策和措施。新《纲要》要求坚持突出重点、分类指导的基本原则。中央重点支持连片特困地区。加大对革命老区、民族地区、边疆地区扶持力度。同时，根据不同地区经济社会发展水平，因地制宜制定扶贫政策，实行有差异的扶持措施。

为此，加大投入和支持力度，加强对跨省片区规划的指导和协调，集中力量，分批实施。各省（区、市）对所属连片特困地区负总责，在国家指导下，以县为基础制定和实施扶贫攻坚工程规划。国务院各部门、地方各级政府要加大统筹协调力度，集中实施一批教育、卫生、文化、就业、社会保障等民生工程，大力改善生产生活条件，培育壮大一批特色优势产业，加快区域性重要基础设施建设步伐，加强生态建设和环境保护，着力解决制约发展的瓶颈问题，促进基本公共服务均等化，从根本上改变连片特困地区面貌。各省（区、市）可自行确定若干连片特困地区，统筹资源给予重点扶持。

2011 年，在中央扶贫开发工作会议上，温家宝宣布，将六盘山区等 11 个连片特困地区和西藏及四川、云南、甘肃、青海四省藏区，新疆南疆三地州作为扶贫攻坚的主战场，要全面推进连片特困地区扶贫攻坚，并在武陵山片区率先开展区域发展与扶贫攻坚试点。中央和省级财政要大幅度增加对这些地区的一般性转移支付，中央财政扶贫资金的新增部分主要用于连片特困地区，国家大型项目、重点工程和新兴产业要优先向符合条件的特困地区安排。农村义务教育学生营养改善计划率先在连片特困地区的 680 个县（市）试点。建立定点联系机制，每一个片区由一个中央部委负责具体联系，督促指导片区规划的实施。各省（区、市）可从实际出发，确定若干连片特困地区给予重点扶持。要坚持开发式扶贫和农村社会保障两手抓。今后一个时期，国家新增社会保障投入要向农村尤其是贫困地区倾斜。新型农村社会养老保险明年要实现全覆盖。

除了实施一系列重要政策外，新《纲要》还明确实施专项扶贫，主要包括：①易地扶贫搬迁；②整村推进；③以工代赈；④产业扶贫；⑤就业促进；⑥扶贫试点；⑦革命老区建设。专项扶贫在"三位一体"大扶贫格局中，地位非常重要，具有引导性、基础性和整合性作用。

从 20 世纪 80 年代开始针对"三西"集中连片困难地区实行开发扶贫，到 1999 年中央作出实施西部大开发的战略决策，再到新时代精准扶贫战略全面实施，脱贫攻坚战全面打响，作为"贫中之贫、困中之困"的 14 个集中连片特困地区，走过了不寻常的道路。

20 世纪 90 年代以来，国家陆续出台中长期铁路网规划、国家高速公路网规划等一系列规划。用于建设的投资逐步向西部地区倾斜，青藏铁路等干线铺设、农村公路村村通等交通建设扶贫措施，为贫困地区跨世纪开发提供了硬件基础。

党的十八大以来，100 多个国家重点扶贫开发县结束了不通铁路的历史，贫困地区综合交通运输通道网络加快形成，数字鸿沟不再，农村数字基建蓬勃兴起。从"村村通公路"到"村村通公交"，再到"宽带中国"战略、"快递下乡"工程，有形的水泥路网和无形的信息高速，都在群山之间铺开。改一条溜索、修一段公路、连一段网络，就为集中连片特困地区的群众打开了一扇奔向小康的大门，曾经"山里山外两重天"的局面彻底改变。

东西协作，结对帮扶。20 世纪 90 年代推动《国家八七扶贫攻坚计划》时，党和国家就开始建立东部沿海地区支持西部欠发达地区的扶贫协作机制。2016 年中央调整东西部扶贫协作结对关系，扩大帮扶范围，实现对 30 个民族自治州结对帮扶的全覆盖。闽宁协作、援疆援藏、粤桂扶贫协作……数十年间，东西部扶贫协作"结对子"，让"山海情"跨越峻岭长河，让贫困地区见识到外面的世界，继而激发出勃勃生机。

2001 年，农村贫困家庭学生义务教育阶段开始享受免杂费、免书本费、补助寄宿生生活费的"两免一补"政策；2006 年，西部地区开始全部免除农村义务教育阶段学生的学杂费。"美丽乡村"创建活动、乡风文明培育行动、厕所革命、农村人居环境整治三年行动等一系列治理举措，让贫困地区未富先奢、高额彩礼、厚葬薄养、村容脏乱等陋习得到极大改观。

秦巴山区，跨河南、湖北、重庆、四川、陕西、甘肃等 6 省市，是 14 个集中连片特困地区中跨省份最多的地区。

地处秦巴山区腹地的重庆市巫山县下庄村，地处四面悬崖绝壁围困的"深井"里，是名副其实的"天坑村"。井底距离井口达 1100 多米，村民们抬起头，只能望见巴掌大的天。1997 年以前，全村 397 人中，150 多人一辈子没有离开过大山，很多人没见过公路，没见过电视，更别说高楼和汽车。

不甘心"坐井观天"的下庄人，决心在绝壁上凿出一条脱贫路，彻底打破村里世代沿袭的贫穷命。从 2004 年开始，7 年时间，牺牲 6 人，100 多名村民劳力肩挑背扛，用双手在绝壁上凿出了一条 8 公里长的"血路"。

有了道路，就有了出路。如今的下庄村车开进来了，人走出去了，乡村旅游也搞得风风火火。曾经"坐井观天"的下庄人，通过种植果树、蔬菜，发展旅游，2016 年实现了整村脱贫。

集中连片困难地区从大规模实施贫困治理开始，到最终告别绝对贫困，构成了中国扶贫脱贫历史的一段关键篇章。

十三、两个《纲要》实施的成就

进入 21 世纪后，到 2012 年十八大前，通过实施《中国农村扶贫开发纲要（2001—2010 年）》和制定与初步实施《中国农村扶贫开发纲要（2011—2020 年）》，中国的扶贫脱贫事业取得了新的成就。

这十余年间，中国农村居民的生存和温饱问题得到基本解决，贫困人口的生产生活条件明显改善，贫困地区基础设施不断完善，社会发展水平进一步提升，生态恶化趋势得到初步遏制。

农村居民的生存和温饱问题基本解决。国家根据经济社会发展水平的提高和物价指数的变化，将全国农村扶贫标准从 2000 年的 865 元人民币逐步提高到 2010 年的 1274 元人民币。以此标准衡量的农村贫困人口数量，从 2000 年底的 9422 万人减少到 2010 年底的 2688 万人；农村贫困人口占农村人口的比重从 2000 年的 10.2% 下降到 2010 年的 2.8%。

贫困地区经济全面发展。贫困地区产业结构进一步优化，特色优势产业快速发展，县域经济综合实力不断增强。从 2001 年至 2010 年，592 个国家扶贫开发工作重点县人均地区生产总值从 2658 元人民币增加到 11170 元人民币，年均增长 17%；人均地方财政一般预算收入从 123 元人民币增加到 559 元人民币，年均增长 18.3%。农民人均纯收入从 2001 年的 1276 元人民币，增加到 2010 年的 3273 元人民币，年均增长 11%（未扣除物价因素）。上述数据的增幅均高于全国平均水平。

贫困地区生产生活条件明显改善。国家不断加大贫困地区基础设施建设投入，全面改善这些地方的生产生活条件。从 2002 年至 2010 年，592 个国家扶贫开发工作重点县新增基本农田 5245.6 万亩，新建及改扩建公路里程 95.2 万公里，新增教育卫生用房 3506.1 万平方米，解决了 5675.7 万人、4999.3 万头大牲畜的饮水困难。到 2010 年底，国家扶贫开发工作重点县农村饮用自来水、深水井农户达到 60.9%，自然村通公路比例为 88.1%、通电比例为 98%、通电话比例为 92.9%，农户人均住房面积 24.9 平方米，农户使用旱厕和水冲式厕所比重达 88.4%。贫困地区农村面貌发生明显变化。

贫困地区社会事业不断进步。农村义务教育得到加强，扫除青壮年文盲工作取得积极进展，到 2010 年底，国家扶贫开发工作重点县 7 至 15 岁学龄儿童入学率达到 97.7%，接近全国平均水平；青壮年文盲率为 7%，比 2002 年下降 5.4 个百分点，青壮年劳动力平均受教育年限达到 8 年。新型农村合作医疗实现全覆盖，基层医疗卫生服务体系建设不断加强，到 2010 年底，国家扶贫开发工作重点县参加新农合的农户比例达到 93.3%，有病能及时就医的比重达到 91.4%，乡乡建有卫生院，绝大多数行政村设有卫生室。贫困地区人口和计划生育工作、公共文化服务体系建设继续得到加强。

贫困地区生态恶化趋势初步得到遏制。从 2002 年至 2010 年，国家扶贫开发工作重点县实施退耕还林还草 14923.5 万亩，新增经济林 22643.4 万亩。国家扶贫开发工作重点县饮用水水源受污染的农户比例从 2002 年的 15.5% 下降到 2010 年的 5.1%，获取燃料困难的农户比例从 45% 下降到 31.4%。[1]

此后，从 2011 年至 2015 年，贯彻实施《中国农村扶贫开发纲要（2011—2020 年）》，扶贫脱贫继续取得成绩。

党的十八大以来，全国农村贫困人口累计减少 8239 万人。截至 2018 年末，

---

[1] 参见《中国农村扶贫开发的新进展》（白皮书），中国政府网 2011 年 11 月 16 日。

全国农村贫困人口从 2012 年末的 9899 万人减少至 1660 万人，累计减少 8239 万人；贫困发生率从 2012 年的 10.2% 下降至 1.7%，累计下降 8.5 个百分点。

党的十八大以来贫困地区农村居民收入年均实际增长 10.0%。2013 年至 2018 年，贫困地区农村居民人均可支配收入年均名义增长 12.1%，扣除价格因素，年均实际增长 10.0%，实际增速比全国农村平均水平高 2.3 个百分点。2018 年贫困地区农村居民人均可支配收入相当于全国农村平均水平的 71.0%，比 2012 年提高 8.9 个百分点，与全国农村平均水平的差距进一步缩小。

第九章

十八大后打响
脱贫攻坚战

☆　☆　☆

一、习近平总书记高度重视
扶贫脱贫工作

2012 年 11 月 8 日至 14 日，党的十八大隆重举行。胡锦涛作《坚定不移沿着中国特色社会主义道路前进，为全面建成小康社会而奋斗》的报告。大会要求确保到 2020 年全面建成小康社会，明确指出建设中国特色社会主义，总依据是社会主义初级阶段，总布局是"五位一体"，总任务是实现社会主义现代化和中华民族伟大复兴。随后的十八届一中全会选举习近平为中央委员会总书记；决定习近平为中央军委主席。

2012 年 11 月 15 日，习近平总书记在十八届中央政治局常委同中外记者见面时指出，人民对美好生活的向往，就是我们的奋斗目标。

以党的十八大为标志，中国特色社会主义进入了新时代。党面临的主要任务是，实现第一个百年奋斗目标，开启实现第二个百年奋斗目标新征程，朝着实现中华民族伟大复兴的宏伟目标继续前进。

以习近平同志为核心的中共中央，把人民对美好生活的向往作为奋斗目标，提出实现中华民族伟大复兴的中国梦，推进决胜全面建成小康社会，把贫困人口全部脱贫作为全面建成小康社会、实现第一个百年奋斗目标的底线任务和标志性指标，将脱贫攻坚纳入"五位一体"总体布局和"四个全面"战略布局，明确到 2020 年现行标准下农村贫困人口实现脱贫、贫困县全部摘帽、解决区域性整体贫困的目标任务，汇聚全党全国全社会之力打响脱贫攻坚战，使中国扶贫脱贫事业进入了脱贫攻坚的历史新阶段。

党的十八大以来，习近平总书记对脱贫攻坚亲自指挥、亲自部署、亲自督战。他主持召开了一系列中央政治局和中央政治局常务委员会会议，研究和作出一系列重大决策，签发一系列重要文件，出席中央扶贫开发工作会议，7 次主持召开中央扶贫工作座谈会，50 多次调研扶贫工作，连续 5 年审定脱贫攻坚成效考核结果，连续 7 年在全国扶贫日期间出席重要活动或作出重要指示，连续 7 年在新年贺词中强调脱贫攻坚，每年在全国两会期间下团组同代表委员共商脱贫攻坚大计，多次回信勉励基层干部群众投身减贫事业。

河北省阜平县一位叫唐宗秀的农民，保留了一张摄于 2012 年的照片：村里一片黄土色，房子是 20 世纪 50 年代的土坯房。她形容"它黑你也黑，说不上谁最黑"，下雨时"外头大下，屋里小下"。

阜平，地处太行山深处。当年，包括阜平在内的晋察冀边区被称为"新中国的雏形"，为中国抗战和中国革命的胜利作出重要贡献。

2012 年 12 月 29 日，担任中共中央总书记 40 多天的习近平冒着零下十几摄氏度的严寒，赶赴地处集中连片特困地区的河北省保定市阜平县。20 多个小时，往来奔波 700 多公里。为看真贫，他踏着皑皑白雪，走进龙泉关镇骆驼湾村、顾家台村两个特困村。在村民家中，他盘腿坐在炕上，同乡亲们手拉手，嘘寒问暖，了解他们日子过得怎么样。

习近平总书记指出，全面建成小康社会，最艰巨最繁重的任务在农村，特别是在贫困地区。没有农村的小康，特别是没有贫困地区的小康，就没有全面建成小康社会。[1]

习近平总书记强调，只要有信心，黄土变成金。各级党委和政府要把帮助困难群众特别是革命老区、贫困地区的困难群众脱贫致富摆在更加突出位置。

这是向全党全国发出的脱贫攻坚的进军令！

消除贫困，实现共同富裕，这是社会主义的本质要求，是中国共产党人的使命担当。

党的十八大以后的 4 年多，习近平总书记 30 多次到国内各地考察，几乎每次都提到扶贫。从黄土高坡到茫茫林海，从雪域高原到草原牧区，从西北边陲到云贵高原，他几乎走遍了全国 14 个集中连片特困地区。

连续 5 年，每年春节前夕，习近平总书记都要专门看望贫困群众。

"我到过中国绝大部分最贫困的地区，包括陕西、甘肃、宁夏、贵州、云南、

---

[1] 参见《习近平关于协调推进"四个全面"战略布局论述摘编》，中央文献出版社 2015 年版，第 25 页。

广西、西藏、新疆等地。""他们的生活存在困难，我感到揪心。他们生活每好一点，我都感到高兴。"[1]

2017 年 6 月 23 日，习近平总书记在山西太原主持召开深度贫困地区脱贫攻坚座谈会时告诉大家：党的十八大以来，我最关注的工作之一就是贫困人口脱贫。每到一个地方调研，我都要到贫困村和贫困户了解情况，有时还专门到贫困县调研。这次到吕梁山区后，全国 11 个山区集中连片特困地区，包括六盘山区、秦巴山区、武陵山区、乌蒙山区、滇桂黔石漠化区、滇西边境山区、大兴安岭南麓山区、燕山—太行山区、吕梁山区、大别山区、罗霄山区，我都走到了……

逐次排列，第一次，是 2015 年 2 月 13 日，习近平总书记在陕西延安主持召开陕甘宁革命老区脱贫致富座谈会。他强调，全面建成小康社会，没有老区的全面小康，没有老区贫困人口脱贫致富，那是不完整的。各级党委和政府要增强使命感和责任感，把老区发展和老区人民生活改善时刻放在心上，加大投入支持力度，加快老区发展步伐，让老区人民都过上幸福美满的日子，确保老区人民同全国人民一道进入全面小康社会。

第二次，是 2015 年 6 月 18 日，习近平总书记在贵州贵阳主持召开部分省（区、市）扶贫攻坚与"十三五"时期经济社会发展座谈会。会议突出强调武陵山、乌蒙山、滇桂黔集中连片特困地区的扶贫攻坚。习近平总书记指出，"十三五"的最后一年是 2020 年，正好是我们确定的全面建成小康社会的时间节点，全面建成小康社会最艰巨最繁重的任务在农村，特别是在贫困地区。扶贫开发工作进入啃硬骨头、攻坚拔寨的冲刺期，要把握时间节点，努力补齐短板，科学谋划好"十三五"时期扶贫开发工作，确保贫困人口到 2020 年如期脱贫。要在精准扶贫、精准脱贫上下更大功夫，做到扶持对象精准、项目安排精准、资金使用精准、措施到户精准、因村派人（第一书记）精准、脱贫成效精准。要实施"四个一批"的扶贫攻坚行动计划，通过扶持生产和就业发展一批，通过移民搬迁安置一批，通过低保政策兜底一批，通过医疗救助扶持一批，实现贫困人口精准脱贫。

第三次，是 2016 年 7 月 20 日，习近平总书记在宁夏银川主持召开东西部扶贫协作座谈会。他指出，东西部扶贫协作和对口支援，是实现先富帮后富、

---

[1] 中共中央文献研究室编：《十八大以来重要文献选编》（中），中央文献出版社 2011 年版，第 719 页。

最终实现共同富裕目标的大举措，充分彰显了中国共产党领导和我国社会主义制度的政治优势，必须长期坚持下去。西部地区特别是民族地区、边疆地区、革命老区、集中连片特困地区贫困程度深、扶贫成本高、脱贫难度大，是脱贫攻坚的短板。必须采取系统的政策和措施，做好东西部扶贫协作和对口支援工作，全面打赢脱贫攻坚战。

第四次，是 2017 年 6 月 23 日，在太原召开深度贫困地区脱贫攻坚的座谈会。会议安排山西、云南、西藏、青海、新疆 5 个省区，江西赣州市、湖北恩施州、湖南湘西州、四川凉山州、甘肃定西市 5 个市州，河北康保县、内蒙古科尔沁右翼中旗、广西都安县、陕西山阳县、宁夏同心县 5 个县旗，以及山西吕梁山区、燕山—太行山区 2 个集中连片特困地区涉及的 4 个地级市和 21 个县的党委书记参加会议，一方面交流脱贫攻坚进展情况和分析存在的突出问题，另一方面集中研究破解深度贫困之策。[1] 会议强调要重点研究解决深度贫困问题，强化自身体系，聚焦精准发力，攻克坚中之坚，并提出 8 条要求。在此之后，习近平总书记又相继召开了几次这样的座谈会。

第五次，是 2018 年 2 月 11 日上午，习近平总书记在凉山彝族自治州昭觉县三岔河乡三河村节列俄阿木家中同村民代表、驻村扶贫工作队员围坐于火塘边，共谋精准脱贫之策。12 日，他在四川成都市主持召开打好精准脱贫攻坚战座谈会，听取脱贫攻坚进展情况汇报，集中研究打好今后 3 年脱贫攻坚之策。

习近平总书记强调，打好脱贫攻坚战是党的十九大提出的三大攻坚战之一，对如期全面建成小康社会、实现我们党第一个百年奋斗目标具有十分重要的意义。要清醒认识把握打赢脱贫攻坚战面临任务的艰巨性，清醒认识把握实践中存在的突出问题和解决这些问题的紧迫性，不放松、不停顿、不懈怠，提高脱贫质量，聚焦深贫地区，扎扎实实把脱贫攻坚战推向前进。[2]

第六次，是 2019 年 4 月 15 日至 17 日，习近平总书记在重庆考察。4 月 15 日中午，习近平一下飞机，就在中共中央政治局委员、重庆市委书记陈敏尔和市长唐良智陪同下，转乘火车、汽车，深入石柱土家族自治县的学校、农村，实地了解脱贫攻坚工作情况。16 日下午，他主持召开解决"两不愁三保障"突出问题座谈会并发表重要讲话。习近平总书记强调，脱贫攻坚战进入决胜的关键阶段，

---

[1] 参见习近平：《在深度贫困地区脱贫攻坚座谈会上的讲话》（2017 年 6 月 23 日），《人民日报》2017 年 9 月 1 日。

[2] 参见习近平：《在打好精准脱贫攻坚战座谈会上的讲话》，《求是》2020 年第 9 期。

各地区各部门务必高度重视，统一思想，抓好落实，一鼓作气，顽强作战，越战越勇，着力解决"两不愁三保障"突出问题，扎实做好今明两年脱贫攻坚工作，为如期全面打赢脱贫攻坚战、如期全面建成小康社会作出新的更大贡献。

第七次，是 2020 年，习近平总书记又在北京召开决战决胜脱贫攻坚座谈会。

到 2021 年 2 月，习近平总书记 50 多次调研扶贫工作，走遍 14 个集中连片特困地区，了解真扶贫、扶真贫、脱真贫的实际情况。

这些座谈会，都是在脱贫攻坚的重要节点上召开的，对统一认识、部署行动、交流情况、推动工作，产生了极其重要的作用。座谈会上提出的思路和举措，都得到积极落实，收到了明显成效。

在多个重要场合、重要会议、重要时点，习近平总书记反复强调脱贫攻坚问题，提出了一系列新思想新观点，作出了一系列新决策新部署，形成了内涵丰富、思想深刻、体系完整的扶贫开发重要战略思想，成为打赢脱贫攻坚战的行动指南和根本遵循。

党的十八大以来，习近平总书记走遍全国 14 个集中连片特困地区，考察了 20 多个贫困村，深入贫困家庭访贫问苦，倾听贫困群众的意见建议，了解扶贫脱贫需求，极大鼓舞了贫困群众脱贫致富的信心和决心，也形成了关于脱贫攻坚的一系列重要战略思想。

二、吹响脱贫攻坚的冲锋号

2012 年，党的十八大报告的标题是《坚定不移沿着中国特色社会主义道路前进，为全面建成小康社会而奋斗》。其中的"全面建成小康社会"，与十六大报告的标题《全面建设小康社会，开创中国特色社会主义事业新局面》相比，有一个字不同：将"建设"改成了"建成"。

一字之差，一字之改，凝集了小康建设不平凡的历程，凝集了党的十八大决胜小康的决心和部署。进入 21 世纪之初，党的十六大确定了"全面建设小康社会"的战略任务。经过 10 年努力，第一个 10 年的目标，也就是小"三步走"战略的第一步目标已经超额实现。党的十八大之后不到 10 年，就到了新世纪小"三步走"战略的第二步结束之时，亦即"全面建设小康社会"目标实现之时了。

于是，党的十八大在原来"全面建设小康社会"的基础上，进一步提出到 2020 年"全面建成小康社会"的任务。其关键和点睛之处，是将"建设"改成了

"建成"。这一改动，是党的十八大审时度势，根据现实情况和人民意愿作出的重大决策。以党的十八大为标志，我国进入了全面建成小康社会的决定性阶段。

小康不小康，关键在老乡。要全面建成小康社会，就不能不进一步解决好扶贫脱贫问题。

"十二五"以来，江苏省各级党委政府明确"一个都不能少，一户都不能落"的目标，持续推进"脱贫奔小康工程"，在全面小康建设中迈着坚定的步伐。2011年，江苏省率先基本消除绝对贫困人口；2012年，江苏省将扶贫标准提高至年人均收入4000元；2015年，目标定在全省范围消除年收入4000元以下的贫困人口。

根据江苏省的实际情况，省委省政府将六个集中连片地区作为新一轮扶贫开发的主战场，实行整体帮扶、连片开发。六大片区包括石梁河库区、刘老庄地区、黄墩湖滞洪区、西南岗地区、成子湖周边地区、灌溉总渠以北地区，涉及苏北5个省辖市、东海等14个县（市、区）的59个乡镇，区域总面积5207.7平方公里，总人口约312万人。

对这六个重点片区，江苏省集聚帮扶资源、政策和力量，持续发力，"集中优势兵力打歼灭战"。在已有扶持政策基础上，又实施了3项新政策：省财政对六个重点片区关键工程安排项目资金6亿元，片区340个经济薄弱村每村补助60万元，扶贫开发重点县低收入人口脱贫奖补资金标准从每人1200元提高到1500元，共安排专项资金8.89亿元。

江苏省创造性地推出"五方挂钩"帮扶做法，调动社会各方力量参与扶贫开发。所谓五方挂钩，就是组织省级机关部门、苏南发达市县、部省属企业集团、高校科研院所与苏北经济薄弱县挂钩帮扶，落实省规划确定的目标任务和措施，不脱贫不脱钩。到2015年参与单位共246个，其中省直部门91个、苏南市县28个、省属企业73个、高校院所54个。

江苏省在中国特色社会主义事业发展进程中一直走在前列：在脱贫攻坚中走在前列，率先消除了绝对贫困；在全面建成小康社会中也走在前列；在全面建设社会主义现代化中继续走在前列。不仅确保本省扶贫脱贫的高质量，而且以更大的责任、投入和力量，为全国的脱贫攻坚作出了巨大的贡献。

江苏省的努力和成绩，是以习近平同志为核心的党中央吹响的冲锋号在江苏省的回响。

新中国成立以来，特别是改革开放以来，中国组织大规模有计划的扶贫开发，7 亿多农村贫困人口摆脱贫困。这一成绩举世瞩目，也受到了世界普遍好评。中国的扶贫标准既参考联合国的标准，也从自己的实际出发，根据中国大多数人生活水平、消费水平加以确定。按照新的扶贫标准，2012 年，中国扶贫对象有 1.22 亿人。2014 年末，还有 7017 万农村贫困人口。到 2015 年底，全国还有 14 个集中连片特殊困难地区、832 个贫困县、12.8 万个建档立卡贫困村，贫困人口达 5575 万人，相当于中等人口规模国家的总人数。贫困人口大多数分布在革命老区、民族地区、边疆地区、集中连片特困地区。这些地区的农民人均纯收入仅为全国农村水平的六成。贫困发生率比全国平均水平高近 16 个百分点。如何实现这样规模的人口脱贫，是摆在我们全面建成小康社会面前的严峻任务。

党的十八大以后，以习近平同志为核心的党中央把扶贫开发摆到治国理政的重要位置，提升到事关全面建成小康社会、实现第一个百年奋斗目标的新高度，纳入"五位一体"总体布局和"四个全面"战略布局进行决策部署，打响了一场新的脱贫攻坚战。

2013 年 11 月 3 日至 5 日，习近平总书记到湖南湘西、长沙等地考察，首次提出"精准扶贫"理念，强调抓扶贫开发，既要整体联动、有共性的要求和措施，又要突出重点、加强对特困村和特困户的帮扶。

2013 年 12 月 23 日，习近平总书记在中央农村工作会议上强调，小康不小康，关键看老乡。农村还是全面建成小康社会的短板。中国要强，农业必须强；中国要美，农村必须美；中国要富，农民必须富。

2014 年 8 月 1 日，国务院批复同意将 10 月 17 日设立为"扶贫日"。10 月 10 日，习近平总书记在首个"扶贫日"到来之际作出批示，强调全党全社会要继续共同努力，形成扶贫开发工作强大合力。

2015 年 6 月 18 日，习近平总书记在贵州召开部分省（区、市）党委主要负责同志座谈会，提出 6 个方面的精准扶贫要求。

2015 年 10 月 26 日至 29 日，党的十八届五中全会在北京举行。全会听取和讨论了习近平总书记受中央政治局委托作的工作报告，审议通过了《中共中央关于制定国民经济和社会发展第十三个五年规划的建议》。习近平总书记就《建议（讨论稿）》作了说明。

全会认为，到 2020 年全面建成小康社会，是我们党确定的"两个一百年"奋斗目标的第一个百年奋斗目标。"十三五"时期是全面建成小康社会决胜阶段，"十三五"规划必须紧紧围绕实现这个奋斗目标来制定。全会提出了全面建成小康社会新的目标要求，强调，实现"十三五"时期发展目标，破解发展难题，厚植发展优势，必须牢固树立并切实贯彻创新、协调、绿色、开放、共享的发展理念。这是关系我国发展全局的一场深刻变革。

习近平总书记在说明中指出，"十三五"规划作为全面建成小康社会的收官规划，必须紧紧扭住全面建成小康社会存在的短板，在补齐短板上多用力。比如，农村贫困人口脱贫，就是一个突出短板。我们不能一边宣布全面建成了小康社会，另一边还有几千万人口的生活水平处在扶贫标准线以下，这既影响人民群众对全面建成小康社会的满意度，也影响国际社会对我国全面建成小康社会的认可度。[1]

因此，全会通过的《中共中央关于制定国民经济和社会发展第十三个五年规划的建议》明确将"我国现行标准下农村贫困人口实现脱贫，贫困县全部摘帽，解决区域性整体贫困"作为"十三五"规划的战略目标之一。

习近平总书记还专门分析了到 2020 年实现这一战略目标的可能性与基本路径。

习近平总书记就我国现行标准下农村贫困人口实现脱贫、贫困县全部摘帽、解决区域性整体贫困的问题说明，农村贫困人口脱贫是全面建成小康社会最艰巨的任务。我国现行脱贫标准是农民年人均纯收入按 2010 年不变价计算为 2300 元，2014 年现价脱贫标准为 2800 元。按照这个标准，2014 年末全国还有 7017 万农村贫困人口。综合考虑物价水平和其他因素，逐年更新按现价计算的标准。据测算，若按每年 6% 的增长率调整，2020 年全国脱贫标准约为人均纯收入 4000 元。今后，脱贫标准所代表的实际生活水平，大致能够达到 2020 年全面建成小康社会所要求的基本水平，可以继续采用。[2] 通过实施脱贫攻坚工程，实施精准扶贫、精准脱贫，7017 万农村贫困人口脱贫目标是可以实现的。

从 2014 年起，每年 10 月 17 日均作为"扶贫日"，主要目的是引导社会各界关注贫困问题，关爱贫困人口，关心扶贫工作。体现了党中央、国务院对扶贫开发的高度重视，也充分体现了对贫困地区贫困群众的格外关心。2014 年 10 月 17 日，国务院扶贫办组织开展了一系列活动。2018 年，还启动了"扶贫日标识（LOGO）有奖征集活动"。

---

[1] 参见中共中央文献研究室编：《十八大以来重要文献选编》（中），中央文献出版社 2016 年版，第 775 页。

[2] 同上书，第 779 页。

各地把扶贫日作为有关工作的重要抓手。2015 年 4 月 1 日通过的《四川省农村扶贫开发条例》规定:"应当在 10 月 17 日国家扶贫日组织相关部门和社会各界开展宣传教育、扶贫济困等活动。"

2015 年 11 月 27 日至 28 日,中央扶贫开发工作会议在北京召开。中共中央政治局常委全部出席。中共中央政治局委员、中央书记处书记,国务委员等出席会议。各省、自治区、直辖市和计划单列市、新疆生产建设兵团党政主要负责同志,中央农村工作领导小组、国务院扶贫开发领导小组成员,中央和国家机关有关单位、全国人大和全国政协有关专门委员会、部分中管企业、军队和武警部队负责同志等参加会议。这次中央扶贫开发工作会议是党的十八届五中全会后召开的第一个中央工作会议,体现了党中央对扶贫开发工作的高度重视。

习近平总书记在会上发表重要讲话强调,消除贫困、改善民生、逐步实现共同富裕,是社会主义的本质要求,是我们党的重要使命。全面建成小康社会,是我们对全国人民的庄严承诺。脱贫攻坚战的冲锋号已经吹响。我们要立下愚公移山志,咬定目标、苦干实干,坚决打赢脱贫攻坚战,确保到 2020 年所有贫困地区和贫困人口一道迈入全面小康社会。

李克强总理在讲话中指出,打赢脱贫攻坚战是实现全面建成小康社会目标的重大任务。在充分肯定我国扶贫开发工作取得成绩的同时,更要清醒看到扶贫开发任务仍然艰巨繁重,剩下的都是难啃的"硬骨头"。必须拿出硬办法,确保实现脱贫目标,决不让贫困地区和贫困人口在全面建成小康社会征程中落伍掉队。

会上,江西、广西、贵州、西藏、甘肃、新疆等 6 个省区的负责同志作大会发言。中西部 22 个省(区、市)的党政主要负责同志向党中央签署了脱贫攻坚责任书。此后,省、市、县、乡、村也层层签订了脱贫攻坚责任书。[1]

三、中共中央、国务院印发《关于打赢脱贫攻坚战的决定》

在召开中央扶贫开发工作会议的同时,2015 年 11 月 29 日,中共中央、国务院印发了《关于打赢脱贫攻坚战的决定》,对"十三五"脱贫攻坚作出全面部署。这是党的十八大以来指导脱贫攻坚的纲领性文件。

---

[1] 参见《脱贫攻坚战冲锋号已经吹响,全党全国咬定目标苦干实干》,《人民日报》2015 年 11 月 29 日。

《决定》共 8 个部分，33 条。8 个部分分别是：增强打赢脱贫攻坚战的使命感紧迫感；打赢脱贫攻坚战的总体要求；实施精准扶贫方略，加快贫困人口精准脱贫；加强贫困地区基础设施建设，加快破除发展瓶颈制约；强化政策保障，健全脱贫攻坚支撑体系；广泛动员全社会力量，合力推进脱贫攻坚；大力营造良好氛围，为脱贫攻坚提供强大精神动力；切实加强党的领导，为脱贫攻坚提供坚强政治保障。

《决定》指出，确保到 2020 年农村贫困人口实现脱贫，是全面建成小康社会最艰巨的任务。我国扶贫开发已进入啃硬骨头、攻坚拔寨的冲刺期。中西部一些省（自治区、直辖市）贫困人口规模依然较大，剩下的贫困人口贫困程度较深，减贫成本更高，脱贫难度更大。实现到 2020 年让 7000 多万农村贫困人口摆脱贫困的既定目标，时间十分紧迫、任务相当繁重。必须在现有基础上不断创新扶贫开发思路和办法，坚决打赢这场攻坚战。加快补齐全面建成小康社会中的这块突出短板，决不让一个地区、一个民族掉队，实现《中共中央关于制定国民经济和社会发展第十三个五年规划的建议》确定的脱贫攻坚目标。[1]

打赢脱贫攻坚战的总体要求包括三个方面。

指导思想中强调，把精准扶贫、精准脱贫作为基本方略，坚持扶贫开发与经济社会发展相互促进，坚持精准帮扶与集中连片特殊困难地区开发紧密结合，坚持扶贫开发与生态保护并重，坚持扶贫开发与社会保障有效衔接，咬定青山不放松，采取超常规举措，拿出过硬办法，举全党全社会之力，坚决打赢脱贫攻坚战。

总体目标是：到 2020 年，稳定实现农村贫困人口不愁吃、不愁穿，义务教育、基本医疗和住房安全有保障。实现贫困地区农民人均可支配收入增长幅度高于全国平均水平，基本公共服务主要领域指标接近全国平均水平。确保我国现行标准下农村贫困人口实现脱贫，贫困县全部摘帽，解决区域性整体贫困。[2]

与前几次的扶贫目标相比，这个目标最显著的特点在于不留"锅底"、没有退路。实现这个目标，标志着我国贫困地区、贫困人口与全国人民一道进入全面小康社会、实现第一个百年奋斗目标，标志着我国历史性地解决绝对贫困问题，标志着我国将提前 10 年实现《联合国 2030 年可持续发展议程》确定的减

---

[1]　参见中共中央党史和文献研究院编：《十八大以来重要文献选编》（下），中央文献出版社 2018 年版，第 52—53 页。

[2]　参见中共中央党史和文献研究院编：《十八大以来重要文献选编》（下），中央文献出版社 2018 年版，第 53 页。

贫目标。这是党中央向全国人民和国际社会作出的庄严承诺。

基本原则共 6 条：

——坚持党的领导，夯实组织基础。充分发挥各级党委总揽全局、协调各方的领导核心作用，严格执行脱贫攻坚一把手负责制，省市县乡村五级书记一起抓。切实加强贫困地区农村基层党组织建设，使其成为带领群众脱贫致富的坚强战斗堡垒。

——坚持政府主导，增强社会合力。强化政府责任，引领市场、社会协同发力，鼓励先富帮后富，构建专项扶贫、行业扶贫、社会扶贫互为补充的大扶贫格局。

——坚持精准扶贫，提高扶贫成效。扶贫开发贵在精准，重在精准，必须解决好扶持谁、谁来扶、怎么扶的问题，做到扶真贫、真扶贫、真脱贫，切实提高扶贫成果可持续性，让贫困人口有更多的获得感。[1]

——坚持保护生态，实现绿色发展。牢固树立绿水青山就是金山银山的理念，把生态保护放在优先位置，扶贫开发不能以牺牲生态为代价，探索生态脱贫新路子，让贫困人口从生态建设与修复中得到更多实惠。

——坚持群众主体，激发内生动力。继续推进开发式扶贫，处理好国家、社会帮扶和自身努力的关系，发扬自力更生、艰苦奋斗、勤劳致富精神，充分调动贫困地区干部群众积极性和创造性，注重扶贫先扶智，增强贫困人口自我发展能力。

——坚持因地制宜，创新体制机制。突出问题导向，创新扶贫开发路径，由"大水漫灌"向"精准滴灌"转变；创新扶贫资源使用方式，由多头分散向统筹集中转变；创新扶贫开发模式，由偏重"输血"向注重"造血"转变；创新扶贫考评体系，由侧重考核地区生产总值向主要考核脱贫成效转变。[2]

《中国农村扶贫开发纲要（2001—2010 年）》规定了 4 条原则。《中国农村扶贫开发纲要（2011—2020 年）》规定了 7 条原则。这次《决定》规定的 6 条原则，坚持了以往积累的经验，又对以往的原则作了适当的整合，同时，又根据新的形势、新的任务、新的特点，提出了新的要求。特别是强调了坚持党的领导，夯实组织基础，贵在精准，重在精准，必须解决好扶持谁、谁来扶、怎么

---

[1] 参见中共中央党史和文献研究院编：《十八大以来重要文献选编》(下)，中央文献出版社 2018 年版，第 54 页。

[2] 参见中共中央党史和文献研究院编：《十八大以来重要文献选编》（下），中央文献出版社 2018 年版，第 54—55 页。

扶的问题，由"大水漫灌"向"精准滴灌"转变，等等，都是新的要求，体现了习近平总书记的思想。

《中共中央、国务院关于打赢脱贫攻坚战的决定》，作为指导当前和今后一个时期脱贫攻坚的纲要性文件，对打赢脱贫攻坚战提出了许多实举措、硬政策。有不少亮点引人注目。

比如，提出贫困县"摘帽不摘政策"。长期以来，由于"贫困县"有很多政策上的照顾，结果很多贫困县即使脱贫了也不愿"摘帽"，甚至"戴帽炫富""争戴贫困帽"。针对这种现象，《决定》要求：抓紧制定严格、规范、透明的国家扶贫开发工作重点县退出标准、程序、核查办法。重点县退出，由县提出申请，市（地）初审，省级审定，报国务院扶贫开发领导小组备案。重点县退出后，在攻坚期内国家原有扶贫政策保持不变，抓紧制定攻坚期后国家帮扶政策。这种调整，不仅是"扶上马，送一程"，不仅有助于贫困地区稳步脱贫、避免返贫，而且可以避免争当"贫困县"的怪现象。

建档立卡贫困户孩子上高中、中职免学杂费。2013年7月29日，国务院办公厅就转发了教育部等七部门《关于实施教育扶贫工程的意见》。《决定》又进一步规定："普及高中阶段教育，率先从建档立卡的家庭经济困难学生实施普通高中免除学杂费、中等职业教育免除学杂费，让未升入普通高中的初中毕业生都能接受中等职业教育。加强有专业特色并适应市场需求的中等职业学校建设，提高中等职业教育国家助学金资助标准。"[1]对建档立卡的家庭经济困难学生上高中、中职免除学杂费，有助于缓解他们的上学负担，掌握一技之长，从而带动整个家庭脱贫致富。此后，建档立卡贫困家庭学生实现了从入学到毕业的全程全部资助，教育扶贫阻断贫困代际传递成效显著。

贫困人口全部纳入重特大疾病救助范围。在部分贫困地区，因病致贫、因病返贫的比例甚至超过40%。因此，《决定》规定：新型农村合作医疗和大病保险制度对贫困人口实行政策倾斜，门诊统筹率先覆盖所有贫困地区，降低贫困人口大病费用实际支出，对新型农村合作医疗和大病保险支付后自负费用仍有困难的，加大医疗救助、临时救助、慈善救助等帮扶力度，将贫困人口全部纳入重特大疾病救助范围，使贫困人口大病医治得到有效保障。[2]实施这一健

---

[1] 中共中央党史和文献研究院编：《十八大以来重要文献选编》（下），中央文献出版社2018年版，第58页。

[2] 参见中共中央党史和文献研究院编：《十八大以来重要文献选编》（下），中央文献出版社2018年版，第59页。

康扶贫工程，有效地减轻了贫困群众医疗费用负担，为脱贫致富打下坚实基础。

加大"互联网＋"扶贫。2013年8月1日，国务院印发《"宽带中国"战略及实施方案》，提出围绕加快转变经济发展方式和全面建成小康社会的总体要求，将宽带网络作为国家战略性公共基础设施。2014年2月27日，习近平总书记在中央网络安全和信息化领导小组第一次会议上讲话指出，努力把我国建设成为网络强国。以网络强国的战略和理念为基础，《决定》要求：实施电商扶贫工程。加快贫困地区物流配送体系建设，支持邮政、供销合作等系统在贫困乡村建立服务网点。支持电商企业拓展农村业务，加强贫困地区农产品网上销售平台建设。加强贫困地区农村电商人才培训。对贫困家庭开设网店给予网络资费补助、小额信贷等支持。[1]"十三五"时期，中国建成全球规模最大的光纤和4G网络，千兆光纤覆盖家庭超过1亿户；行政村通4G和光纤比例均超过99.9%。一些贫困地区尽管可能暂时通不了高速公路，但是通上"信息高速公路"，把当地特有的农产品推向更广阔的市场，为实现就地脱贫致富创造了最新型的方式和条件。

以党的十八届五中全会和中央扶贫开发工作会议决策部署为标志，我国扶贫开发进入脱贫攻坚新阶段。

四、《"十三五"脱贫攻坚规划》和相关配套文件

《中共中央、国务院关于打赢脱贫攻坚战的决定》发布，成为指导脱贫攻坚的纲领性文件。

2016年3月16日，十二届全国人大四次会议审议通过《中华人民共和国国民经济和社会发展第十三个五年规划纲要》（简称《"十三五"规划纲要》），将党中央脱贫攻坚的决策部署变为国家意志和可操作的规划，对全力实施脱贫攻坚总体目标作出战略部署。

在2015年中央扶贫开发工作会议上，李克强强调必须拿出硬办法，确保实现脱贫目标。国家"十三五"规划中确定的交通、水利、电力、信息等重大基础设施项目和重大生态工程要向这些地区倾斜，适当提高农村公路建设补助标准，实施农村饮水安全巩固提升工程，制定和实施贫困村通动力电规划，加快

---

[1] 参见中共中央党史和文献研究院编：《十八大以来重要文献选编》（下），中央文献出版社2018年版，第63页。

推进宽带网络覆盖贫困村，逐步对 25 度以上该退的陡坡耕地开展退耕还林还草。调整完善资源开发收益分配政策，更多让当地和群众受益。要发挥好新型城镇化和农业现代化对脱贫的辐射带动作用，让符合条件的贫困地区农业转移人口及其家属落户，国家扶持"三农"的政策、资金和项目向贫困地区倾斜，实施贫困村"一村一品"产业推进行动。"十三五"期间对 1000 万左右贫困人口开展易地扶贫搬迁，确保搬迁对象有业可就、稳定脱贫。要以精准帮扶促进贫困地区民生改善，通过输出劳务、发展产业、加强培训、推动创业促进有劳动能力的贫困人口就业，找到适合自己的脱贫致富门路。加强教育扶贫，对贫困家庭的高中学生，要全部免除学杂费，扩大重点高校面向贫困地区定向招生计划。推进大病医疗保险全覆盖，提高贫困地区医疗服务能力，加强传染病、地方病等防治。加快推进贫困地区农村危房改造。把完全或部分丧失劳动能力的贫困人口全部纳入农村低保。[1]

所以，《"十三五"规划纲要》与以往规划纲要的一个不同点是，专门设置了一篇即第十三篇"全力实施脱贫攻坚"。其下包含 3 章：第五十六章"推进精准扶贫精准脱贫"，第五十七章"支持贫困地区加快发展"，第五十八章"完善脱贫攻坚支撑体系"。以往的规划或规划纲要，都是将扶贫脱贫事业安排在其他不同类型的篇章中，没有单独成篇成章。《"十三五"规划纲要》单独成篇，第一次把脱贫攻坚作为五年规划纲要的重要内容，第一次把贫困人口脱贫作为五年规划的约束性指标，更加突出了脱贫攻坚的重要地位，进一步加强了脱贫攻坚的力度，体现了完成 2020 年脱贫攻坚目标的决心。

在此基础上，2016 年 11 月 23 日，国务院发出通知，印发了《"十三五"脱贫攻坚规划》。这是专项规划，对"十三五"规划纲要的有关内容作了进一步的扩展。

《规划》更加具体地分析了脱贫攻坚面临的形势。从成就看，2011 年至 2015 年，现行标准下农村贫困人口减少 1 亿多人、贫困发生率降低 11.5 个百分点，贫困地区农民收入大幅提升，贫困人口生产生活条件明显改善，上学难、就医难、行路难、饮水不安全等问题逐步缓解，基本公共服务水平与全国平均水平差距趋于缩小，为打赢脱贫攻坚战创造了有利条件。

但是，贫困问题依然是我国经济社会发展中最突出的"短板"。截至 2015

---

[1] 参见《脱贫攻坚战冲锋号已经吹响，全党全国咬定目标苦干实干》，《人民日报》2015 年 11 月 29 日。

年底，我国还有 5630 万农村建档立卡贫困人口，主要分布在 832 个国家扶贫开发工作重点县、集中连片特困地区县（以下统称贫困县）和 12.8 万个建档立卡贫困村，多数西部省份的贫困发生率在 10% 以上，民族 8 省区贫困发生率达12.1%。现有贫困人口贫困程度更深、减贫成本更高、脱贫难度更大，依靠常规举措难以摆脱贫困状况。

《规划》将到 2020 年的脱贫目标进一步细化，分解为三个更具体的目标：

——现行标准下农村建档立卡贫困人口实现脱贫。贫困户有稳定收入来源，人均可支配收入稳定超过国家扶贫标准，实现"两不愁、三保障"。

——建档立卡贫困村有序摘帽。村内基础设施、基本公共服务设施和人居环境明显改善，基本农田和农田水利等设施水平明显提高，特色产业基本形成，集体经济有一定规模，社区管理能力不断增强。

——贫困县全部摘帽。县域内基础设施明显改善，基本公共服务能力和水平进一步提升，全面解决出行难、上学难、就医难等问题，社会保障实现全覆盖，县域经济发展壮大，生态环境有效改善，可持续发展能力不断增强。

与此同时，《规划》确定了"十三五"时期贫困地区发展和贫困人口脱贫的主要指标。2020 年与 2015 年比，要实现以下指标：

建档立卡贫困人口，5630 万人，要实现脱贫，约束性；

建档立卡贫困村，12.8 万个，要归零，约束性；

贫困县，832 个，要归零，约束性；

实施易地扶贫搬迁贫困人口，981 万人，约束性；

贫困地区农民人均可支配收入增速，11.7%，年均增速高于全国平均水平，预期性；

贫困地区农村集中供水率，从 75% 增长到 ≥ 83%，预期性；

建档立卡贫困户存量危房改造率，近 100%，约束性；

贫困县义务教育巩固率，从 90% 增加到 93%，预期性；

建档立卡贫困户因病致（返）贫户数，838.5 万户，基本解决，预期性；

建档立卡贫困村村集体经济年收入，从 2 万元增加到 ≥ 5 万元，预期性。

《"十三五"脱贫攻坚规划》不仅列出和安排了一系列工作和政策，而且具体细化，列出和安排了大量工程项目。

在《中共中央、国务院关于打赢脱贫攻坚战的决定》《"十三五"脱贫攻坚规划》的基础上，到党的十九大召开前，中办、国办还出台了 11 个配套文件。

中央和国家机关各部门出台了 118 个政策文件或实施方案。全国各地相继出台和完善"1+N"的脱贫攻坚系列举措。

冲锋号响起，千军万马立即行动。各地各部门按照中央部署，迅速制定了自己的规划和措施。

《安徽省"十三五"脱贫攻坚规划》明确了本省脱贫攻坚的目标任务，指出"十三五"期间，脱贫攻坚进入决战决胜期，也是啃硬骨头、攻坚拔寨的冲刺期。全省要以精准扶贫、精准脱贫为基本方略，以增加贫困人口收入为核心，把脱贫攻坚作为重大政治任务和最大民生工程，充分发挥政治优势和制度优势，坚持扶贫开发与经济社会发展相互促进，坚持精准扶贫与社会保障有效衔接，坚持扶贫开发与生态保护并重，以大别山片区、皖北地区和革命老区为主战场，动员各方力量，举全省全社会之力坚决打赢脱贫攻坚战。

四川省是脱贫攻坚的重要战场。省委省政府以高度的政治责任感，竭尽全力打好全省的脱贫攻坚战，先后出台了《中共四川省委关于集中力量打赢扶贫开发攻坚战，确保同步全面建成小康社会的决定》《四川省农村扶贫开发条例》《四川省农村扶贫开发纲要》《四川省"十三五"规划纲要》，还制定了 10 个专项扶贫方案，随后又编制出台了《四川省"十三五"脱贫攻坚规划》。

《规划》实施范围为集中连片特困地区、革命老区、民族地区和片区外有脱贫攻坚任务的区域，共计 160 个县（市、区），期限为 2016 年至 2020 年。

《规划》按照"四个全面"战略布局和省委、省政府决策部署，以"六个精准"为核心，以稳定实现贫困人口"两不愁、三保障""四个好"为重点，明确了全省"十三五"时期脱贫攻坚的总体要求、目标任务、建设内容和重大举措，制定了脱贫攻坚路线图和时间表，作为指导四川各地组织实施"十三五"时期脱贫攻坚工作的行动指南和制定相关扶贫专项规划的重要依据。

武陵山区是集中连片特困片区之一。在湖南省武陵山片区的 43 个县（市、区）中，有 22 个少数民族县、32 个革命老区县。2010 年，片区农民人均纯收入 3582 元，仅相当于全省和全国平均水平的 63.7% 和 60.5%。按照 2300 元的新扶贫标准，片区贫困发生率比全国高 8 个百分点。

为了加强片区脱贫攻坚的规划和力度，湖南省编制了《湖南省武陵山片区区域发展与扶贫攻坚实施规划》。《规划》确定了扶贫开发重点区域。继续把湘西土家族苗族自治州作为全省扶贫攻坚主战场，进一步落实自治州同时享受国家西部大开发、中部崛起、民族自治、扶贫开发等优惠政策。

《规划》将湖南片区划分为重点发展区、农业生态区、生态保护区三个区。在城镇布局上，加快吉首、张家界、怀化、邵阳等区域性现代中心城市发展，着力将武冈、涟源、洪江、新化、石门、沅陵、龙山、花垣打造成区域次中心城市。

《规划》明确将旅游业培育成带动武陵山片区脱贫致富和经济社会发展的主导产业。深入推进张家界国家旅游综合改革试点，支持吉首建设武陵山民族文化生态旅游集散城，形成"一核（张家界）、一圈（武陵源生态文化旅游圈）、两级（凤凰、崀山）、四线（地质生态游览线、古城古寨观光线、文化民俗观赏线、休闲养生游憩线）"的总体格局。

五、加强脱贫攻坚的统一领导和分级责任制

2016 年 2 月 26 日，贵州省晴隆县脱贫攻坚千名干部包保帮扶誓师大会上，全县各级干部高举右拳，庄严宣誓："脱贫攻坚，我是党员，向我看齐！"

此时，站在主席台上领誓的县委书记姜仕坤已经走到生命的极限。一个半月后，这位曾誓言"只要还有一个晴隆人没有脱贫，我这个县委书记就不能休息"的共产党员，燃尽了生命之火。

打赢脱贫攻坚战，关键在党，在党的各级干部。

1986 年 1 月 1 日，中共中央、国务院印发的《关于一九八六年农村工作的部署》（1986 年中央一号文件）中，最早提出了扶贫开发分级负责的责任制和工作要求，指出："改变贫困地区面貌，需要从实际出发，分别情况，分级负责，分批治理。"

1994 年，《国家八七扶贫攻坚计划（1994—2000 年）》进一步具体化，明确提出："坚持分级负责、以省为主的省长（自治区主席、市长）负责制。各省、自治区、直辖市特别是贫困面较大的省、区，要把扶贫开发列入重要日程，根据本计划的要求制定具体实施计划；省长（自治区主席、市长）要亲自抓，负总责，及时协调解决重要问题；要集中使用财力、物力，保证按期完成本计划规定的任务。"

《中国农村扶贫开发纲要（2001—2010 年）》为完善扶贫开发分级负责制，提出了"省负总责，县抓落实，工作到村，扶贫到户"16 字方针，强调"四个到省"的原则："扶贫开发工作责任到省、任务到省、资金到省、权力到省"。同时要求：

（1）扶贫开发工作重点县，必须把扶贫开发作为党委和政府的中心任务，以扶贫开发工作统揽全局，负责把扶贫开发的政策措施真正落实到贫困村、贫困户。

（2）继续实行扶贫工作党政"一把手"负责制，把扶贫开发的效果作为考核这些地方党政主要负责人政绩的重要依据。

在全面总结我国政府主导扶贫开发的实践经验基础上，《中国农村扶贫开发纲要（2011—2020年）》第六条将"分级负责"同"政府主导"一道，列为扶贫开发七项基本原则的首要原则："政府主导，分级负责。各级政府对本行政区域内扶贫开发工作负总责，把扶贫开发纳入经济社会发展战略及总体规划。实行扶贫开发目标责任制和考核评价制度。"并在第四十一条首次提出"坚持中央统筹、省负总责、县抓落实的管理体制"，从而进一步完善了我国扶贫开发分级负责的基本内涵。

2015年，在中央扶贫开发工作会议上，习近平总书记强调，越是进行脱贫攻坚战，越是要加强和改善党的领导。各级党委和政府必须坚定信心、勇于担当，把脱贫职责扛在肩上，把脱贫任务抓在手上。各级领导干部要保持顽强的工作作风和拼劲，满腔热情做好脱贫攻坚工作。脱贫攻坚任务重的地区党委和政府要把脱贫攻坚作为"十三五"期间头等大事和第一民生工程来抓，坚持以脱贫攻坚统揽经济社会发展全局。要层层签订脱贫攻坚责任书、立下军令状。要建立年度脱贫攻坚报告和督察制度，加强督察问责。要把脱贫攻坚实绩作为选拔任用干部的重要依据，在脱贫攻坚第一线考察识别干部，激励各级干部到脱贫攻坚战场上大显身手。要把夯实农村基层党组织同脱贫攻坚有机结合起来，选好一把手、配强领导班子。[1]

2015年11月29日，《中共中央、国务院关于打赢脱贫攻坚战的决定》进一步要求切实加强党的领导，为脱贫攻坚提供坚强政治保障。

其内容包括五个方面。

（一）强化脱贫攻坚领导责任制。

实行中央统筹、省（自治区、直辖市）负总责、市（地）县抓落实的工作机制，坚持片区为重点、精准到村到户。

党中央、国务院主要负责统筹制定扶贫开发大政方针，出台重大政策举措，

---

[1] 参见《脱贫攻坚战冲锋号已经吹响，全党全国咬定目标苦干实干》，《人民日报》2015年11月29日。

规划重大工程项目。

省（自治区、直辖市）党委和政府对扶贫开发工作负总责，抓好目标确定、项目下达、资金投放、组织动员、监督考核等工作。

市（地）党委和政府要做好上下衔接、域内协调、督促检查工作，把精力集中在贫困县如期摘帽上。

县级党委和政府承担主体责任，书记和县长是第一责任人，做好进度安排、项目落地、资金使用、人力调配、推进实施等工作。

要层层签订脱贫攻坚责任书，扶贫开发任务重的省（自治区、直辖市）党政主要领导要向中央签署脱贫责任书，每年要向中央作扶贫脱贫进展情况的报告。省（自治区、直辖市）党委和政府要向市（地）、县（市）、乡镇提出要求，层层落实责任制。

中央和国家机关各部门要按照部门职责落实扶贫开发责任，实现部门专项规划与脱贫攻坚规划有效衔接，充分运用行业资源做好扶贫开发工作。军队和武警部队要发挥优势，积极参与地方扶贫开发。

改进县级干部选拔任用机制，统筹省（自治区、直辖市）内优秀干部，选好配强扶贫任务重的县党政主要领导，把扶贫开发工作实绩作为选拔使用干部的重要依据。脱贫攻坚期内贫困县县级领导班子要保持稳定，对表现优秀、符合条件的可以就地提级。

加大选派优秀年轻干部特别是后备干部到贫困地区工作的力度，有计划地安排省部级后备干部到贫困县挂职任职，各省（自治区、直辖市）党委和政府也要选派厅局级后备干部到贫困县挂职任职。

各级领导干部要自觉践行党的群众路线，切实转变作风，把严的要求、实的作风贯穿于脱贫攻坚始终。

（二）发挥基层党组织战斗堡垒作用。

加强贫困乡镇领导班子建设，有针对性地选配政治素质高、工作能力强、熟悉"三农"工作的干部担任贫困乡镇党政主要领导。

抓好以村党组织为领导核心的村级组织配套建设，集中整顿软弱涣散的村党组织，提高贫困村党组织的创造力、凝聚力、战斗力，发挥好工会、共青团、妇联等群团组织的作用。选好配强村级领导班子，突出抓好村党组织带头人队伍建设，充分发挥党员先锋模范作用。

完善村级组织运转经费保障机制，将村干部报酬、村办公经费和其他必要支出作为保障重点。

注重选派思想好、作风正、能力强的优秀年轻干部到贫困地区驻村，选聘高校毕业生到贫困村工作。根据贫困村的实际需求，精准选配第一书记，精准选派驻村工作队，提高县以上机关派出干部比例。加大驻村干部考核力度，不稳定脱贫不撤队伍。对在基层一线干出成绩、群众欢迎的驻村干部，要重点培养使用。

加快推进贫困村村务监督委员会建设，继续落实好"四议两公开"、村务联席会等制度，健全党组织领导的村民自治机制。在有实际需要的地区，探索在村民小组或自然村开展村民自治，通过议事协商，组织群众自觉广泛参与扶贫开发。

（三）严格扶贫考核督查问责。

建立年度扶贫开发工作逐级督查制度，选择重点部门、重点地区进行联合督查，对落实不力的部门和地区，国务院扶贫开发领导小组要向党中央、国务院报告并提出责任追究建议，对未完成年度减贫任务的省份要对党政主要领导进行约谈。

大幅度提高减贫指标在贫困县经济社会发展实绩考核指标中的权重，建立扶贫工作责任清单。加快落实对限制开发区域和生态脆弱的贫困县取消地区生产总值考核的要求。

落实贫困县约束机制，严禁铺张浪费，厉行勤俭节约，严格控制"三公"经费，坚决刹住穷县"富衙"、"戴帽"炫富之风，杜绝不切实际的形象工程。建立重大涉贫事件的处置、反馈机制，在处置典型事件中发现问题，不断提高扶贫工作水平。

加强农村贫困统计监测体系建设，提高监测能力和数据质量，实现数据共享。

（四）加强扶贫开发队伍建设。

稳定和强化各级扶贫开发领导小组和工作机构。扶贫开发任务重的省（自治区、直辖市）、市（地）、县（市）扶贫开发领导小组组长由党政主要负责同志担任，强化各级扶贫开发领导小组决策部署、统筹协调、督促落实、检查考核的职能。

加强与精准扶贫工作要求相适应的扶贫开发队伍和机构建设，完善各级扶贫开发机构的设置和职能，充实配强各级扶贫开发工作力度。扶贫任务重的乡镇要有专门干部负责扶贫开发工作。

加强贫困地区县级领导干部和扶贫干部思想作风建设，加大培训力度，全面提升扶贫干部队伍能力水平。

（五）推进扶贫开发法治建设。

各级党委和政府要切实履行责任，善于运用法治思维和法治方式推进扶贫开发工作，在规划编制、项目安排、资金使用、监督管理等方面，提高规范化、制度化、法治化水平。

强化贫困地区社会治安防控体系建设和基层执法队伍建设。健全贫困地区公共法律服务制度，切实保障贫困人口合法权益。完善扶贫开发法律法规，抓紧制定扶贫开发条例。[1]

中央统筹、省负总责、市县抓落实的工作机制，再加上基层，形成了"五级书记抓扶贫"的格局。这是中国扶贫开发的重要特色，保证了扶贫脱贫事业统一、高效、有序的进行。

2016年10月，中办、国办印发《脱贫攻坚责任制实施办法》，从中央统筹、省负总责、市县落实、合力攻坚、奖惩等方面对落实脱贫攻坚责任制全面作出安排部署。务实有效的扶贫管理体制安排，让党中央决策部署有效传导到最末梢的基层干部。

各地按照要求，层层加强责任制的建设。2017年初，四川省发布《四川省脱贫攻坚责任制实施细则》，规定市（州）党委、政府主要负责人向省委、省政府签署脱贫责任书，每年向省委、省政府报告扶贫脱贫进展情况。县（市、区）党委、政府承担脱贫攻坚主体责任。市、县、乡党委、政府和村两委主要负责人是本地脱贫攻坚第一责任人，要向上一级党委、政府签署脱贫责任书，每年报告扶贫脱贫进展情况。加强有脱贫攻坚任务的市（州）、县（市、区）脱贫攻坚领导力量，保持88个贫困县党政正职稳定，做到不脱贫不调整、不摘帽不调离。省纪委加强对脱贫攻坚中违纪违规问题的监督执纪问责，省检察院对扶贫领域职务犯罪进行集中整治和预防。

六、建立脱贫攻坚制度体系

按照《中共中央、国务院关于打赢脱贫攻坚战的决定》《"十三五"脱贫攻

---

[1] 参见中共中央党史和文献研究院编：《十八大以来重要文献选编》（下），中央文献出版社2018年版，第68—71页。

坚规划》和中央全面深化改革的要求，在扶贫脱贫的工作实践中，逐步建立了脱贫攻坚责任、政策、投入、动员、监督、考核等六大体系，为打赢脱贫攻坚战提供了制度保障。

（一）建立脱贫攻坚责任体系。

强化"中央统筹、省负总责、市县抓落实"的工作机制。中央统筹，主要负责制定脱贫攻坚大政方针，出台重大政策举措，完善体制机制，规划重大工程项目，协调全局性重大问题、全国性共性问题，指导各地制定脱贫滚动规划和年度计划。有关中央和国家机关按照工作职责，落实脱贫攻坚责任。省负总责，省级党委和政府对本地区脱贫攻坚工作负总责，并确保责任制层层落实。中西部22个省份党政主要负责同志向中央签署脱贫攻坚责任书，立下军令状。市县落实，市级党委和政府负责协调域内跨县扶贫项目，对脱贫目标任务完成等工作进行督促指导和监督检查；县级党委和政府承担脱贫攻坚主体责任，负责制定脱贫攻坚实施规划，优化配置各类资源要素，组织落实各项政策措施，县级党委和政府主要负责人是第一责任人。同时强化了东西部协作、定点扶贫以及社会各界合力攻坚的责任。

（二）完善脱贫攻坚政策体系。

围绕落实脱贫攻坚决策部署，着力构建适应精准扶贫需要、强力支撑的政策体系。

为确保实现脱贫攻坚目标，中央出台一系列含金量高的政策和举措，打出组合拳。加大财政扶贫投入力度，发挥政府投入的主体和主导作用，开拓脱贫攻坚资金渠道，确保政府扶贫投入力度与脱贫攻坚任务相适应。加大金融扶贫力度，为贫困户提供扶贫小额信贷，设立扶贫再贷款、易地扶贫搬迁金融债，出台证券、保险支持脱贫攻坚政策。实施脱贫攻坚土地优惠政策，允许贫困县城乡建设用地增减挂钩指标在省域内流转使用。重点支持革命老区、民族地区、边疆地区、连片特困地区脱贫攻坚，加快交通、水利、电力建设，加大"互联网＋"扶贫力度，推进农村危房改造和人居环境整治。发挥科技人才支撑作用。健全留守儿童、留守妇女、留守老人和残疾人关爱服务体系。加大社会动员力度，深化东西部扶贫协作、定点扶贫、军队和武警部队扶贫，实化民营企业、社会组织、公民个人扶贫。创新扶贫开发理论，建立国家扶贫荣誉制度，加强乡风文明建设，宣传先进典型，营造良好氛围。为了研究解决新情况新问题，使脱贫攻坚沿着健康轨道前进，中央适时出台新举措、作出新部署。2016年7

月和 2017 年 6 月，习近平总书记分别在宁夏、山西主持召开东西部协作扶贫、深度贫困地区脱贫攻坚座谈会，研究部署做好东西部扶贫协作和对口支援、深度贫困地区脱贫攻坚工作。

（三）建立脱贫攻坚投入体系。

坚持政府投入的主体和主导作用，增加财政对脱贫攻坚的投放。《中共中央、国务院关于打赢脱贫攻坚战的决定》要求：中央财政继续加大对贫困地区的转移支付力度，中央财政专项扶贫资金规模实现较大幅度增长，一般性转移支付资金、各类涉及民生的专项转移支付资金和中央预算内投资进一步向贫困地区和贫困人口倾斜。加大中央集中彩票公益金对扶贫的支持力度。农业综合开发、农村综合改革转移支付等涉农资金要明确一定比例用于贫困村。各部门安排的各项惠民政策、项目和工程，要最大限度地向贫困地区、贫困村、贫困人口倾斜。

党的十八大以来，中央补助地方财政专项扶贫资金从 379 亿元增加到 861 亿元，年均增长 22.7%。省级和市县财政扶贫资金投入也大幅度增长。从 2011 年到 2015 年，中央财政专项扶贫资金从 272 亿元增长到 467.45 亿元，几乎翻了一番。2016 年，中央和省级财政专项扶贫资金首次突破 1000 亿元。为贫困户提供"5 万元以下、3 年期以内、免抵押免担保、基准利率放贷、财政扶贫资金贴息、县建风险补偿金"的扶贫小额信贷，累计发放 3381 亿元，共支持 855 万建档立卡贫困户。扶贫再贷款实行比支农再贷款更优惠的利率，重点支持带动贫困人口脱贫的企业和农民合作组织等。

除了政府投入外，金融也发挥作用，利用金融撬动更多资金。国家开发银行、中国农业发展银行两大政策性银行，分别设立"扶贫金融事业部"，依法享受税收优惠。中国农业银行、邮政储蓄银行、农村信用社等金融机构延伸服务网络，创新金融产品，增加贫困地区信贷投放。对有稳定还款来源的扶贫项目，允许采用过桥贷款方式，撬动信贷资金投入。

在 2015 年中央扶贫开发工作会议上，习近平总书记指出，扶贫开发投入力度，要同打赢脱贫攻坚战的要求相匹配。中央财政专项扶贫资金、中央基建投资用于扶贫的资金等，增长幅度要体现加大脱贫攻坚力度的要求。中央财政一般性转移支付、各类涉及民生的专项转移支付，要进一步向贫困地区倾斜。省级财政、对口扶贫的东部地区要相应增加扶贫资金投入。要加大扶贫资金整合力度。要做好金融扶贫这篇文章，加快农村金融改革创新步伐。要加强扶贫资金阳光化管理，集中整治和查处扶贫领域的职务犯罪，对挤占挪用、层层截留、虚报冒领、挥霍浪费扶贫资金的要从严惩处。

李克强强调，要拿出更加有力的政策措施大力支持脱贫攻坚，加大中央财政对贫困地区转移支付力度，较大幅度增加专项扶贫资金规模，设立扶贫再贷款并实行比支农再贷款更优惠的利率，通过税收优惠、贴息支持、财政奖补及过桥贷款、融资担保、风险补偿等机制，鼓励金融机构创新金融扶贫产品和服务，引导资金、土地、人才、技术、管理等各种要素向贫困地区聚集，动员全社会力量形成扶贫脱贫的强大合力。[1]

（四）强化社会动员体系。

中央先后出台《关于进一步加强东西部扶贫协作工作的指导意见》《关于进一步加强中央单位定点扶贫工作的指导意见》，细化实化帮扶任务和工作要求。十八大以来，发达地区和中央单位向贫困地区选派干部12.2万人，支持项目资金超过1万亿元。调整完善东西部扶贫协作结对关系，实现对30个民族自治州结对帮扶的全覆盖。明确京津冀协同发展中京津两市与河北省张家口、承德和保定三市的扶贫协作任务。确定东部267个经济较发达县市区，与西部地区434个贫困县开展"携手奔小康"行动。对口支援新疆、西藏和四省藏区工作在现有机制下更加聚焦精准扶贫精准脱贫，瞄准建档立卡贫困人口精准发力，提高对口支援实效。

进一步加强中央单位定点扶贫工作，推动定点扶贫工作重心下沉，提高精准度和有效性。310家中央单位定点帮扶592个扶贫开发工作重点县。军队和武警部队定点帮扶3500个贫困村，实施了1万多个扶贫项目。中央企业设立贫困地区产业投资基金、开展"百县万村"扶贫行动。民营企业实施"万企帮万村"精准扶贫行动。

2014年，国务院将10月17日确定为全国扶贫日，每年组织开展扶贫日系列活动。建立扶贫荣誉制度，设立全国脱贫攻坚奖，表彰脱贫攻坚模范，激发全社会参与脱贫攻坚的积极性。

（五）建立脱贫攻坚监督体系。

制定《脱贫攻坚督查巡查工作办法》，对各地各部门落实中央决策部署开展督查巡查。督查坚持目标导向，着力推动工作落实。巡查坚持问题导向，着力

---

[1] 参见《脱贫攻坚战冲锋号已经吹响，全党全国咬定目标苦干实干》，《人民日报》2015年11月29日。

解决突出问题。国务院扶贫开发领导小组连续两年组织开展督查巡查。8 个民主党派中央分别对应 8 个贫困人口多、贫困发生率高的省份开展脱贫攻坚民主监督，成为彰显我国多党合作制度优势的新实践。扶贫部门加强与审计、财政等部门和媒体、社会等监督力量的全方位合作，综合运用各方面监督结果，加强对各地工作指导。设立 12317 扶贫监督举报电话，畅通群众反映问题渠道，接受全社会监督。

（六）建立脱贫攻坚考核体系。

为确保脱贫成效得到社会和群众认可，经得起实践、人民、历史检验，党中央明确要求实行最严格的考核评估制度。2015 年，国务院扶贫开发领导小组首次组织开展了对省级党委和政府扶贫工作成效的试考核，根据试考核情况对中西部 20 个省份开展了督查，对 2 个省份开展了巡查。

2016 年，中共中央办公厅、国务院办公厅印发《省级党委和政府扶贫开发工作成效考核办法》。从 2016 年到 2020 年，国务院扶贫开发领导小组每年开展一次考核，主要涉及减贫成效、精准识别、精准帮扶、扶贫资金使用管理等方面内容。

在 2016 年对上年度工作进行试考核基础上，2017 年组织开展了 2016 年省级党委和政府扶贫工作成效正式考核。

为了使脱贫成效更客观真实，2017 年 1 月，有关机构组织了 1756 名评估人员，对 15000 个建档立卡贫困户和 6600 个脱贫户开展第三方评估。

七、实施"五个一批"工程

实施扶贫攻坚，必须解决好"怎么扶"的问题。

为实现脱贫攻坚的目标，党和国家根据 2014 年底贫困人口统计数据，分别制定了不同的脱贫方案。第一，通过产业扶持，帮助有劳动能力和生产技能的 3000 万贫困人口脱贫。第二，通过转移就业，帮助 1000 万贫困人口脱贫。第三，通过易地搬迁，帮助"一方水土养不起一方人"地区的约 1000 万贫困人口脱贫。第四，通过全部纳入低保覆盖范围，使丧失劳动能力、无法通过产业扶持和就业帮助脱贫的 2000 万贫困人口实现社保政策兜底脱贫。

按照规划，在 2015 年已经完成 1442 万人脱贫的基础上，从 2016 年起每年都要完成 1000 万以上贫困人口的脱贫任务。

在党的十八届五中全会上，习近平总书记精细分析了脱贫的任务和完成的可能性。2011 年至 2014 年，每年农村脱贫人口分别为 4329 万、2339 万、1650 万、1232 万。今后，通过采取过硬的、管用的举措，每年减贫 1000 万人的任务是可以完成的。具体讲，到 2020 年，通过产业扶持，可以解决 3000 万人脱贫；通过转移就业，可以解决 1000 万人脱贫；通过易地搬迁，可以解决 1000 万人脱贫，总计 5000 万人左右。还有 2000 多万完全或部分丧失劳动能力的贫困人口，可以通过全部纳入低保覆盖范围，实现社保政策兜底脱贫。习近平总书记的结论是，通过实施脱贫攻坚工程，实施精准扶贫、精准脱贫，7017 万农村贫困人口脱贫目标是可以实现的。

在扶贫脱贫的措施上，习近平总书记又进一步提出，按照贫困地区和贫困人口的具体情况，实施"五个一批"工程，即：发展生产脱贫一批、易地搬迁脱贫一批、生态补偿脱贫一批、发展教育脱贫一批、社会保障兜底一批。在精准扶贫、精准脱贫基本方略的统领下，社会各界、各行各业的力量都动员起来，因地制宜、因人而异采用多种手段，实行产业扶贫、教育扶贫、健康扶贫、金融扶贫、生态扶贫、电商扶贫、光伏扶贫等。

在 2015 年的中央扶贫工作会议上，习近平总书记强调，要解决好"怎么扶"的问题，按照贫困地区和贫困人口的具体情况，实施"五个一批"工程。一是发展生产脱贫一批，引导和支持所有有劳动能力的人依靠自己的双手开创美好明天，立足当地资源，实现就地脱贫。二是易地搬迁脱贫一批，贫困人口很难实现就地脱贫的要实施易地搬迁，按规划、分年度、有计划组织实施，确保搬得出、稳得住、能致富。三是生态补偿脱贫一批，加大贫困地区生态保护修复力度，增加重点生态功能区转移支付，扩大政策实施范围，让有劳动能力的贫困人口就地转成护林员等生态保护人员。四是发展教育脱贫一批，治贫先治愚，扶贫先扶智，国家教育经费要继续向贫困地区倾斜、向基础教育倾斜、向职业教育倾斜，帮助贫困地区改善办学条件，对农村贫困家庭幼儿特别是留守儿童给予特殊关爱。五是社会保障兜底一批，对贫困人口中完全或部分丧失劳动能力的人，由社会保障来兜底，统筹协调农村扶贫标准和农村低保标准，加大其他形式的社会救助力度。要加强医疗保险和医疗救助，新型农村合作医疗和大病保险政策要对贫困人口倾斜。要高度重视革命老区脱贫攻坚工作。[1]

---

[1] 参见《脱贫攻坚战冲锋号已经吹响，全党全国咬定目标苦干实干》，《人民日报》2015 年 11 月 29 日。

按照"五个一批"的脱贫路径，对贫困户进行分类施策。在建档立卡的基础之上对贫困户的致贫原因进行了分类，并作出了"五个一批"的具体部署。按照因地制宜、因村因户因人施策的工作要求，推进"五个一批"工程。

发展特色产业脱贫，支持贫困村、贫困户因地制宜发展种养业和传统手工业。培育贫困地区农民合作社和龙头企业，发挥其对贫困人口的组织和带动作用。

引导劳务输出脱贫，支持农村贫困家庭新成长劳动力接受职业教育，动员全国千所技能培训学校为有就业意愿的建档立卡贫困人口免费提供培训就业服务；湖南、湖北两省与广东省开展扶贫劳务协作试点并在全国推开；在贫困村建设扶贫车间，实现贫困人口就近转移就业。截至 2017 年 8 月，481 万贫困人口通过务工实现稳定就业。

实施易地搬迁脱贫，对居住在"一方水土养不起一方人"地区的贫困群众实施易地扶贫搬迁，坚持搬迁与产业、就业、公共服务同步规划，确保搬得出、稳得住、能致富。党的十八大以来到 2019 年 2 月，共实施易地扶贫搬迁 489.6 万人。

加强教育脱贫，实施农村义务教育阶段学生营养改善计划、面向贫困地区定向招生专项计划，免除公办普通高中建档立卡等家庭经济困难学生学杂费。此前的 2013 年 5 月 15 日，国务院常务会议就决定进一步提高重点高校招收农村学生比例。"十三五"时期，重点高校招收农村和贫困地区学生专项累计达52.5 万人。

推进健康扶贫，城乡居民基本医疗保险、大病保险、医疗救助对建档立卡贫困人口全覆盖，组织实施大病集中救治一批、慢病签约服务管理一批、重病兜底保障一批。推动农村最低生活保障制度与扶贫开发政策有效衔接。

还积极探索生态保护扶贫、乡村旅游扶贫、光伏扶贫、电商扶贫、资产收益扶贫等精准扶贫新路径。

各地按照"五个一批"要求，制定和实施本地的方案和措施。四川省提出，"十三五"时期精准实施贫困人口"五个一批"，通过精准实施扶持生产和就业发展脱贫 239 万、易地搬迁安置脱贫 116 万、低保政策兜底脱贫 121 万、医疗救助扶持脱贫 171.3 万、灾后重建帮扶脱贫 7.9 万，实现 380.3 万贫困人口全部脱贫。

2017 年，《宁夏回族自治区"十三五"脱贫攻坚规划》提出，到 2020 年，全区 9 个贫困县（区）农民人均可支配收入达到 1 万元以上，确保 58.12 万农村建档立卡贫困人口全部脱贫，800 个贫困村全部销号，9 个贫困县（区）全部摘帽，贫困村、贫困县（区）贫困发生率均下降到 3% 以内。为此，坚持发展生产脱贫 30 万人，易地扶贫搬迁脱贫 8.2 万人，生态补偿脱贫 1 万人，发展教育脱贫 4 万人，社会保障兜底 15 万人，共 5 条脱贫路径。

八、全方位推进产业发展扶贫

贫困地区和贫困人口真正和稳定脱贫致富，关键是发展产业。中国特色的扶贫开发之路，重要的特色，就是开发产业。党和国家在扶贫脱贫事业中，一直注重通过发展各种产业来解决贫困地区和贫困人口的脱贫致富问题。十八大之后，特别是中央召开扶贫开发工作会议，制定《中共中央、国务院关于打赢脱贫攻坚战的决定》和《"十三五"脱贫攻坚规划》，产业发展脱贫以全方位的态势向前推进。

产业发展脱贫，主要是立足贫困地区资源禀赋，以市场为导向，充分发挥农民合作组织、龙头企业等市场主体作用，建立健全产业到户到人的精准扶持机制，每个贫困县建成一批脱贫带动能力强的特色产业，每个贫困乡、村形成特色拳头产品，贫困人口劳动技能得到提升，贫困户经营性、财产性收入稳定增加。

《"十三五"脱贫攻坚规划》提出的产业发展脱贫路径有以下几种：

（一）农林产业扶贫。

优化发展种植业。粮食主产县大规模建设集中连片、旱涝保收、稳产高产、生态友好的高标准农田，巩固提升粮食生产能力。非粮食主产县大力调整种植结构，重点发展适合当地气候特点、经济效益好、市场潜力大的品种，建设一批贫困人口参与度高、受益率高的种植基地，大力发展设施农业，积极支持园艺作物标准化创建。适度发展高附加值的特色种植业。生态退化地区要坚持生态优先，发展低耗水、有利于生态环境恢复的特色作物种植，实现种地养地相结合。

积极发展养殖业。因地制宜在贫困地区发展适度规模标准化养殖，加强动物疫病防控工作，建立健全畜禽水产良种繁育体系，加强地方品种保护与利用，发展地方特色畜牧业。通过实施退牧还草等工程和草原生态保护补助奖励政策，提高饲草供给能力和质量，大力发展草食畜牧业，坚持草畜平衡。积极推广适合贫困地区发展的农牧结合、粮草兼顾、生态循环种养模式。有序发展健康水产养殖业，加快池塘标准化改造，推进稻田综合种养工程，积极发展环保型养殖方式，打造区域特色水产生态养殖品牌。

大力发展林产业。结合国家生态建设工程，培育一批兼具生态和经济效益的特色林产业。因地制宜大力推进木本油料、特色林果、林下经济、竹藤、花卉等产业发展，打造一批特色示范基地，带动贫困人口脱贫致富。着力提高木本油料生产加工水平，扶持发展以干鲜果品、竹藤、速生丰产林、松脂等为原料的林产品加工业。

促进产业融合发展。深度挖掘农业多种功能，培育壮大新产业、新业态，推进农业与旅游、文化、健康养老等产业深度融合，加快形成农村一二三产业融合发展的现代产业体系。积极发展特色农产品加工业，鼓励地方扩大贫困地区农产品产地初加工补助政策实施区域，加强农产品加工技术研发、引进、示范和推广。引导农产品加工业向贫困地区县域、重点乡镇和产业园区集中，打造产业集群。推动农产品批发市场、产地集配中心等流通基础设施以及鲜活农产品冷链物流设施建设，促进跨区域农产品产销衔接。加快实施农业品牌战略，积极培育品牌特色农产品，促进供需结构升级。加快发展无公害农产品、绿色食品、有机农产品和地理标志农产品。

扶持培育新型经营主体。培育壮大贫困地区农民专业合作社、龙头企业、种养大户、家庭农（林）场、股份制农（林）场等新型经营主体，支持发展产供直销，鼓励采取订单帮扶模式对贫困户开展定向帮扶，提供全产业链服务。支持各类新型经营主体通过土地托管、土地流转、订单农业、牲畜托养、土地经营权股份合作等方式，与贫困村、贫困户建立稳定的利益联结机制，使贫困户从中直接受益。鼓励贫困地区各类企业开展农业对外合作，提升经营管理水平，扩大农产品出口。推进贫困地区农民专业合作社示范社创建，鼓励组建联合社。现代青年农场主培养计划向贫困地区倾斜。

加大农林技术推广和培训力度。强化贫困地区基层农业技术推广体系建设。鼓励科研机构和企业加强对地方特色动植物资源、优良品种的保护和开发利用。支持农业科研机构、技术推广机构建立互联网信息帮扶平台，向贫困户免费传授技术、提供信息。强化新型职业农民培育，扩大贫困地区培训覆盖面，实施农村实用人才带头人和大学生村官示范培训，加大对脱贫致富带头人、驻村工作队和大学生村官培养力度。对农村贫困家庭劳动力进行农林技术培训，确保有劳动力的贫困户中至少有 1 名成员掌握 1 项实用技术。

主要的产业扶贫工程有：

农林种养产业扶贫工程。重点实施"一村一品"强村富民、粮油扶贫、园艺作物扶贫、畜牧业扶贫、水产扶贫、中草药扶贫、林果扶贫、木本油料扶贫、林下经济扶贫、林木种苗扶贫、花卉产业扶贫、竹产业扶贫等专项工程。

农村一二三产业融合发展试点示范工程。支持农业集体经济组织、新型经营主体、企业、合作社开展原料基地、农产品加工、营销平台等生产流通设施建设，鼓励贫困地区因地制宜发展产业园区，以发展劳动密集型项目为主，带动当地贫困人口就地就近就业。

贫困地区培训工程。重点实施新型经营主体培育、新型职业农民培育、农村实用人才带头人和大学生村官示范培训、致富带头人培训、农民手机应用技能培训等专项工程。

（二）旅游扶贫。

因地制宜发展乡村旅游。开展贫困村旅游资源普查和旅游扶贫摸底调查，建立乡村旅游扶贫工程重点村名录。以具备发展乡村旅游条件的 2.26 万个建档立卡贫困村为乡村旅游扶贫重点，推进旅游基础设施建设，实施乡村旅游后备箱工程、旅游基础设施提升工程等一批旅游扶贫重点工程，打造精品旅游线路，推动游客资源共享。安排贫困人口旅游服务能力培训和就业。

大力发展休闲农业。依托贫困地区特色农产品、农事景观及人文景观等资源，积极发展带动贫困人口增收的休闲农业和森林休闲健康养生产业。实施休闲农业和乡村旅游提升工程，加强休闲农业聚集村、休闲农业园等配套服务设施建设，培育扶持休闲农业新型经营主体，促进农业与旅游观光、健康养老等产业深度融合。引导和支持社会资本开发农民参与度高、受益面广的休闲农业项目。

积极发展特色文化旅游。打造一批辐射带动贫困人口就业增收的风景名胜区、特色小镇，实施特色民族村镇和传统村落、历史文化名镇名村保护与发展工程。依托当地民族特色文化、红色文化、乡土文化和非物质文化遗产，大力发展贫困人口参与并受益的传统文化展示表演与体验活动等乡村文化旅游。开展非物质文化遗产生产性保护，鼓励民族传统工艺传承发展和产品生产销售。坚持创意开发，推出具有地方特点的旅游商品和纪念品。支持农村贫困家庭妇女发展家庭手工旅游产品。

主要的旅游扶贫工程有：

旅游基础设施提升工程。支持中西部地区重点景区、乡村旅游、红色旅游、集中连片特困地区生态旅游交通基础设施建设，加快风景名胜区和重点村镇旅游集聚区旅游基础设施和公共服务设施建设。对乡村旅游经营户实施改厨、改厕、改院落、整治周边环境工程，支持国家扶贫开发工作重点县、集中连片特困地区县中具备条件的 6130 个村的基础设施建设。支持贫困村周边 10 公里范围内具备条件的重点景区基础设施建设。

乡村旅游产品建设工程。鼓励各类资本和大学生、返乡农民工等参与贫困村旅游开发。鼓励开发建设休闲农庄、乡村酒店、特色民宿以及自驾露营、户外运动和养老养生等乡村旅游产品，培育 1000 家乡村旅游创客基地，建成一批金牌农家乐、A 级旅游景区、中国风情小镇、特色景观旅游名镇名村、中国度假乡村、中国精品民宿。

休闲农业和乡村旅游提升工程。在贫困地区扶持建设一批休闲农业聚集村、休闲农庄、休闲农业园、休闲旅游合作社。认定推介一批休闲农业和乡村旅游示范县，推介一批中国美丽休闲乡村，加大品牌培育力度，鼓励创建推介有地方特色的休闲农业村、星级户、精品线路等，逐步形成品牌体系。

森林旅游扶贫工程。推出一批森林旅游扶贫示范市、示范县、示范景区，确定一批重点森林旅游地和特色旅游线路，鼓励发展"森林人家"，打造多元化旅游产品。

乡村旅游后备箱工程。鼓励和支持农民将当地农副土特产品、手工艺品通过自驾车旅游渠道就地就近销售，推出一批乡村旅游优质农产品推荐名录。到 2020 年，全国建设 1000 家"乡村旅游后备箱工程示范基地"，支持在临近的景区、高速公路服务区设立特色农产品销售店。

乡村旅游扶贫培训宣传工程。培养一批乡村旅游扶贫培训师。鼓励各地设立一批乡村旅游教学基地和实训基地，对乡村旅游重点村负责人、乡村旅游带头人、从业人员等分类开展旅游经营管理和服务技能培训。2020 年前，每年组织 1000 名乡村旅游扶贫重点村村官开展乡村旅游培训。开展"乡村旅游 + 互联网"万村千店扶贫专项行动，加大对贫困地区旅游线路、旅游产品、特色农产品等宣传推介力度。组织开展乡村旅游扶贫公益宣传。鼓励各地打造一批具有浓郁地方特色的乡村旅游节庆活动。

（三）电商扶贫。

培育电子商务市场主体。将农村电子商务作为精准扶贫的重要载体，把电子商务纳入扶贫开发工作体系，以建档立卡贫困村为工作重点，提升贫困户运用电子商务创业增收的能力。依托农村现有组织资源，积极培育农村电子商务市场主体。发挥大型电商企业孵化带动作用，支持有意愿的贫困户和带动贫困户的农民专业合作社开办网上商店，鼓励引导电商和电商平台企业开辟特色农产品网上销售平台，与合作社、种养大户建立直采直供关系。加快物流配送体系建设，鼓励邮政、供销合作等系统在贫困乡村建立和改造服务网点，引导电商平台企业拓展农村业务，加强农产品网上销售平台建设。实施电商扶贫工程，逐步形成农产品进城、工业品下乡的双向流通服务网络。对贫困户通过电商平台创业就业的，鼓励地方政府和电商企业免费提供网店设计、推介服务和经营管理培训，给予网络资费补助和小额信贷支持。

改善农村电子商务发展环境。加强交通、商贸流通、供销合作、邮政等部门及大型电商、快递企业信息网络共享衔接，鼓励多站合一、服务同网。加快推进适应电子商务的农产品质量标准体系和可追溯体系建设以及分等分级、包装运输标准制定和应用。

主要的电商扶贫工程有：

通过设备和物流补助、宽带网络优惠、冷链建设、培训支持等方式实施电商扶贫工程。鼓励有条件的地方和电商企业，对贫困村电商站、设备配置以及代办物流快递服务点等，给予适当补助和小额信贷支持；当地电信运营企业根据用户需求负责宽带入户建设，鼓励电信运营企业对贫困村网络流量资费给予适当优惠；在有条件的贫困村建设一批生鲜冷链物流设施。

（四）资产收益扶贫。

组织开展资产收益扶贫工作。鼓励和引导贫困户将已确权登记的土地承包经营权入股企业、合作社、家庭农（林）场与新型经营主体形成利益共同体，分享经营收益。积极推进农村集体资产、集体所有的土地等资产资源使用权作价入股，形成集体股权并按比例量化到农村集体经济组织。财政扶贫资金、相关涉农资金和社会帮扶资金投入设施农业、养殖、光伏、水电、乡村旅游等项目形成的资产，可折股量化到农村集体经济组织，优先保障丧失劳动能力的贫困户。建立健全收益分配机制，强化监督管理，确保持股贫困户和农村集体经济组织分享资产收益。创新水电、矿产资源开发占用农村集体土地的补偿补助方式，在贫困地区选择一批项目开展资源开发资产收益扶贫改革试点。通过试点，形成可复制、可推广的模式和制度，并在贫困地区推广，让贫困人口分享资源开发收益。

主要的资产收益扶贫工程有：

光伏扶贫工程。在前期开展试点、光照条件较好的 5 万个建档立卡贫困村实施光伏扶贫，保障 280 万无劳动能力建档立卡贫困户户均年增收 3000 元以上。其他光照条件好的贫困地区可因地制宜推进实施。

水库移民脱贫工程。完善地方水库移民扶持基金分配制度，在避险解困、产业发展、技能培训、教育卫生等方面向贫困水库移民倾斜，探索实施水库移民扶持基金对贫困水库移民发展产业的直接补助、贷款贴息、担保服务、小额贷款保证保险保费补助、资产收益扶贫等扶持政策。

农村小水电扶贫工程。在总结试点经验基础上，全面实施农村小水电扶贫工程。建设农村小水电扶贫装机 200 万千瓦，让贫困地区 1 万个建档立卡贫困村的 100 万贫困农户每年稳定获得小水电开发收益，助力贫困户脱贫。

其他还有很多内容。

根据党中央部署，广东原先承担了广西、四川、贵州、云南 4 省份 14 个市（州）93 个贫困县东西部扶贫协作任务。自 2016 年以来累计提供各类援助资金 671 亿元，引导 13710 家企业到协作地区投资兴业，共建产业园 147 个，促进当地贫困户、贫困村脱贫出列。打赢脱贫攻坚战后，中央重新调整新一轮东西部结对帮扶关系。广东与贵州、广西两省份的协作将继续深化，迈向新征程。

广东发挥两地特点和优势，坚持因地制宜、科学规划，大力发展产业合作。广州港华公司邀请广东省农科院和广东省花卉协会等机构的专家对多个乡镇进行考察，综合考虑光照、水源、土壤、气候、交通等因素，选定项目所在地，到贵州省毕节市赫章县铁匠乡设立鲜花育种基地。为了让农户积极参与花卉产业发展，广东方面实行"企业＋基地＋合作社＋农户"的帮扶模式。企业与群众签订种植协议，实施产供销"一条龙"服务，建立稳定的利益联结机制。企业、合作社和农民结成共同体，让农户真正参与和分享产业链增值收益。鲜花种植属于高附加值产业，产业搬到家门口，有效地带动了群众持续增收致富。

广东在广西、贵州的帮扶地区，致力于构建"基地生产、品牌管理"生产体系，做大做强供应链。提升基地生产标准，推广认证、溯源制度；采取"前店后厂"模式，建立标准化、规模化运营的产供销联合体；通过标准化生产加工促进产品变商品，延伸产业链；以"市场导向、平台运作"的营销体系畅通销售链，建立广东东西部协作产品交易市场，搭建粤港澳大湾区"菜篮子"平台，推动西部地区农特产品与粤港澳大湾区市场对接。通过打造产业协作生态链，将蕴含着大量商机的资源"盘活"，使其开出产业化的"花"、结出市场化的"果"，为产业可持续发展提供有力支撑，也为当地群众就业和增收打下更稳定的基础。

九、支持革命老区开发建设

中国共产党是通过农村包围城市、开展武装斗争，最后夺取政权的。中国共产党领导的新民主主义革命，经历了不同的历史时期。每个时期，都建立了不同类型的根据地，发动和组织群众，建立革命武装，开展土地革命或其他民生建设，建立了不同类型和时间长短不一的政权机构。

土地革命战争时期，中国共产党建立的革命根据地（又称苏区，即苏维埃区域），先后累计达到30多个。其中，有中央革命根据地、鄂豫皖革命根据地等，整个区域涉及今江西、福建、湖南、湖北、广东、海南、广西、河南、安徽、浙江、江苏、上海、四川、贵州、重庆、陕西、甘肃、宁夏等18个省（自治区、直辖市），面积20多万平方公里、人口约2000万。

全国抗日战争时期，中国共产党领导建立了19块抗日民主根据地。其中既有中共中央所在的陕甘宁边区，也有其他根据地，区域涉及今山西、河北、内蒙古、河南、山东、辽宁、江苏、浙江、安徽、湖北、湖南、广东、海南等地，总面积约100万平方公里，人口近1亿。

全国解放战争时期，中国共产党领导的解放区随着解放战争的进程而不断扩展，逐步由原来的老解放区扩大到新解放区，发展到西北、东北、华北、华东、华中、华南等广大区域。

土地革命战争和抗日战争时期的根据地都属于革命老区。解放战争时期，因为随着战争进程，解放区的范围不断扩大，乃至达到几乎全部大陆地区，所以界定老区的范围就比较复杂。

革命战争年代，老区人民为中国共产党领导下的民族独立和人民解放事业，提供了大量的人力、物力和财力，付出了巨大的人员牺牲，为中国革命的胜利作出了巨大贡献。老区人民还形成了光荣的革命传统，积累了宝贵的历史经验。

从革命老区走出了一大批无产阶级革命家、军事家和各级干部，他们成为中国革命、建设和改革事业的骨干和中坚力量。

新中国成立后，党和国家一直重视老区的建设和发展。但由于基础差、底子薄、自然条件恶劣等原因，老区发展总的比较滞后，不少老区仍然属于贫困落后地区。

1979 年 6 月，民政部、财政部联合下发的《关于免征革命老根据地社队企业工商所得税问题的通知》规定："革命老根据地包括第二次国内革命战争根据地和抗日根据地"。同时，规定土地革命战争时期根据地的划定标准为："曾经有党的组织，有革命武装，发动了群众，进行了打土豪、分田地、分粮食牲畜等运动，主要是建立了工农政权并进行了武装斗争，坚持半年以上时间。"抗日根据地的划定标准为："曾经有党的组织，有革命武装，发动了群众，进行了减租减息运动，主要是建立了抗日民主政权并进行了武装斗争，坚持一年以上时间。"此后，中央有关部门均未再制定新的标准。

进入 21 世纪后，为了加强革命老区建设的需要，中共中央党史研究室曾经逐步对中央苏区的范围进行了严格和科学的认定。一些省、自治区、直辖市也对部分革命老区进行了认定，推动了革命老区的建设、发展和改革。

新世纪新阶段，党中央、国务院加大了对革命老区的关注和扶持力度。党的十七大、十八大对此作出了明确规定。进入新时代，习近平总书记十分关心老区发展，先后就有关问题作出重要指示。李克强总理也肯定老区在中国革命和建设中作出了巨大贡献。在国家各方面建设取得重大成就、国力明显增强的今天，按照党中央的要求，加大对老区的扶持力度，不仅十分必要，而且具有重大战略意义。

在扶贫开发工作中，许多革命老区属于重点贫困地区。聚焦重点，主要的一块就是革命老区。中央历次扶贫开发、扶贫攻坚的文件和部署，都把革命老区摆在重要位置上给予特别强调，赋予特殊政策。

2012 年 6 月，国务院出台《关于支持赣南等原中央苏区振兴发展的若干意见》；同年 10 月，国务院办公厅又发出《关于印发支持赣南等原中央苏区振兴发展重点工作部门分工方案的通知》。根据国务院以及国办文件精神，中央有关部门和江西、福建、广东三省组织实施了原中央苏区振兴发展战略。2013 年 7 月，中央党史研究室在长期研究以及以往对"中央苏区县"认定的基础上，对江西、福建、广东三省以及湖南省的有关区域严格审核，对照民政部、财政部

《关于免征革命老根据地社队企业工商所得税问题的通知》的有关规定标准，以县为单位，逐一认定了原中央苏区的范围。

按照党中央、国务院决策部署，中央国家机关及有关单位扎实推进对口支援赣南等原中央苏区工作。8年来，93个单位共选派四批挂职干部赴赣南等原中央苏区挂职，出台对口支援工作计划或方案200多个，推动赣南等原中央苏区如期打赢脱贫攻坚战，加快实现振兴发展。

继组织实施原中央苏区振兴发展战略之后，国务院又相继批复陕甘宁、左右江、大别山、川陕等革命老区振兴发展规划，部署实施了一批支持措施和重大项目。

根据革命老区开发建设的进展，2015年12月23日，中共中央办公厅、国务院办公厅印发《关于加大脱贫攻坚力度支持革命老区开发建设的指导意见》，指出，革命老区（以下简称老区）是党和人民军队的根，老区和老区人民为中国革命胜利和社会主义建设作出了重大牺牲和重要贡献。新中国成立60多年特别是改革开放30多年来，在党中央、国务院关心支持下，老区面貌发生深刻变化，老区人民生活水平显著改善，但由于自然、历史等多重因素影响，一些老区发展相对滞后、基础设施薄弱、人民生活水平不高的矛盾仍然比较突出，脱贫攻坚任务相当艰巨。

为进一步加大扶持力度，加快老区开发建设步伐，让老区人民过上更加幸福美好的生活，该意见规定，到2020年，老区基础设施建设取得积极进展，特色优势产业发展壮大，生态环境质量明显改善，城乡居民人均可支配收入增长幅度高于全国平均水平，基本公共服务主要领域指标接近全国平均水平，确保我国现行标准下农村贫困人口实现脱贫，贫困县全部摘帽，解决区域性整体贫困。

该意见按照区别对待、精准施策的原则，提出以重点区域、重点人群、重点领域为突破口，加大脱贫攻坚力度，带动老区全面振兴发展。一是以支持贫困老区为重点，全面加快老区小康建设进程。二是以扶持困难群体为重点，全面增进老区人民福祉。三是以集中解决突出问题为重点，全面推动老区开发开放。

加大脱贫攻坚力度支持革命老区开发建设的主要任务是：加快重大基础设施建设，尽快破解发展瓶颈制约。积极有序开发优势资源，切实发挥辐射带动效应。着力培育壮大特色产业，不断增强"造血"功能。切实保护生态环境，着力打造永续发展的美丽老区。全力推进民生改善，大幅提升基本公共服务水平。大力促进转移就业，全面增强群众增收致富能力。深入实施精准扶贫，加快推进贫困人口脱贫。积极创新体制机制，加快构建开放型经济新格局。

该意见中国家所赋予的支持政策是：

（一）加强规划引导和重大项目建设。

编制实施国民经济和社会发展"十三五"规划等中长期规划时，对老区予以重点支持，积极谋划一批交通、水利、能源等重大工程项目，优先纳入相关专项规划。全面实施赣闽粤原中央苏区、陕甘宁、左右江、大别山、川陕等老区振兴发展规划和集中连片特困地区区域发展与脱贫攻坚规划，加快落实规划项目和政策。推动大型项目、重点工程、新兴产业在符合条件的前提下优先向老区安排。探索建立老区重大项目审批核准绿色通道，加快核准审批进程，对重大项目环评工作提前介入指导。

（二）持续加大资金投入。

中央财政一般性转移支付资金、各类涉及民生的专项转移支付资金进一步向贫困老区倾斜。增加老区转移支付资金规模，扩大支持范围。中央财政专项扶贫资金分配向贫困老区倾斜。加大中央集中彩票公益金支持老区扶贫开发力度，力争实现对贫困老区全覆盖。加大中央预算内投资和专项建设基金对老区的投入力度。严格落实国家在贫困地区安排的公益性建设项目取消县级和西部集中连片特困地区地市级配套资金的政策，并加大中央和省级财政投资补助比重。在公共服务等领域积极推广政府与社会资本合作、政府购买服务等模式。鼓励和引导各类金融机构加大对老区开发建设的金融支持。鼓励各银行业金融机构总行合理扩大贫困老区分支机构授信审批权限，加大支农再贷款、扶贫再贷款对贫困老区的支持力度，建立健全信贷资金投向老区的激励机制。支持具备条件的民间资本在老区依法发起设立村镇银行、民营银行等金融机构，推动有关金融机构延伸服务网络、创新金融产品。鼓励保险机构开发老区特色优势农作物保险产品，支持贫困老区开展特色农产品价格保险。

（三）强化土地政策保障。

在分解下达新增建设用地指标和城乡建设用地增减挂钩指标时，重点向老区内国家扶贫开发工作重点县倾斜。鼓励通过城乡建设用地增减挂钩优先解决老区易地扶贫搬迁安置所需建设用地，对不具备开展增减挂钩条件的，优先安排搬迁安置所需新增建设用地计划指标。在贫困老区开展易地扶贫搬迁，允许将城乡建设用地增减挂钩指标在省域范围内使用。支持有条件的老区开展历史遗留工矿废弃地复垦利用、城镇低效用地再开发和低丘缓坡荒滩等未利用地开发利用试点。

落实和完善农产品批发市场、农贸市场城镇土地使用税和房产税政策。

（四）完善资源开发与生态补偿政策。

适当增加贫困老区光伏、风电等优势能源资源开发规模。合理调整资源开发收益分配政策，研究提高老区矿产、油气资源开发收益地方留成比例，强化资源开发对老区发展的拉动效应。支持将符合条件的贫困老区纳入重点生态功能区补偿范围。逐步建立地区间横向生态保护补偿机制，引导提供生态产品的老区与受益地区之间，通过资金补助、产业转移、人才培训、共建园区等方式实施补偿。支持符合条件的老区启动实施湿地生态效益补偿和生态还湿。

（五）提高优抚对象优待抚恤标准。

继续提高"三红"人员（在乡退伍红军老战士、在乡西路军红军老战士、红军失散人员）、在乡老复员军人等优抚对象抚恤和定期生活补助标准，研究其遗孀定期生活补助政策，保障好老无所养和伤病残优抚对象的基本生活。研究逐步提高新中国成立前入党的农村老党员和未享受离退休待遇的城镇老党员生活补助标准。严格落实优抚对象医疗保障政策，逐步提高医疗保障水平。鼓励有条件的地方实行优抚对象基本殡葬服务费用减免政策。优抚对象申请经济适用住房、公租房或农村危房改造的，同等条件下予以优先安排。加大优抚对象家庭成员就业政策落实力度，符合就业困难人员条件的优先安排公益性岗位，组织机关、企事业单位面向老区定向招聘辅助人员。

（六）促进干部人才交流和对口帮扶。

推进贫困老区与发达地区干部交流，加大中央和国家机关、中央企业与贫困老区干部双向挂职锻炼工作力度，大力实施边远贫困地区、边疆民族地区和革命老区人才支持计划。研究实施直接面向老区的人才支持项目，支持老区相关单位申报设立院士工作站和博士后科研工作站。深入推进中央企业定点帮扶贫困革命老区县"百县万村"活动，进一步挖掘中央和省级定点扶贫单位帮扶资源，逐步实现定点扶贫工作对贫困老区全覆盖。制定优惠政策，鼓励老区优秀青年入伍，引导优秀退役军人留在老区工作。加快建立省级政府机关、企事业单位或省内发达县市对口帮扶本省贫困老区的工作机制。[1]

按照《关于加大脱贫攻坚力度支持革命老区开发建设的指导意见》，中央有

[1] 参见《中办国办印发关于加大脱贫攻坚力度支持革命老区开发建设的指导意见》，《人民日报》2016年2月2日。

关部门和省（市、区）相继出台了一系列发展革命老区的规划、方案和措施。

2016年8月3日，国家发改委正式发布《川陕革命老区振兴发展规划》，明确提出在原川陕苏区核心区域设立川陕革命老区综合改革试验区，将川陕革命老区的战略定位确定为：区域开发与精准扶贫协同推进的示范区，丝绸之路经济带和长江经济带的重要通道，清洁能源、特色农产品生产加工基地和军民融合产业示范基地，红色文化传承区，生态旅游目的地，以及秦巴山生态文明先行先试区。

《规划》提出在原川陕苏区核心区域设立川陕革命老区综合改革试验区，建立统一协调合作平台，在创新行政管理、基础设施投融资、资源开发、扶贫开发、生态保护补偿等方面赋予试验区改革创新和试点示范职能，鼓励试验区大胆探索、推进综合改革试验，为全国革命老区振兴发展探索路径、积累经验。《规划》范围以原川陕苏区为核心，包括68个县（市、区），总面积15.7万平方公里。四川省境内包括5个市的37个县（市、区）。

《规划》明确，构建"三带三走廊"经济发展空间结构。"三带"包括西安—汉中—巴中—南充—重庆—成都经济带、西安—汉中—广元—绵阳—成都经济带、西安—安康—达州—重庆经济带；"三走廊"包括兰州—广元—巴中—达州—万州经济走廊、成都—南充—达州—万州经济走廊、汉中—安康—商洛经济走廊。

各级党委和政府把弘扬老区精神作为党建工作的重要内容，将老区精神融入培育和践行社会主义核心价值观系列活动，利用建党日、建军节、国庆节等重要时间节点，持续不断推动老区精神进学校、进机关、进企业、进社区，在全社会营造传承老区精神高尚、支持服务老区光荣的浓厚氛围。积极支持老区精神挖掘整理工作，结合红色旅游组织开展形式多样的主题活动，培育壮大老区文艺团体和文化出版单位，扶持创作一批反映老区优良传统、展现老区精神风貌的优秀文艺作品和文化产品。加强老区新闻媒体建设，提升老区精神传播能力。

全国老区的广大干部群众珍惜当年的革命精神，发扬自力更生、艰苦奋斗的优良传统，不等不靠，齐心协力，争当老区精神的传承者和践行者，加快老区开发建设步伐，努力在脱贫攻坚中创造新的成绩，不断开创了老区振兴发展的新局面。

"团结就是力量，这力量是铁，这力量是钢，比铁还硬，比钢还强……"每当我们唱起这首歌时，都会激发起一股刚强的力量。这首歌的诞生地，就是河北省建屏县（后并入平山县）西柏坡镇的北庄村。1943 年 6 月，西北战地服务团来到平山县参加革命斗争，文艺工作者在北庄村创作了歌剧和同名歌曲《团结就是力量》，并在该村进行了首演。

北庄村是岗南水库移民村，因耕地少、底子薄，2014 年有建档立卡贫困人口 43 户 119 人。随着脱贫攻坚战的打响，驻村帮扶工作队、包村干部先后来到北庄村，修建蓄水池、修通柏油路、建设扶贫车间……2018 年，北庄村整体脱贫出列。2020 年，全村人均纯收入达到 1.2 万元。

广西百色是革命老区。1929 年 12 月 11 日，中共中央代表邓小平和张云逸、雷经天、韦拔群等领导举行百色起义，建立了红七军。翌年 2 月，又领导龙州起义，成立了红八军。从而形成了左右江革命根据地。

百色市逾 90% 的面积属于山区，2015 年精准识别时，全市仍有贫困人口 68.2 万人，贫困发生率为 20.25%。

30 多年前，时任田阳区那坡镇尚兴村村干部的莫文珍决定带领村民搬离"穷窝"。他先后用 10 年时间带领 1300 多人搬出大山，用 30 年在荒坡上种植杧果，发展副业，使尚兴村成了远近闻名的移民新村。

20 多年前，凌云县弄福公路的奇迹震撼壮乡。这条"天路"从悬崖绝壁上通过，曾因地势过于险峻被迫停工。1998 年百色"村级公路建设大会战"中，200 多名党员干部在工地安营扎寨，使公路仅用半年就建成通车。

10 多年前，种桑养蚕被引入遍地石头的凌云山乡。凌云县下甲镇平怀村党总支书记郁再俭是探路者之一，初期屡试屡败。不顾家人劝阻，不言弃的他又咬牙投入几十万元承包 1000 多亩旱地种桑树。而今，平怀村的桑蚕产业链，带动了 300 多户村民户均年增收 5 万多元。

百色的发展史就是一部脱贫史。在许多昔日革命者抛头颅洒热血的地方，先辈们当年追寻的梦想如今已变为现实。

"红军红又红呢，革命坚又坚呀，风吹石不动呢，心狠毒人他不怕呢……"傍晚时分，田东县平马镇百谷村红军歌曲合唱团成员聚集在村广场，唱起一首首激昂的红军歌曲。

90 多年前，这个壮族村落几乎家家都有人加入革命队伍。地方民团武装将 80 多户村民的房子全部烧毁，留下一片废墟。

如今的百谷村村道宽敞、楼房林立，戏台等文体设施齐全。凭借地域和资源优势，村里大力发展秋冬蔬菜、网箱养鱼、红色旅游等产业，村民年人均纯收入超过 2 万元，全村最后一户贫困户在 2017 年实现脱贫。

富裕起来的百谷村建起了讲述红色故事的村史陈列室，还成立了红军歌曲合唱团。合唱歌本里，《扶贫路上》《我们百谷的梦想》等一首首新歌列入其中。[1]

到 2020 年底，《关于支持赣南等原中央苏区振兴发展的若干意见》等文件和规划明确的目标任务基本完成。2020 年 11 月 11 日，国家发展改革委在北京组织召开支持赣南等原中央苏区振兴发展部际联席会议第七次会议，认真总结"十三五"时期赣南等原中央苏区振兴发展取得的成绩，并对标对表党的十九届五中全会精神，谋划"十四五"时期支持赣南等原中央苏区振兴发展的思路，共同推进有关重大政策落地见效，共同做好相关规划和政策文件研究编制。

随着新征程的开始，为进一步推进新时代中央国家机关及有关单位对口支援赣南等原中央苏区工作，按照《国务院关于新时代支持革命老区振兴发展的意见》（国发〔2021〕3 号）有关要求，2021 年，国务院办公厅又印发了《新时代中央国家机关及有关单位对口支援赣南等原中央苏区工作方案》。这是新时代支持革命老区振兴发展的"1+N+X"政策体系的重要组成，也是新时代支持革命老区振兴发展的重大举措。

《方案》提出要努力构建人才、产业、项目、创新等相结合的对口支援工作格局，探索新时代推动革命老区高质量发展、逐步实现共同富裕的有效途径。其中，对口支援赣南等原中央苏区工作，支援单位包括 63 个中央国家机关及有关单位，受援地包括江西省赣州市、吉安市、抚州市和福建省龙岩市、三明市所辖 43 个县（市、区）。工作期限为 2021 年至 2030 年。同时，《方案》明确，支持其他革命老区重点市县学习借鉴赣南等原中央苏区经验做法，结合中央国家机关和有关单位选派干部挂职锻炼，探索建立合作机制。对梅州、信阳、六安、黄冈、百色、巴中、郴州、延安、庆阳等其他革命老区市县推进对口合作也作出了统筹安排。

十、深入推进扶贫机制改革创新

改革开放是决定中国命运的关键一招，是 1978 年以来中国社会发展的主旋律，也是中国扶贫脱贫事业的重要内涵和特色。党的十八大以后，习近平总书

---

[1] 参见《百折不回，满园春色——老区百色脱贫攻坚纪实》，新华网 2020 年 12 月 9 日。

记进一步提出了全面深化改革的要求。

党和国家一再强调，要以改革创新为动力，着力消除体制机制障碍，增强内生动力和发展活力，加大扶持力度，集中力量解决突出问题，加快贫困群众脱贫致富、贫困地区全面建成小康社会步伐。

2013年12月18日，中办、国办印发《关于创新机制扎实推进农村扶贫开发工作的意见》，要求深化改革，创新扶贫开发工作机制。当前和今后一个时期，扶贫开发工作要进一步解放思想，开拓思路，深化改革，创新机制，使市场在资源配置中起决定性作用和更好发挥政府作用，更加广泛、更为有效地动员社会力量，构建政府、市场、社会协同推进的大扶贫开发格局，在全国范围内整合配置扶贫开发资源，形成扶贫开发合力。

改革创新的主要内容是：

（一）改进贫困县考核机制。

由主要考核地区生产总值向主要考核扶贫开发工作成效转变，对限制开发区域和生态脆弱的国家扶贫开发工作重点县（以下简称重点县）取消地区生产总值考核，把提高贫困人口生活水平和减少贫困人口数量作为主要指标，引导贫困地区党政领导班子和领导干部把工作重点放在扶贫开发上。中央有关部门加强指导，各省（自治区、直辖市）制定具体考核评价办法，并在试点基础上全面推开。同时，研究建立重点县退出机制，建立扶贫开发效果评估体系。

（二）建立精准扶贫工作机制。

国家制定统一的扶贫对象识别办法。各省（自治区、直辖市）在已有工作基础上，坚持扶贫开发和农村最低生活保障制度有效衔接，按照县为单位、规模控制、分级负责、精准识别、动态管理的原则，对每个贫困村、贫困户建档立卡，建设全国扶贫信息网络系统。专项扶贫措施要与贫困识别结果相衔接，深入分析致贫原因，逐村逐户制定帮扶措施，集中力量予以扶持，切实做到扶真贫、真扶贫，确保在规定时间内达到稳定脱贫目标。

（三）健全干部驻村帮扶机制。

在各省（自治区、直辖市）现有工作基础上，普遍建立驻村工作队（组）制度。可分期分批安排，确保每个贫困村都有驻村工作队（组），每个贫困户都有帮扶责任人。把驻村入户扶贫作为培养锻炼干部特别是青年干部的重要渠道。驻村工作队（组）要协助基层组织贯彻落实党和政府各项强农惠农富农政策，积极参与扶贫开发各项工作，帮助贫困村、贫困户脱贫致富。落实保障措施，建立激励机制，实现驻村帮扶长期化、制度化。

（四）改革财政专项扶贫资金管理机制。

各级政府要逐步增加财政专项扶贫资金投入，加大资金管理改革力度，增强资金使用的针对性和实效性，项目资金要到村到户，切实使资金直接用于扶贫对象。把资金分配与工作考核、资金使用绩效评价结果相结合，探索以奖代补等竞争性分配办法。简化资金拨付流程，项目审批权限原则上下放到县。以扶贫攻坚规划和重大扶贫项目为平台，整合扶贫和相关涉农资金，集中解决突出贫困问题。积极探索政府购买公共服务等有效做法。加强资金监管，强化地方责任，省、市两级政府主要负责资金和项目监管，县级政府负责组织实施好扶贫项目，各级人大常委会要加强对资金审计结果的监督，管好用好资金。坚持和完善资金项目公告公示制度，积极发挥审计、纪检、监察等部门作用，加大违纪违法行为惩处力度。逐步引入社会力量，发挥社会监督作用。

（五）完善金融服务机制。

充分发挥政策性金融的导向作用，支持贫困地区基础设施建设和主导产业发展。引导和鼓励商业性金融机构创新金融产品和服务，增加贫困地区信贷投放。在防范风险前提下，加快推动农村合作金融发展，增强农村信用社支农服务功能，规范发展村镇银行、小额贷款公司和贫困村资金互助组织。完善扶贫贴息贷款政策，增加财政贴息资金，扩大扶贫贴息贷款规模。进一步推广小额信用贷款，推进农村青年创业小额贷款和妇女小额担保贷款工作。推动金融机构网点向贫困乡镇和社区延伸，改善农村支付环境，加快信用户、信用村、信用乡（镇）建设，发展农业担保机构，扩大农业保险覆盖面。改善对农业产业化龙头企业、家庭农场、农民合作社、农村残疾人扶贫基地等经营组织的金融服务。

（六）创新社会参与机制。

建立和完善广泛动员社会各方面力量参与扶贫开发制度。充分发挥定点扶贫、东西部扶贫协作在社会扶贫中的引领作用。支持各民主党派中央、全国工商联和无党派人士参与扶贫开发工作，鼓励引导各类企业、社会组织和个人以多种形式参与扶贫开发。建立信息交流共享平台，形成有效协调协作和监管机制。全面落实企业扶贫捐赠税前扣除、各类市场主体到贫困地区投资兴业等相关支持政策。支持军队和武警部队积极参与地方扶贫开发，实现军地优势互补。每5年以国务院扶贫开发领导小组名义进行一次社会扶贫表彰。加强扶贫领域国际交流合作。[1]

国务院扶贫开发领导小组及办公室，将改革创新精神贯穿在扶贫脱贫各项工作中，并适时组织开展了扶贫脱贫的改革试验。

早在 20 世纪 80 年代，就设立了"三西"农业建设专项扶贫计划和毕节开发扶贫生态建设试验区。

1992 年，国务院批准设立了 3 个以扶贫为主题的试验区：福建宁德、广东清远、陕西延安。

2013 年，国务院扶贫开发领导小组批准辽宁、浙江、广东三省，在经济发展相对滞后、扶贫开发任务重、工作基础较好的阜新、丽水和清远市，设立第一批扶贫改革试验区，围绕新阶段扶贫开发总体目标，努力探索消除城乡二元体制、推进城乡一体化的新思路，努力探索突破扶贫开发体制机制障碍的新途径，努力探索缩小发展差距、实现共同富裕的新模式，形成工业化、信息化、城镇化、农业现代化与扶贫开发有机结合、良性互动、共同发展的新格局，在新一轮扶贫开发攻坚战中充分发挥引领带动作用。

试验的基本原则是，注重前瞻性，突出创新点，坚持参与式。

试验的主要内容是，创新扶贫体制机制，统筹解决农村贫困；创新扶贫政策措施，强化民生优先导向；创新贫困监测机制，健全扶贫工作体系；创新社会扶贫模式，完善大扶贫格局；创新生态建设理念，探索生态扶贫路子；创新扶贫理论体系，推进扶贫制度建设。

在此之后，又相继设立了一些改革试验区，包括第二批东部改革试验区：山东淄博、江苏宿迁和福建三明；第二批农村改革试验区：河南信阳、福建屏南、广西田东、四川巴州等。

2015 年 1 月 6 日至 7 日，国务院扶贫办在江苏宿迁市召开东部扶贫工作暨改革试验区工作座谈会，明确扶贫改革试验的根本目的是为扶贫工作探索新途径、积累新经验，要把制度创新作为核心任务，努力探索可复制、可推广的经验和做法。会议认为，扶贫改革是全面深化改革的组成部分，是落实新十年扶贫纲要和中办发 25 号文件精神的重要举措。历史上的扶贫改革试验对形成中国特色扶贫开发道路发挥了重要作用。随着我国经济发展进入新常态，扶贫工作面临新的机遇和挑战，要加快贫困地区、贫困人口全面迈向小康社会的步伐，

---

[1] 参见《中办国办印发〈关于创新机制扎实推进农村扶贫开发工作的意见〉》，《人民日报》2014 年 1 月 26 日。

必须进一步深化扶贫改革试验。

广西唯一获 2019 年全国脱贫攻坚组织创新奖的田东县，近年来积极探索实施精准脱贫"五步工作法"，构建"十大长效机制"，突出"五个创新"，坚持"六个始终"，落实党员干部"一对一"结对帮扶。尤其在 2020 年新冠肺炎疫情发生后，迅速开展"抗疫情、保增长、防返贫"工作，最大限度、最快速度化解疫情对脱贫成果的不利影响。

广西水库和扶贫易地安置中心扶贫移民安置部，创新实施易地扶贫搬迁安置点"八包责任制"和后续扶持"十个强化"举措，完成搬迁 710218 人，超额并提前 1 年完成全区"十三五"时期搬迁任务，搬迁建档立卡贫困人口全部实现"搬迁脱贫"。

创新，始终体现在脱贫攻坚工作当中。通过创新，探索路径和方法。通过创新，不断提高脱贫攻坚的力度和效能。

十一、在实践中探索扶贫脱贫的经验和路径[1]

河北阜平县地处太行山深处，土地贫瘠，交通闭塞，基础设施薄弱，产业发展落后。生活在这里的人们靠着"九山半水半分田"，在石头缝里刨生活，祖祖辈辈过着看天吃饭的日子。2012 年，阜平县的贫困发生率达到 50% 以上，有些村村民的年收入不足千元。2012 年，阜平县全县 22.8 万人中，初中以下文化程度的 17 万人，占总人口的 89%。年轻人想办法走出大山后就再也不愿意回来，村里只剩下留守的老人。该县的骆驼湾村、顾家台村，2012 年人均可支配收入分别只有 950 元和 980 元，不到全国平均水平的 1/8。

2012 年初，河北省派驻 22 个工作队共 66 名干部到阜平贫困村包村帮扶。时任顾家台村驻村工作组组长王恩东说："我印象最深刻的是 2013 年年初，给咱们村子的贫困户捐赠米面油和棉大衣。在分配中有老百姓提出来了，不能光是他们分，全村都要分。这样就不够分了，有的就吵吵起来了，我这次必须要分。不够分，下次分，行不? 不行。不行怎么办? 把大衣拆了铰了也要分，哪怕分我个袖子，下次再给我分一件，我把它缝起来穿，这次也必须要分。"

当时龙泉关镇的党委书记刘俊亮到顾家台村，想和王恩东一起找村干部开

---

[1] 本节阜平县的情况，根据 2020 年 8 月 22 日央视网《焦点访谈: 共同见证: 阜平不再贫，黄土变成金》改写; 遵义花茂村的情况，根据 2020 年 8 月 12 日央视网《焦点访谈: 花茂人的笑》改写。

会商量脱贫思路。但这里的人们大多晚上 8 点就睡了，天一黑，根本找不到人。不仅顾家台村是这个情况，别的村也好不到哪儿去。

2012 年 12 月 30 日，习近平总书记来到太行山深处的骆驼湾村和顾家台村，进村入户看真贫，和乡亲们一起商量脱贫致富之策。就是在这里，习近平总书记向全党全国发出了脱贫攻坚的动员令：没有农村的小康，特别是没有贫困地区的小康，就没有全面建成小康社会。习近平总书记强调：只要有信心，黄土变成金。各级党委和政府要把帮助困难群众特别是革命老区、贫困山区的困难群众脱贫致富，摆在更加突出的位置。

总书记的嘱托为阜平的干部群众指明了方向，这场脱贫攻坚的硬战也正式打响。

想要彻底摘掉贫穷的帽子，不仅要坚定信心，更要找对路子。为此，阜平县委托中国农科院进行了为期一年多的国土资源全面调查。调查发现，阜平虽然土地贫瘠，气候冷凉，但这里光照好，昼夜温差大，68% 的土地符合生产绿色食品的标准。生态好，是阜平县最大的优势。

河北阜平县委书记刘靖说："经过专家论证，根据阜平的实际情况，我们在农业种植方面选择了三个主导产业。第一个是食用菌产业，以香菇和黑木耳为主，当初规划是发展两万亩，建设一百个园区，为了搞发展，引进了十家龙头企业；第二规划了十万亩现代林果，生产优质果品为主；第三个规划了 9 万亩中药材，整体农业产业体系发展，全县统一规划统一推进。"

产业发展的路子找到了，可是还缺带头人。村里虽然有帮扶干部，但是村干部普遍年龄偏大，工作起来力不从心。刘俊亮说："我们就想法让年轻人回来，因为年轻人有文化、思路广、有闯劲，能为这个村的发展带来新的活力。"刘俊亮找到顾瑞利，向他介绍了村里未来的发展和产业规划，这让顾瑞利觉得村里下一步的发展还是充满了希望。为此，他放下在外的生意，回到村里当上了村支书。

按照产业规划，山上的荒坡地要发展林果业，干部们动员群众一起上山开荒，但开始根本没人响应。村民们私底下还纷纷议论着，祖祖辈辈都在这荒地上没闹出啥名堂，如今也一样，才不干这出力不讨好的事。事实说明，只有调动起乡亲们的积极性，扶贫工作才能开展下去。

党员干部先带头动起来，还把河北农业大学的教授请过来。在这个基础上，一些老百姓也积极参与进来了，由原来的揣着手等，到背着手看，最后是甩开手干。在果园里，河北农业大学的专家向乡亲们传授果树种植、管护的技术。

几年时间，原先的荒坡地如今种上了樱桃和苹果。

8年时间，阜平的"九山半水半分田"里发展起了樱桃大棚、果园和香菇基地。依托优美的自然环境和红色文化资源，乡村生态旅游也搞得热闹红火。山还是那片山，人还是那些人，观念的转变，让这个小山沟重新焕发了生机。

2020年2月，阜平县脱贫摘帽。全县农民人均可支配收入，从2012年的3262元增至2019年的9844元；贫困发生率，从2014年建档立卡时的54.37%降至2019年底的0.45%。

阜平的脱贫之路，提供了三条经验：首先，有一个坚强的基层战斗堡垒，党员干部要想方设法带领群众拔穷根，摘穷帽；其次，贫困群众要转变思想，丢掉"等靠要"的心态，在精神上实现"自我脱贫"；最后，就是要找对路子，想好点子，因地制宜选准产业，才能事半功倍。而最关键的，是习近平总书记指出的：只要有信心，黄土变成金。阜平成为扶贫脱贫的典型。

乌蒙山区、武陵山区、滇黔桂石漠化综合治理区、革命老区、民族地区……贵州处于中国贫困核心区，贫困县达到66个，2012年贫困发生率高达26.8%。脱贫主战场也是经济低洼地，这里经济发展长期处于落后地位。

2015年6月16日，习近平总书记来到贵州遵义市枫香镇花茂村视察，在农家小院和乡亲们攀谈。总书记说："怪不得大家都来，在这里找到乡愁了！"在农家小院他还对大家说："党中央制定的政策好不好，要看乡亲们是哭还是笑。"

花茂村原来叫荒茅田，意思是荒芜贫困的地方。过去，因为出行难、喝水难、看病难、致富难等许多困难，很多人不得不去外地打工。全村4000多人，以前高峰的时候，大概有2000人左右外出打工。一半人都出去打工了，家里只剩下空巢老人和留守儿童。

但经过多年的不懈努力，花茂村终于打破贫困的束缚，变成了一片乐土。

花茂村创业青年张胜迪在外打工20年。总书记说的一个词"乡愁"，触动了他。张胜迪说："习总书记来到我的家乡，我应该为家乡做点什么，我就很感慨。"这时候，张胜迪已在茅台镇创办了自己的企业，是小有名气的酿酒师，事业蒸蒸日上。但她还是回到了家乡，没有继续酿酒，而是开了家古法造纸的工坊。张胜迪说："古法造纸跟蔡伦造纸用同样的工艺，其实我们真正贫穷的根源是文化，还是缺文化，我就想着说从这个造纸开始做，然后慢慢做一点文创。"她决心把这古老的文化遗产做活，通过文化振兴乡村。

制作土陶在花茂村已有三四百年的历史了，早期的茅台酒就是用花茂村土陶装的。制陶匠人母先才的祖祖辈辈都是制陶匠人。2014年，村里准备打造陶艺文化创意一条街，便鼓励母师傅开一家陶艺馆，他鼓足勇气接受了这个建议。

在村镇领导的建议下，他把工坊变成集制陶、研学、餐饮、民宿于一体的陶艺馆，结果大受欢迎。总书记视察花茂村后，母师傅陶艺馆的变化就更大了。

母先才说："（习近平总书记）他嘱托了我两件事，第一件事就是要把我们家的传统手工艺传承下来，第二件事就是要保护好这里的绿水青山。然后，我就买了两台电窑，在烧的过程中没有烟，非常环保。烧出来的土陶坏的少，好的多，成品率提高，可以达到99%。"

土窑虽然停用了，却被保留了下来。在母师傅看来，这土窑和古老的制陶技艺一样，都承载着满满的乡愁，是他和先辈们的情感连接。如今，土窑也成了游客们打卡的景点。母先才说："总书记来到花茂村视察，人气就旺起来了，我们家的生意就有了很大的转机，原来80万元的债要20年才还清，在短短的两年时间就把这80万还了。"

如何让那些最普通的村民也能脱贫致富？花茂村采取"公司＋专业合作社＋农户"的方式，通过土地入股、平时务工、年终分红，带动农民脱贫致富。绿动九丰就是基于这种模式创办起来的一个高标准蔬菜生产基地，1500亩土地都是从村民手里流转过来的，集中起来发展农业优势十分明显。蔬菜基地解决了近千人的就业问题，很多村民，过去务农很难维持温饱，现在把土地流转给蔬菜基地并在基地打工，不仅可以拿到土地分红，还可以打工赚钱。

近几年，花茂村一直以"富在农家、学在农家、乐在农家、美在农家"为主题打造美丽乡村，改建了1000多栋黔北民居，新建了300多盏太阳能路灯，种植了2500多亩树木，还建了4个污水处理池，安放了大量的垃圾桶。

花茂村变干净变美了，吸引了大量游客前来体味乡风、寻找乡愁。游客数从过去的每年10万多人次上升到了150多万人次。花茂村顺势以乡愁文化为特色，打造乡村旅游经济，许多外出打工的人也纷纷返乡。全村开办了42家乡村旅馆、10个农家乐，村民的生活有了显著变化。

通过农业、旅游、文化一体化发展模式，花茂村人均年收入超过1.7万元，比2014年提高了30%以上。2014年确定的78户贫困户如今已经全部脱贫。

花茂村的转变不仅带动了本村，还带动了周边乡村的发展。苟坝村是紧邻花茂村的一个村子，1935年，红军长征时曾经在那里开过一次重要的苟坝会议，如今这个遗址成了苟坝村的红色旅游资源，吸引许多人慕名而来。现在花茂村和苟坝村相互协作，共同发展乡村旅游。两个村无论谁吸引来的客流，往往都会再去另外一个村旅游，这给双方都带来可观的收益。

今天的花茂村早已不是过去那个荒茅之地了，而是真正的花繁叶茂。

经过艰苦卓绝的奋斗，2020 年 11 月 23 日，贵州省政府宣布，全省贫困县全部出列，贫困人口全部脱贫，彻底撕掉了贫穷的标签。近年来，贵州以大数据等特色产业培植后发优势，奋力赶超，闯出发展新路。2020 年，贵州地区生产总值比 2019 年增长 4.5%，经济增速连续 10 年位居全国前列。

脱贫攻坚以来，习近平总书记先后深入河北阜平县骆驼湾村和顾家台村、甘肃渭源县元古堆村、湖南凤凰县菖蒲塘村、湖南花垣县十八洞村、河南兰考县张庄村、江西井冈山市神山村、安徽金寨县大湾村、宁夏泾源县杨岭村、宁夏永宁县原隆村、青海格尔木市长江源村、青海互助土族自治县班彦村、河北张北县德胜村、山西岢岚县赵家洼村和宋家沟村、四川昭觉县三河村和火普村、重庆石柱土家族自治县华溪村、江西于都县潭头村、内蒙古喀喇沁旗马鞍山村、河南光山县东岳村、云南腾冲市三家村中寨司莫拉佤族村、陕西柞水县金米村、宁夏吴忠市弘德村等 24 个贫困村考察调研，推动脱贫攻坚战如火如荼地开展起来。

这 24 个贫困村坚持因地制宜、八仙过海、各显神通，立足本地资源，积极发挥比较优势，宜种则种，宜养则养，宜林则林，宜渔则渔，宜工则工，宜商则商，宜游则游，宜搬则搬。地处山区的三河村、火普村，以中药材和特色山货为主打产品；地处平原和浅丘的张庄村、菖蒲塘村，大力发展规模化集约化种植养殖；近林靠水的华溪村、马鞍山村、东岳村，侧重发展林下经济和特色种植养殖；水土富含矿物质的十八洞村、潭头村，重点打造生态农业新增长点；有红色文化资源和特色风景民俗的骆驼湾村、顾家台村、神山村、大湾村，积极发展民宿和农家乐，就地搞旅游；确实地处偏远、一方水土养不好一方人的原隆村、班彦村、长江源村、赵家洼村，实行易地搬迁，创建新家园。这些从实际出发的思路和举措，形成了各有特色的脱贫模式，走出了务实管用的脱贫路子。[1]

---

[1] 参见特约调研组：《铿锵的时代乐章——党的十八大以来习近平总书记考察调研过的贫困村脱贫调查》，新华网 2020 年 10 月 9 日。

第十章

实施精准扶贫精准脱贫
基本方略

☆　☆　☆

一、习近平提出精准扶贫精准脱贫战略要求

在党的十八大以来的扶贫攻坚中，习近平总书记创造性地提出了一个战略性的要求：精准扶贫、精准脱贫，并把精准扶贫、精准脱贫作为扶贫攻坚的基本方略。

改革开放以后的一段时间，党和国家主要着眼于大批减少贫困人口。到1994年制定《国家八七扶贫攻坚计划》时，确定了到20世纪末解决贫困人口温饱的标准：绝大多数贫困户年人均纯收入达到500元以上（按1990年的不变价格）。同时，扶持贫困户创造稳定解决温饱的基础条件：有条件的地方，人均建成半亩到一亩稳产高产的基本农田；户均一亩林果园，或一亩经济作物；户均向乡镇企业或发达地区转移一个劳动力；户均一项养殖业，或其他家庭副业。牧区户均一个围栏草场，或一个"草库仓"。这一标准的确定，比较清楚地界定了扶贫脱贫的对象和目标。

为确保《国家八七扶贫攻坚计划》的实现，1996年9月，党中央、国务院专门召开中央扶贫开发工作会议，在加大扶贫工作力度的同时，突出强调扶贫攻坚要坚持到村到户。

经过持续不懈的努力，全国扶贫脱贫事业取得了巨大的成就。为了在2020年实现全面建成小康社会的战略目标，扶贫脱贫进入决战阶段，必须在2020年消灭农村的绝对贫困。不仅要在整体上消灭贫困，而且要确保不落下一个贫困人口，并且保证脱贫的成绩是真实的，而不是虚假的。在这种历史条件和重要任务面前，扶贫脱贫是否精准，就成为一个非常重要的问题。

2013年11月，习近平总书记在湖南湘西、长沙等地调研扶贫工作时，第一

次提出了"精准扶贫"的要求。他强调指出,扶贫工作"要科学规划、因地制宜、抓住重点,不断提高精准性、有效性和持续性","要实事求是,因地制宜","要精准扶贫,切忌喊口号,也不要定好高骛远的目标"。既要整体联动、有共性的要求和措施,又要突出重点、加强对特困村和特困户的帮扶。

"十三五"时期是中国全面建成小康社会的决定性阶段。"全面小康是全体中国人民的小康,不能出现有人掉队"。因此,当党中央全面吹响脱贫攻坚战的号角时,"精准扶贫、精准脱贫"这一理念也上升为打赢脱贫攻坚战的基本方略,用以指导扶贫攻坚的全部工作、政策和举措。

2013年12月18日,中共中央办公厅、国务院办公厅印发《关于创新机制扎实推进农村扶贫开发工作的意见》,提出建立精准扶贫工作机制等要求和措施。

2015年6月,习近平总书记在贵州召开部分省(区、市)党委主要负责同志座谈会时,进一步提出扶持对象精准、项目安排精准、资金使用精准、措施到户精准、因村派人(第一书记)精准、脱贫成效精准等6个方面的精准扶贫要求,强调要"做到对症下药、精准滴灌、靶向治疗,不搞大水漫灌、走马观花、大而化之"。

2015年11月,中央召开扶贫开发工作会议。习近平总书记在讲话中进一步指出,要坚持精准扶贫、精准脱贫,重在提高脱贫攻坚成效。关键是要找准路子、构建好的体制机制,在精准施策上出实招、在精准推进上下实功、在精准落地上见实效。要解决好"扶持谁"的问题,确保把真正的贫困人口弄清楚,把贫困人口、贫困程度、致贫原因等搞清楚,以便做到因户施策、因人施策。要解决好"谁来扶"的问题,加快形成中央统筹、省(自治区、直辖市)负总责、市(地)县抓落实的扶贫开发工作机制,做到分工明确、责任清晰、任务到人、考核到位。

精准扶贫是为了精准脱贫。如何实行精准脱贫?习近平总书记提出了四点要求:设定时间表,实现有序退出,既要防止拖延病,又要防止急躁症。留出缓冲期,在一定时间内实行摘帽不摘政策。实行严格评估,按照摘帽标准验收。实行逐户销号,做到脱贫到人,脱没脱贫要同群众一起算账,要群众认账。[1]

2015年11月29日,中共中央、国务院印发《关于打赢脱贫攻坚战的决定》。

---

[1] 参见《脱贫攻坚战冲锋号已经吹响,全党全国咬定目标苦干实干》,《人民日报》2015年11月29日。

文件规定了脱贫攻坚的 6 条基本原则,其中之一,就是"坚持精准扶贫,提高扶贫成效。扶贫开发贵在精准,重在精准,必须解决好扶持谁、谁来扶、怎么扶的问题,做到扶真贫、真扶贫、真脱贫,切实提高扶贫成果可持续性,让贫困人口有更多的获得感"。

2017 年全国"两会"期间,习近平总书记在参加四川代表团审议时再度强调,当前脱贫工作,关键要精准发力,向基层聚焦聚力,有的需要下一番"绣花"功夫。

在实际工作中,与精准扶贫、精准脱贫的要求相比,还存在着不少差距和需要解决的问题:首先是怎么精准识别贫困对象。由于缺乏一些刚性的标准,加上农民的收入渠道多、问题杂,造成实际收入难以核算。还有怎么使贫困识别机制精细化的问题。由于致贫原因的多样性和差异性,加上贫困人口所处的地区不同,简单地以收入多少来判断贫困程度就不一定准确。

在扶贫资金统筹的安排上也需要解决很多问题和困难,如县级自主权缺乏。经济下行压力较大,国家的扶贫资金投入受到影响。而扶贫对象多,短时间内难以实现全覆盖。虽然在 2014 年的改革中增加了县级的自主权,但真正应用到实际操作中,条条框框限制太多,导致无法做到因地制宜地推进扶贫开发工作。

为了落实精准扶贫、精准脱贫的要求,扶贫工作必须作出更大的努力。

二、确保"六个精准"

精准扶贫,"精准"体现在哪些方面?怎样才能把扶贫"扶到点上、扶到根上"?

精准是与粗放相对的概念,精准扶贫、精准脱贫的核心内容是做到"真扶贫、扶真贫、真脱贫",实质是将扶贫的政策和资源真正地落实到贫困人群身上,使这些人真正脱贫。

通俗地说,就是要精准地确定哪些人属于贫困人口、哪些人不属于贫困人口,然后针对贫困人口,根据不同的致贫原因,因户施策、因村施策,精准地加以帮扶,使之脱贫。

2015 年 6 月,习近平总书记在贵州召开部分省(区、市)党委主要负责同志座谈会时,全面阐述精准扶贫基本方略,强调扶贫开发贵在精准,重在精准,成败之举在于精准。各地都要在扶持对象精准、项目安排精准、资金使用精准、措施到户精准、因村派人（第一书记）精准、脱贫成效精准上想办法、出实招、见真效。要坚持因人因地施策，因贫困原因施策，因贫困类型施策，区别不同情况，做到对症下药、精准滴灌、靶向治疗，不搞大水漫灌、走马观花、大而化之。要因地制宜研究实施"四个一批"的扶贫攻坚行动计划，即通过扶持生产和就业发展一批，通过移民搬迁安置一批，通过低保政策兜底一批，通过医疗救助扶持一批，实现贫困人口精准脱贫。

习近平总书记在讲话中提出了"六个精准"。因此，精准扶贫、精准脱贫的要求，主要体现在"六个精准"上，一是扶持对象精准，二是项目安排精准，三是资金使用精准，四是措施到户精准，五是因村派人精准，六是脱贫成效精准。这"六个精准"是精准扶贫、精准脱贫方略的核心内容。

习近平总书记提出了精准扶贫、精准脱贫所要解决的"四个问题"：一是扶持谁？要通过建档立卡，把帮扶对象找出来。二是谁来扶？要加快形成中央统筹、省负总责、市县抓落实的扶贫开发工作机制，做到分工明确、责任清晰、任务到人、考核到位。要派驻村工作队、驻村第一书记和村两委合作，让精准扶贫政策落到贫困村、贫困户身上。三是怎么扶？要通过安排帮扶项目、资金、措施，精准实现帮扶。四是如何退？要真正够条件、真正达标了才能退。精准扶贫、精准脱贫必须回答好这四个问题。

为了实现扶贫脱贫的目标，必须实施"五个一批"：发展生产脱贫一批、易地搬迁脱贫一批、生态补偿脱贫一批、发展教育脱贫一批、社会保障兜底一批，还要实施健康扶贫、资产收益扶贫等。

按照习近平总书记提出的"六个精准"要求，围绕怎么解决"四个问题"，坚持"五个一批"的路径，因村、因户、因人找出致贫原因，对症下药，才能够实现精准脱贫，扶到点上、扶到根上。

精准扶贫精准脱贫基本方略是扶贫理念的重大创新，精准扶贫精准脱贫主要由三个环节构成，即精准识别、精准帮扶和精准脱贫。展开来说就是六个精准；"六个精准"是基本要求，"五个一批"是根本途径，"四个问题"是关键环节，充分体现了目标导向与问题导向相统一、战略性与可操作性相结合的方法论。

精准扶贫精准脱贫对扶贫开发工作意义重大，它为扶贫开发工作带来了四个转变：一是创新扶贫开发路径，由"大水漫灌"向"精准滴灌"转变。二是创新扶贫资源使用方式，由多头分散向统筹集中转变。三是创新扶贫开发模式，由偏重"输血"向注重"造血"转变。四是创新扶贫考评体系，由侧重考核地区经济发展指标向主要考核脱贫成效转变。它消除了扶贫工作中曾经的许多盲点，真正做到了扶贫资源的精准配置。

为了实施精准扶贫方略、加快贫困人口精准脱贫，2015 年 11 月，中共中央、国务院印发了《关于打赢脱贫攻坚战的决定》，要求健全精准扶贫工作机制。

抓好精准识别、建档立卡这个关键环节，为打赢脱贫攻坚战打好基础，为推进城乡发展一体化、逐步实现基本公共服务均等化创造条件。

按照"六个精准"的要求，使建档立卡贫困人口中有 5000 万人左右通过产业扶持、转移就业、易地搬迁、教育支持、医疗救助等措施实现脱贫，其余完全或部分丧失劳动能力的贫困人口实行社保政策兜底脱贫。

对建档立卡贫困村、贫困户和贫困人口定期进行全面核查，建立精准扶贫台账，实行有进有出的动态管理。根据致贫原因和脱贫需求，对贫困人口实行分类扶持。

建立贫困户脱贫认定机制，对已经脱贫的农户，在一定时期内让其继续享受扶贫相关政策，避免出现边脱贫、边返贫现象，切实做到应进则进、应扶则扶。抓紧制定严格、规范、透明的国家扶贫开发工作重点县退出标准、程序、核查办法。重点县退出，由县提出申请，市（地）初审，省级审定，报国务院扶贫开发领导小组备案。重点县退出后，在攻坚期内国家原有扶贫政策保持不变，抓紧制定攻坚期后国家帮扶政策。

加强对扶贫工作绩效的社会监督，开展贫困地区群众扶贫满意度调查，建立对扶贫政策落实情况和扶贫成效的第三方评估机制。评价精准扶贫成效，既要看减贫数量，更要看脱贫质量，不提不切实际的指标，对弄虚作假搞"数字脱贫"的，要严肃追究责任。[1]

按照精准扶贫、精准脱贫的要求，各地随即进一步提高扶贫脱贫的精准度。

四川省紧盯贫困人口脱贫、贫困村退出、贫困县摘帽目标，坚持精准扶贫、精准脱贫基本方略，强力实施"五个一批"，加快破解贫困地区发展瓶颈制约，确保贫困人口、贫困地区与全国同步进入全面小康社会。

革命老区广西百色市位于滇黔桂集中连片贫困地区，是广西扶贫攻坚的"主战场"，全市 12 个县（区）中，有 9 个国家扶贫开发重点县，2 个自治区扶贫

---

[1]　参见中共中央党史和文献研究院编：《十八大以来重要文献选编》（下），中央文献出版社 2018 年版，第 55 页。

开发重点县区。按照精准扶贫、精准脱贫的要求，百色市以前所未有的力度，变"大水漫灌"为"精准滴灌"。

按照对象、目标、内容、方式、考评、保障"六个精准"的要求，百色进行了新一轮大普访，以便进行"因户施策"精准扶贫。田林县总结了精准识别贫困户的"四法"：观察法、排除法、比较法、优先法。其中的"观察法"是："收入靠种粮，住的是茅草房，劳力少不强，残障加文盲，小病拖大病扛，供不起孩子上学堂。"

经过识别，"贫困户一览表"上墙公示。西林县八达镇坡皿村是个苗族贫困村，墙上的"贫困户一览表"，写着贫困户户主名字、致贫原因等信息，共有217户947人，核定精准扶贫户136户、521人。

精准识别是一项重要基础性工作，接下来是"对症下药""定点滴灌"，真正做到扶贫一户、脱贫一户。田林县旧州镇建起了南盘江流域生态产业示范区，由国有田林惠民经济果木林公司采取"公司＋基地＋农户"模式发展芒果产业，贫困户以土地和扶贫资金入股，公司投资建设后与贫困户按比例分成，这样贫困户既有了一份稳定收入，又不用担忧市场风险。芒果成熟后，仅分红一项，每年贫困户户均能增收2000元以上。

对于生活在自然条件十分恶劣的大石山区的部分贫困群众，百色市重点实施扶贫生态移民易地搬迁工程。到"十三五"末，百色计划完成扶贫生态移民搬迁安置23万人，其中贫困户16.8万人。

三、精准为贫困人口建档立卡

扶贫必先识贫。精准扶贫、精准脱贫，首先要把真正的贫困人口弄清楚，把贫困人口、贫困程度、致贫原因等搞清楚，以便做到因户施策、因人施策。

为此，首先要改革贫困标准的制定方法，建立精准识别贫困群众的机制。精确识别贫困人口，单单靠收入作为标准是不可行的。必须根据贫困人口所处的地区、致贫原因等多种因素来划分贫困人口，采用多维的标准来建档立户，使贫困群众的识别更加立体化。

2014年4月2日，国务院扶贫办印发《扶贫开发建档立卡工作方案》，开始在全国实行贫困户的建档立卡制度。这一制度采用2010年不变价2300元的收入标准，同时附加容易识别的"两不愁三保障"的非收入性贫困指标，克服了利用收入维度难以识别贫困户的缺陷；对贫困人口按照收入低于国家扶贫标准，综合考虑"不愁吃、不愁穿，义务教育、基本医疗和住房安全有保障"情况进行识别。对贫困村依据"贫困发生率高于全省贫困发生率一倍以上、农民人均纯收入低于全省平均水平60%、没有集体经济收入"的标准进行识别，从技术的角度解决了识别贫困户的方法问题。

贫困人口的精准识别，主要是通过科学有效的识别机制，将贫困人口识别出来，开展到村到户的贫困状况调查和建档立卡工作。在有效识别贫困人口的基础上，以一定的方式投入扶贫资源，确保帮扶效果。

从工作上来说，要求各级干部深入基层，进村入户，摸清贫困人口分布、致贫原因、帮扶需求等情况，真正地将贫困底数摸清，将贫困原因明确。同时着力提高群众的参与热情，鼓励贫困户参与精准识别的过程，充分挖掘真正的贫困户。

贫困户识别以农户收入为基本依据，综合考虑住房、教育、健康等情况，通过农户申请、民主评议、公示公告、逐级审核的方式，进行整户识别；贫困村识别综合考虑行政村贫困发生率、村民人均纯收入和村集体经济收入等情况，按照村委会申请、乡政府审核公示、县级审定公告等程序确定。

2014年4月至10月，全国扶贫系统组织了80万人进村入户，共识别12.8万个贫困村、2948万贫困户、8962万贫困人口，建档立卡、录入信息，基本摸清贫困人口分布、致贫原因、帮扶需求等信息。

同时实行有进有出的动态管理，把真正需要扶贫的人扶起来。以每年12月31日为节点，各地对建档立卡贫困人口进行动态调整，标注脱贫人口，建卡返贫人口。

2015年8月至2016年6月，全国扶贫系统又动员了近200万人开展建档立卡"回头看"，补录贫困人口807万，剔除识别不准人口929万，数据精准度进一步提高，精确锁定了脱贫攻坚的主战场。

2017年，国务院扶贫办又组织各地对2016年脱贫真实性开展自查自纠，245万标注脱贫人口重新回退为贫困人口。建档立卡使我国贫困数据第一次实现了到村到户到人。

各地还总结出诸如"先看房，次看粮，再看学生郎，四看技能强不强，五看有没有残疾重病躺在床"等评定程序，让扶贫工作更具操作性。

2017年6月，组织各地完善动态管理，把已经稳定脱贫的贫困户标注出去，把符合条件遗漏在外的贫困人口和返贫的人口纳入进来，确保应扶尽扶。

建档立卡在中国扶贫开发历史上第一次实现了贫困信息精准到村到户到人，第一次逐户分析致贫原因和脱贫需求，第一次构建起全国统一的扶贫开发信息系统，为实施精准扶贫精准脱贫基本方略、出台"五个一批"政策举措提供了数据支撑，扣好了脱贫攻坚工作的"第一颗扣子"。

四、按精准要求改进工作机制

精准扶贫，既是机遇，也是挑战，提出精准扶贫战略，关键是在"精准"二字上下功夫。这就必须同时在工作机制上加以改进，让贫困户真正从精准扶贫工作中受益。因此，随着脱贫攻坚战突出强调精准的要求，有关工作实施了一系列创新和改进。

（一）改进扶贫体制机制，统筹解决农村贫困。

以区域发展带动扶贫开发、以扶贫开发促进区域发展，统筹区域发展与扶贫开发，破除城乡二元结构，探索城乡规划、产业布局、基础设施、公共服务、社会管理与扶贫开发密切结合机制。深化土地管理制度改革，完善土地流转机制和扶贫搬迁机制，加快小城镇建设，切实保障农民分享土地增值收益，探索解决城镇化进程中的扶贫问题，努力从整体上、大环境上、基础条件上消除贫困的根本原因，为定点、精准扶贫脱困创造条件。

（二）改进扶贫领导机制，加强资源筹措力度。

政府主导是扶贫工作长期以来形成的基本领导模式。脱贫攻坚实施以来，中央更加强调领导和责任制，并将扶贫工作置于各级政府工作的首要地位，从而为克服各种结构性制约提供了制度保障。政府责任的加强，使扶贫攻坚的各项举措更加扎实有力，资金的筹措更加到位，显示出明显的效果。

据统计，2017年包括扶贫重点县以及连片特困地区贫困县在内的贫困地区（832个县）所获得的扶贫资金总额达到4419.5亿元，比2010年增加了6倍多，其中中央拨付2053.6亿元，包括对口帮扶、东西扶贫协作、企业帮扶在内的其他资金为2027亿元；省级财政332亿元，比2010年的25.4亿元增加了10倍多。

（三）改进扶贫政策措施，强化民生优先导向。

探索金融、土地、人才等方面优惠和特殊政策，大力促进贫困地区县域经济发展。创新贫困地区教育培训机制，增强扶贫对象自我发展能力。有针对性地培育对扶贫对象就业吸纳能力强、增收效果明显的产业，探索形成多元主体引领、多种形式带动、多层次发展的扶贫产业体系。推动公共资源进一步向贫困地区、扶贫对象倾斜，切实加强养老、医疗、低保等社会保障体系建设。

（四）改进贫困识别机制，分类实施扶贫方式。

为确保扶贫效果的精准施策，直接瞄准贫困群体建档立卡贫困户。在精准识别的基础上，对贫困户的致贫原因进行分类，并作出"五个一批"的具体部署。通过发展生产脱贫一批、易地搬迁脱贫一批、生态补偿脱贫一批、发展教育脱贫一批、社会保障兜底一批，还有就业扶贫、健康扶贫、资产收益扶贫等方式对贫困户进行分类施策，从扶贫的角度看，分类施策有助于直接瞄准已经发生的贫困问题，从而避免扶贫资源使用的偏离，确保扶贫效果。

（五）改进精准帮扶机制，坚持因人因地制宜。

在精准识别贫困户的基础之上，得知了哪些是贫困人群后，通过制定有针对性的政策进行精准帮扶。首先紧紧围绕贫困地区的地域特征进行扶贫开发，同时根据贫困户个人和家庭的自身情况进行帮扶。由于每个人和家庭在收入、消费、教育水平以及健康等方面的状况都有很大差距，所以必须了解贫困户真正需要什么、盼望什么，不能脱离群众基础谈政策，要切切实实地突出"精准"。在资金方面，多元化筹措资金。政府财政扶持固然重要，但政府财政毕竟有限，所以，要动员社会的整体力量，寻求企业、发达地区、第三方组织以及个人的帮助，有针对性地实行帮扶。

（六）改进扶贫具体方式，鼓励创造新的模式。

精准脱贫攻坚战实施以来，各地都瞄准 2020 年高质量脱贫的目标，积极主动地进行探索，出现了很多新的扶贫模式，既解决了实践问题，又丰富了中国的扶贫实践。很多扶贫模式的意义超越了扶贫本身。比如，土地流转扶贫实践为农村土地改革提供了经验；"扶贫车间"为缓解外出就业与留守矛盾提供了很好的解决方案；旅游扶贫为乡村产业兴旺和农业多功能化提供了方向；电商扶贫很好地解决了农产品销售难的问题。

（七）改进政府扶贫管理，提高各种政策效益。

扶贫脱贫精准，要求政府管理工作精准，做到项目、资金透明化管理，信息反馈系统通畅快捷。精准管理的实施使政府部门能够及时发现扶贫开发工作中的漏洞及缺陷，并进行弥补。扶贫项目、扶贫资金的透明化管理能让精准扶贫工作得到有效的监督。政府定期公开工作进展及资金走向，畅通群众举报投诉的渠道，虚心接受批评。资金管理进一步下放到县级政府，中央和省级负责监督、考核和检查，重点放在资金是否滥用和扶贫的实际效果评估。精准管理成为精准扶贫的重要保障。

（八）改进社会扶贫模式，完善大扶贫格局。

探索建立社会各方面力量参与扶贫开发的组织、动员和激励机制，引导和支持各类市场主体到贫困地区投资兴业、开发资源，实现共赢发展，努力营造全社会参与扶贫开发的良好氛围。根据不同地区经济社会发展水平，推动区域协作，统筹城乡发展，创新扶贫组织形式，进一步健全扶贫帮困工作体系，促进完善大扶贫格局，探索建立先富帮后富的具体实现途径。

（九）改进贫困监测机制，健全扶贫工作体系。

从实际出发，建立扶贫标准动态调整机制，充分利用现代化手段，加强对贫困发生的动态监测、识别和统计工作，建立科学的扶贫对象瞄准机制，完善扶贫政策措施到户到人的工作体系，积极探索建立重大政策、项目的贫困影响评估监测机制。

（十）改进考核评估制度，确保脱贫攻坚质量。

实行最严格的考核评估制度。脱贫攻坚考核评估，引进第三方独立考核评估。一是省际交叉考核。22个省互相考核，既是互相找问题，也是互相学习借鉴，取长补短。二是第三方评估，都是第三方机构。2017年1月，组织了1756名评估人员，对15000个建档立卡贫困户和6600个脱贫户开展第三方评估。三是媒体暗访。四是资金绩效考核。这一系列的考核，实行年终考核和平时考核相结合，定性与定量相结合，是一套完整的考核体系。这种考核评估体系的建立和实践，成为政府绩效管理中最为系统和严谨的独立评估机制。

（十一）改进生态建设理念，探索生态扶贫路子。

把扶贫措施建立在科学扶贫、绿色扶贫的基础之上。有些地区将一些城市的重工业项目引进农村，看似给贫困地区带来了巨大的经济效益，给当地人民提供了就业机会，但从长远的发展来看，有可能造成生态破坏，从经济贫困转向生态贫困。所以，扶贫要坚持走可持续发展之路，促成良性循环的生态链，实现贫困地区社会与生态的共生共荣。在精准施策中，生态建设成为一项重要要求。按照生态产业化、经济化、市场化的发展思路，推动贫困地区生态优势向产业发展和扶贫开发优势转变。推进绿色发展、低碳发展、循环发展，完善生态补偿机制，构建生态建设与扶贫开发良性互动机制，探索扶贫可持续发展道路。

五、大规模派驻驻村工作队

派驻驻村工作队，是中国共产党开展大规模群众运动的重要方式。历史上，土地改革、"四清运动"、各种思想教育运动，都派驻过工作队。这种方式，有不少弊端，但如果正确使用，对于抓紧抓实有关工作，还是非常有效的。

党的十八大以来，中央高度重视精准帮扶问题。在贫困村一线，一个很重要的举措，就是选派驻村工作队。按照因村派人、精准选派的原则，选派政治素质好、工作能力强、工作作风实的干部驻村扶贫。

2013 年 12 月，中共中央办公厅、国务院办公厅印发《关于创新机制扎实推进农村扶贫开发工作的意见》。为加强脱贫攻坚一线工作力量，要求每个贫困村都有驻村工作队。

2015 年 4 月 29 日，中共中央组织部等有关部门印发《关于做好选派机关优秀干部到村任第一书记工作的通知》。各地在以前工作基础上，深入推进抓党建促脱贫攻坚，进一步加大驻村干部选派力度，按照因村派人原则，选派政治素质好、工作能力强、工作作风实的干部驻村扶贫。要求驻村干部一般要任满两年。对干得好的予以表彰宣传、提拔使用，对不符合要求、不胜任工作的及时召回撤换。

中央要求，每个贫困村都有驻村工作队（组），每个贫困户都有帮扶责任人，要实现全覆盖。截至 2016 年末，全国共选派 77.5 万名干部驻村帮扶，选派 18.8 万名优秀干部到贫困村和基层党组织软弱涣散村担任第一书记。党的十八大到 2017 年底的几年中，全国累计选派驻村干部 277.8 万人，实现驻村工作队对建档立卡贫困村全覆盖。

驻村帮扶，是落实脱贫攻坚责任的三项硬措施之一。第一个硬措施，是中西部 22 省的省委书记、省长向中央签署脱贫攻坚责任书，立下军令状，并且严格考核。第二个硬措施，是脱贫攻坚期内，832 个贫困县的县委书记、县长保持稳定。第三个就是向贫困村派工作队。

对深度贫困村的驻村帮扶工作，一是选派优秀干部。深度贫困村脱贫任务重，需要有能力、有担当、能吃苦、和群众打成一片的干部。一般是科级干部，或者是科级后备干部，甚至是处级干部去当驻村工作队队长。二是因村派人。党的组织建设薄弱的村，就派懂党务的干部去；经济产业发展落后的村，就派懂经济的干部去；社会管理方面比较混乱的村，就派懂这方面的人去，做到因村派人。

各地逐步完善第一书记和驻村工作队管理，严格选派条件，明确职责任务，建立管理制度，强化考核奖惩。据不完全统计，从 2015 年 4 月至 2017 年 10 月，全国共提拔工作业绩突出的第一书记 1.2 万名，召回调整不胜任的第一书记 7200 名。第一书记和驻村干部广泛宣传党的政策，落实精准扶贫精准脱贫基本方略，把党的温暖送到千家万户，为脱贫攻坚取得决定性进展、解决贫困村基层领导和组织力量不足的问题，发挥了重要的作用。这些干部不仅帮助贫困村贫困户实现脱贫，而且使自身得到了锻炼和提高。

在实践中，也发现驻村工作中存在的一些问题，主要有选人不优、管理不严、作风不实、保障不力等。为了确保选派精准、帮扶扎实、群众满意，2017 年 12 月 18 日，中共中央办公厅、国务院办公厅印发了《关于加强贫困村驻村工作队选派管理工作的指导意见》，对驻村工作队工作进行了进一步的部署，提出了更明确的要求。

《指导意见》规定，这项工作的基本原则是：

——坚持因村选派、分类施策。根据贫困村实际需求精准选派驻村工作队，做到务实管用。坚持因村因户因人施策，把精准扶贫精准脱贫成效作为衡量驻村工作队绩效的基本依据。

——坚持县级统筹、全面覆盖。县级党委和政府统筹整合各方面驻村工作力量，根据派出单位帮扶资源和驻村干部综合能力科学组建驻村工作队，实现建档立卡贫困村一村一队。驻村工作队队长原则上由驻村第一书记兼任。

——坚持严格管理、有效激励。加强驻村工作队日常管理，建立并完善管理制度，从严从实要求，培养优良作风。健全保障激励机制，鼓励支持干事创业、奋发有为。

——坚持聚焦攻坚、真帮实扶。驻村工作队要坚持攻坚目标和“两不愁、三保障”脱贫标准，将资源力量集中用于帮助贫困村贫困户稳定脱贫，用心、用情、用力做好驻村帮扶工作。

为规范人员选派，要求：

（1）精准选派。坚持因村选人组队，把熟悉党群工作的干部派到基层组织软弱涣散、战斗力不强的贫困村，把熟悉经济工作的干部派到产业基础薄弱、集体经济脆弱的贫困村，把熟悉社会工作的干部派到矛盾纠纷突出、社会发育滞后的贫困村，充分发挥派出单位和驻村干部自身优势，帮助贫困村解决脱贫攻坚面临的突出困难和问题。

（2）优化结构。优先安排优秀年轻干部和后备干部参加驻村帮扶。每个驻村工作队一般不少于3人，每期驻村时间不少于2年。要把深度贫困地区贫困村和脱贫难度大的贫困村作为驻村帮扶工作的重中之重。东西部扶贫协作和对口支援、中央单位定点帮扶的对象在深度贫困地区的，要加大选派干部力度。

（3）配强干部。县级以上各级机关、国有企业、事业单位要选派政治素质好、工作作风实、综合能力强、健康具备履职条件的人员参加驻村帮扶工作。新选派的驻村工作队队长一般应为处科级干部或处科级后备干部。干部驻村期间不承担原单位工作，党员组织关系转接到所驻贫困村，确保全身心专职驻村帮扶。脱贫攻坚期内，贫困村退出的，驻村工作队不得撤离，帮扶力度不能削弱。

《指导意见》明确驻村工作队的主要任务是：

（1）宣传贯彻党中央、国务院关于脱贫攻坚各项方针政策、决策部署、工作措施。

（2）指导开展贫困人口精准识别、精准帮扶、精准退出工作，参与拟定脱贫规划计划。

（3）参与实施特色产业扶贫、劳务输出扶贫、易地扶贫搬迁、贫困户危房改造、教育扶贫、科技扶贫、健康扶贫、生态保护扶贫等精准扶贫工作。

（4）推动金融、交通、水利、电力、通信、文化、社会保障等行业和专项扶贫政策措施落实到村到户。

（5）推动发展村级集体经济，协助管好用好村级集体收入。

（6）监管扶贫资金项目，推动落实公示公告制度，做到公开、公平、公正。

（7）注重扶贫同扶志、扶智相结合，做好贫困群众思想发动、宣传教育和情感沟通工作，激发摆脱贫困内生动力。

（8）加强法治教育，推动移风易俗，指导制定和谐文明的村规民约。

（9）积极推广普及普通话，帮助提高国家通用语言文字应用能力。

（10）帮助加强基层组织建设，推动落实管党治党政治责任，整顿村级软弱涣散党组织，对整治群众身边的腐败问题提出建议；培养贫困村创业致富带头人，吸引各类人才到村创新创业，打造"不走的工作队"。

在加强日常管理方面，要求：

（1）落实责任。县级党委和政府承担驻村工作队日常管理职责，建立驻村工作领导小组，负责统筹协调、督查考核。乡镇党委和政府指导驻村工作队开展精准识别、精准退出工作，支持驻村工作队落实精准帮扶政策措施，帮助驻村工作队解决实际困难。县乡党委和政府要安排专人具体负责。

（2）健全制度。建立工作例会制度，驻村工作领导小组每季度至少组织召开1次驻村工作队队长会议，了解工作进展，交流工作经验，协调解决问题。建立考勤管理制度，明确驻村干部请销假报批程序，及时掌握和统计驻村干部在岗情况。建立工作报告制度，驻村工作队每半年向驻村工作领导小组报告思想、工作、学习情况。建立纪律约束制度，促进驻村干部遵规守纪、廉政勤政。要防止形式主义，用制度推动工作落实。

对驻村工作队加强考核激励：

（1）强化考核。县级党委和政府每年对驻村工作队进行考核检查，确保驻村帮扶工作取得实效。坚持考勤和考绩相结合，平时考核、年度考核与期满考核相结合，工作总结与村民测评、村干部评议相结合，提高考核工作的客观性和公信力。考核具体内容由各地根据实际情况确定。年度考核结果送派出单位备案。

（2）表彰激励。考核结果作为驻村干部综合评价、评优评先、提拔使用的重要依据。对成绩突出、群众认可的驻村干部，按照有关规定予以表彰；符合条件的，列为后备干部，注重优先选拔使用。

（3）严肃问责。驻村干部不胜任驻村帮扶工作的，驻村工作领导小组提出召回调整意见，派出单位要及时召回调整。对履行职责不力的，给予批评教育；对弄虚作假、失职失责，或者有其他情形、造成恶劣影响的，进行严肃处理；同时，依据有关规定对派出单位和管理单位有关负责人、责任人予以问责。

做好驻村工作队工作，必须强化组织保障：

（1）加强组织领导。省级党委和政府对本行政区域内驻村工作队选派管理工作负总责。市地级党委和政府要加大对驻村工作指导和支持力度。县级党委和政府负责统筹配置驻村力量，组织开展具体驻村帮扶工作。地方各级党组织和组织部门要加强管理，推动政策举措落实到位，为驻村帮扶工作提供有力支持。地方财政部门要统筹安排，为驻村工作队提供必要的工作经费。有关部门要加强协调配合，积极支持驻村工作队开展工作。

（2）加强督查检查。省级党委和政府对本行政区域内驻村工作队进行督查抽查，总结典型经验，加强薄弱环节，纠正突出问题，完善管理制度。要在省域范围内通报督查检查结果，并督促认真做好问题整改。

（3）加强培训宣传。各地要通过专题轮训、现场观摩、经验交流等方式，加大对脱贫攻坚方针政策、科技知识、市场信息等方面培训力度，帮助驻村干部掌握工作方法，熟悉业务知识，提高工作能力。要注重发现驻村帮扶先进事迹、有效做法和成功经验，加大宣传力度，树立鲜明导向，营造驻村帮扶工作良好氛围。

（4）加强关心爱护。县乡两级党委和政府、派出单位要关心支持驻村干部，为其提供必要的工作条件和生活条件。驻村期间原有人事关系、各项待遇不变。派出单位可利用公用经费，参照差旅费中伙食补助费标准给予生活补助，安排通信补贴，每年按规定为驻村的在职干部办理人身意外伤害保险，对因公负伤的做好救治康复工作，对因公牺牲的做好亲属优抚工作。干部驻村期间的医疗费，由派出单位按规定报销。县乡两级党委和政府、派出单位负责人要经常与驻村干部谈心谈话，了解思想动态，激发工作热情。[1]

《指导意见》下发后，各地迅速行动。例如，新疆要求南疆四地州的驻村干部主要从区直机关、中央驻新疆单位选派，驻村工作队队长由厅级干部、处级干部担任。西藏要求对最艰苦的地方派最精锐的部队，海拔在 4500 米以上的更为艰苦的地区，都要求从区直单位派优秀的年轻干部。湖南将原来在深度贫困村的县直帮扶的驻村工作队调整为省直单位派驻，要求驻村工作队队长是 50 岁以下的处级干部或者后备干部，一直驻村到 2020 年。

深度贫困村是打赢攻坚战最薄弱的环节。到 2017 年底，全国贫困发生率超过 20% 的深度贫困村有 2.98 万个，是脱贫攻坚的难中之难，硬骨头中的硬骨头，也是帮扶工作的重中之重。对深度贫困地区的帮扶，扶贫机构对驻村工作队采取了几方面的措施：

第一，加大派的力度。难干的事要派能干的人。针对深度贫困村，基本上都是派中央国家机关和省直机关的一些干部，队长一般是由处级干部或者处级后备干部担任，驻村的时间一般是 2 年。也有提出来整个脱贫攻坚期内，深度贫困村的驻村工作队不变，保持攻坚的力度和连续性。东西部扶贫协作、对口支援和中央定点扶贫单位的帮扶对象在深度贫困地区的，中央明确要加大选派工作的力度。

第二，增强帮的效果。深度贫困地区驻村帮扶工作紧紧围绕"两不愁、三

---

[1]《中共中央办公厅、国务院办公厅印发〈关于加强贫困村驻村工作队选派管理工作的指导意见〉》，人民网 2017 年 12 月 24 日。

保障"的目标，聚焦精准扶贫精准脱贫，注重实际效果。特别是对因病致贫的家庭、贫困的老年人、贫困的残疾人这些特殊类型的贫困群体，加大帮扶的力度，按照《指导意见》，落实十项任务。按照《指导意见》一村一队的要求，加强力量整合，形成帮扶合力。

第三，加强管的措施。为落实《指导意见》，各省加强督查，县加强考核，对不胜任的及时召回。明确驻村干部在驻村期间不承担原单位的工作，有的两头挂、两头跑，不利于专心致志做驻村帮扶工作。加强对驻村干部的日常管理，建立例会、考核、报告、纪律约束四项制度，防止一派了之，防止驻村帮扶走形式，用制度保证驻村工作的落实。

第四，提高服的水平。深度贫困地区条件更恶劣，工作辛苦，生活艰苦，所以，对驻村干部，政治上关心、工作上支持、生活上保障。脱贫攻坚期内，至少有4位驻村干部当选为党的十九大代表。在全国脱贫攻坚奖的评选中，向基层一线倾斜，2016年有2位驻村干部获得贡献奖，2017年有7位，这两年的脱贫攻坚奖获得者总共有78个人，有9位是驻村干部。在工作上，提供必要的工作条件，加大培训力度，推动经验交流，宣传先进典型，让他们熟悉政策、掌握方法，能够更好地做好村里的工作。生活上给予保障，为驻村干部安排生活补贴、通行补贴，对因公负伤的做好救治康复工作。

通过这些措施，使在深度贫困地区驻村帮扶的干部用心、用情、用力做好驻村帮扶工作。

"公主殿下：请饶恕臣今日又不辞而别，殿下尚在襁褓，未成满月，臣本不应早早辞别……"这是一位年轻父亲写给女儿的"请罪书"。语言不乏诙谐，既体现了父亲对女儿的挚爱和愧疚，更表达了对国家使命和扶贫任务的责任。

这封信，是贵州遵义市汇川区农业农村局的余永流辞别家中尚未满月的小女下乡扶贫时写下的。但到2020年12月1日，在脱贫攻坚即将奏响凯歌之际，余永流身体突发不适，倒在岗位上，他的生命永远定格在33岁。

余永流是贵州遵义市汇川区观坝社区的驻村干部。信的落款是2018年4月28日。他去世后，当地干部在他的电脑里发现了《呈公主殿下书》。

人们为他的信而感动，也为他的扶贫作为而感动。他的同事们说，余永流带他们去四川帮贫困户孩子上户口、办低保；为了吸引企业投资，他多方联系，还自己画了图纸；五个多月的茄子销售期，他早起到地里督促群众采摘，夜里做销售台账，有时熬通宵。

类似余永流《呈公主殿下书》这样的信件、留言、短信绝对不在少数。300多万名像余永流一样的第一书记、驻村干部，暂别年幼的儿女、挚爱的伴侣、年迈的父母，怀抱着改变贫困群众命运的满腔豪情，走进祖国各地的深沟巨壑，投入脱贫攻坚的伟大战役。

安徽金寨县中医院派驻大湾村第一书记余静，是一个在县城工作的"80后"女子。余静用大半年时间翻山越岭，走村串户，基本搞清楚了每一户贫困对象致贫的原因。丧失劳动能力的，申请入股光伏发电参与分红；年纪较大干不了重活的，提供辅助性公益岗位；年纪较轻缺资金技术的，帮助申请小额贷款和技术辅导……[1]一年中的200多天，余静以村为家，两个女儿埋怨她是"手机里的妈妈"，但她是很多村民眼中的"好闺女"、脱贫的领路人。

派驻第一书记和驻村工作队，成为确保完成脱贫攻坚任务的重要举措。党的十八大后，从2013年开始向贫困村选派第一书记和驻村工作队。到2015年，实现每个贫困村都有驻村工作队、每个贫困户都有帮扶责任人。到2020年底，全国累计选派25.5万个驻村工作队、300多万名第一书记和驻村干部，同近200万名乡镇干部和数百万名村干部一道奋战在扶贫一线。广大驻村干部牢记使命、不负重托，心系贫困群众，扎根基层扶贫一线，倾心倾力帮助贫困群众找出路、谋发展、早脱贫。

"耕犁千亩实千箱，力尽筋疲谁复伤。但得众生皆得饱，不辞羸病卧残阳。"

1800多名党员、干部为脱贫攻坚献出生命。姜仕坤、黄诗燕、蒙汉、泽小勇、黄文秀、余永流、青方华、蓝标河、秦彦军、张小娟、吴国良、吴应谱、樊贞子……在这份长长的牺牲者名单中，既有县委书记、县长，也有本地的乡镇干部、村干部，更有从四面八方赶来把他乡当故乡的第一书记、驻村工作队队员和扶贫志愿者等。[2]

六、深入开展定点扶贫工作

定点扶贫工作是中国特色扶贫开发的重要组成部分，是加大对革命老区、民族地区、边疆地区、贫困地区发展扶持力度的重要举措，也是定点扶贫单位

---

[1] 参见《彪炳史册的伟大奇迹——中国脱贫攻坚全纪实》，新华网2021年2月24日。

[2] 参见《彪炳史册的伟大奇迹——中国脱贫攻坚全纪实》，新华网2021年2月24日。

贴近基层、了解民情、培养干部、转变作风、密切党群干群关系的重要途径。

定点扶贫包含中央和地方两个层面。中央定点扶贫，是指中央和国家机关、民主党派中央和全国工商联、人民团体、参照公务员法管理的事业单位和国有大型骨干企业、国有控股金融机构、国家重点科研院校、军队和武警部队等，根据中央统一部署，与国家扶贫开发工作重点县开展结对帮扶，在资金、物资、技术、人才、项目、信息等方面对结对帮扶县给予倾斜和支持。

定点扶贫工作始于 1986 年。1987 年，国务院召开第一次中央和国家机关定点扶贫工作会议，此后，越来越多的国家机关参与这项工作。1994 年，国务院颁布实施《国家八七扶贫攻坚计划》，中央和国家机关定点扶贫的格局基本形成，共有 120 个中直机关单位定点帮扶 330 个国定贫困县。为贯彻落实《中国农村扶贫开发纲要（2001—2010 年）》，2002 年召开了中央和国家机关定点扶贫工作会议，对定点扶贫工作进行了动员和部署，确定了 272 个中央部委和企事业单位定点帮扶 481 个国家扶贫开发工作重点县。

为进一步加强和推进定点扶贫工作，2010 年 5 月，中共中央办公厅、国务院办公厅印发了《关于进一步做好定点扶贫工作的通知》，对定点扶贫工作再次作出专门部署，明确提出了新时期定点扶贫工作的总体任务和基本要求。到 2012 年，参加定点扶贫的中央和国家机关、企事业单位等达到 310 个，结对帮扶 592 个国家扶贫开发工作重点县，历史上首次实现定点扶贫对重点县的全覆盖。在中央单位定点扶贫的带动下，地方各省、市、县也组织开展了结对定点帮扶工作。定点扶贫工作已经实现常态化、制度化。

党的十八大之后，定点扶贫工作进一步深入、持久、有效地发展，充分体现了党的政治优势，体现了中国特色社会主义制度的优越性，对精准扶贫精准脱贫发挥了重要作用。

1984 年 9 月 29 日，中共中央、国务院下发《关于帮助贫困地区尽快改变面貌的通知》，将武陵山区定为全国贫困片之一，予以重点扶持。

1986 年，农业部贯彻中央部署要求，率先担负起了帮助武陵山区核心贫困区恩施、湘西两个土家族苗族自治州脱贫致富奔小康的历史重任，并许下"农民不脱贫，帮扶不脱钩"的承诺。

农业部把定点扶贫作为一项重要的政治任务来看待，制订总体帮扶方案和年度帮扶计划，一张蓝图绘长远，一茬接着一茬干，扶贫干部高标准、严要求、做示范，促进贫困地区贫困人口脱贫致富。

农业部历届党组对定点扶贫工作都给予了高度的重视，投入了极大的热情，多次去武陵山区调研、指导扶贫工作。扶贫联络工作组真挂实下，一茬接着一茬干，把改善贫困户和贫困人口的生产生活条件作为推动贫困地区经济发展和贫困户、贫困群众脱贫致富的先导性工作，先后实施了一批植物保护工程、农产品质量检测体系建设、旱作节水灌溉、农技推广综合服务、农业市场信息体系建设、农业科技直通车等基础建设项目，极大地改善了农业生产与服务条件，夯实了两州农业发展的基础。

30多年来，农业部调动全系统力量，对定点扶贫地区进行倾斜帮扶。一笔笔资金、一个个项目让这里的农村基础设施逐年改善，农民生产生活条件显著改观，摆脱贫困的步伐逐渐加快。

农业部派出336名干部挂职恩施、湘西。他们讲政治、讲大局、讲奉献，入山村、进企业、到基地，访民情、知民意、解民忧，与当地干部群众结下了深厚情谊。

在农业部的帮助下，恩施、湘西两州形成了一批特色产业和农民增收的长效机制，2015年农民人均纯收入分别达到7969元、6648元，均为2001年的5倍多。30多年来，两州累计减少贫困人口近500万人。

湘西农民历来喜欢养黑猪。扶贫联络工作组因势利导，从2006年起实施"湘西黑猪原种场建设项目"，将其从传统农业项目发展成为有市场潜力的富民产业。"养殖基地的贫困农户家庭，年养殖300头湘西黑猪，年纯收入达6万元以上，还能带动周边困难户脱贫。"湘西州农委副主任谷玉仙说。

农业部在恩施、湘西两州援建实施了茶叶、马铃薯、猕猴桃、山羊、生猪、鱼苗鱼种、草种基地、天然草场保护与改良、动物防疫体系等一系列基础设施建设项目，以茶叶、烟叶、蔬菜、生猪为主的现代农业产业板块显现，特色农业已经开花结果，成为农民增加收入、实现脱贫致富的支柱产业。

定点扶贫的干部深入基层，出谋划策，带头苦干巧干。当地干部群众称赞："这些挂职干部懂政策又接地气，带来了新观点、新思维、新作风，好比一根根接收党的政策的天线，为武陵山区打通了一条条通道，为武陵山区脱贫奔小康作出了重大贡献。"

古丈县地处北纬38度世界绿茶黄金纬度带，有近2000年的种茶历史。走入古丈县默戎镇毛坪村，所见之处皆郁郁葱葱，漫山遍野的茶树，已发出嫩嫩的尖芽。以前，在外人眼中，毛坪村是一个每五户就有一个光棍的破落穷村。

如今在农业部扶贫联络工作组的扶持下，村民年收入早已过万，住上了新房子，全村没有一个光棍儿。村支书龙献文现场连线已返回农业部工作的第 10 批扶贫联络工作组组长贾广东，向他表示感谢。"贾州长挂职两年，来了村里 25 趟！苗寨群众谈起扶贫干部，就说'玛汝（好）！扎扎汝（非常好）！'。"

2016 年国务院印发的《"十三五"脱贫攻坚规划》对定点帮扶进一步提出要求，还确定了中央单位定点扶贫工作牵头联系单位和联系对象，明确规定，中央直属机关工委牵头联系中央组织部、中央宣传部等 43 家中直机关单位；中央国家机关工委牵头联系外交部、国家发展改革委、教育部等 81 家中央国家机关单位；中央统战部牵头联系民主党派中央和全国工商联。教育部牵头联系北京大学、清华大学、中国农业大学等 44 所高校；人民银行牵头联系中国工商银行、中国农业银行、中国银行等 24 家金融机构和银监会、证监会、保监会；国务院国资委牵头联系中国核工业集团公司、中国核工业建设集团公司、中国航天科技集团公司等 103 家中央企业；中央军委政治工作部牵头联系解放军和武警部队有关单位；中央组织部牵头联系各单位选派挂职扶贫干部和第一书记工作。[1]

自然资源部多年来扎实推进部省协作，坚持"翻箱倒柜、倾囊相助"开展定点扶贫工作，在政策、资金、项目等方面予以支持和倾斜，加快了老区人民的脱贫致富步伐。

2012 年，《国务院关于支持赣南等原中央苏区振兴发展的若干意见》出台，江西省赣南老区成为自然资源部的定点扶贫地区。自然资源部迅速制定了支持赣州发展的 4 个方面 17 条措施，连续出台支持政策，在城乡建设用地、土坯房改造、稀土综合开发、新农村建设等方面，有力助推赣南老区经济社会发展，打造"订单式"服务赣南发展新模式。

政策实施 8 年来，无论部里机构、人事如何调整，都明确一名副部长对接赣南定点扶贫工作，部领导每年深入赣南走访慰问，调研指导扶贫工作，把部党组的关怀送到贫困户心里。部里专门成立赣南老区扶贫中心，专职负责赣南老区扶贫开发工作，有计划、有重点、有针对性地做好帮扶工作，取得了显著成效。部里先后派出 200 多名扶贫干部，组织 500 余人次参与赣南扶贫工作，直接投入 100 多亿元扶贫资金，推动了 1500 个扶贫项目开花结果。

政策实施 8 年来，自然资源部共安排原中央苏区各类项目用地新增建设用

[1] 参见《"十三五"脱贫攻坚规划》，中国政府网 2016 年 12 月 2 日。

地计划 72.88 万亩，对 24 个国定贫困县每年专项下达 600 亩扶贫用地计划指标，充分保障用地需求。同意将赣州市全境、吉安市全境、新余市全境、抚州市黎川县等 54 个县（市、区）纳入原中央苏区范围，适用有关耕地占补平衡政策，认定耕地指标 8.31 万亩。保障赣州稀土矿钨矿开采指标，支持赣州市关闭资源枯竭的稀土矿山，并利用已有稀土探矿权或其他资源地作为接续区，为稀土资源的保护和合理开发提供了保证。在自然资源部的支持下，稀土和钨产业已跃升为千亿产业。此外，对教育、医疗、文化、体育等用地应保尽保。

基础设施滞后，是制约赣南老区发展的主要瓶颈之一。自然资源部对老区各地重大项目建设给予了积极支持，特别是 2018 年以来，允许将交通、能源、水利等占用永久基本农田的国家重大项目纳入用地预审受理范围。2019 年，允许对占用生态保护红线重大项目组织开展不可避让论证，进一步帮助破解了重大项目建设难题。

目前，昌赣、向莆、赣韶等铁路已建成通车，赣南全面迈入高铁时代；昌宁、广吉等一批高速公路建成，实现了县县通高速公路；赣州黄金机场、吉安井冈山机场改扩建和上饶三清山机场投运；赣州东 500 千伏输变电工程、峡江水利枢纽、廖坊水利枢纽等一批重大能源水利项目建成投运。同时，赣深高铁和兴泉铁路正在建设，长赣高铁开工在即，赣广高铁、瑞梅铁路规划正全力推进。基础设施短板的补齐，将助力赣南苏区从开放"末梢"跃升为开放前沿，为红土地高质量跨越式发展插上腾飞的翅膀。

自然资源部的扶贫干部大力弘扬新时代苏区干部好作风，将赣南当成自己的第二故乡，始终与贫困群众打成一片，架起了中央和老区的"连心桥"，开启了自然资源部与赣南老区的"直通车"，受到基层干部群众的普遍赞誉。[1]

七、责任到人措施到家工作到位

精准扶贫、精准脱贫，还要保证扶贫责任到人、措施到家、工作到位。

中央要求实行脱贫工作责任制。进一步完善中央统筹、省（自治区、直辖市）负总责、市（地）县抓落实的工作机制。强化脱贫工作责任考核，对贫困县重点考核脱贫成效。加大中央和省级财政扶贫投入，发挥政策性金融和商业

---

[1] 参见《不让一名老区群众掉队——自然资源部定点帮扶赣南老区振兴发展 8 年回眸》，《中国自然资源报》2020 年 7 月 10 日。

性金融的互补作用，整合各类扶贫资源，开辟扶贫开发新的资金渠道。健全东西部协作和党政机关、部队、人民团体、国有企业定点扶贫机制，激励各类企业、社会组织、个人自愿采取包干方式参与扶贫。把革命老区、民族地区、边疆地区、集中连片贫困地区作为脱贫攻坚重点。

为此，建立了脱贫攻坚责任体系。强化"中央统筹、省负总责、市县抓落实"的工作机制。

2016 年 10 月，中共中央办公厅、国务院办公厅印发《脱贫攻坚责任制实施办法》，从中央统筹、省负总责、市县落实、合力攻坚、奖惩等方面对落实脱贫攻坚责任制作出全面安排部署。务实有效的扶贫管理体制安排，让党中央决策部署有效传导到最末梢的基层干部。为确保脱贫成效经得起实践、人民、历史检验，党中央明确要求实行最严格的考核评估制度。

注重实效，扎实解决突出问题。针对制约贫困地区发展的瓶颈，以集中连片特殊困难地区（以下简称连片特困地区）为主战场，因地制宜，分类指导，突出重点，注重实效，继续做好整村推进、易地扶贫搬迁、以工代赈、就业促进、生态建设等工作，进一步整合力量、明确责任、明确目标，组织实施扶贫开发 10 项重点工作，全面带动和推进各项扶贫开发工作。

（一）村级道路畅通工作。

按照《全国农村公路建设规划》确定的目标任务，结合村镇行政区划调整、易地扶贫搬迁、特色产业发展和农村物流等工作，加大对贫困地区农村公路建设支持力度。加强安全防护设施建设和中小危桥改造，提高农村公路服务水平和防灾抗灾能力。到 2015 年，提高贫困地区县城通二级及以上高等级公路比例，除西藏外，西部地区 80% 的建制村通沥青（水泥）路，稳步提高贫困地区农村客运班车通达率，解决溜索等特殊问题。到 2020 年，实现具备条件的建制村通沥青、水泥路和通班车。（交通运输部、国家发展改革委、财政部等）

（二）饮水安全工作。

继续全力推进《全国农村饮水安全工程"十二五"规划》实施，优先安排贫困地区农村饮水安全工程建设，确保到 2015 年解决规划内贫困地区剩余的农村居民和学校师生饮水安全问题。到 2020 年，农村饮水安全保障程度和自来水普及率进一步提高。（国家发展改革委、水利部、国家卫生计生委、环境保护部等）

（三）农村电力保障工作。

与易地扶贫搬迁规划相衔接，加大农村电网升级改造工作力度。落实《全面解决无电人口用电问题三年行动计划（2013—2015 年）》，因地制宜采取大电网延伸以及光伏、风电光电互补、小水电等可再生能源分散供电方式。到 2015 年，全面解决无电人口用电问题。（国家能源局、国家发展改革委、财政部、水利部等）

（四）危房改造工作。

制定贫困地区危房改造计划，继续加大对贫困地区和贫困人口倾斜力度。明确建设标准，确保改造户住房达到最低建设要求。完善现有危房改造信息系统，有步骤地向社会公开。加强对农村危房改造的管理和监督检查。到 2020 年，完成贫困地区存量农村危房改造任务，解决贫困农户住房安全问题。（住房城乡建设部、国家发展改革委、财政部等）

（五）特色产业增收工作。

指导连片特困地区编制县级特色产业发展规划。加强规划项目进村到户机制建设，切实提高贫困户的参与度、受益度。积极培育贫困地区农民合作组织，提高贫困户在产业发展中的组织程度。鼓励企业从事农业产业化经营，发挥龙头企业带动作用，探索企业与贫困农户建立利益联结机制，促进贫困农户稳步增收。深入推进科技特派员农村科技创业行动，加快现代农业科技在贫困地区的推广应用。到 2015 年，力争每个有条件的贫困农户掌握 1 至 2 项实用技术，至少参与 1 项养殖、种植、林下经济、花卉苗木培育、沙产业、设施农业等增收项目。到 2020 年，初步构建特色支柱产业体系。不断提高贫困地区防灾避灾能力和农业现代化水平。畅通农产品流通渠道，完善流通网络。推动县域经济发展。（农业部、国家林业局、国务院扶贫办、商务部、国家发展改革委、科技部、全国供销合作总社等）

（六）乡村旅游扶贫工作。

加强贫困地区旅游资源调查，围绕美丽乡村建设，依托贫困地区优势旅游资源，发挥精品景区的辐射作用，带动农户脱贫致富。统筹考虑贫困地区旅游资源情况，在研究编制全国重点旅游区生态旅游发展规划时，对贫困乡村旅游发展给予重点支持。结合交通基础设施建设、农村危房改造、农村环境综合整治、生态搬迁、游牧民定居、特色景观旅游村镇、历史文化名村名镇和传统村落及民居保护等项目建设，加大政策、资金扶持力度，促进休闲农业和乡村旅游业发展。到 2015 年，扶持约 2000 个贫困村开展乡村旅游。到 2020 年，扶持约 6000 个贫困村开展乡村旅游，带动农村劳动力就业。（国家发展改革委、国

家旅游局、环境保护部、住房城乡建设部、农业部、国家林业局等）

（七）教育扶贫工作。

全面实施教育扶贫工程。科学布局农村义务教育学校，保障学生就近上学。大力发展现代职业教育，办好一批中、高等职业学校，支持一批特色优势专业，培育当地产业发展需要的技术技能人才。完善职业教育对口支援机制，鼓励东部地区职业院校（集团）对口支援贫困地区职业院校。国家制定奖补政策，实施中等职业教育协作计划，支持贫困地区初中毕业生到省内外经济较发达地区中等职业学校接受教育。广泛开展职业技能培训，使未继续升学的初高中毕业生等新成长劳动力都能接受适应就业需求的职业培训。继续推进面向贫困地区定向招生专项计划和支援中西部地区招生协作计划的实施，不断增加贫困地区学生接受优质高等教育的机会。到 2015 年，贫困地区义务教育巩固率达到 90% 以上，学前三年教育毛入园率达到 55% 以上，高中阶段毛入学率达到 80% 以上。到 2020 年，贫困地区基本普及学前教育，义务教育水平进一步提高，普及高中阶段教育，基础教育办学质量有较大提升，职业教育体系更加完善，教育培训就业衔接更加紧密，高等教育服务区域经济社会发展能力和继续教育服务劳动者就业创业能力持续提高。（教育部、国家发展改革委、财政部、国务院扶贫办、人力资源社会保障部、公安部、农业部等）

（八）卫生和计划生育工作。

进一步健全贫困地区基层卫生计生服务体系，加强妇幼保健机构能力建设，加大重大疾病和地方病防控力度，采取有效措施逐步解决因病致贫、因病返贫问题。加强贫困地区计划生育工作，加大对计划生育扶贫对象的扶持力度。到 2015 年，贫困地区县、乡、村三级卫生计生服务网基本健全，县级医院的能力和水平明显提高，每个乡镇有 1 所政府举办的卫生院，每个行政村有卫生室；新型农村合作医疗参合率稳定在 90% 以上；逐步提高儿童医疗卫生保障水平，重大传染病和地方病得到有效控制。到 2020 年，贫困地区群众获得的公共卫生和基本医疗服务更加均等，服务水平进一步提高，低生育水平持续稳定，逐步实现人口均衡发展。（国家卫生计生委、国家发展改革委、财政部等）

（九）文化建设工作。

加强贫困地区公共文化服务体系建设，提高服务效能，积极推进公共数字文化建设。统筹有线电视、直播卫星、地面数字电视等多种方式，提高电视覆盖率。充分利用村级组织活动场所等现有设施，积极开展群众性文化活动。到

2015 年，基本建成以县级公共图书馆、文化馆和乡镇综合文化站为主干的公共文化设施网络。到 2020 年，全面实现广播电视户户通。（文化部、新闻出版广电总局、国家发展改革委、财政部等）

（十）贫困村信息化工作。

推进贫困地区建制村接通符合国家标准的互联网，努力消除"数字鸿沟"带来的差距。整合开放各类信息资源，为农民提供信息服务。每个村至少确定 1 名有文化、懂信息、能服务的信息员，加大培训力度，充分利用有关部门现有培训项目，着力提高其信息获取和服务能力。到 2015 年，连片特困地区已通电的建制村，互联网覆盖率达到 100%，基本解决连片特困地区内义务教育学校和普通高中、职业院校的宽带接入问题。到 2020 年，自然村基本实现通宽带。（工业和信息化部、农业部、科技部、教育部、国务院扶贫办等）[1]

对其他特殊人口，一个也不能落下。2016 年 2 月 4 日，国务院印发《关于加强农村留守儿童关爱保护工作的意见》。6 月 13 日，国务院印发《关于加强困境儿童保障工作的意见》。2018 年 6 月 21 日，国务院又印发《关于建立残疾儿童康复救助制度的意见》。各级政府采取各种措施，健全留守儿童、留守妇女、留守老人和残疾人关爱服务体系。对农村"三留守"人员和残疾人进行全面摸底排查，建立详实完备、动态更新的信息管理系统。加强儿童福利院、救助保护机构、特困人员供养机构、残疾人康复托养机构、社区儿童之家等服务设施和队伍建设，不断提高管理服务水平。建立家庭、学校、基层组织、政府和社会力量相衔接的留守儿童关爱服务网络。加强对未成年人的监护。健全孤儿、事实无人抚养儿童、低收入家庭重病重残等困境儿童的福利保障体系。健全发现报告、应急处置、帮扶干预机制，帮助特殊贫困家庭解决实际困难。加大贫困残疾人康复工程、特殊教育、技能培训、托养服务实施力度。针对残疾人的特殊困难，全面建立困难残疾人生活补贴和重度残疾人护理补贴制度。对低保家庭的老年人、未成年人、重度残疾人等重点救助对象，提高救助水平，确保基本生活。引导和鼓励社会力量参与特殊群体关爱服务工作。

无数扶贫干部、驻村干部、第一书记，用他们的行动，甚至用他们的生命实践和诠释着"责任到人、措施到家、工作到位"。

蒋富安，中南财经政法大学毕业后放弃城市工作，回到中国最贫困角落之

---

[1] 参见《中共中央办公厅、国务院办公厅印发〈关于创新机制扎实推进农村扶贫开发工作的意见〉》，人民网 2014 年 1 月 26 日。

一的大凉山，2015 年 8 月，由凉山州审计局派到美姑县九口乡四峨吉村任驻村第一书记。2016 年前，村里只有破旧的土坯房，没公路，没水喝。他手里拿着一个本，跑遍了全村 4 个组。他能说彝语，每家人都要聊天。一步一步走，一句一句问，一条一条记，一件一件做。一年间，蒋富安踩坏了 3 双鞋，全村 721 个村民把他当成了亲人。

他把村里几十个孩子送进了学校，又把自己的工资一次次塞到贫困户手上。搞定两万斤马铃薯种子后，很少言笑的他笑喊："我办了件大事！"四峨吉村在九口峡谷的高山上，紧邻悬崖的公路连续盘旋 50 多个弯，这是蒋富安带领村民修的路。

2016 年 8 月 22 日，他突然倒下，再没醒来，才 26 岁。整个乡政府黑压压的都是人，上百位村民围着蒋富安的遗体，放声痛哭。他们临时凑了钱，买来崭新的彝族衣裤，给他换上，像操办自家人的后事一样。

吴志宏，在滇南的红河州史志办工作 27 年后，前往红河县三村乡驻村扶贫。在这个哈尼族聚居的贫困乡，他忙着改造危房、解决用水困难、发展产业，顾不上对家人嘘寒问暖，更别提团聚：妻子食用野生菌中毒，他没有回去；驻村近 20 个月，他几乎没给读大学的儿子打过电话，微信交流也很少；与父亲居住的小区仅一街之隔，但他去世那年只回家两次，见父亲一次。10 月 17 日，国家扶贫日那天，他突发脑溢血。去世后，捐献的器官又帮助 3 名器官衰竭者重获新生，2 名失明者重见光明。

八、深化东西部扶贫协作和对口支援

在精准扶贫实践中，东西部扶贫协作和对口支援承担了重要使命。在精准扶贫、精准脱贫的攻坚中，继续采取了东西部扶贫协作和对口支援的办法。

改革开放之初，我国农村生产力低下，农民生活水平普遍很低，处于普遍贫困状况。改革开放 40 多年来，我国农业和农村经济快速发展，农民生活水平不断提高。特别是东部发达地区已率先基本实现脱贫。2017 年末，东部地区农村贫困人口 300 万人，比 2012 年末减少 1067 万人，五年累计下降 78.1%；农村贫困发生率由 2012 年末的 3.9% 下降到 0.8%，下降 3.1 个百分点，已率先基本实现脱贫。

中部地区农村贫困人口，也由 2012 年末的 3446 万人减少到 2017 年末的

1112 万人，累计减少 2334 万人，下降幅度为 67.7%；农村贫困发生率由 10.5%
下降到 3.4%，下降 7.1 个百分点。

西部地区农村贫困人口，由 2012 年末的 5086 万人减少到 2017 年末的 1634
万人，累计减少 3452 万人，下降幅度为 67.9%；农村贫困发生率由 2012 年末
的 17.6% 下降到 2017 年末的 5.6%，下降 12 个百分点。

东部地区率先发展，率先脱贫，为进一步深化东西部对口合作和支援创造
了更好的条件。十八大以来，党中央、国务院实施精准扶贫、精准脱贫基本方
略，深入实施东西部扶贫协作，区域性整体贫困明显缓解，为实现到 2020 年现
行标准下农村贫困人口脱贫，贫困县全部摘帽，解决区域性整体贫困打下了更
好的基础。

2016 年 7 月 20 日，在东部地区支援西部地区 20 周年的重要节点上，习近
平总书记在银川主持召开东西部扶贫协作座谈会并发表重要讲话，强调东西部
扶贫协作和对口支援，是推动区域协调发展、协同发展、共同发展的大战略，
是加强区域合作、优化产业布局、拓展对内对外开放新空间的大布局，是实现
先富帮后富、最终实现共同富裕目标的大举措。必须认清形势、聚焦精准、深
化帮扶、确保实效，切实提高工作水平，全面打赢脱贫攻坚战。

习近平总书记强调，西部地区特别是民族地区、边疆地区、革命老区、连
片特困地区贫困程度深、扶贫成本高、脱贫难度大，是脱贫攻坚的短板，进一
步做好东西部扶贫协作和对口支援工作，必须采取系统的政策和措施。他为此
提出 4 点要求。

第一，提高认识，加强领导。西部地区要增强紧迫感和主动性，不以事艰
而不为，不以任重而畏缩，倒排工期、落实责任，抓紧施工、强力推进。东部
地区要增强责任意识和大局意识，下更大气力帮助西部地区打赢脱贫攻坚战。
双方党政主要负责同志要亲力亲为推动工作，把实现西部地区现行标准下的农
村贫困人口如期脱贫作为主要目标，加大组织实施力度。要坚持精准扶贫、精
准脱贫，把帮扶资金和项目重点向贫困村、贫困群众倾斜，扶到点上、扶到根
上。要加大投入力度，东部地区根据财力增长情况，逐步增加对口帮扶财政投
入；西部地区整合用好扶贫协作和对口支援等各类资源，聚焦脱贫攻坚。

第二，完善结对，深化帮扶。要着眼于任务的适当平衡，完善省际结对关
系。在此基础上，实施"携手奔小康"行动，着力推动县与县精准对接，还可
以探索乡镇、行政村之间结对帮扶。要动员东部地区各级党政机关、人民团体、

企事业单位、社会组织、各界人士等积极参与脱贫攻坚工作。要加大产业带动扶贫工作力度，着力增强贫困地区自我发展能力。推进东部产业向西部梯度转移，要把握好供需关系，让市场说话，实现互利双赢、共同发展。要把东西部产业合作、优势互补作为深化供给侧结构性改革的新课题，大胆探索新路。在科技创新上，西部地区要不求所有、但求所用，东部地区要舍得拿出真技术支持西部地区。

第三，明确重点，精准聚焦。产业合作、劳务协作、人才支援、资金支持都要瞄准建档立卡贫困人口脱贫精准发力。要着眼于增加就业，建立和完善劳务输出对接机制，提高劳务输出脱贫的组织化程度。要在发展经济的基础上，向教育、文化、卫生、科技等领域合作拓展。要继续发挥互派干部等方面的好经验、好做法，促进观念互通、思路互动、技术互学、作风互鉴。要加大对西部地区干部特别是基层干部、贫困村致富带头人的培训力度，打造一支留得住、能战斗、带不走的人才队伍。

第四，加强考核，确保成效。要用严格的制度来要求和监督，抓紧制定考核评价指标。要突出目标导向、结果导向，不仅要看出了多少钱、派了多少人、给了多少支持，更要看脱贫的实际成效。西部地区是脱贫攻坚的责任主体，也要纳入考核范围。[1]

此后，东西部扶贫协作向纵深推进，东部发达地区 267 个经济较强县市区结对帮扶西部地区 406 个贫困县，并实现对 30 个民族自治州全覆盖，增强了扶贫的针对性有效性。党的十八大以来短短 4 年，全国 17.68 万个党政机关、企事业单位参加，帮扶覆盖全国 12.8 万个建档立卡贫困村；68 家中央企业开展"百县万村"行动，全国工商联动员 2.65 万家民营企业开展"万企帮万村"行动。

2016 年 10 月 27 日，中共中央办公厅、国务院办公厅印发《关于进一步加强东西部扶贫协作工作的指导意见》，全面规范了东西部扶贫协作工作。

《指导意见》要求以习近平总书记扶贫开发重要战略思想为指导，牢固树立新发展理念，坚持精准扶贫、精准脱贫基本方略，进一步强化责任落实、优化结对关系、深化结对帮扶、聚焦脱贫攻坚，提高东西部扶贫协作和对口支援工作水平，推动西部贫困地区与全国一道迈入全面小康社会。

东西部扶贫协作工作的主要目标是，经过帮扶双方不懈努力，推进东西部

[1] 参见《习近平：认清形势聚焦精准深化帮扶确保实效，切实做好新形势下东西部扶贫协作工作》，新华网2016 年 7 月 21 日。

扶贫协作和对口支援工作机制不断健全，合作领域不断拓展，综合效益得到充分发挥，确保西部地区现行国家扶贫标准下的农村贫困人口到 2020 年实现脱贫，贫困县全部摘帽，解决区域性整体贫困。

基本原则是：坚持党的领导，社会广泛参与；坚持精准聚焦，提高帮扶实效；坚持优势互补，鼓励改革创新；坚持群众主体，激发内生动力。

《指导意见》对原有结对关系进行适当调整，在完善省际结对关系的同时，实现对民族自治州和西部贫困程度深的市州全覆盖，落实北京市、天津市与河北省扶贫协作任务。

调整后的东西部扶贫协作结对关系为：

北京市帮扶内蒙古自治区、河北省张家口市和保定市；

天津市帮扶甘肃省、河北省承德市；

辽宁省大连市帮扶贵州省六盘水市；

上海市帮扶云南省、贵州省遵义市；

江苏省帮扶陕西省、青海省西宁市和海东市，苏州市帮扶贵州省铜仁市；

浙江省帮扶四川省，杭州市帮扶湖北省恩施土家族苗族自治州、贵州省黔东南苗族侗族自治州，宁波市帮扶吉林省延边朝鲜族自治州、贵州省黔西南布依族苗族自治州；

福建省帮扶宁夏回族自治区，福州市帮扶甘肃省定西市，厦门市帮扶甘肃省临夏回族自治州；

山东省帮扶重庆市，济南市帮扶湖南省湘西土家族苗族自治州，青岛市帮扶贵州省安顺市、甘肃省陇南市；

广东省帮扶广西壮族自治区、四川省甘孜藏族自治州，广州市帮扶贵州省黔南布依族苗族自治州和毕节市，佛山市帮扶四川省凉山彝族自治州，中山市和东莞市帮扶云南省昭通市，珠海市帮扶云南省怒江傈僳族自治州。

各省（自治区、直辖市）根据实际情况，在本行政区域内组织开展结对帮扶工作。东部省份组织本行政区域内经济较发达县（市、区）与扶贫协作省份和市州扶贫任务重、脱贫难度大的贫困县开展携手奔小康行动。探索在乡镇之间、行政村之间结对帮扶。

深化对口支援。对口支援西藏、新疆和四省藏区工作在现有机制下继续坚持向基层倾斜、向民生倾斜、向农牧民倾斜，更加聚焦精准扶贫、精准脱贫，瞄准建档立卡贫困人口精准发力，提高对口支援实效。北京市、天津市与河北省扶贫协作工作，要与京津冀协同发展中京津两市对口帮扶张承环京津相关地区做好衔接。

东西部扶贫协作工作的主要任务是：

（一）开展产业合作。

帮扶双方要把东西部产业合作、优势互补作为深化供给侧结构性改革的新课题，研究出台相关政策，大力推动落实。要立足资源禀赋和产业基础，激发企业到贫困地区投资的积极性，支持建设一批贫困人口参与度高的特色产业基地，培育一批带动贫困户发展产业的合作组织和龙头企业，引进一批能够提供更多就业岗位的劳动密集型企业、文化旅游企业等，促进产业发展带动脱贫。加大产业合作科技支持，充分发挥科技创新在增强西部地区自我发展能力中的重要作用。

（二）组织劳务协作。

帮扶双方要建立和完善劳务输出精准对接机制，提高劳务输出脱贫的组织化程度。西部地区要摸清底数，准确掌握建档立卡贫困人口中有就业意愿和能力的未就业人口信息，以及已在外地就业人员的基本情况，因人因需提供就业服务，与东部地区开展有组织的劳务对接。西部地区要做好本行政区域内劳务对接工作，依托当地产业发展，多渠道开发就业岗位，支持贫困人口在家乡就地就近就业。开展职业教育东西协作行动计划和技能脱贫"千校行动"，积极组织引导贫困家庭子女到东部省份的职业院校、技工学校接受职业教育和职业培训。东部省份要把解决西部贫困人口稳定就业作为帮扶重要内容，创造就业机会，提供用工信息，动员企业参与，实现人岗对接，保障稳定就业。对在东部地区工作生活的建档立卡贫困人口，符合条件的优先落实落户政策，有序实现市民化。

（三）加强人才支援。

帮扶双方要选派优秀干部挂职，广泛开展人才交流，促进观念互通、思路互动、技术互学、作风互鉴。采取双向挂职、两地培训、委托培养和组团式支教、支医、支农等方式，加大教育、卫生、科技、文化、社会工作等领域的人才支持，把东部地区的先进理念、人才、技术、信息、经验等要素传播到西部地区。加大政策激励力度，鼓励各类人才扎根西部贫困地区建功立业。帮扶省市选派到被帮扶地区的挂职干部要把主要精力放到脱贫攻坚上，挂职期限原则上两到三年。加大对西部地区干部特别是基层干部、贫困村创业致富带头人培训力度。

（四）加大资金支持。

东部省份要根据财力增长情况，逐步增加扶贫协作和对口支援财政投入，并列入年度预算。西部地区要以扶贫规划为引领，整合扶贫协作和对口支援资金，聚焦脱贫攻坚，形成脱贫合力。要切实加强资金监管，提高使用效益。

（五）动员社会参与。

帮扶省市要鼓励支持本行政区域内民营企业、社会组织、公民个人积极参与东西部扶贫协作和对口支援。充分利用全国扶贫日和中国社会扶贫网等平台，组织社会各界到西部地区开展捐资助学、慈善公益医疗救助、支医支教、社会工作和志愿服务等扶贫活动。实施社会工作专业人才服务贫困地区计划和扶贫志愿者行动计划，支持东部地区社会工作机构、志愿服务组织、社会工作者和志愿者结对帮扶西部贫困地区，为西部地区提供专业人才和服务保障。注重发挥军队和武警部队在西部贫困地区脱贫攻坚中的优势和积极作用，因地制宜做好帮扶工作。积极组织民营企业参与"万企帮万村"精准扶贫行动，与被帮扶地区贫困村开展结对帮扶。

山东省负责帮扶重庆市，在原有措施、方式和成绩的基础上，进一步加大了力度。2020年12月，重庆市扶贫办的同志介绍：2010年以前，东西部扶贫协作财政援助我市资金1.73亿元，2010年至2020年总计24.2亿元，其中今年7.17亿元；项目方面，10年来鲁渝扶贫协作实施1770个项目，是2010年前的13倍多；企业方面，2010年以前，到我市贫困地区投资兴业的企业仅3家，而这10年多达121家。

10年前，山东与重庆缔结东西部扶贫协议时约定，山东14个地市结对帮扶重庆14个国家级贫困区县，每年财政帮扶资金不少于300万元。在当时，这种"输血式"扶贫虽是不得已而为之，却行之有效。这一阶段后，鲁渝扶贫协作进入"输血"与"造血"并重阶段。

鲁渝"亲戚"越结越多。除14个地市结对帮扶重庆贫困县之外，山东还有上百个乡镇、154家企业、163所学校、88家医院加入"鲁渝协作大家庭"，累计结成携手奔小康对子650对。

2020年，山东支援重庆的资金投入超8.7亿元，继续保持较大幅度增长。遭遇新冠肺炎疫情冲击后，大家都在过紧日子，但山东对口帮扶重庆的资金只增不减。

2019年以来，鲁渝扶贫协作工作重心向"两不愁三保障"倾斜。武隆区堰塘村毗邻天生三硚、龙水峡地缝、仙女山等知名景区，却一度是个贫困村。济南市帮扶工作人员"借力使力"，给资金、出点子、打通翻山路、扮靓村里景、民房变民宿……把周边景区旅游人气引过来。2020年国庆小长假，贫困户陈建斌的农家乐进账3万元，他盘算还要扩建："腾出原来的厨房，可以多接5桌客人。"

走进酉阳县黑水镇大泉村，上百亩稻田映入眼帘。一位村民从稻田中捞起一个网笼，里面有十几只大闸蟹。这是山东东营对口帮扶的重点产业项目，让黄河口大闸蟹跨越千里，在酉阳繁衍生息。一位大闸蟹养殖户说："每亩年利润按1.4万元计算，农户可分红1400元，再加上550元的土地租金，每亩年收益就有1950元。"

为了提升重庆贫困区县医疗技术水平，山东省先后派出1000余名医疗专家在重庆市武陵山区、秦巴山区开展"组团式"医疗帮扶。

10年间，山东与重庆大力实施消费扶贫行动，重庆市14个国家扶贫开发重点区县认定扶贫产品7095个，价值170亿元以上，覆盖带动贫困人口30万余人。

到2020年，重庆已历史性消除了绝对贫困，现行标准下全市累计动态识别的185.1万建档立卡贫困人口全部脱贫；14个国家扶贫开发工作重点区县农村常住居民人均可支配收入增加到13832元；"十三五"期间，18个贫困区县GDP年均增速为8.2%。[1]

1996年，天津市积极响应党中央扶贫号召，开始对口支援甘肃省甘南州、天祝县等地。由此，拉开了东部省市对甘肃省对口帮扶的序幕。这种帮扶持续了20年。

2016年7月，中央东西部扶贫协作座谈会召开后，津陇两地扶贫协作全面深化，帮扶力度持续加强，特别是中央部署打赢脱贫攻坚战三年行动以来，天津市的帮扶水平和层次不断升级。天津市党政主要负责同志每年率团到甘肃考察座谈，靶向定标。截至2020年底，天津市召开对口帮扶甘肃的市委常委会会议、市政府常务会议、领导小组会议等共计83次。

为了帮助甘肃全面完成脱贫攻坚目标任务，坚决打赢脱贫攻坚战，天津市提出"升级加力、多层全覆盖、有限与无限相结合"的帮扶思路和一系列务

---

[1] 参见《从单向帮扶到互利共赢——鲁渝扶贫协作十年交出优秀答卷》，《重庆日报》2020年12月15日。

实举措。津陇密切合作，每年签订两省市帮扶协议书，全面加力制定高质量任务目标和实施方案。天津市所辖 16 个区参与对甘肃省 34 个县的对口帮扶。34——这一数字占甘肃省 58 个国家集中连片特困地区贫困县数量的近六成。

天津市累计拨付甘肃省财政援助资金 42.17 亿元，实施扶贫项目 2226 个，社会帮扶投入超过 6 亿元，两省市互派党政干部、专技人才 8354 人次。

天津 20 家三甲医院对甘南地区的骨干医师开展订单式培训。其中，对 500 名骨干医师进行为期一年的培训，对 200 名医疗骨干进行短期培训，20 名干部先后到天津市卫生健康委、市疾控中心等单位挂职学习。5 年定向培养 500 名医学本科生、天津市政府援助价值 1560 余万元的医疗设备、投资 2 亿元建设临潭天士力中天药业产业扶贫项目。

天津市还创新开展"津企陇上行"活动，引进天津食品集团、天士力集团、红日药业等一批龙头企业在甘投资兴业，引导 222 家企业累计投资 13.11 亿元，带动贫困人口 18.54 万人，扶持甘肃贫困县、贫困村因地制宜发展特色产业，增强发展动力。同时，还千方百计帮助甘肃省贫困劳动力务工就业，向天津市输转贫困劳动力 2791 人、转移贫困劳动力到其他地区就业 42081 人，援建 452 个扶贫车间，帮助 21662 名贫困劳动力就地就近就业。

九、对贫困地区分类施策应扶尽扶

贫困地区和贫困人口的情况很复杂。要做到精准扶贫精准脱贫，必须加强对贫困地区分类施策，应扶尽扶。

以革命老区、民族地区、边疆地区、集中连片特困地区为重点，整体规划，统筹推进，持续加大对集中连片特困地区的扶贫投入力度。

对特殊类型地区实施发展重大行动。包括：

（一）革命老区振兴发展行动。

规划建设一批铁路、高速公路、支线机场、水利枢纽、能源、信息基础设施工程，大力实施天然林保护、石漠化综合治理、退耕还林还草等生态工程，支持风电、水电等清洁能源开发，建设一批红色旅游精品线路。

（二）民族地区奔小康行动。

推进人口较少民族整族整村精准脱贫。对陆地边境抵边一线乡镇因守土成边不宜易地扶贫搬迁的边民，采取就地就近脱贫措施。实施少数民族特色村镇保护与发展工程，重点建设一批少数民族特色村寨和民族特色小镇。支持少数民族传统手工艺品保护与发展。

（三）沿边地区开发开放行动。

实施沿边地区交通基础设施改造提升工程；实施产业兴边工程，建设跨境旅游合作区和边境旅游试验区；实施民生安边工程，完善边民补贴机制。

加强贫困地区重大基础设施建设。包括：

构建外通内联交通骨干通道。加强革命老区、民族地区、边疆地区、集中连片特困地区对外运输通道建设，推动国家铁路网、国家高速公路网连接贫困地区的重大交通项目建设，提高国道省道技术标准，构建贫困地区外通内联的交通运输通道。加快资源丰富和人口相对密集贫困地区开发性铁路建设。完善贫困地区民用机场布局规划，加快支线机场、通用机场建设。在具备水资源开发条件的贫困地区，统筹内河航电枢纽建设和航运发展，提高通航能力。形成布局科学、干支结合、结构合理的区域性综合交通运输网络。在自然条件复杂、灾害多发且人口相对密集的贫困地区，合理布局复合多向、灵活机动的保障性运输通道。依托我国与周边国家互联互通重要通道，推动沿边贫困地区交通基础设施建设。

着力提升重大水利设施保障能力。加强重点水源、大中型灌区续建配套节水改造等工程建设，逐步解决贫困地区工程性缺水和资源性缺水问题，着力提升贫困地区供水保障能力。按照"确有需要、生态安全、可以持续"的原则，科学开展水利扶贫项目前期论证，在保护生态的前提下，提高水资源开发利用水平。加大贫困地区控制性枢纽建设、中小河流和江河重要支流治理、抗旱水源建设、山洪灾害防治、病险水库（闸）除险加固、易涝地区治理力度，坚持工程措施与非工程措施结合，加快灾害防治体系建设。

优先布局建设能源工程。积极推动能源开发建设，煤炭、煤电、核电、油气、水电等重大项目，跨区域重大能源输送通道项目，以及风电、光伏等新能源项目，同等条件下优先在贫困地区规划布局。加快贫困地区煤层气（煤矿瓦斯）产业发展。统筹研究贫困地区煤电布局，继续推进跨省重大电网工程和天然气管道建设。加快推进流域龙头水库和金沙江、澜沧江、雅砻江、大渡河、黄河上游等水电基地重大工程建设，努力推动怒江中下游水电基地开发，支持离网缺电贫困地区小水电开发，重点扶持西藏、四省藏区和少数民族贫困地区小水电扶贫开发工作，风电、光伏发电年度规模安排向贫困地区倾斜。

贫困地区重大基础设施建设工程有：

（一）交通骨干通道工程。

铁路：加快建设银川至西安、郑州至万州、郑州至阜阳、张家口至大同、太原至焦作、郑州至济南、重庆至贵阳、兰州至合作、玉溪至磨憨、大理至临沧、弥勒至蒙自、叙永至毕节、渝怀铁路增建二线、青藏铁路格拉段扩能改造等项目。规划建设重庆至昆明、赣州至深圳、贵阳至南宁、长沙至赣州、京九高铁阜阳至九江段、西安至十堰、原平至大同、忻州至保定、张家界至吉首至怀化、中卫至兰州、贵阳至兴义、克塔铁路铁厂沟至塔城段、浦梅铁路建宁至冠豸山段、兴国至泉州、西宁至成都（黄胜关）、格尔木至成都、西安至铜川至延安、平凉至庆阳、和田至若羌至罗布泊、宝中铁路中卫至平凉段扩能等项目。

公路：加快推进 G75 兰州至海口高速公路渭源至武都段、G65E 榆树至蓝田高速公路绥德至延川段、G6911 安康至来凤高速公路镇坪至巫溪段等国家高速公路项目建设，有序推进 G244 乌海至江津公路华池（打扮梁）至庆城段、G569 曼德拉至大通公路武威至仙米寺段等 165 项普通国道建设。

机场：加快新建巫山、巴中、仁怀、武冈、陇南、祁连、莎车机场项目，安康、泸州、宜宾机场迁建项目和桂林、格尔木、兴义等机场改扩建项目建设进度；积极推动新建武隆、黔北、罗甸、乐山、瑞金、抚州、朔州、共和、黄南机场项目，昭通机场迁建项目以及西宁等机场改扩建项目建设。

（二）重点水利工程。

重点水源工程：加快建设贵州夹岩、西藏拉洛等大型水库工程及一批中小型水库工程；实施甘肃引洮供水二期工程等引提水及供水保障工程；在干旱易发县加强各类抗旱应急水源工程建设，逐步完善重点旱区抗旱体系。

重点农田水利工程：基本完成涉及内蒙古、河北、河南、安徽、云南、新疆和湖南等省份贫困县列入规划的 117 处大型灌区续建配套与节水改造任务，加快推进中型灌区续建配套与节水改造。建设吉林松原、内蒙古绰勒、青海湟水北干渠、湖南涔天河等灌区。以新疆南疆地区、六盘山区等片区为重点，发展管灌、喷灌、微灌等高效节水灌溉工程。

重点防洪工程：继续实施大中型病险水闸、水库除险加固。以东北三江治理为重点，进一步完善大江大河大湖防洪减灾体系。基本完成规划内乌江、白龙江、嘉陵江、清水河、湟水等 244 条流域面积 3000 平方公里以上中小河流治理任务。以滇西边境山区、滇桂黔石漠化片区、武陵山区、六盘山区及非集中连片特困地区为重点，加大重点山洪沟防洪治理力度。开展易涝区综合治理工程建设，实施规划内蓄滞洪区建设和淮河流域重点平原洼地治理工程。

（三）重点能源工程。

水电：开工建设金沙江白鹤滩、叶巴滩，澜沧江托巴，雅砻江孟底沟，大渡河硬梁包，黄河玛尔挡、羊曲等水电站；加快推进金沙江龙盘、黄河茨哈峡等水电站项目。

火电：开工建设贵州习水二郎 2×66 万千瓦、河南内乡 2×100 万千瓦等工程。规划建设新疆南疆阿克苏地区库车俄霍布拉克煤矿 2×66 万千瓦坑口电厂。

输电工程：开工建设蒙西—天津南特高压交流，宁东—浙江、晋北—江苏特高压直流，川渝第三通道 500 千伏交流等工程。开工建设锦界、府谷—河北南网扩容工程，启动陕北（延安）—湖北特高压直流输电工程工作。

煤层气：开工建设吕梁三交、柳林煤层气项目，黔西滇东煤层气示范工程，贵州六盘水煤矿瓦斯抽采规模化利用和瓦斯治理示范矿井，新疆南疆阿克苏地区拜城县煤层气示范项目。

天然气：开工建设新疆煤制气外输管道，楚雄—攀枝花天然气管道等工程。积极推进重庆、四川页岩气开发，开工建设重庆页岩气渝东南、万州—云阳天然气管道等工程，适时推进渝黔桂外输管道工程。[1]

2015 年 10 月，重庆市新启动 19 个小片区扶贫连片开发，计划通过 3 年的集中建设，于 2017 年底前基本完成片区内贫困村、贫困人口脱贫任务。

随着扶贫开发、整村扶贫的深入推进，许多贫困村获得各方面的扶持，在脱贫致富道路上迈出了大步。但是，不少贫困程度与贫困村相似的村社，由于未被纳入扶贫规划，难以获得扶持，发展困难，形成了扶贫开发中的"空白地带"。

为了解决这个问题，重庆市探索实行打破行政区域限制，选择资源禀赋相似、地理位置相邻的多个乡镇结成扶贫片区，延伸扶贫资源，缩小发展差距。先后累计实施 18 个小片区的扶贫连片开发，涉及 18 个区县 184 个乡镇 1548 个村。实施扶贫项目 1655 个，改造县乡公路 118 公里，新建村社公路 732 公里，新建农村人畜饮水池 65 口、集中供水站 16 座，发展蔬菜、中药材、特色瓜果等产业 21 万亩，项目区内农民人均纯收入从 2011 年的 5120 元增长至 2014 年

---

[1] 参见《国务院关于印发"十三五"脱贫攻坚规划的通知》，中国政府网 2016 年 12 月 2 日。

的 8850 元，年均增长 20%。

事实表明，小片区开发有效地填补了扶贫空白，在减贫与增收方面发挥了良好的作用。因此，2015 年，重庆市又启动了新一轮 19 个小片区的扶贫连片开发工作，其中首批启动 5 个，包括巫溪县中南部草食牲畜小片区、酉阳县花黑板小片区、黔江区诸佛江小片区、万州区七曜山小片区以及江津、綦江、万盛跨区域小片区等。为这 5 个小片区首先安排专项扶贫资金 650 万元，并整合有关行业、部门、社会资金，促进当地整村扶贫、生态搬迁、产业发展。

十、实行最严格的考核评估制度

党的十八大以来，脱贫攻坚考核制度体系不断完善，基本成形。在中央层面，中共中央办公厅、国务院办公厅先后印发了《省级党委和政府扶贫开发工作成效考核办法》《关于建立贫困退出机制的意见》等，明确了扶贫成效考核和贫困县退出专项评估检查的内容、标准、方法和要求。国务院扶贫开发领导小组出台了东西部扶贫协作和中央单位定点扶贫工作考核办法，制定了《关于打赢脱贫攻坚战的决定》分工落实情况的评估工作方案。经国务院扶贫开发领导小组同意，国务院扶贫办印发了《贫困县退出专项评估检查实施办法（试行）》。应该说，从中央的顶层设计到考核的实际操作制度都日渐完备。各地也结合实际出台了脱贫攻坚考核评估的政策文件，初步形成了纵向到底、横向到边的脱贫攻坚考核体系。

2015 年 11 月 29 日，《中共中央、国务院关于打赢脱贫攻坚战的决定》强调要严格扶贫考核督查问责。抓紧出台中央对省（自治区、直辖市）党委和政府扶贫开发工作成效考核办法。各省（自治区、直辖市）党委和政府要加快出台对贫困县扶贫绩效考核办法。[1]

2016 年 2 月，中办、国办印发的《省级党委和政府扶贫开发工作成效考核办法》适用于中西部 22 个省（自治区、直辖市）党委和政府扶贫开发工作成效的考核。办法规定，考核工作围绕落实精准扶贫、精准脱贫基本方略，坚持立足实际、突出重点，针对主要目标任务设置考核指标，注重考核工作成效；坚持客观公正、群众认可，规范考核方式和程序，充分发挥社会监督作用；坚持

---

[1] 参见中共中央党史和文献研究院编：《十八大以来重要文献选编》（下），中央文献出版社 2018 年版，第 70 页。

结果导向、奖罚分明，实行正向激励，落实责任追究，促使省级党委和政府切实履职尽责，改进工作，坚决打赢脱贫攻坚战。

考核工作从 2016 年到 2020 年，每年开展一次，由国务院扶贫开发领导小组组织进行，具体工作由国务院扶贫办、中央组织部牵头，会同国务院扶贫开发领导小组成员单位组织实施。

考核内容包括 4 个方面：

（1）减贫成效。考核建档立卡贫困人口数量减少、贫困县退出、贫困地区农村居民收入增长情况。

（2）精准识别。考核建档立卡贫困人口识别、退出精准度。

（3）精准帮扶。考核对驻村工作队和帮扶责任人帮扶工作的满意度。

（4）扶贫资金。依据财政专项扶贫资金绩效考评办法，重点考核各省（自治区、直辖市）扶贫资金安排、使用、监管和成效等。

考核工作于每年年底开始实施，次年 2 月底前完成，步骤是：

（1）省级总结。各省（自治区、直辖市）党委和政府，对照国务院扶贫开发领导小组审定的年度减贫计划，就工作进展情况和取得成效形成总结报告，报送国务院扶贫开发领导小组。

（2）第三方评估。国务院扶贫开发领导小组委托有关科研机构和社会组织，采取专项调查、抽样调查和实地核查等方式，对相关考核指标进行评估。

（3）数据汇总。国务院扶贫办会同有关部门对建档立卡动态监测数据、国家农村贫困监测调查数据、第三方评估和财政专项扶贫资金绩效考评情况等进行汇总整理。

（4）综合评价。国务院扶贫办会同有关部门对汇总整理的数据和各省（自治区、直辖市）的总结报告进行综合分析，形成考核报告。考核报告应当反映基本情况、指标分析、存在问题等，作出综合评价，提出处理建议，经国务院扶贫开发领导小组审议后，报党中央、国务院审定。

（5）沟通反馈。国务院扶贫开发领导小组向各省（自治区、直辖市）专题反馈考核结果，并提出改进工作的意见建议。

考核中发现未完成年度减贫计划任务的；违反扶贫资金管理使用规定的；违反贫困县约束规定，发生禁止作为事项的；违反贫困退出规定，弄虚作假、搞"数字脱贫"的；贫困人口识别和退出准确率、帮扶工作群众满意度较低的；纪检、监察、审计和社会监督发现违纪违规问题的，由国务院扶贫开发领导小组提出处理意见。

考核结果由国务院扶贫开发领导小组予以通报。对完成年度计划减贫成效显著的省份，给予一定奖励。对出现上述问题的，由国务院扶贫开发领导小组对省级党委、政府主要负责人进行约谈，提出限期整改要求；情节严重、造成不良影响的，实行责任追究。考核结果作为对省级党委、政府主要负责人和领导班子综合考核评价的重要依据。

参与考核工作的中央部门应当严守考核工作纪律，坚持原则、公道正派、敢于担当，保证考核结果的公正性和公信力。各省（自治区、直辖市）应当及时、准确提供相关数据、资料和情况，主动配合开展相关工作，确保考核顺利进行。对不负责任、造成考核结果失真失实的，应当追究责任。[1]

根据党中央、国务院的决策部署，国务院扶贫开发领导小组对 2015 年中西部 22 个省级党委和政府扶贫开发工作成效进行了试考核，在此基础上组织开展了 2016 年正式考核。根据习近平总书记关于"实行最严格的考核评估制度"的重要指示要求，扶贫领导小组把严和实贯穿脱贫攻坚考核的全过程、各环节，较真碰硬、真考实核，不断完善考核评估工作。

一是在考核内容上，2015 年、2016 年主要考核减贫成效、精准识别、精准帮扶、扶贫资金使用管理；2017 年增加脱贫攻坚责任落实、政策落实、工作落实，以及贫困县摘帽和贫困人口返贫情况的考核。增加新的内容，是脱贫攻坚形势变化的需要，是考核更好发挥作用的要求。

二是在考核的方式上，2015 年试考核组织实施了扶贫第三方评估，当时只安排了第三方评估；2016 年增加到了两项，增加了省际交叉考核，同时仍然开展第三方评估；2017 年调整为三项，实地考核增加了媒体暗访考核，考核方式不断丰富。

三是在数据收集上，2015 年主要分析建档立卡数据、贫困监测数据和财政专项扶贫资金绩效评价结果；2016 年增加了纪检机关、审计部门、民主党派中央脱贫攻坚民主监督情况，还有扶贫领导小组督查巡查的情况等；2017 年增加了对平时情况的梳理。

四是在评定结果上，改变打分排队的方法，结合年底集中考核情况与平时掌握情况，进行综合分析评价。

---

[1] 参见《中办国办印发〈省级党委和政府扶贫开发工作成效考核办法〉》，《人民日报》2016 年 2 月 17 日。

五是在结果的运用上。2016 年的考核结果显示，有 8 个省份评价较好，中办、国办 2016 年考核结果通报里面给予了表扬，并在 2017 年中央财政专项扶贫资金分配上给予了奖励。

对考核评价差的省，最主要的措施就是约谈。经报党中央、国务院同意，约谈了考核结果较差的两个省的分管领导。2016 年，国务院扶贫开发领导小组对综合评价较差且发现有突出问题的 4 个省约谈了党政主要负责同志，对综合评价一般或发现某些方面问题突出的 4 个省约谈分管负责同志，并且将各个省的考核情况一对一反馈，限期 2 个月整改并向国务院扶贫开发领导小组报告整改的情况。

考核不是目的，而是一个手段，目的是改进工作。各地高度重视考核发现问题，开展了深入的整改，对着反馈的问题改，举一反三改，建章立制改，成效显著。不少地方，特别是一些被约谈的省份，变压力为动力，变坏事为好事，传导压力，压实责任，使脱贫攻坚工作发生非常大的变化，巩固和发展了脱贫攻坚的良好态势。国务院扶贫开发领导小组在各地整改后，对被约谈 8 个省进行了巡查，对其他省进行了督查，重点查核考核发现问题整改落实的情况。对督查巡查发现整改落实问题较多的 7 个省（区、市）扶贫办的主任进行了提醒谈话。各地普遍加大了考核督查的问责力度，中西部 22 个省（区、市）共约谈了 4239 人，诫勉谈话 3078 人，责令检查 763 人，通报批评 2449 人，党纪政纪处分 6724 人，移交司法机关 651 人，发挥了强有力的教育警示和鞭策作用。

两年脱贫攻坚考核的实践表明，党中央作出实行最严格的考核评估的决策部署是正确的，考核评估很好地发挥了指挥棒、质检仪和推进器的作用，为脱贫攻坚取得决定性进展提供了重要保障。[1]

---

[1] 参见《2017 年脱贫攻坚考核工作新闻发布会》，国务院扶贫办网站 2018 年 1 月 3 日。

第十一章

构建全方位扶贫脱贫大格局

☆　☆　☆

一、通过产业发展脱贫

一把小小的笤帚，除了清扫之外还有什么用处？在赤峰市巴林左旗，它成了扶贫脱贫的一个抓手。赤峰市巴林左旗素有种植笤帚苗的传统，但由于工艺落后，仓储能力低，这个产业一直在低层次徘徊。2019年4月，北京市顺义区挂职干部张家丰来到巴林左旗，他发现，笤帚苗耐旱好养，生长期只有90天，村民有丰富的种植笤帚苗、制作笤帚的经验，且有大量耕地可以作为发展笤帚苗产业基础用地。于是，利用京蒙扶贫协作资金，顺义区在巴林左旗援建笤帚苗产业园区1个、笤帚苗加工厂12家，种植面积达到35万亩，年产原苗3500万公斤以上。如今，巴林左旗笤帚苗仓储能力实现了质变和飞跃，由过去的2000万斤提升到5200万斤，技术工人由715人增加到2183人，年产值达5.6亿元。参与这一产业的建档立卡贫困群众由362人增加到1495人，贫困群众家庭年均增收5000元左右。小笤帚作出脱贫大文章，成了当地脱贫的一个特色产业。

这就是北京市对口帮扶内蒙古通过产业扶贫的一个具体案例。

中国式的脱贫，不是孤立的脱贫，而是在长期实践中发展形成了全方位扶贫脱贫的大格局，从各个不同的角度，组织各方面的力量，采取各方面的措施，全方位地开展扶贫脱贫，全面解决实际存在的贫困问题。

首先和主要的渠道、方式，是产业扶贫。改革开放以来，中国突破救济式扶贫的老框框，首先走出了一条开发式扶贫的道路，核心措施就是帮助贫困地区和贫困人口因地制宜发展各种产业。

这种产业扶贫，就是通过扶贫项目和政策扶持等形式，支持贫困地区、贫困农户因地制宜发展特色优势产业，并依托扶贫龙头企业、农民合作组织等市场主体，提高组织化程度，建立利益联结机制，带动扶贫对象增加收入。

在实践中，产业扶贫组织形式和利益联结方式，逐步形成了三种基本模式：一是契约模式，比较典型的是以合同为纽带的"公司＋基地＋农户（贫困户）"、"公司＋合作社＋基地＋农户（贫困户）"的订单农业模式。二是扶贫龙头企业一体化模式，比较典型的是以工商资本龙头企业为纽带，通过股份、租赁形式流转贫困农户土地建设农产品基地，贫困农户获得土地股份、租赁收入以及基地务工或承包收入。三是农民合作社一体化模式，比较典型的是"合作社＋社员（贫困户）"的农民合作模式，通过农民合作社自办加工企业、营销公司等，带动社员和贫困农户增收。

所谓特色优势产业，主要指比较独特、具有一定的比较优势和竞争优势的产业或产业集群。这种产业的特色是由一个地区特定的、具体的环境因素和资源禀赋所决定的，是其他地区所不具有或较少具有的。有特色的产业不一定就是优势产业。优势产业是由生产机会成本和市场占有竞争所决定的，它是指具有较强的比较优势和竞争优势的产业。当一个产业既具有独特性，又具有比较优势和竞争优势，那就是特色优势产业。一般来说，特色优势产业主要指具有地方资源优势和市场竞争优势的特色种植业、养殖业、林果业、农产品加工业、旅游服务业和文化产业等。

产业扶贫，一般着重发展特色优势产业。鼓励和支持贫困地区大力发展特色优势产业，是加快贫困地区、贫困农户脱贫致富步伐的一条基本路径。贫困地区大多处在山区和高原地区，其地形地貌、气候条件的立体性和资源禀赋的多样性、独特性，为发展特色产业提供了得天独厚的资源优势和区域专业分工条件。将贫困地区的特色资源优势转化为产业的比较优势和竞争优势，并将其培植成为贫困地区经济增长支柱和贫困农民稳定增收渠道，这是多年来大力推进产业扶贫的出发点和落脚点。

《中国农村扶贫开发纲要（2011—2020 年）》鼓励和支持贫困地区大力发展特色优势产业，把发展特色产业作为行业扶贫的 8 项重点工作之一。具体任务目标是：到 2015 年，力争实现 1 户 1 项增收项目；到 2020 年，初步构建特色支柱产业体系。为此，相关行业部门要采取有效措施，加强农、林、牧、渔产业指导，发展各类专业合作组织，完善农村社会化服务体系；围绕主导产品、名牌产品、优势产品，大力扶持建设各类批发市场和边贸市场；按照全国主体功能区规划，合理开发当地资源，积极发展新兴产业，承接产业转移，调整产业结构，增强贫困地区发展内生动力。

2015 年 11 月 29 日，《中共中央、国务院关于打赢脱贫攻坚战的决定》对发展特色产业脱贫提出了要求：制定贫困地区特色产业发展规划。出台专项政策，统筹使用涉农资金，重点支持贫困村、贫困户因地制宜发展种养业和传统手工业等。实施贫困村"一村一品"产业推进行动，扶持建设一批贫困人口参与度高的特色农业基地。加强贫困地区农民合作社和龙头企业培育，发挥其对贫困人口的组织和带动作用，强化其与贫困户的利益联结机制。支持贫困地区发展农产品加工业，加快一二三产业融合发展，让贫困户更多分享农业全产业链和价值链增值收益。加大对贫困地区农产品品牌推介营销支持力度。依托贫困地区特有的自然人文资源，深入实施乡村旅游扶贫工程。科学合理有序开发贫困地区水电、煤炭、油气等资源，调整完善资源开发收益分配政策。探索水电利益共享机制，将从发电中提取的资金优先用于水库移民和库区后续发展。引导中央企业、民营企业分别设立贫困地区产业投资基金，采取市场化运作方式，主要用于吸引企业到贫困地区从事资源开发、产业园区建设、新型城镇化发展等。[1]

2016 年国务院印发的《"十三五"脱贫攻坚规划》，对产业发展脱贫作出整体规划。

发展产业是实现贫困人口稳定脱贫的根本途径和长久之策。2016 年 4 月 19 日，农业部等部门印发《贫困地区发展特色产业促进精准脱贫指导意见》。2019 年 9 月，农业农村部联合 8 部门印发产业扶贫指导意见，指导 22 个省份和 832 个贫困县编制产业扶贫规划，推动各地科学确定产业、精准设计项目，实现产业对人、人对产业。到 2021 年 2 月，产业帮扶政策覆盖 98.9% 的贫困户，产业扶贫成效明显。主要表现在：

新型主体带贫能力进一步提升，联贫带贫长效机制逐步建立，贫困户更多分享到产业发展收益。到 2019 年 9 月，全国有新型经营主体带动的贫困户已超过 2/3，12.6 万个贫困村已发展农民合作社 26 万个。

产销对接深入推进，营销企业、批发市场、大型超市与贫困地区逐步建立长期稳定的供销关系。2018 年以来，为"三区三州"等贫困地区举办 11 场农产

---

[1] 参见中共中央党史和文献研究院编：《十八大以来重要文献选编》（下），中央文献出版社 2018 年版，第 55—56 页。

品产销对接活动，现场签约超过 270 亿元。

到 2019 年 9 月，农业农村部还指导全国贫困县组建 4100 多个产业扶贫技术专家组，开展生产咨询和技术指导。累计培训贫困地区农村实用人才带头人和农民超过 100 万人次，遴选推介产业扶贫范例，充分发挥典型引路作用。

根据农业农村部 2019 年 9 月的介绍，全国 92% 的贫困户已经参与带动作用明显的特色优势产业，已脱贫人口中主要通过产业帮扶实现脱贫的占 67%。也就是说，67% 的脱贫人口主要是靠产业帮扶摘去了贫困的帽子。

在此之后，农业农村部持续推进特色产业提升，完善联贫带贫机制，加强产业风险防范，强化科技精准帮扶，全面提升产业扶贫工作质量，为打牢脱贫基础、巩固脱贫成果、接续推进乡村产业振兴提供坚实保障。具体做法是深入实施贫困地区农产品加工业提升行动，创办一二三产业融合发展的扶贫产业园，让就业岗位和增值收益更多留在贫困地区、留给贫困群众。同时，大力推广订单生产、土地流转、就地务工、股份合作、资产租赁等带贫模式，让贫困户从产业发展中持续稳定获得更多收入。

针对一些地方产业发展中存在的问题，从科学决策、产销对接、利益联结、技术服务、保险保障等方面研究制定风险防范措施，提高风险处置能力。

着力推动产业扶贫与乡村产业振兴有效衔接。引导各地由注重产业覆盖向注重产业长效发展转变，兼顾非贫困村和非贫困户的产业发展需求，加大对产后加工、主体培育、产品营销、科技服务的支持力度，推动一二三产业融合发展，引导各地持续推进扶贫产业提质增效、提档升级。

产业扶贫，除了发展传统农林产业，加强基础设施建设外，还需要与时俱进，大力发展新兴产业。《中国农村扶贫开发纲要（2011—2020 年）》要求，按照全国主体功能区规划，合理开发当地资源，积极发展新兴产业，承接产业转移，调整产业结构，增强贫困地区发展内生动力。

内蒙古乌兰察布市盛产马铃薯。过去，由于技术落后，该市的马铃薯种植一直处于无序发展的状态。北京市派来的技术人员经过多方联系，在当地陆续建起了 5 个原种繁育基地。同时，帮扶干部们积极对接引进深加工企业。30 多家马铃薯加工企业的转化增值项目在乌兰察布遍地开花。马铃薯加工产品也从最初仅有的淀粉，增加到目前的全粉、薯条、薯片、方便粉丝、马铃薯醋等，并且利用马铃薯加工废渣、废水，研制开发薯蛋白、动物饲料等产品。现在，在北京对口帮扶的助力下，乌兰察布的"小土豆"已成为脱贫攻坚"大产业"。

二、广泛推进行业扶贫

产业发展扶贫，必然涉及众多行业，并需要各个行业的帮助和支持。所以，党的十六大以后，在我国扶贫开发的宏观政策环境发生重大变化，扶贫开发投入主体和实施主体多元化这一新形势、新背景下，提出了行业扶贫的新概念。

所谓行业扶贫，就是指我国行业公共行政管理部门（简称行业部门）按照法定职能分工和国家确定的扶贫任务，所承担和完成的扶贫开发工作。

2011年，国家统计局制定颁布新的《国民经济行业分类》国家标准（GB/T 4754—2011），将行业定义为"从事相同性质的经济活动的所有单位的集合"。据此，将国民经济行业分为20个门类、96个大类，涵盖国民经济、社会事业、党政群团等各行各业。行业扶贫，主要指这些行业部门所从事的扶贫开发工作。

行业扶贫的一个基本特征是，按照国家法定的部门职能分工，运用各行业部门所能配置的公共资源（包括公共财政资源、自然资源、人才资源、技术资源、文化资源、项目资源、政策资源等），从规划制定、产业布局、项目投资、转移支付、政策优惠等方面，向贫困地区倾斜，完成国家对本行业确定的扶贫任务。

行业扶贫充分体现了中国共产党的政治优势和社会主义共同富裕的本质要求；体现了统筹城乡发展的战略思想，各项行业政策、区域政策和社会政策均向"三农"和贫困地区倾斜的特点；体现了我国扶贫开发由单纯依靠财政专项扶贫，逐渐发展成为专项扶贫、行业扶贫、社会扶贫互为支撑、共同推进的大扶贫格局。

《中国农村扶贫开发纲要（2011—2020年）》提出的12项主要任务，总体上都属于行业扶贫的职责范畴。新《纲要》明确要求："各行业部门要把改善贫困地区发展环境和条件作为本行业发展规划的重要内容，在资金、项目等方面向贫困地区倾斜，并完成本行业国家确定的扶贫任务。"

2015年11月29日《中共中央、国务院关于打赢脱贫攻坚战的决定》规定的基本原则之一是：坚持政府主导，增强社会合力。强化政府责任，引领市场、社会协同发力，鼓励先富帮后富，构建专项扶贫、行业扶贫、社会扶贫互为补充的大扶贫格局。

2016年国务院印发的《"十三五"脱贫攻坚规划》，进一步对行业扶贫提出了要求，强调脱贫攻坚工作要与经济社会发展各领域工作相衔接，与新型工业化、信息化、城镇化、农业现代化相统筹，充分发挥政府主导和市场机制作用，稳步提高贫困人口增收脱贫能力，逐步解决区域性整体贫困问题。加强改革创新，不断完善资金筹措、资源整合、利益联结、监督考评等机制，形成有利于发挥各方面优势、全社会协同推进的大扶贫开发格局。

按照中央部署，各有关行业和部门积极承担责任，发挥各自行业的特点和优势，在大扶贫的格局中发挥了重要作用。其中具有重要特色的如：

（一）交通扶贫。

指国家交通运输等部门为解决贫困地区交通设施瓶颈问题，推进交通运输基本公共服务均等化，所采取的一系列倾斜政策、项目支持和扶持措施。

交通运输是贫困地区脱贫致富的基础性、先导性条件。交通闭塞、运输不畅，是长期阻碍贫困地区对内对外开放、制约经济社会发展、导致贫困地区贫困人口难以摆脱贫困的最突出瓶颈问题之一。加强贫困地区交通基础设施建设，一直是扶贫开发最重要的工作任务之一。习近平总书记强调，进一步把农村公路建好、管好、护好、运营好。

交通运输部门组织开展的交通扶贫，一直是行业扶贫的一个重要方面。

《中国农村扶贫开发纲要（2011—2020年）》对尽快改变贫困地区交通落后状况提出了新要求。交通运输部根据中央部署，制定和出台了《集中连片特困地区交通建设扶贫规划纲要（2011—2020年）》，提出把加强交通基础设施建设作为交通扶贫工作的重中之重，按照"外通内联、通村畅乡、班车到村、安全便捷"的要求，着力解决好片区对外通道建设、片区内部公路网络建设、农村公路建设、农村客货运输、水运建设等五个方面的问题，为加快连片特困地区经济社会发展和群众脱贫致富，提供便捷的交通运输保障条件。

2013年中共中央办公厅、国务院办公厅印发的《关于创新机制扎实推进农村扶贫开发工作的意见》（中办发〔2013〕25号），进一步明确"到2015年，提高贫困地区县城通二级及以上高等级公路比例，除西藏外，西部地区80%的建制村通沥青（水泥）路，稳步提高贫困地区农村客运班车通达率，解决溜索等特殊问题。到2020年，实现具备条件的建制村通沥青、水泥路和通班车"。

《中共中央、国务院关于打赢脱贫攻坚战的决定》要求，推动国家铁路网、国家高速公路网连接贫困地区的重大交通项目建设，提高国道省道技术标准，构建贫困地区外通内联的交通运输通道。大幅度增加中央投资投入中西部地区和贫困地区的铁路、公路建设，继续实施车购税对农村公路建设的专项转移政策，提高贫困地区农村公路建设补助标准，加快完成具备条件的乡镇和建制村通硬化路的建设任务，加强农村公路安全防护和危桥改造，推动一定人口规模的自然村通公路。[1]

《"十三五"脱贫攻坚规划》，将一系列交通骨干通道工程列入规划。到 2020 年底，全国农村公路总里程达到 438 万公里，贫困地区具备条件的乡镇和建制村全部通硬化路、通客车、通邮路。

（二）水利扶贫。

指国家水利等部门为解决贫困地区水利基础设施瓶颈问题，改善农田水利和农村饮水等基本生产生活条件，所采取的一系列倾斜政策、项目支持和扶持措施。

由于贫困地区的地理位置、地形地貌、气候条件和山区田块、群众居住分散等特殊原因，以及长期以来受财力因素限制，贫困地区水利排灌设施缺乏，农村群众饮水困难，抵御自然灾害能力薄弱，这些一直是制约贫困地区群众生存与发展的瓶颈问题。因此，水利扶贫始终是我国扶贫开发基础设施建设的重点内容，并摆在优先位置。

《中国农村扶贫开发纲要（2011—2020 年）》将基本农田和农田水利列为 12 项主要任务之首，要求"到 2015 年，贫困地区基本农田和农田水利设施有较大改善，保障人均基本口粮田。到 2020 年，农田基础设施建设水平明显提高"。

水利扶贫的项目重点是贫困地区"四水"建设，即农村饮水、农田水利、农村水电、水土保持。通过一系列倾斜政策、项目实施和扶持措施，支持贫困地区推进大中型灌区续建配套与节水改造和小型农田水利建设，发展高效节水灌溉，扶持修建小微型水利设施，抓好病险水库（闸）除险加固工程和灌溉排水泵站更新改造，加强中小河流治理、山洪地质灾害防治及水土流失综合治理。同时，积极实施农村饮水安全工程。

《中共中央、国务院关于打赢脱贫攻坚战的决定》要求，加强贫困地区重大水利工程、病险水库水闸除险加固、灌区续建配套与节水改造等水利项目建设。实施农村饮水安全巩固提升工程，全面解决贫困人口饮水安全问题。小型农田水利、"五小水利"工程等建设向贫困村倾斜。对贫困地区农村公益性基础设施

---

[1] 参见中共中央党史和文献研究院编：《十八大以来重要文献选编》（下），中央文献出版社 2018 年版，第 61 页。

管理养护给予支持。加大对贫困地区抗旱水源建设、中小河流治理、水土流失综合治理力度。加强山洪和地质灾害防治体系建设。大力扶持贫困地区农村水电开发。

《"十三五"脱贫攻坚规划》确定了三大重点水利工程。

（三）电力扶贫。

指国家有关部门为解决贫困地区、贫困农户用电问题所采取的一系列倾斜政策、项目支持和扶持措施。

改革开放初期，我国 50% 以上行政村不通电。为了解决无电人口用电问题，国家组织实施了一系列工程。到 2010 年，贫困地区 99% 的行政村实现了户户通电。

《中国农村扶贫开发纲要（2011—2020 年）》要求，继续推进水电新农村电气化、小水电代燃料工程建设和农村电网改造升级，实现城乡用电同网同价。

但是，由于居住过于分散等原因，根据国家电监会统计，截至 2012 年 6 月，全国还有 14 个省（区、市）分散居住着大约 380 万无电人口。无电地区和人口呈现三个特点：一是主要分布在老、少、边、穷山区和偏远农村地区及游牧民族地区；二是涉及民族种类较多，主要涉及汉族和维吾尔族、藏族等 33 个少数民族；三是分布较为分散，电网延伸难度较大，通电和运行维护成本相当高。

为了解决无电人口用电问题，2013 年，国家能源局制定了《全面解决无电人口用电问题三年行动计划（2013—2015 年）》。2013 年，中办、国办下发《关于创新机制扎实推进农村扶贫开发工作的意见》，将农村电力保障作为扶贫开发重点工作之一，明确要求，与易地扶贫搬迁规划相衔接，加大农村电网升级改造工作力度。落实《全面解决无电人口用电问题三年行动计划（2013—2015 年）》，因地制宜采取大电网延伸以及光伏、风电光电互补、小水电等可再生能源分散供电方式。目标是到 2015 年，全面解决无电人口用电问题。这项工作由国家能源局、国家发展改革委、财政部、水利部等共同承担。

《中共中央、国务院关于打赢脱贫攻坚战的决定》要求，加快推进贫困地区农网改造升级，全面提升农网供电能力和供电质量，制定贫困村通动力电规划，提升贫困地区电力普遍服务水平。增加贫困地区年度发电指标。提高贫困地区水电工程留存电量比例。加快推进光伏扶贫工程，支持光伏发电设施接入电网运行，发展光伏农业。

2016 年国务院印发的"十三五"脱贫攻坚规划，确定了五大重点能源工程。

（四）农村危房改造。

是指住房和城乡建设部会同国家相关部门为解决农村困难群众住房安全问题，于 2009 年开始实施的农村危房改造试点工作，它是行业扶贫的重点内容之一。

农村危房，是依据住建部 2019 年印发的《农村住房安全性鉴定技术导则》，按照规定程序进行鉴定而确认的属于整体危房（D 级）或局部危险（C 级）的房屋。农村危房改造是对 D 级危房进行拆除、重建或置换，对 C 级危房给予加固维修。农村危房改造试点的补助对象是居住在危房中的农村贫困户，具体包括农村分散供养五保户、低保户、贫困残疾人家庭和其他贫困户。

2008 年，国家支持贵州省率先进行农村危房改造试点。2009 年至 2012 年，扩大农村危房改造试点工作逐步在全国展开，并取得重大进展。一是实施范围和改造规模不断扩大。由 2009 年的陆地边境县、西部地区民族自治地方的县、国家扶贫开发工作重点县、贵州省全部县和新疆生产建设兵团边境一线团场共 80 万户，扩大到 2012 年的中西部地区全部县（市、区、旗）和辽宁、江苏、浙江、福建、山东、广东等省全部县（市、区）共 400 万户。二是户均补助标准逐步提高，由 2009 年的 5000 元，增加到 2012 年的 7500 元。三是投入力度不断加大，中央财政投入的补助资金，由 2009 年的 40 亿元，增加到 2012 年的 318.72 亿元，4 年中央财政累计投入农村危房改造补助经费 599.72 亿元。

为稳定实现扶贫对象基本住房有保障的目标，农村危房改造被列为《中国农村扶贫开发纲要（2011—2020 年）》的 12 项主要任务之一。要求到 2015 年，完成农村困难家庭危房改造 800 万户；到 2020 年，贫困地区群众的居住条件得到显著改善。2013 年，农村危房改造对贫困地区农户每户增加 1000 元补助，对陆地边境县边境一线贫困农户、建筑节能示范户每户增加 2500 元补助。

2013 年 5 月 13 日，习近平总书记就改善农村人居环境作出指示，要求认真总结浙江省开展"千村示范万村整治"工程的经验并加以推广。

《中共中央、国务院关于打赢脱贫攻坚战的决定》要求，加快农村危房改造和人居环境整治。加快推进贫困地区农村危房改造，统筹开展农房抗震改造，把建档立卡贫困户放在优先位置，提高补助标准，探索采用贷款贴息、建设集体公租房等多种方式，切实保障贫困户基本住房安全。加大贫困村生活垃圾处理、污水治理、改厕和村庄绿化美化力度。加大贫困地区传统村落保护力度。继续推进贫困地区农村环境连片整治。加大贫困地区以工代赈投入力度，支持农村山水田林路建设和小流域综合治理。财政支持的微小型建设项目，涉及贫困村的，允许按照一事一议方式直接委托村级组织自建自管。以整村推进为平台，加快改善贫困村生产生活条件，扎实推进美丽宜居乡村建设。[1]

三、大力开展科技扶贫和新兴产业扶贫

（一）科技扶贫。

分为广义和狭义两个方面。广义是指国家科技等有关部门为促进贫困地区科技进步，帮助贫困地区劳动者提高科技文化素质，所采取的一系列倾斜政策、项目支持和扶持措施。狭义是指由财政扶贫资金支持，扶贫部门组织实施的试点项目。

科技扶贫是针对贫困地区生产技术落后和技术人才极度缺乏的实际状况提出来的。1986 年，国家科委组织科技人员开发大别山，拉开了在全国范围内组织开展科技扶贫的序幕。进入 90 年代，国务院提出"要把扶贫工作的重点转移到依靠科技进步和提高劳动者素质的轨道上来"，把科技扶贫提到十分重要的位置。

进入 21 世纪以后，提高贫困地区特色优势产业的科技支撑能力，成为科技扶贫的重点内容。科技扶贫主要围绕以下几个方面展开：一是积极引进推广良种良法，提高农民科学种田水平。二是围绕特色产业开发加大科技攻关和科技成果转化力度，推动产业升级和结构优化。三是培育一批科技型扶贫龙头企业，建立完善符合贫困地区实际的新型科技服务体系，加快科技扶贫示范村和示范户建设，增强科技示范效应。四是通过农业、科研、教育三结合形式，大力开展科普宣传，积极开展各种类型的培训，提高农民科技素质。五是坚持选派科技扶贫团、科技副县（市）长和科技副乡（镇）长、科技特派员到贫困地区工作，建立依靠科技进步推动贫困地区发展的人才支持机制。

《中国农村扶贫开发纲要（2011—2020 年）》在开展科技扶贫方面的要求是，积极推广良种良法。围绕特色产业发展，加大科技攻关和科技成果转化力度，推动产业升级和结构优化。培育一批科技型扶贫龙头企业。建立完善符合贫困地区实际的新型科技服务体系，加快科技扶贫示范村和示范户建设。继续

---

[1] 参见中共中央党史和文献研究院编:《十八大以来重要文献选编》(下)，中央文献出版社 2018 年版，第 62 页。

选派科技扶贫团、科技副县（市）长和科技副乡（镇）长、科技特派员到重点县工作。

《中共中央、国务院关于打赢脱贫攻坚战的决定》提出了加大科技扶贫力度的要求，包括解决贫困地区特色产业发展和生态建设中的关键技术问题。加大技术创新引导专项（基金）对科技扶贫的支持，加快先进适用技术成果在贫困地区的转化。深入推行科技特派员制度，支持科技特派员开展创业式扶贫服务。强化贫困地区基层农技推广体系建设，加强新型职业农民培训。加大政策激励力度，鼓励各类人才扎根贫困地区基层建功立业，对表现优秀的人员在职称评聘等方面给予倾斜。大力实施边远贫困地区、边疆民族地区和革命老区人才支持计划，贫困地区本土人才培养计划。积极推进贫困村创业致富带头人培训工程。[1] 这些内容大大扩展了原先科技扶贫的内容。

《"十三五"脱贫攻坚规划》进一步确定了科技扶贫的重要项目和要求：

促进科技成果向贫困地区转移转化。组织高等学校、科研院所、企业等开展技术攻关，解决贫困地区产业发展和生态建设关键技术问题。围绕全产业链技术需求，加大贫困地区新品种、新技术、新成果的开发、引进、集成、试验、示范力度，鼓励贫困县建设科技成果转化示范基地，围绕支柱产业转化推广 5 万项以上先进适用技术成果。

提高贫困人口创新创业能力。深入推行科技特派员制度，基本实现特派员对贫困村科技服务和创业带动全覆盖。鼓励和支持高等院校、科研院所发挥科技优势，为贫困地区培养科技致富带头人。大力实施边远贫困地区、边疆民族地区和革命老区人才支持计划科技人员专项计划，引导支持科技人员与贫困户结成利益共同体，创办、领办、协办企业和农民专业合作社，带动贫困人口脱贫。加强乡村科普工作，为贫困群众提供线上线下、点对点、面对面的培训。

加强贫困地区创新平台载体建设。支持贫困地区建设一批"星创天地"、科技园区等科技创新载体。充分发挥各类科技园区在扶贫开发中的技术集中、要素聚集、应用示范、辐射带动作用，通过"科技园区＋贫困村＋贫困户"的方式带动贫困人口脱贫。推动高等学校新农村发展研究院在贫困地区建设一批农村科技服务基地。实施科技助力精准扶贫工程，在贫困地区支持建设 1000 个以上农技协联合会（联合体）和 1 万个以上农村专业技术协会。

---

[1] 参见中共中央党史和文献研究院编：《十八大以来重要文献选编》（下），中央文献出版社 2018 年版，第 65—66 页。

（二）乡村旅游扶贫。

指国家旅游等部门为支持贫困地区发展旅游产业、带动贫困农户增收所采取的一系列倾斜政策、项目支持和扶持措施。旅游扶贫是通过开发贫困地区丰富的旅游资源，兴办旅游经济实体，使旅游业形成区域支柱产业，实现贫困地区居民和地方财政双脱贫致富。

旅游业是改革开放后兴起的新兴产业。2009年12月，国务院颁布实施《关于加快发展旅游业的意见》（国发〔2009〕41号），要求适应我国工业化、城镇化快速发展中人民群众日益增长的大众化、多样化消费需求，将旅游业作为资源消耗低、带动系数大、就业机会多、综合效益好的战略性产业，加快发展。2013年，国务院办公厅关于印发《国民旅游休闲纲要（2013—2020年）》的通知（国办发〔2013〕10号），强调为满足人民群众日益增长的旅游休闲需求，促进旅游休闲产业健康发展，推进具有中国特色的国民旅游休闲体系建设。国家宏观政策的导向为发展旅游扶贫创造了良好的条件。

贫困地区特别是集中连片特殊困难地区，拥有特殊的自然、人文、社会、民族等旅游资源。大力开发和积极利用旅游资源，促进贫困地区发展旅游业，是推进扶贫开发、统筹城乡发展的一项重要内容，是促进贫困群众转移就业、迅速提高贫困群众生活水平、促进贫困地区经济社会跨越式发展的一条重要途径，也是贫困地区转变经济发展方式、实现可持续发展的内在要求。

为了促进贫困地区旅游业发展，相关部门出台了一系列政策措施。2012年，国务院扶贫办与国家旅游局签署了合作框架协议，进一步确定了联合推动旅游扶贫工作的有效机制，在全国每个集中连片特困地区，选择1至2个旅游产业发展基础较好的国家扶贫开发工作重点县作为旅游扶贫示范区。2013年，国务院扶贫办与国家旅游局启动了"旅游扶贫试验区"工作，在江西省赣州市、吉安市，河北阜平县，宁夏六盘山设立了试验区，以红色旅游、生态旅游和民俗旅游等乡村旅游为重点，以转变发展方式、培育产业要素、打造旅游品牌为主要内容，着力探索总结几种旅游扶贫模式，在取得经验的基础上逐步推广。

2014年1月，中办、国办下发《关于创新机制扎实推进农村扶贫开发工作的意见》，明确将乡村旅游作为当前的重点工作之一，作为帮助贫困农户增收的主要途径积极培育。

国家发展改革委、国家旅游局、环境保护部、住房城乡建设部、农业部、国家林业局等部门是这项工作的牵头单位。这些部门积极开展"美丽中国，乡村旅游扶贫工程"，依托贫困地区优势旅游资源，发挥精品景区的辐射作用，大力开展乡村旅游，带动农户脱贫致富。结合交通基础设施建设、农村危房改造、农村环境综合整治、生态搬迁、游牧民定居、特色景观旅游村镇、历史文化名村名镇、传统村落及民居保护、民族特色村寨等项目建设，加大政策、资金扶持力度，促进休闲农业和乡村旅游业发展。

《中共中央、国务院关于打赢脱贫攻坚战的决定》要求，依托贫困地区特有的自然人文资源，深入实施乡村旅游扶贫工程。《"十三五"脱贫攻坚规划》进一步确定了发展旅游扶贫的一系列工程。

（三）"互联网+"扶贫。

《关于创新机制扎实推进农村扶贫开发工作的意见》提出，推进贫困地区建制村接通符合国家标准的互联网，努力消除"数字鸿沟"带来的差距。到2015年，连片特困地区已通电的建制村，互联网覆盖率达到100%，基本解决连片特困地区内义务教育学校和普通高中、职业院校的宽带接入问题。到2020年，自然村基本实现通宽带。[1]

《中共中央、国务院关于打赢脱贫攻坚战的决定》要求加大"互联网+"扶贫力度。完善电信普遍服务补偿机制，加快推进宽带网络覆盖贫困村。实施电商扶贫工程。加快贫困地区物流配送体系建设，支持邮政、供销合作等系统在贫困乡村建立服务网点。支持电商企业拓展农村业务，加强贫困地区农产品网上销售平台建设。加强贫困地区农村电商人才培训。对贫困家庭开设网店给予网络资费补助、小额信贷等支持。开展互联网为农便民服务，提升贫困地区农村互联网金融服务水平，扩大信息进村入户覆盖面。[2]

围绕网络扶贫，有关部门主要开展了五个方面的工作：

一是加强顶层设计，完善网络扶贫行动的政策体系。2016年至2020年，中央网信办会同相关部门加强政策协同，整体推进网络覆盖、农村电商、信息服务、网络扶智、网络公益等五大工程。4年多来，各部门出台相关政策措施超过30项，打出一套组合拳，形成网络扶贫政策体系。

二是强化统筹协调，形成共同推进网络扶贫的工作合力。建立了21个部门和单位参加的网络扶贫行动部际协调工作机制，加强统筹协调、部门协同和上

---

[1] 参见《中办国办印发〈关于创新机制扎实推进农村扶贫开发工作的意见〉》，《人民日报》2014年1月26日。

[2] 参见中共中央党史和文献研究院编：《十八大以来重要文献选编》（下），中央文献出版社2018年版，第62页。

下联动，汇聚政策、资源和项目，推进网络扶贫行动向纵深发展。

三是狠抓工作落实，推进网络扶贫五大工程落地见效。网络覆盖方面，实施六批电信普遍服务试点，打通贫困地区通信"最后一公里"。农村电商方面，支持贫困地区发展"互联网＋"新业态新模式，增强贫困地区的造血功能。网络扶智方面，加快学校联网、推广在线教育，持续激发贫困群众自我发展的内生动力。信息服务方面，推动"互联网＋医疗健康"，助力解决因病致贫、因病返贫问题。网络公益方面，积极引导网信企业、网络社会组织参与网络扶贫。

四是创新帮扶方式，集中力量打好深度贫困歼灭战。集中优势资源和项目向深度贫困地区倾斜，先后在江西赣州、四川凉山州、贵州等地开展"网络扶贫深度行"活动，组织一批网信企业结对帮扶贫困县。推动网络扶贫东西部协作，组织东部省市网信部门对口帮扶中西部贫困地区。

五是发挥网络优势，做好定点扶贫工作。充分发挥互联网作用，助力定点扶贫县陕西省汉中市佛坪县脱贫攻坚。完善通信基础设施，主城区5G信号覆盖率达到90%。引进优质线上教育资源，培育脱贫致富带头人。加大佛坪旅游资源和农特产品网上宣介，带动当地旅游市场发展和农产品销售。

经过努力，贫困地区网络覆盖目标提前超额完成，贫困村通光纤比例由实施电信普遍服务之前不到70%提高到2020年的98%；电子商务进农村实现对832个贫困县全覆盖，全国农村网络零售额由2014年的1800亿元，增长到2019年的1.7万亿元，规模扩大了8.4倍；网络扶智工程成效明显，全国中小学（含教学点）互联网接入率从2016年底的79.2%上升到2020年8月的98.7%；网络扶贫信息服务体系基本建立，远程医疗实现国家级贫困县县级医院全覆盖，全国行政村基础金融服务覆盖率达99.2%；网络公益扶贫惠及更多贫困群众，一批有社会责任感的网信企业和广大网民借助互联网将爱心传递给贫困群众。

根据国务院新闻办公室2021年4月6日《人类减贫的中国实践》白皮书汇总的材料，在脱贫攻坚战中，积极推进电商扶贫工程，充分发挥电商带动贫困群众增收的潜力，取得了显著成效。通过从2014年起在全国开展电子商务农村综合示范工作，实现对832个贫困县的全覆盖，到2020年底累计投入资金249.17亿元，贫困县电商从2016年131.5万家增长到2020年的311.23万家。

甘肃陇南市在电商扶贫方面走在全国前列。截至2020年，全市共开办网店1.4万家，累计销售220多亿元，带动50万贫困群众实现增收，电商扶贫对贫困户人均贡献额从 2015 年的 430 元增长到 2020 年的 930 元。[1]

四、就业和转移就业脱贫

就业是民生之本，增加就业是最有效最直接的脱贫方式。一人就业、全家脱贫，就业扶贫是推动贫困家庭摆脱贫困最有力的手段。党中央、国务院高度重视就业扶贫工作。人力资源社会保障部、国务院扶贫办会同各地区、各部门坚决贯彻党中央、国务院决策部署，实施就业优先政策，全力促进贫困劳动力就业创业，助力决战决胜脱贫攻坚。

2014 年 10 月 31 日，国务院印发《关于扶持小型微型企业健康发展的意见》。2015 年 4 月 27 日，国务院印发《关于进一步做好新形势下就业创业工作的意见》。2015 年 6 月 11 日，国务院印发《关于大力推进大众创业万众创新若干政策措施的意见》，并确定从 2015 年起，每年举办大众创业万众创新活动周。2016 年、2017 年、2020 年，国务院办公厅确定三批共 212 个双创示范基地。整个"十三五"时期，城镇新增就业超过 6000 万人。

从 2015 年以来，有关部门构建了一套上下协同、部门联动的就业扶贫工作体系。人力资源社会保障部将这套体系的内容简要概括为"一套政策、两大方向、三项手段、四个重点"。

一套政策，就是在试点先行、地方探索、借鉴国际经验的基础上，逐步形成了一整套就业扶贫的政策措施体系。政策惠及了贫困劳动力、贫困地区、市场主体、就业服务机构等对象，贯穿贫困劳动力就业创业各个渠道。对企业吸纳的，给予定额税收减免、创业担保贷款及贴息、吸纳就业补贴和社保补贴；对自主创业的，给予限额税收减免、创业担保贷款及贴息和创业补贴；对公益性岗位安置的，给予岗位补贴，购买意外伤害商业保险；对参加培训的，给予职业培训补贴、培训期间的生活费补贴，支持贫困家庭子女免费就读技工学校。

两大方向，就是坚持外出务工与就地就近就业两条腿走路。一方面，依托东西部劳务协作、对口支援、省内帮扶等机制，强化有组织劳务输出服务，帮助有意愿外出务工的贫困劳动力愿出尽出。2020 年 11 月，贫困劳动力外出务工达到 2973 万人。另一方面，拓展就地就近就业机会。加强扶贫车间等载体建

设，累计建设扶贫车间 32688 个，吸纳贫困人口 43.7 万人；鼓励返乡创业带动就业，培育致富带头人 41 万多人，带动 406 万贫困人口增收；开发乡村公益性岗位，兜底安置 493.6 万贫困人口。

三项手段，就是利用服务、培训、维权这三项手段协同发力。坚持精准化的就业服务，建立人员帮扶清单和岗位需求清单，实施特色稳岗帮扶，推动人岗精准匹配。坚持针对性技能培训，满足贫困劳动力技能提升多元化需求，分类开展劳动预备制培训、定向定岗培训、在岗提升培训、以工代训，开展技能脱贫千校行动，支持贫困家庭子女免费就读技工院校，累计组织贫困劳动力参加政府补贴性培训 838 万人次。技工院校累计招收建档立卡贫困家庭子女 34 万人。坚持全流程权益维护，加强企业用工指导，维护贫困劳动力合法权益，实现"跟踪一人、落实一人、保障一人"。

四个重点，就是对"三区三州"等深度贫困地区、52 个未摘帽县、易地扶贫搬迁安置区、湖北四类重点地区，在资金、政策、服务等方面倾斜支持。强化易地扶贫搬迁就业帮扶政策支持，促进 358 万搬迁贫困劳动力实现就业。组织上海、广东等东部 6 省市实施支援湖北劳务协作行动，开展定向劳务对接。2020 年 11 月，稳定在 6 省市务工的贫困劳动力 199 万人，占湖北省外出务工贫困劳动力总数的 75.6%。

经过 5 年的努力，就业扶贫成效显著。一是助力全面脱贫。90% 以上建档立卡贫困人口得到了产业扶贫和就业扶贫支持，2/3 以上主要靠外出务工和产业脱贫。二是推动产业发展。累计建设扶贫车间 32688 个，培育贫困村创业致富带头人 41 万多人，创办领办各类经营主体 21.4 万个，既促进贫困劳动力家门口就业，也为乡村地区产业长远发展筑牢了根基。三是构建帮扶体系。形成了针对乡村地区就业困难群体的帮扶体系。扶贫车间吸纳贫困人口家门口就业 43.7 万人；创业致富带头人带动 406 万贫困人口增收；开发保洁、保安、造林绿化、助残、托幼等各类公益性岗位安置 496.3 万贫困人口。

转移就业是就业扶贫中的主要方式。在改革开放的进程中，随着沿海地区对劳动力需求的增加和农村政策的放开，以及人口流动的松绑，先是大量农村人口进城打工、创业，然后是中西部的人口大省有大批农村人口前往东部沿海地区就业，从而形成规模宏大的民工潮，并形成了"农民工"这一特殊的阶层。农民工不仅为城镇发展和居民生活作出了巨大贡献，也为自己和家庭增加了收入，同时提升了自身的素质和生产经营的能力。随着农村的发展，还有不少农民工从城里回到乡村创业，带动了家乡和乡村的发展。与"海归"相仿，成为"城归"。

农民工事实上也是一种转移就业。对贫困地区来说，外出打工逐渐成为脱贫致富的一条重要渠道。不少贫困地区，除了个人外出打工外，逐渐发展出由政府组织当地农民到东部地区集中就业的方式。

党和国家对此给予了充分肯定，并将其作为大扶贫格局中的一个重要方面和重要方式。2014年9月12日，国务院印发《关于进一步做好为农民工服务工作的意见》。2015年11月29日，《中共中央、国务院关于打赢脱贫攻坚战的决定》要求引导劳务输出脱贫。

加大劳务输出培训投入，统筹使用各类培训资源，以就业为导向，提高培训的针对性和有效性。加大职业技能提升计划和贫困户教育培训工程实施力度，引导企业扶贫与职业教育相结合，鼓励职业院校和技工学校招收贫困家庭子女，确保贫困家庭劳动力至少掌握一门致富技能，实现靠技能脱贫。

进一步加大就业专项资金向贫困地区转移支付力度。支持贫困地区建设县乡基层劳动就业和社会保障服务平台，引导和支持用人企业在贫困地区建立劳务培训基地，开展好订单定向培训，建立和完善输出地与输入地劳务对接机制。

鼓励地方对跨省务工的农村贫困人口给予交通补助。大力支持家政服务、物流配送、养老服务等产业发展，拓展贫困地区劳动力外出就业空间。

加大对贫困地区农民工返乡创业政策扶持力度。对在城镇工作生活一年以上的农村贫困人口，输入地政府要承担相应的帮扶责任，并优先提供基本公共服务，促进有能力在城镇稳定就业和生活的农村贫困人口有序实现市民化。[1]

《"十三五"脱贫攻坚规划》，单设专门一章"转移就业脱贫"。要求加强贫困人口职业技能培训和就业服务，保障转移就业贫困人口合法权益，开展劳务协作，推进就地就近转移就业，促进已就业贫困人口稳定就业和有序实现市民化、有劳动能力和就业意愿的未就业贫困人口实现转移就业。

在大力开展职业培训方面，主要是完善劳动者终身职业技能培训制度。针对贫困家庭中有转移就业愿望劳动力、已转移就业劳动力、新成长劳动力的特点和就业需求，开展差异化技能培训。整合各部门各行业培训资源，创新培训

---

[1] 参见中共中央党史和文献研究院编：《十八大以来重要文献选编》（下），中央文献出版社2018年版，第56—57页。

方式，以政府购买服务形式，通过农林技术培训、订单培训、定岗培训、定向培训、"互联网＋培训"等方式开展就业技能培训、岗位技能提升培训和创业培训。加强对贫困家庭妇女的职业技能培训和就业指导服务。支持公共实训基地建设。

提高贫困家庭农民工职业技能培训精准度。深入推进农民工职业技能提升计划，加强对已外出务工贫困人口的岗位培训。继续开展贫困家庭子女、未升学初高中毕业生（俗称"两后生"）、农民工免费职业培训等专项行动，提高培训的针对性和有效性。实施农民工等人员返乡创业培训五年行动计划（2016—2020 年）、残疾人职业技能提升计划。

在促进稳定就业和转移就业方面，主要是加强对转移就业贫困人口的公共服务。输入地政府对已稳定就业的贫困人口予以政策支持，将符合条件的转移人口纳入当地住房保障范围，完善随迁子女在当地接受义务教育和参加中高考政策，保障其本人及随迁家属平等享受城镇基本公共服务。支持输入地政府吸纳贫困人口转移就业和落户。为外出务工的贫困人口提供法律援助。

开展地区间劳务协作。建立健全劳务协作信息共享机制。输出地政府与输入地政府要加强劳务信息共享和劳务协作对接工作，全面落实转移就业相关政策措施。输出地政府要摸清摸准贫困家庭劳动力状况和外出务工意愿，输入地政府要协调提供就业信息和岗位，采取多种方式协助做好就业安置工作。对到东部地区或省内经济发达地区接受职业教育和技能培训的贫困家庭"两后生"，培训地政府要帮助有意愿的毕业生在当地就业。建立健全转移就业工作考核机制。输出地政府和输入地政府要加强对务工人员的禁毒法制教育。

推进就地就近转移就业。建立定向培训就业机制，积极开展校企合作和订单培训。将贫困人口转移就业与产业聚集园区建设、城镇化建设相结合，鼓励引导企业向贫困人口提供就业岗位。财政资金支持的企业或园区，应优先安排贫困人口就业，资金应与安置贫困人口就业任务相挂钩。支持贫困户自主创业，鼓励发展居家就业等新业态，促进就地就近就业。

为了落实转移就业扶贫，开展了 6 个方面的就业扶贫行动。

（一）劳务协作对接行动。

依托东西部扶贫协作机制和对口支援工作机制，开展省际劳务协作，同时积极推动省内经济发达地区和贫困县开展劳务协作。围绕实现精准对接、促进稳定就业的目标，通过开发岗位、劳务协作、技能培训等措施，带动一批未就业贫困劳动力转移就业，帮助一批已就业贫困劳动力稳定就业，帮助一批贫困家庭未升学初高中毕业生就读技工院校毕业后实现技能就业。

（二）重点群体免费职业培训行动。

组织开展贫困家庭子女、未升学初高中毕业生等免费职业培训。到2020年，力争使新进入人力资源市场的贫困家庭劳动力都有机会接受1次就业技能培训；使具备一定创业条件或已创业的贫困家庭劳动力都有机会接受1次创业培训。

（三）春潮行动。

到2020年，力争使各类农村转移就业劳动者都有机会接受1次相应的职业培训，平均每年培训800万人左右，优先保障有劳动能力的建档立卡贫困人口培训。

（四）促进建档立卡贫困劳动者就业。

根据建档立卡贫困劳动者就业情况，分类施策、精准服务。对已就业的，通过跟踪服务、落实扶持政策，促进其稳定就业。对未就业的，通过健全劳务协作机制、开发就业岗位、强化就业服务和技能培训，促进劳务输出和就地就近就业。

（五）返乡农民工创业培训行动。

实施农民工等人员返乡创业培训五年行动计划（2016—2020年），推进建档立卡贫困人口等人员返乡创业培训工作。到2020年，力争使有创业要求和培训愿望、具备一定创业条件或已创业的贫困家庭农民工等人员，都能得到1次创业培训。

（六）技能脱贫千校行动。

在全国组织千所省级重点以上的技工院校开展技能脱贫千校行动，使每个有就读技工院校意愿的贫困家庭应、往届"两后生"都能免费接受技工教育，使每个有劳动能力且有参加职业培训意愿的贫困家庭劳动力每年都能到技工院校接受至少1次免费职业培训，对接受技工教育和职业培训的贫困家庭学生（学员）推荐就业。加大政策支持，对接受技工教育的，落实助学金、免学费和对家庭给予补助的政策，制定并落实减免学生杂费、书本费和给予生活费补助的政策；对接受职业培训的，按规定落实职业培训、职业技能鉴定补贴政策。

国务院扶贫办副主任欧青平认为，劳务协作是我们国家制度优越性的具体表现。开展跨省区域的劳务协作，是这一轮脱贫攻坚非常重要的一个特点，国务院扶贫办积极推动跨省区间的劳务协作，特别是 2016 年，组织开展了广东与湖南、湖北之间的劳务协作试点，然后在全国推开。在东西扶贫协作框架下推进劳务协作，不仅扩大了劳务输出的规模，还提高了贫困劳动力劳务输出的组织化程度。

欧青平介绍，各地积极推进劳务协作，并在实践中形成了 3 个主要类型。

一是省际的劳务协作。由东部省份提供岗位需求信息，中西部省份按照需求开展订单式培训，有组织地进行劳务输出。中西部地区还普遍在东部发达地区劳务人员集中的城市设立劳务服务站，提供跟踪服务，贫困群众跨省务工人员逐年增加。

二是开展省内劳务协作。中西部支持省内经济发达地区和贫困县开展结对帮扶，帮助贫困劳动力在省内务工。例如，湖南组织长株潭地区与湘西等欠发达地区开展劳务协作，取得了很好的效果。

三是专项劳务协作。2020 年，为了应对疫情的影响，专门组织了湖北省与 6 个东部省份开展"6+1"劳务协作专项行动。同时，针对 52 个未摘帽贫困县和易地扶贫搬迁万人以上的安置区开展数字平台经济促就业的脱贫行动，还组织阿里、京东等大企业与特定地区开展定向招聘、居家就业、创业带动、爱心助农等四大协作计划。

欧青平介绍，通过组织发动贫困人口外出务工和推动就地就近就业两个方面统筹推进，全力以赴促进贫困人口的务工增收，成效非常明显。

一是务工人数大幅增加。贫困地区很多都是处于交通不便、比较封闭的地方，过去贫困劳动力外出都遇到了很大的困难，最主要是交通不方便，信息不对称，贫困劳动力自身的素质和能力也比较差，阻碍了他们外出务工的可能性。脱贫攻坚战打响以来，国务院扶贫办组织基层的帮扶力量，摸清贫困劳动力务工的基本信息，按照他们外出务工的意愿，有针对性地开展就业精准帮扶。同时，推动省际、省内发达地区和贫困县的劳务协作，大力发展扶贫龙头企业、扶贫车间，开发扶贫公益性岗位，想方设法解决那些因各种原因没法出去的贫困劳动力在家门口就业增收。贫困劳动力务工规模逐年扩大。2016 年到 2020 年，贫困劳动力外出务工人数增加了 1000 多万人。外出务工稳定性也在不断提升。贫困劳动力外出务工时间在半年以上的比例大幅度增加。

二是增加了工资性收入，助力全面脱贫。务工是贫困人口增加收入最直接、最有效的途径。5 年来，贫困家庭务工收入在家庭收入占比中逐年上升。目前外出务工已经涉及 2/3 的贫困家庭，这些家庭 2/3 左右的收入都是来自务工。应该说，务工为打赢脱贫攻坚战提供了坚实的收入保障。

三是增加了技能，提高了整体素质。其一，对有外出务工意愿的贫困劳动力广泛开展岗前培训，提高他们的就业技能。其二，对已经务工的贫困劳动力，加大在岗培训。其三，让贫困家庭新成长的劳动力接受职业教育。近年来，有将近 800 万贫困家庭子女接受了职业教育，这些人从职业学校毕业以后，就业的稳定性比较高。例如，四川凉山州会东县有个叫宁显海的贫困孩子，在攀枝花技师学院学习焊接，2017 年夺得了第 44 届世界技能大赛焊接项目的金牌。又如，西安市高陵区的胡敏，通过公益助学资助在陕西汽车技工学校学习，2019 年在全国钢结构焊接职业技能竞赛中获得了"巾帼精英奖"。

四是转变了思想观念，激发了内生动力。习近平总书记多次强调，扶贫先扶志。就业就是最好的扶志扶智的方式。近些年来，有大批的贫困人口外出务工，在依靠自己的双手增加收入的同时，开阔了眼界，解放了思想，摆脱了思想依赖，也改变了过去有一部分贫困群众听天由命、消极无为、安于现状的状况，他们接受了现代生活的理念、市场经济的观念，实现了"要我脱贫"向"我要脱贫"的转变，从根本上激发了内生动力。

为了帮助贫困劳动力就业创业，2018 年，重庆市出台 5 条就业扶贫新政策。一是打破贫困劳动力享受就业创业政策的年龄上限。凡 16 周岁以上、有劳动能力的建档立卡贫困人口，符合就业扶贫相关政策条件的，均纳入政策支持范围。二是加大对贫困劳动力就近就地就业的支持。就业扶贫车间、创业就业示范山村、创业就业示范街等主体吸纳贫困劳动力就近就地就业，用以工代训方式开展职业培训的，按照每人 100 元 / 天标准补贴，最多不超过 30 天。三是加大创业带动就业的支持，对创办小微企业或从事个体经营且正常运营 6 个月以上的贫困劳动力，按 8000 元 / 户的标准给予一次性创业补助；对 14 个贫困区县的市级创业孵化基地（园区），在实施绩效评估及奖励时予以倾斜；对贫困劳动力的优质创业项目，试点开展无抵质押物、无保证人的"双无"信用担保贷款。四是加大组织化劳务输出的支持，对贫困劳动力通过人力资源服务机构有组织地输出到市内其他区县就业的，按 500 元 / 人给予贫困劳动力一次性求职创业补贴，对符合条件的人力资源服务机构按 500 元 / 人标准给予职业介绍补贴。五是加大对贫困劳动力就业创业培训的支持。对参加人力社保部门组织的技能培训的贫困劳动力提供交通、食宿等方面的便利条件，按实际培训天数给予贫困劳动力 100 元 /（人·天）的交通食宿补助。[1]

五、易地搬迁脱贫

易地扶贫搬迁是专项扶贫的一种重要实施方式，指本着农民自愿的原则，由政府安排一定专项补助资金，帮助生存条件恶劣地区扶贫对象易地建设住房等基本生产生活设施，改善其生存与发展条件。

我国贫困程度较深的农村扶贫对象，有很大一部分集中分布在深山石山区、高海拔地区、荒漠化、严重干旱缺水地区等特殊类型地区。这些地区自然资源贫乏，生态环境恶劣，生存条件严酷，脱贫难度很大。如果采用常规扶贫方式，不仅扶贫成本很高，而且扶贫效果较差，返贫问题严重。采取易地扶贫搬迁方式，有助于从根本上解决这些贫困人口的脱贫问题。

易地扶贫搬迁，最早始于"三西"扶贫。本着自愿原则，将甘肃省定西地区和宁夏回族自治区西海固地区部分生存条件恶劣的贫困农户，采取"拉吊庄"形式逐步迁移到新灌区，以减少定西和西海固人均耕地资源压力和对生态环境的破坏，开拓新的发展空间，解决资源约束性贫困和生态恢复重建问题。

进入 21 世纪以后，为探索扶贫开发新举措，经国务院批准，国家发展改革委在中西部地区部分省（区、市）组织实施了易地扶贫搬迁试点工程。中央安排了专项补助资金，主要用于为搬迁扶贫对象提供基本的生产生活条件和必要的生活设施，建设内容包括住房、基本农田、水利设施、乡村道路，以及必要的教育、文化、卫生等公共设施。2001 年至 2010 年，国家共投入专项补助资金 132 亿元，在 17 个省（区、市）开展了易地扶贫搬迁试点工程，取得了显著成效。

《中国农村扶贫开发纲要（2011—2020 年）》对易地扶贫搬迁提出了新的要求：坚持自愿原则，对生存条件恶劣地区扶贫对象实行易地扶贫搬迁。引导其他移民搬迁项目优先在符合条件的贫困地区实施，加强与易地扶贫搬迁项目的衔接，共同促进改善贫困群众的生产生活环境。充分考虑资源条件，因地制宜，有序搬迁，改善生存与发展条件，着力培育和发展后续产业。有条件的地方引导向中小城镇、工业园区移民，创造就业机会，提高就业能力。

[1] 参见《重庆出台五条就业扶贫新政策》，《重庆日报》2018 年 11 月 19 日。

为贯彻落实《中国农村扶贫开发纲要（2011—2020年）》要求，由中央投入专项资金的国家易地扶贫搬迁工程，在国务院扶贫开发领导小组的统一领导下开展，实行"省负总责，县抓落实"。跨县的搬迁工程由省级政府统一协调。国家发展改革委和国务院扶贫办根据中央有关要求，制定国家易地扶贫搬迁规划，下达年度投资计划，提出政策建议和实施意见，并协调国务院有关部门共同积极稳妥地推进。

2015年11月29日，《中共中央、国务院关于打赢脱贫攻坚战的决定》要求对居住在生存条件恶劣、生态环境脆弱、自然灾害频发等地区的农村贫困人口，加快实施易地扶贫搬迁工程。

对实施易地搬迁脱贫，坚持群众自愿、积极稳妥的原则，因地制宜选择搬迁安置方式，合理确定住房建设标准，完善搬迁后续扶持政策，确保搬迁对象有业可就、稳定脱贫，做到搬得出、稳得住、能致富。

紧密结合推进新型城镇化，编制实施易地扶贫搬迁规划，支持有条件的地方依托小城镇、工业园区安置搬迁群众，帮助其尽快实现转移就业，享有与当地群众同等的基本公共服务。

加大中央预算内投资和地方各级政府投入力度，创新投融资机制，拓宽资金来源渠道，提高补助标准。积极整合交通建设、农田水利、土地整治、地质灾害防治、林业生态等支农资金和社会资金，支持安置区配套公共设施建设和迁出区生态修复。

利用城乡建设用地增减挂钩政策支持易地扶贫搬迁。为符合条件的搬迁户提供建房、生产、创业贴息贷款支持。

支持搬迁安置点发展物业经济，增加搬迁户财产性收入。探索利用农民进城落户后自愿有偿退出的农村空置房屋和土地安置易地搬迁农户。[1]

《"十三五"脱贫攻坚规划》要求组织实施好易地扶贫搬迁工程，确保搬迁群众住房安全得到保障，饮水安全、出行、用电等基本生活条件得到明显改善，享有便利可及的教育、医疗等基本公共服务，迁出区生态环境得到有效治理，确保有劳动能力的贫困家庭后续发展有门路、转移就业有渠道、收入水平不断提高，实现建档立卡搬迁人口搬得出、稳得住、能脱贫。

为此，采取以下措施。

---

[1] 参见中共中央党史和文献研究院编：《十八大以来重要文献选编》（下），中央文献出版社2018年版，第57页。

（一）精准识别搬迁对象。

合理确定搬迁范围和对象。以扶贫开发建档立卡信息系统识别认定结果为依据，以生活在自然条件严酷、生存环境恶劣、发展条件严重欠缺等"一方水土养不起一方人"地区的农村建档立卡贫困人口为对象，以省级政府批准的年度搬迁进度安排为主要参考，确定易地扶贫搬迁人口总规模和年度搬迁任务。

确保建档立卡贫困人口应搬尽搬。在充分尊重群众意愿基础上，加强宣传引导和组织动员，保障搬迁资金，确保符合条件的建档立卡贫困人口应搬尽搬。统筹规划同步搬迁人口。

（二）稳妥实施搬迁安置。

因地制宜选择搬迁安置方式。根据水土资源条件、经济发展环境和城镇化进程，按照集中安置与分散安置相结合、以集中安置为主的原则选择安置方式和安置区（点）。采取集中安置的，可依托移民新村、小城镇、产业园区、旅游景区、乡村旅游区等适宜区域进行安置，并做好配套建设。采取分散安置的，可选择"插花"、进城务工、投亲靠友等方式进行安置，也可在确保有房可住、有业可就的前提下，采取货币化方式进行安置。地方各级政府要结合本地实际，加强安置区（点）建设方案研究论证工作，将安置区（点）后续产业发展和搬迁人口就业等安排情况纳入建设方案专章表述，并做好推进落实工作。鼓励地方选择基础较好、具备条件的安置区（点），开展低碳社区建设试点。

合理确定住房建设标准。按照"保障基本、安全适用"的原则规划建设安置住房，严格执行建档立卡搬迁户人均住房建设面积不超过 25 平方米的标准。在稳定脱贫前，建档立卡搬迁户不得自行举债扩大安置住房建设面积。合理制定建房补助标准和相关扶持政策，鼓励地方因地制宜采取差异化补助标准。国家易地扶贫搬迁政策范围内的建房补助资金，应以建档立卡搬迁户人口数量为依据进行核算和补助，不得变相扩大或缩小补助范围。同步搬迁人口所需建房资金，由省级及以下政府统筹相关资源、农户自筹资金等解决，安置区（点）配套基础设施和公共服务设施可一并统筹规划、统一建设。

配套建设基础设施和公共服务设施。按照"规模适度、功能合理、经济安全、环境整洁、宜居宜业"的原则，配套建设安置区（点）水、电、路、邮政、基础电信网络以及污水、垃圾处理等基础设施，完善安置区（点）商业网点、便民超市、集贸市场等生活服务设施以及必要的教育、卫生、文化体育等公共服务设施。

拓展资金筹措渠道。加大中央预算内投资支持力度，创新投融资机制，安排专项建设基金和地方政府债券资金作为易地扶贫搬迁项目资本金，发行专项金融债券筹集贷款资金支持易地扶贫搬迁工作。建立或明确易地扶贫搬迁省级投融资主体和市县项目实施主体，负责资金承接运作和工程组织实施。地方政府要统筹可支配财力，用好用活城乡建设用地增减挂钩政策，支持省级投融资主体还贷。易地扶贫搬迁资金如有节余，可用于支持搬迁贫困人口后续产业发展。

（三）促进搬迁群众稳定脱贫。

大力发展安置区（点）优势产业。将安置区（点）产业发展纳入当地产业扶贫规划，统筹整合使用财政涉农资金，支持搬迁贫困人口大力发展后续产业。支持"有土安置"的搬迁户通过土地流转等方式开展适度规模经营，发展特色产业。建立完善新型农业经营主体与搬迁户的利益联接机制，确保每个建档立卡搬迁户都有脱贫致富产业或稳定收入来源。

多措并举促进建档立卡搬迁户就业增收。结合农业园区、工业园区、旅游景区和小城镇建设，引导搬迁群众从事种养加工、商贸物流、家政服务、物业管理、旅游服务等工作。在集中安置区（点）开发设立卫生保洁、水暖、电力维修等岗位，为建档立卡贫困人口提供就地就近就业机会，解决好养老保险、医疗保险等问题。鼓励工矿企业、农业龙头企业优先聘用建档立卡搬迁人口。支持安置区（点）发展物业经济，将商铺、厂房、停车场等营利性物业产权量化到建档立卡搬迁户。

促进搬迁人口融入当地社会。引导搬迁人口自力更生，积极参与住房建设、配套设施建设、安置区环境改善等工作，通过投工投劳建设美好家园。加强对易地搬迁人口的心理疏导和先进文化教育，培养其形成与新环境相适应的生产方式和生活习惯。优化安置区（点）社区管理服务，营造开放包容的社区环境，积极引导搬迁人口参与当地社区管理和服务，增强其主人翁意识和适应新生活的信心，使搬迁群众平稳顺利融入当地社会。

"十三五"期间，对全国22个省（区、市）约1400个县（市、区）981万建档立卡贫困人口实施易地扶贫搬迁，按人均不超过25平方米的标准建设住房，同步开展安置区（点）配套基础设施和基本公共服务设施建设、迁出区宅基地复垦和生态修复等工作。安排中央预算内投资、地方政府债券、专项建设基金、长期贴息贷款和农户自筹等易地扶贫搬迁资金约6000亿元。同步搬迁人口建房所需资金，以地方政府补助和农户自筹为主解决，鼓励开发银行、农业发展银行对符合条件的项目给予优惠贷款支持。在分解下达城乡建设用地增减挂钩指标时，向易地扶贫搬迁省份倾斜。允许贫困县将城乡建设用地增减挂钩节余指标在省域范围内流转使用，前期使用贷款进行拆迁安置、基础设施建设和土地复垦。[1]

2016年9月20日，国家发展改革委印发《全国"十三五"易地扶贫搬迁规划》。

2018年春节前夕，习近平总书记赴四川看望慰问各族干部群众。解放乡火普村是易地扶贫搬迁的新村，搬迁新房沿公路依山而建。习近平总书记指出，这里的实践证明，易地扶贫搬迁是实现精准脱贫的有效途径，一定要把这项工作做好做实。

2020年4月21日，习近平总书记来到陕西省安康市平利县老县镇锦屏社区考察调研。这里安置了全镇11个村的1346户高山危住户、地灾户和贫困户，共4173人。在搬迁户汪显平家，习近平总书记同一家老少围坐在一起拉家常。他指出，移得出、稳得住、住得下去，才能安居乐业。要住得下去就要靠稳定就业，务工是主要出路。

2020年5月，人社部等四部门部署开展易地扶贫搬迁就业帮扶专项行动，聚焦有劳动能力和就业意愿的搬迁群众尤其是建档立卡贫困搬迁群众，聚焦易地扶贫搬迁大型安置区，综合运用就业服务各种措施，集中力量加大就业帮扶，促进搬迁群众就业创业。

"十三五"期间，全国累计投入各类资金约6000亿元，建成集中安置区约3.5万个，其中城镇安置区5000多个，农村安置点约3万个；建成安置住房266万余套，总建筑面积2.1亿平方米，户均住房面积80.6平方米；配套新建或改扩建中小学和幼儿园6100多所、医院和社区卫生服务中心1.2万多所、养老服务设施3400余个、文化活动场所4万余个，960多万建档立卡贫困群众已全部乔迁新居，其中城镇安置500多万人，农村安置约460万人。各地共复垦复绿搬迁后的旧宅基地100多万亩，推动迁出区生态环境明显改善，不少因承载人口过多而使生态环境受到损害的贫困地区恢复了"绿水青山"，实现了脱贫攻坚与生态保护一个战场、两场战役的双赢。

---

[1] 参见《国务院关于印发〈"十三五"脱贫攻坚规划〉的通知》，中国政府网2016年12月2日。

据统计，全国易地扶贫搬迁建档立卡贫困户人均纯收入从 2016 年的 4221 元提高到 2019 年的 9313 元，年均增幅 30.2%。经评估核查，搬迁群众住房质量安全验收率达 100%，子女就学条件改善率达 99%、就医条件改善率达 99.87%，"两不愁三保障"实现率达 100%，搬迁群众满意度达 100%。

到 2020 年底，"十三五"易地扶贫搬迁任务已全面完成，960 多万易地搬迁贫困人口全部入住并实现脱贫，这在人类迁徙史和世界减贫史上都是一个伟大壮举。

六、教育扶贫

教育扶贫，是国家教育等部门为推动贫困地区公共教育事业均衡发展，提高贫困地区人口素质和受教育程度，所采取的一系列倾斜政策、投入支持和扶持措施。

我国贫困地区是教育资源比较匮乏、师资力量比较薄弱的地区，教育事业发展滞后、人力资本投资缺乏，成为制约本地区脱贫致富的主要瓶颈因素之一。许多贫困家庭子女如果没有国家教育资助，就很有可能辍学、失学，从而在一定程度上导致贫困代际传递。所以，教育和教育扶贫对贫困地区、贫困人口加快脱贫致富，具有基础性和长远性的重要意义。

扶贫既要富口袋，也要富脑袋。贫困地区的教育发展，是衡量脱贫攻坚成效的硬指标，更关乎全面建成小康社会的胜利。补齐贫困地区义务教育发展短板，让贫困家庭子女都能接受公平而有质量的教育，是夯实脱贫攻坚、决胜全面小康根基之所在。

习近平总书记一直要求把教育放在优先发展的战略地位。2016 年 7 月，在银川主持召开的东西部扶贫协作座谈会上，习近平总书记强调，西部地区要彻底拔掉穷根，必须把教育作为管长远的事业抓好。东部地区要在基础教育、职业教育、高等教育等方面，通过联合办学、设立分校、扩大招生、培训教师等多种方式给予西部地区更多帮助。

教育扶贫一直是我国扶贫开发工作的重要组成部分。我国的教育扶贫政策和措施，归结起来主要包括：

（1）教育资助。农村义务教育"两免一补"（免书本费、免杂费，补助寄宿生生活费）；免除中等职业教育学校家庭经济困难学生和涉农专业学生学费，实行国家助学金政策；实施"连片特困地区农村义务教育学生营养改善计划"；逐步扩大施行普通高中阶段国家助学金；加大对各级各类残疾学生扶助力度等。

（2）支持贫困地区教育事业和办学条件建设。实施"农村义务教育薄弱学校改造计划"，改善中西部农村义务教育办学条件；推进贫困地区适当集中办学，加快寄宿制学校建设；加大对边远贫困地区学前教育和特殊教育的扶持力度；在民族地区全面推广国家通用语言文字，支持"双语"教育发展；加大中西部职业技术教育实训基地建设；开展支教和师资进修培训，支持中西部师资队伍建设。

（3）开展教育对口支援。实施东部地区对口支援中西部地区高等学校计划和招生协作计划等。

（4）对连片特困地区实施教育扶贫工程。

在教育扶贫中，还实施了学生营养改善计划。国务院决定，从 2011 年秋季学期起，启动实施农村义务教育学生营养改善计划，率先在全国 14 个集中连片特困地区的 680 个县开展试点。中央财政按照每生每天 3 元的标准为试点地区农村义务教育阶段学生提供营养膳食补助（全年按照学生在校时间 200 天计算）。同时，鼓励各地以贫困地区、民族和边疆地区、革命老区等为重点，因地制宜开展营养改善试点，中央财政给予奖补。国家统筹农村中小学校舍改造，将学生食堂列为重点建设内容，切实改善学生就餐条件；将家庭经济困难寄宿学生生活费补助标准每生每天提高 1 元，达到小学生每天 4 元、初中生每天 5 元，中央财政按一定比例奖补。

学生营养改善计划在国务院统一领导下，实行地方为主，分级负责，各部门、各方面协同推进的管理体制。国家成立全国农村义务教育学生营养改善计划工作领导小组，统一领导和部署营养改善计划的实施。领导小组办公室设在教育部，负责营养改善计划实施的日常工作。14 个集中连片特困地区近 3000 万名农村学生享受了营养膳食补助，营养状况得到进一步改善。

党的十八大以来，围绕教育扶贫中的薄弱环节，从中央到地方，各级政府精准发力、综合施策。

中共中央办公厅、国务院办公厅发布的《关于创新机制扎实推进农村扶贫开发工作的意见》（中办发〔2013〕25 号），对全面实施教育扶贫工程作了重点阐述。

2013 年 7 月，国务院办公厅转发了教育部等部门《关于实施教育扶贫工程意见的通知》，明确教育扶贫的总体要求、主要任务和保障措施等。

2015年4月，中央全面深化改革领导小组第十一次会议审议通过《乡村教师支持计划（2015—2020年）》，切实提高乡村教师生活待遇。

《中共中央、国务院关于打赢脱贫攻坚战的决定》要求着力加强教育脱贫。加快实施教育扶贫工程，让贫困家庭子女都能接受公平有质量的教育，阻断贫困代际传递。国家教育经费向贫困地区、基础教育倾斜。健全学前教育资助制度，帮助农村贫困家庭幼儿接受学前教育。稳步推进贫困地区农村义务教育阶段学生营养改善计划。加大对乡村教师队伍建设的支持力度，特岗计划、国培计划向贫困地区基层倾斜，为贫困地区乡村学校定向培养留得下、稳得住的一专多能教师，制定符合基层实际的教师招聘引进办法，建立省级统筹乡村教师补充机制，推动城乡教师合理流动和对口支援。全面落实连片特困地区乡村教师生活补助政策，建立乡村教师荣誉制度。合理布局贫困地区农村中小学校，改善基本办学条件，加快标准化建设，加强寄宿制学校建设，提高义务教育巩固率。普及高中阶段教育，率先从建档立卡的家庭经济困难学生实施普通高中免除学杂费、中等职业教育免除学杂费，让未升入普通高中的初中毕业生都能接受中等职业教育。加强有专业特色并适应市场需求的中等职业学校建设，提高中等职业教育国家助学金资助标准。努力办好贫困地区特殊教育和远程教育。建立保障农村和贫困地区学生上重点高校的长效机制，加大对贫困家庭大学生的救助力度。对贫困家庭离校未就业的高校毕业生提供就业支持。实施教育扶贫结对帮扶行动计划。[1]

《"十三五"脱贫攻坚规划》要求，以提高贫困人口基本文化素质和贫困家庭劳动力技能为抓手，瞄准教育最薄弱领域，阻断贫困的代际传递。到2020年，贫困地区基础教育能力明显增强，职业教育体系更加完善，高等教育服务能力明显提升，教育总体质量显著提高，基本公共教育服务水平接近全国平均水平。为此，主要做好几个方面的工作。

（一）提升基础教育水平。

改善办学条件。加快完善贫困地区学前教育公共服务体系，建立健全农村学前教育服务网络，优先保障贫困家庭适龄儿童接受学前教育。全面改善义务教育薄弱学校基本办学条件，加强农村寄宿制学校建设，优化义务教育学校布

---

[1] 参见中共中央党史和文献研究院编：《十八大以来重要文献选编》（下），中央文献出版社2018年版，第58页。

局，办好必要的村小学和教学点，建立城乡统一、重在农村的义务教育经费保障机制。实施高中阶段教育普及攻坚计划，加大对普通高中和中等职业学校新建改扩建的支持力度，扩大教育资源，提高普及水平。加快推进教育信息化，扩大优质教育资源覆盖面。建立健全双语教学体系。

强化教师队伍建设。通过改善乡村教师生活待遇、强化师资培训、结对帮扶等方式，加强贫困地区师资队伍建设。建立省级统筹乡村教师补充机制，依托师范院校开展"一专多能"乡村教师培养培训，建立城乡学校教师均衡配置机制，推进县（区）域内义务教育学校校长教师交流轮岗。全面落实集中连片特困地区和边远艰苦地区乡村教师生活补助政策。加大对边远艰苦地区农村学校教师周转宿舍建设的支持力度。继续实施特岗计划，"国培计划"向贫困地区乡村教师倾斜。加大双语教师培养力度，加强国家通用语言文字教学。实施好边远贫困地区、边疆民族地区和革命老区人才支持计划教师专项计划，每年向"三区"选派 3 万名支教教师。建立乡村教师荣誉制度，向在乡村学校从教 30 年以上的教师颁发荣誉证书。

（二）降低贫困家庭就学负担。

完善困难学生资助救助政策。健全学前教育资助制度，帮助农村贫困家庭幼儿接受学前教育。稳步推进贫困地区农村义务教育学生营养改善计划。率先对建档立卡贫困家庭学生以及非建档立卡的家庭经济困难残疾学生、农村低保家庭学生、农村特困救助供养学生实施普通高中免除学杂费。完善国家奖助学金、国家助学贷款、新生入学资助、研究生"三助"（助教、助研、助管）岗位津贴、勤工助学、校内奖助学金、困难补助、学费减免等多元化高校学生资助体系，对建档立卡贫困家庭学生优先予以资助，优先推荐勤工助学岗位，做到应助尽助。

（三）加快发展职业教育。

强化职业教育资源建设。加快推进贫困地区职业院校布局结构调整，加强有专业特色并适应市场需求的职业院校建设。继续推动落实东西部联合招生，加强东西部职教资源对接。鼓励东部地区职教集团和职业院校对口支援或指导贫困地区职业院校建设。

加大职业教育力度。引导企业扶贫与职业教育相结合，鼓励职业院校面向建档立卡贫困家庭开展多种形式的职业教育。启动职教圆梦行动计划，省级教育行政部门统筹协调国家中等职业教育改革发展示范学校和国家重点中职学校选择就业前景好的专业，针对建档立卡贫困家庭子女单列招生计划。实施中等职业教育协作计划，支持建档立卡贫困家庭初中毕业生到省外经济较发达地区接受中职教育。让未升入普通高中的初中毕业生都能接受中等职业教育。鼓励职业院校开展面向贫困人口的继续教育。保障贫困家庭妇女、残疾人平等享有职业教育资源和机会。支持民族地区职业学校建设，继续办好内地西藏、新疆中等职业教育班，加强民族聚居地区少数民族特困群体国家通用语言文字培训。

加大贫困家庭子女职业教育资助力度。继续实施"雨露计划"职业教育助学补助政策，鼓励贫困家庭"两后生"就读职业院校并给予政策支持。落实好中等职业学校免学费和国家助学金政策。

（四）提高高等教育服务能力。

提高贫困地区高等教育质量。支持贫困地区优化高等学校布局，调整优化学科专业结构。中西部高等教育振兴计划、长江学者奖励计划、高等学校青年骨干教师国内访问学者项目等国家专项计划，适当向贫困地区倾斜。

继续实施高校招生倾斜政策。加快推进高等职业院校分类考试招生，同等条件下优先录取建档立卡贫困家庭学生。继续实施重点高校面向贫困地区定向招生专项计划，形成长效机制，畅通贫困地区学生纵向流动渠道。高校招生计划和支援中西部地区招生协作计划向贫困地区倾斜。支持普通高校适度扩大少数民族预科班和民族班规模。

在教育扶贫特别是基础教育中，实施了一系列工程。

（一）普惠性幼儿园建设。

重点支持中西部1472个区（县）农村适龄儿童入园，鼓励普惠性幼儿园发展。

（二）全面改善贫困地区义务教育薄弱学校基本办学条件。

按照"缺什么、补什么"的原则改善义务教育薄弱学校基本办学条件。力争到2019年底，使贫困地区所有义务教育学校均达到"20条底线要求"。以集中连片特困地区县、国家扶贫开发工作重点县、革命老区贫困县等为重点，解决或缓解城镇学校"大班额"和农村寄宿制学校"大通铺"问题，逐步实现未达标城乡义务教育学校校舍、场所标准化。

（三）高中阶段教育普及攻坚计划。

增加中西部贫困地区尤其是集中连片特困地区高中阶段教育资源，使中西部贫困地区未升入普通高中的初中毕业生基本进入中等职业学校就读。

（四）乡村教师支持计划。

拓展乡村教师补充渠道，扩大特岗计划实施规模，鼓励省级政府建立统筹规划、统一选拔的乡村教师补充机制，推动地方研究制定符合乡村教育实际的招聘办法，鼓励地方根据需求本土化培养"一专多能"乡村教师。到 2020 年，对全体乡村教师校长进行 360 学时的培训。

（五）特殊教育发展。

鼓励有条件的特殊教育学校、取得办园许可的残疾儿童康复机构开展学前教育，支持特殊教育学校改善办学条件和建设特教资源中心（教室），为特殊教育学校配备特殊教育教学专用设备设施和仪器等。

（六）农村义务教育学生营养改善计划。

以贫困地区和家庭经济困难学生为重点，通过农村义务教育学生营养改善计划国家试点、地方试点、社会参与等方式，逐步改善农村义务教育学生营养状况。中央财政为纳入营养改善计划国家试点的农村义务教育学生按每生每天 4 元（800 元／年）的标准提供营养膳食补助。鼓励地方开展营养改善计划地方试点，中央财政给予适当奖补。

2017 年 5 月，教育部等部门联合印发的《关于实施第三期学前教育行动计划的意见》提出，确保建档立卡等家庭经济困难幼儿优先获得资助。

2018 年 1 月，教育部联合国务院扶贫办印发《深度贫困地区教育脱贫攻坚实施方案（2018—2020 年）》，指出确保到 2020 年深度贫困地区教育总体发展水平显著提升，实现建档立卡贫困人口教育基本公共服务全覆盖的总体目标。

"积财千万，不如薄技在身""一技在手，终身受益"，职业教育在促进扶贫、防止返贫方面具有根本性、可持续的作用。

2014 年 5 月，国务院印发《关于加快发展现代职业教育的决定》；2016 年，职业教育东西协作行动计划（2016—2017 年）全面启动；2019 年，国家全力部署职业教育改革，重点支持集中连片特困地区每个地（市、州、盟）原则上至少建设一所符合当地经济社会发展和技术技能人才培养需要的中等职业学校。[1]

"互联网＋"已成为经济社会发展的新形态。2015 年 5 月 22 日，习近平总书记在致国际教育信息化大会的贺信中指出："我们将通过教育信息化，逐步缩小区域、城乡数字差距，大力促进教育公平，让亿万孩子同在蓝天下共享优质

[1] 参见《国务院关于印发〈国家职业教育改革实施方案〉的通知》，中国政府网 2019 年 2 月 13 日。

教育、通过知识改变命运。"[1]创新地利用"互联网＋教育"，促进教育资源的均衡发展，让贫困地区的孩子享受优质教育资源，正逐渐成为精准扶贫的有效手段。截至 2019 年，全国 98.4% 的中小学（含教学点）实现了网络接入。

江西宁都县是首批"互联网＋教育"精准扶贫试点地区，全县所有乡镇小学都参与美丽乡村网络公益课程，每周近 6000 名学生从中受益。一张课表、一根网线、一台电脑解决了优秀师资紧缺等难题。

各地结合实际，精准开展教育扶贫行动。例如，新疆针对南疆四地州尤其是南疆 22 个深度贫困县（市）开展脱贫攻坚教育扶贫专项行动；湖北省启动教育精准扶贫行动计划（2015—2019），要求实施好"精准改造""精准招生""精准资助""精准就业""精准培训"；湖南省聚焦集中连片贫困县和国贫县，实施芙蓉学校项目，确保到 2021 年高质量建成 100 所芙蓉学校。

重庆市石柱土家族自治县中益乡是重庆 18 个深度贫困乡镇之一，群众居住比较分散，孩子上学是个难题。2019 年 4 月，习近平总书记辗转 3 个多小时抵达石柱县中益乡华溪村，首先走进中益乡小学，了解义务教育保障情况。他指出，"两不愁三保障"，很重要的一条就是义务教育要有保障。再苦不能苦孩子，再穷不能穷教育。要保证贫困山区的孩子上学受教育，有一个幸福快乐的童年。

脱贫攻坚战打响以来，石柱县持续加大资金投入，用于实施贫困村学校项目建设、资助贫困家庭学生、提升师资力量和教学水平等。据石柱县县教委扶贫办主任岳良普介绍，在扶贫扶智的帮扶政策下，教育基础设施不断完善，教学水平不断提升，越来越多的贫困学子顺利完成学业。

千百年来生活在高山深谷的彝族民众，一直在闭塞的环境中代代繁衍。"记得第一次到广东打工，上厕所都不知道怎么问路，也看不懂标识。"一位彝族妇女这样回忆曾经的窘迫。

2018 年，国务院扶贫办、教育部和地方政府在凉山启动"学前学会普通话"行动。43 万名学前儿童从中受益，越来越多彝族孩子既不忘母语，又能熟练掌握普通话。有些彝族父母也跟着孩子学会了普通话。进了村幼儿园的孩子如今说起普通话，发音也很标准、清晰。[2]

党的十八大以来，教育扶贫的一系列扎实行动，缔造了世人瞩目的"减贫

---

[1]《习近平致国际教育信息化大会的贺信》，《人民日报》2015 年 5 月 25 日。

[2] 参见《彪炳史册的伟大奇迹——中国脱贫攻坚全纪实》，新华网 2021 年 2 月 24 日。

奇迹"。党中央和各级政府精准施策，聚焦贫困地区的每一所学校、每一名教师、每一个孩子，全面部署教育扶贫这一伟大工程。一项项教育扶贫政策落地落实，不让一个孩子因贫失学的目标正从梦想成为现实。

七、健康扶贫

2020 年 10 月 17 日，第七个国家扶贫日，首都医科大学附属复兴医院党委副书记、院长刘云军获得"2020 年全国脱贫攻坚奖贡献奖"。

作为北京市第三批援青医疗队队长，2016 年 8 月，刘云军从北京市广外医院副院长任上，带领医疗队，到平均海拔 4200 米的青海省玉树州人民医院扶贫，前后坚守了 1125 天。这也是他继 2012 年挂职新疆和田后，第二次投身民族地区开展医疗对口帮扶工作。

刘云军上任玉树州人民医院院长第一天，就有多达 69 份的病退、调离报告摆到他的案头，而且大多是医疗骨干。为什么？通过调查研究，刘云军发现了问题所在。于是，上任 26 天，刘云军就推出改革方案：实行绩效考核，重点向临床一线、高风险、高强度的科室倾斜。仅仅一年的时间，医院实现扭亏为盈，职工绩效比改革前提高了 9.1 倍。

刘云军任职 3 年，先后组建包虫病诊疗基地、消化腔镜中心、高原缺氧适应性康复中心等 23 个科室、6 个新病区，填补了当地医院的科室空白。通过"请进来、送出去、本院骨干压担子"，医院开展 168 项新技术、新业务，外送进修学习的医疗骨干达 101 人次，为医院的发展注入新鲜血液和活力，医院的管理能力和医疗水平得到大幅提升。[1]

这样的事例并不限于一个人、一件事。这就是健康扶贫。

健康扶贫，原称卫生扶贫，现在称健康扶贫，进一步扩大了卫生保障的范围。健康扶贫是指国家卫生等部门为改善贫困地区医疗卫生条件，促进基本医疗和公共卫生服务均等化，提高贫困地区群众健康水平所采取的一系列倾斜政策、制度安排和扶持措施。

长期以来，贫困地区医疗卫生事业发展滞后，农村医疗卫生网络体系不健全，贫困地区群众缺医少药、看病难、看不起病等问题十分突出。因病致贫成

---

[1]　参见《不让贫穷带走人民的健康》，《光明日报》2021 年 3 月 19 日。

为一部分脆弱性贫困农户陷入长期贫困的重要根源。卫生扶贫，就是要通过改善贫困地区医疗卫生条件，促进基本医疗公共卫生服务均等化等健康投资和制度安排，来保障贫困地区群众享有基本医疗卫生服务的权利，提高农民健康水平，减少和遏制因病致贫、因病返贫等现象的发生。

党和政府历来重视卫生扶贫工作。特别是党的十六大以来，国家把改善贫困地区医疗卫生条件，促进基本医疗公共卫生服务均等化，作为改善贫困地区民生的一项重大举措强力推进。随着农村医疗卫生条件的逐步改善，新型农村合作医疗制度的全面建立，以及大病救助制度覆盖面的扩大，贫困地区群众缺医少药、看病难、看不起病和地方病多发等问题明显得到缓解。

在卫生扶贫过程中，从 2005 年起就实施了"万名医师支援农村卫生工程"。这是由卫生部、财政部和国家中医药管理局联合启动实施的组织城市万余名医师对口支援农村县医院的卫生扶贫项目，旨在提高县医院医疗服务能力和水平，加强农村常见病、多发病和重大疾病医疗救治，使农民就近得到较高水平的基本医疗服务，缓解看病难问题；加强农村卫生人才培训，提高基层医院管理水平。

项目内容是，由中西部地区各项目省省级卫生行政部门、中医药管理部门，组织本行政区域内三级医院（综合医院为主）每年向本省国家扶贫开发工作重点县的每个县医院，派驻 5 名副主任医师以上人员或高年资主治医师，连续工作一年后进行轮换。主要任务是：承担农村常见病、多发病、疑难病症的诊疗服务，提高县医院的技术水平；开展临床教学和技术培训，通过组织查房、手术示教、疑难病例和死亡病例讨论等各种临床带教形式培训县医院医务人员，提高其业务素质；对县医院的管理工作提出建议；充分发挥中医药特色与优势，提高农村中医药服务水平。

该项目先在 592 个国家扶贫开发工作重点县和甘肃省部分乡镇卫生院进行试点，后逐步扩展到中西部地区和东部贫困地区。该项目与医疗卫生事业方面的城市支援农村、东部支援西部、发达地区支援欠发达地区有机结合，形成一项制度，成为推进城乡基层医疗卫生服务体系建设、促进基本医疗公共服务均等化的重要途径之一。

按照《中国农村扶贫开发纲要（2011—2020 年）》的要求，卫生扶贫的重点是：

（1）提高新型农村合作医疗和医疗救助保障水平。到 2015 年，新型农村合作医疗参合率稳定在 90% 以上，门诊统筹全覆盖基本实现；逐步提高儿童重大疾病的保障水平，重大传染病和地方病得到有效控制。

（2）进一步健全贫困地区基层医疗卫生服务体系，改善医疗与康复服务设施条件。到 2015 年，贫困地区县、乡、村三级医疗卫生服务网基本健全，每个乡镇有 1 所政府举办的卫生院，每个行政村有卫生室。

（3）继续实施万名医师支援农村卫生工程，组织城市医务人员在农村开展诊疗服务、临床教学、技术培训等多种形式的帮扶活动，提高县医院和乡镇卫生院的技术水平和服务能力。通过采取一系列卫生扶贫措施，使贫困地区群众获得公共卫生和基本医疗服务更加均等。[1]

党的十八大以后，党和国家进一步加强了卫生和健康工作。2016 年 8 月 19 日至 20 日，全国卫生与健康大会在北京召开。习近平总书记出席会议并发表重要讲话，强调要把人民健康放在优先发展的战略地位，加快推进健康中国建设，努力全方位、全周期保障人民健康。10 月 17 日，中共中央、国务院印发《"健康中国 2030"规划纲要》。随着卫生和健康事业的发展，"十三五"时期，我国居民人均预期寿命达到 77.3 岁，主要健康指标优于中高收入国家平均水平。

《中共中央、国务院关于打赢脱贫攻坚战的决定》在"开展医疗保险和医疗救助脱贫"方面，要求实施健康扶贫工程，保障贫困人口享有基本医疗卫生服务，努力防止因病致贫、因病返贫。加大农村贫困残疾人康复服务和医疗救助力度，扩大纳入基本医疗保险范围的残疾人医疗康复项目。建立贫困人口健康卡。对贫困人口大病实行分类救治和先诊疗后付费的结算机制。

《决定》还要求，建立全国三级医院（含军队和武警部队医院）与连片特困地区县和国家扶贫开发工作重点县县级医院稳定持续的一对一帮扶关系。完成贫困地区县乡村三级医疗卫生服务网络标准化建设，积极促进远程医疗诊治和保健咨询服务向贫困地区延伸。为贫困地区县乡医疗卫生机构订单定向免费培养医学类本专科学生，支持贫困地区实施全科医生和专科医生特设岗位计划，制定符合基层实际的人才招聘引进办法。支持和引导符合条件的贫困地区乡村医生按规定参加城镇职工基本养老保险。采取针对性措施，加强贫困地区传染病、地方病、慢性病等防治工作。全面实施贫困地区儿童营养改善、新生儿疾病免费筛查、妇女"两癌"免费筛查、孕前优生健康免费检查等重大公共卫生

[1] 参见《中国农村扶贫开发纲要（2011—2020 年）》，中国政府网 2011 年 12 月 1 日。

项目。加强贫困地区计划生育服务管理工作。[1]

《"十三五"脱贫攻坚规划》在健康扶贫方面，要求改善贫困地区医疗卫生机构条件，提升服务能力，缩小区域间卫生资源配置差距，基本医疗保障制度进一步完善，建档立卡贫困人口大病和慢性病得到及时有效救治，就医费用个人负担大幅减轻，重大传染病和地方病得到有效控制，基本公共卫生服务实现均等化，因病致贫返贫问题得到有效解决。为此，着重抓好三个方面的工作。

（一）提升医疗卫生服务能力。

加强医疗卫生服务体系建设。按照"填平补齐"原则，加强县级医院、乡镇卫生院、村卫生室等基层医疗卫生机构以及疾病预防控制和精神卫生、职业病防治、妇幼保健等专业公共卫生机构能力建设，提高基本医疗及公共卫生服务水平。加强常见病、多发病相关专业和临床专科建设。加强远程医疗能力建设，实现城市诊疗资源和咨询服务向贫困县延伸，县级医院与县域内各级各类医疗卫生服务机构互联互通。鼓励新医疗技术服务贫困人口。在贫困地区优先实施基层中医药服务能力提升工程"十三五"行动计划。实施全国三级医院与贫困县县级医院"一对一"帮扶行动。到 2020 年，每个贫困县至少有 1 所医院达到二级医院标准，每个 30 万人口以上的贫困县至少有 1 所医院达到二级甲等水平。

深化医药卫生体制改革。深化公立医院综合改革。在符合医疗行业特点的薪酬改革方案出台前，贫困县可先行探索制定公立医院绩效工资总量核定办法。制定符合基层实际的人才招聘引进办法，赋予贫困地区医疗卫生机构一定自主招聘权。加快健全药品供应保障机制，统筹做好县级医院与基层医疗卫生机构的药品供应配送管理工作。进一步提高乡村医生的养老待遇。推进建立分级诊疗制度，到 2020 年，县域内就诊率提高到 90% 左右。

强化人才培养培训。以提高培养质量为核心，支持贫困地区高等医学教育发展，加大本专科农村订单定向医学生免费培养力度。以全科医生为重点，加强各类医疗卫生人员继续医学教育，推行住院医师规范化培训、助理全科医生培训，做好全科医生和专科医生特设岗位计划实施工作，制定符合基层实际的人才招聘引进办法，提高薪酬待遇。组织开展适宜医疗卫生技术推广。

支持中医药和民族医药事业发展。加强中医医院、民族医医院、民族医特色专科能力建设，加快民族药药材和制剂标准化建设。加强民族医药基础理论

---

[1] 参见中共中央党史和文献研究院编：《十八大以来重要文献选编》（下），中央文献出版社 2018 年版，第 58—59 页。

和临床应用研究。加强中医、民族医医师和城乡基层中医、民族医药专业技术人员培养培训，培养一批民族医药学科带头人。加强中药民族药资源保护利用。将更多具有良好疗效的特色民族药药品纳入国家基本医疗保险药品目录。

（二）提高医疗保障水平。

降低贫困人口大病、慢性病费用支出。加强基本医疗保险、大病保险、医疗救助、疾病应急救助等制度的有效衔接。建档立卡贫困人口参加城乡居民基本医疗保险个人缴费部分由财政通过城乡医疗救助给予补贴，全面推开城乡居民基本医疗保险门诊统筹，提高政策范围内住院费用报销比例。城乡居民基本医疗保险新增筹资主要用于提高城乡居民基本医疗保障水平，逐步降低贫困人口大病保险起付线。在基本医疗保险报销范围基础上，确定合规医疗费用范围，减轻贫困人口医疗费用负担。加大医疗救助力度，将贫困人口全部纳入重特大疾病医疗救助范围。对突发重大疾病暂时无法获得家庭支持导致基本生活出现严重困难的贫困家庭患者，加大临时救助力度。支持引导社会慈善力量参与医疗救助。在贫困地区先行推进以按病种付费为主的医保支付方式改革，逐步扩大病种范围。

实行贫困人口分类救治。优先为建档立卡贫困人口单独建立电子健康档案和健康卡，推动基层医疗卫生机构提供基本医疗、公共卫生和健康管理等签约服务。以县为单位，进一步核实因病致贫返贫家庭及患病人员情况，对贫困家庭大病和慢性病患者实行分类救治，为有需要的贫困残疾人提供基本康复服务。贫困患者在县域内定点医疗机构住院的，实行先诊疗后付费的结算机制，有条件的地方可探索市域和省域内建档立卡贫困人口先诊疗后付费的结算机制。

（三）加强疾病预防控制和公共卫生。

加大传染病、地方病、慢性病防控力度。全面完成已查明氟、砷超标地区改水工程建设。对建档立卡贫困人口食用合格碘盐给予政府补贴。综合防治大骨节病和克山病等重点地方病，加大对包虫病、布病等人畜共患病的防治力度，加强对艾滋病、结核病疫情防控，加强肿瘤随访登记，扩大癌症筛查和早诊早治覆盖面，加强严重精神障碍患者筛查登记、救治救助和服务管理。治贫治毒相结合，从源头上治理禁毒重点整治地区贫困县的毒品问题。

全面提升妇幼健康服务水平。在贫困地区全面实施农村妇女"两癌"（乳腺癌和宫颈癌）免费筛查项目，加大对贫困患者的救助力度。全面实施免费孕前优生健康检查、农村妇女增补叶酸预防神经管缺陷、新生儿疾病筛查等项目。提升孕产妇和新生儿危急重症救治能力。全面实施贫困地区儿童营养改善项目。实施

0—6岁贫困残疾儿童康复救助项目，提供基本辅助器具。加强计划生育工作。

深入开展爱国卫生运动。加强卫生城镇创建活动，持续深入开展城乡环境卫生整洁行动，重点加强农村垃圾和污水处理设施建设，有效提升贫困地区人居环境质量。加快农村卫生厕所建设进程，坚持因地制宜、集中连片、整体推进农村改厕工作，力争到2020年农村卫生厕所普及率达到85%以上。加强健康促进和健康教育工作，广泛宣传居民健康素养基本知识和技能，使其形成良好卫生习惯和健康生活方式。

《规划》确定了健康扶贫的几项工程：

（一）城乡居民基本医疗保险和大病保险。

从2016年起，对建档立卡贫困人口、农村低保对象和特困人员实行倾斜性支持政策，降低特殊困难人群大病保险报销起付线、提高大病保险报销比例，减少贫困人口大病费用个人实际支出。选择部分大病实行单病种付费，医疗费用主要由医疗保险、大病保险、医疗救助按规定比例报销。将符合条件的残疾人医疗康复项目按规定纳入基本医疗保险支付范围。

（二）农村贫困人口大病慢性病救治。

继续实施光明工程，为贫困家庭白内障患者提供救治，费用通过医保等渠道解决，鼓励慈善组织参与。从2016年起，对贫困家庭患有儿童急性淋巴细胞白血病、儿童先天性心脏房间隔缺损、食管癌等疾病的患者进行集中救治。

（三）全国三级医院与贫困县县级医院"一对一"帮扶行动。

组织全国889家三级医院（含军队和武警部队医院）对口帮扶集中连片特困地区县和国家扶贫开发工作重点县县级医院。采用"组团式"支援方式，向县级医院派驻1名院长或者副院长及医务人员组成的团队驻点帮扶，重点加强近3年外转率前5—10位病种的临床专科能力建设，推广适宜县级医院开展的医疗技术。定期派出医疗队，为贫困人口提供集中诊疗服务。建立帮扶双方远程医疗平台，开展远程诊疗服务。

（四）贫困地区县乡村三级医疗卫生服务网络标准化建设工程。

到2020年，每个贫困县至少有1所县级公立医院，每个乡镇有1所标准化乡镇卫生院，每个行政村有1个卫生室。在乡镇卫生院和社区卫生服务中心建立中医综合服务区。

（五）重特大疾病医疗救助行动。

将重特大疾病医疗救助对象范围从农村低保对象、特困人员拓展到低收入家庭的老年人、未成年人、重度残疾人和重病患者，积极探索对因病致贫返贫家庭重病患者实施救助，重点加大对符合条件的重病、重残儿童的救助力度。综合考虑患病家庭负担能力、个人自负费用、当地筹资等情况，分类分段设置救助比例和最高救助限额。

（六）医疗救助与基本医疗保险、大病保险等"一站式"结算平台建设。

贫困地区逐步实现医疗救助与基本医疗保险、大病保险、疾病应急救助、商业保险等信息管理平台互联互通，广泛开展"一站式"即时结算。

为了更好地落实决定和规划布置的任务，2016 年，国家卫生计生委等 15 个部门联合印发了《关于实施健康扶贫工程的指导意见》，重点采取五个方面的政策措施：

（一）提高医疗保障水平，切实减轻农村贫困人口医疗费用负担。

新型农村合作医疗覆盖所有农村贫困人口并实行政策倾斜，个人缴费部分按规定由财政给予补贴，在贫困地区全面推开门诊统筹，提高政策范围内住院费用报销比例。2016 年新型农村合作医疗新增筹资主要用于提高农村居民基本医疗保障水平，并加大对大病保险的支持力度，通过逐步降低大病保险起付线、提高大病保险报销比例等，提高农村贫困人口受益水平。加大医疗救助力度，将农村贫困人口全部纳入重特大疾病医疗救助范围，对突发重大疾病暂时无法获得家庭支持、基本生活陷入困境的患者，加大临时救助和慈善救助等帮扶力度。建立基本医疗保险、大病保险、疾病应急救助、医疗救助等制度的衔接机制，发挥协同互补作用，形成保障合力，切实解决因病致贫、因病返贫问题。

（二）对患大病和慢性病的农村贫困人口进行分类救治。

优先为每人建立 1 份动态管理的电子健康档案，建立贫困人口健康卡，推动基层医疗卫生机构为农村贫困人口家庭提供基本医疗、公共卫生和健康管理等签约服务。以县为单位，依靠基层卫生计生服务网络，进一步核准农村贫困人口中因病致贫、因病返贫家庭数及患病人员情况。对需要治疗的大病和慢性病患者进行分类救治，能一次性治愈的，组织专家集中力量实施治疗，2016 年起选择疾病负担较重、社会影响较大、疗效确切的大病进行集中救治，制订诊疗方案，明确临床路径，控制治疗费用，减轻贫困大病患者费用负担；需要住院维持治疗的，由就近具备能力的医疗机构实施治疗；需要长期治疗和康复的，由基层医疗卫生机构在上级医疗机构指导下实施定期治疗和康复管理。实施光明工程，为农村贫困白内障患者提供救治。

（三）实行县域内农村贫困人口住院先诊疗后付费。

贫困患者在县域内定点医疗机构住院实行先诊疗后付费，定点医疗机构设立综合服务窗口，实现基本医疗保险、大病保险、疾病应急救助、医疗救助"一站式"信息交换和即时结算，贫困患者只需在出院时支付自负医疗费用。

（四）加强贫困地区医疗卫生服务能力建设。

一是实施贫困地区县级医院、乡镇卫生院、村卫生室标准化建设，使每个连片特困地区县和国家扶贫开发重点县至少有1所县级公立医院，每个乡镇建设1所标准化的乡镇卫生院，每个行政村有1个卫生室。加强贫困地区远程医疗能力建设，实现县级医院与县域内各级各类医疗卫生服务机构互联互通。在贫困地区优先实施基层中医药服务能力提升工程"十三五"行动计划，在乡镇卫生院和社区卫生服务中心建立中医馆、国医堂等中医综合服务区。

二是实施全国三级医院与连片特困地区县和国家扶贫开发重点县县级医院一对一帮扶，从全国遴选能力较强的三级医院（含军队和武警部队医院），采取"组团式"帮扶方式，向被帮扶医院派驻1名院长或副院长及相关医务人员进行蹲点帮扶，采取技术支持、人员培训、管理指导等多种方式，提高被帮扶医院的服务能力，使其到2020年达到二级医疗机构服务水平（30万人口以上县的被帮扶医院达到二级甲等水平）。

三是综合采取住院医师规范化培训、助理全科医生培训、订单定向免费培养、全科医生和专科医生特设岗位计划等方式，加强贫困地区医疗卫生人才队伍建设。制定符合基层实际的人才招聘引进办法，2017年前分期分批对贫困地区乡村医生进行轮训。通过支持和引导乡村医生按规定参加职工基本养老保险或城乡居民基本养老保险，以及采取补助等多种形式，提高乡村医生养老待遇。

（五）加强贫困地区公共卫生和疾病预防控制工作。

一是加大贫困地区传染病、地方病、慢性病防控力度，加强肿瘤随访登记及死因监测，扩大癌症筛查和早诊早治覆盖面。加强贫困地区严重精神障碍患者筛查登记、救治救助和服务管理。采取有效措施，基本控制地方性氟、砷中毒危害，继续保持消除碘缺乏病状态。综合防治大骨节病和克山病等重点地方病。加大人畜共患病防治力度，基本控制西部农牧区包虫病流行，有效遏制布病流行。开展重点人群结核病主动筛查，规范诊疗服务和全程管理，进一步降低贫困地区结核病发病率。在艾滋病疫情严重的贫困地区建立防治联系点，加大防控工作力度。

二是在贫困地区全面实施免费孕前优生健康检查、农村妇女增补叶酸预防神经管缺陷、农村妇女"两癌"（乳腺癌和宫颈癌）筛查、儿童营养改善、新生儿疾病筛查等项目，推进出生缺陷综合防治。加强贫困地区孕产妇和新生儿急危重症救治能力建设，加强农村妇女孕产期保健，保障母婴安全。

三是深入开展贫困地区爱国卫生运动，持续深入开展环境卫生整洁行动，实施贫困地区农村人居环境改善扶贫行动，加快农村卫生厕所建设进程，实施农村饮水安全巩固提升工程，推进农村垃圾污水治理。加强健康促进和健康教育工作，提升农村贫困人口健康意识，使其形成良好卫生习惯和健康生活方式。[1]

河北省农村建档立卡贫困人口中，因病致贫返贫的占 57.30%，往往"病倒一个、压垮一家"，疾病已成为贫困家庭致贫的主要因素。

2016 年 1 月，时任国务院副总理汪洋到阜城县考察时，要求河北省研究探索在解决因病致贫返贫问题上走出路子。省委、省政府高度重视，将解决因病致贫返贫问题作为打好脱贫攻坚战的关键之举，当作全面深化改革的重点任务来抓，实施健康扶贫工程。在深入调研和测算论证基础上，制定《关于提高贫困人口医疗保障救助水平解决因病致贫返贫问题的实施方案》，在全国率先出台《关于提高贫困人口医疗保障救助水平解决因病致贫返贫问题的实施方案（试行）》，建立"基本医保 + 大病保险 + 医疗救助"三重保障制度，形成一批含金量高的政策措施。

2017 年 9 月 26 日，省卫生计生委、省民政厅等 7 部门联合印发《河北省健康扶贫工程"三个一批"行动计划实施方案》，明确提出 2017 年至 2020 年做到大病集中救治一批，慢病签约服务管理一批，重病兜底保障一批。2019 年为全面解决"基本医疗有保障"存在的突出问题，河北省又实施 8 个专项行动。

实施健康扶贫工程（2016 年）以来，河北省坚持供需两侧同步发力、救治预防双管齐下，先后出台政策、措施文件 80 多个，探索建立了"精准施策减存量，关口前移控增量，构建机制管长远"的健康扶贫工作模式，形成了"群众健康有人管、大病慢病有地方治"的卫生健康服务新格局，为打赢脱贫攻坚战筑起坚实健康保障。[2]

---

[1] 参见《卫生计生委、扶贫办介绍实施健康扶贫工程有关情况》，中国政府网 2016 年 6 月 21 日。

[2] 根据 2018 年 8 月 30 日上午河北省政府新闻办"河北省健康扶贫工作进展情况"新闻发布会，2019 年 6 月 19 日河北省"提高基层服务能力　打赢健康扶贫攻坚战"新闻发布会，2020 年 10 月 22 日河北省政府新闻办"河北省优化卫生健康服务　打赢健康扶贫攻坚战"新闻发布会介绍的情况整理。

北京市作为医疗资源最为丰富的省市，以"组团式"、团队式等医疗援助方式，实施"手拉手""结对子""传帮带"计划，输血与造血双管齐下，为受援地打造出一支梯队合理、技术精湛、人员稳定的医疗人才队伍，成为带不走的财富，为当地群众的医疗服务发光发热。

从 2015 年起，北京市组织 22 家市属三甲医院，选派成建制的专家团队，涵盖卫生管理、内科、外科、妇科、儿科、检验科等多个学科，有规划地全面支援西藏拉萨市人民医院发展。在援藏专家的指导和示范下，医院累计开展西藏自治区首例新技术 50 余项，申请西藏自治区重大课题 39 项。

截至 2021 年，北京共有 6 批 102 名医疗专家先后赴西藏工作，迅速提升了结对医院的医疗与管理水平，本地医生可以独立完成包括断指再植术、冠脉造影术、连续肾脏替代治疗等重大疑难技术，大大提升了救治水平。如今，很多看不了的病能看了，过去没有的设备购置了，不规范的管理优化了，闲置的先进设备用上了。拉萨市人民医院成为西藏自治区第一家地市级三级甲等综合性医院，与西藏自治区医院一并成为"大病不出藏"的兜底医院。[1]

2020 年 9 月，记者报道，从国家卫生健康委了解到，实施脱贫攻坚健康扶贫以来，国家卫生健康委、国家医保局等部门出台了一系列倾斜性政策举措。全国累计 1800 多万贫困患者得到有效救治，所有贫困人口都已纳入基本医疗保险范围。2015 年底，全国建档立卡贫困户中，因病致贫的占 44%，贫困人口参加基本医保个人缴费部分由财政给予补贴；医保报销起付线降低一半，支付比例提高 5 个百分点，取消医保报销封顶线；实行县域内住院"先诊疗、后付费"和"一站式"即时结算。为提升贫困地区医疗服务能力，全国 1007 家城市三级医院累计派出 8 万人次医务人员"组团式"支援贫困县医院，全面填补了乡村医疗机构和人员"空白点"，实现贫困人口有地方看病、有医生看病。

八、文化扶贫

1983 年 7 月 20 日，《大众日报》报道，山东省临朐县已涌现出文化专业户1000 多个。这些文化专业户形式多样，有家庭画展、家庭书画学习班、家庭放映队，有的全家搞创作，有的全家演小戏，有的办图书阅览室、文化室等。

---

[1] 参见《不让贫穷带走人民的健康》，《光明日报》2021 年 3 月 19 日。

这样的新闻告诉我们，发展文化也可以成为产业，也能走上致富之路。文化扶贫，就是在改革开放中出现的一种扶贫脱贫新形式。

文化扶贫，指国家文化等有关部门为推动贫困地区公共文化事业均衡发展，提高贫困地区农民思想道德素质和科学文化素质，所采取的一系列倾斜政策、投入支持和扶持措施。

文化，是非常重要的人类现象，也是一个非常复杂的概念。最早的"文化"，是指与"武力"相对的教化，故有"人文化成"的意思。到当代，广义的文化，指人类改造客观世界和主观世界的活动及其成果的总和，这是"大文化"，包括物质文化和精神文化两大类。

物质文化，是通过物质活动及其成果来体现的人类文化，如石器文化、青铜文化等。精神文化，则是通过人的精神活动及其成果来体现的人类文化。通常所称的"文化"，大致是指这种精神文化，相当于"中文化"。

但这种"中文化"的内部也很复杂，我一直把它大致分为6种：一是语言文字文化；二是社会习俗文化；三是文学艺术文化；四是思想道德文化；五是科学理性文化；六是制度规范文化。

通常所说的读书、识字、"学文化"，指的首先是语言文字文化。而文化部门所抓的文化工作，主要是文学艺术文化。文物部门所抓的，又主要是历史遗存的物质文化和非物质文化。教育部门、科技部门抓的，其实也是文化，如语言文字，是更基础、更重要的文化。所以，文化的内涵外延与政府的部门设置并不是对应的，并不是仅仅指政府的文化部门所管的文化。但我们这里所讲的文化扶贫，只能按文化部门所管的工作范围来介绍，否则就会奇大无比，无从下手了。

文化作为人类改造世界的活动及其成果，始终伴随着人类的活动而生成、发展。中华民族有悠久的历史文化传统，在当代中国，又进一步融汇形成了中国特色社会主义文化。中国特色社会主义文化，源自中华民族五千多年文明历史所孕育的中华优秀传统文化，熔铸于党领导人民在革命、建设、改革中创造的革命文化和社会主义先进文化，植根于中国特色社会主义伟大实践。

文化是国家本体不可缺少的组成部分，规范和指导着国家的发展方向，渗透和作用于国家的物质基础，是推动国家发展的强大精神力量，是一个国家强盛和发展的软实力。

贫困地区、贫困人口的贫困，不仅表现为经济贫困、物质生活贫困，而且表现为文化贫困、精神生活贫困。帮助贫困地区改变面貌，既要从经济发展方面给予扶持，更需要从文化建设方面给予支持。帮助贫困人口摆脱贫困，提高自我发展能力，不仅要扶物质、扶资金，更重要的是扶精神、扶文化，改变不利于立足自身实现脱贫致富的传统观念、生活陋习、行为模式和"等靠要"思想，提高其综合素质。

所以，文化扶贫一直是我国扶贫开发工作的重要内容。尤其是1996年中共中央宣传部等10部委启动实施并一直坚持的文化科技卫生"三下乡"活动，党的十七大以后启动实施的"文化惠民工程"等，在全国革命老区、少数民族地区、边疆地区、贫困地区产生了重大影响，取得了显著实效。《中国农村扶贫开发纲要（2011—2020年）》把支持贫困地区公共文化事业发展、促进文化基本公共服务均等化列为12项主要任务之一，并在行业扶贫中对文化扶贫工作提出了新要求。

党和国家逐步扩大推行各种比较集中的文化扶贫政策和措施，主要包括：

（1）推进文化惠民工程，包括广播电视村村通、农村电影放映、文化信息资源共享和农家书屋等重大建设项目。要求到2020年，贫困地区健全完善广播影视公共服务体系，全面实现广播电视户户通。

（2）加强以"两馆一站一室"为重点的农村公共文化服务体系建设，基本实现每个国家扶贫开发工作重点县有图书馆、文化馆，乡镇有综合文化站，行政村有文化活动室的目标。

（3）普及信息服务。优先实施国家扶贫开发工作重点县村村通有线电视、电话、互联网工程，推进电信网、广电网、互联网三网融合。到2020年，自然村基本实现通宽带。[1]

文化部、财政部于2002年共同组织实施了全国文化信息资源共享工程，这是一项重大的国家文化创新工程。它利用现代信息技术，将中华优秀文化资源进行数字化加工整合，通过互联网、卫星、电视、手机等新型传播载体，依托各级图书馆、文化站等公共文化设施传送到基层，为广大群众提供优秀的文化信息服务，在全国范围内实现文化信息资源的共建共享。

"十一五"期间，国家支持592个国家扶贫开发工作重点县建设文化信息资源共享工程县级支中心，按照每个县68万元的建设标准，中央财政对中部地区

---

[1] 参见中共中央文献研究室编：《十七大以来重要文献选编》（下），中央文献出版社2013年版，第359—360页。

和西部地区分别按50%、80%的比例给予补助,实现了国家扶贫开发工作重点县共享工程县级支中心全覆盖,初步满足了基层群众"求知识、求富裕、求健康、求快乐"的需求。"十二五"时期,全国文化信息资源共享工程在基本实现"村村通"的基础上,进一步在打造精品、优化应用、有效服务、共建共享上下功夫,将工程建成资源优质丰富、技术先进实用、传播高效互动、服务便捷贴近、体系完整规范的公共数字文化传播服务体系。

《关于创新机制扎实推进农村扶贫开发工作的意见》,对贫困地区文化建设作了进一步强调,要求加强贫困地区公共文化服务体系建设,提高服务效能。并且规定这项工作由文化部、新闻出版广电总局、国家发展改革委、财政部等负责。

革命老区井冈山,一台实景演出《井冈山》,仅门票收入累计达1亿元,使当地农民年增收达500余万元。井冈山在全国率先宣告脱贫"摘帽",其中就有当地文化和旅游业结合作出的贡献。

大型实景演出《井冈山》讲述了南昌起义后,毛泽东和朱德会师于井冈山,带领红军创建革命根据地、发展武装力量、确立革命思想的一段历史。600多名演出人员全部是来自井冈山的乡村农民。

当地年已古稀的老村民刘胜周是实景演出中的一位群众演员。他的父母一直当长工,直到1928年红军上了井冈山,开展了土地革命,他家才第一次分到田地。现在,刘胜周参加演出,每年有6000元的收入,个人的生活有了保障。三个子女在当地承包土地搞起了养殖和种植,也都过上了衣食无忧的好日子。60多岁的吴家在地方政府办的培训班里掌握了特色农产品种植技术,现在他晚上演出,白天种油茶和杜鹃花。

井冈山将文化民俗,生态、乡村旅游相融合推出的红色旅游模式,有效地带动了地方特色经济的发展,通过特色旅游产业又让更多天南地北的游客身临其境感受到井冈山精神孕育的红色文化代代相传的生命力和感染力。

2019年,革命老区山西省晋中市创新思维,创办左权民歌汇,把左权传统民歌艺术和太行生态文化旅游推上了新的舞台,成为又一张展示"大美晋中"的亮丽名片。

依托2019年左权民歌汇的成功举办,左权县一年接待游客529.83万人次,增长20.8%;旅游收入44.53亿元,增长19.9%。通过施行"景区(景点)+服务(管理)人员"的岗位吸附模式、"政府+景观种植"的政策补贴模式、

"景区（景点）+周边村庄"的联动发展模式，带动1.1万名贫困人口稳定脱贫。

2020年8月，左权再次举办民歌汇。来自全国各地乃至海外的民歌高手云集左权，拥抱太行，向山而歌。

2020年的左权民歌汇，在传播的深度和广度上都达到了新的高度。在开、闭幕式中，首次尝试运用了5G+VR的方式进行全程直播，观看次数达518万次。通过立体式全方位传播，在网上掀起一股"左权热"和"民歌热"。据大数据监测统计，自6月9日新闻发布会至9月8日8时止，"2020年左权民歌汇"相关话题网上阅读量累计达8.26亿次。在开幕式与赛事期间，102家主要网媒、968家影响力较大的网络自媒体连续多日首页置顶或专题推送，到网络投票结束，总阅读量、点击量突破5亿次，是2019年同期的5倍。13家地方和17家知名自媒体直播平台，赛事期间全程高清直播11场次，点击量达2.89亿次。

左权民歌汇连续两年的举办，带火了左权文旅产品的销售，手工艺品如将军虎、戏装、香包、亲圪蛋挂件等很受外地游客欢迎，自产自销的即食小米粥、核桃仁、花椒以及各种杂粮产品也通过网络电商的普及卖到了全国各地，全面助力左权人民脱贫奔小康。

贵州省黔西南布依族苗族自治州晴隆县西南部有一条著名的抗战公路——二十四道拐。当地许多干部群众常以此类比浙江省宁波市和黔西南州24年来走过的脱贫路。1996年，浙江省宁波市与黔西南州对口扶贫协作工程正式启动，两地由此在脱贫攻坚的"二十四道拐"上结对携手。

既要"输血"帮困，更要"造血"发展。造血的方式之一，是"艺术结对"共建美丽乡村。

晴隆县光照镇定汪村——这个布依族聚居的村寨来了13位宁波市宁海县葛家村的朋友，不带钱、不带物，他们打算用艺术"点亮"定汪村。

2019年一个偶然的机会，通过艺术学院教授指导，加上村民乡土智慧，葛家村村民因地制宜、就地取材，改造自己的家园。不到一年时间，原本普通的村子成了网红景点，2019年吸引游客超3万人次。

"花钱少、村民参与度高，这样的理念为什么不能在宁海对口帮扶的晴隆乡村落地生根？"经过两地党委政府牵线，葛家村和定汪村正式结对。

来到定汪村，短短半个月时间，村里已经在许多细小的地方显露出别样的艺术气息：水泥墙被贴上了木饰面，古树下铺起了鹅卵石，将要废弃的门板摇身一变成了"未来书院"的门匾……村里有棵300多年树龄的黄葛树，树下原本是牛、马散放的杂草坪。现在，这棵古树下已是孩子们的排练舞台、村民的露天会场。艺术，美化了原先贫困的村寨，也激发了人们心中追求美的那份情感。[1]

九、金融扶贫

金融扶贫是利用银行信贷资金或与国内外金融机构合作，进行产业开发，改善贫困地区、贫困农户生产生活条件的一种扶贫方式。

邓小平指出："金融很重要，是现代经济的核心。金融搞好了，一着棋活，全盘皆活。"[2]这一经典性的评价深刻地揭示了金融在现代经济中的地位和作用。金融适应经济的发展而产生，为经济服务，又反作用于经济，对经济的成长和运行发挥着举足轻重的作用。

改革开放以来，我国的金融事业有了很大很快的发展。金融系统掌握着巨大的经济资源，在支持经济发展、调整经济结构、维护社会稳定方面，发挥着越来越重要的作用。党中央高度重视金融工作，先后制定了一系列方针政策，采取了各种有效措施，不断推动金融发展，深化金融体制改革，加强金融监管，消除金融隐患。金融工作对我国的改革开放，包括农业、农村的发展和农民的生产生活，作出了巨大的贡献。

中国的扶贫脱贫经历了一个发展过程，金融事业和金融体制改革也经历了一个发展过程。20 世纪 80 年代开始大规模扶贫开发的时候，主要还是由国家拨付资金。银行主要是管好资金，还没有提出金融扶贫的问题。

1994 年，《国家八七扶贫攻坚计划》宣布，国家现在用于扶贫的各项财政、信贷资金要继续安排到 2000 年。从 1994 年起，再增加 10 亿元以工代赈资金，10 亿元扶贫贴息贷款，执行到 2000 年。原来由人民银行和专业银行办理的国家扶贫贷款，从 1994 年起全部划归中国农业发展银行统一办理。要求"财政、金融、工商、海关等部门，要根据扶贫开发任务的要求，结合各自的职能，采取积极措施促进贫困地区的经济发展"。同时还制定了若干信贷优惠政策。[3]

---

[1] 参见《"二十四载走过二十四拐"——宁波黔西南对口扶贫协作走访见闻》，新华网 2020 年 9 月 2 日。

[2]《邓小平文选》第三卷，人民出版社 1993 年版，第 366 页。

[3] 参见中共中央文献研究室编：《十四大以来重要文献选编》（上），中央文献出版社 2011 年版，第 676—677、683 页。

2015 年 11 月,《中共中央、国务院关于打赢脱贫攻坚战的决定》明确提出了 "金融扶贫" 的概念,要求 "加大金融扶贫力度。鼓励和引导商业性、政策性、开发性、合作性等各类金融机构加大对扶贫开发的金融支持",并规定了一系列具体的政策和要求,包括:

运用多种货币政策工具,向金融机构提供长期、低成本的资金,用于支持扶贫开发。设立扶贫再贷款,实行比支农再贷款更优惠的利率,重点支持贫困地区发展特色产业和贫困人口就业创业。运用适当的政策安排,动用财政贴息资金及部分金融机构的富余资金,对接政策性、开发性金融机构的资金需求,拓宽扶贫资金来源渠道。

由国家开发银行和中国农业发展银行发行政策性金融债,按照微利或保本的原则发放长期贷款,中央财政给予 90% 的贷款贴息,专项用于易地扶贫搬迁。国家开发银行、中国农业发展银行分别设立 "扶贫金融事业部",依法享受税收优惠。中国农业银行、邮政储蓄银行、农村信用社等金融机构要延伸服务网络,创新金融产品,增加贫困地区信贷投放。对有稳定还款来源的扶贫项目,允许采用过桥贷款方式,撬动信贷资金投入。

按照省(自治区、直辖市)负总责的要求,建立和完善省级扶贫开发投融资主体。支持农村信用社、村镇银行等金融机构为贫困户提供免抵押、免担保扶贫小额信贷,由财政按基础利率贴息。加大创业担保贷款、助学贷款、妇女小额贷款、康复扶贫贷款实施力度。优先支持在贫困地区设立村镇银行、小额贷款公司等机构。支持贫困地区培育发展农民资金互助组织,开展农民合作社信用合作试点。

支持贫困地区设立扶贫贷款风险补偿基金。支持贫困地区设立政府出资的融资担保机构,重点开展扶贫担保业务。积极发展扶贫小额贷款保证保险,对贫困户保证保险保费予以补助。扩大农业保险覆盖面,通过中央财政以奖代补等支持贫困地区特色农产品保险发展。加强贫困地区金融服务基础设施建设,优化金融生态环境。支持贫困地区开展特色农产品价格保险,有条件的地方可给予一定保费补贴。有效拓展贫困地区抵押物担保范围。[1]

2018 年 6 月的《中共中央、国务院关于打赢脱贫攻坚战三年行动的指导意见》进一步要求 "加大金融扶贫支持力度"。其政策和要求比 2015 年的决定更

---

[1] 参见中共中央党史和文献研究院编:《十八大以来重要文献选编》(下),中央文献出版社 2018 年版,第 64—65 页。

加具体。

《中华人民共和国国民经济和社会发展第十三个五年规划纲要》针对农村实际，提出"创新农村金融服务"，要求"发挥各类金融机构支农作用，发展农村普惠金融。完善开发性金融、政策性金融支持农业发展和农村基础设施建设的制度。推进农村信用社改革，增强省级联社服务功能。积极发展村镇银行等多形式农村金融机构。稳妥开展农民合作社内部资金互助试点。建立健全农业政策性信贷担保体系。完善农业保险制度，稳步扩大'保险＋期货'试点，扩大保险覆盖面，提高保障水平，完善农业保险大灾风险分散机制"。在"完善脱贫攻坚支撑体系"方面，要求"加大中央和省级财政扶贫投入，发挥政策性金融、开发性金融、商业性金融和合作性金融的互补作用，整合各类扶贫资源，拓宽资金来源渠道"。[1]

党的十八大以来，人民银行、银保监会、证监会、国务院扶贫办等部门不断完善金融扶贫政策体系，通过加强宏观信贷政策指导，综合运用多种货币政策工具，调动全金融系统力量集中攻坚，引导金融机构将更多资源投向贫困地区，为打赢脱贫攻坚战提供有力支撑。[2]

截至 2019 年末，全国贫困人口贷款余额 7139 亿元，产业精准扶贫贷款余额 1.41 万亿元，带动 730 万人（次）贫困人口增收。

创设并完善扶贫再贷款，实行比支农再贷款更优惠的利率，优先支持带动贫困户就业的企业和建档立卡贫困户。截至 2019 年末，全国扶贫再贷款累计发放额达 5867 亿元。

在扶贫小额信贷方面，创新扶贫小额信贷政策。为解决贫困户发展生产的资金短缺和贷款难、贷款贵问题，2014 年创新推出专门针对贫困群众的信贷产品——扶贫小额信贷，其特点是"5 万元以下、3 年期以内、免担保免抵押、基准利率放贷、财政贴息、县建风险补偿金"。扶贫小额信贷增强了贫困群众内生动力、市场意识、风险防范意识和信用意识，增加了农村金融有效供给，实现了贫困户增收和产业发展的双赢。截至 2020 年底，全国累计发放扶贫小额信贷7100 多亿元，惠及 150 多万贫困户。

在产业扶贫贷款方面，创新实施产业扶贫贷款，支持贫困地区特色产业发

[1]《中华人民共和国国民经济和社会发展第十三个五年规划纲要》，新华社 2016 年 3 月 17 日。

[2] 根据人民网《金融扶贫，攻坚克难——脱贫攻坚展》整理。

展和贫困人口创业就业，促进金融扶贫与产业扶贫融合发展。

在易地扶贫搬迁金融债方面，创新推出易地扶贫搬迁专项金融债，指导国家开发银行、中国农业发展银行对接项目和资金需求，支持搬迁群众实现搬得出、稳得住、能脱贫。截至2019年末，国家开发银行、农业发展银行累计发放易地扶贫搬迁专项金融债1939亿元。

在银行业金融机构扶贫方面，银行业金融机构积极响应党中央、国务院号召，在人民银行、银保监会的指导下，形成多层次的金融扶贫服务体系，有力支持了贫困地区的发展和贫困人口脱贫致富。开发性、政策性银行充分发挥其政策性优势，支持贫困地区交通、水利、易地扶贫搬迁等基础设施建设项目，极大改善了贫困地区的生产生活条件；农信社、农商行、村镇银行着力打通金融服务"最后一公里"；商业银行充分发挥其对接市场、信息灵活的优势，支持贫困地区发展特色优势产业，带动贫困人口脱贫致富。

在保险扶贫方面，银保监会充分发挥监管引领作用，引导保险公司深入推进保险扶贫，大力发展农业保险，积极开展健康扶贫，充分发挥风险保障作用，防止贫困人口因灾、因病返贫。到2020年底，农业保险服务已覆盖全国95%以上的乡镇，农业保险承保农作物超过270种，基本覆盖常见农作物，价格保险、收入保险、"保险＋期货"等新型农险业务快速发展。2019年1月至12月，农业保险参保农户1.91亿户次，提供风险保障3.81万亿元，支付赔款560.2亿元，受益农户4918.25万户次，备案扶贫专属农业保险产品425个。大病保险向贫困人口实施政策倾斜，降低起付线，放宽报销范围，提高报销水平，切实减轻贫困群众的医疗负担。在1000多个县（市）承办了针对贫困人口的商业补充医疗保险业务，覆盖贫困人口4000多万人。

在资本市场扶贫方面，证监会深入学习贯彻习近平总书记关于扶贫工作的重要论述，2016年9月发布了《中国证监会关于发挥资本市场作用服务国家脱贫攻坚战略的意见》。截至2019年12月底，已有14家贫困地区企业首发上市，募集资金79.81亿元；累计发行扶贫公司债券和资产支持证券94只，发行金额504.65亿元；贫困地区企业在新三板市场挂牌316家，169家挂牌公司开展融资，金额达200.49亿元，26家公司完成并购重组，交易金额达35.09亿元。

中国证券业协会发起"一司一县"结对帮扶倡议，已有101家证券公司结对帮扶285个国家级贫困县，累计帮助贫困地区企业融资2026亿元；中国期货业协会推出"一司一结对"帮扶措施，已有98家期货经营机构与156个国家级贫困县（乡、村）签署了 250 份结对帮扶协议，累计投入帮扶资金 3.37 亿元；中国证券投资基金业协会设立"基金行业扶贫公益联席会制度"，累计投入扶贫资金 1.66 亿元，惠及 780 万人。

在 2015 年大商所首次开展"保险＋期货"业务试点的基础上，上海、郑州、大连三家期货交易所提供资金，自 2016 年开始优先支持贫困地区开展"保险＋期货"试点，共在 23 个省（区、市）开展了 249 个试点项目，品种涵盖大豆、玉米、鸡蛋、棉花、白糖、苹果、天然橡胶等，已发展成为促进贫困地区农业发展、农民增收和防灾减损的重要保障。[1]

我国主要金融机构金融扶贫先锋作用显著。截至 2020 年 8 月末，中国农业发展银行累计投放扶贫贷款 2.5 万亿元，余额 1.5 万亿元；中国农业银行在 832 个国家扶贫工作重点县贷款比年初新增 1510 亿元，余额 12425 亿元；深度贫困县贷款比年初新增 678 亿元，余额 4704 亿元；精准扶贫贷款比年初新增 655 亿元，余额 4570 亿元。

自脱贫攻坚战打响以来，作为以"农"字打头的国家政策性银行，农发行坚持以服务脱贫攻坚统揽业务发展全局，切实发挥金融扶贫先锋主力模范作用。截至 2020 年 8 月末，累计投放扶贫贷款 2.5 万亿元，余额 1.5 万亿元，投放额和余额均居金融同业首位，连续 4 年获得全国脱贫攻坚奖，连续 3 年在中央单位定点扶贫工作考核中位列第一梯队。

自 2015 年 6 月以来，农发行把支持易地扶贫搬迁作为服务脱贫攻坚的重中之重。截至 2020 年，农发行累计投放易地扶贫搬迁贷款 3123 亿元，惠及建档立卡搬迁人口 524 万人，实现了易地扶贫搬迁贷款投放、余额、同业占比"三个第一"，确立了易地扶贫搬迁的主力银行地位。

2020 年是全面打赢脱贫攻坚战收官之年，同时也是首份普惠金融发展规划的收官之年。银行业金融机构作为金融扶贫主力军，助力打赢脱贫攻坚战。[2]

一是监管政策有效引领，为银行业开展扶贫工作创造了良好的政策环境。近年来，人民银行、银保监会等部门连续出台了一系列金融扶贫政策。银保监会对银行业金融机构开展扶贫工作从机构设立、产品研发、考核评价、资金运用等方面实施差异化监管，明确普惠型涉农贷款和精准扶贫贷款的增速、增量

---

[1] 根据人民网《金融扶贫，攻坚克难——脱贫攻坚展》整理。

[2] 参见《潘光伟：发挥各类型金融机构优势，推动"输血"扶贫转为"造血"扶贫》，中证网 2020 年 11 月 12 日。

考核要求，提高扶贫贷款不良率容忍度，落实尽职免责要求。积极引导银行业机构聚焦"三区三州"等深度贫困地区，向未摘帽贫困县加大金融资源投入；对银行业金融机构在内部资金转移定价、考核激励等方面予以政策倾斜，优化服务乡村振兴和脱贫攻坚金融供给机制。二是发挥各类型金融机构优势，推动"输血"扶贫转为"造血"扶贫。金融扶贫契合"开发式"扶贫的靶向，坚持"小额分散"和商业可持续性的原则，重视培育贫困户"造血"的致富能力，是融资和融智相结合，能够促进贫困地区群众使用现代金融工具，增强信用意识，建设良好信用环境，改善贫困地区的金融生态，有利于拔掉穷根，增强脱贫攻坚的内生动力。

三是创新金融产品与服务模式，显著提升金融服务可得性与便利性。银行业金融机构加大对新型农业经营主体支持力度，通过探索"两权"抵押贷款模式，缓解新型农村经营主体信用不足的融资难题，以金融手段盘活乡村中的"沉睡"资产。通过"双基联动""拎包银行""夜市银行""水上银行""流动服务车"等金融服务模式，打通了边远地区金融服务"最后一公里"和"最后一步路"问题，让老少边穷地区及弱势群体均等享受优质银行服务。因地制宜创新开发了多元化、特色化小额分散扶贫金融产品和服务平台。

四是金融科技赋能，助力精准扶贫提质增效。银行业金融机构通过大数据和人工智能等技术，实现对农户的精准"画像"，对各种扶贫需求的精准识别，灵活高效地配置扶贫资金资源。如工商银行建设了专门用于扶贫资金管理的区块链平台，实现扶贫资金从审批到拨付的全流程"透明使用"、"精准投放"和"高效管理"。建设银行持续深化科技赋能，以数字化技术推动乡村治理转型，创新开展"云生产"劳务扶贫模式，推动贫困户通过劳动增收致富，打造"造血式"扶贫典型。

五是用专业的人干专业的事，为金融支持脱贫攻坚提供有力的组织保障。银行业金融机构从战略定位、组织架构、体制机制、资源配置、模式创新等方面全力推进脱贫攻坚。大、中型商业银行均已设立普惠金融事业部，普遍成立由"一把手"任组长的扶贫工作领导小组，以专门机构、专门人员、专项资金、专门审批和专门考核体系，构建条线化管理和专业化经营机制，实现贫困地区政策性金融服务全覆盖。

六是行业协会勇于担当，凝心聚力助力脱贫攻坚。中银协积极发挥平台作用，引领会员单位协同发力，凝心聚力助力脱贫攻坚，组织外资银行开展"公益地方行"，倡议会员单位对定点扶贫县开展捐赠帮扶。

山东聊城所辖八县（市、区）都是国家民政部认定的革命老区县。为加快聊城老区发展，聊城市争取到中国扶贫基金会在聊城市实施小额信贷项目，并逐步将这一惠农项目覆盖全市。

该项目是由中国扶贫基金会垂直管理，封闭运行、风险自担的管理模式，且只发放贷款，不吸收存款，是专为不具备在银行贷款条件的困难农户提供贷款的金融扶贫项目。

2013年底，中国扶贫基金会在聊城市设立了中和农信小额信贷冠县、莘县两个农户自立服务社，开始为两县农户发放贷款，帮助农民群众增收致富。当时全国设在非国家级贫困县的机构仅此两家。至2016年底，两县已累计向农户发放贷款两亿多元，惠及困难农户两万多户，且贷款回收率达100%，达到了双赢，有力地促进了扶贫攻坚工作。2016年5月，这一项目扩大实施到其他6个县（市、区）和3个市属开发区的农户。

至2017年7月底，聊城市8个县（市、区）共向农户发放贷款3.4亿元，惠及农户2.8万户，其中各县（市、区）的省定贫困村均获得了此项信贷的支持，为农民群众解决了大量生产经营中的燃眉之急，促进了贫困农户脱贫致富。

十、生态保护扶贫

党的十七大提出了生态文明建设的要求，党的十八大把生态文明纳入了社会主义现代化建设"五位一体"总体布局。所以贫困地区的扶贫开发，更要加强生态文明建设，保护好原先很好的生态环境或本就十分脆弱的生态环境，对已经遭到破坏的生态环境，则要实施生态修复。

习近平总书记形象地强调："我们既要绿水青山，也要金山银山。""绿水青山就是金山银山。"[1]这两句话，最真切地说明了环境和生态保护的重要价值。

2013年7月19日至21日，生态文明国际论坛2013年年会在贵阳举行。习近平总书记致贺信，强调中国将同世界各国携手共建生态良好的地球美好家园。

2013年9月10日，国务院印发《大气污染防治行动计划》，提出10个方面的硬措施，并明确了量化目标。保卫蓝天的攻坚战全面打响。2015年4月2日，

---

[1]《习近平关于社会主义生态文明建设论述摘编》，中央文献出版社2017年版，第21页。

印发《水污染防治行动计划》。2016 年 5 月 28 日，印发《土壤污染防治行动计划》。至此，针对我国面临的大气、水、土壤环境污染问题的 3 个行动计划全部制定出台，治污攻坚战向纵深挺进。

2014 年 4 月 24 日，十二届全国人大常委会第八次会议通过修订后的《中华人民共和国环境保护法》。

2015 年 4 月，中共中央、国务院印发《关于加快推进生态文明建设的意见》，明确了生态文明建设的总体要求、目标愿景、重点任务、制度体系。9 月 18 日，《生态文明体制改革总体方案》出台，明确了生态文明体制改革的"四梁八柱"。

在扶贫脱贫工作中，首先实施了生态修复工程。生态修复，就是停止对生态系统的人为干扰，或辅以人工措施，使遭到破坏的生态系统逐步得以恢复或向良性循环方向发展。生态修复工程，就是指国家采取相应措施致力于那些在自然突变和人类活动影响下受到破坏的自然生态系统得以恢复和重建。

我国 14 个集中连片特困地区大部分处于高寒山区、石山区、高海拔地区、黄河、长江等各大河流的发源地或上游地区，以及高原与平原过渡地带，其中属国家主体功能限制开发区、自然保护区居多。由于历史、自然和人为因素，这些地区的生态环境十分独特，有的荒漠化、石漠化和水土流失现象严重，不仅给自身而且给下游和低海拔地区带来潜在的自然灾害威胁。因此，重建和修复这些地区的自然生态系统，对全国生态文明建设全局具有重要意义。

改革开放以来，特别是 1998 年特大洪涝灾害发生以后，我国相继实施了天然林资源保护、防护林体系建设、退耕还林、退牧还草、水土保持综合治理、防沙治沙和石漠化、荒漠化治理等 16 项重大生态修复工程，涉及森林、湿地、荒漠三大自然生态系统，约占我国国土面积的 63%。在连片特困地区继续实施重大生态修复工程，将扶贫开发与生态建设、环境保护相结合，这既是新阶段扶贫开发的重要内容，也是加强贫困地区生态文明建设、实现可持续发展的必然选择。

《中国农村扶贫开发纲要（2011—2020 年）》将生态建设列为 12 项主要任务之一和行业扶贫、政策保障的重点工作之一，明确要求："在贫困地区继续实施退耕还林、退牧还草、水土保持、天然林保护、防护林体系建设和石漠化、荒漠化治理等重点生态修复工程。"

《中共中央、国务院关于打赢脱贫攻坚战的决定》，要求结合生态保护做好脱贫工作。规定国家实施的退耕还林还草、天然林保护、防护林建设、石漠化治理、防沙治沙、湿地保护与恢复、坡耕地综合整治、退牧还草、水生态治理等重大生态工程，在项目和资金安排上进一步向贫困地区倾斜，提高贫困人口参与度和受益水平。加大贫困地区生态保护修复力度，增加重点生态功能区转移支付。结合建立国家公园体制，创新生态资金使用方式，利用生态补偿和生态保护工程资金使当地有劳动能力的部分贫困人口转为护林员等生态保护人员。合理调整贫困地区基本农田保有指标，加大贫困地区新一轮退耕还林还草力度。开展贫困地区生态综合补偿试点，健全公益林补偿标准动态调整机制，完善草原生态保护补助奖励政策，推动地区间建立横向生态补偿制度。[1]

《"十三五"脱贫攻坚规划》确定了"生态保护扶贫"的一系列重要举措。要求处理好生态保护与扶贫开发的关系，加强贫困地区生态环境保护与治理修复，提升贫困地区可持续发展能力。逐步扩大对贫困地区和贫困人口的生态保护补偿，增设生态公益岗位，使贫困人口通过参与生态保护实现就业脱贫。为此，加大了两个方面的力度。

（一）加大生态保护修复力度。

加强生态保护与建设。加快改善西南山区、西北黄土高原等水土流失状况，加强林草植被保护与建设。加大三北等防护林体系建设工程、天然林资源保护、水土保持等重点工程实施力度。加大新一轮退耕还林还草工程实施力度，加强生态环境改善与扶贫协同推进。在重点区域推进京津风沙源治理、岩溶地区石漠化治理、青海三江源保护等山水林田湖综合治理工程，遏制牧区、农牧结合贫困地区土壤沙化退化趋势，缓解土地荒漠化、石漠化，组织动员贫困人口参与生态保护建设工程，提高贫困人口受益水平，结合国家重大生态工程建设，因地制宜发展舍饲圈养和设施农业，大力发展具有经济效益的生态林业产业。

开展水土资源保护。加强贫困地区耕地和永久基本农田保护，建立和完善耕地与永久基本农田保护补偿机制，推进耕地质量保护与提升。全面推广测土配方施肥技术和水肥一体化技术。加强农膜残膜回收，积极推广可降解农膜。开展耕地轮作休耕试点。鼓励在南方贫困地区开发利用冬闲田、秋闲田，种植肥田作物。优先将大兴安岭南麓山区内黑土流失地区等地区列入综合治理示范区。加强江河源头和水源涵养区保护，推进重点流域水环境综合治理，严禁农业、工业污染物向水体超标排放。

---

[1] 参见中共中央党史和文献研究院编：《十八大以来重要文献选编》（下），中央文献出版社2018年版，第57—58页。

在这方面实施的重大生态建设扶贫工程有：

（1）退耕还林还草工程。在安排新一轮退耕还林还草任务时，向扶贫开发任务重、贫困人口较多的省份倾斜。各有关省份要进一步向贫困地区集中，向建档立卡贫困村、贫困人口倾斜。

（2）退牧还草工程。继续在内蒙古、辽宁、吉林、黑龙江、四川、贵州、云南、西藏、陕西、甘肃、青海、宁夏、新疆和新疆生产建设兵团实施退牧还草工程，并向贫困地区、贫困人口倾斜，合理调整任务实施范围，促进贫困县脱贫攻坚。

（3）青海三江源生态保护和建设二期工程。继续加强三江源草原、森林、荒漠、湿地与湖泊生态系统保护和建设，治理范围从15.2万平方公里扩大至39.5万平方公里，从根本上遏制生态整体退化趋势，促进三江源地区可持续发展。

（4）京津风沙源治理工程。继续加强燕山—太行山区、吕梁山区等贫困地区的工程建设，建成京津及周边地区的绿色生态屏障，沙尘天气明显减少，农牧民生产生活条件全面改善。

（5）天然林资源保护工程。扩大天然林保护政策覆盖范围，全面停止天然林商业性采伐，逐步提高补助标准，加大对贫困地区的支持。

（6）三北等防护林体系建设工程。优先安排贫困地区三北、长江、珠江、沿海、太行山等防护林体系建设，加大森林经营力度，推进退化林修复，提升森林质量、草原综合植被盖度和整体生态功能，遏制水土流失。加强农田防护林建设，营造农田林网，加强村镇绿化，提升平原农区防护林体系综合功能。

（7）水土保持重点工程。加大长江和黄河上中游、西南岩溶区、东北黑土区等重点区域水土流失治理力度，加快推进坡耕地、侵蚀沟治理工程建设，有效改善贫困地区农业生产生活条件。

（8）岩溶地区石漠化综合治理工程。继续加大滇桂黔石漠化区、滇西边境山区、乌蒙山区和武陵山区等贫困地区石漠化治理力度，恢复林草植被，提高森林质量，统筹利用水土资源，改善农业生产条件，适度发展草食畜牧业。

（9）沙化土地封禁保护区建设工程。继续在内蒙古、西藏、陕西、甘肃、青海、宁夏、新疆等省（区）推进沙化土地封禁保护区建设，优先将832个贫困县中适合开展沙化土地封禁保护区建设的县纳入建设范围，实行严格的封禁保护。

（10）湿地保护与恢复工程。对全国重点区域的自然湿地和具有重要生态价值的人工湿地，实行优先保护和修复，扩大湿地面积。对东北生态保育区、长江经济带生态涵养带、京津冀生态协同圈、黄土高原—川滇生态修复带的国际重要湿地、湿地自然保护区和国家湿地公园及其周边范围内非基本农田，实施退耕（牧）还湿、退养还滩。

（11）农牧交错带已垦草原综合治理工程。在河北、山西、内蒙古、甘肃、宁夏、新疆开展农牧交错带已垦撂荒地治理，通过建植多年生人工草地，提高治理区植被覆盖率和饲草生产、储备、利用能力，保护和恢复草原生态，促进农业结构优化、草畜平衡，实现当地可持续发展。

（二）建立健全生态保护补偿机制。

建立稳定生态投入机制。中央财政加大对国家重点生态功能区中贫困县的转移支付力度，扩大政策实施范围，完善转移支付补助办法，逐步提高对重点生态功能区生态保护与恢复的资金投入水平。

探索多元化生态保护补偿方式。根据"谁受益、谁补偿"原则，健全生态保护补偿机制。在贫困地区开展生态综合补偿试点，逐步提高补偿标准。健全各级财政森林生态效益补偿标准动态调整机制。研究制定鼓励社会力量参与防沙治沙的政策措施。推进横向生态保护补偿，鼓励受益地区与保护地区、流域下游与上游建立横向补偿关系。探索碳汇交易、绿色产品标识等市场化补偿方式。

设立生态公益岗位。中央财政调整生态建设和补偿资金支出结构，支持在贫困县以政府购买服务或设立生态公益岗位的方式，以森林、草原、湿地、沙化土地管护为重点，让贫困户中有劳动能力的人员参加生态管护工作。充实完善国家公园的管护岗位，增加国家公园、国家级自然保护区、国家级风景名胜区周边贫困人口参与巡护和公益服务的就业机会。

在这方面，采取的生态保护补偿措施有：

（1）森林生态效益补偿。健全各级财政森林生态效益补偿标准动态调整机制，依据国家公益林权属实行不同的补偿标准。

（2）草原生态保护补助奖励。在内蒙古、新疆、西藏、青海、四川、甘肃、宁夏、云南、山西、河北、黑龙江、辽宁、吉林等13个省（区）和新疆生产建设兵团、黑龙江农垦总局的牧区半牧区县实施草原生态保护补助奖励。中央财政按照每亩每年7.5元的测算标准，对禁牧和禁牧封育的牧民给予补助，补助周期 5 年；实施草畜平衡奖励，中央财政对未超载放牧牧民按照每亩每年 2.5 元的标准给予奖励。

（3）跨省流域生态保护补偿试点。在新安江、南水北调中线源头及沿线、京津冀水源涵养区、九洲江、汀江—韩江、东江、西江等开展跨省流域生态保护补偿试点工作。

（4）生态公益岗位脱贫行动。通过购买服务、专项补助等方式，在贫困县中选择一批能胜任岗位要求的建档立卡贫困人口，为其提供生态护林员、草管员、护渔员、护堤员等岗位。在贫困县域内的 553 处国家森林公园、湿地公园和国家级自然保护区，优先安排有劳动能力的建档立卡贫困人口从事森林管护、防火和服务。[1]

2018 年 1 月 18 日，国家发展改革委等部门印发《生态扶贫工作方案》。到 2020 年底，累计从建档立卡贫困人口中选聘 110.2 万名生态护林员，带动 300 多万贫困人口增收脱贫，新增林草资源管护面积近 9 亿亩，实现生态保护和脱贫增收双赢。

保护生态环境就是保护生产力，改善生态环境就是发展生产力。河北省塞罕坝机械林场自 1962 年建场以来，历经几代人的坚守和不懈努力，在茫茫荒原上建设出百万亩人工林海，带动周边地区发展生态苗木基地 1000 余家 4400 多亩，苗木总价值达 7 亿多元，3500 多户贫困户、4500 多贫困人口受益。林场通过自筹和争取国家项目投资等多种方式筹集资金，打造了七星湖湿地公园、塞罕塔等高品位生态旅游文化景区，带动哈里哈、姜家店等周边乡镇生态旅游发展，每年可实现社会总收入 6 亿多元，带动 1200 余户贫困户、1 万余贫困人口脱贫致富[2]。

2017 年 8 月，习近平总书记对塞罕坝林场建设者感人事迹作出重要指示，指出："他们的事迹感人至深，是推进生态文明建设的一个生动范例。"同年 12 月，塞罕坝林场建设者荣获联合国环境保护最高荣誉"地球卫士奖"。在 2021 年 2 月 25 日召开的全国脱贫攻坚总结表彰大会上，塞罕坝机械林场获"全国脱贫攻坚楷模"荣誉称号。

河北省委省政府认真学习贯彻习近平生态文明思想和习近平总书记对塞罕坝

---

[1] 参见《国务院关于印发〈"十三五"脱贫攻坚规划〉的通知》，中国政府网 2016 年 12 月 2 日。

[2] 参见《看绿水青山　成金山银山》，《河北日报》2021 年 4 月 30 日。

机械林场重要指示精神，坚持"绿水青山就是金山银山"理念，大力弘扬塞罕坝精神，统筹推进生态文明建设和脱贫防贫工作，努力建设生态文明示范区，把绿水青山变成金山银山。2016年以来，全省累计安排62个贫困县省级以上林业草原投资达132.9亿元，占同期总量的61.52%，累计安排10个深度贫困地区县专项资金62.6亿元，带动贫困人口6万多人。同时，支持贫困地区完成营造林任务1895万亩，是计划目标的1.8倍，贫困地区经济林面积发展到1800万亩。[1]

水，是生命之源，也是工农业生产的命脉。1982年5月11日，举世瞩目的新中国首个跨流域大型引供水工程——引滦入津工程全面开工。很有意思的是，天津市对口帮扶河北省承德市的承德县、平泉市、隆化县、兴隆县和围场县，都是滦河流经之地。饮水思源，天津对口帮扶承德，既是政治责任，也是情感责任。

2018年11月，杨春武受天津市委、市政府委派，接任天津帮扶承德工作队领队，挂任承德市委常委、副市长。甫抵承德，他满腔热血、一片赤诚："承德不脱贫，天津不撤退。"

天津市的这支工作队，2020年有队员168名，其中，党政干部20名，专业技术人才148名。他们通过对口帮扶，用心用情用力，将资金和先进的技术、理念，还有宝贵的干部人才持续不断输入承德的贫困地区。

守住那一汪碧水，是天津和承德的共同责任。小滦河是滦河上游的重要支流，为了保护京津冀水源地，造福当地居民，天津与承德共同谋划了小滦河国家湿地公园项目，将扶贫与水源涵养、生态管护、人居环境改善结合起来，在总投资中使用天津对口帮扶资金1083万元。双方持续改善当地水源保护、生态建设，选聘生态护林员、防火员、河道巡查员等一批公益岗位，累计带动贫困人口1.4万户、3.7万余人增收。

天津针对承德市"水源涵养区"功能定位，积极推进生态扶贫工作，采取"扶贫+水源涵养""扶贫+生态管护""扶贫+人居改善"等举措，促进当地经济"生态优先、绿色崛起"，做到了"为京津冀涵水源、为县域增资源、为贫困添财源"，实现了脱贫攻坚与水源涵养、生态环保、人居环境治理共赢。

滇桂黔石漠化片区是我国贫困人口最多、贫困程度最深、生态恢复与治理任务最重的地区。在国家林业和草原局等各方力量的支持与帮助下，片区通过

---

[1] 参见《看绿水青山　成金山银山》，《河北日报》2021年4月30日。

加强生态治理和修复工程、选聘生态护林员、实施生态补偿措施、发展特色富民产业等方式，在一个战场打赢了两场攻坚战。

"十三五"以来，国家林草局安排石漠化云南片区林草资金49.48亿元，实施退耕还林还草、石漠化综合治理、防护林工程、生态产业发展等项目。2019年云南实施一批天保工程、退耕还林、陡坡地生态治理、石漠化综合治理、防护林建设、湿地保护恢复等生态工程，片区森林覆盖率增加4.2个百分点。

国家林草局联合相关部门不断加大投入力度，将政策、资金、项目等向片区倾斜，2019年安排片区中央林草投入57.5亿元。片区各省（区）也加大投入力度，加强生态治理和恢复。

2019年，广西投入36亿元用于片区生态建设与环境保护，植树造林面积89万亩，治理石漠化和水土流失面积409平方公里，使片区森林覆盖率超过73%。

5年中，贵州安排片区林业建设资金120亿元以上，完成营造林1000多万亩。截至2019年，国家安排贵州退耕还林任务涉及76万贫困人口，退耕还林面积114万亩，人均补助1800元。

自2016年开始实施生态护林员政策。国家林草局协调3省（区）将生态护林员指标重点向片区倾斜。截至2019年底，片区共选聘生态护林员10.4万名，精准带动37万贫困人口增收脱贫，国家共安排片区生态护林员补助资金23亿元，地方配套1.72亿元。2019年中央财政把集体和个人所有国家级公益林补偿、天然商品林停伐管护补助标准提高到每年每亩16元，安排片区各类补偿补助7.3亿元，提高了贫困人口的收入水平。

产业扶贫，固本强基，是增加收入和巩固脱贫成果的主要方式。在保护生态的基础上，国家林草局结合林业重点工程资金，为片区和贫困群众"量身打造"木本油料、林下经济、生态旅游、特色经济林等林业产业。

广西2019年启动实施油茶"双千"计划，对油茶新造林每亩补助2000元，对油茶低产林抚育改造、截干更新每亩补助500元，累计新造油茶林109.82万亩，实施油茶低产林改造97.47万亩。油茶产业在很多地方成为当地群众最支持、带动脱贫增收最稳定的扶贫支柱产业。

刺梨、蓝莓、猕猴桃等产业在贵州已经初具规模，且形成了一定的知名度和影响力。贵州不断强化产业服务，加强产销对接和技术培训，带动了片区群众增收致富。

云南积极打造绿色食品品牌，推动龙头企业、专业合作社与贫困户建立紧密利益联结，做到有产业发展条件和劳动能力的贫困人口"应扶尽扶"。

2019年，3省（区）片区林草总产值达到3400多亿元，省级以上林业产业龙头企业达165家，林草产业覆盖了85%以上的建档立卡贫困人口。

截至2019年底，片区80个贫困县已有66个实现脱贫摘帽，贫困人口累计减少362万人。林草生态扶贫成为滇桂黔石漠化片区脱贫的主要途径。[1]

十一、兜底保障

造成贫困的原因是复杂的。因此，即使采取多方面的措施，事实上还是会有一部分贫困人口难以真正脱贫。对这部分人，党和国家没有忘记，脱贫攻坚不能遗漏。所以，在大扶贫的格局中，除了其他各种措施之外，还有一个兜底扶贫。

经过多年的扶贫开发，我国农村绝大部分贫困人口的温饱问题基本解决，但仍剩下少部分贫困人口、贫困家庭，由于遇到一些不可控的健康风险（如年老、丧失劳动力、突然生病、伤残等）、自然风险（如洪涝、干旱、风灾、冻害、地质灾害等）的冲击，以及某些突发性事故，造成家庭收入下降、基本家计难以维持。对于这部分贫困人口，必须通过社会救助制度化方式保障其基本生活。

为此，我国逐步实施了农村社会保障制度，主要包括农村社会保险、农村社会救助、农村社会福利三个方面。农村社会保险主要有两项制度，即新型农村合作医疗制度（简称新农合）和新型农村社会养老保险制度（简称新农保）。农村社会救助主要有五项制度，即农村五保供养制度、农村最低生活保障制度、医疗救助、自然灾害救助、困难群众临时救助。农村社会福利主要有社会福利院、儿童福利院、敬老院等公共服务保障。

农村社会保障制度是国家扶贫战略和政策体系的重要内容。《中国农村扶贫开发纲要（2011—2020年）》把实行扶贫开发和农村最低生活保障制度有效衔接，提升到新阶段扶贫开发工作方针的高度，并把完善农村社会保障制度列为主要任务和行业扶贫的重点工作内容。

农村最低生活保障制度是我国农村社会保障的最重要制度安排之一。2007

---

[1] 参见《滇桂黔石漠化片区脱贫的林草贡献》，《中国绿色时报》2020年9月7日。

年 7 月，国务院下发《关于在全国建立农村最低生活保障制度的通知》，标志着我国农村居民最低生活保障制度（简称农村低保制度）的全面建立。

据民政部公布的统计数据，到 2012 年末全国农村低保覆盖 2809.6 万农户、保障对象 5340.9 万人，全国农村低保分省平均标准为 2067.8 元，低于国家扶贫标准。农村最低生活保障制度的全面建立，意味着我国政府通过低保制度对农村贫困人口的温饱问题作了"兜底性"安排，标志着我国农村扶贫已进入低保解决温饱、扶贫促进发展的"两轮驱动"新阶段。

2014 年 2 月 21 日，国务院公布《社会救助暂行办法》，确立完整清晰的社会救助制度体系。同日，国务院印发《关于建立统一的城乡居民基本养老保险制度的意见》。2015 年 1 月 3 日，国务院作出《关于机关事业单位工作人员养老保险制度改革的决定》；2018 年 5 月 30 日，国务院发布《关于建立企业职工基本养老保险基金中央调剂制度的通知》。到 2021 年 3 月底，全国基本养老保险参保人数已超过 10 亿，达到 10.07 亿人。

2015 年 11 月 29 日，《中共中央、国务院关于打赢脱贫攻坚战的决定》，要求实行农村最低生活保障制度兜底脱贫，其内容包括：完善农村最低生活保障制度，对无法依靠产业扶持和就业帮助脱贫的家庭实行政策性保障兜底。加大农村低保省级统筹力度，低保标准较低的地区要逐步达到国家扶贫标准。尽快制定农村最低生活保障制度与扶贫开发政策有效衔接的实施方案。进一步加强农村低保申请家庭经济状况核查工作，将所有符合条件的贫困家庭纳入低保范围，做到应保尽保。加大临时救助制度在贫困地区落实力度。提高农村特困人员供养水平，改善供养条件。抓紧建立农村低保和扶贫开发的数据互通、资源共享信息平台，实现动态监测管理、工作机制有效衔接。加快完善城乡居民基本养老保险制度，适时提高基础养老金标准，引导农村贫困人口积极参保续保，逐步提高保障水平。有条件、有需求的地区可以实施"以粮济贫"。[1]

《"十三五"脱贫攻坚规划》确定了兜底保障的主要项目和政策，要求统筹社会救助体系，促进扶贫开发与社会保障有效衔接，完善农村低保、特困人员救助供养等社会救助制度，健全农村"三留守"人员和残疾人关爱服务体系，实现社会保障兜底。其内容包括：

---

[1] 参见中共中央党史和文献研究院编：《十八大以来重要文献选编》（下），中央文献出版社 2018 年版，第 59—60 页。

（一）健全社会救助体系。

完善农村最低生活保障制度。完善低保对象认定办法，建立农村低保家庭贫困状况评估指标体系，将符合农村低保条件的贫困家庭全部纳入农村低保范围。加大省级统筹工作力度，动态调整农村低保标准，确保 2020 年前所有地区农村低保标准逐步达到国家扶贫标准。加强农村低保与扶贫开发及其他脱贫攻坚相关政策的有效衔接，引导有劳动能力的低保对象依靠自身努力脱贫致富。

统筹社会救助资源。指导贫困地区健全特困人员救助供养制度，全面实施临时救助制度，积极推进最低生活保障制度与医疗救助、教育救助、住房救助、就业救助等专项救助制度衔接配套，推动专项救助在保障低保对象的基础上向低收入群众适当延伸，逐步形成梯度救助格局，为救助对象提供差别化的救助。合理划分中央和地方政府的社会救助事权和支出责任，统筹整合社会救助资金渠道，提升社会救助政策和资金的综合效益。

（二）逐步提高贫困地区基本养老保障水平。

坚持全覆盖、保基本、有弹性、可持续的方针，统筹推进城乡养老保障体系建设，指导贫困地区全面建成制度名称、政策标准、管理服务、信息系统"四统一"的城乡居民养老保险制度。探索建立适应农村老龄化形势的养老服务模式。

（三）健全"三留守"人员和残疾人关爱服务体系。

完善"三留守"人员服务体系。组织开展农村留守儿童、留守妇女、留守老人摸底排查工作。推动各地通过政府购买服务、政府购买基层公共管理和社会服务岗位、引入社会工作专业人才和志愿者等方式，为"三留守"人员提供关爱服务。加强留守儿童关爱服务设施和队伍建设，建立留守儿童救助保护机制和关爱服务网络。加强未成年人社会保护和权益保护工作。研究制定留守老年人关爱服务政策措施，推进农村社区日间照料中心建设，提升农村特困人员供养服务机构托底保障能力和服务水平。支持各地农村幸福院等社区养老服务设施建设和运营，开展留守老年人关爱行动。加强对"三留守"人员的生产扶持、生活救助和心理疏导。进一步加强对贫困地区留守妇女技能培训和居家灵活就业创业的扶持，切实维护留守妇女权益。

完善贫困残疾人关爱服务体系。将残疾人普遍纳入社会保障体系予以保障和扶持。支持发展残疾人康复、托养、特殊教育，实施残疾人重点康复项目，落实困难残疾人生活补贴和重度残疾人护理补贴制度。加强贫困残疾人实用技术培训，优先扶持贫困残疾人家庭发展生产，支持引导残疾人就业创业。

兜底保障的政策措施还有：

（一）农村低保标准动态调整。

省级人民政府统筹制定农村低保标准动态调整方案，确保所有地区农村低保标准逐步达到国家扶贫标准。进一步完善农村低保标准与物价上涨挂钩联动机制。

（二）农村低保与扶贫开发衔接。

将符合农村低保条件的建档立卡贫困户纳入低保范围，将符合扶贫条件的农村低保家庭纳入建档立卡范围。对不在建档立卡范围内的农村低保家庭、特困人员，各地统筹使用相关扶贫开发政策。对返贫家庭，按规定程序审核后分别纳入临时救助、医疗救助、农村低保等社会救助制度和建档立卡贫困户扶贫开发政策覆盖范围。

2016 年 9 月 17 日，国务院办公厅转发民政部等部门《关于做好农村最低生活保障制度与扶贫开发政策有效衔接指导意见的通知》，要求通过农村低保制度与扶贫开发政策有效衔接工作，确保到 2020 年现行扶贫标准下农村贫困人口全部脱贫。为此，提出了 4 个基本原则：

一是坚持应扶尽扶。精准识别农村贫困人口，将符合条件的农村低保对象全部纳入建档立卡范围，给予政策扶持，帮助其脱贫增收。

二是坚持应保尽保。健全农村低保制度，完善农村低保对象认定办法，加强农村低保家庭经济状况核查，及时将符合条件的建档立卡贫困户全部纳入农村低保范围，保障其基本生活。

三是坚持动态管理。做好农村低保对象和建档立卡贫困人口定期核查，建立精准台账，实现应进则进、应退则退。建立健全严格、规范、透明的贫困户脱贫和低保退出标准、程序、核查办法。

四是坚持资源统筹。统筹各类救助、扶贫资源，将政府兜底保障与扶贫开发政策相结合，形成脱贫攻坚合力，实现对农村贫困人口的全面扶持。[1]

生活保障兜底一批是一项底线制度安排，是"五个一批"分类施策的重要内容，是脱贫攻坚最后一道防线，是打赢脱贫攻坚战的重要组成部分。习近平

---

[1] 参见《国务院办公厅转发民政部等部门〈关于做好农村最低生活保障制度与扶贫开发政策有效衔接指导意见的通知〉》，中国政府网 2016 年 9 月 17 日。

总书记多次作出重要指示批示，要求民政部门聚焦脱贫攻坚、聚焦特殊群体、聚焦群众关切，更好履行基本民生保障、基层社会治理、基本社会服务等职责；要求对老弱病残等缺乏劳动能力的贫困人口，综合运用社会救助等保障措施，实现应保尽保，确保兜住基本生活底线。

全国民政系统将兜底保障作为重大政治任务和民政系统头等大事，全力以赴，坚决筑牢兜底保障的坚固防线，重点做了五方面工作：

（一）加强总体设计，完善制度机制。

民政部会同相关部门，连续多年出台加强农村低保制度与扶贫开发政策有效衔接的具体措施。健全完善农村低保、特困人员救助供养、临时救助等基本生活救助制度，加快推进社会救助综合改革和法治化建设，建立健全社会救助家庭经济状况核对机制、困难群众监测预警机制。不断完善孤儿、事实无人抚养儿童、农村留守人员、残疾人等福利保障制度，推进移风易俗，加强易地扶贫搬迁安置社区治理。2016 年至 2020 年，出台民政领域脱贫攻坚政策措施 97 项，打出系列政策"组合拳"，夯实兜底保障制度基础。

（二）聚焦特殊群体，有效履行兜底责任。

创新完善低保政策，将建档立卡贫困户中的重度残疾人、重病患者，单独纳入低保兜底范围，实现"应保尽保、应兜尽兜"。全面落实救助保障政策，确保特困人员、孤儿、事实无人抚养儿童、流浪乞讨人员"应养尽养、应救尽救"；建立健全困难残疾人生活补贴和重度残疾人护理补贴标准动态调整机制，做到"应补尽补、应助尽助"；积极落实农村留守儿童、留守妇女、留守老人关爱服务政策，做到"应帮尽帮、应扶尽扶"。通过分类施策、精准帮扶，特殊困难群体基本生活得到有效保障。

（三）加强统筹协调，凝聚脱贫攻坚合力。

切实履行民政部作为国务院扶贫开发领导小组副组长单位的职责，与国务院扶贫办、中国残联等部门的工作协同，实现信息共享，定期开展数据比对，确保兜底保障对象认定准、底数清。立足民政部门职能优势，创新政府救助和社会力量参与相结合的工作机制，积极引导社会组织、慈善力量、专业社工、志愿者对口帮扶贫困地区，精准对接贫困群众需求，实现兜底保障和增能提升相促进，使兜底保障有力度，更有温度。2017 年以来，全国共有 6 万多家社会组织开展脱贫攻坚活动，实施项目超过 10 万个，投入资金超过 900 亿元，很好地发挥了社会力量的重要补充作用。

（四）集中优势资源，助力重点地区攻坚。

将"三区三州"等深度贫困地区作为重点，民政部出台的政策措施，均针对性增加支持深度贫困地区的举措。中央财政安排的困难群众救助补助资金，连续多年向深度贫困地区倾斜。2019 年、2020 年新增的困难群众救助补助资金 158.2 亿元，全部安排到"三区三州"等深度贫困地区。民政部彩票公益金连续多年对"三区三州"实行专项倾斜。实施深度贫困地区特困人员供养服务设施（敬老院）建设改造行动计划、社会服务兜底工程等。有效推进罗霄山片区脱贫攻坚，协调解决片区需求事项，做到"件件有回音"。加大对江西省莲花县、遂川县两个定点扶贫县的产业帮扶力度，助力两县脱贫摘帽。

（五）从严督导调度，务求兜底保障实效。

以脱贫攻坚统揽民政工作。民政部党组将兜底保障列为基层蹲点调研重要内容，党组成员带队到深度贫困地区和定点扶贫县督导调研，帮助解决重点难点问题。2018 年，中央对民政部进行了脱贫攻坚的专项巡视，2019 年又进行了专项巡视"回头看"。对于巡视指出的问题，坚持双月调度，以整改促落实，以整改促提升。连续 3 年开展农村低保专项治理，及时纠正政策执行中的偏差，大力解决"人情保""关系保"的问题，有效治理"脱保""漏保"问题，编密织牢脱贫攻坚兜底保障安全网。

围绕兜底保障政策在脱贫攻坚中的功能和定位，国务院扶贫办配合民政部，重点做了两个方面的工作：

（一）解决"兜不住"的问题。

通过兜底保障政策，将特殊贫困群体的收入提高到或者超过脱贫收入标准。脱贫攻坚以来，农村低保标准大幅提高，从 2015 年的 3177.6 元提高到 2020 年三季度的 5841.7 元。从 2017 年底开始，全国各市县农村低保标准都达到或超过了国家脱贫收入标准，确保实现贫困群众"不愁吃、不愁穿"。2020 年，全国所有省份的农村低保标准都超过了脱贫收入标准，特困人员的救助供养标准还要更高一些。

（二）解决"应兜未兜"的问题。

在低保对象认定和贫困人口识别中互相作为重点群体，符合条件的及时纳入，坚决防止搞平衡、"二选一"、对象识别互斥的问题。从 2016 年底开始，民政部、国务院扶贫办按照季度开展建档立卡数据和社会救助数据比对，加强数据共享和分析，通过比对，及时将符合低保或特困供养条件的贫困人口纳入低保特困体系，将符合建档立卡贫困户的低保特困供养人群及时纳入建档立卡范围，及时解决"应兜未兜"问题。[1]

经过各方合力攻坚，兜底保障取得决定性成效。2017 年底以来，全国所有县（市、区）农村低保标准持续达到或超过国家扶贫标准，贫困人口纳入低保或者是特困人员救助供养以后，能够稳定地实现"吃不愁、穿不愁"。困难残疾人生活补贴和重度残疾人护理补贴制度分别惠及困难残疾人 1153 万人、重度残疾人 1433 万人。儿童督导员和儿童主任实现全覆盖，更多贫困儿童享受到关爱服务。[2]

按国务院扶贫办的数据，全国共有 2004 万建档立卡贫困人口纳入低保或特困人员救助供养范围。其中纳入低保 1852 万人，纳入特困人员救助供养 152 万人。按中共中央党史和文献研究院 2021 年《全面建成小康社会大事记》的数据，到 2020 年底，全国共有 1936 万建档立卡贫困人口纳入低保或者特困供养。

十二、社会扶贫

社会扶贫有狭义和广义之分。狭义的社会扶贫，指国家或政府公共资源力量之外的民营企业、社会组织和社会公众，在政府的动员和倡导下，利用自身资源为贫困地区经济社会发展和贫困人口脱贫致富所开展或参与的一系列扶贫活动。广义的社会扶贫，指除专项扶贫、行业扶贫之外，在政府的动员、倡导或部署下，全社会各界力量为贫困地区经济社会发展和贫困人口脱贫致富所开展或参与的一系列扶贫活动。

自从 1986 年在全国范围内开展有组织、有计划、大规模扶贫开发以来，社会扶贫一直是我国扶贫开发的重要力量。经过长期实践，初步探索出一条具有中国特色的社会扶贫动员机制和多元扶贫主体共同参与的运行体系。

目前，我国社会扶贫框架体系主要包括 6 个方面：①定点扶贫；②东西扶贫协作；③军队和武警部队扶贫；④企业扶贫；⑤社会组织扶贫；⑥志愿者、民众和各界人士扶贫。

---

[1] 参见《国务院扶贫办：兜底保障政策助力实现如期脱贫，确保不落一人》，中国发展网 2020 年 11 月 24 日。

[2] 参见《民政部：全国 2004 万建档立卡贫困人口纳入低保或特困人员救助供养范围》，《中国青年报》2020 年 11 月 23 日。

（一）军队和武警扶贫。

军队和武警扶贫是扶贫开发的一支重要力量，是社会扶贫的一个重要方面。军队和武警部队扶贫的重点内容是，开展科技扶贫、医疗卫生扶贫、边境扶贫，帮助贫困村实施整村推进，支持贫困乡村水电路等基础设施建设，开展捐资助学、抗震救灾送温暖活动等。

早在 1987 年，中国人民解放军总政治部就军队开展扶贫济困工作专门作出安排部署。30 多年来，军队和武警部队始终紧紧围绕国家扶贫开发总体规划部署，按照就地就近、量力而行，发挥优势、有所作为，突出重点、务求实效的原则，充分发挥组织严密、突击力强和人才、科技、装备等优势，把地方所需、群众所盼与部队所能结合起来，把扶贫开发与军民共建有机结合起来，因地制宜参与地方扶贫开发，实现军地优势互补，为改变贫困地区面貌、帮助贫困人口脱贫致富作出了重要贡献。同时，通过扶贫济困进一步密切了新形势下军民关系，为各行各业、社会各界参与扶贫开发作出了榜样。

（二）企业扶贫。

是指市场主体在国家或政府的动员和倡导下，履行企业社会责任，积极参与扶贫开发事业，帮助贫困地区、贫困人口发展特色产业，改善生产生活条件，推进公益事业，加快脱贫致富。

我国企业参与扶贫的途径主要有三种：一是国有大型骨干企业参与政府组织的定点扶贫。二是各类企业（国有、合资、民营企业等）利用其资金、技术、人才、市场、信息、品牌等方面的优势，本着互利互惠的原则，采取村企共建、产业扶贫、技术服务、提供就业、农产品收购、资源联合开发等多种形式与贫困地区、贫困乡村开展经济合作。三是各类企业积极参与社会公益事业，投资、捐资或资助贫困地区科技、教育、文化、医疗卫生、生态环境和自然资源保护、抗灾救灾等公益事业，以及妇女、儿童、老年人、残疾人等社会福利事业等。

企业扶贫有着自身特有的优势，如村企共建经济合作、产业带动农民增收、提供就业机会等，有些是政府扶贫和社会组织扶贫难以直接做到的，也是无法替代的。

（三）村企共建扶贫工程。

是由国务院扶贫办、全国工商联共同启动实施的一种企业扶贫模式，旨在引导和动员民营企业通过与贫困村结对共建形式积极参与扶贫开发，为贫困地区经济社会发展和贫困农民脱贫致富作贡献。

为探索企业参与扶贫开发新途径、新机制，2007 年国务院扶贫办、全国工商联联合印发了《关于联合开展"村企共建扶贫工程"的指导意见》（国开办发〔2007〕81 号），决定在中西部部分省（区）启动实施村企共建扶贫工程试点工作，并在不断总结完善的基础上逐步加以推广。村企共建扶贫工程的基本思路和工作要求是：

村企共建主体选择。选择整村推进贫困村作为共建村，体现扶贫到村瞄准机制；引导和动员有实力的且扶贫社会责任意识强的民营企业（主要是农业产业化龙头企业和大型骨干民营企业）参与村企共建。

村企共建的原则。按照"自愿参与、优势互补、互惠互利、共同发展"的原则开展共建活动，将贫困村的劳动力、土地、特色自然资源和人文资源等优势，与企业的资金、技术、管理、市场、品牌等优势结合起来，探索建立一种长效的、可持续的合作共赢的机制，促进贫困村、贫困户加快脱贫致富。

村企共建的主要内容：

（1）通过产业扶贫形式，积极参与和共同实施贫困村的特色产业开发与基地建设，解决企业加工原料与农民农产品销售对接问题，实行利益分享共赢。

（2）开发贫困村的劳动力资源，为贫困农民转移就业提供机会，并同时解决企业"用工难"问题。

（3）投资支持贫困村基础设施建设和社会公益事业，改善农民群众基本生产生活条件，同时树立企业履行社会责任的良好社会形象，提高企业的知名度、社会影响力和软实力。

多年的实践证明，村企共建扶贫工程是社会主义市场经济条件下深入开展企业扶贫的一种有益探索。它符合贫困地区农业农村发展的客观实际，符合农业现代化发展方向，村企共建针对性强并"接地气"，具有较强的生命力。

（四）社会组织扶贫。

是指各类社会团体、基金会和民办非企业单位等发挥自身特点和优势，积极参与扶贫开发，开展一系列扶贫济困公益活动。

社会组织也称民间组织，指除政府和企业之外的非政府组织（NGO）、非营利组织（NPO）或第三部门。我国社会组织有积极参与社会公益事业的传统，不少社会组织在成立时就将其主要社会功能定义为动员国内外社会力量支持扶贫公益事业。如 1981 年成立的中国儿童少年基金会、1984 年成立的中国残疾人福利基金会、1987 年成立的中国人口福利基金会、1988 年成立的中国妇女发展

基金会、1989 年成立的中国扶贫基金会和中国青少年发展基金会、1990 年成立
的中国老区建设促进会、1993 年成立的中国扶贫开发协会、1994 年成立的中华
慈善总会、1995 年成立的中国光彩事业促进会、2007 年成立的友成企业家扶贫
基金会等，都是在我国扶贫公益事业方面具有很大影响力的社会组织。

我国社会组织扶贫主要涉及贫困地区基础设施建设、社会事业发展、人力
资源开发、赈灾救灾援助、生态环境保护等领域，包括修路建桥、饮水安全、
兴办学校、教育资助、医疗卫生、妇女保健、儿童营养干预、劳动力培训、水
资源保护、生态重建、产业开发支持、提供小额信贷等，并打造了一系列具有
影响力、号召力的扶贫公益项目品牌。

社会组织所具有的志愿性、公益性、专业性，使其在参与扶贫公益事业方面，
有着政府部门和企业组织无法替代的独特优势，其发展前景十分广阔。充分发挥社
会组织在扶贫中的作用，对于新阶段扶贫开发的体制机制创新和社会管理创新有着
重要意义。

（五）希望工程。

是由团中央、中国青少年发展基金会于 1989 年发起的以救助贫困地区失学
少年儿童为目的的一项社会公益事业。其主要宗旨是资助贫困地区失学儿童重
返校园，建设希望小学，改善农村办学条件。

援建希望小学与资助贫困学生是希望工程实施的两大主要公益项目。希望
工程的实施，改变了一大批失学儿童的命运，改善了贫困地区的办学条件，唤
起了全社会的重教意识，促进了基础教育的发展。希望工程在实现众多儿童求
学梦的同时，弘扬了扶贫济困、助人为乐的优良传统，推动了社会主义精神文
明建设。后来，希望工程的资助对象已经扩展到进城务工农民工子女、贫困地
区家庭经济困难的中学生、中职学生和大学生。希望工程的动员和服务方式也
从单一的资金资助发展到"资金资助 + 勤工俭学 + 公益实践"等多元化格局。
希望工程成为我国社会参与最广泛的扶贫公益事业和最具影响力的公益品牌
之一。

（六）母亲水窖。

是由中国妇女发展基金会于 2000 年开始实施的以"大地之爱·母亲水窖"
为主题的扶贫公益项目，旨在帮助西部干旱地区妇女和其他农民群众摆脱因严
重缺水带来的贫穷与落后。

由于自然和历史的原因，我国西北黄土高原干旱地区极度缺水，有的地方

年降雨量不足 300 毫米，而蒸发量却高达 1500 毫米以上。这些地区的人畜饮水几乎全靠人工修建水窖蓄积有限的雨水。因无足够的资金对这种水窖的内部进行混凝土硬化，水窖会很快出现渗漏。严重缺水的状况，导致当地农民生活艰难，患病率居高不下。由于男劳动力外出打工，妇女们成为西部贫困干旱地区农村的主要劳动力，她们不得不每日往返几里、十几里山路找水。2000 年，为了帮助那里的人们特别是妇女迅速摆脱因严重缺水带来的贫困和落后，在全国妇联、北京市人民政府、中央电视台的推动下，中国妇女发展基金会倡导社会募集善款，为西北缺水地区捐修混凝土构造的水窖，使缺水妇女们能利用屋面、场院、沟坡等集流设施，有效地蓄积到有限的雨水，以供一年之基本饮水。

截至 2012 年底，"母亲水窖"项目已在以西部为主的 24 个省（区、市）实施，并实现由饮水解困向饮水安全目标转变。"母亲水窖"已成为我国最具影响力的扶贫公益品牌之一。

《中共中央、国务院关于打赢脱贫攻坚战的决定》，号召广泛动员全社会力量，合力推进脱贫攻坚。其要求主要包括：

（一）健全东西部扶贫协作机制。

加大东西部扶贫协作力度，建立精准对接机制，使帮扶资金主要用于贫困村、贫困户。东部地区要根据财力增长情况，逐步增加对口帮扶财政投入，并列入年度预算。强化以企业合作为载体的扶贫协作，鼓励东西部按照当地主体功能定位共建产业园区，推动东部人才、资金、技术向贫困地区流动。启动实施经济强县（市）与国家扶贫开发工作重点县"携手奔小康"行动，东部各省（直辖市）在努力做好本区域内扶贫开发工作的同时，更多发挥县（市）作用，与扶贫协作省份的国家扶贫开发工作重点县开展结对帮扶。建立东西部扶贫协作考核评价机制。

（二）健全定点扶贫机制。

进一步加强和改进定点扶贫工作，建立考核评价机制，确保各单位落实扶贫责任。深入推进中央企业定点帮扶贫困革命老区县"百县万村"活动。完善定点扶贫牵头联系机制，各牵头部门要按照分工督促指导各单位做好定点扶贫工作。

（三）健全社会力量参与机制。

鼓励支持民营企业、社会组织、个人参与扶贫开发，实现社会帮扶资源和精准扶贫有效对接。引导社会扶贫重心下移，自愿包村包户，做到贫困户都有党员干部或爱心人士结对帮扶。吸纳农村贫困人口就业的企业，按规定享受税收优惠、职业培训补贴等就业支持政策。落实企业和个人公益扶贫捐赠所得税税前扣除政策。充分发挥各民主党派、无党派人士在人才和智力扶贫上的优势和作用。工商联系统组织民营企业开展"万企帮万村"精准扶贫行动。通过政府购买服务等方式，鼓励各类社会组织开展到村到户精准扶贫。完善扶贫龙头企业认定制度，增强企业辐射带动贫困户增收的能力。鼓励有条件的企业设立扶贫公益基金和开展扶贫公益信托。发挥好"10·17"全国扶贫日社会动员作用。实施扶贫志愿者行动计划和社会工作专业人才服务贫困地区计划。着力打造扶贫公益品牌，全面及时公开扶贫捐赠信息，提高社会扶贫公信力和美誉度。构建社会扶贫信息服务网络，探索发展公益众筹扶贫。[1]

《"十三五"脱贫攻坚规划》要求发挥东西部扶贫协作和中央单位定点帮扶的引领示范作用，凝聚国际国内社会各方面力量，进一步提升贫困人口帮扶精准度和帮扶效果，形成脱贫攻坚强大合力。《规划》对社会扶贫作出了系统规划。

（一）东西部扶贫协作。

开展多层次扶贫协作。以闽宁协作模式为样板，建立东西部扶贫协作与建档立卡贫困村、贫困户的精准对接机制，做好与西部地区脱贫攻坚规划的衔接，确保产业合作、劳务协作、人才支援、资金支持精确瞄准建档立卡贫困人口。东部省份要根据财力增长情况，逐步增加对口帮扶财政投入，并列入年度预算。东部各级党政机关、人民团体、企事业单位、社会组织、各界人士等要积极参与扶贫协作工作。西部地区要整合用好扶贫协作等各类资源，聚焦脱贫攻坚，形成脱贫合力。启动实施东部省份经济较发达县（市）与对口帮扶省份贫困县"携手奔小康"行动，着力推动县与县精准对接。探索东西部乡镇、行政村之间结对帮扶。协作双方每年召开高层联席会议。

拓展扶贫协作有效途径。注重发挥市场机制作用，推动东部人才、资金、技术向贫困地区流动。鼓励援助方利用帮扶资金设立贷款担保基金、风险保障基金、贷款贴息资金和中小企业发展基金等，支持发展特色产业，引导省内优势企业到受援方创业兴业。鼓励企业通过量化股份、提供就业等形式，带动当地贫困人口脱贫增收。鼓励东部地区通过共建职业培训基地、开展合作办学、实施定向特招等形式，对西部地区贫困家庭劳动力进行职业技能培训，并提供

---

[1] 参见中共中央党史和文献研究院编：《十八大以来重要文献选编》（下），中央文献出版社 2018 年版，第66—67页。

就业咨询服务。帮扶双方要建立和完善省市协调、县乡组织、职校培训、定向安排、跟踪服务的劳务协作对接机制，提高劳务输出脱贫的组织化程度。以县级为重点，加强协作双方党政干部挂职交流。采取双向挂职、两地培训等方式，加大对西部地区特别是基层干部、贫困村创业致富带头人的培训力度。支持东西部学校、医院建立对口帮扶关系。建立东西部扶贫协作考核评价机制，重点考核带动贫困人口脱贫成效，西部地区也要纳入考核范围。

（二）定点帮扶。

明确定点扶贫目标任务。结合当地脱贫攻坚规划，制定各单位定点帮扶工作年度计划，以帮扶对象稳定脱贫为目标，实化帮扶举措，提升帮扶成效。各单位选派优秀中青年干部到定点扶贫县挂职、担任贫困村第一书记。省、市、县三级党委政府参照中央单位做法，组织党政机关、企事业单位开展定点帮扶工作。完善定点扶贫牵头联系机制，各牵头单位要落实责任人，加强工作协调，督促指导联系单位做好定点扶贫工作，协助开展考核评价工作。

（三）企业帮扶。

强化国有企业帮扶责任。深入推进中央企业定点帮扶贫困革命老区"百县万村"活动。用好贫困地区产业发展基金。引导中央企业设立贫困地区产业投资基金，采取市场化运作，吸引企业到贫困地区从事资源开发、产业园区建设、新型城镇化发展等。继续实施"同舟工程——中央企业参与'救急难'行动"，充分发挥中央企业在社会救助工作中的补充作用。地方政府要动员本地国有企业积极承担包村帮扶等扶贫开发任务。

引导民营企业参与扶贫开发。充分发挥工商联的桥梁纽带作用，以点带面，鼓励引导民营企业和其他所有制企业参与扶贫开发。组织开展"万企帮万村"精准扶贫行动，引导东部地区的民营企业在东西部扶贫协作框架下结对帮扶西部地区贫困村。鼓励有条件的企业设立扶贫公益基金、开展扶贫慈善信托。完善对龙头企业参与扶贫开发的支持政策。吸纳贫困人口就业的企业，按规定享受职业培训补贴等就业支持政策，落实相关税收优惠。设立企业扶贫光荣榜，并向社会公告。

《规划》确定了企业扶贫三大重点工程：

一是中央企业定点帮扶贫困革命老区"百县万村"活动。主要是由66家中央企业在定点帮扶的108个革命老区贫困县和贫困村中，建设一批水、电、路等小型基础设施项目，加快老区脱贫致富步伐。

二是同舟工程。主要是由中央企业结合定点扶贫工作,对因遭遇突发紧急事件或意外事故,致使基本生活陷入困境乃至面临生存危机的群众,特别是对医疗负担沉重的困难家庭、因病致贫返贫家庭,开展"救急难"行动,实施精准帮扶。

三是"万企帮万村"精准扶贫行动。主要是动员全国1万家以上民营企业,采取产业扶贫、就业扶贫、公益扶贫等方式,帮助1万个以上贫困村加快脱贫进程,为打赢脱贫攻坚战贡献力量。

实际上,参与行动的企业从2016年的2.65万家增加到2020年的10.95万家,帮扶的贫困村从2.1万个增加到6.89万个,参与企业遍布全国,帮扶力度不断加大,累计投入帮扶资金1068亿元,其中产业投入916亿元,公益投入152亿元,平均每村394万元。工作重心聚焦深度贫困地区,先后组织了"凉山行""怒江行""西藏行""陇上行""临夏行""南疆行"等活动,2020年又组织1599家民营企业结对帮扶国家挂牌督战村,助力攻克深贫堡垒。聚焦产业扶贫、就业扶贫和公益扶贫,积极参与消费扶贫行动。2016年以来,共有123个民营企业、民营企业家获全国脱贫攻坚奖表彰。有515家获全国"万企帮万村"精准扶贫行动表扬和表彰。

（四）军队帮扶。

构建整体帮扶体系。把地方所需、群众所盼与部队所能结合起来,优先扶持家境困难的军烈属、退役军人等群体。中央军委机关各部门（不含直属机构）和副战区级以上单位机关带头做好定点帮扶工作。省军区系统和武警总队帮扶本辖区范围内相关贫困村脱贫。驻贫困地区作战部队实施一批具体扶贫项目和扶贫产业,部队生活物资采购注重向贫困地区倾斜。驻经济发达地区部队和有关专业技术单位根据实际承担结对帮扶任务。

发挥部队帮扶优势。发挥思想政治工作优势,深入贫困地区开展脱贫攻坚宣传教育,组织军民共建活动,传播文明新风,丰富贫困人口精神文化生活。发挥战斗力突击力优势,积极支持和参与农业农村基础设施建设、生态环境治理、易地扶贫搬迁等工作。发挥人才培育优势,配合实施教育扶贫工程,接续做好"八一爱民学校"援建工作,组织开展"1+1""N+1"等结对助学活动,团级以上干部与贫困家庭学生建立稳定帮扶关系。采取军地联训、代培代训等方式,帮助贫困地区培养实用人才,培育一批退役军人和民兵预备役人员致富带头人。发挥科技、医疗等资源优势,促进军民两用科技成果转化运用,组织

87家军队和武警部队三级医院对口帮扶113家贫困县县级医院，开展送医送药和巡诊治病活动。帮助革命老区加强红色资源开发，培育壮大红色旅游产业。

（五）社会组织和志愿者帮扶。

广泛动员社会力量帮扶。支持社会团体、基金会、社会服务机构等各类组织从事扶贫开发事业。建立健全社会组织参与扶贫开发的协调服务机制，构建社会扶贫信息服务网络。以各级脱贫攻坚规划为引导，鼓励社会组织扶贫重心下移，促进帮扶资源与贫困户精准对接帮扶。支持社会组织通过公开竞争等方式，积极参加政府面向社会购买扶贫服务工作。鼓励和支持社会组织参与扶贫资源动员、资源配置使用、绩效论证评估等工作，支持其承担扶贫项目实施。探索发展公益众筹扶贫模式。着力打造扶贫公益品牌。鼓励社会组织在贫困地区大力倡导现代文明理念和生活方式，努力满足贫困人口的精神文化需求。制定出台社会组织参与脱贫攻坚的指导性文件，从国家层面予以指导。建立健全社会扶贫监测评估机制，创新监测评估方法，及时公开评估结果，增强社会扶贫公信力和影响力。

进一步发挥社会工作专业人才和志愿者扶贫作用。制定出台支持专业社会工作和志愿服务力量参与脱贫攻坚专项政策。实施社会工作专业人才服务贫困地区系列行动计划。鼓励发达地区社会工作专业人才和社会工作服务机构组建专业服务团队、兴办社会工作服务机构，为贫困地区培养和选派社会工作专业人才。实施脱贫攻坚志愿服务行动计划。鼓励支持青年学生、专业技术人员、退休人员和社会各界人士参与扶贫志愿者行动。充分发挥中国志愿服务联合会、中华志愿者协会、中国青年志愿者协会、中国志愿服务基金会和中国扶贫志愿服务促进会等志愿服务行业组织的作用，构建扶贫志愿者服务网络。

办好扶贫日系列活动。在每年的10月17日全国扶贫日期间举办专题活动，动员全社会力量参与脱贫攻坚。举办减贫与发展高层论坛，开展表彰活动，做好宣传推介。从2016年起，在脱贫攻坚期设立"脱贫攻坚奖"，表彰为脱贫攻坚作出重要贡献的个人。每年发布《中国的减贫行动与人权进步》白皮书。组织各省（区、市）结合自身实际开展社会公募、慰问调研等系列活动。

《规划》确定了社会工作专业人才和志愿者帮扶的两大类行动计划。

（一）社会工作专业人才服务贫困地区系列行动计划。

实施社会工作专业人才服务"三区"行动计划，每年向边远贫困地区、边疆民族地区和革命老区选派1000名社会工作专业人才，为"三区"培养500名社会工作专业人才。积极实施农村留守人员残疾人社会关爱行动、城市流动人口社会融入计划、特困群体社会关怀行动、发达地区与贫困地区牵手行动、重大自然灾害与突发事件社会工作服务支援行动，支持社会工作服务机构和社会工作者为贫困地区农村各类特殊群体提供有针对性的服务。

（二）脱贫攻坚志愿服务行动计划。

实施扶贫志愿者行动计划，每年动员不少于1万人次到贫困地区参与扶贫开发，开展扶贫服务工作。以"扶贫攻坚"志愿者行动项目、"邻里守望"志愿服务行动、扶贫志愿服务品牌培育行动等为重点，支持有关志愿服务组织和志愿者选择贫困程度深的建档立卡贫困村、贫困户和特殊困难群体，在教育、医疗、文化、科技领域开展精准志愿服务行动。以空巢老人、残障人士、农民工及困难职工、留守儿童等群体为重点，开展生活照料、困难帮扶、文体娱乐、技能培训等方面的志愿帮扶活动。通过政府购买服务、公益创投、社会资助等方式，引导支持志愿服务组织和志愿者参与扶贫志愿服务，培育发展精准扶贫志愿服务品牌项目。[1]

十三、提升贫困地区区域发展能力

《"十三五"脱贫攻坚规划》对"提升贫困地区区域发展能力"作出了系统的部署。要求以革命老区、民族地区、边疆地区、集中连片特困地区为重点，整体规划，统筹推进，持续加大对集中连片特困地区的扶贫投入力度，切实加强交通、水利、能源等重大基础设施建设，加快解决贫困村通路、通水、通电、通网络等问题，贫困地区区域发展环境明显改善，"造血"能力显著提升，基本公共服务主要领域指标接近全国平均水平，为2020年解决区域性整体贫困问题提供有力支撑。

为此，主要采取的措施有：

（一）继续实施集中连片特困地区规划。

统筹推进集中连片特困地区规划实施。组织实施集中连片特困地区区域发展与扶贫攻坚"十三五"省级实施规划，片区重大基础设施和重点民生工程要优先纳入"十三五"相关专项规划和年度计划，集中建设一批区域性重大基础

---

[1] 参见《国务院关于印发〈"十三五"脱贫攻坚规划〉的通知》，中国政府网 2016 年 12 月 2 日。

设施和重大民生工程，明显改善片区区域发展环境、提升自我发展能力。

完善片区联系协调机制。进一步完善片区联系工作机制，全面落实片区联系单位牵头责任，充分发挥部省联席会议制度功能，切实做好片区区域发展重大事项的沟通、协调、指导工作。强化片区所在省级政府主体责任，组织开展片区内跨行政区域沟通协调，及时解决片区规划实施中存在的问题和困难，推进片区规划各项政策和项目尽快落地。

（二）着力解决区域性整体贫困问题。

大力推进革命老区、民族地区、边疆地区脱贫攻坚。加大脱贫攻坚力度，支持革命老区开发建设，推进实施赣闽粤原中央苏区、左右江、大别山、陕甘宁、川陕等重点贫困革命老区振兴发展规划，积极支持沂蒙、湘鄂赣、太行、海陆丰等欠发达革命老区加快发展。扩大对革命老区的财政转移支付规模。加快推进民族地区重大基础设施项目和民生工程建设，实施少数民族特困地区和特困群体综合扶贫工程，出台人口较少民族整体脱贫的特殊政策措施。编制边境扶贫专项规划，采取差异化政策，加快推进边境地区基础设施和社会保障设施建设，集中改善边民生产生活条件，扶持发展边境贸易和特色经济，大力推进兴边富民行动，使边民能够安心生产生活、安心守边固边。加大对边境地区的财政转移支付力度，完善边民补贴机制。加大中央投入力度，采取特殊扶持政策，推进西藏、四省藏区和新疆南疆四地州脱贫攻坚。

推动脱贫攻坚与新型城镇化发展相融合。支持贫困地区基础条件较好、具有特色资源的县城和特色小镇加快发展，打造一批休闲旅游、商贸物流、现代制造、教育科技、传统文化、美丽宜居小镇。结合中小城市、小城镇发展进程，加快户籍制度改革，有序推动农业转移人口市民化。统筹规划贫困地区城乡基础设施网络，促进水电路气信等基础设施城乡联网、生态环保设施城乡统一布局建设。推进贫困地区无障碍环境建设。推动城镇公共服务向农村延伸，逐步实现城乡基本公共服务制度并轨、标准统一。

推进贫困地区区域合作与对外开放。推动贫困地区深度融入"一带一路"建设，及京津冀协同发展、长江经济带发展国家战略，与有关国家级新区、自主创新示范区、自由贸易试验区、综合配套改革试验区建立紧密合作关系，打造区域合作和产业承接发展平台，探索发展"飞地经济"，引导发达地区劳动密集型等产业优先向贫困地区转移。支持贫困地区具备条件的地方申请设立海关特殊监管区域，积极承接加工贸易梯度转移。拓展贫困地区招商引资渠道，利用外经贸发展专项资金促进贫困地区外经贸发展，优先支持贫困地区项目申报借用国外优惠贷款。鼓励贫困地区培育和发展会展平台，提高知名度和影响力。加快边境贫困地区开发开放，加强内陆沿边地区口岸基础设施建设，开辟跨境多式联运交通走廊，促进边境经济合作区、跨境经济合作区发展，提升边民互市贸易便利化水平。

（三）加强贫困地区重大基础设施建设。

构建外通内联交通骨干通道。着力提升重大水利设施保障能力。优先布局建设能源工程。（具体内容参阅本书其他有关部分）

（四）加快改善贫困村生产生活条件。

全面推进村级道路建设。全面完成具备条件的行政村通硬化路建设，优先安排建档立卡贫困村通村道路硬化。推动一定人口规模的自然村通公路，重点支持较大人口规模撤并建制村通硬化路。加强贫困村通客车线路上的生命安全防护工程建设，改造现有危桥，对不能满足安全通客车要求的窄路基路面路段进行加宽改造。加大以工代赈力度，支持贫困地区实施上述村级道路建设任务。通过"一事一议"等方式，合理规划建设村内道路。

巩固提升农村饮水安全水平。全面落实地方政府主体责任，全面推进"十三五"农村饮水安全巩固提升工程，做好与贫困村、贫困户的精准对接，加快建设一批集中供水工程。对分散性供水和水质不达标的，因地制宜实行升级改造。提升贫困村自来水普及率、供水保证率、水质达标率，推动城镇供水设施向有条件的贫困村延伸，着力解决饮水安全问题。到2020年，贫困地区农村集中供水率达到83%，自来水普及率达到75%。

多渠道解决生活用能。全面推进能源惠民工程，以贫困地区为重点，加快实施新一轮农村电网改造升级工程，实施配电网建设改造行动计划。实行骨干电网与分布式能源相结合，到2020年，贫困村基本实现稳定可靠的供电服务全覆盖，供电能力和服务水平明显提升。大力发展农村清洁能源，推进贫困村小水电、太阳能、风能、农林和畜牧废弃物等可再生能源开发利用。因地制宜发展沼气工程。鼓励分布式光伏发电与设施农业发展相结合，推广应用太阳能热水器、太阳灶、小风电等农村小型能源设施。提高能源普遍服务水平，推进城乡用电同网同价。

加强贫困村信息和物流设施建设。实施"宽带乡村"示范工程，推动公路沿线、集镇、行政村、旅游景区4G（第四代移动通信）网络基本覆盖。鼓励基础电信企业针对贫困地区出台更优惠的资费方案。加强贫困村邮政基础设施建设，实现村村直接通邮。加快推进"快递下乡"工程，完善农村快递揽收配送网点建设。支持快递企业加强与农业、供销合作、商贸企业的合作，推动在基础条件相对较好的地区率先建立县、乡、村消费品和农资配送网络体系，打造"工业品下乡"和"农产品进城"双向流通渠道。

继续实施农村危房改造。加快推进农村危房改造，按照精准扶贫要求，重点解决建档立卡贫困户、低保户、分散供养特困人员、贫困残疾人家庭的基本住房安全问题。统筹中央和地方补助资金，建立健全分类补助机制。严格控制贫困户建房标准。通过建设农村集体公租房、幸福院，以及利用闲置农户住房和集体公房置换改造等方式，解决好贫困户基本住房安全问题。

加强贫困村人居环境整治。在贫困村开展饮用水源保护、生活污水和垃圾处理、畜禽养殖污染治理、农村面源污染治理、乱埋乱葬治理等人居环境整治工作，保障处理设施运行经费，稳步提升贫困村人居环境水平。到2020年，90%以上贫困村的生活垃圾得到处理，普遍建立村庄保洁制度，设立保洁员岗位并优先聘用贫困人口。开展村庄卫生厕所改造，逐步解决贫困村人畜混居问题。提高贫困村绿化覆盖率。建设村内道路照明等必要的配套公共设施。

健全贫困村社区服务体系。加强贫困村基层公共服务设施建设，整合利用现有设施和场地，拓展学前教育、妇女互助和养老服务、殡葬服务功能，努力实现农村社区公共服务供给多元化。依托"互联网+"拓展综合信息服务功能，逐步构建线上线下相结合的农村社区服务新模式。统筹城乡社区服务体系规划建设，积极培育农村社区社会组织，发展社区社会工作服务。深化农村社区建设试点，加强贫困村移风易俗、乡风和村规民约等文明建设。

加强公共文化服务体系建设。按照公共文化建设标准，对贫困县未达标公共文化设施提档升级、填平补齐。加强面向"三农"的优秀出版物和广播影视节目生产。启动实施流动文化车工程。实施贫困地区县级广播电视播出机构制播能力建设工程。为贫困村文化活动室配备必要的文化器材。推进重大文化惠民工程融合发展，提高公共数字文化供给和服务能力。推动广播电视村村通向户户通升级，到2020年，基本实现数字广播电视户户通。组织开展"春雨工程"——全国文化志愿者边疆行活动。

着力改善生产条件。推进贫困村农田水利、土地整治、中低产田改造和高标准农田建设。抓好以贫困村为重点的田间配套工程、"五小水利"工程和高效节水灌溉工程建设，抗旱水源保障能力明显提升。结合产业发展，建设改造一批资源路、旅游路、产业园区路，新建改造一批生产便道，推进"交通+特色产业"扶贫。大力整治农村河道堰塘。实施贫困村通动力电规划，保障生产用电。加大以工代赈投入力度，着力解决农村生产设施"最后一公里"问题。

为改善贫困乡村生产生活条件实施的工程有：

一是百万公里农村公路工程。建设通乡镇硬化路1万公里，通行政村硬化路23万公里，一定人口规模的自然村公路25万公里（其中撤并建制村通硬化路约8.3万公里）。新建改建乡村旅游公路和产业园区公路5万公里。加大农村公路养护力度，改建不达标路段23万公里，着力改造"油返砂"公路20万公里。改造农村公路危桥1.5万座。

二是小型水利扶贫工程。实施农村饮水安全巩固提升工程，充分发挥已建工程效益，因地制宜采取改造、配套、升级、联网等措施，统筹解决工程标准低、供水能力不足和水质不达标等农村饮水安全问题。大力开展小型农田水利工程建设，因地制宜实施"五小水利"工程建设。

三是农村电网改造升级工程。完成贫困村通动力电，到2020年，全国农村地区基本实现稳定可靠的供电服务全覆盖，农村电网供电可靠率达到99.8%，综合电压合格率达到97.9%，户均配变容量不低于2千伏安，建成结构合理、技术先进、安全可靠、智能高效的现代农村电网。

四是网络通信扶贫工程。实施宽带网络进村工程，推进11.7万个建档立卡贫困村通宽带，力争到2020年实现宽带网络覆盖90%以上的贫困村。

五是土地和环境整治工程。开展土地整治和农村人居环境整治工程，增加耕地数量、提升耕地质量、完善农田基础设施，建设规模1000万亩。分别在8.1万个行政村建设55.38万个公共卫生厕所，8.5万个村建设61.84万处垃圾集中收集点，3.68万个村建设15.43万处污水处理点，3.4万个村建设9.92万处旅游停车场。

六是农村危房改造。推进农村危房改造，统筹开展农房抗震改造，到2020年，完成建档立卡贫困户、低保户、分散供养特困人员、贫困残疾人家庭的存量危房改造任务。

七是农村社区服务体系建设工程。力争到2020年底，农村社区综合服务设施覆盖易地扶贫搬迁安置区（点）和50%的建档立卡贫困村，农村社区公共服务综合信息平台覆盖30%的贫困县，努力实现社区公共服务多元化供给。

八是以工代赈工程。在贫困地区新增和改善基本农田 500 万亩，新增和改善灌溉面积 1200 万亩，新建和改扩建农村道路 8 万公里，治理水土流失面积 1.1 万平方公里，片区综合治理面积 6000 平方公里，建设草场 600 万亩。

九是革命老区彩票公益金扶贫工程。支持 396 个革命老区贫困县的贫困村开展村内道路、水利和环境改善等基础设施建设，实现项目区内自然村 100% 通公路，道路硬化率 80%，农户饮水安全比重 95% 以上，100% 有垃圾集中收集点，每个行政村设有文化广场和公共卫生厕所等。[1]

各个地区都注重在提高贫困地区发展能力上下功夫。四川省以各种措施大力提升贫困区域发展能力，通过促进秦巴山区、乌蒙山区、高原藏区、大小凉山彝区快速发展，大力推动贫困地区高速公路、国省干线公路、铁路、机场、水利、能源等重大基础设施建设，积极推进贫困区域区域合作与对外开放，切实增强贫困地区发展后劲，加快贫困地区和贫困群众脱贫奔小康步伐。

同时，集中解决贫困地区突出问题，通过着力改善贫困地区生产生活条件、加快推进幸福美丽新村建设、持续推进生态扶贫工程、全面提升贫困地区教育发展水平、加快促进贫困地区医疗卫生事业发展、积极实施文化惠民扶贫行动、建立完善科技服务体系，不断改善贫困地区发展条件，加快 11501 个贫困村、88 个贫困县退出步伐。

十四、为脱贫攻坚提供强有力保障

为了全面推进大扶贫的格局，党和国家坚持将脱贫攻坚作为重大政治任务，采取超常规举措，创新体制机制，加大扶持力度，打好政策组合拳，强化组织实施，为脱贫攻坚提供了强有力的保障。

（一）创新体制机制。

精准扶贫脱贫机制。加强建档立卡工作，健全贫困人口精准识别与动态调整机制，加强精准扶贫大数据管理应用，定期对贫困户和贫困人口进行全面核查，按照贫困人口认定、退出标准和程序，实行有进有出的动态管理。加强农村贫困统计监测体系建设，提高监测能力和数据质量。健全精准施策机制，切实做到项目安排精准、资金使用精准、措施到户精准。健全驻村帮扶机制。严

---

[1] 参见《国务院关于印发〈"十三五"脱贫攻坚规划〉的通知》，中国政府网 2016 年 12 月 2 日。

格执行贫困退出和评估认定制度。加强正向激励，贫困人口、贫困村、贫困县退出后，国家原有扶贫政策在一定时期内保持不变，确保实现稳定脱贫。

扶贫资源动员机制。发挥政府投入主导作用，广泛动员社会资源，确保扶贫投入力度与脱贫攻坚任务相适应。推广政府与社会资本合作、政府购买服务、社会组织与企业合作等模式，建立健全招投标机制和绩效评估机制，充分发挥竞争机制对提高扶贫资金使用效率的作用。鼓励社会组织承接东西部扶贫协作、定点扶贫、企业扶贫具体项目的实施，引导志愿者依托社会组织更好发挥扶贫作用。引导社会组织建立健全内部治理机制和行业自律机制。围绕脱贫攻坚目标任务，推进部门之间、政府与社会之间的信息共享、资源统筹和规划衔接，构建政府、市场、社会协同推进的大扶贫开发格局。

贫困人口参与机制。充分发挥贫困村党员干部的引领作用和致富带头人的示范作用，大力弘扬自力更生、艰苦奋斗精神，激发贫困人口脱贫奔小康的积极性、主动性、创造性，引导其光荣脱贫。加强责任意识、法治意识和市场意识培育，提高贫困人口参与市场竞争的自觉意识和能力，推动扶贫开发模式由"输血"向"造血"转变。建立健全贫困人口利益与需求表达机制，充分尊重群众意见，切实回应群众需求。完善村民自治制度，建立健全贫困人口参与脱贫攻坚的组织保障机制。

资金项目管理机制。对纳入统筹整合使用范围内的财政涉农资金项目，将审批权限下放到贫困县，优化财政涉农资金供给机制，支持贫困县围绕突出问题，以摘帽销号为导向，以脱贫攻坚规划为引领，以重点扶贫项目为平台，统筹整合使用财政涉农资金。加强对脱贫攻坚政策落实、重点项目和资金管理的跟踪审计，强化财政监督检查和项目稽察等工作，充分发挥社会监督作用。建立健全扶贫资金、项目信息公开机制，保障资金项目在阳光下运行，确保资金使用安全、有效、精准。

考核问责激励机制。落实脱贫攻坚责任制，严格实施省级党委和政府扶贫开发工作成效考核办法，建立扶贫工作责任清单，强化执纪问责。落实贫困县约束机制，杜绝政绩工程、形象工程。加强社会监督，建立健全第三方评估机制。建立年度脱贫攻坚逐级报告和督查巡查制度。建立重大涉贫事件处置反馈机制。集中整治和加强预防扶贫领域职务犯罪。

（二）加大政策支持。

财政政策。中央财政继续加大对贫困地区的转移支付力度，扩大中央和地方财政支出规模，增加基础设施和基本公共服务设施建设投入。各省（区、市）要积极调整省级财政支出结构，切实加大扶贫资金投入。

投资政策。加大贫困地区基础设施建设中央投资支持力度。严格落实国家在贫困地区安排的公益性建设项目取消县级和西部集中连片特困地区地市级配套资金的政策。省级政府统筹可支配财力，加大对贫困地区的投入力度。在扶贫开发中推广政府与社会资本合作、政府购买服务等模式。

金融政策。鼓励和引导各类金融机构加大对扶贫开发的金融支持。发挥多种货币政策工具正向激励作用，用好扶贫再贷款，引导金融机构扩大贫困地区涉农贷款投放，促进降低社会融资成本。鼓励银行业金融机构创新金融产品和服务方式，积极开展扶贫贴息贷款、扶贫小额信贷、创业担保贷款和助学贷款等业务。发挥好国家开发银行和中国农业发展银行扶贫金融事业部的功能和作用。继续深化中国农业银行"三农"金融事业部改革，稳定和优化大中型商业银行县域基层网点设置，推动中国邮政储蓄银行设立"三农"金融事业部，发挥好农村信用社、农村商业银行、农村合作银行的农村金融服务主力作用。建立健全融资风险分担和补偿机制，支持有条件的地方设立扶贫贷款风险补偿基金。鼓励有条件的地方设立扶贫开发产业投资基金，支持贫困地区符合条件的企业通过主板、创业板、全国中小企业股份转让系统、区域股权交易市场等进行股本融资。推动开展特色扶贫农业保险、小额人身保险等多种保险业务。

土地政策。支持贫困地区根据第二次全国土地调查及最新年度变更调查成果，调整完善土地利用总体规划。新增建设用地计划指标优先保障扶贫开发用地需要，专项安排国家扶贫开发工作重点县年度新增建设用地计划指标。中央在安排高标准农田建设任务和分配中央补助资金时，继续向贫困地区倾斜，并积极指导地方支持贫困地区土地整治和高标准农田建设。加大城乡建设用地增减挂钩政策支持扶贫开发及易地扶贫搬迁力度，允许集中连片特困地区和其他国家扶贫开发工作重点县将增减挂钩节余指标在省域范围内流转使用。积极探索市场化运作模式，吸引社会资金参与土地整治和扶贫开发工作。在有条件的贫困地区，优先安排国土资源管理制度改革试点，支持开展历史遗留工矿废弃地复垦利用和城镇低效用地再开发试点。

干部人才政策。加大选派优秀年轻干部到贫困地区工作的力度，加大中央单位和中西部地区、民族地区、贫困地区之间干部交流任职的力度，有计划地选派后备干部到贫困县挂职任职。改进贫困地区基层公务员考录工作和有关人员职业资格考试工作。加大贫困地区干部教育培训力度。实施边疆民族地区和革命老区人才支持计划，在职务、职称晋升等方面采取倾斜政策。提高博士服务团和"西部之光"访问学者选派培养水平，深入组织开展院士专家咨询服务活动。完善和落实引导人才向基层和艰苦地区流动的激励政策。通过双向挂职锻炼、扶贫协作等方式，推动东、中、西部地区之间，经济发达地区与贫困地区之间事业单位人员交流，大力选派培养与西部等艰苦地区优势产业、保障和改善民生密切相关的专业技术人才。充实加强各级扶贫开发工作力量，扶贫任务重的乡镇要有专门干部负责扶贫开发工作。鼓励高校毕业生到贫困地区就业创业。

（三）强化组织实施。

加强组织领导。在国务院扶贫开发领导小组统一领导下，扶贫开发任务重的省、市、县、乡各级党委和政府要把脱贫攻坚作为中心任务，层层签订脱贫攻坚责任书，层层落实责任制。重点抓好县级党委和政府脱贫攻坚领导能力建设，改进县级干部选拔任用机制，选好配强扶贫任务重的县党政班子。脱贫攻坚任务期内，县级领导班子保持相对稳定，贫困县党政正职领导干部实行不脱贫不调整、不摘帽不调离。加强基层组织建设，强化农村基层党组织的领导核心地位，充分发挥基层党组织在脱贫攻坚中的战斗堡垒作用和共产党员的先锋模范作用。加强对贫困群众的教育引导，强化贫困群众的主体责任和进取精神。大力倡导新风正气和积极健康的生活方式，逐步扭转落后习俗和不良生活方式。完善村级组织运转经费保障机制，健全党组织领导的村民自治机制，切实提高村委会在脱贫攻坚工作中的组织实施能力。加大驻村帮扶工作力度，提高县以上机关派出干部比例，精准选配第一书记，配齐配强驻村工作队，确保每个贫困村都有驻村工作队，每个贫困户都有帮扶责任人。

明确责任分工。实行中央统筹、省负总责、市县抓落实的工作机制。省级党委和政府对脱贫攻坚负总责，负责组织指导制定省级及以下脱贫攻坚规划，对规划实施提供组织保障、政策保障、资金保障和干部人才保障，并做好监督考核。根据国家关于贫困退出机制的要求，各省（区、市）统筹脱贫进度，制定省级"十三五"脱贫攻坚规划，明确贫困县、贫困村和贫困人口年度脱贫目标。县级党委和政府负责规划的组织实施工作，并对规划实施效果负总责。市（地）党委和政府做好上下衔接、域内协调和督促检查等工作。各有关部门按照职责分工，制定扶贫工作行动计划或实施方案，出台相关配套支持政策，加强业务指导和推进落实。

加强监测评估。国家发展改革委、国务院扶贫办负责本规划的组织实施与监测评估等工作。加强扶贫信息化建设，依托国务院扶贫办扶贫开发建档立卡信息系统和国家统计局贫困监测结果，定期开展规划实施情况动态监测和评估工作。监测评估结果作为省级党委和政府扶贫开发工作成效考核的重要依据，及时向国务院报告。

对约束性指标以及重大工程、重大项目、重大政策和重要改革任务，都明确责任主体、实施进度等要求，确保如期完成。对纳入规划的重大工程项目，要在依法依规的前提下简化审批核准程序，优先保障规划选址、土地供应和融资安排。[1]

《中共中央、国务院关于打赢脱贫攻坚战的决定》要求大力营造良好氛围，为脱贫攻坚提供强大精神动力。其中包括：

（一）创新中国特色扶贫开发理论。

深刻领会习近平总书记关于新时期扶贫开发的重要战略思想，系统总结我们党和政府领导亿万人民摆脱贫困的历史经验，提炼升华精准扶贫的实践成果，不断丰富完善中国特色扶贫开发理论，为脱贫攻坚注入强大思想动力。

（二）加强贫困地区乡风文明建设。

培育和践行社会主义核心价值观，大力弘扬中华民族自强不息、扶贫济困传统美德，振奋贫困地区广大干部群众精神，坚定改变贫困落后面貌的信心和决心，凝聚全党全社会扶贫开发强大合力。倡导现代文明理念和生活方式，改变落后风俗习惯，善于发挥乡规民约在扶贫济困中的积极作用，激发贫困群众奋发脱贫的热情。推动文化投入向贫困地区倾斜，集中实施一批文化惠民扶贫项目，普遍建立村级文化中心。深化贫困地区文明村镇和文明家庭创建。推动贫困地区县级公共文化体育设施达到国家标准。支持贫困地区挖掘保护和开发利用红色、民族、民间文化资源。鼓励文化单位、文艺工作者和其他社会力量为贫困地区提供文化产品和服务。

（三）扎实做好脱贫攻坚宣传工作。

坚持正确舆论导向，全面宣传我国扶贫事业取得的重大成就，准确解读党和政府扶贫开发的决策部署、政策举措，生动报道各地区各部门精准扶贫、精

---

[1]　参见《国务院关于印发〈"十三五"脱贫攻坚规划〉的通知》，中国政府网 2016 年 12 月 2 日。

准脱贫丰富实践和先进典型。建立国家扶贫荣誉制度，表彰对扶贫开发作出杰出贡献的组织和个人。加强对外宣传，讲好减贫的中国故事，传播好减贫的中国声音，阐述好减贫的中国理念。

（四）加强国际减贫领域交流合作。

通过对外援助、项目合作、技术扩散、智库交流等多种形式，加强与发展中国家和国际机构在减贫领域的交流合作。积极借鉴国际先进减贫理念与经验。履行减贫国际责任，积极落实《联合国 2030 年可持续发展议程》，对全球减贫事业作出更大贡献。[1]

许许多多的保障措施发挥着作用，其中尤为突出的，还是人的作用。

江苏举全省之力，推进各项"对口"工作，硕果累累。一批批援疆、援藏、援陕、援青干部、人才尽锐出战、迎难而上，为中西部地区加快发展、打赢脱贫攻坚战流血流汗，发挥了重要作用，成为所帮地区扶贫脱贫的重要保障。

"感受到群众的需求感，就会油然生出一种感情，想多做事，多做实事。"省对口帮扶青海省工作队队员石言弟，风雨兼程，一年四季，早已习惯于快马加鞭奔走在青海，偶尔回乡也是匆匆奔波，"手头工作繁重，家人又分散在多地，父母在扬州，妻子在镇江上班，女儿在南通读高中"。

2017 年，从南京刚到西宁的黄海泉带着"援青为什么，在青干什么，离青留什么"这"三问"，实地走访贫困村。发现朔北乡鸢沟片区自然风光优美，他便联系后方企业前来进行整体规划。柏油马路修到村民家门口，山林掩映之下，休憩小木屋、微型草原、格桑花海遍布山谷溪旁，朔北乡成立金露梅旅游发展公司，当年景区实现门票收入 360 万元，周边村民纷纷开起农家乐。

到高原后，他因水土不服掉了 6 颗牙齿。在并肩脱贫攻坚的日子里，他深切体会到当地干部"缺氧不缺精神""海拔高标准更高"的坚忍和执着。"耳濡目染，思想认识得到了升华，能力水平得到了提升，脚步越发变得坚实。"两年间，他头发白了一片，却自我安慰，"自然条件更艰苦的是西藏"。

拉萨高新区管委会副主任刘军，从泰州到高原，在寺庙与僧人同吃同住，到藏民家里喝酥油茶吃藏面，到园区调研企业，到乡村调研农牧民增收，没多久就全面接触了在藏期间各种类型的工作。

"现在进村入户，和在泰州工作一样自然。"刘军结识了许多藏民朋友，融

---

[1] 参见中共中央党史和文献研究院编：《十八大以来重要文献选编》（下），中央文献出版社 2018 年版，第 67—68 页。

入地方生活后，对未来信心满满，"选择了到西藏，就得勇挑各项重担，带着站在世界之巅般登高望远的情怀，努力凭业绩和口碑留下援藏干部的印迹"。

2013 年 8 月，初次抵达新疆克孜勒苏柯尔克孜自治州阿图什市担任市委副书记的昆山市原副市长沈立新，从身体到心理，都不适应南疆的苍凉。但不到两个月，他就走遍了阿图什，思路渐渐清晰。随后，沈立新着手帮助阿图什人民解决喝安全水、住安全房的燃眉之急，和援疆团队规划建设阿图什昆山产业园和小微产业园。眼看着昔日贫穷落后的边境小城已发生脱胎换骨的变化，他非常高兴，"阿图什学校变得漂亮了，工业园区的企业越来越多了，我们援疆干部走了又来，一批接一批，不变的是对这片土地的挚爱"。

2016 年，在即将完成第八批援疆使命时，阿图什市委恳请沈立新继续留任，于是，他续走三年援疆路。沈立新完全适应了不同于故乡的生活，"我把阿图什 28 万百姓都当作兄弟姐妹，只要他们能过上更富裕更美好的生活，我在新疆2000 多个日日夜夜挥洒的汗水和付出都值了"。

"此生幸为援疆人，一片真情洒边疆。三年援疆是任务，再援三年是使命。"南通市对口支援伊宁县前方工作组组长、伊宁县委副书记张华充分发挥南通教育优势，三年时间，为当地培养了一批永不撤离的优质师资。他用汗水和心血参与并见证这片热土走向繁荣。地方不愿他离开，张华亦坦言："舍不得，放不下，离不开。"2020 年 1 月，他选择了再次留任，成为江苏连续三批援疆第一人！

江苏省对口帮扶陕西省工作队副领队肖延川说，2019 年起，延期对口协作工作的还有省工作队张毅、商洛组祝瑞波、咸阳组智俊忠、宝鸡组王松松、洛南组刘群、镇安组刘玉冬……

第十二章

打赢脱贫攻坚战
三年行动

☆　☆　☆

一、《关于打赢脱贫攻坚战三年行动的指导意见》

2017 年，党的十九大进一步分析了扶贫形势，明确把精准脱贫作为决胜全面建成小康社会必须打好的三大攻坚战之一，作出了新的部署。要求把脱贫攻坚作为决胜全面建成小康社会补短板的关键一仗，坚决打赢脱贫攻坚战。

习近平总书记宣告，让贫困人口和贫困地区同全国一道进入全面小康社会是我们党的庄严承诺。要动员全党全国全社会力量，坚持精准扶贫、精准脱贫，坚持中央统筹、省负总责、市县抓落实的工作机制，强化党政一把手负总责的责任制，坚持大扶贫格局，注重扶贫同扶志、扶智相结合，深入实施东西部扶贫协作，重点攻克深度贫困地区脱贫任务，确保到 2020 年我国现行标准下农村贫困人口实现脱贫，贫困县全部摘帽，解决区域性整体贫困，做到脱真贫、真脱贫。

10 月 25 日，习近平总书记在十九届中央政治局常委同中外记者见面时指出，2020 年，我们将全面建成小康社会。全面建成小康社会，一个不能少；共同富裕路上，一个不能掉队。

12 月 28 日，党的十九大之后召开的 2017 年中央农村工作会议，进一步落实党的十九大的部署，要求打好精准脱贫攻坚战，走中国特色减贫之路。坚持精准扶贫、精准脱贫，把提高脱贫质量放在首位，注重扶贫同扶志、扶智相结合，瞄准贫困人口精准帮扶，聚焦深度贫困地区集中发力，激发贫困人口内生动力，强化脱贫攻坚责任和监督，开展扶贫领域腐败和作风问题专项治理，采取更加有力的举措、更加集中的支持、更加精细的工作，坚决打好精准脱贫这场对全面建成小康社会具有决定意义的攻坚战。

贯彻落实党中央的决策部署，在工作中主要做到"五个坚持"，实现"五个转变"，重点抓好7项工作。

（一）"五个坚持"。

继续坚持稳中求进的工作总基调，坚持精准扶贫精准脱贫的基本方略，坚持中央统筹、省负总责、市县抓落实的体制机制，坚持现行扶贫标准和脱贫目标，坚持大扶贫工作格局。

（二）"五个转变"。

从注重全面推进帮扶向更加注重深度贫困地区攻坚转变，从注重减贫速度向更加注重脱贫质量转变，从注重找准帮扶对象向更加注重精准帮扶稳定脱贫转变，从注重外部帮扶向注重外部帮扶与激发内生动力并重转变，从开发式扶贫为主向开发式与保障性扶贫并重转变。

（三）重点抓好的7项工作。

一是扎实推进精准施策。按照"五个一批"的思路，做好产业扶贫、就业扶贫、易地扶贫搬迁、危房改造、教育扶贫、健康扶贫、生态扶贫等工作。

二是聚焦深度贫困攻坚。强化对"三区三州"等深度贫困地区的精准支持，强化对老年人、残疾人、重病患者等群体的精准帮扶。

三是开展扶贫领域腐败和作风问题专项治理，国务院扶贫开发领导小组明确将2018年作为脱贫攻坚作风建设年，用1年左右的时间集中解决扶贫领域作风突出问题，确保取得阶段性成果，并且要把作风建设贯穿到脱贫攻坚的全过程，持续推进。

四是扶贫与扶志、扶智相结合。通过政策引导、教育引导、典型引导和村规民约等方式，树立勤劳致富光荣脱贫导向，让贫困群众敢想敢干、能干会干，加快补齐"精神短板"。

五是强化驻村帮扶。2017年12月，中共中央办公厅、国务院办公厅印发了《关于加强贫困村驻村工作队选派管理工作的指导意见》，有关方面以省为单位加强督查，以县为单位开展考核，加强对驻村干部的关心支持，激发他们干事创业的热情，确保驻村工作实效。

六是完善大扶贫格局，进一步做好东西部扶贫协作和对口支援工作，完善党政军机关、武警部队的定点扶贫工作。进一步动员民营企业、社会组织和公民个人参与脱贫攻坚。

七是做好宣传培训。总结宣传扶贫领域先进人物和典型案例，推动各地受启发、找差距、明方向。轮训基层扶贫干部，提高精准扶贫的工作能力。[1]

2018年6月15日，中共中央、国务院印发《关于打赢脱贫攻坚战三年行动的指导意见》，充分肯定过去5年充分发挥政治优势和制度优势，构筑了全社会扶贫的强大合力，建立了中国特色的脱贫攻坚制度体系，为全球减贫事业贡献了中国智慧和中国方案，谱写了人类反贫困史上的辉煌篇章。

同时，《指导意见》分析了脱贫攻坚的形势，指出，未来3年，还有3000万左右农村贫困人口需要脱贫，其中因病、因残致贫比例居高不下，在剩余3年时间内完成脱贫目标，任务十分艰巨。特别是西藏、四省藏区、南疆四地州和四川凉山州、云南怒江州、甘肃临夏州（简称"三区三州"）等深度贫困地区，不仅贫困发生率高、贫困程度深，而且基础条件薄弱、致贫原因复杂、发展严重滞后、公共服务不足，脱贫难度更大。从工作角度看，形式主义、官僚主义、弄虚作假、急躁和厌战情绪以及消极腐败现象仍然存在，有的还很严重，影响脱贫攻坚有效推进。

为此，必须清醒地把握打赢脱贫攻坚战的困难和挑战，切实增强责任感和紧迫感，一鼓作气、尽锐出战、精准施策，以更有力的行动、更扎实的工作，集中力量攻克贫困的难中之难、坚中之坚，确保坚决打赢这场对如期全面建成小康社会、实现第一个百年奋斗目标具有决定性意义的脱贫攻坚战。

《指导意见》按照党的十九大关于打赢脱贫攻坚战总体部署，根据各地区各部门贯彻落实《中共中央、国务院关于打赢脱贫攻坚战的决定》的进展和实践中存在的突出问题，就完善顶层设计、强化政策措施、加强统筹协调，推动脱贫攻坚工作更加有效开展，提出了明确的指导意见。

（一）打赢脱贫攻坚战三年行动的指导思想。

全面贯彻党的十九大和十九届二中、三中全会精神，以习近平新时代中国特色社会主义思想为指导，充分发挥政治优势和制度优势，坚持精准扶贫精准脱贫基本方略，坚持中央统筹、省负总责、市县抓落实的工作机制，坚持大扶贫工作格局，坚持脱贫攻坚目标和现行扶贫标准，聚焦深度贫困地区和特殊贫困群体，突出问题导向，优化政策供给，下足绣花功夫，着力激发贫困人口内生动力，着力夯实贫困人口稳定脱贫基础，着力加强扶贫领域作风建设，切实提高贫困人口获得感，确保到2020年贫困地区和贫困群众同全国一道进入全面

---

[1] 参见《国新办举行脱贫攻坚工作新闻发布会》，中国网2018年1月5日。

小康社会，为实施乡村振兴战略打好基础。

（二）打赢脱贫攻坚战三年行动的任务目标。

到 2020 年，巩固脱贫成果，通过发展生产脱贫一批，易地搬迁脱贫一批，生态补偿脱贫一批，发展教育脱贫一批，社会保障兜底一批，因地制宜综合施策，确保现行标准下农村贫困人口实现脱贫，消除绝对贫困；确保贫困县全部摘帽，解决区域性整体贫困。实现贫困地区农民人均可支配收入增长幅度高于全国平均水平。实现贫困地区基本公共服务主要领域指标接近全国平均水平。集中连片特困地区和革命老区、民族地区、边疆地区发展环境明显改善，深度贫困地区如期完成全面脱贫任务。

其中，贫困地区基本公共服务主要领域的指标主要有：贫困地区具备条件的乡镇和建制村通硬化路，贫困村全部实现通动力电，全面解决贫困人口住房和饮水安全问题，贫困村达到人居环境干净整洁的基本要求，切实解决义务教育学生因贫失学辍学问题，基本养老保险和基本医疗保险、大病保险实现贫困人口全覆盖，最低生活保障实现应保尽保。

（三）《指导意见》特别对有关工作提出了一系列要求。

概括起来是 7 个"坚持"。

一是坚持严格执行现行扶贫标准。严格按照"两不愁三保障"要求，确保贫困人口不愁吃、不愁穿；保障贫困家庭孩子接受九年义务教育，确保有学上、上得起学；保障贫困人口基本医疗需求，确保大病和慢性病得到有效救治和保障；保障贫困人口基本居住条件，确保住上安全住房。要量力而行，既不能降低标准，也不能擅自拔高标准、提不切实际的目标，避免陷入"福利陷阱"，防止产生贫困村和非贫困村、贫困户和非贫困户待遇的"悬崖效应"，留下后遗症。

二是坚持精准扶贫精准脱贫基本方略。做到扶持对象精准、项目安排精准、资金使用精准、措施到户精准、因村派人（第一书记）精准、脱贫成效精准，因地制宜、从实际出发，解决好扶持谁、谁来扶、怎么扶、如何退的问题，做到扶真贫、真扶贫，脱真贫、真脱贫。

三是坚持把提高脱贫质量放在首位。牢固树立正确政绩观，不急功近利，不好高骛远，更加注重帮扶的长期效果，夯实稳定脱贫、逐步致富的基础。要合理确定脱贫时序，不搞层层加码，不赶时间进度、搞冲刺，不搞拖延耽误，确保脱贫攻坚成果经得起历史和实践检验。

四是坚持扶贫同扶志、扶智相结合。正确处理外部帮扶和贫困群众自身努力的关系，强化脱贫光荣导向，更加注重培养贫困群众依靠自力更生实现脱贫致富的意识，更加注重提高贫困地区和贫困人口自我发展能力。

五是坚持开发式扶贫和保障性扶贫相统筹。把开发式扶贫作为脱贫基本途径，针对致贫原因和贫困人口结构，加强和完善保障性扶贫措施，造血输血协同，发挥两种方式的综合脱贫效应。

六是坚持脱贫攻坚与锤炼作风、锻炼队伍相统一。把脱贫攻坚战场作为培养干部的重要阵地，强化基层帮扶力量，密切党同人民群众血肉联系，提高干部干事创业本领，培养了解国情和农村实际的干部队伍。

七是坚持调动全社会扶贫积极性。充分发挥政府和社会两方面力量作用，强化政府责任，引导市场、社会协同发力，构建专项扶贫、行业扶贫、社会扶贫互为补充的大扶贫格局。

二、着力解决"两不愁三保障"突出问题

打赢脱贫攻坚战三年行动最集中的任务和目标，是解决"两不愁三保障"问题。

"两不愁三保障"是指《中国农村扶贫开发纲要（2011—2020年）》提出的针对扶贫对象的工作目标，即"到2020年，稳定实现扶贫对象不愁吃、不愁穿，保障其义务教育、基本医疗和住房"。

2015年，《关于打赢脱贫攻坚战的决定》明确提出，到2020年，稳定实现农村贫困人口不愁吃、不愁穿，义务教育、基本医疗和住房安全有保障，贫困地区基本公共服务主要领域指标接近全国平均水平。

此后脱贫攻坚工作的总遵循就是这个《决定》。脱贫的标准是"两不愁三保障"。

"两不愁三保障"目标，是在我国农村居民生存和温饱问题基本解决，扶贫开发从以解决温饱为主要任务的阶段，转入巩固温饱成果、加快脱贫致富、改善生态环境、提高发展能力、缩小发展差距的新阶段的背景下提出的。稳定实现"两不愁三保障"，与基本解决生存温饱问题相比，是一个内涵更丰富、层次要求更高的扶贫工作目标。首先，它要求巩固温饱成果，使扶贫对象的生存和温饱问题由基本解决到稳定解决。其次，它不仅关注扶贫对象的吃饭、穿衣、居住等基本物质生活消费，而且关注其享受义务教育、医疗卫生等基本公共服

务状况，体现了党的十七大提出的"学有所教、劳有所得、病有所医、老有所养、住有所居"基本目标要求。最后，这一目标的政策含义，既包括了生存的需要，又包括了部分发展的需要，符合新阶段扶贫开发的基本特征和目标定位。

"两不愁三保障"高度概括了2011年至2020年扶贫开发工作的奋斗目标，语言表述生动直观、形象通俗，既让基层干部群众一听就懂、一目了然，又能鼓舞人心、催人奋进，使人感到经过不懈努力是可以实现的。

在2015年制定《决定》的时候，对这个标准做了大量研究，并请世界银行专家组一起评估中国制定的扶贫标准在国际上是什么水平。世界银行派出了专家组。世界银行认为中国制定的"两不愁三保障"，包括贫困地区基本公共服务主要领域达到全国平均水平，这个标准在国际上是一个不低的标准，他们甚至认为这是一个比较高的标准。中国专家认为这个标准符合现在的中国国情和承受能力。

"两不愁"在理解上比较清楚，"三保障"的内容需要准确把握。义务教育有保障，就是要保障贫困家庭的孩子能够接受九年制义务教育，确保他们有学上，上得起学，而不是上什么学都包起来、都免费。基本医疗有保障，就是要保障贫困人口的基本医疗需求，确保贫困人口患了大病、慢性病等得到及时救治，他们的医药费负担应该降低到合理水平，否则会因病返贫、因病致贫，而不是指看什么病都不花钱。住房安全有保障，是保障贫困人口的住房安全基本条件，而不是把他们的房拆了盖大房、盖好房。

所以，"三保障"需要准确把握。有些地方在具体操作时突破了这些政策底线和政策要求，有些地方对贫困村、贫困县的退出规定了很多硬性的验收指标，存在层层加码的问题，有些指标与"两不愁三保障"以及"基本公共服务主要领域指标接近全国平均水平"没有太直接的关系。为了完成这些硬性指标，一些贫困县确实尽力而为，但是没有量力而行，甚至不惜举债搞贫困村建设。有的贫困村一投就是一两千万，导致贫困村和非贫困村出现了"悬崖效应"，加剧了财政负担，不可持续。

有些地方自觉不自觉地把扶贫标准拔高了，甚至不同地区之间互相攀比，看谁的标准高，对贫困户做了一些不切实际的承诺，设置的地方性考核指标明显超过了"两不愁三保障"的标准。这样一来，就使贫困户和非贫困户待遇差距太大。世界银行提出中国的脱贫攻坚工作一定要防止出现"悬崖效应"，如果贫困户和非贫困户享受的待遇差距太大，那就是"悬崖效应"。世界银行还明确提醒要防止陷入"福利陷阱"，指的是如果"两不愁三保障"标准被突破了，就会造成新的社会不公，会有很多贫困户不愿意脱贫、不愿意摘帽。所以，随意拔高标准，一定会加大脱贫攻坚的难度，加大财政负担，也是不可持续的。如果将来兑现不了不切实际的承诺，党和政府的公信力也会受到损害。所以，《指导意见》明确提出必须严格执行现行的扶贫标准。

2013 年 10 月 29 日，十八届中央政治局就加快推进住房保障体系和供应体系建设进行第十次集体学习。习近平总书记在主持学习时发表了讲话，他指出，经过长期努力，我国住房发展取得巨大成就。同时，我们也要看到，解决群众住房问题是一项长期任务，还存在着住房困难家庭的基本需求尚未根本解决、保障性住房总体不足、住房资源配置不合理不平衡等问题。人民群众对实现住有所居充满期待，我们必须下更大决心、花更大气力解决好住房发展中存在的各种问题。

2014 年 1 月 26 日下午，习近平总书记冒着零下 30 多摄氏度的严寒，来到内蒙古兴安盟阿尔山市伊尔施镇居民郭永财家中，察地窖，摸火墙，看年货，坐炕头，详细了解一家人的生活。2014 年起，阿尔山市累计投入资金 40 亿元，完成棚户区房屋征收上万户，筹措回迁安置房 2700 套。[1]

2018 年 1 月 23 日，中共中央办公厅、国务院办公厅印发《农村人居环境整治三年行动方案》。5 月 18 日至 19 日，全国生态环境保护大会召开。习近平总书记在讲话中提出新时代推进生态文明建设的原则，强调要加快构建生态文明体系。6 月 16 日，中共中央、国务院印发《关于全面加强生态环境保护 坚决打好污染防治攻坚战的意见》。

2019 年 4 月 15 日至 17 日，习近平总书记在重庆考察，并主持召开解决"两不愁三保障"突出问题座谈会。习近平总书记实地了解了重庆脱贫攻坚进展和解决"两不愁三保障"突出问题情况。随后，主持召开有广西、重庆、四川、贵州、云南、陕西、甘肃、新疆 8 个省（区、市）党委书记，重庆市的县乡村基层代表，以及中央有关部门主要负责同志参加的座谈会，着重研究解决"两不愁三保障"存在的突出问题。

习近平总书记指出，到 2020 年稳定实现农村贫困人口不愁吃、不愁穿，义务教育、基本医疗、住房安全有保障，是贫困人口脱贫的基本要求和核心指标，

---

[1] 参见《安居乐业 习近平这样指导筑牢住房安全"屏障"》，《中国青年报》2020 年 8 月 11 日。

直接关系攻坚战质量。

实现义务教育有保障主要是让贫困家庭义务教育阶段的孩子不失学辍学；实现基本医疗有保障主要是所有贫困人口都参加医疗保险制度，常见病、慢性病有地方看、看得起，得了大病、重病后基本生活过得去；住房安全有保障主要是让贫困人口不住危房；饮水安全有保障主要是让农村人口喝上放心水，统筹研究解决饮水安全问题。这是国家统一的基本标准，但各地情况不一样。比如，对住房安全有保障，南方住房要注重通风，北方住房要注重保暖；对饮水安全有保障，西北地区重点解决有水喝的问题，西南地区重点解决储水供水和水质达标问题。各地执行时要结合实际进行把握，不能一刀切。各地在解决"三保障"突出问题时做了不少探索，有些地方有意无意拔高了标准。对明显超出标准的，要予以纠正；对没有明显超标的，要保持政策的稳定性、连续性，少"翻烧饼"。

从全国来看，贫困群众不愁吃、不愁穿应该说普遍做到了，困扰群众的行路难、吃水难、用电难、通信难、上学难、就医难、住危房等问题在大部分地区得到了较好解决。"两不愁"基本解决了，"三保障"还存在不少薄弱环节。

在义务教育保障方面，全国有60多万义务教育阶段孩子辍学。乡镇寄宿制学校建设薄弱，一部分留守儿童上学困难。在基本医疗保障方面，一些贫困人口没有参加基本医疗保险，一些贫困人口常见病、慢性病得不到及时治疗，贫困县乡村医疗设施薄弱，有的贫困村没有卫生室或者没有合格村医。在住房安全保障方面，全国需要进行危房改造的4类重点对象大约160万户，其中建档立卡贫困户约80万户。一些地方农房没有进行危房鉴定，或者鉴定不准。在饮水安全方面，还有大约104万贫困人口饮水安全问题没有解决，全国农村有6000万人饮水安全需要巩固提升。如果到了2020年这些问题还没有得到较好解决，就会影响脱贫攻坚成色。

习近平总书记要求，对以上问题，各地区各部门要高度重视，统一思想，抓好落实。解决"三保障"突出问题，要坚持中央统筹、省负总责、市县抓落实的体制机制。扶贫领导小组要加强统筹协调和督促指导，及时调度情况。教育部、住房城乡建设部、水利部、国家卫生健康委、国家医保局既是扶贫领导小组组成部门，也是"三保障"工作的主管部门，主要负责同志要亲自抓，分管同志具体抓。要根据部门职能，明确工作标准和支持政策，指导各地进行筛查解决。相关省（区、市）要组织基层进行核查，摸清基本情况，统筹组织资源，制定实施方案，研究提出针对性措施。市县具体组织实施，逐项逐户对账销号，确保不留死角。

2019年7月15日至16日，习近平总书记在内蒙古考察时又进一步指出，解决"两不愁三保障"突出问题，摸清底数是基础，有的地方底数依然不是很清楚，这是不行的。有关部门要指导各地摸清底数，确保工作有的放矢。有关部门要加强数据比对衔接，不能一个部门一个数。行业主管部门要牵头制定工作方案，各省（区、市）要制定实施方案，明确时间表、路线图，拿出过硬举措和办法，确保如期完成任务。解决"三保障"突出问题的政策、资金是够的，关键是抓好落实。要加大工作力度，聚焦突出问题，逐村逐户逐项查漏补缺、补齐短板。要宣传好政策和标准，统一思想认识，引导社会各方面准确理解，不能各说各的。

三、集中力量支持深度贫困地区脱贫攻坚

随着脱贫攻坚的不断深入，深度贫困地区和深度贫困问题越发突出，一些深层次矛盾和倾向性问题不断显现。

一是贫困人口总量大。截至2016年底，全国农村贫困人口还有4335万人，其中贫困人口规模在300万人以上的省份还有6个。到2020年还有不到4年时间，平均每年需减少贫困人口近1100万人，越往后脱贫成本越高、难度越大。

二是深度贫困地区攻坚任务重。西藏、四省藏区、南疆四地州和四川凉山州、云南怒江州、甘肃临夏州等深度贫困地区，生存环境恶劣，致贫原因复杂，交通等基础设施和教育、医疗公共服务缺口大。2016年底，全国贫困发生率高于10%的省份有5个，贫困发生率超过20%的贫困县和贫困村分别有近200个和近3万个。

三是因病致贫占比高。建档立卡数据显示，贫困人口中因病致贫比例从2015年的42%上升到2016年的44%，医疗支出负担重，解决这些人的贫困问题，成本更高，难度更大。

四是形式主义问题凸显。工作中存在着形式主义、官僚主义等问题，弄虚作假、数字脱贫、虚假脱贫开始显现。

五是不落实不精准不到位问题突出，资金监管仍需加强。

六是部分贫困人口内生动力不足，"等靠要"思想严重。越是困难，就越要

克难攻坚。"天上若无难走路，世间哪个不成仙！"难是客观存在的，关键是怎么面对。"天下事有难易乎？为之，则难者亦易矣；不为，则易者亦难矣。"

2017年2月21日，中央政治局举行第39次集体学习时，国务院扶贫办准备了一个专题片，反映深度贫困地区问题。6月23日，习近平总书记在山西太原主持召开深度贫困地区脱贫攻坚座谈会。参加会议的5位省区党委书记作了书面汇报，脱贫攻坚重点地区的11位市州、县旗党委书记作了发言。

习近平总书记发表重要讲话，就攻克坚中之坚、解决难中之难、坚决打赢脱贫攻坚战作出部署安排。他强调深度贫困地区是脱贫攻坚的坚中之坚，要求加大力度推进深度贫困地区脱贫攻坚：一是合理确定脱贫目标；二是加大投入支持力度；三是集中优势兵力打攻坚战；四是区域发展围绕精准扶贫发力；五是加大各方帮扶力度；六是加大内生动力培育力度；七是加大组织领导力度；八是加强检查督查。[1]

针对存在的问题，2017年9月25日，中共中央办公厅、国务院办公厅印发了《关于支持深度贫困地区脱贫攻坚的实施意见》，对深度贫困地区脱贫攻坚工作作出全面部署，明确新增的脱贫攻坚资金、项目、举措主要用于"三区三州"等深度贫困地区。

《实施意见》指出，西藏、四省藏区、南疆四地州和四川凉山州、云南怒江州、甘肃临夏州（以下简称"三区三州"），以及贫困发生率超过18%的贫困县和贫困发生率超过20%的贫困村，自然条件差、经济基础弱、贫困程度深，是脱贫攻坚中的硬骨头，补齐这些短板是脱贫攻坚决战决胜的关键之策。

《实施意见》提出，中央统筹，重点支持"三区三州"。新增脱贫攻坚资金、新增脱贫攻坚项目、新增脱贫攻坚举措主要用于深度贫困地区。加大中央财政投入力度，加大金融扶贫支持力度，加大项目布局倾斜力度，加大易地扶贫搬迁实施力度，加大生态扶贫支持力度，加大干部人才支持力度，加大社会帮扶力度，集中力量攻关，构建起适应深度贫困地区脱贫攻坚需要的支撑保障体系。

《实施意见》提出，中央和国家机关有关部门要落实行业主管责任，对"三区三州"和其他深度贫困地区、深度贫困问题，予以统筹支持解决。重点解决因病致贫、因残致贫、饮水安全、住房安全等问题，加强教育扶贫、就业扶贫、基础设施建设、土地政策支持和兜底保障工作，打出政策组合拳。

[1] 参见习近平：《在深度贫困地区脱贫攻坚座谈会上的讲话》，人民网2017年8月31日。

《实施意见》提出，地方要统筹整合资源，紧盯最困难的地方，瞄准最困难的群体，扭住最急需解决的问题，集中力量解决本区域内深度贫困问题。要落实脱贫攻坚省负总责的主体责任，明确本区域内深度贫困地区，制定计划，加大投入。要做实做细建档立卡，加强贫困人口精准识别和精准退出，实现动态管理，打牢精准基础。要加强驻村帮扶工作，调整充实第一书记和驻村工作队，明确工作任务，加强日常管理。要实施贫困村提升工程，推进基础设施和公共服务体系建设，改善生产生活条件，发展特色优势产业，壮大村集体经济。

《实施意见》要求，打赢深度贫困地区脱贫攻坚战，要继续发挥我们的政治优势和制度优势，发挥贫困地区贫困群众主动性创造性，凝聚起各方面力量。坚定打赢深度贫困地区脱贫攻坚战的信心，坚持精准扶贫精准脱贫基本方略，深入推进抓党建促脱贫攻坚，加强扶贫资金监管，解决形式主义等倾向性问题，激发深度贫困地区和贫困人口脱贫致富内生动力，确保完成深度贫困地区脱贫攻坚任务。[1]

2018 年 6 月 15 日，中共中央、国务院在《关于打赢脱贫攻坚战三年行动的指导意见》中强调，要集中力量支持深度贫困地区脱贫攻坚。

（一）着力改善深度贫困地区发展条件。

推进深度贫困地区交通建设攻坚，加快实施深度贫困地区具备条件的建制村通硬化路工程。加快实施深度贫困地区农村饮水安全巩固提升工程。加快深度贫困地区小型水利工程建设，推进深度贫困地区在建重大水利工程建设进度。推进深度贫困地区农村电网建设攻坚，实现农网动力电全覆盖。加强"三区三州"电网建设，加快解决网架结构薄弱、供电质量偏低等问题。加大深度贫困地区互联网基础设施建设投资力度，加快实现深度贫困地区贫困村网络全覆盖。推进深度贫困地区整合资金、统一规划、统筹实施农村土地综合整治和高标准农田建设。推进西藏、四省藏区、新疆南疆退耕还林还草、退牧还草工程。加快岩溶地区石漠化综合治理、西藏生态安全屏障、青海三江源生态保护、祁连山生态保护和综合治理等重点工程建设。实施贫困村提升工程。

（二）着力解决深度贫困地区群众特殊困难。

全面实施"三区三州"健康扶贫攻坚行动，重点做好包虫病、艾滋病、大骨节病、结核病等疾病综合防治。加强禁毒脱贫工作，分级分类落实禁毒脱贫

---

[1] 参见《中办国办印发意见　支持深度贫困地区脱贫攻坚》，中国政府网 2017 年 11 月 21 日。

举措。采取特殊措施和手段推动人口较少民族贫困人口精准脱贫。全面落实边民补助、住房保障等守边固边政策，改善抵边一线乡村交通、饮水等条件，启动实施抵边村寨电网升级改造攻坚计划，加快推进边境村镇宽带网络建设。稳妥推进新疆南疆土地清理再分配改革，建立土地经营与贫困户直接挂钩的利益分配机制。

（三）着力加大深度贫困地区政策倾斜力度。

中央财政进一步增加对深度贫困地区专项扶贫资金、教育医疗保障等转移支付，加大重点生态功能区转移支付、农村危房改造补助资金、中央预算内投资、车购税收入补助地方资金、县级基本财力保障机制奖补资金等对深度贫困地区的倾斜力度，增加安排深度贫困地区一般债券限额。

规范扶贫领域融资，依法发行地方政府债券，加大深度贫困地区扶贫投入。新增金融资金优先满足深度贫困地区，新增金融服务优先布局深度贫困地区，对深度贫困地区发放的精准扶贫贷款实行差异化贷款利率。

保障深度贫困地区产业发展、基础设施建设、易地扶贫搬迁、民生发展等用地，对土地利用规划计划指标不足部分由中央协同所在省份解决。深度贫困地区开展城乡建设用地增减挂钩可不受指标规模限制，建立深度贫困地区城乡建设用地增减挂钩节余指标跨省域调剂使用机制。深度贫困地区建设用地涉及农用地转用和土地征收的，依法加快审批。

在援藏援疆援青工作中，进一步加大对"三区三州"等深度贫困地区干部选派倾斜支持力度。[1]

深度贫困问题是长期以来甚至是千百年来形成的，原因非常复杂。前几轮的扶贫没有解决深度贫困问题，这一次能不能攻克这个堡垒，关系到脱贫攻坚战能不能打赢。所以，党的十九大后，有关部门进一步加大了这方面的工作力度。

一是明确工作思路。按照习近平总书记的指示和党中央、国务院的部署，中央重点支持解决"三区三州"，即西藏、四省藏区、新疆南疆地区和四川凉山、云南怒江、甘肃临夏深度贫困问题；各个省解决好自己区域内的深度贫困问题；中央各个部门的政策支持、工作指导，东西部扶贫协作和对口支援，中央单位定点扶贫工作都坚决支持深度贫困地区的脱贫攻坚。

---

[1] 参见中共中央党史和文献研究院编：《十九大以来重要文献选编》（上），中央文献出版社 2019 年版，第481—483 页。

二是确定深度贫困地区。除了"三区三州"外，还有相当一部分深度贫困地区，如云南昭通、贵州毕节这样的地方。各个省都进行了排查筛选，以市或县为单位，根据资源和实际编制脱贫攻坚的实施方案。

三是加大支持力度。深度贫困地区自身加大工作力度，中央和省级层面加大帮扶人员选派和资金的投入。如对凉山，四川省从省内凉山州外的地方，调剂了5700人到凉山驻村帮扶。中央财政专项扶贫资金的支持，2018年新增了200亿元，120亿元用到了"三区三州"，占60%；2019年新增了200亿元，135亿元用到了"三区三州"，占67.5%，加大了支持的力度。

各地各部门认真实施深度贫困地区脱贫攻坚方案，进度都超过计划。在资金投入方面，到2019年3月初，已经有接近三年80%的资金到位。2018年前"三区三州"有305万贫困人口，2018年一年减少了133万人，还剩172万人。2018年"三区三州"的贫困发生率下降速度比中西部快3.3个百分点，高了一倍。

河北省确定张承坝上地区和深山区的10个深度贫困县、206个深度贫困村作为全省脱贫攻坚的重点区域。2017年3月15日，省委、省政府在保定市召开全省推进深度贫困地区脱贫攻坚工作座谈会，在全国率先实施深度贫困地区攻坚突破。明确对10个贫困县、206个贫困村的支持政策、目标任务和举措。强调在财政投入、产业、基础设施和生态建设、公共服务、用地、金融六大方面实施政策倾斜，集成了一套含金量高、务实管用的"政策包"。加大帮扶力度，实行"五包一""三包一"定点帮扶机制，每县明确一名省级领导、一个省直厅局、一个经济强县、一家省属大型企业、一家金融机构帮扶，每村安排一名省直部门厅级干部、一支省直驻村工作队、一家市域内实力较强的民营企业进行帮扶。突出工作重点，组织启动基础设施建设、易地扶贫搬迁、产业就业扶贫、特困群体脱贫四大决战。省政府制定《推进深度贫困地区农村基础设施和基本公共服务提升工程行动计划》，以206个深度贫困村为重点，总投资90.1亿元，加快推进水电路信房灶厕等基础设施建设，加强文教卫生等基本公共服务和村容村貌改造提升。

2019年底，全省10个深度贫困县全部高质量脱贫摘帽，206个深度贫困村全部高质量退出。2018年、2019年，承德、张家口、保定3市连续两年在东西部扶贫协作成效考核综合评价中保持"好"的等次。[1]

---

[1] 参见《昔日"贫中之贫" 今朝"黄土生金"——河北举全省之力坚决打赢深度贫困地区脱贫攻坚战》，《河北日报》2020年10月17日。

大兴安岭南麓片区是全国 14 个集中连片特困地区之一，包括黑龙江省、吉林省、内蒙古自治区 22 个旗县市区，片区总面积 14.5 万平方公里，以低山丘陵和平原为主，2010 年贫困发生率为 12%。

三省区落实《大兴安岭南麓片区区域发展与扶贫攻坚规划（2011—2020年）》，围绕"两不愁三保障"下苦功，贫困人口吃穿、饮水、教育、医疗、住房等都发生了显著变化。三省区推行"菜单式""托管式""资产收益式"等产业扶贫模式，依托特色产业和龙头企业，激发贫困人口"造血"功能，闯出了一条精准脱贫新路。

深度贫困地区也往往是自然灾害频发的地区。各地有针对性地加强防灾减灾救灾的工作，确保受灾群众基本生活，确保人民群众生命财产安全。

为解决深度贫困地区脱贫攻坚问题，按照中央部署，相关省份制定实施方案，相关县制定具体方案，有关部门制定了 49 个专项政策文件，涵盖财政、金融、土地、住房、教育、医疗、生态、产业、水利等领域。2018 年至 2020 年，中央财政对深度贫困地区新增资金 722 亿元，占三年新增资金总量的 60.2%。中央优先安排公益性基础设施项目、社会事业领域重大工程建设项目以及能源、交通等重大投资项目。2017 年以来，每年专项安排每县 600 亩用地计划指标。2018 年以来，累计下达深度贫困地区所在省土地增减挂跨省交易结余指标 61.8万亩，筹资约 1900 亿元。实行差异化信贷支持政策，适度提高创业、担保、贷款、贴息额度，提高个人精准扶贫不良率容忍度，取消反担保要求。对"三区三州"符合条件的企业首次公开发行股票，适用"即报即审、审过即发"政策。

四、强化到村到户到人精准帮扶举措

在打赢脱贫攻坚战三年行动中，为解决"两不愁三保障"问题，在工作安排上进一步强化到村到户到人的精准帮扶举措。

（一）加大产业扶贫力度。

深入实施贫困地区特色产业提升工程，因地制宜加快发展对贫困户增收带动作用明显的种植养殖业、林草业、农产品加工业、特色手工业、休闲农业和乡村旅游，积极培育和推广有市场、有品牌、有效益的特色产品。

将贫困地区特色农业项目优先列入优势特色农业提质增效行动计划，加大扶持力度，建设一批特色种植养殖基地和良种繁育基地。支持有条件的贫困县创办一二三产业融合发展扶贫产业园。组织国家级龙头企业与贫困县合作创建绿色食品、有机农产品原料标准化基地。实施中药材产业扶贫行动计划，鼓励中医药企业到贫困地区建设中药材基地。

多渠道拓宽农产品营销渠道，推动批发市场、电商企业、大型超市等市场主体与贫困村建立长期稳定的产销关系，支持供销、邮政及各类企业把服务网点延伸到贫困村，推广以购代捐的扶贫模式，组织开展贫困地区农产品定向直供直销学校、医院、机关食堂和交易市场活动。

加快推进"快递下乡"工程，完善贫困地区农村物流配送体系，加强特色优势农产品生产基地冷链设施建设。推动邮政与快递、交通运输企业在农村地区扩展合作范围、合作领域和服务内容。

完善新型农业经营主体与贫困户联动发展的利益联结机制，推广股份合作、订单帮扶、生产托管等有效做法，实现贫困户与现代农业发展有机衔接。

建立贫困户产业发展指导员制度，明确到户帮扶干部承担产业发展指导职责，帮助贫困户协调解决生产经营中的问题。鼓励各地通过政府购买服务方式向贫困户提供便利高效的农业社会化服务。

实施电商扶贫，优先在贫困县建设农村电子商务服务站点。继续实施电子商务进农村综合示范项目。动员大型电商企业和电商强县对口帮扶贫困县，推进电商扶贫网络频道建设。

积极推动贫困地区农村资源变资产、资金变股金、农民变股东改革，制定实施贫困地区集体经济薄弱村发展提升计划，通过盘活集体资源、入股或参股、量化资产收益等渠道增加集体经济收入。

在条件适宜地区，以贫困村村级光伏电站建设为重点，有序推进光伏扶贫。

支持贫困县整合财政涉农资金发展特色产业。鼓励地方从实际出发利用扶贫资金发展短期难见效、未来能够持续发挥效益的产业。规范和推动资产收益扶贫工作，确保贫困户获得稳定收益。

将产业扶贫纳入贫困县扶贫成效考核和党政一把手离任审计，引导各地发展长期稳定的脱贫产业项目。

（二）全力推进就业扶贫。

实施就业扶贫行动计划，推动就业意愿、就业技能与就业岗位精准对接，提高劳务组织化程度和就业脱贫覆盖面。

鼓励贫困地区发展生态友好型劳动密集型产业，通过岗位补贴、场租补贴、贷款支持等方式，扶持企业在贫困乡村发展一批扶贫车间，吸纳贫困家庭劳动力就近就业。推进贫困县农民工创业园建设，加大创业担保贷款、创业服务力度，推动创业带动就业。

鼓励开发多种形式的公益岗位，通过以工代赈、以奖代补、劳务补助等方式，动员更多贫困群众参与小型基础设施、农村人居环境整治等项目建设，吸纳贫困家庭劳动力参与保洁、治安、护路、管水、扶残助残、养老护理等，增加劳务收入。

深入推进扶贫劳务协作，加强劳务输出服务工作，在外出劳动力就业较多的城市建立服务机构，提高劳务对接的组织化程度和就业质量。东部地区要组织企业到西部地区建设产业园区，吸纳贫困人口稳定就业。西部地区要组织贫困人口到东部地区就业。

实施家政和护工服务劳务对接扶贫行动，打造贫困地区家政和护工服务品牌，完善家政和护工就业保障机制。

实施技能脱贫专项行动，统筹整合各类培训资源，组织有就业培训意愿的贫困家庭劳动力参加劳动预备制培训、岗前培训、订单培训和岗位技能提升培训，按规定落实职业培训补贴政策。

推进职业教育东西协作行动，实现东西部职业院校结对帮扶全覆盖，深入实施技能脱贫千校行动，支持东部地区职业院校招收对口帮扶的西部地区贫困家庭学生，帮助有在东部地区就业意愿的毕业生实现就业。在人口集中和产业发展需要的贫困地区办好一批中等职业学校（含技工学校），建设一批职业技能实习实训基地。

（三）深入推动易地扶贫搬迁。

全面落实国家易地扶贫搬迁政策要求和规范标准，结合推进新型城镇化，进一步提高集中安置比例，稳妥推进分散安置并强化跟踪监管，完善安置区配套基础设施和公共服务设施，严守贫困户住房建设面积和自筹资金底线，统筹各项扶贫和保障措施，确保完成剩余390万左右贫困人口搬迁建设任务，确保搬迁一户、稳定脱贫一户。

按照以岗定搬、以业定迁原则，加强后续产业发展和转移就业工作，确保贫困搬迁家庭至少1个劳动力实现稳定就业。

在自然条件和发展环境异常恶劣地区，结合行政村规划布局调整，鼓励实施整村整组搬迁。2018年至2020年集中力量完成"十三五"规划的建档立卡贫困人口搬迁任务，确保具备搬迁安置条件的贫困人口应搬尽搬，逐步实施同步搬迁。

对目前不具备搬迁安置条件的贫困人口，优先解决其"两不愁三保障"问题，今后可结合实施乡村振兴战略压茬推进，通过实施生态宜居搬迁和有助于稳定脱贫、逐步致富的其他形式搬迁，继续稳步推进。

加强安置区社区管理和服务，切实做好搬迁群众户口迁移、上学就医、社会保障、心理疏导等接续服务工作，引导搬迁群众培养良好生活习惯，尽快融入新环境新社区。

强化易地扶贫搬迁督促检查，确保高质量完成易地扶贫搬迁目标任务。

（四）加强生态扶贫。

创新生态扶贫机制，加大贫困地区生态保护修复力度，实现生态改善和脱贫双赢。

推进生态保护扶贫行动，到 2020 年在有劳动能力的贫困人口中新增选聘生态护林员、草管员岗位 40 万个。

加大对贫困地区天然林保护工程建设支持力度。探索天然林、集体公益林托管，推广"合作社＋管护＋贫困户"模式，吸纳贫困人口参与管护。建设生态扶贫专业合作社（队），吸纳贫困人口参与防沙治沙、石漠化治理、防护林建设和储备林营造。

推进贫困地区低产低效林提质增效工程。加大贫困地区新一轮退耕还林还草支持力度，将新增退耕还林还草任务向贫困地区倾斜，在确保省级耕地保有量和基本农田保护任务前提下，将 25 度以上坡耕地、重要水源地 15—25 度坡耕地、陡坡梯田、严重石漠化耕地、严重污染耕地、移民搬迁撂荒耕地纳入新一轮退耕还林还草工程范围，对符合退耕政策的贫困村、贫困户实现全覆盖。

结合建立国家公园体制，多渠道筹措资金，对生态核心区内的居民实施生态搬迁，带动贫困群众脱贫。

深化贫困地区集体林权制度改革，鼓励贫困人口将林地经营权入股造林合作社，增加贫困人口资产性收入。

完善横向生态保护补偿机制，让保护生态的贫困县、贫困村、贫困户更多受益。鼓励纳入碳排放权交易市场的重点排放单位购买贫困地区林业碳汇。

（五）着力实施教育脱贫攻坚行动。

以保障义务教育为核心，全面落实教育扶贫政策，进一步降低贫困地区特别是深度贫困地区、民族地区义务教育辍学率，稳步提升贫困地区义务教育质量。强化义务教育控辍保学联保联控责任，在辍学高发区"一县一策"制定工作方案，实施贫困学生台账化精准控辍，确保贫困家庭适龄学生不因贫失学辍学。

全面推进贫困地区义务教育薄弱学校改造工作，重点加强乡镇寄宿制学校和乡村小规模学校建设，确保所有义务教育学校达到基本办学条件。实施好农村义务教育学生营养改善计划。

在贫困地区优先实施教育信息化 2.0 行动计划，加强学校网络教学环境建设，共享优质教育资源。

改善贫困地区乡村教师待遇，落实教师生活补助政策，均衡配置城乡教师资源。加大贫困地区教师特岗计划实施力度，深入推进义务教育阶段教师校长交流轮岗和对口帮扶工作，国培计划、公费师范生培养、中小学教师信息技术应用能力提升工程等重点支持贫困地区。

鼓励通过公益捐赠等方式，设立贫困地区优秀教师奖励基金，用于表彰长期扎根基层的优秀乡村教师。

健全覆盖各级各类教育的资助政策体系，学生资助政策实现应助尽助。

加大贫困地区推广普及国家通用语言文字工作力度。开展民族地区学前儿童学习普通话行动。

（六）深入实施健康扶贫工程。

将贫困人口全部纳入城乡居民基本医疗保险、大病保险和医疗救助保障范围。

落实贫困人口参加城乡居民基本医疗保险个人缴费财政补贴政策，实施扶贫医疗救助。切实降低贫困人口就医负担，在严格费用管控、确定诊疗方案、确定单病种收费标准、规范转诊和集中定点救治的基础上，对城乡居民基本医疗保险和大病保险支付后自负费用仍有困难的患者，加大医疗救助和其他保障政策的帮扶力度。

全面落实农村贫困人口县域内定点医疗机构住院治疗先诊疗后付费，在定点医院设立综合服务窗口，实现各项医疗保障政策"一站式"信息交换和即时结算。

在贫困地区加快推进县乡村三级卫生服务标准化建设，确保每个贫困县建好 1—2 所县级公立医院（含中医院），加强贫困地区乡镇卫生院和村卫生室能力建设。

深入实施医院对口帮扶，全国963家三级医院与832个贫困县的1180家县级医院结对帮扶，为贫困县医院配置远程医疗设施设备，全面建成从三级医院到县医院互联互通的远程医疗服务网络。

贫困地区每个乡镇卫生院至少设立1个全科医生特岗。支持地方免费培养农村高职（专科）医学生，经助理全科医生培训合格后，补充到贫困地区村卫生室和乡镇卫生院。贫困地区可在现有编制总量内直接面向人才市场选拔录用医技人员，选拔录用时优先考虑当地医疗卫生事业紧缺人才。

全面实施贫困地区县乡村医疗卫生机构一体化管理，构建三级联动的医疗服务和健康管理平台，为贫困群众提供基本健康服务。

加强对贫困地区慢性病、常见病的防治，开展专项行动，降低因病致贫返贫风险。开展地方病和重大传染病攻坚行动，实施预防、筛查、治疗、康复、管理的全过程综合防治。将贫困地区妇女宫颈癌、乳腺癌检查和儿童营养改善、新生儿疾病筛查项目扩大到所有贫困县。

开展和规范家庭医生（乡村医生）签约服务，落实签约服务政策，优先为妇幼、老人、残疾人等重点人群开展健康服务和慢性病综合防控，做好高血压、糖尿病、结核病、严重精神障碍等慢性病规范管理。

实施贫困地区健康促进三年行动计划。将脱贫攻坚与落实生育政策紧密结合，倡导优生优育，利用基层计划生育服务力量，加强出生缺陷综合防治宣传教育。

2017年11月，习近平总书记作出指示强调，厕所问题不是小事情，要努力补齐这块影响群众生活品质的短板。到2020年底，全国农村卫生厕所普及率达68%以上。

（七）加快推进农村危房改造。

允许各省（自治区、直辖市）根据国务院主管部门制定的原则，结合各自实际推广简便易行的危房鉴定程序，规范对象认定程序，建立危房台账并实施精准管理，改造一户、销档一户，确保完成建档立卡贫困户等4类重点对象危房改造任务。

明确农村危房改造基本安全要求，保证正常使用安全和基本使用功能。因地制宜推广农房加固改造，在危房改造任务较重的省份开展农房加固改造示范，结合地方实际推广现代生土农房等改良型传统民居，鼓励通过闲置农房置换或长期租赁等方式，兜底解决特殊贫困群体基本住房安全问题。

落实各级补助资金，完善分类分级补助标准。加强补助资金使用管理和监督检查，支付给农户的资金要及时足额直接拨付到户。建立完善危房改造信息公示制度。

（八）强化综合保障性扶贫。

统筹各类保障措施，建立以社会保险、社会救助、社会福利制度为主体，以社会帮扶、社工助力为辅助的综合保障体系，为完全丧失劳动能力和部分丧失劳动能力且无法依靠产业就业帮扶脱贫的贫困人口提供兜底保障。

完善城乡居民基本养老保险制度，对符合条件的贫困人口由地方政府代缴城乡居民养老保险费。

继续实施社会服务兜底工程，加快建设为老年人、残疾人、精神障碍患者等特殊群体提供服务的设施。鼓励各地通过互助养老、设立孝善基金等途径，创新家庭养老方式。

加快建立贫困家庭"三留守"关爱服务体系，落实家庭赡养、监护照料法定义务，探索建立信息台账和定期探访制度。

完善农村低保制度，健全低保对象认定方法，将完全丧失劳动能力和部分丧失劳动能力且无法依靠产业就业帮扶脱贫的贫困人口纳入低保范围。

对地广人稀的贫困地区适度降低国家救灾应急响应启动条件。加大临时救助力度，及时将符合条件的返贫人口纳入救助范围。

（九）开展贫困残疾人脱贫行动。

党和国家一直高度重视残疾人事业和残疾人的生活和发展问题。2015年1月20日，国务院印发《关于加快推进残疾人小康进程的意见》。9月22日，国务院印发《关于全面建立困难残疾人生活补贴和重度残疾人护理补贴制度的意见》。2017年2月7日，国务院又公布《残疾预防和残疾人康复条例》。

在打赢脱贫攻坚战三年行动中，将符合条件的建档立卡贫困残疾人纳入农村低保和城乡医疗救助范围。

完善困难残疾人生活补贴和重度残疾人护理补贴制度，有条件的地方逐步扩大政策覆盖面。

深入实施"福康工程"等残疾人精准康复服务项目，优先为贫困家庭有康复需求的残疾人提供基本康复服务和辅助器具适配服务。

对16周岁以上有长期照料护理需求的贫困重度残疾人，符合特困人员救助供养条件的纳入特困人员救助供养；不符合救助供养条件的，鼓励地方通过政府补贴、购买服务、设立公益岗位、集中托养等多种方式，为贫困重度残疾人提供集中照料或日间照料、邻里照护服务。

逐步推进农村贫困重度残疾人家庭无障碍改造。

实施第二期特殊教育提升计划，以多种形式帮助贫困家庭残疾儿童接受义务教育，加快发展非义务教育阶段特殊教育。

资产收益扶贫项目要优先安排贫困残疾人家庭。

（十）开展扶贫扶志行动。

加强教育引导，开展扶志教育活动，创办脱贫攻坚"农民夜校"、"讲习所"等，加强思想、文化、道德、法律、感恩教育，弘扬自尊、自爱、自强精神，防止政策养懒汉、助长不劳而获和"等靠要"等不良习气。

加大以工代赈实施力度，动员更多贫困群众投工投劳。

推广以表现换积分、以积分换物品的"爱心公益超市"等自助式帮扶做法，实现社会爱心捐赠与贫困群众个性化需求的精准对接。

鼓励各地总结推广脱贫典型，宣传表彰自强不息、自力更生脱贫致富的先进事迹和先进典型，用身边人身边事示范带动贫困群众。

大力开展移风易俗活动，选树一批文明村镇和星级文明户，推广"星级评比"等做法，引导贫困村修订完善村规民约，发挥村民议事会、道德评议会、红白理事会、禁毒禁赌会等群众组织作用，坚持自治、法治、德治相结合，教育引导贫困群众弘扬传统美德、树立文明新风。

加强对高额彩礼、薄养厚葬、子女不赡养老人等问题的专项治理。

深入推进文化扶贫工作，提升贫困群众的公共文化服务获得感。

把扶贫领域诚信纳入国家信用监管体系，将不履行赡养义务、虚报冒领扶贫资金、严重违反公序良俗等行为人列入失信人员名单。

按照精准要求，各地更加细致严密地做好工作。

2020年汛期，湖南省经历了3轮大范围强降雨，截至7月27日，全省14个市州102个县市区遭受洪涝灾害，涉及33个国家级贫困县、2204个贫困村，受灾贫困人口125271人。湖南采取系列应对举措，按照灾情分析应对机制，突出"四看"重点，即看房屋是否受损、看产业是否遭灾、看救助是否到位、看是否存在因灾返贫因灾致贫的现象，全面摸清受灾救灾情况。组织驻村工作队、乡镇干部、帮扶责任人等逐村逐户上门排查走访，扎实开展因灾致贫返贫摸排，建立完善工作台账，对标"三保障"和饮水安全，找准返贫致贫风险隐患，为制定精准帮扶措施提供"靶向制导"。针对返贫致贫隐患，逐户制定帮扶措施。

到8月底，通过安排危房新建、维修，解决了818户住房安全问题，剩余25户危房户正通过加快施工进度、安排临时性安全住房逐步解决；通过饮水管网维修、水池水源净化，3250户饮水安全问题全部解决；通过组织生产自救、抢收补种、消费扶贫以及农业保险理赔，积极挽回产业损失；加大金融支持力度，按照应贷尽贷原则，对有扶贫小额信贷需求的受灾贫困人口给予金融信贷支持，帮助发展产业；通过社会综合保障，对因灾导致生活困难的贫困户，及时给予临时救助，帮助其渡过难关；广泛动员社会力量，为受灾地区捐钱捐物，缓解了救灾资金和物资方面短缺的压力。

五、加快补齐贫困地区基础设施短板

《中共中央、国务院关于打赢脱贫攻坚战的决定》要求，加强贫困地区基础设施建设，加快破除发展瓶颈制约。

一是加快交通、水利、电力建设。二是加大"互联网+"扶贫力度。三是加快农村危房改造和人居环境整治。

特别是重点支持革命老区、民族地区、边疆地区、连片特困地区脱贫攻坚。出台加大脱贫攻坚力度支持革命老区开发建设指导意见，加快实施重点贫困革命老区振兴发展规划，扩大革命老区财政转移支付规模。

加快推进民族地区重大基础设施项目和民生工程建设，实施少数民族特困地区和特困群体综合扶贫工程，出台人口较少民族整体脱贫的特殊政策措施。

改善边疆民族地区义务教育阶段基本办学条件，建立健全双语教学体系，加大教育对口支援力度，积极发展符合民族地区实际的职业教育，加强民族地区师资培训。

加强少数民族特色村镇保护与发展。大力推进兴边富民行动，加大边境地区转移支付力度，完善边民补贴机制，充分考虑边境地区特殊需要，集中改善边民生产生活条件，扶持发展边境贸易和特色经济，使边民能够安心生产生活、安心守边固边。

完善片区联系协调机制，加快实施集中连片特殊困难地区区域发展与脱贫攻坚规划。

加大中央投入力度，采取特殊扶持政策，推进西藏、四省藏区和新疆南疆四地州脱贫攻坚。[1]

《中共中央、国务院关于打赢脱贫攻坚战三年行动的指导意见》进一步要求加快补齐贫困地区基础设施短板。主要安排如下：

（一）加快实施交通扶贫行动。

在贫困地区加快建成外通内联、通村畅乡、客车到村、安全便捷的交通运输网络。

尽快实现具备条件的乡镇、建制村通硬化路。

以示范县为载体，推进贫困地区"四好农村路"建设。

扩大农村客运覆盖范围，到2020年实现具备条件的建制村通客车目标。

加快贫困地区农村公路安全生命防护工程建设，基本完成乡道及以上行政等级公路安全隐患治理。推进窄路基路面农村公路合理加宽改造和危桥改造。

改造建设一批贫困乡村旅游路、产业路、资源路，优先改善自然人文、少数民族特色村寨和风情小镇等旅游景点景区交通设施。

加大成品油税费改革转移支付用于贫困地区农村公路养护力度。

推进国家铁路网、国家高速公路网连接贫困地区项目建设，加快贫困地区普通国省道改造和支线机场、通用机场、内河航道建设。

（二）大力推进水利扶贫行动。

加快实施贫困地区农村饮水安全巩固提升工程，落实工程建设和管护责任，强化水源保护和水质保障，因地制宜加强供水工程建设与改造，显著提高农村集中供水率、自来水普及率、供水保证率和水质达标率，到2020年全面解决贫困人口饮水安全问题。

加快贫困地区大中型灌区续建配套与节水改造、小型农田水利工程建设，实现灌溉水源、灌排骨干工程与田间工程协调配套。

切实加强贫困地区防洪工程建设和运行管理。

继续推进贫困地区水土保持和水生态建设工程。

（三）大力实施电力和网络扶贫行动。

实施贫困地区农网改造升级，加强电力基础设施建设，建立贫困地区电力

---

[1] 参见中共中央党史和文献研究院编：《十八大以来重要文献选编》（下），中央文献出版社2018年版，第61—63页。

普遍服务监测评价体系，引导电网企业做好贫困地区农村电力建设管理和供电服务，到 2020 年实现大电网延伸覆盖至全部县城。

大力推进贫困地区农村可再生能源开发利用。

深入实施网络扶贫行动，统筹推进网络覆盖、农村电商、网络扶智、信息服务、网络公益五大工程向纵深发展，创新"互联网+"扶贫模式。

完善电信普遍服务补偿机制，引导基础电信企业加大投资力度，实现 90% 以上贫困村宽带网络覆盖。鼓励基础电信企业针对贫困地区和贫困群众推出资费优惠举措，鼓励企业开发有助于精准脱贫的移动应用软件、智能终端。

（四）大力推进贫困地区农村人居环境整治。

开展贫困地区农村人居环境整治三年行动，因地制宜确定贫困地区村庄人居环境整治目标，重点推进农村生活垃圾治理、卫生厕所改造。开展贫困地区农村生活垃圾治理专项行动，有条件的地方探索建立村庄保洁制度。

因地制宜普及不同类型的卫生厕所，同步开展厕所粪污治理。有条件的地方逐步开展生活污水治理。加快推进通村组道路建设，基本解决村内道路泥泞、村民出行不便等问题。

在中国版图上，有一条著名的"胡焕庸线"，由地理学家胡焕庸 1935 年提出。它北起黑龙江的黑河，南至云南的腾冲，大致为倾斜 45 度的基本直线，主要反映了中国人口密度在不同地区的分布。按当时计算，线东南方 36% 的国土居住着 96% 的人口。按 2000 年第五次人口普查的资料计算，线东南的国土面积占 43.8%，人口占 94.1%。"胡焕庸线"反映了中国人口密度以及城镇化的总体分布。但在现代高科技条件下，利用卫星却有了一个新的发现。即"胡焕庸线"以西区域的夜光越变越亮了。从 2012 年至 2020 年的 8 年里，这片区域夜光面积增加了约 55%。背后的原因是什么？其中之一，也是比较直接的，是西部地区的电网加大铺设，变得更密了。城市乡村更多地在夜晚亮起了灯光。与此同时，西部乡级以上道路的长度，在 5 年里增加了约 64%。西部地区的生产和生活更活跃了。

在北纬 30 度附近，还有一条"黄色项链"，那是地球上著名的沙漠带。世界第二大流动沙漠塔克拉玛干附近、新疆维吾尔自治区柯坪县，3 万亩新增农田在卫星影像中清晰可见。在脱贫攻坚中，政府兴建起安全饮水工程，洁净安全的饮用水接入每户农家。按照饮水安全的要求，贫困地区的饮水得到了保障。除了饮水之外，西部地区原有和新建的一座座水利工程为干涸的土地带来了滋养。虽然西部的供水问题仍然是巨大的难题，并非一日之功，但每一步前进，都值得我们充分肯定和赞扬。[1]

六、加强精准脱贫攻坚行动支撑保障

党中央、国务院要求加强精准脱贫攻坚行动的支撑保障。主要举措是：

（一）强化财政投入保障。

坚持增加政府扶贫投入与提高资金使用效益并重，健全与脱贫攻坚任务相适应的投入保障机制，支持贫困地区围绕现行脱贫目标，尽快补齐脱贫攻坚短板。

加大财政专项扶贫资金和教育、医疗保障等转移支付支持力度。

规范扶贫领域融资，增强扶贫投入能力，疏堵并举防范化解扶贫领域融资风险。

进一步加强资金整合，赋予贫困县更充分的资源配置权，确保整合资金围绕脱贫攻坚项目精准使用，提高使用效率和效益。

全面加强各类扶贫资金项目绩效管理，落实资金使用者的绩效主体责任，明确绩效目标，加强执行监控，强化评价结果运用，提高扶贫资金使用效益。

建立县级脱贫攻坚项目库，健全公告公示制度。

加强扶贫资金项目常态化监管，强化主管部门监管责任，确保扶贫资金尤其是到户到人的资金落到实处。

（二）加大金融扶贫支持力度。

加强扶贫再贷款使用管理，优化运用扶贫再贷款发放贷款定价机制，引导金融机构合理合规增加对带动贫困户就业的企业和贫困户生产经营的信贷投放。加强金融精准扶贫服务。

国家开发银行和中国农业发展银行进一步发挥好扶贫金融事业部的作用，中国农业银行、中国邮政储蓄银行、农村信用社、村镇银行等金融机构增加扶贫信贷投放，大中型商业银行完善普惠金融事业部体制机制。

创新产业扶贫信贷产品和模式，建立健全金融支持产业发展与带动贫困户脱贫的挂钩机制和扶持政策。

---

[1] 参见《彪炳史册的伟大奇迹——中国脱贫攻坚全纪实》，新华网 2021 年 2 月 24 日。

规范扶贫小额信贷发放，在风险可控前提下可办理无还本续贷业务，对确因非主观因素不能到期偿还贷款的贫困户可协助其办理贷款展期业务。

加强扶贫信贷风险防范，支持贫困地区完善风险补偿机制。

推进贫困地区信用体系建设。

支持贫困地区金融服务站建设，推广电子支付方式，逐步实现基础金融服务不出村。

支持贫困地区开发特色农业险种，开展扶贫小额贷款保证保险等业务，探索发展价格保险、产值保险、"保险＋期货"等新型险种。扩大贫困地区涉农保险保障范围，开发物流仓储、设施农业、"互联网＋"等险种。

鼓励上市公司、证券公司等市场主体依法依规设立或参与市场化运作的贫困地区产业投资基金和扶贫公益基金。

贫困地区企业首次公开发行股票、在全国中小企业股份转让系统挂牌、发行公司债券等按规定实行"绿色通道"政策。

（三）加强土地政策支持。

支持贫困地区编制村级土地利用规划，挖掘土地优化利用脱贫的潜力。贫困地区建设用地符合土地利用总体规划修改条件的，按规定及时审查批复。

新增建设用地计划、增减挂钩节余指标调剂计划、工矿废弃地复垦利用计划向贫困地区倾斜。

脱贫攻坚期内，国家每年对集中连片特困地区、国家扶贫开发工作重点县专项安排一定数量新增建设用地计划。

贫困地区建设用地增减挂钩节余指标和工矿废弃地复垦利用节余指标，允许在省域内调剂使用。

建立土地整治和高标准农田建设等新增耕地指标跨省域调剂机制。贫困地区符合条件的补充和改造耕地项目，优先用于跨省域补充耕地国家统筹，所得收益通过支出预算用于支持脱贫攻坚。

优先安排贫困地区土地整治项目和高标准农田建设补助资金，指导和督促贫困地区完善县级土地整治规划。

（四）实施人才和科技扶贫计划。

深入实施边远贫困地区、边疆民族地区、革命老区人才支持计划，扩大急需紧缺专业技术人才选派培养规模。贫困地区在县乡公务员考试录用中，从大学生村官、"三支一扶"等人员中定向招录公务员，从贫困地区优秀村干部中招录乡镇公务员。

动员全社会科技力量投入脱贫攻坚主战场，开展科技精准帮扶行动。以县为单位建立产业扶贫技术专家组，各类涉农院校和科研院所组建产业扶贫技术团队，重点为贫困村、贫困户提供技术服务。

支持有条件的贫困县建设农业科技园和星创天地等载体，展示和推广农业先进科技成果。

在贫困地区全面实施农技推广特聘计划，从农村乡土专家、种养能手等一线服务人员中招聘一批特聘农技员，由县级政府聘为贫困村科技扶贫带头人。加强贫困村创业致富带头人培育培养，提升创业项目带贫减贫效果。

建立科技特派员与贫困村结对服务关系，实现科技特派员对贫困村科技服务和创业带动全覆盖。[1]

七、动员全社会力量参与脱贫攻坚

动员全社会力量参与脱贫攻坚，一直是中国特色扶贫脱贫的重要方式。在打赢脱贫攻坚战三年行动中，中央特别强调采取进一步的措施。

（一）加大东西部扶贫协作和对口支援力度。

把人才支持、市场对接、劳务协作、资金支持等作为协作重点，深化东西部扶贫协作，推进携手奔小康行动贫困县全覆盖，并向贫困村延伸。

强化东西部扶贫协作责任落实，加强组织协调、工作指导和督导检查，建立扶贫协作台账制度，每年对账考核。

优化结对协作关系，实化细化县之间、乡镇之间、行政村之间结对帮扶措施，推广"闽宁示范村"模式。

突出产业帮扶，鼓励合作建设承接产业转移的基地，引导企业精准结对帮扶。突出劳务协作，有组织地开展人岗对接，提高协作规模和质量。突出人才支援，加大力度推进干部双向挂职、人才双向交流，提高干部人才支持和培训培养精准性。突出资金支持，切实加强资金监管，确保东西部扶贫协作资金精准使用。将帮扶贫困残疾人脱贫纳入东西部扶贫协作范围。

---

[1] 参见中共中央党史和文献研究院编：《十九大以来重要文献选编》（上），中央文献出版社 2019 年版，第 493—495 页。

实施好"十三五"对口支援新疆、西藏和四省藏区经济社会发展规划，严格落实中央确定的80%以上资金用于保障和改善民生、用于县及县以下基层的要求，进一步聚焦脱贫攻坚的重点和难点，确保更多资金、项目和工作精力投向贫困人口。

（二）深入开展定点扶贫工作。

落实定点扶贫工作责任，把定点扶贫县脱贫工作纳入本单位工作重点，加强工作力量，出台具体帮扶措施。定点扶贫单位主要负责同志要承担第一责任人职责，定期研究帮扶工作。强化定点扶贫牵头单位责任。加强对定点扶贫县脱贫攻坚工作指导，督促落实脱贫主体责任。

把定点扶贫县作为转变作风、调查研究的基地，通过解剖麻雀，总结定点扶贫县脱贫经验，完善本部门扶贫政策，推动脱贫攻坚工作。

选派优秀中青年干部、后备干部到贫困地区挂职，落实艰苦地区挂职干部生活补助政策。

（三）扎实做好军队帮扶工作。

加强军地脱贫攻坚工作协调，驻地部队要积极承担帮扶任务，参与扶贫行动，广泛开展扶贫济困活动。接续做好"八一爱民学校"援建工作，组织开展多种形式的结对助学活动。组织军队系统医院对口帮扶贫困县县级医院，深入贫困村送医送药、巡诊治病。帮助革命老区加强红色资源开发，培育壮大红色旅游产业，带动贫困人口脱贫。帮助培育退役军人和民兵预备役人员脱贫致富带头人。

（四）激励各类企业、社会组织扶贫。

落实国有企业精准扶贫责任，通过发展产业、对接市场、安置就业等多种方式帮助贫困户脱贫。深入推进"万企帮万村"精准扶贫行动，引导民营企业积极开展产业扶贫、就业扶贫、公益扶贫，鼓励有条件的大型民营企业通过设立扶贫产业投资基金等方式参与脱贫攻坚。持续开展"光彩行"活动，提高精准扶贫成效。

支持社会组织参与脱贫攻坚，加快建立社会组织帮扶项目与贫困地区需求信息对接机制，确保贫困人口发展需求与社会帮扶有效对接。鼓励引导社会各界使用贫困地区产品和服务，推动贫困地区和贫困户融入大市场。

实施全国性社会组织参与"三区三州"深度贫困地区脱贫攻坚行动。实施社会工作"专业人才服务三区计划"、"服务机构牵手计划"、"教育对口扶贫计划"，为贫困人口提供生计发展、能力提升、心理支持等专业服务。

加强对社会组织扶贫的引导和管理，优化环境、整合力量、创新方式，提高扶贫效能。落实社会扶贫资金所得税税前扣除政策。

（五）大力开展扶贫志愿服务活动。

动员组织各类志愿服务团队、社会各界爱心人士开展扶贫志愿服务。实施社会工作专业人才服务贫困地区系列行动计划，支持引导专业社会工作和志愿服务力量积极参与精准扶贫。推进扶贫志愿服务制度化，建立扶贫志愿服务人员库，鼓励国家机关、企事业单位、人民团体、社会组织等组建常态化、专业化服务团队。制定落实扶贫志愿服务支持政策。[1]

各地在组织动员全社会力量参与脱贫攻坚方面，创造了许多形式。

福建省民政厅、省扶贫办联合组织"阳光1+1（社会组织＋老区村）牵手计划"。签约双方围绕老区村"红色"与"绿色"两大特色优势，重点从发展特色产业、完善基础设施、培训致富带头人、搭建产销平台等方面发力，采取优势链接、项目互推、长期合作的方式，帮助双方实现共同发展壮大的目标，推动建立促进老区苏区持续健康发展的长效机制。

2019年11月，省民政厅、省扶贫办联合印发了《"阳光1+1（社会组织＋老区村）牵手计划"行动方案》，引导动员1000家社会组织与1000个老区村结对共建共发展。不到1年，全省已有1036个社会组织与1110个老区村牵手结对。其中，153个省级社会组织对接181个老区村，覆盖了除平潭综合实验区外的所有设区市；883个市（县）社会组织对接了929个老区村。此外，厦门市41个社会组织还与甘肃临夏州70个村结成了帮扶对子。

八、因时制宜拓展多种扶贫形式

北京市南三环草桥附近，有一个特殊的"商场"——北京市消费扶贫双创中心，在这里买到的东西全部是来自北京受援地的扶贫产品。从各受援地特色产品展销会到平日里每一天市民的日常采购，这里总是人气兴旺。

建立消费扶贫双创中心的想法来源于一次展销会。2016年，北京市举办河

---

[1] 参见中共中央党史和文献研究院编：《十九大以来重要文献选编》（上），中央文献出版社2019年版，第495—497页。

北、内蒙古等受援地区特色产品展销会，短短 4 天时间就有超过 2.6 万人次带来超过 1100 万元的销售额。一边是北京市超过 2000 万人"买买买"的巨大消费需求，另一边则是贫困地区"养在深闺人未识"的优质农产品。怎么才能为双方搭建起一个"永不落幕的展销会"？

于是，在北京市扶贫支援办和有关部门的努力下，2019 年初，占地 1 万平方米的北京市消费扶贫双创中心在草桥落地了。来自北京扶贫协作受援地的 2000 多种原生态优质特色产品有了集中展示展销的舞台。不仅如此，北京市还在 10 多个批发市场设立专馆，在 100 余家商超建立消费扶贫专区，在 1000 多个便民生活中心设立消费扶贫网点。

就是在这种实践的过程中，原有的扶贫脱贫形式不断发展、丰富，新的扶贫形式和要求也不断出现。党和国家坚持实事求是、与时俱进的精神，因时制宜，及时倡导拓展多种多样的扶贫形式，并及时加以引导和规范。

自 2016 年以来，全国各地区、各有关部门扎实推进网络扶贫，取得显著成效。

全国贫困地区网络覆盖目标提前超额完成，贫困村通光纤比例由实施电信普遍服务之前不到 70% 提高到 98%。

电子商务进农村综合示范实现对 832 个贫困县全覆盖，全国农村网络零售额由 2014 年的 1800 亿元，增长到 2019 年的 1.7 万亿元，规模扩大了 8.4 倍。

网络扶智攻坚工程成效明显，全国中小学（含教学点）互联网接入率从 2016 年底的 79.2% 上升到 2020 年 8 月的 98.7%。

网络扶贫信息服务体系基本建立，远程医疗实现国家级贫困县县级医院全覆盖。截至 2019 年 6 月，全国行政村基础金融服务覆盖率达 99.20%；截至 2020 年 8 月，全国共建设运营益农信息社 42.4 万个。网络公益扶贫惠及更多贫困群体，一大批具有社会责任感的网信企业和广大网民借助互联网将爱心传递给贫困群众。

2020 年 10 月，为了深入实施《网络扶贫行动计划》和《数字乡村发展战略纲要》，扎实推进深度贫困地区网络扶贫，接续推进数字乡村建设，中央网信办、国家发展改革委、国务院扶贫办、工业和信息化部和贵州省委、省政府在贵阳市共同主办全国网络扶贫暨数字乡村发展工作现场推进会。会议期间，中国移动、阿里巴巴、中国互联网发展基金会等 38 家企业、社会组织与 42 个未摘帽贫困县达成 77 个网络扶贫结对帮扶项目，涉及网络覆盖、农特产品在线销售、远程教育、电商培训、智慧出行等方面，将持续增强贫困地区发展的内生动力。

近年来，有关地区和部门在消费扶贫方面积极探索实践，积累了一些有益的经验和做法。所谓消费扶贫，是社会各界通过消费来自贫困地区和贫困人口的产品与服务，帮助贫困人口增收脱贫的一种扶贫方式，是社会力量参与脱贫攻坚的重要途径。大力实施消费扶贫，有利于动员社会各界扩大贫困地区产品和服务消费，调动贫困人口依靠自身努力实现脱贫致富的积极性，促进贫困人口稳定脱贫和贫困地区产业持续发展。

消费扶贫发展起来了，但需要进一步加强引导和完善政策。习近平总书记对消费扶贫多次作出重要论述和指示批示。为了深入开展消费扶贫，助力打赢脱贫攻坚战，2018 年 12 月 30 日，国务院办公厅印发《关于深入开展消费扶贫助力打赢脱贫攻坚战的指导意见》。

《指导意见》要求，围绕促进贫困人口稳定脱贫和贫困地区长远发展，坚持政府引导、社会参与、市场运作、创新机制，着力激发全社会参与消费扶贫的积极性，着力拓宽贫困地区农产品销售渠道，着力提升贫困地区农产品供应水平和质量，着力推动贫困地区休闲农业和乡村旅游加快发展，在生产、流通、消费各环节打通制约消费扶贫的痛点、难点和堵点，推动贫困地区产品和服务融入全国大市场，为助力打赢脱贫攻坚战、推进实施乡村振兴战略作出积极贡献。

第一，动员社会各界扩大贫困地区产品和服务消费。

推动各级机关和国有企事业单位等带头参与消费扶贫。将消费扶贫纳入中央单位定点扶贫和地方各级结对帮扶工作内容。鼓励各级机关、国有企事业单位、金融机构、大专院校、城市医疗及养老服务机构等在同等条件下优先采购贫困地区产品，优先从贫困地区聘用工勤人员，引导干部职工自发购买贫困地区产品和到贫困地区旅游。鼓励各级工会按照有关规定组织职工到贫困地区开展工会活动，在同等条件下优先采购贫困地区产品。组织开展贫困地区农产品定向直供直销机关、学校、医院和企事业单位食堂活动。结合军队帮扶工作，鼓励有关部队特别是驻贫困地区部队积极参与消费扶贫。

推动东西部地区建立消费扶贫协作机制。将消费扶贫纳入东西部扶贫协作和对口支援政策框架。帮扶省市要组织引导本地区农产品批发市场、商贸流通企业和机关、学校、医院、企事业单位等与贫困地区建立长期稳定的供销关系。受帮扶省市要主动对接帮扶省市农产品需求，依托当地特色资源禀赋，调整优化农业产业结构，提升农产品质量、扩大供给规模，积极吸引企业投资兴办农产品深加工企业，推动贫困地区农产品就地加工，带动贫困人口增收脱贫。建立和完善东西部地区劳务精准对接机制，积极购买贫困地区劳务，帮助贫困劳动力就业。

动员民营企业等社会力量参与消费扶贫。将消费扶贫纳入"万企帮万村"精准扶贫行动，鼓励民营企业采取"以购代捐""以买代帮"等方式采购贫困地区产品和服务，帮助贫困人口增收脱贫。发挥行业协会、商会、慈善机构等社会组织作用，组织动员爱心企业、爱心人士等社会力量参与消费扶贫。依托"中国农民丰收节"、中国社会扶贫网等平台，针对贫困地区策划相关活动，推动参与消费扶贫各类主体的需求与贫困地区特色产品供给信息精准对接，推广乡村特色美食和美景。在国家扶贫日前后积极开展消费扶贫活动，发出倡议，引导全社会参与。

第二，大力拓宽贫困地区农产品流通和销售渠道。包括打通供应链条、拓展销售途径、加快流通服务网点建设等。

第三，全面提升贫困地区农产品供给水平和质量。包括加快农产品标准化体系建设、提升农产品规模化供给水平、打造区域性特色农产品品牌等。

第四，大力促进贫困地区休闲农业和乡村旅游提质升级。包括加大基础设施建设力度、提升服务能力、加强宣传推介等。

《指导意见》对每个主要方面的措施和工作，都规定了负责的部门和定位，以确保落到实处。

2020年3月6日，面对脱贫攻坚战和新冠肺炎疫情防控阻击战双重挑战，在决战决胜脱贫攻坚座谈会上，习近平总书记明确指示要开展消费扶贫行动。国家发展改革委联合28个部门印发《消费扶贫助力决战决胜脱贫攻坚2020年行动方案》，对开展消费扶贫，助力打赢脱贫攻坚战作出具体安排。国务院扶贫办与发展改革委、中央宣传部、中央网信办、教育部、财政部、农业农村部、商务部、国务院国资委、供销合作总社、全国工商联等深刻领会习近平总书记重要指示精神，按照政府工作报告和扶贫领导小组有关要求，共同组织开展消费扶贫行动，联合印发推进方案等多个文件，召开全国消费扶贫行动现场推进会，指导各地开展了一系列工作，推进消费扶贫行动做实做细。

随着消费扶贫的展开，对于扶贫产品的销售，线上线下大体上形成了三种类型：第一种是消费扶贫专区。现有的商业渠道，包括线上的电商平台，也包括线下的商贸流通企业，在现有的商业业态中设立一种易于辨识的专区来销售扶贫产品。第二种是消费扶贫专馆。例如，贫困地区农副产品网络销售平台，专门销售扶贫产品。第三种是消费扶贫专柜。利用现有的智能柜、无人售货机等新型的零售方式，把扶贫产品送到消费者的身边。例如，在商场、车站、医院、机关单位都可以看到的开门式、扫脸式的综合性智能售货柜。

浙江省援疆指挥部 2020 年积极推进浙江省直、11 个地级市机关、国企等单位消费扶贫，直接采购阿克苏地区和兵团第一师农产品金额达 1.2 亿元；浙江 85 所高校开展消费扶贫组团式集中采购近 2000 万元；直播带货累计销售农特产品 2600 万余元；线上销售额达 4.8 亿元。

2020 年 9 月是扶贫产品大量上市的季节。为进一步推动消费扶贫行动，扩大扶贫产品销售，激发市场消费潜力，营造社会参与氛围，国务院扶贫办、国家发展改革委会同中央宣传部、中央网信办、教育部、财政部、农业农村部、商务部、国务院国资委、中华全国供销合作总社、全国工商联等 11 个部门组织开展了全国消费扶贫月活动。

消费扶贫月活动的主题是：万企参与，亿人同行。活动内容包括：一个启动仪式，一个专题新闻发布会，以及消费扶贫专柜专项推进活动、消费扶贫专馆专项推进活动、消费扶贫专区专项推进活动、"扶贫 832"销售平台专项推进活动和中国农民丰收节金秋消费季活动这五个专项活动。

与消费扶贫相关的是扶贫产品。国务院扶贫办将扶贫产品定义为：中西部贫困地区生产出来的具有带贫、益贫效应的产品，这样的产品和贫困地区农副产品最大的区别是带有带动贫困户增收脱贫的作用，生产的企业或者合作社等市场主体在生产运营中建有健全的带贫减贫的机制。扶贫产品由企业或者合作社这样的市场主体自愿提出申请，中西部地区有扶贫任务的县级扶贫部门来认定，国务院扶贫办定期组织公示和发布，最后国家、省、市三级对扶贫产品的认定过程进行监管。

9 月 1 日，在全国消费扶贫月活动的启动仪式上，中共中央政治局委员、国务院扶贫开发领导小组组长胡春华指出，消费扶贫一头连着扶贫产业，一头连着消费市场，是缓解扶贫产品滞销卖难、促进扶贫产业持续发展的有效举措。要积极扩大消费扶贫规模，建好消费扶贫专柜、专馆、专区，用好"扶贫 832"销售平台，引导带动各类企事业单位和广大市民增加扶贫产品购买量。要发挥消费扶贫市场主体作用，鼓励农民合作社、龙头企业、快递公司、农批市场、商场超市、电商平台等积极支持扶贫产品加工、流通和销售，全面拓展扶贫产品销路。要强化消费扶贫的带贫机制，确保贫困群众增收。

活动启动以后，各地区各单位通过集中宣传，广泛组织动员各类企业、社会组织和社会公众积极参与，踊跃购买扶贫产品，倡导消费扶贫理念，营造了人人参与扶贫的良好氛围。国务院扶贫办指导社会扶贫网为扶贫产品供应商、经销商、购买者等提供产品展示、技术支持和数据监测等服务，搭建消费扶贫第四方服务平台，畅通扶贫产品产供销各环节。从平台监测数据看，消费扶贫月以来，消费扶贫专柜专馆专区销售总额135.18亿元，其中扶贫产品83.23亿元。中西部22个省份销售扶贫产品1715.18亿元，其中活动启动以来销售415.98亿元；东部9省市消费扶贫金额535.26亿元，其中活动启动以来消费扶贫金额215.27亿元。

九、夯实精准扶贫精准脱贫基础性工作

进一步夯实精准扶贫精准脱贫基础性工作。

（一）强化扶贫信息的精准和共享。

进一步加强建档立卡工作，提高精准识别质量，完善动态管理机制，做到"脱贫即出、返贫即入"。剔除不合条件的人口，及时纳入符合条件但遗漏在外的贫困人口和返贫人口，确保应扶尽扶。

抓紧完善扶贫开发大数据平台，通过端口对接、数据交换等方式，实现户籍、教育、健康、就业、社会保险、住房、银行、农村低保、残疾人等信息与贫困人口建档立卡信息有效对接。

完善贫困人口统计监测体系，为脱贫攻坚提供科学依据。加强贫困人口建档立卡数据和农村贫困统计监测数据衔接，逐步形成指标统一、项目规范的贫困监测体系。

强化扶贫开发大数据平台共享使用，拓展扶贫数据系统服务功能，为脱贫攻坚决策和工作指导等提供可靠手段和支撑。建立脱贫成效巩固提升监测机制，对脱贫户实施跟踪和动态监测，及时了解其生产生活情况。

按照国家信息安全标准构建扶贫开发信息安全防护体系，确保系统和数据安全。开展建档立卡专项评估检查。

（二）健全贫困退出机制。

严格执行贫困退出标准和程序，规范贫困县、贫困村、贫困人口退出组织实施工作。指导地方修订完善扶贫工作考核评估指标和贫困县验收指标，对超出"两不愁三保障"标准的指标，予以剔除或不作为硬性指标，取消行业部门与扶贫无关的搭车任务。

改进贫困县退出专项评估检查，由各省（自治区、直辖市）统一组织，因地制宜制定符合贫困地区实际的检查方案，并对退出贫困县的质量负责。中央结合脱贫攻坚督查巡查工作，对贫困县退出进行抽查。

脱贫攻坚期内扶贫政策保持稳定，贫困县、贫困村、贫困户退出后，相关政策保持一段时间。

（三）开展国家脱贫攻坚普查。

2020 年至 2021 年年初对脱贫摘帽县进行一次普查，全面了解贫困人口脱贫实现情况。普查工作由国务院统一部署实施，重点围绕脱贫结果的真实性和准确性，调查贫困人口"两不愁三保障"实现情况、获得帮扶情况、贫困人口参与脱贫攻坚项目情况等。地方各级党委和政府要认真配合做好普查工作。

十、加强和改善党对脱贫攻坚工作的领导

《中共中央、国务院关于打赢脱贫攻坚战的决定》要求切实加强党的领导，为脱贫攻坚提供坚强政治保障。

《中共中央、国务院关于打赢脱贫攻坚战三年行动的指导意见》进一步要求加强和改善党对脱贫攻坚工作的领导。

（一）进一步落实脱贫攻坚责任制。

强化中央统筹、省负总责、市县抓落实的工作机制。中央统筹，重在做好顶层设计，在政策、资金等方面为地方创造条件，加强脱贫效果监管；省负总责，重在把党中央大政方针转化为实施方案，加强指导和督导，促进工作落实；市县抓落实，重在从当地实际出发推动脱贫攻坚各项政策措施落地生根。

各级党委和政府把打赢脱贫攻坚战作为重大政治任务，增强政治担当、责任担当和行动自觉，层层传导压力，建立落实台账，压实脱贫责任，加大问责问效力度。

健全脱贫攻坚工作机制，脱贫攻坚任务重的省（自治区、直辖市）党委和

政府每季度至少专题研究一次脱贫攻坚工作，贫困县党委和政府每月至少专题研究一次脱贫攻坚工作。贫困县党政正职每个月至少要有 5 个工作日用于扶贫。

实施五级书记遍访贫困对象行动，省（自治区、直辖市）党委书记遍访贫困县，市（地、州、盟）党委书记遍访脱贫攻坚任务重的乡镇，县（市、区、旗）党委书记遍访贫困村，乡镇党委书记和村党组织书记遍访贫困户。以遍访贫困对象行动带头转变作风，接地气、查实情，了解贫困群体实际需求，掌握第一手资料，发现突出矛盾，解决突出问题。

（二）压实中央部门扶贫责任。

党中央、国务院各相关部门单位按照中央脱贫攻坚系列重大决策部署要求制定完善配套政策举措，实化细化三年行动方案，并抓好组织实施工作。

国务院扶贫开发领导小组分解落实各地区脱贫目标任务，实化细化脱贫具体举措，分解到年、落实到人。

国务院扶贫开发领导小组成员单位每年向中央报告本部门本单位脱贫攻坚工作情况。

脱贫攻坚期内，国务院扶贫开发领导小组成员以及部门扶贫干部、定点扶贫干部按政策规定保持稳定，不能胜任的及时调整。

（三）完善脱贫攻坚考核监督评估机制。

进一步完善扶贫考核评估工作，充分体现省负总责原则，切实解决基层疲于迎评迎检问题。

改进对省级党委和政府扶贫开发工作成效第三方评估方式，缩小范围，简化程序，精简内容，重点评估"两不愁三保障"实现情况，提高考核评估质量和水平。

改进省市两级对县及县以下扶贫工作考核，原则上每年对县的考核不超过 2 次，加强对县委书记的工作考核，注重发挥考核的正向激励作用。未经省里批准，市级以下不得开展第三方评估。

改进约谈省级领导的方式，开展常态化约谈，随时发现问题随时约谈。

完善监督机制，国务院扶贫开发领导小组每年组织脱贫攻坚督查巡查，纪检监察机关和审计、扶贫等部门按照职能开展监督工作。

充分发挥人大、政协、民主党派监督作用。

（四）建强贫困村党组织。

深入推进抓党建促脱贫攻坚，全面强化贫困地区农村基层党组织领导核心地位，切实提升贫困村党组织的组织力。

防止封建家族势力、地方黑恶势力、违法违规宗教活动侵蚀基层政权，干扰破坏村务。

大力整顿贫困村软弱涣散党组织，以县为单位组织摸排，逐村分析研判，坚决撤换不胜任、不合格、不尽职的村党组织书记。重点从外出务工经商创业人员、大学生村官、本村致富能手中选配，本村没有合适人员的，从县乡机关公职人员中派任。建立健全回引本土大学生、高校培养培训、县乡统筹招聘机制，为每个贫困村储备 1 至 2 名后备干部。

加大在贫困村青年农民、外出务工青年中发展党员力度。支持党员创办领办脱贫致富项目，完善贫困村党员结对帮扶机制。

全面落实贫困村"两委"联席会议、"四议两公开"和村务监督等工作制度。派强用好第一书记和驻村工作队，从县以上党政机关选派过硬的优秀干部参加驻村帮扶。加强考核和工作指导，对不适应的及时召回调整。派出单位要严格落实项目、资金、责任捆绑要求，加大保障支持力度。

强化贫困地区农村基层党建工作责任落实，将抓党建促脱贫攻坚情况作为县乡党委书记抓基层党建工作述职评议考核的重点内容。对不够重视贫困村党组织建设、措施不力的地方，上级党组织及时约谈提醒相关责任人，后果严重的要问责追责。

（五）培养锻炼过硬的脱贫攻坚干部队伍。

保持贫困县党政正职稳定，确需调整的，必须符合中央规定，对于不能胜任的要及时撤换，对于弄虚作假的要坚决问责。

实施全国脱贫攻坚全面培训，落实分级培训责任，保证贫困地区主要负责同志和扶贫系统干部轮训一遍。对县级以上领导干部，重点是通过培训提高思想认识，引导树立正确政绩观，掌握精准脱贫方法论，提升研究攻坚问题、解决攻坚难题能力。对基层干部，重点是通过采取案例教学、现场教学等实战培训方法，提高实战能力，增强精准扶贫工作本领。

加大对贫困村干部培训力度，每年对村党组织书记集中轮训一次，突出需求导向和实战化训练，着重提高落实党的扶贫政策、团结带领贫困群众脱贫致富的本领。

加强对扶贫挂职干部跟踪管理和具体指导，采取"挂包结合"等方式，落实保障支持措施，激励干部人在心在、履职尽责。

　　加强对脱贫一线干部的关爱激励，注重在脱贫攻坚一线考察识别干部，对如期完成任务且表现突出的贫困县党政正职应予以重用，对在脱贫攻坚中工作出色、表现优秀的扶贫干部、基层干部注重提拔使用。对奋战在脱贫攻坚一线的县乡干部要落实好津补贴、周转房等政策，改善工作条件。对在脱贫攻坚中因公牺牲的干部和基层党员的家属及时给予抚恤，长期帮扶慰问。全面落实贫困村干部报酬待遇和正常离任村干部生活补贴。

　　（六）营造良好舆论氛围。

　　深入宣传习近平总书记关于扶贫工作的重要论述，宣传党中央关于精准扶贫精准脱贫的重大决策部署，宣传脱贫攻坚典型经验，宣传脱贫攻坚取得的伟大成就，为打赢脱贫攻坚战注入强大精神动力。

　　组织广播电视、报纸杂志等媒体推出一批脱贫攻坚重点新闻报道。积极利用网站、微博、微信、移动客户端等新媒体平台开展宣传推广。推出一批反映扶贫脱贫感人事迹的优秀文艺作品，加大扶贫题材文化产品和服务的供给。

　　继续开展全国脱贫攻坚奖和全国脱贫攻坚模范评选表彰，选树脱贫攻坚先进典型。按程序设立脱贫攻坚组织创新奖，鼓励各地从实际出发开展脱贫攻坚工作创新。

　　每年组织报告团，分区域巡回宣讲脱贫先进典型。讲好中国脱贫攻坚故事，反映中国为全球减贫事业作出的重大贡献。

　　加强减贫领域国际交流与合作，帮助受援国建好国际扶贫示范村，为全球减贫事业贡献中国方案。

　　适时对脱贫攻坚精神进行总结。

　　（七）开展扶贫领域腐败和作风问题专项治理。

　　把作风建设贯穿脱贫攻坚全过程，集中力量解决扶贫领域"四个意识"不强、责任落实不到位、工作措施不精准、资金管理使用不规范、工作作风不扎实、考核评估不严不实等突出问题，确保取得明显成效。

　　改进调查研究，深入基层、深入群众，多层次、多方位、多渠道调查了解实际情况，注重发现并解决问题，力戒"走过场"。

　　注重工作实效，减轻基层工作负担，减少村级填表报数，精简会议文件，让基层干部把精力放在办实事上。

　　严格扶贫资金审计，加强扶贫事务公开。

　　严肃查处贪污挪用、截留私分、虚报冒领、强占掠夺等行为。依纪依法坚决查处贯彻党中央脱贫攻坚决策部署不坚决不到位、弄虚作假问题，主体责任、监督责任和职能部门监管职责不落实问题，坚决纠正脱贫攻坚工作中的形式主义、官僚主义。

把扶贫领域腐败和作风问题作为巡视巡察工作重点。中央巡视机构组织开展扶贫领域专项巡视。

加强警示教育工作，集中曝光各级纪检监察机关查处的扶贫领域典型案例。

（八）做好脱贫攻坚风险防范工作。

防范产业扶贫市场风险，防止产业项目盲目跟风、一刀切导致失败造成损失，各地要对扶贫主导产业面临的技术和市场等风险进行评估，制定防范和处置风险的应对措施。防范扶贫小额贷款还贷风险，纠正户贷企用、违规用款等问题。防范加重地方政府债务风险，防止地方政府以脱贫攻坚名义盲目举债，防止金融机构借支持脱贫攻坚名义违法违规提供融资，坚决遏制地方政府隐性债务增量。

（九）统筹衔接脱贫攻坚与乡村振兴。

脱贫攻坚期内，贫困地区乡村振兴主要任务是脱贫攻坚。乡村振兴相关支持政策要优先向贫困地区倾斜，补齐基础设施和基本公共服务短板，以乡村振兴巩固脱贫成果。抓紧研究制定 2020 年后减贫战略。研究推进扶贫开发立法。[1]

各个地方认真贯彻全面从严治党、加强党的全面领导的要求，在脱贫攻坚战中，充分发挥党组织的领导核心作用。

河北省坚持五级书记抓脱贫，党政同责、一岗双责，动员方方面面力量推进脱贫攻坚工作不断向纵深发展。一是建立领导干部包联制度。省委书记、省长带头包联保定、张家口等深度贫困地区，遍访 62 个贫困县。其他省级领导全部承担包联任务，市县乡各级领导干部一级包一级，一级帮助一级解决问题，带动形成全党动员促攻坚的工作格局。当年，除 34 位省级领导干部每人分包 1 个贫困县外，省委、省政府还派出 8414 个驻村工作队、组织 34.8 万名帮扶责任人开展结对帮扶。二是建立五级书记遍访贫困对象制度。2019 年，省委书记王东峰、省长许勤先后 40 余次深入贫困县调研检查主题教育开展和扶贫脱贫工作情况，并就发现的搬迁群众后续扶持、建立扶贫社会救助基金等 10 个问题，进

[1] 参见《中共中央、国务院关于打赢脱贫攻坚战三年行动的指导意见》，新华社 2018 年 8 月 19 日。

行现场研究和跟踪督办。[1]各市市委书记走访扶贫任务重的乡镇 254 个、各县（市、区）委书记走访贫困村 6480 个、乡村两级党组织书记走访贫困户 144 万户（次），共解决各类问题 37.65 万个。[2]

河北省承德市坚持"抓党建、促脱贫"，深入开展"脱贫攻坚党旗红"活动，通过"党支部＋合作社＋基地＋农户"等形式，把支部建在产业链上，把党员聚在产业链上，让农民富在产业链上，形成"一个支部就是一个堡垒、一名党员就是一面旗帜"，在农村党员中推行"1+X"联户制度，引导党员种养大户和创业致富带头人联系帮扶 10 户左右贫困户，中等收入党员联系帮扶 1 至 3 户贫困户，全面开展结对帮扶。着力把党的政治优势、组织优势、密切联系群众优势转化为脱贫攻坚优势，把基层党建活力转化为脱贫攻坚动力。深入实施堡垒示范、致富先锋、能力提升、能人返乡、结对帮扶"五大工程"，激发了基层党员干部群众干事创业的内生动力，全市发展农村股份制经济组织 3210 家，依托各类经济合作组织建立产业党组织 1145 个，在产业链上带领 8.1 万贫困人口实现稳定脱贫。"脱贫攻坚党旗红"经验做法得到中央领导的肯定批示，在全省、全国推广。[3]

加强领导，这种领导是一种责任。如果履行不力是要被批评甚至追责的。为压实责任，中西部 22 个省（区、市）党政主要负责同志向中央签下脱贫攻坚"军令状"。最终考核分四档："好""较好""一般""较差"。2018 年春天，华北某省因为考核为"差"而被约谈。约谈是一种压力，压力也会转化为动力。随后该省正视问题，狠抓脱贫攻坚落实，一年后，考核由"差"转"好"。

不仅省部级领导被党中央约谈，脱贫攻坚的"一线指挥官"县委书记也曾被党中央直接约谈。2020 年 4 月 13 日，中西部 11 个省区 24 名县委书记被约谈。"约谈既是督战和加压，也是信任和加油。"主持这次电视电话约谈会议的一位中央领导同志说，要较真碰硬整改问题，结合实际创造性开展工作，切实担负起高质量打赢脱贫攻坚战的政治责任。[4]

---

[1] 参见《攻坚之战》，《河北日报》2020 年 8 月 2 日。

[2] 参见《汇聚磅礴力量　攻克千载难题——河北举全省之力坚决打赢脱贫攻坚战纪实》，《河北日报》2020 年 4 月 22 日。

[3] 参见《脱贫攻坚党旗红——承德抓党建促脱贫攻坚工作纪实》，《河北日报》2017 年 7 月 17 日。《河北承德：脱贫攻坚党旗红》，经济网 2020 年 11 月 18 日。

[4] 参见《彪炳史册的伟大奇迹——中国脱贫攻坚全纪实》，新华网 2021 年 2 月 24 日。

十一、扎实做好最后两年脱贫攻坚工作

2019年、2020年是脱贫攻坚的最后两年，也是最后决战的两年。习近平总书记认为，在脱贫攻坚战进入决胜的关键阶段，打法要同初期的全面部署、中期的全面推进有所区别，最要紧的是防止松懈、防止滑坡。各地区各部门务必一鼓作气、顽强作战，不获全胜决不收兵。[1]

为此，2019年4月16日，习近平总书记在解决"两不愁三保障"突出问题座谈会上对2019年、2020年的工作提出了6个方面的要求。

第一，强化责任落实。"处事不以聪明为先，而以尽心为急。"脱贫攻坚是全面建成小康社会必须完成的硬任务。各省（区、市）党政主要负责同志要增强"四个意识"、坚定"四个自信"、做到"两个维护"，强化政治责任，亲力亲为抓好脱贫攻坚。省级分管扶贫的负责同志岗位特殊，要熟悉情况、钻研业务，当好参谋助手，抓好工作落实。省里分管扶贫的负责同志要选优配强、原则上保持稳定，对不合适、不胜任的要做一些调整。各行业部门要围绕脱贫攻坚目标任务，按照尽锐出战要求，切实履职尽责、合力攻坚，对责任不落实、政策不落实、工作不落实影响任务完成的要进行问责。

第二，攻克坚中之坚。深度贫困地区贫困程度深、基础条件差、致贫原因复杂，民族、宗教、维稳问题交织，是决定脱贫攻坚战能否打赢的关键。2017年6月，习近平总书记在山西主持召开深度贫困地区脱贫攻坚座谈会，要求集中力量攻克"三区三州"等深度贫困堡垒。会后，党中央制定了支持深度贫困地区脱贫攻坚的实施意见，各方面都加大了力度，但不能放松。"三区三州"外的一些深度贫困县要加大工作力度，逐一研究细化实化攻坚举措，攻城拔寨，确保完成脱贫任务。

第三，认真整改问题。这次脱贫攻坚专项巡视和成效考核发现了不少突出问题和共性问题，主要表现在以下几个方面。一是没有把脱贫攻坚当作重大政治任务来抓，责任落实不到位，思想认识有差距，落实不力。二是贯彻精准方略有偏差，或发钱发物"一发了之"，或统一入股分红"一股了之"，或低保兜底"一兜了之"，没有把精力用在绣花功夫上。三是形式主义、官僚主义问题突出，像花

---

[1]　参见习近平：《在解决"两不愁三保障"突出问题座谈会上的讲话》，《求是》2019年第16期。

钱刷白墙，又不能吃不能穿，搞这些无用功，浪费国家的钱！会议多、检查多、填表多，基层干部疲于应付。各地区各部门要全面排查梳理问题，各类问题要确保整改到位，为明年工作打下良好基础。

第四，提高脱贫质量。脱贫既要看数量，更要看质量，不能到时候都说完成了脱贫任务，过一两年又大规模返贫。要多管齐下提高脱贫质量，巩固脱贫成果。要严把贫困退出关，严格执行退出的标准和程序，确保脱真贫、真脱贫。要把防止返贫摆在重要位置，适时组织对脱贫人口开展"回头看"，对返贫人口和新发生贫困人口及时予以帮扶。要探索建立稳定脱贫长效机制，强化产业扶贫，组织消费扶贫，加大培训力度，促进转移就业，让贫困群众有稳定的工作岗位。要做好易地扶贫搬迁后续帮扶。要加强扶贫同扶志、扶智相结合，让脱贫具有可持续的内生动力。

第五，稳定脱贫攻坚政策。"胜非其难也，持之者其难也。"2019年上半年将累计有430多个贫困县宣布摘帽。考核中发现，一些摘帽县去年以来出现松劲懈怠，有的撤摊子、歇歇脚，有的转移重心、更换频道，有的书记、县长希望动一动，一些已脱贫的群众收入不增，甚至下降。贫困县摘帽后，要继续完成剩余贫困人口脱贫任务，实现已脱贫人口的稳定脱贫。贫困县党政正职要保持稳定，做到摘帽不摘责任；脱贫攻坚主要政策要继续执行，做到摘帽不摘政策；扶贫工作队不能撤，做到摘帽不摘帮扶；要把防止返贫放在重要位置，做到摘帽不摘监管。有关部门要抓紧研究提出落实意见。

第六，切实改进作风。要把全面从严治党要求贯穿脱贫攻坚全过程，强化作风建设，确保扶贫工作务实、脱贫过程扎实、脱贫结果真实。要完善和落实抓党建促脱贫的体制机制，做好脱贫攻坚干部培训，提高各级干部的责任感、使命感和工作能力。要发挥基层党组织带领群众脱贫致富的战斗堡垒作用，深化扶贫领域腐败和作风问题专项治理，把基层减负各项决策落到实处。

习近平总书记还指出，在扶贫一线的扶贫干部绝大部分牢记使命重托，用自己的辛苦换来贫困群众的幸福，有的长期超负荷运转，有的没时间照顾家庭孩子，有的身体透支亮红灯，有的甚至献出了宝贵的生命。对奋战在脱贫攻坚一线的同志们，我们要关心他们的生活、健康、安全。对牺牲干部的家属要及时给予抚恤、长期帮扶慰问。对在基层一线干出成绩、群众欢迎的干部，要注意培养使用。要加强宣传表彰，讲好脱贫攻坚故事。同时，对那些畏苦畏难、敷衍了事、弄虚作假的扶贫干部，要加强教育管理，该撤换的要及时撤换，该问责的要坚决问责。[1]

为贯彻习近平总书记的指示，国务院扶贫办对照"两不愁三保障"的标准，在义务教育、基本医疗、住房安全和安全饮水这四个方面，在全国进行了一次摸底清理，把存在的问题找出来，建档立卡，记在账上，逐项、逐户、逐人对账销号，防止出现遗漏。

在点上，聚焦深度贫困地区，特别是"三区三州"，抓住"两个一百"，一是贫困人口3万人以上的111个县，二是贫困发生率在10%以上的98个县。将这"两个一百"作为攻坚克难、攻城拔寨的"寨子"，也就是坚中之坚，盯着这些地区加大投入、加大帮扶力度，落实好深度贫困地区脱贫攻坚实施方案。三是坚持问题导向，对中央脱贫攻坚专项巡视发现的问题和考核评估发现的问题，以及各个方面发现的问题，包括媒体监督发现的问题，进行认真整改，通过问题整改推进工作。

---

[1] 参见习近平:《在解决"两不愁三保障"突出问题座谈会上的讲话》,《求是》2019年第16期。

第十三章

推动脱贫攻坚工作
更加有效开展

☆　☆　☆

一、深入推动易地扶贫搬迁

通过卫星可以发现，在雅鲁藏布江河谷有一片新出现的居民社区。新居民来自海拔 4800 米以上的藏北牧区。搬迁过来时，很多人不会用电、水、煤气，社区工作人员一个一个地教。他们腾退的藏北家园，大小相当于 21 个北京。

从 2012 年至 2020 年的 8 年里，全国先后有超过 960 万贫困人口通过易地搬迁住进了新家。

易地扶贫搬迁是精准扶贫工程的重要组成部分，是打赢脱贫攻坚战的重要举措。习近平总书记多次对实施好"易地搬迁脱贫一批"工程，完成易地扶贫搬迁建设任务和易地搬迁配套设施建设等作出重要论述和指示。

截至 2014 年底，我国现行标准下的贫困人口还有约 7200 万人，其中包括 1000 万左右"一方水土养活不了一方人"的建档立卡贫困户。2015 年 11 月，中共中央、国务院决定打响脱贫攻坚战，当时研究决定对这部分群众在资源的基础上实施搬迁。

经过努力，到 2016 年，新一轮易地扶贫搬迁全面启动。2016 年完成 249 万人易地扶贫搬迁建设任务，2017 年完成 340 万人易地扶贫搬迁建设任务，两年完成任务量超过一半。2018 年计划易地扶贫搬迁 280 万人，预计 2019 年易地扶贫搬迁任务基本完成。[1]

2018 年 6 月 15 日，《中共中央、国务院关于打赢脱贫攻坚战三年行动的指导意见》要求深入推动易地扶贫搬迁。

---

[1] 参见《何立峰：今年计划完成 280 万人易地扶贫搬迁建设任务》，人民网 2018 年 3 月 6 日。

为了推进易地扶贫搬迁，2019 年 6 月，国家发改委、国务院扶贫办等 11 部门联合出台《关于进一步加大易地扶贫搬迁后续扶持工作力度的指导意见》，提出要坚持因地制宜、分类施策，针对不同安置方式，立足不同类型安置区资源禀赋，切实加大对易地扶贫搬迁建档立卡贫困人口后续扶持力度，着力推进公共服务、产业培育、就业帮扶、社区管理等各项工作，推动易地扶贫搬迁后续扶持工作与推进新型城镇化、乡村振兴战略有机衔接，有效提升搬迁群众的获得感、幸福感、安全感。

《指导意见》明确，加大易地扶贫搬迁后续扶持力度，要重点做好六个方面的工作：全力解决搬迁群众"两不愁三保障"突出问题，切实解决好搬迁群众就业问题，大力发展农村搬迁安置区后续产业，全面加强安置区社会治理促进社会融入，稳步推进旧房拆除和宅基地复垦复绿，切实保障搬迁群众权益。[1]

在 2020 年召开的决战决胜脱贫攻坚座谈会上，习近平总书记又专门就加大易地扶贫搬迁后续扶持力度作出重要指示，强调"现在搬得出的问题基本解决了，下一步的重点是稳得住、有就业、逐步能致富"[2]。

为深入贯彻习近平总书记在解决"两不愁三保障"突出问题座谈会上的重要讲话精神，落实党中央、国务院关于做好易地扶贫搬迁后续扶持工作的要求部署，进一步加大对易地扶贫搬迁安置区和搬迁群众的后续帮扶力度，2020 年 3 月初，国家发展改革委联合国务院扶贫办、教育部、民政部、财政部、人力资源和社会保障部、自然资源部、住房和城乡建设部、农业农村部、商务部、中国人民银行、国务院国资委、国家林草局等 12 个部门印发了《关于印发 2020 年易地扶贫搬迁后续扶持若干政策措施的通知》，从 6 个方面明确了 25 项具体政策措施。在完善安置区配套基础设施和公共服务设施方面，明确了三条政策措施，分别是：结合推进新型城镇化建设，将大型城镇安置区及配套设施纳入国土空间规划一体规划、一体建设；聚焦大型安置区配套教育、医疗设施等短板，在下达中央预算内投资计划时对搬迁任务重的省份予以倾斜支持；在分配教育领域相关资金时，对搬迁任务重的省份予以倾斜支持。

在加强安置区产业培育和就业帮扶方面，明确了 6 条政策措施，分别是：开展就业帮扶，多渠道创造就业机会，健全安置区公共就业服务体系，对万人

---

[1] 参见《国家发展改革委联合有关部门印发〈关于进一步加大易地扶贫搬迁后续扶持工作力度的指导意见〉》，国家发改委网站 2019 年 7 月 10 日。

[2] 习近平：《在决战决胜脱贫攻坚座谈会上的讲话》，新华网 2020 年 3 月 6 日。

以上大型安置区开展专项帮扶，开展针对性强的职业技能培训；加大东部地区职业院校面向"三区三州"等深度贫困地区招生计划投放力度；引导农产品加工产能向安置区周边聚集，将有条件的安置区纳入产业园体系，推动搬迁户与带贫主体建立稳定紧密的利益联结机制；鼓励搬迁群众通过创办网店、参与快递物流等方式实现就地就近就业；发挥东西部扶贫协作和定点扶贫等机制作用，援建一批劳动密集型扶贫车间，在安置区因地制宜设置一批扶贫公益性岗位；广泛吸纳搬迁群众参与生态保护工程建设。

在加强安置社区管理方面，明确了3条政策措施，分别是：支持地方配套建设社区综合服务设施，加强安置区社区自治组织建设，建立健全安置社区治理机制；引导搬迁群众移风易俗，形成邻里和睦、守望相助、文明节俭的好风尚；鼓励参与东西扶贫协作的省市、高校和有关单位，对普通话普及率低、推普压力大的安置区给予帮扶。

在保障搬迁群众合法权益方面，明确了3条政策措施，分别是：有序推进旧房拆除和旧宅基地复垦整治、安置住房不动产确权登记等各项工作；大力实施城乡建设用地增减挂钩节余指标支持易地扶贫搬迁相关政策；支持搬迁农户承包土地经营权流转，因地制宜培育发展产业。

在加大工作投入力度方面，明确了3条政策措施，分别是：在安排相关民生领域专项转移支付时统筹加大对后续扶持任务重的省份倾斜，鼓励省级政府继续发行地方政府一般债券予以支持；鼓励各类金融机构积极创新金融产品，支持搬迁安置区后续产业发展和搬迁群众生产生活；动员组织中央企业积极参与定点扶贫县后续扶持项目建设。

在加强统筹指导和监督检查方面，明确了7条政策措施，分别是：继续保留各级易地扶贫搬迁工作领导小组、指挥部和部门统筹协调机制；加强对易地扶贫搬迁工程项目质量安全和建设单位的行业监管；指导地方逐一制定万人以上超大型集中安置区巩固搬迁脱贫成果实施方案；研究起草2020年后巩固易地搬迁脱贫成果的指导性文件；加强对后续扶持工作的督促检查；加大后续扶持工作成效宣传力度；对易地扶贫搬迁后续扶持工作积极主动、成效明显的省份实施督查激励措施。将后续扶持工作情况纳入脱贫攻坚成效考核和贫困县退出评估重点内容。

国家发展改革委还发出《关于深入贯彻落实习近平总书记重要讲话精神决战决胜易地扶贫搬迁工作的通知》，要求全力克服新冠肺炎疫情对易地扶贫搬迁工作的影响，坚决完成安置区配套设施建设扫尾工程和补短板项目建设任务，切实推动各类监督检查发现问题尽快整改"清零"，分区分类精准施策强化后续扶持措施，多措并举巩固易地搬迁脱贫成果，不断加强易地扶贫搬迁领域作风建设，进一步加大易地扶贫搬迁工作成效宣传力度，全方位做好与乡村振兴和新型城镇化战略有效衔接。

各地按照党和国家统一部署，紧密结合本地实际，切实做好易地扶贫搬迁工作。

云南省坚持"五心"打造易地扶贫搬迁新家园：坚持党建引领强信心，加强思想引导聚民心，社会主义核心价值观融入筑同心，新时代文明实践暖人心，服务保障到位安民心。新建街道党工委 2 个，社区党总支 7 个，小区党支部 7 个，楼栋党小组 134 个，实现组织设置网格区域全覆盖。新成立 7 个社区，明确 22 名片长、271 名楼栋长。在社区成立老年协会、业主委员会、文体协会，开展生活融入、邻里互助、纠纷调解、平安创建等活动。组织省市县 283 个"挂包帮"单位的 2839 名志愿者，与安置点一期 5140 户搬迁户开展结对帮扶、文明共建行动。

坚持"八个下楼就有"：有党组织、有志愿服务队、有卫生服务站、有学校、有活动广场、有公交车、有"扶贫车间"、有农贸市场。按照这个标准，云南省健全完善公共服务体系。按户所需实行"点餐式"培训和转移就业，确保劳动力家庭户均有 1 人以上就业，实现"人人有事做、户户有收入"。安置点周边新建或改扩建幼儿园 4 所、小学 5 所、中学 5 所，提供学位 15840 个，新增教师编制 739 名，确保安置点群众的 15705 名子女"个个有学上"。扩建县人民医院、县中医医院，新增床位 780 张；新建 2 个街道卫生服务中心、7 个社区卫生服务站，确保搬迁群众"小病不出社区，大病不出县城"，就近就便就医，医疗保险 100% 在迁入地缴纳、报销。

西藏自治区把住在海拔 4200 米以上的群众都搬到海拔比较低的地方。原来住在那曲高海拔地区的群众通过易地搬迁扶贫的方式，搬进了羊八井的新居，这里不仅有新房子，而且是一个温泉小院，这是一种非常新颖的易地搬迁扶贫模式。

除了适应新的生活，最主要的是发展产业。有的外出务工，有的就地发展产业。县城的一些企业，在村里面建一些扶贫车间，让这些贫困人口在家门口就近就地打工。全国建了 3 万多个扶贫车间，有 200 多万人在里面就业，其中贫困人口接近 100 万。现在盖的小区，很多一楼二楼的商品房都预留出来，搞扶贫车间。西藏拉萨有个"三有村"——"有房子、有产业、有健康"，搬了几百户过去，建了三个股份制企业，一个养奶牛，一个养鸡，一个搞种植，而且都是股份制，盈利还比较好。

2020 年以来，国家发改委会同有关部门和 22 个省份，坚决落实党中央、国务院关于易地扶贫搬迁工作的决策部署，一手抓工程扫尾、一手抓后续扶持，推动搬迁脱贫工作取得新成效。截至 2020 年 3 月底，全国累计建成易地扶贫搬迁安置住房 266 万余套，实现搬迁入住建档立卡贫困人口 947 万人，搬迁入住率达 99%。其中，河北、内蒙古、吉林、安徽、福建、江西、山东、河南、广西、贵州、甘肃、青海、宁夏、新疆等省区已全面完成搬迁入住。截至 2020 年 3 月底，各地已拆除旧房 182 万套，拆旧率 88%，已为超过 900 万建档立卡搬迁人口落实后续扶持措施，89% 有劳动力的搬迁家庭实现一人及以上人口就业。截至 4 月中旬，26 个安置区配套设施扫尾工程和 132 个已开工的大型安置区教育医疗设施补短板项目均已全部复工。

在云南，鲁甸卯家湾、靖安新区、会泽搬迁安置点……一座座新城正拔地而起，超 10 万贫困群众逐步搬出大山。乌蒙山区"挪穷窝"、稳就业、"融新城"，越来越多的贫困群众开启城镇新生活。

村民展文华老家在巧家县发拉村，村子位于乌蒙山深处，海拔超过 2800 米。背靠大山，一家人挤在破旧的土木房里，她和丈夫靠着外出务工和种洋芋、苞谷养家糊口。搬出大山，是全家人共同的梦想。

脱贫攻坚让梦想照进现实。2017 年村里发生滑坡，展文华家被认定为易地扶贫搬迁户。2019 年 12 月，一家人背上行囊，来到 100 多公里外的鲁甸卯家湾易地扶贫搬迁安置区，住进 150 平方米的电梯房。卯家湾易地扶贫搬迁安置区占地 3700 亩，正逐步成为巧家、永善、盐津等 5 县搬迁群众的新家园。

为了让搬迁群众能"稳得住"，卯家湾积极建设苹果、蔬菜基地和高原特色食品加工园，还在 6 万平方米的厂房里引入箱包制作、电子配件加工、藤编等扶贫车间，帮搬迁群众实现家门口就业。

同样是易地扶贫搬迁安置点，曲靖市会泽县钟屏街道木城社区内设 12 个扶贫车间。搬迁群众能在核桃加工、手工编织、分拣草莓等不同车间就业。

随着搬迁群众陆续入住，易地扶贫搬迁安置点根据市场需求和劳动力实际需要，开展定向式、定岗式技能培训，内容涵盖家政、保洁、汽修等方面，帮助群众提升技能促就业。

促增收的同时，易地扶贫搬迁安置点以入户为"法宝"，开展志愿服务和文化活动，帮助搬迁群众"快融入"，谱写好易地扶贫搬迁"后半篇乐章"。每户的基本信息收集有 64 项。

为丰富搬迁群众业余生活，木城社区还请来民间艺术团开展文化活动，组建山歌、广场舞、书法等兴趣团队。夜幕降临，木城社区的小广场上渐渐热闹。不少群众跳起广场舞，或领着孩子遛弯，或坐在花坛边闲谈，处处流露出城镇社区生活的新气息。[1]

二、把提高脱贫质量放在首位

扶贫攻坚越到关键时刻和收官阶段，保证扶贫脱贫的质量就愈益突出、愈益重要。

2016 年 7 月 20 日，习近平总书记在东西部扶贫协作座谈会上的讲话中指出："扶贫开发到了攻克最后堡垒的阶段，所面对的多数是贫中之贫、困中之困，需要以更大的决心、更明确的思路、更精准的举措抓工作。要坚持时间服从质量，科学确定脱贫时间，不搞层层加码。要真扶贫、扶真贫、真脱贫。"

2017 年 6 月 23 日，在深度贫困地区脱贫攻坚座谈会上，习近平总书记指出："扶贫工作必须务实，脱贫过程必须扎实，脱贫结果必须真实，让脱贫成效真正获得群众认可、经得起实践和历史检验。"

2018 年 2 月 12 日，在打好精准脱贫攻坚战座谈会上，习近平总书记又指出："坚持从严要求、促进真抓实干，把全面从严治党要求贯穿脱贫攻坚工作全过程和各环节，确保帮扶工作扎实、脱贫结果真实，使脱贫攻坚成效经得起实践和历史检验。"

2019 年 4 月 16 日，在解决"两不愁三保障"突出问题座谈会上，习近平总书记强调："脱贫既要看数量，更要看质量。要严把贫困退出关，严格执行退出的标准和程序，确保脱真贫、真脱贫。要把防止返贫摆在重要位置，适时组织对脱贫人口开展'回头看'。"

怎样保证质量？怎样避免数字脱贫、巩固脱贫成果？脱贫攻坚工作主要从三

---

[1] 参见《战贫志坚——云南乌蒙山区易地扶贫记略》，新华网 2020 年 4 月 1 日。

方面来做：一是扶真贫、真扶贫，扶的是真正的贫困人口，脱的是真正达到了脱贫标准的人，做到扶贫工作务实、帮扶过程扎实、脱贫结果真实；二是严格退出标准和程序，进行严格考核评估，看是否达到脱贫标准、退出是否符合程序，要做好评估，确保数字是核实的、社会是公认的、结果是真实的；三是对搞数字脱贫、虚假脱贫的，发现一起及时纠正一起，对情节严重的实行问责。

把提高脱贫质量放在首位，必须坚持质量标准。脱贫攻坚时间紧迫、任务艰巨，但不能因为时间紧迫、任务艰巨，就不顾质量，降低标准。是否脱贫，有严格的标准和程序。

从标准来说，贫困县、贫困村的退出，其绝对贫困人口的数量，中部地区要降到 2% 以下，西部地区要降到 3% 以下。贫困户的脱贫，要做到 2020 年时收入达到 4000 元左右，并且做到不愁吃、不愁穿，基本医疗、义务教育、住房安全有保障。简要概括，称"一二三"，即一个收入、两个不愁、三个保障。必须达到这个标准才能申请退出、宣布退出。

脱贫还有严格的程序。贫困县的退出由县里提出申请，市里初核，省里核查，核查完之后宣布，国家再抽查，要抽查 20% 的县，抽查不合格的要退回来。贫困户的退出要村里提出、本人认可。

所以，为了确保脱贫的质量，第一有标准，第二有程序，第三有严格的考核评估，有信息系统的监控来保证。

到 2017 年底，宣布了两批脱贫。其中，2016 年宣布了 28 个县脱贫摘帽，2017 年宣布了 125 个县脱贫摘帽。这 153 个县宣布以后，社会反映良好，社会认可，群众满意。第三方评估调查的贫困户、脱贫户和农户，90% 以上表示满意和认可。

2018 年 6 月 15 日印发的《中共中央、国务院关于打赢脱贫攻坚战三年行动的指导意见》明确要求："坚持把提高脱贫质量放在首位。牢固树立正确政绩观，不急功近利，不好高骛远，更加注重帮扶的长期效果，夯实稳定脱贫、逐步致富的基础。要合理确定脱贫时序，不搞层层加码，不赶时间进度、搞冲刺，不搞拖延耽误，确保脱贫攻坚成果经得起历史和实践检验。"

保证脱贫攻坚质量，既要防止"急躁症"，也要防止"拖延症"。总的都是要实事求是。按习近平总书记所说的，撸起袖子加油干。坚持标准、实事求是，有条件的快一些，条件差的慢一些，要有一个合理的、有序的时序。不能弄虚作假，不能搞官僚主义、形式主义。"急躁症"不行，"拖延症"也不行。

"两不愁三保障"是贫困人口脱贫的基本要求和核心指标，直接关系攻坚战质量。2019年4月16日，在解决"两不愁三保障"突出问题座谈会上的讲话中，习近平总书记专门强调了如何把握这个质量标准的问题。他说，我多次强调，要坚持现行脱贫标准，既不拔高，也不降低。按照习近平总书记的指示，在脱贫攻坚的验收和摘帽过程中，突出抓了三个方面的工作。

一是坚持标准。既不拔高，脱离国情、超越国情，又不降低标准，影响质量和群众的获得感。标准的具体内容：义务教育有保障，就是九年制义务教育阶段的适龄儿童、少年要有学上、能上学、上学方便，不失学辍学；基本医疗有保障，就是参加基本医疗保险、大病保险和医疗救助，得了常见病、慢性病，在县、乡、村三级医疗机构得到及时治疗，看得上病、看得起病；住房安全有保障，就是对农户特别是贫困户的住房都要进行鉴定，国家标准将房屋分为A、B、C、D四类，A、B类是安全的，C类是要维修的，D类是要重建的；饮水安全有保障，就是有水喝，喝上安全的水。

二是明确责任。中央统筹，主要是中央主管部门负起责任，指导本行业解决这方面的问题。省负总责，就是省级负责细化标准，制定方案。市县两级组织实施，逐村逐户逐人逐项销号。

三是摸底解决。从2019年4月以后，全国进行了全面排查。发现在"两不愁三保障"里面，存在义务教育辍学的、看不上病的、住危房的和饮水不安全问题的共500多万人，其中有一部分是建档立卡贫困人口，有一部分是建档立卡之外的人口。排查之后针对性地解决问题，到2019年9月，解决了300多万人，其余170多万人在2019年底前基本解决。

2020年1月，《中共中央、国务院关于抓好"三农"领域重点工作　确保如期实现全面小康的意见》提出，要坚持精准扶贫，以更加有力的举措、更加精细的工作，在普遍实现"两不愁"基础上，全面解决"三保障"和饮水安全问题，确保剩余贫困人口如期脱贫。做好考核验收和宣传工作。严把贫困退出关。坚持现行标准，严格执行贫困退出标准和程序，用好督查、巡查、督导等手段，把影响目标任务完成的各类问题找出来，及时整改解决，赢得工作主动。

三、扶贫同扶志扶智相结合

加强扶贫扶志，激发贫困群众内生动力，是中国特色扶贫开发的显著特征，是打赢脱贫攻坚战的重要举措。解决中国贫困问题,一方面要发挥中国特色社会主义的优越性,组织各方面的力量,建立大扶贫的格局,尽全力帮助贫困地区和贫困人口。但同时,必须激发扶贫对象的内生动力,把"输血"和"造血"结合起来,形成脱贫致富的牢固基础。所以,调动扶贫对象的积极性,发挥其主体作用,提高其发展能力,既是脱贫攻坚的关键,更是脱贫攻坚的目的。

湖北省保康县马桥镇的尧治河村,地处房县、神农架和保康三县(区)交界处,是一个典型的偏远高寒山区。全村有两个居民小区、164户、649人。

据《史记·五帝本纪》及相关史书记载,尧帝"其仁如天,其知如神"。他得知这里一岩洞中藏有一条恶龙常常出来为非作歹伤害百姓后,即派雷公前来将恶龙劈死,使人们得以重享安宁。尧治河由此而得名。

村子面积33.4平方公里,耕地700亩,平均海拔1600多米。"山大梁子多,出门就爬坡""四月雪、八月霜"是这里自然环境的真实写照。

尧治河村过去是保康县有名的贫困村,到1988年,全村仍然是"吃的供应粮,穿的烂衣裳,点的煤油灯,住的破草房"。全村人均粮食不足300斤,人均收入不足300元,既不通路,也不通电。

从1988年起,村党委一班人带领全村群众向恶劣的生存环境挑战,凭着愚公移山的毅力,发扬"自力更生、团结奋斗、和谐创业、科学发展"的尧治河精神,劈山修路、炸石开矿、筑坝办电、改田建园、兴工办厂。回村当支部书记的教师孙开林发出"要苦先苦党员,要死先死干部"的庄严誓言。经过20年的艰苦创业和快速发展,尧治河村终于甩掉了贫困的帽子,创造了贫困、边远、高寒山村的发展奇迹。

1988年以前,尧治河没有公路,只有在陡峭的山上几乎是"竖"起来的小路,运输全靠肩挑背驮。从1988年秋村里办矿修了近1公里矿山公路开始,30多年来,尧治河人一直坚持修路,先后投资3.47亿元,累计修通了通往外界的出境公路、矿山公路、旅游公路等共计130公里的公路。

走进尧治河,汽车会穿过悬崖峭壁间总长达6.4公里的12个隧道。透过车窗可以看到洞壁岩石是锯齿状的。这是尧治河人在缺乏现代化机械设备的条件下,用钢钎、铁锤、十字镐在大山深处凿出的。从人工开凿的隧道,足以看出尧治河人愚公移山、自强不息的精神。

尧治河修路没有聘请外部的专业测量队、技术员,都是自己的土专家用一双眼睛、一把皮尺、几根竹竿,比画着、琢磨着路的坡度、高度、弯度和宽度。

只有 200 多个劳力的尧治河村，一年接着一年干，先后建起了 5 座电站，并收购村外 5 座水电站，装机容量达 2.44 万千瓦，年发电量 1 亿度，年创产值 3000 多万元。这么少的人修建这些工程，不亚于修建一条当年震惊世界的"红旗渠"。

2017 年 12 月，尧治河村荣获 2017 年名村影响力排行榜 300 佳，还入选湖北省 2017 年底美丽乡村建设典型示范村。2019 年 7 月 28 日，尧治河村入选首批全国乡村旅游重点村。

事实证明，摆脱贫困是一个同自然抗争、跟人自身斗争的过程，认命等于向困难低头，等靠不是长远之计，只有励志图强，敢于奋斗，善于奋斗，不懈奋斗，主要依靠内生的强大力量，才能从根本上战胜贫困，把脱贫致富建立在最牢固的基础之上。

习近平总书记一再强调："我们坚持开发式扶贫方针，把发展作为解决贫困的根本途径，既扶贫又扶志，调动扶贫对象的积极性，提高其发展能力，发挥其主体作用。"

《中共中央、国务院关于打赢脱贫攻坚战三年行动的指导意见》明确要求开展扶贫扶志行动。

2018 年 10 月 29 日，中央 13 个部委联合发出《关于开展扶贫扶志行动的意见》，专门就怎样把扶贫同扶志扶智结合起来作出了部署。

《意见》指出，脱贫攻坚以来，广大贫困群众脱贫致富信心、自我发展能力明显提高，精神面貌显著改变，扶贫扶志工作取得积极进展。但仍然存在部分贫困群众脱贫主体意识淡薄、"等靠要"思想突出、脱贫能力不足、帮扶工作中简单给钱给物和一些陈规陋习现象严重等问题。

针对这种情况，《意见》要求，更加注重培育贫困群众主体意识，更加注重提高贫困群众脱贫能力，更加注重改进帮扶方式，更加注重营造健康文明新风，激发贫困群众立足自身实现脱贫的信心决心，形成有劳才有得、多劳多得的正向激励，树立勤劳致富、脱贫光荣的价值取向和政策导向，凝聚打赢脱贫攻坚战强大精神力量，切实增强贫困群众自我发展能力，确保实现贫困群众持续稳定脱贫。

按照要求，各地各部门在各方面采取措施，努力把扶贫与扶志扶智结合起来。

（一）采取有效措施，增强立足自身实现脱贫的决心信心。

（1）开展扶志教育。组织贫困群众认真学习习近平总书记关于扶贫工作的重要论述，加强思想、文化、道德、法律、感恩教育，大力弘扬"脱贫攻坚是干出来的""幸福是奋斗出来的""滴水穿石""弱鸟先飞""自力更生"等精神，帮助贫困群众摆脱思想贫困、树立主体意识。大力宣传脱贫攻坚目标、现行扶贫标准和政策举措，让贫困群众知晓政策、更好地参与政策落实并获得帮扶。建好用好新时代文明实践中心，运用好农村"大喇叭"、村内宣传栏、微信群、移动客户端和农村远程教育等平台，发挥乡村干部和第一书记、驻村工作队贴近基层、贴近群众优势，组织党员干部、技术人员、致富带头人、脱贫模范等开展讲习，提高扶志教育针对性、及时性、便捷性和有效性。在贫困地区中小学校开展好习惯、好行为养成教育，带动学生家长共同转变观念习惯。

（2）加强技能培训。围绕贫困群众发展产业和就业需要，组织贫困家庭劳动力开展实用技术和劳动技能培训，确保每一个有培训意愿的贫困人口都能得到有针对性的培训，增强脱贫致富本领。采取案例教学、田间地头教学等实战培训，强化信息技术支持指导，实现贫困群众科学生产、增产增收。组织贫困家庭劳动力参加劳动预备制培训、岗前培训、订单培训和岗位技能提升培训，支持边培训边上岗，突出培训针对性和实用性，将贫困群众培育成为有本领、懂技术、肯实干的劳动者。

（3）强化典型示范。选树一批立足自身实现脱贫的奋进典型和带动他人共同脱贫的奉献典型，用榜样力量激发贫困群众脱贫信心和斗志，营造比学赶超的浓厚氛围。开展全国脱贫攻坚奖评选，组织先进事迹报告会，支持各地开展脱贫攻坚奖评选表彰活动，加大对贫困群众脱贫典型表彰力度。制作扶贫公益广告，宣传榜样力量。宣传脱贫致富先进典型，总结推广脱贫致富成功经验，鼓励各地开展脱贫家庭星级评定，发布脱贫光荣榜，用身边人身边事教育引导身边人，让贫困群众学有榜样、干有方向，形成自力更生、脱贫光荣的鲜明导向。

（二）改进帮扶方式，提高贫困群众脱贫能力。

（1）引导贫困群众发展产业和就业。支持贫困群众发展特色产业，大力开展转移就业，开发扶贫岗位，在有条件的地方建设扶贫车间，确保有劳动力的贫困户至少有一项稳定脱贫项目。加强贫困村致富带头人培育培养，增强新型经营主体带动作用，提高贫困群众发展生产的组织化、规模化、品牌化程度。完善产业扶贫奖补措施，鼓励和支持贫困群众发展产业增收脱贫。采取劳务补助、劳动增收奖励等方式，提倡多劳多得、多劳多奖。

（2）加大以工代赈实施力度。大力推广自建、自管、自营等以工代赈方式，通过投工投劳建设美好家园。强化工作指导，督促地方切实组织和动员当地贫困群众参与工程建设，改善贫困乡村生产生活条件。提高劳务报酬发放比例，推动以工代赈回归政策初衷。

（3）减少简单发钱发物式帮扶。规范产业扶贫和光伏扶贫，财政资金和村集体资产入股形成的收益主要支持村集体开展扶贫。推广有条件现金转移支付方式，除现行政策明确规定以现金形式发放外，原则上不得无条件发放现金。不得包办代替贫困群众搞生产、搞建设，杜绝"保姆式"扶贫，杜绝政策"养懒汉"。

（4）发挥贫困群众主体作用。尊重贫困群众的首创精神和主体地位，鼓励贫困群众向村两委签订脱贫承诺书，明确贫困群众脱贫责任。落实贫困群众知情权、选择权、管理权、监督权，引导贫困群众自己选择项目、实施项目、管理项目、验收项目，参与脱贫攻坚项目全过程。推广以表现换积分、以积分换物品的扶贫超市等自助式帮扶做法。鼓励贫困户之间或贫困户与非贫困户之间开展生产生活互助。

（三）推进移风易俗，引导贫困群众健康文明新风尚。

（1）提升乡风文明水平。持之以恒推进农村精神文明建设，着力培育文明乡风、良好家风、淳朴民风。在贫困地区开展文明村镇、文明家庭、星级文明户等创建活动，推选"好婆婆""好媳妇""好夫妻""好儿女"，推广设立扶贫孝善基金。对积极参与村内公益事业、保持良好生活和卫生习惯、营造优良文明家风等行为给予奖励。动员文明单位履行社会责任结对帮扶贫困村。持续开展贫困村改水、改厕、改厨、改圈等人居环境整治。发挥基层党员干部在讲文明、树新风等方面的示范作用。开展民族团结进步创建活动，引导建立各民族相互嵌入式的社会结构和社区环境，促进各民族交往交流交融。

（2）加大贫困地区文化供给。组织文艺院团、文艺工作者等创作一批反映贫困地区本地文化、展现贫困群众自力更生精神风貌的文艺影视作品。培育挖掘贫困地区本土文化人才，支持组建本土文化队伍，讲好富有地方特色、反映群众自主脱贫的故事。推动贫困地区村综合文化服务中心和体育设施建设，推进数字广播电视户户通。组织文化下乡活动，加快优秀文艺作品向贫困地区基层一线传播。

（3）发挥村民治理机制和组织作用。指导修订完善村规民约，传承艰苦奋斗、勤俭节约、勤劳致富、自尊自强、孝亲敬老、遵纪守法等优良传统，引导贫困群众自觉遵守、自我约束。鼓励成立村民议事会、道德评议会、红白理事会、禁毒禁赌会等自治组织，规劝制止陈规陋习，倡导科学文明生活方式。

（4）加强不良行为惩戒。开展高额彩礼、薄养厚葬、子女不赡养老人等摸底调查，有针对性地开展专项治理，逐步建立治理长效机制。探索设立红黑榜，曝光攀比跟风、环境脏乱差、争当贫困户等不良行为。深化法治建设，引导贫困群众知法守法，不越雷池、不碰红线。加强诚信监管，将有故意隐瞒个人和家庭重要信息申请建档立卡贫困户和社会救助、具有赡养能力却不履行赡养义务、虚报冒领扶贫资金、严重违反公序良俗等行为的，列入失信人员名单，情节严重、影响恶劣的，通过公益诉讼等手段依法严厉惩治。对参与黑恶活动、黄赌毒盗和非法宗教活动且经劝阻无效的贫困人口，可取消其获得帮扶和社会救助资格。

（四）强化基层党组织政治功能，加强对贫困群众的教育引导。

（1）选好配强村级党组织带头人。实施村党组织带头人整体优化提升行动，加大从本村致富能手、外出务工经商人员、本乡本土大学毕业生、退役军人中培养选拔力度。有针对性地开展大规模轮训工作，村党组织书记每年至少参加1次县级以上集中培训。派强用好第一书记和驻村工作队，严格管理考核，树立鲜明导向，对优秀的第一书记和驻村干部宣传表彰、提拔使用，对不胜任的及时"召回"调整。

（2）发挥好村级党组织组织群众、宣传群众、凝聚群众、服务群众的作用。着力选准贫困村发展路子，制定好脱贫计划，组织贫困群众参与脱贫项目并实现增收。推动基层党组织加强对村民议事会、村民理事会等各种组织的领导，把农村精神文明建设抓在手上。加强贫困村脱贫致富带头人培育培养，组织和支持党员带头脱贫致富，吸引各类人才到贫困村创新创业。加强对贫困人口、留守儿童和妇女、老年人、残疾人、"五保户"等人群的关爱服务。落实"四议两公开"制度，探索基层民主决策新方式，提高群众的集体意识、参与意识和奉献意识。

（3）因地制宜发展壮大村级集体经济。省一级要制定发展村级集体经济规划，县一级要在逐村分析研究基础上，制定实施方案。乡镇、村党组织要把党员、群众和各方面力量组织起来，多渠道增加村集体经济收入，切实增强村级党组织凝聚服务群众的能力。财政支农资金投入所形成资产带来的村集体经济收入，优先用于购买公益岗位、村内小型公益事业等贫困户帮扶及保障支出。加强对村集体经济运营、分配和使用等方面的监督管理。

（五）加强工作保障，推进政策举措落地见效。

（1）切实落实责任。各级相关部门要高度重视扶贫扶志工作，加强统筹协调、督促推进和配合协作，按照责任分工抓好组织实施。注重发挥驻地部队、共青团、妇女组织、残联和社会组织等在扶贫扶志中的作用。

（2）强化督导检查。各地要建立扶贫扶志重点工作督办机制，建立工作台账。把扶贫扶志工作推进落实情况纳入脱贫攻坚督查巡查和精神文明创建活动内容，确保各项政策举措落实落地。

（3）鼓励探索创新。加强扶贫扶志工作理论创新和实践创新，鼓励各地结合实际探索好经验好做法，及时总结宣传推广，不断提升扶贫扶志工作水平。

习近平总书记视察过的 24 个贫困村脱贫，都有一个把扶贫与扶志相结合、动员启发、转变观念、增强信心、由等到动、由懒变勤的过程。有的倡导老区精神，挖掘和宣讲老一辈的红色故事，努力用革命战争年代的战斗激情唤起村民，鼓励大家树立自我发展意识，敢于向贫困宣战、向小康进军；有的组织参观培训，帮助村民转观念、换脑筋，引导大家不安于现状、不满足温饱，积极用奋斗改变命运；有的设立脱贫志气榜、致富光荣榜，颁发脱贫光荣证和脱贫致富奖，激发奋勇争先的热情；有的狠抓移风易俗，推动生产生活方式转变和文明素养提升；有的实行"群众思想道德星级化管理"，以户为单位进行量化评比、确定星级，"把当先进还是拖后腿贴到家门上"，营造起奋斗光荣、互帮互助、你追我赶的浓厚氛围。

安徽金寨县大湾村年近七旬的陈泽申曾当面向习近平总书记拍胸脯说："不怕年纪大，就怕志气短，我一定干出个样子来。"这几年他忙着养羊、种天麻、采板栗、进厂务工，每年都比上年增收 1 万多元。湖南花垣县十八洞村的龙先兰，曾向村里吵着要钱要物，受脱贫攻坚战的激励，逐步成长为村里的养蜂大户，还带动 12 户贫困群众一起增收。现在，24 个村的村民中"靠着墙根晒太阳，等着政府送小康"的少了，主动想办法、找门路、抓机遇的多了，大家都为了致富而充实忙碌了起来。[1]

---

[1] 参见特约调研组：《铿锵的时代乐章——党的十八大以来习近平总书记考察调研过的贫困村脱贫调查》，新华网 2020 年 10 月 9 日。

湖南长沙"90后"苗族姑娘杨淑亭,因意外车祸导致高位截瘫,但她不认命不服输,坐着轮椅开启创业之路,带动数百家贫困户脱贫。陕西扶风县吴家村村民王喜玲不幸遭遇丧夫之痛,倔强的她顽强拼搏、自强自立,几年后成为扶风县第一个主动退出贫困户的人。自强不息、奋斗脱贫,成为打赢脱贫攻坚战的内生动力。

走出过大山的安徽黟县塘田村老兵黄忠诚,退伍后操持木材生意,小日子一度红红火火。但他始终放心不下村里,回到家乡任职村委会主任:"我要帮乡亲们一起脱贫致富!"

塘田村地处皖南山区,茶叶资源丰富,但一直卖不上价。他自掏腰包甚至贷款流转土地、建厂房,发动村民入股茶叶专业合作社。沉寂已久的荒山,开始重焕生机。

2016年9月5日,黄忠诚兑现了组建合作社时对贫困户的承诺,向贫困户发放股金分红。欢天喜地的日子里,他却因积劳成疾突发脑溢血,猝然倒在了分红现场。[1]

四、开发式扶贫和保障性扶贫相统筹

贫困人口的构成是复杂的。建档立卡需要在最后三年中脱贫的3000多万人口中大多数都是老病残等特殊群体。2018年8月建档立卡贫困户中因病因残致贫比例分别超过40%、14%,65岁以上老年人的比例超过16%。而且随着脱贫攻坚进程的不断深入,这些特殊贫困群体的比例还会越来越高,他们的贫困程度很深,减贫的成本非常高,脱贫的难度也很大。

这些特殊贫困群体,很多都不具备自我发展的能力和条件,对于他们而言,不仅无业可扶,而且无力可扶。开发式扶贫主要针对尚有劳动能力的人口,对失去或基本失去劳动能力的贫困人口,很难要求他们再去发展各种产业,只能通过社会保障的方式改善他们的生存条件。因此,在坚持开发式扶贫"造血"的同时,"输血"的方式、社会保障的方式仍然是不可缺少的。这就是保障性扶贫。

保障性扶贫并不是对剩下的贫困人口采取低保"一兜了之"的方式,而是

---

[1] 参见《彪炳史册的伟大奇迹——中国脱贫攻坚全纪实》,新华网2021年2月24日。

重点针对那些完全丧失劳动能力或部分丧失劳动能力，且无法依靠产业就业帮扶脱贫的贫困人口，建立以社会保险、社会救助、社会福利制度为主体，以慈善帮扶、社工助力为辅助的综合保障体系。通过这些综合措施来实现对他们的兜底保障。

《中国农村扶贫开发纲要（2011—2020年）》把实行扶贫开发和农村最低生活保障制度有效衔接，提升到新阶段扶贫开发工作方针的高度，并把完善农村社会保障制度列为主要任务和行业扶贫的重点工作内容。

《国务院关于在全国建立农村最低生活保障制度的通知》规定，"建立农村最低生活保障制度的目标是：通过在全国范围建立农村最低生活保障制度，将符合条件的农村贫困人口全部纳入保障范围，稳定、持久、有效地解决全国农村贫困人口的温饱问题"。

纳入农村低保的对象，是家庭年人均纯收入低于当地最低生活保障标准的农村居民，主要是因病残、年老体弱、丧失劳动能力以及生存条件恶劣等原因造成生活常年困难的农村居民。对低保对象实行动态管理，做到保障对象有进有出，补助水平有升有降。农村最低生活保障标准由县级以上地方人民政府按照能够维持当地农村居民全年基本生活所必需的吃饭、穿衣、用水、用电等费用确定，报上一级地方人民政府备案后公布执行，并随着当地生活必需品价格变化和人民生活水平提高适时进行调整。[1]

党的十八大之后，习近平总书记反复强调，对贫困人口中完全或部分丧失劳动能力的人，由社会保障来兜底。确保他们病有所医、残有所助，基本生活有保障，实现脱贫。

《中共中央、国务院关于打赢脱贫攻坚战三年行动的指导意见》指出，要坚持开发式扶贫和保障性扶贫相统筹。把开发式扶贫作为脱贫基本途径，针对致贫原因和贫困人口结构，加强和完善保障性扶贫措施，造血输血协同，发挥两种方式的综合脱贫效应。

为此，要采取各种政策和措施，强化综合保障性扶贫。统筹各类保障措施，建立以社会保险、社会救助、社会福利制度为主体，以社会帮扶、社工助力为辅助的综合保障体系，为完全丧失劳动能力和部分丧失劳动能力且无法依靠产业就业帮扶脱贫的贫困人口提供兜底保障。

---

[1] 参见中共中央文献研究室编：《十六大以来重要文献选编》（下），中央文献出版社2011年版，第1097、1099页。

　　为了做好综合保障性扶贫工作,《指导意见》提出了一系列具体的政策举措:

　　一是加强养老保障。包括完善城乡居民基本养老保险制度,对符合条件的贫困人口由地方政府代缴城乡居民养老保险费。

　　二是深入实施健康扶贫工程。将贫困人口全部纳入城乡居民基本医疗保险、大病保险和医疗救助保障范围。加大医疗救助和其他保障政策的帮扶力度,切实降低贫困人口就医负担。贫困人口因病致贫的一个最重要的原因就是看病支出负担太重。通过三项措施,基本医保、大病保险和医疗救助,减轻他们就医支出负担。

　　三是保障住房安全,特别是通过加快易地扶贫搬迁和农村危房改造等措施解决贫困群体的住房安全问题,同时鼓励通过闲置农房的置换或长期租赁方式解决他们的基本住房安全问题。

　　四是推进农村低保和扶贫开发两项制度衔接。健全农村低保对象的认定方法,将符合条件的贫困人口纳入低保范围,同时加强农村建档立卡工作和农村低保对象的认定这两项工作的相互衔接。

　　五是保障义务教育。特别是加大控辍保学的工作力度,确保贫困家庭适龄学生不因贫失学辍学。全面推进贫困地区义务教育薄弱学校改造工作,重点加强乡镇寄宿制学校和乡村小规模学校建设,确保所有义务教育学校达到基本办学条件。

　　加大临时救助力度,及时将符合条件的返贫人口纳入救助范围。对地广人稀的贫困地区适度降低国家救灾应急响应启动条件。

　　通过这些综合保障性措施确保贫困地区特殊贫困人群完全能实现兜底,得到保障。

　　对特殊贫困群体,一方面是政策保障,另一方面是服务保障。比如,残疾人现在有残疾人的两项补贴,也有低保,但是有的残疾人生活不能自理,所以,对于这种特殊群体,在怎样搞好服务方面,各地也因地制宜做了很好的探索,实施社会服务兜底工程,加快建设为老年人、残疾人、精神障碍患者等特殊群体提供服务的设施。鼓励各地通过互助养老、设立孝善基金等途径,创新家庭养老方式。加快建立贫困家庭"三留守"关爱服务体系,落实家庭赡养、监护照料法定义务,探索建立信息台账和定期探访制度。

　　对特殊贫困群体中尚有部分劳动能力的,也要创造条件让他们参与一定的生产经营活动。农村老年人到六七十岁,干重体力活不行,在家待着又很闷,安排在扶贫车间打工，就在家门口，既干着活，动着手脚，还有人聊天，一个月能挣几百块钱，有的还能挣一两千元，他们感到很开心。

五、加大东西部扶贫协作和对口支援力度

东西部扶贫协作和对口支援，是推动区域协调发展、协同发展、共同发展的大战略，是加强区域合作、优化产业布局、拓展对内对外开放新空间的大布局，是打赢脱贫攻坚战、实现先富帮后富、最终实现共同富裕目标的大举措，也是改革开放以来中国式扶贫脱贫之路的重要经验之一。

2016 年 7 月 20 日，习近平总书记在银川主持召开东西部扶贫协作座谈会并发表重要讲话，对深化东西部扶贫协作和对口支援提出了要求。2016 年 12 月，中共中央办公厅、国务院办公厅印发《关于进一步加强东西部扶贫协作工作的指导意见》，根据《中共中央、国务院关于打赢脱贫攻坚战的决定》和 2016 年中央扶贫开发工作会议、东西部扶贫协作座谈会精神，对做好东西部扶贫协作和对口支援工作，作出了全面的专项部署。

《中共中央、国务院关于打赢脱贫攻坚战三年行动的指导意见》又进一步要求加大东西部扶贫协作和对口支援力度。根据新的形势和任务，提出了三项工作要求：一是把人才支持、市场对接、劳务协作、资金支持等作为协作重点，深化东西部扶贫协作，推进携手奔小康行动贫困县全覆盖，并向贫困村延伸。二是强化东西部扶贫协作责任落实，加强组织协调、工作指导和督导检查，建立扶贫协作台账制度，每年对账考核。三是优化结对协作关系，实化细化县之间、乡镇之间、行政村之间结对帮扶措施，推广"闽宁示范村"模式。

同时，在帮扶方式上，提出了五点要求：一是突出产业帮扶，鼓励合作建设承接产业转移的基地，引导企业精准结对帮扶。二是突出劳务协作，有组织地开展人岗对接，提高协作规模和质量。三是突出人才支援，加大力度推进干部双向挂职、人才双向交流，提高干部人才支持和培训培养精准性。四是突出资金支持，切实加强资金监管，确保东西部扶贫协作资金精准使用。五是将帮扶贫困残疾人脱贫纳入东西部扶贫协作范围。

《指导意见》还要求，实施好"十三五"对口支援新疆、西藏和四省藏区经济社会发展规划，严格落实中央确定的 80% 以上资金用于保障和改善民生、用于县及县以下基层的要求，进一步聚焦脱贫攻坚的重点和难点，确保更多资金、

项目和工作精力投向贫困人口。

为了确保东西部扶贫协作和对口支援力度加大、顺利推进，采取了三个方面的保障措施。

一是加强组织领导。国务院扶贫开发领导小组负责加强东西部扶贫协作的组织协调、工作指导和考核督查。东西部扶贫协作双方建立高层联席会议制度，党委或政府主要负责同志每年开展定期互访，确定协作重点，研究部署和协调推进扶贫协作工作。

二是完善政策支持。中央和国家机关各部门加大政策支持力度。国务院扶贫办、国家发展改革委、教育部、民政部、人力资源和社会保障部、农业部、中国人民银行等部门按照职责分工，加强对东西部扶贫协作和对口支援工作的指导和支持。中央组织部统筹东西部扶贫协作和对口支援挂职干部人才选派管理工作。审计机关依法加强对扶贫政策落实情况和扶贫资金的审计监督。纪检监察机关加强扶贫领域监督执纪问责。

三是开展考核评估。把东西部扶贫协作工作纳入国家脱贫攻坚考核范围，作为国家扶贫督查巡查重要内容，突出目标导向、结果导向，督查巡查和考核内容包括减贫成效、劳务协作、产业合作、人才支援、资金支持五个方面，重点是解决多少建档立卡贫困人口脱贫。对口支援工作进一步加强了对精准扶贫工作成效的考核。东西部扶贫协作考核工作由国务院扶贫开发领导小组组织实施，考核结果向党中央、国务院报告。

东部发达地区267个经济较强县市区结对帮扶西部地区406个贫困县，并实现对30个民族自治州全覆盖，增强了扶贫的针对性有效性。

东西协作双方建立高层定期互访机制，每年由主要领导带队组成党政代表团到对方省、区、市考察学习，召开联席会议，及时就双方交流协作中的重要问题进行对接和磋商，明确工作方向，确定协作重点，签署帮扶协议。为使工作落到实处，双方都成立了专门工作机构，做到了"有领导分管、有专人负责、有工作计划、有督促检查"。

东西扶贫协作双方高度重视经济合作，充分发挥各自比较优势，努力实现互惠互利，共同发展。东部地区不仅帮钱帮物，更重视推动产业层面合作，推动东部地区人才、资金、技术向贫困地区流动，实现双方共赢。山东省每年组成省领导任团长的代表团赴重庆参加"渝洽会"，海尔集团、鲁能集团等一大批大型企业在重庆落户。力诺集团是山东大型民营企业，拥有以阳光经济、健康产业为核心的产业集群，企业与重庆市武隆区共同推进建设特种玻璃加工基地项目。浪潮集团是全国领先的云计算大数据服务商，在政务云平台建设、区块链、智慧城市运营等方面与重庆市两江新区、万州、开州、丰都、石柱等地推动合作。北京市组织大型旅游集团与内蒙古自治区赤峰、乌兰察布合作，开通了北京至赤峰"克什克腾旗号"草原专列，极大地推动了赤峰旅游业发展。

《中共中央、国务院关于打赢脱贫攻坚战三年行动的指导意见》要求推广的"闽宁示范村"模式，是习近平同志在20世纪90年代就开始创立的对口扶贫的重要经验。

20世纪90年代以来，"闽宁"模式不仅持续发展，而且扶贫力度越来越大。到2016年，福建先后援建学校236所、医疗卫生院（所）323个，选派1328名教师和医疗技术人员到宁夏帮助工作；帮助建设闽宁示范村160个；打水窖1.5万眼，解决了30万人、10万余头大牲畜饮水难题。闽宁生态移民示范村、闽宁学校、闽宁儿童福利院、闽宁敬老院、闽宁扶贫产业园……"闽宁"二字，如今在宁夏6.6万平方公里的大地上处处镌刻下印记，两省区同心战贫困的成果俯拾即是。

这些年，宁夏近百万群众从南部山区搬了出来，光闽宁村就接收了4万多名移民。如今，闽宁村已经升格成了拥有6万多人的闽宁镇，这个当初被人们形容为"天上无飞鸟，地上不长草，风吹沙石跑"的地方，已经变成了一方绿洲，成为远近闻名的特色小镇，培育出菌菇、酿酒葡萄等特色产业，人均纯收入超过1.4万元。

绵延24年、跨越2000多公里，11批183名福建挂职干部一任接着一任干。闽宁协作，不仅让闽宁镇从无到有、从穷到富，还带动了曾经苦瘠甲天下的地区山乡巨变，一个山绿民富的西海固呼之欲出。

在习近平同志当年提出的"优势互补、互惠互利、长期协作、共同发展"方针指引下，闽宁两省区20多年来守望相助，从单向扶贫到产业对接，从经济援助到社会事业多领域深度合作，形成了独具特色的"闽宁模式"，开创了一条具有示范意义的扶贫协作道路，集中展现了中国特色社会主义制度的优越性。

74.13亿元资金，支持项目5104个，带动脱贫116万余人……这是"十三五"以来，江苏和陕西扶贫协作交出的成绩单。江苏52个经济实力强县（市、区）与陕西56个贫困县（区）结对全覆盖，形成"一对一""多对一"的结对帮扶格局。两省跨越时间和空间，共结千里之缘，持续推动扶贫项目落地实施，助力经济合作结出硕果，让协作成果更好地惠及群众，书写了一个又一个"苏陕一家亲，携手奔小康"的感人故事。

江苏省帮扶贫困地区由来已久，采取了很多措施，提供了大量资金，作出了很大贡献，也取得了明显成效。新形势下，苏陕对口协作工作怎么做？两省通过探索，不断提高扶贫协作、互利共赢的水平，携手加快高质量发展步伐。

无论贫穷与落后，都与人的素质有关。江苏干部的素质是人所共知的。扶贫协作也要在提高干部素质上下功夫。截至 2021 年初，陕西省市县各级主要领导累计赴江苏考察对接 1267 次；陕西先后选派 1352 名党政干部和 11615 名专业技术人员赴苏挂职学习；江苏 300 多名干部、3000 多名"支农、支医、支教"人才来陕服务陕西发展。按照两省省委、省政府决策部署，江苏赴陕干部人才，在挑战面前拼搏，在危机当中奋进，在困难之下争先，为助力陕西高质量打赢脱贫攻坚战贡献了一份"江苏力量"。

"手把手"带，"心贴心"帮。从未出过远门的汉中市略阳县两河口镇李家坝村村民白世文，3 年前通过苏陕扶贫协作招聘会走出大山，成为江苏省海安高新区铭利达科技有限公司的一名操作工。3 年时间，白世文从一名地地道道的庄稼汉，成长为企业的技术骨干。2020 年 12 月 15 日，白世文被国务院农民工工作领导小组授予"全国优秀农民工"荣誉称号。

白世文说："到江苏打工，这一步走对了！"同事"手把手"传帮带，让他快速掌握了设备维修、调试等基础技能，他还时常提出生产线技改优化的好办法。2020 年，他的一项技改建议被企业采纳，大幅度提升了生产效率。

项目实，产业兴。"十三五"以来，江苏、陕西两省聚焦产业，以高质量项目夯实协作基础。70% 以上的苏陕扶贫资金投入产业扶贫，带动投资 480 多亿元，茶叶、食用菌、中药材等扶贫产业不断发展壮大。柞水木耳、安康毛绒玩具等产业、业态快速成长，为地方发展注入持续动力。

2021 年 3 月 24 日，在苏州工业园区举行了陕西省安康市名优特色产品走进江苏（苏州）暨产业转移项目合作推介会。安康市企业代表携带产品参展，长三角地区企业签订投资协议和购销合同 21 个，累计金额 28.5 亿元。在推介会签约环节，电子线束项目受到关注。在与苏州开展产业转移协作过程中，电子线束产业已成为安康市发挥自身优势，与苏州携手引进的重点产业。安康劳动力资源富集，苏州企业有技术、有市场，双方合作可以实现优势互补、互利共赢。

为提升扶贫协作可持续性，陕西省推动各级出台土地、税收、金融等优惠政策，支持发展新社区工厂，积极引导江苏企业来陕投资兴业，累计吸引 445 家江苏企业来陕，落地投资 141 亿元。延川县 EPS 项目、中冶陕压 PMC 项目等先后落户陕西，一批稳就业促增收的社区工厂、扶贫车间遍布全省。

面对新冠肺炎疫情不利影响，苏陕两省在畅通物流渠道、优化发展环境、减税降费等方面，帮助企业解决疫情带来的困难和问题，保障扶贫车间、社区工厂开工复工稳产，推动苏陕扶贫项目复工复产达产。通过包机包车包列等方式，优先组织赴苏贫困劳动力务工就业，推动稳岗就业取得实效。

在江苏、陕西扶贫协作中，两省持续拓宽领域，以高水平合作促进互利共赢。2017 年至今，"陕电送苏"达到 65.8 亿千瓦时，有力保障了江苏经济社会发展能源需求。两省积极推进"陕货入苏"，建立东西部扶贫消费联盟，共建贫困地区产品销售线上线下平台，木耳、苹果、猕猴桃、富硒茶、杂粮等"陕牌"特色农产品加快走向长三角地区。

2020 年，陕西脱贫攻坚取得决定性进展。56 个贫困县全部脱贫摘帽，465 万建档立卡贫困人口全部脱贫，区域性整体贫困基本解决。取得这样的成绩，江苏的帮助起了不可忽视的作用。

面向新征程，陕西将继续加强与江苏在清洁能源、装备制造、生物医药、文化旅游等领域合作，探索发展壮大村级集体经济与乡村振兴衔接的措施和路径，推动合作取得更大成效。[1]

六、完善脱贫攻坚考核监督评估机制

在脱贫攻坚中，为确保脱贫成效真实，得到社会和群众认可，经得起历史和实践检验，建立了脱贫攻坚考核体系。

中共中央办公厅、国务院办公厅印发了省级党委和政府扶贫开发工作成效考核办法。

从 2016 年到 2020 年，国务院扶贫开发领导小组每年开展一次考核。主要涉及减贫成效、精准识别、精准帮扶、扶贫资金使用管理等方面内容。在 2016 年对上年度工作进行试考核基础上，2017 年组织实施正式考核。经党中央、国务院同意，对综合评价好的 8 省通报表扬；对综合评价一般或发现某些方面问

---

[1] 参见《扶贫协作结硕果　共谋发展开新局——"十三五"以来苏陕扶贫协作综述》，《陕西日报》2021 年 4 月 6 日。

题突出的 4 省，约谈省分管负责人；对综合评价较差且发现突出问题的 4 省，约谈省党政主要负责人。各地均开展了省级考核评估和整改督查巡查，对整改责任不到位、整改措施不精准、整改效果不明显的进行严肃问责，22 个市州和 150 个县党政主要负责同志被约谈。

在深入总结 2015 年、2016 年两年考核评估工作、认真研究吸收各方面意见建议的基础上，2017 年，又采取 6 项举措改进完善脱贫攻坚考核评估工作。

一是强化了考核的统筹整合。将东西部扶贫协作交叉考核纳入省级党委政府脱贫攻坚成效省际交叉考核，按照"五统一"的方式统筹安排，一次完成。统一部署，统筹安排两项考核工作；统一组建一个交叉考核组赴各省（区、市）开展实地考核；统一培训，对骨干力量进行政策解读和业务培训；统一抽样，共同确定实地调查的贫困县；统一评定，两项结果同时评定。这样，既减轻了基层的负担，又提高了考核的效率。

二是注重年终考核和平时考核的结合。2017 年，脱贫攻坚成效考核进一步完善了年终考核和平时掌握情况的结合，防止"一考定终身"，年终考核包括省级总结、省际交叉考核和第三方评估等，还有媒体暗访考核。平时情况考核由 2016 年的 11 项内容拓展到了专项考核核查、部门数据收集、平时情况梳理等三个方面 18 项内容。其中，东西部扶贫协作考核、贫困县退出专项评估检查、贫困县涉农资金专项督查、扶贫领域财政监督检查情况、统计执法监督等，都是第一次纳入平时考核的新增内容。可以说，把涉及脱贫攻坚的主要方面的情况都尽可能纳入了考核范围，掌握的情况更全面，发现问题的手段更丰富，也可以更好地相互印证，以期考核的结果更加科学、更加公正。

三是完善省际交叉考核和第三方评估。省际交叉考核人员从各省（区、市）扶贫开发领导小组成员单位抽调，而且是紧紧围绕重大政策落实和重要工作抽调，涉及了一些重要的行业部门。比如，涉及健康的，有卫计部门；涉及教育的，有教育部门；涉及住房的，有住建部门、发改部门等；包括了落实几个一批像产业扶贫一批的部门，就业扶贫一批的部门等，脱贫攻坚重大政策和重点工作推进部门成员要占 50% 以上。这样就确保每一个省际交叉考核组就是一个医联体，每一个考核人员就相当于一个全科医生，下去对一个地方对一个村能够进行精准的识别和评判。还增加了基层的力量，市县基层一线扶贫干部要占 30% 以上。他们处于脱贫攻坚的主战场，是攻坚的实践者，对这个过程比较清楚，所以增加了这一块。这个方面主要是发挥他们政策熟、业务精的优势，重点考核责任落实、政策落实、工作落实和脱贫人口返贫等情况，总结典型经验，发现突出问题，听取意见建议。

考核既有必要的增加，也有必要的减少。省际交叉考核不再考核"两率一度"，识别准确率、退出准确率、群众满意度检查工作交由第三方评估来做，省际交叉考核就是深入发现先进典型经验，查找突出问题，听取意见建议，主要是在定性判断三落实情况方面发挥作用。第三方评估"两率一度"检查问卷也进行了简化，重点围绕"两不愁三保障"和三落实来设计，内容由 2016 年的 23 项减少到 2017 年的 17 项，减少了 1/4。第三方评估简化收入的调查，改算收入为重点分析收入的来源、结构和稳定性，完善因村因户帮扶工作群众满意度的调查指标，注重考虑群众的获得感，增强满意度检查的客观性。用好建档立卡数据，不进行重复调查。就是建档立卡里面可以提取的，就不用到村到户再问。使用信息化的技术，提高评估效果，减少评估人员。2017 年在评估任务加重的情况下，第三方评估人员减少了近 200 人。第三方评估实行严格的回避制，就是参与评估的高等院校不评估其所在省份的工作，便于大家放开手脚，真正做到客观公正，排除一些干扰，切实做好第三方评估工作。同时，实行大交叉，两个省的高校不搞相互之间的评估。

四是建立问题核实机制。考核明确，省际交叉考核和第三方评估实地调查发现的疑似问题可以及时反馈给地方，地方对这个问题有疑义的可以解释说明，这是 2016 年贫困县退出评估检查时进行的试点，效果非常好，地方也非常欢迎。省际交叉考核组和第三方机构按要求进行复核，做到问题发现准确，判断依据扎实，原因分析深入，确保考核评估结果更加真实、可靠、过硬。

五是改进综合分析评价办法。采取定量评价与定性分析相结合的方法，综合分析评价各省年度脱贫攻坚成效。加大对薄弱环节和突出问题的考核力度。对考核结果影响最大的是问题的数量和严重的情况，即使减贫成效明显但问题多问题突出的省份，考评结果等次也会靠后。即使总体不错，但是各方面有突出问题，甚至在全国造成了恶劣的影响，其他方面再好，评价等次也不能在第一档、第二档，这就要求各省不仅要完成好年度减贫任务，还不能有突出的短板和硬伤，更不能在关键方面存在严重的问题。

六是强化考核作风。考核评估人员严格执行中央八项规定精神，严格按照程序、标准和要求开展考核评估工作。在考核中，除建档立卡数据外，不得要求地方填表报数，所需数据由考核评估人员自行采集。严格遵守保密规定，不得泄露考核评估信息。严禁干扰阻挠、提供虚假材料影响考核评估等行为，对弄虚作假、徇私舞弊搞形式主义干扰考核造成严重后果的，实行一票否决，并依纪依规追究责任。

扶贫脱贫的考核评估，既不能降低标准也不能吊高胃口。脱贫攻坚的目标是解决现行标准下贫困人口脱贫，贫困县全部摘帽。降低标准搞数字脱贫，算收入脱贫，甚至弄虚作假虚假脱贫，这不仅影响贫困群众的获得感，影响脱贫攻坚的质量，影响全面小康的成色，还会损害党和政府的形象。还有一种盲目提高标准的情况，会增加脱贫攻坚的难度，也不可持续。所以，中央反复强调要坚持现行标准，既不降低也不提高。

一年一度的考核工作，有省际交叉考核、第三方评估、记者暗访、绩效考核四项，再加上脱贫攻坚民主监督以及平时发现的各类问题，都要汇集在一起，通报给地方进行整改。考核整改主要是查责任落实、政策落实、工作落实的情况，查贫困识别是不是准确，帮扶是不是精准，退出是不是保证了质量，群众满意度到底怎么样，资金管理使用到底怎么样。每年全国都要整改几万个问题，处分四五千人，也会提拔若干人，表扬若干人。对考核好的，不仅通报表扬，还给予资金奖励，严管厚爱相结合，鼓励鞭策相结合。

《中共中央、国务院关于打赢脱贫攻坚战三年行动的指导意见》要求完善脱贫攻坚考核监督评估机制。进一步完善扶贫考核评估工作，充分体现省负总责原则，切实解决基层疲于迎评迎检问题。改进对省级党委和政府扶贫开发工作成效第三方评估方式，缩小范围，简化程序，精简内容，重点评估"两不愁三保障"实现情况，提高考核评估质量和水平。改进省市两级对县及县以下扶贫工作考核，原则上每年对县的考核不超过2次，加强对县委书记的工作考核，注重发挥考核的正向激励作用。未经省里批准，市级以下不得开展第三方评估。改进约谈省级领导的方式，开展常态化约谈，随时发现问题随时约谈。

中西部22个省的省委书记、省长向中央签署脱贫攻坚责任书，立下军令状，这是党的十八大以来唯——项由党政一把手向中央立军令状的工作。对脱贫攻坚进行专项巡视，也是到目前为止党中央唯——次对一项工作、一个领域进行专项巡视。两个唯一和实行最严格的考核评估制度，都表示了中国脱贫攻坚的坚强决心和坚定信心，表示了脱贫攻坚是必须完成的硬任务。

2020年初，中央公布了2019年脱贫攻坚的"成绩单"。北京在东西部扶贫协作成效考核中综合评价为"好"，位居全国前列。在北京扶贫协作的河北、内蒙古，扶贫开发工作成效综合评价同样是"好"。面对新冠肺炎疫情给脱贫攻坚任务带来的新困难和新挑战，北京用好的成绩证明了坚决助力受援地打赢脱贫攻坚战的实力和信心。

"好"字后面是强烈的责任、坚实的努力和大量的工作。2019 年，北京市召开市委常委会、市扶贫支援领导小组会等 21 次，研究推动扶贫支援工作。市领导班子开展了一轮密集调研，调研坐标不是北京，而是内蒙古、河北等北京扶贫协作地区。与此同时，各区也积极主动到结对旗县对接工作，走村入户，送暖问需。市领导召开京蒙、京冀高层联席会议 7 次，定期研究推动工作，以"钉钉子"的精神抓好年度项目落实见效。

北京市的扶贫协作和对口支援突出了"首善"一词，认真落实中央决策部署，把扶贫支援作为光荣的政治任务、义不容辞的责任和分内之事，始终树牢首要意识，坚持首善标准，发扬首创精神，发挥首都优势，争创首位效益，推动各项工作落地生根、开花结果。

以"首善"标准进行高位统筹，不断完善北京扶贫协作的体制机制。制定实施了《北京市扶贫协作和支援合作工作领导小组工作规则》《北京市关于开展消费扶贫助力打赢脱贫攻坚战的实施意见》等 20 多项制度。北京市扶贫协作和支援合作工作领导小组成员单位由 46 个扩大到 55 个，设立 10 个专项工作组，加大统筹协调重点工作力度。架构起组织、政策、动员、责任、培训、监督、考核、宣传等八大工作体系。

北京市扶贫协作和对口支援地区涵盖 7 个省区和新疆生产建设兵团的 90 个县级地区，其中超过 70 个是国家级或省级贫困县。特别是新疆和田、西藏拉萨、青海玉树等地都属于"三区三州"重点深度贫困地区。

北京市在扶贫协作和对口支援中提出了"抓党建促援建"的创新工作模式，把全面从严治党要求贯穿扶贫攻坚的全过程和各环节。通过抓落实、抓考核、抓整治，涌现出"斗军湾村扶贫协作党员驿站""农民智慧书屋""小组团党政援建机制"等基层党建扶贫创新模式。

北京市充分发挥首都优势，构建全市"一盘棋"的大扶贫格局：3200 多家学校、医院、乡镇、行政村扎实开展结对帮扶；市属媒体深度参与扶贫，捐助公益广告时段资源 9.7 亿元；1.3 万家社会组织、28.9 万名爱心人士参与帮扶。

脱贫攻坚，除了考核，还要监督。党的十八大以来，随着全面从严治党的推进，扶贫领域的监督也不断强化，以确保扶贫工作务实、脱贫过程扎实、脱贫结果真实，使脱贫攻坚成果经得起实践和历史检验。

在脱贫攻坚督导督查中，建立了党内与党外相结合、政府与社会相结合的全方位监督体系。[1]

一是党内监督。运用巡视利器，将脱贫攻坚纳入巡视范围。中央巡视是政治巡视，重点抓党委、政府和党政一把手的责任，抓有关部门党组、党委和主要负责人的责任。十九届中央第一轮巡视将脱贫攻坚工作纳入14个省份监督内容。

2018年10月至11月，十九届中央第二轮巡视对13个省（自治区、直辖市）、11个中央国家机关和2家中央金融企业的党组织开展了脱贫攻坚专项巡视。专项巡视发现了四大类问题：一是政治责任落实不到位。二是贯彻精准方略不到位。三是形式主义、官僚主义问题突出。四是深度贫困问题突出。巡视后，各地、各部门都制定了方案，进行了整改。

2019年12月下旬至2020年1月中旬，15个中央巡视组对中央脱贫攻坚专项巡视的13个中西部（自治区、直辖市）、11个中央国家机关和2家中央金融企业的党组织全部开展了"回头看"。这次"回头看"是习近平总书记部署的重大政治任务，也是党的十九大后中央巡视的首次"回头看"。通过"回头看"，传导党中央关于脱贫攻坚工作的决策部署，督促党委（党组）增强责任感使命感紧迫感，把巡视整改与巩固脱贫攻坚成果结合起来，围绕"两不愁三保障"目标，集中兵力打好深度贫困歼灭战，确保脱贫攻坚任务如期全面完成。国务院扶贫办开展脱贫攻坚成效考核的工作组与中央巡视组同步进驻。

各中央巡视组充分肯定了被巡视党组织脱贫攻坚专项巡视整改取得的明显成效，也指出了一些工作短板和薄弱环节。反馈要求，各级党组织和党员领导干部要坚持以习近平新时代中国特色社会主义思想为指导，持续深入学习贯彻习近平总书记关于扶贫工作的重要论述，特别是在决战决胜脱贫攻坚座谈会上的重要讲话精神，进一步提高政治站位，强化责任担当，增强使命感、紧迫感，一鼓作气、乘势而上，打好收官之战。要结合"回头看"和成效考核指出的不足，集中力量补短板、强弱项，把提高脱贫质量、巩固脱贫成果摆在重要位置，确保脱贫攻坚成色足、可持续。要根据党中央部署，统筹抓好新冠肺炎疫情防控和脱贫攻坚工作，深入研判疫情对脱贫攻坚的影响，提前谋划、积极应对，如期高质量完成脱贫攻坚任务。

---

[1] 参见国务院新闻办公室：《人类减贫的中国实践》，新华网2021年4月6日。

二是民主监督。从 2016 年开始，受中共中央委托，8 个民主党派中央对口 8 个脱贫攻坚任务重的省份开展民主监督，深入对口地方一线调查研究，对脱贫攻坚落实情况进行监督。这是民主党派首次对国家重大战略开展专项监督，也是民主党派开展的规模最大、时间跨度最长的专项监督活动。

三是督查巡查。2016 年以来，国务院扶贫开发领导小组每年开展一次脱贫攻坚督查巡查，重点对中西部 22 个省份党委和政府、中央和国家机关有关单位脱贫攻坚工作进行督查和巡查。纪检监察机关和审计、扶贫等部门按照职能开展监督工作。充分发挥人大、政协、民主党派监督作用。

四是审计监督。审计部门每年持续组织实施脱贫攻坚政策措施落实和重点资金项目跟踪审计，实现了对 832 个贫困县的扶贫审计全覆盖。审计查出扶贫资金问题金额占抽查资金比例由 2013 年的 36.3% 下降到 2020 年的 1.5%。

五是行业监督。发展改革、财政、教育、住房建设、卫生健康、医疗保障、水利等部门围绕脱贫攻坚政策举措和任务落实加强行业监督。

六是社会监督。2014 年 12 月开通 12317 扶贫监督举报电话，主要受理对扶贫资金管理、分配、使用中的问题，扶贫项目实施管理中的问题以及挤占、贪污、挪用扶贫资金等行为的反映和投诉。新闻媒体也加大监督力度，及时曝光脱贫攻坚中存在的问题，提出建设性意见和建议。[1]

此外，对国务院扶贫办本身也实施监督。根据党中央统一部署，2018 年 10 月 18 日至 11 月 30 日，中央第十三巡视组对国务院扶贫办党组开展了脱贫攻坚专项巡视。

七、建立健全贫困退出机制

扶贫脱贫，最后都是要"脱"贫。怎样脱？按什么标准和程序脱？原定的贫困地区、贫困人口怎样退出贫困行列？关系到扶贫脱贫的质量。随着脱贫攻坚的进展，贫困退出工作越来越紧迫，越来越突出。因此，必须有一套严格、规范的贫困退出机制。

对精准脱贫、摘掉穷帽子，习近平总书记具体提出了 4 点要求：

（1）设定时间表，实现有序退出，既要防止拖延病，又要防止急躁症。

---

[1] 参见国务院新闻办公室：《人类减贫的中国实践》，新华网 2021 年 4 月 6 日。

（2）留出缓冲期，在一定时间内实行摘帽不摘政策。

（3）实行严格评估，按照摘帽标准验收。

（4）实行逐户销号，做到脱贫到人，脱没脱贫要同群众一起算账，要群众认账。

2016年4月23日，中共中央办公厅、国务院办公厅印发《关于建立贫困退出机制的意见》，明确贫困人口、贫困村、贫困县在2020年以前有序退出的标准和要求。要求以脱贫实效为依据，以群众认可为标准，建立严格、规范、透明的贫困退出机制，促进贫困人口、贫困村、贫困县在2020年以前有序退出，确保如期实现脱贫攻坚目标。

贫困退出的基本原则是：

——坚持实事求是。对稳定达到脱贫标准的要及时退出，新增贫困人口或返贫人口要及时纳入扶贫范围。注重脱贫质量，坚决防止虚假脱贫，确保贫困退出反映客观实际、经得起检验。

——坚持分级负责。实行中央统筹、省（自治区、直辖市）负总责、市（地）县抓落实的工作机制。国务院扶贫开发领导小组制定统一的退出标准和程序，负责督促指导、抽查核查、评估考核、备案登记等工作。省（自治区、直辖市）制定本地脱贫规划、年度计划和实施办法，抓好组织实施和监督检查。市（地）县汇总数据，甄别情况，具体落实，确保贫困退出工作有序推进。

——坚持规范操作。严格执行退出标准、规范工作流程，切实做到程序公开、数据准确、档案完整、结果公正。贫困人口退出必须实行民主评议，贫困村、贫困县退出必须进行审核审查，退出结果公示公告，让群众参与评价，做到全程透明。强化监督检查，开展第三方评估，确保脱贫结果真实可信。

——坚持正向激励。贫困人口、贫困村、贫困县退出后，在一定时期内国家原有扶贫政策保持不变，支持力度不减，留出缓冲期，确保实现稳定脱贫。对提前退出的贫困县，各省（自治区、直辖市）可制定相应奖励政策，鼓励脱贫摘帽。

贫困退出的标准和程序是：

（1）贫困人口退出。贫困人口退出以户为单位，主要衡量标准是该户年人均纯收入稳定超过国家扶贫标准且吃穿不愁，义务教育、基本医疗、住房安全有保障。

贫困户退出，由村"两委"组织民主评议后提出，经村"两委"和驻村工作队核实、拟退出贫困户认可，在村内公示无异议后，公告退出，并在建档立卡贫困人口中销号。

（2）贫困村退出。贫困村退出以贫困发生率为主要衡量标准，统筹考虑村内基础设施、基本公共服务、产业发展、集体经济收入等综合因素。原则上贫困村贫困发生率降至2%以下（西部地区降至3%以下），在乡镇内公示无异议后，公告退出。

（3）贫困县退出。贫困县包括国家扶贫开发工作重点县和集中连片特困地区县。贫困县退出以贫困发生率为主要衡量标准。原则上贫困县贫困发生率降至2%以下（西部地区降至3%以下），由县级扶贫开发领导小组提出退出，市级扶贫开发领导小组初审，省级扶贫开发领导小组核查，确定退出名单后向社会公示征求意见。公示无异议的，由各省（自治区、直辖市）扶贫开发领导小组审定后向国务院扶贫开发领导小组报告。

国务院扶贫开发领导小组组织中央和国家机关有关部门及相关力量对地方退出情况进行专项评估检查。对不符合条件或未完整履行退出程序的，责成相关地方进行核查处理。对符合退出条件的贫困县，由省级政府正式批准退出。

贫困退出的工作要求是：

（1）切实加强领导。各省（自治区、直辖市）党委和政府要高度重视贫困退出工作，加强组织领导和统筹协调，认真履行职责。贫困退出年度任务完成情况纳入中央对省级党委和政府扶贫开发工作成效考核内容。地方各级扶贫开发领导小组要层层抓落实，精心组织实施。地方各级扶贫部门要认真履职，当好党委和政府的参谋助手，协调有关方面做好调查核实、公示公告、备案管理、信息录入等工作。

（2）做好退出方案。各省（自治区、直辖市）要按照省（自治区、直辖市）负总责的要求，因地制宜，尽快制定贫困退出具体方案，明确实施办法和工作程序。退出方案要符合脱贫攻坚实际情况，防止片面追求脱贫进度。

（3）完善退出机制。贫困退出工作涉及面广、政策性强，要在实施过程中逐步完善。要做好跟踪研判，及时发现和解决退出机制实施过程中的苗头性、倾向性问题。要认真开展效果评估，确保贫困退出机制的正向激励作用。

（4）强化监督问责。国务院扶贫开发领导小组、各省（自治区、直辖市）党委和政府要组织开展扶贫巡查工作，分年度、分阶段定期或不定期进行督导和专项检查。对贫困退出工作中发生重大失误、造成严重后果的，对存在弄虚作假、违规操作等问题的，要依纪依法追究相关部门和人员责任。

党的十八大之后扶贫脱贫的一项工作就是规范贫困退出，建立贫困退出机制，明确规定贫困县、贫困村、贫困人口退出的标准、程序和后续政策。指导各地制定脱贫滚动规划和年度计划，实施贫困县和贫困村有序退出。各省（区、市）签订年度减贫责任书，层层分解任务，落实到县到村到户到人。对贫困退出开展考核评估，防止数字脱贫、虚假脱贫，确保脱贫质量。

2018年6月15日，《中共中央、国务院关于打赢脱贫攻坚战三年行动的指导意见》进一步提出"健全贫困退出机制"。要求严格执行贫困退出标准和程序，规范贫困县、贫困村、贫困人口退出组织实施工作。指导地方修订完善扶贫工作考核评估指标和贫困县验收指标，对超出"两不愁三保障"标准的指标，予以剔除或不作为硬性指标，取消行业部门与扶贫无关的搭车任务。改进贫困县退出专项评估检查，由各省（自治区、直辖市）统一组织，因地制宜制定符合贫困地区实际的检查方案，并对退出贫困县的质量负责。中央结合脱贫攻坚督查巡查工作，对贫困县退出进行抽查。脱贫攻坚期内扶贫政策保持稳定，贫困县、贫困村、贫困户退出后，相关政策保持一段时间。

各地根据自己的实际建立和完善贫困退出机制。2016年，黑龙江制定关于建立贫困退出机制的实施意见，进一步细化中央的有关规定。如贫困户的退出有4个环节：

（1）民主评议。由村"两委"组织召开具有广泛代表性的村民代表大会进行民主评议，按照年度贫困户退出计划，初步评议出拟退出贫困户名单。

（2）核实认可。经村"两委"、驻村工作队和第一书记核实，得到拟退出贫困户认可。对贫困户是否应退出有异议的，由村"两委"、驻村工作队和第一书记组织村民代表再核实确认，拟定贫困户退出名单。

（3）村内公示。拟退出贫困户名单在村内公示，公示时间不少于7天。

（4）公告退出。经公示无异议后，公告退出，并在全国扶贫开发信息管理系统贫困人口中销号。

八、开展扶贫领域腐败和作风问题专项治理

党中央一直重视扶贫领域的作风问题和反腐败斗争并且始终采取各种措施加以治理，取得了明显的成效。

早在 1994 年 4 月 15 日，国务院印发的《国家八七扶贫攻坚计划》中，就要求"严格扶贫资金的审计制度。严禁挤占、挪用扶贫资金，违者必究"。

1996 年，《中共中央、国务院关于尽快解决农村贫困人口温饱问题的决定》强调，加强贫困地区干部的思想作风建设。重申，贫困县在解决群众温饱问题之前，党政机关、国有企事业单位不准买高级小汽车，不准建宾馆和高级招待所，不准盖新办公楼，不准领导干部再配手提无线电话，也不准县改市。有关省、自治区对此要进行认真检查，对违背上述规定者，要严肃查处。[1]

《中国农村扶贫开发纲要（2001—2010 年）》具体规定，"贫困地区的广大基层干部，要坚持党的宗旨，艰苦奋斗，廉洁奉公，改进思想作风和工作作风"。"国家审计部门要定期对扶贫资金进行全面严格的审计，防止和杜绝挤占、挪用、贪污，并形成制度，长期坚持。对审计中发现的问题，必须依法严肃处理"。[2]

《中国农村扶贫开发纲要（2011—2020 年）》提出，全面推行扶贫资金项目公告公示制，强化审计监督，拓宽监管渠道，坚决查处挤占挪用、截留和贪污扶贫资金的行为。

党的十八大以来，以习近平同志为核心的党中央全面从严治党，进一步加大了作风建设、纪律建设和反腐败斗争的力度，以高压态势惩治各个领域的腐败，坚决查处不正之风，对扶贫领域的腐败同样采取了零容忍的态度。中央纪委国家监委机关开展扶贫领域监督执纪问责工作、扶贫领域腐败和作风问题专项治理，坚决查处违规违纪问题，为脱贫攻坚营造良好的干事创业环境和风清气正氛围。

2015 年 11 月 29 日，《中共中央、国务院关于打赢脱贫攻坚战的决定》要求："对弄虚作假搞'数字脱贫'的，要严肃追究责任。""加强财政监督检查和审计、稽查等工作，建立扶贫资金违规使用责任追究制度。纪检监察机关对扶贫领域虚报冒领、截留私分、贪污挪用、挥霍浪费等违法违规问题，坚决从严惩处。推进扶贫开发领域反腐倡廉建设，集中整治和加强预防扶贫领域职务犯罪工作。""各级领导干部要自觉践行党的群众路线，切实转变作风，把严的要求、实的作风贯穿于脱贫攻坚始终。""落实贫困县约束机制，严禁铺张浪费，厉行勤俭节约，严格控制'三公'经费，坚决刹住穷县'富衙'、'戴帽'炫富

---

[1] 参见中共中央文献研究室编：《十四大以来重要文献选编》（下），中央文献出版社 2011 年版，第 180 页。

[2] 中共中央文献研究室编：《十五大以来重要文献选编》（下），中央文献出版社 2011 年版，第 137 页。

之风，杜绝不切实际的形象工程。"[1]

《中共中央、国务院关于打赢脱贫攻坚战三年行动的指导意见》，在分析脱贫攻坚形势的时候明确指出："形式主义、官僚主义、弄虚作假、急躁和厌战情绪以及消极腐败现象仍然存在，有的还很严重，影响脱贫攻坚有效推进。"因此，在指导思想中就包含了"着力加强扶贫领域作风建设"，在工作要求中也包含了"坚持脱贫攻坚与锤炼作风、锻炼队伍相统一"。

《指导意见》第一次专门提出和部署"开展扶贫领域腐败和作风问题专项治理"。

按照中央要求，在脱贫攻坚中，建立了脱贫攻坚监督体系。制定脱贫攻坚督查巡查工作办法，对各地各部门落实中央决策部署开展督查巡查。督查坚持目标导向，着力推动工作落实。巡查坚持问题导向，着力解决突出问题。国务院扶贫开发领导小组连续两年组织开展督查巡查。8 个民主党派中央分别对应 8 个贫困人口多、贫困发生率高的省份开展脱贫攻坚民主监督，成为彰显我国多党合作制度优势的新实践。扶贫部门加强与审计、财政等部门和媒体、社会等监督力量的全方位合作，综合运用各方面监督结果，加强对各地工作指导。设立 12317 扶贫监督举报电话，畅通群众反映问题渠道，接受全社会监督。

2017 年 7 月，为扎实推进扶贫领域监督执纪问责工作，教育和警醒广大扶贫干部挺纪在前，国务院扶贫办从中央纪委通报和互联网舆情报道中，摘选了贪污挪用、骗取套取、渎职失职等 10 起典型案例，进行了通报。

这些案件有：甘肃省临夏回族自治州和政县扶贫办原出纳陈应山挪用扶贫资金进行网络博彩问题；广东省佛山市顺德区环境运输和城市管理局科员欧阳德汉挪用扶贫资金问题；陕西省子洲县周家硷镇赵场村党支部书记王军、村委会主任侯世军套取及克扣扶贫项目资金问题；浙江省常山县同弓乡胡村村委会原主任卢根发套取国家扶贫类财政资金问题；海南省白沙县青松乡牙扩村原党支部书记、村委会主任兼互助社理事长李桂文骗取扶贫资金问题；吉林省延吉市朝阳川镇仲坪村原民兵连连长、团支部书记柳吉善骗取国家扶贫专项资金等问题；黑龙江省汤原县扶贫办扶贫项目荒废闲置问题；青海省果洛藏族自治州达日县扶贫开发局原局长韩戈违反财经纪律问题；新疆维吾尔自治区裕民县江格斯乡切格尔村党支部书记、村委会主任邹金春违规发放扶贫羊问题；福建省

---

[1] 中共中央党史和文献研究院编：《十八大以来重要文献选编》（下），中央文献出版社 2018 年版，第 55、64、69、70 页。

漳州市诏安县西潭乡原副乡长钟武钦在分管扶贫开发工作期间失职渎职、优亲厚友等问题。

扶贫资金是贫困群众的"救命钱"，一分一厘都不能乱花，更容不得动手脚、玩猫腻。这些典型案例反映出扶贫领域的不正之风和腐败问题仍然易发多发，而且手段多样，性质恶劣，也深刻警示我们在脱贫攻坚的新形势下，必须高度警醒，引以为戒。各级扶贫部门要全面落实"两个责任"，坚决以"零容忍"的态度和更加有力的措施，集中预防和整治扶贫领域违纪违法问题。切实加强风险防控，健全完善扶贫资金项目管理制度，在扶贫领域构建"不能腐"的防范机制，形成"不敢腐"的高压态势，为打赢脱贫攻坚战提供有力保障。

2017年1月，河北省张家口市被曝出扶贫问题非常突出，有关部门进行了调查。张家口市委市政府，市委书记、市长向省委、省政府作出深刻检查，在全省通报，将问题严重的两个县的县委书记免职，一个县的县长免职，若干人受到了党纪、政纪、法律的处理。

针对扶贫领域的腐败和作风问题，中央纪委在2018年到2020年，在全国开展了扶贫领域的腐败和作风问题的专项治理。国务院扶贫开发领导小组也把2018年作为扶贫领域作风建设年，开展腐败和作风问题专项治理，主要目的就是把脱贫攻坚责任落实到位、政策落实到位、工作落实到位。对责任不落实、搞形式主义、官僚主义的、弄虚作假的、数字脱贫的，发现一起查处一起，特别是对滥用扶贫资金、贪污浪费的，严惩不贷。

通过努力，扶贫领域的腐败问题越来越少。违规资金从2013年的15.7%下降到2019年的1%以下，处理的人数也少了。脱贫攻坚带来了干部作风大转变。精准扶贫精准脱贫政策需要落实到一家一户，各级干部特别是领导干部深入一线了解实情，离群众更近了，了解的问题更实了。帮扶干部履行帮扶责任，同困难群众融为一体、打成一片，成了共同脱贫致富一家人。广大扶贫干部，特别是基层扶贫干部为脱贫攻坚作出了重大贡献，他们不仅作风好、工作实，有的甚至付出了鲜血和生命。到2019年6月底，全国牺牲在扶贫岗位上的一共有770多人。

2020年，立足坚决打赢新冠肺炎疫情防控和脱贫攻坚"两场硬仗"，中央纪委国家监委坚持问题导向，对脱贫攻坚中的形式主义、官僚主义等问题紧盯不放，不折不扣抓好整治。按照十九届中央纪委四次全会作出的部署，中央纪委国家监委集中整治贫困地区群众反映强烈、损害群众利益的突出问题，精准施治影响脱贫攻坚质效的形式主义、官僚主义问题，严肃惩治贪污侵占、吃拿卡要、优亲厚友等问题，特别是从严从快查处弄虚作假问题。围绕"三区三州"地区，特别是未脱贫摘帽 52 个贫困县脱贫攻坚工作，聚焦重点地区、重点领域、关键环节强化监督，加强对脱贫工作绩效特别是贫困县摘帽情况的监督，重点检查巩固脱贫成果、稳定扶贫政策情况，解决"两不愁三保障"中的短板问题情况，脱贫摘帽后"不摘责任、不摘政策、不摘帮扶、不摘监管"情况，脱贫攻坚巡视巡察发现问题整改情况。

对标对表党中央决策部署和中央纪委国家监委工作要求，各级纪检监察机关紧盯脱贫攻坚中的形式主义官僚主义问题，集中展开整治。安徽省纪委监委结合中央脱贫攻坚专项巡视"回头看"反馈问题，持续整治脱贫攻坚中的形式主义、官僚主义，推进"走基层、转作风、解难题"常态化，不断提升群众满意度，增强群众获得感。内蒙古通辽市纪委监委坚持问题导向，集中两周时间对市脱贫攻坚领导小组成员单位中的 20 个重点单位开展监督检查，重点查找在安排部署、政策措施落实、调研督导、服务群众等四个方面存在的形式主义、官僚主义具体问题，与成员单位共同排查梳理，共同分析原因，共同研究整治措施。

针对扶贫领域违纪违法问题，中央纪委国家监委进一步加大执纪问责力度。同时，强化督办督查和抽查复核力度，对发现的问题严肃追责问责。综合运用纪律检查建议书、监察建议书等方式，督促脱贫攻坚工作中问题突出的地区、部门和单位在开展集中整治、全面纠正整改的同时，制定有针对性的措施，并从制度上防范问题发生。

党的十八大以来，中央纪委国家监委对 498 件扶贫领域典型问题线索进行督办，查实率 87%，对相关责任人进行严肃追责问责，通报曝光 69 起扶贫领域腐败和作风问题典型案例。2016 年 1 月至 2020 年 11 月，全国纪检监察机关查处扶贫领域腐败和作风问题 33.77 万个，批评教育帮助和处理 46.45 万人，其中给予党纪政务处分 24.13 万人。[1]

作为山东省两个脱贫攻坚重点市之一，红色沂蒙老区临沂市的贫困发生率在 2018 年底已实现基本"归零"，农村贫困人口累计减少 45.1 万人。该市把"确保脱贫攻坚成果经得起历史和群众检验"作为贯穿临沂脱贫攻坚工作的灵魂，

---

[1]　参见国务院新闻办公室：《人类减贫的中国实践》，新华网 2021 年 4 月 6 日。

持续深入开展扶贫领域腐败和作风问题专项治理，健全完善督查考核等工作机制，有效防范处理脱贫攻坚存在的短板问题。

为强化过程管控，临沂把全市 46 个脱贫任务比较重的乡镇作为市级巡察重点，实现专项巡察全覆盖。开展拉网式审计，对扶贫审计过程中发现的重大问题疑点线索，及时反馈给相关县区，并对问题整改情况进行全面核查，对未及时落实或被动应付的县区进行通报或约谈。建立脱贫攻坚考核体系，组织第三方评估、交叉考核、专项评价等，实行最严格的考核制度，保障脱贫责任、政策和工作"三个落实"，全面提升扶贫工作质效。

九、统筹衔接脱贫攻坚与乡村振兴

2005 年 10 月，党的十六届五中全会提出建设社会主义新农村的任务。12 月，中共中央、国务院发出《关于推进社会主义新农村建设的若干意见》，要求按照"生产发展、生活宽裕、乡风文明、村容整洁、管理民主"的要求，协调推进农村各方面建设。

党的十八大之后，党和国家进一步加强"三农"建设。2017 年 10 月 18 日，习近平总书记在党的十九大报告中明确提出实施乡村振兴战略。2018 年的中央一号文件，就是《中共中央、国务院关于实施乡村振兴战略的意见》。5 月 31 日，中共中央政治局召开会议，审议《乡村振兴战略规划（2018—2022 年）》。9 月，中共中央、国务院印发了《乡村振兴战略规划（2018—2022 年）》，并发出通知，要求各地区各部门结合实际认真贯彻落实。

2018 年 9 月 21 日，中共中央政治局就实施乡村振兴战略进行第八次集体学习。习近平总书记在主持学习时强调，乡村振兴战略是党的十九大提出的一项重大战略，是关系全面建设社会主义现代化国家的全局性、历史性任务，是新时代"三农"工作总抓手。[1]

实施乡村振兴战略的目标任务是：到 2020 年，乡村振兴取得重要进展，制度框架和政策体系基本形成；到 2035 年，乡村振兴取得决定性进展，农业农村现代化基本实现；到 2050 年，乡村全面振兴，农业强、农村美、农民富全面实现。

---

[1] 参见《习近平主持中共中央政治局第八次集体学习》，新华网 2018 年 9 月 22 日。

党的十九大之后的农业农村工作，主要内容就是按照高质量发展的要求，以实施乡村振兴战略为总抓手，以推进农业供给侧结构性改革为主线，以优化农业产能和增加农民收入为目标，坚持质量兴农、绿色兴农、效益优先，加快转变农业生产方式，推进改革创新、科技创新、工作创新，大力构建现代农业产业体系、生产体系、经营体系，大力发展新主体、新产业、新业态，大力推进质量变革、效率变革、动力变革，加快农业农村现代化步伐。

乡村振兴战略与扶贫脱贫密切相关。乡村振兴是从总体上解决"三农"问题，改变农村面貌，提高农民生活水平和生活质量。扶贫脱贫则是集中解决农村中最艰苦最落后的地区和人口面临的问题。乡村振兴战略取得成效，就能大幅度改善贫困地区和贫困人口的内外环境和条件；脱贫攻坚取得成效，就能真正解决乡村振兴的短板，实现全部农村和农民走向富裕生活。

《中共中央、国务院关于实施乡村振兴战略的意见》强调，乡村振兴，摆脱贫困是前提。必须坚持精准扶贫、精准脱贫，把提高脱贫质量放在首位，既不降低扶贫标准，也不吊高胃口，采取更加有力的举措、更加集中的支持、更加精细的工作，坚决打好精准脱贫这场对全面建成小康社会具有决定性意义的攻坚战。

因此，乡村振兴的目标任务中包括"现行标准下农村贫困人口实现脱贫，贫困县全部摘帽，解决区域性整体贫困"的内容。而且到 2035 年，还要实现"相对贫困进一步缓解"。[1]

《乡村振兴战略规划（2018—2022 年）》明确把打好精准脱贫攻坚战作为实施乡村振兴战略的优先任务，要求推动脱贫攻坚与乡村振兴有机结合、相互促进，确保到 2020 年我国现行标准下农村贫困人口实现脱贫，贫困县全部摘帽，解决区域性整体贫困。

2018 年 6 月 15 日，《中共中央、国务院关于打赢脱贫攻坚战三年行动的指导意见》明确要求"统筹衔接脱贫攻坚与乡村振兴"，指出脱贫攻坚期内，贫困地区乡村振兴主要任务是脱贫攻坚。乡村振兴相关支持政策要优先向贫困地区倾斜，补齐基础设施和基本公共服务短板，以乡村振兴巩固脱贫成果。抓紧研究制定 2020 年后减贫战略。研究推进扶贫开发立法。

乡村振兴战略提出后，党中央高度重视，各地各部门采取有力措施，从而

---

[1]《中共中央、国务院印发〈乡村振兴战略规划（2018—2022 年）〉》，新华网 2018 年 9 月 26 日。

使乡村振兴战略开局良好，取得了积极成效。到 2019 年 10 月的两年中，中央农办、农业农村部主要抓了四项工作。

一是科学制定规划。中央印发了全国乡村振兴战略规划，部署了一系列重大工程、重大计划和重大行动，配套实施了农村人居环境整治三年行动。各省都出台省级乡村振兴战略规划，大多数市县也制定了市县规划和方案。从中央到地方，乡村振兴的蓝图已经绘就，任务书、施工图都已经明确。还召开了村庄规划工作会，引导村庄科学规划建设，保障乡村振兴有序推进、科学发展。

二是推广浙江经验。习近平同志在浙江工作期间，部署和推动实施了"千村示范、万村整治"工程，在浙江打造了一批生态宜居的美丽乡村，为其他地区提供了可学可鉴的样板。在实施乡村振兴战略过程中，中央农办、农业农村部、国家发展改革委系统总结了浙江"千万工程"的成功经验，由中央转发全国。还进一步共同建设乡村振兴示范省，通过典型引路带动全国乡村振兴。

三是展开工作布局。2018 年，重点抓工作布局。按照"产业兴旺、生态宜居、乡风文明、治理有效、生活富裕"的总要求，中央就发展乡村产业、改善农村人居环境、加强乡村治理和乡风文明建设出台了专门的指导意见，召开了会议进行部署。农村涌现出一大批各具特色的乡土产业，2018 年全国休闲农业和乡村旅游收入超过 8000 亿元，农产品网络销售额接近 3000 亿元。农村人居环境整治全面推开，开展农村垃圾污水处理和厕所革命，2018 年已经完成 1000 万农户的改厕。另外，选择了 100 个县、100 个乡镇和 1000 个村开展了乡村治理体系建设试点示范。

四是强化机制保障。2019 年 8 月，党中央印发了《中国共产党农村工作条例》，这是党的历史上首次专门就农村工作出台党内法规，为推动乡村振兴实施提供了政治和组织保障。农业农村部还研究制定了土地出让收入更多投向农业和农村的改革方案、建立乡村振兴实绩考核制度等，落实五级书记抓乡村振兴。

所有这些乡村振兴的工作和措施，都普惠于贫困地区和贫困人口，而且在贫困地区实施的力度、幅度更大，更为有力。

中共中央、国务院印发的《乡村振兴战略规划（2018—2022 年）》，专门设立一章"坚决打好精准脱贫攻坚战"，强调把打好精准脱贫攻坚战作为实施乡村振兴战略的优先任务，推动脱贫攻坚与乡村振兴有机结合相互促进，确保到 2020 年我国现行标准下农村贫困人口实现脱贫，贫困县全部摘帽，解决区域性整体贫困。

　　所以，在实施乡村振兴战略中，同时深入实施精准扶贫精准脱贫。健全精准扶贫精准脱贫工作机制，夯实精准扶贫精准脱贫基础性工作。因地制宜、因户施策，探索多渠道、多样化的精准扶贫精准脱贫路径，提高扶贫措施针对性和有效性。做好东西部扶贫协作和对口支援工作，着力推动县与县精准对接，推进东部产业向西部梯度转移，加大产业扶贫工作力度。加强和改进定点扶贫工作，健全驻村帮扶机制，落实扶贫责任。加大金融扶贫力度。健全社会力量参与机制，引导激励社会各界更加关注、支持和参与脱贫攻坚。

　　重点放在攻克深度贫困地区上。实施深度贫困地区脱贫攻坚行动方案。以解决突出制约问题为重点，以重大扶贫工程和到村到户到人帮扶为抓手，加大政策倾斜和扶贫资金整合力度，着力改善深度贫困地区发展条件，增强贫困农户发展能力。推动新增脱贫攻坚资金、新增脱贫攻坚项目、新增脱贫攻坚举措主要用于"三区三州"等深度贫困地区。推进贫困村基础设施和公共服务设施建设，培育壮大集体经济，确保深度贫困地区和贫困群众同全国人民一道进入全面小康社会。

　　同时，切实巩固脱贫攻坚成果。加快建立健全缓解相对贫困的政策体系和工作机制，持续改善欠发达地区和其他地区相对贫困人口的发展条件，完善公共服务体系，增强脱贫地区"造血"功能。结合实施乡村振兴战略，压茬推进实施生态宜居搬迁等工程，巩固易地扶贫搬迁成果。注重扶志扶智，引导贫困群众克服"等靠要"思想，逐步消除精神贫困。建立正向激励机制，将帮扶政策措施与贫困群众参与挂钩，培育提升贫困群众发展生产和务工经商的基本能力。加强宣传引导，讲好中国减贫故事。认真总结脱贫攻坚经验，研究建立促进群众稳定脱贫和防范返贫的长效机制，探索统筹解决城乡贫困的政策措施，确保贫困群众稳定脱贫。

十、发挥民主法治的作用

　　扶贫脱贫、脱贫攻坚，民主法治不能缺席。

　　2013 年 12 月 25 日下午，十二届全国人大常委会第六次会议在人民大会堂举行。会议听取了国务院关于农村扶贫开发工作情况的报告。

　　26 日上午，会议分组审议了这个报告。审议中，大家踊跃发言，共有 43 位常委会组成人员提出了意见和建议。

大家认为，《中国农村扶贫开发纲要（2011—2020年）》实施以来，国务院有关部门和各级政府认真贯彻纲要和中央扶贫开发工作会议精神，扎实推进工作，农村扶贫开发工作取得了新进展。大家指出，扶贫开发任务仍十分艰巨，制约贫困地区发展的深层次矛盾依然存在，对此要有清醒认识。

27日上午，举行联组会议，结合审议国务院关于农村扶贫开发工作情况的报告进行专题询问。在充分审议的基础上再以联组会议进行专题询问，直接反映了全国人大常委会对扶贫开发工作的高度重视。全国人大常委会组成人员对这次专题询问十分关注，询问前就有六位委员主动报名提出发言询问的要求，询问中也有六名委员、人大代表积极提问。

受张德江委员长的委托，联组会议由全国人大常委会副委员长吉炳轩主持。全国人大常委会副委员长李建国、王胜俊、陈昌智、严隽琪、王晨、沈跃跃、张平、向巴平措、艾力更·依明巴海、万鄂湘、张宝文、陈竺出席会议。

国务院对这次专题询问十分重视，安排了国务院扶贫办、国家发改委、财政部、农业部等8个有关部门的负责同志到会听取意见，认真回答询问。

"现在开始询问。"吉炳轩副委员长话音刚落，提前报名且准备充分的辜胜阻委员第一个接过话筒。

"在调查中我们发现，'小康县'与'贫困县'两个不同帽子，得到的待遇差别很大，戴'贫困帽'的县得到了很多资助。一些贫困户存在不实脱贫、主动返贫的等靠要的思想；一些地方政府要政绩的时候戴'富帽'，要利益的时候争戴'穷帽'，把'贫困帽'当作宝贝。这样形成'贫困—扶贫—贫困依赖—贫困陷阱'的恶性循环。"就当前一些地方存在争当贫困县的现象，辜胜阻连珠炮般地发问，如何打破扶贫、脱贫、返贫、再扶贫的恶性循环，走出"年年扶贫年年贫"的怪圈，从"输血式扶贫"走向"造血式扶贫"，让"减贫摘帽"代替"哭穷戴帽"？

国务院扶贫办主任刘永富诚恳地答道，辜胜阻委员所提的"这些问题很重要，也很有代表性，是社会各个方面普遍关心的问题，也是我们工作中需要研究、解决的问题。坦率地说，解决起来难度也是比较大的。但是，又必须也应该尽快地研究解决这个问题"。总的来看，历次调整进入重点县的，都是比较贫穷落后的县，是经济社会发展的落后地区。凡是进入重点县的，不仅可以拿到扶贫的资金，而且可以享受各方面的多项政策支持，甚至是国际援助方面的帮助，这对贫困地区、贫困县加快发展起到了很重要的帮助作用。"由于重点县扶持政策的含金量比较高，加上缺乏退出的正激励效益，不退出有好处，退出没有好处。所以，一旦当上贫困县，群众不愿意退，干部也不愿意退。"

"对于一些地方干部群众普遍不愿意'摘帽'及一些非重点县想办法'哭穷戴帽'的现象，我们分析后认为这里除了好处以外，更重要的是政绩观和考核体系的问题。"刘永富表示，为解决这个问题，中办、国办2013年12月18日印发了《关于创新机制扎实推进农村扶贫开发工作的意见》，提出从四个方面进行改革：一是改进贫困县的考核机制，由主要考核GDP向主要考核扶贫工作成效转变，引导贫困地区党政领导班子和领导干部把工作重点放在扶贫开发上；二是建立精准扶贫的工作机制，瞄准贫困户、贫困家庭而不是贫困县，帮助贫困对象提高自我发展能力，变"输血式扶贫"为"造血式扶贫"，让老百姓富起来；三是开展调查研究，制定重点县退出的正向激励措施；四是开展试点探索重点县的退出机制。

继辜胜阻委员之后，陈光国委员就采用什么样的"真功夫"和"硬措施"、有效缩小贫困地区和其他地区的发展差距问题，马志武委员就特殊贫困地区如何实施精准扶贫问题，陈秀榕委员就如何消除贫困地区劳动力文盲、半文盲和解决贫困地区孩子特别是女孩辍学问题，唐世礼委员就采取哪些措施帮助少数民族比例较高的省区加快发展、同步实现小康问题，王明雯委员就如何做到对农村贫困人口的精确识别和动态管理问题，冯长根委员就确定扶贫县识别标准问题，方新委员就科技扶贫和扶贫队伍建设问题，刘振伟委员就财政、金融、税收政策如何向贫困地区倾斜问题，吴晓灵委员就发展贫困地区合作金融问题，彭森委员就如何解决精准扶贫与农村基础设施建设的关系问题等发表意见、提出询问，并多次追问。他们提出的问题抓住了主要矛盾，有深度、有质量。

国务院扶贫办刘永富、王国良，发展改革委刘晓滨，教育部鲁昕，民政部窦玉沛，财政部胡静林，农业部余欣荣，卫生计生委王培安，人民银行郭庆平等相关负责同志认真回答了询问。专题询问有问有答，交流充分，气氛热烈。

通过询问者与被询问者的交流与碰撞，将扶贫开发攻坚战中的一些重大的、关键性的问题作了详细解剖，既摆出了问题，也详细分析了原因，加深了大家对一些关键问题的认识，回应了人民群众的普遍关切，有利于推动国务院及其职能部门有针对性地做好下一步工作，凝心聚力打好新一轮扶贫开发攻坚战。

2019年12月25日，十三届全国人大常委会第十五次会议听取国务院关于加强社会保障体系建设助力打好精准脱贫攻坚战推进社会救助工作情况的报告，并进行了审议。

受国务院委托，民政部部长李纪恒在作报告时说，近年来我国社会救助事业发展较快，在强化兜底保障、促进社会和谐稳定、助力精准脱贫攻坚等方面发挥了重要作用。但是，发展不平衡不充分的问题仍较突出。

报告指出，要为打赢脱贫攻坚战做好兜底保障。加强农村低保兜底保障能力，将建档立卡贫困户中的重度残疾人、重病患者等完全丧失劳动能力和部分丧失劳动能力且无法依靠产业就业帮扶脱贫的人员，全部纳入低保范围，及时将符合条件的返贫人口纳入临时救助范围，切实巩固"两不愁"成果质量。

土地是农业最基本的生产要素。随着城镇化和农业规模化经营的发展，农村"有地无人种"和"规模经营找不到地"的情况都有发生。如何最大化利用土地，成为深化农村土地制度改革的重点。

党的十九大报告明确将"完善承包地'三权'分置制度"作为"贯彻新发展理念，建设现代化经济体系"的重要任务之一。随着农业产业化和现代化的发展，土地所有权、土地承包权、土地经营权"三权分置"的实践也不断发展，并成为脱贫攻坚中不时涉及的问题。许多产业化经营，都不同程度地与处理"三权"有关。

2018年12月29日，十三届全国人大常委会第七次会议表决通过了关于修改农村土地承包法的决定。修改后的法律第九条明确规定："承包方承包土地后，享有土地承包经营权，可以自己经营，也可以保留土地承包权，流转其承包地的土地经营权，由他人经营。"由此，土地经营权的概念首次在法律中得到明确。

2020年5月28日，十三届全国人大三次会议表决通过民法典。根据党中央有关精神和修改后的农村土地承包法，民法典物权编第十一章专门就"土地承包经营权"作出详细规定。

将土地承包经营权分为承包权和经营权，实行所有权、承包权、经营权分置并行，是农村改革的重大制度创新。民法典对此进行了制度认可。

民法典第三百三十九条规定，土地承包经营权人可以自主决定依法采取出租、入股或者其他方式向他人流转土地经营权。这一规定，进一步释放了农村土地经营权的流动性，从某种程度上就是提升了农村土地的价值，对贫困地区农民利用土地经营权的流转发展产业化经营、从而提高土地收益是非常有利的。

按照依法治国方略，各地坚持推进脱贫攻坚的法治化进程。《中国农村扶贫开发纲要（2011—2020年）》明确要求"加快扶贫立法"，但国家层面没有很快出台统一的法律法规，因此鼓励地方立法先行。甘肃、贵州等 10 个省先后制定了地方性法规。

2015 年 4 月 1 日，在四川省第十二届人大常委会第十五次会议上，《四川省农村扶贫开发条例（草案）》获高票通过，于当年 6 月 1 日起正式实施。这是四川省首部针对农村扶贫开发的地方性法规，填补了地方立法空白，标志着四川省扶贫开发工作全面进入法治化、规范化时代，具有里程碑意义。

作为全国扶贫工作重点省份之一，四川省 183 个县（市、区）中，有扶贫开发任务的有 161 个。在立法工作开始前的 2013 年底，全省还有 625 万贫困人口，4.7 万个行政村中有近 1/4 为贫困村。贫困面广、人多、程度深，制约发展因素多。

2011 年以来，经过全省上下的共同努力，四川省农村贫困人口已从 1356 万人减少到 2014 年的 500 万人，完成减贫任务 856 万人。但各方面的工作，主要还是靠行政手段推动，未能从法律层面予以规范和固化。脱贫攻坚中的很多问题，亟待通过立法加以规范和解决。

《四川省农村扶贫开发条例》于 2012 年 10 月申报，2013 年被省政府列入"2013 年四川省拟订地方性法规调研论证项目"立法计划。历经计划立项、前期调研、草案起草、省政府常务会议审定、省人大常委会三次审议等多个环节，先后深入 7 个市（州）实地考察，赴 6 个省（直辖市）学习调研，前后历时 2 年多时间。

尤具乡土特色的是，立法调研扎进最基层，充分倾听群众最真实的脉搏，开创了四川省入村立法听证会先例。

2014 年 4 月 16 日，旺苍木门镇三合村一个普通农家小院内，十多人正激烈争论——"贫困户识别应该把好逸恶劳的排除在外""增加贫困户对项目的知情权""应该加强智力扶持"……贫困户陈天凡、母玉军等争抢着话筒。他们最朴实的声音，最终变成了《条例》的具体条款。

为了更好地贯彻落实《条例》，四川省广泛开展宣讲活动。四川省扶贫移民局专门成立 21 个宣讲小组，由 14 位局领导、7 位处长带队，深入各市（州），与各市（州）扶贫移民局（办）一起，赶赴贫困村宣讲《条例》。活动以"依法扶贫"为主题，采取进村入户的方式进行，向贫困户赠送《条例》单行本、召开贫困户代表座谈会、听取贫困群众对《条例》实施的意见建议，让贫困群众了解掌握《条例》的各项规定要求。同时，充分运用电视、报纸、横幅、橱窗以及微博、微信及手机短信等宣传载体，全方位多角度地宣传《条例》，有效扩大《条例》的知晓度和影响力，推动《条例》的全面实施。

十一、加强国际交流与合作

2017 年 3 月 24 日，北京东北四环，一座白色小楼的会议室里，举行了一次有意义的会谈和签字仪式。一方是国务院扶贫办主要负责人，一方是美国比尔及梅琳达·盖茨基金会联席主席比尔·盖茨。双方签署战略合作谅解备忘录，确认在中国反贫困经验的总结及交流推广、扶贫人才培养等方面合作。

曾到访中国贫困地区的盖茨说："中国是实现联合国千年发展目标中贫困人口减半目标的最大贡献者。"中国脱贫攻坚的创新经验和发展成就举世瞩目，对于其他发展中国家具有宝贵的借鉴意义。[1]

扶贫减贫是一项世界性的难题和任务，需要全世界各国共同努力，互助合作。中国在扶贫脱贫方面创造了丰富的经验，走出了一条中国特色的扶贫脱贫道路。中国从国外的经验中获得了很多启迪，许多国际组织和国家对中国的经验也很感兴趣。所以，加强国际交流与合作，也是扶贫脱贫事业的一项重要任务。特别是党的十八大以来，这种交流与合作得到了进一步发展。

新中国成立后，努力打破外部封锁，积极开展对外交流合作，争取国际社会支持。

在对外开放大潮涌起的过程中，1990 年 2 月，国务院批转国务院贫困地区经济开发领导小组《关于九十年代进一步加强扶贫开发工作的请示》第一次提出："要积极做好贫困地区利用外资和外援的工作。"

1994 年 3 月印发的《国家八七扶贫攻坚计划》，在对外开放国策的推动下，明确提出了国际合作的问题，要求："积极开展同扶贫有关的国际组织、区域组织、政府和非政府组织的交流，让国际社会及海外华人了解我国贫困地区的经济发展状况和扶贫工作。要积极扩大和发展与国际社会在扶贫方面的合作，广泛地争取对实施八七扶贫攻坚计划的支持。"[2]

1996 年 10 月 23 日的《中共中央、国务院关于尽快解决农村贫困人口温饱

[1] 参见《彪炳史册的伟大奇迹——中国脱贫攻坚全纪实》，新华网 2021 年 2 月 24 日。

[2] 中共中央文献研究室编：《十四大以来重要文献选编》（上），中央文献出版社 2011 年版，第 684 页。

问题的决定》，要求："发展和扩大与国际组织的交流合作。要充分利用目前国际社会关注发展中国家缓解贫困的有利条件，进一步发展与国际组织和非政府组织在扶贫开发领域里的交流与合作，广泛争取国际社会对我国扶贫开发的援助和支持。"[1]

《中国农村扶贫开发纲要（2001—2010年）》对发展扶贫开发领域的国际交流与合作作出了具体规划，并增加了有关政策，要求继续争取国际组织和发达国家援助性扶贫项目。为保证其顺利执行，国家适当增加配套资金比例，对地方财政确有困难的可以全额配套。要根据贫困地区的特点，采取有针对性的措施，加强对外援项目的管理；努力提高外援贷款项目的经济效益，增强还贷能力。通过多种渠道、不同方式争取国际非政府组织对我国扶贫开发的帮助和支持。加强与国际组织在扶贫开发领域里的交流，借鉴国际社会在扶贫开发方面创造的成功经验和行之有效的方式、方法，进一步提高我国扶贫开发的工作水平和整体效益。

《中国农村扶贫开发纲要（2001—2010年）》还欢迎海外、境外的华人、华侨及各种社团组织，通过不同形式，支持贫困地区的开发建设。[2]

2004年5月26日至27日，中国政府与世界银行在上海共同召开首届全球扶贫大会，并发布《中国政府缓解和消除贫困的政策声明》。

《中国农村扶贫开发纲要（2011—2020年）》在开展国际交流合作方面要求，通过走出去、引进来等多种方式，创新机制，拓宽渠道，加强国际反贫困领域交流。借鉴国际社会减贫理论和实践，开展减贫项目合作，共享减贫经验，共同促进减贫事业发展。[3]

中国政府致力于依靠自身的力量解决贫困问题，并注意借鉴国际社会先进的减贫理念和成果，积极与国际社会分享中国在扶贫开发领域的经验和做法，开展国际交流与合作。

改革开放以来，中国与联合国发展系统和世界银行在扶贫领域开展广泛合作，同时接受部分发达国家提供的援助、实施减贫合作项目，不仅在资金投入、知识转移、技术援助等方面获得支持，而且学习借鉴国际社会先进的扶贫理念与

---

[1] 中共中央文献研究室编：《十四大以来重要文献选编》（下），中央文献出版社2011年版，第178—179页。

[2] 参见中共中央文献研究室编：《十五大以来重要文献选编》（下），中央文献出版社2011年版，第135—136页。

[3] 参见中共中央文献研究室编：《十七大以来重要文献选编》（下），中央文献出版社2013年版，第367页。

方式方法，推动了中国减贫事业发展。中国先后与联合国开发计划署、世界银行等国际机构和组织合作，在部分贫困县实施外资扶贫项目，引进各种优惠贷款和无偿援助。国际减贫交流合作项目缓解了项目区贫困人口的贫困程度，推动了中国减贫的制度创新和管理水平提升，为项目区的可持续发展奠定了基础。

根据 2011 年《中国农村扶贫开发的新进展》白皮书的介绍，20 世纪 90 年代初期，中国就开始利用外资进行扶贫。据不完全统计，截至 2010 年，扶贫领域共利用各类外资 14 亿美元，加上国内配套资金，直接投资总额近 200 亿元人民币，共实施 110 个外资扶贫项目，覆盖了中国中西部地区的 20 个省（区、市）300 多个县，使近 2000 万贫困人口受益。

世界银行与中国政府在扶贫方面的合作最早，投入规模最大。世界银行与中国开展的西南、秦巴、西部三期扶贫贷款项目，援助总规模达 6.1 亿美元，项目区覆盖 9 个省区、91 个贫困县，项目建成后使 800 多万贫困人口稳定解决温饱问题。

中国西南世界银行贷款项目，于 1995 年 7 月开始在云南、贵州、广西三省（区）最贫困的 35 个国家重点扶持的贫困县实施。项目总投资 42.3 亿元，其中利用世行贷款 2.475 亿美元，国内相应的配套资金为 21.8 亿元。项目建设内容包括：大农业、基础设施建设、二三产业开发、劳务输出、教育、卫生、机构建设和贫困监测等 8 个方面。项目建成后使项目区 350 万贫困人口稳定解决温饱问题。该项目是我国第一个跨省区、跨行业、综合性的扶贫项目，也是利用外资规模最大的扶贫项目。

中国秦巴山区扶贫世界银行贷款项目，于 1997 年正式在四川、陕西、宁夏三省（区）最为贫困的 26 个国家重点扶持贫困县实施。项目总投入 29.88 亿元，其中利用世行贷款 1.8 亿美元。项目建设内容在西南项目的基础上增加了小额信贷试验项目。项目建成后稳定解决秦巴山区 230 万贫困人口的温饱问题。

中国西部扶贫世界银行贷款项目，在内蒙古、甘肃、青海三省（区）最为贫困的 20 多个国家重点扶持贫困县实施，项目建成后使超过 200 万的贫困人口稳定解决温饱问题。

此外，一些国家、国际组织和非政府组织也与中国在扶贫领域开展了广泛的合作。联合国开发计划署在中国开展了一些扶贫开发项目和研究项目。

外资扶贫作为中国扶贫开发工作的重要组成部分，把国际上一些先进的减贫理念和方法，如参与式扶贫、小额信贷、项目评估和管理、贫困监测评价等，逐步应用于中国扶贫实践中，在创新扶贫开发机制、提高扶贫工作水平、开发扶贫队伍人力资源等方面产生了积极影响。

中国在接受国际社会支持援助的同时，也尽力支持广大发展中国家减贫发展。新中国成立后，在国家百废待兴、财力紧张的情况下，即向有关国家提供援助，为发展中国家争取民族独立和解放、促进经济社会发展提供了支持。改革开放后，中国对外援助内容更加丰富、形式更加多样，促进了中国与其他发展中国家的共同发展。

进入新时代，中国担负大国责任，推动对外援助向国际发展合作转型升级，为破解全球发展难题、落实联合国2030年可持续发展议程提出中国方案、贡献中国智慧、注入中国力量。

新中国成立70多年来，中国向亚洲、非洲、拉丁美洲和加勒比地区、大洋洲和欧洲等地区160多个国家和国际组织提供多种形式的援助，减免有关国家债务，为广大发展中国家落实千年发展目标提供帮助。

习近平主席在多个国际重大场合宣布中国开展国际发展合作的一系列务实举措。

在2015年联合国成立70周年系列峰会期间，习近平主席宣布5年内向发展中国家提供"6个100"项目支持（包括100个减贫项目、100个农业合作项目、100个促贸援助项目、100个生态保护和应对气候变化项目、100所医院和诊所、100所学校和职业培训中心），帮助实施100个"妇幼健康工程"和100个"快乐校园工程"，设立南南合作援助基金，设立中国—联合国和平与发展基金，提供来华培训和奖学金名额，免除有关国家无息贷款债务，设立南南合作与发展学院和国际发展知识中心等重要举措。

在2015年中非合作论坛约翰内斯堡峰会上，习近平主席宣布要在3年内，同非方重点实施中非工业化、农业现代化、基础设施、金融、绿色发展、贸易和投资便利化、减贫惠民、公共卫生、人文、和平与安全等"十大合作计划"，中国承诺提供600亿美元资金支持。

在2017年首届"一带一路"国际合作高峰论坛上，习近平主席宣布未来3年内向参与"一带一路"建设的发展中国家和国际组织提供600亿元人民币援助，建设更多民生项目；向沿线发展中国家提供20亿元人民币紧急粮食援助，向南南合作援助基金增资10亿美元，在沿线国家实施100个"幸福家园"、100个"爱心助困"、100个"康复助医"等项目；向有关国际组织提供10亿美元等一系列重要举措。

在 2018 年中非合作论坛北京峰会上，习近平主席宣布未来 3 年和今后一段时间重点实施产业促进、设施联通、贸易便利、绿色发展、能力建设、健康卫生、人文交流、和平安全等"八大行动"，为推动行动顺利实施，中国愿以政府援助、金融机构和企业投融资等方式，向非洲提供 600 亿美元支持。

在 2019 年第二届"一带一路"国际合作高峰论坛上，习近平主席宣布实施"一带一路"应对气候变化南南合作计划，深化农业、卫生、减灾、水资源等领域合作，邀请 1 万名代表来华交流，鼓励和支持沿线国家社会组织广泛开展民生合作，持续实施"丝绸之路"中国政府奖学金项目等一系列重要举措。

在 2020 年第 73 届世界卫生大会视频会议开幕式上，习近平主席宣布两年内提供 20 亿美元国际援助、与联合国合作在华设立全球人道主义应急仓库和枢纽、建立 30 个中非对口医院合作机制、中国新冠疫苗研发完成并投入使用后将作为全球公共产品、同二十国集团成员一道落实"暂缓最贫困国家债务偿付倡议"等中国支持全球抗疫的一系列重大举措。[1]

习近平主席宣布的举措，已按期落实或正在按照进度有序推进。世界瞩目的一大举措，是中国发起共建"一带一路"倡议，推动更大范围、更高水平、更深层次的区域经济社会发展合作，支持帮助相关国家更好实现减贫发展。据世界银行研究报告，共建"一带一路"将使相关国家 760 万人摆脱极端贫困、3200 万人摆脱中度贫困。

多年来，中国积极参与国际减贫事业，致力于构建国际减贫交流合作平台，与广大发展中国家共享减贫经验，共同发展进步。2004 年中国政府与世界银行在上海共同召开全球扶贫大会，并与联合国开发计划署等国际机构联合成立中国国际扶贫中心。从 2007 年开始，中国政府和联合国驻华系统在每年 10 月 17 日"国际消除贫困日"期间联合组织举办"减贫与发展高层论坛"，探讨国际减贫的形势和问题。中国政府还组织举办了"中国－东盟社会发展与减贫论坛"，推动了中国与东盟地区的减贫合作，加快减贫进程，促进区域的发展、稳定与繁荣。2010 年，中国政府与有关国家和国际机构共同举办了"中非减贫与发展会议"，强调通过"在变革中求发展"的方式削减贫穷，推动千年发展目标在非洲的进程。

[1]　参见国务院新闻办公室：《人类减贫的中国实践》，新华网 2021 年 4 月 6 日。

近年来，中国政府共完成了 40 多项国内外扶贫理论与政策研究，培训了 91 个发展中国家的 720 名中高级官员，举办了上百次减贫方面的高层对话会、研讨会、名人论坛和双边互访减贫交流，与墨西哥、阿根廷、秘鲁、委内瑞拉、哥伦比亚、坦桑尼亚、莫桑比克等发展中国家签订减贫合作协议或共建减贫合作中心，在扶贫领域的交流逐步深化。2012 年以来，共举办 130 余期国际减贫培训班，来自 116 个国家（组织）的官员参加培训。

《中国农村扶贫开发纲要（2011—2020 年）》表示，中国作为一个负责任的国家，将继续履行与自身发展阶段和发展水平相适应的国际义务，积极参与国际减贫事业，共享先进减贫理念和经验，深化扶贫开发的交流与合作。中国愿与国际社会一道，为创造一个没有贫困、共同富裕的美好世界而不懈努力。

2015 年 11 月 29 日印发的《中共中央、国务院关于打赢脱贫攻坚战的决定》进一步指出："加强国际减贫领域交流合作。通过对外援助、项目合作、技术扩散、智库交流等多种形式，加强与发展中国家和国际机构在减贫领域的交流合作。积极借鉴国际先进减贫理念与经验。履行减贫国际责任，积极落实联合国 2030 年可持续发展议程，对全球减贫事业作出更大贡献。"[1]

《"十三五"脱贫攻坚规划》在国际交流合作方面部署：坚持"引进来"和"走出去"相结合，加强国际交流合作。引进资金、信息、技术、智力、理念、经验等国际资源，服务我国扶贫事业。通过对外援助、项目合作、技术扩散、智库交流等形式，加强与发展中国家和国际机构在减贫领域的交流合作，加强减贫知识分享，加大南南合作力度，增强国际社会对我国精准扶贫、精准脱贫基本方略的认同，提升国际影响力和话语权。组织实施好世界银行第六期贷款、中国贫困片区儿童减贫与综合发展、减贫国际合作等项目。响应《联合国 2030 年可持续发展议程》。

2018 年 6 月 15 日印发的《中共中央、国务院关于打赢脱贫攻坚战三年行动的指导意见》指出，讲好中国脱贫攻坚故事，反映中国为全球减贫事业作出的重大贡献。加强减贫领域国际交流与合作，帮助受援国建好国际扶贫示范村，为全球减贫事业贡献中国方案。

按照这样的要求，有关部门积极加强与发展中国家的合作，讲好中国脱贫攻坚故事。比如，由商务部主办、中国国际扶贫中心承办的"2019 年发展中国

---

[1] 中共中央党史和文献研究院编：《十八大以来重要文献选编》（下），中央文献出版社 2018 年版，第 68 页。

家开发式扶贫政策与实践官员研修班"和"2019 年乌干达减贫发展研修班"学员，于 2019 年 8 月 18 日至 23 日赴贵州省铜仁市进行实地考察。49 名学员分别来自乌干达、塞内加尔、吉布提、中非、几内亚、刚果（金）、摩洛哥、尼日尔、贝宁等 9 个国家。研修班一行先后赴铜仁市石阡县考察了五德镇精品水果现代高效农业示范基地、聚凤乡高效生态油茶基地、坪山乡农旅一体化尧上民族文化村；赴印江县考察了峨岭街道兴民社区移民安置点、紫薇镇大院子脱贫攻坚与乡村振兴扶贫点、木黄镇食用菌高效示范园区、缠溪镇楠星茶叶专业合作社、朗溪镇石漠化治理生态产业园等。

研修班学员对贵州省在脱贫攻坚方面作出的巨大努力和取得的脱贫成就感到非常震撼。实地考察总结会上，塞加内尔外交部亚太及中东地区外事顾问阿提·穆罕默德·阿拉·阿米讷先生表示：感谢中国政府给予我们这次宝贵的学习机会，感谢中国各级政府领导和专家分享的成功经验，从脱贫攻坚取得了巨大成就能够看出来，中国是一个团结奋斗的国家，中国人民非常勤劳能干。吉布提市政府市场顾问穆罕默德·易卜拉欣·阿迈德先生表示：感谢中国国际扶贫中心和贵州省各级政府给我们提供的这次考察活动，各个考察点的内容非常丰富，让我们从产业扶贫、易地搬迁扶贫和基础设施建设等方面深刻感受到了中国政府对扶贫事业的恒心和努力，让我感受到了中国的变化和较好的减贫成效。

第十四章

夺取脱贫攻坚战的
全面胜利

☆　☆　☆

一、全面打赢脱贫攻坚战的收官之年

随着时间进入 2020 年，脱贫攻坚之战进入了最后的百米冲刺。

党的十八大以来，以习近平同志为核心的党中央把脱贫攻坚工作摆上治国理政的突出位置，举全党全社会之力打响脱贫攻坚战。截至 2019 年底，农村贫困人口累计减少超过 9000 万人，平均每年减贫 1300 万人以上，770 个贫困县已经或拟摘帽退出，贫困发生率降至 2% 以下。7 年间，减贫 9000 多万人，相当于一个中等国家的人口。

2019 年，22 个中西部省（区、市）共有 344 个贫困县申请脱贫摘帽，全国 97% 的建档立卡贫困人口顺利脱贫，94% 的贫困县实现摘帽，区域性整体贫困基本得到解决。截至 2020 年 3 月，15 个省（区、市）的 242 个县已宣布脱贫摘帽。

2019 年 12 月 19 日，全国扶贫开发工作会议指出，2019 年是打赢脱贫攻坚战的攻坚克难之年，以习近平同志为核心的党中央对脱贫攻坚持续高位推进、响鼓重锤。各地区各部门认真贯彻落实党中央、国务院决策部署，扎实推进精准扶贫精准脱贫各项工作，脱贫攻坚继续保持正确方向和良好态势，年度脱贫攻坚任务全面完成。

具体来说，会议预计 2019 年减少贫困人口 1000 万人以上，340 个左右贫困县脱贫摘帽。易地扶贫搬迁建设任务基本完成。深度贫困地区脱贫攻坚取得重大进展，"三区三州"脱贫攻坚实施方案进展顺利，资金到位率、项目完工率均超过计划，"三区三州"建档立卡贫困人口由 2018 年的 172 万减少到 2019 年底的 43 万，贫困发生率由 8.2% 下降到 2%，贫困发生率下降幅度比西部地区平均水平高出 3.6 个百分点。"两不愁三保障"突出问题基本解决，全国共排查出 520 多万人未解决"两不愁三保障"问题，2019 年底已解决 500 万人。

脱贫攻坚巡视和考核发现问题整改成效显著，考核指出的地方 1094 个问题、中央单位定点扶贫 439 个问题，督查巡查指出的 155 个问题，地方自查发现的 5778 个问题，整改基本到位。

精准帮扶举措持续落地见效，产业扶贫、就业扶贫、易地扶贫搬迁、生态扶贫等深入实施。东西部扶贫协作和定点扶贫强力推进，扶贫协作协议和定点扶贫责任书年度任务超额完成，实际完成数均超过 2018 年，其中，东部地区投入财政援助资金 229 亿元，动员社会捐助款物 65 亿元，帮助销售贫困地区农特产品 483 亿元。中央单位向定点扶贫县直接投入帮扶资金 67 亿元，引进帮扶资金 63 亿元，帮助销售贫困地区农特产品 154 亿元。

扶贫资金投入监管力度持续加大。中央财政专项扶贫资金分配和使用结果全部公告公示，扶贫资金违纪违规问题明显减少。扶贫领域作风和能力建设持续向好，深入开展漠视侵害群众利益问题专项整治，基层干部负担进一步减轻。

脱贫攻坚宣传动员更加有效，组织开展全国脱贫攻坚奖和全国脱贫攻坚模范评选表彰等活动，营造了打赢脱贫攻坚战浓厚氛围。

在看到成绩的同时，也要深刻认识脱贫攻坚面临的困难和挑战，以问题为导向不断改进脱贫攻坚工作。深度贫困地区脱贫、巩固脱贫攻坚成果、易地扶贫搬迁后续帮扶任务仍然较重，松劲懈怠问题仍未完全解决，责任不落实、政策不到位、工作不精准问题仍然存在。

会议强调，2020 年是全面建成小康社会目标实现之年，是脱贫攻坚收官之年，要一鼓作气、乘势而上，保持攻坚态势、强化攻坚责任，确保脱贫攻坚目标任务如期全面完成。

一是要确保实现目标。完成剩余贫困人口和贫困县的脱贫摘帽任务，对深度贫困地区挂牌督战，继续加快实施"三区三州"脱贫攻坚实施方案，各方面的资源继续向深度贫困地区聚焦发力，确保打赢深度贫困歼灭战。全面解决"两不愁三保障"问题，保障特殊贫困人口基本生活。建立健全返贫监测预警和动态帮扶机制。

二是要巩固脱贫成果。要保持投入力度不减，保持队伍基本稳定，保持东西部扶贫协作和中央单位定点扶贫稳定。要强化责任、坚持精准、聚焦重点、防范风险。鼓励各地因地制宜探索创新，用消费扶贫来创新推动社会扶贫，完善建档立卡丰富脱贫攻坚档案。

三是要确保问题解决。全面排查整改影响脱贫攻坚任务完成的各类问题，继续开展督查巡查，对贫困人口超过 10 万的西部省份开展常态化督导，对所有脱贫摘帽县开展脱贫攻坚普查。

四是要保持昂扬斗志。加强脱贫攻坚干部作风建设，加强基层干部能力培训和贫困群众实用技能、市场经营、就业创业培训，加强贫困村创业致富带头人培育，为贫困地区持续发展提供人才保障。

五是要加强总结宣传研究。启动脱贫攻坚总结工作，加强脱贫攻坚正面宣传，研究建立解决相对贫困的长效机制。

2020 年能不能完成扶贫脱贫的任务，关系到能不能实现全面建成小康社会的战略目标。2020 年是全面建成小康社会目标实现之年，也是全面打赢脱贫攻坚战收官之年。小康不小康，关键在老乡。习近平总书记指出，全面建成小康社会、实现第一个百年奋斗目标，农村贫困人口全部脱贫是一个标志性指标。[1]

脱贫攻坚还有哪些堡垒？脱贫任务如何不折不扣完成？

2020 年 1 月 2 日，中共中央、国务院一如既往，发出了关于"三农"问题的"一号文件"，对全面打赢脱贫攻坚战作出了安排部署，吹响了决战决胜的冲锋号角。

这次"一号文件"的主题是：抓好"三农"领域重点工作，确保如期实现全面小康。文件明确指出：脱贫攻坚最后堡垒必须攻克，全面小康"三农"领域突出短板必须补上。

文件把"坚决打赢脱贫攻坚战"作为 2020 年"三农"工作的第一项内容，提出了五个方面的任务和要求：

（一）全面完成脱贫任务。

脱贫攻坚已经取得决定性成就，绝大多数贫困人口已经脱贫，现在到了攻城拔寨、全面收官的阶段。要坚持精准扶贫，以更加有力的举措、更加精细的工作，在普遍实现"两不愁"基础上，全面解决"三保障"和饮水安全问题，确保剩余贫困人口如期脱贫。

进一步聚焦"三区三州"等深度贫困地区，瞄准突出问题和薄弱环节集中发力，狠抓政策落实。对深度贫困地区贫困人口多、贫困发生率高、脱贫难度

---

[1] 参见《习近平关于社会主义经济建设论述摘编》，中央文献出版社 2017 年版，第 213 页。

大的县和行政村，要组织精锐力量强力帮扶、挂牌督战。

对特殊贫困群体，要落实落细低保、医保、养老保险、特困人员救助供养、临时救助等综合社会保障政策，实现应保尽保。

各级财政要继续增加专项扶贫资金，中央财政新增部分主要用于"三区三州"等深度贫困地区。优化城乡建设用地增减挂钩、扶贫小额信贷等支持政策。深入推进抓党建促脱贫攻坚。

（二）巩固脱贫成果防止返贫。

各地要对已脱贫人口开展全面排查，认真查找漏洞缺项，一项一项整改清零，一户一户对账销号。

总结推广各地经验做法，健全监测预警机制，加强对不稳定脱贫户、边缘户的动态监测，将返贫人口和新发生贫困人口及时纳入帮扶，为巩固脱贫成果提供制度保障。

强化产业扶贫、就业扶贫，深入开展消费扶贫，加大易地扶贫搬迁后续扶持力度。扩大贫困地区退耕还林还草规模。深化扶志扶智，激发贫困人口内生动力。

（三）做好考核验收和宣传工作。

严把贫困退出关，严格执行贫困退出标准和程序，坚决杜绝数字脱贫、虚假脱贫，确保脱贫成果经得起历史检验。

加强常态化督导，及时发现问题、督促整改。

开展脱贫攻坚普查。

扎实做好脱贫攻坚宣传工作，全面展现新时代扶贫脱贫壮阔实践，全面宣传扶贫事业历史性成就，深刻揭示脱贫攻坚伟大成就背后的制度优势，向世界讲好中国减贫生动故事。

（四）保持脱贫攻坚政策总体稳定。

坚持贫困县摘帽不摘责任、不摘政策、不摘帮扶、不摘监管。

强化脱贫攻坚责任落实，继续执行对贫困县的主要扶持政策，进一步加大东西部扶贫协作、对口支援、定点扶贫、社会扶贫力度，稳定扶贫工作队伍，强化基层帮扶力量。

持续开展扶贫领域腐败和作风问题专项治理。

对已实现稳定脱贫的县，各省（自治区、直辖市）可以根据实际情况统筹安排专项扶贫资金，支持非贫困县、非贫困村贫困人口脱贫。

（五）研究接续推进减贫工作。

脱贫攻坚任务完成后，我国贫困状况将发生重大变化，扶贫工作重心转向解决相对贫困，扶贫工作方式由集中作战调整为常态推进。

要研究建立解决相对贫困的长效机制，推动减贫战略和工作体系平稳转型。加强解决相对贫困问题顶层设计，纳入实施乡村振兴战略统筹安排。抓紧研究制定脱贫攻坚与实施乡村振兴战略有机衔接的意见。

这五个方面的任务和要求，紧紧抓住了打赢脱贫攻坚战决战和收官之年的实际，明确了百米冲刺的任务、步骤和要求，对 2020 年的脱贫攻坚具有重要的指导意义。

到 2019 年底，全国还有 551 万农村贫困人口、50 多个贫困县尚未摘帽，主要集中在深度贫困地区，是多年想啃没啃下来的硬骨头。为此，必须攻克最后堡垒，集中兵力打好深度贫困歼灭战。进一步聚焦"三区三州"等深度贫困地区，瞄准突出问题和薄弱环节集中发力，确保攻下坚中之坚、难中之难。

在聚焦深度贫困地区的同时，也要关注特殊贫困人口的脱贫问题。在目前的未脱贫人口中，因病因残致贫家庭还占相当比例。对特殊贫困群体，要落实落细综合社会保障政策，实现应保尽保。对于那些完全或部分丧失劳动能力、不能依靠产业就业帮扶脱贫的贫困人口，要通过综合社会保障政策兜底，不让他们在全面小康路上掉队。

全面打赢脱贫攻坚战，防止返贫和继续攻坚同样重要。数据显示，在全国已经脱贫的 9000 多万人中，有一小部分存在返贫风险，另外还有一些边缘人口存在致贫风险。确保这些群众稳定脱贫，关系脱贫整体质量。为此，要巩固脱贫成果防止返贫。对已脱贫人口开展全面排查，认真查找漏洞缺项。对存在返贫风险的已脱贫人口和存在致贫风险的边缘人口，开展监测预警，及时提供针对性帮扶。加大后续扶持、扶志扶智等工作力度，着力解决贫困群众生产、就业、创业等方面的现实问题，激发脱贫内生动力，帮助他们实现稳定就业和增收。

脱贫攻坚战收官之年如何圆满收官？ 2020 年 1 月，《中共中央　国务院关于抓好"三农"领域重点工作，确保如期实现全面小康的意见》要求，做好考核验收和宣传工作。严把贫困退出关。坚持现行标准，严格执行贫困退出标准和程序，用好督查、巡查、督导等手段，把影响目标任务完成的各类问题找出来，及时整改解决，赢得工作主动。2020 年将开展脱贫攻坚普查，各地要认真组织实施，坚决杜绝数字脱贫、虚假脱贫，确保脱贫成果经得起历史检验。同时，要加强脱贫攻坚宣传，用客观事实、鲜活案例展示脱贫攻坚取得的历史性成就，讴歌脱贫攻坚中涌现出的可歌可泣的英雄模范，总结脱贫攻坚伟大精神，讲好中国减贫生动故事。

强调保持政策总体稳定，贫困县摘帽不摘责任、摘帽不摘政策、摘帽不摘帮扶、摘帽不摘监管，具有特殊的意义。2019 年有过万亿元扶贫资金投向贫困地区县乡村。2020 年继续增加财政扶贫资金投入。

中央一号文件还指出，脱贫攻坚任务完成后，我国贫困状况将发生重大变化，扶贫工作重心转向解决相对贫困，扶贫工作方式由集中作战调整为常态推进。这将是一个历史性的转变。

二、挂牌督战的非常之举

决战时刻，须有关键之举；全面胜利，当有周密之策。

2020 年"两会"前夕，在国务院新闻办举行的新闻发布会上，国务院扶贫办主任刘永富透露了一个细节："挂牌督战的意见是中央在大年初一批准的，大年初三我们就印发下去了。"

这份文件，就是国务院扶贫开发领导小组印发的《关于开展挂牌督战工作的指导意见的通知》。

实行挂牌督战，这是非常之年的一个非常之举。

2019 年底，习近平总书记对扶贫工作难度大的县和村作出挂牌督战的重要指示。2020 年 1 月 25 日，国务院扶贫开发领导小组印发《关于开展挂牌督战工作的指导意见的通知》，明确对 2019 年底未摘帽的 52 个贫困县、贫困人口超过1000 人的 88 个村和贫困发生率超过 10% 的 1025 个村，共 1113 个村开展挂牌督战工作。这 52 个国家挂牌县集中在广西、四川、贵州、云南、甘肃、宁夏和新疆 7 个省区。1113 个挂牌村集中在上述除宁夏以外的 6 个省区。这些县和村绝大部分都位于深度贫困地区，脱贫的任务重，工作的难度大，是剩下最难啃的硬骨头。

（一）督战目的。

对未摘帽的贫困县和贫困人口多、脱贫难度大的村挂牌督战，及时掌握各地进展，研判形势，协调有关部门加大工作指导和政策支持，督促各地狠抓工作、责任落实，及时解决制约完成脱贫攻坚任务的突出问题，确保剩余贫困人口如期脱贫、贫困县全部摘帽。

（二）督战范围。

2019 年底，未摘帽的 52 个贫困县。贫困人口超过 1000 人的 88 个村和贫困发生率超过 10% 的 1025 个村，共 1113 个村。

（三）督战内容。

围绕"两不愁三保障"、"责任落实、政策落实、工作落实"和"精准识别、精准帮扶、精准退出"等要求，重点督战以下内容。

（1）义务教育、基本医疗、住房安全和饮水安全保障情况。

（2）贫困家庭劳动力新增转移就业情况，公益岗位新增就业情况，无劳动能力家庭兜底保障情况等。

（3）易地扶贫搬迁入住和后续帮扶措施落实情况。

（4）不稳定脱贫户和边缘户的动态监测和帮扶情况。

（5）中央专项巡视"回头看"、2019 年扶贫成效考核以及各地"大排查"等发现问题整改情况。

（四）督战方式。

贯彻中央统筹、省负总责、市县抓落实的体制机制，明确责任，分级负责。

（1）国务院扶贫开发领导小组负责挂牌督战工作的统筹协调，定期调度挂牌的县、村脱贫攻坚进展情况，研判形势，研究部署工作。组织有关力量对挂牌的县、村开展实地督导。

国务院扶贫办采取实地了解、视频调度、暗访等方式，跟踪分析各地督战进度，及时发现问题，及时汇报情况，及时推动解决。

国务院扶贫开发领导小组成员单位按照领导小组的统一部署开展督导，推动政策、资金倾斜聚焦，指导帮助各地解决突出问题。

承担东西扶贫协作任务的相关省市和中央定点帮扶单位要切实履行帮扶责任，聚焦挂牌县、村的突出困难和问题，进一步加大支持力度。

（2）各相关省区对本区域挂牌督战工作负总责，制定本区域挂牌督战实施方案，组织相关地州市对挂牌县进行督战，指导各县对挂牌村进行督战。每月初向国务院扶贫办报告挂牌督战工作进展情况。统筹使用各类资源加大支持帮扶，调动各方力量尽锐出战，确保挂牌县、村按期退出，贫困人口全部脱贫。

（3）各相关县按照省区统一部署组织对挂牌村进行督战。集中优势兵力，统筹整合资源，强化支持帮扶，确保贫困村按期出列、贫困人口全部脱贫。

（五）督战要求。

挂牌督战工作既要较真碰硬"督"，更要凝心聚力"战"，明确"督"是为了"战"，切忌舍本逐末，要持续保持攻坚态势，层层压实责任，强化攻坚举措，确保督战实效。

（1）加强组织领导。各地各部门要高度重视，按照国务院扶贫开发领导小组的统一要求开展督战工作。国务院扶贫开发领导小组将组织成员单位开展实地督导。相关省区要精心谋划，认真部署，抓紧研究制定实施方案，加强工作力量做好本区域的督战工作。

（2）及时解决问题。对督战中发现的突出问题要进行及时分析研判，需要支持的，协调有关部门及时支持解决。需要整改的，要加大整改力度。对整改不到位、弄虚作假的，要及时开展约谈。对问题突出、工作严重滞后、影响恶劣的，要严肃问责。

（3）减轻基层负担。要切实转变工作作风，注重实效，严防形式主义、官僚主义。要加强统筹安排，防止层层加码，对搭车督战，增加基层负担的做法要及时纠正。

各地区落实挂牌督战工作过程中的问题，要及时与国务院扶贫办沟通，重要情况及时向国务院扶贫开发领导小组报告。

挂牌督战"督哪里"？"督什么"？"谁来督"？"怎么督"？该通知都作了回答。

截至 2020 年 2 月底，有挂牌督战任务的 7 省区均已印发本区域挂牌督战方案，结合各地实际，细化了督战内容，明确了作战重点、作战力量、工作举措和完成时限，选优派强组建督战队伍，分级分区迅速全面开展挂牌督战工作。挂牌县均有一名省级领导联系督导，挂牌村均有一名县级领导驻点包抓，上下级捆到一起干，齐心协力解决问题。

2020 年 3 月 19 日，住房和城乡建设部也发出通知，对脱贫攻坚农村危房改造挂牌督战。

（一）督战内容。

（1）经脱贫攻坚农村危房改造"回头看"排查，新增建档立卡贫困户等 4 类重点对象危房改造任务超过 1 万户，或新增建档立卡贫困户危房改造任务超过 2000 户的省（区）住房安全有保障任务完成情况。

（2）脱贫攻坚大排查发现危房改造方面突出问题整改情况。

（二）督战范围。

山西省、辽宁省、黑龙江省、安徽省、山东省、河南省、湖北省、湖南省、广西壮族自治区、四川省、贵州省、云南省、甘肃省、宁夏回族自治区等14个省（区）。

（三）督战方式。

贯彻中央统筹、省负总责、市县抓落实的体制机制，明确责任，分级负责。住房和城乡建设部建立按旬调度工作机制和督查联系机制。村镇建设司每旬汇总各地挂牌督战工作进展情况，认真研判形势，及时发现问题，组织专家帮扶，协调推动解决。组成14个督战帮扶工作组，重点督查各有关省（区）工作进度，指导和帮助地方解决存在问题，推动政策、资金倾斜聚焦，确保2020年6月底前完成脱贫攻坚大排查发现危房改造方面突出问题整改任务，完成建档立卡贫困户等4类重点对象农村危房改造扫尾任务。

2020年3月6日，习近平总书记出席决战决胜脱贫攻坚座谈会时强调，对52个未摘帽贫困县和1113个贫困村实施挂牌督战，国务院扶贫开发领导小组要较真碰硬"督"，各省（区、市）要凝心聚力"战"，啃下最后的硬骨头。

挂牌督战开展以来，国务院扶贫办重点做了以下几方面的工作：一是加大资金支持和工作指导力度。二是跟踪调度各地挂牌督战工作的进度。国务院扶贫办每个月对挂牌督战地区脱贫攻坚工作的进展情况进行调度。三是强化督战一体，帮助基层解决实际困难和问题。四是发动社会力量，助力挂牌村脱贫攻坚。

各有关省（区）对本区域挂牌督战任务进展情况进行及时分析，加大了督促整改力度。对整改不到位、弄虚作假的，及时开展约谈；对问题突出、工作严重滞后、影响恶劣的，严肃问责。切实加强扶贫领域作风建设，严防形式主义、官僚主义，务求工作实效。

按照挂牌督战的要求，未摘帽的52个贫困县，以及1113个深度贫困村，都制定了作战方案：有哪些问题要解决、怎么解决、什么时候完成、谁来做……一系列措施安排一一到位。

贵州省赫章县是挂牌督战的贫困县。全国人大代表、赫章县河镇乡海雀村党支部书记文正友说："军中无戏言，签下军令状，就要说到做到。督战是必要手段，目的是让各级党员干部带着贫困群众如期脱贫。"

4 月中旬，广西壮族自治区百色市隆林各族自治县第五中学因为建设进度缓慢被脱贫攻坚督战小组点名。相关部门立即整改，采取超常规举措，集中攻坚，对类似问题挂图作战，每个项目落实一名县领导、一个县直单位主抓，一线解难、一线推进，各个学校都在新学期顺利开学。

易地扶贫搬迁和后续帮扶情况是挂牌督战的重点。云南省广南县在挂牌督战组的指导下，分类施策，外出务工就业一批、扶贫车间就业一批、公益性岗位就业一批、发展产业带动一批，千方百计让搬迁群众有活干、有钱挣。

四川省凉山州昭觉县署觉洼五村，是凉山典型的高山高寒贫困村落，是昭觉县 55 个挂牌督战村中海拔最高、产业发展底子最薄弱的村，全村总人口有 216 户 619 人，其中贫困人口 65 户 237 人，截至 2019 年底，已脱贫 18 户 59 人，未脱贫 47 户 178 人。贫困发生率从 38.3% 降至 28.8%。

2020 年 8 月 10 日下午，署觉洼五村第一书记斯日鲁方在国务院新闻办公室举行的新闻发布会上介绍：挂牌督战以来，我们聚焦"两不愁三保障"的脱贫标准，共梳理了 7 项 172 条作战任务，制定了作战方案，重点从三个方面推进：

一是找准问题的症结，突出针对性。比如，贫困户莫色约布通过培训拿到了高空作业资格证，如果外出务工，每个月收入可以达到 12000 元以上。但是入户调查时发现，他有畏难情绪。经了解，他父亲患有胃病，子女上学无人照看。为了帮助他，村里联系卫生院的签约医生定期上门服务，为他的子女联系寄宿制学校，对他进行心理疏导，帮助他解决后顾之忧，让他安心外出务工挣钱。

二是贴合群众意愿，发挥主观性。村里召开"坝坝会"，征求群众意愿，用投票方式确定最受群众欢迎的产业发展项目。养羊成了群众的首选。署觉洼五村地广人稀，草场丰茂，群众历来就有养羊的传统。村里通过"世行养羊"项目，为群众发放基础母羊，成立合作社，扩大养殖规模，联系牧业专家进行指导，改良种羊 900 余只。现在，养羊成了署觉洼五村的支柱产业，让全村对 2020 年的脱贫更有信心和底气。

三是因地制宜谋划，保持延续性。坚持因户施策、分类指导的原则，既要解决一些迫在眉睫的现实困难，又要着眼长远和未来。署觉洼五村地处谷克德湿地公园核心区域。随着近年来交通条件的不断改善，景区逐渐有了人气，村民自己养的高山土猪、山羊肉非常鲜美，有了这些优势，署觉洼五村就鼓励一些收入比较低的贫困户和边缘户到景区去卖烧烤。此外，还带动村里野生天麻、苦荞等山货的销售。

在各方面的支持下，截至 2020 年 6 月 30 日，署觉洼五村完成了 27 户贫困户易地搬迁房的入住，为 65 户贫困户制定并落实了产业发展项目，鼓励引导 26 户贫困户外出务工，为 17 户弱劳动力贫困户开发并落实公益性岗位，为 5 户贫困户落实低保兜底政策，为 10 户边缘户制定并落实帮扶方案，整改了省州县反馈的 22 个问题。

2020 年 4 月，碧桂园集团和署觉洼五村确立了村企结对帮扶关系，派驻了 2 名企业干部驻村开展帮扶工作，通过实地调研，结合村情，从党建、旅游、产业、就业、教育等五个方面制定了帮扶协议，夯实村务治理，谋定发展方向，到 2020 年 3 月已投入 100 余万元，设立了 4 个公益性岗位，建立了一个美德超市，选派了 78 名群众分两期赴广西参加粤菜厨师培训，组织旅游致富带头人赴广东参加创业培训、民宿管家培训。后期计划投入资金 404 万元，建设云海山舍、星空酒店、党建活动中心等文旅项目，发展乌金猪标准化养殖，开展职业技能培训，帮助贫困群众就业等。

作为一个典型案例，署觉洼五村真实地反映了挂牌督战的实际运作情况和取得的成效。

经过半年多的挂牌督战，到 7 月底，52 个挂牌督战县义务教育、基本医疗、住房安全"三保障"和饮水安全问题已基本解决，52 个挂牌督战县约 120 万贫困人口易地搬迁任务全部完成。防止返贫的监测和帮扶机制也建立起来。52 个挂牌督战县共识别脱贫不稳定人口和边缘易致贫人口 87 万人，已全部落实帮扶措施，有效防止返贫和产生新的贫困。脱贫攻坚专项巡视"回头看"大排查、成效考核等方面发现的问题都已基本整改到位，脱贫攻坚的成色和质量进一步提高。

三、迎战新冠肺炎疫情的严峻考验

2020 年是全面建成小康社会目标实现之年，也是全面打赢脱贫攻坚战收官之年。但是，刚刚进入 2020 年，就遇到了新型冠状病毒肺炎疫情的严峻考验。

2019 年 12 月 27 日，湖北省武汉市监测发现不明原因肺炎病例。1 月 7 日，中国疾控中心成功分离新型冠状病毒毒株。1 月 12 日，武汉市卫生健康委在情况通报中首次将"不明原因的病毒性肺炎"更名为"新型冠状病毒感染的肺炎"。

截至 2020 年 5 月 31 日 24 时，31 个省、自治区、直辖市和新疆生产建设兵团累计报告确诊病例 83017 例，累计治愈出院病例 78307 例，累计死亡病例 4634 例，治愈率 94.3%，病亡率 5.6%。

新冠肺炎疫情是新中国成立以来我国发生的传播速度最快、感染范围最广、防控难度最大的一次重大突发公共卫生事件，是一次危机，也是一次大考。

新冠肺炎疫情发生后，党中央高度重视，迅速作出部署，将疫情防控作为头等大事来抓。习近平总书记亲自指挥、亲自部署，要求各级党委和政府及有关部门把人民群众生命安全和身体健康放在第一位，采取切实有效措施，坚决遏制疫情蔓延势头。

中央应对疫情工作领导小组组长李克强主持召开 30 余次领导小组会议，研究部署疫情防控和统筹推进经济社会发展的重大问题和重要工作。中央指导组指导湖北省、武汉市加强防控工作，以争分夺秒的战时状态开展工作。国务院联防联控机制发挥协调作用，持续召开例会跟踪分析研判疫情形势，加强医务人员和医疗物资调度，根据疫情发展变化相应调整防控策略和重点工作。

各地方各方面守土有责、守土尽责。全国各省、市、县成立由党政主要负责人挂帅的应急指挥机制，自上而下构建统一指挥、一线指导、统筹协调的应急决策指挥体系。在中共中央统一领导下，各地方各方面严格高效落实各项防控措施，全国形成了全面动员、全面部署、全面加强，横向到边、纵向到底的疫情防控局面。

广大民众扛起责任、众志成城，自觉参与抗击疫情。党的 460 多万个基层组织，广泛动员群众、组织群众、凝聚群众、服务群众，筑起一座座抗击疫情的坚强堡垒。全国有 3900 多万名党员、干部战斗在抗疫一线，1300 多万名党员参加志愿服务，近 400 名党员、干部为保卫人民生命安全献出了宝贵生命。

全国上下贯彻"坚定信心、同舟共济、科学防治、精准施策"总要求，共同进行抗击疫情的人民战争、总体战、阻击战。经过艰苦卓绝的努力，付出巨大代价和牺牲，有力扭转了疫情局势，用一个多月的时间初步遏制了疫情蔓延势头，用两个月左右的时间将本土每日新增病例控制在个位数以内，用 3 个月左右的时间取得了武汉保卫战、湖北保卫战的决定性成果，疫情防控阻击战取得重大战略成果，维护了人民生命安全和身体健康，为维护地区和世界公共卫生安全作出了重要贡献。

根据国家统计局局长宁吉喆的介绍，在疫情防控过程中，中国经济发展表现出 6 个特点：

一是及时控制新冠肺炎疫情创造了发展的正常环境。动态优化疫情防控的策略举措，用 3 个月左右的时间取得了武汉保卫战、湖北保卫战的决定性成果。进而又接连打了几场局部地区聚集性疫情的歼灭战，狠抓"外防输入、内防反弹"，在全国范围内恢复了经济社会的正常秩序，使发展成为可能。

二是迅速组织复工复产推动了产业稳步复苏。短期内推出了 8 个方面 90 多项复工复产政策措施，打通了卡点、难点和堵点，保持了产业链供应链的稳定运行。

三是果断出台规模性政策激发了市场主体活力。新增减税降费，发行抗疫特别国债，提高财政赤字率，增加地方政府专项债券规模，大幅压缩非急需、非刚性支出，利用降准降息、再贷款、推迟还贷、普惠金融、银行让利等手段，运用"直达机制工具"，宏观经济和助企纾困的政策有力有效，促进了上亿市场主体的生存发展。

四是优先稳就业保民生稳定了经济社会大局。把稳就业、保民生、保就业放在政策的首位，积极应对疫情、汛情对民生带来的影响，着力加强农业生产，强力推进脱贫攻坚，持续提升公共服务水平，保障了 14 亿人民的基本生活，稳定了经济基本盘，也稳定了社会大局。

五是持续发展新动能推进了新业态新模式逆势成长。应对疫情中，创业创新的成效不断显现，以互联网经济为代表的新业态发挥了重要作用，电商购物、快递配送、在线办公、网络教育、远程医疗供需两旺，新基建新消费快速发展。

六是坚定深化改革开放调动了国内外生产要素。不断加快"放管服"改革，优化营商环境，放宽市场准入，扩大对外开放，达到了稳预期、稳投资、稳外贸、稳外资的效果。2020 年前三季度，中国固定资产投资同比增长 0.8%，进出口总额同比增长 0.7%，实际利用外资同比增长 5.2%，均实现了正增长，进入中国市场的国外资金持续增加。

疫情影响下，当然也遇到了农民工就业、食品价格一度上涨的问题。经过采取抗疫发展和改革开放的举措，这些问题已经得到了有效缓解。前三季度，中国城镇新增就业的全年目标任务已基本完成，城镇调查失业率从年初的 6.2%降到 9 月的 5.4%，居民消费价格涨幅平均为 3.3%，其中 9 月当月回落到 1.7%。猪肉等食品保供稳价也见到了成效。

面对疫情冲击，各级政府采取了促增收、扩消费举措，居民收入和消费逐步恢复。前三季度，全国居民人均可支配收入实际增长 0.6%，年内首次由负转正。9 月，社会消费品零售总额同比增长 3.3%，第三季度的增速也由负转正。

面对新冠肺炎疫情影响，党中央始终坚持把脱贫攻坚作为全面建成小康社会必须完成的硬任务强力推进。疫情发生以来，习近平总书记就统筹疫情防控和脱贫攻坚工作作出一系列重要指示，为脱贫攻坚把舵定向。3 月 6 日，习近平总书记在决战决胜脱贫攻坚座谈会上发表重要讲话，向全党全社会发出脱贫攻坚总攻动员令。4 月以来，习近平总书记在陕西、山西、宁夏、吉林、安徽、湖南等地考察和参加十三届全国三次会议内蒙古代表团审议时，对做好脱贫攻坚工作提出明确要求。

2020 年 2 月 23 日，中央召开统筹推进新冠肺炎疫情防控和经济社会发展工作部署会议。为了贯彻落实统筹推进新冠肺炎疫情防控和经济社会发展工作部署会议的精神，2 月 27 日，积极应对新冠肺炎疫情决战脱贫攻坚电视电话会议紧接着在北京召开。中共中央政治局委员、国务院扶贫开发领导小组组长胡春华出席会议并讲话。他强调，要认真贯彻落实习近平总书记在统筹推进新冠肺炎疫情防控和经济社会发展工作部署会议上的重要讲话精神，按照党中央、国务院决策部署，努力克服疫情影响，狠抓攻坚工作落实，确保实现决战脱贫攻坚目标任务。

胡春华指出，要在毫不放松抓好贫困地区疫情防控的同时，毫不动摇坚决打赢脱贫攻坚战。要认真落实分区分级精准防控要求，低风险地区要在防控疫情输入的同时加快推进脱贫攻坚工作，疫情较重地区要根据实际情况有序推进。要抓紧降低疫情影响，优先支持贫困劳动力就业，及时解决贫困地区农畜产品滞销卖难，积极支持扶贫产业恢复生产，做好对因疫致贫返贫人口的帮扶。

胡春华强调，要认真结合大排查发现的问题，较真碰硬抓好问题整改，确保脱贫成果经得起检验。要提前采取措施，对存在返贫和致贫风险的人口及时实施帮扶，建立健全长效机制。要如期完成"三保障"和饮水安全任务，巩固提升质量。要持续推进扶贫产业发展壮大，加强就业帮扶，全面强化易地扶贫搬迁后续扶持。要坚持五级书记一起抓，确保脱贫攻坚力度只增不减。

四、中央召开决战决胜脱贫攻坚座谈会

在脱贫攻坚战收官之年，在遭遇新冠肺炎疫情影响的关键时刻，为了坚决

克服新冠肺炎疫情影响，坚决夺取脱贫攻坚战全面胜利，党中央、国务院作出一系列重大部署。

2020年2月23日，中央召开统筹推进新冠肺炎疫情防控和经济社会发展工作部署会议。习近平总书记发表重要讲话，分析新冠肺炎疫情防控形势，要求坚定必胜信念，咬紧牙关，继续毫不放松抓紧抓实抓细各项防控工作。统筹推进疫情防控和经济社会发展工作，恢复生产生活秩序，战胜这场疫情，保持我国经济社会良好发展势头，实现决胜全面建成小康社会、决战脱贫攻坚的目标任务。

在讲话中，习近平总书记强调的一项重要工作，就是坚决完成脱贫攻坚任务。他说：今年脱贫攻坚要全面收官，原本就有不少硬仗要打，现在还要努力克服疫情的影响，必须再加把劲，狠抓攻坚工作落实。劳务输出地和输入地要精准对接，帮助贫困劳动力有序返岗，支持扶贫龙头企业、扶贫车间尽快复工，吸纳当地就业。要组织好产销对接，抓紧解决好贫困地区农畜产品卖难问题。要加快建立健全防止返贫机制，对因疫情或其他原因返贫致贫的，要及时落实帮扶措施，确保基本生活不受影响。

2020年3月6日，党中央又专门召开决战决胜脱贫攻坚座谈会。

座谈会以电视电话会议形式召开，在各省（区、市）和新疆生产建设兵团以及中西部22个省（区、市）所辖市（地、州、盟）、县（市、区、旗）设分会场。各省（区、市）提供书面发言。云南怒江州委书记纳云德、新疆和田地委书记杨发森、河南兰考县委书记蔡松涛、广西大化县委书记杨龙文、贵州赫章县委书记刘建平通过视频会议系统先后作了发言。

部分中共中央政治局委员、中央书记处书记出席座谈会。国务院扶贫开发领导小组成员单位有关负责同志参加座谈会。

这是一次在脱贫攻坚收官之年和疫情突发的紧要关头召开的规模浩大、意义重大的座谈会。此次座谈会是党的十八大以来脱贫攻坚方面最大规模的会议，不仅所有省（区、市）的主要负责同志都参加，而且中西部22个省份一直开到了县级。

这也是决战决胜脱贫攻坚6年来的第七个专题会议。因受疫情影响，本次会议召开的时间、地点和方式都进行了调整，但考虑到脱贫攻坚时不我待的紧迫形势，没有等到疫情结束后再另行召开。会议明确向全党全社会发出了"不能停顿、不能大意、不能放松"的信息。

习近平总书记出席会议并发表重要讲话，他指出这是党的十八大以来脱贫攻坚方面最大规模的会议。会议的主要任务是分析当前形势，克服新冠肺炎疫情影响，凝心聚力打赢脱贫攻坚战，确保如期完成脱贫攻坚目标任务，确保全面建成小康社会。

习近平总书记充分肯定了脱贫攻坚取得的成绩，深刻分析了脱贫攻坚面临的形势，对加强党对脱贫攻坚的领导、高质量完成脱贫攻坚目标任务提出明确要求。他强调，到 2020 年现行标准下的农村贫困人口全部脱贫，是党中央向全国人民作出的郑重承诺，必须如期实现。这是一场硬仗，越到最后越要紧绷这根弦，不能停顿、不能大意、不能放松。我们要不忘初心、牢记使命，坚定信心、顽强奋斗，夺取脱贫攻坚战全面胜利，坚决完成这项对中华民族、对人类都具有重大意义的伟业。[1]

党的十八大以来，脱贫进度符合预期，成就举世瞩目。概括起来取得了六大"决定性成就"：

一是脱贫攻坚目标任务接近完成。贫困人口从 2012 年底的 9899 万人减到 2019 年底的 551 万人，贫困发生率由 10.2% 降至 0.6%，连续 7 年每年减贫 1000 万人以上。区域性整体贫困基本得到解决。

二是贫困群众收入水平大幅度提高。2013 年至 2019 年，832 个贫困县农民人均可支配收入由 6079 元增加到 11567 元，年均增长 9.7%，比同期全国农民人均可支配收入增幅高 2.2 个百分点。全国建档立卡贫困户人均纯收入由 2015 年的 3416 元增加到 2019 年的 9808 元，年均增幅 30.2%。贫困群众"两不愁"质量水平明显提升，"三保障"突出问题总体解决。

三是贫困地区基本生产生活条件明显改善。贫困地区群众出行难、用电难、上学难、看病难、通信难等长期没有解决的老大难问题普遍得到解决，义务教育、基本医疗、住房安全有了保障。

四是贫困地区经济社会发展明显加快。特色产业不断壮大，产业扶贫、电商扶贫、光伏扶贫、旅游扶贫等较快发展，贫困地区经济活力和发展后劲明显增强。贫困地区生态环境明显改善，贫困户就业增收渠道明显增多，基本公共服务日益完善。

五是贫困治理能力明显提升。积极推进抓党建促脱贫攻坚，贫困地区基层

---

[1] 参见习近平：《在决战决胜脱贫攻坚座谈会上的讲话》，新华网 2020 年 3 月 6 日。

组织得到加强，基层干部通过开展贫困识别、精准帮扶，本领明显提高，巩固了党在农村的执政基础。

六是中国减贫方案和减贫成就得到国际社会普遍认可。2020年脱贫攻坚任务完成后，我国将有1亿左右贫困人口实现脱贫，提前10年实现《联合国2030年可持续发展议程》的减贫目标。世界上没有哪一个国家能在这么短的时间内帮助这么多人脱贫，这对中国和世界都具有重大意义。国际社会对中国减贫方案是高度赞扬的。

但与此同时，也面临着巨大的困难和挑战。

一是剩余脱贫攻坚任务艰巨。全国还有52个贫困县未摘帽、2707个贫困村未出列、建档立卡贫困人口未全部脱贫；"三保障"问题基本解决了，但稳定住、巩固好还不是一件容易的事情。

二是新冠肺炎疫情带来新的挑战。疫情对脱贫攻坚的影响主要表现在这样几个方面。其一，外出务工受阻；其二，扶贫产品销售和产业扶贫困难；其三，扶贫项目停工；其四，帮扶工作受到影响。

三是巩固脱贫成果难度很大。已脱贫的地区和人口中，有的产业基础比较薄弱，有的产业项目同质化严重，有的就业不够稳定，有的政策性收入占比高。

四是脱贫攻坚工作需要加强。当前，最大的问题是防止松劲懈怠、精力转移。形式主义、官僚主义屡禁不止，数字脱贫、虚假脱贫仍有发生，个别地区"一发了之""一股了之""一分了之"问题仍未得到有效解决，部分贫困群众发展的内生动力不足。

习近平总书记强调，关于脱贫攻坚战最后一年的工作，《中共中央、国务院关于抓好"三农"领域重点工作确保如期实现全面小康的意见》已经作出部署，各地区各部门要抓好贯彻落实。

为了确保高质量完成脱贫攻坚目标任务，会议作出了六大部署：

一是攻坚克难完成任务。要继续聚焦"三区三州"等深度贫困地区，落实脱贫攻坚方案，瞄准突出问题和薄弱环节狠抓政策落实。要巩固"两不愁三保障"成果，防止反弹。

二是努力克服疫情影响。要落实分区分级精准防控策略。要优先支持贫困劳动力务工就业，切实解决扶贫农畜牧产品滞销问题，支持扶贫产业恢复生产，加快扶贫项目开工复工，做好对因疫致贫返贫人口的帮扶。

三是多措并举巩固成果。要加大就业扶贫力度，加大产业扶贫力度，加大易地扶贫搬迁后续扶持力度。

四是保持脱贫攻坚政策稳定。对退出的贫困县、贫困村、贫困人口，要保持现有帮扶政策总体稳定，扶上马送一程。

五是严格考核开展普查。要严把退出关，坚决杜绝数字脱贫、虚假脱贫。要为党中央适时宣布打赢脱贫攻坚战、全面建成小康社会提供数据支撑，确保经得起历史和人民检验。

六是接续推进全面脱贫与乡村振兴有效衔接。要针对主要矛盾的变化，理清工作思路，推动减贫战略和工作体系平稳转型，统筹纳入乡村振兴战略，建立长短结合、标本兼治的体制机制。

习近平总书记强调，脱贫攻坚越到最后越要加强和改善党的领导，各级党委（党组）一定要履职尽责、不辱使命。[1]

中央财政要继续增加专项扶贫资金规模，各级财政也要保证脱贫攻坚的资金需求。要加大财政涉农资金整合力度，加强扶贫资金监管，提高资金使用效率和效益，用好扶贫的土地和金融政策。

要深化东西部扶贫协作和中央单位定点扶贫。当前，最突出的任务是帮助中西部地区降低疫情对脱贫攻坚的影响，在劳务协作上帮、在消费扶贫上帮。

要加强扶贫领域作风建设，坚决反对形式主义、官僚主义，减轻基层负担，做好工作、生活、安全等各方面保障。要加强脱贫攻坚干部培训，还要加强对脱贫攻坚的宣传。

习近平总书记强调："以更大决心、更强力度推进脱贫攻坚，确保取得最后胜利。""克服新冠肺炎疫情影响。""夺取脱贫攻坚战全面胜利，坚决完成这项对中华民族、对人类都具有重大意义的伟业。"[2]这体现了党和国家打赢疫情防控阻击战、踏平坎坷成大道的信心和决战决胜脱贫攻坚、不破楼兰终不还的决心。

汪洋在主持会议时表示，习近平总书记的重要讲话，充分肯定了脱贫攻坚取得的成绩，深刻分析了脱贫攻坚面临的形势，对加强党对脱贫攻坚的领导、高质量完成脱贫攻坚目标任务提出明确要求，具有很强的指导性和针对性，进一步坚定了全党全社会坚决打赢脱贫攻坚战的信心决心。各地区各部门要认真学习领会习近平总书记的重要讲话，充分认识决战决胜脱贫攻坚的重要性艰巨

---

[1]　参见习近平：《在决战决胜脱贫攻坚座谈会上的讲话》，新华网 2020 年 3 月 6 日。

[2]　习近平：《在决战决胜脱贫攻坚座谈会上的讲话》，新华网 2020 年 3 月 6 日。

性紧迫性，对标对表党中央的决策部署和工作要求，全面排查梳理 2020 年工作任务，克服新冠肺炎疫情影响，坚持目标导向、问题导向和结果导向，倒排工期、强力推进，层层压实责任，级级传导压力，结合实际创造性地开展工作，确保如期高质量完成脱贫攻坚任务，向党和人民交出合格答卷。

五、做好疫情影响下的脱贫攻坚工作

突如其来的疫情对脱贫攻坚工作产生了不同程度的影响。如果从疫情本身看，贫困地区大部分是低风险地区，按照分区分级的规定，除湖北外的 804 个国家贫困县有 740 个是低风险地区。疫情带来的主要问题是人员、物流的受阻，影响贫困户的收入。这个影响可能是长期的、更大的，主要表现在贫困户的就业收入、产业收入和扶贫项目的开工方面。

第一个影响体现在就业方面。到 2020 年 2 月底外出率仅有往年的约 40%。截至 3 月 5 日，贫困家庭劳动力外出总人数 1420 万，仅仅是 2019 年全年的52%，不仅出去得晚了，也没有 2019 年多了。部分贫困劳动力一两个月没有务工收入。

第二个影响是物流受阻。春节期间准备的很多农产品销售受阻，地里种的农产品滞销，贫困户收入直接受影响。南方一些贫困地区水果蔬菜，特别是一些时令性的农产品销售受影响比较大。春耕备耕也受到了影响。疫情发生在春节旅游旺季，休闲农业和乡村旅游基本处于停摆状态。农业生产需要的种子、化肥、农药、饲料等农资运输不畅，部分农畜产品受封村封路影响运不出来。

第三个影响是有一些扶贫项目开工推迟了。到 2020 年 3 月，全年项目开工大概只有 1/3。

2020 年 3 月 6 日决战决胜脱贫攻坚座谈会的召开，进一步增强了脱贫攻坚的动力和决心、信心。

国务院扶贫办主任刘永富认为："习近平总书记的重要讲话，向全党全社会发出了坚决克服新冠肺炎疫情影响、坚决夺取脱贫攻坚战全面胜利的总攻令，是做好脱贫攻坚各项工作的行动指南。"作为脱贫攻坚的专责部门，一定要把习近平总书记重要讲话精神转化为实际行动，尽锐出战，冲锋在前，毫不松懈，确保如期打赢脱贫攻坚这场硬仗。

宁夏同心县脱贫攻坚督导马希丰说："习近平总书记的重要讲话，更加增强了一线扶贫干部的使命感责任感。"世界上没有哪一个国家能在这么短的时间内帮助这么多人脱贫,脱贫攻坚意义重大、使命光荣。现在距离最后收官不到10个月,越到最后越要绷紧弦,与时间赛跑,实打实抓好每一项工作,用扶贫干部的"辛苦指数"换取贫困群众的"幸福指数"。

内蒙古杭锦旗巴拉贡镇昌汉白村石生华说:"总书记的讲话说到了咱农民心坎上。"这几年脱贫攻坚让村里大变样,现在家家户户住上了安全房,看得起病、上得了学,"去年通过电商扶贫,我卖华莱士瓜和甜糯玉米,挣了1.2万多元,全家摘了穷帽子。接下来还得加油干、奔小康。"

江苏省宿迁市泗阳县扶贫办主任王晓晖说,疫情发生后,乡村干部和扶贫干部挺身而出,既冲锋在战疫一线,又奋战在脱贫攻坚一线,指导贫困户做好春耕生产,牵线搭桥找工作岗位。下一步要继续克服疫情影响,通过产业扶贫、就业扶贫、公益岗位扶贫、兜底保障等方式,助力贫困群众高质量脱贫。

四川省巴中市巴州区枣林镇牌坊梁村第一书记王刚说,村里刚摘了穷帽,完成了脱贫攻坚战的第一步,接下来还不能放松,还有几户要实现脱贫,巩固脱贫成果难度很大,要下力气激发贫困群众发展内生动力,全面小康路上不让一个人掉队。

云南怒江州委书记纳云德说,怒江州将认真贯彻落实总书记的重要讲话精神,对全州57个重点村和19个千人以上易地扶贫搬迁安置点实施挂牌作战。组织实施"背包上山、牵手进城"行动,确保2020年3月底前10万贫困群众搬出大山、迁入新居。"我们决不能因为疫情产生缓一缓、等一等的思想,在做好疫情防控的同时,坚持如期全面完成脱贫攻坚任务不动摇,拿出非常之举,使出非常之力,坚决打赢深度贫困歼灭战。"纳云德说。

一手抓疫情防控,一手抓脱贫攻坚。"两手抓、两手硬,决不让疫情掣肘脱贫攻坚。"广西大化县委书记杨龙文说,为保障贫困群众全面脱贫、高质量脱贫,在疫情防控期间,全县划分为4个战区,选派24个突击队,进行扶贫一线挂牌督战,制定并出台肉羊等多个扶贫产业方案,确保不折不扣完成脱贫攻坚任务。

决战贫困,使命在肩。"我们将以更加有力的举措、更加精细的工作,全面完成脱贫任务,更好巩固脱贫成果。"贵州印江土家族苗族自治县县委书记田艳说,印江县于2019年脱贫出列,但仍有6867名兜底户、脱贫不稳定户、边缘易致贫户需要重点扶持,下一步将按照"未贫先助、未贫先防"的思路,层层压实责任,织好政策保障、社会扶助、保险救助"三张网",全方位构筑致贫返贫的防线，确保精准脱贫不漏一户、不落一人。

为深入贯彻落实习近平总书记在统筹推进新冠肺炎疫情防控和经济社会发展工作部署会议上的重要讲话精神，按照党中央、国务院决策部署和国务院扶贫开发领导小组要求，国家发展改革委印发《关于切实做好新冠肺炎疫情防控期间脱贫攻坚相关工作的通知》，部署各地发展改革部门做好疫情防控期间脱贫攻坚相关工作。

《通知》从六个方面对全国发展改革系统统筹做好疫情防控和脱贫攻坚工作提出了明确要求：

一是扎实做好易地扶贫搬迁安置区疫情防控工作。采取开展拉网式排查、加强人员管控、加强疫情监测、加大宣传力度等措施，筑牢安置区疫情防线，坚决防止安置区内出现疫情集中暴发现象。

二是有序推动易地扶贫搬迁工程开工复工。对尚未开工的配套教育医疗设施补短板项目，采取网上办理优化审查审批路径，简化办理程序，高质量完成前期工作审批环节。对已开工尚未复工的补短板项目，组织施工企业提前备工备料，创造有利条件推动项目尽快复工建设。对已开工复工的补短板项目，千方百计保障施工物资供应，积极为施工现场提供必要的人力物力和资金支持，督促企业严格落实疫情防控主体责任，做好疫情防控工作，确保施工人员健康安全。

三是统筹做好易地扶贫搬迁后续扶持工作。切实做好搬迁劳动力就业情况摸底登记工作，采取有力措施推动安置区周边的扶贫车间、产业园区、生产基地等复工复产，在做好疫情防控的前提下，组织搬迁劳动力就近务工、就业增收。对符合疫情防控需要新增的保洁环卫、防疫消杀、巡查值守等临时性岗位，优先安置贫困搬迁劳动力就业。加强社区管理，确保安置区生活必需品供应，妥善解决搬迁群众反映的各类矛盾纠纷。广西、四川等有关省（区、市）要围绕搬迁入住和后续帮扶措施落实情况等，对工作难度大的县和村易地扶贫搬迁工作实行挂牌督战。

四是有序推动以工代赈项目落地实施。在符合疫情防控条件下，稳妥有序推动 2019 年以工代赈项目尽早复工，对已复工项目，督促项目法人严格落实疫情防控主体责任；对未复工项目，提前做好各项复工准备工作。加紧推进 2020 年以工代赈示范工程项目前期工作，确保资金下达即可开工建设。指导贫困县在 2020 年统筹整合财政涉农资金工作中，认真谋划实施以工代赈项目，大力推广以工代赈方式，及时足额发放劳务报酬。

五是依托互联网大力开展消费扶贫工作。充分利用信息化手段开展消费扶贫，线上依托电商平台，线下拓宽销售渠道，多措并举帮助贫困户解决好农产品销售难题，稳定贫困户脱贫成果。

六是加强疫情防控期间宣传引导。加大疫情防控知识宣传力度，教育引导易地扶贫搬迁群众科学、理性地认识疫情，消除不必要的恐慌情绪。创新宣传方式，及时推介在易地扶贫搬迁安置区疫情防控和脱贫攻坚工作中涌现出的先进典型和感人事迹。

中国扶贫发展中心主任黄承伟研究员说："受到突如其来的疫情影响，让我们今年的工作从'百米冲刺'变成了'110 米跨栏'，增加了很多障碍和困难。但冲刺的终点没有变，最后的冲线时限没有变，我们坚决夺取脱贫攻坚战全面胜利的信心决心没有变。中国共产党近 100 年党史告诉我们，越是在最艰难的时候，越要充分发挥党建引领作用，越要发挥党组织战斗堡垒作用，越要激发每名党员干部的初心使命。"

面对疫情，截至 2020 年 3 月，国务院扶贫办采取了五大举措推进脱贫攻坚。

一是落实挂牌督战。有挂牌督战县的广西、四川、贵州、云南、甘肃、宁夏、新疆 7 个省、自治区，全部制定了实施方案，52 个挂牌督战县全部制定了作战方案。

二是加快扶贫资金划拨。到 3 月，省市县扶贫资金投入已经达到 2000 亿元以上，同比 2019 年有一定增长。同时加快资金拨付，到目前中央财政专项扶贫资金已经拨付 1136 亿元，确保资金尽快到位，确保脱贫攻坚任务的完成。东部 9 省市已向中西部扶贫协作地区拨付财政援助资金 225.61 亿元，完成 2020 年协议数的 99.08%。为了帮助贫困户尽快恢复生产，出台了扶贫小额信贷的优惠政策。对受到疫情影响不能按时还款的贫困户，允许延长半年，不做不良贷款记录。同时对有新贷款需求的贫困户，要求加快办理流程，及时满足生产需要。

三是加快贫困劳动力外出务工。要求安全有序组织贫困劳动力返程返岗就业，促进就地就近就业，鼓励重点企业优先招用符合条件的贫困劳动力，如果招聘了，给予一次性吸纳就业补贴。各地强化劳务对接，开展"点对点"服务，加快贫困劳动力外出务工进程。中央财政扶贫资金给予湖北倾斜支持，组织六省市与湖北开展"6+1"劳务协作行动，帮助湖北贫困劳动力外出务工。截至 3 月 13 日，湖北省外出务工贫困劳动力 1690.12 万人，占 2019 年外出务工总数的 61.93%。

四是组织扶贫车间有序复工。农业农村部会同国务院扶贫办多次研究，建立了扶贫产业调度机制，对应对疫情、做好产业扶贫工作作出了安排，指导贫困地区加快恢复农业生产秩序，推进带贫主体复工复产。中西部22个省份有扶贫车间28530个，到3月复工21705个，复工率76.08%，吸纳贫困人口就业26.04万人。截至8月底，易地扶贫搬迁任务全部完成，扶贫项目、扶贫龙头企业和扶贫车间全面开工复工。

五是推进项目开工。明确要求具备条件的项目及时开工建设，暂时不能开工的做好前期的设计、评审等工作。同时对于政府采购项目，明确要进一步优化采购程序、加快进度，确保早开工、见实效。各地按照分区分级精准防控的策略，加快了扶贫项目的实施和开工。从最新调度情况来看，中西部22个省份安排扶贫项目35.85万个，已开工项目14.9万个，开工率41.55%。对于扶贫产业和企业给予补贴支持，加大对受影响较大的产业项目生产环节、贮存环节、运输环节、销售环节等各个环节的支持力度，对努力克服疫情影响，积极吸纳贫困人口就业发展的扶贫龙头企业和扶贫车间等给予一次性的补贴和贷款贴息支持。做好项目库的动态调整，对因疫情致贫、急需实施的项目，对有利于提高贫困人口收入的项目，优先安排资金予以支持。

截至4月30日，中西部地区扶贫公益岗位安置343万贫困劳动力，扶贫龙头企业复工率达97.5%。

组织流通企业、电商平台、批发市场帮助销售贫困地区农产品。从短期阶段性措施来看，重点是动员行业协会、批发市场、大型电商、龙头企业等开展应急促销，哪里出现卖难了，就解决哪儿的问题。到2020年3月初，推动销售了85万吨农产品。南方柑橘类水果卖难得到明显缓解，广西沙糖橘滞销比较严重，相当一部分是贫困县，农业农村部动员各方力量比较好地解决了广西沙糖橘问题。从长效机制建设来看，要实施"互联网＋"农产品出村进城工程，实施农产品仓储保鲜冷链物流工程，促进龙头企业、批发市场与产地，特别是贫困地区建立长效稳定的购销关系，还要搭建常态化的产销对接平台，常年进行交易促销。

2020年光伏扶贫的收益80%用于贫困人口承担公益岗位工资和贫困户参加村里面公益事业建设的工资，尽量减少疫情对他们工资性收入的影响。

对52个未摘帽县，给他们"吃小灶"，给予特殊政策支持。一是组织未摘帽县免费参加各类产销对接活动。2020年，农业农村部举办了多场针对贫困地区的产销对接活动，还在中国国际农产品交易会、中国国际茶叶博览会等大型展会设立扶贫专区，对未摘帽县免除展位费、搭建费。二是开通绿色、有机和地理标志农产品申报"快速通道"。对"三区三州"和52个贫困县实行优先受理、优先检查、优先检测、优先审核、优先颁证"五优先"措施，减免相关费用。三是农业农村部启动仓储保鲜冷链物流设施建设工程，对有条件的未摘帽县实行全覆盖。四是在未摘帽县探索建立产业技术顾问制度。围绕扶贫主导产业明确产业技术顾问，组织中国农科院专家开展重点科技帮扶，帮助解决产业发展技术难题，提升农产品的品质、质量和竞争力。

湖北省是中部地区脱贫攻坚的重点省份，湖北省脱贫攻坚取得显著成效。这次疫情湖北受到的影响最重，为确保脱贫攻坚任务全面完成，对包括湖北在内的疫情较重的地区主要采取了以下几个措施：一是资金投入持续保持增加，在分配资金的时候，对疫情影响较重的地区予以倾斜安排。同时要求省里在分配资金的时候也要结合实际，加大对疫情较重的市县资金支持力度，确保脱贫攻坚资金需求，把疫情的影响降到最低。二是及时调整年度项目安排。对受疫情影响，的确不能开工的项目，允许疫情较重地区调整为既符合防的需要又满足脱贫攻坚需求的项目，优先安排资金支持。三是及时落实帮扶和救助。对患新冠肺炎的建档立卡贫困户，以及集中隔离收入受影响的患者，及时给予帮扶和救助，确保他们的基本生活得到保障。

受疫情影响，山东省曹县磐石街道办事处五里墩村的农产品销售遭遇困难。五里墩村党支部书记王银香带领村民拓展线上销售和无接触物流："办法总比困难多，要千方百计让村民稳定增收不返贫。"

国务院扶贫办主任刘永富说："脱贫攻坚的目标任务不改变，现行扶贫标准不改变，决不会因疫情而留下'锅底'。"个别深度贫困地区可能易地搬迁会推迟些时间，但2020年这些剩余贫困县脱贫摘帽是必须完成的任务。

疫情发生以来，农业农村部在原有的基础上增设了10部热线电话来回应群众的诉求，疏通各种堵点，帮助解决实际困难，也狠抓政策的落地落实。这也带动整个农业农村系统建立了一个多层次的问题反映通道，成为农业农村部为农民群众办实事、办好事的有效途径。热线电话开通以来社会反响热烈，每天电话不断，最多的一天有200多个。比如，接到内蒙古兴安盟一位牧民反映，他们家有500多只怀孕的羊要待产，需要转产到自家牧场，但是旗和旗之间的道路没有打通。农业农村部接到电话后，很快和自治区农牧厅和兴安盟农牧局沟通，了解情况，并督促当地公安交警、交通运输、镇政府、村委会及时帮助把这个问题很好解决。兴安盟农牧局举一反三，根据这些线索，把当地42户农牧民3.7万只羊的类似问题"一揽子"解决了。

南疆四地州是新疆脱贫攻坚的主战场。2020年3月初，在阿克苏地区阿瓦提县，玛依拉·艾尔肯所在的扶贫车间正在赶制一批5000套的校服订单。为帮助扶贫车间有序复工，当地政府专门派出驻厂干部，他们在落实防控措施的同时，还帮助协调员工返岗、原料供应和产品运输等事项。3月初，阿瓦提县11个扶贫车间已有7个复工复产。在和田地区，近230家企业也已有序复工，3万多人完成就近就地就业。

新疆按照"风险可控、分类指导、有序推进、分批开工"的原则，积极加快扶贫企业和扶贫车间复工复产，同时，通过包机包专列，帮助富余劳动力返工返岗。

各地聚焦脱贫支柱产业，精准施策，努力克服疫情对脱贫工作的影响。

电子产品加工生产是广西环江县脱贫的主要产业之一，当地出台10条举措，从减免厂房租金、税收优惠、物流补贴等方面给予支持，2020年3月扶贫企业复工率超过70%，覆盖贫困人口近万人。

安徽霍邱县为养殖产业开设绿色通道，帮助贫困户协调和运送鸡苗，实现了点对点发放供应。

在云南怒江州，易地扶贫搬迁已进入扫尾阶段。在抓好疫情防控的同时，当地选派800名机关干部走进大山深处，为贫困户讲解政策，帮助他们解决搬迁中的实际困难，整个搬迁工作2020年3月底前全部完成。

六、逐步开展摘帽和普查工作

2016年4月23日，中共中央办公厅、国务院办公厅印发《关于建立贫困退出机制的意见》，建立了规范的贫困退出机制。按照这一机制和标准、程序，随着脱贫攻坚的进展，逐步开展了验收、摘帽和普查工作。

2018年6月15日印发的《中共中央、国务院关于打赢脱贫攻坚战三年行动的指导意见》，对健全贫困退出机制问题提出了更加具体的要求，并根据实际情况提出了需要防止的倾向。

2017年2月26日，江西省井冈山市宣告在全国率先脱贫摘帽，向长眠在这块红土地上的4.8万多名革命烈士奉上最好的告慰。

一个月后，河南省兰考县也宣布摘下贫困的帽子。曾经的风沙盐碱地，如今经济社会繁荣、百姓安居乐业。

昔日最苦最穷的革命老区、黄河滩区，如今率先脱掉了贫困帽。在波澜壮阔的脱贫攻坚战中，它们成为两个意义深远的节点。

党的十八大以来，经过几年的努力，到2018年8月，贫困人口减少6853万，贫困县摘帽100多个。

2019年12月，西藏宣布所有贫困县脱贫摘帽。

陕西是革命老区，也是全国贫困面大、贫困人口多、贫困程度深的省份之一，107个县区中56个是贫困县。在脱贫攻坚中，陕西注重消除贫困户"等靠要"的思想，扶贫先扶志。2020年2月27日，陕西省批准铜川市印台区等29个贫困县（区）退出贫困县序列。至此，陕西省56个贫困县全部摘帽。

2020年2月28日，河南省宣布平舆、确山等14个贫困县正式脱贫摘帽。至此，河南53个贫困县全部脱贫摘帽。通过安排引导贫困人口就业，增加他们的务工收入来实现脱贫，是河南脱贫攻坚的突出特点。河南省贫困发生率由2013年底的8.79%下降到2020年初的0.41%。

2月29日，河北、海南同时宣布现有贫困县全部脱贫摘帽。河北省通过建立脱贫重点任务清单，发挥京津对口帮扶作用，不断提高脱贫攻坚质量。全省贫困发生率由2013年底的9.8%下降到2020年初的0.07%。产业扶贫是海南脱贫攻坚的根本之策，全省因地制宜发展百香果、凤梨等"一村一特"扶贫产业，贫困户至少掌握一种高效特色产业。

2020年2月，黑龙江省政府批准5个贫困县"摘帽"，其中包括大兴安岭南麓片区拜泉县、林甸县和青冈县，黑龙江省贫困县至此全部"摘帽"，贫困发生率降至0.07%；3月，内蒙古自治区发布31个贫困旗县全部"摘帽"消息，其中包括大兴安岭南麓片区兴安盟突泉县、科尔沁右翼前旗等，全区贫困发生率降至0.11%；4月，吉林省发布公告，全省15个贫困县全部"摘帽"，其中包括大兴安岭南麓片区大安市和通榆县等，全省贫困发生率降至0.07%。至此，大兴安岭南麓集中连片特困地区贫困县全部"摘帽"。

2020年4月29日，安徽省宣布革命老区金寨县正式退出贫困县序列。这个著名的"将军县"，在奔赴全面小康的路上一直受到众多方面的关心和牵挂。金寨地处大别山腹地，是中国革命的重要策源地、人民军队的重要发源地，也是全国贫困程度最深的革命老区之一，但也是华东地区最闭塞的山区之一，山区、库区和老区为一体，是安徽省最典型的一块"贫中之贫、困中之困"地区。

金寨县的三个10万，是金寨县历史的三个标杆。

第一个10万，是革命年代，不足23万人的金寨县先后有10万人参军参战，是红四方面军和红二十五军的主要发源地。从大别山到嘉陵江畔，从长征之路到西征之途，许多地方都埋葬着金寨县烈士的遗骨。

第二个10万，20世纪50年代，为根治淮河水患，金寨修建了梅山、响洪甸两大水库，10万亩农田被永久淹没，10多万人搬离了原来的繁华乡镇。1978年，金寨县贫困人口54万，占总人口的99%，几乎人人贫、户户穷。

第三个10万，从2014年到2019年，全县累计脱贫38428户128096人，71个贫困村全部出列，贫困发生率从22.1%降至0.31%。

国务院扶贫办统计显示，继2019年底西藏宣布所有贫困县退出外，截至2020年2月底，河北、山西、黑龙江、河南、湖南、海南、重庆、陕西等8个省市的所有贫困县已宣布脱贫摘帽。

2020年4月21日，青海省玛沁县等17个贫困县正式退出贫困县序列，至此，青海省所有贫困县全部脱贫摘帽。

截至2020年4月21日，全国已有河北、山西、内蒙古、吉林、黑龙江、河南、湖南、海南、重庆、西藏、陕西、青海等12个省（区、市）的贫困县，实现了全部脱贫摘帽。

全国原有832个贫困县，到2020年5月17日，有780个县已经宣布脱贫摘帽，中西部22省已经有15个省没有贫困县了，剩下7个省（区）还有52个贫困县。同时全国有12.8万个贫困村，到2019年底还有2707个没有摘帽，这2707个贫困村中，贫困人口过千人和贫困发生率在10%以上的有1113个村。

到2020年11月23日，贵州省政府新闻办召开发布会，宣布经贵州省脱贫攻坚领导小组会议审定，紫云县、纳雍县、威宁县、赫章县、沿河县、榕江县、从江县、晴隆县、望谟县9个县退出贫困县序列。至此，贵州全省66个贫困县全部实现脱贫摘帽。这也标志着全国832个贫困县全部脱贫摘帽。

2020年3月6日，在决战决胜脱贫攻坚座谈会上，习近平总书记指出，保持脱贫攻坚政策稳定。对退出的贫困县、贫困村、贫困人口，要保持现有帮扶政策总体稳定，扶上马送一程。可以考虑设个过渡期，过渡期内，要严格落实摘帽不摘责任、摘帽不摘政策、摘帽不摘帮扶、摘帽不摘监管的要求，主要政策措施不能急刹车，驻村工作队不能撤。要加快建立防止返贫监测和帮扶机制，对脱贫不稳定户、边缘易致贫户以及因疫情或其他原因收入骤减或支出骤增户加强监测，提前采取针对性的帮扶措施，不能等他们返贫了再补救。[1]

同时，习近平总书记还强调严格考核开展普查。要严把退出关，坚决杜绝数字脱贫、虚假脱贫。国务院扶贫开发领导小组要开展督查巡查，加强常态化督促指导，2020 年中央将继续开展脱贫攻坚成效考核。从下半年开始，国家要组织开展脱贫攻坚普查，对各地脱贫攻坚成效进行全面检验。这是一件大事。要为党中央适时宣布打赢脱贫攻坚战、全面建成小康社会提供数据支撑，确保经得起历史和人民检验。[2]

根据这一要求，国家脱贫攻坚普查领导小组迅速启动了脱贫攻坚普查准备工作。

2018 年 6 月 15 日的《中共中央、国务院关于打赢脱贫攻坚战三年行动的指导意见》，就提出了"开展国家脱贫攻坚普查"的问题，要求 2020 年至 2021 年初对脱贫摘帽县进行一次普查，全面了解贫困人口脱贫实现情况。普查工作由国务院统一部署实施，重点围绕脱贫结果的真实性和准确性，调查贫困人口"两不愁三保障"实现情况、获得帮扶情况、贫困人口参与脱贫攻坚项目情况等。地方各级党委和政府要认真配合做好普查工作。

2019 年 10 月 7 日，国务院决定成立国家脱贫攻坚普查领导小组。2020 年 3 月 12 日，国家脱贫攻坚普查领导小组第一次会议在北京召开，专题研究和部署脱贫攻坚普查工作。中共中央政治局委员、国家脱贫攻坚普查领导小组组长胡春华出席会议并讲话。他强调，要深入贯彻习近平总书记重要指示精神，按照党中央、国务院决策部署，扎实开展各项准备工作，做好脱贫攻坚普查这件大事，为党中央适时宣布打赢脱贫攻坚战、全面建成小康社会提供数据支撑。

胡春华指出，脱贫攻坚普查是全面检验脱贫攻坚成效、促进高质量脱贫的重要基础性工作，如期完成时间紧、任务重，必须抓紧做好各项准备工作。要加快组建市县级普查机构，落实好工作经费，选优配强普查人员队伍。要扎实开展综合试点，对普查方案进行全面测试，提高针对性和可操作性。要加强普查人员培训，确保参加普查的人员都达到规定要求。要优化普查指标设计和数

[1] 参见习近平：《在决战决胜脱贫攻坚座谈会上的讲话》，新华网 2020 年 3 月 6 日。

[2] 参见习近平：《在决战决胜脱贫攻坚座谈会上的讲话》，新华网 2020 年 3 月 6 日。

据处理方法，确保科学、有效、可行。要强化普查工作质量管理，完善质量控制办法和监督问责机制，确保普查结果真实可靠，确保经得起历史和人民检验。

胡春华强调，脱贫攻坚普查是一项严肃的政治任务，必须强化组织领导，坚持中央统筹、省负总责、市县抓落实的工作机制。各地要周密部署、精心组织，确保各项工作落实到位。各有关部门要认真履职尽责、搞好协作配合，切实形成工作合力。

8月6日下午举办的国家脱贫攻坚普查媒体通气座谈会介绍，第一批普查县现场登记工作正在开展。普查范围和对象是2019年底之前摘帽的贫困县、享受片区政策的新疆阿克苏地区7个市县和抽中的非国家贫困县的建档立卡户、行政村及县。跨县异地派驻的普查员使用移动智能终端设备，逐一访问普查户，实地查看家庭相关情况和有关材料，现场审核普查数据并即时上报。为确保普查数据真实可靠，经得起各方面检验，普查工作全过程实行严格的质量监督和管理。据介绍，2021年1月还将对2020年摘帽的贫困县进行普查，全部工作将于2021年结束。

根据中央精神，脱贫摘帽不是终点，而是新生活、新奋斗的起点。脱贫摘帽后要设立过渡期，保持政策总体稳定。打赢脱贫攻坚战后，要实现巩固拓展脱贫攻坚成果同乡村振兴有效衔接，接续推动脱贫摘帽地区乡村全面振兴，促进经济社会发展和群众生活改善。

2020年挂牌督战的52个贫困县，到11月，已全部通过省级专项评估检查，达到退出标准，由省级人民政府宣布退出。但省级宣布后，按照程序，还要接受国务院扶贫开发领导小组抽查、国家脱贫攻坚普查和脱贫攻坚成效考核。抽查主要采取第三方评估的方式，重点检验退出程序的规范性、标准的准确性和结果的真实性。

按照既定程序，2020年摘帽的52个贫困县的抽查工作已开始启动。

贫困县脱贫摘帽履行完全部程序后，国家将设立过渡期，按照"四个不摘"的要求，保持政策总体稳定，实现巩固拓展脱贫攻坚成果同乡村振兴有效衔接，推动脱贫摘帽地区乡村全面振兴。

七、表彰扶贫脱贫的先进模范

2021年2月25日，在全国脱贫攻坚总结表彰大会上，习近平总书记向10

位全国脱贫攻坚楷模荣誉称号获得者颁授奖章、证书、奖牌。

其中，已经 98 岁高龄的夏森坐着轮椅，被工作人员推上台。这时，出现了感人的一幕。她先后两次颤颤巍巍地用手撑着轮椅扶手，试图起身向习近平总书记致意。看到老人的举动后，习近平总书记轻拍她的肩膀，俯身向她颁授证书。这一幕在现场引发热烈掌声，同时也透过直播画面，传达给在电视机前的全国人民。

夏森是中国社会科学院原外事局研究员，1938 年就奔赴延安投身革命。2006 年，她第一次到陕西省丹凤县走访丹凤县龙驹寨镇西街小学，简陋的教学环境让她难过不已。她当时就跟别人借了两万块钱，给学生买了桌椅和字典。两年后，夏森又拿出 2 万元，用以奖励优秀少先队员和"三好学生"。不仅如此，她再次捐资 20 万元，建起了陕西省丹凤县龙驹寨镇赵沟小学教学楼。

这一干，就是 15 年，离休后她仍然心系贫困地区教育事业。多年来，她一直过着艰苦朴素的生活，累计捐出自己靠省吃俭用积攒下来的 203.2 万元，用于改善陕西省丹凤县、江西省上犹县贫困乡村学校的教学条件，其中 100 万元用于设立"夏森助学金"，目前已经资助 182 名贫困大学生圆了"大学梦"。

脱贫攻坚的不断推进和所有成就，凝聚了全党全国各族人民的智慧和心血，是广大干部群众扎扎实实干出来的。在扶贫脱贫过程中，涌现了许许多多的先进模范和感人事迹。及时表彰先进模范，宣传他们的事迹和精神，是脱贫攻坚事业的重要内容之一，也是推动脱贫攻坚的精神动力。

早在 1987 年 10 月《国务院关于加强贫困地区经济开发工作的通知》中，就提出了激励机制的有关措施："对勇于开拓进取、扶贫政绩突出的干部，要支持、要保护、要表彰奖励。""无论是外地来的还是本地的知识分子，一律按其在经济开发中的贡献确定报酬和各种优惠待遇。""各级领导机关每年要进行一次总结检查，对在扶贫工作中作出贡献的部门、单位和个人要给予表彰鼓励。"

中共中央、国务院印发的《中国农村扶贫开发纲要（2011—2020 年）》要求："广泛宣传扶贫开发政策、成就、经验和典型事迹，营造全社会参与扶贫的良好氛围。"同时，还提出了一项优惠和鼓励的政策："带领贫困群众脱贫致富有突出成绩的村干部，可按有关规定和条件优先考录为公务员。"[1]

2015 年 11 月 29 日印发的《中共中央、国务院关于打赢脱贫攻坚战的决定》，

[1] 中共中央文献研究室编：《十七大以来重要文献选编》（下），中央文献出版社 2013 年版，第 371、370 页。

要求扎实做好脱贫攻坚宣传工作。其中包括全面宣传我国扶贫事业取得的重大成就，生动报道各地区各部门精准扶贫、精准脱贫丰富实践和先进典型。建立国家扶贫荣誉制度，表彰对扶贫开发作出杰出贡献的组织和个人。[1]

2018 年 6 月 15 日印发的《中共中央、国务院关于打赢脱贫攻坚战三年行动的指导意见》，要求宣传脱贫攻坚典型经验，继续开展全国脱贫攻坚奖和全国脱贫攻坚模范评选表彰，选树脱贫攻坚先进典型。按程序设立脱贫攻坚组织创新奖，鼓励各地从实际出发开展脱贫攻坚工作创新。每年组织报告团，分区域巡回宣讲脱贫先进典型。[2] 激励表彰的方式方法越来越多。

2019 年 7 月 1 日，中共中央宣传部向全社会宣传发布黄文秀的先进事迹，追授她"时代楷模"称号。习近平总书记对黄文秀先进事迹作出重要指示指出，黄文秀同志不幸遇难，令人痛惜，向她的家人表示亲切慰问。他强调，黄文秀同志研究生毕业后，放弃大城市的工作机会，毅然回到家乡，在脱贫攻坚第一线倾情投入、奉献自我，用美好青春诠释了共产党人的初心使命，谱写了新时代的青春之歌。广大党员干部和青年同志要以黄文秀同志为榜样，不忘初心、牢记使命，勇于担当、甘于奉献，在新时代的长征路上作出新的更大贡献。

唐代有一个叫古之奇的，写了一篇《县令箴》，称为官者应"如山之重，如水之清，如石之坚，如松之贞，如剑之利，如镜之明，如弦之直，如秤之平"。这些品德要在一个人、一个干部身上全都体现出来，很不容易。但要说我们的扶贫干部，各自从不同方面体现了这些特点，应该是事实。

黄文秀，生前是广西壮族自治区百色市委宣传部干部。2016 年从北京师范大学研究生毕业后，回到家乡百色工作。2018 年 3 月，积极响应组织号召，主动请缨到乐业县百坭村担任驻村第一书记，在脱贫攻坚一线挥洒汗水、埋头苦干，带领 88 户 418 名贫困群众脱贫，全村贫困发生率下降 20% 以上。2019 年 6 月 17 日凌晨，她在从百色返回乐业途中遭遇山洪不幸遇难，献出了年仅 30 岁的宝贵生命。

2019 年 10 月 10 日，中共中央作出追授黄文秀"全国优秀共产党员"称号的决定。受中共中央组织部委托，10 月 15 日，自治区党委在南宁举行追授黄文秀"全国优秀共产党员"称号颁授仪式。2021 年，在庆祝中国共产党成立 100

---

[1] 参见中共中央党史和文献研究院编：《十八大以来重要文献选编》(下)，中央文献出版社 2018 年版，第 68 页。

[2] 参见中共中央党史和文献研究院编：《十九大以来重要文献选编》(上)，中央文献出版社 2019 年版，第 502 页。

周年之际，黄文秀被中共中央追授予"七一勋章"。

从2016年开始，国务院扶贫办组织开展全国脱贫攻坚奖评选表彰活动，目的在于树立脱贫攻坚先进典型，充分展现脱贫攻坚伟大成就，激励贫困地区广大干部群众进一步行动起来，尽锐出战，精准施策，形成脱贫攻坚的强大合力，切实把精准扶贫精准脱贫落到实处，坚决打赢脱贫攻坚战。

全国脱贫攻坚奖评选表彰活动由国务院扶贫开发领导小组组织实施。全国脱贫攻坚奖设奋进奖、贡献奖、奉献奖、创新奖、组织创新奖5个奖项。其中，奋进奖、贡献奖、奉献奖、创新奖每个奖项表彰先进个人25名左右，组织创新奖表彰先进单位40个左右，共计表彰名额140个左右。

2016年10月17日，在第三个国家扶贫日到来之际，全国脱贫攻坚奖表彰大会暨先进事迹报告会在北京举行。会议对全国脱贫攻坚奖获得者进行了表彰，陈望慧、李鹏、刘双燕、张玉玺、王建球、冷菊贞等获奖代表作先进事迹报告。

会议传达学习了习近平重要指示和李克强批示。

2019年是第4年开展脱贫攻坚奖评选表彰活动。与往年相比，2019年在奖项设置和表彰数量、表彰对象、推荐方法、推荐名额分配方案等4个方面保持不变，同时更加注重面向脱贫攻坚主战场和基层一线，强调脱贫攻坚实绩导向，更加注重突出广泛代表性，切实反映全党全社会参与脱贫攻坚伟大事业。

2019年4月，本年度全国脱贫攻坚奖评选表彰活动正式启动，5月31日前，各省（区、市）和新疆生产建设兵团、各牵头部门向全国评选办公室上报推荐候选人和候选组织。

经过报名推荐、资格审核、初次评审、实地考察、征求部门意见、复评审查、报批审定等程序步骤，到9月20日，全国脱贫攻坚奖评选表彰工作办公室发布了《2019年全国脱贫攻坚奖获奖先进个人和先进单位公告》，共有140个先进个人和先进单位获奖。其中，王贞六、尼吉拉姆、华格加等25人获得奋进奖，王宏、王平堂、方荣等26人获得贡献奖，王召明、巴珠、史贵禄等25人获得奉献奖，王正、王安东、王思泽等25人获得创新奖，北京新发地农副产品批发市场中心、天津市妇女儿童发展基金会、河北省邯郸市魏县等39个单位获得组织创新奖。

10月17日，在全国扶贫日期间，国务院扶贫开发领导小组召开表彰大会，对获奖者进行隆重表彰。同时，采取举办先进事迹巡回报告会、播出全国脱贫攻坚奖特别节目等形式广泛宣传脱贫攻坚先进典型，为打赢脱贫攻坚战营造浓厚氛围。

2020 年 10 月 16 日，国务院扶贫开发领导小组又决定授予丁建华等 25 名同志"2020 年全国脱贫攻坚奖奋进奖"称号，授予王小权等 24 名同志"2020 年全国脱贫攻坚奖贡献奖"称号，授予马明哲等 25 名同志"2020 年全国脱贫攻坚奖奉献奖"称号，授予马树友等 25 名同志"2020 年全国脱贫攻坚奖创新奖"称号，授予北京尤迈慈善基金会等 49 个单位"2020 年全国脱贫攻坚奖组织创新奖"称号。

2020 年 10 月 17 日，中共中央政治局常委、全国政协主席汪洋在北京会见全国脱贫攻坚奖获得者。全国脱贫攻坚奖表彰大会暨先进事迹报告会在北京以电视电话会议形式举行。会议对全国脱贫攻坚奖获得者进行了表彰。内蒙古自治区兴安盟突泉县、安徽省宿州市泗县和广西壮族自治区柳州市融水苗族自治县安陲乡江门村村委会主任杨宁、河南省周口市太康县马厂镇前何村第一书记韩宇南、江西省宜春市奉新县澡下镇白洋教学点教师支月英、解放军总医院第五医学中心肝胆外科二中心移植外科副主任朱震宇等获奖先进单位和先进个人代表作了事迹报告。

2020 年 11 月 17 日，中央和国家机关工委在北京召开中央和国家机关脱贫攻坚先进集体、优秀个人表彰会，对在中央和国家机关定点扶贫工作中表现突出的 20 个先进集体和 50 名优秀个人进行了表彰，要求中央和国家机关各级党组织和广大党员干部积极投身定点扶贫事业，努力为决胜全面建成小康社会、决战脱贫攻坚贡献应有力量。

11 月 18 日，在决战决胜脱贫攻坚之际，中央宣传部向全社会宣传发布脱贫攻坚一线优秀党员干部代表黄诗燕、毛相林的先进事迹，授予他们"时代楷模"称号。黄诗燕、毛相林两位同志积极投身脱贫攻坚，努力实现乡村振兴，靠苦干实干改变贫困落后面貌，靠执着坚守铺就幸福生活道路，靠高尚风范赢得群众广泛信赖，展现出忠诚的政治品格、强烈的责任担当、真挚的为民情怀、崇高的精神境界。

毛相林，重庆市巫山县竹贤乡下庄村党支部书记。坚守偏远山村 40 多年，带领村民用最原始的方式在悬崖峭壁上凿石修道，历时 7 年铺就一条 8 公里的"绝壁天路"。此后，他又带头引路、誓拔穷根，因地制宜，历时 15 年，带领村民探索培育出柑橘、桃、西瓜等产业，发展乡村旅游，推进移风易俗，提振信心士气，让乡亲们改变了贫困落后的面貌。2020 年，村民人均纯收入达 13785

元，是修路前的 43 倍。他 40 多年不改初心使命，不屈不挠、苦干实干，铸就了"下庄精神"。

河北农业大学教授李保国 35 年如一日，扎根太行，用科技染绿荒山，把富裕带给乡亲，创建了一套完整的山区生态开发模式，探索出经济社会与生态效益同步提升的扶贫新路，赢得山区人民群众的深情爱戴。他每年深入基层 200 多天，推广实用技术 36 项，先后举办不同层次的培训班 800 余场次，让 140 万亩荒山披绿，打造了"浆水"板栗、"绿岭"核桃等全国知名品牌，帮助农民增收 35 亿元以上，10 余万农民在他带领下脱贫致富。乡亲们都亲切地称他为"科技财神""农民教授""太行新愚公"。

2016 年 4 月 10 日，李保国因心脏病突发，猝然离世。习近平总书记对李保国的先进事迹作出重要批示，指出："李保国同志 35 年如一日，坚持全心全意为人民服务的宗旨，长期奋战在扶贫攻坚和科技创新第一线，把毕生精力投入到山区生态建设和科技富民事业之中，用自己的模范行动彰显了共产党员的优秀品格，事迹感人至深。李保国同志堪称新时期共产党人的楷模，知识分子的优秀代表，太行山上的新愚公。广大党员、干部和教育、科技工作者要学习李保国同志心系群众、扎实苦干、奋发作为、无私奉献的高尚精神，自觉为人民服务、为人民造福，努力做出无愧于时代的业绩。"在 2021 年 2 月 25 日全国脱贫攻坚总结表彰大会上的讲话中，习近平总书记再次用"35 年坚守太行山的'新愚公'"，对李保国给予高度评价。

云南华坪县，金沙江畔僻处一隅的小城。每一个来到华坪女子高级中学的人，都会被一段誓词震撼——

"我生来就是高山而非溪流，我欲于群峰之巅俯视平庸的沟壑。我生来就是人杰而非草芥，我站在伟人之肩藐视卑微的懦夫！"写下这句誓言的是华坪女子高级中学校长张桂梅。

这位 63 岁的校长，本是辽宁岫岩人，但扎根边疆教育一线 40 余年。她在党和政府以及社会各界的帮助下，推动创建了全国第一所全免费招收贫困女生的高中——云南丽江华坪女子高级中学，还任华坪县儿童福利院（华坪儿童之家）院长。她探索形成"党建统领教学、革命传统立校、红色文化育人"特色教学模式。她拖着病体忘我工作，持续 12 年家访超过 1600 户，行程 11 万余公里。因为关节痛，张桂梅的手上贴满膏药；早上要吃十多种药，中午吃五种药。她至今已帮助 1800 多名女孩走出大山考入大学。张桂梅用爱心和智慧点亮万千乡村女孩的人生梦想，被孩子们亲切地称为"张妈妈"。[1]

张桂梅荣获"全国脱贫攻坚楷模"荣誉称号和"全国优秀共产党员""全国先进工作者""全国教书育人楷模"等称号。在中国共产党成立100周年之时，张桂梅被授予"七一勋章"。

"感动中国2020年度人物"对张桂梅的颁奖词是："烂漫的山花中，我们发现你。自然击你以风雪，你报之以歌唱。命运置你于危崖，你馈人间以芬芳。不惧碾作尘，无意苦争春，以怒放的生命，向世界表达倔强。你是崖畔的桂，雪中的梅。"

2021年6月29日，庆祝中国共产党成立100周年"七一勋章"颁授仪式在北京人民大会堂金色大厅隆重举行。

"七一勋章"获得者集体乘坐礼宾车从住地出发，由国宾护卫队护卫前往人民大会堂。人民大会堂东门外，高擎红旗的礼兵分列道路两侧，18名礼兵在台阶上持枪伫立，青少年热情欢呼致意。"七一勋章"获得者沿着红毯拾级而上，进入人民大会堂东门。党和国家功勋荣誉表彰工作委员会有关领导同志等，在这里集体迎接他们到来。

10时整，解放军军乐团号手吹响仪式号角，颁授仪式开始。随后，《义勇军进行曲》奏响，全场高唱中华人民共和国国歌。

王沪宁宣读《中共中央关于授予"七一勋章"的决定》。决定指出，为了隆重表彰在中国革命、建设、改革各个历史时期，为党和人民事业一辈子孜孜以求、默默奉献，贡献突出、品德高尚的功勋模范党员，激励全党坚守初心使命、忠诚干净担当，党中央决定，授予马毛姐等29位同志"七一勋章"。

在被授予"七一勋章"的29人中，直接与脱贫攻坚有关的，有治沙造林事业的模范代表石光银，扎根牧区、苦干实干的楷模廷·巴特尔，点亮乡村女孩人生梦想的优秀人民教师张桂梅，一心为民、艰苦奋斗的"当代愚公"黄大发，新时代青年党员干部的优秀代表黄文秀等。

仪式上，云南省丽江华坪女子高级中学党支部书记、校长张桂梅代表"七一勋章"获得者发言。

在雄壮的《忠诚赞歌》乐曲声中，习近平总书记为"七一勋章"获得者颁授勋章，并同他们亲切握手、表示祝贺，全场响起一阵阵热烈的掌声。少先队

---

[1] 参见《彪炳史册的伟大奇迹——中国脱贫攻坚全纪实》，新华网2021年2月24日。

员向勋章获得者献上美丽的鲜花，敬礼致意。

习近平总书记发表重要讲话，他首先代表党中央向"七一勋章"获得者表示热烈的祝贺、致以崇高的敬意。习近平总书记指出，今天受到表彰的"七一勋章"获得者，就是各条战线党员中的杰出代表。在他们身上，生动体现了中国共产党人坚定信念、践行宗旨、拼搏奉献、廉洁奉公的高尚品质和崇高精神。

八、坚决巩固扶贫脱贫成果

发展是一个过程，脱贫攻坚是一个过程，消除贫困也是一个过程。既然是过程，在不断取得成绩的过程中，也难免会有一定的波动起伏，出现某些返贫现象。

我国每年脱贫人口虽然很多，但返贫现象比较严重，返贫率较高。在受到自然灾害、疾病、家庭变故等威胁时，就有可能重新进入贫困状态。统计资料显示，在一般年份，返贫率为10%左右，受灾年份则达到20%以上，因重度残疾、重大疾病、年老体弱致贫占40%以上。

因病返贫是贫困人口返贫的一个重要原因。至2017年10月，在剩余的贫困人口中，家庭成员因病致贫、因病返贫的比例在上升，从2015年的42%上升到了44%。一些小病种，如儿童先心病、白血病等，在没有纳入贫困人口大病专项救治范围之前，一旦得病，就很容易重新陷入贫困境地。

"因教返贫"的现象也有存在。在贫困人口上学方面，已经采取了大量措施。但在一些家庭，如果接受中等高等教育，其费用仍是一笔很大的开销，有些贫困人口还是会因此而辍学，导致无法真正脱离贫困。

更重要的是有没有长效机制，使贫困地区和贫困人口依靠自己的力量持续增收，确保不会返贫。党和国家组织大规模的脱贫攻坚，采取了数量空前的特殊政策，使绝对贫困人口基本消除。这样的成果能不能巩固，关键要看每一个贫困人口、贫困家庭有没有稳固的常态化的生产方式、收入渠道。如果没有这种方式和渠道，或者不稳固、非常态，那返贫现象就会不断发生。

因此，巩固扶贫脱贫成果是伴随脱贫攻坚全过程的重要任务，更是在脱贫攻坚收官之年愈益需要关注、强调的问题。在实现2020年的脱贫攻坚目标之后，更要防止和减少返贫现象的发生。

实际上，在脱贫攻坚的过程中，党中央已经不断提出巩固返贫成果的问题，采取了一系列措施，从根本上防止返贫现象的发生。

发展产业是最基础的一环。据国务院扶贫办主任刘永富介绍，2014年，在甘肃陇南开展电商扶贫示范市试点，甘肃陇南是甘肃交通最不发达的地方，和四川交界，2013年时有80多万贫困人口，现在还有近20万。甘肃陇南的贫困人口通过"电商＋扶贫"，2015年人均增收430元，2016年人均增收620元，2017年人均增收710元，2018年人均增收810元。非贫困人口增收更多。通过电商解决买难卖难的问题，甘肃陇南的农特产品没有卖不出去的了。

所以，刘永富说，我们在全国搭建了一个平台，中国扶贫志愿服务促进会建了一个社会扶贫网，到2019年3月注册人数4000多万人，贫困人口有什么需求，经过管理员发布，在网上实现对接。不到两年时间，发布了400多万个需求，对接成功300多万个，成效很大。下一步，准备把贫困地区的名特优、绿色有机产品，如青藏高原的青稞、牦牛肉，南疆的大枣、核桃卖到城里去。青稞降血糖，牦牛肉营养美味，新疆的核桃、大枣品质好。农民增收，城市人买到合适的产品，两全其美。

当然，产业扶贫是各地区各部门一直在实施的工程，已经见到了普遍的成效。关键是要继续巩固，随时解决存在和发现的实际问题。

对于因病致贫、因教致贫问题，各部门都采取了相应措施。如因病致贫问题，卫健委和扶贫办启动了"三个一批"行动计划，大病救治一批，慢病签约一批，重病兜底保障一批等。

总的来说，巩固扶贫脱贫成果，第一，要保证脱贫的真实。第二，脱贫以后要稳定现行的扶贫政策，扶上马送一程。第三，要从长远着手，发展产业，增加就业，增加收入，让脱贫有可持续的能力。第四，对返贫的和新发生的贫困人口及时纳入进行帮扶。

扶贫战略扶持的重点是农村贫困人口。但是在城镇，也还有一些贫困人口，包括在城市打工的一些生活并不富裕的人。他们没有良好的教育和医疗条件。目前，在制度安排上，城市和农村的政策有些差异。在城镇，主要靠最低生活保障制度和就业制度来解决，保证每个家庭至少有一个人稳定就业，获得稳定的收入。同时，对符合最低生活保障条件的及时给予救助，而且城市的最低生活保障的标准比农村最低生活保障标准要高一些。对于农村进城的农民工，也有相关的一系列政策。随着相对贫困的治理问题进一步提上日程，对于城市里的贫困人口，应该会有更多的举措。

2019 年全国扶贫开发会议要求 2020 年巩固脱贫成果，保持投入力度不减，保持队伍基本稳定，保持东西部扶贫协作和中央单位定点扶贫稳定。强化责任、坚持精准、聚焦重点、防范风险。鼓励各地因地制宜探索创新，用消费扶贫创新推动社会扶贫，完善建档立卡丰富脱贫攻坚档案。

2020 年，52 个挂牌县的防止返贫监测和帮扶机制已经初步建立，共识别了 87 万脱贫不稳定的人口和边缘易致贫的人口，并对这些人口全部落实了帮扶的措施，有效防止他们陷入新的贫困。

2020 年以来，我国江南、华南、西南暴雨明显增多，多地发生洪涝地质灾害。到 7 月底，洪涝灾害给贵州、广西、四川等省区的部分挂牌督战县带来了一定损失。52 个挂牌县有 1 万多贫困人口饮水安全和住房安全产生了新的问题。

国务院扶贫办及时跟踪各地洪涝灾害对脱贫攻坚的影响，分析研判形势，商相关部委和重点省份采取措施，加强调度，打出政策组合拳，构筑防灾减灾安全屏障。商应急管理部建立全国灾情月度共享机制，商住房城乡建设部、水利部明确住房和饮水安全调度，定期调度重点省份灾害对脱贫攻坚影响情况。

6 月 30 日，国务院扶贫办印发通知，督促指导各地对因洪涝地质灾害造成返贫致贫、"回流"的贫困劳动力、出现扶贫产品"卖难"的、特种养殖户转产等及时纳入监测帮扶，努力克服洪涝地质灾害等对脱贫攻坚的影响。7 月 26 日，民政部召开会议，强调加强对分散供养特困人员、孤儿、留守老年人、留守儿童、困境儿童及残疾人等特殊群体的巡查探访，帮助做好防灾避险工作。各地积极行动，帮助贫困群众开展生产自救，及时补耕、补种、改种作物。同时，发展"短平快"的种养产业，让贫困群众在短期内以较少投入获得稳定收入。

2020 年 7 月 17 日，中央政治局常委会会议要求，统筹灾后恢复重建和脱贫攻坚工作，对贫困地区和受灾困难群众给予支持，防止因灾致贫返贫。国务院扶贫办及时跟踪各地洪涝灾害对脱贫攻坚的影响，分析研判形势，商相关部委和重点省份采取措施，加强调度，打出政策组合拳，构筑防灾减灾安全屏障。各地在防汛救灾的同时，重点帮助贫困地区和受灾困难群众恢复生产，在保就业，保产业，保障住房、教育、医疗等方面，采取针对性措施，防止因灾致贫返贫。

2020 年入汛以来，广西多地出现严重洪涝灾害，10 市 66 个县 1742 个贫困村受灾，受灾贫困人口 27.45 万人。灾情发生后，自治区扶贫办联合农业农村等部门第一时间组织 106 个有扶贫开发任务的县（市、区）核查、统计、上报贫困对象受灾情况，迅速分析研判，组织技术人员深入村屯，针对不同作物、不同苗情、不同生产进度和贫困户的不同需求，分类施策、科学指导开展生产自救和灾后重建工作。面对严峻的洪涝灾害形势，广西对需紧急生活救助的受灾群众第一时间采取应急救助、临时救助等措施，确保受灾群众基本生活有保障。同时，强化部门联动，加强信息共享，及时采取各种有力措施，推进灾后重建工作。自治区扶贫办牵头联合相关部门，制定印发通知，以应对洪涝灾害与脱贫攻坚两手抓、两不误为主要目标，适当调整优化扶贫产业奖补、外出就业务工、基础设施项目、住房保障等方面的政策，指导市县做好贫困村、贫困户的灾后重建和脱贫摘帽工作，确保将灾情影响降到最低，不会影响脱贫攻坚大局。全区未出现因灾返贫致贫现象。

贵州省坚持以自然村寨整体搬迁为主、坚持城镇化集中安置，通过易地扶贫搬迁的方式，将原地质灾害易发地区群众搬迁至城镇集中安置，强化后续扶持"五个体系"建设，既保障了搬迁群众的生命财产安全，还帮助他们实现脱贫致富。入汛以来，全省946个集中安置点均未受灾害影响，均未发生人员伤亡。贵州省还通过全面推广"公司＋合作社＋农户"的组织方式，形成紧密相连的产业发展共同体，在应对自然灾害时，公司和合作社承担了大部分损失，对农户个体的影响有效减少，有力保障了贫困群众基本收益。例如，息烽县巨丰生态农业产业公司280多亩蔬菜受灾，但贫困群众的固定流转收入，务工收入没有减少，相反还通过开展灾后补种额外增加了务工收入。

江西省强化防贫险全覆盖，印发《关于开展防贫保险工作的指导意见》，坚持政府统筹和市场化运作相结合，全省107个有脱贫攻坚任务的县（市、区）及功能区，全部制定实施方案，明确参保范围，设定理赔标准，规范保资筹措。对农村处于贫困边缘且易致贫的低收入户和人均收入不高且易返贫的脱贫户，全部购买防贫保险，增强风险抵御能力。落实农业保险全覆盖，积极抢抓国家首批中央财政保费补贴试点省政策机遇，实现全省93个涉农县（市、区）全覆盖，全面补齐农业产业防灾抗灾短板，保障贫困群众产业持续稳定增收。

防贫保险筑起了"防贫堤"。在江西遂川县，各乡镇对于因自然灾害等造成经济损失较大或自付费用较大、家庭收入明显减少，及时上报后，初步认为符合防贫保险理赔条件的，及时申报为两易户（易致贫户、易返贫户）。保险公司及时介入，进行相应赔付。截至7月26日，江西省已为1537名已经脱贫但收入不高不稳的人群和贫困边缘的农村低收入人群支付防贫保险理赔金额1316万元。

当然，工作中仍然存在一些突出问题。一些地方出现了工作重点转移、投入力度下降、干部精力分散的现象。形式主义、官僚主义屡禁不止，数字脱贫、虚假脱贫仍有发生。部分贫困群众发展的内生动力不足。

巩固脱贫成果任务很重。全国已脱贫人口中有近200万人存在返贫风险，边缘人口中有近300万人存在致贫风险。易地扶贫搬迁近1000万贫困人口，稳得住、能致富任务艰巨。稳定住、巩固好"三保障"成果任务不轻。一些扶贫产业成长不久，持续稳定盈利的基础还不牢固；一些带贫益贫机制尚处于培育完善阶段，促进贫困人口持续增收的效果还有待检验；一些脱贫人口形成生产就业优势还有不小差距，自我发展能力仍不够强、抵御环境变化能力还比较弱，返贫的可能性客观存在。与此同时，新冠肺炎疫情等不确定因素对经济社会发展造成多方位、深层次影响，新增致贫的风险在部分群体表现突出。破解这些问题，化解这些矛盾，对减贫创新提出了更新、更高要求，需要树立更多前瞻性思维，采取更多先发性行动，争取更多主动性成果。

九、提出未来消除相对贫困的目标

2020年消除绝对贫困后，脱贫攻坚战的重心将转向"相对贫困"。

2019年10月31日，十九届四中全会通过的《中共中央关于坚持和完善中国特色社会主义制度、推进国家治理体系和治理能力现代化若干重大问题的决定》，在扶贫脱贫问题上，说了三句话："坚决打赢脱贫攻坚战，巩固脱贫攻坚成果，建立解决相对贫困的长效机制。"

三句话，三个任务，三个要求。首先，要在2020年打赢脱贫攻坚战，确保在现行标准下农村贫困人口实现脱贫，这是全面建设小康社会的一个重要目标，也是党和国家对人民作出的一个重要承诺，必须不折不扣地完成。但解决贫困问题是一个复杂的过程，并非一日之功。由于种种原因，今天实现了脱贫，明天还可能返贫。所以，所谓脱贫，必须是真实的，还必须是长期的、巩固的。因此，就必须继续努力，巩固脱贫攻坚的成果。

从历史发展的眼光来看，中国脱贫攻坚的主要目标，迄今主要是指绝对贫困，而不是相对贫困。在基本解决了绝对贫困之后，还要继续解决相对贫困问题。消除相对贫困，是一个非常漫长甚至永无尽头的过程。党和国家在脱贫攻坚胜利在望的情况下，及时提出了"建立解决相对贫困的长效机制"的任务，这是党的十八大以来作为中央全会首次提及"相对贫困"，它给中国的贫困治理和扶贫脱贫事业规划了更加长远的目标和任务。

用通俗的语言来说，到2020年实现了现行标准下农村贫困人口脱贫的目标，是不是意味着中国就没有贫困了？不是的。到2020年，中国消灭的，是绝对贫困，而不是相对贫困。

在本书第一章，我们已经说明了绝对贫困和相对贫困的问题。

所谓绝对贫困，是指低于维持身体有效活动的最低指标的一种贫困状态。而相对贫困，顾名思义，是相对的，即把某一部分人的生活水平与拥有较高收入的参照组相比较后确认的贫困。

贫困治理首先要解决绝对贫困，让每一个人都能够生存下去。但这还仅仅是最低程度的脱贫和扶贫。在解决了最低限度的生存需求之后，还要解决人的其他必要的需求，使其逐步过上有尊严的生活，逐步缩小人与人之间非个人因素造成的不合理的差距。

脱贫攻坚战，解决的是中国千百年来没有解决的绝对贫困问题。消除绝对贫困，这是中华民族几千年梦寐以求要解决的事情，2020年在中国共产党人手里解决这个问题，在中国、在世界都是一个奇迹。

但是，绝对贫困问题解决了，并不是说中国就没有贫困了。相对贫困还会长期存在。中国仍然是世界上最大的发展中国家，这个地位并没有改变。我们发展不充分不平衡，特别是三大差距还是比较明显的，这是我国经济社会发展的一个基本特征，人民日益增长的美好生活需求与不平衡不充分发展之间的矛盾，仍然是我国经济社会发展的主要矛盾。所以，继续减贫在中国还是一项长期的任务。

按照世界银行的标准，1990年的绝对贫困线设定在人日均1美元左右。2005年上调到人日均1.25美元。2015年10月，按照购买力平价计算，又上调至1.9美元。

中国的绝对贫困标准几经调整，每次调整都会使贫困人口数量发生很大变动。目前的贫困线，是以2011年2300元不变价作为基准的。按此计算，2020年的贫困标准为4000元/年。超出了4000元，就应该算脱贫了。

在脱贫攻坚过程中，我们经常说的是在现行标准下脱贫。现行标准就是消除绝对贫困的标准。现行标准符合我们国家社会主义初级阶段的国情，符合目前的发展阶段。与国际比较，中国这个标准高于3.1美元的国际标准。

但是，中国的脱贫标准并不仅仅是 4000 元，而是"两不愁三保障"，即"到 2020 年，稳定实现扶贫对象不愁吃、不愁穿，保障其义务教育、基本医疗和住房"。与基本解决生存温饱问题相比，这是一个内涵更丰富、层次要求更高的扶贫工作目标。

这一标准，既包括了生存的需要，又包括了部分发展的需要，不仅包括扶贫对象的吃饭、穿衣、居住等基本物质生活消费，还关注其享受义务教育、医疗卫生等基本公共服务状况。而且，"两不愁三保障"并不是都由扶贫对象的人均年收入体现出来的，它还有很多国家和社会提供的服务和投入。所以，中国脱贫的标准，实际上已经不仅仅是绝对贫困的标准，而是已经包含了相对贫困的标准。

另外，2008 年以前，中国政府设定了两个扶贫标准，即绝对贫困标准和低收入标准，都是以人均年纯收入为依据。

1986 年以前，中国还没有"贫困线"的说法。1986 年确定扶贫标准为 206 元，这是一个能够维持基本生存的最低费用标准。按此标准，中国当时有 1.25 亿贫困人口。这个标准是绝对贫困线。除此之外，中国还设定了一个低收入标准。低收入标准，2000 年为 865 元，2007 年底为 1067 元。到 2008 年，绝对贫困标准和低收入标准合一，统一使用 1067 元作为国家扶贫标准。当初的低收入标准，多少含有相对贫困的意思。

所以，在此基础上，进一步解决相对贫困问题，不仅是历史的必然，而且已有一定的基础条件。

当然，相对贫困是一个永远都会存在的现象。我们既要重视消除相对贫困，但也不要指望哪一天彻底消灭相对贫困。只能把消除相对贫困当作与现代化伴随的历史任务，不断地向前推进，逐步地加以解决。

2016 年全国"两会"期间，习近平总书记指出，脱贫和高标准的小康是两码事。我们不是一劳永逸，毕其功于一役。相对贫困、相对落后、相对差距将长期存在。

打赢脱贫攻坚战，只是消除了绝对贫困，缓解相对贫困将是长期任务，我们要认识到一些长期存在的问题，逐步分阶段地解决。

到 2020 年，中国绝对贫困问题可以"很有把握地走入历史"，但这不意味着贫困的消除。在绝对标准下的绝对贫困问题解决之后，贫困问题会以相对形式存在。

相对贫困也是有标准的，标准随着整体收入来确定，不过我国现在还没有开始制定相对贫困的标准。

虽然全国还没有一个相对贫困的标准，但一些地方实际上已经制定了本地区的"相对贫困标准"。例如，广东省根据中央打赢脱贫攻坚战的部署要求，2016 年就以 4000 元作为新的扶贫标准，全省认定相对贫困人口 176.5 万、相对贫困村 2277 个。广东还在全国率先建立了动态调整的相对贫困认定标准，建立精准识别工作机制，根据核查情况、人口变动、返贫和新产生贫困情况，及时纳入动态调整范围，确保"不落一户、不漏一人"。

相对贫困会成为未来扶贫工作的主要内容。解决相对贫困问题，主要是缓解和缩小城乡差距，其根本在于基本制度的建立。城乡公共服务均等化，这是长效机制的核心，比如，教育、卫生、社会公共服务均等化等城乡差距问题，都需要很长一段时间来加以解决。

相对于由物质财富匮乏造成的绝对贫困，相对贫困则是同一时期不同地区或不同阶层成员之间由于主观认定的可维持生存水准的差别而产生的贫困。发展不平衡、不充分，社会保障体系不完善等因素是产生相对贫困的主要原因。解放生产力，发展生产力，消灭剥削，消除两极分化，最终达到共同富裕，是社会主义的本质要求。采取有效措施建立健全解决相对贫困的长效机制，不仅对巩固脱贫攻坚的成果，实现在全面建成小康社会过程中"决不能落下一个贫困地区、一个贫困群众"的庄严承诺，而且对于实现全国人民的共同富裕，进一步走向社会主义现代化，都具有非常重要的意义。

相对贫困的治理是一个长期的、复杂的系统工程，必须认真总结治理相对贫困的宝贵经验，发挥党总揽全局、协调各方的作用，切实制定和落实解决相对贫困的长效机制。自觉坚持党的全面领导，以更大的决心、更明确的思路、更精准的举措、超常规的力度，精准制定相关的政策。充分发挥党和政府的主导作用，注重加强普惠性、基础性、兜底性民生建设，保障群众基本生活。鼓励和支持社会各方面力量积极参与，鼓励贫困家庭、贫困人口依靠自身努力脱贫致富，充分调动贫困群众积极性、主动性、创造性，激发解决相对贫困的内生动力。

习近平总书记指出，脱贫摘帽不是终点，而是新生活、新奋斗的起点。要接续推进全面脱贫与乡村振兴有效衔接，推动减贫战略和工作体系平稳转型，统筹纳入乡村振兴战略，建立长短结合、标本兼治的体制机制。总的要有利于激发欠发达地区和农村低收入人口发展的内生动力，有利于实施精准帮扶，促进逐步实现共同富裕。

应对未来挑战，解决相对贫困问题，我们更要自觉坚持党的全面领导，以更大的决心、更明确的思路、更精准的举措、超常规的力度，精准施策。相对贫困治理是一个长期的、复杂的系统工程，要求我们必须坚持发挥党总揽全局、协调各方的作用，落实解决相对贫困的长效机制。进行脱贫攻坚战，要加强和改善党的领导。进一步治理相对贫困，仍然要坚持党的领导。

要加强对相对贫困问题的研究。对绝对贫困，我们已经研究得非常透彻，但对相对贫困，无论在理论上还是在实际事务上，我们还缺乏研究，对相对贫困的认识还不是十分清楚，因而，到底如何对待相对贫困，以什么样的途径和方式治理相对贫困乃至消除相对贫困，都还没有形成比较成熟的思路。所以，必须在总结治理绝对贫困经验的基础上，迅速开展对相对贫困的研究，尽力探索相对贫困发生、存在的规律，深化对相对贫困的认识。

要尽快构建治理相对贫困的制度体系。及时组织进行治理相对贫困的试点，在此基础上，加强对于相对贫困治理的顶层设计。从全局上、战略上构划相对贫困治理的大思路、大原则、大要求、大措施。明确党和政府在相对贫困治理中的主导作用和责任，明确相对贫困治理的对象、范围、标准，陆续制定财政、财税、金融等方面治理相对贫困的政策，鼓励和支持社会各方面力量积极参与，鼓励贫困家庭、贫困人口依靠自身努力脱贫致富，从而建立健全解决相对贫困的制度体系。调动各方面的积极性，引领市场、社会协同发力，形成全社会广泛参与治理相对贫困的格局。

要激发各方面治理相对贫困的内在动力。刚刚走出绝对贫困的群众，大多数还处在相对贫困的阶段，如果稍不努力，就会退回绝对贫困。治理贫困，国家要下大力，更要自身有动力，如果一直躺在政府身上吃现成饭，扶贫脱贫的成果很难巩固，相对贫困也难以治理。没有包含在绝对贫困范围里的相对贫困人口数，或许比攻坚阶段的绝对贫困人数还要多。如何调动他们的积极性，更是一个新课题。所以，总体上，要正确处理外部帮扶和贫困群众自身努力的关系，坚持依靠人民群众，充分调动贫困群众的积极性、主动性、创造性，坚持扶贫和扶志、扶智相结合，培育贫困群众依靠自力更生进一步脱贫致富的意识，培养贫困群众发展生产和务工经商技能，组织、引导、支持贫困群众用自己的辛勤劳动实现脱贫致富。

积极探索和组织治理相对贫困的资源体系。为治理绝对贫困，国家已经组织调动了大量的资源。但这种资源的使用，有的适用于相对贫困，有的不一定适用于相对贫困。所以还要继续研究和论证，以什么样的途径和方式加大政策扶持力度、资金投入力度和基础设施建设力度，如何形成产业扶贫、金融扶贫、技术扶贫、信息扶贫、教育扶贫、就业扶贫、文化扶贫、减灾扶贫、医疗扶贫等解决相对贫困的多层次资源支撑和保障。在探索和试验的基础上，进行严格和科学的测算，及时制定相关的各项政策。

十、党和国家对脱贫攻坚战进行全面总结

2020年10月22日，中共中央政治局常务委员会召开会议，听取"十三五"规划实施总结评估汇报。中共中央总书记习近平主持会议并发表重要讲话。

从20世纪50年代初开始实施"一五"计划至今，对五年计划（规划）进行研究和调整的会议不少，但这种对五年计划实施情况进行专门总结和评估的会议几乎没有。这样的做法体现了实事求是、一抓到底、善始善终的良好作风。

脱贫攻坚是全面建成小康社会的重要任务之一，所以自然也在总结之列。会议指出：经过"十三五"时期的发展，我国经济实力、科技实力、综合国力跃上新的台阶，经济运行总体平稳，经济结构持续优化，农业现代化稳步推进，脱贫攻坚成果举世瞩目，污染防治力度空前加大，生态环境明显改善，全面深化改革取得重大突破，对外开放持续扩大，共建"一带一路"成果丰硕，人民生活水平显著提高，国家治理体系和治理能力现代化加快推进。在这些被充分肯定的成就中，"脱贫攻坚成果举世瞩目"，就是一句高度的概括。

随后的10月26日至29日，党的十九届五中全会在北京举行。这是在即将实现第一个百年奋斗目标、同时开启全面建设社会主义现代化国家新征程的时刻召开的一次十分重要的会议。全会的主要内容和成果，是审议通过了《中共中央关于制定国民经济和社会发展第十四个五年规划和二〇三五年远景目标的建议》。

全会高度评价了决胜全面建成小康社会取得的决定性成就，并特别指出："脱贫攻坚成果举世瞩目，五千五百七十五万农村贫困人口实现脱贫。"习近平总书记明确宣布："'十三五'规划目标任务即将完成，全面建成小康社会胜利在望，中华民族伟大复兴向前迈出了新的一大步，社会主义中国以更加雄伟的身

姿屹立于世界东方。"

习近平总书记在对《建议（讨论稿）》进行说明时，充分肯定了扶贫事业取得的成就："'十三五'时期是全面建成小康社会决胜阶段，我们突出抓重点、补短板、强弱项，坚决打好防范化解重大风险、精准脱贫、污染防治的攻坚战，取得一系列新的重大成就。""预计今年我国国内生产总值超过 100 万亿元人民币，人民生活水平显著提高，现行标准下农村贫困人口全面脱贫，'十三五'规划确定的发展目标可以如期完成，全面建成小康社会目标可以如期实现。"

对全面建成小康社会的完成情况和宣布时机，习近平总书记专门作了说明："考虑到目前仍是全面建成小康社会进行时，建议稿表述为'决胜全面建成小康社会取得决定性成就'。明年上半年党中央将对全面建成小康社会进行系统评估和总结，然后正式宣布我国全面建成小康社会。"

2020 年 12 月 3 日，中共中央政治局常务委员会召开会议，又专门听取脱贫攻坚总结评估汇报。习近平总书记主持会议并发表重要讲话。

经过 8 年持续奋斗，我们如期完成了新时代脱贫攻坚目标任务。习近平总书记强调，脱贫攻坚的重大胜利，为实现第一个百年奋斗目标打下坚实基础，但巩固拓展脱贫攻坚成果的任务依然艰巨。要深入贯彻落实党的十九届五中全会精神，巩固拓展脱贫攻坚成果。要保持帮扶政策总体稳定，严格落实"四个不摘"要求，保持现有帮扶政策、资金支持、帮扶力量总体稳定。要健全防止返贫监测帮扶机制，继续对脱贫县、脱贫村、脱贫人口开展监测，持续跟踪收入变化和"两不愁三保障"巩固情况，定期核查，及时发现，及时帮扶，动态清零。

会议指出，要持续发展壮大扶贫产业，继续加强脱贫地区产业发展基础设施建设，拓展销售渠道，创新流通方式，促进稳定销售。要做好脱贫人口稳岗就业，加大对脱贫人口职业技能培训力度，加强东西部劳务协作，鼓励支持东中部劳动密集型产业向西部地区转移。要强化易地搬迁后续扶持，完善集中安置区公共服务和配套基础设施，因地制宜在搬迁地发展产业，确保搬迁群众稳得住、有就业、逐步能致富。要加强资金资产项目管理，建立健全资产管理制度，持续发挥效益。要兜住民生底线，规范管理公益岗位，以现有社会保障体系为依托，促进弱劳力、半劳力等家庭就近就地解决就业，保障这些群众基本生活。

与收官之年的工作相配合，2020 年的国家扶贫日期间，国家层面共组织开展了 6 项活动。其中，扶贫日前开展的活动有 4 项。10 月 12 日，由中央宣传部和国务院扶贫办联合举办习近平总书记关于扶贫工作的重要论述研讨会。10 月 14 日，各有关单位举办 22 个以"决战决胜脱贫攻坚"为主题的扶贫日系列论坛，就相关行业和领域影响脱贫攻坚全面收官的重点、难点问题进行交流研讨。10 月 14 日下午，国务院扶贫办举办"我所经历的脱贫攻坚故事"优秀作品征集展示展播活动，组织获奖作者代表到现场讲述脱贫攻坚故事，对获奖的图片类、视频类作品进行展示展播等。扶贫日当天开展的活动有 2 项。10 月 17 日上午，举行 2020 年全国脱贫攻坚奖表彰大会，对 2020 年获奖的先进集体和先进个人进行隆重表彰，同时举办首场脱贫攻坚先进事迹报告会。10 月 17 日下午，举办全国消费扶贫月活动成果展示发布活动，现场发布全国消费扶贫月活动重要成果，交流分享消费扶贫的好经验好做法。中央电视台于 10 月 17 日晚播出以"决战的时刻"为主题的全国脱贫攻坚奖特别节目。10 月 18 日起至月底，分赴全国 31 个省（区、市）和新疆生产建设兵团，举行 2020 年脱贫攻坚先进事迹巡回报告会。

国务院扶贫办副主任欧青平出席就业扶贫论坛、生态环保扶贫论坛、产业扶贫论坛、全国"万企帮万村"精准扶贫行动论坛、"巾帼脱贫"论坛和三产联动论坛。国务院扶贫办副主任洪天云出席扶贫用地政策论坛、2020 网络扶贫论坛、社会组织扶贫论坛。国务院扶贫办副主任夏更生出席健康扶贫论坛、医疗保健脱贫攻坚论坛、光明扶贫论坛、"我所经历的脱贫攻坚故事"获奖作品展示展播活动启动仪式。欧青平等人介绍了这些领域扶贫工作的最新进展和工作安排。

2021 年 2 月 25 日，国家脱贫攻坚普查领导小组办公室正式发布《国家脱贫攻坚普查公报》。

《普查公报》宣布：根据《中共中央、国务院关于打赢脱贫攻坚战三年行动的指导意见》和《国务院办公厅关于开展国家脱贫攻坚普查的通知》（国办发〔2020〕7 号）要求，我国于 2020 年至 2021 年初分两批在中西部 22 省（区、市）开展了国家脱贫攻坚普查。普查重点围绕脱贫结果的真实性和准确性，全面了解建档立卡贫困人口脱贫实现情况。按照党中央、国务院决策部署，在相关地区、部门和各级普查机构的共同努力下，经过广大普查人员的艰辛付出和普查对象的积极配合，国家脱贫攻坚普查如期完成方案设计、清查摸底、现场登记、事后质量抽查、数据汇总等各项任务。

国家脱贫攻坚普查是中华人民共和国成立以来首次为解决贫困问题而开展的大型专项普查,是对脱贫攻坚成效的一次全面检验。

2019年10月7日,国务院成立了国家脱贫攻坚普查领导小组,领导小组由18个部门组成,办公室设在国家统计局。有普查任务的乡镇和县级以上各级人民政府均建立普查机构,为普查工作开展提供了坚实的组织保障。

国家脱贫攻坚普查领导小组办公室(简称国家脱贫普查办)紧扣脱贫攻坚工作实际,聚焦"两不愁三保障"政策目标,切实加强顶层设计,着力提高普查的科学性、规范性。组织开展5省普查专项试点、17省(区、市)普查综合试点,充分检验普查方案设计的科学性和可操作性。制定《国家脱贫攻坚普查方案》及10项业务流程,印发组织实施、人员选调管理、清查摸底、现场登记和审核验收等工作细则,为普查工作有序开展提供制度保障。

按照"本地回避、互不交叉"原则,选调熟悉扶贫政策和农村实际的基层干部担任普查员,组建939支派驻普查工作组,跨县异地开展普查登记。所有普查人员经培训和考试合格方可上岗。普查数据生产全过程电子化、网络化,普查人员全部使用智能终端设备在线采集、实时上报普查数据,有效提高数据采集处理质量和效率。

国家脱贫普查办制定《国家脱贫攻坚普查全面质量管理办法》等规范性文件,实行普查全过程数据质量控制。各级普查机构和广大普查人员严格执行《中华人民共和国统计法》和《国家脱贫攻坚普查方案》,严格履行独立调查、独立报告职责,依法保护普查对象资料。

普查登记于2020年7月至8月、2020年12月至2021年1月分两批实施。22省(区、市)21万多名基层普查人员克服新冠肺炎疫情、洪涝灾害、低温冰雪天气等不利因素影响,对832个国家扶贫开发工作重点县和集中连片特困地区县、享受片区政策的新疆维吾尔自治区阿克苏地区7个市县(统称国家贫困县),以及在中西部22省(区、市)抽取的100个非国家贫困县,共计939个普查县,19万普查行政村和1563万建档立卡户逐一实地完成数据采集报送。

通过普查,全面掌握了国家贫困县建档立卡户不愁吃、不愁穿,义务教育、基本医疗、住房安全有保障("两不愁三保障")和饮水安全有保障实现情况,享受帮扶政策情况,以及基础设施和基本公共服务情况。通过抽样调查,摸清了中西部22省(区、市)非国家贫困县建档立卡户"两不愁三保障"和饮水安全有保障实现情况。

据此,《普查公报》宣布:普查结果显示,中西部22省(区、市)建档立卡户全面实现不愁吃、不愁穿,义务教育、基本医疗、住房安全有保障,饮水安全也有保障。

2021年2月25日上午,人民大会堂大礼堂,气氛隆重热烈。主席台上方悬挂着"全国脱贫攻坚总结表彰大会"会标,后幕正中是熠熠生辉的中华人民共和国国徽,10面红旗分列两侧。二楼挑台悬挂标语:"紧密团结在以习近平同志为核心的党中央周围,全面推进乡村振兴,巩固拓展脱贫攻坚成果,为全面建设社会主义现代化国家、实现中华民族伟大复兴的中国梦而团结奋斗!"

会前,习近平总书记等领导同志会见了全国脱贫攻坚楷模荣誉称号获得者,全国脱贫攻坚先进个人、先进集体代表,全国脱贫攻坚楷模荣誉称号个人获得者和因公牺牲全国脱贫攻坚先进个人亲属代表等,并同大家合影留念。

10时30分,大会开始。解放军军乐团奏响《义勇军进行曲》,全场起立高唱国歌。

汪洋宣读《中共中央、国务院关于授予全国脱贫攻坚楷模荣誉称号的决定》。《决定》指出,为隆重表彰激励先进,大力弘扬民族精神、时代精神和脱贫攻坚精神,充分激发全党全国各族人民干事创业的责任感、使命感、荣誉感,汇聚更强大的力量推进全面建设社会主义现代化国家,党中央、国务院决定,授予毛相林等10名同志,河北省塞罕坝机械林场等10个集体"全国脱贫攻坚楷模"荣誉称号。

在雄壮的《向祖国英雄致敬》乐曲声中,习近平总书记为全国脱贫攻坚楷模荣誉称号获得者一一颁授奖章、证书、奖牌,并向他们表示祝贺。全场响起一阵阵热烈的掌声。

汪洋宣读《中共中央、国务院关于表彰全国脱贫攻坚先进个人和先进集体的决定》。习近平总书记等为受表彰的个人和集体代表颁奖。

在全场热烈的掌声中,习近平总书记发表重要讲话。

习近平总书记指出,贫困是人类社会的顽疾。反贫困始终是古今中外治国安邦的一件大事。一部中国史,就是一部中华民族同贫困作斗争的历史。

习近平总书记庄严宣告,我国脱贫攻坚战取得了全面胜利,现行标准下9899万农村贫困人口全部脱贫,832个贫困县全部摘帽,12.8万个贫困村全部出列,区域性整体贫困得到解决,完成了消除绝对贫困的艰巨任务,创造了又一个彪炳史册的人间奇迹!

习近平总书记讲话指出，我们走出了一条中国特色减贫道路，形成了中国特色反贫困理论。我国提前 10 年实现《联合国 2030 年可持续发展议程》减贫目标，创造了减贫治理的中国样本，为全球减贫事业作出了重大贡献。脱贫攻坚伟大斗争，锻造形成了"上下同心、尽锐出战、精准务实、开拓创新、攻坚克难、不负人民"的脱贫攻坚精神。脱贫攻坚精神，是中国共产党性质宗旨、中国人民意志品质、中华民族精神的生动写照，是爱国主义、集体主义、社会主义思想的集中体现，是中国精神、中国价值、中国力量的充分彰显，赓续传承了伟大民族精神和时代精神。

习近平总书记表示，时代造就英雄，伟大来自平凡。在脱贫攻坚工作中，数百万扶贫干部倾力奉献、苦干实干，同贫困群众想在一起、过在一起、干在一起，将最美的年华无私奉献给了脱贫事业，涌现出许多感人肺腑的先进事迹。在脱贫攻坚斗争中，1800 多名同志将生命定格在了脱贫攻坚征程上，生动诠释了共产党人的初心使命。脱贫攻坚殉职人员的付出和贡献彪炳史册，党和人民不会忘记！共和国不会忘记！各级党委和政府要关心关爱每一位牺牲者亲属，大力宣传脱贫攻坚英模的感人事迹和崇高精神，激励广大干部群众为全面建设社会主义现代化国家、实现第二个百年奋斗目标而披坚执锐、勇立新功。

习近平总书记强调，脱贫攻坚战的全面胜利，标志着我们党在团结带领人民创造美好生活、实现共同富裕的道路上迈出了坚实的一大步。同时，脱贫摘帽不是终点，而是新生活、新奋斗的起点。解决发展不平衡不充分问题、缩小城乡区域发展差距、实现人的全面发展和全体人民共同富裕仍然任重道远。要切实做好巩固拓展脱贫攻坚成果同乡村振兴有效衔接各项工作，让脱贫基础更加稳固、成效更可持续。

2021 年 4 月 6 日，国务院新闻办发布《人类减贫的中国实践》白皮书，总结了中国扶贫脱贫的历史进程，向世界宣告了中国减贫取得的历史性成就。

2021 年 7 月 1 日，天安门城楼庄严雄伟，庆祝中国共产党成立 100 周年大会在天安门广场隆重举行。高 7.1 米、宽 7.1 米的中国共产党党徽和"1921""2021"字标格外醒目。广场东西两侧，100 面红旗迎风招展。从空中俯瞰，天安门广场"巨轮启航"造型宏伟壮观，正乘风破浪、扬帆奋进，驶向中华民族伟大复兴的光辉未来。

天安门广场上的大型电子屏幕中出现了钟摆的画面。1921、1931、1941……2021，随着钟摆，年份数字依次显现。8 时整，象征着巨轮启航的汽笛声响起。庆祝中国共产党成立 100 周年大会正式开始。

中共中央总书记、国家主席、中央军委主席习近平发表重要讲话。他强调，过去一百年，中国共产党向人民、向历史交出了一份优异的答卷。现在，中国共产党团结带领中国人民又踏上了实现第二个百年奋斗目标新的赶考之路。

在讲话中，习近平总书记代表党和人民庄严宣告，经过全党全国各族人民持续奋斗，我们实现了第一个百年奋斗目标，在中华大地上全面建成了小康社会，历史性地解决了绝对贫困问题，正在意气风发向着全面建成社会主义现代化强国的第二个百年奋斗目标迈进。这是中华民族的伟大光荣！这是中国人民的伟大光荣！这是中国共产党的伟大光荣！

十一、开始贫困治理的新征程

党的十九届五中全会鲜明地使用了"交汇点"一词。这次全会，就是在历史交汇点上举行的一次重要会议，是在历史新坐标上对中国未来发展进行了一次重大的战略谋划。

2020 年，是决胜全面建成小康社会的关键之年，也是实现第一个百年目标的收官之年。2021 年，是"两个阶段"战略安排的起步之年，也就是在全面建成小康社会基础上向着基本实现社会主义现代化和全面建成社会主义现代化强国两个战略目标前进的开局之年，或者说，是奔向第二个百年奋斗目标的出发之年。

从五年规划来说，2020 年是"十三五"规划的最后一年，也就是完成"十三五"规划的决战之年、验收之年、总结之年。2021 年则是"十四五"规划的开局之年。"十四五"规划是开启全面建设社会主义现代化国家新征程的"启航"规划。"十四五"时期是我国全面建成小康社会、实现第一个百年奋斗目标之后，乘势而上开启全面建设社会主义现代化国家新征程、向第二个百年奋斗目标进军的第一个五年。以开始实行"十四五"规划为标志，我国进入了新时代的新发展阶段。

因此，我们正处在"两个一百年"奋斗目标的历史交汇点上。在中华民族伟大复兴的征程上，党的十九届五中全会成为一个承前启后、继往开来的时间节点，一头接续即将挥就的百年史诗，一头开启第二个百年的恢宏篇章。

在全会上，习近平总书记庄严宣告："我们即将全面建成小康社会、完成脱贫攻坚任务、实现第一个百年奋斗目标，从明年起将开始向第二个百年奋斗目标进军。"

全会深入分析了我国发展环境面临的深刻复杂变化，认为当前和今后一个时期，我国发展仍然处于重要战略机遇期，但机遇和挑战都有新的发展变化。

全会审议通过的《中共中央关于制定国民经济和社会发展第十四个五年规划和二〇三五年远景目标的建议》，明确提出了"十四五"时期我国发展的指导方针、主要目标、重点任务、重大举措，集中回答了新形势下实现什么样的发展、如何实现发展这个重大问题，特别是提出了"十四五"时期经济社会发展的指导思想和必须遵循的原则。

"十四五"规划不是孤立的规划，而是向2035年目标迈进的规划，是到2035年3个五年规划中的第一个规划。到2035年基本实现社会主义现代化，需要15年的时间和3个五年规划。因此，全会在提出制定"十四五"规划建议的同时，突出地提出了到2035年的远景目标，以便为实现第二个百年奋斗目标、实现中华民族伟大复兴的中国梦奠定坚实基础。

全会强调，实现"十四五"规划和2035年远景目标，意义重大，任务艰巨，前景光明。全党全国各族人民要紧密团结在以习近平同志为核心的党中央周围，同心同德，顽强奋斗，夺取全面建设社会主义现代化国家新胜利！

处在"两个一百年"奋斗目标交汇点上的中国，将再次出发，开启全面建设社会主义现代化国家的新征程。从2020年到21世纪中叶，总共有30年时间。这30年，按照党的十九大的战略安排，将分成两个阶段。第一个阶段，从2021年到2035年，在全面建成小康社会的基础上，再奋斗15年，基本实现社会主义现代化。第二个阶段，从2035年到21世纪中叶，在基本实现现代化的基础上，再奋斗15年，把中国建成富强民主文明和谐美丽的社会主义现代化强国。

交汇点上再出发，包括扶贫脱贫事业再出发。"十四五"期间的主要目标之一，是"民生福祉达到新水平。实现更加充分更高质量就业，居民收入增长和经济增长基本同步，分配结构明显改善，基本公共服务均等化水平明显提高，全民受教育程度不断提升，多层次社会保障体系更加健全，卫生健康体系更加完善，脱贫攻坚成果巩固拓展，乡村振兴战略全面推进"。

"十四五"规划专门对今后的任务作出规划和部署："实现巩固拓展脱贫攻坚成果同乡村振兴有效衔接。建立农村低收入人口和欠发达地区帮扶机制，保持财政投入力度总体稳定，接续推进脱贫地区发展。健全防止返贫监测和帮扶机制，做好易地扶贫搬迁后续帮扶工作，加强扶贫项目资金资产管理和监督，推动特色产业可持续发展。健全农村社会保障和救助制度。在西部地区脱贫县中集中支持一批乡村振兴重点帮扶县，增强其巩固脱贫成果及内生发展能力。坚持和完善东西部协作和对口支援、社会力量参与帮扶等机制。"

习近平总书记在对《建议（讨论稿）》进行说明时指出："党的十八大以来，我们把脱贫攻坚作为重中之重，使现行标准下农村贫困人口全部脱贫，就是促进全体人民共同富裕的一项重大举措。当前，我国发展不平衡不充分问题仍然突出，城乡区域发展和收入分配差距较大，促进全体人民共同富裕是一项长期任务，但随着我国全面建成小康社会、开启全面建设社会主义现代化国家新征程，我们必须把促进全体人民共同富裕摆在更加重要的位置，脚踏实地，久久为功，向着这个目标更加积极有为地进行努力。"

2020年10月17日，在第七个国家扶贫日到来之际，习近平总书记对脱贫攻坚工作作出重要指示强调，2020年是决胜全面建成小康社会、决战脱贫攻坚之年。面对新冠肺炎疫情和严重洪涝灾害的考验，党中央坚定如期完成脱贫攻坚目标决心不动摇，全党全社会勠力同心真抓实干，贫困地区广大干部群众顽强奋斗攻坚克难，脱贫攻坚取得决定性成就。现在脱贫攻坚到了最后阶段，各级党委和政府务必保持攻坚态势，善始善终，善作善成，不获全胜决不收兵。

习近平总书记指出，各地区各部门要总结脱贫攻坚经验，发挥脱贫攻坚体制机制作用，接续推进巩固拓展攻坚成果同乡村振兴有效衔接，保持脱贫攻坚政策总体稳定，多措并举巩固脱贫成果。要激发贫困地区贫困人口内生动力，激励有劳动能力的低收入人口勤劳致富，向着逐步实现全体人民共同富裕的目标继续前进。

中共中央政治局常委、国务院总理李克强作出批示，各地区各部门要坚持以习近平新时代中国特色社会主义思想为指导，认真贯彻党中央、国务院决策部署，保持现有帮扶政策总体稳定，挂牌督战攻克深度贫困堡垒，促进发展特色产业带动群众增收，加强易地扶贫搬迁后续扶持，做好贫困劳动力稳岗就业，对存在返贫致贫风险人口提前加强针对性帮扶，确保高质量如期完成脱贫攻坚目标任务。要做好脱贫攻坚与实施乡村振兴战略有机衔接，通过持续努力推进脱贫摘帽地区乡村全面振兴，为增进人民群众福祉、促进经济社会持续健康发展作出更大贡献！

10月17日召开的全国脱贫攻坚奖表彰大会暨先进事迹报告会，传达学习了习近平总书记重要指示和李克强批示。中共中央政治局委员、国务院扶贫开发领导小组组长胡春华强调，要保持高昂的攻坚精气神，确保高质量全面完成脱贫攻坚目标任务，全力做好贫困劳动力稳岗就业，着力解决好扶贫产品销售问题。要巩固脱贫成果防止返贫致贫，持续推进扶贫产业发展壮大，强化易地扶贫搬迁后续扶持，进一步健全防止返贫监测帮扶机制。要做好巩固拓展攻坚成果同乡村振兴有效衔接工作，确保过渡期内各项政策平稳过渡，接续推进脱贫摘帽地区乡村振兴。

2021 年是中国共产党成立 100 周年，是"十四五"规划开局之年，是巩固拓展脱贫攻坚成果、实现同乡村振兴有效衔接的起步之年。2020 年 12 月 16 日，中共中央、国务院印发《关于实现巩固拓展脱贫攻坚成果同乡村振兴有效衔接的意见》。

《衔接意见》指出，脱贫摘帽不是终点，而是新生活、新奋斗的起点。打赢脱贫攻坚战、全面建成小康社会后，要在巩固拓展脱贫攻坚成果的基础上，做好乡村振兴这篇大文章，接续推进脱贫地区发展和群众生活改善。

《衔接意见》规定，脱贫攻坚目标任务完成后，设立 5 年过渡期。从解决建档立卡贫困人口"两不愁三保障"为重点转向实现乡村产业兴旺、生态宜居、乡风文明、治理有效、生活富裕，从集中资源支持脱贫攻坚转向巩固拓展脱贫攻坚成果和全面推进乡村振兴。过渡期内严格落实"四个不摘"要求，摘帽不摘责任，防止松劲懈怠；摘帽不摘政策，防止急刹车；摘帽不摘帮扶，防止一撤了之；摘帽不摘监管，防止贫困反弹。[1]

2020 年 12 月 28 日，习近平总书记在中央农村工作会议上强调，全党务必充分认识新发展阶段做好"三农"工作的重要性和紧迫性，坚持把解决好"三农"问题作为全党工作重中之重，举全党全社会之力推动乡村振兴。2021 年 1 月 4 日，中共中央、国务院印发《关于全面推进乡村振兴加快农业农村现代化的意见》。

2020 年 12 月底，全国巩固拓展脱贫攻坚成果同乡村振兴有效衔接工作会议在北京召开。胡春华出席会议并讲话。他强调，要深入贯彻习近平总书记重要指示精神，按照党中央、国务院决策部署，顺应"三农"工作重心历史性转移的新形势新要求，做好巩固拓展脱贫攻坚成果同乡村振兴有效衔接，接续支持

---

[1] 参见《中共中央国务院关于实现巩固拓展脱贫攻坚成果同乡村振兴有效衔接的意见》，《人民日报》2021 年 3 月 23 日。

脱贫地区发展和群众生活改善。

胡春华指出，做好有效衔接是当前和今后一个时期农村工作第一位的任务，务必抓紧抓好。要巩固拓展脱贫攻坚成果，执行好防止返贫监测帮扶机制，强化就业、产业、易地搬迁后续扶持等帮扶措施，确保不出现规模性返贫。要扎实推进工作衔接，实现工作举措从脱贫攻坚逐步向乡村振兴转换，把脱贫县作为乡村振兴支持重点，完善对农村低收入人口常态化帮扶。要扎实推进政策衔接，保持主要帮扶政策总体稳定，优化完善帮扶政策，积极谋划乡村振兴新的支持政策。要扎实推进机构队伍衔接，保持机构队伍总体稳定，调整优化机构职能，更好发挥一线帮扶队伍作用。胡春华强调，要坚持五级书记一起抓，发挥好各级党委农村工作领导小组作用，落实各部门职责，完善东西部协作和对口支援、社会力量参与帮扶机制，确保各项衔接工作平稳有序进行。

2020年12月29日至30日，全国扶贫开发工作会议在北京召开。会议的主要任务是总结脱贫攻坚工作，分析当前形势，安排部署巩固拓展脱贫攻坚成果同乡村振兴有效衔接工作。

会议要求按照党中央、国务院新决策新部署，把巩固拓展脱贫攻坚成果摆在头等重要位置来抓，推动脱贫攻坚政策举措和工作体系逐步向乡村振兴平稳过渡，用乡村振兴巩固拓展脱贫攻坚成果，坚决守住脱贫攻坚胜利果实，确保不出现规模性返贫，确保实现同乡村振兴有效衔接，确保乡村振兴有序推进。

一是总结宣传好脱贫攻坚工作。加强习近平总书记关于扶贫工作重要论述的研究，全面系统总结脱贫攻坚，不断深化舆论宣传，讲好中国扶贫脱贫故事。

二是巩固拓展好脱贫攻坚成果。保持政策总体稳定，投入力度不减、帮扶队伍不撤，各级财政投入要与巩固拓展脱贫攻坚成果、做好衔接要求相匹配。健全防止返贫监测帮扶机制，对脱贫县、脱贫村、脱贫人口开展监测，对脱贫不稳定户和边缘易致贫户及时发现、及时帮扶。做好易地扶贫搬迁后续扶持工作，强化产业支持、就业帮扶，确保稳得住、有就业、逐步能致富。加强扶志扶智，激励和引导脱贫群众靠自己努力过上更好生活。

三是规范提升好脱贫攻坚创新性工作。加强扶贫资产、扶贫小额信贷、村级光伏扶贫电站、扶贫公益岗位、扶贫车间管理和信息化建设，防范化解风险，确保持续健康发展。

四是坚持完善好东西部协作机制。调整优化东西部协作结对关系，保持资金投入力度和干部人才选派交流力度，加强劳务协作、产业协作、消费协作。

五是有效衔接好脱贫攻坚与乡村振兴。具体要求抓好 8 个衔接。

——抓好政策衔接，落实好中央政策文件，立足实际对本地区相关政策进行优化完善。

——抓好规划衔接，组织编制"十四五"巩固拓展脱贫攻坚成果同乡村振兴有效衔接规划，深化细化具体措施。

——抓好产业帮扶衔接，支持脱贫地区产业发展壮大，产业扶贫政策措施由到村到户为主向到乡到村到户为主转变。

——抓好就业帮扶衔接，继续做好东西部劳务协作工作，积极拓宽就地就近就业渠道，促进脱贫人口稳定就业。

——抓好基础设施建设衔接，按照实施乡村建设行动统一部署，持续改善乡村道路、水利、电力、通信等生产生活条件和村容村貌。

——抓好公共服务提升衔接，持续改善乡村义务教育办学条件和医疗卫生基础条件。

——抓好重点县衔接，国家层面在西部地区原深度贫困县中确定一批国家乡村振兴重点县予以重点帮扶，各地确定本省的重点县，统筹资源力量进行重点帮扶。

——抓好考核衔接，把巩固拓展脱贫攻坚成果纳入市县党政领导班子和领导干部推进乡村振兴战略实绩考核范围。

截至 2020 年底，"十三五"规划主要目标任务完成。中国国内生产总值达 101.6 万亿元，稳居世界第二位。人均国内生产总值连续两年超过 1 万美元。年末常住人口城镇化率达到 63.89%。城镇居民人均可支配收入 43834 元，农村居民人均可支配收入 17131 元。

但是，脱贫攻坚没有马放南山、刀枪入库，而是进一步强基开拓，砥砺前行。

浙江援疆工作将 2021 年的工作确定为"12346"。"1"，就是确定 2021 年为"奋进开拓年"、实施"十四五"援疆规划的第一年；"2"，就是持之以恒抓好脱贫攻坚和促进就业"两件大事"；"3"，就是强化基层导向、民生导向、民族团结"三个导向"；"4"，就是健全完善系统性谋划、体系化推进、传承式创新、融合型工作"四项机制"；"6"，就是深入推进智力支援、产业支援、保障和改善民生、民族交往交流交融、文化教育支援和清廉援疆"六项工程"。

2021 年 2 月 25 日下午，国家乡村振兴局举行挂牌仪式，原国务院扶贫办相应撤销。这是中国扶贫脱贫事业一个继往开来的措施和标志。

组建国家乡村振兴局是以习近平同志为核心的党中央作出的重大决策，是做好巩固拓展脱贫攻坚成果与乡村振兴有效衔接的重要举措。国家乡村振兴局将着力巩固脱贫攻坚成果，健全防止返贫监测帮扶机制，分层分类实施救助保障，坚决守住不出现规模性返贫的底线；将全面推动乡村振兴落地见效，组织开展乡村振兴重点帮扶县帮扶和东西部协作，实施乡村建设行动，协调推进乡村治理体系建设。

中共中央政治局委员、国务院副总理胡春华出席国家乡村振兴局挂牌仪式，强调要按照党中央、国务院决策部署，在巩固拓展脱贫攻坚成果基础上，做好乡村振兴这篇大文章，实现脱贫攻坚与乡村振兴的有效衔接。

打赢脱贫攻坚战后，中国将持续巩固拓展脱贫攻坚成果，做好同乡村振兴有效衔接，实现"三农"工作重心的历史性转移。党和国家将立足新发展阶段、贯彻新发展理念、构建新发展格局，把解决好"三农"问题作为重中之重，坚持农业农村优先发展，走中国特色社会主义乡村振兴道路，以更有力的举措、汇聚更强大的力量全面推进乡村振兴。

到 2035 年，中国将基本实现社会主义现代化，乡村振兴取得决定性进展，农业农村现代化基本实现。那时的中国乡村，农业结构得到根本性改善，农民就业质量显著提高，相对贫困进一步缓解，共同富裕迈出坚实步伐；城乡基本公共服务均等化基本实现，城乡融合发展体制机制更加完善；乡风文明达到新高度，乡村治理体系更加完善；农村生态环境根本好转，美丽宜居乡村基本实现。

到 2050 年，中国将全面建成社会主义现代化强国，实现第二个百年奋斗目标，乡村全面振兴。那时的中国乡村，农业强、农村美、农民富，经济社会全面进步，各项事业繁荣发展。那时的中国，全体人民共同富裕基本实现，中国人民享有更加幸福安康的生活，中国向着实现人的全面发展和全体人民共同富裕更高目标继续迈进。

扶贫脱贫事业没有停止，而是在一个新台阶、新起点上以新的目标和任务展开。2021 年 1 月 24 日，国务院印发《关于新时代支持革命老区振兴发展的意见》。4 月 23 日，中共中央、国务院印发《关于新时代推动中部地区高质量发展的意见》。4 月 29 日，十三届全国人大常委会第二十八次会议通过《中华人民共和国乡村振兴促进法》。5 月 14 日，中央农村工作领导小组印发《关于健全防止返贫动态监测和帮扶机制的指导意见》。5月20日，中共中央、国务院印发《关于支持浙江高质量发展建设共同富裕示范区的意见》。

5月，中办印发《关于向重点乡村持续选派驻村第一书记和工作队的意见》，要求为全面推进乡村振兴、巩固拓展脱贫攻坚成果提供坚强组织保证和干部人才支持。于是，又有一大批优秀党员干部响应号召、牢记嘱托，奔赴各地担任驻村第一书记，坚决扛起职责使命，团结带领群众接续奋斗，谱写乡村振兴新篇章。

2021年5月24日，全国政协在北京召开"巩固拓展脱贫攻坚成果，全面实施乡村振兴战略"专题协商会。本次专题协商会采取联动协商形式，100余位全国、省、市、县级政协委员在全国政协机关主会场和贵州、云南分会场参会，28位委员、专家和基层代表在会议现场或通过视频连线方式发言，近140位委员通过移动履职平台发表意见。

中共中央政治局委员、国务院副总理胡春华出席会议并介绍有关情况。他指出，要以习近平新时代中国特色社会主义思想为指导，按照中共中央、国务院决策部署，巩固拓展脱贫攻坚成果，全面推进乡村振兴，让广大农民过上更加美好生活。建立健全巩固拓展脱贫攻坚成果长效机制，落实"四个不摘"，保持主要帮扶政策总体稳定，加强防止返贫监测帮扶，抓好就业、产业、易地搬迁后续帮扶。全面推进乡村振兴落地见效，抓好粮食和重要农副产品生产供应，加快发展乡村产业，实施乡村建设行动，推进县域内城乡融合发展，加强和改进乡村治理。推进巩固拓展脱贫攻坚成果同乡村振兴有效衔接，实现工作、机制、政策、机构队伍平稳过渡，接续推动脱贫地区发展和群众生活改善。

委员们建议，要聚焦产业这个根本，做好乡村产业发展规划，培育壮大特色优势产业，实现从"小"到"大"、从"有"到"优"、从"弱"到"强"的转变。要做好城镇化这篇文章，补齐中心镇、重点村基础设施短板，推进基本公共服务均等化，打通城乡资源流通、商品流通、信息流通三条"快车道"。要抓住人才这个关键，坚持广开门路"引"、多措并举"育"，打造高素质农民队伍、回乡创业队伍、"三农"工作队伍。要强化改革这个动力，加快构建现代农村产权制度和农业经营体系。要用好东西部协作和对口支援这个机制，坚持走资源整合式、产业研发式、技术共享式帮扶之路，更好实现优势互补、共同发展。

中共中央政治局常委、全国政协主席汪洋出席专题协商会并讲话。他强调，巩固拓展脱贫攻坚成果、全面实施乡村振兴战略，是中国共产党执政宗旨的集中体现，是全面建设社会主义现代化国家的内在要求。要认真学习领会习近平总书记关于全面推进乡村振兴的重要论述，因地制宜、稳中求进，持续推动农业强起来、农村美起来、农民富起来，持续缩小城乡区域发展差距，坚决守住不发生规模性返贫的底线，让全体人民共享改革发展成果。

2021年7月1日，在庆祝中国共产党成立100周年大会上，习近平总书记发表了面向未来的历史性宣言，充满信心地指出，回首过去，展望未来，有中国共产党的坚强领导，有全国各族人民的紧密团结，全面建成社会主义现代化强国的目标一定能够实现，中华民族伟大复兴的中国梦一定能够实现。

第十五章

··

中国贫困治理的
伟大成就

☆　☆　☆

一、新中国扶贫脱贫的伟大进程

中国是一个文明古国，但经济基本上是自给自足的农耕自然经济，生产力的发展长期处于缓慢渐进的过程。其间，曾出现过一些太平安康的所谓盛世，但也遇到过激烈的社会动荡、天灾人祸，出现过严重的贫困饥馑。因此，中国社会总体上一直处于贫困和比较贫困的状态，稍好时也只是简单温饱。鸦片战争之后，中国成为半殖民地半封建社会，侵略与反侵略、变革与反变革一直处于拉锯之中。辛亥革命之后，社会长期陷于战乱，国家缺乏有效治理，虽然生产力在某些方面某个时期有较大发展，但普遍的贫困问题比较严重，有时还非常严重。

到中华人民共和国成立时的 1949 年，城镇居民的人均现金收入不过 100 元，农村居民家庭人均纯收入只有 44 元，全国粮食产量仅有 2264 亿斤。如何吃饱肚子仍是治国安邦的头号问题。因此，在掌握全国政权以后，中国共产党立即以治国理政的新制度和新方式，开始与中国的贫困现象进行大规模的斗争。

从新中国成立到现在，中国共产党领导下的扶贫脱贫事业如何分期和划分阶段？这是一个学术问题，更是一个政治问题。在十九届六中全会前，我们可以认为，总体上经历了两个大的历史时期，以 1978 年的十一届三中全会为标志，分为改革开放前和改革开放后两个时期。十九届六中全会通过的《中共中央关于党的百年奋斗重大成就和历史经验的决议》，没有明确将新时代从改革开放中划分出来，但赋予了新时代极其重要的历史地位，实际上将新时代作为与改革开放平列的一个重要时期。从扶贫脱贫的历程来说，新时代确实有非常鲜明的特点，本书的重点和大量篇幅也是放在十八大以来。所以，根据对十九届六中全会精神的理解和本书的实际，我将中华人民共和国成立以来扶贫脱贫的历史分为三个历史时期。

第一个时期，社会主义革命和建设时期。

中华人民共和国成立后，中国共产党决心改变国家贫困落后的面貌，尽快实现现代化的目标。为此，开展了大规模的社会改造，建立了社会主义基本制度；通过实施大规模的五年计划，建立起独立的比较完整的工业体系和国民经济体系；通过治理水患、改造农田、选育良种、兴建交通、改善医疗卫生条件等方式，在相当程度上改善和消除了产生贫困问题的基础；对特殊的贫困群体采取专门的福利政策，努力提供最基本的生活条件。

通过几十年的艰辛探索和努力，社会生产力有了较大发展，全国人民生活水平有了一定提高，城乡的绝对贫困现象有所缓解，贫困治理取得了历史性的进步。特别是以教育、卫生和人均预期寿命的改善为主要标志的非收入性贫困得到极大缓解，成为这一时期中国贫困治理和减贫事业的主要成就。

这个时期的发展虽然历经曲折，但还是为改革开放以后大规模减贫脱贫创造了不少条件。例如，水利设施、农业机械、化肥农药、良种推广、种植技术等方面的进步，是后来家庭联产承包责任制发挥作用的基础；文化教育、医疗卫生条件的普及、改善和提高，促进了人的健康水平的提高，促使人口预期寿命大幅度增长，也直接缓解了非收入贫困，减轻了以后基本公共服务供给的压力；社会收入差距不大，虽然平均主义严重，造成了某种程度上的普遍贫穷，不利于调动人的积极性，但也为在新的历史条件下实现共同富裕减小了结构性约束，为大规模扶贫脱贫提供了一定的社会政治条件。

但由于中国的经济基础极为薄弱，贫困治理是一个巨大的系统工程，涉及大量复杂的条件和因素，不是短时间就能改变的，加上"左"的错误的发展，影响了经济建设和生产力的发展，因而到改革开放初期，中国仍然是世界上贫困人口最多的发展中国家之一。国家统计局在《关于中国农村贫困状态的评估和监测》中，将1978年的贫困线划定在人均年收入100元以内，按这个标准计算，当时全国贫困人口的规模为2.5亿人，占全国人口总数的25.97%，占当时农村人口总数的30.7%，占世界贫困人口总数的1/4。如果以人均年收入200元作为农村温饱线，贫困人口的数量就更为巨大。

在这里的历史分期上，有一个难点。按照多次党代会文件、其他各种中央文件、中央领导同志的多次讲话、习近平总书记的一系列论述，1978年的十一届三中全会实现了新中国成立以来的一次伟大转折，是改革开放前后历史分期的标志。因此，1976 年至 1978 年划分在改革开放前，按第二个《历史决议》，是"在徘徊中前进的两年"。党中央批准的《中国共产党历史》第二卷也是这样处理的。但 2021 年中央党史和文献研究院编写出版的《中国共产党简史》，则将 1976 年至 1978 年作为历史回溯，放在了改革开放新时期来倒叙。十九届六中全会通过的第三个《历史决议》没有明确界定这两年的划分，所以，本书只能按照到目前为止党中央的正式文件，将"在徘徊中前进的两年"放在改革开放前来叙述。如有新的明确界定，则按新的界定处理。

第二个时期，改革开放和社会主义现代化建设新时期。

以十一届三中全会为标志，中国进入了改革开放和社会主义现代化建设的新时期。中国的贫困治理也进入了一个历史新时期。在改革开放进程中，党和人民开辟了一条中国特色社会主义的道路，不仅使整个中国实现了富起来的伟大飞跃，也为根本解决贫困问题提供了新的路径。这个时期的贫困治理，在普遍提高社会生产力和人民生活水平的基础上，直接和主要表现为大规模开展扶贫脱贫，着力消除农村的绝对贫困。

这个时期专门的扶贫脱贫事业，又可以划分为四个阶段。

（一）第一个阶段，1978 年至 1984 年，是酝酿和启动专门扶贫工作阶段。

在这一阶段，改革开放开始启动和全面展开。以家庭联产承包责任制为主的农村改革，激发了广大农民生产经营的积极性，推动农村经济迅速发展。20世纪 80 年代初，国家开始调整农产品购销政策，逐步提高粮棉收购价格，推进农副产品市场化，直接增加了农民收入。随后乡镇企业异军突起，从业人员迅速增加，大量农民从乡镇企业获得较多的收入。同时，以城市为重点的经济体制改革全面展开。城市经济日益搞活，个体和私营经济开始出现，城乡之间生产要素开始流动。广大人民群众，特别是广大农民的收入增加，城市和农村的贫困现象都大幅度缓解。从 1978 年到 1985 年，农村人均粮食产量增长 14%，农民人均纯收入增长 2.6 倍；没有解决温饱的贫困人口从 2.5 亿人减少到 1.25亿人，贫困人口平均每年减少 1786 万人。贫困发生率从 30.7% 下降到 14.8%。

但由于自然条件、工作基础和政策落实情况的差异，农村经济存在发展不平衡的状态，特别是有几千万人口的地区处于落后状态，没有摆脱贫困，温饱问题尚未解决。其中绝大部分是山区，有的是少数民族聚居地区和革命老根据地，有的是边远地区。

如何重点帮扶这样一大批贫困人口，成为党和国家需要认真研究和解决的重大课题。1982 年 12 月，国务院决定实施"三西"地区农业建设，启动和实施了最早的专项扶贫。以"三西"扶贫为开端，党和国家着手对重点贫困地区、连片贫困地区采取了一系列重要措施。大规模扶贫开发呼之欲出。

这一阶段，既是通过改革开放普遍减少贫困现象的阶段，也是酝酿和准备大规模扶贫开发的阶段。

（二）第二个阶段，1984 年至 1993 年，是正式展开有组织、大规模扶贫开发阶段。

1984 年 9 月 29 日，中共中央、国务院联合发出《关于帮助贫困地区尽快改变面貌的通知》，要求集中力量解决十几个连片贫困地区的问题。[1]这是改革开放以来开展专项扶贫脱贫工作的第一个重要文件，标志着在全国范围开展有组织、有计划、大规模扶贫开发的大幕正式拉开。中国的扶贫工作进入新的历史时期。党和政府采取一系列重大措施，在全国范围内开展了有计划、有组织、大规模的扶贫开发工作。国务院成立专门工作机构，安排专项资金，制定专门的优惠和扶持政策，并对传统的救济式扶贫进行改革，确定了开发式扶贫的方针。

这种大规模开发式扶贫阶段的开始时间，到底是 1984 年，还是 1986 年？有关部门和研究人员的表述不太一样。有的认为按国务院成立专门机构算应该是从 1986 年开始。但准确地说，应以 1984 年中共中央、国务院发出《关于帮助贫困地区尽快改变面貌的通知》为标志。因为这份文件全面制定了当时扶贫工作的主要内容和政策措施，而且具有最高的权威性。1986 年 5 月正式成立扶贫开发机构——国务院贫困地区经济开发领导小组，只是落实文件的措施之一，不宜取代文件的权威性。

这一阶段扶贫工作的重点是老少边穷地区。1986 年，六届全国人大四次会议把"老少边穷地区尽快摆脱经济文化落后状况"作为一项重要内容列入"七五"计划（1986—1990 年）。1987 年 10 月 30 日，国务院发布《关于加强贫困地区经济开发工作的通知》。1990 年 2 月 23 日，国务院发出批转国务院贫困地区经济开发领导小组《关于九十年代进一步加强扶贫开发工作请示》的通知，对进入 20 世纪 90 年代的扶贫开发工作进行了部署。

20 世纪 80 年代中期以前，农村扶贫主要采取传统的给线、给物等救济式方式。但从这个阶段开始，要求"彻底改变过去那种单纯救济的扶贫办法"，实行

---

[1]　参见中共中央文献研究室编：《十二大以来重要文献选编》（中），中央文献出版社 2011 年版，第 30 页。

"新的经济开发方式"。1991 年 4 月七届全国人大四次会议通过的《国民经济和社会发展十年规划和第八个五年计划纲要》，明确提出"要坚持以经济开发为主的扶贫方针"。

经过 8 年的不懈努力，实现了从传统的救济式扶贫向开发式扶贫转变。到 1993 年底，农村贫困人口由 1.25 亿人减少到 8000 万人，占农村总人口的比重从 14.8% 下降到 8.7%。

（三）第三个阶段，1994 年至 2000 年，是实施"八七扶贫攻坚"阶段。

1992 年邓小平南方谈话和党的十四大之后，党和国家进一步加强了扶贫开发工作。为进一步解决农村贫困问题、缩小东西部地区差距、实现共同富裕的目标，中共中央、国务院决定：从 1994 年到 2000 年，集中人力、物力、财力，动员社会各界力量，力争用 7 年左右的时间，基本解决当时全国农村 8000 万贫困人口的温饱问题。这是一场难度很大的攻坚战，所以被称为"国家八七扶贫攻坚计划"。

1994 年 4 月 15 日，国务院印发《国家八七扶贫攻坚计划》，并从当年开始实施。《国家八七扶贫攻坚计划》是 20 世纪最后 7 年全国扶贫开发工作的纲领，也是新中国历史上第一次有明确目标、明确对象、明确措施和明确期限的扶贫开发行动纲领。

按照《国家八七扶贫攻坚计划》，党和国家组织开展了一场前所未有的扶贫开发工程，形成了全党动手、全社会动员、合力扶贫的新局面。《国家八七扶贫攻坚计划》明确提出了"开发式的扶贫方针"，规定了扶贫开发的基本途径和主要形式；强调实施开发式扶贫是我国扶贫工作的一个根本性转变，是一个重大创造。[1]

1996 年 10 月 23 日，中共中央、国务院印发《关于尽快解决农村贫困人口温饱问题的决定》，要求集中力量解决农村贫困人口的温饱问题。[2]

按照邓小平"两个大局"战略思想，党和国家进一步提出了东西扶贫协作的要求，组织沿海发达省、直辖市对口帮扶西部贫困省、自治区。1999 年 9 月 22 日，十五届四中全会正式提出实施西部大开发战略。

继 1987 年提前三年实现第一步翻一番的目标后，1995 年提前五年实现了国民生产总值翻两番的目标。到 1997 年，又提前实现了人均国民生产总值翻两番

---

[1] 参见中共中央文献研究室编：《十四大以来重要文献选编》（上），中央文献出版社 2011 年版，第 673、675—676 页。

[2] 参见中共中央文献研究室编：《十四大以来重要文献选编》（下），中央文献出版社 2011 年版，第 172 页。

的目标。到 20 世纪末，全国人民的生活总体上达到了小康水平。

到 2000 年底，国家"八七扶贫攻坚"目标基本实现，两亿多农村贫困人口的温饱问题得到解决。农村贫困人口由 1978 年的 2.5 亿人减少到 2000 年的 3000 万人，贫困发生率从 30.7％下降到 3％左右。《国家八七扶贫攻坚计划》目标的如期实现，保证了全国如期进入小康。

（四）第四个阶段，2001 年至 2012 年，新世纪实施两个《农村扶贫开发纲要》阶段。

随着 21 世纪的到来，中国特色社会主义事业进入了新的发展阶段。2001 年 5 月 24 日至 25 日，中央召开扶贫开发工作会议，总结《国家八七扶贫攻坚计划》实施以来的成就和经验，部署今后 10 年的扶贫开发工作。6 月 13 日，国务院印发《中国农村扶贫开发纲要（2001—2010 年）》，明确提出了今后 10 年扶贫开发的奋斗目标、基本方针、对象和重点以及主要政策措施。这是继《国家八七扶贫攻坚计划》之后又一个指导全国扶贫开发的纲领性文件，标志着中国的扶贫开发进入了一个新阶段。

2001 年至 2010 年扶贫开发总的奋斗目标是：尽快解决少数贫困人口温饱问题，进一步改善贫困地区的基本生产生活条件，巩固温饱成果，提高贫困人口的生活质量和综合素质，加强贫困乡村的基础设施建设，改善生态环境，逐步改变贫困地区经济、社会、文化的落后状况，为达到小康水平创造条件。[1]

根据"明确责任，覆盖多数，科学测算，相对稳定，省负总责"的原则，在中西部 21 个省（区、市）确定了 592 个县（旗、市）为国家扶贫开发工作重点县。国家把扶贫开发纳入国民经济和社会发展总体规划，加强扶贫开发的政策保障和组织领导。

我国农村贫困人口的标准，以 1985 年 200 元人均纯收入为基数，1986 年确定为人均纯收入 206 元，到 2000 年是 625 元。但随着人民收入水平和生活水平的提高，《中国农村扶贫开发纲要（2001—2010 年）》提出了低收入标准，并提高了贫困线标准。按旧口径，2001 年贫困人口数量 2927 万，按新口径，变成了 9029 万。2008 年 10 月，十七届三中全会明确提出实行新的扶贫标准，对农村低收入人口全面实施扶贫政策。[2] 2008 年不再区分绝对贫困和低收入人口，统一使

---

[1] 参见中共中央文献研究室编：《十五大以来重要文献选编》（下），中央文献出版社 2011 年版，第 129 页。

[2] 参见中共中央文献研究室编：《十七大以来重要文献选编》（上），中央文献出版社 2009 年版，第 686—687 页。

用 1067 元作为国家扶贫标准，扶贫对象覆盖 4007 万。贫困人口数再次回升。

"十一五"时期，贫困人口从 6431 万减少到 2688 万，5 年减少 3743 万。重点县农民人均纯收入从 1723 元增加到 3273 元，年均增长 10.28%，比全国平均水平高了 0.95 个百分点。全国共 15 万个贫困村。到 2010 年完成了 12 万个贫困村的整村推进计划。

为了确保 2020 年小康社会和扶贫脱贫总目标的实现，2011 年 5 月 27 日，中共中央、国务院又印发《中国农村扶贫开发纲要（2011—2020 年）》，全面系统提出了到 2015 年和 2020 年扶贫开发的目标任务，明确提出未来 10 年扶贫开发的总体目标是：到 2020 年，稳定实现扶贫对象不愁吃、不愁穿，保障其义务教育、基本医疗和住房。贫困地区农民人均纯收入增长幅度高于全国平均水平，基本公共服务主要领域指标接近全国平均水平，扭转发展差距扩大趋势。[1]

2011 年 11 月，中央扶贫开发工作会议决定将国家扶贫标准由 2009 年的 1196 元提高到 2300 元（2010 年不变价）。按照原口径，中国在 2010 年只剩下 2688 万贫困人口，新标准出台后，再次回升到 16567 万，比 1985 年标准下的贫困人口数量还要高，贫困发生率则回弹到 17.2%。按照新的扶贫标准，2012 年，中国扶贫对象有 1.22 亿人。这一变动，不是返贫，而是体现了实事求是的精神和对广大人民群众的关怀，也增加了扶贫脱贫的压力。

第三个时期，中国特色社会主义新时代。

以党的十八大为标志，中国特色社会主义进入新时代。以习近平同志为核心的党中央把扶贫开发摆到治国理政的重要位置，提升到事关全面建成小康社会、实现第一个百年奋斗目标的新高度，纳入"五位一体"总体布局和"四个全面"战略布局进行决策部署，组织实施了人类历史上规模最大、力度最强的一场脱贫攻坚战。

如果按改革开放以来的连续过程，这一时期可以算第五个阶段；但如果将新时代从改革开放时期独立出来，这一阶段的脱贫攻坚则可以单独称为新时代的脱贫攻坚。

2013 年 11 月，习近平总书记提出了精准扶贫精准脱贫的基本方略。2015 年 10 月，十八届五中全会通过的《中共中央关于制定国民经济和社会发展第十三个五年规划的建议》将"我国现行标准下农村贫困人口实现脱贫，贫困县

---

[1] 参见中共中央文献研究室编：《十七大以来重要文献选编》（下），中央文献出版社 2013 年版，第 358 页。

全部摘帽，解决区域性整体贫困"作为"十三五"规划的战略目标之一。[1] 2015
年11月，中央召开扶贫开发工作会议，中共中央、国务院印发《关于打赢脱贫
攻坚战的决定》。2016年3月，十二届全国人大四次会议通过的"十三五"规
划第一次把脱贫攻坚作为五年规划纲要的重要内容，第一次把贫困人口脱贫作
为五年规划的约束性指标。2016年11月，国务院印发《"十三五"脱贫攻坚规
划》。2017年10月，党的十九大把精准脱贫作为决胜全面建成小康社会必须打
好的三大攻坚战之一作出新的部署。2018年6月，中共中央、国务院印发《关
于打赢脱贫攻坚战三年行动的指导意见》。

在习近平总书记率领下，形成了省市县乡村五级书记抓扶贫、全党合力促攻
坚的生动局面。第一次由省（区、市）党政一把手向中央签署脱贫攻坚责任书，
并层层立下军令状。党中央、国务院先后出台一系列超常规的政策举措，建立起
脱贫攻坚的制度体系。脱贫攻坚力度之大、规模之广、影响之深前所未有。

新时代的扶贫脱贫事业，总体上表现出很多鲜明的特点，主要在五个方面。

一是整体进入决战决胜阶段。把到2020年确保农民人均纯收入超过国家扶
贫标准（到2020年为4000元），且稳定实现"两不愁三保障"作为对人民的庄
严承诺，咬定青山决不放松，以百米冲刺的状态和精神，坚定不移确保我国现
行标准下农村贫困人口实现脱贫，贫困县全部摘帽，解决区域性整体贫困。

二是规模和力度都达到空前程度。习近平总书记亲自部署、亲自指挥、亲
自推动，党中央顶层设计，全党党员，各级层层压实责任，组织各方面的力量，
建立了中国特色的脱贫攻坚制度体系，包括责任体系、政策体系、投入体系、
动员体系、监督体系、考核体系，为脱贫攻坚提供坚强领导和制度保障。

三是实施精准扶贫精准脱贫的基本方略。坚持"六个精准"（扶持对象精准、
项目安排精准、资金使用精准、措施到户精准、因村派人精准、脱贫成效精准），
实施"五个一批"工程（发展生产脱贫一批、易地搬迁脱贫一批、生态补偿脱
贫一批、发展教育脱贫一批、社会保障兜底一批），解决"四个问题"（扶持谁、
谁来扶、怎么扶、如何退）。

四是制定实施了一系列超常规政策举措。中央在财政、金融、土地、交通、
水利、电力、住房、教育、健康、科技、人才、宣传和社会扶贫等方面，出台
了一系列含金量极高的政策和超常规举措，打出政策组合拳，形成了迄今为止

---

[1] 参见中共中央文献研究室编：《十八大以来重要文献选编》（中），中央文献出版社2016年版，第791页。

最为系统的科学减贫战略和政策框架。

五是强化脱贫攻坚组织保障和资源保障。充分发挥党的政治优势和中国特色社会主义的制度优势，加强党对脱贫攻坚的全面领导，为脱贫攻坚提供坚强的政治保证、组织保证、思想保证。发挥新型举国体制的优势，各部门各地方全力以赴，上下同心，组织运用各种资源，汇聚起攻坚克难的磅礴力量。

经过 8 年持续奋斗，到 2020 年底，新时代脱贫攻坚目标任务如期完成。现行标准下农村贫困人口全部脱贫，贫困县全部摘帽，消除了绝对贫困和区域性整体贫困，近 1 亿贫困人口实现脱贫，取得了令全世界刮目相看的重大胜利。

二、新中国 70 多年人民生活的大步跨越

新中国成立以来，党中央、国务院高度重视改善人民生活，始终把提高人民生活水平作为一切工作的出发点和落脚点。党的十八大以来，以习近平同志为核心的党中央坚持以人民为中心，出台实施了一系列惠民政策措施，特别是精准扶贫战略带动居民收入继续快速增长，消费水平和生活质量进一步提高，为全面建成小康社会奠定了坚实的基础。

70 多年来，特别是改革开放以来，城乡居民收入大幅增长，居民消费水平明显提升，生活质量显著改善，从温饱不足迈向全面小康，城乡居民生活发生了翻天覆地的变化。

为了说明这种变化，国家统计局的数据是最权威，也是最有说服力的。2019 年 8 月，为庆祝中华人民共和国成立 70 周年，国家统计局发表《人民生活实现历史性跨越，阔步迈向全面小康——新中国成立 70 周年经济社会发展成就系列报告之十四》。这里借用这篇报告的部分数据，来说明新中国成立 70 多年，特别是改革开放以来中国人民的生活是如何实现从温饱不足到迈向全面小康的历史性跨越的。

新中国成立 70 多年来，城乡居民收入保持了快速增长，消费水平明显提高，特别是扶贫开发取得的骄人成绩为世界所赞誉。1949 年我国居民人均可支配收入仅为 49.7 元，2018 年居民人均可支配收入达到 28228 元，名义增长 566.6 倍，扣除物价因素实际增长 59.2 倍，年均实际增长 6.1%。1956 年我国居民人均消费支出仅为 88.2 元，2018 年居民人均消费支出达到 19853 元，名义增长 224.1 倍，扣除物价因素实际增长 28.5 倍，年均实际增长 5.6%。按照 2010 年农村贫困标

准，1978 年末我国农村贫困人口 7.7 亿人，2018 年末我国农村贫困人口减少至
1660 万人，比 1978 年末减少约 7.5 亿人。

这个过程分为 4 个阶段。

（一）1949 年至 1978 年：奋力争取温饱。

新中国成立初期，面对战争留下的满目疮痍，党和政府带领人民迅速恢复
生产。到"一五"时期结束时，人民生活水平有了很大提高。城镇居民人均可
支配收入从 1949 年的 99.5 元增加到 1957 年的 254 元，年均实际增长 9.1%；
农村居民人均可支配收入由 1949 年的 44 元增加到 1957 年的 73 元，年均实
际增长 3.5%。尽管受到特殊时期的干扰，人民生活水平仍缓慢提升。到 1978
年，城镇居民人均可支配收入 343 元，比 1957 年名义增长 35.04%，年均实际
增长 0.8%；农村居民人均可支配收入 134 元，比 1957 年名义增长 83.56%，年
均实际增长 2.3%。1978 年城镇居民人均消费支出 311 元，比 1957 年名义增长
40.2%，年均实际增长 1.0%；农村居民人均消费支出 116 元，比 1957 年名义增
长 63.7%，年均实际增长 1.7%。直至改革开放前，城乡居民的生活水平虽然明
显改善，但总体上仍然处于奋力争取温饱的阶段。1978 年城镇居民和农村居民
的恩格尔系数分别为 57.5% 和 67.7%。按照 2010 年农村贫困标准，1978 年末我
国农村贫困人口 7.7 亿人，农村贫困发生率高达 97.5%。

（二）1979 年至 1991 年：稳定解决温饱。

党的十一届三中全会以后，随着农村家庭联产承包责任制在全国的推行、
城市国营企业自主经营权扩大和一系列收入分配改革措施的出台，城乡居民收
入和生活水平较改革开放初期都有了明显提高。城镇居民人均可支配收入从
1978 年的 343 元增加到 1991 年的 1701 元，年均实际增长 6.0%；人均消费支出
从 1978 年的 311 元增加到 1991 年的 1454 元，年均实际增长 5.5%；恩格尔系
数从 1978 年的 57.5% 下降到 1991 年的 53.8%，下降 3.7 个百分点。农村居民人
均可支配收入从 1978 年的 134 元增加到 1991 年的 709 元，年均实际增长 9.3%；
人均消费支出从 1978 年的 116 元增加到 1991 年的 620 元，年均实际增长 7.5%；
恩格尔系数从 1978 年的 67.7% 下降到 1991 年的 57.6%，下降 10.1 个百分点，
大部分农村居民解决了温饱问题。

（三）1992 年至 2012 年：实现总体小康。

1992 年，邓小平南方谈话后，我国又掀起了改革开放的新热潮，非公有制经
济迅速发展。进入新世纪，党中央、国务院不断调整国民收入分配格局，落实一

系列居民增收政策，在增加城乡居民收入和改善人民生活方面取得显著成效。城镇居民人均可支配收入从 1992 年的 2027 元增加到 2012 年的 24127 元，年均实际增长 8.3%；人均消费支出从 1992 年的 1672 元增加到 2012 年的 17107 元，年均实际增长 7.3%；恩格尔系数从 1992 年的 53.0% 下降到 2012 年的 32.0%，下降 21.0 个百分点。在农村地区，国家先后出台了减免农业税、实行粮食直补等一系列惠农措施，大批农村富余劳动力向二三产业转移，为农民增收提供重要支撑。农村居民人均可支配收入从 1992 年的 784 元增加到 2012 年的 8389 元，年均实际增长 6.7%；人均消费支出从 1992 年的 659 元增加到 2012 年的 6667 元，年均实际增长 6.9%；恩格尔系数从 1992 年的 57.5% 下降到 2012 年的 35.9%，下降 21.6 个百分点。农村贫困人口大幅减少，按照 2010 年农村贫困标准，2012 年末我国农村贫困人口降至 9899 万人，农村贫困发生率降至 10.2%。

（四）2013 年至 2020 年：全面建成小康社会。

党的十八大以来，在以习近平同志为核心的党中央坚强领导下，各地区各部门坚持以人民为中心的发展思想，把保障和改善民生作为工作的根本出发点和落脚点。

根据国家统计局 2019 年发布的到 2018 年的数据，收入分配制度改革全面深化实施，重点群体收入增长措施持续发力，精准扶贫精准脱贫政策深入推进，对城乡居民的收入增加起到至关重要的作用。城镇居民人均可支配收入从 2013 年的 26467 元增加到 2018 年的 39251 元，年均实际增长 6.3%；人均消费支出从 2013 年的 18488 元增加到 2018 年的 26112 元，年均实际增长 5.2%；恩格尔系数从 2013 年的 30.1% 下降到 2018 年的 27.7%，下降 2.4 个百分点。农村居民人均可支配收入从 2013 年的 9430 元增加到 2018 年的 14617 元，年均实际增长 7.7%；人均消费支出从 2013 年的 7485 元增加到 2018 年的 12124 元，年均实际增长 8.5%；恩格尔系数从 2013 年的 34.1% 下降到 2018 年的 30.1%，下降 4.0 个百分点。

这一时期，我国取得了举世瞩目的减贫成就。按照 2010 年农村贫困标准计算，2018 年末我国农村贫困人口减少至 1660 万人，比 2012 年末减少 8239 万人；农村贫困发生率降至 1.7%，比 2012 年末下降 8.5 个百分点。我国成为首个实现联合国减贫目标的发展中国家，为全球减贫事业作出了重要贡献。

2020 年，人均国内生产总值达到 72000 元。全国居民人均可支配收入达到 32189 元。居民消费结构日益优化。城镇居民人均住房建筑面积从 1978 年的

4.2 平方米增长到 2019 年的 39.8 平方米；农村居民人均住房建筑面积从 1978 年的 8.1 平方米增长到 2019 年的 48.9 平方米。城市人均公园绿地面积从 1981 年的 1.5 平方米增长到 2019 年的 14.36 平方米。2020 年，全国移动电话普及率达 113.9 部 / 百人；互联网普及率达 70.4%，其中农村地区互联网普及率为 55.9%。截至 2021 年 6 月，全国已建设开通 5G 基站 84.7 万个。互联网在线购物等消费新业态蓬勃发展。2020 年，全国网络购物用户规模达 7.82 亿，占网民整体的 79.1%；全国网络零售额 11.76 万亿元，比 2019 年增长 10.9%。

人民生活不仅表现在用货币计算的各种数据上，而且实实在在地表现在日常的衣食住行上。70 多年来，中国居民食品消费实现从匮乏到富足的跨越，衣着消费实现从穿暖到穿美的巨变。

食品从匮乏到富足，食品烟酒支出水平大幅增长。改革开放前城乡居民的食品消费由于供给数量不足，品种单调，居民的消费水平较低。改革开放以来，食品供给实现了从匮乏到富足的转变，居民食品消费水平大幅提升。2018 年，城镇居民人均食品烟酒支出 7239 元，比 1956 年增长 58.3 倍；农村居民人均食品烟酒支出 3646 元，比 1954 年增长 88.1 倍。在居民食品消费水平提高的同时，消费结构发生了明显变化。从食物消费量看，城乡居民的粮食消费量明显减少，肉蛋奶等食品消费量显著增加。2018 年，城镇居民人均粮食消费量 110.0 公斤，比 1956 年下降 36.6%；人均猪肉消费量 22.7 公斤，比 1956 年增长 2.9 倍；人均牛羊肉消费量 4.2 公斤，比 1956 年增长 1.6 倍；人均蛋类消费量 10.8 公斤，比 1956 年增长 2.2 倍；人均奶类消费量 16.5 公斤，比 1985 年增长 6.5 倍。2018 年，农村居民人均粮食消费量 148.5 公斤，比 1954 年下降 33.0%；人均猪肉消费量 23 公斤，比 1954 年增长 5.2 倍；人均牛羊肉消费量 2.2 公斤，比 1954 年增长 1.4 倍；人均蛋类消费量 8.4 公斤，比 1954 年增长 9.5 倍；人均奶类消费量 6.9 公斤，比 1983 年增长 8.9 倍。

衣着从穿暖到穿美，实现成衣时尚化。新中国成立初期到改革开放之前，"新三年，旧三年，缝缝补补又三年"是城乡居民穿着状态的真实写照。居民对衣着的需求主要以保暖御寒为主，一般购买布料自己制作服装。1956 年，城镇居民人均衣着消费支出为 33.1 元，人均购买棉布 35.0 尺、呢绒和绸缎 0.6 尺、鞋 0.7 双。1954 年，农村居民人均衣着消费支出仅为 7.8 元。改革开放以后，城乡居民对衣着的需求从"穿暖"转为"穿美"，服装鞋帽从自己制作逐步转向购买为主，服装的名牌化、时尚化和个性化成为人们的共同追求，衣着消费支出大幅增长。2018 年城镇居民人均衣着消费为 1808 元，比 1956 年增长 53.6 倍；2018 年农村居民人均衣着消费为 648 元，比 1954 年增长 82.0 倍。

人民生活是否殷实，更要看家底。70 年来，居民耐用消费品不断升级换代；人均住房面积大幅增加，居住质量得到极大改善。

耐用消费品从无到有，不断升级换代。新中国成立初期，城乡居民家庭拥有的耐用消费品非常有限。1956 年城镇居民平均每百户拥有自行车 6.7 辆，机械手表 10.0 只，电子管收音机 2.7 部。改革开放初期，城乡居民家庭拥有的耐用消费品主要是自行车、手表、缝纫机和收音机。1979 年，城镇居民平均每百户拥有自行车 113.0 辆、手表 204.0 只、缝纫机 54.3 架、收音机 70.5 部；农村居民平均每百户拥有自行车 36.2 辆、手表 27.8 只、缝纫机 22.6 架、收音机 26.1 部。当时，电视机还属于稀缺消费品。直到 1980 年，城镇居民平均每百户拥有电视机 32.0 台，农村居民平均每百户拥有电视机仅 0.4 台。至 2018 年，不仅冰箱、洗衣机、彩色电视机在城乡居民家庭普及，移动电话、计算机、汽车也逐渐走入寻常百姓家，居民生活更加便捷和舒适。2018 年，城镇居民平均每百户拥有移动电话 243.1 部、计算机 73.1 台、汽车 41.0 辆、空调 142.2 台、热水器 97.2 台；农村居民平均每百户拥有移动电话 257.0 部、计算机 26.9 台、汽车 22.3 辆、空调 65.2 台、热水器 68.7 台。

人均住房面积大幅提高，居住质量极大改善。新中国成立初期，绝大部分城镇居民租住单位或房屋管理部门的房屋，只有少数居民拥有自己的住房。人口多，住房面积小，三代同居一室是当时较为普遍的居住现象。改革开放以后，民用住宅建设的投资力度加大，近年来党和政府更是通过建设廉租房和经济适用房、棚户区改造、贫困地区危旧房改造等举措千方百计解决居民住房难的问题，城乡居民居住条件明显改善。2018 年城镇居民人均住房建筑面积达到 39.0 平方米，比 1956 年增加 33.3 平方米，增长 5.8 倍。2018 年农村居民人均住房建筑面积达到 47.3 平方米，比 1978 年增加 39.2 平方米，增长 4.8 倍。2018 年，城乡居民居住在钢筋混凝土或砖混材料结构住房的户比重为 95.8% 和 71.2%，分别比 2013 年提高 4.0 和 15.5 个百分点。[1]

人民生活还包括其他很多方面。但这些最基础的数据，足以说明中国人民已经实现了从温饱不足到全面小康的历史性跨越。

---

[1] 参见《人民生活实现历史性跨越　阔步迈向全面小康——新中国成立 70 周年经济社会发展成就系列报告之十四》，国家统计局网站 2019 年 8 月 9 日。

三、实现全面建成小康社会的目标

我国现代化发展战略的步骤，首先是全面建成小康社会，然后全面建设社会主义现代化国家。贫困人口是全面建成小康社会的一个短板，脱贫攻坚的任务是与全面建成小康社会的任务紧紧联系在一起的。

2020 年，是决胜全面建成小康社会的关键之年，也是实现第一个百年奋斗目标的收官之年。从五年规划来说，2020 年是"十三五"规划的最后一年，也就是完成"十三五"规划的决战之年、验收之年、总结之年。

2020 年 10 月 26 日至 29 日，党的十九届五中全会在北京举行。全会听取和讨论习近平总书记受中央政治局委托所作的工作报告，审议通过了《中共中央关于制定国民经济和社会发展第十四个五年规划和二〇三五年远景目标的建议》。习近平总书记就《建议（讨论稿）》向全会作了说明。全会结束时，习近平总书记发表了重要讲话。全会总结"十三五"规划实施的情况，确认决胜全面建成小康社会取得决定性成就。

"十三五"时期是全面建成小康社会决胜阶段。面对错综复杂的国际形势、艰巨繁重的国内改革发展稳定任务特别是新冠肺炎疫情严重冲击，以习近平同志为核心的党中央团结带领全党全军全国各族人民，统筹推进"五位一体"总体布局、协调推进"四个全面"战略布局，坚持稳中求进工作总基调，坚定不移贯彻新发展理念，坚持以供给侧结构性改革为主线，推动高质量发展，有力有序化解发展不平衡不充分的矛盾问题，沉着冷静应对外部挑战明显上升的复杂局面，坚定朝着既定目标任务前进。突出抓重点、补短板、强弱项，坚决打好防范化解重大风险、精准脱贫、污染防治的攻坚战，取得一系列新的重大成就。

新冠肺炎疫情的发生，是对决胜全面建成小康社会的巨大挑战。以习近平同志为核心的党中央坚持人民至上、生命至上，统揽全局，集中领导，决策部署抗疫发展和"六稳""六保"工作任务，带领全党全国取得统筹疫情防控和经济社会发展的重大战略成果，不仅率先控制住了疫情，而且率先恢复了经济正增长。

经过全国人民共同努力，新冠肺炎疫情防控取得重大战略成果，中国经济社会恢复走在全球前列，主要经济指标趋好，社会民生得到有效保障。"十三五"规划顺利实施，主要指标总体将如期实现，重大战略任务和 165 项重大工程项目全面落地见效，规划确定的各项目标任务即将胜利完成，全面建成小康社会目标可以如期实现。

党的十九届五中全会从 9 个方面概括和列举了决胜全面建成小康社会取得的成就。

总体上，"十三五"时期，全面深化改革取得重大突破，全面依法治国取得重大进展，全面从严治党取得重大成果，国家治理体系和治理能力现代化加快推进，中国共产党领导和我国社会主义制度优势进一步彰显。

经济上，经济实力、科技实力、综合国力跃上新的大台阶，经济运行总体平稳，经济结构持续优化，预计 2020 年国内生产总值突破 100 万亿元。

社会民生上，人民生活水平显著提高，高等教育进入普及化阶段，城镇新增就业超过 6000 万人，建成世界上规模最大的社会保障体系，基本医疗保险覆盖超过 13 亿人，基本养老保险覆盖近 10 亿人，新冠肺炎疫情防控取得重大战略成果。

脱贫攻坚成果举世瞩目，5575 万农村贫困人口实现脱贫。

在其他一系列方面也是成果显著：粮食年产量连续 5 年稳定在 1.3 万亿斤以上；污染防治力度加大，生态环境明显改善；对外开放持续扩大，共建"一带一路"成果丰硕；文化事业和文化产业繁荣发展；国防和军队建设水平大幅提升，军队组织形态实现重大变革；国家安全全面加强，社会保持和谐稳定。[1]

对照"十三五"规划纲要，当年的纲要提出了四大类 25 项主要指标。目前，13 类约束性指标可以全面实现，12 项预期性指标中绝大多数可以实现。但由于受新冠肺炎疫情等影响，国内生产总值比 2010 年翻一番的目标还存在一定差距。累计估计可以完成大约 97%，所以算是基本实现。

从人民生活来看，"十三五"期间，我国居民收入持续增长，2016 年至 2019 年居民人均可支配收入年均实际增长 6.5%；城乡差距逐步缩小，2019 年城镇居民与农村居民人均可支配收入之比为 2.64，比 2015 年缩小了 0.09；中等收入群体规模扩大，由 2010 年的 1 亿多人增加到 2019 年的 4 亿多人。同时，居民消费规模持续扩大，2019 年社会消费品零售总额达到 41.2 万亿元，比 2015 年增长了 36.9%；消费结构也不断优化，恩格尔系数（居民食品支出占总支出的比重）从 2015 年的 30.6% 降为 2019 年的 28.2%，这反映了消费结构的升级。消费新业态新模式蓬勃发展，2019 年网上零售额达到 10.6 万亿元，比 2015 年

---

[1] 参见《中国共产党第十九届中央委员会第五次全体会议公报》，人民网 2020 年 10 月 29 日。

增长了 1.74 倍，2020 年网上零售更是乘势上升。

农村农民是否贫困，是首先建立在农业生产上的。小康的一个基础性要求是"不愁吃"，而且要稳固地保持在温饱以上。这方面成就如何呢？

根据国家统计局公布的数据，新中国成立之初，全国粮食总产量为 2000 多亿斤，1952 年为 3000 多亿斤，土地改革后粮食生产有了一定发展，但直到 1966 年才达到 4000 亿斤，从 3000 多亿斤到 4000 多亿斤用了 14 年时间。1978 年全国粮食总产量为 6000 多亿斤，从 4000 多亿斤到 6000 多亿斤用了 12 年时间。

改革开放以来，家庭联产承包责任制的建立和农产品提价、工农产品价格"剪刀差"缩小，激发了广大农民的积极性，解放了农业生产力，促进粮食产量快速增长。全国粮食总产量接连跨上新台阶，确保了国家粮食安全，吃不饱饭的问题彻底成为历史。1984 年全国粮食总产量达到 8000 亿斤，6 年间登上两个千亿斤台阶，到 1993 年，全国粮食产量突破 9000 亿斤，用了 9 年时间，此后 14 年间分别于 1996 年、1998 年和 1999 年三次达到 1 万亿斤，之后粮食产量有所波动，到 2007 年又重新站上 1 万亿斤的台阶。

党的十八大以来，以习近平同志为核心的党中央高度重视粮食生产，一再强调，把中国人的饭碗牢牢端在自己手上。粮食综合生产能力在前期连续多年增产、起点较高的情况下，再上新台阶。2012 年我国粮食产量首次突破 12000 亿斤大关，2015 年我国粮食产量再上新台阶，突破 13000 亿斤，之后的几年一直保持在这个水平上。2018 年全国粮食总产量为 13158 亿斤，比 1949 年增长 4.8 倍，年均增长 2.6%。[1]

2020 年，我国粮食生产实现历史性的"十七连丰"，全国粮食总产量达到 13390 亿斤，比 2019 年增加 113 亿斤，增长 0.9%，产量连续 6 年保持在 1.3 万亿斤以上。中国人的饭碗牢牢端在自己的手中，为扎实做好"六稳"工作、全面落实"六保"任务，为应对复杂多变的国内外环境、克服各种风险挑战，为全面建成小康社会、打好打赢脱贫攻坚战提供了坚实基础。

2020 年粮食丰收是稳政策、稳面积、稳产量的结果，是战胜疫情和洪涝灾害的结果。"十三五"规划纲要提出，确保建成 8 亿亩集中连片、旱涝保收、稳产高产、生态友好的高标准农田。根据规划，到 2020 年底，全国建成 5683 处灌区，有效灌溉面积达到 5380 万公顷。2019 年全国耕地质量比 2014 年提高了

---

[1] 参见《农业生产跃上新台阶，现代农业擘画新蓝图》，国家统计局网站 2019 年 8 月 5 日。

0.35 个等级。[1]

自改革开放之初提出小康社会的战略构想以来，我们党把人民对美好生活的向往作为奋斗目标，几代人一以贯之、接续奋斗。进入新世纪时，我们党提出，到建党 100 周年时，全面建成惠及十几亿人口的更高水平的小康社会。这是对人民的庄严承诺。

在党的十九届五中全会上，习近平总书记庄严宣告："我们即将全面建成小康社会、完成脱贫攻坚任务、实现第一个百年奋斗目标，从明年起将开始向第二个百年奋斗目标进军。"

习近平总书记专门对全面建成小康社会的完成情况和宣布时机作了说明，指出，考虑到目前仍是全面建成小康社会进行时，建议稿表述为"决胜全面建成小康社会取得决定性成就"。2021 年上半年党中央将对全面建成小康社会进行系统评估和总结，然后正式宣布我国全面建成小康社会。

全会强调，全党全国各族人民要再接再厉、一鼓作气，确保如期打赢脱贫攻坚战，确保如期全面建成小康社会、实现第一个百年奋斗目标，为开启全面建设社会主义现代化国家新征程奠定坚实基础。

在中国共产党成立 100 周年之际，习近平总书记庄严宣告，我们实现了第一个百年奋斗目标，在中华大地上全面建成了小康社会。

四、如期完成脱贫攻坚目标任务

党的十八大以来，以习近平同志为核心的党中央把贫困人口脱贫作为全面建成小康社会的底线任务和标志性指标，坚定不移实现到 2020 年现行标准下农村贫困人口脱贫、贫困县全部摘帽、解决区域性整体贫困的目标。确定了精准扶贫精准脱贫的基本方略，作出一系列重大部署，举全党全国全社会之力，全面打响脱贫攻坚战，形成了省市县乡村五级书记抓扶贫、全党合力促攻坚的生动局面，基本解决"扶持谁""谁来扶""怎么扶""如何退"的问题，脱贫攻坚成为全党全社会的思想自觉和统一行动。党的十九大后，党中央把打好精准脱贫攻坚战作为全面建成小康社会的三大攻坚战之一，持续高位推进，出台一系列超常规的政策举措，建立脱贫攻坚的制度体系。脱贫攻坚力度之大、规模之

---

[1] 参见高云才：《稳政策稳面积稳产量，粮食生产——"十七连丰"背后》，《人民日报》2020 年 12 月 12 日。

广、影响之深，前所未有。

经过 8 年多不懈努力，脱贫攻坚取得决定性进展和重大历史性成就。

一年之后，到了脱贫攻坚的收官之时，也到了检查和总结之时。

2020 年 9 月 22 日，习近平主席在第七十五届联合国大会一般性辩论上向全世界郑重宣示：我们有信心如期全面建成小康社会，如期实现现行标准下农村贫困人口全部脱贫，提前 10 年实现《联合国 2030 年可持续发展议程》减贫目标。

中共中央政治局常务委员会于 2020 年 12 月 3 日召开会议，听取脱贫攻坚总结评估汇报。中共中央总书记习近平主持会议并发表重要讲话。

习近平总书记指出，党的十八大以来，党中央团结带领全党全国各族人民，把脱贫攻坚摆在治国理政突出位置，充分发挥党的领导和我国社会主义制度的政治优势，采取了许多具有原创性、独特性的重大举措，组织实施了人类历史上规模最大、力度最强的脱贫攻坚战。经过 8 年持续奋斗，我们如期完成了新时代脱贫攻坚目标任务，现行标准下农村贫困人口全部脱贫，贫困县全部摘帽，消除了绝对贫困和区域性整体贫困，近 1 亿贫困人口实现脱贫，取得了令全世界刮目相看的重大胜利。

习近平总书记强调，脱贫攻坚的重大胜利，为实现第一个百年奋斗目标打下坚实基础，极大增强了人民群众获得感、幸福感、安全感，彻底改变了贫困地区的面貌，改善了生产生活条件，提高了群众生活质量，"两不愁三保障"全面实现。在脱贫攻坚实践中，党中央坚持人民至上、以人为本，把贫困群众和全国各族人民一起迈向小康社会、一起过上好日子作为脱贫攻坚的出发点和落脚点。各级党委和政府以及社会协同发力、合力攻坚，东部西部守望相助、协作攻坚，广大党员、干部吃苦耐劳、不怕牺牲，充分彰显了共产党人的使命担当和牺牲奉献。[1]

2020 年 12 月 14 日，在人类减贫经验国际论坛上，国务院扶贫办主任刘永富介绍了中国精准扶贫精准脱贫取得的成就。

刘永富介绍，我们推进分类施策，解决怎么扶的问题。根据贫困地区、贫困群众的致贫原因和帮扶需求，因地制宜、因村因户因人施策。实施产业扶贫和就业扶贫，90% 以上的贫困户得到产业和就业帮扶，70% 以上的贫困户有龙头企业或合作社带动，贫困群众工资性收入和生产经营性收入占比逐年上升，

---

[1] 参见《中共中央政治局常务委员会召开会议 听取脱贫攻坚总结评估汇报 中共中央总书记习近平主持会议》，人民网 2020 年 12 月 4 日。

转移性收入占比逐年下降，自我发展能力不断增强。实施交通扶贫和水利扶贫，贫困村全部通硬化路、通客车、通邮路，2900多万贫困群众饮水不安全问题全部解决，干旱缺水地区饮用苦咸水的历史彻底结束。实施教育扶贫和健康扶贫，为4000多万农村义务教育阶段学生提供营养餐，及时将因贫失学辍学孩子劝返入学，累计救治贫困大病患者和慢性病患者1900多万人，基本实现贫困群众小病不出乡，常见病慢性病不出县，得了大病重病基本生活有保障。实施易地扶贫搬迁、危房改造和生态扶贫，搬迁贫困群众近1000万人，对2493万贫困群众的危房全部进行改造，在贫困地区实施退耕还林还草7450万亩，贫困地区生态环境明显改善，贫困群众居住条件极大改善。我们还实施了电力扶贫、网络扶贫、消费扶贫和科技扶贫。

刘永富指出，中国围绕全面建成小康社会的目标，在这场历时8年的脱贫攻坚战中，通过实施精准扶贫精准脱贫基本方略，如期完成了脱贫攻坚任务。到2020年底，现行标准下的近1亿农村贫困群众全部脱贫，832个贫困县和12.8万个贫困村全部摘帽，中华民族几千年的绝对贫困问题即将历史性解决，全体人民在共同富裕道路上向前迈进了一大步。贫困群众收入水平和生活质量明显提升，贫困地区基础设施和公共服务明显改善，人民群众的参与度、获得感、幸福感、安全感明显增强，信心更足了、笑脸更多了。

到2020年底，中国现行标准下农村贫困人口全部脱贫，消除了绝对贫困和区域性整体贫困。党中央的初步总结，习近平总书记的庄严宣告，令中国人民备感振奋和鼓舞。

脱贫攻坚的一个重要目标和任务，是贫困县全部摘帽。1986年国家以1984年农民人均纯收入200元为贫困线，确定331个国家级贫困县；1994年《国家八七扶贫攻坚计划》启动后，重新确定了592个国家级贫困县；2001年《中国农村扶贫开发纲要（2001—2010年）》出台后，将贫困县改称为国家扶贫开发工作重点县，并调整了名单，但仍为592个；2011年《中国农村扶贫开发纲要（2011—2020年）》将集中连片特困地区作为扶贫攻坚主战场，包括片区县和扶贫开发工作重点县在内的共832个县作为贫困地区成为我国扶贫开发重点区域。2014年，全国832个贫困县名单公布，涉及中西部22个省（区、市）。从2016年开始，贫困县开始逐年脱贫摘帽。截至2019年底，未摘帽贫困县减少到52个。2020年初，国务院扶贫开发领导小组对未摘帽的52个贫困县实施挂牌督战。

按照贫困县退出的有关政策规定，贫困县退出以贫困发生率为主要衡量标准，原则上贫困县贫困发生率降至 2% 以下，西部地区降至 3% 以下。各省（自治区、直辖市）统一组织退出贫困县的检查，并对退出贫困县的质量负责。贫困县退出以后，国务院扶贫开发领导小组组织中央和国家机关有关部门及相关力量对退出情况进行抽查，确保脱贫成果经得起检验。已经退出的贫困县、贫困村和贫困户在脱贫攻坚期内，有关扶持政策不变。

2017 年 2 月 26 日，江西省井冈山市宣布在全国率先脱贫摘帽。截至 2016 年底，井冈山市贫困发生率降至 1.6%，是我国贫困退出机制建立后首个脱贫摘帽的贫困县。

经过 8 年的精准扶贫、5 年的脱贫攻坚战，贫困县全部脱贫摘帽取得显著成效。2016 年至 2019 年，全国 832 个贫困县已有 780 个脱贫摘帽。2020 年，国家对剩余的 52 个贫困县实施挂牌督战，各地区各部门努力克服新冠肺炎疫情影响，集中精力、加大投入、攻坚克难。通过省级专项评估检查，均已达到退出标准，由省级人民政府宣布退出。832 个贫困县全部脱贫摘帽（见图 15-1）。

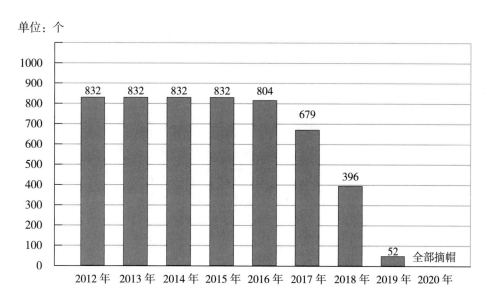

单位：个

图 15-1 脱贫攻坚战以来贫困县数量

注：参见国务院新闻办公室：《人类减贫的中国实践》，新华网 2021 年 4 月 6 日。

脱贫摘帽需要履行相关程序。按照"中央统筹、省负总责、市县抓落实"的脱贫攻坚体制机制，贫困县退出由县级申请、市级初审、省级专项评估检查、省级人民政府宣布。省级宣布后，都要接受国务院扶贫开发领导小组抽查、国家脱贫攻坚普查、脱贫攻坚成效考核，检验退出程序的规范性、标准的准确性和结果的真实性。

贫困县全部脱贫摘帽，并不意味着全国脱贫攻坚目标任务已经全面完成，还要对抽查、普查和考核发现的问题进行整改，查缺补漏、动态清零。最后，由党中央宣布现行标准下农村贫困人口全部脱贫，贫困县全部摘帽，打赢脱贫攻坚战。

贫困县全部脱贫摘帽是实实在在"干"出来的了不起的成绩，是以习近平同志为核心的党中央坚强领导的结果，是贫困地区广大干部群众艰苦奋斗的结果，是社会各界真帮实扶的结果。

脱贫攻坚取得的一个特殊的成就，是中国人口较少民族全部实现整族脱贫。全面建成小康社会，一个民族都不能少。

由于起点低、底子薄，再加上自然条件较为恶劣等原因，一些人口较少民族长期处于缓慢发展状态，贫困问题突出，社会事业滞后。因此，党和国家一直高度重视人口较少民族的发展和脱贫问题。

党的十八大以来，党中央实施精准扶贫、精准脱贫方略，全面打响脱贫攻坚战，东西部扶贫协作、中央单位定点扶贫、军队扶贫……动员社会各界力量精准施策，所有这些，都真正帮到了人口较少民族的点上、根上。

人口较少民族地区立足自然资源和文化资源优势，培育合作社组织，培养致富带头人，大力发展种植养殖业、林草业、农畜产品加工业、特色手工业、乡村旅游业，带动了一大批群众增收致富。

人口较少民族地区乡村道路、农田水利、基本公共服务设施、人居环境等建设取得重要进展；学龄儿童入学率、九年义务教育巩固率、高中阶段教育毛入学率等指标显著提高；村级卫生室实现全覆盖；开展新型职业农民培训、务工人员技能培训，使一大批群众就业门路越来越宽。

发展产业、易地搬迁、生态补偿……每个贫困户脱贫背后，都是一个系统工程、一场硬仗。"大网电"点亮了位于帕米尔高原上的峡谷村庄；云南独龙江乡大山深处有了 5G 网络信号；曾靠神灵驱赶疫病的鄂伦春族，现在靠党和政府，走出"高寒禁区"，看病不愁。从狩猎捕鱼、刀耕火种，发展到特色产业遍地开花……人口较少民族大步迈向小康。

独龙族是我国人口较少民族之一，主要聚居在云南贡山县独龙江乡，曾世代贫穷。41 岁的龙元村村民和晓永年少时跑过马帮，1999 年乡里修通简易公路，他买来拖拉机跑运输。2014 年，独龙江公路高黎贡山隧道贯通，吸引来游客，和晓永转行做起民宿生意。2015 年 1 月，习近平总书记在云南昆明会见独龙族群众代表时强调，全面实现小康，一个民族都不能少。

2018 年，独龙族实现整族脱贫。2019 年 4 月 10 日，习近平总书记回信，祝贺独龙族实现整族脱贫，鼓励大家"脱贫只是第一步，更好的日子还在后头"。

2020 年 5 月，人口较少民族之一的毛南族实现整族脱贫。习近平总书记作出重要指示表示，近年来，多个少数民族先后实现整族脱贫，这是脱贫攻坚工作取得的重要成果。

2020 年 11 月，云南省、新疆维吾尔自治区、广西壮族自治区等省区人民政府宣布，怒族、柯尔克孜族、仫佬族相继整族脱贫。至此，中国 28 个人口较少民族全部实现整族脱贫，历史性告别绝对贫困。

根据 2021 年 4 月《人类减贫的中国实践》白皮书的权威资料，到 2020 年底，"五个一批"的任务和目标全部实现。

发展生产脱贫一批。累计建成各类产业基地超过 30 万个，形成了特色鲜明、带贫面广的扶贫主导产业，打造特色农产品品牌 1.2 万个。发展市级以上龙头企业 1.44 万家、农民合作社 71.9 万家，72.6% 的贫困户与新型农业经营主体建立了紧密型的利益联结关系。产业帮扶政策覆盖 98.9% 的贫困户，有劳动能力和意愿的贫困群众基本都参与到产业扶贫之中。扎实推进科技扶贫，建立科技帮扶结对 7.7 万个，选派科技特派员 28.98 万名，投入资金 200 多亿元，实施各级各类科技项目 3.76 万个，推广应用先进实用技术、新品种 5 万余项，支持贫困地区建成创新创业平台 1290 个。为贫困户提供扶贫小额信贷支持，培育贫困村创业致富带头人，建立完善带贫机制，鼓励和带领贫困群众发展产业增收致富。

易地搬迁脱贫一批。截至 2020 年底，全国易地扶贫搬迁规划建设任务全面完成，累计建成集中安置区约 3.5 万个，建设安置住房 266 万余套，960 多万易地搬迁贫困人口全部入住并实现脱贫。新建或改扩建中小学和幼儿园 6100 多所、医院和社区卫生服务中心 1.2 万多所、养老服务设施 3400 余个、文化活动场所 4 万余个。同时，加强后续扶持工作，出台就业帮扶、金融支持、社区管理等一系列具体支持政策措施，加强安置点配套设施和产业园区、扶贫车间等建设，易地扶贫搬迁贫困人口中劳动力就业比例达到 73.7%，搬迁贫困家庭中有劳动力家庭就业比例达到 94.1%。对搬迁后的旧宅基地实行复垦复绿，改善迁出区生态环境。

生态补偿脱贫一批。在加大贫困地区生态保护修复力度的同时，增加重点生态功能区转移支付，不断扩大政策实施范围，让有劳动能力的贫困群众就地转为护林员等生态保护人员。2013 年以来，贫困地区实施退耕还林还草 7450 万亩，选聘 110 多万贫困群众担任生态护林员，建立 2.3 万个扶贫造林（种草）专业合作社（队）。贫困群众积极参与国土绿化、退耕还林还草等生态工程建设和森林、草原、湿地等生态系统保护修复工作，发展木本油料等经济林种植及森林旅游，不仅拓宽了增收渠道，也明显改善了贫困地区生态环境，实现了"双赢"。

发展教育脱贫一批。贫困地区办学条件明显改善，全国 99.8% 义务教育学校（含教学点）办学条件达到基本要求，20 多万名义务教育阶段的贫困家庭辍学学生全部返校就读，全面实现适龄少年儿童义务教育有保障。实施定向招生、学生就业、职教脱贫等倾斜政策，帮助 800 多万贫困家庭初高中毕业生接受职业教育培训、514 万名贫困家庭学生接受高等教育，重点高校定向招收农村和贫困地区学生 70 多万人。开展民族地区农村教师和青壮年农牧民国家通用语言文字培训，累计培训 350 万余人次，提升民族地区贫困人口就业能力。"学前学会普通话"行动先后在四川省凉山彝族自治州和乐山市马边彝族自治县、峨边彝族自治县、金口河区开展试点，覆盖 43 万学龄前儿童，帮助他们学会普通话。贫困地区学校网络普及率大幅提升，全国中小学（含教学点）互联网接入率达到 100%，拥有多媒体教室的比例达到 95.3%；乡村教师队伍水平整体提升，"特岗计划"实施以来累计招聘教师 95 万名，"国培计划"培训中西部乡村学校教师近 1700 余万人次，连片特困地区乡村教师生活补助惠及 8 万多所学校 127 万名教师，累计选派 19 万名乡村教师到边远贫困地区、边疆民族地区支教；建立了覆盖从学前至研究生各个教育阶段的资助体系，累计资助 6.4 亿人次；义务教育营养改善计划覆盖 1634 个县、13.63 万所学校、每年惠及 4000 余万名学生。

社会保障兜底一批。实施特困人员供养服务设施改造提升工程，集中供养能力显著增强。农村低保制度与扶贫政策有效衔接，全国农村低保标准从 2012 年每人每年 2068 元提高到 2020 年 5962 元，提高 188.3%。扶贫部门与民政部门定期开展数据比对、摸排核实，实现贫困人口"应保尽保"。

其他多渠道多元化扶贫措施也取得了明显成效。贫困劳动力务工规模从 2015 年的 1227 万人增加到 2020 年的 3243 万人。[1]

五、现行标准下农村贫困人口全部脱贫

扶贫脱贫的主要目的和任务，就是要消除农村的绝对贫困。2020 年，中国

---

[1] 参见国务院新闻办公室：《人类减贫的中国实践》，新华网 2021 年 4 月 6 日。

在现行标准下实现农村贫困人口全部脱贫。世界上没有哪一个国家能在这么短的时间内创造这一减贫奇迹。

我们首先根据不同时期国家统计局、国务院扶贫办等有关部门或媒体公布的数据，来描画全部消除农村绝对贫困的一个总体景象。

1986年，国家首次制定贫困标准。随后经过大规模扶贫开发和"八七扶贫攻坚"，按此标准的贫困人口从1.2亿降低至2000年的3209万。2001年，国家上调扶贫标准，相对应的贫困人口大幅增加至9029万人。然后，随着扶贫脱贫事业的发展，贫困人口逐年降低至2010年的2688万人。2011年扶贫标准再次提升，相对应的贫困人口增加至1.22亿人，然后逐年降至2015年的5575万人。贫困人口之所以有这样的波动，是因为贫困标准作了调整，而且随价格调整，也逐年提高。无论怎样调整，贫困人口的减少始终是实实在在的。

根据国家统计局2018年9月《扶贫开发成就举世瞩目　脱贫攻坚取得决定性进展——改革开放40年经济社会发展成就系列报告之五》一文所公布的情况和数据[1]，改革开放以来，我国农村贫困人口减少7.4亿人。按当年价现行农村贫困标准衡量，1978年末农村贫困发生率约97.5%，以乡村户籍人口作为总体推算，农村贫困人口规模7.7亿人；2017年末农村贫困发生率为3.1%，贫困人口规模为3046万人。从1978年到2017年，我国农村贫困人口减少7.4亿人，年均减贫人口规模接近1900万人；农村贫困发生率下降94.4个百分点，年均下降2.4个百分点。

21世纪以来，农村减贫规模占减贫总规模近六成。2000年末，我国农村贫困发生率为49.8%，农村贫困人口规模为4.6亿人。2000年以来，农村贫困人口减少4.3亿人，占改革开放以来农村减贫总规模的58.4%；贫困发生率下降46.7个百分点，年均下降2.7个百分点。

特别是党的十八大以来，动员全党全国全社会力量，打响脱贫攻坚战，脱贫攻坚成效显著，取得了决定性进展。按现行贫困标准，2013年至2017年我国农村减贫人数分别为1650万、1232万、1442万、1240万、1289万人，不仅每年减贫人数均在1000万以上，而且打破了以往新标准实施后脱贫人数逐年递减的格局。五年来，农村累计减贫6853万人，减贫幅度接近70%，年均减贫1370万人；贫困发生率也从2012年末的10.2%下降到2017年末的3.1%，其中有17

---

[1]　参见《扶贫开发成就举世瞩目　脱贫攻坚取得决定性进展——改革开放40年经济社会发展成就系列报告之五》，国家统计局网站2018年9月3日。

个省份贫困发生率已下降到 3% 以下。

国家统计局公布的 1978 年至 2000 年农村居民的贫困状况如表 15-1、表 15-2 所示。

表 15-1　1978 年至 2000 年农村居民贫困状况

年　份	贫困线（元 / 人）	贫困发生率（%）	贫困规模（万人）
1978	100	30.7	25000
1984	200	15.1	12800
1985	206	14.8	12500
1986	213	15.5	13100
1987	227	14.3	12200
1988	236	11.1	9600
1989	259	11.6	10200
1990	300	9.6	8500
1992	317	8.8	8000
1994	440	7.7	7000
1995	530	7.1	6540
1997	640	5.4	4962
1998	635	4.6	4210
1999	625	3.7	3412
2000	625	3.4	3209

表 15-2　按现行农村贫困标准衡量的农村贫困状况

年　份	当年价贫困标准（元 / 年·人）	贫困发生率（%）	贫困人口规模（万人）
1978	366	97.5	77039
1980	403	96.2	76542
1985	482	78.3	66101
1990	807	73.5	65849
1995	1511	60.5	55463
2000	1528	49.8	46224
2005	1742	30.2	28662
2010	2300	17.2	16567

续表

年　份	当年价贫困标准 （元／年·人）	贫困发生率（%）	贫困人口规模（万人）
2011	2536	12.7	12238
2012	2625	10.2	9899
2013	2736	8.5	8249
2014	2800	7.2	7017
2015	2855	5.7	5575
2016	2952	4.5	4335
2017	2952	3.1	3046

数据来源：国家统计局农村住户调查和居民收支与生活状况调查。其中，2010 年以前数据是根据历年全国农村住户调查数据、农村物价和人口变化，按现行贫困标准测算取得。

党的十八大以来，中国的扶贫事业迅速推进，取得巨大成就。从 2012 年到 2018 年的 7 年间，全国农村贫困人口从 9899 万人减少至 1660 万人，累计减少 8239 万人，接近德国人口数（2017 年德国人口 8269 万），贫困发生率也从 2012 年的 10.2% 下降至 1.7%，累计下降 8.5 个百分点。

按 2019 年来看，贫困人口从 2012 年底的 9899 万人减少到 2019 年底的 551 万人，贫困发生率由 10.2% 降至 0.6%，贫困村从 12.87 万个减少到 2707 个，贫困县从 832 个减少到 52 个。贫困人口"两不愁"质量明显提升，"三保障"突出问题总体解决，贫困地区群众出行难、上学难、看病难、饮水难、用电难、通信难等长期没有解决的老大难问题普遍解决。

自 1986 年开展大规模扶贫以来，到 2000 年十几年的时间里，每年平均减少贫困人口 639 万。从 2001 年到 2010 年十年里，每年减少 673 万。党的十八大以来，每年减贫 1300 万人以上。

再从"十三五"规划期间看，在"十三五"规划的 5 年中，中国的贫困人口数量大幅减少。2016 年至 2019 年，超过 5000 万农村贫困人口摆脱绝对贫困。贫困发生率从 2016 年的 4.5% 下降至 2019 年的 0.6%，区域性整体贫困基本得到解决（见图 15-2）。

5 年来，贫困人口收入大幅增加。全国贫困人口建档立卡数据显示，全国建档立卡贫困人口人均纯收入由 2016 年的 4124 元增加到 2019 年的 9057 元，年均增幅 30%。贫困群众"两不愁"质量水平明显提升，"三保障"突出问题总体

单位：万人

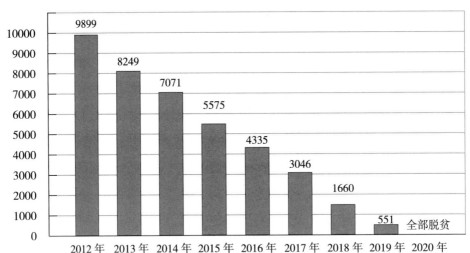

图 15-2　脱贫攻坚战以来中国农村贫困人口变化情况

注：参见国务院新闻办公室：《人类减贫的中国实践》，新华网 2021 年 4 月 6 日。

解决。贫困地区特色产业不断壮大，产业扶贫、电商扶贫、光伏扶贫、旅游扶贫等较快发展，贫困户就业增收渠道明显增多。

5 年来，贫困人口自主脱贫能力稳步提高。通过坚持开发式扶贫方针，引导和支持所有有劳动能力的贫困人口依靠自己的双手创造美好明天。建档立卡贫困人口中，90% 以上得到了产业扶贫和就业扶贫支持，2/3 以上主要靠外出务工和产业脱贫，工资性收入和生产经营性收入占比上升，转移性收入占比逐年下降，增收可持续性稳步增强。

国家统计局 2018 年的报告介绍，改革开放之初，各地区特别是贫困地区农村居民收入消费水平普遍较低。但改革开放以来，贫困地区农村居民收入保持较快增长，生活水平明显改善。

贫困地区农村居民收入保持快速增长，与全国农村平均差距缩小。2017 年，贫困地区农村居民人均可支配收入 9377 元，名义水平是 2012 年的 1.8 倍，五年年均增长 12.4%。扣除价格因素，实际水平是 2012 年的 1.6 倍，年均实际增长 10.4%，比全国农村平均增速快 2.5 个百分点。

其中，集中连片特困地区 2017 年农村居民人均可支配收入 9264 元，扣除价格因素，实际水平达到 2012 年的 1.6 倍，年均实际增长 10.3%，比全国农村平均增速快 2.4 个百分点；扶贫开发工作重点县 2017 年农村居民人均可支配收入 9255 元，扣除价格因素，实际水平是 2012 年的 1.7 倍，年均实际增长 10.7%，比全国农村平均增速快 2.8 个百分点。

2017 年贫困地区农村居民人均可支配收入是全国农村平均水平的 69.8%，比 2012 年提高了 7.7 个百分点。其中，集中连片特困地区是全国农村平均水平的 69.0%，比 2012 年提高 7.4 个百分点；扶贫开发工作重点县是全国农村平均水平的 68.9%，比 2012 年提高 8.3 个百分点。

贫困地区居民消费支出较快增长，生活条件明显改善。

一是贫困地区农村居民消费支出保持较快增长。2017 年，贫困地区农村居民人均消费支出 7998 元，与 2012 年相比，年均名义增长 11.2%，扣除价格因素，年均实际增长 9.3%。其中，集中连片特困地区农村居民人均消费支出 7915 元，年均名义增长 11.2%，扣除价格因素，年均实际增长 9.2%；扶贫开发重点县农村居民人均消费支出 7906 元，年均名义增长 11.3%，扣除价格因素，年均实际增长 9.3%。

二是贫困地区农村居民居住条件不断改善。从住房质量改善看，2017 年贫困地区农村居民户均住房面积比 2012 年增加 21.4 平方米；居住在钢筋混凝土房或砖混材料房的农户比重为 58.1%，比 2012 年上升 18.9 个百分点。从饮水安全看，2017 年贫困地区农村饮水无困难的农户比重为 89.2%，比 2013 年提高了 8.2 个百分点；使用管道供水的农户比重为 70.1%，比 2013 年提高 16.5 个百分点；使用经过净化处理自来水的农户比重为 43.7%，比 2013 年提高 13.1 个百分点。从居住条件看，2017 年贫困地区农村居民独用厕所的农户比重为 94.5%，比 2012 年提高 3.5 个百分点；使用卫生厕所的农户比重为 33.2%，比 2012 年提高 7.5 个百分点；使用清洁能源的农户比重为 35.3%，比 2012 年上升 17.6 个百分点。

三是贫困地区农村居民家庭耐用消费品升级换代。从传统耐用消费品看，2017 年贫困地区农村每百户拥有电冰箱、洗衣机、彩电分别为 78.9 台、83.5 台和 108.9 台，分别比 2012 年增加 31.4 台、31.2 台和 10.6 台，拥有量持续增加，和全国农村平均水平的差距逐渐缩小。从现代耐用消费品看，2017 年贫困地区农村每百户汽车、计算机拥有量分别为 13.1 辆、16.8 台，分别是 2012 年的 4.9 倍和 3.1 倍，实现快速增长。[1]

从个案和典型来看，1988 年的宁德还是一个"老少边岛贫"地区，这一年，

[1] 参见《扶贫开发成就举世瞩目 脱贫攻坚取得决定性进展——改革开放 40 年经济社会发展成就系列报告之五》，国家统计局网站 2018 年 9 月 3 日。

习近平同志来到宁德任地委书记，走遍了这方土地的山山水水，发出"弱鸟先飞"的号召。30 余载接续奋斗，宁德这只"弱鸟"不负所望，实现了"先飞"，2018 年，地区生产总值 1942.8 亿元，农民人均年收入从 30 年前的不足 160 元增加到 16147 元，提高近 100 倍！实践证明了，"弱鸟可望先飞，至贫可能先富"。这是中国砥砺奋进快速发展的一个缩影，是无数成功摆脱贫困样本中的一个典型。

根据 2021 年 4 月《人类减贫的中国实践》白皮书的权威资料，到 2020 年底，贫困人口收入水平持续提升。贫困地区农村居民人均可支配收入，从 2013 的 6079 元增长到 2020 年的 12588 元，年均增长 11.6%，增长持续快于全国农村，增速比全国农村高 2.3 个百分点（见图 15-3）。贫困人口工资性收入和经营性收入占比逐年上升，转移性收入占比逐年下降，自主增收脱贫能力稳步提高。少数民族和民族地区脱贫攻坚成效显著，2016 年至 2020 年，内蒙古自治区、广西壮族自治区、西藏自治区、宁夏回族自治区、新疆维吾尔自治区和贵州、云南、青海三个多民族省份贫困人口累计减少 1560 万人。28 个人口较少民族全部

单位：元

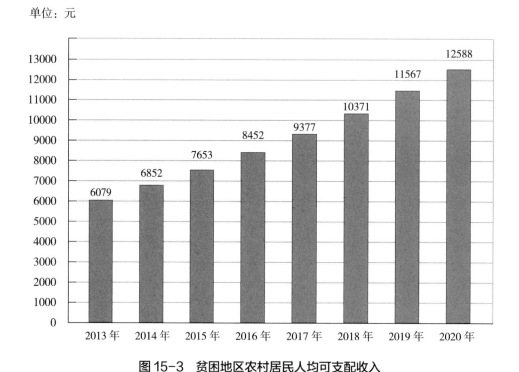

图 15-3　贫困地区农村居民人均可支配收入

注：参见国务院新闻办公室：《人类减贫的中国实践》，新华网 2021 年 4 月 6 日。

实现整族脱贫，一些新中国成立后"一步跨千年"进入社会主义社会的"直过民族"，又实现了从贫穷落后到全面小康的第二次历史性跨越。[1]

脱贫群众获得感、幸福感、安全感不断提升。贵州省兴义市则戎镇长冲村脱贫户龚光志说："现在的日子如蜜甜。"他回忆，过去种几亩地，还得赡养 90 多岁的奶奶和 70 多岁的父母。2016 年，帮扶干部牵头联系，龚光志干起了快递员，申请扶贫小额贷款扩大种养规模，年收入达到 10 万多元，"现在脱贫又脱单，开上小汽车，过上好日子"。

贵州省望谟县乐旺镇坡头村脱贫户唐守芬说："家门口有钱挣，好日子就在眼前喽！"靠在村里花椒种植基地干活，她和老伴一个月能挣 4000 多元，2020 年全家脱了贫，干劲越来越足。

六、原贫困人口实现"两不愁三保障"

"两不愁三保障"是贫困人口脱贫的核心指标。中国脱贫攻坚要解决的是绝对贫困问题，标准有三个方面：一是农民人均纯收入达到 4000 元左右；二是"两不愁"，不愁吃、不愁穿，包括饮水安全；三是"三保障"，义务教育、基本医疗、住房安全有保障。这是中国特色消除绝对贫困的标准，如果达不到这个标准，就不仅影响脱贫攻坚质量，而且不能说完成了脱贫的任务。

具体来说，义务教育有保障，就是九年制义务教育的适龄儿童、少年要有学上、能上学、上学方便，不失学辍学。基本医疗有保障，就是参加基本医疗保险、大病保险和医疗救助，得了常见病、慢性病，在县、乡、村三级医疗机构得到及时治疗，看得上病、看得起病。住房安全有保障，就是对农户特别是贫困户的住房都要进行鉴定。饮水安全有保障，就是有水喝，喝上安全的水。在此基础上，各地可以进一步细化确定细则。

通过扶贫攻坚，贫困人口"两不愁"质量明显提升，"三保障"突出问题总体解决，贫困地区群众出行难、上学难、看病难、饮水难、用电难、通信难等长期没有解决的老大难问题普遍解决。

根据国务院新闻办公室 2016 年发布的《中国的减贫行动与人权进步》白皮书，"十二五"期间，中国把教育扶贫作为脱贫攻坚的重要内容，深入推进义务

[1] 参见国务院新闻办公室：《人类减贫的中国实践》，新华网 2021 年 4 月 6 日。

教育均衡发展，着力缩小城乡教育差距，全面改善贫困地区的办学条件，实施学前教育三年行动计划、乡村教师生活补助计划，实施中等职业学校免学费、补助生活费政策及面向贫困地区定向招生专项计划，切实保障贫困人口受教育权利。

2012年至2015年，中央财政累计投入资金831亿元改造义务教育薄弱学校，投入约140亿元建设边远艰苦地区农村学校教师周转宿舍24.4万套，可入住教师30万人。

连续实施学前教育三年行动计划，全国学前三年毛入园率由2011年的62.3%提高到2015年的75%，中西部地区在园幼儿数由2011年的2153万增加到2015年的2789万，增长了30%。

2014年11月，有关部门联合印发《关于统一城乡中小学教职工编制标准的通知》，将县镇、农村中小学教职工编制标准统一到城市标准，并向农村边远贫困地区倾斜。2013年至2015年，中央财政累计投入资金约44亿元，支持连片特困地区对乡村教师发放生活补助，惠及约600个县的100多万名乡村教师。

2012年至2015年，中央财政共下达中等职业学校免学费补助资金417亿元，对公办中等职业学校全日制在校生中所有农村（含县镇）学生、城市涉农专业和家庭经济困难学生免除学费（艺术类相关专业除外）。对在职业教育行政管理部门依法批准、符合国家标准的民办中等职业学校就读的符合免学费政策条件的学生，按照当地同类型同专业公办中等职业学校免除学费标准给予补助。

对全日制一、二年级在校涉农专业学生和非涉农专业家庭经济困难学生发放国家助学金，2012年至2014年标准为每生每年1500元，从2015年春季学期起标准提高到每生每年2000元，覆盖近40%的学生。

实施面向贫困地区定向招生专项计划，面向832个贫困县4年累计录取学生18.3万人，贫困地区农村学生上重点高校人数连续三年（2013年至2015年）增长10%以上。[1]

根据国家统计局2018年9月《扶贫开发成就举世瞩目　脱贫攻坚取得决定性进展——改革开放40年经济社会发展成就系列报告之五》一文所公布的情况和数据，党的十八大以来，教育文化状况明显改善。2017年，贫困地区农村居民16岁以上家庭成员均未完成初中教育的农户比重为15.2%，比2012年下降

---

[1] 参见《中国的减贫行动与人权进步》白皮书，新华网2016年10月17日。

3.0 个百分点；84.7% 的农户所在自然村上幼儿园便利，88.0% 的农户所在自然村上小学便利，分别比 2013 年提高 17.1 和 10.0 个百分点；有文化活动室的行政村比重为 89.2%，比 2012 年提高 14.7 个百分点（见表 15-3）。

表 15-3　贫困地区农村教育文化情况

指标名称	2017 年	2012 年	2017 年比 2012 年提高（百分点）
16 岁以上成员均未完成初中教育农户比（%）	15.2	18.2	-3.0
所在自然村上幼儿园便利的农户比重（%）	84.7	—	17.1*
所在自然村上小学便利的农户比重（%）	88.0	—	10.0*
有文化活动室的行政村比重（%）	89.2	74.5	14.7

注：带 * 表示与 2013 年相比提高。

根据国务院新闻办公室 2016 年发布的《中国的减贫行动与人权进步》白皮书，"十二五"期间，医疗保障脱贫全面落实。中国政府不断加大健康扶贫工作力度，减轻农村贫困人口医疗费用负担，增强贫困地区医疗卫生服务能力，提高贫困地区群众健康水平，努力防止因病致贫、因病返贫，贫困人口健康权利得到切实保障。

新型农村合作医疗制度逐步完善，覆盖 97% 以上的农村居民。2016 年，新农合人均补助标准提高到 420 元，政策范围内门诊和住院费用报销比例分别达到 50% 和 75% 左右。全面实施城乡居民大病保险，覆盖超过 10 亿参保居民，报销比例不低于 50%。全面建立疾病应急救助制度，开展重特大疾病医疗救助，全民医保制度防大病、兜底线的能力进一步增强，农村居民看病负担大大减轻。

2012 年以来，中央专项投资共安排 794 亿元支持贫困地区 11 万个卫生机构基础设施建设，改善贫困地区卫生服务条件。实施农村订单定向免费医学生培养、全科医生特设岗位计划等项目。深入实施城乡医院对口支援，组织全国三级医院对口帮扶贫困地区县级医院。

2015 年，基本公共卫生服务 12 大类 45 项得到全面落实，人均经费从 2011 年的 15 元提高到 40 元。实施农村妇女增补叶酸预防神经管缺陷、贫困地区儿童营养改善等项目，加强疾病预防控制和健康促进，贫困地区群众健康状况逐步改善。

2016 年，国家卫计委、国务院扶贫办等 15 个部门联合实施健康扶贫工程，为农村贫困人口与全国人民一道迈入全面小康社会提供健康保障。

根据国家统计局 2018 年报告的数据，党的十八大以来，贫困地区的医疗卫生水平显著提高。2017 年，贫困地区农村拥有合法行医证医生或卫生员的行政村比重为 92.0%，比 2012 年提高 8.6 个百分点；92.2% 的户所在自然村有卫生站，比 2013 年提高 7.8 个百分点；拥有畜禽集中饲养区的行政村比重为 28.4%，比 2012 年提高 12.4 个百分点；61.4% 的户所在自然村垃圾能集中处理，比 2013 年提高 31.5 个百分点（见表 15-4）。

表 15-4　贫困地区医疗卫生发展情况

指标名称	2013 年	2014 年	2015 年	2016 年	2017 年
拥有合法行医证医生 / 卫生员的行政村比重（%）	88.9	90.9	91.2	90.4	92.0
所在自然村有卫生站的农户比重（%）	84.4	86.8	90.3	91.4	92.2
拥有畜禽集中饲养区的行政村比重（%）	23.9	26.7	26.9	28.0	28.4
所在自然村垃圾能集中处理的农户比重（%）	29.9	35.2	43.2	50.9	61.4

根据国务院新闻办公室 2021 年 4 月 6 日《人类减贫的中国实践》白皮书汇总的情况，在脱贫攻坚战中，加强县乡村三级医疗卫生机构和人才队伍建设，组织 1007 家三级医院与 1172 家贫困地区县级医院结对帮扶，累计派出超过 11.8 万人次医务人员，帮助贫困地区新建临床重点专科超过 3700 个，开展新技术、新项目超过 5.3 万项，门诊诊疗人次超过 5500 万，管理出院患者超过 600 万，完成住院、门诊手术超过 190 万。倾斜实施农村订单定向医学生免费培养项目，累计培养 6 万余名医学生，3 万余名顺利毕业并赴各乡镇卫生院履约。大力实施全科医生特岗计划，累计招聘特岗医生 5000 余人，目前，贫困地区有近 5 万名全科医生。指导地方通过"县聘县管乡用""乡聘村用"以及巡诊、派驻等灵活方式，累计支援乡村两级医务人员近 10 万人。远程医疗覆盖所有贫困县并快速向乡镇卫生院延伸。坚持预防为主、强化重大疾病综合防治和重点人群健康改善，深入开展爱国卫生运动和健康促进行动。实施"三区三州"传染病、地方病防治攻坚行动，长期影响当地群众身体健康的传染病、地方病等重大疾

病基本消除或有效控制。[1]

住房安全有保障，是贫困人口脱贫的基本要求和核心指标，直接关系攻坚战质量。习近平总书记指出，"住房安全有保障主要是让贫困人口不住危房""南方住房要注重通风，北方住房要注重保暖"。

"在住房安全保障方面，全国需要进行危房改造的4类重点对象大约160万户，其中建档立卡贫困户约80万户。一些地方农房没有进行危房鉴定，或者鉴定不准。"2019年4月16日，在解决"两不愁三保障"突出问题座谈会上，习近平总书记语重心长地说。他同时强调，如果到了2020年这些问题还没有得到较好解决，就会影响脱贫攻坚成色。

2013年至2019年6月，中央财政累计支持全国1794万户贫困家庭改造危房，帮助5700多万贫困群众住上了安全住房，其中建档立卡贫困户2300多万人。

根据国务院新闻办公室2016年发布的《人类减贫的中国实践》白皮书，"十二五"期间，贫困地区人居环境有效改善。中国政府启动农村危房改造工程，改造资金以农民自筹为主，政府补助为辅，中央补助标准从户均5000元提高到7500元，对贫困地区再增加1000元，帮助住房最危险、经济最贫困农户解决最基本住房安全。截至2015年底，全国累计安排1556.7亿元支持1997.4万户贫困农户改造危房。中国政府将保障基本人居卫生条件作为贫困村改善农村人居环境的首要任务，在传统村落保护、农村垃圾和污水治理等方面对贫困地区倾斜。自2012年起，贫困地区共有1194个村落列入中国传统村落名录，每村安排中央财政补助300万元用于村落保护和人居环境改善。农村垃圾治理全面推进，建立农村生活垃圾逐省验收制度，实现贫困地区和其他地区同步推进。

根据国务院新闻办公室2021年4月《人类减贫的中国实践》白皮书汇总的情况，2013年以来，累计有790万户2568万贫困人口告别破旧的泥草房、土坯房等危房，住上了安全住房。同时，支持1075万户农村低保户、分散供养特困人员、困难残疾人家庭等改造危房。将贫困地区农村危房改造与改善村容村貌相结合，推进村内道路、绿化、安全供水、垃圾污水治理等设施建设，整体人居环境显著提升。具有民族特色、地方特色的贫困地区在进行农村危房改造时最大限度保留传统建筑风格，打造出一批旅游村、文化村，实现了增收致富。

国家提供资金补助，帮助农村贫困群众改造危房。从2017年起，中央财政

---

[1]　参见国务院新闻办公室:《人类减贫的中国实践》，新华网2021年4月6日。

户均补助标准从 8500 元提高到 1.4 万元。地方统筹各级财政补助资金，并根据农户贫困程度、危房危险程度和改造方式等制定分级分类补助标准，保证了贫困户建得起基本安全的住房。对于部分鳏寡孤独等无力改造住房的特困群众，通过统建农村集体公租房及幸福大院、修缮加固现有闲置公房、置换或长期租赁村内闲置农房等方式，兜底解决住房安全问题。[1]

在"一方水土养不起一方人"的区域，国家推行易地扶贫搬迁政策。"挪穷窝"迁新居，许许多多的人搬出了出行难、饮水难、用电难的山沟沟，搬进居家舒适、交通便利的新房子。

根据国务院新闻办公室 2016 年发布的《中国的减贫行动与人权进步》白皮书，"十二五"期间，易地搬迁脱贫稳步实施。2012 年以来，国家累计安排中央预算内投资 404 亿元，撬动各类投资近 1412 亿元，搬迁贫困人口 591 万人，地方各级统筹中央和省级财政专项扶贫资金 380 亿元，搬迁 580 多万贫困人口，有效拓展贫困地区发展空间。通过科学规划、合理选址，加强安置区基础设施和社会公共服务设施建设，大幅改善生产生活条件，搬迁群众生产生活水平显著提升。通过帮助发展种植业和养殖业，引导外出务工，直接增加劳务收入，搬迁群众脱贫致富步伐明显加快。

2016 年，中国政府启动实施了新一轮易地扶贫搬迁方案，增加中央预算内投资规模，提高政府补助标准，引入开发性、政策性金融资金，大幅拓宽融资渠道，并加大易地扶贫搬迁群众后续脱贫扶持力度，确保搬迁一户、脱贫一户。

按照计划，"十三五"期间，国家对 1000 万左右建档立卡贫困人口实施易地扶贫搬迁。到 2020 年 8 月，全国已经完成易地扶贫搬迁 960 多万贫困人口，中西部地区还同步搬迁了 500 万非贫困人口。

2020 年 2 月，国家发改委联合 12 个部门出台《2020 年易地扶贫搬迁后续扶持若干政策措施》，从完善安置区配套基础设施和公共服务设施、加强安置区产业培育和就业帮扶、加强安置社区管理、保障搬迁群众合法权益、加大工作投入力度、加强统筹指导和监督检查等 6 个方面明确了 25 条具体措施，进一步细化实化了国家层面的后续扶持政策。

2020 年 5 月，人社部等四部门部署开展易地扶贫搬迁就业帮扶专项行动，聚焦有劳动能力和就业意愿的搬迁群众尤其是建档立卡贫困搬迁群众，聚焦易地扶贫搬

---

[1] 参见国务院新闻办公室：《人类减贫的中国实践》，新华网 2021 年 4 月 6 日。

迁大型安置区，综合运用就业服务各种措施，集中力量加大就业帮扶，促进搬迁群众就业创业。

2021 年上半年，国家发改委联合国家乡村振兴局、民政部、人社部、国家开发银行、中国农业发展银行对易地扶贫搬迁后续扶持工作进行调度显示，2020 年全国易地扶贫搬迁人口人均纯收入为 10493 元，大幅超过脱贫线。各地后续扶持工作有力有序推进，各集中安置点配套设施持续提升完善，有劳动力的搬迁家庭基本实现一人以上就业，各地基层治理和社区服务体系逐步健全，搬迁群众获得感、幸福感、安全感进一步提升，易地扶贫搬迁后续扶持工作取得了明显进展。

国家脱贫攻坚普查领导小组办公室 2021 年 2 月 25 日发布的《国家脱贫攻坚普查公报》（第二号）宣布：根据国家贫困县建档立卡户普查结果和非国家贫困县建档立卡户抽样调查结果推算，中西部 22 省（区、市）建档立卡户全面实现不愁吃、不愁穿，义务教育、基本医疗、住房安全有保障，饮水安全也有保障。

《普查公报》还宣布，根据国家农村贫困监测调查，2020 年国家贫困县农村居民人均可支配收入 12588 元，党的十八大以来年均增长 11.6%，高于全国农村居民 2.3 个百分点。[1]

具体情况是：

（1）不愁吃。建档立卡户全面实现不愁吃，平常能吃得饱且能适当吃好。其中，国家贫困县 98.94% 的建档立卡户随时能吃肉蛋奶或豆制品，非国家贫困县 99.03% 的建档立卡户随时能吃肉蛋奶或豆制品。

（2）不愁穿。建档立卡户全面实现不愁穿。国家贫困县和非国家贫困县的建档立卡户一年四季都有应季的换洗衣物和御寒被褥。

（3）义务教育。建档立卡户义务教育阶段适龄少年儿童全面实现义务教育有保障。其中，国家贫困县建档立卡户适龄少年儿童中，98.83% 在校就学，0.26% 送教上门，0.91% 因身体原因不具备学习条件、休学、延缓入学、已初中毕业等不在校。非国家贫困县建档立卡户适龄少年儿童中，99.06% 在校就学，0.57% 送教上门，0.37% 因身体原因不具备学习条件、休学、延缓入学、已初中毕业等不在校。

（4）基本医疗。建档立卡贫困人口全面实现基本医疗有保障。其中，国家

---

[1] 参见《国家脱贫攻坚普查公报》（第二号），人民网 2021 年 2 月 26 日。

贫困县建档立卡贫困人口中，99.85% 参加城乡居民基本医疗保险，0.14% 参加职工基本医疗保险，0.01% 为新生儿等正在办理参保手续、处于参军等特殊保障状态或暂时不需要。非国家贫困县建档立卡贫困人口中，99.74% 参加城乡居民基本医疗保险，0.24% 参加职工基本医疗保险，0.01% 为新生儿等正在办理参保手续或处于参军等特殊保障状态。

（5）住房安全。建档立卡户全面实现住房安全有保障。其中，国家贫困县建档立卡户中，43.74% 现住房鉴定或评定安全，或有其他安全住房居住；42.25% 通过危房改造政策实现住房安全；14.01% 通过易地扶贫搬迁实现住房安全。非国家贫困县建档立卡户中，58.26% 现住房鉴定或评定安全，或有其他安全住房居住；34.70% 通过危房改造政策实现住房安全；7.04% 通过易地扶贫搬迁实现住房安全。

另外，建档立卡户全面实现饮水安全有保障，达到当地饮水安全标准。国家贫困县建档立卡户，在生活饮用水水量和水质方面符合标准；在用水方便程度方面，93.67% 供水入户，6.33% 未供水入户但取水方便；在供水保证率方面，99.86% 不缺水，0.14% 供水有基本保障但有少量天数缺水。非国家贫困县建档立卡户，在生活饮用水水量和水质方面符合标准；在用水方便程度方面，84.25% 供水入户，15.75% 未供水入户但取水方便；在供水保证率方面，99.95% 不缺水，0.05% 供水有基本保障但有少量天数缺水。[1]

七、原贫困地区基础设施条件大为改善

加强贫困地区基础设施建设，破除发展瓶颈制约，是实现贫困地区群众生存权、发展权的基础和前提。根据国家统计局 2018 年 9 月《扶贫开发成就举世瞩目　脱贫攻坚取得决定性进展——改革开放 40 年经济社会发展成就系列报告之五》一文所公布的情况和数据，改革开放以来，贫困地区农村基础设施建设明显加强，基本公共服务水平显著提高。

改革开放之初，我国农村地区基础设施明显不足，公共服务水平落后。40多年来，尤其是党的十八大以来，中央和地方政府不断加大对水、电、路、网等基础设施和公共服务建设投资力度，"四通"覆盖面不断扩大，教育文化卫生

[1] 参见《国家脱贫攻坚普查公报》（第二号），人民网 2021 年 2 月 26 日。

设施配置逐渐齐全，生产生活条件得到进一步改善，贫困地区农村面貌换新颜。

　　基础设施条件不断完善。2015 年 12 月 23 日，随着青海果洛、玉树网外无电地区通电工程全部竣工投运，中国解决了最后 9614 户共 3.98 万无电人口用电问题。截至 2017 年末，贫困地区通电的自然村接近全覆盖；通电话的自然村比重达到 98.5%，比 2012 年提高 5.2 个百分点；通有线电视信号的自然村比重为 86.5%，比 2012 年提高 17.5 个百分点；通宽带的自然村比重为 71.0%，比 2012 年提高 32.7 个百分点。2017 年贫困地区村内主干道路面经过硬化处理的自然村比重为 81.1%，比 2013 年提高 21.2 个百分点；通客运班车的自然村比重为 51.2%，比 2013 年提高 12.4 个百分点（见表 15-5）。

表 15-5　2013 年至 2017 年贫困地区基础设施条件

指标名称	2013 年	2014 年	2015 年	2016 年	2017 年
通电话的自然村比重（%）	93.3	95.2	97.6	98.2	98.5
通有线电视信号的自然村比重（%）	70.7	75.0	79.3	81.3	86.5
通宽带的自然村比重（%）	41.5	48.0	56.3	63.4	71.0
主干道路面经过硬化处理的自然村比重（%）	59.9	64.7	73.0	77.9	81.1
通客运班车的自然村比重（%）	38.8	42.7	47.8	49.9	51.2

　　根据国务院新闻办公室 2016 年发布的《中国的减贫行动与人权进步》白皮书，2012 年以来，中国政府继续支持贫困地区基础设施建设，切实加大投入力度，贫困地区的基本生产生活条件得到进一步改善。

　　贫困地区通信基础设施升级改造加快。2013 年 8 月，中国政府发布《"宽带中国"战略及实施方案》，加大中央财政对贫困地区通信设施建设的支持，鼓励企业承担社会责任，努力消除"数字鸿沟"对贫困地区的瓶颈制约。扎实推进贫困村信息化工作，持续深入开展乡镇互联网接入、行政村通宽带、信息下乡等方面建设，有效提升农村及贫困地区的通信基础设施水平。截至 2015 年底，实现 100% 的行政村通电话、100% 的乡镇通宽带，农村地区互联网宽带接入端口超过 1.3 亿个，有效提高了贫困地区的宽带网络普及率，有效改善了当地的生产生活条件，为贫困地区产业发展提供了有力支撑。中央投资 92.23 亿元，基本完成对 20 户以下已通电自然村广播电视覆盖。

2016年以来，全国各地区、各有关部门扎实推进网络扶贫，又取得显著成绩。到2020年10月，全国贫困地区网络覆盖目标提前超额完成，贫困村通光纤比例由实施电信普遍服务之前不到70%提高到98%；电子商务进农村综合示范实现对832个贫困县全覆盖，全国农村网络零售额由2014年的1800亿元，增长到2019年的1.7万亿元，规模扩大了8.4倍；网络扶智攻坚工程成效明显，全国中小学（含教学点）互联网接入率从2016年底的79.2%上升到2020年8月的98.7%；网络扶贫信息服务体系基本建立，远程医疗实现国家级贫困县县级医院全覆盖，截至2019年6月，全国行政村基础金融服务覆盖率达99.20%。截至2020年8月，全国共建设运营益农信社42.4万个；网络公益扶贫惠及更多贫困群体，一大批具有社会责任感的网信企业和广大网民借助互联网将爱心传递给贫困群众。

贫困地区水利建设力度加大。国家制定实施《全国水利扶贫纲要》《全国水利定点扶贫专项规划》《"十三五"全国水利扶贫专项规划》等10多个水利扶贫规划或方案，贫困地区水利建设明显加快。2011年至2015年，中央水利投资用于中西部的比重达84%，用于民生水利建设的比重近70%。"十二五"期间，安排贫困地区中央水利投资2375亿元，累计解决1.15亿贫困地区农村居民和学校师生饮水安全问题，农村集中式供水覆盖率提高到75%以上。已开工的85项重大节水工程中，有60项惠及贫困地区，总投资达5600亿元。贫困地区共完成7700多座病险水库和大中型病险水闸除险，新建或加固江河堤防3900余公里，新增中小河流治理河长1.45万公里。新增农村水电装机750万千瓦，解决44万户农民的生活燃料问题。

贫困地区电力建设成效显著。2013年至2015年，国家共安排投资248亿元，实施无电地区电网延伸和可再生能源供电工程，全国无电人口用电问题得到全面解决。实施农网改造升级工程，中央和地方政府加大了对贫困地区，特别是西藏、新疆及四川、云南、青海、甘肃四省藏区等西部偏远少数民族地区农村电力建设的投资支持力度，共安排农网改造升级工程投资1802亿元，大幅提升了贫困地区的供电能力和电力普遍服务水平。2016年，启动实施新一轮农村电网改造升级工程。

贫困地区交通建设速度加快。2012年7月，国家制定实施《集中连片特困地区交通建设扶贫规划纲要（2011—2020年）》，"十二五"期间投入车购税资金5500亿元以上，带动全社会公路建设投入近2万亿元，全面加快了集中连片特困地区国家高速公路、普通国省道、农村公路、农村客运站点和"溜索改桥"的建设步伐，建设了 33 万公里农村公路，帮助 654 个乡镇和 4.8 万个建制村通硬化路。截至 2015 年底，集中连片特困地区 96.1% 的乡镇和 86.2% 的建制村通硬化路，95.5% 的乡镇和 83.1% 的建制村通班车。交通运输条件的改善，使贫困地区矿产、能源、旅游等资源得到有效开发利用，脱贫致富的步伐进一步加快。2016 年，中国实施交通扶贫脱贫"双百"工程，进一步加大对交通扶贫的支持力度。[1]

2020 年 11 月 18 日，在国务院新闻办公室举行的中外记者见面会上公布：党的十八大以来，铁路部门努力推动建设扶贫、运输扶贫和定点扶贫，14 个集中连片特困等老少边穷地区累计完成铁路基建投资 3.3 万亿元，占铁路基建投资总额的 78%；投产新线 3.6 万公里，占全国投产新线的 83%。这些新投产的铁路覆盖了 274 个国家级贫困县，其中 100 多个国家级贫困县结束了不通铁路的历史。截至 2020 年 11 月，铁路网与全国铁路 154 个无轨站覆盖约 600 个国家级贫困县，占全国 832 个贫困县的 73%。

此外，创新运输扶贫模式。充分挖掘贫困地区旅游资源，2019 年组织开行旅游扶贫专列 594 列，运送旅客 37.6 万人次，有效带动沿线旅游、商贸、餐饮等产业发展。

截至 2020 年 11 月，国铁集团定点扶贫的 4 个县区和省级党委政府部署的 51 个铁路定点贫困村如期脱贫摘帽。5 位来自国铁集团的铁路扶贫一线干部和典型代表围绕"铁路扶贫"做了分享。

河南省洛阳市栾川县副县长周胜展介绍，国铁集团在该县新南村投资改建了 89 户农家宾馆，建起列车主题餐吧，打造了河南省首个铁路小镇。"如今老百姓的腰包鼓起来了，笑脸也多起来了。"

连接贵阳至南宁的贵南高铁，承载着带领沿线地区群众脱贫攻坚的特殊使命。"贵南高铁开工以来，已累计安排当地劳务人员就业 7000 余人次，采购当地生产生活物资累计 9.1 亿元。"云桂铁路广西公司贵南高铁建设指挥部指挥长周军伟介绍。

20 多年坚守在成昆铁路 5633 次"慢火车"上的中国铁路成都局集团有限公司成都客运段列车长阿西阿呷表示，"慢火车"20 多年来票价不变，被彝族老乡亲切地称作"赶集车""致富车""求学车"，"我会和乡亲们一起把家乡建设

---

[1]　参见《中国的减贫行动与人权进步》，新华网 2016 年 10 月 17 日。

得更加美好"。

2020 年 11 月 27 日，农业农村部发布，截至目前，全国 832 个已摘帽贫困县累计建成各类产业扶贫基地 30 多万个，每个县都形成了 2 到 3 个特色鲜明、带贫面广的主导产业，成为各地脱贫攻坚和乡村振兴的重要抓手。

各贫困县累计引进和发展龙头企业 6.76 万家，创办合作社 71.9 万家，全国 15000 多名专家投身产业扶贫，形成了乡有产业指导员、村有能人带动的良好格局。在各类扶贫产业的带动下，全国 90% 以上的建档立卡贫困户享受到了产业和就业扶持。2015 年至 2019 年，贫困户人均纯收入由 3416 元增加到 9808 元，年均增长 30.2%。

国家脱贫攻坚普查领导小组办公室 2021 年 2 月 25 日发布的《国家脱贫攻坚普查公报》（第四号），专门公布了国家贫困县及其所辖的 1.2 万个乡镇、17.0 万个行政村（包括有建档立卡户的居委会、社区）基础设施和基本公共服务的情况。[1]

（一）生产生活基础设施。

国家贫困县中，通硬化路的行政村比重 99.6%，其中具备条件的行政村全部通硬化路；通动力电的行政村比重 99.3%，其中大电网覆盖范围内行政村全部通动力电；通信信号覆盖的行政村比重 99.9%；通宽带互联网的行政村比重 99.6%；广播电视信号覆盖的行政村比重 99.9%；有村级综合服务设施的行政村比重 99.0%；有电子商务配送站点的行政村比重 62.7%；全部实现集中供水的行政村比重 65.5%，部分实现集中供水的行政村比重 31.9%；全部实现垃圾集中处理或清运的行政村比重 89.9%，部分实现垃圾集中处理或清运的行政村比重 9.0%。

（二）医疗卫生设施及服务。

国家贫困县建档立卡贫困人口所在辖区县、乡、村三级医疗卫生服务体系健全。在县级，至少有一所县级公立医院（含中医院）的县比重 99.8%，其他县符合基本医疗有保障标准。至少有一所二级及以上医院的县比重 98.0%，其他县符合基本医疗有保障标准。设有县级医院的，至少一所县级医院每个专业科室有执业医师的县比重 99.8%。各县普遍实行建档立卡贫困人口县域内住院先诊疗后付费、县域内"一站式"结算，开展大病专项救治工作。

在乡村级，所在乡镇有卫生院的行政村比重 99.8%，符合基本医疗有保障

[1] 参见《国家脱贫攻坚普查公报》（第四号），人民网 2021 年 2 月 26 日。

标准可不设置的行政村比重 0.2%。所在乡镇卫生院服务能力达标的行政村比重 98.9%，符合基本医疗有保障标准不作要求的行政村比重 1.1%。行政村所在乡镇有执业（助理）医师。有卫生室或联合设置卫生室的行政村比重 96.3%，符合基本医疗有保障标准可不设置的行政村比重 3.7%。卫生室服务能力达标的行政村比重 95.3%，符合基本医疗有保障标准不作要求的行政村比重 4.7%。行政村有乡村医生或执业（助理）医师。

（三）教育文化设施及服务。

国家贫困县中，义务教育方面，有小学的乡镇比重 98.5%，有小学（教学点）的行政村比重 47.7%；所有的县均有初中，有初中的乡镇比重 70.3%；有寄宿制学校的乡镇比重 94.1%。非义务教育方面，有幼儿园的行政村比重 46.2%；有中等职业教育学校的县比重 82.4%；有技工院校（包括技工学校、高级技工学校、技师学院等）的县比重 18.7%；有职业技能培训机构的县比重 84.5%。

国家贫困县中，有公共图书馆的县比重 98.1%，有综合文化站的乡镇比重 99.4%，有图书室或文化站的行政村比重 98.9%。

《普查公报》确认：根据国家脱贫攻坚普查结果，国家贫困县基础设施和基本公共服务水平显著提高，群众生产生活条件明显改善。

根据国务院新闻办公室 2021 年 4 月《人类减贫的中国实践》白皮书的权威资料，贫困地区基础设施显著改善。截至 2020 年底，全国贫困地区新改建公路 110 万公里、新增铁路里程 3.5 万公里，贫困地区具备条件的乡镇和建制村全部通硬化路、通客车、通邮路。2016 年以来，新增和改善农田有效灌溉面积 8029 万亩，新增供水能力 181 亿立方米，水利支撑贫困地区发展的能力显著增强。大幅提升贫困地区用电条件，实施无电地区电力建设、农村电网改造升级、骨干电网和输电通道建设等电网专项工程，把电网延伸到更多偏远地区，农村地区基本实现稳定可靠的供电服务全覆盖，供电能力和服务水平明显提升。加强贫困地区通信设施建设，贫困村通光纤和 4G 比例均超过 98%，远程教育加快向贫困地区学校推进，远程医疗、电子商务覆盖所有贫困县，贫困地区信息化建设实现跨越式发展。基础设施的极大改善，从根本上破解了贫困地区脱贫致富的难题，畅通了贫困地区与外界的人流、物流、知识流、信息流，为贫困地区发展提供了有力的硬件支撑。[1]

---

[1] 参见国务院新闻办公室：《人类减贫的中国实践》，新华网 2021 年 4 月 6 日。

根据国务院新闻办公室 2021 年 4 月《人类减贫的中国实践》白皮书的权威资料，截至 2019 年底，农村公路总里程占全国公路总里程的 83.8%，其中等级公路比例达到 93.2%，农村公路列养率达到 98.8%。贫困地区改造建设约 5.9 万公里资源路、旅游路、产业路，出行难等长期没有解决的老大难问题普遍得到解决。"四好农村路"连片成网，极大缩短了往返城乡距离，深刻改变了农村的生产生活条件和社会面貌，为偏远闭塞的乡村开辟了通往现代化的大道。

2013 年以来，实施全面解决无电人口用电问题三年行动计划，到 2015 年实现了全国人口用上电。通过实施新一轮农网改造升级，农网供电可靠率达到 99.8%，综合电压合格率达到 99.7%，农村居民用电条件明显改善。2020 年底，实现了全国县级行政区全部接入大电网。实施贫困村通动力电工程，覆盖 23 个省份 839 个县约 17 万个行政村，大电网覆盖范围内贫困村通动力电比例达到 100%。

八、原贫困地区发展活力和能力普遍增强

扶贫脱贫需要帮扶。通过帮扶，不仅是要缓解困难，消除贫穷更重要的是增强贫困地区贫困人口的发展动力、发展活力和发展能力。经过长期不懈的扶贫开发，特别是党的十八大以来的脱贫攻坚，贫困地区的发展活力和能力普遍增强。

根据国务院新闻办公室 2016 年发布的《中国的减贫行动与人权进步》白皮书，2012 年至 2016 年，财政扶贫投入力度不断加大。2012 年以来，中国政府积极调整财政支出结构，持续加大投入力度，完善财政扶贫政策体系。2011 年至 2015 年，中央财政累计安排专项扶贫资金 1898.4 亿元，年均增长 14.5%，并安排专项彩票公益金 50.25 亿元，支持贫困革命老区推进扶贫开发。积极创新财政扶贫体制机制，加强财政扶贫资金管理。发挥财政投入的杠杆作用，通过市场化机制撬动金融资本支持易地扶贫搬迁工程。

金融扶贫方式创新发展。精准对接脱贫攻坚融资需求与贫困地区发展规划，满足特色产业扶贫、易地扶贫搬迁、贫困人口就业就学的金融需求。创新发展扶贫小额信贷，为建档立卡贫困户提供"5 万以下、3 年以内、免担保免抵押、基准利率放贷、财政扶贫资金贴息、县建风险补偿金"的扶贫小额信贷产品，支持贫困户发展产业，增加收入，截至 2015 年底，已向贫困户发放 1200 亿元。大力推进贫困地区普惠金融发展，完善农村支付服务环境，推进支付服务进村入户。完善精准扶贫金融支持保障措施，设立扶贫再贷款，实行比支农再贷款

更优惠的利率，发挥多种货币政策工具作用，引导金融资源向贫困地区、贫困人口倾斜配置。探索保险扶贫的路径。

扶贫开发用地政策进一步完善。调整完善土地利用总体规划，充分考虑扶贫开发及易地扶贫搬迁需要，统筹安排建设用地规模、结构和布局，优先安排脱贫攻坚用地。出台更加灵活的国土资源管理政策。按照应保尽保要求，加大对扶贫开发及易地扶贫搬迁地区城乡建设用地增减挂钩指标支持，符合条件的节余指标可在省域范围内流转使用。增减挂钩收益按照工业反哺农业、城市支持农村的要求，及时全部返还贫困地区。对中西部少数民族地区和集中连片特困地区利用荒山、荒沟、荒丘、荒滩发展休闲农业，建设用地指标给予倾斜。

定点扶贫政策有效落实。320个中央单位均承担定点扶贫任务，共帮扶592个国家扶贫开发工作重点县。健全牵头联系机制，明确中央9个单位为定点扶贫牵头部门。68家中央企业在定点扶贫的108个革命老区贫困县开展"百县万村"活动，帮助解决1万多个贫困村的水电路问题。"十二五"期间，中央单位共向592个重点县选派挂职干部1670人次，投入帮扶资金（含物资折款）118.6亿元，帮助引进各类资金695.8亿元，组织劳务输出31万人次。中国人民解放军和武警部队先后建立扶贫联系点2.6万多个，对全国35个贫困县、401个贫困乡镇、3618个贫困村进行定点帮扶。

东西部扶贫协助深入开展。东部9个省（直辖市）和9个城市对口支持西部10个省（自治区、直辖市）207个重点县。北京、上海、天津、辽宁、山东5省市建立了对口支援西部地区资金稳定增长机制，每年以8%—10%的幅度增加帮扶资金投入。"十二五"期间，东部省市共向西部贫困地区提供财政援助资金56.9亿元，动员社会力量捐款3.8亿元，引导企业实际投资1.2万亿元；东部派往西部挂职扶贫的党政干部684人次，西部到东部挂职1150人次；为西部地区开展劳动力输出培训77.8万人次，输出劳务240.3万人次。

民营企业、社会组织、公民个人广泛参与扶贫。2014年，国家将每年的10月17日设立为"扶贫日"，在扶贫日前后组织开展系列活动，2014年和2015年共募集资金约150亿元。相继开展全国社会扶贫先进集体和先进个人评选及"中国消除贫困奖"评选表彰活动。启动民营企业"万企帮万村"精准扶贫行动，万达集团、恒大集团等民营企业率先开展包县扶贫行动，苏宁、京东等企业积极参与电商扶贫工作。中国扶贫基金会等社会组织募集大量资金用于精准扶贫项目。成立中国扶贫志愿服务促进会，建设社会扶贫网，着力打造社会扶贫参与平台。

扶贫工作机制健全完善。实行中央统筹、省（区、市）负总责、市（地）县抓落实的领导责任制，分工明确、责任清晰、任务到人、考核到位。各级党委和政府层层签订脱贫攻坚责任书，将脱贫攻坚任务完成情况作为考核贫困县党政领导的重要指标。建立年度脱贫攻坚报告和督查制度，实施省市县乡村逐级督查问责机制，对落实不力的部门和地区严格追责。完善干部驻村帮扶机制，全国选派机关优秀干部到村任第一书记18.8万人，驻村工作队12.8万个，驻村干部53万人，覆盖所有的贫困村。建立贫困退出机制，制定严格、规范、透明的贫困退出标准、程序和核查办法，贫困村、贫困县以贫困发生率为主要衡量标准，中部地区下降到2%以下、西部地区下降到3%以下才能够退出。

扶贫民主监督机制不断完善。建立全国扶贫信息网络系统，通过农户申请、民主评议、公示公告、逐级审核的方式，对每个贫困村、贫困户建档立卡，确保群众的知情权和参与权。坚持民主决策、科学决策，充分尊重贫困群众发展意愿，贫困群众参与项目决策、实施、管理和监督全过程。项目资金安排和建设情况向社会公开，实现阳光化运行、常态化公开。委托有关科研机构和社会组织等独立的第三方，对贫困人口识别准确率、贫困人口退出准确率、因村因户帮扶工作群众满意度等指标进行评估。支持各民主党派中央开展脱贫攻坚民主监督工作，8个民主党派中央分别对口脱贫任务重的8个中西部省区，重点就贫困人口精准识别、精准脱贫等情况开展民主监督。加大扶贫领域执纪监督、审计监督力度，开展扶贫领域职务犯罪预防和集中整治专项工作。完善信息披露机制，设立"12317"扶贫监督举报电话，充分发挥社会监督作用。[1]

特色产业脱贫得到扶持。国家相继出台一系列特色产业发展规划、政策，为贫困地区提供发展机会。制定实施关于加强农业行业扶贫工作的指导意见和《全国林业扶贫攻坚规划（2013—2020年）》，明确将大力发展特色农牧业作为农业行业扶贫重点工作。编制《农业行业扶贫开发规划（2011—2020年）》，制定《特色产业增收工作实施方案》《全国优势特色经济林发展布局规划（2013—2020年）》，对各集中连片特困地区特色农林牧业进行科学布局，明确发展重点。发布《特色农产品区域布局规划（2013—2020年）》，将贫困地区96个特色品种纳入规划范围，引导多方力量加大投入。"十二五"（2011—2015年）期间，向

---

[1] 参见《中国的减贫行动与人权进步》，新华网2016年10月17日。

连片特困地区投入农业基本建设资金和财政专项资金1220亿元，安排林业基本建设资金和财政专项资金1160多亿元。在特色产业带动下，贫困地区发展条件不断改善，农民收入水平不断增加。

生态保护脱贫持续推进。在贫困地区积极推进天然林资源保护、退耕还林、退牧还草、京津风沙源治理、石漠化综合治理和生物多样性保护等重大生态工程，加快贫困地区生态保护和修复步伐，改善当地生态环境，不断拓展贫困人口生存空间，为当地优势特色产业发展、贫困人口就业增收以及保障发展环境创造了良好的条件。建立完善生态补偿机制，积极推进贫困地区的生态补偿工作，进一步提高森林生态效益补偿标准，完善草原生态保护奖励机制，推动贫困地区传统牧业向现代牧业转变。拓宽贫困人口增收渠道，鼓励重点工程区范围内的贫困户投工投劳，提高了贫困人口的受益水平。改善贫困人口生存条件，加大贫困县生态环境综合治理力度，强化木本粮油、特色林果、木竹原料林、林下经济、草食畜牧业、生态旅游业等发展，切实改善贫困人口生活条件。

农村兜底脱贫逐步实行。国家制定农村低保制度与扶贫开发政策相衔接实施方案，各地紧紧围绕贫困人口脱贫目标，完善政策措施，健全工作机制，努力实现农村低保制度政策性兜底保障，不断提高贫困人口社会保障水平。对于符合农村低保条件的建档立卡家庭，按规定程序纳入低保范围，根据家庭人均收入与当地低保标准的差额发给低保金。对于符合扶贫条件的农村低保家庭，按规定程序纳入建档立卡范围，根据不同致贫原因予以精确帮扶。对于脱贫后再返贫的家庭，分别纳入临时救助、医疗救助、农村低保等社会救助制度和建档立卡帮扶政策范围。2015年，全国保障农村低保对象共4903.6万人，农村低保标准从2011年的平均每人每月143元提高到265元；农村特困人口集中和分散供养年人均标准分别达到6026元和4490元，比2012年同期分别增长48.4%和49.3%。

资产收益扶贫探索实行。对于难以通过增强自我发展能力实现脱贫的贫困人口，近年来一些地方积极探索资产收益扶贫，在不改变资金用途的情况下，将财政专项扶贫资金和其他涉农资金投入贫困地区基础设施建设和产业发展形成的资产，拿出部分量化折股配置给丧失或部分丧失劳动能力的贫困户，帮助其增加财产性收入。各地资产收益扶贫主要依托当地优势特色产业，并积极发挥农民专业合作社等新型生产经营主体作用，确保贫困人口既可以享受保底收益和红利，还能通过流转土地和参加务工获得收益。2014年底，国家启动光伏扶贫试点工作，在安徽、河北、山西、宁夏、甘肃、青海6省区开展试点，通过资产收益扶贫增加贫困地区"造血"能力。2016 年，国家大力推进光伏扶贫，计划在 2020 年之前，在 16 个省区 471 个县约 3.5 万个建档立卡贫困村，以整村推进的方式，保障 200 万建档立卡无劳动能力贫困户（包括残疾人）户均年增收 3000 元以上。

就业创业服务不断加强。近年来，中国政府大力实施就业优先战略和更加积极的就业政策，提供职业技能培训，加强就业创业服务，有效保障贫困人口工作权利。组织实施农民工职业技能提升计划——"春潮行动"，面向农村贫困劳动力开展就业技能培训、岗位技能提升培训和创业培训，并落实培训补贴政策。落实《关于加强雨露计划支持农村贫困家庭新成长劳动力接受职业教育的意见》，对农村贫困家庭子女接受职业教育的给予补助。进一步健全完善公共就业服务体系，加强基层劳动就业和社会保障服务平台建设，组织开展"春风行动"等专项就业服务，加强输出输入地劳务对接，为农村贫困人口免费提供职业指导、职业介绍、就业信息、政策法规咨询等公共就业服务，推进农村富余劳动力进城务工和稳定转移，2011 年至 2014 年年均新增农民工 793 万人。积极落实创业扶持政策，对有创业意愿和创业培训、创业服务需求的劳动者，组织参加创业培训，提供信息咨询、开业指导、创业孵化、跟踪辅导等"一条龙"创业服务，提高创业成功率。

"十三五"时期，我国专项扶贫、行业扶贫、社会扶贫互为补充的大扶贫格局逐步形成并日趋完善。依托云计算、人工智能、区块链等数字技术的平台经济为脱贫攻坚注入新动能。消费扶贫行动实现贫困县全覆盖，有效解决贫困地区农产品"卖难"问题……通过线上线下相结合，汇聚起社会各界参与脱贫攻坚的强大合力。

贫困地区以脱贫攻坚统揽经济社会发展全局，呈现出新的发展局面。贫困地区基础设施和公共服务投入大量增加，发展能力明显增强，特色优势产业迅速发展，生态环境显著改善，贫困群众生活质量稳步提升。2013 年至 2018 年，贫困县国内生产总值年均增速高出全国平均水平 2 个多百分点，贫困地区农村居民人均可支配收入年均增速高出全国农村平均水平 2.3 个百分点，发展差距逐步缩小。在精准扶贫精准脱贫伟大实践中，农村基层党组织凝聚力和战斗力显著增强，农村基层治理能力和管理水平明显提高，党群干群关系不断改善，人民群众获得感明显提升，党在农村的执政基础进一步巩固。

产业是实现稳定脱贫的根本之策，也是增强贫困地区造血功能、帮助贫困群众就地就业的长远之计。农业农村部介绍，在产业扶贫的有力支撑下，贫困户人均纯收入由 2015 年的 3416 元，增加到 2019 年的 9808 元，年均增长30.2%。产业扶贫政策已覆盖全国 98% 的贫困户，有劳动能力和意愿的贫困群众基本都参与到产业扶贫中。其中，贫困劳动力在本县内乡村企业、扶贫车间务工的超过 1300 万人，占务工总人数近一半。

2020 年冬至，江西省南昌县塘南镇的工控·塘南第六产业园扶贫车间内，一片繁忙景象。贫困户李七香正和其他 7 名贫困群众在果蔬大棚里忙着种植和管理小番茄。李七香说："上岗前有专门培训，上班就在村口，很方便，一个月能挣 3000 块钱。我老公也在车间务工，我俩年收入 7 万块钱左右，以前想都不敢想！"

每逢节假日，藏在武陵山区深处的湖北省恩施市龙凤镇青堡村就会热闹起来。村民黄正学家开办的农家乐 17 个房间早已客满。从他家三层小楼上望出去，青瓦白墙的土家风格楼房沿着山道迤逦而建，阡陌纵横的蔬菜基地向远山延伸……

过去，青堡村村民出山必须跋山涉水——要翻越悬崖，蹚过六七条湍急的河流。出行难、饮水难、用电难、住房难、上学难、看病难、增收难，龙凤镇一直深受贫困折磨。

2013 年，龙凤镇综合扶贫改革试点大幕徐徐拉开。当地出台了城乡建设、经济社会发展、土地综合利用等 3 项总体规划、28 个专项规划。引导 5000 余户老百姓从自然条件恶劣的偏远区域搬迁至集镇、中心社区或居民点。同时，精准扶贫和乡村振兴同步进行，龙凤镇探路全域旅游，200 多户民宿每年接待游客4 万多人，增收上百万元。

从穷窝窝到致富家，一系列配套政策运行推广，让村民搬得出，稳得住，能致富，实实在在增强获得感与幸福感。

根据 2021 年 4 月《人类减贫的中国实践》白皮书的权威资料，脱贫攻坚极大释放了贫困地区蕴含的潜力，为经济和社会发展注入强大动力。

在脱贫攻坚中，农村基层党组织的战斗堡垒作用不断增强，凝聚力战斗力号召力明显提高，党群干群关系更加密切，贫困地区群众对党和政府的信赖、信任、信心进一步增强，党在农村的执政基础更加牢固。

基层群众自治更加有效，基层治理更具活力。村委会（居委会）作用更好发挥，贫困群众自我管理、自我教育、自我服务、自我监督不断加强。脱贫攻坚之初，很多贫困村几乎没有集体经济收入，到 2020 年底全国贫困村的村均集体经济收入超过 12 万元。稳定的集体经济收入改变了很多村级组织过去没钱办事的困境，增强了村级组织自我保障和服务群众的能力。

懂农业、爱农村、爱农民的"三农"工作队伍不断壮大。2013 年以来，全国累计选派 300 多万名第一书记和驻村干部开展精准帮扶。广大基层干部和扶贫干部为贫困群众办实事、解难题，在脱贫攻坚的艰苦磨砺中，带领群众脱贫致富的本领进一步增强。大批教育、科技、医疗卫生、文化等领域的专业人才支援贫困地区建设，大批企业家到贫困地区投资兴业，很多高校毕业生回到农村建设家乡。大批热爱农村、扎根农村、建设农村的人才留下来，为农业农村现代化继续贡献力量。

贫困地区产业结构显著改善，特色优势产业不断发展，电子商务、光伏、旅游等新业态新产业蓬勃兴起，推动了贫困地区经济多元化发展，扩大了市场有效供给，厚植了经济发展基础。贫困地区的地区生产总值持续保持较快增长，2015 年以来，人均一般公共预算收入年均增幅高出同期全国平均水平约 7 个百分点。收入的持续稳定增长，激发了贫困群众提升生活品质、丰富精神文化生活的需求，拉动了庞大的农村消费，为促进国内大循环提供了支撑。

生态环境更美更好。贫困地区生态保护水平明显改善，守护了绿水青山、换来了金山银山。脱贫攻坚既促进了贫困人口"增收"，又促进了贫困地区"增绿"，极大改善了贫困地区生态环境，广大农村旧貌换了新颜，生态宜居水平不断提高。

脱贫致富热情高涨。脱贫攻坚不仅使贫困群众拓宽了增收渠道、增加了收入，而且唤醒了贫困群众对美好生活的追求，极大提振和重塑了贫困群众自力更生、自强不息，勤劳致富、勤俭持家，创业干事、创优争先的精气神，增强了脱贫致富的信心和劲头。

主人翁意识显著提升。脱贫攻坚为贫困群众参与集体事务搭建了新的平台。扶贫项目实施、资金使用等村级重大事项决策，实行"四议两公开"，建立健全村务监督机制，推广村民议事会、扶贫理事会等制度，让村民做到"大家的事大家议、大家办"，拓展了贫困群众参与脱贫攻坚的议事管事空间，提高了参与集体事务的积极性自觉性，激发了建设家乡的热情，乡村发展的凝聚力大大增强。

现代观念不断增强。脱贫攻坚打开了贫困地区通往外部世界的大门。交通基础设施的改善打通了贫困地区与外界的联系，公共文化事业的发展丰富了贫困群众的精神文化生活，网络的普及让贫困群众增长了见识、开阔了视野。贫困群众的开放意识、创新意识、科技意识、规则意识、市场意识等显著增强，脱贫致富的点子越来越多、路子越来越宽。

文明新风广泛弘扬。通过深化贫困地区文明村镇和文明家庭、"五好"家庭创建，持续推进新时代文明实践中心建设，发挥村规民约作用，推广道德评议会、红白理事会等做法，开展移风易俗行动，开展弘扬好家风、"星级文明户"评选、寻找"最美家庭"等活动，使社会主义核心价值观广泛传播，贫困地区文明程度显著提升。俭朴节约、绿色环保、讲究卫生等科学、健康、文明的生活方式成为贫困群众的新追求，婚事新办、丧事简办、孝亲敬老、邻里和睦、扶危济困、扶弱助残等社会风尚广泛弘扬，既有乡土气息又有现代时尚的新时代乡村文明新风正在形成。[1]

九、特殊群体的生活质量普遍提高

妇女、儿童、老年人、残疾人、少数民族等特定群体中的贫困人口是扶贫工作的重点对象。中国政府加大优先扶持政策力度，切实保障这些群体的社会保障权、健康权、受教育权等各项权利。特殊群体的生活质量普遍提高。根据国务院新闻办公室 2016 年发布的《中国的减贫行动与人权进步》白皮书，2012年至 2016 年间的具体情况如下：

贫困妇女权利保障水平不断提升。国家落实《中国妇女发展纲要（2011—2020 年）》，制定实施保障贫困妇女权益的政策措施。加强贫困地区妇女教育培训，培训中西部农村妇女 200 多万人。实施妇女小额贷款担保项目及财政贴息政策，促进城乡妇女创业就业。开展农村妇女"两癌"检查项目，每年为全国1000 万适龄农村妇女进行免费宫颈癌检查，为 120 万适龄农村妇女进行免费乳腺癌检查，已覆盖 532 个贫困县。2011 年至 2015 年，中央彩票公益金投入 4 亿元，积极开展"贫困母亲两癌救助"。实施"母亲安居工程""母亲健康快车"等公益项目，帮助贫困单亲母亲、患病贫困妇女改善生存和发展状况。建立完善新型社会救助体系，加大对贫困妇女的保障力度。2015 年，全国获得低保及

---

[1]　参见国务院新闻办公室：《人类减贫的中国实践》，新华网 2021 年 4 月 6 日。

特困人员救助供养的居民达 7121.5 万人，其中女性约 2609.4 万人，所占比重为 36.6%，基本实现了应保尽保。

贫困儿童权利保障力度不断加大。国家制定并落实《中国儿童发展纲要（2011—2020 年）》《国家贫困地区儿童发展规划（2014—2020 年）》，健全完善留守儿童关爱服务体系、困境儿童分类保障和救助保护机制。落实《国务院关于加强农村留守儿童关爱保护工作的意见》，推进城乡社区"儿童之家"和"儿童快乐家园"建设，各地以儿童之家和儿童快乐家园为依托开展关爱服务活动 15.8 万项，受益农村留守儿童人数达 1312.9 万人次。落实《国务院关于加强困境儿童保障工作的意见》，各地出台困境儿童分类管理办法，根据不同儿童群体需求特点，分类型设置标准，分标准实施保障，加强困境儿童保障水平。落实《国务院办公厅关于加强孤儿保障工作的意见》，全面建立全国孤儿基本生活保障制度和艾滋病病毒感染儿童生活保障制度，中央财政每年安排 20 亿元，保障 50 多万名孤独和艾滋病病毒感染儿童的基本生活，并对他们的医疗、教育、康复及成年后就业、住房等作了制度性安排。实施"全国孤儿手术康复明天计划"，累计投入资金 8.6 亿元，为 9 万多名孤儿、弃婴和贫困儿童免费实施手术矫治和康复。贯彻《国务院办公厅关于加强流浪未成年人救助保护工作的意见》，开展"接送流浪孩子回家"和"流浪孩子回校园"专项行动，基本消除胁迫、诱骗、利用未成年人乞讨现象。广泛开展适度普惠型儿童福利保障制度和未成年人社会保护试点工作，推动构建未成年人救助保护制度，推动建立县、乡、村三级儿童福利和保护工作网络。自 2011 年起，全国超过 1/2 的县实施了农村义务教育学生营养改善计划，按照每生每天 4 元标准为贫困地区提供营养膳食补助，中央财政累计投入 670 亿元，惠及 3360 万农村学生。自 2012 年起，实施贫困地区儿童营养改善项目，为 6 月至 24 月龄婴幼儿免费提供营养包，提高监护人科学喂养知识普及程度和家庭教育水平，促进贫困地区婴幼儿健康发育成长。2015 年，该项目由中央财政专项补助经费 5 亿元，覆盖 21 个省（区、市）14 个国家集中连片特困地区的 341 个县，共 211 万名儿童受益。

老年人权利保障体系不断完善。国家积极推动养老保险制度改革，加强农村养老服务建设，建立健全养老服务补贴制度。2009 年开展新型农村社会养老保险试点，2011 年开展城镇居民社会养老保险试点，2014 年在全国范围内建立了统一的城乡居民养老保险制度。2015 年，中央和地方政府支付补贴资金 2044 亿元，保障和改善亿万城乡老年居民的基本生活。截至 2015 年底，全国参保人数达 5.05 亿，待遇领取人数达 1.48 亿，其中 95% 是农村居民；全国共有农村敬老院 27248 所，床位 249.3 万张，日间照料服务设施已覆盖 50% 以上的农村社区；全国 20 个省（区、市）建立经济困难老人养老服务补贴制度，17 个省（区、市）建立失能老人护理补贴制度。

残疾人权利保障事业扎实推进。2012 年，国务院办公厅印发《农村残疾人扶贫开发纲要（2011—2020 年）》，明确将贫困残疾人列为重点扶贫群体。2015 年，国务院印发《关于加快推进残疾人小康进程的意见》，围绕残疾人基本民生保障、就业创业增收、基本公共服务三大重点领域，提出了一系列重要举措。2015 年，《国务院关于全面建立困难残疾人生活补贴和重度残疾人护理补贴制度的意见》正式实施，第一次在国家层面建立残疾人福利补贴制度。通过专项调查，实名获取 2660 多万持证残疾人和 70 多万个社区为残疾人提供公共服务状况的基本信息，为向残疾人精准服务提供了可靠的数据支撑。2012 年以来，中央安排 37.4 亿元康复扶贫贴息贷款，扶持 21.9 万贫困残疾人；累计为 145.2 万残疾人提供职业培训，城镇新增 123.9 万残疾人就业，2015 年开通全国残疾人网络就业服务平台；国家补助完成 117.5 万户农村贫困残疾人危房改造，317 万农村贫困残疾人得到实用技术培训，496.2 万农村贫困残疾人脱贫，因残致贫现象得到有效缓解。截至 2015 年底，共有 1088.5 万城乡残疾人纳入最低生活保障范围，近 2230 万残疾人参加城乡居民社会养老保险，302.3 万残疾人参加城镇居民基本医疗保险。

少数民族脱贫步伐加快。国家制定一系列特殊扶持政策，加快推进少数民族和民族地区脱贫攻坚。《中国农村扶贫开发纲要（2011—2020 年）》确定的 14 个集中连片特困地区中，分布在民族自治地方的有 11 个；592 个国家扶贫开发工作重点县中，分布在民族自治地方的有 263 个；扶贫开发整村推进"十二五"规划确定的 3 万个贫困村中，分布在民族自治地方的有 13158 个。2012 年至 2015 年，中央财政安排少数民族发展资金 145.9 亿元，专项支持推进兴边富民行动、扶持人口较少民族发展以及开展少数民族特色村寨和少数民族传统手工艺品的保护与发展。国家安排中央预算内投资 55 亿元，用于帮助边境地区和人口较少民族聚居区的基础设施建设、群众生产生活条件改善和社会事业发展。"十二五"期间，内蒙古、广西、西藏、宁夏、新疆 5 个自治区和少数民族分布集中的贵州、云南、青海 3 省的贫困人口从 2011 年的 3917 万下降到 1813 万，减少 2104 万人，减少幅度为 53.7%；贫困发生率从 27.2% 下降到 12.4%，下降了 14.8 个百分点。

4 年之后，对特殊贫困人群的扶持工作又有新的发展，成绩又有新的推进。2021 年 4 月 6 日《人类减贫的中国实践》白皮书又作了新的总结和介绍。

贫困妇女生存发展状况显著改善。坚持男女平等基本国策，将妇女作为重点扶贫对象，实现脱贫的近 1 亿贫困人口中妇女约占一半。实施《中国妇女发展纲要（2011—2020 年）》，把缓解妇女贫困程度、减少贫困妇女数量放在优先位置，扶贫政策、资金、措施优先向贫困妇女倾斜，帮助贫困妇女解决最困难最忧虑最急迫的问题。累计对 1021 万名贫困妇女和妇女骨干进行各类技能培训，500 多万名贫困妇女通过手工、种植养殖、家政、电商等增收脱贫。累计发放妇女小额担保贷款和扶贫小额信贷 4500 多亿元，870 万名妇女通过小额担保贷款和扶贫小额信贷实现创业增收。19.2 万名贫困患病妇女获得救助，妇女宫颈癌、乳腺癌免费检查项目在贫困地区实现全覆盖。通过"母亲水窖""母亲健康快车""母亲邮包"等公益项目，投入公益资金 41.7 亿元，惠及贫困妇女 5000 余万人次。

困境儿童关爱水平明显提高。实施《中国儿童发展纲要（2011—2020 年）》《国家贫困地区儿童发展规划（2014—2020 年）》，对儿童教育和健康实施全过程保障和干预。开展儿童营养知识宣传和健康教育，实施贫困地区儿童营养改善项目，提高贫困地区儿童健康水平，为集中连片特困地区 6 月至 24 月龄婴幼儿每天免费提供 1 包辅食营养补充品，截至 2020 年底，累计 1120 万儿童受益。实施出生缺陷干预救助项目，为先天性结构畸形、部分遗传代谢病和地中海贫血贫困患病儿童提供医疗费用补助，累计救助患儿 4.1 万名，拨付救助金 4.7 亿元。组织各类志愿者与孤儿、农村留守儿童、困境儿童结对，开展关爱帮扶，覆盖儿童和家长 2519.2 万人次。建立儿童之家 28 万余所、儿童快乐家园 1200 余个，为留守、困境儿童提供文体娱乐、心理疏导、生活照顾、家教指导等关爱服务。大幅提高孤儿保障水平，机构集中养育孤儿和社会散居孤儿平均保障标准分别达到每人每月 1611.3 元和 1184.3 元。实施孤儿医疗康复明天计划项目，累计投入 17 亿元、惠及 22.3 万名病残孤儿。实施福彩梦圆孤儿助学工程，累计投入 5.4 亿元、惠及在校就读孤儿 5.4 万人次。建立事实无人抚养儿童保障制度，25.3 万名事实无人抚养儿童参照当地孤儿保障标准纳入保障范围。

贫困老年人生活和服务保障显著改善。持续提高农村养老金待遇和贫困老年人口医疗保障水平，农村老年人口贫困问题进一步解决。经济困难的高龄、失能等老年人补贴制度全面建立，惠及 3689 万老年人。实施老年健康西部行项目，在西部贫困地区开展老年健康宣传教育，组织医务人员、志愿者开展义诊和健康指导服务，促进西部老年人健康素养和健康水平提高。建立农村留守老年人关爱服务制度，推动贫困老年人医疗保障从救治为主向健康服务为主转变。加强失能贫困老年人关爱照护，全面开展核查，确认 62.7 万失能贫困老年人，落实家庭医生签约服务 59 万人，失能贫困老年人健康状况明显改善。

贫困残疾人保障水平全面提升。700 多万贫困残疾人如期脱贫，创造了人类减贫史上残疾人特殊困难群体消除贫困的奇迹。困难残疾人生活补贴和重度残疾人护理补贴制度惠及 2400 多万残疾人。1066.7 万残疾人纳入最低生活保障。贫困残疾人全部纳入基本医疗保险、大病保险，54.7 万贫困残疾人得到医疗救助。178.5 万户贫困残疾人家庭住房安全问题得到解决。贫困残疾人的特殊需求得到更好保障，8 万余名家庭经济困难的残疾儿童接受普惠性学前教育。65.3 万户贫困重度残疾人家庭完成无障碍改造，贫困重度残疾人照护服务创新实践取得显著成效。[1]

十、走出了一条中国特色社会主义贫困治理道路

各国国情不同，所处发展阶段不同，减贫标准、方式方法、路径手段也不同。中国坚持从自己的实际出发，经过多年探索实践，不仅取得了扶贫脱贫的伟大成就，而且积累了一系列成功经验，走出了一条中国特色的贫困治理道路。

——坚持立足基本国情，充分发挥制度优势。中国有 14 亿多人口，是世界上最大的发展中国家。发展是中国共产党执政兴国的第一要务，是解决中国所有问题的关键。中国发挥政治优势和制度优势，通过"党的领导、政府主导、社会参与"的工作机制，形成跨地区、跨部门、跨行业、全社会共同参与多元主体的社会扶贫体系。

——坚持加快发展经济，扎实推进减贫事业。将减贫作为发展经济的一项重要内容，以发展经济促进减贫，发挥扶贫开发与经济社会发展相互促进作用，把扶贫开发作为经济社会发展规划的主要内容，推动减贫和人权保障领域各项工作统筹兼顾、协调发展，实现扶贫减贫规划、国家经济社会发展规划与国家

---

[1]　参见国务院新闻办公室：《人类减贫的中国实践》，新华网 2021 年 4 月 6 日。

人权行动计划有机联动。

——坚持多种形式减贫，注重提高实际效果。把发展作为解决贫困的根本途径，坚持开发式扶贫方针，注重扶贫先扶智，增强贫困人口自我发展能力，阻断贫困代际传递。坚持普惠政策和特惠政策相结合，在加大对农村、农业、农民普惠政策支持的基础上，对贫困人口实施特惠政策。把精准扶贫、精准脱贫作为基本方略，分类施策，重在精准，做到应扶尽扶、应保尽保。

——坚持社会公平公正，努力实现成果共享和共同富裕。以保障和改善民生为重点，创新制度安排，促进社会公平正义。建立以权利公平、机会公平、规则公平为主要内容的社会公平保障体系，用法治保证人民平等参与、平等发展权利，使全体人民共享改革发展成果，实现共同富裕。

——发挥举国体制优势，形成大扶贫格局。为贫困地区发展注入不竭动力。"十三五"时期，我国专项扶贫、行业扶贫、社会扶贫互为补充的大扶贫格局逐步形成并日趋完善。依托云计算、人工智能、区块链等数字技术的平台经济为脱贫攻坚注入新动能。消费扶贫行动实现贫困县全覆盖，有效解决贫困地区农产品"卖难"问题……通过线上线下相结合，汇聚起社会各界参与脱贫攻坚的强大合力。

脱贫最根本的标志在于贫困地区和贫困人口要能建立内生的发展动力。所谓内生的发展动力，就是通常讲的"造血"功能。虽然理论上有很多办法、建议，但从全球减贫实践情况来看，这是难度最大的一件事。我国自改革开放以来实行的开发式扶贫，就是希望通过帮扶来建立贫困地区、贫困人口的内生发展动力。贫困地区如果通过外界帮扶实现了一些改变，但内在活力不行，劳动力不能回流，那么内生动力没建立起来，还是很难根本性地脱贫。

所以，中国特色社会主义的贫困治理道路，既发挥国家和社会的帮扶作用，又着重增强贫困人口和地区的内生动力。首先通过"发展生产脱贫一批"，帮助形成适合贫困地区和贫困人口的特色产业、优势产业和其他产业，奠定扶贫脱贫的稳固基础。移民搬迁、教育脱贫最终也落实到发展生产、发展产业上。这种贫困治理是"造血式"的扶贫脱贫，是贫困村、贫困户最根本的脱贫途径。通过有效的"造血式"扶贫，促进了各类型扶贫产业的发展，为贫困人口建立了稳定的收入来源。通过"造血"，也促进了区域性的经济社会发展，增强了这些地区的内生发展动力，对拉动我国整体经济也作出了积极贡献。

十一、形成了伟大的脱贫攻坚精神

2021 年 2 月 25 日，在全国脱贫攻坚总结表彰大会上，习近平总书记强调：伟大事业孕育伟大精神，伟大精神引领伟大事业。脱贫攻坚伟大斗争，锻造形成了"上下同心、尽锐出战、精准务实、开拓创新、攻坚克难、不负人民"的脱贫攻坚精神。习近平总书记要求，全党全国全社会都要大力弘扬脱贫攻坚精神，团结一心，英勇奋斗，坚决战胜前进道路上的一切困难和风险，不断夺取坚持和发展中国特色社会主义新的更大的胜利。

何为精神？精神，从广义上来说，是指人类的心理状态、观念意识。从哲学层面来说，精神是与存在、物质相对应的现象。从狭义上来说，是某一个国家、民族或者群体，在某种特别条件下表现出来的一种精神类型。党史上所说的精神，主要指党在实践活动中表现出的观念、气质、信念、意志、风范等非物质现象；也特指各种精神类型，即在一定时期、一定环境下形成的，具有特定内涵外延以及种种特点的某种精神类型，是一种特定的人类文明的结晶，是一种人类精神的类型。

物质与精神是辩证关系。马克思主义告诉我们，物质是基础，物质决定精神，精神反映物质。在我们党的奋斗过程中，很多时候，物质力量是不够的，但最后还是战胜了各种艰难困苦，我们发展了、我们壮大了、我们胜利了，毫无疑问精神力量起到了巨大作用，这种精神使我们战胜了常人难以克服的困难。

伟大事业孕育伟大精神。100 年来，我们党培育形成了一系列展现中国共产党人精神风貌的革命精神。这种精神，革命时期可以概括为革命精神，建设时期可以概括为建设精神、创业精神，改革开放时期可以叫改革创新精神、时代精神。现在为了突出所有精神的革命性，往往扩大革命的内涵和外延，统称它们为革命精神。这些精神集中体现了党的光荣传统和优良作风，构成了中国共产党人特有的精神标识，为中华民族精神注入了丰富内涵。

在 2 月 20 日的党史学习教育动员大会上，习近平总书记列举了 13 个精神。最后发表的文字中，列举了井冈山精神、长征精神、遵义会议精神、延安精神、西柏坡精神、红岩精神、抗美援朝精神、"两弹一星"精神、特区精神、抗洪精神、抗震救灾精神、抗疫精神等伟大精神。中央党史和文献研究院研究统计后，先是说有 90 多种精神，现在又说有 160 多种精神。所有这些精神，按照历史顺序，构成了一个长长的系列。习近平总书记将中国共产党的各种精神概括为精神谱系，有关部门和媒体先后公布了精神谱系的具体内容。在庆祝中国共产党成立 100 周年大会上的讲话中，习近平总书记明确提出了"伟大建党精神"。

习近平总书记说："这些宝贵精神财富跨越时空、历久弥新，集中体现了党的坚定信念、根本宗旨、优良作风，凝聚着中国共产党人艰苦奋斗、牺牲奉献、开拓进取的伟大品格，深深融入我们党、国家、民族、人民的血脉之中，为我们立党兴党强党提供了丰厚滋养。"

中国的扶贫脱贫事业，不仅实现了消除绝对贫困的目标，而且展示和形成了极其宝贵的精神。特别是习近平总书记概括的脱贫攻坚精神，既是在伟大的脱贫攻坚中产生，又对脱贫攻坚的推进和胜利发挥了十分重要的作用。

"上下同心、尽锐出战、精准务实、开拓创新、攻坚克难、不负人民"，习近平总书记生动地阐释了脱贫攻坚精神的内涵。

（一）"上下同心"。

2020 年 4 月，所以，习近平总书记到秦巴山区陕西省平利县调研。春雨淅沥，他拾级而上，走进茶田。他的身旁，是陕西省委书记、安康市委书记、平利县委书记和蒋家坪村党支部书记。同一个现场，正好是五级书记，也诠释了五级书记一起抓的深刻内涵。

习近平总书记亲自部署、亲自指挥、亲自推动。以习近平同志为核心的党中央团结带领全党全国各族人民向绝对贫困发起最后的总攻，举国合力、上下同心，形成了脱贫攻坚的共同意志、共同行动。

从党中央顶层设计到基层"最后一公里"，层层履行职责，层层压实责任。全党全国各族人民以及社会各方面力量共同向贫困宣战。举国同心，合力攻坚，各行各业，热情参与。党政军民学，劲往一处使，东西南北中，拧成一股绳，汇聚起攻坚克难的磅礴力量。

（二）"尽锐出战"。

2019 年 10 月 7 日，甘肃省舟曲县扶贫办副主任张小娟在扶贫下乡返程途中，因乘坐的车辆坠河不幸殉职。张小娟就是这种尽锐出战的一分子、一个代表。

集中精锐力量投向脱贫攻坚主战场。为了打赢脱贫攻坚战，全国累计选派 25.5 万个驻村工作队、300 多万名第一书记和驻村干部，同近 200 万名乡镇干部和数百万村干部一道奋战在扶贫一线。各方面的人才也大量前往贫困地区贡献才华。

扶贫一线的广大干部、党员，不负党和人民的期望，倾力奉献、苦干实干，充分发挥先锋模范作用。他们爬过最高的山，走过最险的路，去过最偏远的村寨，住过最穷的人家。"只要我还干得动，我都永远为村里的老百姓做事！带上我们村的老百姓，过上更美好的生活。""我是一个共产党员，我必须带领群众，拔掉老百姓的穷根。"这就是他们的心声和决心。

（三）"精准务实"。

在苗族贫困村坡�皿村的墙上，"贫困户一览表"分外醒目，上面写着贫困户户主名字、致贫原因等信息，共有 217 户 947 人，核定精准扶贫户 136 户 521 人。许许多多的贫困村里，都有这样的一览表。一张图表，形象、直观地说明了什么是精准务实。

脱贫攻坚，不能"手榴弹炸跳蚤"，而要下"绣花"功夫。2013 年 11 月，习近平总书记在湖南的十八洞村考察时，第一次提出了精准扶贫的要求。"六个精准""五个一批"，精准扶贫方略为打赢脱贫攻坚战提供了制胜法宝。

各级党委政府坚持实事求是，从实际出发，因地制宜、精准施策。建档立卡使我国贫困数据第一次实现了到村到户到人，实打实地提升了扶贫资金、方式、成效的精准度。坚决反对弄虚作假、反对做表面文章，坚持干实事、出实招，落到实处，务求实效，坚持考核，严格监督，使脱贫成效经得起历史和人民检验。

（四）"开拓创新"。

在陕西柞水小岭镇金米村，习近平总书记走进村民网络卖货直播间。金米村在秦岭深处，老百姓因地制宜种植木耳，还通过电商直播卖货带动销售。小木耳做成了大产业。

全面建成小康社会是创新，中国的扶贫道路是创新，打赢脱贫攻坚战是创新，精准扶贫战略是创新，东西扶贫协作是创新，各行各业全民参与是创新。正是有这些整体的、全面的创新，才取得了脱贫攻坚的伟大胜利。

在扶贫脱贫的每一个方面都有创新。创新扶贫工作机制、创新具体帮扶方式，不再是沿街叫卖，而是一次次点击下单、一单单物流速递……电子商务为天涯海角的每一个人都创造了进入市场的机会，为脱贫攻坚、乡村振兴注入了巨大活力。

（五）"攻坚克难"。

重庆巫山县下庄村祖祖辈辈被困山谷底部，世世代代与世隔绝。村委会主任毛相林带领村民用钢钎撬大石,带领村民一寸寸凿山开路,耗时 7 年,终于凿出了一条绝壁天路,走上了告别贫困之路。

扶贫脱贫,越到后来,愈益困难。山高林密,石漠荒原,所有地方的贫困都不能遗留。剩下的都是贫中之贫、困中之困,因此是脱贫攻坚。但是,所有的骨头都要啃。最后,所有深度贫困地区的最后堡垒被全部攻克。

"山凿一尺宽一尺,路修一丈长一丈,就算我们这代人穷十年苦十年,也一定要让下辈人过上好日子。"贫困人民不信天不认命,党和政府不怕难不避难。迎难而上,攻克了一个又一个贫中之贫、坚中之坚,实现了世界难以想象的目标。

(六)"不负人民"。

贫困地区的各级干部,层层签订了责任书。这就是对党、对人民立下的军令状。责任书上的每一个日期都是铁打的,每一个数字都是刚性的,每一个任务都要检查和兑现。每一个字词背后,都是赤诚之心、责任之心、奋斗之心、为民之心。每一个字词成为现实,都浸透了汗水、雨水,甚至泪水和血水。

"治国之道,富民为始。"中国共产党团结带领人民进行革命、建设、改革,根本目的就是让人民过上好日子。"人民对美好生活的向往,就是我们的奋斗目标。"脱贫攻坚是一项历史性工程,也是我们党对人民作出的庄严承诺。

扶贫脱贫的每一个举措,都是在为人民而奋斗,也是以人民为主体而奋斗。党的十八大以来,中央、省、市县财政专项扶贫资金累计投入近 1.6 万亿元,其中中央财政累计投入 6601 亿元。优先保障脱贫攻坚资金投入。坚持人民至上,坚持以人民为中心,终于使农村贫困人口全部脱贫,兑现了党对人民的庄严承诺。

在脱贫攻坚战中,正是靠着上下同心、尽锐出战,我们凝聚起合力攻坚的磅礴伟力;正是坚持精准务实、开拓创新,我们走出了一条中国特色减贫道路;正是践行初心使命,攻坚克难,兑现了让现行标准下农村贫困人口全部脱贫的庄严承诺。

脱贫攻坚精神,是中国共产党和中国人民在奋斗、探索之路上铸就的又一个精神类型、精神典范,是中国共产党性质宗旨、中国人民意志品质、中华民族精神的生动写照,是爱国主义、集体主义、社会主义思想的集中体现,是中国精神、中国价值、中国力量的充分彰显,赓续传承了伟大民族精神和时代精神。

全面建设社会主义现代化国家新征程上，我们要深入把握脱贫攻坚精神的内涵，将其转化为全面建设社会主义现代化国家、实现中华民族伟大复兴的强大精神力量。

脱贫摘帽不是终点，而是新生活、新奋斗的起点。全面实施乡村振兴战略的深度、广度、难度都不亚于脱贫攻坚，要大力弘扬脱贫攻坚精神，上下同心、尽锐出战，汇聚起更为强大的推进力量，一张蓝图绘到底。要精准务实、开拓创新，大力推动"三农"工作高质量发展，努力绘就乡村全面振兴的壮美画卷。要始终铭记不负人民的使命担当，攻坚克难，在促进全体人民共同富裕上取得更为明显的实质性进展，不断满足人民对美好生活的向往。

十二、为世界减贫事业作出重大贡献

通过新中国成立以来，特别是改革开放以来，组织大规模有计划的扶贫开发，共有7亿多农村贫困人口摆脱贫困。这一成绩举世瞩目，也受到了世界普遍好评。

根据国务院新闻办公室2016年发布的《中国的减贫行动与人权进步》白皮书，联合国《2015年千年发展目标报告》显示，中国极端贫困人口比例从1990年的61%，下降到2002年的30%以下，率先实现比例减半，2014年又下降到4.2%，中国对全球减贫的贡献率超过70%。中国成为世界上减贫人口最多的国家，也是世界上率先完成联合国千年发展目标的国家，为全球减贫事业作出了重大贡献，得到了国际社会的广泛赞誉。这个成就，足以载入人类社会发展史册，也足以向世界证明中国共产党领导和中国特色社会主义制度的优越性。

根据国务院新闻办公室2021年4月《人类减贫的中国实践》白皮书汇总的情况，改革开放以来，按照现行贫困标准计算，中国7.7亿农村贫困人口摆脱贫困；按照世界银行国际贫困标准，中国减贫人口占同期全球减贫人口70%以上。在全球贫困状况依然严峻、一些国家贫富分化加剧的背景下，中国打赢脱贫攻坚战，提前10年实现《联合国2030年可持续发展议程》减贫目标，显著缩小了世界贫困人口的版图，"为实现2030年可持续发展议程所描绘的更加美好和繁荣的世界作出了重要贡献"。作为世界上最大的发展中国家，中国实现了快速发展与大规模减贫同步、经济转型与消除绝对贫困同步，如期全面完成脱贫攻坚目标任务，大大加快了全球减贫进程，谱写了人类反贫困历史新篇章。[1]

根据国家统计局 2018 年 9 月《扶贫开发成就举世瞩目　脱贫攻坚取得决定性进展——改革开放 40 年经济社会发展成就系列报告之五》一文所公布的情况和数据，改革开放 40 年来，我国通过深化改革和大规模的扶贫开发，贫困人口大幅减少，也为全球减贫作出了巨大贡献。

一是对全球减贫的贡献率超七成。按照世界银行每人每天 1.9 美元的国际贫困标准及世界银行发布数据，我国贫困人口从 1981 年末的 8.78 亿人减少到 2013 年末的 2511 万人，累计减少 8.53 亿人，减贫人口占全球减贫总规模超七成；中国贫困发生率从 1981 年末的 88.3% 下降至 2013 年末的 1.9%，累计下降了 86.4 个百分点，年均下降 2.7 个百分点，同期全球贫困发生率从 42.3% 下降到 10.9%，累计下降 31.4 个百分点，年均下降 1.0 个百分点，我国减贫速度明显快于全球，贫困发生率也大大低于全球平均水平。中国也成为全球最早实现联合国千年发展目标中减贫目标的发展中国家，为全球减贫事业作出了重大贡献。

二是为全球减贫提供了中国经验。改革开放 40 多年来，我国以政府为主导的有计划有组织的扶贫开发，尤其是党的十八大以来精准脱贫方略的实施，为全球减贫提供了中国方案和中国经验，世界银行 2018 年发布的《中国系统性国别诊断》报告称"中国在快速经济增长和减少贫困方面取得了'史无前例的成就'"。联合国秘书长古特雷斯在"2017 减贫与发展高层论坛"时发贺信盛赞中国减贫方略，称"精准减贫方略是帮助最贫困人口、实现 2030 年可持续发展议程宏伟目标的唯一途径。中国已实现数亿人脱贫，中国的经验可以为其他发展中国家提供有益借鉴"。

中国有组织有计划大规模的扶贫开发，尤其是精准扶贫方略的实施，走出了一条中国特色的扶贫开发道路，不仅加速了世界减贫进程，而且为全球减贫事业提供了中国智慧和中国方案。这个成就，足以载入人类社会发展史册，也足以向世界证明中国特色社会主义的优越性。

作为最大的发展中国家，中国一直是全球减贫事业的积极倡导者和有力推动者。根据资料，中国的扶贫开发对全球减贫贡献巨大。按照 1.25 美元的标准，从 1981 年到 1990 年，中国减贫人口为 1.52 亿人，世界减贫人口为 0.31 亿；从 1990 年到 1999 年，中国减贫人口为 2.37 亿，世界减贫人口为 1.69 亿，也就是

---

[1]　参见国务院新闻办公室:《人类减贫的中国实践》，新华网 2021 年 4 月 6 日。

说，如果没有中国在减贫方面取得的成就，从 1981 年到 1999 年，世界贫困人口数是增加的。从 1990 年到 2010 年，中国减贫人口为 5.26 亿，占全世界贫困人口数的 75.7%。1996 年 9 月，联合国开发计划署的一份报告指出："世界上没有任何国家能像中国一样在扶贫工作中取得如此巨大的成功。"中国政府为缓解农村贫困问题所作出的种种决策和取得的杰出成就得到国际社会的高度赞赏，也为其他国家的扶贫工作作出示范。

在人类减贫史上，中国绘就了一幅波澜壮阔的历史画卷。按照世界银行每人每天 1.9 美元的国际贫困标准，改革开放 40 多年来，中国有 8 亿多人脱贫，占同期全球减贫人口总数的 70% 以上。世界银行前行长金墉称赞中国的脱贫成绩是"人类历史上最伟大的故事之一"。国际农业发展基金亚太局局长布雷特感慨，"没有其他任何国家能如此迅速完成这样一项影响深远的事业"，"中国的减贫经验是一座宝库"。

中国减贫的巨大成就，推动世界减贫事业大踏步向前。没有中国的脱贫成就，国际社会实现全球贫困人口减半的千年发展目标便无从谈起，实现《联合国 2030 年可持续发展议程》的减贫目标更将遥不可及。世界银行前行长罗伯特·佐利克表示："毫无疑问，这是消除贫困的历史上最大的飞跃。仅中国的努力，就极大促进了与世界减贫有关的千年发展目标的实现。"

中国在致力于消除本国贫困的同时，还积极支持和帮助广大发展中国家消除贫困。截至 2015 年 10 月，中国共向 166 个国家和国际组织提供了近 4000 亿元人民币援助，派遣 60 多万援助人员，积极向 69 个国家提供医疗援助，并先后为 120 多个发展中国家落实联合国千年发展目标提供帮助，积极推进"一带一路"建设，让国际减贫合作成果惠及更多国家和人民。

根据国务院新闻办公室 2021 年 4 月《人类减贫的中国实践》白皮书汇总的情况，中国在扶贫脱贫过程中，也实施了一系列国际减贫合作项目。在亚洲地区，中国与东盟国家共同开展乡村减贫推进计划，在老挝、柬埔寨、缅甸三国乡村基层社区实施"东亚减贫示范合作技术援助项目"。在非洲地区，中国为非洲国家援建水利基础设施、职业技术学校、社会保障住房等设施，打造农业合作示范区，推进实施中非菌草技术合作、中非友好医院建设、非洲疾控中心总部建设等项目。在南太平洋地区，中国推动落实对太平洋岛国无偿援助、优惠贷款等举措，开展基础设施建设和农业、医疗等技术合作援助项目。在拉美地区，援建农业技术示范中心，帮助受援国当地民众摆脱贫困。中国还与联合国教科文组织合作设立国际农村教育研究与培训中心等机构，面向非洲、东南亚等国家实施农村教育转型、教师培训等项目。

同时，与国际社会分享交流减贫经验。通过搭建平台、组织培训、智库交流等多种形式，开展减贫交流，分享减贫经验。在国际消除贫困日，中国与联合国驻华机构联合举办减贫与发展高层论坛活动。中国发起中国－东盟社会发展与减贫论坛、人类减贫经验国际论坛，举办中非减贫与发展会议、"摆脱贫困与政党的责任"国际理论研讨会、改革开放与中国扶贫国际论坛等一系列研讨交流活动。与东盟秘书处和东盟有关国家合作，面向基层村官（社区官员）实施"东盟＋中日韩村官交流项目"。与有关国家和地区组织合作开展国际减贫培训，2012 年以来，共举办 130 余期国际减贫培训班，来自 116 个国家（组织）的官员参加培训。[1]

立己达人，兼济天下。从自身的发展历程中，中国深刻体会到，世界好，中国才能好；中国好，世界才更好。中国积极推动建立以合作共赢为核心的新型国际减贫交流合作关系，以实际行动支持国际减贫事业。从倡议筹建亚洲基础设施投资银行、金砖国家新开发银行，到设立丝路基金、南南合作援助基金、中国－联合国和平与发展基金；从全面落实南南合作圆桌会上宣布的"100 个减贫项目"，到扎实推进"东亚减贫合作倡议""中非减贫惠民合作计划"框架下合作，再到不断深化共建"一带一路"与《联合国 2030 年可持续发展议程》对接……一批批合作项目在广大发展中国家落地生根，为世界减贫与可持续发展注入强大动能。根据世界银行报告，"一带一路"倡议全面实施将使 760 万人摆脱极端贫困，3200 万人摆脱中度贫困。

2020 年以来，全球新冠肺炎疫情持续蔓延，国际减贫面临巨大压力。联合国关于可持续发展目标的年度评估报告预计，2020 年全球将有 1 亿人因疫情重新陷入极端贫困。这是自 1998 年以来全球贫困人口首次增加。联合国开发计划署的报告显示，到 2030 年，全球或将再有 2.07 亿人陷入极端贫困，从而使极端贫困总人数突破 10 亿。

关键时刻，习近平主席提出一系列重要倡议和举措，为推动国际减贫合作发挥了重要引领性作用。"我们要直面疫情挑战，推动国际社会将落实《联合国 2030 年可持续发展议程》置于国际发展合作核心，将消除贫困作为首要目

---

[1]　参见国务院新闻办公室：《人类减贫的中国实践》，新华网 2021 年 4 月 6 日。

标""中国已有多支疫苗进入Ⅲ期临床实验，研发完成并投入使用后将作为全球公共产品，优先向发展中国家提供。中国将落实好两年提供20亿美元国际援助的承诺，深化农业、减贫、教育、妇女儿童、气候变化等领域国际合作，助力各国经济社会恢复发展"……中国秉持人类命运共同体理念，呼吁国际社会凝聚共识、砥砺前行。

中国积极支持二十国集团"暂缓最贫困国家债务偿付倡议"，是成员中落实缓债金额最多的国家。截至2020年底，中国已经全面落实符合倡议要求的缓债申请，缓债金额达13.53亿美元，23个国家从中受益。截至2020年9月末，中国国家开发银行与有关受惠国家签订协议的缓债金额达到7.48亿美元。南非政府高级顾问韦斯利·道格拉斯说：中方缓债决定，"对疫情困境中的非洲国家是雪中送炭"。

中国减贫的巨大成就，极大提振了广大发展中国家摆脱贫困的信心。乍得总统代比赞叹，中国经验向世界表明，贫穷的国家可以改变自身命运，变得富裕。肯尼亚圣保罗大学经济学者库塞瓦说，通过走中国特色社会主义道路，中国完成了人类历史上的创举。其他发展中国家也需要结合自身实际情况，寻找新办法来减少和消除贫困。

在意大利罗马举行的全球减贫伙伴研讨会上，来自世界银行、联合国粮农组织、国际农业发展基金等国际机构的代表认为，中国精准扶贫的理论和实践表明，良好的政治愿景、科学的扶贫战略、适宜的政策措施，实现整体脱贫是完全可能的。中国的成功实践，对推进世界减贫事业具有重要启示。

从贫困大国到全面建成小康社会的伟大进程中，中国采取了诸多具有原创性、独特性的重大举措，组织实施了人类历史上规模最大、力度最强的脱贫攻坚战。中国减贫的重大胜利，源自"脱真贫，真脱贫"的广阔实践，也为全世界解决发展和贫困难题提供了行之有效的"中国样板"。

"因地制宜、精准发力"——这是联合国开发计划署对中国脱贫方案亮点的提炼和总结。在减贫实践中，中国创造性地提出并实施了精准扶贫精准脱贫基本方略，通过"六个精准""五个一批"，"智""志"双扶，摘帽"四不摘"，形成了具有中国特色的脱贫道路。联合国秘书长古特雷斯高度评价说，"精准扶贫方略是帮助最贫困人口、实现2030年可持续发展议程目标的唯一途径"。

具体举措上，中国规划经济建设，建立坚实工业基础，促进全国基础设施互联互通，增加教育、医疗和就业等投入，完善社会保障体系……在亚洲开发银行东亚部总干事詹姆斯·林奇看来，中国多年来在经济快速发展的同时，出台了有效的脱贫政策，广泛动员社会各方力量共同参与脱贫事业，其中很多有效经验和创新做法正成为许多发展中国家的学习样本。

美国哥伦比亚大学可持续发展中心主任、联合国高级顾问杰弗里·萨克斯指出，中国在减贫事业中的三点宝贵做法值得他国学习，即设立清晰目标、制定良好计划、政府扶持和市场机制相结合。

在中国西南偏远的云南省临沧市邦东村，美国当代世界事务研究所研究员马修·奇特伍德看到了贫困户张文富的新房，宽敞明亮；甘肃省宕昌县山背村，法国记者弗雷德里克·勒迈特考察时写道，离开贫瘠土地搬迁到城市的农民们，脸上洋溢着笑；四川省凉山州海拔 1600 米的"悬崖村"，日本记者宫岛加菜子前来采访时，正碰上一位彝族女子以云霞为背景，对着智能手机说"你好"……外国人眼中一个个鲜活的脱贫故事，汇成一幅中国决胜脱贫攻坚的恢宏画卷。这画卷，吸引全球目光，赢得世界惊叹。

泰国孔敬府府、县级的官员在赴中国实地考察和学习后，研究制定当地的扶贫方案——"下村子""结对子""找法子"：选派 700 多名官员对口帮扶；把贫困户家庭"看作自己的家，同甘共苦"；在深入调研基础上"因户施策"……扶贫计划实施 1 年多来，孔敬府 1174 户特困户中已有 79% 成功脱贫。孔敬府府尹颂萨自豪地说，这一对口扶贫模式得到泰国政府充分肯定，待全面成功后，将在全国推广。

"发展是甩掉贫困帽子的总办法""贫困群众既是脱贫攻坚的对象，更是脱贫致富的主体""扶贫开发贵在精准，重在精准，成败之举在于精准""要加强扶贫同扶志扶智相结合，让脱贫具有可持续的内生动力"……中国特色减贫道路的理论与实践探索，开创了马克思主义反贫困理论中国化新境界，为世界减贫事业提供了重要参考。

摩洛哥非洲中国合作与发展协会主席纳赛尔·布希巴多次访华，记录下很多脱贫攻坚的生动案例："要想富，先修路"，道路畅通后，村民出行方便了，农副产品销路也广了；一些本土大型超市为贫困地区的优质果蔬、肉类等产品提供市场渠道和扶持；采用旅游产业和特色农业相结合的方式让广东从化的村民走上致富道路……纳赛尔不仅把在中国学到的脱贫经验带回摩洛哥农村，还计划编写一本关于中国扶贫的书，为更多非洲国家提供参考。他说："中国的扶贫成就和经验难能可贵。特别是对很多欠发达国家来说，具有重要借鉴价值。"

十三、中国减贫成就和贡献得到世界广泛肯定

中国的减贫成就，不仅是中华民族发展史上的璀璨篇章，也是人类发展史上的重要里程碑，必将为全人类战胜贫困、实现美好生活的追求注入强大动力。

国际劳工组织总干事盖伊·赖德说，在完成联合国千年发展目标中的减贫目标方面，"大部分进展都归功于中国"。

"中国是向世界展示如何消除贫困的第一个发展中国家，这是历史性的成就""中国为其他发展中国家带来了希望，树立了榜样""中国是全球减贫事业的最大贡献者"……许多国家政要、专家和媒体，毫不吝惜对中国脱贫攻坚重大胜利的赞美。

南非共产党第一副总书记索利·马派拉说：

我曾多次访问中国，在中国的扶贫调研经历给我留下了深刻印象。开展扶贫工作的目的是让贫困地区获得自我发展的能力。2018年12月，应中共中央对外联络部的邀请，我访问了广西壮族自治区南宁市坛板坡村。当地通过发展现代农业实现了脱贫，乡村居住环境也得到了改善，不少外出打工者返乡工作。在这一过程中，农村基层党组织积极发挥主观能动性，带领农民摆脱贫困。这种成功的脱贫模式充分显示出社会主义制度的优越性，值得我们借鉴和学习。

消除贫困是中国共产党治国理政的重要使命。我阅读习近平同志的著作《摆脱贫困》，书中介绍了习近平同志在福建工作期间带领当地人民脱贫致富的鲜活经验，并强调了党员干部必须密切联系群众，以及建设好农村党组织的重要性。这些经验非常宝贵，我把从书中学到的经验运用于解决工作中的实际问题。

在推进国内脱贫攻坚工作的同时，中国也为非洲的减贫发展作出贡献。农业是非中合作的重点领域，中国农业专家到非洲传授杂交水稻技术，帮助一些非洲农村地区摆脱饥饿和贫困。随着南中全面战略伙伴关系的深化，中国在南非参与建设了许多工业园区和经济特区，创造大量就业机会，并为当地工作人员提供职业技能培训，带动地区经济发展，推动南非制造业转型升级。中国提出的共建"一带一路"倡议推动了非洲当地电力、港口、公路、机场等基础设施的发展。

新冠肺炎疫情防控期间，中国支持非洲国家抗击疫情，提供防疫物资，分

享防疫和治疗经验，派出医疗专家组实地指导防疫工作。在中非团结抗疫特别峰会上，习近平主席强调中非要坚定不移携手抗击疫情，并表示新冠疫苗研发完成并投入使用后，愿率先惠及非洲国家。中国积极推动世界各国携手，共同佑护人民生命和健康，是对人类命运共同体理念的积极践行。

中国共产党自1921年成立以来，不仅带领中国人民推翻了三座大山，成立了新中国，还取得了前所未有的发展成就，2020年将全面建成小康社会，对世界发展具有重要意义。中国共产党取得的成就举世瞩目，也影响了广大亚非拉国家。南非共产党与中国共产党同龄，中国共产党领导实现了中国的全面发展，正是我们需要学习的经验。

西班牙共产党主席何塞·路易斯·森特利亚说：

突如其来的新冠肺炎疫情对世界经济造成严重冲击，对经济基础薄弱的发展中国家的影响尤为显著。疫情导致不少国家的经济状况恶化，或将使全球许多人返贫。目前，中国正努力克服疫情的影响，继续多措并举大力推进减贫工作，为其他国家作出了表率。

自20世纪90年代末首次访问中国以来，我曾多次在中共中央对外联络部工作人员的陪同下考察安徽、重庆等地的扶贫项目，亲眼见证了这些地区的脱贫历程。中国共产党始终坚持全心全意为人民服务的根本宗旨，带领中国人民与贫困斗争，取得了显著成效，也为世界减贫事业作出重要贡献。

2018年，我来到安徽省凤阳县小岗村参观考察。过去40年间，这个拉开中国农村改革序幕的村庄发生了翻天覆地的变化。农业新技术和新设备的应用大幅提高了农业生产率，农业产出节节攀升，农民的生活也越过越好。当地政府对贫困户进行了重点帮扶，从政策、资金和技术等多层面予以支持，鼓励他们参与手工艺品的生产和旅游业等活动，拓宽其收入渠道。当地基础设施建设不断完善，乡村道路四通八达，推动了物流发展和商贸往来。此外，当地政府举办的扶贫农产品展销会也为农产品和手工艺品销售搭建了平台，有效促进了当地贫困人口增收，尽早实现脱贫。

小岗村是中国广大农村地区脱贫致富的一个缩影。自新中国成立以来，中国一直将扶贫事业作为一项重要任务。尤其是改革开放以来，在中国共产党的领导下，中国实现7亿多农村贫困人口摆脱贫困，谱写了世界减贫史上的奇迹。

中国在减贫领域取得巨大成就的关键原因在于中国共产党的领导和中国特色社会主义制度。这一制度能充分发挥市场在资源配置中的决定性作用，更好发挥政府作用，解放和发展社会生产力，使经济保持快速稳定增长，为扶贫工作奠定基础。同时，政府也可以灵活调动各种资源合力推动扶贫工作，集中力量办大事。在中国共产党的带领下，中国人民团结起来，朝着共享改革发展成果、实现共同富裕，全面建成小康社会的奋斗目标迈进，这充分彰显出中国特色社会主义制度的优越性。

中国减贫实践也成为世界各国特别是发展中国家可以借鉴的中国智慧和中国方案。近年来，中国积极参与国际减贫合作。例如，中国提出的共建"一带一路"倡议为沿线国家和地区创造了新的发展机遇，推动国际减贫合作成果惠及更多国家民众。

我相信，中国一定可以克服疫情影响，打赢脱贫攻坚收官之战。期待中国可以为世界经济复苏和发展注入更多动力，为世界减贫事业贡献更多力量。

英国共产党总书记罗伯特·格里菲思在接受新华社记者书面专访时表示，中国经过几十年努力，使超过 7 亿人摆脱贫困，中国的脱贫成就在人类历史上"举世无双"。

从全球来看，世界银行表示，新冠肺炎疫情导致全球经济下滑，2020 年全球或将新增超过 8800 万贫困人口，这是 20 多年来从未有过的状况；全球减贫事业严重受挫，到 2030 年将全球极端贫困率降低至 3% 以下的目标更加难以实现，急需相应政策行动加以应对。

联合国开发计划署发布的一份报告说，鉴于新冠肺炎疫情造成的长期严重影响，到 2030 年，全球或将再有 2.07 亿人陷入极端贫困，从而使极端贫困总人数突破 10 亿。

2020 年是中国决战脱贫攻坚之年，目前中国 832 个贫困县已全部脱贫。格里菲思说，中国在脱贫过程中秉持开放、坦诚的态度，根据实际情况制定政策并扎实推进，值得称道。

谈及中国脱贫的经验，他认为，中国共产党推动脱贫工作的坚定决心、对教育和基础设施等领域的大量投入等，都是非常宝贵的经验，其他国家可根据自身国情学习和应用相关经验。

2020 年 10 月 12 日，"摆脱贫困与政党的责任"国际理论研讨会在福建省福州市开幕。来自 100 多个国家的约 400 位政党代表和驻华使节、国际机构驻华代表、发展中国家媒体驻华代表、智库学者等通过线上或线下方式参会。中共中央总书记、国家主席习近平向会议致贺信。习近平指出，困扰中华民族几千年的绝对贫困问题即将历史性地得到解决。我们有信心、有能力坚决夺取脱贫攻坚战全面胜利，提前 10 年实现《联合国 2030 年可持续发展议程》的减贫目标，完成这项对中华民族、对人类社会都具有重大意义的伟业。

老挝人革党中央总书记、国家主席本扬，纳米比亚人组党主席、总统根哥布，津巴布韦非洲民族联盟 - 爱国阵线主席兼第一书记、总统姆南加古瓦，中非共和国团结一心运动创始人、总统图瓦德拉，马拉维大会党主席、总统查克维拉，阿根廷总统费尔南德斯，苏里南进步改革党主席、总统单多吉等通过书面或视频方式致贺，高度评价中国脱贫攻坚取得的历史性成就，一致认为各国政党应发挥政治引领作用，凝聚各方共识，促进国际减贫合作。

2020 年 12 月 14 日，人类减贫经验国际论坛在北京开幕。国家主席习近平向论坛致贺信，指出消除贫困是人类共同理想。经过 8 年持续努力，2020 年中国现行标准下农村贫困人口已经全部脱贫，贫困县已经全部摘帽，近 1 亿农村贫困人口实现脱贫，为全球减贫事业作出重大贡献。中国将继续巩固和拓展脱贫攻坚成果，扎实推进共同富裕，不断提升民生福祉水平。

2021 年 3 月，联合国秘书长古特雷斯致函国家主席习近平，祝贺中国取得脱贫攻坚全面胜利：

您近日宣布中华人民共和国成功消除绝对贫困。我谨向中国政府和您本人致以最诚挚的祝贺。这一重大成就为实现 2030 年可持续发展议程所描绘的更加美好和繁荣的世界作出了重要贡献。我对您的远见卓识和英明领导深表赞赏。

古特雷斯表示，中国取得的非凡成就为整个国际社会带来了希望，提供了激励。这一成就证明，政府的政治承诺和政策稳定性对改善最贫困和最脆弱人群的境况至关重要，创新驱动、绿色、开放的发展模式是重大机遇，将为所有人带来福祉。相信中国将不断取得更大成就，实现"不让任何人掉队"的目标。[1]

---

[1] 参见《联合国秘书长古特雷斯致函习近平　祝贺中国脱贫攻坚取得重大历史性成就》，新华网 2021 年 3 月 9 日。

第十六章

改革开放以来中国扶贫脱贫的特点和经验

☆　☆　☆

　　中华人民共和国成立以来，党和国家组织带领人民向贫困宣战。特别是经过改革开放 40 多年来的努力，我们成功走出了一条中国特色社会主义扶贫开发道路，使 7 亿多农村贫困人口成功脱贫，为全面建成小康社会打下了坚实基础。中国成为世界上减贫人口最多的国家，也是世界上率先完成联合国千年发展目标的国家。这个成就，足以载入人类社会发展的史册，也足以向世界证明中国特色社会主义制度的强大力量和巨大优势。

　　中国的扶贫脱贫事业具有许多鲜明的特点，也创造和积累了极其重要的经验。

一、通过改革开放为扶贫脱贫奠定根本基础

　　中国的扶贫脱贫不是孤立进行的。中国的贫困现象和贫困人口是与一定时期的社会制度、国家治理的状况联系在一起的。中国的扶贫脱贫事业，首先是靠从根本上制定和坚持正确的路线方针政策，坚持以经济建设为中心，通过经济发展为大规模减贫奠定坚实物质基础而取得的。改革开放是决定中国命运的关键一招，也是决定扶贫脱贫成效的关键一招。

　　社会主义制度的建立为从根本上进行贫困治理奠定了基础。"为人民服务"的根本宗旨决定了中国共产党始终关注解决中国的贫困问题。党在不同时期实行什么样的治国方略和路线方针政策，对贫困治理的路径和效果发挥着决定性的影响。

　　以对社会主要矛盾的界定为例。早在 1956 年，党的八大就提出：生产资料私有制的社会主义改造基本完成以后，国内的主要矛盾不再是工人阶级和资产

阶级之间的矛盾，而是人民对于建立先进的工业国的要求同落后的农业国的现实之间的矛盾，是人民对于经济文化迅速发展的需要同当前经济文化不能满足人民需要的状况之间的矛盾。这一矛盾的实质，在中国社会主义制度已经建立的情况下，就是先进的社会主义制度同落后的社会生产力之间的矛盾。

党的八大关于主要矛盾实质的界定，在理论上有不完全准确的地方，但其着眼点，是强调工作重心的转移，强调集中力量发展生产力。因此，党的八大对主要矛盾的界定基本上是正确的，而且具有重大的历史意义。但遗憾的，这一判断没有能坚持下来，以致后来"左"的错误逐渐发展，造成了严重后果。

"文化大革命"结束之后，在理论和政治上所要解决的一个重大问题，就是重新确定我国社会的主要矛盾。

1978年，党的十一届三中全会断然停止使用"以阶级斗争为纲"的口号，作出把工作重点转移到社会主义现代化建设上来的战略决策，从根本上改变了50年代中后期以来对我国社会主要矛盾的错误认识。到1981年，十一届六中全会通过的《关于建国以来党的若干历史问题的决议》，进一步规范和明确表述了我国社会的主要矛盾，指出："在社会主义改造基本完成以后，我国所要解决的主要矛盾，是人民日益增长的物质文化需要同落后的社会生产之间的矛盾。"[1]

这一界定，成为十一届三中全会实行工作中心转移的基础，成为社会主义初级阶段基本路线的基础，成为改革开放以来我们几乎所有方针政策的基础。

以十一届三中全会为标志，党和国家抛弃了以阶级斗争为纲的指导方针，把工作重点转移到经济建设上来，通过改革开放大力解放和发展生产力，增强社会发展的动力和活力，鼓励人民群众自主创造更多的社会财富，一心一意建小康、奔小康，全面建设小康社会，从根本上增加了社会财富，增强了综合国力，不仅全面提高了人民的生活水平，大面积消除了贫困现象，而且为解决农村和城市的绝对贫困现象提供了基础条件。

40多年的改革开放，从开启新时期到跨入新世纪，从站上新起点到进入新时代。40多年风雨同舟，40多年披荆斩棘，40多年砥砺奋进，我们党引领人民绘就了一幅波澜壮阔、气势恢宏的历史画卷，谱写了一曲感天动地、气壮山河的奋斗赞歌。

改革开放极大改变了中国的面貌、中华民族的面貌、中国人民的面貌、中

---

[1] 中共中央文献研究室编：《三中全会以来重要文献选编》（下），中央文献出版社2011年版，第168页。

国共产党的面貌。中华民族迎来了从站起来、富起来到强起来的伟大飞跃。中国特色社会主义迎来了从创立、发展到完善的伟大飞跃。中国人民迎来了从温饱不足到小康富裕的伟大飞跃。中华民族正以崭新姿态屹立于世界的东方。

改革开放也成为中国贫困治理取得巨大成就的根本原因和基本经验。

改革开放以来，中国曾经接受过不少外国援助，属于"受援国"。但从2000年开始，世界银行停止对华提供软贷款，2005年世界粮食计划署宣布停止对华提供粮食援助，2009年德国宣布停止对华提供援助，2011年英国宣布停止对华援助。为什么？主要原因就是，按照世界银行的划分标准，中国已经在1997年由低收入国家步入了中等收入国家的行列。2007年，中国国家统计局宣布我国2006年的人均国民总收入已经达到了2010美元，也就是达到了中等收入国家的标准。因此，绝大部分的传统援助体都逐渐减少或停止了对华官方发展援助，转向与中国开展共同合作或三方合作，中国在国际发展合作领域从"受援国"转变为"合作国"和新的发展资源"提供国"。这一变化是改革开放伟大成就的典型表现。

在改革开放的进程中，党和国家始终坚持以经济建设为中心的战略方针，极大地解放和发展了社会生产力；农村改革释放了农民创造性，使大量的农民首先解决温饱，继而又有许许多多人口富裕起来，大大减少了贫困人口的基数；建立社会主义市场经济，增强了社会发展活力，为广大农民和城市人口择业创业提供了舞台和空间；国家先后调整了很多政策，取消统购统销政策，提高农副产品收购价格，减轻农民负担，直至取消了延续2000多年的农业税，大幅度提高了农民收入；加强"三农"建设，不断出台著名的"一号文件"，推进农业农村现代化进程，从总体上改变了农村的面貌；对外开放不是仅仅惠及城市，也惠及了广大农村和农民。许多农民及企业勇敢地走向世界，引进来、走出去，打开了发展新天地；国家按照"三步走"战略，一步一步推动全面小康进程，使全国从解决温饱到进入小康，从全面建设小康社会，到全面建成小康社会，为扶贫脱贫创造了越来越好的环境和条件；随着改革开放的发展，国家发展的经济总量快速增长，综合国力不断增强，物质基础越来越丰厚，为扶贫脱贫提供了坚实的基础。

中国扶贫脱贫的成就首先是在这样的大背景下取得的。不同阶段贫困人口的减少都与当时国家的发展变化和改革开放的进展联系在一起。

从1985年到1990年，中国农村贫困人口从1.25亿下降到8500万，并持续下降到 2000 年的 3200 万。

这一时期推动贫困人口减少的因素主要有三个方面。

首先，面向市场的改革持续推进。1985 年国家取消统购统销，农副产品实行市场化改革后，1994 年又提高了粮、棉收购价格，1993 年至 1996 年政府粮食采购价格增加了 75%。同时，国家进一步完善了农地使用制度，在稳定家庭联产承包责任制的基础上将土地承包延长 30 年并建立了农地使用权的流转机制。

其次，1985 年之后，乡镇企业异军突起，为农村减贫提供了农业以外的减贫动力。1978 年各类社队企业的数量大致为 152 万个，到 1991 年增加到 1908 万个。乡镇企业从业人员数量由 1978 年的 2826.6 万人增加到 2000 年的 12820 万人，占农村劳动力的比重由 9.2% 增加至 27.3%。1985 年至 1990 年，农民净增收入的一半以上来自乡镇企业，工资性收入占全国农民家庭人均净收入的比重从 1983 年至 1984 年的 10% 左右，增加到 1990 年的 20.2%。很显然，20 世纪 80 年代末期以后，乡镇企业对农村减贫发挥了重要的作用。

最后，20 世纪 90 年代中期以来，城镇化背景下的农村劳动力乡城流动的缓贫效应开始显现。农村劳动力开始进入城市从事非农就业并间接缓解农村贫困。据统计，乡城劳动力流动人数由 1983 年的 200 万人增加到 2005 年的 12578 万人。农民收入中来自打工的收入比例从 1995 年的 33% 增加到 2005 年的 48%。

农村政策。中国是一个传统的农业大国，农村人口多，贫困现象突出。实行有利于减贫的农村政策，对于消除农村贫困问题十分重要。

农村的很多改革都为扶贫脱贫提供了机会和条件。

如农村土地制度的改革。十一届三中全会以来，农村的土地制度不断改革和完善。十七届三中全会又提出："要按照产权明晰、用途管制、节约集约、严格管理的原则，进一步完善农村土地管理制度"，"搞好农村土地确权、登记、颁证工作"，"加强土地承包经营权流转管理和服务，建立健全土地承包经营权流转市场，按照依法自愿有偿原则，允许农民以转包、出租、互换、转让、股份合作等形式流转土地承包经营权，发展多种形式的适度规模经营"。这些改革，不仅使农民依靠土地增加了收入，还进一步为在城乡一体化的进程中保障农民收入奠定了基础。

还有集体林权制度改革，这是很多人不甚关注和了解的。为进一步解放和发展林业生产力，发展现代林业，增加农民收入，建设生态文明，中共中央、国务院于 2008 年 6 月 8 日印发《关于全面推进集体林权制度改革的意见》，对集体林权制度改革进行了全面部署。

集体林权制度改革的主要任务是：

明晰产权。在坚持集体林地所有权不变的前提下，依法将林地承包经营权和林木所有权，通过家庭承包方式落实到本集体经济组织的农户，确立农民作为林地承包经营权人的主体地位。林地的承包期为 70 年，承包期届满，可以按照国家有关规定继续承包。

勘界发证，依法进行实地勘界、登记，核发全国统一式样的林权证。

放活经营权，实行商品林、公益林分类经营管理，对商品林，农民可依法自主决定经营方向和经营模式，生产的木材自主销售。

落实处置权，在不改变林地用途的前提下，承包人可依法采取各种方式开发利用林地、林木；保障收益权，农户承包经营林地的收益，归农户所有；落实责任，承包集体林地，要签订书面承包合同，明确规定各方责任。

这一改革，对于那些连片贫困地区的农民改变贫困状况，发挥了不可忽视的作用。

还有区域政策。20 世纪末，中国政府开始实施西部大开发战略。中国的西部地区，自然条件相对恶劣，基础设施建设相对滞后，贫困人口比较集中。20 多年来，西部大开发安排的水利、退耕还林、资源开发等项目，在同等条件下优先在贫困地区布局；公路建设加快向贫困地区延伸，把贫困地区的县城与国道、省道干线连接起来；基础设施建设项目尽量使用贫困地区的劳动力，增加贫困人口的现金收入。国家相继出台一系列区域发展政策，促进西藏和四川、云南、甘肃、青海四省藏区以及新疆、广西、重庆、宁夏、甘肃、内蒙古、云南等地经济社会发展，并把农村扶贫开发作为政策重点加以推进。[1]整个西部大环境的变化，当然也就带动了贫困地区和贫困人口的变化。

二、把扶贫脱贫作为重大战略任务分步持续推进

1949 年中华人民共和国成立后，党和国家一直高度重视贫困治理问题。特别是改革开放以来，在致力于经济和社会全面发展的进程中，把减贫扶贫纳入

---

[1] 参见《中国农村扶贫开发的新进展》（白皮书），中国政府网 2011 年 11 月 16 日。

国家总体发展战略，作为重大任务来抓，实施了以解决农村贫困人口温饱问题为主要目标的有计划、有组织的大规模扶贫开发，不断加大扶贫开发的工作力度，分阶段制定规划，将扶贫脱贫事业扎实推向前进。

整体上，制定了"三步走"发展战略。同时，在不同阶段，制定了多个扶贫开发的规划，实施了一系列扶贫脱贫的项目和措施。

早在 1982 年 12 月，国务院就启动实施甘肃河西地区、定西地区和宁夏西海固地区（合称"三西"）的农业建设扶贫工程。1982 年 12 月，国务院成立了"三西"地区农业建设领导小组。"三西"扶贫首开了实施区域性扶贫开发之先河，对从 1984 年开始在全国范围开展有组织、有计划、大规模的扶贫开发，产生了深远影响。

随着农村改革的深入和扶贫开发力度的不断加大，贫困人口进一步呈现出明显的地缘性特征，集中分布在西南大石山区、西北黄土高原区、秦巴贫困山区以及青藏高寒区等几类地区。以 1994 年《国家八七扶贫攻坚计划》的公布实施为标志，中国的扶贫开发进入了新的大规模有组织推动的阶段。

《国家八七扶贫攻坚计划》是新中国历史上第一个有明确目标、明确对象、明确措施和明确期限的扶贫开发行动纲领。该计划明确提出，集中人力、物力、财力，动员社会各界力量，力争用 7 年左右的时间，基本解决全国农村贫困人口的温饱问题。尤为突出的是，明确提出了开发式扶贫方针，实现了救济式扶贫向开发式扶贫的转变。[1]

到 2000 年底，《国家八七扶贫攻坚计划》的目标基本实现，农村尚未解决温饱问题的贫困人口减少到 3000 万人，贫困发生率下降到 3% 左右。在短短 20 多年时间里，我国解决了 2 亿多贫困人口的温饱问题，这在中国历史上和世界范围内都是了不起的成就，充分体现了中国特色社会主义制度的优越性。

2001 年 5 月，中国政府制定并颁布了《中国农村扶贫开发纲要（2001—2010 年）》，提出低收入标准，进一步明确了 2001 年至 2010 年扶贫开发总的奋斗目标。经过努力，到 2007 年底，中国绝对贫困人口减少到约 1400 万，低收入人口减少到约 2800 万。

2011 年 5 月，中共中央、国务院印发了《中国农村扶贫开发纲要（2011—2020 年）》。也称新十年扶贫开发纲要。

---

[1] 参见中共中央文献研究室编：《十四大以来重要文献选编》（上），中央文献出版社 2011 年版，第 673 页。

新《纲要》总结我国扶贫开发工作取得的成就和经验，分析新时期扶贫开发形势和任务，全面部署了未来10年的扶贫开发工作。

新《纲要》提出，我国扶贫开发已经从以解决温饱为主要任务的阶段，转入巩固温饱成果、加快脱贫致富、改善生态环境、提高发展能力、缩小发展差距的新阶段。新阶段扶贫开发未来十年的总体目标是：到2020年，稳定实现扶贫对象不愁吃、不愁穿，保障其义务教育、基本医疗和住房（即"两不愁三保障"）。贫困地区农民人均纯收入增长幅度高于全国平均水平，基本公共服务主要领域指标接近全国平均水平，扭转发展差距扩大趋势。[1]

党的十八大以来，以习近平同志为核心的党中央，从全面建成小康社会要求出发，把扶贫开发工作纳入"五位一体"总体布局、"四个全面"战略布局，作为实现第一个百年奋斗目标的重点任务，作出一系列重大部署和安排，全面打响脱贫攻坚战。脱贫攻坚力度之大、规模之广、影响之深，前所未有，取得了决定性进展。

2013年，中国政府启动了精准脱贫攻坚战。精准脱贫将保护式和开发式扶贫进行了有机对接，将中国的经济社会发展与减贫在制度层面进行了整合，在一系列扶贫方式上进行了创新，将瞄准到施策再到评估整合为一个系统，形成了迄今为止最为系统的科学减贫战略和政策框架，成为人类减贫史上的一次伟大实践。

2015年12月，中共中央、国务院印发《关于打赢脱贫攻坚战的决定》。2016年12月，国务院印发《"十三五"脱贫攻坚规划》。

党和国家以政府为主体，发动社会力量，提供政策、资金、人才等资源开展精准扶贫，持续推进扶贫领域深化改革，带领中国向着共同富裕迈进。从2012年到2017年，中国贫困人口减少近7000万人，五年间平均每年脱贫人口1200万，成就不可谓不巨大。2018年到2022年深入实施脱贫攻坚三年行动，继续实现3000万人口脱贫，到2020年实现全面小康。

2018年2月12日，习近平总书记在打好精准脱贫攻坚座谈会上发表重要讲话。他强调，我们加强党对脱贫攻坚工作的全面领导，建立各负其责、各司其职的责任体系，精准识别、精准脱贫的工作体系，上下联动、统一协调的政策体系，保障资金、强化人力的投入体系，因地制宜、因村因户因人施策的帮扶

---

[1] 参见中共中央文献研究室编：《十七大以来重要文献选编》（下），中央文献出版社2013年版，第356—358页。

体系，广泛参与、合力攻坚的社会动员体系，多渠道全方位的监督体系和最严格的考核评估体系，形成了中国特色脱贫攻坚制度体系，为脱贫攻坚提供了有力制度保障，为全球减贫事业贡献了中国智慧、中国方案。

习近平总书记指出，在脱贫攻坚伟大实践中，我们积累了许多宝贵经验。一是坚持党的领导、强化组织保证，落实脱贫攻坚一把手负责制，省市县乡村五级书记一起抓，为脱贫攻坚提供坚强政治保证。二是坚持精准方略、提高脱贫实效，解决好扶持谁、谁来扶、怎么扶、如何退问题，扶贫扶到点上扶到根上。三是坚持加大投入、强化资金支持，发挥政府投入主体和主导作用，吸引社会资金广泛参与脱贫攻坚。四是坚持社会动员、凝聚各方力量，充分发挥政府和社会两方面力量作用，形成全社会广泛参与脱贫攻坚格局。五是坚持从严要求、促进真抓实干，把全面从严治党要求贯穿脱贫攻坚工作全过程和各环节，确保帮扶工作扎实、脱贫结果真实，使脱贫攻坚成效经得起实践和历史检验。六是坚持群众主体、激发内生动力，充分调动贫困群众积极性、主动性、创造性，用人民群众的内生动力支撑脱贫攻坚。这些经验弥足珍贵，要长期坚持并不断完善和发展。[1]

在把扶贫脱贫作为重大战略任务分步持续推进的过程中，东西部的扶贫协作、对口支援也是与时俱进，持续推进，不断取得成绩，不断创新内容，不断提到新水平。

上海、云南从新中国成立开始，就结下了不解之缘。改革开放之后两省市的扶贫协作也是源远流长。

1996年，中央确定上海市对口帮扶云南省。自那以来，历届上海市委、市政府把帮扶云南作为重要的政治责任和分内工作来抓，倾注真情实意，投入真金白银，坚持真抓实干。20年援滇帮扶和5年合力攻坚，上海市累计投入帮扶资金139.74亿元，实施帮扶项目13268个，开展全方位多层次帮扶协作，有效助推了云南脱贫攻坚进程。

1996年至2015年的20年里，上海坚持"中央要求、云南所需、上海所能"，贯彻"民生为本、产业为重、规划为先、人才为要"的帮扶方针，持续帮助云南改善基本生产、基本生活、基本教育和基本医疗卫生条件，推进对口帮扶合作，有力助推了云南经济社会发展、贫困地区群众脱贫致富、民族团结进步和

[1] 参见习近平：《在打好精准脱贫攻坚战座谈会上的讲话》，《求是》2020年第9期。

边疆繁荣稳定。

在双方高位推动下，沪滇协作机制不断完善。沪滇双方均成立了由省市党政主要领导牵头的对口帮扶合作领导小组，定期互访、召开联席会议、交流会议，互通帮扶合作情况，共商帮扶合作大计，高位务实推进对口帮扶合作。

20年来，历任上海市主要领导均到云南省调研，上海市各级领导到云南省调研对接累计达4979人次。上海市14个区县与云南省4个州市26个县建立了帮扶合作关系，两省市组织、人事、教育、卫生等26个部门积极开展对口合作，双方有关企业、经济园区、行业协会和民间组织的合作日益增强，合作范围覆盖现代农业、现代生物、能源矿产、基础设施、文化创意、电子科技、旅游金融等众多领域，经贸合作不断取得重大突破。

20年间，上海市先后选派9批143名援滇干部到4州市挂职，负责帮扶项目的规划、实施与推进；选派18批400人开展"青年志愿者接力行动"，选拔804名应届大学生、研究生参加服务西部计划。

20年后，进入脱贫攻坚阶段。2016年中央启动新一轮东西部扶贫协作以来，沪滇携手吹响消除绝对贫困的奋斗号角。上海市全面推进对滇扶贫协作各项工作，全力帮助云南打好打赢脱贫攻坚战。在原来重点帮扶云南省4个州（市）26个县的基础上，将帮扶面扩展为13个州（市）74个贫困县，实现了贫困县携手奔小康全覆盖，全面开启沪滇扶贫协作新征程。

"十三五"以来，上海市累计投入帮扶资金105.64亿元，实施产业扶贫、就业扶贫、教育扶贫、基础设施建设等各类帮扶项目5693个。围绕"两不愁三保障"，上海市帮扶资金项目向深度贫困地区和特殊困难群体倾斜支持，重点实施农特产业项目，援建产业基础设施，打造扶贫产业链，培育村集体经济，强化带贫机制，促进可持续发展。

沪滇携手，立足资源禀赋和产业基础，研究出台一批产业扶持政策，积极推进"沪企入滇"工程。上海一批知名企业、商会纷纷到云南投资兴业。"十三五"以来，上海引导332家企业在滇投入产业合作资金共96.52亿元，带动云南贫困人口7.92万人，其中，通过吸纳就业帮助贫困人口脱贫1.03万人，通过利益联结机制带动贫困人口6.87万人。在"沪企入滇"工程推动下，上海复星集团、绿地集团、新沪商联合会等133家知名企业、商会到云南投资兴业，实际到位资金46.57亿元。上海蔬菜集团、上海农产品中心批发市场在云南11个州市建成18个蔬菜产销对接基地、3个市外蔬菜主供应基地，云南也随之成为上海市农产品的重要来源地之一。

浦东新区真金白银投入，真抓实干帮扶，先后对口帮扶大理州 11 个贫困县。构建起资源互动、资金推动、产业撬动、人才流动、就业联动"五位一体"的扶贫协作模式，走出了层次更高、内涵更深、领域更广、成效更好的沪滇扶贫协作新路，沪滇项目建设带动大理州 224775 名贫困人口圆梦小康。

2017 年底，丽江市由上海市面上扶贫协作市变为新增对口帮扶市。依托丽江本土优质农产品与上海大市场、大流通的优势，双方积极推动实施"丽品入沪"工程。几年来，丽江乌骨鸡、羊肚菌、苹果等农特产品成功登陆上海市场销售，2019 年沪丽两地实现产业合作交易额 963.5 万元。"小小乌骨鸡飞进上海大市场"的产销对接案例被国务院扶贫办列入 2018 年东西扶贫协作产业协作优秀案例。

20 年援滇帮扶和 5 年合力攻坚，沪滇携手共同奏响全面建成小康社会的交响曲，谱写了新时代推进云南跨越发展的壮丽篇章。脱贫攻坚任务如期完成，而奋斗者永不止步。面向未来，跨越千里的牵手将更加紧密，山海协作的内涵将更加丰富。[1]

"大山之高，非一石也，累卑然后高。"因此，"跬步无已，至于千里；覆一篑进，及于万仞。"扶贫脱贫的事业，就是这样朝着一个目标，坚韧不拔地一步一步前进，才达致千里，登临高山的。

三、坚持走中国特色扶贫脱贫道路

在改革开放以来的扶贫脱贫实践中，党和国家依据改革开放的基本政策和重要经验，将救济式扶贫发展为开发式扶贫与保障式扶贫相结合，走出了一条中国特色的扶贫道路。

改革开放以来，中国扶贫的最大特色，就是实行开发式扶贫，鼓励贫困地区广大干部、群众发扬自力更生、艰苦奋斗的精神，在国家的扶持下，以市场需求为导向，依靠科技进步，开发利用当地资源，发展商品生产和市场经济，从解决温饱进而脱贫致富。开发式扶贫是我国政府确立的推进扶贫开发事业不断前进的一项基本方针。

[1] 参见《沪滇携手同频共振筑小康》，《云南日报》2021 年 2 月 1 日。

20 世纪 80 年代中期以前，我国农村扶贫主要采取传统的给钱、给物等救济式方式。救济式扶贫可以缓解贫困群众一时的生活困难，但不能使他们真正摆脱贫困，也不能改变贫困地区落后面貌，国家投入的大量扶贫资金没有发挥应有的效益。正是在这一背景下，对传统的救济式扶贫方式进行了改革，开始实行新的扶贫方式——开发式扶贫。

1982 年 12 月，国务院启动实施"三西"扶贫，开始探索贫困地区开发式扶贫的路子。1984 年 9 月，中共中央、国务院下发了《关于帮助贫困地区尽快改变面貌的通知》。这个文件在我国扶贫开发史上具有里程碑意义，标志着在全国范围开展有组织、有计划、大规模扶贫开发的大幕正式拉开，也标志着开发式扶贫战略思想正式提出。

《通知》在阐述帮助贫困地区尽快改变面貌的指导思想时指出，"过去国家为解决这类地区的困难，花了不少钱，但收效甚微。原因在于政策上未能完全从实际出发，将国家扶持的资金重点用于因地制宜发展生产，而是相当一部分被分散使用、挪用或单纯用于救济。为此，必须认真总结经验，明确改变贫困地区面貌的根本途径是依靠当地人民自己的力量，按照本地的特点，因地制宜，扬长避短，充分利用当地资源，发展商品生产，增强本地区经济的内部活力"。

《通知》强调："国家对贫困地区要有必要的财政扶持，但必须善于使用，纠正单纯救济观点。"[1]这一指导思想是后来正式提出"开发式扶贫方针"这一专业术语的基本依据和主要内涵。

1986 年 5 月，国务院贫困地区经济开发领导小组正式成立。1986 年 6 月，国务院办公厅转发的《国务院贫困地区经济开发领导小组第一次全体会议纪要》，提出要"彻底改变过去那种单纯救济的扶贫办法"，实行"新的经济开发方式"。1991 年 4 月，全国七届人大四次会议通过的《国民经济和社会发展十年规划和"八五"计划纲要》，明确提出"要坚持以经济开发为主的扶贫方针"。这是开发式扶贫方针的前称。

1994 年 2 月 28 日至 3 月 3 日，中央召开全国扶贫开发工作会议，部署实施《国家八七扶贫攻坚计划》，明确提出"开发式扶贫方针"这一术语，并将其基本含义表述如下："继续坚持开发式扶贫的方针：鼓励贫困地区广大干部、群众发扬自力更生、艰苦奋斗的精神，在国家的扶持下，以市场需求为导向，依靠

---

[1] 中共中央文献研究室编：《十二大以来重要文献选编》（中），中央文献出版社 2011 年版，第 29—30 页。

科技进步，开发利用当地资源，发展商品生产，解决温饱进而脱贫致富。"[1]会议强调，实施开发式扶贫是我国扶贫工作的一个根本性转变，是一个重大创造，这个方针必须长期坚持。

《中国农村扶贫开发纲要（2001—2010年）》第五部分"基本方针"对开发式扶贫方针的基本含义作了进一步扩展与完善："以经济建设为中心，引导贫困地区群众在国家必要的帮助和扶持下，以市场为导向，调整经济结构，开发当地资源，发展商品生产，改善生产条件，走出一条符合实际的、有自己特色的发展道路。通过发展生产力，提高贫困农户自我积累、自我发展能力。"[2]《中国农村扶贫开发纲要（2011—2020年）》再次强调要"坚持开发式扶贫方针"[3]。

随着科学发展观的提出，以及多年的扶贫开发实践，人们对开发式扶贫方针的理解更加科学，认识更加深化，开发式扶贫在原有基础上被赋予一些新的内涵：一是开发当地资源的"资源"，已不仅仅限于贫困地区的自然资源，它还包括人文资源和人力资源，尤其是人力资源开发在开发式扶贫中显得尤为重要。二是对自然资源的开发已不是传统意义上的最大限度开发，而是适度开发与合理利用，并特别强调资源的保护和永续利用，强调扶贫开发与生态建设、环境保护相结合。三是贫困农户发展商品生产、增加收入的渠道不断拓宽，已不仅仅局限于种植业、养殖业，还包括农村二、三产业（如旅游服务业等）；已不仅仅局限于本地开发，还包括易地开发、搬迁扶贫，以及进城务工经商和迁入小城镇定居就业等。四是开发式扶贫已不仅仅是从促进经济发展的角度来定义，推进贫困地区社会发展和基本公共服务均等化也成为应有之义，以加强扶贫对象能力建设的科技、教育、文化、卫生、人口素质、社区参与等社会事业，成为开发式扶贫的重要内容。五是扶贫开发与社会保障制度有效衔接战略思想的提出，标志着我国农村扶贫开发进入"两轮驱动"的新阶段；开发式扶贫的功能、目标在新形势下得到了重新定位，其作用和地位显得更加重要。

开发式扶贫方针是我国扶贫开发实践创新、理论创新和制度创新的结晶，是改革开放以来我国扶贫开发成功实践充分证明了的、符合中国基本国情的一项基本方针，并得到国际社会和众多发展中国家的高度评价和赞誉。深入推进

---

[1] 中共中央文献研究室编：《十四大以来重要文献选编》（上），中央文献出版社2011年版，第673—675页。

[2] 中共中央文献研究室编：《十五大以来重要文献选编》（下），中央文献出版社2011年版，第129页。

[3] 中共中央文献研究室编：《十七大以来重要文献选编》（下），中央文献出版社2013年版，第357页。

扶贫开发，是建设中国特色社会主义的重要内容和长期历史任务。毫无疑问，开发式扶贫方针必将在不断充实和完善的基础上长期坚持下去。

中国的扶贫开发政策有以下特征：

——坚持开发式扶贫和社会保障相结合。引导贫困地区和贫困群众以市场为导向，调整经济结构，开发当地资源，发展商品生产，提高自我积累、自我发展能力。注重综合开发、全面发展，促进基础设施建设和经济社会协调发展。注重可持续发展，加强资源保护和生态建设，控制人口过快增长。加快推进城乡基本公共服务均等化进程，建立健全农村最低生活保障制度，逐步提高五保供养水平，不断完善自然灾害应急救助体系，建立新型农村合作医疗制度，开展新型农村社会养老保险制度试点，为贫困人口提供基本生存保障。在国家扶贫开发工作重点县推进扶贫开发政策与农村低保制度衔接试点，努力使各项政策覆盖所有贫困人口。

——坚持专项扶贫和行业扶贫、社会扶贫相结合。以贫困人口和贫困地区为工作对象，以财政专项扶贫资金为主要资源，以实现贫困人口基本生存和发展为目标，编制专项扶贫开发规划，分年实施。充分发挥各行业部门职责，将贫困地区作为本部门本行业发展重点，积极促进贫困地区水利、交通、电力、国土资源、教育、卫生、科技、文化、人口和计划生育等各项事业的发展。动员和组织社会各界，通过多种方式支持贫困地区开发建设。党政机关和企事业单位定点扶贫，东西扶贫协作，军队和武警部队支援，社会各界参与，形成有中国特色的社会扶贫方式，推动贫困地区发展，增加贫困农民收入。

——坚持外部支持与自力更生相结合。通过专项扶贫资金、财政转移支付、部门项目建设、社会各界捐助、引进利用外资等途径，不断加大对贫困地区的资金投入。不断探索参与式整村推进、小额信贷、贫困村互助资金等多种扶贫模式。尊重贫困地区广大干部群众在农村扶贫开发中的主体地位，广泛调动他们的主动性、积极性、创造性。广大干部群众自强不息，不等不靠，苦干实干，积极参与决策、投工投劳，依靠自身力量改变贫困落后面貌。[1]

国家加大产业扶贫力度。实施贫困地区特色产业提升工程，因地制宜加快发展对贫困户增收带动作用明显的种植养殖业、林草业、农产品加工业、特色手工业、休闲农业和乡村旅游，积极培育和推广有市场、有品牌、有效益的特

---

[1] 参见《新闻办发布〈中国农村扶贫开发的新进展〉白皮书》，中国政府网 2011 年 11 月 16 日。

色产品。

坚持开发式扶贫和保障性扶贫相统筹。把开发式扶贫作为脱贫基本途径，针对致贫原因和贫困人口结构，加强和完善保障性扶贫措施，造血输血协同，发挥两种方式的综合脱贫效应。

习近平总书记反复强调，发展产业是实现脱贫的根本之策。从这些年的实践看，发展产业和支持创业是"五个一批"中带贫面最广、脱贫人数最多的。只要一个地方选准了产业，让贫困户加入进来，就能有效减少贫困和防止返贫。

截至 2019 年 9 月，贫困地区累计建成各类扶贫产业基地 10 万个以上，已有 92% 的贫困户通过"龙头企业＋合作社＋贫困户"等方式参与到产业发展当中。各地为此组建了 4100 多个产业扶贫技术专家组，聘请了产业发展指导员 26 万人。据国家统计局统计，2019 年上半年贫困地区农村居民人均可支配收入 5216 元，比 2018 年同期实际增长了 8.4%，这个增速比全国农民平均增速快了 1.8 个百分点。

陕西柞水县小岭镇金米村的电商直播间里，带货主播李旭瑛热情推介村里的木耳。"大家好，我们又见面了！""互联网＋"让金米村木耳"飞出"秦岭深处，卖到全国，也让乡亲们大步迈向小康生活。10 多年前，大概谁也想不到，许许多多的贫困山村，会村村通 4G、通公路，光网宽带全覆盖、快递全覆盖。

金米村是个缩影。云南省富源县富村镇的侯佑林说："家乡一年一个样，发展条件越来越好，坚定了我返乡创业的决心。"他利用在浙江学到的刺绣工艺品加工技术，返乡开设 21 个村级扶贫工厂，带领 3000 多名留守妇女"绣"出好日子。

40 多年来，中国坚持开发式扶贫，把发展作为解决贫困的根本途径。先富带动后富、少数带动多数，中国扶贫开发的伟大实践证明，发展是解决贫困的根本途径，改革开放是取得扶贫成就的根本动力。只有发展才能带动更多人富裕，只有发展才能为扶贫事业投入更多资源！

四、全方位多方式消除贫困现象及其根源

中国式贫困治理，不是单纯救济，也不是单一解决生活问题，而是坚持多方面多方式综合扶贫，全面消除贫困现象及其根源。始终坚持产业扶贫，全力推进就业扶贫，推动易地扶贫搬迁，加强生态扶贫，实施教育脱贫攻坚，深入实施健康扶贫，加快推进农村危房改造，强化综合保障性扶贫，开展贫困残疾

人脱贫行动，开展扶志教育活动，加快实施交通扶贫行动，大力实施电力和网络扶贫行动，大力推进贫困地区农村人居环境整治。

如交通扶贫。交通运输是贫困地区脱贫致富的基础性、先导性条件。交通运输部根据中央部署，制定和出台了《集中连片特困地区交通建设扶贫规划纲要（2011—2020 年）》，提出把加强交通基础设施建设作为交通扶贫工作的重中之重，按照"外通内联、通村畅乡、班车到村、安全便捷"的要求，着力解决好"片区对外通道建设、片区内部公路网络建设、农村公路建设、农村客货运输、水运建设"等五个方面的问题。

2014 年 1 月，中共中央办公厅、国务院办公厅发布的《关于创新机制扎实推进农村扶贫开发工作的意见》，进一步明确"到 2015 年，提高贫困地区县城通二级及以上高等级公路比例，除西藏外，西部地区 80% 的建制村通沥青（水泥）路，稳步提高贫困地区农村客运班车通达率，解决溜索等特殊问题。到 2020 年，实现具备条件的建制村通沥青、水泥路和通班车"[1]。

按照农村饮水安全工程要求，至取水点单程 1000 米以上的，或至取水点垂直高度 100 米以上的缺水村（寨），称为饮水困难村（寨）。经过帮扶：

（1）水质。要符合国家标准。

（2）水量。每人每天可获得的水量不低于 40—60 升为安全，不低于 20—40 升为基本安全。

（3）方便程度。人力取水往返时间不超过 10 分钟为安全；取水往返时间不超过 20 分钟为基本安全。

（4）保证率。供水保证率不低于 95% 为安全；不低于 90% 为基本安全。

2018 年到 2020 年，中央财政对深度贫困地区投入的资金达到 2140 亿元，其中用于"三区三州"的将近一半，达 1050 亿元。并同时大力动员社会力量向深度贫困地区倾斜。全国工商联推动的"万企帮万村"精准扶贫行动，到 2019 年 6 月，已有 7.64 万家民营企业结对帮扶 4.88 万个建档立卡贫困村，有 1000 多万贫困人口受益，对深度贫困地区社会帮扶的力度在不断增强，成效显著。

我国的扶贫开发工作能够取得如此大的成功，是多方面政策综合作用的结果。第一，我国经济在改革开放后得到了迅速的发展，强大的经济实力为扶贫开发工作奠定了基础。第二，建设强化扶贫机构，加大扶贫资金投入，加强监

---

[1]《中共中央办公厅、国务院办公厅印发〈关于创新机制扎实推进农村扶贫开发工作的意见〉》，《国务院公报》2014 年第 4 号。

督力度。做到扶贫资金用之有效，真正地用在贫困地区、贫困人口身上。第三，国家实施统筹城乡发展战略和"工业反哺农业、城市支持农村"与"多予少取放活"的方针，采取了一系列惠农政策措施，全面促进农村经济社会发展，广大贫困群众受益良多。第四，国家不断加大科技扶贫的工作力度，注重贫困地区的可持续发展。这些年来，政府一直致力于推广先进的农业科学技术，普及农业科学知识，有效地改变了贫困地区落后的生产方式。

国家脱贫攻坚普查领导小组办公室2021年2月25日发布的《国家脱贫攻坚普查公报》（第三号），公布了国家贫困县1482.2万建档立卡户、5307.4万建档立卡贫困人口享受各种帮扶政策的情况。[1]

（一）产业帮扶政策。

建档立卡以来，享受过产业帮扶政策的建档立卡户1465.8万户，占全部建档立卡户的98.9%。其中，在项目资金、实物等帮扶下，独立发展产业1146.4万户；农民合作社、龙头企业等新型经营主体带动1076.5万户；技术指导或技术培训1064.8万户；获得信贷资金扶持548.6万户。

（二）就业帮扶政策。

建档立卡以来，有家庭成员享受过就业帮扶政策的建档立卡户1390.6万户，占全部建档立卡户的93.8%。其中，参加职业技能培训929.5万户，就读技工学校47.6万户，参加过招聘会或得到过政策咨询、职业指导、岗位信息推荐等就业服务1199.9万户，享受过创业扶持212.5万户，在公益岗位工作过409.8万户，在扶贫车间工作过80.5万户，享受过外出务工交通补贴330.9万户。

（三）健康帮扶政策。

建档立卡以来，有家庭成员享受过健康帮扶政策的建档立卡户1476.6万户，占全部建档立卡户的99.6%。其中，享受医保扶贫参保缴费补贴1456.4万户，县域内住院"一站式"结算服务938.1万户，高血压、糖尿病、肺结核、严重精神障碍等四类慢性病家庭医生签约服务513.8万户。

（四）教育帮扶政策。

建档立卡以来，有家庭成员享受过学生资助政策的建档立卡户807.1万户。其中，学前教育幼儿资助273.6万户，义务教育阶段家庭经济困难学生生活补助、营养膳食补助621.2万户，普通高中免学杂费191.1万户，中等职业学校免

---

[1] 参见《国家脱贫攻坚普查公报》（第三号），《人民日报》2021年2月26日。

学费 103.9 万户，国家助学金 275.0 万户，国家助学贷款 85.8 万户，雨露计划 160.7 万户。

（五）危房改造政策。

建档立卡户全面实现住房安全有保障，其中建档立卡以来享受过危房改造政策的建档立卡户 626.2 万户。包括：危房改造维修加固 186.6 万户，危房改造拆除重建 360.9 万户，集体公租房、幸福大院等其他危房改造政策 78.7 万户。

（六）易地扶贫搬迁政策。

建档立卡以来，易地扶贫搬迁的建档立卡户 207.7 万户。搬迁后建档立卡户享受了后续帮扶政策。

（七）社会保障政策。

截至 2020 年 9 月底，建档立卡贫困人口中，纳入最低生活保障范围 1109.0 万人，纳入农村特困人员救助供养范围 73.9 万人，参加城乡居民基本养老保险 3844.7 万人，领取基本养老金 1017.0 万人。

（八）残疾人帮扶政策。

建档立卡以来，有家庭成员享受过残疾人帮扶政策的建档立卡户 338.3 万户。其中，困难残疾人生活补贴覆盖 261.0 万户，重度残疾人护理补贴覆盖 171.3 万户，其他残疾人补贴覆盖 82.0 万户，贫困重度残疾人照护服务覆盖 46.1 万户，贫困残疾人基本康复服务覆盖 210.5 万户，贫困重度残疾人家庭无障碍改造覆盖 32.1 万户。

（九）其他帮扶政策。

建档立卡以来，享受过生态扶贫政策的建档立卡户 1111.3 万户。

建档立卡以来，享受过资产收益扶贫政策的建档立卡户 944.5 万户。

截至 2020 年 9 月底，借过扶贫小额信贷发展产业的建档立卡户 521.1 万户。

普查结果表明，符合各专项帮扶政策享受条件的建档立卡户，基本享受过该项帮扶政策。

《普查公报》确认，根据国家脱贫攻坚普查结果，国家贫困县建档立卡户均享受了相应的各类帮扶政策。

五、通过举国体制运用多种举措全面扶贫

中国国家治理和快速发展的一个重要特点，是发挥举国体制的作用。中国

扶贫脱贫的一个重要经验，也是发挥举国体制的作用，运用多种政策措施开展扶贫，形成跨地区、跨部门、跨单位、全民参与的社会扶贫体系。

2015年6月18日，习近平总书记在贵州召开部分省（区、市）党委主要负责同志座谈会，就加大力度推进扶贫开发工作提出"4个切实"的具体要求：切实落实领导责任、切实做到精准扶贫、切实强化社会合力、切实加强基层组织。

他讲道，坚持党的领导，发挥社会主义制度可以集中力量办大事的优势，这是我们的最大政治优势。

他要求，强化扶贫开发工作领导责任制，把中央统筹、省负总责、市（地）县抓落实的管理体制，片为重点、工作到村、扶贫到户的工作机制，党政一把手负总责的扶贫开发工作责任制，真正落到实处。中央要做好政策制定、项目规划、资金筹备、考核评价、总体运筹等工作，省级要做好目标确定、项目下达、资金投放、组织动员、检查指导等工作，市（地）县要做好进度安排、项目落地、资金使用、人力调配、推进实施等工作。党政一把手要当好扶贫开发工作第一责任人，深入贫困乡村调查研究，亲自部署和协调任务落实。

他还要求切实强化社会合力。扶贫开发是全党全社会的共同责任，要动员和凝聚全社会力量广泛参与。要坚持专项扶贫、行业扶贫、社会扶贫等多方力量、多种举措有机结合和互为支撑的"三位一体"大扶贫格局，健全东西部协作、党政机关定点扶贫机制，广泛调动社会各界参与扶贫开发积极性。要加大中央和省级财政扶贫投入，坚持政府投入在扶贫开发中的主体和主导作用，增加金融资金对扶贫开发的投放，吸引社会资金参与扶贫开发。要积极开辟扶贫开发新的资金渠道，多渠道增加扶贫开发资金。

此外，还要切实加强基层组织。做好扶贫开发工作，基层是基础。要把扶贫开发同基层组织建设有机结合起来，抓好以村党组织为核心的村级组织配套建设，鼓励和选派思想好、作风正、能力强、愿意为群众服务的优秀年轻干部、退伍军人、高校毕业生到贫困村工作，真正把基层党组织建设成带领群众脱贫致富的坚强战斗堡垒。选派扶贫工作队是加强基层扶贫工作的有效组织措施，要做到每个贫困村都有驻村工作队、每个贫困户都有帮扶责任人。工作队和驻村干部要一心扑在扶贫开发工作上，有效发挥作用。[1]

2017年6月23日，在山西太原的深度贫困地区脱贫攻坚座谈会上，习近平

---

[1] 参见习近平：《在贵州召开部分省区市党委主要负责同志座谈会上的讲话》，新华网2015年6月19日。

总书记要求加大各方帮扶力度。加大东部地区和中央单位对深度贫困地区的帮扶支持，强化帮扶责任，"谁的孩子谁抱"。对东西部扶贫协作和对口支援、中央单位定点帮扶的对象在深度贫困地区的，要在资金、项目、人员方面增加力度。东部经济发达县结对帮扶西部贫困县"携手奔小康行动"和民营企业"万企帮万村行动"，都要向深度贫困地区倾斜。国务院扶贫办要做好这方面的对接工作。要通过多种形式，积极引导社会力量广泛参与深度贫困地区脱贫攻坚，帮助深度贫困群众解决生产生活困难。要在全社会广泛开展向贫困地区、贫困群众献爱心活动，广泛宣传为脱贫攻坚作出突出贡献的典型事例，为社会力量参与脱贫攻坚营造良好氛围。[1]

习近平总书记讲到的这几个方面，都是举国体制的组成部分和重要内容。

党的十八大以来，中共中央、国务院出台扶贫文件 5 个，中共中央办公厅、国务院办公厅出台扶贫文件 20 个，启动实施"十三五"脱贫攻坚规划。中央和国家机关各部门出台政策文件或实施方案 227 个，形成政策合力。各地也不断完善"1+N"脱贫攻坚系列文件，内容涉及产业扶贫、易地扶贫搬迁、劳务输出扶贫、交通扶贫、水利扶贫、教育扶贫、健康扶贫、金融扶贫、农村危房改造、土地增减挂钩、资产收益扶贫等，瞄准贫困人口，因地制宜，分类施策。

中央、省、市、县财政专项扶贫资金累计投入近 1.6 万亿元，其中中央财政累计投入 6601 亿元。土地增减挂指标跨省域调剂和省域内流转资金 4400 亿元。扶贫小额信贷累计发放 7100 多亿元，扶贫再贷款累计发放 6688 亿元，金融精准扶贫贷款发放 9.2 万亿元。东部 9 省市共向扶贫协作地区投入财政援助和社会帮扶资金 1005 亿多元，东部地区企业赴扶贫协作地区累计投资 1 万多亿元。统筹整合使用财政涉农资金，强化扶贫资金监管，确保把钱用到刀刃上。真金白银的投入，为打赢脱贫攻坚战提供了强大资金保障。[2]

坚持全国一盘棋，调动各方面积极性，集中力量办大事，这是打赢脱贫攻坚战的最大制度优势。从科学制定总体规划到明确时间表、路线图，从各负其责、各司其职到上下联动、统一协调，中国特色脱贫攻坚制度体系在实践中全面建立。

在扶贫开发中，政府各部门根据中央政府的统一要求，分别制定了本部门、

---

[1] 参见习近平：《在深度贫困地区脱贫攻坚座谈会上的讲话》，新华网 2017 年 8 月 31 日。

[2] 参见国务院新闻办公室：《人类减贫的中国实践》，新华网 2021 年 4 月 6 日。

本系统的扶贫开发具体实施方案，提出了一系列有利于贫困地区发展和贫困群众脱贫的优惠政策，并充分发挥各自优势，在资金、物资、技术上向贫困地区倾斜，积极为贫困地区的开发建设作出贡献。同时，包括中央国家机关、企事业单位、民主党派及人民团体等社会各界参与扶贫开发的部门、单位不断增多，规模不断扩大。各帮扶部门和单位都有特定的帮扶对象和明确的任务，到2000年底，定点帮扶的部门和单位达到138个，共派出3000多名干部到贫困县挂职扶贫，直接投入资金44亿元，帮助贫困地区引进国内外各种资金105亿元。各省、自治区、直辖市以及贫困地区也积极开展定点扶贫工作。此外，各社会组织、民间团体和私营企业也积极开展"希望工程""光彩事业""文化扶贫""幸福工程""春蕾计划""青年志愿者支教扶贫接力计划""贫困农户自立工程"等多种形式的扶贫活动。[1]

在这一体制下，党和国家还鼓励支持民营企业、社会组织、个人参与扶贫开发，实现社会帮扶资源和精准扶贫有效对接。

深圳市聚合全市力量，扛起脱贫攻坚的历史使命，组织84个机关单位、街道与112个贫困乡镇结对，238所学校、医院与贫困地区248所学校、医院结对，实地解决问题约2500个。5个前方指挥部（工作组）、324个驻村工作队坚守一线。

企业、社会组织、爱心人士聚沙成塔。"深企帮千村"行动扎实推进，恒大、万科、腾讯、平安等龙头企业冲锋在前。38个社会组织主动请缨，成立"深圳社会组织广西扶贫协作联盟"，122家企业和社会组织与百色、河池47个国家挂牌督战贫困村全覆盖结对帮扶，投入帮扶资金物资1.65亿元、实施项目678个，帮助1633人就业。

200多万爱心市民通过家庭结对、捐资助学、消费扶贫等形式参与扶贫工作。300余名退休的深圳教师、医生到对口帮扶地区开展"银龄行动"，奉献经验和技术。深圳2020年"广东扶贫济困日"活动募集资金高达15.67亿元，同比增长27%。

以党建引领脱贫攻坚，深圳选派650名干部到新疆、西藏、广西等扶贫一线扶贫，其中党员占比超过90%；选派324人到河源、汕尾担任村第一书记；新建或改造党群服务中心111个、建设并完善党组织活动阵地179个；腾讯"为

---

[1] 参见《中国农村扶贫开发的新进展》，中国政府网2005年5月26日。

村"平台全面铺开，累计 29 省 12409 个村、广东 11 个市 2775 个村上线。

产业脱贫方面，深圳推动 177 家企业到广西投资、投资额 92.79 亿元。帮扶河源、汕尾引进超亿元工业项目 61 个、计划投资额 270.79 亿元。深巴大健康试验区、喀什深圳产业园、深圳与河源汕尾共建 12 个省级产业园等建设加快。"一村一品"加快推进，2126 个种养殖等产业项目丰产丰收。68 名农科专家到扶贫一线传授适用技术。利用区块链技术，建立农产品信息溯源平台。引进"种、养、加、销"延伸项目 1700 多个，惠及贫困地区 20 万人口。

面对新冠肺炎疫情，深圳第一时间筹集防护物资驰援对口地区，捐赠物资折价 3091 万元，安排专车 1600 多趟、专列 21 趟，帮助返粤返深务工人员 7.6 万；发放消费扶贫券、发动全市 1000 余家预算单位和 50 多家大企业定向采购，帮助销售滞销农产品 11 亿元，实行"一项目一策"，使所有帮扶项目都及时复工复产。[1]

六、实行东西互助和对口帮扶

加强对口援助扶贫，实行东西互助和部门帮扶，在扶贫脱贫事业中发挥了特殊作用，也是中国扶贫脱贫事业取得成就的一条重要经验。

中国在开发式扶贫中实行了东西互助对口支援的方式。这种方式于 20 世纪五六十年代开始萌芽，70 年代末正式提出和实施，是邓小平"两个大局"思想的具体体现和生动形式。

1979 年，全国边防工作会议确定了东部经济发达省市对口支援边境及少数民族地区的具体方案。中央第一次确定了我国内地省市对口支援少数民族地区的具体对口安排，即北京支援内蒙古，河北支援贵州，江苏支援广西、新疆，山东支援青海，上海支援云南、宁夏，全国支援西藏。1984 年施行的《中华人民共和国民族区域自治法》，首次以国家法律的形式明确规定了上级国家机关组织和支持对口支援的法律原则。

1983 年，国务院决定由国家经委牵头，组织经济发达省（市）同少数民族地区开展对口支援和经济技术协作。1992 年，党中央、国务院批准正式实施经济发达地区与贫困地区开展以扶贫为主要内容的干部交流计划。1994 年，《国

---

[1] 参见秦琦蔚：《深圳交出具有里程碑意义扶贫合作历史答卷》，《深圳特区报》2021 年 2 月 8 日。

家八七扶贫攻坚计划》对东西扶贫协作进一步提出要求。1996 年，国务院办公厅转发了《国务院扶贫开发领导小组关于组织经济较发达地区与经济欠发达地区开展扶贫协作的报告》，对东西扶贫协作的结对省（区、市）、主要任务、协作内容、优惠政策、组织领导等进行了全面部署，明确东西扶贫协作工作由国务院扶贫开发领导小组负责组织和协调。

随着援藏援疆、三峡工程移民安置，唐山、汶川地震灾后重建，对口支援发展成三种主要模式：一是边疆地区对口支援；二是灾害损失严重地区对口支援；三是重大工程对口支援。

进入 21 世纪后，两个十年扶贫开发《纲要》都把东西扶贫协作工作摆在重要位置，提出了基本要求。

在扶贫开发中，沿海共有 6 个省、3 个直辖市、4 个计划单列市对口扶持西部的 10 个省区，对口扶贫工作要求落实到县一级。东部地区富裕县市要充分利用自己的人才、技术、资金、市场、信息、管理等各种优势，在互惠互利的基础上，与西部贫困县共同开发当地资源，发展经济。2019 年 7 月，东部发达地区 267 个经济较强县市区结对帮扶西部地区 406 个贫困县，并实现对 30 个民族自治州全覆盖，增强了扶贫的针对性有效性。

各级机关事业单位也有对口支援任务。全国 17.68 万个党政机关、企事业单位参加，帮扶覆盖全国 12.8 万个建档立卡贫困村；68 家中央企业开展"百县万村"行动，全国工商联动员 2.65 万家民营企业开展"万企帮万村"行动。

在精准扶贫、精准脱贫的攻坚中，继续采取了东西部扶贫协作和对口支援的办法。

对口支援这种方式，是在我国政治环境中产生、发展和不断完善的，是一种具有中国特色的政策模式，也是中国特色社会主义制度优越性的重要表现。

开展东西部协作扶贫，加快了西部贫困地区脱贫步伐。截至 2001 年，东部 13 个省市政府和社会各界累计捐款、捐物折款近 21.4 亿元，双方签订项目协议 5745 个，协议投资 280 多亿元，实现投资 40 多亿元，从贫困地区输出劳动力 51.7 万人。此外，东西部地区在干部交流、人才培训、援建学校、建设基本农田、修筑公路、解决人畜饮水困难等方面也开展了协作。[1]

2016 年，中办、国办专门印发《关于进一步加强东西部扶贫协作工作的指

---

[1]　参见《中国的农村扶贫开发》，中国政府网 2005 年 5 月 26 日。

导意见》，指出东西部扶贫协作和对口支援，是推动区域协调发展、协同发展、共同发展的大战略，是加强区域合作、优化产业布局、拓展对内对外开放新空间的大布局，是打赢脱贫攻坚战、实现先富帮后富、最终实现共同富裕目标的大举措。[1]

在脱贫攻坚进入决战决胜的关头，东西部扶贫协作力度进一步加大。到2020年10月底，北京市、天津市、辽宁省等东部9省市已向扶贫协作地区投入财政援助资金近260亿元，是原计划的114%。东部9省市已实施扶贫协作项目9789项，占计划实施项目总数的99%。90.5万余名贫困劳动力通过东西部扶贫协作机制实现就业。东部9省市累计援建扶贫车间4889个，就地就近吸纳就业8.4万人。东部9省市共采购、销售贫困地区农畜牧产品535亿元，引导1800家企业到扶贫协作地区投资，带动54万余名贫困人口增收。

2020年，是浙江省对口支援阿克苏地区和兵团第一师阿拉尔市10周年，先后10批援疆干部人才接续奋斗，先后实施281个对口援疆项目，助力阿克苏地区经济社会发展。以富民兴疆工程为基础，打造产业援疆"十城百店"升级版；以文化润疆工程为依托，启动文化交流合作工程，创新"我爱浙疆"十大系列品牌项目；以团结稳疆为抓手，启动教育援疆"百校十万'石榴籽'"工程、推出"组团式"医疗援疆18个专科联盟等，深入推进两地交往交流交融，实现两地互利共赢融合发展。

2019年，浙江省援疆指挥部联合阿克苏地区、兵团第一师阿拉尔市共同制定了《打造"十城百店"工程升级版3年行动计划（2020—2022年）》，其中包括"线下十进"行动、"线上十进"行动、仓储前置行动、供给能力提升行动、产销对接行动、品牌引领行动、"浙产西进"行动等七大行动，着力解决受援地物流、仓储痛点难点，在建立完善多方联动、产销联盟的框架机制下，构建线上线下融合、覆盖浙江、面向全国的销售网络，在打造流通有序、组织高效的仓储物流体系等方面发挥更大作用。2020年通过"十城百店"渠道销售阿克苏地区、兵团第一师农产品23.8万吨，销售额达35.8亿元，同比增长98%。[2]

东西部扶贫协作20多年来，已形成多层次、多形式、全方位的扶贫协作和对口支援格局。以东部之优补西部之短，以先发优势促后发效应，变"输血式

---

[1] 参见《中办国办印发〈关于进一步加强东西部扶贫协作工作的指导意见〉》，中国政府网2016年12月7日。

[2] 参见叶锡挺：《精准帮扶发展　凝心聚力惠民生——2020年浙江省对口援疆工作综述》，《新疆日报》2021年2月5日。

扶贫"为"造血式扶贫",激发贫困地区的内生动力,奋起直追,为解决贫困问题提供了"中国方案"。习近平总书记所言:"这在世界上只有我们党和国家能够做到,充分彰显了我们的政治优势和制度优势。"

东西部扶贫协作,充分体现了全国一盘棋的大局战略、大局意识、大局胸怀。随着时代的发展,许多协助方不断提高扶贫协作水平,逐步从单向收益发展到双向收益。

山东省和重庆市,一个在东、一个在西,相隔数千里,却因对口支援三峡库区而紧密联系。从 2010 年至 2020 年的 10 年间,两地党政领导同志进行了 15 次互访并召开高层联席会议,14 个区县党委、政府和 15 个市级相关部门每年均赴山东调研对接,合力推动鲁渝全方位合作;10 年间,山东累计向重庆投入财政援助帮扶资金 24.2 亿元,实施援建项目 1770 个,动员社会力量捐款(含捐物折款)近 4 亿元。

10 年里,山东与重庆之间展开了一场千里之外、跨越东西的倾情帮扶,谱写了一曲先富帮后富、携手奔小康的奋进之歌。

协作是两个地区在要素禀赋等各个方面的取长补短,要实现双赢,才是可持续发展的扶贫。如果说过去扶贫协作是东部"帮扶"西部的色彩较浓,那么今天双方外部与内部条件都已发生变化,双方都站在新的平台,用新的理念去思考,以创新、协调、绿色、开放、共享的新发展理念来引领合作的大方向,努力从单向帮扶到互利共赢。

重庆出台了一系列政策:对引进的山东企业,给予不同程度的项目补贴;山东省籍居民到贫困区县景区旅游,凭本人有效身份证件可享受景区门票优惠。两地还达成协议,对扶贫协作重点领域和山东企业在渝开展扶贫协作项目提供综合金融服务。

以政策为指挥棒,鲁渝东西部扶贫协作逐步由刚起步时东部单向帮扶西部,拓展为在对口帮扶框架下东西部双向互动、共同发展、实现共赢。

重庆拥有丰富的生态资源、充足的劳动资源、广阔的土地资源,这对企业来说就是商机。山东金秋农牧公司借鲁渝扶贫协作之机,打开了重庆和西南市场,重庆山地多,适合鸡散养,且有消费市场,所以,公司在万州建立起了芦花鸡繁育基地,目前已有种鸡两万余只,年出栏量 100 多万只。

重庆有大山大河,山东有大海和孔孟,两地互游是一片新"蓝海"。鲁渝两地文旅部门策划"十万山东人游重庆"活动。不仅组织山东游客到重庆巫山看红叶、游三峡，还策划重庆人游山东。双向互动，让山东也收获良多。

对鲁渝扶贫协作，国务院扶贫开发领导小组给予了充分肯定，在 2019 年度国家脱贫攻坚东西部扶贫协作考核中，山东和重庆均位列"好"等次。[1]

实践证明，东西部扶贫协作和对口支援，是推动区域协调发展、协同发展、共同发展的大战略，是加强区域合作、优化产业布局、拓展对内对外开放新空间的大布局，是实现先富帮后富、最终实现共同富裕目标的大举措。

七、实施精准扶贫、精准脱贫基本方略

把精准扶贫、精准脱贫作为扶贫攻坚的基本方略，普惠和特惠相结合，做到分类施策、应扶尽扶。这是中国扶贫脱贫事业取得成就的又一条经验。

在党的十八大以来的脱贫攻坚中，习近平总书记提出了一个战略性的要求——精准扶贫、精准脱贫，并把精准扶贫、精准脱贫作为扶贫攻坚的基本方略。

当年，为确保"八七扶贫攻坚计划"的实现，党中央、国务院突出强调扶贫攻坚要坚持到村到户，"把扶贫攻坚的任务和措施落实到贫困村、贫困户"，"一个村一个村地扶，一户一户地帮"。采取更有针对性的措施，扶贫到户。例如，党员干部，包扶到户；实体带动，效益到户；统一规划，项目到户；异地开发，移民到户；社会各界，帮扶到户；小额信贷，资金到户等。

2013 年 11 月，习近平总书记在湖南湘西、长沙等地考察时，第一次提出"精准扶贫"理念，强调抓扶贫开发，既要整体联动、有共性的要求和措施，又要突出重点、加强对特困村和特困户的帮扶。

2015 年 6 月，习近平总书记在贵州提出 6 个方面的精准扶贫要求，强调要"做到对症下药、精准滴灌、靶向治疗，不搞大水漫灌、走马观花、大而化之"。

2017 年全国"两会"期间，习近平总书记在与人大代表讨论时再度强调精准问题。

为什么要精准扶贫？习近平总书记形象地说，"手榴弹炸跳蚤"是不行的。抓扶贫切忌喊大口号，也不要定那些好高骛远的目标，要一件事一件事做。从精准扶贫到精准脱贫，重在提高脱贫攻坚成效，关键是找准路子、构建好的体

---

[1] 参见颜安：《从单向帮扶到互利共赢——鲁渝扶贫协作十年交出优秀答卷》，《重庆日报》2020 年 12 月 15 日。

制机制，在精准施策上出实招、在精准推进上下实功、在精准落地上见实效。

精准扶贫、精准脱贫，首先要把真正的贫困人口弄清楚，把贫困人口、贫困程度、致贫原因等搞清楚，以便做到因户施策、因人施策。

2014 年 4 月至 10 月，全国扶贫系统组织了 80 万人进村入户，共识别 12.8 万个贫困村、8962 万贫困人口，建档立卡、录入信息，实行有进有出的动态管理，把真正需要扶贫的人扶起来。2015 年 8 月至 2016 年 6 月，全国扶贫系统又动员了近 200 万人开展建档立卡"回头看"，补录贫困人口 807 万，剔除识别不准人口 929 万，识别精准度进一步提高，精确锁定了脱贫攻坚的主战场。2017 年，国务院扶贫办组织各地对 2016 年脱贫真实性开展自查自纠，245 万标注脱贫人口重新回退为贫困人口。建档立卡使我国贫困数据第一次实现了到村到户到人。

精准扶贫、精准脱贫，还要保证扶贫责任到人、措施到家、工作到位。

在扶贫脱贫的措施上，习近平总书记提出，按照贫困地区和贫困人口的具体情况，实施"五个一批"工程，即：发展生产脱贫一批、易地搬迁脱贫一批、生态补偿脱贫一批、发展教育脱贫一批、社会保障兜底一批。在精准扶贫、精准脱贫基本方略的统领下，社会各界、各行各业的力量都动员起来，因地制宜、因人而异采用多种手段，实行产业扶贫、教育扶贫、健康扶贫、金融扶贫、生态扶贫、电商扶贫、光伏扶贫等。

实施精准扶贫、精准脱贫，取得了实实在在的成效。2016 年全国减少农村贫困人口 1240 万人，这是党的十八大以来连续第四年减贫超过 1000 万人。

党的十九大进一步分析了扶贫形势，要求作为决胜全面建成小康社会补短板的关键一仗，坚决打赢脱贫攻坚战。习近平总书记宣告，让贫困人口和贫困地区同全国一道进入全面小康社会是我们党的庄严承诺。为此，要动员全党全国全社会力量，坚持精准扶贫、精准脱贫，坚持中央统筹、省负总责、市县抓落实的工作机制，强化党政一把手负总责的责任制，坚持大扶贫格局，注重扶贫同扶志、扶智相结合，深入实施东西部扶贫协作，重点攻克深度贫困地区脱贫任务，确保到 2020 年我国现行标准下农村贫困人口实现脱贫，贫困县全部摘帽，解决区域性整体贫困，做到脱真贫、真脱贫。[1]

2017 年党的十九大之后召开的中央农村工作会议，进一步落实十九大的部

---

[1] 参见中共中央党史和文献研究院编：《十九大以来重要文献选编》（上），中央文献出版社 2019 年版，第 33—34 页。

署，要求打好精准脱贫攻坚战，走中国特色减贫之路。坚持精准扶贫、精准脱贫，把提高脱贫质量放在首位，注重扶贫同扶志、扶智相结合，瞄准贫困人口精准帮扶，聚焦深度贫困地区集中发力，激发贫困人口内生动力，强化脱贫攻坚责任和监督，开展扶贫领域腐败和作风问题专项治理，采取更加有力的举措、更加集中的支持、更加精细的工作，坚决打好精准脱贫这场对全面建成小康社会具有决定意义的攻坚战。[1]

八、形成系统化责任体系和工作体制

形成系统化工作体制，稳步扎实推进脱贫攻坚，这是中国扶贫脱贫事业能够扎实推进，不断取得成绩的重要原因和重要经验。

早在中共中央、国务院印发的《关于一九八六年农村工作的部署》（1986 年中央一号文件）中，就提出："改变贫困地区面貌，需要从实际出发，分别情况，分级负责，分批治理。"[2]《国家八七扶贫攻坚计划》进一步具体化，明确提出："坚持分级负责、以省为主的省长（自治区主席、市长）负责制。各省、自治区、直辖市特别是贫困面较大的省、区，要把扶贫开发列入重要日程，根据本计划的要求制定具体实施计划；省长（自治区主席、市长）要亲自抓，负总责，及时协调解决重要问题；要集中使用财力、物力，保证按期完成本计划规定的任务。"[3]

《中国农村扶贫开发纲要（2001—2010 年）》提出"省负总责，县抓落实，工作到村，扶贫到户"十六字方针，强调"四个到省"的原则："扶贫开发工作责任到省、任务到省、资金到省、权力到省。"

在全面总结我国政府主导扶贫开发的实践经验基础上，《中国农村扶贫开发纲要（2011—2020 年）》第六部分将"分级负责"同"政府主导"一道，列为扶贫开发七项基本原则的首要原则："政府主导，分级负责。各级政府对本行政区域内扶贫开发工作负总责，把扶贫开发纳入经济社会发展战略及总体规划。实行扶贫开发目标责任制和考核评价制度。"并在第四十一部分首次提出"坚持中

---

[1] 参见《中央农村工作会议在北京举行 习近平作重要讲话》，中国政府网 2017 年 12 月 29 日。

[2] 中共中央文献研究室编：《十二大以来重要文献选编》（中），中央文献出版社 2011 年版，第 325—326 页。

[3] 中共中央文献研究室编：《十四大以来重要文献选编》（上），中央文献出版社 2011 年版，第 685 页。

央统筹、省负总责、县抓落实的管理体制"，从而进一步完善了我国扶贫开发分级负责的基本内涵。[1]

2016年10月，中央办公厅、国务院办公厅专门印发《脱贫攻坚责任制实施办法》，从中央统筹、省负总责、市县落实、合力攻坚、奖惩等方面对落实脱贫攻坚责任制全面作出安排部署。

《脱贫攻坚责任制实施办法》规定：脱贫攻坚按照中央统筹、省负总责、市县抓落实的工作机制，构建责任清晰、各负其责、合力攻坚的责任体系。文件的规定，将长期形成并不断完善的脱贫攻坚责任制进一步制度化、规范化了。

政策实施成功与否，关键在于执行。党和国家把建立工作责任制、加强干部队伍和机构建设作为保障扶贫政策执行力的关键，采取有效措施保证扶贫政策的落实。按照"省负总责、县抓落实、工作到村、扶贫到户"的要求，实行扶贫开发工作责任到省、任务到省、资金到省、权力到省。把扶贫开发作为国家扶贫开发工作重点县政府的中心任务，由县负责把扶贫开发的政策措施落实到贫困村和贫困户。实行扶贫工作党政"一把手"负责制，把扶贫开发的效果作为考核这些地方政府主要负责人政绩的重要依据。加强贫困地区干部队伍建设，将贫困地区县级领导干部和县以上扶贫部门干部的培训纳入各级党政干部培训规划，采取挂职锻炼、干部交流等方式充实和加强贫困地区干部队伍。加强扶贫开发统计监测，为科学决策提供依据。加强贫困地区基层组织建设，改进基层干部思想作风和工作作风，推进社会治安综合治理，维护贫困地区社会稳定。充实和加强各级扶贫开发的工作机构，稳定人员，改善条件，提高素质，增强扶贫开发的组织领导和协调管理能力。国务院有关部门把扶贫开发作为一项重要工作，结合各自职能，认真贯彻落实扶贫政策。[2]

以河北省为例，在扶贫脱贫过程中，河北省坚持"省负总责、市县抓落实"，层层建立专门组织领导机构。成立省扶贫开发和脱贫工作领导小组，省委、省政府主要负责同志任"双组长"。建立党委政府定期研究脱贫攻坚制度。各级党委、政府高位组织推进，定期研究脱贫攻坚，逐级签订减贫责任书。仅2019年，省委主要领导22次主持召开省委常委会会议、省委专题会议、省扶贫开发和脱贫工作领导小组会议，研究部署脱贫攻坚重大事项。省政府主要领导21次主持

[1] 参见中共中央文献研究室编：《十七大以来重要文献选编》（下），中央文献出版社2013年版，第357、369页。

[2] 参见《中国农村扶贫开发的新进展》，中国政府网2011年11月16日。

召开省政府党组会议、省政府常务会议，研究制定工作举措。省扶贫开发和脱贫工作领导小组召开电视电话会议 11 次、现场推进会 8 次、座谈会 11 次、专题会 19 次，强力推动工作落实[1]。建立行业部门责任清单制度，出台《河北省扶贫开发和脱贫工作领导小组工作规则》，围绕"两不愁三保障"，逐部门明确领导小组成员单位工作职责、任务目标，建立任务清单，定期督导检查，推动工作落实。建立脱贫防贫"6 项重点任务清单"做法受到国务院扶贫办肯定。

为进一步压实脱贫攻坚主体责任，2018 年以来，河北省在全国首创县乡党委书记"擂台赛"机制，到 2020 年累计举办县委书记"擂台赛"7 期、乡镇党委书记"擂台赛"2100 多期。省委书记王东峰多次出席会议并逐一点评。省委副书记、省长许勤多次主持"擂台赛"。在"擂台赛"带动下，全省掀起创先争优、比学赶超，高质量打赢脱贫攻坚战热潮，创先争优、比学赶超亦成为工作常态。[2]

九、正确处理贫困治理中的辩证关系

中国的扶贫脱贫、贫困治理、减贫事业、脱贫攻坚、反贫困斗争，无论怎么称呼，都是一个庞大的系统工程，包含着极为丰富的内容，其中也包括要处理好许许多多极其复杂的关系。这些关系难以逐个历数，这里列举其中几个作为这些辩证关系的代表。

（一）贫困治理与社会治理的关系。

党的十八届四中全会通过的《中共中央关于全面深化改革若干重大问题的决定》，鲜明地提出："全面深化改革的总目标是完善和发展中国特色社会主义制度，推进国家治理体系和治理能力现代化。"[3]

"推进国家治理体系和治理能力现代化"是一个新的重大的命题。"国家治理"这个概念在党的文件中同样是第一次出现。《决定》中一共 24 次使用了"治理"概念，包括国家治理、政府治理、国际经济治理、社会治理、社区治理、

---

[1] 河北省扶贫办为《中共河北年鉴（2020）》供稿。

[2] 参见王东峰：《巩固拓展脱贫攻坚成果　加快全面推进乡村振兴　凝心聚力开创全面建设经济强省美丽河北新局面——在全省脱贫攻坚总结表彰大会上的讲话》，《河北日报》2021 年 5 月 1 日；潘文静：《昔日"贫中之贫"今朝"黄土生金"——河北举全省之力坚决打赢深度贫困地区脱贫攻坚战》，《河北日报》2020 年 10 月 17 日。

[3] 中共中央文献研究室编：《十八大以来重要文献选编》（上），中央文献出版社 2014 年版，第 512 页。

法人治理、环境治理、综合治理、系统治理、依法治理、源头治理等。

贫困治理与这些治理都有密切的关系，须臾不可分离。

贫困治理首先要放在"五位一体"总体布局和"四个全面"战略布局中统筹把握。

1986 年 9 月，党的十二届六中全会在《关于社会主义精神文明建设指导方针的决议》中，第一次明确规定了"我国社会主义现代化建设的总体布局"[1]。

经过在实践中的推进和发展，到 2012 年，党的十八大宣布："建设中国特色社会主义，总依据是社会主义初级阶段，总布局是五位一体，总任务是实现社会主义现代化和中华民族伟大复兴。"[2]

党的十八大以后，以习近平同志为核心的党中央，坚持改革开放以来中国特色社会主义的战略规划，坚持"五位一体"总体布局，同时，又针对新形势下的机遇、挑战和历史任务，提出了"四个全面"战略布局。

"五位一体"总体布局和"四个全面"战略布局，都是党和国家治国理政的大思路、大战略、大谋划。脱贫攻坚是其中的重要内容和组成部分，是实施两个布局极为重要的大举措。能否完成脱贫攻坚的任务，对这两个布局的推进具有十分重要的意义。同时，实施脱贫攻坚的决战，又必须按照两个布局的要求，在大局下行动，严格遵循两个布局的理念和政策，坚持经济、政治、文化、社会、生态"五位一体"共同发展，坚持四个全面协调推进。

贫困治理与社会治理密不可分。社会有大社会、小社会之分。"五位一体"总体布局是面对大社会、治理大社会的。但"五位一体"中的社会建设，则是小社会。贫困治理的很多内容，都是这种社会建设的内容。要实施扶贫脱贫、脱贫攻坚，就必须加强社会建设，提高社会治理和社会发展的水平。

扶贫脱贫中的"两不愁三保障"，除了与经济建设有关外，都与社会建设有关，需要在社会建设上下更大功夫，采取更有力措施，实现义务教育有保障、基本医疗有保障、住房安全有保障。既需要对贫困地区和贫困人口实施保障，也有赖于整个社会政策的改进和完善，有赖于社会建设水平的更大提高。反之，突击解决了贫困地区、贫困人口的"两不愁三保障"问题，就解决了社会建设的最大短板，能够更加有力地推动社会建设的整体发展、整体进步。

---

[1] 中共中央文献研究室编：《十二大以来重要文献选编》（下），中央文献出版社 1988 年版，第 1173 页。

[2] 中共中央文献研究室编：《十八大以来重要文献选编》（上），中央文献出版社 2014 年版，第 10 页。

（二）内在动力与外部助力的关系。

云南省西畴县岩头村"长"在悬崖上。路旁高耸的峭壁上，"实干"两个字分外醒目。"不能让大岩子挡住了致富路！"党员李华明带领大伙凿岩修路：缺乏资金，村民卖鸡卖牛自筹经费；缺乏劳力，男女老少齐上阵，白天黑夜轮班干，硬生生地在悬崖上"抠"出了一条4米宽的毛坯路。驻村工作队牵线，上项目教技术，乡亲们撸起袖子发展种养业，短短两年实现了脱贫摘帽。

脱贫最根本的标志在于贫困地区和贫困人口要能建立内生的发展动力。所谓内生的发展动力，就是通常讲的"造血"功能。脱贫质量不断提升的背后，是广大群众内生动力、发展能力的不断增强。

我国自改革开放以来实行的开发式扶贫，就是希望通过帮扶来建立贫困地区、贫困人口的内生发展动力。习近平总书记曾论述过，一个贫困村如果通过外界帮扶实现了一些改变，但内在活力不行，劳动力不能回流，没有经济上的持续来源，这个地方下一步发展还是有问题。在习近平总书记提出的五个脱贫路径当中，通过"发展生产脱贫一批"被放在最重要的位置。通过产业发展带动3000万人脱贫，这是占主导地位的。另外，通过移民搬迁、教育脱贫最终也是要落实到发展生产、发展产业上，所以，围绕着怎样发展产业来建立贫困村、贫困户的自我发展能力是扶贫的方向。到2019年9月，已脱贫人口中主要通过产业帮扶实现脱贫的占到67%。

贫困的原因非常多，有千百年来历史形成的原因，有交通不便闭塞、语言不通，等等，也有贫困群众内生动力不足的问题。存在决定意识，不是说这些贫困人口就是懒和笨，不完全是这么回事。长期以来自然条件恶劣，交通不便，与现代社会隔离，他们得不到公共的资源，不能和大家一起共享发展的成果，因为长期贫困，穷怕了不敢想，穷惯了等靠要。

习近平同志的《摆脱贫困》一书生动阐释了扶贫与扶志的关系："扶贫先扶志"，"地方贫困，观念不能贫困"，"不能因为定为贫困县、贫困地区，就习惯于讲我们县如何如何贫困，久而久之，见人矮一截，提不起精神，由自卑感而产生'贫困县意识'"[1]……精神的贫困比物质的贫困更可怕，这种看不见的贫困会让脑袋里的"怕"转成行动上的"慢"，给脱贫带来极大负面影响。"靠着墙根晒太阳，等着别人送小康"，不仅不可取，而且不可能。

---

[1] 习近平：《摆脱贫困》，福建人民出版社1992年版，第68页。

一是在政策上引导，通过实行扶贫政策，防止政策"养懒汉"。二是教育和培训引导。教育引导他们转变思想观念，培训提高他们的技能、水平和脱贫的能力。三是典型引导。一些做得好的，成功脱贫的典型，一些地方好的经验都可以吸收。特别是要转变他们的思想观念。现在有的人在山上习惯了，不敢下到山下来，因为他对那个地方有感情，祖祖辈辈就在那个地方，故土难离。下山的人不敢走出去，扶贫工作人员就是要让他不仅下山，而且出山。四是通过村规民约引导。就是要把村民们组织起来，实行自我管理、自我教育、自我约束，引导大家向上向善。比如，许多地方有村民理事会、红白喜事理事会，对乱花钱、红白喜事大操大办等不良习俗进行引导。

（三）集中攻坚与持久作战的关系。

到 2020 年，现行标准下的贫困人口全部脱贫，在中国的历史上消除绝对贫困现象；现有的贫困县全部摘帽，消除区域性整体贫困。

按照工作安排的惯例，2020 年下半年的十九届五中全会，讨论通过了关于制定"十四五"规划和 2035 年远景目标的建议。其中，包含实现全面建成小康社会和全面完成扶贫脱贫任务的情况，以及继续努力的要求。2021 年，完成严格的统计和计算工作后宣布：一是完成了扶贫脱贫的战略目标，二是完成了全面建成小康社会的战略目标。在建党 100 周年之前，召开了全国脱贫攻坚总结表彰大会，进行了全面的总结和表彰。

当然，到了 2021 年，贫困治理的任务也不能说完成和结束了。

习近平总书记 2018 年 2 月 12 日在成都会议上提出，要打好精准脱贫攻坚战。以前提"打赢"，现在提"打好"。"打赢"与"打好"一字之差，"打好"比"打赢"含金量更高。

什么叫打好？第一，要全面完成任务，一个民族不能少，一个人不能掉队，不能有工作的死角。第二，脱贫必须是符合质量的、经得起时间和历史检验的，不能掺水，不能是假的，搞数字脱贫、虚假脱贫，要保证脱贫的质量。第三，不仅要完成打赢的任务，而且 2020 年以后还要继续做好减少相对贫困的工作。

到 2020 年，中国消除了绝对贫困，但是相对贫困还会长期存在。我们要通过打赢攻坚战，为未来减少相对贫困探索经验，建立一套比较好的体制机制，使贫困治理具有可持续性。

返贫是客观存在的，但是返贫率的高低、返贫人数的多少，取决于脱贫质量和脱贫工作任务的完成情况。总体来讲，这些年返贫率是不高的。建档立卡的数据统计，这些年返贫人数在不断地减少，2016 年的返贫人数是 68.4 万人，2017 年是 20.8 万人，2018 年是 5.8 万人。

返贫主要是这么几个方面造成的：一是脱贫不实、脱贫质量不高或者本身就没有真脱贫，这必然会造成返贫。二是没有建立起稳定脱贫长效机制。如果是光靠政策补贴、光靠发钱发物，他的脱贫也是不可持续、不可长久的。三是存在一些自然因素，特别是因灾、因病和因残返贫，因病因残并不一定直接导致家庭的返贫，主要是家庭主要劳动力失去了，那么这个家庭的收入会急剧下降。同时，自然灾害也可能会导致返贫。

老百姓刚刚脱贫，但是遇到一场自然灾害，得一场病马上又返贫了。实际上是没有真正脱贫，是别人帮的。所以，巩固脱贫攻坚的成果并不是一件非常容易的事情。一方面要加大救灾救济的力度，一方面要巩固脱贫成果，保证脱贫的质量。所谓脱贫的质量，就是要看这个地区的发展环境条件是不是有改善，贫困群众享受到了公共服务，同时贫困群众的思想观念是不是有转变，劳动技能是不是有提升，是不是根据当地情况和本人的能力建立了稳定的收入渠道，如果真正建立起来了，应对各种灾害的能力提高了，只要恢复生产就可以脱贫了。

2018 年初，建档立卡贫困家庭大约超过 40% 是因病致贫。对此，一方面要落实好面上的医疗保险制度，比如，参加医保、合作医疗。此外，对建档立卡贫困人口，由原国家卫生计生委主抓，实行"三个一批"：大病集中救治一批，争取治好。对于慢性病，通过村卫生室、乡镇卫生院签约管理一批。对于重病，特别是花销比较大的，兜底保障一批。

中国的扶贫道路还很漫长，可以预见的困难也会非常多，需要政府、社会投入更多的力量支持扶贫事业。"在扶贫的路上，不能落下一个贫困家庭，丢下一个贫困群众"，全国人民一同携手，共同迈向小康的幸福生活！

巩固成果。第一，还是要保证脱贫的真实。第二，脱贫以后要稳定现行的扶贫政策，扶上马送一程。第三，要从长远着手，发展产业，增加就业，增加收入，让脱贫有可持续的能力。第四，对返贫的和新发生的贫困人口及时纳入进行帮扶。由于一些意外事件，包括灾害、疾病等，一部分人返贫或者新发生一部分贫困人口，这是必然的。所以，国务院扶贫办在每年工作中都要动员基层进行核查。返贫的人数已经从 2016 年的 60 万人左右降到 2019 年的 10 万人以内，新发生的贫困人口从 100 多万人减到 10 万人以内。这些措施执行下来还是有效果的。

十、中国共产党从治国理政高度领导贫困治理的历史经验

上面，我们提炼和归纳了改革开放以来扶贫脱贫的特点和经验，主要是 9 条，即通过改革开放为扶贫脱贫奠定根本基础；把扶贫脱贫作为重大战略任务分步持续推进；坚持走中国特色扶贫脱贫道路；全方位多方式消除贫困现象及其根源；通过举国体制运用多种举措全面扶贫；实行东西互助和对口帮扶；实施精准扶贫精准脱贫基本方略；形成系统化责任体系和工作体制；正确处理贫困治理中的辩证关系。这 9 条，既是特点，也是经验，难以清楚分开，所以我们就把它们归在一起了。

中国扶贫脱贫的经验非常丰富，9 条中的每一条都可以展开，梳理和形成更多的经验。而且，对于经验的总结也可以有很多角度。如果换个角度进行提炼和分析，我们还可以另外总结出又一个 9 条或 10 条、20 条来。不同角度、不同范围、不同层次可以总结形成不同的经验。这说明，中国的扶贫脱贫事业不仅是一个伟大的成就，而且是一个伟大的宝库。只要深入挖掘，可以从中获取许多宝贵的启迪，增长更多有益的智慧。党和国家可以从中汲取经验，各级党委政府可以从中汲取经验，各个部门也可以从中汲取经验，每个单位和个人也可以通过自己的总结汲取经验。

如果在上述 9 条经验基础上，进一步拓展视野，从治国理政的高度，总结新中国成立以来中国共产党领导开展贫困治理的经验，我们还可以提炼出以下 7 条。

（一）始终牢记党的初心和使命。

《中共中央关于党的百年奋斗重大成就和历史经验的决议》5 次使用"初心使命"，强调指出："一百年来，党始终践行初心使命，团结带领全国各族人民绘就了人类发展史上的壮美画卷，中华民族伟大复兴展现出前所未有的光明前景。"[1]

中国共产党是代表中国人民根本利益的政党，是受人民委托和支持在中国执政的政党。党的初心和使命，是为中国人民谋幸福，为中华民族谋复兴。面

---

[1]《中共中央关于党的百年奋斗重大成就和历史经验的决议》，人民出版社 2021 年版，第 62 页。

对中国长期和普遍贫困的现象，中国共产党和中华人民共和国政府必须肩负的历史责任，就是通过制定正确的路线方针和政策，制定正确的发展战略，推动国家不断走向现代化，实实在在地造福人民，坚定不移地与贫困现象作斗争，不断减少贫困人口和贫困区域，使中国人民尽快富起来。贫穷不是社会主义，富裕不是罪过。只有不断推动人民减贫和致富的进程，我们才无愧于自己的历史责任，才是合格的执政党。

中国共产党诞生以来，就牢记自己的初心和使命，为实现民族独立和人民解放而浴血奋斗。新中国成立以后，党和国家为探索一条社会主义建设道路作出了巨大的努力，进行了艰难的探索。虽然走过弯路，但成就依然巨大。十一届三中全会以来，中国共产党总结历史的经验教训，恢复了马克思主义的思想路线、政治路线和组织路线，确定了治国理政的正确方向和道路，从而使中国大地焕发出勃勃生机，大规模提高了中国人民的生活水平，增强了中国的综合国力。

新时代以来，习近平总书记强调："党团结带领人民进行革命、建设、改革，根本目的就是为了让人民过上好日子，无论面临多大挑战和压力，无论付出多大牺牲和代价，这一点都始终不渝、毫不动摇。"他多次指出："让贫困人口和贫困地区同全国人民一道进入全面小康社会，是我们党的庄严承诺。"

初心不可忘记，使命不可推卸。中国共产党始终把消除贫困作为定国安邦的重要任务，制定实施一个时期党的路线方针政策、提出国家中长期发展规划建议，都把减贫作为重要内容，从国家层面部署，运用国家力量推进。几代中国共产党人，锚定一个目标，一茬接着一茬干。正是坚守党的初心和使命，我们党才能够几十年如一日，坚韧不拔地将扶贫脱贫的伟大事业推向前进。中国共产党在执政之路上，必须继续不懈地为人民利益而奋斗，争取作出更大的成绩。

（二）坚持走中国特色社会主义道路。

《中共中央关于党的百年奋斗重大成就和历史经验的决议》概括的中国共产党百年奋斗的第五条历史经验，是"坚持中国道路"。

治国理政的思路和道路如何，决定着中国的发展程度和速度，也决定着贫困现象的多少众寡。怎样治国理政？不能从教条出发，不能从书本出发，不能从外国的经验出发，更不能从幻想和空想出发，而必须从实际出发，从中国的国情出发，走出一条适合自己国情的道路来。

同样，贫困治理，扶贫脱贫，也必须从实际出发，从国情出发。这是马克思主义思想路线的要求，也是更好地消除贫困的要求。改革开放前，中国共产党曾经希望尽快使人民摆脱贫困，但是，一度简单地从书本上的教条出发，以浪漫主义的想象代替客观现实，脱离中国实际，脱离中国人民的实际需求，结果欲速而不达，甚至造成巨大的损失。

改革开放以来，中国共产党坚持解放思想、实事求是、与时俱进、求真务实，坚持把马克思主义与中国实际相结合、与中国优秀的传统文化相结合，突破各种旧体制、旧观念的束缚，创立了中国特色社会主义。中国的发展之所以取得巨大的成就，扶贫脱贫取得的成果之所以令世界震惊，根本上是走出了一条中国特色社会主义道路，也走出了一条中国特色的贫困治理的道路。

在中国特色社会主义道路上，党和国家立足实际，根据不同发展阶段和经济社会发展水平，根据贫困人口规模、分布、结构等的变化，科学制定减贫标准、目标、方略，不断创新减贫理念、方法、手段，循序渐进、持续用力、滴水穿石，提高了贫困治理的效能。

（三）牢牢把握社会主义的本质要求。

《中共中央关于党的百年奋斗重大成就和历史经验的决议》充分肯定，以邓小平同志为主要代表的中国共产党人，深刻揭示社会主义本质，科学回答了建设中国特色社会主义的一系列基本问题。

中国人民为什么需要社会主义？就是因为它能解放和发展生产力，使中国人民能尽快地富裕起来，使中华民族尽快地强盛起来。这种选择和成效，要以实践来证明和检验，而不是靠口号和宣传。改革开放前，我们一直希望通过大规模的社会主义建设尽快实现现代化，但在实际中走了一些弯路，没有能如愿达到消除贫困的目标。总结经验教训，最重要的一条，就是要搞清楚什么是社会主义，怎样建设社会主义。我们在革命和建设中所经历的曲折和失误，归根到底就在于对这个问题没有完全搞清楚。

要搞清楚这个问题，关键是要在坚持社会主义基本制度的基础上认清社会主义的本质。社会主义的本质是解放和发展生产力，消灭剥削，消除两极分化，最终达到共同富裕。社会主义的形式可以多种多样，但归根结底要让人民富裕起来。贫穷不是社会主义，赞美贫穷更不是社会主义。社会主义的特征可以表现在很多方面，但归根结底，所有的形式都要符合本质的要求。如果把形式当成本质，就会阻碍人民群众走向富裕的道路，甚至把走向富裕也当成了资本主义。改革开放以来扶贫脱贫之所以取得历史性成就，就是清除了对社会主义的很多误解，尊重人民的意愿，把解放和发展生产力摆在第一位，理直气壮地鼓励和帮助人民富裕起来。

贫困问题说到底是发展问题。发展是解决包括贫困问题在内的中国所有问题的关键。新中国成立以来特别是改革开放以来，中国经济社会快速发展，经济总量不断跃升，综合实力显著提升，既对减贫形成了强大的带动效应，也为大规模扶贫开发奠定了坚实基础、提供了有力保障。实践证明，发展是消除贫困最有效的办法、创造幸福生活最稳定的途径。唯有发展，才能为经济社会发展和民生改善提供科学路径和持久动力；唯有发展，才能更好保障人民的基本权利；唯有发展，才能不断满足人民对美好生活的热切向往。

（四）认清中国社会的主要矛盾。

《中共中央关于党的百年奋斗重大成就和历史经验的决议》7次提到"主要矛盾"，说明了正确认识不同时期中国社会主要矛盾的重要性。

如何认识和界定我国社会的主要矛盾，一直是革命、建设、改革所要解决的重大的基础性问题，也是制定一系列路线方针政策的基础。新民主主义革命时期，我们党正确地认识和判断中国社会的主要矛盾是帝国主义与中华民族的矛盾、封建主义与人民大众的矛盾，在此基础上制定了新民主主义革命的路线，领导中国革命取得了胜利。

改革开放前，我们在认识社会主义社会主要矛盾问题上经历了艰难的历程。改革开放后，我们党对社会主要矛盾作出了科学的认识，制定了党在社会主义初级阶段的基本路线，始终坚持以经济建设为中心，把科学发展作为治国理政的第一要务，使社会生产力获得了解放和发展，迅速增强了中国的综合国力，从而大幅度地减少了中国的贫困人口，实现了中华民族从温饱到小康再到全面建成小康社会的跨越。

党的十九大对中国特色社会主义进入新时代后的基本国情作了新的分析，确认"我国社会主要矛盾已经转化为人民日益增长的美好生活需要和不平衡不充分的发展之间的矛盾"，从而不仅奠定了新时代治国理政的基础，而且奠定了决战决胜脱贫攻坚的基础。归根到底，脱贫攻坚就是满足人民日益增长的美好生活需要，解决发展不平衡不充分的问题。

（五）把改革开放作为中国发展的根本动力。

改革开放是决定中国命运的关键一招。"文化大革命"导致我国经济濒临崩溃的边缘，人民温饱都成问题，国家建设百业待兴。党内外强烈要求纠正"文化大革命"的错误，使党和国家从危难中重新奋起。"如果现在再不实行改革，我们的现代化事业和社会主义事业就会被葬送。"

改革开放是我们党的一次伟大觉醒，正是这个伟大觉醒孕育了我们党从理论到实践的伟大创造。改革开放是中国人民和中华民族发展史上一次伟大革命，正是这个伟大革命推动了中国特色社会主义事业的伟大飞跃！中国扶贫脱贫的主要成就，是在改革开放的历史进程中实现的。改革开放强有力地推动了中国贫困治理的发展，为所有的贫困地区和贫困人口摆脱贫困注入了不竭动力，创造了良好的条件。

改革开放以来，1978 年至 2017 年我国贫困人口累计减少 7.4 亿人，贫困发生率下降 94.4 个百分点，谱写了人类反贫困史上的辉煌篇章。粮票、布票、肉票、鱼票、油票、豆腐票、副食本、工业券等百姓生活曾经离不开的票证已经进入了历史博物馆，忍饥挨饿、缺吃少穿、生活困顿这些几千年来困扰我国人民的问题总体上一去不复返了！未来的中国发展和相对贫困的治理仍然需要改革开放。

《中共中央关于党的百年奋斗重大成就和历史经验的决议》使用了 40 次"改革开放"一词，强调只有实行改革开放才是唯一出路；强调经过持续推进改革开放，我国实现了从高度集中的计划经济体制到充满活力的社会主义市场经济体制、从封闭半封闭到全方位开放的历史性转变；强调改革开放是党的一次伟大觉醒，是中国人民和中华民族发展史上一次伟大革命，是决定当代中国前途命运的关键一招；强调改革开放和社会主义现代化建设的伟大成就举世瞩目；强调实践发展永无止境，解放思想永无止境，改革开放也永无止境，必须将改革开放进行到底。

（六）始终坚持以人民为中心。

中国共产党百年奋斗的第二条历史经验，是"坚持人民至上"。

马克思主义认为，历史活动是群众的事业，人类社会的全部物质财富和精神财富，归根结底，都是由人民群众创造的。人民群众是历史的主人，也是推动社会发展的根本力量。中国共产党是中国工人阶级、中国人民和中华民族的先锋队，负有组织和领导群众的责任，是人民群众的主心骨。但说到底，党只是人民的公仆和代表。党与人民群众的关系，是公仆与主人、代表与被代表的关系，而不是其他任何关系。这是党与人民群众相互关系的基本定位。只有从这样一个定位出发，才能真正科学地解决党与人民群众关系中的其他一切问题。

我们党来自人民、受人民的委托治国理政。治国之道，富民为始；民之贫富，党之责任。江山就是人民、人民就是江山，打江山、守江山，守的是人民的心。中国共产党根基在人民、血脉在人民、力量在人民。中国共产党始终代表最广大人民根本利益，与人民休戚与共、生死相依。只有坚持以人民为中心，才能时时想着人民、服务人民，把人民的温饱富裕摆在重要位置上。

以人民为中心，人民是主体，党的一切活动都必须发挥人民群众的主体作用，中国扶贫脱贫的成就不是天上掉下来的，更不是别人恩赐施舍的，而是全党全国各族人民用勤劳、智慧、勇气干出来的，是广大人民群众创造出来的！人民群众创造历史的根本动力，也是我们党的力量源泉和胜利之本。扶贫减贫既要借助外力，更要激发内力，才能形成合力。只有紧紧依靠广大工人、农民、知识分子的共同奋斗，紧紧依靠各族人民的团结，依靠最广泛的爱国统一战线，尊重人民群众的首创精神，调动最广大群众的积极性和创造性，才能使凝聚强大力量，实现社会主义现代化的目标。

为中国人民谋幸福，不是将幸福恩赐给中国人民，而是以人民为主体，解除掉人民身上的各种束缚，使人民能够最大限度地发挥创造性和积极性，由人民自己去创造美好的生活。治理贫困，扶贫脱贫，根本上也是通过创造更好的条件，使人民群众能够可持续地巩固脱贫的成果，创造日益美好的生活。脱贫致富奔小康是亿万人民自己的事业，必须充分调动贫困地区干部群众的积极性创造性，唤起干部群众千百万、同心干。

面向未来，我们必须始终把人民对美好生活的向往作为我们的奋斗目标，践行党的根本宗旨，贯彻党的群众路线，尊重人民主体地位，尊重人民群众在实践活动中所表达的意愿、所创造的经验、所拥有的权利、所发挥的作用，充分激发蕴藏在人民群众中的创造伟力。

（七）始终坚持党的全面领导。

中国共产党百年奋斗的第一条历史经验，就是"坚持党的领导"；第十条历史经验，是"坚持自我革命"。

党的领导和党的建设，是取得革命、建设和改革开放胜利的一个重要法宝。中国的贫困治理和扶贫脱贫事业，一直是在党的领导下不断推进和取得成绩的。党政军民学，东西南北中，都是在党的集中统一领导下，组成合力，发挥作用，汇聚成了波澜壮阔的扶贫战场。

党领导国家和人民既不走封闭僵化的老路，也不走改旗易帜的邪路，而是坚定不移走中国特色社会主义道路，坚定不移走中国特色扶贫开发道路。正是因为始终坚持党的领导，我们才不断推动改革开放深入发展，推动扶贫脱贫深入发展，才成功地应对了一系列重大风险挑战、克服了许多艰难险阻，有力地应变局、战天灾、抗疫情、化危机。

党的十八大以来，中国共产党把脱贫攻坚摆在治国理政的突出位置，加强党的集中统一领导，统筹谋划、强力推进。全党目标一致、上下同心。加强顶层设计和战略规划，发挥社会主义制度集中力量办大事的优势，广泛动员各方力量积极参与。建立脱贫攻坚责任体系、政策体系、组织体系、投入体系、动员体系、监督体系、考核评估体系等制度体系，为脱贫攻坚顺利推进提供了有力支撑。

坚持党的领导，必须不断改善党的领导，让党的领导更加适应实践、时代、人民的要求。在扶贫脱贫进程中，党的领导方式不断改进和完善，发挥了强大的领导力、组织力、凝聚力、动员力。在未来的贫困治理道路上，我们党要更好地发挥总揽全局、协调各方的作用，完善党的领导方式和执政方式，提高党的执政能力和领导水平，不断提高党把方向、谋大局、定政策、促改革的能力和定力，确保治理相对贫困，全面建设社会主义现代化国家取得新的更大成就。

《中共中央关于党的百年奋斗重大成就和历史经验的决议》指出："一百年来，党领导人民经过波澜壮阔的伟大斗争，中国人民彻底摆脱了被欺负、被压迫、被奴役的命运，成为国家、社会和自己命运的主人，人民民主不断发展，十四亿多人口实现全面小康，中国人民对美好生活的向往不断变为现实。今天，中国人民更加自信、自立、自强，极大增强了志气、骨气、底气，在历史进程中积累的强大能量充分爆发出来，焕发出前所未有的历史主动精神、历史创造精神，正在信心百倍书写着新时代中国发展的伟大历史。"[1]

中国共产党领导下的扶贫脱贫史，正是这个 100 年历史的重要组成部分。

---

[1]《中共中央关于党的百年奋斗重大成就和历史经验的决议》，人民出版社 2021 年版，第 62 页。

参考文献

《毛泽东选集》（一至四卷），人民出版社 1991 年版

《建国以来毛泽东文稿》（一至十三册），中共中央文献研究室编，中央文献出版社 1987—1998 年版

《邓小平文选》（一至三卷），人民出版社 1993—1994 年版

《邓小平年谱》（一至五卷），中共中央文献研究室编，中央文献出版社 2020 年版

《江泽民文选》（一至三卷），人民出版社 2006 年版

《胡锦涛文选》（一至三卷），人民出版社 2016 年版

《习近平谈治国理政》（一至三卷），外文出版社 2014—2020 年版

《习近平新时代中国特色社会主义思想学习纲要》，中共中央宣传部编，学习出版社、人民出版社 2019 年版

《习近平扶贫论述摘编》，中共中央党史和文献研究院编，中央文献出版社 2018 年版

《习近平在宁德》，中央党校采访实录编辑室著，中共中央党校出版社 2020 年版

习近平总书记关于脱贫攻坚的一系列重要讲话

习近平总书记主持召开的一系列脱贫攻坚座谈会

习近平总书记视察贫困地区的报道

习近平总书记在庆祝改革开放 40 周年大会上的讲话（2018 年 12 月 18 日）

《全国脱贫攻坚总结表彰大会在京隆重举行　习近平向全国脱贫攻坚楷模荣誉称号获得者等颁奖并发表重要讲话》，2021 年 2 月 25 日新华社电

习近平总书记在庆祝中国共产党成立 100 周年大会上的讲话（2021 年 7 月 1 日）

《建党以来重要文献选编》（一至二十六册），中共中央文献研究室、中央档案馆编，中央文献出版社 2011 年版

《建国以来重要文献选编》（一至二十册），中共中央文献研究室编，中央文献出版社 1992—1998 年版

《三中全会以来重要文献选编》（上下），中共中央文献研究室编，中央文献出版社 2011 年版

《十二大以来重要文献选编》（上中下），中共中央文献研究室编，中央文献出版社2011年版

《十三大以来重要文献选编》（上中下），中共中央文献研究室编，中央文献出版社2011年版

《十四大以来重要文献选编》（上中下），中共中央文献研究室编，中央文献出版社2011年版

《十五大以来重要文献选编》（上中下），中共中央文献研究室编，中央文献出版社2011年版

《十六大以来重要文献选编》（上中下），中共中央文献研究室编，中央文献出版社2011年版

《十七大以来重要文献选编》（上中下），中共中央文献研究室编，中央文献出版社2009—2013年版

《十八大以来重要文献选编》（上中下），中共中央文献研究室编，中央文献出版社2014—2018年版

《十九大以来重要文献选编》（上、中），中共中央党史和文献研究院编，中央文献出版社2019—2021年版

《中共中央关于党的百年奋斗重大成就和历史经验的决议》，人民出版社2021年版

历届政府工作报告

历次扶贫工作会议报道

《中国共产党历史》第一卷（上下册），中共中央党史研究室著，中共党史出版社2011年版

《中国共产党历史》第二卷（上下册），中共中央党史研究室著，中共党史出版社2011年版

《中国共产党的九十年》（全三卷），中共中央党史研究室著，中共党史出版社、党建读物出版社2016年版

《中国共产党简史》，中共中央党史研究室著，人民出版社、中共党史出版社2021年版

《中国改革开放史》，中共中央党史研究室第三研究部著，辽宁人民出版社2002年版

《中华人民共和国大事记（1949年10月—2019年9月）》，中共中央党史和文献研究院编，人民出版社2019年版

《中华人民共和国大事记（1949年10月—2009年9月）》，中共中央党史研究室编，人民出版社2009年版

《中国共产党历史大事记（1921年7月—2011年6月）》，中共中央党史研究室编，

人民出版社 2011 年版

　　《改革开放四十年大事记》，中共中央党史和文献研究院编，人民出版社 2018 年版

　　《中国共产党十六大以来大事记（2002 年—2007 年）》，中央文献研究室编，《人民日报》2007 年 10 月 9 日

　　《党的十七大以来大事记》，中共中央党史研究室编，人民出版社 2012 年版

　　《党的十八大以来大事记》，中共中央党史研究室编，人民出版社、中共党史出版社 2017 年版

　　《全面建成小康社会大事记》，中共中央党史和文献研究院编，《人民日报》2021 年 7 月 29 日

　　《中华人民共和国国民经济和社会发展十年规划和第八个五年计划纲要》（1991 年 4 月 9 日第七届全国人民代表大会第四次会议批准）

　　《中共中央关于制定国民经济和社会发展第十一个五年规划的建议》（2005 年 10 月 11 日中国共产党第十六届中央委员会第五次全体会议通过）

　　《中华人民共和国国民经济和社会发展第十一个五年规划纲要》（2006 年 3 月 14 日第十届全国人民代表大会第四次会议批准）

　　《关于制定国民经济和社会发展第十二个五年规划建议的说明》（2010 年 10 月 15 日）

　　《中共中央关于制定国民经济和社会发展第十二个五年规划的建议》（2010 年 10 月 18 日中国共产党第十七届中央委员会第五次全体会议通过）

　　《中华人民共和国国民经济和社会发展第十二个五年规划纲要》（2011 年 3 月 14 日第十一届全国人民代表大会第四次会议批准）

　　《中共中央关于制定国民经济和社会发展第十三个五年规划的建议》（2015 年 10 月 29 日中国共产党第十八届中央委员会第五次全体会议通过）

　　《中华人民共和国国民经济和社会发展第十三个五年规划纲要》（2016 年 3 月 16 日第十二届全国人民代表大会第四次会议批准）

　　《中共中央关于制定国民经济和社会发展第十四个五年规划和二〇三五年远景目标的建议》（2020 年 10 月 29 日中国共产党第十九届中央委员会第五次全体会议通过）

　　《关于〈中共中央关于制定国民经济和社会发展第十四个五年规划和二〇三五年远景目标的建议〉的说明》（2020 年 11 月 3 日）

　　《中华人民共和国国民经济和社会发展第十四个五年规划和 2035 年远景目标纲要》（2021 年 3 月 11 日第十三届全国人民代表大会第四次会议通过）

　　《中共中央、国务院关于帮助贫困地区尽快改变面貌的通知》（1984 年 9 月 29 日）

《中共中央、国务院关于尽快解决农村贫困人口温饱问题的决定》（1996 年 10 月 23 日）

《中共中央、国务院关于切实做好减轻农民负担工作的决定》（1996 年 12 月 30 日）

《中共中央、国务院关于进一步加强扶贫开发工作的决定》（1999 年 6 月 28 日）

《中共中央、国务院关于打赢脱贫攻坚战的决定》（2015 年 11 月 29 日）

《中共中央、国务院关于实施乡村振兴战略的意见》（2018 年 1 月 2 日）

《中共中央、国务院关于打赢脱贫攻坚战三年行动的指导意见》（2018 年 6 月 15 日）

《中共中央、国务院关于建立健全城乡融合发展体制机制和政策体系的意见》（2019 年 4 月 15 日）

《中共中央、国务院关于抓好"三农"领域重点工作确保如期实现全面小康的意见》（2020 年 1 月 2 日）

《中共中央、国务院关于实现巩固拓展脱贫攻坚成果同乡村振兴有效衔接的意见》（2020 年 12 月 16 日）

《中共中央、国务院关于全面推进乡村振兴加快农业农村现代化的意见》（2021 年 1 月 4 日）

《国务院关于加强贫困地区经济开发工作的通知》（1987 年 10 月 30 日）

《国务院批转国务院贫困地区经济开发领导小组关于九十年代进一步加强扶贫开发工作请示的通知》（1990 年 2 月 23 日）

《国务院关于印发国家八七扶贫攻坚计划的通知》（1994 年 4 月 15 日）

《国务院关于印发中国农村扶贫开发纲要（2001—2010 年）的通知》（2001 年 6 月 13 日）

《国务院关于做好农村综合改革工作有关问题的通知》（2006 年 10 月 8 日）

《国务院关于农村社会保障体系建设情况的报告》（2009 年 4 月 22 日）

《国务院关于印发"十三五"脱贫攻坚规划的通知》（2016 年 11 月 23 日）

中共中央、国务院《中国农村扶贫开发纲要（2001—2010 年）》（2001 年 9 月 19 日）

中共中央、国务院《中国农村扶贫开发纲要（2011—2020 年）》（2011 年 5 月 27 日）

国务院《"十三五"脱贫攻坚规划》（2016 年 11 月 23 日）

中共中央、国务院《乡村振兴战略规划（2018—2022 年）》（2018 年 9 月 26 日）

中共中央办公厅、国务院办公厅《关于创新机制扎实推进农村扶贫开发工作的意见》

（2014年1月25日）

中共中央办公厅、国务院办公厅《深化农村改革综合性实施方案》（2015年11月2日）

中共中央办公厅、国务院办公厅《关于加大脱贫攻坚力度支持革命老区开发建设的指导意见》（2016年2月1日）

中共中央办公厅、国务院办公厅《省级党委和政府扶贫开发工作成效考核办法》（2016年2月16）

中共中央办公厅、国务院办公厅《关于建立贫困退出机制的意见》（2016年4月28日）

中共中央办公厅、国务院办公厅《关于进一步加强东西部扶贫协作工作的指导意见》，（2016年12月7日）

中共中央办公厅、国务院办公厅《关于加强贫困村驻村工作队选派管理工作的指导意见》（2017年12月24日）

《国务院办公厅关于做好当前减轻农民负担工作的意见》（2006年6月16日）

《国务院办公厅关于进一步做好减轻农民负担工作的意见》（2012年4月17日）

《国务院办公厅转发民政部等部门关于做好农村最低生活保障制度与扶贫开发政策有效衔接指导意见的通知》（2016年9月17日）

《国务院办公厅关于深入开展消费扶贫助力打赢脱贫攻坚战的指导意见》（2018年12月30日）

国家计委、国务院西部开发办《关于印发"十五"西部开发总体规划的通知》（2002年2月25日）

国务院扶贫开发领导小组《关于设立扶贫改革试验区的意见》（2013年1月16日）

农业部、财政部、发展改革委、国务院法制办、教育部、新闻出版广电总局《关于做好2014年减轻农民负担工作的意见》（2014年6月9日）

农业部、财政部、发展改革委、国务院法制办、教育部、新闻出版广电总局《关于做好2015年减轻农民负担工作的意见》（2015年5月24日）

国家卫生计生委、国务院扶贫办、国家发展改革委、教育部、科技部、民政部、财政部、人力资源和社会保障部、环境保护部、住房城乡建设部、水利部、国家中医药管理局、中央军委政治工作部、中央军委后勤保障部、中国残联《关于实施健康扶贫工程的指导意见》（2016年6月20日）

中央网信办、国家发展改革委、国务院扶贫办《网络扶贫行动计划》（2016年10月27日）

人力资源和社会保障部《关于切实做好就业扶贫工作的指导意见》（2016年12月13日）

中国残联、中央组织部、中央宣传部、发展改革委、教育部、国家民委等《贫困残疾人脱贫攻坚行动计划（2016—2020年）》（2016年12月22日）

国务院扶贫办《关于扶贫领域违纪违法10起典型案例的通报》（2017年1月5日）

国土资源部《关于支持深度贫困地区脱贫攻坚的实施意见》（2017年11月3日）

国务院扶贫开发领导小组《关于广泛引导和动员社会组织参与脱贫攻坚的通知》（2017年12月5日）

工业和信息化部《关于推进网络扶贫的实施方案（2018—2020年）的通知》（2018年5月3日）

国务院扶贫办、中央组织部、中央宣传部、中央文明办、国家发展改革委、公安部、司法部、财政部、水利部、农业农村部、文化和旅游部、国家卫生健康委、国家医疗保障局《关于开展扶贫扶志行动的意见》（2018年10月29日）

《国务院扶贫开发领导小组印发〈关于解决"两不愁三保障"突出问题的指导意见〉的通知》（2019年6月23日）

国家发改委、国务院扶贫办、教育部、民政部、财政部、人力资源和社会保障部、自然资源部、农业农村部、商务部、卫生健康委、人民银行《关于进一步加大易地扶贫搬迁后续扶持工作力度的指导意见》（2019年6月29日）

住房和城乡建设部、财政部、国务院扶贫办公室《关于决战决胜脱贫攻坚进一步做好农村危房改造工作的通知》（2019年7月29日）

国务院扶贫开发领导小组《关于印发关于开展挂牌督战工作的指导意见的通知》（2020年1月25日）

国家发展改革委《关于切实做好新冠肺炎疫情防控期间脱贫攻坚相关工作的通知》（2020年2月10日）

农业农村部办公厅、国务院扶贫办综合司《关于做好2020年产业扶贫工作的意见》（2020年2月19日）

民政部、国务院扶贫办《关于印发〈社会救助兜底脱贫行动方案〉的通知》（2020年2月20日）

国家发展改革委等13部委《关于印发2020年易地扶贫搬迁后续扶持若干政策措施的通知》（2020年2月20日）

国家卫生健康委办公厅《关于新冠肺炎疫情防控期间统筹推进健康扶贫工作的通知》（2020年2月24日）

国家发展改革委《关于深入贯彻落实习近平总书记重要讲话精神决战决胜易地扶贫搬迁工作的通知》（2020年3月11日）

国家发展改革委等《关于印发〈消费扶贫助力决战决胜脱贫攻坚 2020 年行动方案〉的通知》（2020 年 3 月 13 日）

国务院扶贫开发领导小组《关于学习贯彻习近平总书记在决战决胜脱贫攻坚座谈会上重要讲话精神的通知》（2020 年 3 月 15 日）

住房和城乡建设部办公厅、国务院扶贫办综合司《关于统筹做好疫情防控和脱贫攻坚保障贫困户住房安全相关工作的通知》（2020 年 3 月 16 日）

国家广电总局办公厅《关于做好脱贫攻坚题材电视剧创作播出工作的通知》（2020 年 3 月 16 日）

住房和城乡建设部《关于开展脱贫攻坚农村危房改造挂牌督战工作的通知》（2020 年 3 月 19 日）

国务院扶贫开发领导小组《关于建立防止返贫监测和帮扶机制的指导意见》（2020 年 3 月 20 日）

国务院扶贫办、财政部《关于贯彻落实〈关于建立防止返贫监测和帮扶机制的指导意见〉的通知》（2020 年 4 月 17 日）

人力资源和社会保障部办公厅、国家发展改革委办公厅、工业和信息化部办公厅、国务院扶贫办综合司《关于开展易地扶贫搬迁就业帮扶专项行动的通知》（2020 年 4 月 30 日）

国务院应对新型冠状病毒感染肺炎疫情联防联控机制《关于做好新冠肺炎疫情常态化防控工作的指导意见》（2020 年 5 月 7 日）

中央农村工作领导小组《关于健全防止返贫动态监测和帮扶机制的指导意见》（2021 年 5 月 14 日）

《中国的粮食问题》白皮书（国务院新闻办公室，1996 年 10 月）

《中国的农村扶贫开发》白皮书（国务院新闻办公室，2001 年 10 月）

《中国的民族区域自治》白皮书（国务院新闻办公室，2007 年 2 月）

《中国农村扶贫开发的新进展》白皮书（国务院新闻办公室，2011 年 11 月 16 日）

《中国的减贫行动与人权进步》白皮书（国务院新闻办公室，2016 年 10 月）

《人类减贫的中国实践》白皮书，（国务院新闻办公室，2021 年 4 月）

《全面建成小康社会：中国人权事业发展的光辉篇章》白皮书（国务院新闻办公室，2021 年 8 月）

国务院扶贫办、国家乡村振兴局官方网站相关报道和文件资料

农业农村部官方网站相关文件资料

国家统计局官方网站相关统计资料

《人民日报》有关报道

新华社有关报道

李忠杰:《中国的国家发展战略》,外文出版社 2018 年版

李忠杰:《从百年征程看初心和使命》,人民出版社 2018 年版

李忠杰:《改革开放关键词——中国改革开放历史通览》,人民出版社 2018 年版

李忠杰:《共和国识别码》,中共中央党校出版社 2019 年版

李忠杰:《共和国之路》,中共中央党校出版社 2019 年版

李忠杰:《中国规划》,人民出版社 2021 年版